Dr. Margit Brinke
Dr. Peter Kränzle
Dirk Kruse-Etzbach

USA-
Nordwesten

IWANOWSKI'S *i* **REISEBUCHVERLAG**

Im Internet:

www.iwanowski.de

Hier finden Sie aktuelle Infos zu allen Titeln, interessante Links – und vieles mehr!
Ganz neu:
Wir bieten die Möglichkeit, **eigene Reiseberichte und Bilder** zu den jeweiligen Reisedestinationen auf unserer Website zu veröffentlichen!
Schreiben Sie uns Ihre **Neuigkeiten** zu den Reiseregionen - werden Sie Mitautor unserer Newsseiten.
Einfach anklicken!

Schreiben Sie uns, wenn sich etwas verändert hat. Wir sind bei der Aktualisierung unserer Bücher auf Ihre Mithilfe angewiesen:
info@iwanowski.de

USA-Nordwesten
6., komplett überarbeitete und neu gestaltete Auflage 2008

© Reisebuchverlag Iwanowski GmbH
Salm-Reifferscheidt-Allee 37 • 41540 Dormagen
Telefon 0 21 33/2 60 311 • Fax 0 21 33/26 03 33
E-Mail: info@iwanowski.de
Internet: www.iwanowski.de

Titelfoto: IFA-Bilderteam, Ottobrunn
Alle anderen Farb- und s/w-Abbildungen: siehe Bildnachweis Seite 681
Redaktionelles Copyright, Konzeption und dessen ständige Überarbeitung: Michael Iwanowski
Karten: Astrid Fischer-Leitl, München; Fa. Palsa, Lohmar
Reisekarte: Astrid Fischer-Leitl, München
Titelgestaltung sowie Layout-Konzeption: Studio Schübel, München
Lektorat und Layout: Annette Pundsack, Köln

Alle Informationen und Hinweise erfolgen ohne Gewähr für die Richtigkeit einer Produkthaftung Verlag und Autoren können daher keine Verantwortung und Haftung für inhaltliche oder sachliche Fehler übernehmen. Auf den Inhalt aller in diesem Buch erwähnten Internetseiten Dritter haben Autoren und Verlag keinen Einfluss. Eine Haftung dafür wird ebenso ausgeschlossen wie für den Inhalt der Internetseiten, die durch weiterführende Verknüpfungen (sog. "Links") damit verbunden sind.

Gesamtherstellung: GCC, Calbe
Printed in Germany

ISBN: 978-3933041-49-4

Inhaltsverzeichnis

ÜBERBLICK

ÜBERBLICK

Die Grünen Seiten: Das kostet Sie das Reisen im Nordwesten der USA

REISEROUTEN

REISEROUTEN

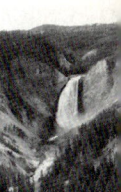
REISEROUTEN

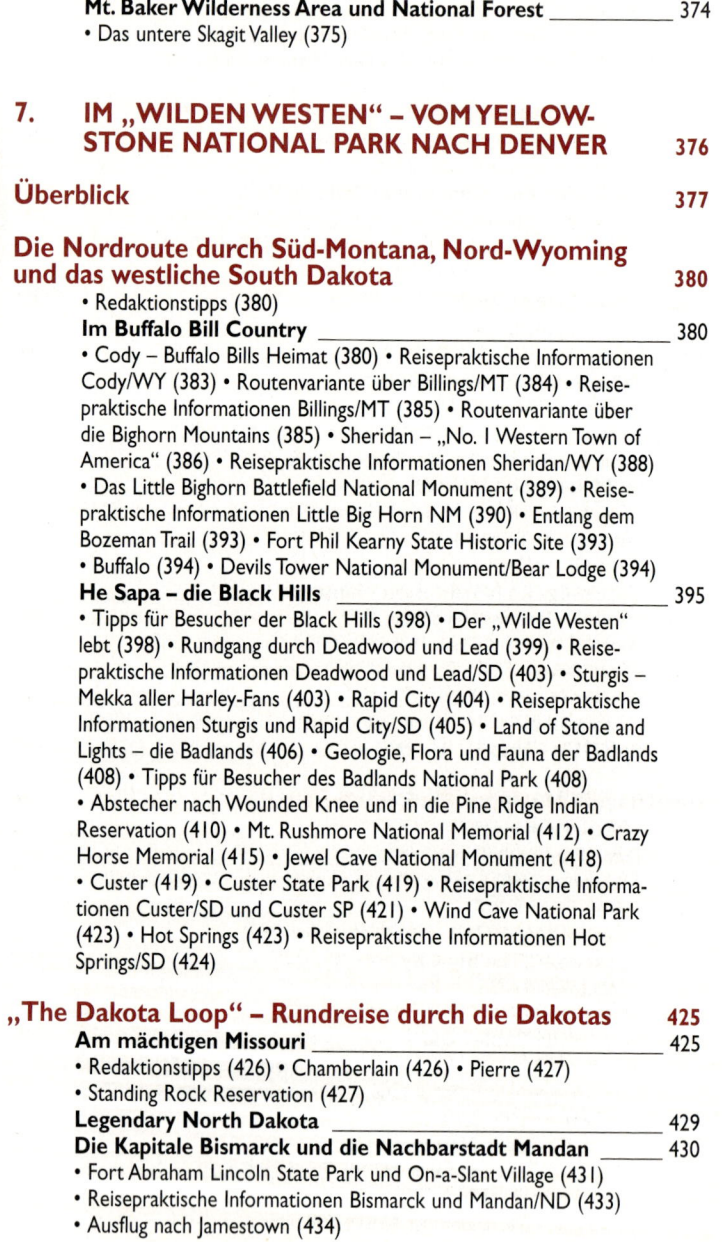

REISEROUTEN

REISEROUTEN

REISEROUTEN

REISEROUTEN

INTERESSANTES

Verzeichnis der Karten und Grafiken

INTERESSANTES

Legende

≣ Autobahn		*i*	Information
Hauptstraße		🚌	Busbahnhof
Nebenstraße		🚆	Bahnhof
beschr. Route /Autobahn		M	Museum
beschr. Route/Hauptstraße		■	wichtige Gebäude
beschr. Route/Nebenstraße		⇔	Fähre
=== Piste (z.T. 4x4)		✈	Intern. Flughafen
⋯⋯ Trail		⚘	Aussichtspunkt
➚ Strand		𝆞	Wandern
★ Sehenswürdigkeiten		▲	Camping
▲ Berg		)(	Pass

© *Regionalia*

INTERESSANTES

I. USA Nordwesten:
Einleitung

Vorwort

Eastward I go only by force; but westward I go free ...
We go eastward to realize history and study the works of art and literature,
retracing the step of the race;
we go westward as into the future, with a spirit of enterprise and adventure.

Der große amerikanische Naturphilosoph und Dichter *Henry David Thoreau* (1803-62) brachte die Faszination des Westens auf den Punkt ebenso wie der Fotograf *Ansel Adams* (1902-84) mit seinen beeindruckend scharfen Schwarzweiß-Landschaftspanoramen von unendlicher Würde und Größe. Obwohl die Zeiten längst vorbei sind, als *Adams* noch menschenleere Nationalparks fotografieren konnte, und inzwischen alles touristisch erschlossen ist, erfasst auch heute noch jeden Besucher ein Hauch von Abenteuer und Aufbruchstimmung. Es ist die Weite – die **Wide Open Spaces** – und die **unberührte Natur** von Landschaften wie dem Yellowstone, dem Hells Canyon oder den Badlands, die beeindrucken.

Für den Nordwesten war 1803 ein **Schicksalsjahr**: Damals erwarb US-Präsident *Thomas Jefferson* für nur 15 Mio. Dollar von Frankreichs Kaiser *Napoleon* den riesigen Landstrich zwischen Mississippi und Rocky Mountains. Das **Corps of Discovery**, eine von *Meriwether Lewis* und *William Clark* angeführte Militärexpedition, machte sich 1804 bis 1806 daran, das neue **Promised Land** zu erkunden. Ihre Entdeckungen trugen dazu bei, dass sich die *Frontier* – die Grenze zwischen europäisch-„zivilisierter" und indianisch-„unzivilisierter" Welt – weiter nach Westen verschob. Rasch entwickelte sich „**Go West, young man**" – eine von *Horace Greeley*, dem Gründer der „New York Tribune", geprägte Parole – zum Lockruf für Abenteurer, Händler und Siedler. Sie fielen in Scharen und von überallher ins „Gelobte Land" ein, um zu siedeln und sich den Boden „untertan zu machen" – auf Kosten der einst hier im Einklang mit der Natur lebenden Indianer.

Es sind die **unermessliche Weite** des Westens, seine relativ dünne Besiedlung, die abwechslungsreichen Landschaften, die atemberaubenden Naturparks und vieles mehr, die den Horizont einer Person enorm erweitern und zum „**Gesinnungswandel**" anregen. Es ist eines der großen Geheimnisse dieser Region, die vom Pazifik im Westen, der kanadischen Grenze im Norden, den Great Plains im Osten und dem Canyonland im Süden eingegrenzt wird, dass sie bei jedem Besucher einen nachhaltigen und intensiven Eindruck hinterlässt.

Das **Angebot an Attraktionen und Eindrücken** ist beinahe unerschöpflich und ungeheuer vielfältig. Es reicht beispielsweise von der rauen Pazifikküste mit Regenwäldern, Nebelschwaden und wildromantischen Stränden über die gigantische Bergwelt der Rocky Mountains und die mächtigen, stets rauchenden Vulkane der Cascade Range bis hin zu den endlosen Weiten der Great Plains, die wiederum unvermittelt von den abweisend erscheinenden und doch faszinierenden Badlands unterbrochen werden.

Man fühlt sich hin- und hergerissen zwischen faszinierenden Großstädten wie San Francisco, Seattle, Denver oder Portland, beschaulich-sehenswerten Städtchen wie Spokane, Redding oder Cheyenne und auf den ersten Blick verschlafenen, jedoch durchaus reizvollen „Provinznestern" wie Bismarck, Missoula oder Boise. Cowboys werden einem auf der Reise genauso begegnen wie Indianer, die stolz auf ihre Traditionen sind und Besucher wie schon zu Zeiten von *Lewis* und *Clark* gastfreundlich begrüßen. Riesige Rinder- und sogar Büffelherden tragen zum **Mythos Wilder „Westen"** bei, der nicht nur in Museen, Saloons, in historischen Orten oder Ghosttowns, auf Guest Ranches und bei Wildwest-Shows am Leben erhalten wird, sondern der auch bei Festen und Rodeos, *Powwows* und Viehtrieben zum Tragen kommt.

Unvergesslich bleiben nicht nur die Nationalparks und die anderen großen Sights, sondern auch Erlebnisse wie ein Wildwassertrip, eine Wanderung, ein Ausritt, eine Bootstour zur Walbeobachtung, die Überquerung der sich mächtig auftürmenden Rockies oder die traumhaften Sonnenuntergänge an der Westküste. Ebenso erinnerungswürdig sind Steaks und das BBQ, aber auch frisches Obst und Gemüse lokaler Herkunft, Lachs und Meeresfrüchte, süffige Biere von Klein(st)brauereien und edle Tropfen kaum bekannter Weingüter in Kalifornien, Oregon oder Washington.

Dieses **Reise-Handbuch** kann nur einen (unvollständigen und subjektiven) Ausschnitt bieten, soll nur **Anregungen** geben und lediglich als **Leitfaden** dienen. Es ist nicht als „Nordwest-Enzyklopädie" zu verstehen, sondern soll **individuelles Reisen und Erkunden** ermöglichen und Anleitung zum bewussten Erleben und Kennenlernen einer riesigen Region geben. Wer genügend Zeit und Offenheit mitbringt, wird von der landschaftlichen Vielfalt und den gastfreundlichen Menschen des Nordwestens begeistert sein. Wichtig auf der Reise ist dabei, sich von der Philosophie des „Weniger ist Mehr" leiten zu lassen und nicht zu versuchen, in wenigen Tagen den gesamten Nordwesten zu erkunden.

Dieser Band ist so aufgebaut, dass erst nach einer **allgemeinen Vorstellung der Reiseregion**, von „Land und Leuten" unter verschiedenen Aspekten – Geschichte, Geografie, Wirtschaft, Gesellschaft und nicht zuletzt dem „Mythos Westen" – die eigentlichen Routen vorgestellt werden. Farblich abgesetzt ist der **Reisepraktische Teil** (Gelbe Seiten), zum einen „Allgemeine Reisetipps von A-Z" zur Planung und Ausführung einer Reise, zum anderen Spezialtipps zu den einzelnen Orten („Regionale Reisetipps von A-Z"). Dazu kommen „Grüne Seiten" mit Anhaltspunkten zu den Kosten einer solchen Reise.

In den **Regionaltipps von A-Z** finden sich vielerlei nützliche Hinweise zu Unterkunft, Essen & Trinken und Verkehrsverbindungen zu den einzelnen Orten. Bei den Übernachtungs- und Restaurant-Tipps musste dabei eine Auswahl getroffen, die zwangsläufig auf persönlichen Erfahrungen beruht. Es wurde versucht, eher ungewöhnliche Plätze auszuwählen, bzw. solche, bei denen Preis und Leistung stimmt; auf die bekannten Kettenhotels und -motels sowie gängige Fastfoodketten wurde weitgehend verzichtet. **Größtmögliche Aktualität** war angestrebt, allerdings kann angesichts der Fülle an Informationen und der Schnelllebigkeit touristischer Angebote keine Gewähr für Korrektheit übernommen werden. Die Autoren sind dankbar für die Mitteilung von Änderungen, die dann bei der nächsten Aktualisierung zum Tragen kommen.

Die getroffene Auswahl **der im Buch beschriebenen Ziele und Routen** basiert auf den eigenen Reiseerfahrungen – wobei aufgrund des zur Verfügung stehenden Platzes Kürzungen und Weglassungen nötig waren und eine Auswahl getroffen werden musste. Die Übersichtskarte auf der rückwärtigen Buchklappe gibt eine Übersicht über Haupt- und Nebenrouten, und immer wieder im Text hervorgehobene Hinweise geben Alternativstrecken an, aber auch andere Tipps für Besucher. Eingeschobene **Exkurse** („INFO") dienen dazu, das Hintergrundwissen noch zu vertiefen und fakultative Zusatzinformationen zu geben.

Nicht versäumen möchten wir, uns an dieser Stelle für die vielfältige Hilfe und Unterstützung bei der Planung bzw. auf unseren zahlreichen Reisen zu bedanken: bei den jeweiligen staatlichen Fremdenverkehrsämtern und lokalen Tourismusbüros, bei den deutschen PR-Vertretungen der verschiedenen Bundesstaaten und nicht zuletzt bei den vielen sonstigen hilfsbereiten Einzelpersonen, teils mittlerweile Freunden, die unsere zahlreichen Aufenthalte in den Staaten stets zum unvergesslichen Erlebnis werden ließen.

Augsburg, im Dezember 2007
Peter Kränzle – Margit Brinke

 Benutzerhinweis

*Das Buch ist so aufgebaut, dass dem eigentlichen Reiseteil ein **Einblick in Geschichte und Kultur** vorausgeht, aber auch andere Aspekte des Reiseziels, ebenso allgemeine Tipps zur Planung und Ausführung einer Reise (**„Gelbe Seiten",** Allgemeine Reisetipps von A-Z, S. 118 ff., sowie Regionale Reisetipps Unterkunft, Essen & Trinken und Verkehrsverbindungen für das Zielgebiet, S. 171 ff.). Im Anschluss folgt der **Reiseteil**, in dem auf alle wichtigen und wesentlichen Sehenswürdigkeiten eingegangen wird. Dabei sind Eintrittspreise und Zeiten nur als Anhaltspunkte zu verstehen. Bei Angabe von zwei Zeiten („9-17/18 Uhr") bezieht sich die spätere Zeitangabe auf die HS/Sommer, die kürzere auf NS/Winter. Ein ausführliches System der Seitenverweise erleichtert das schnelle Zurechtfinden (ⓘ S. 000). Ein detailliertes Register im Anhang schließlich erlaubt es, schnell und präzise den gesuchten Begriff zu finden. In den **„Grünen Seiten"** sind Preisbeispiele für das Reiseziel angegeben.*

*Wir freuen uns über Kritik, Anregungen und Verbesserungsvorschläge:
info@iwanowski.de*

Die USA im Überblick

Fläche	9.809.155 km², inkl. Alaska, Hawaii und Wasserflächen (Weltrang: 3)
Einwohner	303 Mio. (2007), 79 % städtische Bevölkerung, 251 Städte mit mehr als 100.000 EW, 9 mit über 1 Mio. EW; Besiedlungsdichte: ca. 30 EW/km² (vgl. D: 231 EW/km²)
Ethnien	67,4 % Weiße (Caucasians), 14,1 % Hispanics, 12,8 % Afroamerikaner, 4,2 % Asiaten, 1,5 % Indianer, Inuit, Hawaiianer, restl. Prozent mehreren Rassen zuzurechnen
Wurzeln	80,4 % aller Amerikaner mit europäischen Wurzeln: u. a. 15,2 % deutsch, 10,8 % irisch, 8,7 % englisch, 5,6 % italienisch, 3,7 % skandinavisch
Demografische Faktoren	20,6 % der Bevölkerung sind unter 14 Jahre alt, 67 % 15-64 Jahre, 12,4 % über 65 Jahre. Das Bevölkerungswachstum liegt bei 9,92 %, die mittlere Lebenserwartung bei 78 Jahren, jede Amerikanerin gebiert durchschnittlich 2,08 Kinder.
Staatssprache	Englisch, wobei rund 20 Mio. Amerikaner kaum Englisch sprechen
Hauptstadt	Washington D.C. (582.000 EW, Großraum: 5,2 Mio. EW)
Religionen	76,7 % Christen, davon 52 % Protestanten (stärkste Gruppen sind mit 17,2 % Baptisten, 7,2 % Methodisten, 4,9 % Lutheraner, 2,8 % Methodisten), 25 % Katholiken, außerdem knapp 3 % Mormonen, Juden 1,4 %, Muslime 0,6 %, Buddhisten 0,5 %, 14,2 % gehören angeblich keiner Glaubensgemeinschaft an.
Flagge	13 waagerechte abwechselnd rote und weiße Streifen für die 13 Gründerstaaten, in der oberen, blauen Ecke 50 weiße Sterne, die die Bundesstaaten repräsentieren
Nationalfeiertag	4. Juli (Tag der Unterzeichnung der Unabhängigkeitserklärung)
Staats- und Regierungsform	Präsidialrepublik mit bundesstaatlicher Verfassung, wobei der Präsident Kabinettsmitglieder ernennen und entlassen kann. 2-Kammer-Parlament: Senat und Repräsentantenhaus
Städte (Top 10) der USA	(EW innerhalb der offiziellen Stadtgrenzen bzw. in Klammern EW im Großraum nach Census 2005): New York: 8,1 Mio. (18,7), Los Angeles: 3,8 Mio. (12,9), Chicago: 2,8 Mio. (9,4), Houston: 2,0 Mio. (5,2), Philadelphia: 1,4 Mio. (5,8), Phoenix: 1,4 Mio. (5,8), San Antonio: 1,3 Mio. (1,8), San Diego: 1,3 Mio. (2,9), Dallas: 1,2 Mio. (Großraum Dallas-Fort Worth: 5,7), San Jose: 953.679 (1,7 Mio.); weitere Großstädte: San Francisco: 739.426. (4,1 Mio.), Seattle: 573.900 (3,8 Mio.), Portland 556.370 (2,1 Mio.)
Wirtschaft	Stark gemischte und regional höchst unterschiedliche Wirtschaftsstruktur. Größter Sektor ist der Dienstleistungsbereich (75 % aller

Jobs), gefolgt von Industrie und Landwirtschaft. An Bodenschätzen spielen vor allem Kohle, Öl, Mineralien eine Rolle, in der Landwirtschaft sind es Mais, Sojabohnen, Reis, Weizen, daneben die Viehzucht. Ansonsten ist der Tourismus eine tragende Stütze. Im Export spielen vor allem Flugzeuge, Stahl, Waffen und elektronische Geräte (Computer) sowie chemische und pharmazeutische Produkte eine Rolle. Die Staatsverschuldung lag 2005 bei knapp $ 9 Billionen, das BSP bei $ 12,41 Billionen, die Inflationsrate bei gut 4 %.

Arbeitsleben Das mittlere Haushaltseinkommen liegt bei $ 43.318, die Arbeitslosenrate bei ca. 4,7 %. 12,6 % aller Amerikaner leben in Armut. Der Mindeststundenlohn beträgt in den meisten Staaten $ 5,15.

(Angaben basierend auf den jeweils neuesten verfügbaren Statistiken)

Die Staaten des Reisegebiets im Überblick

Staat	Abk.	Hauptstadt	Staat seit	Fläche in km²	EW-Zahl (2004)
California	CA	Sacramento	9. Sept. 1850 (31. Staat)	411.020 km²	36,1 Mio.
Colorado	CO	Denver	1. Aug. 1876 (38. Staat)	270.000 km²	4,7 Mio.
Idaho	ID	Boise	3. Juli 1890 (43. Staat)	216.412 km²	1,4 Mio.
Montana	MT	Helena	8. Nov. 1889 (41. Staat)	380.848 km²	936.000
Nevada	NV	Carson City	31. Okt. 1864 (36. Staat)	286.300 km²	2,4 Mio.
North Dakota	ND	Bismarck	2. Nov. 1889 (39. Staat)	183.022 km²	637.000
Oregon	OR	Salem	14. Feb. 1859 (33. Staat)	251.419 km²	3,6 Mio.
South Dakota	SD	Pierre	2. Nov. 1889 (40. Staat)	199.730 km²	776.000
Utah	UT	Salt Lake City	4. Jan. 1896 (45. Staat)	219.000 km²	2,4 Mio.
Washington	WA	Olympia	11. Nov. 1889 (42. Staat)	174.616 km²	6,3 Mio.
Wyoming	WY	Cheyenne	10. Juli 1890 (44. Staat)	253.597 km²	509.000

2. USA Nordwesten: Land und Leute

Historischer Überblick

Die ersten Amerikaner

Die Geschichte Nordamerikas ist gar nicht so kurz, wie Europäer gerne behaupten, aus indianischer Sicht ist Nordamerika vielmehr ein „Alter Kontinent". Wann die Ahnen der Indianer den nordamerikanischen Subkontinent erstmals betreten haben, ist bislang unklar. Archäologische Funde sowie Radiocarbon-Untersuchungen haben ergeben, dass Einwanderer aus dem fernen Asien eine während der Eiszeiten beste- hende Landbrücke nutzten, um den Bereich der Beringstraße trockenen Fußes über- queren und auf den amerikanischen Kontinent gelangen zu können. Dies geschah vor mindestens 10.000, nach neuestem Forschungsstand wohl eher schon vor 30.000 Jahren.

Kolumbus, so lernt man in der Schule, habe 1492 Amerika „entdeckt", als er auf der Suche nach einem Seeweg von Spanien nach Indien in der Karibik landete. Er war es auch, der die Ureinwohner „Indianer" nannte. Die ersten Europäer, die seit dem 16. Jh. Nordamerika erkundeten – zunächst spanische Abenteurer, dann britische Religionsflüchtlinge –, trafen jedoch nicht nur auf „Wilde", sondern fanden auch die Reste indianischer Hochkulturen vor.

Um etwa 1.000 v. Chr. sollen die **umherziehenden Gruppen von Ureinwoh- nern** sesshaft geworden sein. Es bildete sich eine sehr differenzierte Gesellschaft von Ackerbauern, Jägern und Sammlern heraus – **Woodland Tradition** genannt –, deren Siedlungsgebiet zwischen Atlantik, Mississippi und den Großen Seen lag. Um 900 n. Chr. entstand dagegen in den Tälern des Mississippi und seiner Zuflüsse eine indianische **Hochkultur**, die **Mississippian Tradition** – Ackerbauern, für die Mais, Kürbis, Bohnen, Süßkartoffeln und Tabak die wichtigsten Kulturpflanzen waren. Die Gesellschaft war hierarchisch gegliedert, man lebte in großen Siedlungen, von Holz- palisaden umschlossen und mit charakteristischen *mounds* im Zentrum. Auf diesen pyramidalen Erdaufschüttungen befanden sich die kultischen und weltlichen Macht- zentren – Tempel, Fürstensitze und Versammlungsplätze. Das Ende dieser Kultur fiel mit der **Ankunft der ersten Europäer** zusammen, und Mitte des 16. Jh. waren viele der Siedlungen aufgegeben. Kriege und von den Spaniern eingeschleppte Krankheiten und Seuchen hatten die Indianer zu Tausenden getötet.

Indianische Hoch- kulturen

Es folgte die Zeit der **historischen Indianerstämme** – *Irokesen, Cherokee, Apa- ches, Mandan, Sioux* oder *Nez Perce* sind die bekanntesten Gruppen. So unter- schiedlich die Völker waren, so verschieden verhielten sie sich gegenüber den Neu- ankömmlingen aus Europa: Die einen halfen und waren gastfreundlich, andere zeig- ten sich abweisend und feindlich gesonnen. Das Resultat war jedoch in beiden Fällen prinzipiell dasselbe: Dezimiert durch eingeschleppte Krankheiten, vertrieben, ver- folgt und abgeschlachtet, überlebten nur wenige Indianer in abgelegenen Regionen.

Historische Indianer- stämme

Unrühmlicher Höhepunkt im Osten war eine Umsiedlungsaktion zu Beginn des 19. Jh. Mit dem **Removal Act** von 1830 zwang Präsident *Andrew Jackson* über 16.000 Indianer zur Umsiedlung in ein Indianer-Territorium westlich des Mississippi (heute Oklahoma). Dieser **Trail of Tears** kostete zahllosen Indianern der „Fünf zivilisierten Stämme", der *Creek, Cherokee, Chickawa, Choctaw* und *Seminole*, das Leben.

Die Indianer des Nordwestens

Die **Indianer-Kulturen im Nordwesten** waren erst mit dem *Louisiana Purchase* 1803 ins Blickfeld der USA geraten, erlitten aber ein ähnliches Schicksal der Unterdrückung, Vertreibung und Einweisung in Reservate wie ihre östlichen Nachbarn. Für das in diesem Reise-Handbuch beschriebene Gebiet kann man drei von den unterschiedlichen Lebensräumen geprägte Kulturgruppen unterscheiden: die **Küsten-, Plateau- und Prärie-Indianer.** Als einschneidendes Ereignis entpuppte sich hier die Übernahme des Pferdes aus dem Südwesten im Lauf des 18. Jh.; es sollte das Leben der Indianer im Nordwesten grundlegend prägen.

Küsten-, Plateau- und Prärie-Indianer

Die Küsten-Indianer

Die Küsten-Indianer siedelten im schmalen Küstenstreifen zwischen der Cascade Range bzw. der Sierra Nevada und der Pazifikküste. Diese Stämme verfügten bis zur

Ankunft der Weißen über einen gewissen Wohlstand: Flüsse und der Ozean boten reichlich Fisch, das mild-feuchte Klima sorgte für holzreiche Wälder mit dichtem Wildbestand, und auch die Bedingungen für Ackerbau und das Sammeln von Früchten waren gut. Zum Norden hin, im Küstenstreifen des heutigen Oregon, Washington und British Columbia, war zwar aus klimatischen Gründen Ackerbau nur in begrenztem Umfang möglich, doch lebten auch diese Stämme in Wohlstand. Das zeigte sich in ihrer Bauweise (Holzhäuser), ihrer von einer Adelsschicht dominierten Gesellschaftsordnung und dem hoch entwickelten Kunsthandwerk. Zu den wichtigsten Völkern gehörten *Tlingit, Haida, Tsimshian, Makah, Chinook, Tillamook, Kwakiutl, Bella Bella, Bella Coola* oder *Nootka*.

Vor dem Auftauchen der Weißen lebten die Indianer noch in Frieden und Wohlstand

Typisch für die **Kunst der Nordwestküsten-Indianer** war ihre Meisterschaft in der **Holzbearbeitung**. Ihre oft figurativen Werke wie Holzmasken, die von Schamanen und kultischen Tänzern getragen wurden, oder ihre monumentalen Totempfähle hatten meist religiöse Bedeutung. Bei Letzteren handelt es sich um Wappenpfähle, die übereinander angeordnete

INFO

Zur Terminologie des Wortes „Indianer"

Beim Wort „Indianer/Indians" denken die meisten sofort an federgeschmückte Reiterkrieger. Doch derart aufgemacht liefen lediglich die Mitglieder eines bestimmten Kulturkreises, nämlich der Prärie-Indianer, zu denen die berühmten *Sioux* gehören, herum. In Wirklichkeit weisen die meisten indianischen Völker Nordamerikas – alleine in den USA gibt es etwa 500 – kaum Gemeinsamkeiten auf, was auch ihre zahlreichen Namen belegen.

Als „political correct" wird die Bezeichnung **Native Americans** betrachtet – im Deutschen unzureichend mit „Ureinwohner" wiederzugeben –, allerdings ist diese Bezeichnung seitens der Betroffenen wenig beliebt. Wie einmal der indianische Chef der Abteilung der *Smithsonian Institution* in Washington meinte: „Jeder, der in Nordamerika geboren ist, ist ein ‚Native American', ein gebürtiger Amerikaner. Ich persönlich bin ein Hopi, wer das aber nicht weiß, für den bin ich eben ein ‚Indianer'." In der Tat bezeichnen sich die meisten Indianer, ob *Lakota, Umatilla, Mandan/Hidatsa* oder *Pequot*, selbst als **Indians** – sofern sie die genaue Stammeszugehörigkeit nicht kennen. Von „Indianer" zu sprechen, ist also durchaus in Ordnung – besser jedoch, man verwendet den Namen des jeweiligen Volkes.

Familien- und Clan-Embleme tragen und so die Geschichte einer bestimmten Sippe erzählen. Doch Kisten, Truhen, Zeremonienstäbe, Löffel, Schöpfkellen und Rasseln wurden (und werden) nicht nur für kultische Zwecke, sondern auch für den täglichen Gebrauch geschnitzt.

Daneben verstanden sich die genannten Stämme auf die **Flechtkunst** – die konischen Hüte der *Tlingit* und *Kwakiutl* dürften die berühmtesten Beispiele sein. Einzigartig auch das **Textilgewerbe**: Basierend auf Baumwolle, Rindenbast und Haaren von Wildtieren entstanden Schürzen, *Leggins* (Beinkleider), Hemden und *Chilkast*-Decken, die im 19. Jh. zum wertvollsten Besitz der Stämme zählten. Um das Ansehen einzelner Personen oder Familien zu mehren, verschenkten diese ihre Reichtümer im Rahmen von *Potlatch*-Festen, die allein in diesem Raum bekannt sind.

Indianisches Handwerk

Im Küstenstreifen weiter südlich, im heutigen Kalifornien, war das Sammeln von Eicheln ein wirtschaftlich wichtiger Faktor, da die dortigen Stämme (u. a. *Wintun, Maidu, Miwok, Costano, Yokuts, Pomo, Salina, Chumash, Gabrielino, Diegueno* und *Luiseno*) daraus Mehl herstellten. Für das Sammeln von Lebensmitteln wurde in diesem Raum die Herstellung von Körben (Flechtwerk) zur Meisterschaft entwickelt.

Die Prärie- und Plateau-Indianer

In den kargen Hochebenen zwischen den Küstengebirgen und den Rocky Mountains sowie dem schier endlosen Grasland, den Great Plains, östlich der Rockies bis hin zum Tal des Mississippi siedelten nur verhältnismäßig kleine Gruppen von Sammlern und Jägern. Trotzdem prägten und prägen aber diese **nomadischen Stämme** und nicht die wohlhabenden Indianer an den Küsten das Bild der Weißen vom „typischen Indianer".

Die Tatsache, dass in Hollywood-Produktionen oder in der Abenteuerliteratur eines *Karl May* immer wieder Stammesnamen wie *Arapaho, Assiniboin, Blackfoot, Cheyenne, Comanche, Crow, Kiowa, Mandan, Nez Perce, Omaha, Pawnee, Shoshone* oder *Sioux* auftauchen, mag daran liegen, dass sich deren Alltag besonders gut mit dem Klischee vom freien, kämpferischen und – je nach Perspektive – grausamen oder edlen „Wilden" vertrug. Immerhin waren es die *Sioux* gewesen, die sich unter Führern wie *Crazy Horse* oder *Sitting Bull* am heftigsten gegen die weiße Landnahme gewehrt haben.

Stämme im Westen und Osten

Erst die **Einführung des Pferdes** Mitte des 18. Jh. sorgte für die Entstehung der bis heute wohlbekannten **Prärie-Indianer-Kultur**. Dabei bildeten sich zwei Gruppen heraus: die nomadischen Stämme im Westen – die „typischen" Prärie-Indianer –, die sich fast ausschließlich von der Bisonjagd ernährten, und die östlichen Stämme wie *Mandan* oder *Hidatsa*, die sowohl von der Jagd als auch von der Landwirtschaft lebten und in den Tälern der Flüsse, wie Missouri oder Knive River, feste Siedlungen unterhielten. In ihrer Lebensweise bildeten *Mandan* und *Hidatsa* das Bindeglied zwischen der Prärie- und der Waldland-Kultur des Ostens, als Händler brachten sie zudem diese beiden Kulturen zusammen.

Mächtige Sioux

Im Gebiet des oberen Missouri (Montana) lebten die Stämme der *Blackfoot*-Konföderation, während die Sioux sprechenden *Crow* im Gebiet zwischen Yellowstone und Missouri River sowie im Gebiet des Wind und des Bighorn River (Wyoming) zu finden waren. Als dominante **Macht der Prärie** etablierten sich aber die **Sioux**. Sie bestanden aus drei Gruppen, den *Dakota* im Osten, den *Lakota* oder *Teton* im Westen und den dazwischen lebenden *Nakota*. Berühmt wurden *Lakota*-Stämme wie die *Oglala* oder *Hunkpapa*, die ihre Jagdgebiete im Lauf der Zeit bis nach Montana und Wyoming ausweiteten und den weißen Eindringlingen heftigen Widerstand entgegenbrachten. Im Südosten Wyomings waren schließlich Algonquin sprechende *Cheyenne* zu finden.

Die Stämme lebten relativ **autonom**. Innerhalb des Stammes waren die Mitglieder einem strengen **Ehrenkodex** unterworfen, der auf festen Moralvorstellungen beruhte und bei schwereren Vergehen den Ausschluss aus dem Stamm vorsah. Die Anführer wurden in der Regel situationsgebunden nach Leistung und Lebenserfahrung ausgewählt und übernahmen die Funktion kluger Ratgeber. Zwischen den einzelnen Stämmen kam es häufig zu Auseinandersetzungen, die lange Zeit eher den Charakter von Wettkämpfen hatten, um Jagdrechte oder um wertvolle Zuchtpferde, die man sich gegenseitig „auslieh". Die Kleidung der Mitglieder der Kriegergesellschaften war gemäß dem Ruhm, den sie im Kampf erworben hatten, mit Haaren oder Federn geschmückt, ebenso konnte die Haartracht mit Adlerfedern verziert werden.

Eine **Zwischenstellung** zwischen den Prärie- und Küsten-Indianern nehmen die **Bewohner der Hochebenen** zwischen Coastal Range und Rockies ein. Einerseits wohnten sie einen Großteil des Jahres in festen Siedlungen, lebten vom Fischfang, sammelten Feldfrüchte und betrieben vereinzelt Ackerbau. Im Sommer allerdings zogen sie über die Rockies in die Prärie, um auf die Bisonjagd zu gehen. Als berühmtester dieser Stämme gelten die *Nez Perce*, die zudem bis heute als Pferdezüchter berühmt sind. Zu den **Plateau-Indianern** gehören aber auch Völker wie die *Shoshone*, die in der trockenen Hochebene im südöstlichen Oregon, südlichen Idaho, Nevada und Utah ein eher karges Dasein als Sammler und Jäger fristeten.

Indianer gestern und heute

„... der weiße Mann, fast ein Gott und doch ein großer Dummkopf ...“ – *Plenty-Coup*, ein *Crow*-Indianer, brachte die Meinung der Prärie-Indianer nach fast einem Jahrhundert Kontakt mit den Weißen um 1880 auf den Punkt. Von den rund 65 indianischen Stämmen, die um das Jahr 1600 im amerikanischen Nordwesten lebten, existieren heute noch etwas mehr als die Hälfte. Manche bestehen nur noch aus einzelnen Familien oder leben in Reservaten gemeinsam mit anderen Stämmen. Alle entdecken jedoch allmählich ihre Wurzeln und Traditionen wieder und entwickeln nach Generationen der Resignation **neues Selbstbewusstsein**.

Neues Selbstbewusstsein

„Wir sind keine Disney Indians“, meinte einmal *Tex Hall*, Präsident des *American Congress of Indians* und Chef der *Mandan-Hidatsa-Arikara-Nation* aus North Dakota. Deshalb halten er und viele andere indianische Persönlichkeiten heute die **Rückbesinnung** auf die eigene Kultur für die indianischen Völker für lebensnotwendig.

Das neue Selbstbewusstsein der Indianer kommt beispielsweise bei den zahlreichen Powwows zum Ausdruck

Rückblickend hatten die den Weißen stets skeptisch gesonnenen *Sioux* recht behalten: Etwa ein Jahrhundert nachdem die beiden US-Offiziere und Forscher *Meriwether Lewis* und *William Clark* den Nordwesten 1804 bis 1806 erstmals erkundet hatten, waren durch Seuchen und Kriege fast 90 % der indianischen Bevölkerung verschwunden. Ihrer Heimat beraubt, wohnen die Übriggebliebenen seither vielfach als Almosenempfänger auf fast unfruchtbarem Land. Ein Drittel soll **unter der Armutsgrenze** leben und etwa die Hälfte ist **arbeitslos**. In einem Punkt sind sich deshalb alle einig: Ein **Revival indianischer Kultur** kann dazu beitragen, die Indianer aus ihrer Lethargie zu wecken. „Tradition statt Drogensucht" steht beispielsweise auf einem Plakat in der *Fort Berthold Reservation* in North Dakota und viele Stämme halten eigene Bisonherden, deren Fleisch unter den Stammesmitgliedern verteilt wird – fast wie früher.

Rückbesinnung auf die eigene Kultur

Auf die wechselvolle Geschichte der indianischen Völker wird man während einer Reise durch den Nordwesten immer wieder stoßen; auf einzelne Stämme, Persönlichkeiten und Ereignisse wird an passender Stelle auf der Reiseroute deshalb näher eingegangen.

Die „Entdeckung" Nordamerikas

Fast 500 Jahre vor *Kolumbus* waren bereits **seetüchtige Wikinger** unter *Leif Eriksson*, dem „Roten Eric", von Grönland bis zum Mündungsbereich des St. Lorenz-Stroms und zur Küste des heutigen Bundesstaates Massachusetts gesegelt. Die Wikinger sprachen von „**Vinland**", in Anlehnung an die angeblich gefundenen wild wachsenden Weinreben. Im übertragenen Sinn dürfte eher allgemein die Fruchtbarkeit der besuchten Landstriche gemeint gewesen sein. Zwar unternahmen die Wikinger noch weitere Fahrten nach Nordamerika – in Neufundland entstand sogar eine Siedlung –, doch nachdem sie ihre grönländischen Siedlungen aufgegeben hatten, ging auch das Wissen um ihre Entdeckungsfahrten verloren.

Westweg nach Indien

Die geschriebene Geschichte Amerikas beginnt mit den Fahrten von **Christoph Kolumbus** (1451-1506). Der in Genua geborene Seefahrer stand in spanischen Diensten und wollte im Glauben an die Kugelgestalt der Erde den **Westweg nach Indien** finden. Als er 1492 auf der Bahamas-Insel San Salvador landete, nannte er ihre Einwohner „Indianer". Da damals der Name *Indien* noch nicht bekannt war, soll sich der Name „Indianer" nach einer neuen Theorie von „*gentre en Dios*" („Volk in Gott"), wie *Kolumbus* die Ureinwohner in einem Brief an den spanischen König bezeichnete, ableiten.

Zu den **frühen europäischen Entdeckern** zählte auch *Giovanni Caboto* (1450-98). Er stand als Venezianer in britischen Diensten und erkundete als „John Cabot" 1497/98 den Nordosten des Kontinents. Der Florentiner *Amerigo Vespucci* (1451-1512) vertrat erstmals die Ansicht, dass das von *Kolumbus* betretene Land ein bislang den Europäern unbekannter Erdteil sei. Der deutsche Kartograf *Martin Waldseemüller* nannte deshalb zu Ehren *Vespuccis* den Kontinent nach dessen Vornamen *Amerigo* „**America**". 1513 erreichte der spanische Konquistador *Vasco Núñez* die

Landenge von Panama und stellte fest, dass westlich davon ein neues Weltmeer, der Stille Ozean, beginnt. Er lieferte somit den Beleg für *Vespuccis* These.

Die Kolonisierung

Der „neue" Kontinent rückte schnell in die Interessenssphäre der europäischen Mächte. Anfangs konnten sich die Spanier alle Gebiete, die rund 600 km westlich einer von Pol zu Pol über die Azoren verlaufenden Linie lagen, unter den Nagel reißen: Im **Vertrag von Tordesillas** von 1494 hatten sie sich mit Portugal, damals die zweite bedeutende Seemacht, auf diese Trennung der Interessen geeinigt. Der Vertrag wurde sogar vom Papst, der damals völkerrechtlich bindenden Autorität, bestätigt. Als sich jedoch zu Beginn des 16. Jh. der Reformationsgedanke verbreitete und der Machteinfluss Spaniens nach der Niederlage gegen England (1588) schwand, änderte sich die Ausgangslage und mehrere europäische Nationen rangen nun um Einfluss auf dem amerikanischen Kontinent.

Vertrag von Tordesillas

Kolonisierung durch die Spanier

Spanische Eroberer nahmen den amerikanischen Kontinent für Spaniens Krone in Besitz und diese richtete als erste europäische Macht Kolonien ein. Es handelte sich bei den „Konquistadoren" um Männer aus niedrigem, verarmtem Adelsstand, die versuchten, möglichst schnell zu Ruhm und Reichtum zu gelangen. Dabei gingen sie mit den angetroffenen Kulturen wenig zimperlich um: *Hernando Cortez* (1485-1547) zerstörte das Aztekenreich in Mexiko, *Franzisco Pizarro* (1478-1541) das Inkareich in Peru und *Vasco Núñez de Balboa* (1475-1517) erreichte den Stillen Ozean und erklärte ihn zum spanischen Besitz. *Francisco Vázquez de Coronado* (1510-44) führte auf der Suche nach Gold Expeditionen ins Gebiet der heutigen Bundesstaaten Arizona und New Mexico durch.

Goldsuche

Vázquez de Coronado war es auch, der unfreiwillig das Pferd in Nordamerika einführte. Gold fand er allerdings ebenso wenig wie ihm folgende Abenteurer. Gleichermaßen schenkte *Hernando de Soto* (1500-42) den Legenden von sagenhaften Goldschätzen Glauben. Von der Golfküste Floridas absolvierte er einen langen Irrweg durch den Südosten, ehe er vier Jahre später am Mississippi starb. 1565 gründete Admiral *Pedro Menéndez de Avilés* in Florida St. Augustine als **erste dauerhafte spanische Siedlung** auf dem nordamerikanischen Kontinent.

1575 gab es in Amerika fast 200 zumeist kleine spanische Siedlungen und als Arbeitskräfte dienten in erster Linie die einheimischen Indianer. Gleichzeitig mit den Konquistadoren hatten katholische Missionare begonnen, ihre Religion unter den „Wilden" zu verbreiten. Sie errichteten Schulen und förderten handwerkliche Fähigkeiten, zerstörten aber mit ihren Bekehrungsversuchen, der gewaltsamen Ansiedlung um die Missionen und der geforderten Zwangsarbeit die ursprüngliche Kultur der Ureinwohner. Als immer klarer wurde, dass es in Nordamerika jene sagenhaften Gold- und Silberreichtümer nicht gab, ließ das spanische Interesse ab Mitte des 16. Jh. nach und beschränkte sich auf wenige Punkte zwischen dem Südwesten und Florida.

Französische Landnahme

In Frankreich nahm man die Geschichten von den Schätzen in Mittel- und Südamerika mit Interesse auf, ohne jedoch einen Vorstoß in spanische Sphären zu erwägen. Man wandte sich vielmehr dem **Nordosten des neuen Kontinents** zu: 1524 erreichte der Florentiner *Giovanni da Verrazano* (1480-1527) unter französischer Flagge die Hudson-River-Mündung. *Jacques Cartier* (1491-1557) war 1534 noch weiter nordöstlich unterwegs und segelte ins Mündungsgebiet des St. Lorenz-Stroms.

Französische Siedler

Nach diesen ersten Erkundungen fasste Frankreich ganz allmählich auch auf dem nordamerikanischen Kontinent Fuß. Französische Pelzhändler drangen über den St. Lorenz-Strom in das Gebiet der Großen Seen und ins spätere Neuengland vor. Die Besiedlung durch französische Siedler blieb allerdings stets dünn, zu riesig waren die beanspruchten Gebiete. Nur ein Netz von verstreuten Stützpunkten – wie das im Jahr 1608 von *Samuel de Champlain* gegründete Québec City – hielt **Neu-Frankreich**, dessen Zentrum in der heutigen kanadischen Provinz Québec lag, zusammen.

1673 stießen der Jesuit *Jacques Marquette* (1637-75) und *Louis Joliet* (1645-1700) von Nordosten aus zum Mississippi vor, und 1682 erreichte *Robert Cavelier de La Salle* (1643-87) die Mississippi-Mündung. Sie untermauerten damit den französischen Anspruch auf die ganze Region zwischen der Flussmündung in den Golf von Mexico bis hinauf an die Großen Seen und weiter zur Mündung des St. Lorenz-Stroms. Die Region nannte *de La Salle* **La Louisiane** und nahm sie für *König Ludwig XIV.* in Besitz. 1718 gründete *Jean Baptiste le Moyne, Sieur de Bienville* (1680-1768), schließlich **La Nouvelle Orléans**, das heutige New Orleans.

Louisiana Purchase

Aufgrund der europäischen Verwicklungen war Frankreich nicht in der Lage, langfristig seine Gebietsansprüche gegen die sich von der Küste aus langsam ausbreitenden Engländer zu verteidigen. Im **Frieden von Utrecht** von 1713 erhielt England beispielsweise die Gebiete um die Hudson Bay, Neuschottland und Neufundland zugesprochen. Nach dem **King George's War** (1744-48) sowie dem **French and Indian War** (1754-63) übernahm England die kanadischen Gebiete sowie das Territorium östlich des Mississippi. Im Jahr 1803 schließlich verschwand Frankreich in Amerika ganz von der Bildfläche: Die USA erwarben im Rahmen des **Louisiana Purchase** das von Frankreich beanspruchte Gebiet zwischen Mississippi und den Rocky Mountains.

Holländische Kolonisierung

Das holländische Interesse an der Neuen Welt konzentrierte sich vor allem auf das heutige **Gebiet von New York und New Jersey**. Im Jahr 1609 versuchte *Henry Hudson* im Auftrag der holländischen *Ostindischen Handelsgesellschaft* eine Nordwestpassage nach Asien zu finden. Er gelangte dabei in das Mündungsgebiet des nach ihm benannten Wasserlaufs und befuhr ihn bis in die Gegend um die heutige Hauptstadt des Staates New York, Albany. Sofort beanspruchte er den Fluss sowie das Tal für seine niederländischen Auftraggeber.

Nur wenige Jahre später, 1614, erforschten die Holländer die Region um Long Island und hoben hier **Nieuw Holland** (Neuholland) aus der Taufe. 1626 kaufte der damalige Direktor der neu gegründeten *Westindischen Handelskompanie*, *Peter Minuit*, den Indianern die Insel **Manhattan** für einen Gegenwert von 60 Gulden ab. Hier wurde als Hauptstadt von Neuholland **Nieuw Amsterdam** gegründet. Im Jahr 1647 übernahm *Peter Stuyvesant* das Amt des vierten Gouverneurs der Stadt und trieb die Stadtentwicklung voran. Schon 1664 endete jedoch die holländische Kolonialepisode mit der Besetzung der Stadt durch die Engländer.

Neuholland

Mächtige Engländer

Für die **systematischste und nachhaltigste Kolonisierung** zeichneten die Briten verantwortlich. Von Beginn an wurden die englischen Kolonien als Siedlungen angelegt und nicht – wie bei den Franzosen – nur als Handelsstützpunkte. Von vornherein zielte die britische Kolonialpolitik auf die Erschließung neuer Siedlungsräume: Auswanderer aus dem überbevölkerten England sowie unliebsame Untertanen sollten eine dauerhafte Bleibe finden.

Plimoth, die erste englische Kolonie im Nordosten

Handelskompanien und andere private Gesellschaften erhielten deshalb Schutzbriefe der britischen Könige und bauten damit ganz offiziell **„königliche Kolonien"** auf. Diese hatten wiederum Recht auf Schutz und Hilfe durch die Krone, die sich neue Steuereinnahmen, Absatzmärkte und Rohstofflieferanten erhoffte. Nach Bezahlung ihrer Überfahrt an die Koloniebetreiber oder dem Erwerb von Anteilen der Gesellschaft wurden die Einwanderer selbstständige Eigentümer des Landes, das sie bewirtschafteten. Da in den Kolonien erstmals auch **neue politische und religiöse Grundstrukturen** erprobt werden konnten, waren später die in großer Zahl aus dem englischen Mutterland eingeströmten Einwanderer die führende Kraft im Kampf gegen die Bevormundung durch das Mutterland und den folgenden Unabhängigkeitskampf.

Königliche Kolonien

Die **ersten Versuche**, an der Ostküste sesshaft zu werden, startete *Sir Humphrey Gilberts* im Jahr 1583 auf Neufundland (Kanada), gefolgt von *Sir Walter Raleigh* 1585 auf Roanoke Island an der Küste von North Carolina. Beide mussten jedoch aufgrund der Unwirtlichkeit der Region, wegen Lebensmittelknappheit und Kapitalmangel vorzeitig aufgeben. Die eigentliche Kolonisierungswelle begann **1607** mit der Entsendung von Siedlern durch die „Virginia-Kompanie". Unter der Führung von *John Smith* gründeten sie in diesem Jahr den Ort **Jamestown** in der Kolonie **Virginia**.

1620 griffen die 102 so genannten *Pilgrim Fathers* (Pilgerväter) die Idee auf und riefen weiter nördlich, beim heutigen **Plymouth** in **Massachusetts**, eine Kolonie ins

Leben. Noch auf dem Schiff, der berühmten „Mayflower", hatten sie den „Mayflower-Vertrag" geschlossen, der die Gründung eines nach religiösen Vorstellungen geordneten politischen Gemeinwesens mit gewählten Repräsentanten vorsah. Im Jahr 1621 brachten die Pilgerväter mit Hilfe der einheimischen Indianer die erste Ernte ein und initiierten damit den *Thanksgiving Day*. 1630, nachdem auch in **Salem** und **Boston** Siedlungen entstanden waren, erhielt Massachusetts offiziell den Status einer Kolonie.

Das Verhältnis zwischen Siedlern und Indianern war nicht immer freundschaftlich

Schon 1623 war mit **Portsmouth** die erste Kolonie im heutigen **New Hampshire** gegründet worden und in der Folge ging es Schlag auf Schlag: 1629 übergab *King Charles I.* das ursprünglich von den Spaniern beanspruchte **Carolina** an *Robert Heath* und seine Gesellschaft – 1730 erfolgte erst die Teilung in einen Nord- und Südteil. Die Gründung der Kolonie **Maryland** ist Katholiken zu verdanken, die 1634 von *Cecil Calvert* in **Baltimore** angesiedelt worden waren. Benannt nach *Henriette Marie*, der Frau *Charles I.*, wurde Baltimore erster katholischer Bischofssitz auf nordamerikanischem Boden. 1635 wurde **Connecticut** gegründet, 1636 **Rhode Island**, 1664 besetzten die Engländer das holländische **New York**, **New Jersey** sowie das ehemals schwedische, dann holländische **Delaware**. Der Quäker *William Penn* gründete 1681 **Pennsylvania** und 1683 als dessen Hauptstadt **Philadelphia**, die „Stadt der brüderlichen Liebe". In den Folgejahren ließen sich viele deutsche religiöse Flüchtlinge, meist Mennoniten, dort nieder. Im Jahr 1732 schließlich gründete *James Oglethorpe* mit **Georgia** die letzte der 13 britischen Kolonien in Nordamerika.

Das Leben in den Kolonien

Entwicklung in den Kolonien

Die **Entwicklung in den einzelnen Kolonien** verlief aufgrund der geografischen und klimatischen Gegebenheiten sehr unterschiedlich. Verbindende Elemente waren die gemeinsame Sprache, ähnliche Gebräuche sowie der gemeinsame kulturhistorische Hintergrund, doch war man sonst zunehmend auf Eigenständigkeit bedacht. Florierten in den Neuengland-Staaten, im Nordosten, Fischfang, Holzverarbeitung (Schiffsbau), Pelzhandel und Bergbau, war Pennsylvania zunächst landwirtschaftlich geprägt und brachte es durch Getreideproduktion zu Wohlstand. In den südlichen Staaten der Ostküste entstand dagegen eine prosperierende Plantagenwirtschaft.

In den **Neuengland-Staaten** blieb die Bevölkerung zunächst weitgehend homogen englischer Abstammung. Es galten puritanische Lebensideale wie Glaube, Fleiß und Sparsamkeit. Man lebte weitgehend autark und versorgte sich selbst mit Lebensmitteln, Kleidung und Möbeln. Boston und New Haven mauserten sich zu Zentren einer „Kolonial-Aristokratie"; hier wurden auch mit Havard (1636) und Yale (1701) die ersten Universitäten gegründet.

In den **zentralen Kolonien** Pennsylvania, Delaware, New York oder New Jersey war die Gesellschafts- und Wirtschaftsstruktur bereits facettenreicher als in Neuengland: Es gab sowohl kleine Farmen als auch riesige Landgüter (z. B. im Hudson-River-Tal), es wurden Ackerbau, Viehzucht und Obstbau betrieben. In Städten wie New York und Philadelphia blühten Handel und Handwerk. Die **südlichen Kolonien**, vor allem Virginia und Carolina, entwickelten den größten Wohlstand. Hier entstanden große Baumwoll-, Tabak-, Reis- und Zuckerrohrplantagen mit imponierenden Herrenhäusern. Eine relativ kleinen Oberschicht machte sich mittels ganzer Heerscharen an rechtlosen Sklaven ein angenehmes Leben und garantierte wirtschaftlichen Aufschwung.

Plantagen-wirtschaft

Die **erste bedeutende Einwanderungswelle** in die neuen Kolonien kam aus Großbritannien. Besonders viele verließen den „alten Kontinent", als 1673 unter *Charles II.* alle nicht der anglikanischen Kirche angehörenden Puritaner und Katholiken vom politischen Leben ausgeschlossen wurden. Ende des 17., Anfang des 18. Jh. kamen deutsche und irische Einwanderer hinzu. Der Grund für die **deutsche Auswanderung** war in erster Linie die religiöse Verfolgung Andersgläubiger, wie Mennoniten oder Herrnhuter.

Deutsche siedelten bevorzugt im 1683 von *Franz Daniel Pastorius* gegründeten Germantown, heute Stadtteil von Philadelphia, in der Kolonie New York sowie im Mohawk-Tal. Die nördlichste deutsche Siedlung im 18. Jh. war Waldoboro in Maine, die südlichste Ebenezer bei Savannah in Georgia. Im Jahr 1750 lebten etwa 100.000 Deutsche in Amerika, fast 70 % davon in Pennsylvania – und nach neuesten Zahlen haben immer **noch ein Viertel der heute lebenden Amerikaner deutsche Wurzeln**. Der Grund für die massive Auswanderung aus Irland und Schottland waren sowohl Verfolgung und Enteignung der irischen Katholiken unter *Cromwell* als auch herrschende Hungersnöte. Zwischen 1600 und 1770 wanderten insgesamt mehr als 750.000 Menschen aus Europa nach Nordamerika aus.

Deutsche Wurzeln

Der Kampf um die Unabhängigkeit

Schon zu Anfang war die politisch-geistige Stimmung in den neuen Kolonien durch demokratisches Gedankengut bestimmt, wonach allen Menschen die gleichen Möglichkeiten und Rechte zustehen. Der wirtschaftliche, soziale, aber auch kulturelle Aufstieg der Kolonien stärkte das Selbstwertgefühl gegenüber dem britischen Mutterland. Man entfremdete sich immer mehr vom Königreich, das gleichzeitig versuchte, durch verschiedene **Maßnahmen und Gesetze** die Kolonien strenger an die Kandarre zu nehmen.

Beispielsweise verbot England zum Schutz der eigenen Wirtschaft die Einfuhr von Wolle und Stoffen ins Mutterland. Die amerikanische Textilindustrie durfte ihre Waren nur innerhalb der Kolonien verkaufen. 1707 beschloss das britische Parlament die volle gesetzgebende Macht auch über alle Kolonien. Der König behielt sich das Recht vor, Gouverneure zu ernennen oder abzusetzen und er konnte eigenmächtig in den Kolonien verabschiedete Gesetze aufheben.

1750 verbot der *Iron Act* z. B. die Errichtung von Eisenhütten und Betrieben zur Eisenverarbeitung in den Kolonien; Roheisen durfte hingegen nach England ausgeführt werden. Der so genannte *Currency Act*, 1764, untersagte die Herausgabe eigenen Geldes in den Kolonien, und der *Stamp Act* (1765) schrieb vor, dass auf alle Urkunden und Druckerzeugnisse Gebührenmarken geklebt werden mussten. Im gleichen Jahr bestimmte der *Quartering Act*, dass die Kolonien ein Drittel der Kosten für das britische Militär in ihrem Gebiet selbst zu tragen hätten. Als dann 1767 auch noch bestimmte Waren wie Papier, Glas, Tee und Malerfarben mit Einfuhrzöllen belegt wurden *(Townshend Act)*, war das Fass kurz vor dem Überlaufen.

„Keine Besteuerung ohne Mitsprache-recht"

Die Engländer bekamen immer **stärkeren Gegenwind** zu spüren: Nach der Einführung des *Stamp Act* wurden öffentlich Stempelmarken verbrannt, und die englische Regierung war ein Jahr später gezwungen, das Gesetz aufzuheben. Die Parole der Kolonisten, *„no taxation without representation"* („keine Besteuerung ohne Mitspracherecht"), wurde zum politischen Slogan. Gegen die Besteuerung der im *Townshend Act* benannten Güter wehrten sich die Bürger aller Kolonien, indem sie sich zum Boykott dieser Waren entschlossen. Bis auf die Besteuerung von Tee musste auch dieses Gesetz 1770 zurückgenommen werden.

Der Boykott brachte besonders die *East India Company* in finanzielle Schwierigkeiten und sie erhielt daraufhin das alleinige Recht, Tee nach Amerika zu exportieren. An der Steuerschraube für Tee wurde weiter gedreht – und der Proteststurm blieb nicht aus: Am 16. Dezember 1773 warfen als Indianer verkleidete Kolonisten unter der Führung von *Samuel Adams* Tee ins Meer. Diesen als **Boston Tea Party** in die Geschichte eingegangenen Vorfall ließ die britische Regierung nicht auf sich beruhen: Sie plante, den Hafen von Boston so lange zu schließen, bis die vernichtete Teemenge bezahlt worden war – was jedoch nie realisiert wurde.

1. Kontinentalkongress

Die nun an Heftigkeit und Gewalt zunehmende Auseinandersetzung mit dem Mutterland schweißte die Kolonien stärker zusammen. Sie trafen sich 1774 zum **1. Kontinentalkongress** in Philadelphia und beschlossen, den Handelsverkehr mit dem Mutterland sowie mit den anderen britischen Kolonien abzubrechen; nur Georgia und New York stimmten diesem Plan zunächst nicht zu. Das britische Parlament verbot daraufhin vergeblich allen Kolonien, den Boykott umzusetzen. In Massachusetts, das wegen der *Tea Party* besonders in Ungnade gefallen war, wurde daraufhin eine Bürgermiliz aufgestellt: Die **Minute Men** hatten sich als feurige Patrioten zum sofortigen Einsatz, „innerhalb von Minuten", bereit erklärt.

Am 19. April 1775 begann der **Unabhängigkeitskrieg**, als bei Lexington (nahe Boston) britisches Militär versuchte, die kolonialen Milizverbände zu entwaffnen. Die britischen Verbände mussten sich zurückziehen, und aus dem Streit um mehr Rechte war ein Kampf um die Unabhängigkeit der nordamerikanischen Kolonien geworden. Am 10. Mai 1775 fand in Philadelphia der **2. Kontinentalkongress** statt. Der

bisher eher lockere Verband der *Minute Men* wurde zur „Amerikanischen Konti-
nentalarmee" und *George Washington* zum Oberbefehlshaber. Es schien, als ob die
professionell ausgebildeten britischen Truppen mit dem bunt zusammengewürfelten
Trupp von Kolonisten kurzen Prozess machen würden. Dennoch erklärte am **4. Juli
1776** der Kongress in Philadelphia die Unabhängigkeit der Kolonien von Großbritannien. *Thomas Jefferson* war beim Entwurf der **Unabhängigkeitserklärung**, die
alle 13 Kolonien wenig später unter-
zeichneten, federführend. Mit diesem
Dokument war das Leben, die Freiheit sowie das persönliche Streben
nach Glück als unveräußerliche Menschenrechte fixiert – und die **Vereinigten Staaten von Amerika**
waren geboren.

Natürlich waren Auseinandersetzungen mit den Briten am Tag der Unabhängigkeitserklärung nicht beigelegt
– im Gegenteil: **General Washington** musste sich zunächst bei Bran-
dywine (südlich von Philadelphia) geschlagen geben, die Engländer besetzten New York und Philadelphia

*General George Washington kommandierte die Truppen
der aufständischen Kolonisten*

und der Kongress floh nach York (Pennsylvania). In Europa verfolgte man mit Interesse die Entwicklungen, und 1777 segelte der französische **Marquis de Lafayette**
mit einer kleinen Freiwilligenschar nach Nordamerika, um *Washington* zu unter-
stützen.

Außerdem machte sich ein ehemaliger preußischer Offizier namens **Friedrich Wilhelm von Steuben** daran, aus dem zusammengewürfelten Haufen eine schlagkräf-
tige Armee zu formen. Dank seiner Bemühungen wendete sich das Blatt und die Briten konnten mehrmals geschlagen werden. Nach dem Erfolg in der **Schlacht bei
Saratoga** am 7. Oktober 1777 erkannte Frankreich die Vereinigten Staaten offiziell
an und erklärte Großbritannien den Krieg. 1780 folgten Spanien und 1781 die Niederlande dem Beispiel Frankreichs. Am **19. Oktober 1781** schließlich kapitulierten
die Briten bei **Yorktown** (Virginia). Nun blieb Großbritannien nichts mehr anderes
übrig, als im **Frieden von Paris** („Treaty of Paris") am 3. September 1783 die
13 Kolonien als frei, unabhängig und selbstständig anzuerkennen.

*Preußische
Militär-
schule*

Die Gründung der Vereinigten Staaten von Amerika

Auf die Unabhängigkeitserklärung und den militärischen Befreiungsschlag folgte die
Verabschiedung einer **Verfassung am 17. September 1787** durch die *Constitu-
tional Convention*. Sie ist im Kern bis heute gültig, wurde lediglich nach und nach durch
derzeit 27 Verfassungsänderungen *(Amendments)* ergänzt. Sie ist damit die älteste,
immer noch gültige demokratische Verfassung der Welt und beruht auf dem Prinzip

INFO
Die politischen Staatsorgane und ihre Aufgaben

„We, the people of the United States, in order to form a more perfect Union, establish justice, insure domestic tranquility, provide for the common defense, promote the general welfare, and secure the blessings of liberty to ourselves and our posterity, do ordain and establish this Constitution for the United States of America."

(„Wir, das Volk der Vereinigten Staaten, getragen vom Willen, die Union zu vervollkommnen, Gerechtigkeit zu schaffen, inneren Frieden zu gewährleisten, für eine gemeinsame Verteidigung zu sorgen, das allgemeine Wohl zu fördern sowie uns und unseren Nachfahren den Segen der Freiheit zu bewahren, begründen und widmen den Vereinigten Staaten diese Verfassung.")

Der Präsident – Exekutive

Der Präsident wird auf vier Jahre über Wahlmänner (Elektoren) und nicht vom Volk gewählt. Eine Wiederwahl ist nur einmal möglich, und bei seinem Tod rückt der Vizepräsident automatisch nach. Der US-Präsident ist gleichzeitig **Staats- und Ministerpräsident**. Er ist für die Bildung seiner Regierung verantwortlich und kann dabei auch auf qualifizierte Personen anderer Parteien oder auf Parteilose zurückgreifen. Der Präsident ist **Oberbefehlshaber des Militärs**, allerdings ist eine eventuelle Kriegserklärung Sache des Kongresses. Die beiden großen Parteien, Demokraten und Republikaner, bestimmen auf den Nationalkonventen im Sommer des Wahljahres in einer Mischung aus basisdemokratischem Vorgang und Show ihre beiden Präsidentschaftskandidaten. In den meisten Staaten werden die **Wahlmänner** durch geheime Wahlen, *Primaries*, bestimmt. Ihre Zahl hängt von der Größe eines jeden der 50 Bundesstaaten ab. Die Wahlmänner bestimmen dann abschließend im Sommer auf einem großen Parteikonvent den Kandidaten.

Der Kongress – Legislative

Der Kongress setzt sich aus dem **Senat** *(Senate)* und dem Repräsentantenhaus *(House of Representatives)* zusammen. Unabhängig von seiner Größe entsendet jeder Bundesstaat für jeweils sechs Jahre zwei Senatoren in den Senat, insgesamt sind es also 100. Alle zwei Jahre wird jeweils ein Drittel der Senatoren direkt vom Volk neu gewählt. Der Senat hat insbesondere in **außenpolitischen Fragen** eine starke Stellung. Der US-Präsident benötigt eine Zweidrittelmehrheit im Senat, um internationale Verträge abschließen zu können, und auch die Benennung hoher Beamter sowie Richter bedarf der Zustimmung durch den Senat. Im **Repräsentantenhaus** sind die Bundesstaaten proportional zu ihrer Bevölkerungsgröße vertreten. Die Zahl von 435 Abgeordneten ist seit 1912 konstant, wobei diese jeweils für zwei Jahre gewählt werden. Das Repräsentantenhaus hält aufgrund seiner Stimmenmehrheit insbesondere bei **Budgetverhandlungen** eine Schlüsselstellung inne.

Das Gerichtswesen – Jurisdiktion

Dem unabhängigen Gerichtswesen steht der **Oberste Gerichtshof** *(Supreme Court)* vor. Er kann im Bedarfsfall die Verfassungsmäßigkeit aller politischen Entscheidungen überprüfen und ist damit **die Kontrollinstanz** gegenüber Präsidenten und Kongress. Der Präsident benennt die Richter des Obersten Gerichtshofes in Beratung und mit Zustimmung des Senats.

eines Bundesstaates mit großer Zentralgewalt sowie der strengen Trennung von Exekutive, Legislative und Judikative.

Die Verfassung trat am 4. März 1789, nach der Ratifizierung durch alle 13 ehemaligen Kolonien in Kraft, und auf ihrer Grundlage wurde **George Washington** einstimmig zum **ersten Präsidenten der USA** gewählt. 1791 wurden bereits die ersten zehn Verfassungsergänzungen *(Amendments)* verabschiedet. Diese **Bill of Rights** gewährleistete die grundsätzlichen Menschenrechte wie Unverletzbarkeit von Eigentum und Person, Presse- und Versammlungsfreiheit sowie freie Religionsausübung.

Bill of Rights

1793 wurde **George Washington** wiedergewählt und als Bundeshauptstadt Washington, D.C. (District of Columbia) bestimmt, das ab 1800 Sitz des Präsidenten und des Kongresses sein sollte. Zu dieser Zeit lebten rund 4 Mio. Menschen in Amerika, aber es gab nur fünf Städte mit mehr als 10.000 Einwohnern. Im Jahr 1796 beendete *Washington* seine Amtszeit, nicht ohne in seiner Abschiedsrede den Amerikanern geraten zu haben, sich nicht in europäische Angelegenheiten einzumischen – was bekanntlich nicht beherzigt wurde.

Auf **John Adams** (1797-1801) folgte **Thomas Jefferson** als dritter US-Präsident. In seine Amtszeit fiel 1803 der Erwerb des französischen Territoriums *(Louisiana Purchase)*, das die heutigen Bundesstaaten Arkansas, Nebraska, Missouri, Iowa, South Dakota, den größten Teil Oklahomas und Kansas sowie Teile des heutigen North Dakota, Montana, Wyoming, Colorado, Minnesota sowie Louisiana einschloss. Auf einen Schlag konnten so die Vereinigten Staaten für den lächerlichen Betrag von 15 Mio. Dollar ihr Staatsgebiet verdoppeln.

Kurze Zeit später griffen europäische Streitigkeiten auch auf den amerikanischen Kontinent über. Der **britisch-französische Krieg** um die Vorherrschaft in Europa hatte 1806 zur Kontinentalsperre sowie zur britischen Gegenblockade 1807 geführt – seit dem Unabhängigkeitskrieg waren Frankreich und die USA Verbündete. Amerikanische Handelsschiffe konnten fortan die wichtigsten europäischen Häfen nicht mehr anlaufen, worunter die Wirtschaft der Neuen Welt in wachsendem Maße litt. Im **Krieg gegen Großbritannien** (1812-14) versuchten die Vereinigten Staaten, sich Kanada einzuverleiben, doch aufgrund der zu kleinen und schlecht ausgerüsteten Armee unterlagen sie und konnten u. a. die Besetzung von Washington, D.C. und die Zerstörung von Kapitol und Weißem Haus nicht verhindern. Diese Schmach im Norden machte die amerikanische Armee während des Kampfes um New Orleans 1812 wett und errang so einen wichtigen psychologischen Sieg. Erst der **Frieden von Gent** sicherte 1814 den Vorkriegszustand und beendete endgültig die Feindschaft zwischen Großbritannien und den USA.

Krieg gegen Großbritannien

Die Erforschung und Besiedlung des Westens

Nach einer Forschungsreise (1804-06) der beiden Offiziere *Meriwether Lewis* und *William Clark* mit dem **Corps of Discovery** im Auftrag von Präsident *Jefferson* begann die **Erschließung und Besiedlung** des „**Wilden Westens**" (ⓘ S. 316). Die

Lewis & Clark auf ihrem Weg in den „Wilden Westen"

frontier, jene Grenze zwischen weißer Zivilisation und Wildnis, verschob sich seit den ersten Kolonien stetig weiter westwärts.

Der große Zug nach Westen jenseits des Mississippi setzte bereits zu Anfang des 19. Jh. ein: Hohe Geburtenraten in den Staaten an der Ostküste sowie ein nicht abreißender Einwandererstrom aus Europa – 1825 waren über 10.000, 1854 bereits über 4 Mio. Menschen zugewandert – förderten die zunehmende Besiedlung der Gebiete des mittleren und pazifischen Westens. Die Inanspruchnahme des Indianerlandes erfolgte dabei in mehreren Phasen: von Forschern, Trappern und Händlern über Handelsposten zu „normalen" Siedlern, Handwerkern, Kaufleuten und anderen Berufen. Hier war wieder einmal der sprichwörtliche Pioniergeist der Kolonisten gefragt, nicht die Herkunft, sondern die Leistung war maßgeblich. „*The cowards didn't start and the weak didn't make it*" – lautet ein bis heute viel zitiertes Sprichwort.

Forscher, Trapper und Abenteurer im Nordwesten

Nach der „Entdeckung" Amerikas 1492 blieb der größte Teil des Nordwestens lange Zeit unerforscht und war *terra incognita*. Dabei hatten bereits zu Anfang des 16. Jh. spanische, portugiesische und englische Expeditionen stattgefunden, die von der mexikanischen Pazifikküste in den Norden führten – alle auf der Suche nach Gold. Etwa 1510 kam erstmals das Gerücht über die Insel „California" auf, wo schwarze Amazonen leben und Goldschätze horten sollten, und noch im Jahr 1638 malte der Holländer *Johannes Jansson* Kalifornien als Insel. Auch die Mär vom sagenhaften Goldland „El Dorado" wurde von manchem Abenteurer auf den Westen der heutigen USA bezogen.

Suche nach El Dorado

Zu den Leichtgläubigen gehörte der **Portugiese** *Juan Rodríguez Cabrillo*, der 1542 von Mexiko entlang der pazifischen Küste nach Norden segelte und als erster Europäer in Kalifornien vor Anker ging. Wichtig für die europäische Entdeckung des Nordwestens waren aber die **Spanier** *Francisco Vázquez de Coronado*, der 1540 das heutige New Mexico erforschte, *Bartolomeo Ferello*, der 1543 an der Küste Oregons entlangsegelte und noch weiter nach Norden vorstieß, *Juan Perez*, der als erster Europäer den Mt. Olympus sichtete, und *Juan de Fuca*, der 1592 die nach ihm benannte kanadisch-amerikanische Wasserstraße zwischen Vancouver Island und der Olympic-Halbinsel entdeckte.

Mit Ausnahme einiger kleiner Forts hatten diese Erkundungsfahrten keine Besiedlung zur Folge, sie unterstrichen jedoch später den spanischen Anspruch auf das gesamte Land entlang der pazifischen Küste des Kontinents. Den größten Widerstand setzten die **Briten** entgegen, doch galt ihr (erfolgloses) Interesse hauptsächlich der legendären Nordwest-Passage, also dem nördlichen Seeweg von Europa in den Pazifik, der dem Handel mit dem Fernen Osten ganz neue Dimensionen verliehen hätte.

Schon 1579 war **Sir Francis Drake** mit seinem Schiff „The Golden Hind" in Kalifornien an Land gegangen – irgendwo zwischen San Francisco und Los Angeles – und dann, vor den Spaniern, bis zur heutigen kanadischen Grenze hinaufgesegelt. Es sollte aber 200 Jahre dauern, bis wieder ein Engländer diese Region erforschte, nämlich **James Cook** (1728-79). Auf seiner dritten Weltreise, die für den Entdecker tragisch auf Hawaii endete, erforschte und kartierte er die nordwestamerikanische Küste bis hinauf nach Alaska und zu den Aleuten. Dabei traf er nicht nur auf verschiedene Indianer- und Eskimostämme, sondern auch auf die spanische und russische Konkurrenz.
Britische Entdecker

Ein weiterer wichtiger Entdecker war *Cooks* Navigationsoffizier **George Vancouver** (1757-98), der die Erkundungsfahrten vor der Küste British Columbias fortsetzte, durch eine Umseglung den Inselcharakter des nach ihm benannten Vancouver Island nachwies und sich im Nootka Sound mit einer spanischen Expedition über eine Abgrenzung der Interessenssphären verständigte. Auch der Schotte **Alexander Mackenzie** schrieb Geschichte im Norden, als er 1789 als erster Europäer den nach ihm benannten Strom zum Polarmeer befuhr und auf einer zweiten Reise (1793) weitere weiße Flecken auf der Landkarte erforschte.

Zu diesem Zeitpunkt gab es im Osten Nordamerikas bereits die **unabhängigen Vereinigten Staaten**, die sich neben Spanien und England ebenfalls um Einflussnahme und Besitzansprüche im Nordwesten bemühten. Sie konnten dabei auf Entdecker wie *Robert Gray* verweisen, der 1792 die Mündung des Columbia River erkundete, jenen legendären Fluss, den 1788 die englischen Seeleute *Meares* und *Douglas* noch als weite Meeresbucht interpretiert hatten. Auch *Simon Fraser* war ein Amerikaner, der 1808 den Fraser River bis zur Mündung in den Pazifik (bei Vancouver) befuhr.
Besitzansprüche

Als vierte Macht im Bunde trat an der Pazifikküste **Russland** in Erscheinung, das seit 1788 (und bis 1867!) in Alaska bereits amerikanisches Land besaß. Schon 1725 war der im Dienste des Zarenreichs stehende Däne *Vitus Jonasson Bering* (1681-1741) zu einer Weltreise aufgebrochen und konnte bei einer weiteren Expedition nachweisen, dass Asien und Amerika zwei durch die Bering-Straße getrennte Kontinente sind. Ab 1794 segelten russische Pelzhändler und Siedler von den Aleuten und Alaska aus regelmäßig in den Süden, 1805 wurde als Hauptstadt von Russisch-Alaska Neu-Archangelsk gegründet und 1812 schließlich sogar als südlichster Vorposten das kalifornische Fort Ross – eine befestigte Station mit Kommandantur, Kirche, Landwirtschaft und Pelzhandel. 1844 musste es wegen wirtschaftlicher Schwierigkeiten wieder aufgegeben werden.

Go West!

Wirtschaftliche und militärische Schwäche zwangen schließlich die Spanier, sich weiter nach Süden zurückzuziehen – im Jahr 1819 war man bereits am 42. Breitengrad angelangt. Für die Besiedlungsgeschichte des amerikanischen Nordwestens bedeutete dies, dass – mit Ausnahme Kaliforniens – von den ursprünglich vier Interessenten nur noch die USA und England übrig geblieben waren. Dabei ließen gerade die USA keinen Zweifel daran, dass sie den gesamten Subkontinent, vom Atlantik bis zum Pazifik, als ihr alleiniges Interessengebiet betrachteten.

Mountain Men

Nach dem erwähnten *Louisiana Purchase* 1803 und der ersten Forschungsexpedition 1804-06 durch *Lewis* und *Clark* erkundeten zunächst Trapper – die **Mountain Men** – im Dienste von Pelzhändlern wie *Manuel Lisa* oder *Johann Jacob Astor*, und US-Offiziere das weite Land. Von besonderer Bedeutung waren dabei die **militärischen Expeditionen** von *Zebulon M. Pike* 1806/07, *Stephen H. Long* 1819/20, *Jedediah S. Smith* 1826-29, *Charles Wilkes* 1838-42, *John C. Frémont* 1842-45 oder die legendäre Expedition von *Major John Wesley Powell* 1869 entlang Green und Colorado River.

Die Weiten des Nordwestens wurden zunächst von der US-Regierung als **Jagd- und Indianerland** angesehen, doch dann musste man sich dem Druck der Abenteurer, Unternehmer und vor allem Siedler beugen. Ab 1841 zogen Tausende auf der Suche nach einer neuen Heimat über Routen wie den *Oregon* oder *California Trail* westwärts.

Grenze zwischen Kanada und USA

1846 wurde der **49. Breitengrad als Grenze** zwischen dem britischen Interessengebiet – dem späteren Kanada – und den USA im *Oregon Boundary Treaty* festgelegt. Er markiert, mit Ausnahme von Vancouver Island, auch heute noch die Staatsgrenze zwischen Kanada und den USA. Zu diesem Zeitpunkt strömten auf der „Wilderness Road", wie man den *Oregon Trail* und andere Verkehrswege zusammenfassend nannte, bereits Treck um Treck nach Westen, und alljährlich gelangten Zigtausende von neuen Siedlern ins „Gelobte Land". Entlang der Strecke war in kürzester Zeit jedes Stück fruchtbarer Boden vereinnahmt, alles vermessen und jegliches Großwild abgeschossen. Auf breiter Front eroberten die Weißen den Westen: Den Pelzhändlern und Trappern folgten Holzfäller, Landvermesser, Viehzüchter, Bergleute und schließlich Farmer.

„Herren der Prärie"

Die Besiedlung des Westens ging einher mit wachsenden **Auseinandersetzungen mit den Indianern**. Die Lebensbedingungen der Indianer, dezimiert durch eingeschleppte Krankheiten und erschöpft vom verzweifelt geleisteten militärischen Widerstand, verschlechterten sich zusehens. Mit der Ausrottung der vormals riesigen Büffelherden hatte man die einst stolzen „Herren der Prärie" ihrer Lebensgrundlagen beraubt; sie wurden in Reservate gepfercht bzw. zwangsumgesiedelt.

Bald schon machten die neuen Siedlungsräume **Verkehrsverbindungen** nötig, um mit der Zivilisation des Ostens in Verbindung zu bleiben. Um 1850 war die Ostküste großenteils durch Eisenbahnlinien erschlossen und man begann, den Westen für erste Überlandlinien zu vermessen. Als am 10. Mai 1869 die **erste Transkontinentalverbindung** mit dem symbolischen Zusammentreffen der Bautrupps von *Union* und *Central* (später *Southern*) *Pacific Railroad* bei Promontory, Utah, gefeiert wurde, war ein weiterer entscheidender Schritt zur Besiedlung des Westens getan.

Landvermesser, die der vorrückenden *frontier* folgten, teilten fortan das gesamte Land in ein den Himmelsrichtungen entsprechendes Raster auf. Überall dort, wo es das Gelände erlaubte, wurde diese schematische Landvermessung durchgeführt. Das Rastersystem der Städte geht genau wie die schnurgeraden Straßen auf dem Land darauf zurück.

Der Goldrausch und seine Folgen

Zu jener Zeit, als im Südwesten der amerikanisch-mexikanische Krieg zu Ende ging und die größten Gebiete der heutigen Bundesstaaten Kalifornien, Nevada, Utah, Arizona und New Mexico an die USA fielen, ging ein weiteres Ereignis wie ein Lauffeuer um die Welt: „Gold in Kalifornien!" Aus aller Welt machten sich Tausende von Glücksrittern auf den Weg, und zwischen 1848 und 1851 zog der **California Gold Rush** rund 300.000 Menschen auf dem See- und Landweg an; die meisten nutzten San Francisco als Ausgangspunkt auf ihrem Weg zum Sacramento River.

„Gold in Kalifornien"

Für die passenden Hosen, die den Anforderungen des harten Schürferalltags gewachsen waren, sorgte *Levi Strauss*, ein 20-jähriger Immigrant aus Bayern. Er steht symbolisch für die **Nutznießer des Goldrauschs**: Es waren nicht die Goldgräber

selbst, sondern Unternehmer wie er, Bankiers, Händler und Ladenbesitzer, die die Preise für Unterkunft, Lebensmittel, Ausrüstungsgegenstände und Dienstleistungen nach Belieben diktieren konnten. Während die Schürfer für eine Unze (28,365 g) Goldstaub gerade einmal 16 Dollar erhielten, mussten sie beispielsweise für eine Holzplanke rund 20, für ein Ei mindestens 1, für ein Pfund Kaffee 5 oder für ein paar Stiefel über 100 Dollar bezahlen. Das alles konnte den Zustrom an Glücksrittern jedoch nicht bremsen – zu verführerisch waren die Gerüchte vom schnellen Reichtum! Das Jahr 1852 war gleichzeitig **Höhe- und Wendepunkt** des Goldrauschs, in dem die *Digger* eine Rekordsumme von 81 Mio. Dollar aus den Minen holten. Doch da waren die Schürfgründe bereits erschöpft, und der Rausch verflog fast ebenso schnell, wie er gekommen war. Einige der Glückssucher zogen daraufhin nach Colorado, Nevada, Alaska oder Kanada, um weiter nach Edelmetallen zu schürfen, doch viele blieben und trugen so zur weiteren Besiedlung des Nordwestens bei.

Glücksritter im Westen

Eine Neuauflage des Goldrauschs erlebte die Region ein halbes Jahrhundert später, als ab 1896 im Norden Kanadas große **Funde am Klondike River** gemacht wurden. Wie einst San Francisco von der Entwicklung profitiert und sich binnen kürzester Zeit zur blühenden Metropole entwickelte hatte, war es nun **Seattle** am Puget Sound, das zur Drehscheibe der Aktivitäten und zum wichtigsten Wirtschaftszentrum der Region wurde. Schließlich konnten die Goldsucher erst dann nach Alaska reisen, wenn sie mit ausreichend Proviant und Ausrüstung für ein Jahr ausgestattet waren.

Der Nord-Süd-Konflikt

Parallel zur infrastrukturellen Erschließung des Landes verlief der wirtschaftliche Aufschwung, der sich zunächst auf die Nordost- und Oststaaten beschränkte: Der Überseehandel blühte auf, ebenso Schiffsbau und Fisch-, vor allem Walfang. In den **Neuengland-Staaten** entwickelte sich eine produktive Textilindustrie und in Massachusetts gab es bereits 1814 eine Spinnerei und Weberei. Hier erfand 1793 *Eli Whitney* die Baumwollentkörnungsmaschine, welche ab 1800 in Serie ging, und *Cyrus McCormick* die Erntemaschine – beides wichtige Impulse für die expandierende Farmwirtschaft.

Diskrepanz Nord- und Südstaaten

Sowohl mit der industriellen als auch mit der landwirtschaftlichen Produktion ging es steil bergauf. Gleichzeitig wuchs die **Diskrepanz zwischen Nordstaaten und dem Süden**: In den Südstaaten herrschte ein aristokratisch gesonnener Landadel, dem riesiger Grund gehörte und der auf pompösen Landsitzen residierte. Auf Großplantagen wurden, basierend auf der billigen Arbeitskraft der Sklaven, Baumwolle, Tabak und Zuckerrohr angebaut. In den nördlichen Staaten war die Gesellschaftsstruktur differenzierter: Hier lebten Geschäftsleute, Industrielle, Bankiers, Industriearbeiter und Farmer und demokratisches Gedankengut war fester verankert.

Zum zentralen Streitpunkt zwischen Nord und Süd eskalierte die **Sklavenfrage**. Die ersten Präsidenten der USA hatten noch gehofft, das Problem würde sich von selbst lösen. *Washington* hatte in seinem Testament die Freilassung seiner Sklaven bestimmt und *Jefferson* 1808 den Sklavenhandel verboten. 1619 erstmals nach Amerika verschifft, lebten zu diesem Zeitpunkt aber schon über 1 Mio. Sklaven in den USA; sie stellten ein Viertel der Gesamtbevölkerung. 1818 gab es in den Vereinigten Staaten zehn Bundesstaaten mit Sklavenhaltung und elf „freie" Bundesstaaten.

Die zwiespältige Haltung in der Sklavenfrage wurde deutlich, als 1820 Missouri als neuer Bundesstaat aufgenommen werden sollte. Im **Missouri-Kompromiss** spielte schließlich die 1763-67 gezogene **Mason-Dixon-Line** entlang dem 39. Breitengrad als Trennlinie zwischen sklavenhaltenden und -freien US-Staaten eine entscheidende Rolle. So wurde Missouri erlaubt, Sklaven zu halten, was dort und im benachbarten Kansas in den 1860er Jahren zu bürgerkriegsähnlichen Zuständen führte. 1832/33 waren bereits erste Gruppen von „**Abolitionisten**", d. h. Zusammenschlüssen von Gegnern der Sklavenhaltung, entstanden, die 1854 die *Republikanische Partei* gründeten. Die Abschaffung der Sklaverei wurde zum heißen Eisen, und vor allem Staaten mit großen Plantagen (Virginia, Georgia, North und South Carolina) waren um ihr wirtschaftliches Wohl besorgt.

Mason-Dixon-Line

Der amerikanische Bürgerkrieg (Sezessionskrieg)

Als 1860 der Republikaner *Abraham Lincoln* zum Präsidenten gewählt wurde, brach der Konflikt zwischen den Süd- und Nordstaaten in aller Schärfe aus. Aus Protest gegen seine Wahl schied zunächst Ende 1860 South Carolina aus der Union aus. Im ersten Halbjahr 1861 folgten Mississippi, Florida, Alabama, Georgia, Louisiana, Texas, Virginia, Arkansas, Tennessee und North Carolina.

Formell wurde die Spaltung am 4. Februar 1861 vollzogen, als sich die Abtrünnigen zu den **Konföderierten Staaten von Amerika** zusammenschlossen und *Jefferson Davis* zum Präsidenten wählten. Hauptstadt wurde zunächst Montgomery (Alabama), dann Richmond (Virginia).

Schüsse vor Fort Sumter

Als die Konföderierten schließlich am **12. April 1861 Fort Sumter** (Charleston) angriffen und die Unionstruppen von dort vertrieben, war der Bruderkrieg vorprogrammiert. Anfangs wurde die Auseinandersetzung noch als „sportlicher Wettstreit" betrachtet, doch der zahlen- und materialmäßig überlegene Norden musste rasch einsehen, dass der zusammengewürfelte Haufen der *Confederates* sich bravourös wehrte und seine Erfolge vor allem den genialen Schachzügen von erfahrenen Befehlshabern wie *Robert E. Lee* oder „*Stonewall*" *Jackson* zu verdanken hatte.

Vier Jahre blutiger Konflikt

Kriegselend

Der Sezessionskrieg zog sich insgesamt über **vier Jahre**, bis zum April 1865, hin und stellte auf allen Gebieten der Kriegführung, von der technischen Ausrüstung bis hin zu den Menschenverlusten, alles bislang Dagewesene in den Schatten. Frappierend waren vor allem die Brutalität der Kämpfe und das Elend in den Kriegsgebieten. Von den etwa 260.000 Soldaten der Konföderierten, die im Bürgerkrieg starben, kamen „nur" 94.000 im Kampf ums Leben, die große Masse starb an Krankheiten, wegen Erschöpfung oder in Gefangenschaft. Nach neuesten Forschungen wurde von 40 Soldaten nur einer im Kampf getötet, einer von zehn starb an einer Krankheit und ein Zehntel wurde gefangen genommen; jeder siebte Gefangene überlebte die primitiven Haftbedingungen nicht.

Das Schlachtfeld von Manassas, wenige Kilometer westlich von Washington

Beide Seiten waren nicht auf einen derart langen Krieg vorbereitet gewesen, doch letztendlich brachten die 23 unionstreuen Bundesstaaten, zu denen alle Nordost-Staaten gehörten, die **besseren Voraussetzungen** für einen Sieg mit, allein zahlenmäßig: Im Norden lebten 22 Mio. Menschen, im Süden nur 9 Mio. Zudem war die Rüstungsindustrie vor allem im Norden ansässig und auch Kapital stand dort reichlicher zur Verfügung als im Süden. Je länger die Auseinandersetzungen dauerten, umso stärker konnten die Unionstruppen ihre Überlegenheit ausspielen, erst recht, als auf Unionsseite ab 1863 General *Ulysses S. Grant* als Oberbefehlshaber dem Konföderierten-Chef General *Robert E. Lee* gegenüberstand.

Die **Einnahme von Vicksburg** und die **Schlacht bei Gettysburg** ließen das Jahr **1863** zum Schicksalsjahr werden. Der berühmt-berüchtigte Marsch von General *William T. Sherman* von Tennessee durch Georgia an die Küste – der „**March to the Sea**“ – von Mai bis Juli 1864 und die damit verbundene Zerstörung der Nachschubbasis der Konföderierten, Atlanta, brachen den Widerstand endgültig. Von Atlanta bis Savannah am Atlantik war ein 100 km breiter Streifen total verwüstet und die nördlichen von den südlichen Bundesstaaten abgetrennt worden. Die auseinanderfallende Konföderation und deren Heer unter *General Lee* **kapitulierte** schließlich nach langwierigen Rückzugsgefechten am **9. April 1865 in Appomattox**, Virginia, nahe der alten Südstaaten-Hauptstadt Richmond.

March to the Sea

Wiederaufbau nach dem Sezessionskrieg

Die Einheit der Nation konnte nun wiederhergestellt werden, die Sklaverei war nominell abgeschafft. Im Jahr 1863 erklärte *Abraham Lincoln* im **Emancipation Act** alle 3 Mio. Sklaven in den Südstaaten für frei. Doch der Süden als politischer und wirtschaftlicher Verlierer auf der einen Seite und der triumphierende Norden auf der anderen Seite waren nach Kriegsende nicht automatisch versöhnt. Abgesehen von den hohen Verlusten an Menschenleben auf beiden Seiten war das Land in eine Finanz- und Wirtschaftskrise gestürzt und die Phase des Wiederaufbaus, der „**Rekonstruktion**“, wie die Jahre von 1865 bis 1877 genannt werden, gestalteten sich höchst schwierig.

Am 14. April 1865 wurde **Präsident Abraham Lincoln**, der stets auf Ausgleich bedacht war, von einem fanatischen Südstaatler in Washington, D.C. erschossen. Es brach die Zeit der radikalen Republikaner an, die vor allem die Interessen der Großunternehmer und des Kapitals vertraten. Die **politische Szene in den Südstaaten** änderte sich schlagartig, man fiel in die frühe Kolonialzeit zurück. *Carpetbaggers*, Geschäftemacher aus dem Norden, *Scalawags*, mit ihnen kooperierende Südstaatler, freie Schwarze, die weder des Schreibens noch des Lesens kundig waren, aber in politische Ämter drängten, und das Nordstaatenmilitär beherrschten das Land – häufig mit dubiosen Mitteln. Folgen waren eine **Verarmung des Landvolkes** und eine starke Opposition in der alten Oberschicht. Der **Klu-Klux-Klan**, ein Geheimbund, entstand, verübte zahlreiche Terroranschläge und versetzte die afroamerikanische Bevölkerung in Angst und Schrecken.

Mord an Präsident Lincoln

Eine politische Wende und das Ende der Besatzung ermöglichten 1876 die **Rückkehr der Südstaaten in die Union**. Sofort begannen die konservativen Kräfte, die alten Plantagenfamilien, wieder die Macht an sich zu reißen, unterstützt von einer neuen Schicht von Händlern und Kaufleuten. Vor allem die Großgrundbesitzer hatten jedoch enorm gelitten und es kam, teils zwangsläufig, zur Aufspaltung in Mittel- und Kleinbetriebe. Auch ärmere Weiße und befreite Sklaven konnten nun, zumindest theoretisch, Grund erwerben, zumeist bewirtschafteten sie das Land jedoch nur als **rechtlose Pachtbauern** *(share-cropper)*. Es ging ihnen häufig nicht viel besser als zuvor – sie erhielten keinen Lohn, lediglich Unterkunft und Gerät sowie einen Ernteanteil.

Es dauerte, doch die **Landwirtschaft** erholte sich wieder, zur Baumwolle kam die Textilindustrie und der Tabakanbau wurde intensiviert. Es entwickelte sich nach und nach auch im Süden mit sich verbessernden Bildungschancen eine breitere Mittelklasse. Ein allmählicher Anschluss an die Nordstaaten schien in Aussicht, doch letztlich verstanden es die Konservativen, die aufgehobenen Rassenschranken wieder aufzurichten – unter dem Motto „*seperate-but-equal*" („gleich, aber getrennt").

Zeit der Hochindustrialisierung („Gilded Age")

Wirtschaftlicher Aufschwung

Die Entwicklung der Vereinigten Staaten wurde nach Beendigung des Bürgerkriegs durch die zunehmende Erschließung des Westens geprägt. Der **wirtschaftliche Aufschwung** nahm in der zweiten Hälfte des 19. Jh. ungeahnte Formen an: Verkehrserschließung, riesige Rohstoffvorkommen, eine durch Einwanderung erhöhte Zahl an Arbeitskräften, ein großer Binnenmarkt und staatliche Schutzzölle ließen den **freien Wettbewerb** explodieren.

Viele **Erfindungen** sorgten für zusätzliche Dynamik: Der Telegraph von *Samuel F. B. Morse* (1837), das Telefon (*Alexander Graham Bell*, 1876), die Schreibmaschine (*Christopher L. Sholes* für *Remington*, 1873) und die wegweisenden Erfindungen von *Thomas A. Edison. Henry Ford* stellte 1892 das erste Auto vor und *John B. Dunlop* erfand 1888 den pneumatischen Reifen.

Im Kontext dazu kam es zu ersten Zusammenschlüssen und **Trust-Bildungen**, zunächst bei den Eisenbahngesellschaften, später auch in der Erdöl- und Stahlindustrie. 1890 griff die Regierung zum Instrument des *Anti-Trust-Law*, einer Art Kartellgesetz, das wettbewerbseinschränkende Zusammenschlüsse von Unternehmen untersagte. Die Arbeitnehmer, auf der anderen Seite, nahmen in **gewerkschaftsähnlich organisierten Formen** bereits ab 1866 ihre Interessen wahr. Im Vordergrund standen der Kampf um einen Achtstundentag und das Verbot von Kinderarbeit. Die Bewegungen wurden 1886 im Dachverband *Federation of Labor* zusammengefasst.

Aus Niemandsland werden Bundesstaaten

Infrastruktur durch Eisenbahnbau

Sowohl in Nordkalifornien als auch in Washington wurde der Goldrausch von einem **Wirtschaftsboom** begleitet, und zugleich wuchs aus den chaotischen Verhältnissen langsam ein zivilisiertes Gemeinwesen heran. Die Infrastruktur wurde „nachgeliefert": Man kartierte die Region, installierte Postkutschenlinien und Eisenbahnen, baute Städte und Dörfer. Für die immensen Bauvorhaben, gerade im **Eisenbahnbau**, griff man auf chinesische Arbeiter zurück, von denen nach Abschluss etliche im Lande blieben. Die neu gebauten Eisenbahnlinien brachten Tausende von Einwanderern aus Europa und den Staaten östlich des Mississippi in den Westen. An den Verkehrsknotenpunkten entstanden, wie vormals rings um die Forts, neue Siedlungen, die Immigranten anlockten.

Vom Amerikanischen Bürgerkrieg (1861-65), bei dem Kalifornien und Oregon auf Seiten der Nordstaaten kämpften, waren die Staaten des Westens weniger betroffen als ihre östlichen Nachbarn. Zwei Jahre nach Kriegsende konnte an der Pazifikküste das amerikanische Territorium erheblich erweitert werden, als man **Alaska** für 7,2 Mio. Dollar Russland abkaufte. Die Leidtragenden der weißen Expansion waren, wie so oft, die Indianer, denen die kargsten Gebiete als Reservationen zugewiesen wurden und denen man durch neue Indianergesetze 1887 einen Großteil ihres Grund und Bodens wegnahm. Setzten sie sich zur Wehr, schlug die US-Armee brutal zurück.

Der Westen machte in der zweiten Hälfte des 19. Jh. **eine rasante Entwicklung** durch. Während in manchen Regionen noch Indianerkriege tobten, besuchten bereits die ersten Touristen Naturwunder wie den Yellowstone National Park. Die Besiedlung im Nordwesten wuchs, bald waren über 60.000 Einwohner erreicht und die einzelnen Gebiete bemühten sich um die **Aufnahme in die Union** als eigenständige Bundesstaaten. Kalifornien wurde, dank des Goldrauschs, schon im Jahr 1850 als 31. Staat aufgenommen, Oregon folgte 1859 (33.), Colorado 1876 (38.) und im Jahr 1889 folgten North und South Dakota an 39. bzw. 40. Stelle sowie Montana (41.) und Washington (42.). 1890 wurden Idaho (43.) und Wyoming (44.) und 1896 schließlich Utah als 45. Staat aufgenommen.

Rasante Entwicklung im Westen

Weltmacht USA

Die wirtschaftliche Dominanz ließ die Vereinigten Staaten von Amerika auch auf der internationalen Bühne aktiver werden. Bislang war die **Monroe-Doktrin** für die amerikanische Außenpolitik maßgebend gewesen – jene Rede, in der Präsident *James Monroe* 1823 bestimmt hatte, dass sich die USA nicht in europäische Belange einmischen und dass europäische Interessen nicht auf amerikanischem Boden ausgetragen werden dürften.

Diese **Politik des Isolationismus** lockerte sich speziell im Zuge einiger Zwischenfälle: 1895 war es in **Kuba** zu einem Aufstand gegen die spanische Kolonialmacht gekommen. Die US-Wirtschaft hatte hier erhebliche Summen investiert und sah ihre Einlagen gefährdet. Als das US-Schiff „Maine"1898 im Hafen von Havanna aus ungeklärter Ursache sank, erklärten die USA Spanien den Krieg. Im *Frieden von Paris* (10.12.1898) verzichtete Spanien daraufhin auf Kuba, Puerto Rico und Guam. 1898 annektierten die USA Hawaii, Puerto Rico und Guam und die Philippinen wurden als pazifischer Stützpunkt angegliedert.

Politik des Isolationismus

In zunehmendem Maße verstanden sich die USA als **internationale Polizeimacht**. So musste 1902 Kuba den USA Hoheitsrechte einräumen und als 1903 Panama gegründet wurde, behielten sich die USA Schutzrechte vor, um den Bau des **Panamakanals** abzusichern. 1904 deklarierte Präsident *Theodore Roosevelt* das Recht der USA, sich auch in die inneren Angelegenheiten lateinamerikanischer Staaten einzumischen, um Interventionen europäischer Mächte zu verhindern. Auf dieser Grundlage besetzten die USA 1914-24 die Dominikanische Republik, intervenierten 1914-17 in Mexico, 1921 in Guatemala, in Honduras 1911, 1913 und 1924/25, in Nicaragua 1912-25 sowie 1927-36 und mischten sich im Pazifik und in Asien als Ordnungsmacht ein.

Soziale Spannungen

Innenpolitisch waren die USA um die Wende zum 20. Jh. von **starken sozialen Spannungen** und Fehlentwicklungen – bedingt durch Korruption, Kapitalismus, fehlende soziale Absicherungen, Arbeitsplatzmangel – geprägt. Die monopolistischen Zusammenschlüsse in der Wirtschaft wurden während der Präsidentschaft von *Theodore Roosevelt* (1901-09) heftig bekämpft. In diesen Jahren hatte die **Landwirtschaft** ihre Expansionsmöglichkeiten ausgeschöpft und war dem anhaltenden Einwandererdruck nicht mehr gewachsen. Die Menschen drängten nun in die Städte, die wiederum drohten, aus allen Nähten zu platzen; Arbeitslosigkeit, Wohnungsnot und Armut nahmen ungeahnte Dimensionen an.

Die USA zwischen 20. und 21. Jahrhundert

Beim Ausbruch des **Ersten Weltkriegs** im Jahr 1914 blieben die Vereinigten Staaten zunächst neutral. 1915 bahnte sich ein Stimmungswandel an: Das mit Kriegsmaterial beladene britische Passagierschiff „Lusitania" und die „Arabic" wurden durch deutsche U-Boote versenkt, dabei fanden auch amerikanische Staatsbürger den Tod. Als *Woodrow Wilson* 1916 zum Präsidenten wiedergewählt wurde, versuchte er erfolglos zwischen den kriegsführenden Parteien zu vermitteln. Die USA begannen daraufhin aufzurüsten, griffen aber zunächst nicht ein. Erst als 1917 Deutschland den uneingeschränkten U-Boot-Krieg erklärte und deutsche Planungen eines Kriegs mit den USA bekannt wurden, kam die Wende.

Am **6. April 1917** erklärte Amerika dem Deutschen Reich den Krieg. In den USA wurde daraufhin der Lebensmittel- und Kraftstoffverbrauch rationiert sowie die allgemeine Wehrpflicht eingeführt. Bereits 1917 kämpften US-Truppen unter dem Befehl von General *John Joseph Pershing* an der Seite der europäischen Verbündeten. Bis Kriegsende hatten die USA etwa 2 Mio. Soldaten an die Fronten geschickt und knapp 120.000 Tote zu beklagen.

Gründung des Völkerbundes

Bis zum Kriegsende verfolgte Präsident *Wilson* seine **Maxime des „Friedens ohne Sieg"**. In einem 14-Punkte-Programm entwarf er 1918 eine Vision vom Weltfrieden, von einer freiheitlich-demokratischen Weltordnung und befürwortete die Gründung eines Völkerbundes. Seine Thesen beinhalteten u. a. das Selbstbestimmungsrecht aller Völker, die Räumung und Rückgabe aller besetzten Gebiete, Abrüstung, Freiheit auf allen Weltmeeren und den Abbau von Handelsbeschränkungen, außerdem Vertragsabschlüsse zwischen den einzelnen Nationen, um sich gegenseitig politische Unabhängigkeit sowie Staatsgebiete zu garantieren.

Der daraufhin entstandene Völkerbund erreichte sein friedenstiftendes Ziel allerdings nicht – selbst die USA traten ihm nicht bei.

Zwischen beiden Weltkriegen

Nach dem Ersten Weltkrieg war die Stellung der USA als **führende Industrie-macht** unangefochten. Die folgenden „**Goldenen Zwanziger**" – „*The Fabulous (Golden) Twenties*" – initiierten einen neuerlichen Wirtschaftsaufschwung. Unter Präsident *Calvin Coolidge* (1923-29), der behauptete, „Amerikas Geschäft ist das Geschäft" und „Reichtum ist der Hauptzweck des Menschen", wurden die ohnehin privilegierten Kreise weiter begünstigt. 1926 kam es zu einer Steuersenkung für Großverdiener, die Antimonopol-Gesetze wurden z. T. aufgegeben und die Bildung großer Aktiengesellschaften ermöglicht.

Ende der 1920er Jahre war der Binnenmarkt durch Massenproduktion weitgehend gesättigt, der Kreditmarkt aufgebläht. Am **24. Oktober 1929** brach das wirtschaftliche Kartenhaus in sich zusammen: Als „**Schwarzer Freitag**" ging der Absturz der Aktien an der New Yorker Börse in die Geschichte ein. Eine bisher nicht da gewesene **Depression** erschütterte die USA und in der Folge auch die anderen führenden Wirtschaftsmächte. Das Bruttosozialprodukt sank von 85 Mrd. Dollar im Jahr 1929 auf 37 Mrd. im Jahr 1932, und ein Drittel der Beschäftigten verlor den Arbeitsplatz. Waren es 1930 8 Mio. Arbeitslose gewesen, zählte man 1932 bereits 15 Mio. *Börsen-crash*

Präsident *Herbert Clark Hoover* (1929-33) versuchte mit allen verfügbaren staatlichen Mitteln, die Rezession in den Griff zu bekommen. Großbauten wie der *Hoover Damm* in Colorado wurden in Angriff genommen, den Unternehmen staatliche Kredite gewährt und die Zölle erneut erhöht – doch dies alles half nicht viel. Erst mit der Präsidentschaft des Demokraten *Franklin Delano Roosevelt* (1933-45) und seiner Verkündigung des **New Deal Program** wendete sich das Blatt. Erst-

Franklin D. Roosevelt Memorial, Washington, D. C.

mals in der US-Geschichte griff der Staat lenkend in die Wirtschaft ein, kontrollierte große finanzielle Transaktionen, garantierte Bankeinlagen und förderte Arbeitsbeschaffungsmaßnahmen, zu denen auch das Großprojekt *Tennessee Valley Authorithy* (TVA) zählte – der Bau von Staudämmen, Wasserkraftwerken und damit Industrieansiedlungen im bis dahin als Notstandsgebiet geltenden Tennessee-Tal.

Der US-Dollar wurde 1934 über die Hälfte abgewertet, Besserverdienende höher besteuert und der Bau bzw. die Sanierung öffentlicher Gebäude in Angriff genommen. Die notleidende Landwirtschaft wurde massiv unterstützt, die Sozialgesetzgebung durch die Einführung von *Social Security* verbessert. **Folge dieser Politik** war ein starker Widerstand seitens der Unternehmerschaft und der Besitzenden, doch am Ende konnte die Krise bewältigt werden. 1936 wurde Präsident *Roosevelt* trotz erheblichen Widerstands aus Wirtschaftskreisen wiedergewählt.

Der Zweite Weltkrieg

Auch nach dem Einmarsch der deutschen Truppen in Polen im September 1939 erklärten die USA noch ihre Neutralität. Erst als Dänemark und Norwegen von den Deutschen besetzt, Belgien, die Niederlande und Frankreich angegriffen wurden und es zum Dreimächtepakt (Deutschland-Italien-Japan) kam, sahen sich die Vereinigten Staaten gezwungen, ihre neutrale Haltung aufzugeben.

Eine **Wende in der amerikanische Haltung** nahm Anfang 1941 Gestalt an. *Roosevelt* verkündete in seiner Neujahrsbotschaft die **„Vier Freiheiten"** – Freiheit der Rede und Meinungsäußerung, Freiheit in der Religionsausübung, Freiheit von Hunger und Freiheit vor Not und Furcht. Bald darauf trat der **Lend-Lease Act** in Kraft. Er gestattete dem Präsidenten, jene Länder mit kriegsnotwendigen Dingen zu versorgen, die für die Verteidigung der Vereinigten Staaten Bedeutung hätten. Im Rahmen dieses Gesetzes gaben die USA bis 1946 insgesamt 50 Mio. Dollar aus; der Großteil floss an Großbritannien, später auch an die Sowjetunion.

Die „vier Freiheiten"

Amerika versuchte **Japan** durch wirtschaftlichen Druck aus dem Dreimächtepakt zu drängen, doch die angespannte Rohstofflage aufgrund des Ölembargos seit dem 26. Juli 1941 brachte die Japaner immer stärker in Bedrängnis. Am **7. Dezember 1941** kam es zum verhängnisvollen japanischen Überraschungsangriff auf den US-Navy-Stützpunkt in **Pearl Harbor** auf Hawaii. Einen Tag später erklärten die USA den Japanern den Krieg und am 11. Dezember auch Deutschland und Italien. Anlässlich der **Konferenz von Casablanca** (14.-21.1.1943) einigten sich *Roosevelt* und *Churchill* auf die Landung alliierter Truppen in Italien sowie in Frankreich und beschlossen, den Krieg bis zur absoluten Kapitulation des Gegners zu Ende zu führen.

Im November desselben Jahres trafen sich auf der **Konferenz von Teheran** *Roosevelt*, *Churchill* und erstmals auch *Stalin*. Im Vordergrund standen Überlegungen, gemeinsam den Gegner zu besiegen. General *Eisenhower* wurde zum Oberbefehlshaber der alliierten Streitkräfte ernannt. Am 6. Juni 1944 landeten die **Alliierten in der Normandie**. Über 2,8 Mio. Soldaten und alles erdenkliche Kriegsgerät kamen zum Einsatz. Die deutsche Wehrmacht konnte sich nur vorübergehend während der Ardennen-Offensive (Dezember 1944) gegen die alliierte Übermacht wehren. Das Jahr 1945 wurde dann kriegsentscheidend: Auf der **Konferenz von Jalta** stimmten sich *Roosevelt*, *Churchill* und *Stalin* ab, Anfang März überschritten US-Truppen bei Remagen den Rhein, am 25. April begegneten sich erstmals amerikanische und sowjetische Truppen an der Elbe. Schließlich **kapitulierte das Deutsche Reich am 7. Mai** bedingungslos. In der Zwischenzeit war dem im April verstorbenen Präsidenten *Roosevelt* Vizepräsident *Harry S. Truman* gefolgt.

Landung in der Normandie

Heftige Diskussionen über das Schicksal des besiegten Deutschlands folgten. Der amerikanische Finanzminister *Henry Morgenthau* stellte den nach ihm benannten Plan auf, der besagte, dass die deutsche Industrie vernichtet und Deutschland zum reinen Agrarland umgestaltet werden solle. Auf Druck amerikanischer und britischer Politiker wurde der Entwurf jedoch aufgegeben.

Im Juli 1945 gelang den Amerikanern die Zündung der ersten Atombombe. Im gleichen Monat einigten sich auf der **Potsdamer Konferenz** (17.7.-2.8.1945) *Truman, Churchill* und *Stalin* über die Aufteilung Deutschlands in Besatzungszonen. Zwischenzeitlich gingen die Kämpfe auf dem **japanischen Kriegsschauplatz** weiter. Um den Widerstand der Japaner zu brechen, entschlossen sich die USA zum Abwurf von **Atombomben**: Am 6. August 1945 wurde **Hiroshima** vernichtet (ca. 200.000 Tote), am 2. September 1945 **Nagasaki** (70.000 Tote). Am gleichen Tag kapitulierten die Japaner.

Aufstieg zur globalen Ordnungsmacht

Schon in den beiden letzten Kriegsjahren wurde den Amerikanern bewusst, dass sich in Europa nicht nur verschiedene Nationalitäten, sondern vor allem Gesellschaftssysteme begegneten: Kapitalismus und Kommunismus. Lange vor Beendigung des Weltkriegs entwarfen die Amerikaner verschiedene Pläne für das Nachkriegseuropa. *Roosevelt* und seinem Außenminister *Hull* schwebte ein freihändlerisches, kapitalistisch geprägtes Weltwirtschaftssystem vor, das gefährliche Weltwirtschaftskrisen verhindern und den Frieden stabilisieren sollte.

Allerdings wurde immer deutlicher, dass sich in der Sowjetunion ein konträres Gesellschaftssystem mit antikapitalistischen und undemokratischen Zügen entwickelt hatte. *Truman* war der erste Präsident, der diesen **Gegensatz Ost-West** offen artikulierte und der „Freien Welt" den „Weltkommunismus" entgegensetzte. In der **Truman-Doktrin** sagte er 1947 allen bedrohten freien Völkern die Hilfe der Vereinigten Staaten zu. Es begann eine Phase, in der jede der beiden Weltmächte versuchte, ihre Einflussbereiche vom Zugriff der anderen Seite zu sichern. Der **Kalte Krieg** war entfacht.

Ost-West-Gegensatz

Die USA bedienten sich im Kalten Krieg neuer Mittel zur Sicherung ihrer Einflussnahme. In diesen Zusammenhang fällt die **Gründung der NATO** *(North Atlantic Treaty Organization)* im Jahr 1949, mit der sich die USA zum ersten Mal in ihrer Geschichte militärisch mit anderen Staaten verband. Ebenso versuchte man mit dem „**Marshall-Plan**", benannt nach dem amerikanischen Außenminister *George Marshall*, Sympathien zu gewinnen, Er sah massive wirtschaftliche Hilfen für die westeuropäischen Staaten vor. Bis 1951 vergaben die USA in diesem Rahmen 13 Mrd. Dollar. Es ist die wohl wichtigste außenpolitische Nachkriegsentwicklung, dass die USA ihre isolationistische Position zugunsten einer **Bündnispolitik** aufgegeben hatten.

Gründung der NATO

USA und UdSSR im Wettstreit

Die Etablierung der neuen Militärbündnisse – der *NATO* im Westen und des *Warschauer Pakts* im Osten (ab 1955) – führte dazu, dass ein **Wettrüsten** auf beiden Seiten einsetzte. Um das viel zitierte „Gleichgewicht des Schreckens" aufrecht zu halten, traten beide Machtblöcke in eine kostenintensive Phase der Hochrüstung und Machtdemonstration ein.

Unerwartet zog kurzzeitig die UdSSR technologisch an den USA vorbei: 1957 umkreiste die russische „**Spuktnik I**" als erster künstlicher Satellit die Erde. 1958 zogen die USA mit dem „Explorer I" nach. Am 12. April 1961 schickte die Sowjetunion mit *Juri Gagarin* den ersten Menschen ins All, am 5. Mai folgte der Amerikaner *Alan B. Shepard*. 1969 hatten die USA allerdings mit der ersten Astronauten-Landung auf dem Mond dann wieder die Nase vorn.

John F. Kennedy

Sowohl die sowjetische Aufrüstung als auch ihre Weltraumerfolge verunsicherten die Amerikaner zutiefst. Eine neue, wenn auch kurze Ära begann 1961 mit der Wahl **John F. Kennedys**, dem wohl charismatischsten US-Präsidenten der Nachkriegszeit. Mit seinem **„New Frontier"-Programm** wollte er die globalen Gegensätze entschärfen, zudem entwarf er eine Vision von Gerechtigkeit und besseren Lebensbedingungen für alle Amerikaner. *Kennedy* hatte nicht nur die Überwindung der sozialen Gegensätze im eigenen Lande im Auge, sondern plante auch, den armen Entwicklungsländern in Asien, Mittelamerika und Afrika zu helfen.

Krisenzeiten

Eine Reihe neuer Krisen erschütterte die USA im Laufe der 1960er und 1970er Jahre. So scheiterte im Jahr 1961 der von Exilkubanern angeführte und von den USA unterstützte Invasionsversuch in der Schweinebucht (Kuba). 1962 eskalierte die **Kubakrise** und führte an den Rand eines neuen Weltkriegs. Die USA hatten ein Handelsembargo gegen das Land verhängt, woraufhin Schiffe der US Navy von Kubanern beschossen wurden. Im gleichen Jahr stellte Kuba der Sowjetunion Häfen für die Fischereiflotte zur Verfügung, was die USA als ersten Schritt zur Errichtung eines sowjetischen Militärstützpunktes sah und mit einer Teilblockade erwiderte. Im letzten Augenblick konnten sich *Kennedy* und *Chruschtschow* auf den Abzug der sowjetischen Bomber und den Abbau der Raketenbasen einigen. Kaum war diese Krise beigelegt, wurde am 22. November 1963 *John F. Kennedy* in Dallas ermordet.

Vietnamkrieg

Der **Vietnamkrieg** wurde von den Amerikanern in erster Linie als Auseinandersetzung der konkurrierenden Systeme Kapitalismus und Kommunismus angesehen. Es ging den USA mehr ums Prestige als um den Verlust des Territoriums oder um die Sicherung der Freiheit für das südvietnamesische Volk. **Nordvietnam** war nämlich massiv von der Sowjetunion sowie der Volksrepublik China unterstützt worden. Am 7. August 1964 waren die Auseinandersetzungen eskaliert, als im Golf von Tonking amerikanische Schiffe angegriffen worden waren. Der Kongress ermächtigte daraufhin den Präsidenten, militärisch zu intervenieren. Trotz massiven Einsatzes konnte der Krieg von den USA jedoch nicht gewonnen werden. 1968 wurden die Luftangriffe eingestellt, und 1973 wurde nach zähem Ringen in Paris zwischen den USA, Nordvietnam und der provisorischen Revolutionsregierung der Waffenstillstand vereinbart.

Die Verluste beliefen sich auf amerikanischer Seite auf rund 56.000 Tote und mehr als 300.000 Verwundete. Der Vietnamkrieg hatte die USA in ihrem Innersten tief erschüttert und moralische Zweifel an der Rechtmäßigkeit solcher Kriege aufgeworfen. **Demonstrationen**, nicht nur von Seiten der Studenten und Intellektuellen, übten Druck auf die Regierung aus. Der Kongress nahm die Sondermachtbefugnisse des Präsidenten wieder zurück, und im **War Powers Act** (1973) wurde festgelegt, dass ein Präsident ohne Zustimmung des Kongresses US-Truppen nur maximal 60 Tage lang einsetzen darf. Im gleichen Jahr wurde die allgemeine Wehrpflicht abgeschafft.

In den 1960er und zu Beginn der 1970er Jahre erschütterten zahlreiche **Rassenunruhen** die Vereinigten Staaten. Ein Höhepunkt war im August 1963 der von **Martin Luther King, jr.** angeführte Protestmarsch nach Washington, D.C.; zwei Jahre später zogen die Protestierenden von Selma nach Montgomery. Im gleichen Jahr kamen bei Rassenunruhen in Los Angeles 35 Menschen, und im Sommer 1967 eskalierten die Auseinandersetzungen in Newark/New Jersey und Detroit/Michigan derart, dass sogar Bundestruppen zum Einsatz kamen. 66 Tote waren zu beklagen. Die Unruhen griffen um sich und forderten mehr und mehr Opfer, eines der prominentesten war *King* selbst, der am 4. April 1968 in Memphis erschossen wurde.

Martin Luther King, jr.

Die **Watergate-Affäre**, bei der am 17. Juni 1972 enge Mitarbeiter Präsident **Nixons** und seines Wahlkomitees in das Wahlkampfhauptquartier der Demokraten einbrachen, erschütterte die Nation aufs Neue. Zwar beteuerte *Nixon* seine Unschuld und sein Unwissen über den Einbruch, doch er wurde durch die Beteiligten schwer belastet. Er kam einem Amtsenthebungsverfahren *(impeachment)* durch freiwilligen Rücktritt zuvor.

Golfkrieg und die New Economy

Im Jahr 1989 wurde **George Bush, sen.** 41. Präsident der USA. Er übernahm das Amt in einer Zeit des **vielschichtigen Umbruchs**, die durch mehrere Faktoren gekennzeichnet war: Zum einen war es während der *Reagan*-Administration zu einer Zuspitzung der sozialen Problematik gekommen, andererseits zeichnete sich ein Niedergang der einstigen wirtschaftlichen Vormachtstellung und ein Anstieg des Handelsdefizits u. a. aufgrund des Fehlens einer staatlichen Energiepolitik ab. Zusätzlich wirkten sich das Ausufern des Dienstleistungssektors und das Fehlen einer nachhaltigen Technologie- und Industriepolitik sowie das weitere ökonomische Vorpreschen der Japaner, aber auch der Europäer, negativ aus.

Zeit des Umbruchs

Durch die weitgehende **Entschärfung des West-Ost-Konfliktes** und die demokratischen Entwicklungen in Osteuropa begann die US-Außenpolitik nach neuen Formen zu suchen. Ein Schritt war der erste **Golfkrieg 1991**. Nach dem Einmarsch des irakischen Diktators *Saddam Hussein* in Kuwait drängten die von den USA angeführten Truppen im Namen der UN den Despoten rasch wieder zurück. Der schnell gewonnene Krieg sorgte für Erleichterung und das angeschlagene Selbstbewusstsein wurde etwas besänftigt.

Das wohl bedeutendste innenpolitische Ereignis in den USA war das **Scheitern der Gesundheitsreform**, 1994/95 vom 42. Präsidenten *Bill Clinton* angeregt, am Senat. Dennoch stabilisierte sich während seiner Regierungszeit von 1993 bis 2001 die wirtschaftliche Lage nicht nur, das Land erlebte, angeführt von der boomenden „New Economy", sogar eine neue wirtschaftliche Blüte und die Staatsverschuldung sank. In der Wirtschaftspolitik wurde weiterhin der Kurs der Liberalisierung verfolgt und dieser resultierte in der Unterzeichnung des **Welthandelsabkommens** (GATT) sowie der Schaffung der **Freihandelszone** FTAA aller Staaten Nordamerikas.

„Nine Eleven" und der schwierige Prozess der Selbstfindung

Die terroristischen Angriffe islamistischer Fundamentalisten am **11. September 2001** – als „**Nine Eleven**" in die Geschichte eingegangen – auf New York und Washington, D.C. haben die USA ins Mark getroffen. Zuletzt war das Land am 7. Dezember 1941 direkt angegriffen worden, durch die Japaner am Navy-Stützpunkt in Pearl Harbor auf Hawaii, und damals waren die Amerikaner zum Eintritt in den Zweiten Weltkrieg gezwungen worden. Der seit 2001 amtierende US-Präsident **George W. Bush, jr.** reagierte nach einer Phase der Trauer kaum anders. Der „**Krieg gegen den Terrorismus**" begann im Oktober 2001 mit der Vernichtung des fundamentalistischen *Taliban*-Regimes in Afganistan.

Krieg gegen den Terrorismus

Was verbohrte Extremisten in ihrer Verblendung nicht wahrhaben wollen: New York ist nicht nur als amerikanische Großstadt und Kommerz-Metropole angegriffen worden, sondern vor allem als **multikulturelles Symbol der Welt**. Der Terrorakt hatte einen weiteren Effekt: Er war Auslöser einer vormals unbekannten Solidarität und Katalysator für einen neuen Nationalstolz in den USA.

Als jedoch der US-Präsident mit dem Diktator *Saddam Hussein* und dem **Irak 2003** ein neues Ziel ins Visier fasste, geriet die einst so fest zusammenstehende westliche Allianz in eine Krise. Dass die *Bush Administration* in ihrem „Krieg gegen den Terrorismus" über das Ziel hinausschoss und -schießt und wie einst im Kampf gegen den Kommunismus uramerikanisch demokratische Bürgerrechte in Gefahr geraten, bringt mehr und mehr US-Bürger in Rage. Immerhin bewies *Bush* im Israel-Libanon-Konflikt 2006 mehr Besonnenheit.

Zu Beginn des 21. Jh. ist die amerikanische Gesellschaft gespalten wie schon lange nicht mehr – und erneut auf der Suche nach einer neuen Identität. Vielleicht wird der Ende 2008 gewählte neue Präsident – oder erstmals eine Präsidentin? – das Land wieder vereinen und ihm neue Impulse geben.

Der moderne Nordwesten

Noch gegen Ende des 19. Jh. war der Unterschied zwischen dem europanahen Osten und dem Westen gewaltig – was sich u. a. daran zeigte, dass von den 17 amerikanischen Großstädten, die es 1890 gab, nur eine im Westen lag: **San Francisco**. Um die Jahrhundertwende begann man jedoch im gesamten Raum, den Anschluss an den fortschrittlicheren Osten zu suchen. Neue, aufstrebende Städte entwickelten sich in atemberaubender Geschwindigkeit und liefen schon nach wenigen Jahrzehnten San Francisco den Rang ab. Deren Entwicklung erfuhr zwar durch das Erdbeben

1906 einen Einbruch, die Stadt wurde aber in ihrer Substanz nicht vernichtet und blühte kurze Zeit später wieder auf.

Im **Hinterland** lebte und lebt man hauptsächlich von der **Landwirtschaft**, die allerdings einen mehrfachen Strukturwandel durchmachte. Noch um 1870 zählte Kalifornien zu den weltweit führenden Weizenproduzenten. Die Eisenbahn und die Einführung von Kühlwagen (1880) machten es dann jedoch möglich, auf bewässerten Feldern Zitrusfrüchte und anderes Obst anzubauen und die Erzeugnisse in den Osten zu exportieren. Bis heute ist der Bundesstaat Kalifornien einer der Hauptexporteure von Gemüse, Obst und Früchten weltweit. Daneben entwickelte sich im Napa und Sonoma Valley der Weinanbau zum führenden Wirtschaftszweig und auch die Fischerei war und ist ein wichtiger Wirtschaftsfaktor.

Bedeutung der Landwirtschaft

Ab den 1920er Jahren drängten immer mehr **Industriebetriebe** in den Vordergrund. Ölfunde in Kalifornien, Automobilindustrie, Flugzeugbau und Rüstungsindustrie wurden insbesondere nach dem Zweiten Weltkrieg zu bestimmenden Wirtschaftszweigen. Noch mehr Arbeitsplätze entstanden allerdings in der Verwaltung und im Dienstleistungssektor. In die Höhe schossen schließlich auch die Besucherzahlen, so dass heute der **Tourismus** als prosperierendster Wirtschaftszweig gilt.

Erst relativ spät geriet auch der **nördliche Teil des Reisegebietes** in den Sog der umwälzenden Veränderungen. Die einst alles beherrschende **Holzindustrie** hat zwar auch heute noch großes Gewicht, verliert aber nach und nach an Bedeutung; sie ist außerdem in den letzten Jahren wiederholt durch die massive Kritik von Umweltschützern in die Schlagzeilen geraten. Das Wirtschaftsleben der Ballungszentren **Portland und Seattle** wird längst von industrieller Fertigung, vom Dienstleistungssektor und vom Handel bestimmt. Infrastrukturelle Verbesserungen, der Aufbau zukunftsorientierter Erwerbszweige sowie viel beachtete städtebauliche Akzente sorgten gerade in Oregon und Washington für Selbstbewusstsein.

Umwälzende Veränderungen

Als 1980 der Republikaner und ehemalige Gouverneur von Kalifornien, *Ronald Reagan*, US-Präsident wurde, konnte man daran eine **Verschiebung der regionalen Kräfte** innerhalb der USA ablesen. Auf einmal war es nicht mehr der europanahe Osten mit seinen Eliteuniversitäten und dem Beziehungsgeflecht aus Banken, Politik und Wirtschaft, der die Führung Amerikas repräsentierte. Das neue politische **Selbstbewusstsein des Westens** wurde unterstützt durch wirtschaftliche Tendenzen. Hochtechnologie und die Computerbranche fanden ihr Forschungszentrum im Silicon Valley in der Nähe von San Francisco, während *Bill Gates'* Weltkonzern *Microsoft* seinen Stammsitz in Seattle einrichtete. Abseits der Metropolen und insbesondere östlich des Küstengebirges, mit Ausnahme des Großraums Denver, ist der Nordwesten jedoch bis heute ländlich – und damit ein faszinierendes Paradies für Naturfreunde – geblieben.

Seattle – moderne Metropole des Nordwestens

INFO

Die Präsidenten der USA

Nr.	Name, Vorname (geb./gest.)	Amtszeit	Partei
1	Washington, George (1732-1799)	1789-1797	Föderalist
2	Adams, John (1735-1826)	1797-1801	Föderalist
3	Jefferson, Thomas (1743-1826)	1801-1809	Dem.-Republik.
4	Madison, James (1751-1836)	1809-1817	Dem.-Republik.
5	Monroe, James (1758-1831)	1817-1825	Dem.-Republik.
6	Adams, John Quincy (1767-1848)	1825-1829	Dem.-Republik.
7	Jackson, Andrew (1767-1845)	1829-1837	Demokrat
8	Van Buren, Martin (1782-1862)	1837-1841	Demokrat
9	Harrison, William Henry (1773-1841)	4.3.-4.4.1841	Whig
10	Tyler, John (1790-1862)	1841-1845	Whig
11	Polk, James Knox (1795-1849)	1845-1849	Demokrat
12	Taylor, Zachary (1784-1850)	1849-9.7.1850	Whig
13	Fillmore, Millard (1800-1874)	1850-1853	Whig
14	Pierce, Franklin (1804-1869)	1853-1857	Demokrat
15	Buchanan, James (1791-1868)	1857-1861	Demokrat
16	Lincoln, Abraham (1809-1865)	1861-15.4.1865	Republikaner
17	Johnson, Andrew (1808-1875)	1865-1869	Demokrat
18	Grant, Ulysses Simpson (1822-1885)	1869-1877	Republikaner
19	Hayes, Rutherford Birchard (1822-1893)	1877-1881	Republikaner
20	Garfield, James Abram (1831-1881)	4.3.-19.9.1881	Republikaner
21	Arthur, Chester Alan (1830-1886)	1881-1885	Republikaner
22	Cleveland, Stephen Grover (1837-1908)	1885-1889	Demokrat
23	Harrison, Benjamin (1833-1901)	1889-1893	Republikaner
24	Cleveland, Stephen Grover (1837-1908)	1893-1897	Demokrat
25	McKinley, William (1843-1901)	1897-14.9.1901	Republikaner
26	Roosevelt, Theodore (1858-1919)	1901-1909	Republikaner
27	Taft, William Howard (1857-1930)	1909-1913	Republikaner
28	Wilson, Thomas Woodrow (1856-1924)	1913-1921	Demokrat
29	Harding, Warren Gamaliel (1865-1923)	1921-2.8.1923	Republikaner
30	Coolidge, Calvin (1872-1933)	1923-1929	Republikaner
31	Hoover, Herbert Clark (1874-1964)	1929-1933	Republikaner
32	Roosevelt, Franklin Delano (1882-1945)	1933-12.4.1945	Demokrat
33	Truman, Harry S. (1884-1972)	1945-1953	Demokrat
34	Eisenhower, Dwight David (1890-1969)	1953-1961	Republikaner
35	Kennedy, John Fitzgerald (1917-1963)	1961-22.11.1963	Demokrat
36	Johnson, Lyndon Baines (1908-1973)	1963-1969	Demokrat
37	Nixon, Richard Milhous (1913-1994)	1969-1974	Republikaner
38	Ford, Gerald Rudolph (1913-2006)	1974-1977	Republikaner
39	Carter, James Earl (1924-)	1977-1981	Demokrat
40	Reagan, Ronald Wilson (1911-2004)	1981-1989	Republikaner
41	Bush, George W., sen. (1924-)	1989-1993	Republikaner
42	Clinton, Bill (1946-)	1993-2001	Demokrat
43	Bush, George W., jun. (1946-)	2001-2008	Republikaner

Geografischer Überblick

Allgemeiner Überblick

Geografisch lässt sich das Gebiet der USA in **acht markante Regionen** gliedern:

• die **Atlantische Küstenebene**, die sich vom Cape Cod im Nordosten bis nach Florida im Südosten zieht. Sie erreicht kaum Höhen über 100 m über NN.

Acht geografische Regionen

• das **Appalachengebirge**, das sich parallel zur Atlantischen Küstenebene von Kanada im Nordosten bis nach Alabama im Süden über 4.000 km erstreckt. Es ist untergliedert in mehrere unterschiedlich hohe Gebirgszüge, deren Gipfel kaum 2.000 m hoch sind. Die höchsten sind der Mt. Mitchell nordöstlich von Asheville/NC (2.037m) und der Mt. Washington in New Hampshire (1.916 m).

• das **Zentrale Tiefland/Lower Plains**, das sich um die Großen Seen *(Great Lakes)* erstreckt und im Süden und Westen unmerklich in die Prärien, das Mississippi-Delta und die Golfküstenebene übergeht. Im Osten wird es durch die Appalachen begrenzt. Dieses Gebiet ist durch verschiedene Eiszeiten geformt worden, weshalb es fast keine Berge gibt, sondern nur abgeschliffene Hügel und eine Vielzahl von Seen. Man bezeichnet diesen Landtyp auch als „kuppiges Moränenflachland".

• die **Golfküstenebene/Coastal Plains**: Dieses relativ kleine Gebiet folgt dem Mississippi-Tal und beginnt bei St. Louis am Zusammenfluss von Missouri und Mississippi. Das Mississippi-Tal ist etwa 800 km lang und zwischen 40 und 200 km breit. Hier hat sich der Untergrund gesenkt, und die großen Flüsse haben das Becken mit Sedimenten bedeckt. Die weiteste Stelle der Golfküstenebene befindet

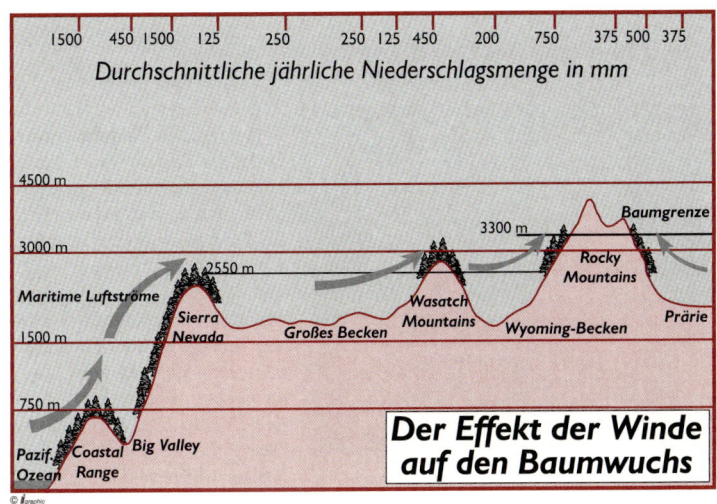

| 1500 | 450 1500 | 125 | 250 | 250 125 450 | 200 | 750 | 375 500 375 |

Durchschnittliche jährliche Niederschlagsmenge in mm

4500 m

Baumgrenze

3000 m

3300 m

Rocky Mountains

Maritime Luftströme

2550 m

Wasatch Mountains

Sierra Nevada

Großes Becken

Wyoming-Becken

Prärie

1500 m

750 m

Pazif. Ozean

Coastal Range

Big Valley

Der Effekt der Winde auf den Baumwuchs

sich am Golf von Mexiko, wo sie sich von der mexikanischen Küste bis nach Florida erstreckt.

*Prärie,
Berge und
Meer*

• die **Great Plains** bestehen aus endlos erscheinenden, leicht gewellten Ebenen westlich des Mississippi. Das Gebiet steigt von Osten her langsam von 400 m auf 1.800 m unterhalb der westlich angrenzenden Rocky Mountains an. Der Anbau von Monokulturen auf riesigen Feldern hat seit der zweiten Hälfte des 19. Jh. die Entstehung eines z. T. sehr kargen Landschaftsbildes mit sich gebracht.

• die **Rocky Mountains** nehmen den Ostteil der Nordamerikanischen Kordilleren ein und erreichen Höhen von bis zu 4.400 m (am Mt. Elbert). Sie ziehen sich auf nordamerikanischem Gebiet auf einer Länge von 2.250 km von Nordwesten nach Südosten. Wie die Alpen sind die „Rockies" relativ jungen Ursprungs und erst vor etwa 100 Mio. Jahren entstanden. Tertiäre Hebungen und Aufwölbungen sowie Brüche und Aufschiebungen haben sie geformt. Flüsse, wie z. B. der Colorado, haben sich in das Gestein eingeschnitten und Canyons gebildet.

• die **intermontanen Becken/Great Basin** liegen zwischen den Rocky Mountains und dem pazifischen Gebirgssystem. Diese Beckenlandschaft ist nahezu abflusslos, und viele der Flüsse, die sie durchqueren, trocknen fast vollständig aus. Es gibt eine Reihe von Salztonebenen, die davon zeugen, dass es hier früher einmal Seen gegeben hat, die inzwischen ausgetrocknet sind – ein Schicksal, das langfristig auch dem Great Salt Lake droht.

• das **pazifische Gebirgssystem** gliedert sich in zwei Hauptketten: Die Gebirgszüge der **Cascade Range** und der **Sierra Nevada** im Osten sowie der Küstenbergketten/**Coast Ranges** im Westen – dazwischen zieht sich das kalifornische Längstal, das sich im Norden im Willamette Valley und im Puget Sound fortsetzt.

Geografie und Geologie des Nordwestens

Der Lassen Peak ist einer der Vulkane des Ring of Fire

Der Nordwesten umfasst das Gebiet zwischen dem Pazifischen Ozean im Westen, den Dakotas im Osten, der kanadischen Grenze im Norden und einer gedachten Linie zwischen San Francisco und Denver im Süden. Würde man das Gebiet mit Europa vergleichen, würde es sich in etwa von Südengland bis nach Sizilien, etwa vom 50. bis zum 37. Grad nördlicher Breite erstrecken. Kein Wunder, dass sich auf einer Fläche von etwa 2,66 Mio. km² (siebeneinhalbmal Deutschland!)

eine **Vielzahl von Landschaftsformen, Klimaten und Vegetationszonen** finden.

„Knautschzonen" in der Erdkruste

Auch wenn Coast Ranges und Cascade Range, die das pazifische Gebirgssystem bilden, und die Rocky Mountains heute ein sehr uneinheitliches Erscheinungsbild aufweisen und ihre Auffaltung nicht gleichzeitig geschah, verdanken sie ihre Entstehung doch dem gleichen geologischen Vorgang. Die Grundlagen für die Erklärung der **Gebirgsentstehung** am Westrand Nordamerikas wurde erst zu Anfang des 20. Jh. gelegt, als der deutsche Geophysiker *Alfred Wegener* (1888-1930) sein Werk „Die Entstehung der Ozeane und Kontinente" veröffentlichte. Er hatte die Beobachtung gemacht, dass die Kontinente der Erde an vielen Stellen wie Puzzlesteine ineinanderpassen, und daraus die Theorie entwickelt, dass die Kontinente erst im Laufe der Jahrmillionen in ihre heutige Position gedriftet sind.

Entstehung der Ozeane und Kontinente

Die Theorie der Kontinent-Wanderung wurde in den 1960er Jahren zur **Theorie der Plattentektonik** weiterentwickelt. Danach ist die äußerste Schicht der Erde, die *Lithosphäre*, keine starre Schale, sondern setzt sich aus ungefähr einem Dutzend großer und zahlreichen kleinen Platten zusammen, die sich ständig gegeneinander verschieben. Dass die Platten beweglich sind, rührt daher, dass sie auf dem flüssigen Material des Erdmantels schwimmen. Das heiße, geschmolzene Gesteinsmaterial im Erdinneren, das wie heißes Wasser in einem Kochtopf aufsteigt, setzt die Platten in Bewegung, und stoßen zwei aufeinander, wird das Plattenmaterial „geknautscht".

Theorie der Plattentektonik

An der Westseite Nordamerikas stoßen zwei (bzw. drei) solche Platten aufeinander: Die pazifische taucht unter die nordamerikanische Platte und vor der Pazifikküste schiebt sich noch die relativ kleine *Juan-de-Fuca*-Platte zwischen die beiden großen. Dabei kam es zu Stauchungen und so wurden die Gebirge, die den Westrand des nordamerikanischen Kontinents säumen, aufgefaltet.

Die **Auftürmung der Gebirge** hat erst in erdgeschichtlich jüngerer Zeit, nämlich vor etwa 150 Mio. Jahren, begonnen; vorher befanden sich auf dem Gebiet, auf dem sich heute Gebirge auftürmen, weite Meere. Die Ablagerungen der damaligen Meeresböden – Sande und Gerölle sowie Fossilien – wurden zusammengepresst, zu Gestein verdichtet und angehoben. Man kann sie heute in vielen Teilen der Gebirge noch als helle oder graue, mit Fossilien durchsetzte Schichten erkennen.

Allerdings ging die Emporwölbung dieser alten Meeresböden nicht ungestört vor sich. Durch die enormen Kräfte, die beim Aufeinanderprallen der beiden Platten frei wurden, verbogen sich die Gesteinspakete oder rissen: Es entstanden Spalten und Risse, durch die glutflüssiges Magma (geschmolzenes Gestein) aus dem Erdinneren aufsteigen konnte. Dieses Material gelangte an die Oberfläche, floss aus oder explodierte in gewaltigen Ausbrüchen und bildete Vulkane. So ist es auch zu erklären, dass die Pazifikküste von einer **Kette von Vulkanen**, die teilweise heute noch aktiv sind – wie Mt. Rainier oder Mt. St. Helens –, gesäumt wird. Dieser so genannte **Ring of Fire** zieht sich um den gesamten Pazifikraum und deutet an, dass das Wachstum der

Ring of Fire

Gebirge am Westrand des nordamerikanischen Kontinents bis dato noch nicht abgeschlossen ist.

Das pazifische Gebirgssystem

Der jüngste Teil der Gebirge im Westen sind die **Coast Ranges**, die erst vor etwa 15 Mio. Jahren entstanden sind. Sie erheben sich an vielen Stellen direkt steil aus dem Pazifik, ihre Höhe schwankt zwischen 600 und 1.500 m. Der Columbia River, der nordwestlich von Portland in den Pazifik mündet, hat sich tief in die Gesteinsschichten der Küstenketten eingegraben.

Direkt östlich der Coast Ranges erhebt sich die Bergkette der **Cascade Range**, in der der Vulkanismus bis heute eine große Rolle spielt und die von einer Kette oft schneebedeckter Vulkankegel, deren höchster mit 4.400 m der Mt. Rainier ist, markiert wird. In den zentralen Abschnitten wird diese Gebirgskette vom Columbia River bestimmt, der sich während der Auffaltung der Gebirge seinen Weg durch die Gesteinsschichten gegraben hat.

Spuren der Eiszeiten

Auch die Eiszeiten haben Spuren im pazifischen Gebirgssystem hinterlassen. So wurde z. B. der **Columbia River** vor wenigen Millionen Jahren durch einen riesigen Eisdamm gestaut und aus seinem ursprünglichen Bett gedrängt. Er änderte seinen Lauf und bildete über einem Basaltsims einen Wasserfall, der 40-mal höher als die Niagarafälle war. Als gegen Ende der Eiszeiten das Eis dann schmolz, kehrte der Fluss in sein altes Bett zurück und hinterließ eine riesige Schlucht *(Grand Coulee)*, an deren Rand sich **Dry Falls** (bei Coulee City), ein etwa 5 km breiter, trocken gefallener Wasserfall, befindet.

Die **Sierra Nevada**, die in Nordkalifornien, südlich des *Lassen Peak*, die Cascade Range ablöst, besteht in der Hauptsache aus Ablagerungen aus dem Erdmittelalter, in die riesige Mengen vulkanischen Materials eingedrungen sind. In den alten Ablagerungen befinden sich auch Goldlagerstätten, die im 19. Jh. während des Goldrauschs ausgebeutet wurden. Die Sierra Nevada zieht sich rund 640 km entlang der Ostgrenze Kaliforniens und gipfelt im **Mt. Whitney** (4.417 m), der von fünf anderen über 4.200 m hohen Bergen umgeben wird. Am Ostabhang, in 1.898 m Höhe, liegt **Lake Tahoe**, rund 35 km lang, 16 km breit und bis zu 513 m tief.

Das Great Basin

Ursprünglich wurde das Gebiet zwischen dem pazifischen Gebirgssystem im Westen und den Rocky Mountains im Osten einfach das „**Große Becken**" (**Great Basin**) genannt. Dieser Name ist aber insofern irreführend, da das Gelände eigentlich eher aus einer Vielzahl von kleinen Beckenformen *(basins)* besteht, die jeweils durch niedrige Höhenzüge *(ranges)* voneinander getrennt sind. Neben der alten Bezeichnung „Great Basin" wird das Gebiet heute daher vielfach auch als „**Basin Ranges**" bezeichnet. Die höchsten Erhebungen erreichen etwa 3.000 m, während die Becken zwischen 900 und 1.500 m hoch liegen.

Geologisch hat sich im Great Basin ursprünglich ein großes Meer befunden, das später ausgetrocknet ist. Zu den Basin Ranges gehört das **Columbia-Plateau** in Nord-Oregon, Idaho und Washington. Es ist mehr oder weniger eben und wird vom Columbia River und Snake River modelliert. In Washington erreicht es nur eine Höhe von 300 m, während es in Idaho bis zu 1.800 m hoch liegt. Im Osten Oregons fraß sich der Snake River parallel zur Hebung des Geländes immer tiefer in die Gesteinspakete des Plateaus und bildete den **Hells Canyon**, der über 1.600 m tief und damit der tiefste Canyon Nordamerikas ist.

Ausgetrocknetes Meer

Die **Entstehung der Höhenzüge** und der dazwischen liegenden Becken hat ihren Ursprung in Kräften, die mit der Auffaltung der Gebirge die Erdkruste zerbrachen und in verschiedene Schollen zerlegten. Entlang der Bruchlinien wurden durch den hohen Druck Teile der Schollen zu Höhenzügen angehoben, während die Becken dazwischen als Gräben stehen blieben. An einigen Stellen finden sich Lavadecken, die entlang der Bruchlinien ausfließen konnten. Besonders gut kann man diese Beckenlandschaften und die Höhenzüge dazwischen entlang dem US Hwy. 50 in Nevada beobachten. Die Becken zwischen den Bergzügen besitzen vielfach keinen Abfluss, so dass sich an ihrer tiefsten Stelle oft ein See bildet. Diese **Seen** sind entweder permanent vorhanden – wo genügend Niederschlag fällt

Bergkulisse in den Rocky Mountains

– oder sie treten nur nach Regenfällen auf und verdunsten im Laufe der Zeit wieder. Dabei lagern sich die im Wasser gelösten Salze und feinen Schwebstoffe ab, und es entstehen Salztonebenen.

Eine weitere Besonderheit der Basin Ranges sind **Flüsse**, die nur periodisch, nach heftigen Niederschlägen, fließen. Sie haben ihr Quellgebiet im Bereich der Basin Ranges und versickern dort auch wieder (z. B. der Humboldt River entlang der I-80 in Nevada). Da die Basin Ranges im Regenschatten der pazifischen Gebirgssysteme liegen, reicht der Niederschlag an vielen Stellen nicht aus, um ganzjährige Wasserführung zu gewährleisten. Flüsse, die das ganze Jahr über fließen, entspringen oft außerhalb der Basin Ranges; man nennt sie „Fremdlingsflüsse". Ein Beispiel ist der Snake River in Idaho.

Im Regenschatten der Gebirge

Die Rocky Mountains

Für die Indianer, die östlich der Rocky Mountains in den Ebenen lebten, waren die majestätische Bergwelt der Rockies, die Vulkane und die heißen Quellen Orte, an

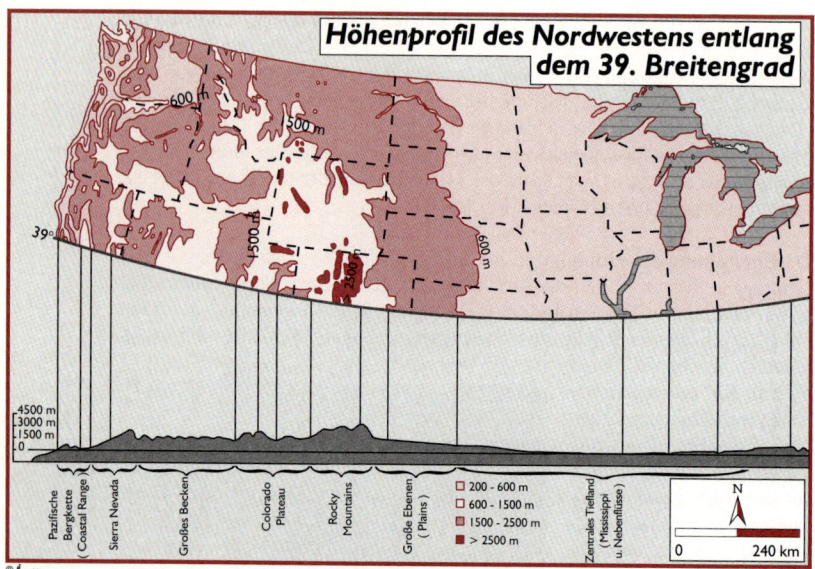

Höhenprofil des Nordwestens entlang dem 39. Breitengrad

© ∥graphic

denen die Geister wohnten, heilig. Die nach Westen drängenden Siedler kannten eine solche Ehrerbietung nicht, für sie stellten die Rockies nur eine weitere Herausforderung auf dem Weg ins „Gelobte Land" dar.

In den Rocky Mountains zeigen die Kräfte, die zur Entstehung der Gebirge an der Westseite des amerikanischen Kontinents geführt haben, ihre Auswirkungen besonders deutlich. Am offensichtlichsten werden sie im Gebiet des **Yellowstone National Park**. Hier ist die äußere Haut der Erde so dünn, dass an vielen Stellen kleine Schlammvulkane, heiße Quellen und Dampffontänen an die Oberfläche treten.

Vier Abschnitte der Rockies

Die Rocky Mountains lassen sich im Nordwesten in **vier Teilabschnitte** untergliedern, nämlich in

• die **Lewis Range** um den Glacier National Park im Norden, deren höchste Gipfel über 3.000 m messen und teilweise vergletschert sind,

• das **Yellowstone-Plateau** als Grenze zwischen dem nördlichen und dem mittleren Teil der Rockies mit den eindrucksvollen Bergketten der *Absaroka Range*, der *Wind River Range* und der *Teton Range* (alle in Nordwest-Wyoming); die höchsten Berge erreichen über 4.000 m Höhe,

• das **Wyoming-Becken**, das sich zwischen Yellowstone-Plateau und den südlichen Abschnitt schiebt und das seinem geologischen Aufbau nach ein Teil der *Great Plains* ist,

• den **südlichsten Abschnitt** der Rockies, der sich über Colorado bis nach New Mexico fortsetzt und im Wesentlichen aus *Laramie*, *Front* und *Sangre de Cristo Range* besteht.

Die Vegetation des Nordwestens

Die Vegetation einer Landschaft ist von zahlreichen Faktoren abhängig, die wichtigsten sind das Klima und die Böden. Die Vegetation lässt aber andererseits auch Rückschlüsse auf die Höhe der Niederschläge und die Temperaturen zu. Dort, wo die Niederschläge üppig und die Temperaturen angenehm sind (küstennah), kann sich die Fauna voll entfalten, wo es beispielsweise an Wasser mangelt (östlich der Cascade Range), sind besondere Anpassungsstrategien nötig.

Die Küstenregion

An der Pazifikküste lässt sich besonders gut der Einfluss des Klimas auf die Vegetation erkennen. Hier regnet es zwar während der Sommermonate eher selten, dafür herrscht aber häufig Nebel, der mit den Westwinden landeinwärts getrieben wird. Nur in solchen Nebelgebieten wachsen die **Mammutbäume** (Küstensequoien) – landeinwärts hören sie mit den Nebeln auf. Als guter Nutzholzlieferant wurden sie allerdings mittlerweile an vielen Stellen abgeholzt und sind daher verschwunden.

Einfluss des Klimas

An der Westseite der Küstengebirge ist die Gesamtmenge an Niederschlägen trotz der relativ trockenen Sommer immer noch so hoch, dass es **Regenwälder** gibt, die mit den tropischen Wäldern nicht viel gemeinsam haben. Auch wenn sie nicht den gleichen Artenreichtum besitzen, sind sie doch eindrucksvoll: Die Bäume stehen dicht inmitten üppigem Grün – Farne und anderer niedriger Bewuchs – und an vielen Stellen bildet eine Unterart des *Spanish Moss* (Epiphyten) dichte Vorhänge. An der Wetterseite der Stämme wachsen zudem Flechten und Moose.

Weit verbreitet sind entlang der Küste und an den westlichen Gebirgshängen von Kanada bis Kalifornien **Nadelwälder**, deren Zusammensetzung sich mit den Breitengraden und in Abhängigkeit von den Niederschlagsmengen ändert.

Das Great Basin

Der Übergang zwischen den niederschlagsreichen Gebieten der Küstengebirge und den **trockenen Regionen** des *Great Basin* bzw. der *Basin Ranges* ist an einigen Stellen sehr abrupt und spiegelt sich in der Vegetation wider. Da die Höhenzüge der Basin Ranges etwas mehr Niederschlag erhalten als die Becken, ist hier die Vegetation üppiger und es gibt sogar Wälder, deren Laubbaumbestand im Herbst für einen bunten „Indian Summer" sorgt. Ihre Ausbreitung wird durch zwei Faktoren begrenzt: Zum einen durch die Tatsache, dass erst ab einer bestimmten Höhe genügend Niederschläge fallen, um Baumwuchs zu ermöglichen *(dry-timer-line)*, zum anderen durch die mit der Höhe abnehmenden Temperaturen *(cold-timer-line)*.

Trockene Regionen

Die Rocky Mountains

Die Rockies sind vornehmlich mit **Laubmischwäldern** besetzt, da diese Region wegen mangelnder Infrastruktur erst sehr spät und nur spärlich besiedelt wurde. Durch Anlage vieler Nationalparks und verschiedenster Schutzgebiete hat der Staat mittlerweile dafür gesorgt, dass weite Teile des Areals auch in Zukunft erhalten bleiben. Die Rocky Mountains bilden wie auch die Küstenbergketten eine Niederschlagsbarriere, so dass in zahlreichen Beckenlandschaften (z. B. Zentral-Montana, Ost-Wyoming) nur spärlicher Bewuchs zu finden ist.

In den nördlichen Rocky Mountains herrschen **Gelbkiefernwälder** vor, deren Erscheinungsbild eher gleichförmig ist. Außerdem findet man andere Trockennadel-

Die bekanntesten Nadelbäume des amerikanischen Nordwestens				
Deutsch	**Englisch**	**Botan. Name**	**Vorkommen**	**Merkmale**
Purpur- bzw. Pazifische Weißtanne	**Red Silver Fir**	*Abies amabilis*	Küstengebirge des Westens	bis zu 75 m hoch; graue Rinde mit weißen Flecken; Name: Zapfen der weiblichen Bäume sind rötlich purpurn; Nadeln geben beim Zerreiben starken Geruch nach Mandarinen ab
Felsengebirgstanne	(Sub-) **Alpine Fir**	*Abies lasiocarpa*	Hochlagen der Gebirge	15-30 m hoch; oft aufwärts gerichtete Nadeln, die beim Zerreiben einen starken Balsamgeruch verbreiten
Große Tanne	**Grand (Giant) Fir**	*Abies grandis*	Küstengebiete des Nordwestens	bis zu 90 m hoch; da schnell wachsend, wird sie häufig in Wirtschaftswäldern gepflanzt und nach 20 Jahren (dann 15-20 m hoch) gefällt; Nadeln und Zweige duften nach Mandarine
Rottanne	**Red Fir**	*Abies magnifica*	Oregon und Kalifornien in Höhen von 1500-1800 m	bis zu 65 m hoch; nahezu viereckige und leicht gebogene Nadeln; Rinde ist grau (im Alter rot) und korkig
Edeltanne	**Noble Fir**	*Abies procera*	Washington und Oregon in Höhen von 600-1.500 m	bis zu 60 m hoch; schnelles Wachstum und kräftiges Holz, daher häufig zur wirtschaftlichen Nutzung angepflanzt; die Rinde ist grau-purpurfarben und weist im Alter lange Risse auf
Küsten-Douglasie	**Douglas Fir**	*Pseudotsuga menziesii*	Westküste, bis zu 100 km landeinwärts vorkommend	60-90 m hoch; feuerbeständige, dicke, furchige, blaugraue Rinde mit rötlich braunen Rissen. Nadeln mit zwei Längsstreifen

Deutsch	Englisch	Botan. Name	Vorkommen	Merkmale
Blaue Engelmann-Fichte	Engelmann Spruce	*Picea engelmannii*	westliche Gebirge	24-30 m hoch; kegelförmige Baumkrone; Nadeln riechen beim Zerreiben nach Kampfer; gelblich-rötlich braune, dünnschuppige Rinde
Drehkiefer	Lodgepole Pine	*Pinus contora*	Sandflächen/ Dünen entlang der Westküste	6-24 m hoch; hoher Stamm; unten nur vereinzelt Äste; scharfspitzige, stark gedrehte Nadeln; rötlich braune, tief gefurchte Rinde
Gebirgs-Strobe	Western White Pine	*Pinus monticola*	Cascade Range und Sierra Nevada	bis zu 30 m hoch; bis zu 25 cm lange Zapfen
Gelbkiefer	Ponderosa Pine	*Pinus ponderosa*	Gebirge des Westens, besonders Rocky Mountains	18-40 m hoch; dreinadlig; sehr gelblich bis orangefarbige dicke Schuppenborke
Westamerikanische Lärche	Western Larch	*Larix occidentalis*	Washington, Idaho, Montana, British Columbia	30-60 m hoch; schlankwüchsig; dreikantige Nadeln; bei Herbstfärbung goldgelb; dunkelgraubraune Rinde
Westliche Hemlock	Western Hemlock	*Tsuga heterophylla*	Pazifikküste	30-45 m hoch; gescheitelte Nadeln; dünne, graue Rinde mit kleinen Borkenschuppen
Gebirgs-Hemlock	Mountain Hemlock	*Tsuga mertensiana*	Gebirge des Westens	20-40 m hoch; dichtes Geäst; blaugrüne Nadeln
Redwoods	Redwoods	*Sequoia sempervirens*	Küste zwischen Zentral-Oregon und Süd-Kalifornien	bis zu 100 m hoch und damit höchste Bäume der Welt; rötliches Holz, das kaum gegen Schädlinge und Pilze anfällig ist, kaum Verrottung; flache Wurzeln
Riesensequoien	Giant Sequoia	*Sequiadendron giganteum*	Sierra Nevada und Berghänge (1.200-1.400 m) in Süd-Kalifornien	bis zu 90 m hoch; der Masse nach die mächtigsten Bäume der Welt (bis 1.200 t!); feuer- und insektenresistentes, rötliches Holz; können bis zu 4.000 Jahre alt werden.

INFO
Indian Summer im Nordwesten

Jedes Jahr bietet sich während des „Indian Summer" auch im Nordwesten ein farbenprächtiges Bild. Die Zeit der Laubfärbung beginnt Anfang September nach den ersten Kälteeinbrüchen und setzt sich von Norden nach Süden fort. Dabei bewirkt gerade der Gegensatz zwischen sonnigen Tagen und kühlen Nächten eine besonders lebhafte Färbung.

Während in Europa aufgrund der ungünstigeren topografischen Verhältnisse im Verlauf der Eiszeit viele Baumarten ausgestorben sind, konnten in Nordamerika die meisten nach dem Rückgang des Eises ihre frühere Heimat wieder besiedeln. So überlebten zahlreiche, in Europa ausgestorbene Ahorn- und Eichenarten.

Neben anderen Baumarten bilden viele von diesen in ihren Blättern den Farbstoff Anthocyan, der wesentlich an der Bildung der intensiven Rottöne des Indian Summer beteiligt ist. Die eindrucksvolle und fast überwältigende Laubfärbung entsteht nicht nur aus der Leuchtkraft der einzelnen Färbung; die Wirkung wird verstärkt durch die Ausdehnung der Waldbestände und häufig auch durch den Kontrast zum strahlend blauen Himmel in dieser Jahreszeit.

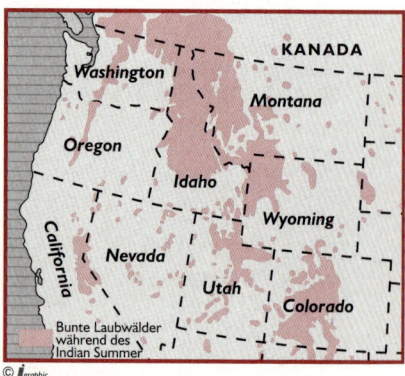

Die Laubwaldregionen mit den schönsten Farben während des Indian Summer

Die schönsten Gebiete für einen Besuch im Indian Summer liegen in den Rockies von Idaho, West-Montana und West-Wyoming sowie in Nord-Utah und Colorado. Den Höhepunkt erlebt das Schauspiel in Washington, Nord-Idaho und Montana ab Mitte September, in Wyoming, Nord-Utah, Kalifornien ab Ende September bis Mitte Oktober, und weiter südlich etwa von Anfang/Mitte Oktober an.

wald-Formationen mit Douglasien und Weißkiefern, in den höheren Lagen herrschen Berg-Nadelwälder mit Tannen und hochwüchsigen Engelmann-Fichten vor. Weiter südlich dominieren ebenfalls Nadelwälder, deren Arten aber von niedrigerem Wuchs sind. Eine Besonderheit, die die gesamten Rockies prägt, ist die **Drehkiefer** *(Pinus contora)*, deren Fortbestand durch Feuer begünstigt wird. Ihre Zapfen öffnen sich erst durch Hitzeeinwirkung und die Samen fallen heraus.

Die Great Plains

Während der Osten der Vereinigten Staaten ursprünglich ein ausgedehntes Waldgebiet war, geht der Wald im Westen der Appalachen allmählich in ein **offenes Gras-**

Legendär ist die endlose Weite der Great Plains

land über. Dabei ist entscheidend, dass die **Niederschläge** in diesen Gebieten hauptsächlich während der Vegetationsperiode (also im Frühjahr und Sommer) fallen. Der Boden wird tief durchfeuchtet, und die hochwüchsigen Präriegräser erhalten so genügend Wasser für ihre Entwicklung. Im Herbst allerdings ist der Wasservorrat des Bodens erschöpft, die Pflanzen trocknen aus, und ein Blitzschlag oder ein von Menschen gelegtes Feuer kann verheerende Folgen haben.

Von Osten nach Westen nehmen die Niederschläge ab, und besonders die Gebiete, die im Regenschatten der Rocky Mountains liegen, bekommen kaum bzw. sehr unregelmäßig Regen. Hier werden nur die obersten Bodenschichten durchnässt, und es können nur niedrigwüchsige Pflanzen wie Kakteen und *Sagebrush* sowie Gräser gedeihen.

Im Regen-schatten der Rockies

Einer der Anpassungskünstler unter den Präriepflanzen sind die **tumble weeds**, die in zahlreichen Western durchs Bild „fliegen". Der oberirdische Teil der Pflanze bricht im Herbst ab und wird vom Wind über den Boden gerollt, die Pflanze kann dabei ihre Samen verteilen. Verschiedene Arten haben diese Art der Vermehrung angenommen und sind in der Lage, ihre Samen über eine große Fläche zu verteilen.

Die Tierwelt des Nordwestens

Da bis in erdgeschichtlich jüngere Zeit eine Verbindung zwischen Nordamerika und Asien über die Beringstraße bestanden hat, gibt es eine große Übereinstimmung zwischen der nordasiatischen und der nordamerikanischen Tierwelt. Allerdings konnten sich im Laufe der Zeit viele endemische Tierarten ausbilden. Endemisch werden Arten genannt, die sich an die Verhältnisse einer bestimmten Gegend angepasst haben und nur an eben dieser einen Stelle auftreten.

Bison/Buffalo

Der Bison (amerikanisch *buffalo*) ist das wohl bekannteste Tier des nordamerikanischen Kontinents und eine endemische Art. Er ist mit dem europäischen Wisent verwandt und sein Lebensraum reichte um 1800 noch von den Appalachen bis zu den intermontanen Ebenen der westlichen Gebirgsketten und vom Norden Kanadas bis in den Norden Mexikos. Damals gab es schätzungsweise 50-60 Mio. Bisons – um 1900 zählte man nur noch wenige Hundert!

Instrument zur Unterwerfung der Indianer

Für die **Vernichtung der riesigen Bisonbestände** durch die Weißen gab es verschiedene Gründe: Einerseits galten sie als Nahrungskonkurrenten für das Vieh und gefährdeten die Getreideernte, andererseits waren sie Instrument zur Unterwerfung der Indianer. Um diese zu schwächen, wurde ihre Hauptnahrungsquelle fast ausgerottet. Dank Schutzmaßnahmen und Zuchtfarmen ist die Zahl heute wieder auf fast eine halbe Million gestiegen.

Der Bison ist das **größte Landsäugetier Nordamerikas** – Bullen können ein Gewicht von über 1.000 kg erreichen. Einst weideten die Bisons in kleinen Trupps von 20 bis 200 Tieren und fanden sich nur zu ihren Wanderungen zu riesigen Herden von bis zu einer Million Tieren zusammen. Im Frühjahr, wenn die Great Plains von Süden nach Norden zu grünen begannen, zogen auch die Bisonherden auf Nahrungssuche nordwärts und kehrten erst mit den ersten Schneefällen wieder nach Süden, bis nach Texas, zurück. Es entstanden „**Buffalo Trails**" – Pfade, auf denen die Bisons den Leittieren folgten und die als unübersehbare Furchen die Landschaft

Das mächtigste Tier der Prärie: der Bison

prägten. Eine weitere Eigenart der Bisons formte das Land: Da die Bisons mit ihrem dicken Fell die Sommerhitze nicht mochten, nutzten sie jede sich bietende Gelegenheit, sich zur Erfrischung auf feuchten Böden zu wälzen und diese mit ihren Hörnern umzuwühlen. Nach und nach entstand eine sich vergrößernde „Wanne" – „Buffalo Wallows" (Suhlen) –, in denen sich später das Wasser sammelte. Ihr besser durchfeuchteter Grund bildete eine besonders gute Weide, die so genannten „Hay Bottoms" (Heugründe).

INFO

Great Plains oder Great Desert?

Offenbar hat es im 19. Jh. in den **Great Plains** eine Periode günstigen Klimas gegeben, die den Siedlern Hoffnungen auf die landwirtschaftliche Nutzung der Prärieregion machte. Als es dann jedoch seit den 1920er Jahren immer wieder zu Trockenperioden kam, war der Traum vorbei und man erkannte, wie risikoreich die **Landwirtschaft** hier ist. Viele der Farmer gaben auf und zogen weiter nach Westen, vornehmlich nach Kalifornien.

Im Nachhinein bekam Major *Stephen Long* Recht, der von der Regierung in den 1820er Jahren zur Erforschung des Mittleren Westens losgeschickt worden war und geschrieben hatte: „Dieses Land ist für die Kultivierung gänzlich ungeeignet und natürlich auch für Menschen, die von der Landwirtschaft leben, unbewohnbar."

„**Plains**" ist eigentlich nur der übergeordnete Begriff für die weiten Ebenen zwischen Rockies und Mississippi-Tal. Aufgrund des ursprünglichen Bewuchses mit unterschiedlichsten Gräsern spricht man auch von „Grasland" oder „Grasland Prairies". Dabei ist die **Prärie keineswegs einheitlich** – auch wenn es auf den ersten Blick so wirken mag. Da gibt es die relativ feuchten **Central Plains** im Umfeld des Mississippi und Missouri und ihrer Zuflüsse einerseits und die **Great Plains** andererseits. Letztere erstrecken sich ungefähr zwischen dem Tal des Missouri und den Rockies.

In den zentralen Gebieten der Prärie hat der Mensch die natürliche **Vegetation** inzwischen stark verändert und zum Großteil sogar zerstört. Weitflächig wurden Felder angelegt, auf denen zumeist in Monokulturen Mais, Sonnenblumen, Weizen oder Sojabohnen angebaut werden. Wenn in Trockenjahren die Samen nicht aufgehen und der Boden ungeschützt der Sonne und dem Wind ausgesetzt war, kommt es zu enormer Bodenerosion. Ähnliche Probleme ergeben sich, wenn intensive Weideviehhaltung betrieben und die Grasdecke durch fressende Tiere zerstört wird. Heute versucht man, durch verschiedene Maßnahmen wie den Anbau von *Alfa Alfa* oder Renaturierung der Erosion entgegenzuwirken.

„Wenn es jemals so etwas wie Leere im Westen gegeben hat, dann heute" – mit diesen Worten spielt der amerikanische Historiker *James P. Ronda* auf den Bevölkerungsrückgang und die Misere in der Landwirtschaft in den Präriestaaten an. Dort sind gerade noch 2 % aller Berufstätigen in der Landwirtschaft tätig – um 1900 waren es noch 40 % gewesen. In den letzten 20 Jahren sind Industriebetriebe verstärkt in die Landwirtschaft eingestiegen und haben Großfarmen zum Industriebetrieb, zum „Agrobusiness", umfunktioniert und die Kleinbauern verdrängt. In den Weiten der Great Plains sind dagegen vielfach Zustände wie zu Zeiten der Indianer und Bisons zurückgekehrt, als die Prärie nichts anderes war als pure Wildnis. Hier wird vermehrt extensive und nachhaltige Viehwirtschaft betrieben, wobei auch die Bisons wieder zurückkehren, wild lebend in Schutzgebieten oder als Zuchtherden.

INFO

Vorsicht Bär!

Die Parkverwaltungen setzen auf Prävention und stellen deshalb **Grundregeln** für Besucher – besonders wichtig für Camper – auf Merkblättern zusammen. Das oberste Prinzip bei einer Begegnung mit „Meister Petz" heißt „Ruhe bewahren". Panisches Wegrennen würde lediglich den Jagdinstikt wecken. Sichere Verhaltensregeln gibt es angesichts der Unberechenbarkeit der Tiere trotzdem nicht. Blickkontakt suchen, langsam rückwärts gehen und beruhigend auf das Tier einreden – das sind möglicherweise sinnvolle Verhaltensregeln, im Notfall sind jedoch Drohgebärden, laute Rufe oder Steinewerfen vielleicht eher angebracht. Totstellen hilft bei Schwarzbären nicht, da sie auch Aas fressen – bei Grizzlies wiederum eher.

Grundsätzlich gelten für Camper und Wanderer folgende Grundregeln:
• Bären niemals füttern!
• Alle Nahrungsmittel, auch Toilettenartikel (geruchs-)sicher und außer Reichweite aufbewahren!
• Zeltplätze peinlich sauber halten! In den Naturparks gibt es bärensichere Abfalleimer.

Vorsicht Bär!

Kojote und Wolf

Wölfe und Kojoten

Enge Begleiter der Bisonherden waren die **Kojoten** *(Canis latrans)*, die sich von altersschwachen und kranken Bisons ernährten. Heute gelten sie vielfach als Plage, da sie sich in die Städte vorwagen und Müllcontainer plündern. Für die Indianer haben die Tiere dagegen eine besondere Bedeutung: In ihrer Mythologie erlebte der Kojote als Schlitzohr und „Trickster" zahllose Abenteuer und teilte seine Lebensweisheiten dem Menschen mit.

Der **Wolf** *(Lupus lupus)* ist in ganz Nordamerika von Alaska bis Nord-Mexiko verbreitet. Da er aber vor allem ausgedehnte Waldgebiete bewohnt hat, die heute großenteils zerstört sind, ist sein Bestand sehr zurückgegangen. Wölfe, die in Rudeln leben, können Tiere bis zur Größe von Rentieren erlegen. Der Hauptteil ihrer Nahrung besteht jedoch aus kleineren Tieren, und sogar Obst und Beeren werden nicht verschmäht. Wölfe zu sehen, ist heute absolute Glückssache.

Präriehund/Prairie Dog

Der Präriehund *(Arctomys ludivicianus)* oder *prairie dog* lebte in vielen hundert Millionen Exemplaren in Kolonien, den **Prairie Dog Towns**, auf weiten Flächen der Prärien. Die aufgeworfenen Hügel der neugierigen Nager waren und sind charakteristisch für diese Landschaft. Die ersten Siedler sahen jedoch nur den Schaden, den sie anrichteten. Die Tiere durchwühlten den Boden, und man schätzte, dass 260 Präriehunde so viel Nahrung zu sich nehmen wie ein Rind. Ein rücksichtsloser Vernichtungsfeldzug gegen die Tiere setzte ein, und beinahe zu spät erkannte man die nützliche Funktion der Tiere: Sie lockern nämlich nicht nur den Boden, sondern fressen auch tierische Schädlinge. Ihr Futter besteht zu 70 % aus Unkräutern und Samen giftiger Pflanzen, die das Vieh ohnehin verweigert.

Bären

In den westlichen Gebirgsketten heimisch ist der **Grizzly**. Er ist der bekannteste aus der Gruppe der amerikanischen Braunbären und war früher auch am meisten verbreitet. Sein Lebensraum erstreckte sich ursprünglich von Alaska bis Nord-Mexiko, war aber auf den westlichen Teil des Kontinents beschränkt. Seinen Namen hat er von den vereinzelten grauen Haaren, die sein Fell teilweise grau erscheinen lassen (englisch *grizzle*). Ein Grizzly wird bis zu 2,30 m groß und bis zu 400 kg schwer. Er kann sowohl von pflanzlicher als auch von tierischer Nahrung (Reh- und Elchkälber) leben, und menschlicher Abfall zieht ihn magisch an.

Amerikanische Braunbären

Der lateinische Name des Grizzly, *Ursus horibilis*, deutet schon an, wie er vom Menschen vielfach gesehen wurde und wird: als „blutrünstige Bestie". Dieses Bild stimmt aber nur für den Fall, dass ein Grizzly gereizt wird. Allerdings ist er leicht in Erregung zu versetzen. Eine in der Nähe befindliche Nahrungsquelle kann einen Grizzly aggressiv werden lassen. Besonders gefährlich aber sind Weibchen, die ihren Nachwuchs bei sich haben.

Black Bears (*Ursus americanus*) sind im Nordwesten, anders als der Grizzly, sehr häufig. Schwarzbären sind prinzipiell für den Menschen ungefährlich. Allerdings kann es in bestimmten Fällen Probleme geben, da die Bären mittlerweile gelernt haben, dass Futter und Menschen eng zusammenhängen. Die schwarzen bis zimtfarbenen Tiere, die oft einen weißen Fleck auf der Brust tragen, werden im Schnitt etwa 1,30 m (auf allen vieren) groß und 90 kg schwer – die Männchen sind größer und wiegen bis zu 200 kg. Schwarzbären sind nicht nur gute Schwimmer und Kletterer, sondern auch sehr schnell (bis zu 50 km/h). Sie leben in Wäldern und bewaldeten Bergregionen und halten in Schlafhöhlen Winterschlaf, ehe die erwachsenen Weibchen im Januar, Februar Junge zur Welt bringen, die bis zu 20 Monate bei der Mutter bleiben. Wenn die Bären im Frühjahr aus ihren Höhlen herauskommen, haben sie zunächst nur eines im Sinn: fressen. Bären sind **Allesfresser**, ernähren sich jedoch überwiegend vegetarisch. Da sie von ihrem extrem feinen Geruchssinn geleitet werden und mit großer Intelligenz ausgestattet sind, beginnen hier oft die Konflikte, denn auf Futtersuche sind sie komplett auf ihr Ziel fixiert und entwickeln ungeahnte Kräfte.

Schwarzbären

Elch (Moose)

Der Elch – in Nordamerika als *moose (Alces americanus)* bekannt– ist der größte und auch einer der auffälligsten Hirsche der Welt. Mit dem englischen Wort *elk* (Elch) bezeichnet man hingegen den Wapitihirsch *(Cervus canadensis)*. Ein *moose* wird etwa pferdegroß und kann über 500 kg, manchmal bis 800 kg, wiegen. Er ist leicht zu erkennen an seinem riesigen Geweih, das Spannweiten bis zu 160 cm und ein Gewicht von 20 kg erreicht. Das Geweih wird im Winter abgeworfen und bildet sich im Frühjahr neu aus.

Der Elch kann 20 bis 25 Jahre alt werden und ernährt sich hauptsächlich von saftrindigen Ästen, Sumpf- und Wasserpflanzen, Gräsern, Moor- und Heidekräutern. Da Wasserpflanzen einen großen Teil seiner Nahrung ausmachen können, hält er sich oft in der Nähe stehender Gewässer auf und kann hervorragend schwimmen. Als Einzelgänger streift er oft ziellos in seinem weiten Revier herum.

Elch-beobach-tung

Die beste Zeit zur Elchbeobachtung ist der Frühsommer. Dann äsen die stattlichen Tiere auf Lichtungen und kommen sogar in die Nähe von Straßen, weil sie das leicht salzige Wasser der Straßengräben anzieht. Im Hochsommer halten sie sich hingegen eher in den Wäldern auf. Während der Zeit des Indian Summer beginnt die Brunftzeit, dann legen sie oft weite Strecken auf der Suche nach einer Elchkuh zurück. Elche verhalten sich unter Umständen sehr aggressiv, vor allem wenn sie Junge haben.

Schlangen

Schlangen sind auch im Nordwesten verbreitet, aber überwiegend harmlos. Man sieht sie normalerweise nicht, da sie menschenscheu und nachtaktiv sind. Zwischen November und März/April machen Schlangen einen Winterschlaf, zumeist in Scharen in warmen Höhlen. Die giftigen Arten gehören der Gattung der **Rattlesnakes**

Giftige Schlangen

(Klapperschlangen) an, die den Vorteil haben, dass sie durch Rasseln auf sich aufmerksam machen. 90 % der Unfälle mit Klapperschlangen sind vermeidbar, wenn man ihnen nicht zu nahe kommt und ihnen die Flucht ermöglicht. Vorsicht ist in felsigem Gelände geboten, wo man, z. B. zum Klettern, Hände und Füße einsetzt. Ein Biss ist dennoch für gesunde Erwachsene selten tödlich, da in der Hälfte der Fälle wenig oder gar kein Gift injiziert wird.

Zu den bekannten Klapperschlangen gehören der *Sidewinder (Crotalus cerastes,* Wüstenregionen), die *Western Rattlesnake (Crotalus Viridis)* oder die *Western Diamondback (Crotalus Atrox,* in der Region am Colorado River). Schlangen, deren Bisse schmerzhaft, aber nicht giftig sind, sind *Gopher Snake (Pituophis melanoleucus)* – sie ahmt die Klapperschlange nach –, *Common Kingsnake (Lampropeltis getulus)* – von Farmern als Mäusefänger sehr geschätzt –, *Ringneck Snake (Diadophis punctatus)* oder *Racer (Coluber constrictor)*.

Weißkopf-Seeadler

Der Weißkopf-Seeadler – **Bald Eagle** *(Haliaeetus leucocephalus)* – ist das nationale Wappentier der USA und verdient allein deshalb Erwähnung. Obwohl er inzwischen unter strengem Naturschutz steht, ist er selten geworden. Sein Verbreitungsgebiet reicht von Alaska bis Florida. Ein männlicher Adler erreicht eine Spannweite von bis zu 2 m. Erkennbar ist der *Bald Eagle* an seinem weißen Kopf, Hals und Stoß, ansonsten ist das Gefieder braun.

Wale

Wale (ⓘ S. 586) sind vor der Pazifikküste häufig zu beobachten. Die bis zu 15 m langen **Grauwale** *(Gray Wale, Eschrichtius robustus)* ziehen zweimal jährlich an Kalifornien vorbei, pendeln zwischen arktischen Regionen (Frühjahr) und Baja California (Herbst), wo sie kalben. Wie alle Bartenwale ernähren sie sich von Plankton, Krebsen, Meeresschnecken und Borstenwürmern, die mit Hilfe von Barten, den vom Gaumen herabhängenden Hornplatten, aus dem Meerwasser gefiltert werden.

Blauwale *(Blue Wale, Balaenoptera musculus)* sichtet man zwischen Juni und November, besonders um Monterey und weiter nördlich, in Oregon und Washington. **Finnwale** *(Fin Wale, Balenoptera physalus)* sind um die gleiche Zeit vor der Küste zu sehen, eher südlich von Monterey. Die vierte zu beobachtende Walart ist der **Buckelwal** *(Humpback Wale, Megaptera novaeangliae)*, der zwischen Dezember und April mit gebührendem Abstand an der Küste vorbeizieht.

Wale vor der Pazifikküste

Zu den verbreitetsten **Delfin**-Arten gehören neben dem bekannten **Schwertwal** oder *Killer Wale (Orca, Orcinus orca)* der *Bottle-nosed Dolphin (Tursiops truncatus)*. Der Schwertwal ist der **größte Delfin der Erde**. Er ernährt sich neben Fischen und Kopffüßlern auch von Schweinswalen, Narwalen, Delfinen, Seelöwen und Seehunden. Orcas gehen häufig auf Gemeinschaftsjagd und greifen sogar große Wale an, doch niemals Menschen. Im Gegenteil, die sehr klugen Tiere lassen sich, wie andere Delfine, dressieren.

Der Schwertwal oder Killer Wale ist der größte Delfin der Erde

Starke Bejagung der Wale zwischen 1851 und 1900 sorgte fast für die **Ausrottung mancher Arten**. Erst Schutzmaßnahmen haben für die Erholung der Bestände gesorgt und heute dürfen Küsten-Indianer mit Sondergenehmigung wieder auf traditionelle Waljagd gehen.

Lachse

Pazifische Lachse leben in den meisten Küstengewässern des Nordwestens. In den Monaten Juli, August und September begeben sich die Raubfische vom Pazifik in die Gebirgsflüsse, um dort zu laichen. Auf ihrer **Laichwanderung** nehmen sie im

Süßwasser keinerlei Nahrung zu sich. Viele sterben schon vor dem Ablaichen bzw. der Befruchtung an Erschöpfung, denn auch Stromschnellen, die überwunden werden müssen, zehren an den Kräften. Andere werden in geschwächtem Zustand leichte Beute von Bären, Fisch- und Seeadlern.

Ein Weibchen presst rund 4.000 Eier in eine ausgehobene Laichgrube und das Männchen ergießt seinen milchigen Samen über den Fischlaich. Nach Ablaichen und Befruchtung deckt das Weibchen die Eier ab und verteidigt ihre Brut noch mehrere Tage, bis sie, wie der Partner, erschöpft verendet. Ein bis drei Jahre leben die jungen Lachse im Süßwasser, dann wandern sie ins Meer. Allerdings entwickeln sich nur aus knapp einem Drittel der abgelegten Eier auch Fische, die wieder das Meer erreichen. Wenn sie ausgewachsen sind, versuchen sie, in genau dasselbe Gewässer aufzusteigen, in dem sie geboren wurden.

Fünf Lachsarten

Die fünf in Kanada, Alaska und im Nordwesten vorkommenden **Lachsarten** sind: der Buckellachs *(Pink Salmon)*, der Ketalachs *(Dog Salmon)*, der Quinnat oder Königslachs *(Chinook, King* oder *Pacific Salmon)*, der Blaurückenlachs *(Sockeye Salmon)* und der Kisutch- oder Silberlachs *(Silver* oder *Coho Salmon)*.

Seeotter

Einst begehrte Seeotter

Der Seeotter hat sein Leben, im Gegensatz zum Fischotter, ganz dem Meer angepasst. Im Unterschied zu Robben, Seekühen und Walen verfügt der Seeotter über keine vor Kälte schützende Speckschicht. Der Wärmeverlust wird bei ihm durch ein isolierendes Fell verhindert. Dieser ungewöhnlich dichte, rötlich bis schwarze Pelz weckte im 19. Jh. das Interesse der Pelzhändler, die enorme Preise dafür erzielten und das putzige Tier an den Rand der Ausrottung brachten, ehe man es 1911 unter Schutz stellte.

Wenn der Seeotter die Nacht schwimmend verbringt, wickelt er sich häufig in Tang ein, der, kräftesparend und Auftrieb gebend, wie ein Schwimmgürtel wirkt. Seine Nahrung besteht aus Seeigeln, Seewalzen, Krebsen, Fischen und hauptsächlich Miesmuscheln, Napfschnecken und anderen Weichtieren, die er tauchend erbeutet. Er gehört zu den Lebewesen, die bei ihrer Nahrungsbeschaffung Werkzeuge benutzen. Mit Hilfe eines Steins schabt er Napfschnecken, Miesmuscheln und Austern unter Wasser vom Felsengrund und nutzt auch zum Öffnen der Schalen den Stein. Auf dem Rücken liegend, legt er sich diesen auf die Brust und schlägt mit dem Schalentier dagegen, bis die Schale bricht. Wenn der große Otter nicht mit Nahrungssuche oder -aufnahme beschäftigt ist, treibt er auf höchst posierliche Art, gern auf dem Rücken liegend und sich mit den flossenartigen Hinterfüßen abstoßend, auf der Wasseroberfläche herum.

Robben und Seelöwen

Zu dem im Pazifik vorkommenden Robben-Arten gehören die **Pelzrobbe** *(Northern Fur Seal, Callorhinus ursinus)*, **See-Elefant** *(Northern Elephant Seal, Mirounga angustirostris)* und der **Seehund** *(Harbor Seal, Phoca vitulina)*. **Seelöwen**-Arten sind

Northern Sea Lion *(Eumetopias jubatus)* und *California Sea Lion* (kalifornischer See-löwe, *Zalophus californianus)*. Man unterscheidet die Tiere danach, ob sie Ohren haben *(Fur Seal, Northern* und *California Sea Lion)* oder nicht *(Harbor Seal* und *Nor-thern Elephant Seal)*.

Klima im Nordwesten

Der Nordwesten liegt wie Mitteleuropa im Bereich der **Westwindzone**. In Nord-amerika ist das Aleuten-Tief für teilweise recht üppige Niederschläge verantwort-lich, besonders an der Küste in Washington und Oregon. Dass es gerade hier so viel regnet, hängt mit der Lage direkt an der Pazifikküste zusammen. Die mit Meerwas-ser geschwängerte Luft wird durch die Westwinde (z. T. als Nebel) auf den Konti-nent zugetrieben. Durch die Küstenkordillere ist sie gezwungen aufzusteigen und kühlt dabei ab. Da kalte Luft weniger aufnahmefähig für Feuchtigkeit ist als warme, bilden sich Wolken und es beginnt zu regnen.

An der Pazifikküste sind besonders im Frühjahr, Sommer und Frühherbst **ausge-prägte Nebelbänke** zu beobachten. In diesen Jahreszeiten fließt ein südwärts ge-richteter kalter Meeresstrom an der Küste entlang und sorgt dafür, dass sich die Luft schon über dem Wasser abkühlt und sich Nebel bildet. Das Wasser kann besonders gut kondensieren, weil die Luft mit Salzkristallen durchsetzt ist, die mit der Brandung emporgeschleudert werden.

Nebelbän-ke an der Küste

In den weiter östlich gelegenen Regionen sind die Niederschläge weniger ergiebig, da der größte Teil des Wassers schon in den westlichen Landesteilen abgeregnet ist. Besonders die intermontanen Ebenen und die Gebiete östlich der Rocky Mountains liegen im **Regenschatten** und bekommen sehr wenig Niederschläge. So ist es auch zu erklären, dass sich in Nordamerika schon wenige hundert Kilometer landein-wärts ausgedehnte Halbwüsten erstrecken und es in den Ebenen des Mittleren Wes-tens immer wieder zu Dürrekatastrophen kommt.

Im **Winter** können **Blizzards** (Schnee- und Eisstürme) infolge von plötzlichen Kalt-lufteinbrüchen aus dem Norden auftreten. Die in Nord-Süd-Richtung verlaufenden Bergketten verhindern das Vordringen der Kaltluft nicht. Eine weitere Erscheinung, die man im Mittleren Westen, besonders im Tal des Mississippi, antreffen kann, sind Windhosen oder **Tornados**. Das sind örtlich begrenzte Luftwirbel, die sich aus der Wolkendecke zur Erde niedersenken und an der Basis einen Durchmesser von meh-reren hundert Metern erreichen können.

Blizzards und Tornados

Ozeanität und Kontinentalität

Neben der Anordnung der Gebirge in Nord-Süd-Richtung spielt der Pazifik eine wichtige Rolle für das Klima im Nordwesten. Genauer gesagt, sind es zwei Faktoren:

• **Ozeanität:** Da die Wassertemperaturen im Sommer langsamer steigen als jene auf dem Land, bleiben diese eigentlich ganzjährig gemäßigt bis kühl. Ein warmes Bad

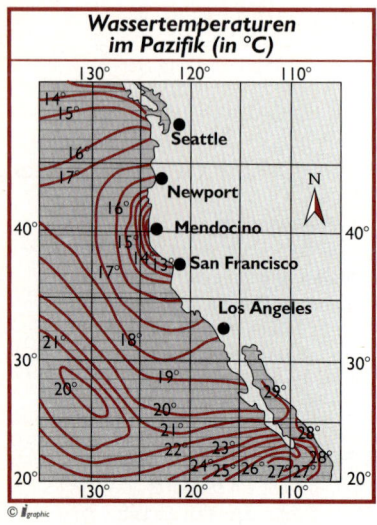

Wassertemperaturen im Pazifik (in °C)

ist in dem hier beschriebenen Pazifikabschnitt kaum denkbar. Im Winter dagegen wirkt das Meer als Wärmespeicher; es gibt die Wärme nicht so schnell ab wie das Land. Die Winter sind also mild und niederschlagsreich.

• **Kontinentalität:** Weiter landeinwärts, wo der Einfluss des Pazifik kaum noch eine Rolle spielt, heizt sich das Land im Sommer extrem auf, während im Winter die Wärmespeicherwirkung des Ozeans fehlt. Die Sommer sind also geprägt von stabilen Hochdrucklagen und sehr trocken und heiß. In den zentralen Ebenen treten Hitzewellen *(hot waves)* auf, die weit nach Norden vordringen können. Im Winter fällt der Hauptteil der Niederschläge, je nach Höhenlage als Regen oder Schnee. In den zentralen Landesteilen kommt es zu Kälteeinbrüchen, die für viel Schnee und lange Frostperioden sorgen.

„Snow-Eater" oder Chinook

Phänomen des Föhns

Das bayerische Phänomen des Föhns tritt auch im Nordwesten auf – hier spricht man aber von „Chinook" oder „Snow-Eater". Föhn entsteht, wenn eine Luftmasse durch ein Gebirge zum Auf- und Absteigen gezwungen wird. Beim Aufsteigen kühlt sich die Luft ab, die enthaltene Feuchtigkeit kondensiert, Wolken bilden sich aus und es regnet. Dann überquert die Luft das Gebirge und fällt auf der anderen Seite wieder ab. Die Luft hat beim Aufstieg ihre Feuchtigkeit verloren und erwärmt sich deshalb beim Absinken stärker, als sie sich beim Aufstieg abgekühlt hat (trocken-adiabatische Erwärmung). Der Chinook (oder Föhn) ist deshalb ein trockener, warmer Wind, der Schnee zum Schmelzen bringen (deshalb „Snow-Eater") – oder eben Kopfschmerzen verursacht.

Wirtschaftlicher Überblick

Lange Jahre galten die USA als Wirtschaftsmacht Nummer eins und war der amerikanische Lebensstandard der höchste der Welt. Im Zuge der weltweiten Wirtschaftskrise, des Börsen-Crashs und des gesunkenen Dollarkurses in den letzten Jahren sind die USA auf der Rangliste nach unten gerutscht. Zudem haben die militärischen Aktionen des Präsidenten *George W. Bush* nach dem 11. September 2001 das Haushaltsdefizit, das unter Präsident *Bill Clinton* fast abgebaut worden war, wieder in astronomische Höhe getrieben. Großstädte sind hoch verschuldet und das Wort „Einsparungsmaßnahmen" ist in aller Munde. Ungeachtet dessen kann man jedoch ruhigen Gewissens behaupten, dass die USA immer eine der bedeutenden Wirtschaftsmächte der Welt bleiben werden.

Wer das erste Mal in die USA kommt, wird **einige Besonderheiten** bemerken. Dazu gehört das **fast unüberschaubare Angebot** an Gütern aller Art, in Supermärkten, in Malls (Einkaufszentren), auf Märkten oder in Spezialitätengeschäften. Die größeren Geschäfte stehen in gnadenloser Konkurrenz zueinander, werben aggressiv und überall, überbieten sich mit Rabatten und Dienstleistungen. Auffällig ist aber auch die große **Kundenfreundlichkeit** und das wesentlich ausgeprägtere **Service-Bewusstsein**. Der Kunde ist hier tatsächlich noch König und wird entsprechend hofiert.

Riesiges Güter-angebot

Arbeitsmentalität und -bedingungen

In einem Land, das keinen Geburts-, sondern nur einen **Geldadel** kennt, zählt wirtschaftlicher Erfolg mehr als alles andere. Die Gesellschaft erkennt „Vom-Tellerwäscher-zum-Millionär-Karrieren" und gewinnbringende Geschäftsideen neidlos an. Verschiedene Jobs sind ganz „normal", und anders als in Europa werden **Arbeitsplatzwechsel** im Allgemeinen positiv bewertet, da nach Meinung der Amerikaner gesammelte Erfahrungen und Kenntnisse in verschiedenen Bereichen nur von Nutzen sein können.

Um eine Stelle zu bekommen oder ein Geschäft zu gründen, sind nicht beigebrachte Zeugnisse und Zertifikate maßgebend, sondern Allround-Kenntnisse, Teamgeist, Ehrgeiz und Einsatz für die Sache. **Teamwork** wird großgeschrieben, und die **Arbeitsdisziplin** ist – entgegen dem äußeren Anschein und dem kollegialen „Du" gegenüber dem Chef – strikt. Auf korrekte Umgangsformen und ordentliches Auftreten *(formal attire)* wird großen Wert gelegt.

Teamwork und Disziplin

Im Vergleich zu Deutschland haben nur wenige Amerikaner im klassischen Sinne einen Beruf „erlernt", die Regel heißt **„learning by doing"** und entsprechend wächst mit dem Alter das Spektrum an Einsatzmöglichkeiten. Dabei sind „Berufsethos" bzw. Überheblichkeit gegenüber anderen Berufssparten wenig ausgeprägt. Man ist sich nicht zu fein, in einem komplett anderen, auch „niedrigeren" Berufsfeld zu arbeiten, z. B. würde ein Akademiker durchaus nötigenfalls eine Stelle als Busfahrer annehmen.

Eigenverantwortlichkeit spielt eine große Rolle, und je anspruchsvoller ein Posten ist, umso geringfügigerer Fehler bedarf es, um wieder auf der Straße zu stehen. **Absolute Effizienz** ist oberstes Ziel, und dafür arbeiten die Amerikaner im Durchschnitt wesentlich härter und länger als hierzulande: bis zu 50 Wochenstunden, bei im Schnitt nur zwei Wochen Jahresurlaub! Viele Menschen, die in ihrem Hauptberuf nur wenig verdienen, gehen noch **Nebentätigkeiten** nach, sitzen z. B. tagsüber im Büro und helfen am Abend an der Tankstelle oder im Fastfood-Lokal aus. Auch Senioren bessern mit Nebenjobs ihre Renten auf, arbeiten aber vielfach zusätzlich ehrenamtlich. Ohne „**Volunteers**" – eine weitere „Spezialität" des Landes – könnten in den USA zahlreiche Institutionen, Vereine und Museen nicht existieren und einen derart hohen Standard bieten.

Mobilität im Berufs- leben

Die **Mobilität im Berufsleben** spiegelt sich auch geografisch wider: Amerikaner sind stets bereit, wenn nötig oder vorteilhaft, eine neue, auch weit entfernte Arbeitsstelle anzunehmen und dafür den Wohnsitz zu ändern. Ein Eigenheim ist ebenso wie eine Arbeitsstelle keine „Sache auf Lebenszeit". Andererseits ist es jedoch in ländlichen Regionen auch noch üblich, den Geburtsort nie länger zu verlassen.

Die **Arbeitslosenrate** liegt US-weit offiziell unter 5 %, die Inflationsrate stieg auf knapp 4 %. Während immer weniger Fabrikarbeiter gebraucht werden, steigt der Bedarf an Arbeitskräften im Dienstleistungsbereich. Der Stellenabbau fand auch hier auf Kosten der gut bezahlten, gelernten und handwerklichen Berufe statt – die neuen „Ersatz-Jobs" sind meist Teilzeitjobs oder zeitlich begrenzte Stellen mit relativ schlechter Bezahlung. Der gesetzlich geregelte **Mindeststundenlohn** liegt bei derzeit 5,15 Dollar (unter 20 Jahre 4,25 Dollar), gilt aber nur für Berufssparten ohne Trinkgelder; sonst beträgt er 2,13 Dollar!

Bedeu- tungslose Gewerk- schaften

Die Macht der **Gewerkschaften** ist gering, nur etwa ein Fünftel der amerikanischen Arbeiter ist gewerkschaftlich organisiert, am häufigsten in den alten Industrieregionen im Osten. Tarifverhandlungen werden fast nur für einzelne Werke, bestenfalls für einen Bundesstaat, geführt. Chancengleichheit ist nominal gewährleistet, in der Realität aber nur ansatzweise umgesetzt. Vor allem Frauen, Afroamerikaner, daneben aber auch Angehörige anderer Ethnien wie Latinos oder Asiaten sind bis heute benachteiligt. Ausbeutung auf Feldern, Zitrusplantagen oder am Fließband ist immer noch gang und gäbe.

Wirtschaftliche Grundlagen und natürliche Ressourcen

Dass es mit den Vereinigten Staaten von den Gründerzeiten an wirtschaftlich steil bergauf ging, war vor allem den ersten Einwanderer-Generationen zu verdanken. Ihr hohes Sendungsbewusstsein war eng verknüpft mit einer soliden Lebensführung und einer entsprechenden Arbeitshaltung. Disziplin, Fleiß, Qualitätsbewusstsein und Sparsamkeit prägten die Puritaner und ließen florierende Wirtschaftszentren entstehen.

Die „Neue Welt" war grundsätzlich **prädestiniert zur Besiedlung**. Nicht nur hinreichend große Flächen waren vorhanden, man verfügte auch über nahezu alle für die industrielle Produktion nötigen Rohstoffe, war diesbezüglich also weitgehend autark. Dazu wurde die Landwirtschaft in den Oststaaten und im Süden von Natur und Klima her begünstigt. Die Böden waren im Allgemeinen gut, das Klima gemäßigt und wo Wasser fehlte, baute man Staudamm- und Kanalsysteme oder wählte neu gezüchtetes Saatgut.

Anders als an der Westküste, die erst 1869 durch die Eisenbahn mit dem Osten verbunden wurde, begann man im Osten schon früh mit dem **Ausbau der Infrastruktur**. Das Meer stellte bereits in der Frühzeit die Verbindung zwischen Europa und Nordamerika her und diente zusammen mit den großen Flüssen in den USA als eine Art „Straßensystem". Frachter und Passagierschiffe brachten Güter und Menschen mühelos von Boston nach New York und Philadelphia. An der Atlantikküste entstanden gleich nach Ankunft der ersten europäischen Siedler **Häfen**, in Neuengland wurden Schiffe gebaut, die auf den Weltmeeren kreuzten und Handel – schwerpunktmäßig von Sklaven, Holz und Rum – betrieben.

Ausbau der Infrastruktur

Nach den ersten Siedlern, die die Appalachen überwanden, folgte die Anlage eines **Straßensystems** und der Ausbau von **Schifffahrtswegen ins Landesinnere**. 1825 wurde der Erie-Kanal eröffnet, der die Atlantikküste mit den Großen Seen verband und damit eine wirtschaftliche Erschließung des Mittleren Westens begünstigte. Für den entscheidenden Aufschwung in der Industrie sorgte jedoch erst die **Eisenbahn**: Zwischen den späten 1820er Jahren – als eine der ersten Linien eröffnete die *Baltimore & Ohio Railraod* 1827 – und der Eröffnung der Transkontinentallinie 1869 lagen nur wenige Jahrzehnte, in denen das Land mit einem dichten Netz von Schienen überzogen wurde. Bis in die 1960er Jahre hinein blieb die Eisenbahn das wichtigste Transportmittel.

Rolle der Eisenbahn

Bodenschätze und Industrie

Noch immer sind die USA das Land mit der größten Vielfalt und Menge an Bodenschätzen, und nach wie vor gehören sie zu den größten Exporteuren. Trotzdem ist man auf die Einführung bestimmter Rohstoffe, vor allem Erdöl, angewiesen. Im Osten liegen bedeutende Steinkohlevorkommen in den Appalachen sowie Eisenerzlagerstätten in den Bundesstaaten New York, New Jersey, Virginia und Georgia. Ebenso werden Bauxit (Grundstoff zur Aluminiumherstellung) sowie Phosphate und Kalisalze gefördert. Der so genannte **Manufacturing Belt** zieht sich von den Neuengland-Staaten nach Süden und Südwesten bis zum Potomac und Ohio River. Im Gebiet zwischen Boston, New York und Philadelphia sind fast alle Industriezweige vertreten.

Bodenschätze

Landwirtschaft

Die US-Landwirtschaft hat in den vergangenen Jahrzehnten einen **rapiden Wandel** durchgemacht. Während sich die Zahl der Farmen halbierte, stieg die durchschnittliche Größe auf beinahe das Doppelte an. Heute wird die Landwirtschaft von Großbetrieben, dem „Agrobusiness", beherrscht. Amerika ist nicht nur **weitgehend Selbstversorger**, sondern auch einer der größten Exporteure der Welt in Bezug auf Getreide und auf Grundnahrungsmittel. Gesunkene Weltmarktpreise, Überproduktion sowie der allgemeine Wertverfall der entsprechenden Betriebe hatten in den letzten Jahrzehnten allerdings zahlreiche Konkurse und zunehmende Verarmung zur Folge.

Ausgehend von den Neuengland-Staaten und Kalifornien ist in den letzten Jahren ein Zuwachs an **ökologisch wirtschaftenden Betrieben** festzustellen. Nicht nur in ländlichen Gebieten, sondern besonders in den Großstädten macht sich ein gestiegenes Ernährungsbewusstsein der Bevölkerung bemerkbar. So ist die Nachfrage an regionalen und ökologisch hergestellten Produkten überall gestiegen. Speziell Nordkalifornien und Oregon haben sich einen guten Ruf in Sachen lokale, ökologische Produkte erworben. In Spezialläden, Bio-Supermärkten und auf Wochen- bzw. *Farmers'*-Märkten kann man inzwischen Obst und Gemüse, aber auch Fleisch- und Backwaren sowie Käse und andere Spezialitäten der Region frisch und nach ökologischen Richtlinien erzeugt erwerben.

Eines der Hauptstandbeine der Wirtschaft im Nordwesten: die Rinderzucht

Außenhandel

Nach wie vor gelten die Vereinigten Staaten als die größte Handelsmacht der Welt, auch wenn ihre einst unangefochtene Stellung in Anbetracht der gestiegenen Wirtschaftskraft der EU-Staaten sowie der Japaner längst nicht mehr unangefochten ist. Seit Beginn der 1980er Jahre wuchs das **Handelsdefizit** – nur kurz unterbrochen von einem Aufschwung während der *Clinton*-Präsidentschaft – und stieg der Import gegenüber dem Export.

Steigendes Handelsdefizit

Besonders gravierend war der Rückgang beim **Export von Fertiggütern**, wohingegen die Einfuhr von Autos, Unterhaltungselektronik, Eisen, Stahl und Bekleidung – vor allem aus Asien – wuchs. Zollschranken und Quoten traten mit wechselndem Erfolg und abhängig vom Dollarkurs in Kraft. Die wichtigsten **Exportmärkte** der USA liegen heute nicht mehr in Europa, sondern bei den Nachbarn, in Kanada und Mexiko, Lateinamerika und Asien, vor allem aber in Südkorea, Hongkong und Taiwan. Die USA exportiert noch immer die meisten Fertigwaren – Flugzeuge, Rüstungsgüter, Computer – wohingegen sich ein deutlicher Rückgang im Bereich der landwirtschaftlichen Erzeugnisse bemerkbar macht.

Wirtschaft und Bodenschätze im Nordwesten

Während die Staaten an den Großen Seen mit ihren Ballungsräumen Chicago und Milwaukee sowie die Regionen um Minneapolis durch Schwerindustrie, Maschinen- und Fahrzeugbau, Elektronik- und Elektroindustrie geprägt sind und in diesem Sektor einen relativ hohen Stellenwert in den USA einnehmen, steht im Großteil des Nordwestens die **Landwirtschaft** im Vordergrund.

Colorado, Montana und Wyoming gehören jedoch auch zum so genannten **Overthrust Belt**, der sich von Nordwest-Montana über 3.800 km bis nach Arizona zieht und von Erdöl und Erdgas in großen Tiefen und großen Kohlefeldern geprägt ist. Besonders die Ölfunde in den Verwerfungsschichten der Rocky Mountains haben hier während der 1980er Jahre zu einem neuen Boom geführt. Allerdings erwies sich die Förderung des schwarzen Goldes als unsicher und teuer und zudem leisten Umweltschutzorganisationen Widerstand gegen eine weitere Ausbeutung der Landschaft. Mit regelmäßigem Einkommen aus den Vorkommen ist also in absehbarer Zeit noch nicht zu rechnen. Erst eine effizientere Fördertechnik könnte hier Abhilfe bringen.

Wider- stand gegen Aus- beutung

Die Rocky Mountains- und Prärie-Staaten

• **North & South Dakota**: Während in North Dakota vor allem Braunkohle und Erdöl als Bodenschätze vorkommen, sind es in South Dakota Uran und Silber. Da die Landwirtschaft Probleme hat (s. auch Montana und Wyoming), spielt der Tourismus – besonders in den Blackhills/South Dakota – eine zunehmend wichtige Rolle. Auch die Staudämme am Missouri sind wirtschaftlich bedeutend.

Krise der Landwirt- schaft

• **Montana** und **Wyoming**: Neben Erdöl- und Erdgas-Industrie sowie großen Kohlevorkommen – 45 % der gesamten Reserven der USA stammen von hier – sind vor allem der Tourismus und die Landwirtschaft bestimmend. Während der Fremdenverkehr deutlich an Gewicht gewinnt, hat die Landwirtschaft zu kämpfen, da zum einen das NAFTA-Zollabkommen Billigwaren aus Mexiko ins Land bringt und spärliche Niederschläge die Probleme verstärken. Viehbetriebe werden vermehrt zu Gäste-Ranchen umfunktioniert bzw. kaum noch bewirtschaftet und dienen Städtern bzw. eingewanderten Europäern als Altersruhesitz.

• **Idaho**: Seit Ende der 1980er Jahre befinden sich, dank der relativ niedrigen Löhne, die Hightech- und Elektronikindustrie im Vormarsch. Wichtig sind aber immer noch die Landwirtschaft (Kartoffeln), Holzindustrie und der Fremdenverkehr. Um Coeur d'Alene befinden sich die größten Silbererzlager der USA, außerdem gibt es Kupfer, Blei und Zink.

• **Colorado**: Die Industrie wird durch Bergbau sowie Stahl und Metall verarbeitende Betriebe und Raffinerien bestimmt. Erdöl und Erdgas, ferner Uran, Kohle, Silber und Vanadium spielen eine Rolle. Die Landwirtschaft hat in den östlichen Ebenen große Bedeutung, in den Rocky Mountains sorgt vor allem der Tourismus für Einnahmen.

• **Utah**: Jahrzehntelang war der Mormonenstaat bekannt für seine einzigartigen landwirtschaftlichen Bewässerungskulturen. Seit Mitte der 1980er Jahre profiliert sich Utah aber auch durch mittelständische Hightechindustrie. An Bodenschätzen gibt es vor allem Kupfer, als Nebenprodukte Gold, Silber, Blei und Zink.

• **Nevada**: Einzig wichtige Fertigungsindustrie ist die Erzverhüttung. Entscheidend für den Staatshaushalt ist der Tourismus, konzentriert in Las Vegas und Reno. An Bodenschätzen werden Eisen- und Kupfererze, ferner Gold, Silber und Quecksilber abgebaut.

Die Pazifikstaaten

• **Washington**: Der Staat ist vor allem durch seine Luft- und Raumfahrtindustrie bekannt, außerdem durch Maschinen- und Schiffsbau sowie Computertechnik. Zahlreiche Wasserkraftwerke sorgen für Energie. Die Landwirtschaft blüht im Osten am Columbia River. Ferner ist die Holzindustrie von Bedeutung. An Bodenschätzen werden Zink- und Bleierze, Kohle und Sande abgebaut.
• **Oregon**: Wichtigste Industriezweige sind die Holzwirtschaft sowie die Nahrungsmittelindustrie, Erdölraffinerien und die Gummi- und Kautschukproduktion. Titan und Vanadium lagern im Boden. Die Landwirtschaft ist sehr vielseitig (Wein, Obst, Gemüse, Nüsse, Viehzucht).
• **Kalifornien**: Kalifornien ist in dieser Region der reichste und industriell verifizierteste Staat. Die Hightechindustrie hat sich hier bereits in den 1970er Jahren angesiedelt und wurde wegweisend (vor allem im Silicon Valley). Zudem ist die Luft- und Raumfahrtindustrie von großer Bedeutung und seit Anfang der 1990er Jahre auch die (japanische) Kfz-Produktion. Hinzu kommt, dass Kalifornien der größte Agrarproduzent der USA ist. Erdöl und Erdgas, ferner verschiedenste Erze spielen unter den Bodenschätzen eine Rolle, wohingegen Gold nur noch eine untergeordnete Rolle spielt.

Reiches Kalifornien

Ein Blick in die Zukunft

Besonders die **Pazifikstaaten** werden durch den zunehmenden Handel mit den asiatischen Staaten profitieren. Rechtzeitig haben sie sich zudem im Hightechsektor etabliert, ohne dabei ihre „Wurzeln", die Land- und Forstwirtschaft, zu vernachlässigen. Die Staaten im **Great Basin** und den **Rocky Mountains** prosperieren vor allem durch die Tatsache, dass sie dünn besiedelt sind und damit einen entscheidenden Anreiz für den Tourismus bieten, dem eine Schlüsselrolle für die Zukunft zukommt. In der **Prärie-Region** (Ost-Montana, Ost-Wyoming sowie North und South Dakota) wird die Landwirtschaft auf Dauer nicht mit den Niedriglohnländern konkurrieren können. Sie ist selbst in den USA schon in Bedrängnis geraten – lediglich als Biobetriebe haben traditionelle Familienunternehmen vielfach eine Zukunft, wie Beispiele an der Pazifikküste und im Nordosten andeuten. Der Tourismus scheint deshalb auch hier eine vielversprechende Alternative zu sein.

Der Goldrausch der 1860er Jahre ist heute längst Vergangenheit

Gesellschaftlicher Überblick

Die Mär vom „Schmelztiegel"

Oft wird die amerikanische Gesellschaft als „**Schmelztiegel**" oder **Melting Pot** bezeichnet – von knapp über 303 Mio. Menschen gehören rund ein Drittel einer Minderheit an: knapp 43 Mio. sind Hispanics, knapp 40 Mio. Afroamerikaner, gut 14 Mio. Asiaten und 4,5 Mio. Indianer/Alaskans und knapp 1 Mio. Hawaiianer und Inselbewohner. Doch genau genommen kann von Verschmelzung nicht die Rede sein. Vielmehr setzt sich die amerikanische Nation aus einer **Vielzahl von Ethnien** zusammen, die ihre Eigenarten beibehalten haben – der Dichter *Walt Whitman* sprach deshalb schon Mitte des 19. Jh. von einer *„Nation of Nations"*.

Folge von fast 400 Jahren Siedlungsgeschichte in Nordamerika ist ein einzigartiges **Kulturgemisch**, das besonders in den Großstädten lebendig ist: Einmal glaubt man sich ins ferne China versetzt, dann mitten in eine pulsierende mexikanische Metropole oder eine süditalienische Kleinstadt. Und wenige Straßen weiter steht man dann in einem typisch amerikanischen modernen Geschäftszentrum. Die einzelnen Ethnien – allen voran Afroamerikaner, Latinos und Asiaten, aber auch die Südeuropäer – bildeten **eigene Enklaven**, verfügen über eigene Infrastrukturen und Traditionen, pflegen ihre Sprache – Spanisch ist nach Englisch die am häufigsten gesprochene Sprache in den USA –, ihre Feiertage, Feste, Bräuche, Küchen und Religionen.

Einzigartiges Kulturgemisch

Eines haben sie jedoch alle gemeinsam: die Liebe und den Stolz auf ihre neue Heimat. Obwohl nämlich die Weigerung, die eigene Identität abzulegen, kulturübergreifend und **kulturelle Differenzierung** wichtiger ist als oberflächliche Integration, sind die amerikanische Flagge, die Hymne und die Verfassung völkerverbindende Symbole. So gesehen, handelt es sich bei der amerikanischen Gesellschaft um einen **bunten Flickenteppich** aus vielen Einzelteilen, die für sich stehen, in der Gesamtschau aber harmonieren.

Siedlungsstruktur und Bevölkerungsgruppen

Die **Besiedlung** der Vereinigten Staaten ist sehr unterschiedlich. Während in den Nordoststaaten, die ungefähr 20 % der Gesamtfläche ausmachen, ungefähr die Hälfte der Bevölkerung wohnt, ist der Nordwesten vergleichsweise menschenleer. So leben in North Dakota beispielsweise nicht einmal 650.000 Einwohner (gut 9 Personen/km^2), während sich im bevölkerungsreichsten US-Bundesstaat Kalifornien fast 36 Mio. Menschen (217 Pers./km^2) „drängeln". Zum Vergleich: In Deutschland sind es gut 82 Mio. oder 231 pro km^2.

Unterschiedliche Besiedlung

Wie in anderen Industriestaaten setzte seit der Wende zum 20. Jh. eine rapide Verstädterung ein und heute leben mehr als drei Viertel aller Amerikaner in Städten. Zudem drängt es die Menschen wieder vermehrt an die Küste, so lebt die Hälfte der US-Amerikaner an oder nahe der Pazifik-, Atlantik- oder Golfküste.

Die Afroamerikaner

Afro-Americans, wie die schwarze Bevölkerung politisch korrekt genannt wird, stellen in vielen Städten, besonders des Ostens, die Mehrheit. Ihre Vorfahren waren nicht freiwillig in die „Neue Welt" gekommen: 1638 hatte man in Boston die ersten „Leibeigenen" bestaunt, die auf den *West Indies* (Karibik) eingefangen und mit Schiffen hertransportiert worden waren. Der organisierte **Sklavenhandel** blühte nach 1660 auf und erlebte im 18. Jh. seinen unrühmlichen Höhepunkt. Schwerpunktmäßig arbeiteten die Schwarzen auf den Plantagen des Südens, wo sie auch die Bevölkerungsmehrheit bildeten.

Abschaffung der Sklaverei

Gegen Ende des 18. Jh. initiierte Neuengland die **Befreiung der Afroamerikaner** aus der Leibeigenschaft: **Massachusetts** war Vorkämpfer in der Frage der Sklavenbefreiung. Schon bei den Wahlen von 1850 gab es in der „Abolitionist Free-Soil Party" schwarze Kandidaten, 1855 wurde die Rassentrennung in Schulen formell aufgehoben und schon vor dem Bürgerkrieg studierten in *Harvard* Afroamerikaner. In Boston entstand in der zweiten Hälfte des 18. Jh. an der Nordflanke des Beacon Hill eine blühende schwarze Gemeinde.

Wenig später wurde die Sklaverei dann auch in Connecticut und Vermont abgeschafft. Bereits im **Bürgerkrieg** zog, wer konnte, in den Norden oder Westen. Dort gab es nicht nur schwarze Militäreinheiten, die die Indianer anerkennend als *Buffalo Soldiers* bezeichneten, sondern auch zahllose dunkelhäutige Cowboys. In Zeiten wirtschaftlicher Flauten waren und sind die Afroamerikaner immer als Erste und am härtesten betroffen. Bis heute liegt der Lebensstandard unter dem der Weißen, während die Arbeitslosenquote im Vergleich höher ist.

„Schwarzer" Teufelskreis

Vor allem die Bundesstaaten Louisiana, Mississippi, Alabama, Georgia und South Carolina weisen heute einen Schwarzenanteil von teils über 50 % auf. Oberflächlich betrachtet, scheint sich die **Situation der Afroamerikaner** verbessert zu haben: Statistiken sprechen von mehr gemischt-ethnischen Ehen, von Gleichberechtigung am Arbeitsplatz und im gesellschaftlichen Leben, aber dennoch scheint der **Teufelskreis** nicht unterbrochen: Farbige Frauen bekommen oft sehr jung und unverheiratet Kinder, dadurch sinken die Chancen auf eine Berufsausbildung, auf einen guten Arbeitsplatz und eine annehmbare Wohnung – der soziale Abstieg ist vorprogrammiert, auch für die Kinder. Noch immer sind schwarze Wohnviertel isoliert, gibt es rein schwarze Schulen, Kneipen und Kirchen, und wer den Aufstieg geschafft hat, zieht in die Nobelviertel und vergisst seine Herkunft.

Lateinamerikaner

Von den über 30 Mio. Menschen aus Lateinamerika, die in den Vereinigten Staaten leben, sind über 10 Mio. „**Chicanos**", d. h. mexikanischen Ursprungs. Sie leben hauptsächlich im Westen und Südwesten der USA, während die Lateinamerikaner, die „**Latinos**", angeführt von der Gruppe der Puerto-Ricaner, sich eher im Osten und um Chicago angesiedelt haben. Bedingt durch die schlechten wirtschaftlichen Verhältnisse in Mexiko sehen viele Mexikaner in einem illegalen Grenzübertritt in

Richtung USA eine Chance, ihre Lebensqualität zu verbessern. Diejenigen, die es geschafft haben, die über 3.000 km lange Grenze zu überwinden, suchen bei Landsleuten am Stadtrand von Los Angeles, San Diego, Tucson, Santa Fe oder Phoenix Unterschlupf, um sich dann eine (schlecht bezahlte) Arbeit zu suchen. Da der Strom dieser Wirtschaftsflüchtlinge aus Mexiko und Lateinamerika in absehbarer Zeit nicht abreißen wird und die Geburtenrate weit über amerikanischem Durchschnitt liegt, nimmt die spanischsprachige Minderheit in den USA deutlich zu und wird bald **ein Viertel der Gesamtbevölkerung** ausmachen. Eine gewaltige gesellschaftliche und politische Veränderung zeichnet sich ab.

Zuwachs an „Latinos"

Es sollen über 6 Mio. **illegale Einwanderer**, vor allem aus Mexiko, in den USA leben. Kein Wunder, dass derzeit heftig über eine neue Einwanderungspolitik diskutiert wird, um das Problem der Illegalen zu lösen. Denn eines ist sicher, gerade in der Landwirtschaft – besonders in den Pazifikstaaten – kann man nicht mehr auf diese zumeist illegal nur während der Ernte in die USA gekommenen Mexikaner verzichten.

Indianer (Native Americans)

Die Angaben darüber, wie viele Indianer es in den Vereinigten Staaten heute gibt, variieren stark, abhängig davon, wer als „Indianer" gezählt wird bzw. sich als solcher registrieren ließ. Fasst man jene zusammen, die sich selbst so bezeichnen und entsprechend bei den Behörden gemeldet sind, leben offiziell ca. 2,2 Mio. – einschließlich ca. 45.000 Eskimos *(Inuit)* – in den Vereinigten Staaten. Wie viele Indianer es vor den Vernichtungsaktionen durch die Weißen ursprünglich einmal auf dem nordamerikanischen Kontinent gegeben hat, ist unklar: Schätzungen bewegen sich zwischen einer und zwei Millionen. Heute sind über 260 Stämme offiziell als unabhängige Nationen von der Bundesregierung in Washington, D.C. anerkannt – insgesamt gibt es an die 500 indianische Völker in Nordamerika. Ungefähr die Hälfte der Indianer lebt in Reservaten, die z. T. autonom verwaltet werden und dem *Bureau of Indian Affairs* unterstehen.

Offizielle Indianernationen

Die größten **Reservate** sind das *Navajoland*, das sich über Gebiete der Bundesstaaten Arizona, New Mexico und Utah erstreckt, sowie das *Papago-* und das *Hopi-Reservat*, beide in Arizona. Hinzu kommen größere Reservate im Nordwesten, vor allem in den beiden Dakotas, Montana und Washington. Da diese Reservate in der Re-

Jahrzehntelang unterdrückt, sind die Indianer jetzt auf dem besten Weg, ihre Wurzeln wiederzuentdecken

gel weder landwirtschaftlich noch industriell in großem Stil genutzt werden können, die Infrastruktur schlecht und Bodenschätze nur spärlich vorhanden sind, müssen die Bewohner auf andere Wirtschaftszweige, z. B. den Tourismus oder die Bison-zucht, ausweichen, um ihren Lebensunterhalt zu bestreiten. Obwohl die Reservate mit staatlichen Mitteln gefördert werden, ist in den meisten Fällen die wirschaftliche, soziale und gesundheitliche Lage alles andere als erfreulich: Arbeitslosigkeit, Diabetes, Alkoholismus und eine hohe Selbstmordrate machen viele Reservate zu „Entwick-lungsländern".

Casinos als Geldquelle

Nachdem 1988 durch ein Gesetz *(Indian Gaming Regulatory Act)* die **Eröffnung von Spielcasinos** auf dem Gebiet von Indianerreservaten legalisiert wurde, versuchen viele indianische Gemeinschaften, diese Geldquelle zu nutzen. Ob die Einnahmen je-doch dazu beitragen, die Situation der Indianer zu verbessern, ist lokal verschieden. Es gibt Stämme, die mit dem Geld ihre Kultur wiederbeleben, bessere Infrastruktu-ren schaffen, Programme ins Leben rufen und den Bewohnern neue Perspektiven eröffnen, aber es gibt auch solche, bei denen es in erster Linie die Indianer selbst sind, die hier ihr Geld verspielen.

Asiaten

Amerikaner asiatischer Herkunft stellen einen Bevölkerungsanteil von über 4 %, vor allem an der Westküste der USA und auf Hawaii konzentriert. Aber auch in großen Städten des Ostens, wie z. B. in New York, gibt es beachtliche Enklaven. Die größte Gruppe unter den Asiaten wiederum bilden die **Chinesen**, die zugleich die älteste Einwanderungsgruppe sind. Bereits im 19. Jh. kamen die ersten Chinesen auf Gold-suche oder zum Eisenbahnbau in die USA. Eine weitere Einwanderungswelle schwappte nach dem Zweiten Weltkrieg über, als die Einwanderungsbeschränkun-gen für Asiaten aufgehoben worden waren. Damals gelangten auch viele **Japaner** in die Vereinigten Staaten. Die zweitgrößte asiatische Gruppe in den USA bilden jedoch die **Filipinos** mit etwa 2 Mio. Infolge der Kriege, an denen die USA im Fernen Osten beteiligt waren, kamen überdies viele **Koreaner** und **Vietnamesen** ins Land.

Asiatische Wohn-viertel

Typisch für die meisten asiatischen Einwanderer ist der enge **Zusammenschluss mit den eigenen Landsleuten**. Auch heute noch gibt es in amerikanischen Groß-städten ganze Wohnviertel, in denen fast ausschließlich Asiaten wohnen und arbei-ten. Die Bezeichnung *Chinatown* für solche Viertel ist zum festen Begriff geworden. Hier bekommt man als Tourist das Gefühl, in einer anderen Welt zu sein, da die asia-tischen Lebensgewohnheiten mit nach Amerika „importiert" wurden. Obwohl der Integrationsgrad der Asiaten auf kulturellem Gebiet weit geringer ist als der ande-rer Minderheiten, tauchen bei ihnen am seltensten Probleme im beruflich-wirt-schaftlichen Bereich auf.

Amerikas deutsche Wurzeln

Zwischen dem 17. und 19. Jh. suchten zahlreiche Deutsche Zuflucht in der „Neuen Welt", um sich hier ein neues Leben in Wohlstand aufzubauen. Nach neuesten Schät-zungen soll **ein Viertel aller Amerikaner deutschsprachige Wurzeln** haben.

Vielfach waren die Zuwanderer Mitglieder verfolgter **religiöser Gruppen**, wie der *Mennoniten* oder *Amischen*, die sich bevorzugt in und um Pennsylvania und im Mittleren Westen der USA niederließen. Auch in einigen Regionen im Nordwesten stößt man auf deutsche Wurzeln. So sind etwa 60 % der Bewohner North Dakotas stolz auf ihre deutsche Wurzeln. Natürlich durfte in der neuen Heimat **Vertrautes** nicht fehlen: Vereine, wie die *Auswanderungs-* oder die *Rhein-Bayerische Gesellschaft*, Gesangs- und Turnvereine wurden gegründet, Wohltätigkeitstreffen und Stammtische veranstaltet. Man pflegte das Brau- und Destillierwesen, richtete Biergärten ein, forcierte die Druckkunst, baute die vertrauten Fachwerkhäuser, kochte heimische Gerichte, feierte traditionelle Feste wie Maitanz oder Oktoberfest und hielt, zumindest bis um 1900, an der

Deutsche Wurzeln zeigen sich bis heute im Brauereigewerbe

eigenen Sprache fest. Dennoch waren es letztendlich die deutschsprachigen Einwanderer, die sich gründlicher als andere Gruppen assimilierten.

Soziale Situation

Wenn man die sozialen Bedingungen in den USA mit denen in Deutschland bzw. anderen westeuropäischen Ländern vergleicht, werden **Unterschiede deutlich**. Die Vereinigten Staaten sind – verallgemeinernd gesagt – **kein Sozialstaat**. Das gründet in erster Linie in der Vergangenheit: In den USA spielten stets einzelne Gruppen – wie *Pilgerväter, Puritaner, Mennoniten* oder *Shaker* – und Individuen – Siedler und Pioniere – die entscheidende Rolle. Sie alle waren auf ihrer Suche nach einem Neubeginn harten Lebensbedingungen ausgesetzt und zeichneten sich durch Eigenschaften aus, die der Amerikaner noch heute schätzt: Eigeninitiative, energisches Anpacken, Selbstverantwortlichkeit, Beharrlichkeit und Ehrgeiz.

Amerikanische Mentalität

Sich auf den Staat zu verlassen, ist dem Amerikaner noch heute fremd. Lieber baut man auf den **persönlichen Einsatz** und erwartet vom Mitmenschen dasselbe. Nur in Notsituationen wird Hilfe gewährt, dann jedoch freiwillig und großzügig. Obwohl für die meisten Amerikaner der Staat als solcher nicht die alles bestimmende und regelnde Autorität ist – mit wachsender Entfernung zur Hauptstadt Washington wird diese Haltung immer ausgeprägter –, gibt es eine Reihe von staatlichen sozialen Errungenschaften.

Rentenversicherung

1935 wurde mit dem **Social Security Act** die Rentenversicherung, ein Sozialhilfeprogramm und einzelstaatliche Arbeitslosenversicherungen in den USA eingeführt. Heute sind die meisten Arbeitnehmer rentenversichert. Die Altersbezüge sind jedoch sehr niedrig, da auch die Beiträge gering sind. Die Rente, weniger als die Hälfte des letzten Nettoeinkommens, wird über die *Social Security* finanziert, die anteilig Arbeitnehmer und Arbeitgeber bezahlen. Im Gegensatz zur deutschen Rentenversicherung verfügt die amerikanische Sozialversicherung über einen stetig wachsenden Rentenfonds.

Social Security Act

Krankenversicherung

Während des Arbeitslebens sind noch immer die meisten Amerikaner gezwungen, sich selbst, d. h. privat, zu versichern. Nicht jeder kann sich das leisten, und da **keine Versicherungspflicht** besteht, nehmen viele das Risiko einer Krankheit und die damit verbundenen Kosten auf sich. Arbeitgebern ist noch immer freigestellt, ob und in welcher Höhe sie sich an der Krankenversicherung beteiligen. Ganz allmählich scheinen sich größere Firmen stärker um die soziale und gesundheitliche Absicherung ihrer Mitarbeiter zu kümmern, wohingegen Staatsbedienstete schon immer dieses Privileg genießen.

Heute ist gut die Hälfte der Bevölkerung durch **betriebliche Krankenversicherungen** geschützt. Mit der Einführung einer Pflichtversicherung zur Herstellung von Chancengleichheit ist Präsident *Bill Clinton* am Widerstand der Republikaner sowie der Verbände der Kleinunternehmen gescheitert. Immerhin konnte er per Bundesgesetz den Erhalt einer privaten Krankenversicherung bei Arbeitsplatzwechsel oder -verlust sichern.

Die USA – ein Vielvölkerstaat

Der Staat gewährt Sozialhilfeempfängern und Rentnern eine **Krankengrundversorgung**, die *Medicaid* bzw. *Medicare* genannt wird. Diese Versicherung wird wie die Sozialversicherungsbeiträge je zur Hälfte vom Arbeitgeber und vom Arbeitnehmer finanziert. Allerdings müssen die Patienten – mit Ausnahme der finanzschwachen *Medicaid*-Versicherten – einen Eigenanteil an Krankenhaus-, Arzt- und Behandlungskosten leisten.

Arbeitslosenunterstützung und Sozialhilfe

Sozialhilfe-Programme

Arbeitslose werden weniger großzügig unterstützt, als es bis vor kurzem hierzulande der Fall war. Ein Arbeitsloser erhält 26 bis maximal 39 Wochen lang eine **Unterstützung**, die zwischen 30 und 50 % seines letzten Arbeitslohnes liegt; bundesstaatlich gibt es große Unterschiede. Genau wie bei der Arbeitslosenversicherung variieren die Leistungen der Sozialhilfeprogramme von Staat zu Staat. **Sozialhilfe** *(workfare)* wird jenen gewährt, deren Einkommen unter der offiziellen Armutsgrenze liegt, dazu gehören etwa ein Drittel der Afroamerikaner und ein Viertel der Latinos. Neben *Medicaid* erhalten die Bedürftigen *food stamps* (Lebensmittelmarken), Kostenbefreiung für Kindergarten- und Schulbesuch und Mietzuschuss.

Kein Bürger darf länger als fünf Jahre Sozialhilfe aus Bundesmitteln empfangen. Jeder Empfänger ist verpflichtet, nach zwei Jahren mindestens 20 Wochenstunden zu arbeiten. Zahlungsdauer und Höhe von Arbeitslosenversicherung und Sozialhilfe haben zur Folge, dass die Betroffenen auch **schlecht bezahlte Jobs** annehmen. Immerhin verfügen die USA über ein Mindestlohngesetz, das gegenwärtig in den meisten Staaten einen Stundenlohn von knapp über 5 Dollar vorschreibt.

Bildungswesen

Die Wurzeln des amerikanischen Bildungswesens liegen in den Neuengland-Staaten. Die erste höhere Schule – die **„Boston Latin School"** – wurde 1635 in Boston gegründet. 1637 eröffnete in Newtowne, Massachusetts, das „Newtowne College", das ein Jahr später in **„Harvard University"** umbenannt wurde und heute als eine der renommiertesten Hochschulen der Welt gilt. 1671 hatte man in allen Kolonien außer Rhode Island die allgemeine Schulpflicht eingeführt.

Das amerikanische Bildungssystem war von Anfang an auf **Pragmatik** ausgerichtet, man hing weit weniger einem abstrakten, akademischem Bildungsideal nach als in Europa. Den Siedlern und Pionieren genügten sogar noch die **Three R**, **r**eading, w**r**iting, a**r**ithmetic (Lesen, Schreiben und Rechnen). Das Schulwesen lag von Anfang an in Händen der Stadt oder Gemeinde, was erklärt, wie es zu der immensen Zersplitterung in etwa 16.000 Schuldistrikte US-weit kam.

Die „Three R"

Schulen

Die **Qualität der Schulen** ist in erster Linie von der sie umgebenden Sozialstruktur und dem Wirtschaftsgefüge abhängig. Da sie durch die Grundsteuer finanziert werden, sind Schulen in „guten Wohngegenden" besser ausgestattet als solche in einer armen *neighborhood* mit einem geringen Steueraufkommen. Die Folge sind vor allem **starke Unterschiede** im Angebot der Schulen sowie bei der Bezahlung der Lehrer.

Qualitätsunterschiede im Bildungssystem

Die großen Qualitätsunterschiede im Bildungsangebot haben in Amerika zu einer **Bildungsmisere** geführt, die sich in geringer Allgemeinbildung und Defiziten auf manchen Gebieten äußert. Positiv zu bewerten ist hingegen, dass ein Schwerpunkt der Schulausbildung in der **Förderung des Sozialverhaltens** liegt – kein Wunder in einem Einwanderungsland wie den USA, wo von Anfang an vielerlei Nationalitäten und Kulturen miteinander auskommen mussten. Außerdem spielen in den Ganztagsschulen **„außerschulische" Aktivitäten** wie Sport, Musik oder Fahrunterricht eine weit größere Rolle als hierzulande. Aufgrund der Größe des Landes und der Unmöglichkeit für viele Bewohner, die Grenzen jemals zu überschreiten, konzentrieren sich die Lehrinhalte logischerweise auf den eigenen Kontinent und die eigene Sprache.

Das **Schuljahr** umfasst nur rund 180 Tage, und statt des deutschen dreigliedrigen Systems mit Grund-/Hauptschule, Realschule und Gymnasium herrscht ein einheitliches Zwölf-Klassen-System, das Chancengleichheit gewährleisten soll. Mit sechs Jahren geht ein Kind in die sechsklassige **Elementary (Primary) School**, anschließend noch einmal dieselbe Zeit auf die **High (Secondary) School**. Die *High*

School ist eine Ganztagsschule mit Kursen und ohne Klassenverbände. Die Schulpflicht beträgt zehn Jahre, aber rund ein Viertel aller Jugendlichen verlässt die Schule ohne Abschluss.

Universitäten

„Your career is our business, and we're here to help you plan for your future in many exciting ways" – so lautet die Devise an amerikanischen Universitäten. In den gesamten USA sind es etwa **3.800 höhere Bildungseinrichtungen**, die miteinander konkurrieren. Der Großteil davon sind *Junior Colleges* und *Colleges*, an denen keine höheren Abschlüsse möglich sind. Generell gibt es keine allgemein gültige staatliche Regelung oder Kontrolle des Bildungswesens bzw. der Hochschulen. Es herrscht **akademische Selbstverwaltung**, und die **Aufnahmebedingungen** seitens der Unis unterscheiden sich ebenso wie deren Niveau. Aufnahmetests spielen meist eine geringere Rolle als persönliche Vorsprache, Noten sind oft weniger wichtig als persönliche Charakterstärken, Engagement und Neigungen. Vermögen zu besitzen, ist weniger entscheidend für die Aufnahme als beispielsweise die Tatsache, ehemalige Studenten in der Familie zu haben. Eine Pflicht zur Aufnahme seitens der Unis besteht nicht.

„Your career is our business"

Rund 40 % aller *Colleges* und *Universities* befinden sich in öffentlicher Hand, d. h., sie erhalten Zuschüsse von Bundesstaaten, Gemeinden oder Städten. Die Mehrzahl sind demnach private Hochschulen, die meist einen höheren Ruf als die staatlichen genießen, jedoch auch um einiges höhere **Studiengebühren** *(tuition)* erheben. Unterschiede werden dabei auch nach dem Herkunftsort der Studenten gemacht: Studenten aus dem jeweiligen Bundesstaat zahlen weniger als Ortsfremde.

Angesichts der Studienkosten, die übers Jahr durchaus in die Zehntausende Dollar gehen können, mag man zunächst den Kopf schütteln. Doch sollte man bedenken, dass amerikanische Universitäten seit jeher als **Wirtschaftsunternehmen** nach dem Prinzip „Leistung – Gegenleistung" und „Der Kunde ist König" arbeiten. Vor allem die Privathochschulen werden komplett **privatwirtschaftlich betrieben** und gehören in den kommerziellen Dienstleistungssektor. Unis finanzieren sich in erster Linie aus Studiengebühren, Stiftungsvermögen, Spenden und Einnahmen – z. B. aus TV-Übertragungsrechten für Sportteams – und verfügen im Allgemeinen über **ansehnliche Etats**, die eine hervorragende personelle und materielle Ausstattung der Einrichtungen erlauben. Die Stiftungsvermögen sind hoch, Gelder werden reinvestiert und hauptberuflich agierende *Fundraiser* sorgen für Spenden und erschließen neue Geldquellen.

Wirtschaftsunternehmen Universität

Die Hochschulen konkurrieren um die besten Professoren, die begabtesten Studenten und die großzügigsten Sponsoren. Dies führte im Laufe der Zeit zur Herausbildung so genannter **Elite-Universitäten** wie *Yale, Harvard, Princeton* oder *Stanford*. Wer hier studiert hat, dürfte keine Probleme haben, gleich nach Abschluss eine Chefetage zu beziehen. Einen wesentlichen Teil tragen dazu die *Alumnis*, die Ehemaligen, bei, die der Uni Geldzuwendungen zukommen lassen und auch aktiv an der Vermittlung von Arbeitsplätzen beteiligt sind.

Das elterliche Vermögen ist nicht allein bestimmend. Mit der Aufnahme in eine Universität wird ein „Finanzierungsplan" erstellt. Abgesehen von angebotenen Krediten gibt es eine Vielzahl verschiedenster **Stipendien**, um die man sich bewerben kann, außerdem eine breite Palette an möglichen **Nebenjobs**. Anders als hierzulande befinden sich z. B. Verwaltung, Bibliotheken oder Dienstleistungsbetriebe in studentischer Hand.

Die Universität bzw. der Campus stellt eine **eigene Stadt** für sich dar, mit umfassender Infrastruktur und einem breiten Angebot im akademischen und nichtakademischen Bereich. Dazu gehören vielerlei Sport- und Freizeiteinrichtungen, Kurse und Veranstaltungen. Der Campus bietet **Rundum-Versorgung** – inklusive Wohnraum, Gesundheitszentrum, Job-Service, Finanzhilfe, Kinderaufbewahrung und Geschäfte – und fördert so zweifellos die Konzentration auf das Studium. *Rundum-Versorgung*

Normalerweise schließt sich an die *High School* ein **College-Studium** in einem der klassischen Ausbildungsgänge an. Dieses kann jedoch nicht nur an einem *College*, sondern auch an manchen *Universities* absolviert werden. Die Einrichtungen unterscheiden sich hinsichtlich Studiendauer, -angebot und Spezialisierungsgrad, wobei die Begriffe *College* und *University* fließend gebraucht werden, da viele Universitäten auch ein College-Studium und viele Colleges *Master*-Studiengänge wie an den Universitäten anbieten.

Das College-Studium wird auch als **Undergraduate Studies** bezeichnet und dauert zwei oder vier Jahre. Rund 1.400 *Community (Junior) Colleges* sind von den Kommunen betriebene öffentliche Einrichtungen, die eine zweijährige, praxisorientierte Ausbildung ermöglichen. In dieser Zeit – vom Niveau her etwa vergleichbar mit der deutschen gymnasialen Oberstufe – wird der Student auf den Berufseinstieg vorbereitet. Der hier erreichte Abschluss ist der **Associate of Arts** (A.A.) bzw. **Associate of Science** (A.S.). Oft werden die ersten beiden Jahre an einem dem Wohnort nahe gelegenen, preiswerten *Community College* und der erlangte *Associate* (oder *Transfer) degree* genutzt, um darauf aufbauend zwei weitere Studienjahre an einem College oder an einer University zu absolvieren. Der *Bachelor*-Abschluss, der auch im Ausland anerkannt ist, würde dann das vierjährige *Undergraduate*-Studium beenden. *College-Studium*

An einem so genannten „regulären" oder **„4-year College"** können Studenten aus verschiedenen „undergraduate programs" wählen und durchlaufen die vier Stufen *Freshman, Bachelor, Junior* und *Senior*. Die ersten beiden Jahre der **Lower Division** dienen dem **Allgemeinstudium** (*General Studies*) in Naturwissenschaften, Englisch und Sozialwissenschaften. Dazu kommen Grundkurse im selbst gewählten Fachbereich (*Major*). Die **Upper Division** geht dann mit einer **Spezialisierung** im gewählten Fachbereich einher. Der Abschluss nach vier Jahren – die dem deutschen Grundstudium entsprechen –, der erste *College Degree*, ist der **Bachelor**, je nach Richtung ein „B.A." (*Bachelor of Arts*) in den Geisteswissenschaften, „B.S." (*Bachelor of Science*) in naturwissenschaftlichen Fächern, „B.B.A." (*Bachelor of Business Administration*) in Wirtschafts- oder ein „B.Ed." (*Bachelor of Education*) in Erziehungswissenschaften. Über 80 % der amerikanische Studenten steigen nach Absolvieren des *Undergraduate*-Studiums ins Berufsleben ein. *College Degrees*

Knapp ein Fünftel aller Studenten setzt die Ausbildung nach dem College-Studium mit einem (Post-) **Graduate Studium** fort, meist an der *Graduate School* einer Universität, da diese über bessere Forschungseinrichtungen verfügen. Absolviert wird hier ein vertieftes, wissenschaftlich ausgerichtetes Studium in einer bestimmten Fachrichtung, speziell in den nicht unmittelbar berufsbezogenen Disziplinen der Geistes-, Sozial- und Naturwissenschaften. Die so genannten **Postgraduate Studies** enden in der Regel nach zwei zusätzlichen Jahren mit dem Verfassen einer *thesis* – vergleichbar mit Diplom-, Magister-, oder Staatsexamensarbeit – und bringen dem Studierenden einen **Master's Degree** ein, der in etwa unserem Magisterabschluss entspricht und als „M.A." *(Master of Arts)* oder „M.S." *(Master of Science)* vorkommt.

Der dritte Studienabschnitt wäre ein **Doctorate Program**, das sich je nach Uni auch unmittelbar an den *Bachelor* anschließen kann. Nach mindestens dreijährigem *Postgraduate*-Studium und Verfassen einer Doktorarbeit wird der Titel eines „*Doctor of Philosophy*" (Ph.D.), „*Doctor of Science*" (D.Sc.), „*Doctor of Education*" (D.Ed.) oder „*Doctor of Music*" (D.Mus.) verliehen. Eine **Habiliation** ist in den USA nicht vorgesehen – nach Leistung und jährlicher Punkte-Bewertung durch die Studenten steigt man vom *Assistant Docent* zum Professor auf.

Religion – „God's own country"

Mit der Verankerung der **Religionsfreiheit** und der **Trennung zwischen Staat und Kirche** in der Verfassung wurden die USA zu „God's own country", zu einem Land, in dem jeder seinen Glauben ausleben kann, solange er nicht Gesellschaft oder Staat schadet. Dieses *Disestablishment*, als erster **Verfassungszusatz** *(Amendment I)* 1791 in der Verfassung verankert, führte zu mehr Mobilität. Kirchen und ihre Prediger mussten nun um ihre „Schäfchen" buhlen. Im 19. Jh. erreichte die **Vielfalt an Glaubensgruppen** bzw. Sekten in den USA ihren Höhepunkt; und bis heute ist die religiöse Zersplitterung nirgendwo sonst so stark wie hier.

Trennung Staat – Kirche

Trotz der strikten Trennung von Kirche und Staat ist das Leben der Amerikaner von der Religion bzw. Kirchengemeinde geprägt – was hierzulande oft unterschätzt wird. So gilt in vielen Teilen der USA der Sonntag immer noch als „Heiliger Tag", an dem man sich gut gekleidet in der Kirche trifft. Und die Bibel ist weiterhin das meistgelesene Buch.

Religiöse Vielfalt

Die ersten europäischen Siedlungen in Nordamerika wurden von verschiedenen Gruppen **religiöser Flüchtlinge** aus dem damals intoleranten Europa gegründet. Als Erste träumten die in den 1560er Jahren in Großbritannien entstandenen **Puritaner** den Traum vom *Promised Land*, vom „Gelobten Land". Sie sahen sich als *The Chosen People*, als Auserwählte, die von Gott den Auftrag erhalten hatten, ein „neues Jerusalem" zu schaffen. 1620 segelten die ersten Puritaner, die so genannten Pilgerväter, mit der „Mayflower" nach Amerika. Unter der charismatischen Führung von *John Winthrope* und dank tatkräftiger Hilfe der Indianer siedelten sich die Religionsflüchtlinge im heutigen Neuengland an und wurden 1628 sogar vom britischen König als Kolonie anerkannt.

Motiviert durch die erfolgreich durchgeführten Koloniegründungen in Nordamerika zu Beginn des 17. Jh. stieg die Zahl religiös motivierter Auswanderer stetig an. Zu den meistbeachteten Versuchen, ein neues „Gelobtes Land" zu schaffen, gehört das von *William Penn* gegründete **Pennsylvania**. Als Mitglied der in den 1650er Jahren in England entstandenen *Religious Society of Friends*, besser bekannt als **Quäker**, schlug *Penn* auf der Suche nach Freiheit den Weg nach Nordamerika ein und

Die Amischen haben ihre alten Traditionen und Wertvorstellungen bis heute bewahrt

legte die Regeln des Zusammenlebens in der 1701 von ihm verfassten *Charter of Privileges* fest. Gerade Pennsylvania wurde fortan zum Zufluchtsort vieler religiöser Gruppen aus Europa, darunter eine Gruppe um den Schweizer Prediger *Jacob Amman*, die **Amischen**, eine Splittergruppe der **Mennoniten**, die 1536 unter Führung des charismatischen Niederländers *Menno Simons* entstanden waren.

Die Wiedererweckungs-Bewegungen

Nicht allein religiöse Flüchtlinge sind für die Kirchenlandschaft der USA verantwortlich, auch religiöse **Wiedererweckungs-Bewegungen** *(Great Awakenings)* spielten eine zentrale Rolle. Das **erste Great Awakening** griff zwischen 1720 und 1750 auf die englischen Kolonien in Nordamerika über. Zu den damals herausragenden Figuren zählte der Prediger *George Whitefield*, der zum Führer der calvinistisch-protestantischen Gemeinschaft der **Methodisten** aufstieg. Erstmals rückte dabei die individuelle religiöse Erfahrung statt des Gemeinschaftserlebnisses in den Mittelpunkt. Auf fruchtbaren Boden fiel diese Bewegung auch im Mutterland England: 1747 gründete sich in Manchester die *United Society of Believers*, die als **Shaker** nach ihrer Flucht 1774 in Nordamerika regen Zulauf verzeichneten.

Wiedererweckungs-Bewegungen

Zwischen 1795 und den 1840er Jahren kam es zu einem **zweiten Great Awakening**. Evangelisten wie *Charles G. Finney* propagierten den freien Willen eines jeden Menschen und die Vergebung der Sünden für alle. Am folgenreichsten erwiesen sich jedoch die Visionen des *Joseph Smith* (1805-44) im September 1823, die sieben Jahre später die Basis des *Book of Mormon* bildeten und in der Gründung der **Church of Jesus Christ of Latter-Day Saints** mündeten. Wachsende Ablehnung trieb diese **Mormonen** jedoch immer weiter nach Westen, bis 1846 *Brigham Young* die Führung übernahm. Er führte die damals rund 17.000 Gemeindemitglieder in ihre neue Heimat am Great Salt Lake, wo der Mormonenstaat „**Deseret**" (Biene), das heutige Utah, entstand.

Mormonenstaat

Jedem seinen Glauben

Catholic, Baptist, Methodist, Presbyterian, Pentecostal, Episcopalian, Latter-Day Saints, AME/African Methodist Episcopal, Church of Christ, Jehovah's Witness, Jewish, Muslims, Seventh-Day Adventist – die Liste der Glaubensgruppen und Kirchen in den USA zeigt eine **einzigartige Vielfalt**. Die meisten davon sind, streng genommen, protestantische Gruppen, und die größte unter ihnen bilden die **Baptisten**. Die 1845 gegründete *Southern Baptist Convention* gilt als rigoros fundamentalistische Organisation, die die Allmacht der Bibel, einen traditionellen Moralbegriff sowie eine eher informelle Art der Gottesverehrung – man denke an Gospelmessen – vertritt. Als fortschrittlicher gelten die **Presbyterianer** und die **Methodisten**, quantitativ ebenfalls stark sind **Pentecostal** und **Episcopal Church**, **Lutherans** und die **Churches of Christ**.

Einzigartige Vielfalt der Glaubensgruppen

Doch ein Amerikaner gehört nicht unbedingt sein ganzes Leben lang ein und derselben Religionsgemeinschaft an: Bei einem Umzug kann es durchaus sein, dass ein Episkopaler zum Methodisten wird, sofern diese Gemeinde näher dem Wohnort liegt oder das Angebot an Kinderaufbewahrung, Alten- und Krankenpflege, Familienzentrum oder Veranstaltungen mehr überzeugt. Die Kirche lässt sich diese Art von Service natürlich bezahlen, denn es gilt der *blessing pact*: Gott liefert den Segen, der Besucher das Geld – und der darf dafür in „God's own Country" nach seinem Gusto glücklich werden.

Gibt es den „American Way of Life"?

Hot Dogs und Hamburger, Jeans und Cowboystiefel, Baseball Cap, Turnschuhe und Kaugummi, endlose Vorortsiedlungen und vielspurige Autobahnen, Shopping Malls und Outlet Center, „How are You" und Duzen, Oberflächlichkeit und Smalltalk, Macht des Geldes und Jagd nach ewiger Jugend – was ist es eigentlich, was den **„American Way of Life"** ausmacht? Natürlich lassen sich die Vorurteile über die Amerikaner nicht ausrotten, aber es gibt auch Punkte, die nicht in dieses Bild passen.

Der aufmerksame Besucher wird auf eine derart vielfältige und oft gegensätzliche Welt stoßen, so dass er in Zukunft nicht mehr von einen universellen „American Way of Life" sprechen wird. Er wird gelernt haben, dass das **Klischeebild vom typischen Amerikaner** nicht existiert und dass stattdessen enorme Vielfalt das Land prägt. Andererseits gibt es durchaus einige Spezifika, die für grundlegende Unterschiede sorgen.

Kulinarische Höhenflüge an der Nordwestküste

Im Folgenden sollen zwei Aspekte des vielschichtigen „American Way of Life" herausgegriffen werden, die besonders krasse Unterschiede zum europäischen Lebensstil aufweisen bzw. besonders unbekannt bzw. von Vorurteilen belastet sind.

Aus dem Vollem schöpfen

Fast Food ist zwar keine amerikanische Erfindung – schon im alten Rom gab es Garküchen an jeder Ecke –, doch in den USA wurde die „schnelle Küche" zum lukrativen Geschäft. Andererseits findet man heute kaum ein Land mit einer derart **kreativen und vielfältigen Küche**, die von frischen, lokalen Ingredienzien und variablen, einfallsreichen Kombinationen und Zubereitungsweisen lebt. Eine multi-ethnische Bevölkerungsstruktur, wachsendes Gesundheitsbewusstsein, Fantasie und Innovationsgeist haben dazu beigetragen, dass sich die amerikanische Küche zu etwas Besonderem entwickeln konnte, dass viele Restaurants mit den Gourmettempeln der französischen *Haute Cuisine* leicht konkurrieren können, Wochenmärkte aus dem Boden schießen und selbst Supermärkte eine breite Palette an Obst- und Gemüsesorten, Fisch und Meeresfrüchten anbieten. Mancher europäischer Besucher wird sich angesichts dessen erstaunt die Augen reiben.

Kreativität und Vielfalt der Küche

Die **Küche der USA** – im Reiseteil wird immer wieder auf lokale Besonderheiten hingewiesen – kann man mit einem Eintopf vergleichen, in den die unterschiedlichsten Zutaten geworfen werden, um zu einem leckeren Gericht zu verkochen. So verdankt man den **Indianern** die Verwendung einer Vielfalt von lokalen Gemüse- und Obstsorten, das Wild und den Fisch, das Maismehl für die Tortillas und nicht zuletzt Chilis und Bohnen. Die **Zuwanderer** aus anderen Teilen der Welt führten Pflanzen wie Oliven, Trauben (Wein), Datteln, Nüsse oder Zitrusfrüchte ein, trieben den Fischfang zur Perfektion und entwickelten sich zu Meistern in der Viehzucht und -haltung.

Bis in die 1970er Jahre hinein bestimmten Fast Food und Fertiggerichte tatsächlich die Speisezettel in den USA, dann allerdings nahm mit einer kulturellen auch eine **kulinarische Revolution** ihren Ausgang. Neben Kalifornien avancierte speziell der Nordwesten (Washington und Oregon) zur kulinarischen Hochburg.

Die angeblich schönste Nebensache der Welt

Eine Nebensache ist der **Sport** in den USA keineswegs, er spielt im Alltag der Amerikaner eine **zentrale Rolle**. Ausgehend von Amerika ist Sport außerdem zu einem **wichtigen Wirtschaftsfaktor** und einem bedeutenden **Teil des Showgeschäfts** geworden. Seit über hundert Jahren gilt das passive Miterleben sportlicher Wettkämpfe als **Bestandteil des Kulturlebens** einer Stadt oder Region. Man kleidet sich entsprechend, zahlt viel für ein Ticket und erwartet dafür mehrstündige Rundum-Unterhaltung für die ganze Familie.

Zentrale Rolle des Sports

In nordamerikanischen **Tageszeitungen** ist der Sportteil zumeist der wichtigste und umfangreichste. Sport ist ein in allen Bereichen fest integrierter Bestandteil und auch im Wortschatz derart verankert, dass Begriffe und Wendungen, wie „coaching" oder „team", in die Geschäfts- und Alltagssprache eingeflossen sind.

Sport in Nordamerika – in der Regel die „**Big Five**", American Football, Baseball, Basketball, Eishockey und NASCAR-Autorennen – ist fest verankert in Geschichte, Kulturleben und sogar im Kalender. Kein Wunder, reichen die Wurzeln vieler Sportarten doch ins 19. Jh. zurück. Selbst Profiligen und -teams können häufig auf eine **jahrzehntelange Tradition** verweisen, Baseball sogar auf über ein Jahrhundert Geschichte.

*National-
sport
Baseball*

So interessiert beispielsweise niemanden der kalendarische Frühlingsbeginn, wenn jedoch der US-Präsident Anfang April, am „Opening Day", die Baseballsaison eröffnet, dann ist für die Amerikaner das **Frühjahr** da. Bis in den Herbst hinein werden nun das Schlagspiel mit dem kleinen Lederball und die *Boys of Summer* Gesprächsthema Nummer eins sein. **Baseball** ist nicht einfach nur ein Sport – das *National Game* ist Teil der amerikanischen Geschichte, Kultur, Lebensphilosophie und des Alltags.

*American
Football –
National
Pasttime*

Werden die Blätter gelb, die Tage kürzer und die Abende kühler, hört man überall *Marching Bands* spielen: Der **Herbst** ist die Jahreszeit des **American Football**. Gerade die Profi-Football-Liga **NFL** (*National Football League*) ist die florierendste Sportliga der Welt. Stets sind die Stadien der 32 Clubs gefüllt – der Zuschauerschnitt liegt bei fast 70.000 Fans (!) pro Spiel – und die TV-Gesellschaften zahlen utopische Summen für Übertragungsrechte. Daneben ziehen auf dem „flachen Land", dort wo die meisten Universitäten angesiedelt sind, die *American Football*-Mannschaften der Hochschulen Millionen von Fans in ihren Bann: **College Football** lockt in Hochburgen wie Knoxville/Tennessee oder Florida genauso viele Fans in die Stadien wie die NFL. Sportstudenten, mit Stipendien versehen, stellen vier Semester lang die Kader der Uniteams, um danach – sofern gut genug – in das Profisportgeschäft zu wechseln.

Kommen Kälte und Schnee, dann pilgert man in die Hallen, um **Eishockey** der weltbesten Liga, der **NHL** (*National Hockey League*) oder **Basketball** zu sehen. Neben der weltberühmten **NBA** (*National Basketball Association*) ist auch **College Basketball** beliebt.

Eine der „Big Five"-Sportarten in den USA: American Football

In den letzten Jahren hat sich eine weitere Sportart zum Volkssport entwickelt: **Fußball**, in den USA „**Soccer**" genannt. Haben einst nur Zuwanderer aus Hochburgen wie Südamerika und Südeuropa dem Fußball gehuldigt, kickt heute in den USA fast jedes Kind und die Bedeutung der **Profiliga MLS** (*Major League Soccer*) wächst stetig.

Der Westen – Mythos und Legende

Nirgendwo stellt sich die **Frage nach einer einheitlichen Kultur** stärker als in den USA. Zwar hat seit der Gründung der Vereinigten Staaten die angloamerikanische Mehrheit ihre Normen zu setzen versucht, doch andererseits definieren sich die USA bis heute als **Summe von Minderheiten** (s. S. 83 ff.). Ungeachtet allen Wandels und aller Vielschichtigkeit gibt es einige **kulturelle Konstanten**, die sich seit der Kolonialzeit herauskristallisiert haben: der Glaube, im „Gelobten Land" zu leben, Tugenden wie Unabhängigkeit, Optimismus, Selbstvertrauen, Risikofreude, Fortschrittsglaube, Individualismus, Toleranz, Erfolgsstreben, Mobilität und schließlich die Sehnsucht nach *Wide Open Spaces*.

Summe von Minderheiten

Auch wenn das **Naturerlebnis** im Mittelpunkt einer Reise in den Nordwesten steht, kommen auch **Kulturinteressierte** auf ihre Kosten. Nicht nur die Metropolen San Francisco, Seattle, Portland oder Denver locken mit interessanten Museen und historischen Sehenswürdigkeiten, auch auf dem Land gibt es viel zu sehen – im Reiseteil wird jeweils an konkreter Stelle darauf hingewiesen.

Um die kulturelle Besonderheit des Nordwestens zu betonen, muss ein prägendes Element hervorgehoben werden: das **Phänomen „Westen"**. Bereits unter den ersten Siedlern, die sich im 17. Jh. an der Ostküste ansiedelten, befanden sich Unruhegeister, die neugierig Richtung Westen blickten. Ihnen ist es zu verdanken, dass sich die *frontier* – die Grenze zwischen der europäisch-„zivilisierten" und indianisch-„unzivilisierten" Welt –, allmählich westwärts verschob und sich der Mythos vom „Gelobten Land" auch im **„Wilden Westen"** verbreitete. 1845 subsumierte der New Yorker Verleger *John L. O'Sullivan* diesen Drang, sich den nordamerikanischen Kontinent untertan zu machen, unter dem Begriff **„Manifest Destiny"**. *Horace Greeley* (1811-72), der Gründer der „New York Tribune" und einer der politisch einflussreichsten Männer seiner Zeit, erfand dazu die bis heute zugkräftige Parole: **„Go West, young man!"**.

Proud to be an American Cowboy!

Von Cowboys, Indianern und grandiosen Landschaften

Es war erstmals der Historiker *Frederick Jackson Turner*, der 1893 feststellte, dass die *Frontier*-Tage Vergangenheit seien. Seitdem begann sich jene Epoche als Mythos in den Köpfen der Menschen festzusetzen. Eine „Auswirkung" ist die **Western Art**. Sie hat nicht nur Indianer und Pferde, Cowboys und Ranchalltag zum Thema, sie zeigte sich auch fasziniert von der landschaftlichen Vielfalt und Weite des Westens. **Thomas Moran** (1837-1926) war beispielsweise der erste Künstler, der die majestätische Landschaft des Yellowstone festhielt und damit nicht unerheblich dazu beitrug,

Western Art

INFO „Reise in das Innere Nord-America"

Es sind eindrucksvolle Bilder, die Indianerporträts *Bodmers*, darunter als wohl bekannteste diejenigen des Mandan-Häuptlings *Mató-Tópe*. Sie haben den in der Schweiz gebürtigen, später in Deutschland und Frankreich lebenden Maler *Karl Bodmer* (1809-93) unsterblich gemacht. 23-jährig hatte sich *Bodmer* 1832 erfolgreich bei *Prinz Maximilian von Wied* (1782-1867), früherer preußischer Mi-

litär, als Begleiter auf dessen „Reise in das innere Nordamerika" beworben. Zusammen mit seinem Diener und dem Künstler folgte *Prinz Max* in den Jahren 1833 und 1834 13 Monate lang der Route des *Corps of Discovery* (ⓘ S. 316) von St. Louis bis Fort McKenzie bei Great Falls/Montana. Zuvor hatte man sich von keinem Geringeren als *William Clark beraten* und mit Karten ausstatten lassen.

Während der fünf Monate im Winterlager in Fort Clark, unter *Mandan* und *Hidatsa*, entstand ein Großteil jener Indianer- und Landschaftsbilder, die nach der Rückkehr in Form kolorierter Kupferstiche als gesondertes Portfolio *Maximilians* detaillierte Tagebuchaufzeichnungen illustrierten. „Reise in das Innere Nord-America" gilt heute als eines der bedeutendsten Werke der Völkerkunde und als eine der letzten authentischen Schilderungen der Prärie-Indianer und ihres Lebens. Epidemien und Siedlerzustrom hatten wenig später die indianische Lebensweise weitgehend zunichte gemacht.

Karl Bodmers Porträt des Mandan-Häuptlings Mató-Tópe

dass der US-Kongress die Region zum Nationalpark erklärte. Später entdeckte er den Grand Canyon als Bildmotiv. *Moran* war dabei nicht an einer exakten Naturwiedergabe interessiert, sondern wollte die ihr innewohnende Kraft zum Ausdruck bringen, ebenso wie der deutschstämmige Maler **Albert Bierstadt** (1830-1902) oder der weltberühmte Fotograf **Ansel Adams** (1902-1984).

Für andere Künstler, z. B. **Karl Bodmer** (s. o.), **George Catlin** (1796-1872), **Frederic Remington** (1861-1909) oder **Charles M. Russell** standen dagegen Cowboys und Indianer im Vordergrund. Vor allem *Remington* preist mit seinen Werken, vor allem kleinformatige Bronzeskulpturen, das heroische Leben der weißen Siedler und glorifiziert Cowboys und Indianer. „Die Zivilisation ist der größte Feind der Natur," soll *Russell* einmal gesagt haben. Der 1864 geborene *Russell* gilt neben *Frederic Remington* als der Wildwest-Künstler schlechthin, hatte lange selbst als Cowboy gearbeitet und während der einsamen Stunden auf den Weiden seine Liebe zur Malerei entdeckt. In Great Falls/Montana richtete er sich neben seinem Wohnhaus ein Studio ein, das seine Frau *Nancy* nach seinem Tod, 1926, zum Museum umgestaltete.

Berühmte Wildwest-Künstler

Die Westernliteratur geht neue Wege

Der Ursprung des Westerns und damit der Beginn der Mythologisierung des Westens liegt im Jahr 1902: Damals erschien „*The Virginian*" von **Owen Wister** (1860-1938). Wie sein Freund, der spätere Präsident, *Theodore Roosevelt*, war der Havard-Absolvent vom Westen fasziniert gewesen. Mit seinem Roman schuf er den Prototypen des Westernhelden und zugleich ein Genre, das bis heute gerade in den USA große Bedeutung hat. Zumeist spielen die Abenteuer im letzten Drittel des 19. Jh., irgendwo westlich des Mississippi, wo Gesetz und Gerechtigkeit durch Anarchie bedroht sind und nicht nur Gute gegen Böse kämpfen, sondern auch der Konflikt zwischen Individuum und Gemeinschaft immer wieder thematisiert wird.

Der erste Western

Während *Wister* sich längst einen Platz in der Rangliste wichtiger amerikanischer Schriftsteller erkämpft hat, haben auch andere Westernautoren wie **Zane Grey** (1872-1939), **Louis L'Amour** (1908-88) oder **Max Brand** (das bekannteste Pseudonym von *Frederick Shiller Faust*, 1892-1944) inzwischen ihren Ruf als „Groschenromanautoren" verloren und einige ihrer Romane werden sogar als Meilensteine der Literatur des Westens angesehen.

In ihre Fußstapfen sind Autoren getreten, die dem Genre des Westerns neue Impulse gegeben und ihn in die Moderne geführt haben. Dazu gehören *Larry McMurtry*, *Robert Coover*, *Annie Proulx* oder der *Lakota*-Indianer *Vine Deloria, jr.* Aber auch Krimiautoren wie *Tony Hillerman*, *James Doss*, *Peter Bowen*, *C. J. Box* oder *James Lee Burke* haben dem modernen Western eine neue Dimension gegeben.

Der Westen lebt!

In *John Fords* Film „Der Mann, der Liberty Valance erschoss" gesteht ein US-Senator (*James Stewart*) einem Zeitungsredakteur, dass er vor 30 Jahren jenen Verbrecher gar nicht erschossen hätte. Die Heldentat, die ihm als Sprungbrett für seine Politikerkarriere gedient hatte, wäre eine Lüge gewesen. Als der Zeitungsredakteur die Geschichte gehört hatte, erklärte er nur: „Das ist der Westen, Sir, und wenn die Legende zur Wirklichkeit wird, drucken wir eben die Legende ab." Besser lässt sich der „**Mythos Westen**" nicht beschreiben.

„Mythos Westen"

Die Mythologisierung des Westens war bereits weit fortgeschritten, als die ersten **Westernfilme** überhaupt gedreht wurden. Noch ehe die Leinwandhelden in den Sonnenuntergang hineinreiten durften, hatten Groschenromane, Theaterstücke und Wildwest-Shows wie die legendäre Schau eines *Buffalo Bill Cody* die Vorstellungen geprägt. Der Film eröffnete lediglich ein neues Medium für ein bereits populäres Genre.

Auch wenn der Westernfilm nach der Blüte unter Regisseuren wie *John Ford* und *Clint Eastwood* und legendären Schauspielern wie *John „The Duke" Wayne* (1907-76) nicht mehr gefragt schien und Western-TV-Serien wie „Bonanza" oder „Rauchende Colts" ausliefen, belegten in jüngerer Zeit Filme mit *Kevin Costner* wie „Der mit dem

Wolf tanzt" oder „Open Range" sowie der 2005 Aufsehen erregende Film „Brokeback Mountain" und die beiden Western von 2007 („3:10 to Yuma" und „The As-
sassination of Jesse James"), dass der Western fortlebt.

Die Welt der Countrymusic

Längst ist **Countrymusic** zu einem weltweiten Phänomen geworden, Verkörperung
des Traums von Freiheit und Abenteuer, Romantik und wahrer Liebe, harten Män-
Weltweites   nern und schönen Frauen, Freundschaft und edlen Tugenden. Dabei hat die Musik ur-
Phänomen   sprünglich mit dem Cowboy-Image wenig zu tun. Ihre **Wurzeln** liegen vielmehr in
der englisch beeinflussten Volksmusik des Südostens, der spanisch-mexikanischen
Musik des Südwestens und Texas' und im Blues der schwarzen Landbevölkerung
Mississippi.

In den 1920er Jahren wurde Countrymusic erstmals populär, dank der *Carter*-Fami-
lie aus Virginia und dem unvergessenen *Jimmy C. Rodgers* aus Mississippi. Radiosen-
dungen, vor allem aus der legendären *Grand Ole Opry* in Nashville, waren damals
Straßenfeger. In den 1930er Jahren brachten die *Texas Playboys* nicht nur die Geige
ins Spiel, sondern sorgten auch dafür, dass erstmals das Cowboy-Image in die Konzerte einfloss und zum Markenzeichen von Musikern wie *Gene Autry* oder *Roy Rogers*
wurde.

Waren es in den 1950er Jahren Namen wie *Roy Acuff*, *Ernest Tubb*, *Kitty Wells*, *Minnie
Pearl* oder *Hank Williams*, deren Hits jedes Kind kannte, schickte sich in den 1960er
und 1970er Jahren Country & Western („C&W") an, sich als Popmusik-Richtung zu
Unver-   etablieren. Zu den unvergessenen Legenden jener Tage gehören **Willie Nelson** und
gessene   **Johnny Cash** (1932-2003), der *Country & Western* um ein gesellschaftskritisches Ele-
Legenden   ment bereichert hat. Unvergessen sind die Auftritte des „Man in Black" in den Ge-
fängnissen San Quentin und Folsom oder seine Alben, die den Old West oder die
Probleme der Indianer thematisierten: „Ride this Train", „Bitter Tears", „Ballads of
the True West" oder „America" sind Beispiele aus seinem breiten Repertoire.

Längst ist Nashville nicht mehr das alleinige Mekka der Countrymusic, in zuneh-
Mekka   mendem Maße als innovativ erweisen sich Orte wie Bakersfield in Kalifornien oder
der   Austin/Texas. Die Entstehung dieser neuen Zentren forcierten Musiker wie *Merle
Country-*   Haggard*, *Cash* oder *Nelson*, die auch den derzeit weltweit populären „Country
music   Rock" prägten. *Emmylou Harris*, *Dolly Parton*, *Kenny Rogers*, *Reba McEntire*, *Ricky
Skaggs*, *George Strait* oder *Randy Travis* gelten heute als „New Traditionalists", da sie
den *Country Rock* mit alten Elementen mischen.

Daneben sorgen Stars wie *Martina McBride*, *Tim McGraw*, *Kenny Chesney* oder die
Dixie Chicks mit ihrer stark vom Pop beeinflussten Musik für ungeahnte Popularität gerade in der jungen Generation. Neben *Cash* und *Nelson* war es besonders der
1962 in Tulsa, Oklahoma, geborene **Garth Brooks**, der Countrymusic einem breiten Publikum näher gebracht hat; diese drei Stars verkörpern perfekt all das, was in
Country & Western steckt – von schnulzigen Balladen bis hin zu Protestsongs.

Das **Crazy Horse Memorial** erinnert an einen der größten Anführer der Lakota-Indianer und befindet sich – noch unvollendet – in einer Felswand in den Black Hills.

„Wide Open Spa-
ces" dominieren
die **Landschaft
östlich der
Rocky Moun-
tains**, besonders
im Bundesstaat
Montana.

Herbststimmung
im dünn besiedel-
ten **Idaho**. Das
Leben der Urbe-
völkerung wird
hier im *Sacajawea
Interpretive, Cultu-
ral and Education
Center* in Salmon
zu neuem Leben
erweckt.

„At the Edge of the Universe" – auf der Fahrt entlang der **Oregon Coast** gibt es genügend Gelegenheiten malerische Sonnenuntergänge mitzuerleben.

Im Frühjahr überzieht ein Blütenteppich die endlosen Ebenen des Graslandes von **South Dakota**.

Ende des 19. Jh. fast ausgerottet, ziehen heute wieder **Bisonherden** über die Weiten der Naturschutzgebiete im Westen, hier im **Roosevelt National Park** in North Dakota.

Mit etwas Glück lassen sich im selben Nationalpark, aber auch andernorts, sogar Herden **wilder Pferde** sehen.

Präriehunde bauen riesige unterirdische „Städte" – „Prairie Dog Towns" genannt – unter den endlosen Weiden der Büffel.

In Wyoming soll es mehr **Pronghorns** (Gabelböcke) als Menschen geben. Sie grasen in Vorgärten und Parks und dürfen nur zu bestimmten Zeiten gejagt werden.

Moderne Metropole vor der beeindruckenden Kulisse der Rocky Mountains: **Denver** hat auch architektonisch und kulturell viel zu bieten.

Eines der meistfotografierten Motive in **San Francisco** ist der Alamo Square mit seinen viktorianischen Häuschen vor der modernen Skyline von Downtown.

Die Space Needle ist das Wahrzeichen der „Emerald City" in **Seattle**. Die Stadt liegt malerisch zwischen den schneebedeckten Cascades und dem Puget Sound.

Die klaren Gewässer in den **Rockies**, hier in **Montana**, sind nicht nur ein Paradies für Bootsfahrer, sondern auch für Angler.

Einst als „schlechtes Land" (*Badlands*) bezeichnet: Im **Roosevelt National Park** in North Dakota hat sich der Little Missouri River tief eingeschnitten und kuriose Landschaftsformen ausgebildet.

Die mächtige
Bergkulisse der
Grand Tetons im
gleichnamigen Na-
tionalpark in Wyo-
ming spiegelt sich
hier im Jackson
Lake.

Der **Crater
Lake** im gleichna-
migen Park in
Oregon gilt mit
seinen bis zu 590
Metern als tiefster
See Amerikas.

Einmal im Jahr treffen sich Cowboys und -girls im **Custer State Park/ South Dakota** zum Round-Up, um die dort lebende Bisonherde zusammenzutreiben.

Während der Sommermonate vergeht im „Wilden Westen" kein Wochenende ohne Rodeo. Hier ein Cowboy beim **Bull Riding**.

Wildwest am Fuße der Black Hills. Im Ort **Custer** werden die Erinnerungen an den gleichnamigen General und „Sitting Bull" noch lebendig gehalten.

In der „No. I Western Town of America" **Sheridan** war nicht nur *Buffalo Bill* zu Hause. Auch heute herrscht hier noch Wildwestflair.

Selbst die Kleinsten putzen sich heraus, wenn sich die Prärie-Indianer zum großen **Powwow** treffen.

Einst in Reservate verbannt, erinnern sich die Indianer heute wieder ihrer **Kultur**, **Geschichte** und **Traditionen** und zelebrieren sie auf Powwows.

Ein **Indianer-Powwow** besteht hauptsächlich aus Tanz-, Trommel- und Gesangswettbewerben, aber auch aus Paraden und der Wahl einer Schönheitskönigin.

Zu den eindrucks-
vollsten Land-
schaften im Süd-
westen des
Bundesstaats
South Dakota
gehören die
Badlands – hier
bei Sonnen-
untergang.

Eine Landschaft
wie aus einem
alten Western:
„**Hoodos**" sind
kuriose Sandstein-
gebilde, die im
Red Desert in
Wyoming überall
emporragen.

Pilgerstätte der US-Amerikaner und Topattraktion des Nordwestens sind die vier Präsidenten „in Stein" im **Mt. Rushmore National Monument** – *George Washington, Thomas Jefferson, Abraham Lincoln, Theodore Roosevelt.*

Kulturelles Highlight in Denver: Der neu eröffnete Anbau des **Denver Art Museums**, das nicht nur architektonisch, sondern auch inhaltlich glänzt.

Der Old Faithful im **Yellowstone National Park** bleibt seinem Namen treu und spuckt regelmäßig heißen Dampf. Bequem warten auf der Terrasse des Old Faithful Inn die Besucher auf die „Vorstellung".

3. Der Nordwesten der USA als Reiseziel

Allgemeine Reisetipps von A-Z

 Benutzerhinweis

Die Gelben Seiten erhalten vielerlei Tipps und praktische Hinweise zum Reiseland. In den **Allgemeinen Reisetipps von A-Z** *(S. 118 ff.) finden Sie – alphabetisch geordnet –* **reisepraktische Hinweise** *für die Vorbereitung Ihrer Reise und Ihren Aufenthalt im Nordwesten der USA. Die* **Regionalen Reisetipps von A-Z** *(S. 171 ff.) geben Auskunft über Unterkünfte, Restaurants, Nightlife-Adressen und die Verkehrsverbindungen in den – ebenfalls alphabetisch aufgelisteten – wichtigsten Städten, Ortschaften und Regionen.*

News im Web: www.iwanowski.de

Abkürzungen   (A)

Es wurden außer den gewohnten, im Duden verzeichneten Abkürzungen auch die üblichen Kürzel für Himmelsrichtungen, Tage und Monate verwendet, außerdem folgende Abkürzungen, die auch auf Straßenkarten oder -schildern zu finden sind:

Ave.	Avenue
Bldg.	Building (Gebäude)
Blvd.	Boulevard
Dr.	Drive
Ft.	Fort
FR	Forest Road
HM	Historic Monument
HP	Historic Park
Hwy.	Highway
I oder IS	Interstate (Autobahn)
Mt./Mtn.	Mount/Mountain
mph	miles per hour (1 mi = 1,6 km)
NF	National Forest
NHS	National Historic Site
NM	National Monument
NP	National Park
NRA	National Recreation Area
Pk.	Peak (Gipfel)
Pkwy.	Parkway
Pl.	Place
Rd.	Road
Rte.	Route (für Hwy.)
Sq.	Square
SR	State Road
St.	Street
SHS	State Historical Site
SHP	State Historic Park
SP	State Park

Staatenabkürzungen:

CA	California
CO	Colorado
ID	Idaho
MT	Montana
NV	Nevada
ND	North Dakota
OR	Oregon
SD	South Dakota
UT	Utah
WA	Washington
WY	Wyoming

Auf Amerikas Highways unterwegs

Allgemeine Abkürzungen:

D	Deutschland
EW	Einwohner
DZ	Doppelzimmer
HS	Hauptsaison
NS	Nebensaison
CVB	Convention & Visitors Bureau (Fremdenverkehrsamt)
VC	Visitor Center (Besucherinformation)

Hinweis
*Der **Wechselkurs** lag bei Drucklegung dieser Ausgabe bei 1 US$ = 1,40 € bzw.*
1 € = 0,70 US$

Anreise

ⓘ „Flüge"

Auto fahren und besondere Verkehrsregeln

ⓘ „Mietwagen"

Insgesamt gesehen fährt man in den USA weniger aggressiv als in Europa. Man bewegt sich gemächlich vorwärts, schaltet dabei die *Cruise Control* an und agiert im Allgemeinen rücksichtsvoll, rast selten und überholt wenig. Selbst im Nordwesten existiert ein dichtes Straßennetz. Abgesehen von städtischen Ballungsgebieten ist die Verkehrsdichte dennoch geringer, und trotz einer Höchstgeschwindigkeit von überwiegend nur 65 mph (ca. 105 km/h) kommt man über Land zügig voran. Das Fahren in großen Städten kann hingegen Zeit und Nerven kosten, vor allem während der Rushhour, d. h. zwischen etwa 7 und 9/10 bzw. von 17 bis 20 Uhr.

▶ Amerikanische Wagen

Komfort und Bequemlichkeit spielen bei amerikanischen Pkws eine große Rolle. *Cruise Control* (Tempomat), Klimaanlage (AC), Servolenkung und -bremsung, mehrere Airbags, Zentralverriegelung etc. gehören meist zur Grundausstattung, ebenso ist Automatikgetriebe üblich. Beim Fahren ist zu beachten, dass die beiden vorhandenen Pedale für Bremse und Gas ausschließlich mit dem rechten Fuß bedient werden und dieser immer bremsbereit sein muss, da das Standgas sonst das Auto langsam in Bewegung setzt. Je nach Fahrzeugkategorie befindet sich der Schalthebel zwischen den Vordersitzen oder rechts am Lenkrad. Die Handbremse ist im zweiten Fall als kleineres Pedal im Fußraum ganz links außen angebracht.

Die **Symbole des Automatikgetriebes** bedeuten:
• **P** *Park* (Position) – Parken (blockiertes Getriebe, zum Starten des Wagens bzw. zum Abziehen des Schlüssels)

- **N** *Neutral* – Leerlauf (Bremsen!)
- **R** *Reverse* – Rückwärtsgang
- **D** *Drive* – Fahrstufe. Ein eingerahmtes D steht für normale ebene Strecken, einfaches D für hügeliges bzw. ansteigendes Terrain. Um schnell zu beschleunigen: das Gaspedal durchdrücken.
- **2** – zweiter Gang, bei mittleren Steigungen (kurzzeitig) zu empfehlen. Eine Höchstgeschwindigkeit von 50 mph sollte nicht überschritten werden.
- **1** oder **L** *(Low)* entspricht dem ersten Gang und wird genutzt bei steilen Steigungen und Gefällen und langsamer Geschwindigkeit (max. 25 mph).

▶ **Auf Amerikas Straßen**

Bei Highway-Fahrten passt man sich dem Verkehrsfluss an. Amerikaner wechseln die Spuren nicht häufig und selten abrupt. Ungewohnt ist das erlaubte **Rechtsüberholen** bei mehreren Spuren. Im Stadtbereich hält man sich an die zweite oder dritte Spur von rechts, auch um auf **Linksabfahrten** vorbereitet zu sein. Bei nur zwei Fahrspuren wird nur ausnahmsweise überholt, es wird erwartet, dass der Langsamere die nächste Gelegenheit zum Herausfahren wahrnimmt.

Car Pools sind speziell ausgewiesene Fahrbahnen für Fahrgemeinschaften (meist ab zwei Personen), Taxis oder Busse. Da sie weniger Abfahrten aufweisen und gelegentlich von Mauern oder Zäunen begrenzt werden, die einen Spurwechsel unmöglich machen, ist Vorsicht geboten.

Auf- und Abfahrten auf Interstates sind entweder nach Meilen zur Staatsgrenze beziffert oder durchnummeriert. Sie können sich auch links befinden. Oft führen mehrere Ausfahrten *(Exits)* in eine Stadt, wobei Ankündigungsschilder meist nur Straßennummern, keine Orte nennen. Vorheriges Kartenstudium ist erforderlich.

▶ **Straßentypen und -nummerierung**

Highway ist der übergeordnete Begriff für Straßen. Exakt wird unterschieden zwischen autobahnähnlichen **Interstates**, übergeordneten bundesstaatlichen, oft vierspurigen **US Highways** und untergeordneten **State** oder **County Highways**, die meist zweispurig sind und in manchen Staaten auch „Route" (Rte.) genannt werden. *State-Highway*-Schilder zeigen meist außer der Nummer die jeweilige Staatskontur, *County Highways* werden durch kleinere Schilder, meist mit Nennung des *County* (Landkreises), markiert. **Gravel** oder **Unpaved Roads** sollten möglichst gemieden werden, erst recht **Dirt Roads** (fast Feldwege).

Interstate Highways werden durch rot-blaue Schilder angekündigt. Ungerade ein- oder zweistellige Straßennummern signalisieren N-S-, gerade O-W-Verlauf. Zubringer oder Nebenstrecken tragen korrespondierende dreistellige Nummern (z. B. I-180 als Zubringer zur I-80). Bei gerader erster Ziffer handelt es sich um eine Stadtumgehung, bei ungerader um eine Stichstraße. Am Straßenrand listen Schilder vorhandene **Serviceeinrichtungen** wie öffentliche WCs, Rastplätze etc. auf. *Interstates* heißen im städischen Großraum gelegentlich auch **Freeway** oder **Expressway** und sind mindestens vierspurig. Gelegentlich werden *Interstates* im Stadtgebiet bzw. als Umfahrung zu gebührenpflichtigen *Toll Roads* oder *Turnpikes*.

▶ Tanken

1 Gallone (3,8 l) des für die meisten Mietwagen ausreichenden Normalbenzins *(gas)* kostet im Nordwesten der USA bis etwa $ 3 (Stand: Ende 2007). Üblich ist *self-service*, gezahlt wird bar *(cash)* oder mit Kreditkarte, häufig direkt an der Zapfsäule. Gelegentlich muss, vor allem nachts, vor dem Tanken bezahlt werden („*pay cashier first*"). Häufige Ketten sind *Shell, Amoco, Raceway, Hess, Mobil* oder *Citco*. In Oregon darf nicht selbst getankt werden.

▶ Automobilclub AAA

Die **American Automobile Association – AAA** *(Triple A)* – ist auch für ausländische Besucher eine prima Einrichtung. Mit einem deutschen ADAC- oder AvD-, einem österreichischen ÖAMTC- oder Schweizer TCS-Ausweis erhält man gratis vor Ort aktuelle Karten und Stadtpläne, außerdem hilfreiche *Tour-* und *CampBooks*, in denen Sehenswürdigkeiten, Unterkünfte und Restaurants aufgelistet sind. Man kann in den Büros auch Reiseschecks tauschen und sich Routen ausarbeiten lassen. Jede größere Stadt verfügt über eine AAA-Niederlassung (Adressen s. Gelbe Seiten des Telefonbuchs bzw. 🖳 www.aaa.com), in der man sich am besten gleich zu Reisebeginn mit allen nötigen Karten, Stadtplänen und *Tour-Books* eindeckt. In Deutschland gibt es einen Teil der hilfreichen *AAA-TourBooks* auch gegen Gebühr beim ADAC.

▶ Pannen- und Notfälle
Notruf ist 911.

Mietwagenfirmen haben eigene Telefonnummern für den Fall einer Panne oder eines Unfalls und sollten als Erste informiert werden. Da in Mietwagen meist Werkzeug und ein Warndreieck fehlen, bindet man im Pannenfall ein weißes Tuch an die Antenne oder befestigt es am Fahrerfenster (nachts Blinker einschalten und alles abschließen) und ruft Hilfe per *Mobil Phone* oder an der Notrufsäule.

Ein kostenloser zentraler Notruf in deutscher Sprache ist erreichbar unter ☎ 1-888-222-1373, im Sommer rund um die Uhr, sonst von 8 bis 18 Uhr. Der AAA-Pannendienst (*AAA Emergency Road Service:* ☎ 1-800-222-4357) hilft ebenfalls weiter. Bei kleineren Defekten kann ein Mietwagen meist unkompliziert an der nächsten Verleihstation umgetauscht werden. Als nicht beteiligter Dritter ist Vorsicht mit der Leistung von Erster Hilfe bei Unfällen geboten. Es besteht nämlich Gefahr, in einen Schadensersatzprozess wegen „nicht sachgemäßer Hilfeleistung" verwickelt zu werden. Es ist daher besser, per *Mobil Phone* sofort den Notruf zu aktivieren.

▶ Parken

Parken, vor allem in Parkhäusern, kann in Metropolen, aber auch in Hotels höherer Kategorien, teuer werden. Auf Überlandstraßen und Autobahnen darf nur in Notfällen abseits der Fahrbahn angehalten werden; in Städten sind Hydranten und *Tow Away*- bzw. *No Parking*-Zonen ein absolutes Tabu. Auf Straßen signalisieren farbige Randsteinmarkierungen die Parkregeln:
- **Rot**: absolutes Halteverbot
- **Gelb/Gelb-Schwarz**: Liefer-/Ladezone, über Nacht ist das Parken erlaubt

• **Grün**: 10-Minuten-Parken
• **Weiß**: Anhalten zum Ein-/Aussteigen erlaubt
• **Blau**: Behindertenparkplätze
Auch die taubenschlagartigen Kästen an der Zufahrt zu Freiparkplätzen sollten ordnungs-
gemäß mit der geforderten Gebühr „gefüttert" werden. Die Parküberwachung ist streng
und Verstöße werden umgehend geahndet, auch bei Ausländern. Abschleppen kostet viel
Geld, Ärger und Zeit.

▶ **Verkehrsschilder**

Häufiger tragen Schilder Worte als Symbole und Farben signalisieren zudem, um welche Art
von Regel es sich grundsätzlich handelt. Dabei bedeutet
• **Gelb**: Warnung (Kurvengeschwindigkeit, Kreuzung etc.)
• **Weiß**: Gebot (Höchstgeschwindigkeit, vorgeschriebene Fahrtrichtung, Abbiegeverbot etc.)
• **Braun**: Hinweise (Sehenswürdigkeiten, Naturparks etc.)
• **Grün**: Hinweise (z. B. nächste Ausfahrten oder Entfernungen)
• **Blau**: Hinweis auf offizielle und Serviceeinrichtungen (Rastplätze, Tankstellen etc.)

Vielfach erfolgen Warnungen nicht in Symbol-, sondern in Schriftform:
• **Yield** – Vorfahrt achten
• **Stop** – Halt
• **Speed Limit/Maximum Speed** – Höchstgeschwindigkeit
• **MPH** – *Miles per hour* (Meilen pro Stunde; 1 mi = 1,6 km)
• **Dead End** – Sackgasse
• **Merge** – Einfädeln, die Spuren laufen zusammen
• **No U-Turn** – Wenden verboten
• **No Passing/Do not pass** – Überholverbot
• **Road Construction (next ... miles)** oder
  Men working – Baustelle auf den nächsten ... km
• **Detour** – Umleitung
• **Alt Route** – Alternative Route oder Umleitungsstrecke
• **RV** – *Recreation Van* (alle Arten von Wohnmobilen, Campern)
• **Railroad X-ing** (= *Crossing*) – Bahnübergang
• **Ped X-ing** – Fußgängerüberweg

▶ **Besondere Verkehrsregeln**

• **„Rechts vor links"** ist in den USA prinzipiell unbekannt, stattdessen gibt es in Ort-
schaften, wenn Ampeln fehlen, **„4-way-stops"** – d. h. Stoppschilder in allen Fahrtrichtun-
gen. Wer zuerst kommt, fährt zuerst – und das wird auch genau befolgt, falls nötig mit
Handzeichen.
• **Ampeln** hängen ungewohnt hoch, mitten über der Kreuzung und schalten unmittelbar
von Rot auf Grün.
• **Rechtsabbiegen** bei roter Ampel ist erlaubt, sofern gefahrlos möglich und es kein Schild
„No turn on red" gibt.
• Auf mehrspurigen Straßen **darf rechts überholt** werden.
• Orangefarbene **Schulbusse** dürfen, wenn sie Zeichen (Blinklicht/Kelle) geben, nicht
überholt werden, auch nicht in Gegenrichtung. In Schulnähe gilt bei Blinklicht verringerte
Höchstgeschwindigkeit.

• Die **Höchstgeschwindigkeit** variiert je nach Bundesstaat – lediglich in Montana gilt tagsüber unbegrenzte Höchstgeschwindigkeit, ansonsten 70 mph (CA/ND) bzw. 75 mph (CO, NV, SD, UT). Allgemeine Richtwerte sind:

	mph (miles per hour)	km/h (ca.)
Stadtgebiet	20-35	30-55
Landstraßen (US/State Hwys.)	55-65	90-105
Autobahnen	65-75	105-120

• **Rasen** (*speeding*) wird schärfer überwacht und härter bestraft als hierzulande. Kontrollen erfolgen durch geschickt am Straßenrand oder auf dem Mittelstreifen verborgene Polizeiwagen mit Radargeräten, die sich hinter einem Verkehrssünder einreihen und ihn per Signal zum Halten zwingen. Ggf. sofort halten, im Auto sitzen bleiben, Papiere bereithalten und den Strafzettel widerspruchslos hinnehmen und (bar) bezahlen.
• **Alkohol** darf nur im Kofferraum transportiert werden. Gesetzlich gelten 0,5 Promille und Verstöße werden streng geahndet.

 Tipps für Autofahrer

• Achtung bei Nachtfahrten bzw. in der Dämmerung: **Wildwechsel!**
• Nie den Tank komplett leer fahren, häufig liegen Tankstellen nämlich weit auseinander.
• Interstates sind keine Rennstrecken wie bei uns. Der **Belag ist oft wesentlich schlechter und unebener** als auf unseren Autobahnen. In den Bergen gibt es z. T. **sehr scharfe Kurven** und Nebenstrecken können auch Schotterpisten sein. Frostschäden und „Pot Holes" (Schlaglöcher) sind verbreitet.
• Das **Reserverad** prüfen, ggf. bei langen Fahrten (oder sehr schlechten Straßen) das in Mietwagen fehlende Werkzeug zum Wechseln eines Reifens (Wagenheber, Radschlüssel) selbst besorgen. Bei nötiger Reifenerneuerung der Reifenfirma mitteilen, dass es sich um einen Mietwagen handelt, und die Rechnung aufheben.

B   **Besondere Gesellschaftsgruppen**

▶ **Behinderte**

Insgesamt gelten die USA als sehr behindertenfreundlich. Rampen an Zugängen, abgesenkte Bordsteinkanten, Lifts, eigene Parkplätze, Telefonzellen und WCs, spezielle Motelzimmer und Leihwagen, Blindeneinrichtungen, kostenlos zur Verfügung gestellte Rollstühle sowie ein „*Helping-Hand-Service*" erleichtern *handicapped people* das Reisen.

In Detailfragen helfen die regelmäßig aktualisierten Handbücher „*Handicapped Driver's Mobility Guide*" vom Automobilclub *AAA* und der Führer von *Mobility International USA* (541-343-1248, 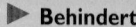 www.miusa.org) weiter. Infos erteilt außerdem
• SATH (*Society for Accessible Travel&Hospitality*), ☎ (212) 447-7284, 💻 www.sath.org

▶ **Senioren**

Meist ab 60 Jahren, gelegentlich schon früher, genießt man in den USA als „senior (citizen)" Sonderbehandlung. Abgesehen von zuvorkommender Behandlung, z. B. an Flughäfen, gibt es zahlreiche Rabatte, z. B. bei Fluggesellschaften, bei der Eisenbahn, bei Tourveranstaltern, in Motels und Hotels oder auch in Museen und Sights.

▶ **Kinder**

Amerika ist kinder- und familienfreundlich. Es gibt vielerlei Vergünstigungen, sei es im Flugzeug, in der Bahn oder in öffentlichen Verkehrsmitteln. In vielen Unterkünften übernachten Jugendliche bis 18 Jahre kostenlos im Zimmer der Eltern. Restaurants bieten Kindersitze und -menüs an, in Fast-Food-Lokalen oder Parks gibt es Spielplätze. Neben den Swimmingpools für Erwachsene sind Planschbecken die Regel. Größere Sights und Parks stellen oft Kinderwagen zur kostenlosen Benutzung bereit. Öffentliche Picknickplätze sind verbreitet, ebenso Toiletten mit Wickeltischen.

Botschaften und diplomatische Vertretungen

(i) *„Einreise und Visum"*

Die ausländischen Botschaften und Konsulate im Heimatland sind in erster Linie für die Erteilung von Visa zuständig, nämlich

in Deutschland:
* Amerikanische Botschaft, Neustädtische Kirchstr. 4-5,
  10117 Berlin, ☎ (030) 2385-174;
  Konsularabteilung: Clayallee 170, 14195 Berlin, ☎ (030) 8329233, 🖷 8314926,
  Visa (Terminabsprachen): ☎ 0900-1-850055 (Mo-Fr 7-20 Uhr, € 1,86/Min.)
  bzw. Faxabruf 🖷 0900-1-850058, 🖳 www.usembassy.de
* US-Generalkonsulat Frankfurt, Gießener Str. 30,
  60435 Frankfurt/Main, ☎ (069) 7535-0, 🖷 7535-2277
* US-Generalkonsulat München, Königinstr. 5, 80539 München, ☎ (089) 280-9998
  bzw. für Visa-Terminvereinbarungen: ☎ 0900-1-850055 (€ 1,86/Min.),
  keine E-Visa (diese „Wirtschaftvisa" gibt es nur in Frankfurt/Main)
  und keine diplomatischen Visa (nur in Berlin)

in Österreich:
* Amerikanische Botschaft, Boltzmanngasse 16,
  A-1090 Wien, ☎ (01) 31339-0, 🖷 (01) 3100682,
  embassy@usembassy.at, 🖳 www.usembassy.at
  Visaabteilung: Parkring 12, A-1010 Wien, ☎ 0900-510300 (€ 2,16/Min.),
  🖷 (01) 5125835, ConsulateVienna@state.gov

in der Schweiz:
* Amerikanische Botschaft, Jubiläumsstr. 93, 3001 Bern, ☎ (031) 357-7011,
  🖷 (031) 357-7344, 🖳 http://bern.usembassy.gov.

Eine Liste sämtlicher **US-Konsulate** mit Adressen, Zuständigkeitsbereichen und Öffnungszeiten findet sich unter
- 🖳 www.usembassy.de bzw. http://germany.usembassy.gov/germany/addresses.html
- 🖳 www.usembassy.at
- 🖳 http://bern.usembassy.gov

Visa-Informationen im Internet:
- 🖳 www.unitedstatesvisas.gov – wer braucht ein Visum und wie bekommt man eines?
- 🖳 www.usembassy.de/visa bzw. auf Deutsch www.us-botschaft.de – hilfreiche Informationen der US-Botschaft unter dem Stichpunkt „Visainformationen"

Die **Botschaften** von D, A und CH befinden sich in Washington, D.C.:
- Embassy of the Federal Republic of Germany, 4645 Reservoir Rd. NW, Washington, D.C.
20007-1998, ☎ (202) 298-8140, 🖷 298-4249, 🖳 www.germany-info.org
- Austrian Embassy, 3524 International Court NW, Washington, D.C. 20008,
☎ (202) 895-6700, 🖷 895-6750, 🖳 www.austria.org
- Schweizer Botschaft, 2900 Cathedral Ave. NW, Washington, D.C. 20008-3499,
☎ (202) 745-7900, 🖷 387-2564, 🖳 www.eda.admin.ch/washington_emb/e/home.html

In anderen Städten helfen (Honorar-)Konsulate im Notfall weiter. Eine Liste aller **Aus-
landsvertretungen** findet sich unter folgenden Webpages:
- 🖳 www.auswaertiges-amt.de (D); www.bmaa.gv.at (A); www.eda.admin.ch (CH)
Nachfolgend eine Auswahl der wichtigsten (Honorar-)Konsulate im Reisegebiet:

Deutschland:
- Generalkonsulat, 1960 Jackson St., San Francisco, CA 94109, ☎ (415) 775-1061,
🖷 775-0187
- Honorarkonsul, 621, 17th St., Suite 811, Denver, CO 80293, ☎ (303) 279-1551,
🖷 295-0072
- Honorarkonsulat, 200 SW Market St., Suite 1695, Portland, OR 97201,
☎ (503) 222-0490, 🖷 225-6924
- Honorarkonsulat, c/o Kirton & Mc Conkie, 1800 Eagle Gate Tower, 60 East South Temple,
Salt Lake City, UT 84111-1004, ☎ (801) 321-4807, 🖷 321-4893
- Honorarkonsulat, 1047 W. Garland, Spokane, WA 99205, ☎ (509) 624-5242

Österreich:
- Honorarkonsulat, First Interstate Tower S, Suite 2450, 621 17th St.,
Denver, CO 80293-2450, ☎ (303) 292-9000, 🖷 292-5445
- Honorarkonsulat, c/o Stoel Rives LLP, 900 SW 5th Ave., Suite 2600,
Portland, OR 97204-1268, ☎ (503) 552-9733, 🖷 220-2480
- Honorarkonsulat, 240 Edison St., Salt Lake City, Utah 84111, ☎ (801) 364-1045,
🖷 364-1601
- Honorarkonsulat, 220 Montgomery St., Suite 931, San Francisco, CA 94104,
☎ (415) 951-8911, 🖷 (916) 444-7835
- Honorarkonsulat, 416-A East Morris St., LaConner, WA 98257, ☎ (360) 466-1100,
🖷 466-1101

Schweiz
- Konsulat Denver, 2810 Iliff, Boulder, CO 80303, ☏ (303) 499-5641,
  🖷 499-9977
- Generalkonsulat San Francisco, 456 Montgomery St., Suite 1500,
  San Francisco, CA 94104-1233, ☏ (415) 788-2272, 🖷 788-1402
- Konsulat Seattle, 6920 94th Ave SE, Mercer Island, WA 98040-5442,
  ☏ (206) 228-8110, 🖷 236-8420

Busse

Zwar etwas billiger, aber weniger komfortabel als mit der Eisenbahn, gelangt man mit den Bussen der führenden amerikanischen Busgesellschaft **Greyhound** ans Ziel. Die Überlandbusse galten früher als preiswertes, alternatives Transportmittel für Aussteiger und Weltenbummler, inzwischen sind jedoch die Preise deutlich gestiegen und die Klientel hat sich verändert. Die Busbahnhöfe liegen selten zentral und in guten Vierteln. Vor allem bei nächtlicher Ankunft ist es ratsam, ein Taxi zu nehmen und eine Unterkunft im Voraus zu arrangieren.

Die **Netzkarte „Ameripass"** von *Greyhound* berechtigt den Besitzer zu beliebig vielen Fahrten und Unterbrechungen während eines bestimmten Zeitraums. Sie kann mit Gutscheinen für Jugendherbergen kombiniert werden. Der Pass kostet für sieben Tage derzeit € 244, für 15 Tage € 358. Es gibt außerdem vier verschiedene Regionalpässe (u. a. West) für vier bis 60 Tage. Die Pässe können nur von international Reisenden im Heimatland, nicht aber in den USA erworben werden. Einzelfahrten sind relativ teuer.

Infos zum Busreisen
- **Greyhound USA**: ☏ 1-800-231-2222, 🖳 www.greyhound.com
- Buchung in D ist möglich bei **Flug- und Reiseservice Hageloch & Henes**, Lindenstr. 34, 72764 Reutlingen, ☏ (07121) 330-184, 🖷 330-657, 🖳 www.buspass.de, oder im Reisebüro über DERTour.
- Reiseveranstalter wie z. B. *DERTour, Meier's* oder *ADAC* haben Bus-Rundreisen im Angebot.

Camping und Camper   Ⓒ

ⓘ „Nationalparks"

Camping ist ein Stück Weltanschauung und grundsätzlich sind die **Bedingungen in den USA sehr gut**. Für eine Tour durch den amerikanischen Nordwesten kann ein Camper, auch *motorhome* oder übergreifend „RV" *(Recreational Vehicle)* genannt, als Transportmittel durchaus eine gute Alternative sein. Die Beweglichkeit ist zwar gegenüber dem Pkw eingeschränkt (vor allem in Städten), die Reisegeschwindigkeit ist insgesamt niedriger und die Kosten sind höher, aber dennoch könnte ein Camper **für Kleingruppen oder Familien** mit Kindern, die sich die ständige Hotelsuche sparen, sich selbst verpflegen und dem Naturerlebnis den Vorrang geben möchten, ideal sein.

Ausschlaggebend für eine Entscheidung dagegen könnten vor allem die wesentlich **höheren Kosten** sein, selbst in Vergleich zu Mietwagen plus Unterkunft: Zu den Mietkosten addiert sich der hohe Benzinverbrauch und die Stellplatzkosten. Ein kleiner *Van Camper* kostet pro Tag inkl. 100 Freimeilen mindestens € 60, dazu kommen Übergabegebühren und Endreinigungskosten, Kosten für Wartung, Zubehör, Zusatzversicherungen und ggf. Wochenendgebühren. Ebenfalls nicht jedermanns Sache sind die **Wartungsarbeiten** (wie Wassertanks füllen, Abwasser entsorgen etc.) und die nötige strategische Vorausplanung (wie das Finden geeigneter, schöner Campingplätze und das Vorreservieren in der HS).

Buchung im Voraus ist immer sinnvoll, in der HS unabdingbar, wobei die Camper-Preise Mitte Oktober bis Anfang April am günstigsten sind. Noch mehr als beim Mietwagen ist es aufgrund der komplizierten Miet-, Versicherungs- und Haftungskonditionen sinnvoll, einen Camper bereits zu Hause, z. B. im Reisebüro, zu buchen. Größte Anbieter sind *El Monte RV*, *Cruise America* oder *Moturis*. Es gibt auch kombinierte Angebote mit Flug.

Es gibt **unterschiedliche Campertypen** und meist wird grundsätzlich unterschieden zwischen *Camper Van*, *Motorhome* (die zu Campingbussen werden können) und *Pick-up-* bzw. *Truck-Campern* (Kleinlastwagen mit Campingaufsatz). Die zuletzt genannten beiden Typen verfügen über ein Doppelbett über der Fahrerkabine und meist eine tragbare Chemie-Toilette. Je größer das Fahrzeug, umso komfortabler ist es, umso höher ist jedoch auch der Benzinverbrauch, umso mehr Technik und damit Wartung und Anfälligkeit sind im Spiel und umso eher sind entlegene (romantische) Plätze, aber auch Großstädte tabu. Erfahrung mit dem Fahren eines solchen Fahrzeugs ist nicht unbedingt erforderlich, man gewöhnt sich relativ schnell an Dimensionen und Fahrweise. Lediglich ein großes, überladenes Fahrzeug hat eine schlechte Kurvenlage.

Bei **Übernahme vor Ort** – im Allgemeinen am Tag nach der Ankunft – d. h., es ist eine Übernachtung nötig – genügt die Vorlage eines normalen Pkw-Führerscheins und die Kreditkarte für die Stellung einer Kaution. Im Normalfall beträgt das Mindestalter 21 Jahre. Camper-Verleiher holen ihre Kunden in der Regel im Hotel (selten direkt am Flughafen) ab und geben zunächst eine mehr oder weniger gründliche Einweisung; zusätzlich gibt es unterschiedlich umfangreiche Bedienungsanleitungen. Sinnvoll ist es, das gesamte Fahrzeug auf Schäden bzw. Verschmutzungen hin zu prüfen und diese protokollieren zu lassen. Bei der Übernahme ist es üblich, ein Ausrüstungspaket *(convenience kit)* zu erwerben (ca. $ 30-50 p. P.), das Geschirr und Kochutensilien beinhaltet. Hinzu kommen noch die Kosten für die Grundreinigung und eine Gasfüllung sowie eine Kaution von ca. $ 500 per Kreditkarte. Um hohe Endreinigungskosten zu vermeiden, sollte der Camper besenrein mit entleerten Abwassertanks und gefülltem Frischwassertank in äußerlich ordentlichem Zustand zurückgegeben werden.

▶ **Campingplätze**

Campingplätze sind meist leicht zu finden, unterscheiden sich aber in Ausstattung und Lage, Preis und Größe. Allen gemeinsam ist, dass sie meist sauber, gepflegt und großzügig proportioniert sind. Man unterscheidet grundsätzlich zwischen kommerziellen – mit *KOA* als größter Kette – und staatlichen Plätzen, wobei jene in den Nationalparks besonders begehrt und nicht unbedingt preiswert sind. In den meisten State Parks, National oder State Forests gibt es einfache *campgrounds (campsides)* in landschaftlich reizvoller Lage. Oft besteht auch die Möglichkeit zu kostenlosem *backcountry camping* nach Einholen einer Erlaubnis *(permit)* in einer Ranger Station. Die Campingplätze sind in der HS schnell gefüllt, zumal großteils das System „*first-come-first-served*" gilt und nur ein Teil der Campingplätze über einen zentralen Reservierungsservice gebucht werden kann.

Relativ teuer, aber in der Regel gut ausgestattet sind die **kommerziell betriebenen Plätze**, speziell jene von *KOA* – mit so genannten *hook-ups*, d. h. Wasser-, Stromanschluss und Abwasserentsorgung *(dump stations)* sowie Luxus-Sanitäreinrichtungen, Shop und anderen Gemeinschaftseinrichtungen. Sie liegen meist in Straßennähe, allerdings oft wenig idyllisch. Bei privaten Plätzen ist der Standard höchst unterschiedlich. Die Preise beginnen ungefähr bei $ 15.

⚠ Tipps für Camper

Hilfreich bei der Campingplanung sind die *AAA CampBooks* für die verschiedenen Regionen und der *Rand McNally Campground&Trailer Park Guide*, ansonsten helfen folgende Nummern und Adressen:

- **Nationalparks**: Reservierungen unter ☎ 1-800-365-2267 oder (619) 452-0150, nprs@biospherics.com, 🖥 www.americanparknetwork.com bzw. *NP Service Reservation Center* 🖥 http://reservations.nps.gov
- **National Forests**: ☎ 1-877-444-6777, 🖥 www.reserveamerica.com; große Anzahl und Vielfalt an Campingplätzen, auch private *campgrounds*. Sofortreservierung ist möglich und es gibt ein Suchprogramm nach dem passenden Platz mit weiteren touristischen Infos
- **KOA**, P. O. Box 30558, Billings, MT 59114, 🖶 (406) 248-7414; Reservierungen über Destinet, 9450 Carrol Park Dr., San Diego, CA 92121, ☎ (619) 452-8787, 🖥 www.koakampgrounds.com
- **Buchungen** übers Internet: 🖥 www.reserveamerica.com oder www.reserveUSA.com; www.camping-usa.com (nur Verzeichnisse)

Einkaufen ⓔ

Es gibt in den USA **kein verbindliches Ladenschlussgesetz**, aber dennoch stimmt das Märchen von endlos geöffneten Läden nicht. Die meisten „normalen" Geschäfte sind auch in den USA nur zwischen etwa 9 oder 10 und 18 Uhr geöffnet, lediglich Kaufhäuser, Einkaufszentren und Supermärkte/Drugstores haben verlängerte Öffnungszeiten (bis mindestens 20 Uhr, manchmal tägl. und rund um die Uhr), Buch- und Musikläden sind oft bis 22 oder 23 Uhr geöffnet. In ländlichen Regionen werden abends die Gehsteige jedoch früh hochgeklappt.

Zu den angegebenen Preisen kommt in den USA immer noch die **Sales Tax**, eine Art Mehrwertsteuer, in Höhe von 0 bis 7,25 % je nach Staat (CA 7,25, NV 6,5, ND 5, WY 4, SD 4, UT 4,75, WA 6,5 %). Oregon und Montana gelten wegen des Verzichts auf eine solche Steuer als „Shoppingparadiese". Trotz Steueraufschlags **preiswerter als zu Hause** sind Freizeitkleidung und -zubehör, Jeans, Sportschuhe und -artikel und, für den, der sich auskennt, technische Geräte wie Laptops, Digitalkameras, I-Pods etc. Zu beachten ist bei solchen Einkäufen, ob die Garantie auch tatsächlich weltweit gilt, dass bei Computern z. B. die Tastatur eine andere Buchstabenanordnung hat und dass Elektrogeräte auf 110 V laufen und ein Adapter und ein anderer Stecker nötig sind.

Am günstigsten bekommt man vieles in so genannten **Factory Outlets** oder **Outlet Malls**, einer Ansammlung von Shops, in denen Markenartikel bestimmter bekannter Firmen – wie *GAP*, *Levi's*, *Timberland*, *Nike*, *adidas* etc. – zu enorm reduzierten Preisen angeboten werden. Sie befinden sich häufig weit außerhalb von Städten an einer Interstate oder einem viel befahrenen Highway. Die größten Betreiber, auf deren Webpages sich die einzelnen Standorte finden lassen, sind:

- Prime Outlets – 🖥 www.primeoutlets.com
- Tanger – 🖥 www.tangeroutlet.com
- VF Outlets – 🖥 www.vffo.com

Malls sind im Normalfall Mega-Einkaufs- und Kommunikationszentren mit verschiedenen, oft stark spezialisierten Läden, großen *Department Stores* (Bekleidungsgeschäften) und Kaufhäusern – wie *Macy's*, *Neiman Marcus*, *Nordstrom* oder *JC Penney*. Außerdem verfügen sie über allerhand Serviceeinrichtungen wie Banken, Kinos, Schlüsseldienst, Reinigung, Friseur, *Food Court/Eatery* (Imbissstände) und Restaurants.

Größentabelle						
Herrenbekleidung:						
Deutsche Größe (z. B. 50) minus 10						
ergibt amerikanische Größe (40)						
Herrenhemden:						
D	36	37	38	39	40/41	42	43
USA	14	14,5	15	15,5	16	16,5	17
Herrenschuhe:						
D	39	40	41	42	43	44	45
USA	6,5	7,5	8,5	9	10	10,5	11
Damenbekleidung:						
D	36	38	40	42	44	46
USA	6	8	10	12	14	16
Damenschuhe:						
D	36	37	38	39	40	41	42
USA	5,5	6	7	7,5	8,5	9	9,5
Kinderbekleidung:						
D	98	104	110	116	122
USA	3	4	5	6	6x

Supermärkte – wie *Albertsons*, *Safeway*, *Publix*, *Shaw's* oder *Shop'n Save* – und **Drugstores** – z. B. *Eckard*, *Rite Aid*, *Walgreens* oder *Duane Reade* – befinden sich meist an Ausfallstraßen am Stadtrand im Rahmen von **Shopping Malls** und sind umgeben von großen Parkplätzen. Sie sind von Angebot und Service her um einiges besser als hierzulande. Die meisten Supermärkte führen Zeitungen, Schreib- und Haushaltswaren, Drogerieartikel und je nach County/Region auch alkoholische Getränke (ab 21 Jahre, oft kein Verkauf am Sonntag), in Drugstores gibt es außer Drogerieartikeln auch Reformkost, Snacks, Softdrinks, Schreib-, manchmal Haushaltswaren und dazu einen Schalter für ärztliche Verordnungen.

In Stadtzentren finden sich häufiger kleinere **Lebensmittelgeschäfte**, *Convenience* oder *General Stores* – eine Art Gemischtwarenladen. In New York übernehmen *De-*

Factory Outlet Malls wie jene in Lincoln City sind das Richtige für Schnäppchenjäger

lis diese Funktion. Große Tankstellen wie *am/pm*, *7Eleven* oder *Citco* bieten ebenfalls ein breites Lebensmittelangebot, allerdings keine Frischprodukte. *K-Mart* oder *Wal Mart* sind **Kaufhäuser**, die preiswert Kleidung, Haushaltswaren, Möbel etc., aber auch Lebensmittel führen. Große **Baumärkte** sind *Home Depot* und *Lowe's*; *Office Depot* oder *Staples* führen **Schreibwaren** und Büroartikel. Zu den großen **Buchläden** mit zahlreichen Filialen gehören *Barnes & Nobles*, *Border's* oder *Dalton*. Meist gehören ein gemütliches Café und eine große Zeitschriftenabteilung dazu, manchmal auch eine Musikabteilung.

Einreise und Visum

(i) *„Botschaften und diplomatische Vertretungen"*

Die Visumspflicht für deutsche Staatsangehörige wurde 1989 für eine Aufenthaltsdauer bis zu 90 Tagen abgeschafft. 27 Staaten, darunter Deutschland, Österreich und die Schweiz, sind an diesem **Visa-Waiver-Programm** (VWP) beteiligt. Außer einem **Rückflugticket** muss der maschinenlesbare, bordeauxrote **Europapass** mit einer Restgültigkeit von mindestens sechs Monaten vorgelegt werden. Alte Kinderausweise und Einträge in den Reisepass der Eltern sind ungültig. Nach dem 1. November 2005 **neu ausgestellte** Reisepässe – so genannte „ePasses" (€ 59, 10 Jahre Gültigkeit) – enthalten biometrische Daten, derzeit nur in Gestalt eines Chips zur digitalen Speicherung des Gesichtes. Ab Frühjahr 2007 sollen zwei Fingerabdrücke dazukommen, später weitere biometrische Daten.

▶ Visum

Ein Visum ist für „Normaltouristen" nicht nötig. Nur wer keinen neuen Europapass besitzt bzw. länger als 90 Tage im Land bleiben möchte (z. B. als Schüler, Student oder Angehöriger bestimmter Berufsgruppen), muss sich der aufwendigen Prozedur der Visumsbeschaffung unterziehen. Dazu ist persönliche Vorsprache in den Konsulaten ((i) *„Diplomatische Vertretungen"*) nach vorheriger Terminvereinbarung nötig. Vorgelegt werden muss dabei das ausgefüllte Antragsformular, Reisepass, Passbild und ein Online-Zahlungsbestätigungsformular über geleistete Gebühren in Höhe von derzeit € 85. Außerdem muss nachgewiesen werden, dass man die USA nach vorübergehendem Aufenthalt wieder verlassen wird und finanzielle Vorkehrungen zur Deckung der Reise- und Aufenthaltskosten getroffen hat. Über das aktuelle Prozedere informieren die Botschaften und Konsulate unter

- 🖳 **www.us-botschaft.de** bzw. ☎ (0190) 850055 (€ 1,86/Min., Mo-Fr 7-20 Uhr)

▶ Sicherheit

Seit September 2001 sind **verschärfte Kontrollen** an den Abflughäfen in Deutschland und in den USA üblich. Reisende sollten sich darauf einrichten und genügend Zeit für Check-in bzw. Umsteigen einplanen. Abgesehen von gelegentlichen Handdurchsuchungen des Gepäcks (Koffer nicht abschließen!) wird häufig das Ausziehen der Schuhe und das Aktivieren von Laptops und Kameras verlangt. Alle Art von spitzen Gegenständen, auch winzige Taschenmesser, Pinzetten, Nagelscheren etc. müssen in den Koffer gepackt werden. Die Mitnahme von Waffen, Gaskartuschen, Feuerzeugen und ähnlichen als gefährlich eingestuften Objekten ist streng untersagt. Seit August 2006 und den geplanten Anschlägen in London wurden auch die Menge und Größe des Handgepäcks reduziert. Von allen Flügen, die von Flughäfen der EU abgehen, dürfen seit 6. November 2006 Gels und Flüssigkeiten (Getränke, Zahnpasta, Cremes etc.) nur noch in Behältern bis 100 ml, verpackt in einem durchsichtigen und wiederverschließbaren Plastikbeutel, im Handgepäck mitgeführt werden. Ausgenommen sind lediglich dringend benötigte Medikamente und Babynahrung.

- Konkrete Auskünfte erteilen die Fluggesellschaften bzw. gibt es unter
  ▫ **www.TSAtraveltips.us**

▶ Einreiseprozedur

Schon beim Check-in muss ein bei Buchung erhaltenes, ausgefülltes Standardformular vorgelegt werden, das von den Fluggesellschaften vor Abflug an die *U.S. Customs and Border Protection* (CBP) abzuliefern ist. Es dient der erweiterten Datenerfassung bei Einreise in die USA *(APIS – Advance Passenger Information)* und muss Name, Geburtsdatum, Adresse, Nationalität, Geschlecht, Passdaten sowie die erste Adresse in den USA (Hotel, geplante Tour o. Ä.) enthalten.

Im Flugzeug werden grüne Formulare (I-94W), die **Immigration Card**, zur Befreiung von der Visumspflicht bzw. weiße für Visumsbesitzer ausgeteilt. Noch einmal müssen hier persönliche Daten und eine Adresse in den USA (ggf. erstes Hotel) auf Englisch exakt und in Druckbuchstaben eingetragen werden. Zusätzlich muss pro Familie ein weißes Zollformular – die **Customs Declaration** – ausgefüllt werden. Auf diesem sind ggf. über die Richtwerte hinaus eingeführte Waren und Devisen anzugeben. Streng verboten ist die Einfuhr von Frischprodukten aller Art (Obst, Gemüse, Wurst etc.), Samen, Drogen/Medikamente, Waffen, Tiere etc. (ⓘ „*Zoll*").

Bei Ankunft am ersten Flughafen in den USA muss der Reisende zunächst vor den **Immigration Counters** Schlange stehen, ehe das ausgefüllte Formular und Pass geprüft, elek-

---

 Infos zu Einreisebestimmungen und Visa

- ▫ www.dhs.gov/us-visit (allgemeine Infos zum *US-VISIT Program*)
- ▫ www.usembassy.de/visa oder www.unitedstatesvisas.gov – jeweils Informationen zu allen Visumsfragen auf Englisch
- ▫ www.us-botschaft.de unter dem Stichpunkt „Visainformationen" (deutschsprachig)
- ☎ (0190) 850055 (€ 1,86/Min., Mo-Fr 7-20 Uhr) hilfreiche Informationen

tronische Fingerabdrücke (beide Zeigefinger) genommen und ein digitales Foto gemacht werden. Dies alles geschieht, während der Pass gescannt wird und der *Officer* Fragen zu Reiseroute, Zweck der Reise, Beruf, Bekannten oder Freunden in den USA, gelegentlich auch zu den Finanzen stellt. Daraufhin wird die Aufenthaltsdauer auf normalerweise drei Monate festgelegt und in den Pass eingestempelt. Dazu geheftet wird der untere Teil der *Immigration Card*, der **Departure Record**, der bis zur Ausreise im Pass bleiben muss.

Danach geht es Richtung **Gepäckband** *(baggage claim)*, auch wenn ein Weiterflug gebucht ist. Letzte Station: der **Zoll**. Beim Ausgang mit der Aufschrift „*Nothing to declare*" wird die Zollkarte abgegeben und abgestempelt; gelegentlich finden Stichproben statt. Bei inneramerikanischem Anschlussflug muss das Gepäck anschließend neu eingecheckt werden. Automietstationen – *Car Rental* – und *Ground Transportation/Public Transport* bzw. Taxis sind im Ankunftsgebäude im Allgemeinen gut ausgeschildert und leicht zu finden.

Derzeit noch im Teststadium sind im Rahmen des *US-VISIT*-Programms der **Nachweis der Ausreise** an Selbstbedienungsgeräten (bisher wird bei Ausreise lediglich der eingeheftete Abschnitt des Einwanderungsformulars aus dem Reisepass entfernt) und eine automatisierte Personenerfassung (RFID/Radiofrequenz-Identifikation-Technologie).

• **Infos**: 🖳 www.dhs.gov/us-visit (allgemeine Infos zum *US-VISIT Program*) oder
  🖳 http://travel.state.gov/visa/tempvisitors_novisa_waiver.html (zum *Visa Waiver Program*
  in Englisch).

Eintritt

Je nach Art (staatlich/städtisch/privat) und Größe der Einrichtung unterscheiden sich die Eintrittspreise. Wenige Museen sind gratis, wenn, dann sind dies meist die staatlichen. Einige bieten **Kinder- und Seniorenermäßigungen** oder gegen Vorlage einer *International Student Indentity Card* (ISIC) **Studentenrabatt**. Manchmal wird eine freiwillige Spende *(suggested donation)* erwartet, die Amerikaner in der Regel auch genau bezahlen. An bestimmten Nachmittagen oder Abenden ist der Eintritt gelegentlich frei bzw. reduziert oder kann nach Belieben („*pay what you wish/want*") entrichtet werden. In Städten mit zahlreichen Sights gibt es häufig Kombitickets bzw. einen *City Pass*. Nicht ganz billig sind die neuen und modernen *Hands-on-* und *Science-*Museen, die großen Freiluftmuseen oder großen Vergnügungsparks. Für häufige Nationalparkbesuche lohnt sich der Erwerb des **Interagency America the Beautiful Passes** (1 Jahr gültig für alle vom NPS betreuten Schutzgebiete) für $ 80.

Eisenbahn

Leider ist hierzulande wenig bekannt über das Eisenbahnreisen in den USA, eine bequeme und gesellige Art, große Strecken (über 38.000 km Netz) z. T. im Schlaf zurückzulegen und dabei unterschiedlichste Landschaften und Staaten kennenzulernen. Im Unterschied zum Flugzeug besteht die Möglichkeit, die Reise beliebig oft gratis zu unterbrechen und so *City Hopping* zu praktizieren. **Im Vergleich zum Mietwagen** bietet die Bahn den Vorteil, lange Wege stressfrei und unter Einsparung eventuell fälliger Rückführgebühren zurücklegen zu können. Der Preisunterschied zwischen Bahn und Flugzeug ist auf längeren Strecken nur gering, wenn man das Bahnticket vor Ort kauft. Viel preiswerter ist es hingegen mit einer der günstigen Netzkarten.

Ähnlich wie *Greyhound* bietet *Amtrak*, die halbstaatliche Eisenbahngesellschaft, die für den Personenfernverkehr auf Schienen zuständig ist, einen **USA Rail Pass** an. Dieser ist ausschließlich von Nicht-

Mit Amtrak-Zügen gemütlich und bequem durch die USA reisen

amerikanern und Nichtkanadiern über deutsche Reisebüros (s. u.) für eine bestimmte Gültigkeitsdauer (ab 15 Tagen) und Region erhältlich. Der Pass gilt im „Sitzwagen" *(coach)* – Aufpreise fallen für Schlafwagen an. Kinder zwischen zwei und 15 Jahren zahlen den halben Preis, Jüngere fahren kostenlos. Da in den Fernzügen Reservierungspflicht besteht und täglich bzw. sogar wöchentlich nur ein oder zwei Züge bestimmte Strecken frequentieren, ist genaue Vorausplanung nötig. Die eigentlichen Tickets holt man sich unter Vorlage von Reisepass und Reservierungsschein am ersten Bahnhof in den USA ab.

Informationen
• **Amtrak** National Railroad Passenger Corporation, 60 Massachusetts Ave. NE, Washington D.C. 20002, ☎ 1-800-872-7245 bzw. (202) 906-3000, 🖥 www.amtrak.com

---

Preise für 2007
(z. B. buchbar bei *CRD*, www.crd.de/amtrak, oder www.buspass.de, s. u.)
(**HS**: Ende Mai-Anfang Sept. und Mitte Dez.-Anfang Jan.; **NS**: übrige Zeit).
• **National Rail Pass** (von der Ost- zur Westküste, HS/NS)
 15 Tage: 328/421 €
 30 Tage: 395/505 €
• **West Rail Pass**
 15 Tage: 278/311 €
 30 Tage: 303/388 €

Interessante Zugverbindungen für die beschriebenen Reisegebiete:
• „Empire Builder": von Chicago über Milwaukee, Minneapolis, Williston, Havre, Glacier National Park, Spokane nach Seattle bzw. Portland. Abstecher nach Boise möglich.
• „California Zephyr": von Chicago über Omaha, Denver, Salt Lake City, Elko, Sacramento bis nach San Francisco.
• „Pacific Northwest Corridor": von Vancouver über Seattle, Portland nach Eugene.
• „California Corridors": verschiedenste Routen zu interessanten Zielen in Kalifornien.
• „Coast Starlight": von Seattle über Portland, Klamath Falls, Sacramento, San Francisco, Santa Barbara nach Los Angeles.

- **Meso-Amerika-Canada Reisebüro**, Wilmersdorfer Str. 94, 10629 Berlin, ☎ (030) 881-4122, 🖨 883-5514, info@MESO-Berlin.de, 🖥 www.MESO-Berlin.de. Über dieses offiziell mit Amtrak kooperierende Reisebüro kann man Informationen und Fahrpläne anfordern und Komplettarrangements buchen. Jedes „normale" Reisebüro kann den Service ebenfalls nutzen.
- **NorthAmerica Travel House/CRD International**, Fleethof Stadthausbrücke 1-3, 20355 Hamburg, ☎ (040) 300-6160, 🖨 300-61655, 🖥 www.crd.de
- **Flug- und Reiseservice Hageloch & Henes**, Lindenstr. 34, 72764 Reutlingen, ☎ (07121) 330-184, 🖨 330-657, 🖥 www.buspass.de
- **Austria Reiseservice**, Hessgasse 7, A-1010 Wien, ☎ (01) 310-7441, 🖥 www.reiseservice.at
- **Kuoni Travel**, Neue Hard 7, CH-8037 Zürich, ☎ (01) 277-4580, 🖥 www.kuoni.ch

Essen und Trinken

Über das Essen in den Vereinigten Staaten kursieren leider noch immer eine Menge **Vorurteile**. Um es vorweg klarzustellen: Die amerikanische Küche besteht nicht aus Hamburgern und Hot Dogs, Budweiser und Coke, und die Amerikaner ernähren sich auch zu Hause nicht ausschließlich von Dosen und Tiefkühlfertigkost. In den letzten Jahren hat sich das kulinarische Angebot in den USA zum Positiven gewandelt, und gerade die Westküstenstaaten tun sich mit ihrem kulinarischen Angebot besonders hervor.

Restaurants lassen sich grundsätzlich in **drei Kategorien** einteilen: *Fastfood/Diner/Eatery* für den schnellen Imbiss, *Cafés/Snackbars/Grills/Family Restaurants* zum preiswerten Lunch und Restaurants der gehobenen Kategorie für kulinarische Höhenflüge. Die amerikanischen **Essenszeiten** unterscheiden sich kaum von den unsrigen: Mittagessen *(lunch)* gibt es zwischen 12 und 14 Uhr, Abendessen *(dinner)* etwa von 18 bis 21 Uhr, die spätere Variante heißt auch *supper*.

Selbstversorgung ist ebenfalls kein Problem. Supermärkte sind meist hervorragend sortiert und verfügen häufig über Salatbars und Imbisstheken. Auch die Obst- und Gemüseabteilungen bieten viel und die Auswahl an Naturkost *(Health Food)* ist mittlerweile sehr ordentlich. Es gibt *Mini Marts* in Tankstellen oder Wochenmärkte – die Auswahl ist groß.

▶ Schnelle Küche

Man sollte sich hüten, **Fast Food** als „typisch amerikanisch" abzutun, handelt es sich doch um ein weltweites Phänomen: Wo große Menschenmengen schnell, preiswert und unkompliziert verpflegt werden müssen, halten Pommes und Bratwurst, Döner, Pizza oder China-Imbiss her. Die Palette an Fast Food in den USA ist groß und man überbietet sich gegenseitig mit Sonderangeboten und spektakulären Werbeaktionen. Abgesehen von den „klassischen" (Hamburger-)Ketten – wie *Wendy's, Burger King, McDonald's* – sorgen *Pizza Hut, Taco Bell, KFC, Denny's* oder *Sizzler* (Seafood u. a.), *Dairy Queen* (Milchprodukte) oder *Dunkin' Donuts* für Abwechslung, falls man nicht einen der auf dem Land vielfach noch verbreiteten alteingesessenen *Diner* findet. Die meisten Fast-Food-Restaurants sind von frühmorgens bis Mitternacht oder sogar rund um die Uhr geöffnet. Alkohol gibt es hier nicht, dafür preiswerte Softdrinks, die manchmal sogar gratis nachgefüllt werden können *(free refill)*.

Eateries bzw. **Food Courts** in Einkaufszentren sind Konglomerate von Imbissständen verschiedenster Ausrichtung mit einem gemeinsamen Essbereich mit Tischen und Stühlen. Es gibt internationale Gerichte (Pizza, Chinesisches, BBQ, Hühnchen, Sandwiches, Gyros), Salate, Sandwiches, aber auch Kaffee und Süßes zum Gleichessen oder Mitnehmen.

▶ Essen im Restaurant

Für den Lunch (ca. 11.30-15 Uhr) bieten viele Lokale spezielle, preiswertere Mittagskarten bzw. *Lunch Specials* mit schnell zubereiteten, leichten Gerichten – vor allem Salate, Sandwiches oder Suppen – an. Teurer wird es häufig zum Dinner (ca. 18-21/22 Uhr). In besseren Restaurants ist es, speziell an Wochenenden, ratsam, einen Tisch zu reservieren. Die Amerikaner sind bekannt für ihre stoische Geduld beim Schlangestehen vor einem bestimmten Lokal, doch das ist nicht jedermanns Sache, und wer reserviert hat, ist im Vorteil. Dinieren in einem Lokal der gehobenen Kategorie (ggf. nach Kleidervorschriften erkundigen!) ist verhältnismäßig teuer, dafür sind Service und Qualität des Essens hervorragend und die Portionen im Allgemeinen groß.

Nach dem **Prinzip „wait to be seated"** wird dem Gast von einem Manager ein eigener Tisch – an dem man auch allein bleibt – zugewiesen und die Speisekarte *(menu)* überreicht. Die Bedienung *(server)* stellt sich am Tisch vor und zählt die Tagesgerichte *(daily specials)* auf; Brot und Eiswasser kommen unaufgefordert auf den Tisch. Man beginnt mit der Vorspeise *(appetizer)*, geht dann zum Haupt-

Brewpubs sind eine Spezialität des Nordwestens – hier Portland Brewing

gericht *(entrée)* über, wobei ein Salat gelegentlich zum Menü gehört und ggf. als zweite Vorspeise serviert wird. Den Abschluss bilden der Nachtisch *(dessert)* und der Kaffee. Selbst ein mehrgängiges Menü wird **schnell serviert**; man sitzt nicht im Restaurant, um gemütlich mit Freunden zu plaudern, dazu geht man in eine Bar oder einen Pub.

In amerikanischen Lokalen gibt es viel Servicepersonal, wobei die Aufgaben streng aufgeteilt sind. Arbeitskräfte sind billig, schlecht bezahlt und leben zum Großteil von Trinkgeldern. Daher sollte man nach der Schlussfrage, ob alles in Ordnung war, und nach dem anschließenden, unaufgeforderten Erhalt der Rechnung *(cheque)* in einem Ledermäppchen oder auf einem Tellerchen unbedingt mindestens **15 % Trinkgeld** addieren. Selten, in einfacheren oder Familien-Restaurants, wird die Rechnung an einer Kasse *(cashier)* beglichen. Einpacken von Essensresten in ein *doggy bag* ist übrigens selbst in einem Feinschmeckerrestaurant üblich.

▶ Getränke

Bier und niederprozentige Alkoholika gibt es in vielen Supermärkten, kleineren Geschäften und je nach Staat bzw. County auch in speziell lizenzierten **Liquor Stores**. In Indianerreservaten darf überhaupt kein Alkohol ausgeschenkt werden; Ausnahmen bilden die Casinos dort. Generell darf Alkohol nicht an Personen unter 21 Jahren verkauft („*I. D., please!*") und **nicht in der Öffentlichkeit konsumiert** werden – eine Vorschrift, die streng beachtet wird. Restaurants und andere Einrichtungen dürfen nur dann Alkohol ausschenken, wenn sie über eine Schanklizenz verfügen, die meisten Fast-Food-Lokale und einfachen Kneipen bieten nur Softdrinks, Milkshakes und Kaffee an. An Sonn- und Feiertagen darf in manchen Staaten generell kein Alkohol verkauft bzw. nur zu genau definierten Zeiten ausgeschenkt werden. Im Auto müssen alkoholhaltige Getränke ungeöffnet im Kofferraum mitgeführt werden, in der Öffentlichkeit, z. B. auf Straßen oder Plätzen, ist der offene Alkoholkonsum verboten.

In **Restaurants mit Schanklizenz** wird am Tisch gefragt, ob etwas „von der Bar" erwünscht sei. Da jedoch Eiswasser automatisch zum Essen gehört und ständig unaufgefordert nachgeschenkt wird, ist man nicht gezwungen, etwas Zusätzliches zu bestellen. Ein Glas Bier oder Wein zu einem guten Abendessen ist durchaus üblich, möchte man allerdings mehr, geht man in *Cocktail Lounges*, Bars oder Pubs, wo Cocktails oder Bier die beliebtesten Getränke sind. Harte Sachen werden, mit Ausnahme von Whiskey, selten konsumiert. Spezielle *Brew Pubs* und *Sports Bars* sind gute Alternativen, um den Abend gemütlich ausklingen zu lassen, wobei gerade Erstere oft auch gute, preiswerte Gerichte servieren und *Sports Bars* die Gelegenheit bieten, Sportübertragungen auf Mega-Bildschirmen zu verfolgen.

Im US-Nordwesten, vorwiegend in Oregon und Washington, werden **hervorragende Weine** produziert, allerdings stehen in den Lokalen meist kalifornische Produkte, dazu europäische Weine auf der Karte. Wie in Sachen **Kaffee** – es gibt nicht nur *Starbucks*! – hat sich auch, was das **Bier** angeht, in den letzten Jahren viel getan. Ausgehend von der Westküste schossen so genannte *Microbreweries* (Kleinbrauereien) überall wie Pilze aus dem Boden und produzieren Biere, die sogar im „Bierland" Deutschland ihresgleichen suchen. Die Kleinbrauereien verfügen oft über eigene Pubs, in denen die eigenen Produkte vom Fass serviert werden. Es gibt mittlerweile beinahe in jedem größeren Ort eine solche Kleinbrauerei und auch Supermärkte und *Liquor Stores* sind zunehmend besser sortiert. Sie bieten neben den hellen Lagerbieren von Großfirmen wie *Miller, Schlitz, Milwaukee* und natürlich *Budweiser* in 6- oder 12- oder 24-Packs (Dosen) oder aber, mehr und mehr, in pfandpflichtigen Wegwerfflaschen (0,35 l) und Importbieren wie *Becks* oder *Amstel* zunehmend auch Produkte lokaler Brauereien bzw. solcher aus dem Bierstaat Oregon in den Kühltheken. Eine bessere, ebenfalls überall erhältliche Sorte ist *Samuel Adam's* (aus Boston). Speziell in Oregon und Washington sind hervorragende Biere erhältlich.

Feiertage und Veranstaltungen   (F)

Da Amerikaner im Schnitt nur **zwei Wochen Jahresurlaub** bekommen und auch die Zahl der Feiertage, der *public holidays*, gering ist, werden einige Feiertage (Ausnahme: Weihnachten, Ostern und 4. Juli) auf einen Montag gelegt, damit ein verlängertes Wochenende entsteht. Anders als hierzulande ist an Feiertagen nicht alles geschlossen; Supermärkte, Museen und andere Attraktionen sind häufig trotzdem geöffnet, zumindest ab mittags.

🏃 Gesetzliche Feiertage

- 1. Januar: **New Year's Day** – Neujahr, vorausgeht **New Year's Eve** – Silvester (kein eigentlicher Feiertag)
- 3. Montag im Januar: **Martin Luther King's Birthday**
- 3. Montag im Februar: **President's Day** *(George Washington's Birthday)* – Gedenktag zu Ehren aller Präsidenten
- Ende März/April: **Easter Sunday** (Ostersonntag); Karfreitag *(Good Friday)* gilt nur eingeschränkt als Feiertag, Ostermontag ist unbekannt.
- Wochenende vor dem letzten Montag im Mai: **Memorial Day Weekend** (zu Ehren aller Gefallenen) – Beginn der Ferienzeit
- 4. Juli: **Independence Day** (Tag der amerikanischen Unabhängigkeit) – Nationalfeiertag
- Wochenende vor dem 1. Montag im September: **Labor Day Weekend** (Tag der Arbeit) – Ende der Ferienzeit
- 2. Montag im Oktober: **Columbus Day** (Erinnerung an die Entdeckung Amerikas)
- 31. Oktober: **Halloween** (kein offizieller Feiertag)
- 11. November: **Veterans' Day** (Ehrentag für die Militär-Veteranen)
- 4. Donnerstag im November: **Thanksgiving Day** („*Turkey Day*", Erntedankfest), das große Familienfest
- 25. Dezember: **Christmas Day**; keine Feiertage sind der Heilige Abend *(Christmas Eve, Holy Night)* und der 2. Weihnachtstag

Aktuelle **Veranstaltungskalender** finden sich im Internet bzw. sind in den CVBs oder Besucherzentren der einzelnen Städte bzw. Bundesstaaten *(Welcome Center)* erhältlich und können regionalen Tageszeitungen und Szene-Magazinen entnommen werden.

Flüge

Es kann verwirrend sein, den passenden Flug in die USA zu finden. Eine schier unüberschaubare Zahl konkurrierender Reiseveranstalter (zu den größeren zählen *Meier's, DER, FTI, ADAC Reisen, Canusa, Explorer Fernreisen, TUI*) und verschiedener Airlines stehen zur Auswahl. Dazu kommen unterschiedliche Saisonzeiten, Abflugorte und Routenführungen, ein Wust von Sonder- und Spezialpreisen, Last-Minute-, Frühbucher- und Internet-Angeboten. Gerade deshalb ist es sinnvoll, sich vor der Buchung gründlich über Routen, Preise, Flüge und Bedingungen zu informieren. Das kann im Internet oder anhand von Reisekatalogen geschehen. Doch um zu Anfang eine grobe Preisvorstellung zu bekommen, ist es meist am einfachsten, sich bei einem (oder besser mehreren) Reisebüro(s) nach dem günstigsten Flug von A nach B zu erkundigen.

Grundsätzlich unterscheidet man **Charter- und Linienflug**, wobei Charterflüge für den Nordwesten keine Bedeutung haben. Die meisten Linienfluggesellschaften bedienen die USA täglich oder mehrmals wöchentlich und unterhalten *Codesharing*-Verträge, d. h., sie kooperieren mit anderen Gesellschaften und erweitern dadurch ihr Angebot. Die bedeutendsten Allianzen im Nordamerika-Bereich sind das **Sky Team** (📖 www.skyteam.com)

mit *Delta/AirFrance/KLM/Northwest/Continental*, die **Star Alliance** (💻 www.star-alliance.com) mit *Air Canada/Lufthansa/Austrian Airlines/Swiss/US Airways/United Airlines* oder **One World** (💻 www.oneworld.com) mit *American Airlines/British Airways/Iberia*. Für Leute, die regelmäßig mit einer bestimmten Gesellschaft (bzw. Gruppe) fliegen, lohnt es sich, (gratis) Mitglied eines *Frequent-Flyer-Programms* zu werden; günstig ist z. B. das von *Delta*.

▶ **Hauptknotenpunkte**

Hauptflughäfen für die im Buch beschriebene Reiseregion sind **San Francisco**, gefolgt von **Seattle**, **Denver**, **Salt Lake City** und **Portland**. Linienflüge starten meist am Vormittag oder Mittag und man erreicht am Nachmittag bzw. frühen Abend nach Ortszeit seinen Zielort. In der Regel beträgt die reine Flugzeit zur Westküste **zwischen 10,5 und 12 Stunden**. Die meisten Verbindungen von unterschiedlichen deutschen Flughäfen in den Nordwesten bieten *Lufthansa/United Airways*, *Delta*, *BA*, *KLM/Northwest*, *US Airways* und *Continental*. Während z. B. *Lufthansa* Portland, San Francisco und Denver von Frankfurt/Main,

Letzteres neuerdings auch ab München **nonstop** ansteuert, ist bei allen anderen Flügen mindestens **einmaliges Umsteigen** nötig, sei es, wie bei *BA* in London (nach Denver, San Francisco, Seattle) oder bei *KLM* in Amsterdam (Seattle, San Francisco, Denver). Bei amerikanischen Fluggesellschaften wird je nach Gesellschaft an verschiedenen Flughäfen (z. B. Atlanta, Chicago oder Philadelphia) umgestiegen. Um jedoch nach Portland oder Seattle zu gelangen, ist vielfach ein weiterer Wechsel der Maschine nötig.

Modern, übersichtlich und bequem: der Denver Airport

▶ **Preise und Bedingungen**

Die **Flugpreise** hängen von mehreren Faktoren ab, wobei generell Flüge in der NS, vor allem im zeitigen Frühjahr oder im Herbst bzw. außerhalb von Ferienzeiten bzw. Feiertagen preisgünstiger sind als solche in der HS. Die genauen Daten schwanken je nach Gesellschaft, doch als Hauptreisezeit gelten im Allgemeinen die Sommermonate (ab Mitte Juni/Anfang Juli bis Ende August), als Zwischensaison die Zeit um Pfingsten und Weihnachten sowie die Monate September und Oktober; der Rest ist „Nebensaison" (NS) und damit preislich am günstigsten.

Zubringerflüge bzw. Bahntickets für die Anreise zum Flughafen sind nicht automatisch inklusive. Differieren können auch die neu eingeführte *Ticket Handling Fee* (geringer bei Internetbuchung), die Höhe von Kerosinzuschlägen, Umbuchungs- und Stornierungskosten, Wochenend- und Hochsaisonzuschläge sowie Service und Alter des Fluggeräts. Die Preise für einen Flug in den Nordwesten beginnen inklusive Steuern und Versicherungen im allergünstigsten Fall und in der NS bei ca. € 550. Im Allgemeinen muss man eher mit Summen um die € 650 rechnen, wobei die Unterschiede zwischen den oben genannten Hauptflughäfen im Nordwesten nur gering sind.

Achtung!

- Man sollte, auch wenn es keine Pflicht mehr ist, den Flug 48 bis 72 Stunden vor Rückflugtermin rückbestätigen, um die Flugzeiten zu überprüfen. Dies geschieht bei eTickets im Internet oder per Anruf bei der Fluggesellschaft.
- Es wird empfohlen, bei internationalen Flügen drei Stunden vor Abflug einzuchecken.
- Etliche Fluggesellschaften haben die Gepäckfreigrenze gesenkt: Statt der vormals üblichen zwei Gepäckstücke von je max. 32 kg, die eingecheckt werden dürfen, sind es häufig nur noch max. 23 kg pro Gepäckstück. Außerdem wurde der Umfang des erlaubten Handgepäcks bei einigen Gesellschaften reduziert. Vorher erkundigen!
- Beschränkungen bestehen bei Flügen von EU-Flughäfen bei der Mitnahme von Flüssigkeiten im Handgebäck (nur in 100-ml-Behältern in durchsichtigen, wiederverschließbaren Plastiktüten erlaubt). Nicht benötigte Flüssigkeiten sollten daher im Reisegepäck verstaut werden. Eine Ausnahme bilden Babynahrung und dringend notwendige Medikamente.

Fluggesellschaften unterscheiden sich jedoch nicht nur im Preis und darin, von wo aus sie wohin, wann und wie oft fliegen, sondern auch darin, wie viele und welche Zwischenstopps sie einlegen. Davon abhängig ist die Höhe der Steuern und Gebühren. Unterschiedlich wird überdies gehandhabt, ob bzw. zu welchem Aufpreis **Gabelflüge und Stop-over** möglich sind – wichtig, wenn man eine Rundreise plant und auf teure Inlandsflüge verzichten möchte. Diese Möglichkeiten auszuschöpfen, ist normalerweise günstiger, als zusätzlich **Flugcoupons** zu erwerben. Diese so genannten Airpässe – z. B. *Visit-USA* von *US Airways*, *Discover America* von *Delta* oder der *Sky Team America Pass* – umfassen eine bestimmte Anzahl an Gutscheinen (Coupons) für eine bestimmte Zielregion und Dauer und müssen außerhalb der USA, oft zusammen mit dem Transatlantikflug, erworben werden.

Sondertarife sind das ganze Jahr über zu bekommen, allerdings unterschiedlich in Kontingentierung und Bedingungen. Die angepriesenen Superangebote aus Internet oder Reisezeitschriften erweisen sich häufig als Flop, da nur geringe Platzkapazitäten zur Verfügung

 Besondere Tipps

- **America Experience** (Wolfgang Sareiter, Mühlbachweg 6, 83700 Rottach-Weißach, ☎ 08022-6327, 🖳 www.america-experience.de) organisiert Spezialreisen in die USA und plant auch individuelle Reisen nach eigenen Vorstellungen.
- Spezialisiert auf Bus- und Mietwagenrundreisen, aber auch „Natur Aktiv"-Programme (Kanu-, Wander- und Camping-Trips) ist **Cruising Reise GmbH** (🖳 www.cruising-reise.de).
- **British Airways** (🖳 www.ba.com) bietet attraktive und preiswerte Umsteigeverbindungen via London ab allen großen deutschen Flughäfen zur USA-Westküste (Seattle, San Francisco, Denver, Salt Lake City). Es gibt bei BA vier Reiseklassen und die neue „World Traveller Plus" – eine separate, aufgewertete Economy-Kabine mit nur fünf Reihen und großzügiger Beinfreiheit (96 cm) – höchst komfortabel und erschwinglich.

stehen, diese oft an strikte Bedingungen gebunden sind oder die Flüge mehrmaliges Umsteigen und lange Zwischenaufenthalte erfordern. Immer häufiger, vor allem in der NS, bieten die Linienfluggesellschaften (vor allem *LH, AA, UA, BA, Air France* oder *SAS*) selbst **im Internet Sonderkonditionen** an, die jedoch nur über einen meist kurzen Zeitraum gebucht werden können. Die Reise muss dann bis zu einem ebenfalls festgelegten Datum angetreten werden. Es lohnt sich, die Webpages (s. u.) zu checken!

Preiswerte **Last-Minute-Flüge** offerieren spezialisierte Reisebüros (s. Telefonbuch), z. B. *Travel Overland*, im Internet bieten aber auch „Broker" oft günstige Tarife. Es lohnt sich, folgende Webpages durchzusehen:

- 🖥 www.billigfluege.de
- 🖥 www.ferien.de
- 🖥 www.ltur.de
- 🖥 www.travel-overland.de
- 🖥 www.start.de
- 🖥 www.5vorflug.de

- 🖥 www.expedia.de
- 🖥 www.lastminute.com
- 🖥 www.mcflight.de
- 🖥 www.travel24.com
- 🖥 www.statravel.de

Über **Ermäßigungen** für Jugendliche und Studenten, vor allem aber über die unterschiedlich gehandhabten Bedingungen für Kinder informieren Fluggesellschaften bzw. Reisebüros. Auch über die verschiedenen Pauschalreise-Angebote, z. B. Flug plus Mietwagen und Unterkunft – *Fly-&-Drive* – oder Rundreisen informiert man sich am besten in einem Reisebüro.

▶ **Die wichtigsten Fluggesellschaften**
- **Air Canada:** ☎ (069) 271-15111, in USA: 1-800-268-0024, 🖥 www.aircanada.com
- **Air France:** ☎ (069) 2566244, in USA: 1-800-237-2747, 🖥 www.airfrance.com
- **Alitalia:** ☎ (01805) 074747, in USA: 1-800-223-5730, 🖥 www.alitaliausa.com
- **American Airlines:** ☎ (0180) 324-2324, in USA: 1-800-433-7300, 🖥 www.aa.com
- **Austrian Airlines:** ☎(05) 1789, in USA: 1-800-843-0002, 🖥 www.aua.com
- **British Airways:** ☎ (0180) 334-0340, in USA: 1-800-334-0340,
  🖥 www.britishairways.com
- **Continental:** ☎ (06102) 78375, in USA: 1-800-231-0856, 🖥 www.continental.com
- **Delta:** ☎(0180) 333-7880, in USA: 1-800-221-1212, 🖥 www.delta.com
- **KLM:** ☎ (0180) 521-4201, in USA: 1-800-374-7747, 🖥 www.klm.nl oder www.nwa.com
- **Lufthansa:** ☎ (0180) 380-3803, in USA: 1-800-645-3880, 🖥 www.lufthansa.com
- **Northwest Airlines:** ☎ (0180) 525-4650, in USA: 1-800-225-2525, 🖥 www.nwa.com
- **SAS/Scandinavian Airlines,** ☎ 01803-234023, in USA: 1-800-345-9684,
  🖥 www.flysas.de
- **Southwest:** in USA: ☎ 1-800-435-9797, 🖥 www.southwest.com
- **Swiss:** ☎ (0848) 852000, in USA: 1-877-359-7947 oder 1-800-639-3849,
  🖥 www.swiss.com
- **United Airlines:** ☎ (069) 605020, in USA: 1-800-538-2929, 🖥 www.united.com
- **US Airways:** ☎ (069) 67806298, in USA: 1-800-943-5436, 🖥 www.usair.com

Fotografieren, Filmen

Speicherkarten und Akkus für **Digitalkameras** sind in Fotoläden, Elektronikshops und mittlerweile auch in Fotoabteilungen von Drugstores und Supermärkten zu bekommen. Dort gibt es häufig auch digitale Druckservices, *photo kiosks*. Mitgebrachte Ladegeräte müssen „reisetauglich" sein, d. h. der anderen Spannung angepasst werden können, zudem ist ein Adapter für die anderen Steckdosen nötig. Gleiches gilt für ein ggf. mitgebrachtes Kartenlesegerät.

Kleinbildfilme – vor allem der Firma *Kodak* – sind problemlos in jedem Supermarkt, Drugstore oder Souvenirladen erhältlich, wo auch meist ein preiswerter Entwicklungsschnellservice zur Verfügung steht. Die Beschaffung von Diafilmen macht hingegen mehr Mühe. Zudem sind diese relativ teuer und die Entwicklung ist nicht im Preis enthalten.

In Museen und manchen anderen Sehenswürdigkeiten sowie im Umkreis von militärischen Anlagen ist Fotografieren verboten bzw. nur zu Privatzwecken erlaubt, ohne Blitz und Stativ. Bei Personenaufnahmen ist **Respekt** oberstes Gebot (ggf. vorher eine Erlaubnis einholen).

Kameras und Zubehör sind in den USA preiswerter als hierzulande; beim Kauf ist allerdings zu prüfen, ob die Garantie weltweit gilt und ob die Stromspannung von Netzgerät und sonstigem Zubehör passt bzw. angepasst werden kann. Zum annoncierten Preis muss meist noch die Steuer addiert werden, außerdem u. U. Zoll am deutschen Einreiseflughafen.

G) Geldangelegenheiten

▶ **Bargeld**

Obwohl man heute tatsächlich in nur noch wenigen Situationen Bargeld benötigt, sollte man auf USA-Reisen nicht ganz auf einen **gewissen Dollarbetrag** in der Tasche verzichten, z. B. am Flughafen für eine Zeitung, den Gepäckwagen oder am Getränkeautomaten. Der Umtausch von Euro oder Schweizer Franken in Dollar ist an Flughäfen etc. kein Problem; er ist auch in Banken möglich, aber dort u. U. zeitaufwendig. Es ist daher besser, eini-

---

1 Dollar ($) = 100 Cent (c.)
An Münzen gibt es Penny (1 c.), Nickel (5 c.), Dime (10 c.), Quarter (25 c.); selten sind hingegen 50 c. (Half Dollar) und Dollarmünze. An Scheinen sind $ 1, 5, 10, 20, 50, 100 und – theoretisch – auch $ 500 und $ 1000 in Umlauf.

Die alten Scheine sind etwa gleich groß und grün („greenbacks"), der Unterschied liegt im Wertaufdruck und dem abgebildeten Staatsmann. Die mehr und mehr verbreiteten neuen Scheine unterscheiden sich etwas deutlicher voneinander. Scheine über $ 20 sind den meisten Amerikanern suspekt, und es dürfte Probleme geben, mit einer $-50-Note bar zu bezahlen. Quarter (und Dollarscheine) sollte man sammeln, da sie für Automaten aller Art bzw. als Trinkgeld benötigt werden.

ge Dollars vom Heimatland mitzunehmen und größere Summen dann im Land per Reiseschecks oder (teurer) am Automaten per Karte zu beschaffen.

▶ **Maestro/EC-Karte und Post-Sparcard**

Inzwischen kann man an über 200.000 Geldautomaten in den USA Geld abheben, wobei Voraussetzung ist, dass das **Maestro-Zeichen** vorhanden ist und man seine PIN-Nummer weiß. Auch an vielen Kassen mit Maestro-Zeichen ist mittlerweile Zahlung mit der **EC-Karte** möglich. Die Gebühr für eine Automatenabhebung variiert je nach Bank, beträgt bis zu € 4 und ist unabhängig von der Höhe der Abhebung (max. € 500 pro Tag). Die **Post-SparCard** ist an *VISA-Plus*-Automaten einsetzbar, und zwar viermal jährlich sogar gebührenfrei. Wenn die EC-Karte abhanden kommt, sollte man sie sofort sperren lassen (Sperrnummer s. u.), man muss dazu jedoch seine Kontonummer nennen können.

▶ **Kreditkarten**

Als Tourist kommt man ohne Kreditkarte nicht aus, denn nur damit gilt man in den USA als kreditwürdig und kann z. B. eine verbindliche Zimmerreservierung, den Erwerb von Tickets via Telefon oder die Stellung der Kaution für einen Mietwagen vornehmen. *Euro/MasterCard* und *VISA* sind die **am meisten verbreiteten Kreditkarten**, daneben werden oft *American Express* und *Diners Club* akzeptiert.

Die „Plastikkarten" müssen rechtzeitig bei der Bank oder Unternehmen wie dem *ADAC* beantragt werden. Zweitkarten sind preiswerter, „Goldkarten" beinhalten oft Versicherungen und Notfallservice. Die getätigten Ausgaben werden unter Aufschlag einer Umrechnungsgebühr von meist 1 % von einem eigens eingerichteten Konto abgebucht, auf dem für Notfälle immer ein Guthaben deponiert werden sollte, das sich verzinst. Gegen Gebühr von bis zu 5,5 % lässt sich mit einer Kreditkarte Geld an beinahe jedem Bankautomaten – „ATM" *(Automated Teller Machine)* – Bargeld ziehen.

Kreditkarten sind versichert und bei Verlust oder Diebstahl sorgt die Gesellschaft nach einem Anruf unter ihrer **Notfallnummer** (s. Kartenrückseite bzw. Merkblatt, Nummer vor der Reise notieren!) für Sperrung und raschen Ersatz (Informationen auch unter 🖳 www.kartensicherheit.de).

In **Deutschland** gibt es seit 2005 eine **EINHEITLICHE SPERRNUMMER** ☎ **0049-116116** und im Ausland zusätzlich ☎ **0049 (30) 4050-4050**, die mit wenigen Ausnahmen für alle Arten von Karten (auch Maestro/EC-Karten) und Banken gilt (im Internet unter 🖳 www. sperr-notruf.de).

Für **österreicherische** und **Schweizer** Karten gelten folgende Notfallnummern:
• **Maestro-Karte** AU: ☎ 0043 (1) 2048800
  CH: ☎ 0041 (44) 2712230, UBS: ☎ 0041 (800) 888601
  Credit Suisse: ☎ 0041 (800) 800488
• **MasterCard/VISA** AU: ☎ 0043 (1) 71701-4500 (MasterCard) bzw. 0043 (1) 7111-1770 (VISA); CH: ☎ 0041 (58) 958-8383 für alle Banken außer Credit Suisse, Corner Bank Lugano und UBS
• **American Express** AU: ☎ 0049 (69) 9797-1000; CH: ☎ 0041 (44) 6596333
• **Diners Club** AU: ☎ 0043 (1) 5013514; CH: ☎ 0041 (44) 835-4545

▶ **Reiseschecks**

Außer der Kreditkarte sollten die ebenfalls versicherten Reiseschecks – am besten in kleinen Stückelungen von $ 20 oder $ 50 – mit in die Brieftasche. Am gebräuchlichsten sind **Traveller's Cheques** (TC) von *American Express, Travelex/Thomas Cook* oder *Citibank*. Bei *AmEx* gibt es neuerdings auch eine *Traveller's Cheque Card*.

Schneller und unkomplizierter als in Banken, wo außer dem Reisepass manchmal ein Fingerabdruck gefordert wird und Gebühren anfallen, lassen sich die Schecks in den USA in *American-Express*- oder *Travelex*-Agenturen eintauschen. Am einfachsten ist es, im Hotel einen Scheck einzulösen („*to cash a cheque*"), wobei normalerweise maximal $ 50 pro Tag ausbezahlt werden. In Läden und sogar in Supermärkten gelten die *Traveller's Cheques* als Zahlungsmittel, mit dem selbst Kleinstbeträge beglichen werden können. Restsummen werden den bar herausgegeben.

Nur gegen Angabe der Seriennummern (immer notieren!) bzw. des Kaufbelegs werden **Reiseschecks** innerhalb von 24 Stunden ersetzt. Dazu ist bei Verlust oder Diebstahl umgehend Meldung bei *American Express* bzw. *Travelex/Thomas Cook* nötig: Telefonnummern und Hinweise erhält man zusammen mit den gekauften Schecks bzw. der Card (vorher notieren!). Gegebenenfalls wird ein Polizeiprotokoll gefordert und muss ein Rückerstattungsformular ausgefüllt werden.
• **Sperrung AmEx Reiseschecks**: in D: ☎ 0800-1012 362 (kostenfrei); AU: ☎ 0043 (1) 5450120; CH: ☎ 0041 (1) 7454020; in den USA hilft das deutschsprachige *AmEx*-Kunden-Service Center unter ☎ 1-888-412-6945
• **Sperrung Travelex/Thomas Cook Reischecks**: mehrsprachiger Computer (24 Std.) für alle Länder: ☎ 0044 (1) 733318949

Gesundheit, Ärzte und Apotheken

ⓘ *„Notfälle"* und *„Versicherungen"*

Ein USA-Reisender ist **keinen besonderen Gesundheitsrisiken** ausgesetzt. Ernährungsbedingte Umstellungsprobleme sind selten, das Leitungswasser kann unbesorgt getrunken werden, besondere Impfungen sind nicht nötig. Häufig sind Erkältungen aufgrund der Vollklimatisierung der Räume (**Air Conditioning** oder *AC*). Eine Strickjacke oder ein Pullover in der Tasche können nützlich sein. Sauberkeit wird großgeschrieben, und ein eigenes Badezimmer gehört zu jedem noch so billigen Motel, ein passables WC zu jeder Raststätte oder Tankstelle. Allerdings sollte man nie nach der *toilet* fragen, ein WC heißt *restroom, ladies' room* oder *men's room, bathroom* oder *powder room*.

Im Krankheitsfall ist in den USA für rasche und effektive Behandlung gesorgt. An qualifizierten Ärzten *(physicians)* bzw. Zahnärzten *(dentists)* besteht kein Mangel; der Spezialisierungsgrad ist hoch, die Konkurrenz groß. Namen und Adressen von Ärzten können leicht über die Hotelrezeption bzw. die Gelben Seiten des Telefonbuchs herausgefunden werden. Hausbesuche sind unüblich und meist bieten die in größeren Orten bzw. Städten existierenden *Health Care* oder *Family Centers*, Gemeinschaftspraxen, die ohne Terminvereinbarung *(walk-in)* weiterhelfen, die schnellste Behandlung.

Im Notfall ruft man die **Ambulanz (911)** oder fährt zur **Notaufnahme** eines Hospitals *(Emergency Room)*. Weiter hilft auch die Touristenorganisation *Traveler's Aid* (s. Gelbe Seiten des Telefonbuchs).

Arzt-, Medikamenten- und Krankenhauskosten sind hoch und jeder Patient wird systembedingt als Privatpatient behandelt. Das setzt auch beim Besucher einen Nachweis der Zahlungsfähigkeit (Kreditkarte) voraus. Zudem muss für jeden Arztbesuch sofort und häufig bar bezahlt werden. Zu Hause erstattet die Versicherung gegen ausführliche Bescheinigung und Quittungen über Diagnose, Behandlungsmaßnahmen und Medikamente die Kosten zurück. Bei schweren Erkrankungen oder Unfällen sind zusätzlich der Notfallservice der Versicherung und ggf. Botschaft bzw. Konsulat zu informieren.

Außer den dringend benötigten (rezeptpflichtigen) **Medikamenten** (bei größeren Mengen ist eine englischsprachige Bescheinigung für den Zoll nötig) sollte auch die übliche kleine Reiseapotheke mit dabei sein. **Pharmacies** (Apotheken) existieren eigentlich nur in Form von Spezialabteilungen in Supermärkten und vor allem **Drugstores**. Dort gibt es preiswert und rezeptfrei ein Grundsortiment an Arzneimitteln, Standardmedikamente gegen Schmerzen, Durchfall oder Erkältungen. Am **Prescriptions Counter** in Drugstores löst man ärztliche Verordnungen ein und erhält Beratung durch einen Apotheker.

Es empfiehlt sich, leichte (Baumwoll-) **Kleidung** mitzunehmen und diese ggf. in Schichten übereinanderzutragen. Regenschutz und feste Schuhe, aber auch Sonnenbrille, Mütze oder Hut gehören in den Koffer, außerdem ggf. Insektenschutzmittel *(bug revelant)* und Sonnenschutzmittel mit hohem Lichtschutzfaktor.

Informationen

Allgemeine Infos finden sich auf den Webpages von **Visit USA** – dem Zusammenschluss von Mitgliedern der Reisebranche – 🖥 www.vusa-germany.de, sowie unter 🖥 www.usa.de oder www.us-infos.de

Viele der im Reisegebiet liegenden Staaten sind durch deutsche PR-Agenturen vertreten oder versenden direkt aus den USA Informationsmaterial. Nachfolgend aufgelistet sind die Repräsentanzen der Stellen in Deutschland, die auch für Österreich und die Schweiz zuständig sind, des Weiteren die Tourismusstellen der einzelnen Bundesstaaten in den USA.

▶ **Infos in Deutschland für ID, MT, ND, SD und WY**

• **RMI-Germany** (Rocky Mountains International), c/o Wiechmann Tourism Services, Scheidswaldstr. 73, D-60385 Frankfurt/Main, ☎ (069) 25538-230, 🖷 25538-100, info@wiechmann.de, 🖥 www.rmi-realamerica.de

▶ **Infos in Deutschland für OR und WA**

• OR: **Fremdenverkehrsamt Oregon**, c/o Wiechmann Tourism Service, Scheidswaldstr. 73, D-60385 Frankfurt/Main, ☎ (069) 25538-240, 🖷 25538-100, 🖥 www.traveloregon.de

• WA: **AKB Marketing GmbH**, Lauterenstr. 37, D-55116 Mainz, ☎ (06131) 627740, 🖨 6277433, 🖥 www.akb-marketing.de

▶ **Infos in Deutschland für CO und UT**

• **Get it Across Marketing**, Neumarkt 33, 50667 Köln, ☎ (0221) 2336-406, 🖨 2336-450, 🖥 www.getitacross.de

▶ **Infos in Deutschland für CA**

• **Touristikdienst Truber**, Schwarzwaldstr. 13, 63811 Stockstadt, ☎ (06027) 401108, 🖨 402819, 🖥 www.visitcalifornia.com; Zusendung von Infomaterial gegen € 7.

▶ **Infos in den USA**

• **California Tourism**, P. O. Box 1499, Sacramento, CA 95812-1499, ☎ (916) 444-4429, 1-800-862-2543, 🖥 www.visitcalifornia.com
• **Colorado Tourism Office**, 1625 Broadway., Suite 1700, Denver, CO 80202, ☎ (303) 892-3885, 1-800-COLORADO, 🖥 www.colorado.com
• **State of Idaho**, Division of Tourism Development, P. O. Box 83720, 700 W State St., Boise, ID 83720-0093, ☎ (208) 334-2470, 🖨 (208) 334-2631, 🖥 www.visitidaho.org

Das moderne Visitor Center in Chamberlain, SD

• **Travel Montana**, Montana Dept. of Commerce, P. O. Box 200533, 301 S Park Ave., Helena, MT 59620-0533, ☎ 1-800-847-4868, (406) 841-2870, 🖨 (406) 841-2871, 🖥 www.visitmt.com oder www. travelmontana.state.mt.us
• **Nevada Commission on Tourism** (NCOT), 401 N Carson St., Carson City, NV 89701, ☎ (775) 687-4322, 1-800-638-2328, 🖨 (775) 687-6779, 🖥 www.travelnevada.com
• **North Dakota Dept. of Commerce**, Division of Tourism, Century Center, 16000 E Century Ave., Ste 2, P. O. Box 2057, Bismarck, ND 58502-2057, ☎ (701) 328-5300, 🖨 328-5320, 🖥 www.ndcommerce.com oder www.ndtourism.com
• **South Dakota Dept. of Tourism**, 711 E Wells Ave., Pierre, SD 57501-3369, ☎ (605) 773-3301, 1-800-432-5682, 🖨 773-3256, 🖥 www.travelsd.com
• **Travel Oregon**, 670 Hawthorne St. SE, Suite 240, Salem, OR 97301, ☎ (503) 378-8863, 🖨 378-4574, 🖥 www.traveloregon.com
• **Utah Travel Council**, Council Hall, Salt Lake City, UT 84114, ☎ (801) 538-1030, 1-800-882-4386, 🖨 (801) 538-1399, 🖥 www.utah.com
• **Washington State Tourism**, 101 General Administration Bldg., P. O. Box 42500, Olympia, WA 98504-2500, ☎ (360) 725-4185, 1-800-544-1800, 🖥 www.experiencewashington.com
• **Wyoming Division of Tourism**, I-25 at College Dr., Cheyenne, WY 82002, ☎ (307) 777-7777, 1-800-225-5996, 🖥 www.wyomingtourism.org

• **RMI**, P. O. Box 5031, 1815 Evans Ave., Cheyenne, WY 82003, ☎ (307) 637-4977,
📠 634-5873 (Zusammenschluss von ID, MT, ND. SD, WY), 🖥 www.rmi-realamerica.com
bzw. www.rockymtnintl.com

Vor Ort helfen **Visitor Information, Convention & Visitor Bureaus** (CVB) oder
Chambers of Commerce weiter, an den Staatsgrenzen gibt es **Welcome Center** – Be-
sucherzentren, die vielerlei Prospektmaterial, Karten etc. bereithalten, z. T. auch bei der
Zimmerreservierung behilflich sind und in denen die lohnenden „Coupon-Hefte" ausliegen.
Infos und Adressen finden Sie beim jeweiligen Ort.

Kanada-Hinweise

• **Canadian Tourism Commission**, c/o Lange Touristik-Dienst, Postfach 200247,
63469 Maintal, ☎ (01805) 526532, 📠 (06181) 497558, 🖥 www.travelcanada.ca

📖 **Buchtipp**
*Weiter hilft außerdem Iwanowski's Reise-Handbuch Kanada-Westen, Autor Karl-
Wilhelm Berger, 9., komplett überarbeitete Auflage 2007, ISBN 978-3-923975-41-9*

Kartenmaterial

Neben der diesem Reiseführer beigefügten Reisekarte empfiehlt sich der Rand „McNally
Road Atlas USA/Canada/Mexico", der auch hierzulande erhältlich ist, außerdem gibt es
beim *ADAC* gratis Regionalkarten sowie allgemeine Infos („TourSets") zu Autoreisen in den
USA und Kanada.

Vor Ort sollte die erste Fahrt zu einem *AAA Office* führen (ⓘ *„Auto fahren"*), um dort
Official Highway und *City Maps* sowie *AAA TourBooks* mit Motel- und Hotelverzeichnissen,
Restaurants, Attraktionen und anderem Wissenswerten, außerdem *CampBooks* zu besor-
gen. Manche Publikationen sind auch beim *ADAC* gegen eine Gebühr erhältlich. *Geo Center*
(🖥 www.geocenter.de) vertreibt topografische und geophysische Karten unterschiedlicher
Maßstäbe; sie sind in gut sortierten Buchhandlungen erhältlich.

Überblickskarten der einzelnen Bundesstaaten bzw. einzelner Städte gibt es in den entsprechenden Fremdenverkehrsämtern vorab bzw. vor Ort in den *Welcome Centers* bzw.
Touristeninformationen/CVBs.

Im Internet helfen weiter:
• 🖥 www.mapquest.com
• 🖥 www.randmcnally.com
• 🖥 www.superpages.com (Gelbe Seiten zum Auffinden von Adressen)
• 🖥 www.nationalatlas.gov (zahlreiche Spezialkarten)

M)

Maße und Gewichte

Kleidergrößen ⓘ *„Einkaufen"*

Hohlmaße	Flächen
1 fluid ounce = 29,57 ml	1 square inch (sq.in.) = 6,45 qcm
1 pint = 16 fl. oz. = 0,47 l	1 sq.ft. = 929 cm²
1 quart = 2 pints = 0,95 l	1 sq.yd. = 0,84 m²
1 gallon = 4 quarts = 3,79 l	1 acre = 4840 sq.yd. = 4046,8 m² oder 0,405 ha
1 barrel = 42 gallons = 158,97 l	1 sq.mi. = 640 acres = 2,59 km²
Längen	**Gewichte**
1 inch (in.) = 2,54 cm	1 ounce = 28,35 g
1 foot (ft.) = 12 in. = 30,48 cm	1 pound (lb.) = 16 oz. = 453,59 g
1 yard (yd.) = 3 ft. = 0,91 m	1 ton = 2000 lb = 907 kg
1 mile = 1760 yd. = 1,61 km	

Temperaturen
Umrechnung: (Grad F - 32) x 0,56 = Grad C

23 °F	-5 °C	32 °F	0 °C	41 °F	5 °C	50 °F	10 °C
59 °F	15 °C	68 °F	20 °C	77 °F	25 °C	86 °F	30 °C
95 °F	35 °C	104 °F	40 °C				

Medien

An jeder Straßenecke für 75 c. erhältlich ist die einzige wirklich überregionale, optisch gut aufgemachte Tageszeitung „**USA Today**", die vor allem nationale Geschehnisse behandelt und über einen hervorragenden Sportteil und ausführlichen Wetterbericht verfügt. Renommiert sind die beiden großen überregionalen *daily papers* (Tageszeitungen) „**New York Times**" sowie die „**Washington Post**". Interessant und hilfreich sind die Beilagen der lokalen Tageszeitungen zu verschiedenen Aspekten des Lebens (Essen und Trinken, Literatur, Einkaufen, Nightlife etc.). In San Francisco lohnt der „**San Francisco Examiner and Chronicle**", in Seattle „**Seattle Times**", in Portland „**The Oregonian**" und in Denver „**Denver Post**" und „**Rocky Mountain News**".

Große Läden in Städten oder an Flughäfen und Bahnhöfen führen auch einige **deutsche Zeitungen** und Zeitschriften, wie vor allem „FAZ", „SZ", „Spiegel", „Focus" oder „Die Zeit", allerdings teuer und meist nicht aktuell. Amerikanische Zeitungen und Zeitschriften sind preiswerter und in größerer Auswahl als hierzulande erhältlich. Beliebte überregionale Wochenmagazine sind „Time", „Newsweek" und „Fortune"; „Ebony" gibt z. B. einen Einblick in die afroamerikanische Szene und „Sports Illustrated" und „Sporting News" in die Welt des Sports.

Bunte Zeitungslandschaft, sogar am Straßenrand

Jedes auch noch so billige Motelzimmer verfügt über einen **Fernseher**, wobei sich Empfang und Senderzahl enorm unterscheiden können. Satellitensender wie *HBO* (Spielfilme) oder Kabelsender wie *ESPN* (Sport), *Pay-TV* oder *Movie Channels* täuschen eine trügerische Vielfalt vor. Überregionale Sender sind *ABC, CBS, NBC, CNN, TNT, FOX*, viele haben sich auf bestimmte Genres spezialisiert, z. B. auf Nachrichten *(CNN)*, Wetter *(Weather Channel)*, Sport, Kochen, Kirche, *soap operas*, Comics oder Verkaufspräsentationen. Im Stundentakt laufen auf festen Programmschienen dieselben Sendungen zur selben Zeit und am selben Tag.

Im **Radio** dominieren die privaten Sender. Sie sind mehr oder weniger stark spezialisiert, z. B. auf Country, Jazz, Rock, Klassik, Sport, Talkshows oder Nachrichten, und je nach Finanzen unterschiedlich stark von Werbung abhängig. Ein überregionaler Sender mit breit gefächertem Angebot ist *National Public Radio (npr)*.

Mietwagen

ⓘ „Auto fahren"

Es birgt finanzielle und sicherheitstechnische Vorteile, einen **Mietwagen bereits zu Hause zu buchen**, im Reisebüro oder über das Internet, besonders wenn die Mietdauer mindestens eine Woche beträgt. In der Regel sind die Tarife günstiger (vor allem weil in Europa die Versicherungspauschalen im Preis imbegriffen sind!), und zum anderen spart man sich Zeit.

Im Allgemeinen sind die **Wochenpreise am günstigsten**, wobei meist eine **Mindestmietdauer** von vier Tagen gilt. Normalerweise muss ein Wagen an ein- und demselben Ort abgeholt und abgegeben werden, ansonsten spricht man von *One Way*-Strecken (**Einwegmiete**) und es fallen **Rückführgebühren** an, die sich je nach Veranstalter und Strecke unterscheiden. Allerdings gibt es auch **Ausnahmen**: Bei *Avis* kann der Wagen bei Anmietung in Kalifornien z. B. ohne Aufpreis in Oregon oder Washington abgegeben werden, bei *Alamo* ist beliebige Abholung/Abgabe in Seattle und San Francisco gratis möglich, und bei *Hertz* kann der Wagen an den Flughäfen von Kalifornien, Oregon und Washington beliebig abgeholt und abgegeben werden. *Hertz* bietet zudem die Möglichkeit, den Wagen an beliebigen Orten innerhalb ein und desselben Staates abzuholen/abzugeben. Bei fast allen Anbietern fällt kein Aufschlag an, wenn an verschiedenen Stationen in derselben Stadt abge-holt/abgegeben wird.

Neben diesen Sonderkonditionen sollte man auch vor Buchung prüfen, ob es am Ankunfts-bzw. Abflugort, d. h. am Flughafen bzw. Bahnhof/Stadt, tatsächlich eine Mietstation gibt. Zahl und Verteilung der Mietstationen unterscheiden sich je nach Firma. Bei den großen Anbie-tern ist ein **Abstecher nach Kanada** normalerweise erlaubt, bei kleineren Anbietern sollte man vorher die Bedingungen in Sachen Fahrgebiet und Einwegmieten checken.

Im Laufe der letzten Jahre haben sich die Anbieter bezüglich der **Preise und Mietbedin-gungen** weitgehend angeglichen und sind dazu übergegangen, zwei Pakete *(A/Sparpaket/ Preiswert&Gut* oder *B/All/Super/Fully Inclusive)* anzubieten; häufig gelten außerdem spezielle (höhere) *Rates* für „Jugendliche" zwischen 21 und 25 Jahren. Alle schließen Vollkasko *(CDW/ LDW – Collision/Loss Damage Waver)*, pauschale Erhöhung der Haftpflicht-Deckungssumme *(ALI – Additional Liability Insurance)* und sämtliche Steuern und Zusatzgebühren *(taxes and fees)* sowie *unlimited milage* (freie Fahrmeilen) ein.

Bei der (selten nötigen) **Luxusversion** sind u. a. die Kosten für einen Zusatzfahrer und oft eine Tankfüllung im Preis enthalten, außerdem Zusatzversicherungen (Insassen- bzw. Ge-päckversicherung, *PAI – Personal Accident Insurance* oder *PEC – Personal Effects Coverage)*, die oft jedoch schon durch bestehende Versicherungen oder den Versicherungsschutz von Gold-Kreditkarten abgedeckt sind. Vorher prüfen!

Die **Preise** für eine Woche Mietwagen (etwa Compact-Kategorie/„C") liegen je nach Fir-ma und der Verfügbarkeit von Frühbucherrabatten oder Specials bei günstigstenfalls etwa € 180 *(Alamo)*, € 215 *(Avis)* und € 225 *(Hertz)* bei der Basisversion.

Die gekoppelte Buchung von Flug und Mietwagen oder auch Campern – **Fly&Drive** – hat sich in den letzten Jahren als Alternative erwiesen. Große Reiseveranstalter wie *Meier's*, *DERTour* oder *FTI* bieten oft günstige Varianten an, allerdings nicht für das hier behandelte Reisegebiet. Zudem sollte man diese speziell in der NS, wenn Flüge billig sind, mit den Ein-zelpreisen vergleichen.

▶ **Fahrzeugkategorien**

Die großen Vermieter besitzen neuwertige **Fahrzeugflotten** meist spezieller Hersteller. Ein bestimmter Wagentyp kann nicht reserviert werden, doch ist es vor Ort möglich, Wün-sche zu äußern. Alle Wagen haben Automatik (ⓘ *„Auto fahren"),* Airbags, Klimaanlage und Kassetten- oder CD-Player, ab der *Intermediate*-Kategorie sind zudem *Cruise Control* (Tem-pomat), Servolenkung und -bremsung üblich, vielfach auch Zentralverriegelung und auto-matisches Tages-Fahrlicht.

Die Palette reicht – mit unterschiedlichen Bezeichnungen – von *Economy* (A) über *Compact* (B), *Intermediate* (C) bis *Full Size* (D) und *Luxury* (E), dazu kommen je nach Firma *Minivan* oder *Station Wagon, SUV/4-wheel-drive* oder *Cabriolet*. Bei der Wahl der Kategorie sollten vor allem Personenzahl, Art und Menge des Gepäcks und geplante Streckenlänge bzw. Fahrzei-ten bedacht werden. Im Allgemeinen dürfte ein Fahrzeug der **Compact/B- oder Inter-mediate/C-Klasse** genügen, andererseits ist der Unterschied in Preis und Benzinver-

Günstige Mietwagen

Abgesehen von den überregionalen großen Anbietern wie **Avis, Alamo** oder **Hertz, Budget** und **National** gibt es Mietwagen-Broker, die oft günstige Konditionen, vor allem im Internet, bieten, z. B.:

- **Holiday Autos**: 🖥 www.holidayautos.de
- **Sunny Cars**: 🖥 www.sunnycars.de
- **FTI**: 🖥 www.driveFTI.de
- **TUI**: 🖥 www.tui.de/mietwagen
- **DERTour Cars**: 🖥 www.dertour.de
- **Auto Europe Deutschland GmbH**: 🖥 www.autoeurope.de

brauch zwischen zwei Kategorien oft nur gering. Hinzu kommt, dass in den amerikanischen Büros häufig nur nach *Budget/Small, Midsize* und *Fullsize* unterschieden wird und die Zahl der Türen beispielsweise keine Rolle spielt. Mit etwas Glück (vor allem in Stadtbüros) erhält man statt der gebuchten Kategorie ohne Aufschlag einen größeren Wagen.

▶ **Wagenübernahme**

An jedem internationalen Flughafen befinden sich Niederlassungen der großen Mietwagenfirmen – wie *AVIS, Alamo, Hertz, Budget, National* oder *Dollar-Rent-a-Car*. Teilweise gibt es nur einen Schalter, an dem die Formalitäten erledigt werden und von wo aus dann kostenlose Shuttlebusse den Kunden zum Parkplatz des Unternehmens bringen. *Rental Car Return* ist an allen Flughäfen gut ausgeschildert und die Rückgabe verläuft meist unkompliziert und schnell, meist direkt am Auto per Handcomputer.

Am Schalter muss außer dem Voucher vom Reisebüro bzw. der Reservierungsnummer eine Kreditkarte (Bargeld oder Schecks werden nicht akzeptiert!) zur Stellung der Kaution und Begleichung sonstiger anfallender Kosten vorgelegt werden. Dazu kommen der Führerschein (ein internationaler ist kein Muss und allein ungültig) und die Heimatadresse. Man vereinbart, sofern nötig, vor Abfahrt noch Zusatzversicherungen und mietet Sonderzubehör, wie Kindersitz oder Dachgepäckträger. Das vielfach angebotene „günstige" *Upgrading* (Buchen einer höheren Klasse) und das Angebot, eine Tankfüllung im Voraus (teuer) zu bezahlen, lehnt man besser ab und tankt stattdessen vor Abgabe noch einmal selbst.

Der **Mietvertrag** muss mehr oder weniger aufwendig per Initial (z. B. Ablehnung von Zusatzversicherungen oder Tankfüllung) und/oder Unterschrift bestätigt werden. Sicherheitshalber sollte man einen Blick auf die auf dem Mietvertrag angegebene Rückgabezeit werfen, da sich hier gerne „Fehler" einschleichen. Da viele Firmen im 24-Stunden-Takt berechnen, kostet jede Verspätung von mehr als einer halben oder ganzen Stunde erheblich extra.

Mit Stadtplan und (leider meist nur einem) Autoschlüssel geht es zum auf dem Umschlag mit Mietvertrag angegebenen Stellplatz des gemieteten Autos, gelegentlich wird dieses auch vorgefahren. Vor Fahrtantritt sollte kurz der äußere Zustand, vor allem die Reifen, die Sauberkeit (auch innen) sowie **Funktionstüchtigkeit** von Lichtern, Blinker, Scheibenwischern, Gurten, Fensterhebern, Motorhaube- und Kofferraumöffnern und Schlössern sowie die Tankanzeige gecheckt werden. Es gibt, wenn überhaupt, eine meist nur sehr knapp gehaltene Bedienungsanleitung im Auto.

▶ Direktbuchung vor Ort

Ein Leihwagen kann auch kurzfristig vor Ort, gleich am Flughafen (Servicetelefone) oder in der Stadt, gechartert werden; Mindestalter ist meist 21 Jahre (unter 25 Jahre fällt ein Zuschlag an). Direktbuchung ist jedoch meist teurer, wobei man trotzdem wegen Service, Sicherheit, Fahrzeugflotte und Netz die großen Anbieter den kleineren, lokalen Firmen (in den Gelben Seiten des Telefonbuchs zu finden) vorziehen sollte. Vor allem ist darauf zu achten, ob *unlimited milage* und *CDW/LDW (full coverage)* im genannten Preis enthalten sind. Man sollte auf alle Fälle nach **„Specials"** (z. B. *Weekend/Senior/AAA-Specials*) fragen.

Telefonische Reservierung ist sinnvoll, sofern möglich (1-800-Nummern gebührenfrei in USA):
- **Alamo**: ☎ 1-800-462-5266, in D: (0130) 819226, 🖥 www.goalamo.com
- **Avis**: ☎ 1-800-230-4898, in D: (06171) 681882, 🖥 www.avis.com
- **Budget**: ☎ 1-800-527-0700, in D: (0180) 521-4141, 🖥 www.budget.com
- **Dollar**: ☎ 1-800-800-4000, in D: (0180) 522-1122, 🖥 www.dollar.com
- **Enterprise**: ☎ 1-800-325-8007, 🖥 www.enterprise.com
- **Hertz**: ☎ 1-800-654-3131, in D: (0180) 533-3535, 🖥 www.hertz.com
- **National**: ☎ 1-800-227-7368, in D: (0180) 522-1122, 🖥 www.nationalcar.com

Eine Vielfalt an **Auto-Rundreisen** wird ebenfalls in den Katalogen vieler Veranstalter angeboten, z. B. bei *Canusa* oder *Cruising Reise*.

Museen und andere Sights

ⓘ *„Natur- und Nationalparks"*

Der amerikanische Nordwesten ist reich an Kultur, und Museen verschiedenster Ausrichtung sind vor allem in den größeren Städten zu finden: Kunstmuseen, Indianermuseen, historische Museen – dazu gehören auch die so genannten *Living History*-Museen (Freiluftmuseen) – und naturwissenschaftliche Museen, meist *hands-on*, d. h. mit interaktiven Ausstellungsstücken. Dazu kommen Spezialmuseen, wie *Sports Hall of Fame*, Raumfahrtmuseen, Planetarien etc., Geburts- und Wohnhäuser *(Historic Homes)* berühmter Persönlichkeiten (u. a. Schriftsteller, Westernhelden oder Politiker) sowie Gartenanlagen.

Ⓝ ## Nahverkehr

Der öffentliche Nahverkehr ist in Städten wie Denver, Portland, Seattle, San Francisco oder Salt Lake City gut ausgebaut und bietet sich dort an Stelle eines Autos zur Besichtigung an. Voraussetzung für die Benutzung der Busse und Bahnen ist ein Routenplan und etwas Ortskenntnis bzw. ein guter Stadtplan, außerdem Kleingeld, da Tickets meist vorher am Automaten gekauft oder der Betrag abgezählt beim Busfahrer bezahlt werden muss. Für Transfers gibt es eigene verbilligte Zusatztickets, außerdem in vielen Städten ermäßigte Tages-,

Mehrtagestickets oder Wertkarten. Bei Bussen wird zwischen *Express* (schneller, da wenige Stopps) und *Local* unterschieden. Details finden sich in den „*Regionalen Reisetipps von A-Z*".

Natur- und Nationalparks

ⓘ „*Land und Leute, Geografischer Überblick*" und „*Camping*"

Das amerikanische **National Park System** umfasst 390 Parks, *Monuments, Battlefields, Recreation Areas, Historic Sites* u. a. Gebiete. 26 der 58 Nationalparks verzeichnen weniger als eine halbe Million Besucher, wohingegen die zehn meistbesuchten jährlich 2-9 Mio. zählen. Einzeltickets der Nationalparks variieren zwischen $ 5 und 20, wobei besonders in den populären Parks wie dem Yosemite NP hohe Eintrittspreise erhoben werden. Der **National Parks Pass** wurde inzwischen vom so genannten **Interagency Annual America the Beautiful Pass** abgelöst. Auch er gilt ein ganzes Jahr in allen amerikanischen Nationalparks u. a. staatlichen Naturschutzgebieten für zwei Insassen eines Fahrzeugs ($ 80, auch im Internet zu buchen: 🖳 http://store.usgs.gov/pass).

Im Nordwesten der USA gibt es eine ganze Reihe von National Parks und State Parks. Rechtzeitige **Vorausbuchung von Unterkünften/Campingplätzen** ist vor allem in der HS (Juli/August) nötig. Besonders in den viel besuchten Parks wie Olympic, Grand Teton, Yellowstone und Yosemite sind die Unterkünfte und Campingplätze frühzeitig ausgebucht. Diese Unterkünfte sind zwar in der Regel einfach und relativ teuer, ersparen aber lange Anfahrtswege.

Lava Beds National Monument

Auch die Campingplätze in den Parks sind meist nur mit dem Notwendigsten ausgestattet, und jeder bekommt einen nummerierten Stellplatz zugewiesen. Häufig ist Buchung im Voraus hier gar nicht möglich.

Versehen mit einem Übersichtsplan, den man am Zugangstor erhält, sollte der erste Weg zum **Besucherzentrum** *(Visitor Center)* führen. Dort gibt es außer detaillierten Informationen zu dem jeweiligen Park häufig auch ein kleines Museum. Park Ranger geben Auskunft über Unterkunfts- und Wandermöglichkeiten im Park. Bei geplanten längeren Wanderungen im Park sollte man sich beim Ranger über Schwierigkeitsgrad und Länge der Strecke informieren und ggf. registrieren lassen.

Infos:
- **allgemein:** 🖳 www.nps.gov, www.recreation.gov oder www.americanparknetwork.com (Infos zu allen Nationalparks online)
- **Pacific West Region**, Pacific West Information Center, Fort Mason, Bldg. 201, San Francisco, CA 94123, ☏ (415) 561-4700, 🖳 www.nps.gov/goga/foma

- **California**: 🖳 http://store.parks.ca.gov (Karten, Literatur zur Reiseplanung sowie Internetshop)
- zu Campingplatzreservierungen in Parks ⓘ „Camping und Camper"

Notfall, Notruf

ⓘ „Auto fahren", „Geldangelegenheiten", „Gesundheit", „Sicherheit" und „Versicherungen"

Im Notfall, egal welcher Art, hilft ein **Polizist** (cop), das nächste **Polizeirevier (Operator 0)**, die gebührenfreie **Emergency Number 911** (Notrufzentrale) oder die deutschsprachige ☎ **1-888-222-1373**. Auch Traveler's Aid – wovon es in allen größeren Städten Filialen gibt (s. Telefonbuch) – unterstützt Besucher in Notfällen.

Bei **Diebstahl oder Verbrechen** ist im nächsten Polizeirevier Anzeige zu erstatten, denn nur bei Vorlage eines Polizeiprotokolls ersetzen Versicherungen den erlittenen Verlust. Ebenfalls zu melden ist der Vorfall bei der betreffenden Stelle, wie Fluggesellschaft oder Bank, möglichst mit Nummern bzw. Kopien der entsprechenden Papiere. Bei Verlust der Kreditkarte oder der Reiseschecks muss umgehend die Sperrung bei der auf der Kartenrückseite oder auf dem zugehörigen Merkblatt angegebenen und vorher notierten Notfallnummer veranlasst werden (ⓘ „Geldangelegenheiten").

In Deutschland gibt es seit 2005 für alle Arten von Karten und Banken (mit wenigen Ausnahmen, auch Maestro/EC-Karten) eine **einheitliche Sperrnummer** ☎ **0049-116116** und im Ausland zusätzlich ☎ **0049 (30) 4050-4050** (🖳 www.sperr-notruf.de). Eine Ersatzkarte wird normalerweise innerhalb von 24 Stunden zur Verfügung gestellt. Bei Schecks sind die Vorlage des Kaufnachweises und die Nummern der ausgegebenen Schecks nötig.

Im Notfall hilft dank ihres Verfügungsrahmens und des schnellen Ersatzes die Kreditkarte weiter, wobei allerdings mit dieser wie auch mit EC/Maestro-Karte pro Transaktion bzw. Woche nur ein eingeschränkter Höchstbetrag bar abgehoben werden kann. Je nach ausgebender Bank und Art der Karte bzw. Konditionen gilt ein Tageslimit von ca. € 500-1000, so lange, bis der vorgegebene Kreditrahmen ausgeschöpft ist.

Wer dringend größere Geldsummen benötigt, kann sich weltweit über **Western Union** Geld von zu Hause schicken lassen. Der Sender muss dazu bei einer Western Union-Vertretung (in Deutschland vertreten durch Postbank – „Postbank Minuten-Service" – oder ReiseBank – 🖳 www.reisebank.de, ☎ 069-2648-201 oder 0180-5225822) –, an vielen Bahnhöfen, Flughäfen etc.) ein Formular ausfüllen und den Code der Transaktion telefonisch oder anderweitig in die USA übermitteln. Mit dieser Nummer und unter Vorlage des Reisepasses erhält man in einer beliebigen Vertretung von Western Union nach Ausfüllen eines Formulars das Geld binnen Minuten ausgezahlt (🖳 www.westernunion.com, ☎ 1-800-325-6000).

Bei schwerer Erkrankung, Unfall oder schwerwiegenden Verbrechen sind außer dem Notfallservice der Versicherung ggf. Botschaften bzw. Konsulate zu informieren. Sie stellen bei Passverlust nach Klärung der Identität ein Ersatzdokument aus.

Öffnungszeiten O

Banken öffnen werktags von 9 bis 14 oder 15 Uhr, Postämter häufig schon um 8 Uhr (bis 17 Uhr) und oft auch am Samstagvormittag. Als normale Bürozeiten gelten montags bis freitags die Stunden zwischen 9 und 17 Uhr. Sehenswürdigkeiten und Museen besucht man am sichersten zwischen 10 und 17 Uhr bzw. am Sonntagnachmittag (ab ca. 13 Uhr). Montags, seltener dienstags, bleiben Museen und andere Attraktionen häufig geschlossen, an einem Wochentag, oft donnerstags gibt es vielfach Abendöffnung bis 20 oder 21 Uhr.

Da es **kein verbindliches Ladenschlussgesetz** gibt, sind selbst an Sonn- und Feiertagen viele Läden, vor allem Supermärkte und Malls (Einkaufszentren), sowie touristische Shops geöffnet. Supermärkte sind mindestens von 8 bis 20 Uhr, manchmal rund um die Uhr und täglich offen. Werktags sind Läden meist von 9 oder 10 Uhr bis 18 Uhr, Malls von ca. 10 bis ca. 20 Uhr, freitags und samstags auch länger, sonntags hingegen oft nur von mittags bis 17 Uhr zum Einkauf offen. Große Tankstellen bieten Rund-um-die-Uhr-Service, ebenso viele Fast-Food-Ketten.

Die Öffnungszeiten für **Sehenswürdigkeiten** wie Museen, Parks u. a. Sights sind in den jeweiligen Kapiteln im Routenteil angegeben. Bei Angabe mehrerer Öffnungszeiten bezieht sich der längere angegebene Zeitraum auf die HS (Hauptsaison, Labor Day bis Memorial Day), der kürzere auf die NS (Nebensaison). Zeiten wie Preise sind veränderlich.

Post P

Postämter (geöffnet werktags 9-17 Uhr) sind nicht immer leicht zu finden, aber zum Glück benötigt man sie normalerweise nur einmal zum Kauf einer größeren Menge Briefmarken. Diese sind zwar auch an Automaten erhältlich, dort allerdings oft in ungünstigen Stückelungen und mit Preisaufschlag. Ein Brief oder eine Karte nach Europa benötigt im Schnitt eine Woche. Standardsendungen *(First-class Mail)* sind preiswerter als *Priority Mail* oder *Express* und kosten (Herbst 2007):

• Karten nach D/AU/CH: 90 c. (Standardgröße)
• Karten Inland: 26 c.
• Standardbriefe bis 28 g (1 oz.): 90 c.
• Inlandsbriefe bis 28 g: 41 c., jedes weitere oz. (28 g): 17 c.

Postlagernde Sendungen werden im General Post Office 30 Tage lang bereitgestellt und können gegen Vorlage des Passes abgeholt werden. Sie müssen folgendermaßen adressiert sein: *Name – Poste Restante – c/o General Delivery – Stadt, Staat, Zip Code (Postleitzahl)*.

Bei **amerikanischen Adressangaben** müssen Bundesstaat sowie die Postleitzahl hinter dem Ortsnamen angegeben werden. Briefkästen sind blau-rot mit der Aufschrift „US-MAIL". Normale Briefpost wird als *First-class Mail* verschickt, *Priority Mail* wird schneller befördert, *Air Mail* ist Luftpost und *Registered/Certified Mail* heißt Versand per Einschreiben. Für Eilsendungen gibt es eigene Kurierdienste wie *FedEx, UPS* oder *DHL*. Telegramme oder Geldanweisungen gibt man bei *Western Union* auf (☎ 1-800-325-4176 oder 1-800-325-6000).

R)

Rauchen

Raucher haben in Amerika ein hartes Leben, besonders, aber nicht nur in New York, wo schon seit dem 30. März 2003 ein striktes **Antirauchergesetz** gilt, das Rauchen an den meisten öffentlichen Plätzen, aber auch in den meisten Restaurants und Bars verbietet und unter Strafe stellt. Auch San Francisco ist sehr strikt bezüglich der Raucherregeln. Generell sind öffentliche Gebäude und Einrichtungen, wie Nahverkehrsmittel, Taxis und Flugzeuge, Büros, Geschäfte, Theater, Museen oder Kinos, komplett *smokefree*. Und in Restaurants, in Zügen, auf Bahnhöfen und Flughäfen oder in Sportstadien ist Rauchen, wenn überhaupt nur in mehr oder weniger abseitigen, abgeschlossenen Arealen *(designated areas)* erlaubt. *Non-smoking*-Hotel-/Motelzimmer sind Usus.

Reisezeit und Klima

ⓘ *„Land und Leute, Geografischer Überblick"*

Im Vergleich zu denselben Breitengraden in Europa herrschen in den USA extreme Temperaturunterschiede. Für die **Rocky-Mountains-Region** (Nord-CO, ID, MT und WY) ist mit kühlen, schneereichen Wintern, aber auch weniger heißen Sommern und, da im Regenschatten der Berge gelegen, relativ geringer Bewölkung zu rechnen. Weiter südlich in UT und Süd-CO herrschen (Halb-)Wüsten vor. In den **Great Plains** (Ost-MT, Ost-WY, ND und SD) sind die Winter eiskalt (Winterstürme aus Kanadas Norden), dafür die Sommer heiß, hin und wieder von Gewitterstürmen, die aber nie lange anhalten, unterbrochen. Dazu weht stets ein mehr oder weniger starker Wind über die Prärie, der auf die Dauer durchaus nerven kann.

Im **Pazifischen Nordwesten** herrscht ähnliches Klima wie in Nordwesteuropa. An der Küste macht sich jedoch der Einfluss des Pazifiks deutlich bemerkbar. Es herrschen geringe Temperaturunterschiede zwischen Nacht und Tag sowie Winter und Sommer. Typisch sind demnach milde Winter und nur moderat warme Sommer. Viel Bewölkung und eine relativ hohe Zahl an Regentagen sowie reichlich Nebel sind charakteristisch, doch auch lange Phasen mit viel Sonnenschein sind besonders im Herbst möglich.

In der Region zwischen Coastal Range und Rocky Mountains, dem **Columbia Plateau**, Teil des Great Basin-Gebiets, herrscht wie in den Great Plains östlich der Rockies im Sommer schwül-heißes Klima und die Sonne brennt erbarmungslos herunter. Von November bis März/April ist es dafür extrem kalt und es gibt viel Schnee (in den Rockies Anfang Dezember bis mindestens März) und klare Luft. Innerhalb der **Rocky Mountains** variieren die Niederschlagsmengen, d. h. im Winter der Schneefall, beträchtlich. Man sollte sich daher bei Reisen von Ende Oktober bis April erkundigen, ob Hotels, Naturparks und Nebenstraßen überhaupt geöffnet sind.

Angesichts der Größe des Reisegebietes können kaum pauschale Empfehlungen zur „besten" Reisezeit gegeben werden. In den meisten Fällen dürften das Frühjahr und ganz besondes der Herbst – speziell die **Monate Mai bzw. September/Oktober** – die geeignetste Reisezeit sein. Das Frühjahr gebärdet sich häufig launischer als der Herbst, für den längere Schönwetterperioden und höhere Wassertemperaturen sprechen, andererseits sind aber die Tageslicht-Stunden dann geringer. Je weiter man nach Norden vordringt, umso häufiger kommt es vor, dass (meist Mitte/Ende Oktober bis Ende April/Mai) viele Sehenswürdigkeiten und sogar Hotels ihre Pforten schließen.

Eine Rolle bei der **Zeitplanung** spielt auch die Art des Reisens: Wer zeltet oder im Camper unterwegs ist, wird anders planen als der Hotelgast, der vor allem Städte besucht. Gleiches gilt für sportlich Engagierte, für Wanderer und Wassersportler, Baderatten oder Golfer. Zu bedenken ist überdies, dass in der NS Flüge, Leihwagen oder Camper preiswerter sind als in der HS und dass dann und während der amerikanischen **Ferienzeit** vom letzten Montag im Mai *(Memorial Day)* bis zum ersten Montag im September *(Labor Day)* Strände, Campingplätze, Naturparks und andere Sights besonders an Wochenenden gerne überfüllt sind.

Lockere, luftige **Kleidung**, am besten aus Baumwolle oder Leinen, Hut oder Mütze gegen die Sonne, Wanderschuhe und Regenschutz, aber auch warme Kleidung, vor allem an der Küste, sind unabdingbar. Besonders nachts kann es in den Bergen und am Pazifik kühl werden, also stets auch eine Jacke mitnehmen. Freizeitkleidung aller Art lässt sich jedoch auch preiswert in den USA kaufen.

Sicherheit und Verhaltensregeln (S)

(i) *„Notfall, Notruf"*

Die USA sind **nicht krimineller oder gefährlicher als jede andere Reiseregion**. Locker baumelnde Handtaschen und aufwendige Fotoausrüstungen, dicke Brieftaschen oder lose Scheine in Gesäßtaschen und teurer Schmuck stellen überall auf der Welt ein potentielles Risiko dar. Originaldokumente sollten am sichersten am Körper (Brustbeutel, Gürteltasche o. Ä.) getragen oder, wenn möglich, im Hotelsafe deponiert werden.

Es empfiehlt sich ohnehin, nur eine kleine Bargeldmenge mit sich herumzutragen. Sinnvoll ist es auch, Wertgegenstände, Dokumente und Karten zwischen zwei Personen auszutauschen und Kopien aller wichtigen Dokumente (Pass, Versicherungsscheine, Führerschein, Flugticket etc.) anzufertigen und sämtliche Nummern und Telefonnummern in einer Art „Notfall-Pass" zu notieren.

Bei **Massenveranstaltungen**, Menschenaufläufen oder in öffentlichen Verkehrsmitteln ist Taschendiebstahl *(pick pocket)* eines der häufigsten Delikte. Wer etwas aufpasst und beispielsweise sein Reisegepäck nicht unbeaufsichtigt lässt, ist schon gut beraten. Bei nächtlichen Spaziergängen ist es ratsam, **nur Kopien der Papiere** mitzuführen und die Originale an einem sicheren Ort im Hotel zu lassen.

Mit voll gepacktem **Mietwagen** (auf geschlossenen Kofferraum achten!) sollte man möglichst überwachte Parkplätze bzw. Parkgaragen aufsuchen; bei langsamer Fahrt, speziell bei Nacht, die Türen des Wagens verriegeln und die Fenster schließen. Gutes Kartenmaterial und dessen Studium *vor* der Abfahrt sollten selbstverständlich sein. In **Motels/Hotels** sollte man Spione, mehrfache Schließanlagen, verschließbare Verbindungstüren sowie das Angebot, Wertgegenstände im Safe zu deponieren, nutzen. Serviceschilder (wie *„Service, please!"*) besser nicht an die Türklinke hängen, da sie anzeigen, dass niemand im Zimmer ist.

„Bad neighborhoods" erkennt man an leeren Straßen, verfallenen Häusern, Schrottautos und dubiosen Gestalten. Solche Viertel sollte man durch vorherige Erkundigungen meiden. Falls man sich verirrt hat, am besten schnurstracks weitergehen, bis man wieder in belebteres Areal kommt, und ggf. in einem Laden o. Ä. nachfragen. Auch Parks, dunkle Parkgaragen und Unterführungen sollte man nach Einbruch der Dunkelheit (besonders allein) meiden und lieber Umwege oder Taxikosten in Kauf nehmen. In U-Bahn-Stationen gibt es meist gesondert gekennzeichnete und kameraüberwachte Sicherheitsbereiche *(off-hour waiting areas)*, und die Zugbegleiter *(attendants)* haben eigene Kabinen in der Mitte des Zuges.

Sport und Freizeit

ⓘ *„Land und Leute, Gesellschaftlicher Überblick"*

Sportfans kommen im amerikanischen Nordwesten voll auf ihre Kosten – von Wassersport und Angeln über Wandern und Biking, Climbing und Skifahren bis hin zu Reiten, Golf und Tennis ist alles geboten. Ein besonderes Erlebnis ist der Besuch einer großen Sportveranstaltung, und da ist die Palette ebenfalls breit.

▶ **Zuschauersport**

Es gibt in den Metropolen Profiteams der vier „Nationalsportarten" American Football, Baseball, Basketball und Eishockey – außerdem College-Sport und natürlich Fußball *(soccer)*. Der Besuch einer Sportveranstaltung bedeutet Spaß für die ganze Familie, mehrere Stunden Unterhaltung und Show mit Wettbewerben und Verlosungen, Musik, Tanz, *Tailgate-Parties*, Hot Dogs oder BBQ (Details s. beim jeweiligen Ort).

• **American Football:** Profiteams der **NFL** *(National Football League)* spielen sonntags zwischen September und Dezember in Denver, Oakland, San Francisco und Seattle.
• **Baseball**: Profiteams der beiden Ligen *(AL – American League* und *NL – National League)* des **MLB** *(Major League Baseball)* tragen ihre Spiele zwischen April und Anfang Oktober in Denver, Oakland, San Francisco und Seattle aus. Außerdem lohnt ein Besuch bei einer der zahlreichen *Minor League*-Mannschaften (Nachwuchs-Profiteams) der drei Klassen A, AA und AAA, die es fast in jeder größeren Stadt gibt.
• **Basketball**: Profiteams der **NBA** *(National Basketball Association)* spielen zwischen Ende Oktober und April in Denver, Oakland, Portland, Sacramento, Salt Lake City und Seattle. Die Teams der Frauen-Profiliga **WNBA** *(Women's National Basketball Association)* spielen zwischen Mai und September in Sacramento und Seattle.
• **Eishockey**: die Profiteams der weltbesten Liga **NHL** *(National Hockey League)* kann man zwischen Oktober und April in Denver und San Jose anschauen.
• **Soccer**: Profiteams der **MLS** *(Major League Soccer)* spielen zwischen Mai und Oktober in Denver und Salt Lake City.

▶ Sport aktiv

Angeln/Fischen ist eine beliebte Freizeitbeschäftigung der Amerikaner. Es gibt in nahezu jedem Ort Angeln und Zubehör zu kaufen. Lizenzen stellen in der Regel Parkbehörden, Ranger, Gemeindebehörden und Touristenämter aus, in kleinen Orten gibt es sie häufig auch an Tankstellen und Geschäften. An der Pazifikküste werden des Öfteren (ein- bis mehrtägige) Hochseeangeltouren angeboten. Ansonsten ist das so genannte *Fly-Fishing* (Fliegenfischen) populär, bei dem mit einer biegsameren Rute und einem künstlichen Köder in Form einer Fliege geangelt wird.

Kanu-, Kajak- und Floßfahrten sind ebenfalls beliebte Aktivitäten. Vor allem *Wildwater Rafting* (Schlauchboot-Wildwassertouren) steht ganz oben auf der Liste. In der Nähe attraktiver Outdoorgebiete finden sich zahlreiche „Outfitter", die nicht nur Ausrüstung verkaufen oder vermieten, sondern auch Touren organisieren bzw. leiten. *Wildwater Rafting* wird in unterschiedlichen Schwierigkeitsgraden angeboten. Einige der schönsten und bekanntesten Reviere liegen in Idaho (Hells Canyon, Salmon River, Payette River, Lochsa River), andere schöne Strecken sind in Wyoming die Gewässer um Jackson Hole, in Colorado das Areal bei Estes Park, in Utah der Green River und um Moab, in Washington die Umgebung von Kettle Falls und Republic und in Oregon der Rogue River.

Auf ruhigeren Flussabschnitten – z. B. auf dem Payette River oberhalb Boise in Idaho oder auf dem Columbia River sowie Snake River in Oregon bzw. Washington – bieten sich **Kajaktouren** an. Dabei hängt die Fließgeschwindigkeit des Gewässers wesentlich vom Wasserstand ab. **Seakajaking** ist besonders um die San Juan Islands und zwischen Letzteren und der Olympic Peninsula (Washington) beliebt. **Kanutouren** können im Grunde auf allen Seen unternommen werden sowie auf den ruhigeren, aber auch weniger attraktiven Flüssen der Ebenen.

Ideales Wildwasserterrain: Die Flüsse des Nordwestens

Strände sind im Nordwesten (OR, WA) mehr malerisch und eher für Spaziergänge als zum Baden geeignet, dazu ist das Wasser zu kalt. Attraktiv zum Baden sind hingegen die zahlreichen Binnenseen und natürlich die Flüsse. Die Temperaturen sind aber nirgends mit jenen am Atlantik zu vergleichen, und nur die warmen Sommermonate bieten einigermaßen wohltemperierte Badefreuden.

Reiter finden im Nordwesten ebenfalls ideale Verhältnisse vor. Speziell *Guest Ranches* bieten häufig individuelle Reitprogramme an, gleichermaßen für Anfänger wie für Fortge-

Durchaus keine aussterbende Spezies: Cowboy Wagner Harmon auf der Montana River Ranch

schrittene. Sinnvoll ist es dabei schon, bereits einmal auf einem Pferd gesessen zu haben. Empfehlenswerte Gäste-Ranches finden sich in den „Regionalen Reisetipps von A-Z".

Zum **Skilaufen** bieten sich in diesem Reisegebiet vor allem die **Rockies** in Montana, Nord-Utah, Idaho, Colorado sowie in Nordwest-Wyoming an, außerdem die **Sierra Nevada** in Kalifornien (z. B. Lake Tahoe-Areal) und die **Cascade Range** in Washington und Oregon. Beliebt sind neben Abfahrtslauf auch Skilanglauf, *Snowmobiling* und Schneeschuhwandern. Infos:

- 🖥 www.wintermt.com (Montana)
- 🖥 www.skiusa.com
- 🖥 www.skiresort.de/usa/index.htm (Skigebiete in Nordamerika)

Sprache und Verständigung

Es dürfte schwierig sein, in den USA ganz ohne Englisch auszukommen, doch vermutlich ist eine Verständigung dort eher möglich als an vielen anderen Orten Europas. Die Fremdsprachenkenntnisse der Amerikaner sind gering, dafür sind Geduld und Freude über selbst spärliche Englischkenntnisse stark ausgeprägt.

Das **Amerikanische** weicht in mehreren Punkten vom Schulenglisch ab, es gibt Unterschiede in Wortschatz, Grammatik und Aussprache. Auffällig ist vor allem, dass viele Substantive auf -re (wie *centre* oder *theatre*) im Amerikanischen auf -er enden *(center, theater)* und *ou* zu *o* wird *(color, harbor)*. Doppellaute *(travelling)* werden im Amerikanischen vereinfacht und es heißt *traveling*. Oft wird geschrieben wie gesprochen, z. B. *nite* für *night*. Wo möglich, wird abgekürzt, z. B. *Xmas (Christmas), Xing (Crossing), u (you)* oder *4 (for)*. Außerdem unterscheiden sich bestimmte Vokabeln vom Oxford-Englisch, z. B. wird (engl.) *baggage* zu *luggage* (Gepäck), die *bill* zum *check* (Rechnung), der *policeman* zum *cop* (Polizist), *autumn* zu *fall* (Herbst), der *ground floor* zum *first floor* (Erdgeschoss), *petrol* zu *gas* (Benzin), *trousers* zu *pants* (Hosen) oder *holiday* zu *vacation* (Ferien, Urlaub).

📖 **Buchtipp**
Im Reise Know-How Verlag (www.reise-know-how.de) gibt es in der Reihe „Kauderwelsch" zahlreiche Sprachführer Amerikanisch (auch Digital und Aussprachetrainer).

Es gibt gewisse **Universalfloskeln,** die man sich angewöhnen sollte, da sie zum guten Ton gehören: „*How are you today?*" ist nicht nur die Frage nach dem Befinden, sondern eine Begrüßungsformel, auf die ein „*fine*" oder „*good*" meist genügt. Wer höflich ist, stellt die Gegenfrage. „*Have a nice day (trip)*" dient der Verabschiedung, ebenso wie „*it was a pleasure to meet/meeting you*". „*I would appreciate it*" ist Bitte und Aufforderung zugleich, während man sich mit „*I (really) appreciate it*" für einen Gefallen bedankt. „*See you*" ist weniger eine Einladung als ein legerer Abschiedsgruß.

Small Talk ist ein beliebter Zeitvertreib. Man beginnt eine Unterhaltung über das Wetter, über die letzten Sportergebnisse oder Herkunft und Reisen. Europäer sind ungeachtet aller Kontroversen in den letzten Jahren beliebt, „*Good Old Europe*" – ein (selten realisiertes) Traumziel vieler Amerikaner. Was die **Anrede** betrifft, sind viele Amerikaner noch sehr altmodisch: Frau Miller übernimmt mit der Heirat in der offiziellen Anrede Vor- und Nachnamen ihres Mannes: „*Mrs. Edwin L. Miller*". Dabei wird *Mrs.* (Frau) nicht prinzipiell für jede verheiratete Frauen verwendet, gebräuchlicher ist, gerade bei jüngeren Frauen, das *Miss (Ms.).*

Strom

Der amerikanische Haushaltsstrom hat eine Wechselspannung von 110-115 V. Daher müssen mitgebrachte Geräte umstellbar sein. Die andere Form amerikanischer Steckdosen erfordert zudem einen **Adapter,** den man am besten schon von zu Hause mitbringt. In vielen besseren Hotels befinden sich ein Föhn im Bad und ein Radiowecker auf dem Nachttisch, manchmal gibt es auch ein Bügeleisen.

Telekommunikation

Das Telefonwesen ist in den USA in den Händen privater Gesellschaften und das Telefonnetz ist das dichteste der Welt. Es gibt grundsätzlich mehrere Arten innerhalb der USA bzw. nach Europa zu telefonieren: von öffentlichen Apparaten – was sich nur für Ortsgespräche bzw. mit *Calling Card* (s. u.) anbietet, da sonst zu viel Kleingeld nötig ist –, vom Hotel aus (was ohne *Calling Card*, mit Ausnahme von Ortsgesprächen, teuer kommen bzw. unmöglich sein kann) oder per „Handy" (korrekt: *Mobile* oder *Cell Phone*). An Airports, Bahnhöfen oder in Malls ist es häufig möglich, mit Kreditkarte zu telefonieren, wobei die Preise höher liegen als mit *Calling Card.*

Formal wird unterschieden zwischen *local calls* (Ortsgespräche, meist 50 c.), *non-local* oder *zone calls* (im gleichen bzw. benachbarten Bundesstaat), *long-distance* (innerhalb USA) und *oversea calls* (z. B. nach Europa). Gebührenfrei, aber regional (meist auf den Bundesstaat) begrenzt, sind 1-800-, 1-888- oder 1-877-Nummern. Von Hotels aus kosten diese wie ein Ortsgespräch, vielfach sind Ortsgespräche frei. Ein internationales Gespräch kostet im Schnitt $ 1,50-2 pro Minute. Anrufe von Deutschland in die USA sind vielfach günstiger.

In jedem Hotelzimmer gibt es Telefonbücher: ein *General Directory* (Weiße Seiten) und ein *Classified Directory* (*Yellow Pages* – Gelbe Seiten). Um eine Außenleitung zu bekommen, muss im Allgemeinen eine 9 oder 8 vorgewählt werden. Bei amerikanischen Telefonnummern

folgt einem dreistelliger *Area Code,* der in manchen Bundesstaaten einheitlich ist, die normalerweise siebenstellige Rufnummer, manchmal als werbewirksame Buchstabenkombina-
tion angegeben:

2 – ABC • 3 – DEF • 4 – GHI • 5 – JKL • 6 – MNO • 7 – PRS • 8 – TUV • 9 – WXY

Wichtige Telefonnummern

- von den **USA**
  nach **Deutschland**: 01149 + Ortsvorwahl (ohne 0) + Teilnehmernummer
  nach **Österreich**: Ländervorwahl 01143
  in die **Schweiz**: Ländervorwahl 01141
- von **Deutschland** in die **USA**: 001
- **Operator**: 0
- **internationale Fernsprechauskunft**: 00
- **internationale Vermittlung**: 01

Telefonkarten aller Art sind zur schwer durchschaubaren Wissenschaft geworden.
Grundsätzlich wird zwischen *Calling Cards* und *Prepaid* oder *Phone Cards* unterschieden. Um
eine **Calling Card** zu bekommen, muss vor der Reise ein Vertrag abgeschlossen werden.
Mittels zugeteilter persönlicher Geheimnummer (PIN) und einer Einwahlnummer (USA: 1-
800-... kostenfrei) lässt es sich einfach (auch ohne Karte) von jedem Apparat aus telefonieren. Die Telefongebühren werden nachträglich und ohne Aufschlag über die Kreditkarte
abgerechnet, wobei sie je nach Gesellschaft differieren können. Die Karten müssen bei Verlust gesperrt werden und werden ersetzt. *Calling Cards* gibt es vor allem von den großen
Telefongesellschaften wie *AT&T* (🖳 www.att.com, ☏ 0130-0010, 1-800-CALLATT), von
Telekom (T-Card 🖳 www.telekom3.de), *Sprint* (🖳 www.sprint.com, ☏ 1-800-PIN DROP)
sowie *MCI* (🖳 www.mci.com, ☏ 1-800-950-5555).
- **Infos**: 🖳 www.us-callingcard.info

Prepaid bzw. **Phone Cards** sind von vornherein mit einem festen, im Voraus bezahlten
Guthaben (z. B. $ 20 oder 50) geladen. Sie können über eine Hotline – gegen Belastung der
Kreditkarte – jederzeit wieder aufgeladen werden. Anbieter solcher Karten sind u. a. *IDT*
(*GlobalCall Card,* 🖳 www.idt.net), *Telekom* (www.teltarif.de/a/telekom/card.html) oder *AT&T
Prepaid* (erhältlich bei: 🖳 www.fonecards.de). Ein amerikanischer Anbieter ist *GlobalCall*
(🖳 www.global-call.net).

In den USA gibt es solche Karten auch in Supermärkten oder Tankstellen zu kaufen. Die
Bedingungen bzw. Einsatzmöglichkeiten unterscheiden sich gravierend und viele sind für
Überseegespräche ungeeignet. Auf alle Fälle sollte die Eignung für internationale Gesprä-
che, eventuell anfallende Einwahlgebühren und Zuschläge, die Höhe der Telefongebühren
und die Gültigkeitsdauer geprüft werden.

Mobile oder **Cell(ular) Phones** funktionieren in der verbreiteten *Triband*-Version mit
dem in den USA nötigen 1900-Mhz-Band erfahrungsgemäß gut, vor allem in den Einzugsbe-
reichen größerer Metropolen. Man sollte sich vor Reiseantritt bei seinem Provider nach
Roamingpartnern erkundigen und diese durch manuelle Netzauswahl voreinstellen. Telefo-

nate im D1-Netz sind dank *T-Mobile* in den USA kaum teurer als mit *Calling Card*, da die Firma hier zahlreiche Netz-Knotenpunkte unterhält. Die Rufumleitung auf die Mailbox sollte aus Kostengründen auf alle Fälle deaktiviert werden. Falls das **Mobiltelefon verloren geht** oder gestohlen wird, sollte man die Nutzung der SIM sofort beim Provider sperren lassen.

Mit dem eigenen Laptop mit internem Modem und richtigem Provider (oder WLAN) stellt **Internetnutzung** kein Problem dar. Falls es keinen eigenen Internetzugang im Hotelzimmer gibt, stöpselt man einfach das Telefon aus und nutzt diesen Anschluss. Außerdem kann man in Internetcafés, öffentlichen Bibliotheken, Buchläden oder Elektronikshops und in Business-Centern von Hotels gegen Gebühr bzw. sogar gratis ins Internet gehen. *AOL*-Nutzer sind insofern im Vorteil, als dass diese Firma über das größte Knotennetz in den USA verfügt und dadurch meist zum Ortstarif (und damit gratis in vielen Motels/Hotels) im Internet gesurft werden kann. Vermehrt stellen Hotels/Motels eine kostengünstige oder sogar freie WLAN-Verbindung zur Verfügung. Die an sich preiswerte Möglichkeit, **SMS** zu schicken, funktioniert in den USA nicht immer und ist abhängig vom Anbieter, Vertrag und/oder SIM-Karte.

Trinkgeld

Trinkgeld – *tip* oder *gratuity* – ist in den USA meist nicht inklusive. Da die Löhne der Beschäftigten im Dienstleistungsgewerbe gering sind, ist man auf Trinkgelder angewiesen. Amerikaner achten genau auf die korrekte Höhe von **mindestens 15 %**, die man bei Restaurantbeträgen zu der Gesamtsumme ohne Tax addiert. Etwa denselben Aufschlag erwarten Taxifahrer, und *bellboys* in Hotels bekommen im Schnitt $ 1 pro transportiertes Gepäckstück. Für das Bereitstellen des Pkws in Hotels ist ebenfalls ein Trinkgeld fällig. Zimmermädchen erhoffen sich ca. $ 2 pro Tag.

Umgangsformen und Verhaltensregeln

U

ⓘ *„Sprache und Verständigung"*

Die **Schlüsseleigenschaften** der Amerikaner sind Freundlichkeit, Hilfsbereitschaft, Toleranz, Aufgeschlossenheit und Kontaktfreudigkeit. Man stellt sich ordentlich an, lässt anderen den Vortritt oder die Vorfahrt, wartet geduldig und gibt hilfsbereit Auskunft. Freundliche Gesichter in Läden sind für uns ebenso ungewohnt wie ehrlich gemeint – in den USA ist der Kunde noch König und sind freundliche Worte zwar Floskeln, aber immerhin machen sie das Klima angenehmer und erleichtern den Umgang. **Händeschütteln** ist nicht üblich, dafür werden gleich die Vornamen benutzt.

Nicht stören sollte man sich an der **amerikanischen Art zu Essen**. Amerikaner schneiden mit dem Messer vor und benutzen dann nur noch die Gabel. Es gilt als gierig und unschicklich, beidhändig „europäisch" zu essen, schon Kinder lernen, dass eine Hand unter den Tisch gehört. Andererseits würde es keinem Amerikaner einfallen, Pizza oder Meeresfrüchte mit Messer und Gabel zu essen, nicht einmal in einem Top-Restaurant, wo man zudem einen *doggy bag* ohne schiefe Blicke bekommt.

Bei Einladungen und in Restaurants achtet man streng auf **Kleidervorschriften** – *formal* (elegant), *dressy casual* (ordentlich mit Hemd/Sakko) oder *casual* (leger) – und genau nimmt man es auch mit dem Trinkgeld: Es wird meist auf den Cent genau, oft anhand von Tabellen, berechnet: Mindestens 15 % auf den Basispreis ohne Tax sind üblich.

Unterkunft

In bestimmten Fällen kann es von Vorteil sein, ein Zimmer **im Voraus zu buchen**: bei später Ankunft in einer Stadt, während Großveranstaltungen, Messen oder an Feiertagen, im Umkreis von Top-Attraktionen und besonders in Nationalparks während der HS. Die Buchung kann ebenso über ein Reisebüro geschehen wie über das Internet. Die Buchung von zu Hause sollte sich jedoch im Normalfall auf wenige Tage beschränken, da die Kosten meist höher liegen als bei einer Buchung vor Ort. Zudem beschränkt sich das Angebot der Reiseveranstalter auf Mittelklasse bis gehobene Kategorie, mit Schwerpunkt Standard- und Kettenhotels/-motels.

▶ Zimmersuche vor Ort

Im „Normalfall" gibt es kaum Probleme, spontan ein Zimmer zu finden. Zum einen häufen sich an den Ausfallstraßen von Städten oder in der Nähe von Flughäfen die Leuchtreklamen und Plakate von Motels und Hotels unterschiedlichster Kategorien (das Schild *Vacancy* bedeutet, dass es noch freie Zimmer gibt), zum anderen helfen die Unterkunftslisten in den *AAA TourBooks* weiter – etliche gewähren sogar Vergünstigungen für Autoclub-Mitglieder.

Auch in *Welcome* oder *Visitors Centers* gibt es Informationen, Hotellisten, Broschüren und Coupons; manchmal wird die Reservierung auch gleich für den Besucher vorgenommen. Ideal für Sparsame sind die dort erhältlichen „**Couponhefte**". Anhand dieser Hefte, nach

🛏 Hotelbroker

Hotelbroker (mit Buchungsmöglichkeit):
- 🖥 www.all-hotels.com/usa – Hotels der mittleren bis gehobenen Kategorie, auch B&Bs sowie Ketten
- 🖥 www.accommodationsexpress.com – Hotels in amerikanischen Städten, Informationen und Möglichkeit zur Reservierung online
- 🖥 www.cheaphotellinks.com/usa – mit Buchungsmaske und Preisvergleich
- 🖥 www.hotel.com – 24.000 Hotels weltweit, mit 🖥 www.hoteldiscount.com kooperierend
- 🖥 www.hotelbook.com – sofortige Hotelreservierung in verschiedenen amerikanischen Städten
- 🖥 www.hrs.de – weltweite Hotelreservierungen, außerdem Auskünfte zu Airports, Fluggesellschaften etc.
- 🖥 www.quikbook.com – landesweite Hotel-„Schnäppchen" zum Sofortbuchen
- 🖥 www.roomsusa.com – Zimmersuche und Informationen allgemeiner Art (Restaurants, Touren, Geschichte, Sights, Pläne)
- 🖥 www.worldres.com – 40.000 Hotels weltweit

Orten bzw. Regionen sortiert und mit Stadt- und Lageplänen versehen, kann man vor allem in der Nebensaison und an Werktagen günstige Schnäppchen, sogar in Hotels gehobener Kategorien, für eine Nacht bekommen. Man muss lediglich vorher telefonisch mit Hinweis auf den Coupon reservieren. Auf alle Fälle lohnt es sich, nach *Special Rates* zu fragen.

Wer **telefonisch im Voraus** ein Zimmer reservieren möchte, muss die Kreditkarte bereithalten. Sie garantiert das Zimmer und dem Motel/Hotel das Geld. Bei Nichterscheinen wird der Zimmerpreis trotzdem von der Karte abgezogen. Eine Ankunft nach 18 Uhr („*late arrival*") sollte man ankündigen, ansonsten wird Ihr Zimmer vielleicht weitervergeben. Ohne Kreditkarten-Garantie verfällt eine **Reservierung** fast immer nach 18 Uhr.

▶ **Unterkunftstypen und -standard**

🛏 **Hotel-Preiskategorien in den Regionalen Tipps von A-Z**	
$	unter $ 70
$$	$ 70-100
$$$	$ 100-130
$$$$	$ 130-180
$$$$$	über $ 180

Preiskategorien pro DZ (wenn nicht nicht anders angegeben) ohne Frühstück und Tax, in der HS. In B&Bs ist ein üppiges Frühstück immer inklusive.

Die **Übernachtungspreise** schwanken naturgemäß je nach Lage, Ort und Qualität der Unterkunft. Auch saisonale Unterschiede – lokal unterschiedlich und auch von Veranstaltungen abhängig – können enorm sein. Die Übergänge zwischen den einzelnen **Herbergstypen** sind fließend und eine Kategorisierung nach Bezeichnungen ist kaum möglich. *Motels* und *Motor Inns* sind im Allgemeinen preiswerter (aber schlichter) als Hotels. Zahlreiche Hotels verfügen über eigene Gastronomie und Extras wie Fitnesscenter, Wäscherei/Reinigung, Bügeleisen, Radiowecker, Tageszeitung, mehr TV-Programme, kostenlosen Flughafentransfer etc.

Zum **Grundpreis**, der sich in Motels (nicht in Hotels!) häufig auf eine Person bezieht (geringer Aufpreis für die zweite und weitere), kommt die **Tax** (Steuer). Ein Zimmer darf mit maximal vier Personen belegt werden; Kinder und Jugendliche bis zu einem gewissen Alter können gratis im Elternzimmer übernachten. Bei Motels ist **Check-in** ganztags möglich, wohingegen Hotels die Zimmer häufig erst ab 15 Uhr freigeben und in B&Bs von etwa 16 bis 20 Uhr eingezogen wird. **Check-out** ist normalerweise am Mittag. Im Motel muss in der Regel gleich beim Einchecken, nach Ausfüllen des Anmeldebogens, bezahlt werden, im Hotel wird die Kreditkarte gespeichert und die entsprechende Summe bei Abreise inklusive eventueller Extras abgerechnet.

Für relativ wenig Geld bekommt man in den USA im Allgemeinen eine **saubere**, wenn auch **funktional-schlichte Unterkunft** mit Badezimmer (meist Dusche), genügend frischen Handtüchern, mehr oder weniger lauter Klimaanlage, Telefon und Fernsehen. Fast alle Ho-

tels und Motels haben einen (kleinen) Swimmingpool. Man wird bei der Ankunft vor mehrere **Alternativen** gestellt: *smoking* or *non-smoking*, in Motels mit Außenkorridoren kann
man zwischen *first floor* oder *second floor* wählen, wobei das Erdgeschoss zwar weniger
Gepäckschlepperei bedeutet, aber andererseits auch lauter ist, da sich die Parkplätze direkt
vor der Tür befinden. Man bekommt meist zum gleichen Preis *one bed* (*king size* 1,95 m)
oder *two beds* (zwei *queen size*-Betten von 1,40/1,50 m). Bei nur einem Bett bleibt meist
Platz für Tisch und Stühle oder Couch.

In vielen Motels/Hotels gibt es immer häufiger ein kostenloses kleines **Frühstück** mit Kaffee und Gebäck gratis dazu. **Local calls** sind häufig ebenfalls gratis, und in besseren Hotels
wird eine Tageszeitung vor die Tür geliefert. In B&Bs oder Inns sind gelegentlich Abend-
Häppchen und Sherry oder Nachmittagstee üblich.

▶ **Kettenmotels und -hotels**

Die **Qualität** der Motels/Hotels kann selbst innerhalb derselben Kette, abhängig vom Alter des Hauses bzw. vom Ehrgeiz des Pächters, schwanken, je nach Ort und Zustand auch
preislich. Im Allgemeinen sind billige Kettenhotels den unabhängigen superbilligen Einzel-
motels vorzuziehen. Die **Verteilung und Dichte** von Hotels und Motels verschiedener
Ketten ist ebenfalls unterschiedlich.

So gut wie überall findet man Mittelklasse-Motels/-hotels wie
• **Days Inn** (🖳 www.daysinn.com)
• **Comfort Inn** (🖳 www.choicehotels.com)
• **Quality Inn** (🖳 www.qualityinn.com, ☎ 1-800-228-5151)
• **EconoLodge** (🖳 www.econolodge.com, ☎ 1-800-446-6900)
• **Howard Johnson** (🖳 www.hojo.com, ☎ 1-800-446-4656)
• **Ramada** (🖳 www.ramada.com, ☎ 1-800-228-2828)
• **Best Western** (🖳 www.bestwestern.com, ☎ 1-800-528-7234)
• **Travelodge** (🖳 www.travelodge.com, ☎ 1-800-578-7878)
• **Radisson** (🖳 www.radisson.com, ☎ 1-800-333-3333)
• **Holiday Inn** (🖳 www.holiday-inn.com, ☎ 1-800-465-4329)

Zur preiswerten Motelkategorie zu rechnen sind z. B. **Motel 6** (🖳 www.motel6.com,
☎ 1-800-466-8356, wie Red Roof Inn Teil der Accor-Gruppe: 🖳 www.accorhotels.com),
Sleep Inn (🖳 www.sleepinn.com, ☎ 1-800-627-5337), **Super 8** (🖳 www.super8motels.
com, ☎ 1-800-800-8000) oder **Red Roof Inn** (🖳 www.redroof.com, ☎ 1-800-733-7663
bzw. 🖳 www.accorhotels.com). Die meisten Hotel- bzw. Motelketten verfügen über *Direc-
tories*, sind in Telefonbüchern leicht zu finden bzw. über „www.((Name)).com" – der Name
häufig zusammengeschrieben, seltener mit Bindestrich – abzurufen.

▶ **Inns und Lodges**

Historic Inns bzw. **Country Inns** sowie **Historic Hotels** (🖳 www.historichotels.org,
☎ 1-800-678-8946) sind Hotels bzw. ehemalige Gasthäuser mit Geschichte. **Lodges**,
meist malerisch in der Natur gelegene mehrteilige Hotelanlagen oder Resorts (Ferienan-
lagen mit Sportmöglichkeiten), können preislich nicht pauschaliert werden. In manchen
Fällen ist Halbpension oder Pension – *(Modified) American Plan* (MAP oder AP) – im Preis
enthalten.

▶ Bed&Breakfast

Immer beliebter wird die Alternative *Bed&Breakfast* (B&B) englischen Stils, allerdings in den USA wesentlich komfortabler (und teurer). Die „Zimmer mit Frühstück" haben persönlichen Touch und sind oft sehr liebevoll mit Antiquitäten und vielerlei Schnickschnack ausgestattet. Das Spektrum reicht von historischen oder modernen Privathäusern mit zwei oder drei Gästezimmern bis hin zu *B&B Inns* mit bis zu zehn Zimmern, von einfachen Häusern mit Familienanschluss bis hin zu intimen Luxus-Inns und aufwendig restaurierten *Historic Homes*.

B&Bs sind teurer als Motels, bieten neben individuellem Service persönlichen Kontakt, denn die Besitzer sind meist Vermieter aus Passion und daher sehr kontaktfreudig und ortskundig. Ein üppiges Frühstück, manchmal auch Extras wie Nachmittagstee, freie Getränke, Kekse, Betthupferl etc. und die Möglichkeit zur Nutzung von Gemeinschaftseinrichtungen wie Bibliothek, Musikzimmer o. Ä. sind im Preis enthalten. Manchmal fehlen hingegen ein Fernsehgerät und ein Telefon im Zimmer, und kleine Kinder werden meist nicht aufgenommen.

Nächtigen in einem ehemaligen Klassenzimmer im Old Schoolhouse in Arnegard/ND

Allgemeine Infos:
- American Bed&Breakfast Association, ☎ 1-800-769-2468, 🖳 www.abba.com; B&Bs nach Staaten, Orten und Zusammenschlüssen sortiert
- 🖳 www.bedandbreakfast.com; umfassende Listen nach Staaten und Regionen mit Sofortbuchungsgelegenheit, ebenso hilfreich: 🖳 www.bbexplorer.com
- Independent Innkeeper's Association, ☎ 1-800-344-5244 oder (616) 789-0393, 🖳 www.innbook.com

▶ Ranch-Aufenthalt

Freunde des auch in Deutschland immer beliebter werdenden Westernreitens können besonders im Nordwesten interessante Aufenthalte auf Ranches verbringen. In der Regel sollte man dazu aber einen längeren Aufenthalt – mindestens eine Woche – einplanen. Für einen derartigen Aufenthalt unterscheidet man so genannte **Dude Ranches** und **Working Ranches**. Erstere sind ganz auf Urlauber ausgerichtet und haben den landwirtschaftlichen Betrieb eingestellt. In der Regel sind darauf auch die Unterkünfte und Angebote eingestellt und dementsprechend im Preis. Anders dagegen auf einer Working Ranch, die „Urlaub auf dem Bauernhof" anbieten: Hier kann die Ausstattung von Luxus bis einfachen Blockhütten und Tipis variieren.

Buchung von Ranch-Aufenthalten in Deutschland

• **America Experience** by Sareiter Reisen, Mühlbachweg 6, D-83700 Rottach-Weißach, ☎ (08022) 6327 oder 0-800-632-7000, 🖥 www.sareiter.de, www.america-experience.de bzw. www.ranch-urlaub.com oder www.rideaway.de
• **Argus Reisen**, Walkemühlenweg 5, 37083 Göttingen, ☎ 0551/770 4521, 🖨 0551/770 4523, 🖥 www.argusreisen.de

Einen **längerfristigen Ranchurlaub** bucht man schon in Deutschland, deshalb wird an verschiedenen Stellen in den „*Regionalen Tipps von A-Z*" auf spezielle Ranches hingewiesen, mit denen man dann Kontakt aufnehmen kann. Darüber hinaus gibt es spezialisierte Reiseunternehmer (s. Kasten), die Ranchaufenthalte im Angebot haben.

Infos im Internet:
• 🖥 www.ranchweb.com, www.guestranches.com
• Dude Ranches Association: 🖥 www.duderanch.org
• Idaho Guest and Dude Ranch Association: 🖥 www.duderanch.org/list.cfm?State=ID
• Colorado Dude and Guest Ranch Association: 🖥 www.coloradoranch.com
• Wyoming Dude and Guest Ranch Association: 🖥 www.wyomingdra.com
• Montana Dude Ranch Association: 🖥 www.montanadra.com

▶ **Jugendherbergen u. Ä.**

Ein internationaler Jugendherbergsausweis (zu Hause besorgen!) macht sich in *American Youth Hostels* mit den ihnen assoziierten privaten Herbergsunternehmen, die zur *AAIH (American Association of International Hostels)* zusammengefasst sind, bzw. in *HI-Hostels (American Youth Hostel Federation/AYHF*, 🖥 www.hihostels.com) bezahlt. Dabei können nicht nur Jugendliche die Herbergen nützen.

Hostelling North America (🖥 www.hostels.com und www.norcalhostels.org) gibt ein Verzeichnis heraus, das ebenso wie ein Jugendherbergsausweis über den DJH (🖥 www.jugendherberge.de) bzw. seine Pendants in Österreich (🖥 www.oejhv.or.at) und der Schweiz (🖥 www.youthhostel.ch) bezogen werden kann.

YMCA/YWCA – kurz „Y" genannt – sind weitere Alternativen, wobei Erstere auch gemischtgeschlechtliche Gäste aufnehmen (Infos: **CVJM-Gesamtverband**, Im Druseltal 8, 34131 Kassel, ☎ 0561-30870, in den USA: 🖥 www.ymca.com oder www.ywca.org).

 Versicherungen

ⓘ *„Gesundheit, Ärzte und Apotheken"*

Am unkompliziertesten, aber nicht unbedingt am billigsten ist es, gleich bei Reisebuchung eines der von den Reiseveranstaltern angebotenen **Versicherungspakete** unterschiedlicher Gültigkeitsdauer (z. B. *Rat-und-Tat-* oder *Vierjahreszeiten*-Paket) abzuschließen, das Kranken-, Unfall-, Gepäck- und Haftpflicht-, manchmal auch Reiserücktrittsversicherungen einschließt. Für Leute, die viel reisen, gibt es **Jahresversicherungen**, für Familien preiswertere Familienvarianten. Gold-Kreditkarten-Besitzer sollten Bedingungen und Leistungsumfang der in der Karte enthaltenen Versicherungen prüfen.

Fest steht, dass der gezielte **Abschluss einzelner Policen**, z. B. bei Banken, freien Versicherungsmaklern oder dem ADAC, meist günstiger ist. Nicht immer sind nämlich alle Versicherungen auch wirklich nötig und sinnvoll, und oft sind z. B. **Unfall- und Haftpflicht** schon durch bestehende Versicherungen abgedeckt. Eine **Gepäckversicherung** hat viele Haken, so sind z. B. „Sonderausstattung" (Laptop, Foto-, Sportgeräte etc.) oder Campinggeräte im Allgemeinen nicht versichert und der Mitschuld beim Verlust muss ausgeschlossen sein. Auch bei **Reiserücktrittsversicherungen** gibt es viele Einschränkungen. Dazu lohnt sich eine solche meist nur bei Buchung mehrerer (teurer) Leistungen.

Die einzige Versicherung, auf die man auf keinen Fall verzichten sollte, ist die **Reisekrankenversicherung**. Banken, vor allem aber Privatversicherer wie *Debeka* oder *Universa* bieten günstige Tarife, wobei auf Vollschutz ohne Summenbegrenzung, Verlängerung der Versicherung im Krankheitsfall und ggf. Rücktransport zu achten ist. Europäische Krankenkassen – mit Ausnahme einiger Privatversicherer – übernehmen die hohen medizinischen Kosten in den USA nicht. Krankenversicherungen erstatten hingegen gegen Vorlage ausführlicher Bescheinigungen und Quittungen (mit Datum, Namen, Bericht über Art/Umfang der Behandlung, Medikamente etc.) zu Hause die Kosten.

• **Tipp:** Für alle abgeschlossenen Versicherungen Notfallnummern notieren und mit der Policenummer sicher verwahren!

Zeit und Zeitzonen   Z

Im Nordwesten gibt es gleich mehrere Zeitzonen, die **sieben bis neun Stunden Zeitverschiebung** zur mitteleuropäischen Zeit (zurück) bedeuten. Ist es in Deutschland 12 Uhr mittags, ist es in Bismarck/ND, 5 Uhr morgens und in San Francisco 3 Uhr nachts. Auch im Sommer bleibt die Differenz bestehen, da auch in den USA die Zeit, allerdings eine Woche später, umgestellt wird und dann „daylight saving time" herrscht.
• **Pacific Time** (CA, NV, OR, WA, Nord-ID): MEZ minus 9 Std.
• **Mountain Time** (UT, MT, WY, CO, SW-ND, W-SD): MEZ minus 8 Std.
• **Central Time** (Großteil von SD und ND): MEZ minus 7 Std.

In den USA werden die **Stunden** nicht bis 24 durchgezählt, sondern in *ante meridiem*, abgekürzt **a.m.** (vormittags), und **p.m.** – *post meridiem* (nachmittags) – unterteilt. So entspricht 6 a.m. unserer Morgenzeit 6 Uhr, dagegen entspricht 6 p.m. 18 Uhr am Abend. 12 Uhr mittags heißt *noon* (12 p.m.), 12 Uhr Mitternacht *midnight* (12 a.m.) Das **Datum** wird in der Reihenfolge Monat-Tag-Jahr angegeben, z. B. *July 22, 2005* oder kurz 7-22-05.

Bei sechs bis sieben Stunden Zeitgewinn erreicht man den Nordwesten der USA meist am Nachmittag oder frühen Abend und der **Jetlag** spielt kaum eine Rolle, sofern man die innere Uhr sofort an die Ortszeit anpasst. Schwieriger ist es beim Rückflug, da man nach meist durchwachter Nacht am Morgen oder Vormittag in Deutschland ankommt.

Zoll

Gegenstände des persönlichen Bedarfs dürfen **zollfrei in die USA** eingeführt werden, ebenso:
• 200 Zigaretten oder 50 Zigarren
• 1 l alkoholische Getränke
• Geschenke im Gegenwert von $ 100

Zahlungsmittel im Wert von über $ 10.000 müssen deklariert werden. Lebensmittel (Frischprodukte aller Art) sowie Pflanzen dürfen nicht eingeführt werden. Für in größeren Mengen benötigte Medikamente sollte man vorsichtshalber ein ärztliches Attest mitführen.

Bei der **Wiedereinreise nach Deutschland und Österreich** sind zollfrei:
• Tabakwaren (Mindestalter des Reisenden 17 Jahre), d. h. 200 Zigaretten oder 100 Zigarillos oder 50 Zigarren oder 250 g Tabak
• Alkohol (Mindestalter des Reisenden 17 Jahre), d. h. 1 l über 22 Vol.-% oder 2 l bis 22 Vol.-% oder 2 l Schaum-/Likörwein oder 2 l Wein
• 500 g Kaffee (Mindestalter des Reisenden 15 Jahre)
• 50 g Parfüm oder 0,25 l Eau de Toilette
• Geschenke im Wert von € 175

Bei der **Wiedereinreise in die Schweiz**:
• 2 l Alkohol bis 15 Vol.-% und 1 l über 15 Vol.-%
• Tabak wie D
• Waren im Wert von SFr 300

Einfuhrbeschränkungen bestehen in ganz Europa für Drogen, Arzneimittel, Waffen, Lebensmittel, Feuerwerkskörper, Raubkopien, verfassungswidrige Schriften, Pornografie, Tiere und Pflanzen.

Über die aktuellen Einfuhrbestimmungen in die USA informiert
• 🖳 www.customs.gov

Über die Bestimmungen zu Hause:
• In D: 🖳 www.zoll.de (☎ 069-46997600)
• in A: 🖳 www.bmf.gv.at (☎ 04242-33233)
• in der CH: 🖳 www.zoll.admin.ch (☎ 061-2871111)

Regionale Reisetipps von A-Z

Hinweise zu **Informationsstellen, Einkaufen, Touren, Sport und Veranstaltungen** *finden Sie direkt bei der Beschreibung der Orte/Regionen in den Routenkapiteln.*

 Hinweise

- Zu den verwendeten **Abkürzungen** s. Allgemeine Reisetipps von A-Z, „Abkürzungen", S. 119
- Jeweils nach dem Ort ist in Abkürzung der **Bundesstaat** angegeben.
- Die Staatsabkürzung mit Nummer steht für eine **State Road**, z. B. SD 240 für South Dakota State Rd. 240, **BIA Route** weist auf Straßen in einem Indianerreservat hin.
- **Telefonvorwahlen** sind, sofern einheitlich, bei größeren Städten nur jeweils einmal zu Anfang angegeben.
- **Telefonnummern** sind bei **Restaurants und Diskos** etc. dann angegeben, wenn eine Reservierung (vor allem am Abend) empfehlenswert bzw. wenn es sinnvoll ist, das aktuelle Programm zu erfragen.

Preiskategorien der Hotels

Die im Folgenden angegebenen Preiskategorien gelten pro Doppelzimmer (DZ), sofern nicht anders angegeben, ohne Frühstück und Tax, in der HS. In B&Bs ist ein üppiges Frühstück immer inklusive. Die Preise hängen von verschiedensten Faktoren ab, sind stark veränderlich und können daher nur als Anhaltspunkte dienen.

$	unter $ 70
$$	$ 70-100
$$$	$ 100-130
$$$$	$ 130-180
$$$$$	über $ 180

(Aktueller Dollarkurs – Ende 2007 – ca. 1 $ = 0,67 €, 1 € = 1,50 $)

Es wird darauf hingewiesen, dass alle Angaben zu Preisen, Öffnungszeiten, Telefonnummern und Webadressen etc. zum Zeitpunkt der Drucklegung gültig waren, jedoch Änderungen unterworfen sind. Wir freuen uns über Hinweise auf Änderungen: info@iwanowski.de

3. Der Nordwesten der USA als Reiseziel: Regionale Tipps von A-Z
(Anacortes/WA – Fidalgo Island, Angel Island SP/CA, Arnegard/ND, Ashland/OR)

173

Anacortes/WA – Fidalgo Island (San Juan Islands) (S. 275)

A

s. auch San Juan Islands/WA

Unterkunft
• **Majestic Inn & Spa** $$$-$$$$, 419 Commercial St., 🖳 www.majesticinnandspa.com, ☎ 360/299-1400. *Ein ehemaliger Laden mitten in der Ortschaft wurde zu einem romantischen 21-Zimmer-Hotel mit Antikmöbeln, alter Bibliothek und zugehörigem Pub. Die Zimmer sind geräumig, dazu wird ein umfassendes Spa-/Wellness-Programm angeboten.*
• **Ship Harbor Inn** $$-$$$, 5316 Ferry Terminal Rd., 🖳 www.shipharborinn.com, ☎ 360/293-5177. *Günstig gelegenes, sauberes Motel mit 28 Zimmern auf zwei Stockwerken. Alle Zimmer sind großzügig und komfortabel ausgestattet, zudem angenehme Lage in einem parkartigen Anwesen nahe dem Fährhafen.*

Angel Island State Park/CA (S. 564)

Fährverbindungen
Die Insel ist sowohl von Tiburon (Angel Island-Tiburon Ferry) als auch mit Booten der „Blue & Gold Fleet" ab Pier 41 in San Francisco, außerdem von Vallejo und Oakland aus erreichbar. Die Schiffe legen in der **Ayala Cove** *an.*

Arnegard/ND (S. 437)

s. auch Watford City/ND, New Town/ND und Medora/ND & Theodore Roosevelt National Park

Unterkunft
• **Old School B&B** $$-$$$, 400 Vine St., ☎ 701/586-3595, 🖳 www.oldschoolbb.com. *Milton Hanson hat ein 1914 erbautes und 1976 geschlossenes Schulhaus liebevoll renoviert und in ein B&B umfunktioniert. Vier geräumige Zimmer mit Bad (Jacuzzi!) stehen zur Verfügung, außerdem Gemeinschaftsräume (mit TV, Bibliothek und Musikinstrumentensammlung) im Obergeschoss, inkl. Gourmet-Frühstück (s. auch S. 437). Milton möchte bald weitere Teile der alten Schule wie Theater und Sporthalle für Veranstaltungen zugänglich machen. Der Ort selbst ist übersichtlich.*

Ashland/OR (S. 633)

Unterkunft, Essen & Trinken
Während des Oregon Shakespeare Festivals von Feb. bis Okt. liegen an Aufführungstagen die Hotelpreise deutlich höher als normal.
• **Cedarwood Inn** $$, 1801 Siskyou Blvd., ☎ 541/488-2000, 🖳 www.brodeur-inns.com. *Günstiges Motel mit 59 gemütlichen Zimmern, Frühstück inkl.*
• **Winchester Country Inn, Restaurant & Wine Bar** $$$, 35 S Second St., ☎ 541/488-1113, 🖳 www.winchesterinn.com. *Viktorianisches Haus von 1886, das einst als Krankenhaus diente und heute 19 Gästezimmer bietet. Das angeschlossene Restaurant serviert erstklassige Nordwestküche (Lachs!).*

A

B

Astoria/OR (S. 610)

Unterkunft
• **Benjamin Young Inn** $$-$$$, 3652 Duane St., 🖵 www.benjaminyounginn.com, ☎ 503/201-1286. Schönes B&B in einem Queen-Anne-Wohnpalast von 1888. Der einstige Besitzer Benjamin Young hatte früh erkannt, dass sich mit dem Eindosen von Lachs Geld machen lässt. Heute stehen den Gästen vier unterschiedlich gestaltete Zimmer zur Verfügung, darunter die Honeymoon Suite.
• **Franklin Street Station B&B** $$$, 1140 Franklin St., 🖵 www.franklin-st-station-bb.com, ☎ 503/325-4314. Viktorianisches Haus von 1900 mit sechs liebevoll und unterschiedlich eingerichteten Zimmern.

Essen & Trinken
• **Pier 11 Feed Store Restaurant & Lounge**, 77 11th St., ☎ 503/325-0279. Das Top-Lokal der Stadt in einem umgebauten alten Lagerhaus am Hafen, bekannt für Fischgerichte wie Captain's Platter oder Blue Cheese Halibut.
• **Silver Salmon Grille**, 1105 Commercial St., ☎ 503/338-6640. Mekka für Lachs-Liebhaber, dazu gibt es eine gute Auswahl an Oregon-Weinen.
• **The Ship Inn**, 1 2nd St., ☎ 503/325-0033. Auch hier dominieren Fisch- und Seefood-Gerichte die Speisekarte, daneben gibt es gute, preisgünstige Sandwiches und Suppen.

Badlands National Park/SD (S. 406)

s. auch Wall/SD und Rapid City/SD

Unterkunft, Essen & Trinken
• **Cedar Pass Lodge** $-$$, Hwy. SD 240 (ca. 15 km südl. I-90 Exit 131), ☎ 605/433-5460, 🖵 www.CedarPassLodge.com. Im Park neben dem Ben Reifel/Cedar Pass VC in schöner Landschaft gelegene Unterkunft mit 24 rustikalen Cottages. Ein kleiner Laden und ein Lokal gehören zum Komplex. Das Naturerlebnis und die Sonnenauf- und untergänge sind unvergleichlich! Geöffnet April-Okt., rechtzeitige Vorausbuchung nötig!

Camping
Es gibt zwei **Campingplätze**: am Cedar Pass VC und (einfacher) im nordwestlichen Parkabschnitt, am Sage Creek.

Bend/OR (S. 638)

Unterkunft
• **Inn of the Seventh Mountain** $$-$$$$, 18575 SW Century Dr., ☎ 541/382-8711, 🖵 www.7thmtn.com. Großzügig angelegtes Resorthotel mit zwei Schwimmbädern, Whirlpool, Sauna und Sportanlagen (Golf, Tennis etc.). Zudem werden Wildwasserfahrten und Kanutrips angeboten.
• **Pine Ridge Inn** $$$-$$$$, 1200 SW Century Dr., 🖵 www.pineridgeinn.com, ☎ 541/389-6137. Kleines Luxus-Inn mit 20 unterschiedlich ausgestatteten Zimmern (kleine Suiten) in unver-

gleichlicher Lage (Zimmer zum Fluss hin sind am schönsten). Im Preis sind Frühstück und Abend-häppchen enthalten.
• **Riverhouse Resort Hotel** $$-$$$, 3075 N US 97, 🖥 www.riverhouse.com, ☎ 541/389-3111. Resorthotel mit 220 Zimmern direkt am Ufer des Deschutes River.
• **Rock Springs Guest Ranch**, 64201 Tyler Rd., ☎ 541/372-1957, 🖥 www.rocksprings.com. Die Ranch gehörte einst Walt Disneys Bruder Ray. Der jetzige Besitzer John Gill bietet max. 50 Gästen Rundumbetreuung, u. a. ein 7-Tages-Programm mit Vollpension und Reitunterricht. Ideale Unterkunft für Reisende, die „Reiterferien" in ihr Northwest-Reiseprogramm integrieren möchten.
• **The Ponderosa Ranch**, zwischen Burns und John Day, US Hwy. 395M, zu buchen über America Experience by Sareiter Reisen, in Deutschland ☎ (08022) 6327 oder 0-800-632-7000, 🖥 www.america-experience.de. Im Silvies Valley, im Osten Oregons, gelegene Working Ranch, auf der man sich erholen und ausgedehnte Ausritte unternehmen, aber auch bei den täglichen Rancharbeiten als Cowboy/-girl aktiv werden kann.

🍴 **Essen & Trinken, Nightlife**
• **Deschutes Brewery & Public House**, 1044 NW Bond St. Brewpub der bekannten Kleinbrauerei mit leckerer (preiswerter) Nordwestküche mit lokalen Zutaten, selbst gebackene Brote und hausgemachte Würste, außerdem Suppen, Salate und prima Käse. Auch Brauereitouren mit Proben: Di-Fr 13, 14.30 und 16 Uhr, Sa 12-16 Uhr (🖥 www.deschutesbrewery.com).
• **West Side Bakery & Café**, 1005 NW Galveston St. Hausgemachte leckere Backwaren, dazu eine kleine Speisekarte.

Berkeley/CA (S. 561)

🛏 **Unterkunft**
• **Hotel Durant** $$$-$$$$, 2600 Durant Ave., 🖥 www.hoteldurant.com, ☎ 510/845-8981 und 1-800-2DURANT. Altehrwürdiges, renommiertes Hotel ganz nahe dem Unicampus mit 145 gut ausgestatteten Zimmern.

🍴 **Essen & Trinken**
In Berkeley kann man preiswert essen, sofern man nicht ausgerechnet den Gourmettempel **Chez Panisse** (1517 Shattuck Ave.) von Nancy Oaks wählt, z. B. bei **Blakes on Telegraph** (2367 Telegraph Ave.), in der **Bison Brewery** (2598 Telegraph Ave./Parker) – Super-Biere und Essen schon ab $ 5 – oder in **Spenger's Fresh Fish Grotto** (1919 4th St., ☎ 510/845-7771, 🖥 www.spengers.com, Fisch und Meeresfrüchte).

Billings/MT (S. 384)

🛏 **Unterkunft**
• **C'mon Inn** $$-$$$, 2020 Overland Ave. (I-90 Exit 446), 🖥 www.cmoninn.com, ☎ 406/655-1100. 80 geräumige Zimmer, einige mit Jacuzzi, Innenpool und Frühstück inkl.
• **Dude Rancher Lodge** $-$$, 415 N 29th St., 🖥 www.duderancherlodge.com, ☎ 406/259-5561. 57 Zimmer im rustikalen Ranchstil, gemütlich, ruhig, preiswert und sauber. Eine empfehlenswerte Alternative zu den sonst einförmigen Kettenmotels, mit nettem Lokal!

B

Essen & Trinken, Nightlife

• **Jakes of Billings**, 2701 1st Ave. N (gegenüber Sheraton), ☏ 406/259-9375. Gemütliches Lokal, beliebt bei Einheimischen und Besuchern wegen der Steaks und Desserts, es gibt aber auch Vegetarisches.

• **MacKenzie River Pizza Co.**, 3025 E Grand Ave., ☏ 406/651-0068. Prima Pizza und eine gute Auswahl an regionalen Microbrews.

• **Walker's Grill**, 2700 1st St., ☏ 406/245-9291. Eine Institution in der Stadt, nur die besten und frischesten Zutaten gelangen in die Küche.

• **Desperados**, 145 Regal St., ☏ 406/259-2612. Die Cowboy-Diskothek in Süd-Montana. Ohne Boots und Cowboyhut geht hier gar nichts.

Bismarck & Mandan/ND (S. 430)

Unterkunft

• **Best Western Ramkota Hotel Bismarck** $$$-$$$$, 800 S 3rd St., ☏ 701/258-7700, 🖳 www.ramkota.com/bismarck. Neu renoviertes Hotel mitten in Bismarck mit über 300 geräumigen Zimmern, eigenem Restaurant und Waterpark. Günstig gelegen gegenüber Kirkwood Mall und riesigem Liquor Store.

Essen & Trinken

• **Bistro & American Cafe**, 1103 E Front Ave., ☏ 701/258-7222. Top-Steaks und andere Grillgerichte in edler Atmosphäre, allerdings etwas teurer.

• **East 40 Chophouse and Tavern**, 1401 Interchange Ave., ☏ 701/258-7222. Ausgezeichnetes Restaurant mit riesiger Auswahl an kreativen Gerichten, außerdem Sunday Brunch, Salate und Steaks, auch die Fischgerichte sind besonders empfehlenswert.

• **Famous Dave's**, 401 E Bismarck Expressway, ☏ 701/530-9800. Berühmt für seine BBQ-Gerichte, speziell Rips.

• **Meriwether's Landing**, 1700 River Rd., ☏ 701/258-0666. Direkt am Missouri werden leckere lokale Gerichte serviert.

• **Space Aliens Grill & Bar**, 1304 E Century Ave., ☏ 701/223-6220. Kuriose Ausstattung – ideal mit Kindern –, dazu gute Burger, Pizza, Steaks und karibisch Angehauchtes.

• **Peacock Alley**, 422 E Main Ave., ☏ 701/255-7917. Amerikanische Kost in historischem Hotelbau von 1915.

Bodega Bay/CA (S. 572)

Unterkunft

• **Inn at the Tides** $$$, 800 Coast Hwy. 1, 🖳 www.innatthetides.com, ☏ 707/875-2751. Traumhaft über der Bucht gelegener mehrteiliger Hotelkomplex mit Pool und Fitnesszentrum; geschmackvolle Suiten mit Balkon oder Terrasse und offenem Kamin.

• **Bodega Bay Lodge & Spa** $$$$, 103 Coast Hwy. 1, 🖳 www.woodsidehotels.com, ☏ 707/875-3525. Nicht nur schön gelegen, sondern zudem komfortable Suiten, Pool, Fitnessanlage, Golfplatz und empfehlenswertes Duck Club Restaurant.

Essen & Trinken
• **The Duck Club Restaurant**, s. Bodega Bay Lodge & Spa. Traumhafter Ausblick vom Speisesaal auf die Bucht, dazu innovative Küche mit viel Meeresfrüchten, Fisch und Ente sowie außergewöhnliche Weinkarte.

B

Boise/ID (S. 318)

Vorwahl 208

Unterkunft
• **A JJ Shaw Historic B&B** $$-$$$, 1411 W Franklin St., ⌨ www.jjshaw.com, ☎ 344-8899. Gemütliche Sechs-Zimmer-Herberge mit toller Suite im Dachgeschoss des 1907 erbauten, komplett renovierten Hauses; zentral gelegen, modern ausgestattet, gutes und üppiges Frühstück.
• **Best Western Safari Motor Inn** $$, 1070 Grove St., ☎ 344-6556, ⌨ www.bwsafari.com. 103 moderne Zimmer, einige mit Whirlpool, dazu Pool, Sauna und Frühstück.
• **Hilton Garden Inn Boise Spectrum** $$$, 7699 W Spectrum St., ☎ 376-1000, ⌨ www.hiltongardeninn.com. 137 gut ausgestattete und geräumige Zimmer.

Essen & Trinken
• **Boise River Ram & Big Horn Brewing Co.**, 709 E Park Blvd., ☎ 345-2929. Leckeres hausgebrautes Bier, große Auswahl an Burgern, Sandwiches und Salaten, preisgünstig, da in der Nähe der Boise State Uni, zugleich Sports Bar.
• **Goodwood Barbecue Co.**, 7849 W Spectrum, ☎ 658-7173. Wer BBQ mag, ist hier richtig – Smoked Prime Rip probieren!
• **Kulture Klatsch**, 409 S 8th St., ☎ 345-0452. Kurioses Lokal mit vegetarischen Gerichten, alle aus biologischen Produkten, dazu tolle Auswahl an Fruchtsäften; auch Livemusik.

Nightlife
• Livemusik bieten auch das **Big Easy Concert House & Bourbon Street Saloon** (416 9th St., ☎ 367-1212), dazu Südstaatenküche mit gut gewürzten Cajun-Gerichten, oder der **Table Rock Brew Pub** (705 Fulton St.).
• Nachtschwärmer und Musikfans finden entlang der Main Street südlich der Innenstadt einige Pubs, z. B. **Blues Bouque** (1010 W Main St., ☎ 345-6605), wo es an mehreren Abenden live Blues, Rock, Country-Rock oder R&B gibt.
• Für Countrymusic-Fans: **Ranch Club** (Chinden Blvd./Orchard St., ☎ 342-9546).

Boulder/CO (S. 465)

s. auch Denver/CO und Golden/CO

Vorwahl 303

Unterkunft
• **Briar Rose B&B** $$$, 2151 Arapahoe Ave., ☎ 442-3007, ⌨ www.briarrosebb.com. Die familiäre Pension mit zehn individuell ausgestatteten Zimmern ist von einem prachtvollen Gar-

B

ten umgeben, der zum Ausspannen einlädt. Zum Frühstück gibt es gesunde und frische biologische Kost.

• **Hotel Boulderado** $$$$, 2115 13th St., ☎ 442-4344, 💻 www.boulderado.com. Das renommierte Hotel von 1909 im viktorianischen Stil wurde neu renoviert. Es bietet 160 geräumige und gemütliche Zimmer.

• **University Inn** $$-$$$, 1632 Broadway, ☎ 417-1700, 💻 www.boulderuniversityinn.com. Günstig zu Downtown und Uni gelegenes Motel mit modern ausgestatteten Zimmern, inkl. Frühstück.

🍴 Essen & Trinken
• **Pearl Street Pedestrian Mall** (11th – Broadway – 15th St.) mit zahlreichen Cafés und Lokalen wie das elegante **Russian Café**, der **14th Street Grill** oder **Jax Fish House**. Weitere Tipps:

• **Flagstaff House Restaurant**, 1138 Flagstaff Rd., ☎ 442-4640. Eines der Top-Lokale der Stadt, abwechslungsreiche Speise- und Weinkarte, dazu traumhafte Aussicht auf Boulder.

• **The Kitchen**, 1039 Pearl St., ☎ 544-5973. Bistro mit Festpreis-Menü um $ 35, frische lokale Zutaten werden kreativ verarbeitet. In der coolen Lounge im Obergeschoss gibt es kleine Gerichte und Drinks.

• **Mountain Sun Pub & Brewery**, 1535 Pearl St. Kleine „Hippie"-Kneipe mit leckeren Gerichten (Junk Burger probieren!) und etwa 20 Bieren vom Fass.

Bozeman/MT (S. 351)

🛏 Unterkunft
• **Gallatin Gateway Inn** $$-$$$$, Hwy. 191, ca. 25 km südl. Bozeman, Gallatin Gateway, ☎ 406/763-4672 und 1-800-676-3522, 💻 www.gallatingatewayinn.com. Eine Institution im Westen, 1927 von der Eisenbahn für Reisende in den Yellowstone NP errichtet. Gepflegtes Ambiente; nur 33 Zimmer (vorher reservieren!). Zudem eigenes hervorragendes Restaurant **The Porter House**. Touren und vielerlei Outdooraktivitäten können arrangiert werden.

Bridger/MT (S. 348)

🛏 Unterkunft
• **Lonesome Spur Ranch** $$$, Schwend Rd., südl. Bridger, ☎ 406/662-3460, 💻 www.lonesomespur.com. Drei verschieden große Lodges und zwei Gästezimmer im Farmhaus, Tipis sowie zwei einfache Hütten im Wildhorse Range Areal in den Pryor Mountains. Farmaktivitäten und „authentische" Verpflegung sowie Begleitprogramm im Preis enthalten.

Buffalo/WY (S. 394)

🛏 Unterkunft, Essen & Trinken
• **The Historic Occidental Hotel & Saloon** $$-$$$$, 10 N Main St., ☎ 307/684-0451, 💻 www.occidentalwyoming.com. 1878 gegründetes legendäres Hotel, in dem schon berühmte Westerners wie Buffalo Bill oder Calamity Jane abgestiegen sind. 2003 neu renoviert mit gemütlichen Zimmern und Suiten, die alle einem bestimmten Westernthema oder einer Person ge-

widmet sind. Angeschlossen sind das schon allein wegen der Steaks sehr empfehlenswerte **Virginian Restaurant** (☎ 307/684-0451) und ein Saloon, der Wildwest-Atmosphäre ausstrahlt. 2007 wurde das Hotel vom Magazin „True West" zum „Best Hotel in the West" gewählt.

Das historische Occidental Hotel in Buffalo

Butte/MT (S. 349)

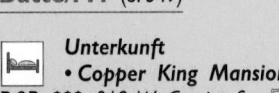
Unterkunft
• **Copper King Mansion B&B** $$$, 219 W Granite St., 🖳 www.thecopperkingmansion.com, ☎ 406/782-7580. Vier luxuriöse Zimmer in einem 1884 erbauten viktorianischen „Palast", den sich William Clark, einer der Copper Kings der Stadt erbauen ließ.
• **Fairmont Hot Springs Resort** $$$-$$$$, 1500 Fairmont Rd., ca. 25 km westl. Butte, I-90 Exit 211, Fairmont, 🖳 www.fairmontmontana.com und www.fairmonthotsprings.com, ☎ 406/797-3241. 152 Zimmer und vier aus heißen Quellen gespeiste Pools mit Wasserrutsche, dazu Golfplatz, Tennisanlage, Ausritte, Fahrradverleih und vieles mehr.

Essen & Trinken
• **Christina's Cocina Café**, 2201 Silver Bow Blvd., ☎ 406/723-8444. Beliebte und gemütliche Kneipe mit ungewöhnlicher Tex-Mex-Küche.
• **Uptown Café**, 47 E Broadway, ☎ 406/723-4735. Kreative Gerichte in einem mit moderner Kunst dekorierten Lokal. Desserts und Kuchen sowie das selbst gebackene Brot sind ebenfalls empfehlenswert.

Cannon Beach/OR (S. 607)

C

Unterkunft
• **Hallmark Resort at Cannon Beach** $$$-$$$$, 1400 S Hemlock St., ☎ 503/436-1566, 🖳 www.hallmarkinns.com. Herrlich am Strand gelegenes Hotel mit verschiedenen Zimmerkategorien sowie Cottages, zudem Whirlpool, Sauna, Swimmingpool und andere Annehmlichkeiten.

Carson City/NV (S. 516)

Unterkunft
• **Bliss Mansion** B&B $$$$, 608 Elizabeth St., 🖳 www.blissmansion.com, ☎ 775/887-8988. Vornehmes und luxuriöses B&B mit fünf Zimmern in einem historischem Gebäude aus dem Jahr 1879.
• **Hardman House** $$-$$$, 917 N Carson St., ☎ 775/882-7744. 62 Zimmer in einem ordentlichen Motel, inkl. Frühstück.

180

3. Der Nordwesten der USA als Reiseziel: Regionale Tipps von A-Z
(Carson City/NV, Casper/WY, Central City/CO, Chamberlain/SD, Chelan/WA)

C

Essen & Trinken
• **Red's Old 395 Grill**, 1055 S Carson St., ☎ 775/887-0395. Leckere Gerichte, dazu eine riesige Bierauswahl und ein Speiseraum, der einem Museum gleicht.

Casper/WY (S. 457)

Unterkunft
• **Holiday Inn on the River** $$-$$$, 300 W F. St., 🖳 www.casperhi.com, ☎ 307/235-2531. Gut ausgestattetes Mittelklassehotel am Ufer des North Platte River, mit Lokal und Pool im überdachten zentralen Innenbereich.

Essen & Trinken, Nightlife
• **Wonder Bar**, 256 S Center St. Eine der ältesten, kontinuierlich betriebenen Bars im Westen, auch heute noch reiten zum Spaß Cowboys herein, um ein Bier zu trinken; hausgebraute Biere und handfest-schmackhafte Gerichte.

Central City/CO (S. 485)

Unterkunft
• **Golden Rose Victorian Hotel** $$, 101 Main St., ☎ 303/582-3737, 🖳 www.centralcitycolorado.com/lodge.php. Restauriertes Hotel von 1874 mit anständigen Zimmern. Da es hier spuken soll, ist hier gerade um und an Halloween einiges los.

Chamberlain/SD (S. 426)

Unterkunft
• **Cedar Shore Resort** $$-$$$$, 1500 Shoreline Dr. (I-90 Exit 260), Chamberlain-Oacoma, ☎ 605/734-6376, 🖳 www.cedarshore.com. Traumhaft am aufgestauten Missouri River gelegenes Hotel, rustikal-elegant mit allem Komfort, Pool, Bootsverleih sowie gutem Restaurant im Haus.

Chelan/WA (S. 368)

Unterkunft, Essen & Trinken
• **Campbell's Resort on Lake Chelan** $$-$$$$$, 104 W Woodin Ave. (US 97), ☎ 509/682-2561, 🖳 www.campellsresort.com. Ältestes Resort (aus dem Jahr 1901) am Lake Chelan, 150 Zimmer und drei Cottages, zwei Pools und Whirlpool, eigener kleiner Strand und Restaurant.
• **North Cascades Stehekin Lodge** $$$, von Chelan nur per Boot erreichbar, ☎ 509/682-4494, 🖳 www.stehekin.com. Am nördlichen Seeufer gelegene Lodge, betrieben von der North Cascades Parkbehörde, ganzjährig geöffnet, im Winter Skiprogramme.

Fährverbindungen
Zum **Lake Chelan SP** bzw. nach **Stehekin**/North Cascades NP fahren die „Lady of the Lake" und die „Lady Empress":
• **Lake Chelan Boat Co.**, 1418 W Woodin Ave., ☎ 509/682-4584 (Reservierung) bzw. 682-2224 (Fahrplan), tgl. Mitte April-Anfang Okt., Rest des Jahres: So, Mo, Mi, Fr, ab $ 51.

Cheyenne/WY (S. 462)

Vorwahl 307

Unterkunft/Camping
• **The Historic Plains Hotel** $$-$$$, 1600 Central Ave., 🖥 www.theplainshotel.com, ☎ 638-3311. 1911 erbautes, altehrwürdiges Hotel, kürzlich komplett neu renoviert, Zimmer mit allem Komfort, dazu Spa-Bereich, Restaurant und Saloon.
• **Nagle Warren Mansion B&B** $$$-$$$$, 222 E 17th St., 🖥 www.naglewarrenmansion.com, ☎ 637-3333. Zwölf geschmackvoll mit Antiquitäten ausgestattete, große Zimmer mit allem Komfort wie TV oder Kamin in 1888 erbauter viktorianischer Villa mitten in Downtown, dazu gehören Jacuzzi und üppiges Frühstück.
• **Terry Bison Ranch**, Terry Ranch Rd., I-25 Exit 2, ☎ 634-4171, 🖥 www.terrybisonranch.com, Touren tgl. (wetterabhängig), $ 10, mit Laden, Restaurant, Campingplatz und Cabins.

Essen & Trinken
• **Snake River Pub & Grill**, 115 W 15th St. (im Cheyenne Depot). Filiale der berühmten Kleinbrauerei aus Jackson, leckeres Essen und vor Ort gebrautes Bier machen die Kneipe zu einem Topspot.
• **The Capitol Grill**, im The Historic Plains Hotel (s. o.). Gemütliches Lokal mit Bar.

Chico/CA (S. 613)

s. auch Redding/CA

Unterkunft
• **The Grateful Bed** (B&B) $$$, 1462 Arcadian Ave., 🖥 www.thegratefulbed.net, ☎ 530/342-2464. Ungewöhnliches kleines B&B, betreut von ungewöhnlichen Besitzern. Vier unterschiedlich gestaltete Zimmer, Veranda zum Entspannen und ein umfangreiches Frühstück.

Essen & Trinken
• **Sierra Nevada Taproom & Restaurant**, 1075 E 20th St., ☎ 530/345-2739. Zur Brauerei (tgl. Führungen) gehören ein Laden und ein Pub mit großer Bar, an manchen Abenden Livemusik. Speisekarte mit kalifornischer, mexikanischer und Cajun-Küche, viel vom Grill – und dazu Biere vom Fass.

C) Cody/WY (S. 380)

Vorwahl 307

Unterkunft
• **Buffalo Bill's Antlers Inn** $$, 1213 17th St., ☎ 587-2084, 💻 www.antlersinncody.com. Einfaches, ordentliches Motel im Süden der Stadt mit geräumigen Zimmern.
• **The Irma Hotel** $$-$$$, 1192 Sheridan Ave., ☎ 587-4221, 💻 www.irmahotel.com. Von Buffalo Bill 1902 in Auftrag gegeben und nach seiner Tochter benannt. Das Hotel wurde 1929 und 1976/77 erweitert und besitzt schöne, renovierte Zimmer, darunter auch Buffalo Bills einstige Suite.
• **Southfork B&B**, 797 Southfork Rd., ☎ 587-8311, 💻 www.southforkbb.com. Luxuriöses und geräumiges Ranchhaus, zwei Zimmer – Yellowstone Suite und Grand Teton Room – im Nebengebäude, Gemeinschaftsräume, inkl. üppigem Frühstück, Pool; Ausritte möglich.

Essen & Trinken, Nightlife
• **Bubba's Bar-B-Que**, 512 Yellowstone Hwy. Nicht nur wegen des BBQ, auch wegen der Salatbar beliebt.
• **Irma Restaurant & Grille**, im Irma Hotel (s. o.). Von morgens bis abends geöffnet, Ribs, Steaks und Chicken – vor allem das Prime Rib ist ein heißer Tipp!
• **Silver Saddle Saloon**, im Irma Hotel (s. o.). Treff der Locals seit Generationen.
• **Wyoming Rib & Chop House**, 1376 Sheridan Ave. Leckere Rippchen und Steaks vom Angus-Rind.

Coeur D'Alene/ID (S. 361)

Unterkunft
• **Clark House on Hayden Lake** $$$$, 5250 E Hayden Lake Rd., Hayden Lake (nördl. CDA, ab US 95), ☎ 208/772-3470, 💻 www.clarkhouse.com. 1910 erbaute Villa von F. Lewis Clark und seiner Frau Winifred. Im Jahr 1914 verschwand Lewis spurlos, 1922 musste seine Frau den Bau verkaufen. 1989 erwarb Monty Danner die Villa und ließ sie renovieren. Heute bestechen die schöne Naturlage am See und zehn Zimmer, darunter fünf elegante Suiten, sowie ein Restaurant.
• **The Coeur D'Alene Resort on the Lake** $$$-$$$$, 115 S 2nd St., 💻 www.cdaresort.com, ☎ 208/765-4000. Modernes Resorthotel mit 340 Zimmern, Restaurant zugehörig. Es werden verschiedenste Touren angeboten, zudem Bootsverleih, Rundflüge u. a.
• **The Roosevelt, A B&B Inn** $$-$$$, 105 Wallace Ave., 💻 www.TheRooseveltInn.com, ☎ 208/765-5200. In einem Park gelegenes ehemaliges Schulhaus von 1905, zwölf verschieden große Zimmer, Sauna und Whirlpool.

Essen & Trinken
• **Beverley's**, im Coeur D'Alene Resort on the Lake (s. o.). Hervorragende regionale Küche mit tollem Ausblick aus dem 7. Stock des Resorts.
• **The Cedars Floating Restaurant**, 1 Marina Dr., ☎ 208/664-2922. Ungewöhnliches Lokal auf dem See mit tollem Ausblick, unbedingt „Biergarten Steak" versuchen!
• **Iron Horse**, 407 Sherman Ave., ☎ 208/667-7314. Leckere Steak- und Fischgerichte.

3. Der Nordwesten der USA als Reiseziel: Regionale Tipps von A-Z (Coeur D'Alene/ ID, Coos Bay/North Bend/OR, Crater Lake NP/OR, Crazy Horse Memorial/ID)

183

• **T.W. Fisher's Brewpub**, 204 N 2nd St. Brauerei mit Pub, guten Bieren und preiswerter Pub-Kost, außerdem Brauereiführungen.

Coos Bay/North Bend/OR (S. 602)

Unterkunft
• **Best Western Holiday Motel** $$, 411 N Bayshore Dr., am US 101, Coos Bay, ☎ 541/269-5111, 💻 www.bestwestern.com. Schönes Mittelklassemotel in zentraler Lage und inkl. Frühstück.

Essen & Trinken
• **Hilltop House Restaurant**, 166 N Bay Dr., North Bend, ☎ 541/756-4160. Gute Fisch- und Fleischgerichte und dazu Blick auf Ozean und Dünenlandschaft.

Crater Lake National Park/OR (S. 631)

s. auch Klamath Falls/OR und Bend/OR

Unterkunft
• **Crater Lake Lodge** $$$, 565 Rim Village Dr., Rim Village, ☎ 541/830-8700, 💻 www.craterlakelodges.com und www.Crater_Lake_Reservations.resv.us. Historische Lodge am Rand der Caldera, geöffnet Ende Mai-Mitte Okt., 71 Zimmer.
• **Mazama Village Lodge** $$, 700 Mazama Village Dr., ca. 10 km südl. Rim Village, ☎ 541/830-8700, 💻 www.craterlakelodges.com. 40 Zimmer in einfachen, aber gemütlichen Holzhäusern.
• **Lemolo-Lake-Resort** $$$, OR 138, zwischen Crater Lake NP und dem nördlich gelegenen Ort Diamond Lake, ☎ 541/498-2531, 💻 www.lemololakeresort.com. Scott und Diana Lamb bieten Gästen ein freundliches Ambiente. Zum Resort gehören Campingplatz, verschiedene Cabins und ein Restaurant.

Essen & Trinken
Restaurant in der **Crater Lake Lodge** (s. o.), ansonsten im Rim Village bzw. im Mazama Village nur kleinere Imbisslokale.

Camping
Es gibt zwei Campingplätze: **Mazama Campground** (Ende Juni-Mitte Okt.) und, abgelegener, der **Lost Creek Campground** (Mitte Juli-Ende Sept.). Keine Reservierungen möglich!

Crazy Horse Memorial/SD (S. 415)

s. auch Custer/SD

Essen & Trinken, Camping
• **Heritage Village**, US 16/385, ca. 1,5 km südl. Buffet-Restaurant mit Musikshows, außerdem Shops und Campingplätze (☎ 605/673-4761).

C Crescent City/CA (S. 599)

Unterkunft
• **Crescent City Beach Motel** $$-$$$, 1455 Hwy. 101 S, ☎ 707/464-5436, 🖳 www.crescentbeachmotel.com. 27 neu renovierte Zimmer in einem perfekt direkt am Meer gelegenen Motel.

Camping
• **Del Norte Coast Redwoods SP**, 7 mi/11,2 km südl. Crescent City, Hwy 101, ☎ 707/464-6101, 145 Stellplätze.
• **Jedediah Smith Redwoods SP**, 9 mi/14,4 km östl. Crescent City, US 199, ☎ 707/464-6100.

Custer/SD (S. 419)

s. auch Crazy Horse Memorial/SD

Unterkunft
• **The Bavarian Inn** $$$, ab US 18/385, nördl. Custer, 🖳 www.bavarianinnsd.com, ☎ 605/673-2802. Mit Kochgelegenheit ausgestattete große Zimmer, Pool und Freizeitmöglichkeiten, Shop und „bayerisch" angehauchtes Restaurant.
• **Custer Mansion B&B** $$-$$$, 35 Centennial Dr., 🖳 www.custermansionbb.com, ☎ 605/673-3333. Sechs Zimmer in schön renoviertem viktorianischen Wohnhaus von 1891, inkl. üppigem Frühstück.

Essen & Trinken
• **Elk Canyon Downtown Bar & Grille**, Mt. Rushmore Rd. Große Portionen zu günstigen Preisen.
• **Sage Creek Grille**, 611 Mt. Rushmore Rd., ☎ 605/674-2424. Das beste Lokal der Gegend, ausgezeichnete Wild- und Bisongerichte.

Custer State Park/SD (S. 419)

s. auch Custer/SD

Unterkunft, Camping
Im Custer SP befinden sich verschiedene Campingplätze und mehrere Lodges (Informationen und Reservierungen über ☎ 605/255-4772 und 1-800-658-3530, 🖳 www.custerresorts.com):
• **State Game Lodge** $$-$$$$, HCR 83 (US 16A), ☎ 605/255-4541 und 1-800-658-3530, 🖳 www.custerresorts.com. In der schön, mitten im Naturpark gelegenen Lodge haben bereits die Präsidenten Coo-

State Game Lodge im Custe State Park

lidge und Eisenhower den Sommer verbracht. Neben einfacheren Motelzimmern gibt es auch luxuriösere Zimmer in der historischen Lodge sowie Cottages; mit eigenem Restaurant.
• Weitere Lodges mit Cottages, Restaurants und Campingplätzen sind **Blue Bell Lodge & Resort & Stables** $$-$$$ (☏ 605/255-4531), **Sylvan Lake Lodge** $$$ (☏ 605/574-2561) sowie **Legion Lake Resort** $$-$$$ (☏ 605/255-4521).

Deadwood & Lead/SD (S. 399)

Vorwahl 605

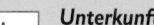

Unterkunft
• **Bullock Hotel** $$$, 633 Main St., 🖳 www.heartofdeadwood.com/bull_ hotel/index.php, ☏ 578-1745. Im 1905 vom legendären Marshall Bullock gegründeten Hotel geht man auf Zeitreise. Renoviert und modern ausgestattete 28 Zimmer. Im Haus befindet sich zudem ein kleines Casino und Bully's Bar (auch Frühstück und Brunch).
• **The Celebrity Hotel** $$$-$$$$, 629 Main St., ☏ 578-1909, 🖳 www.celebritycasinos.com. Historisches Hotel, neu renoviert, verschieden ausgestattet, gemütliche und geräumige Zimmer mitten in Downtown. Mit Casino, Automuseum (Fahrzeuge aus Filmen wie „Easy Rider" oder Serien wie „M.A.S.H." oder „Magnum") sowie Schaukästen mit Filmrequisiten.
• **Historic Franklin Hotel** $$$, 700 Main St., 🖳 www.historicfranklinhotel.com, ☏ 578-2241 und 1-800-688-1876. Historisches Hotel mit entsprechendem Flair. Auch hier gibt es im Erdgeschoss ein Casino.

Essen & Trinken
Entlang der Main Street verbergen sich in renovierten historischen Bauten zumeist Casinos, Lokale, Hotels und Läden. Hier ein paar Tipps:
• **Midnight Star**, 677 Main St. (im Obergeschoss des Midnight Casino), ☏ 578-1555. Mehrfach ausgezeichnetes Top-Restaurant im Besitz von Kevin Costner.
• **The 1903 Historic Franklin Dining Room**, im Franklin Hotel (s. o.), ☏ 578-1465.
• **Old Style Saloon #10**, 657 Main St., ☏ 578-3346, 🖳 www.saloon10.com. Historischer Saloon mit kleinem Museum, Restaurant und Veranstaltungshalle, tgl. Re-enacments, Shows und Livemusik.
• **Eagle Saloon**, 624 Main St. Hier befand sich einst der legendäre Saloon #10, in dem am 2. August 1876 Wild Bill Hickok während einer Pokerpartie erschossen wurde; heute kleines Museum im Untergeschoss.
• **Lewie's Burger & Brew**, 711 S Main St., Lead. Ein Muss für alle Burger-Fans!

D) Denver/CO (S. 466)

s. auch Golden/CO und Boulder/CO

Vorwahl 303

Wichtige Telefonnummern

- **Notruf Polizei/Feuer/Ambulanz:** 911
- **Krankenhäuser:**
  – University Hospital: 4200 E 9th Ave., ☎ 372-0000
  – AMI St. Luke's Hospital: 601 E 19th St., ☎ 839-1000, in Notfällen ☎ 629-2111
- **Wetterauskunft:** lokal ☎ 398-3964, Colorado ☎ 893-4492

Unterkunft

- **Brown Palace Hotel** $$$$ (1), 321 17th St., ☎ 297-3111, 🖳 www.brownpalace.com. Altehrwürdiges, elegantes Hotel in einem Gebäude von 1892, einst das „Grand Hotel" der Stadt mit 241 Zimmern, allein schon die Lobby ist einen Blick wert.
- **Comfort Inn Downtown** $$ (2), 401 17th St., ☎ 296-0400, 🖳 www.denvercomfortinn.com. Modernes, aber eher schlichtes Kettenmotel, dafür inmitten der Innenstadt und ideal für Preisbewusste.
- **Hotel Monaco Denver** $$$$ (3), 1717 Champa St., 🖳 www.monaco-denver.com, ☎ 296-1717. Ungewöhnliches Boutique-Hotel mit 189 unterschiedlich gestalteten, außergewöhnlich geschmackvoll ausgestatteten Zimmern und Suiten, die allen Komfort aufweisen – WLAN, Flachbildschirm, Federbetten etc.
- **Residence Inn Denver City Center** $$$-$$$$ (3), 1725 Champa St., ☎ 296-3444, 🖳 www.residenceinn.com bzw. www.marriott.com/DENRD. Zentral gelegenes, modernes Hotel mit großen, modern ausgestatteten Suiten, die jeweils über eine kleine Küchenzeile, Mikrowelle und Kühlschrank verfügen. Aller erdenkliche Komfort ist geboten, inkl. üppigem Frühstück und kleinem Abendessen mit Gratis-Getränken. Angeschlossenes Parkhaus.
- **The Warwick Hotel Denver** $$$$$ (4), 1776 Grant St., 🖳 www.warwickhotels.com, ☎ 861-2000. 219 große Zimmer, elegant und relativ zentral, aber trotzdem ruhig gelegen, kostenloser Innenstadt-Shuttle.
- **Capitol Hill Mansion** $$$$, 1207 Pennsylvania St., 🖳 www.capitolhillmansion.com, ☎ 839-5221. Seit 1994 eines der Top-Inns der Stadt, mit acht unterschiedlich gestalteten Zimmern in einem ehemaligen Wohnhaus von 1891.

Essen & Trinken, Brewpubs, Nightlife

- **Appaloosa Grill** (5), 535 16th St. Mall, ☎ 932-1700. Beliebtes Restaurant mit hervorragender Küche und Live-Entertainment.
- **Breckenridge Brewery & Pub** (6), 2220 Blake St., ☎ 297-3644. Leckere Biere der eigenen Brauerei und gutes Essen nahe Coors Field.
- **Buckhorn Exchange**, 1000 Osage St./10th Ave., ☎ 534-9505. Steaks (auch Bison) und Wildgerichte in Denvers ältestem Restaurant von 1893, in dem die Einrichtung Museumscharakter hat.
- **Café Berlin**, 323 14th St., ☎ 377-5896. Deutsche Küche vom Feinsten.

D

• **El Chapultepec**, 20th/Market St. (nahe Coors Field), ☎ 295-9126. Legendäre mexikanische Cantina, zugleich aber die beste Jazzkneipe der Stadt, in der sich immer wieder Stars einfinden.
• **Falling Rock Tap House**, 1919 Blake St. Beliebte Bierkneipe nahe Coors Field.
• **Flying Dog Brewery**, 2401 Blake St. Denvers größte Brauerei mit gemütlicher Kneipe.
• **Panzano**, 1717 Champa St. (im Hotel Monaco), ☎ 296-3525. Der beste Italiener der Stadt, mit einigen ungewöhnlichen Gerichten auf der Karte und empfehlenswerten Pastagerichten.
• **Wazee Supper Club** (8), 1600 15th/Wazee. Beliebtes Lokal in LoDo, Pizza, aber auch andere gute Gerichte, große Bierauswahl.
• **Wynkoop Brewing Co.** (7), 1634 18th St. (gegenüber Union Station). Die Microbrewery mit kreativen Gerichten und herausragendem Bier gehört dem Bürgermeister von Denver, der einst damit die Revitalisierung von LoDo mitinitiierte.
• Mehrere Lokale an **Larimer Square** oder **Market Street** (nahe 16th Street Mall).

Denver Hotels - Restaurants

🏨 **Hotels**
1 Brown Palace Hotel
2 Comfort Inn Downtown
3 Hotel Monaco Denver und Residence Inn Denver City Center
4 Warwick Hotel Denver

🍴 **Restaurants**
5 Appaloosa Grill
6 Breckenridge Brewery & Pub
7 Wynkoop Brewery Co.
8 Wazee Supper Club
━━━ Fußgängerzone

D

Flughafen

• Der **Denver International Airport (DEN)** gilt als einer der modernsten Flughäfen der Welt und ist schon allein aufgrund seiner Architektur sehenswert. Das Hauptgebäude erinnert mit seinen zeltartigen Dachspitzen an die Kontur der Rockies bzw. an Indianertipis. Derzeit gibt es fünf Start- und Landebahnen. Der Flughafen erstreckt sich über ein 137 km² großes Gelände (zum Vergleich: Frankfurt/M.: 14 km², Dallas: 72 km²) und ist damit zugleich der flächenmäßig größte Airport der Welt.

• **Information:** ☎ 342-2200, 🖵 www.diadenver.net oder www.flydenver.com

• Denver ist Heimflughafen von **Frontier Airlines** (🖵 www.frontierairlines.com, ☎ 371-7400), mit tgl. über 100 Inlandsverbindungen, auch alle anderen großen US-Linien und europäische Gesellschaften wie British Airways, Air France oder Lufthansa fliegen die Stadt an.

• **Nahverkehr:** Per **Auto** sind es ca. 35 Fahrminuten (30 km) von/nach Downtown Denver via I-70 und Peña Blvd. Bis 2014 soll eine S-Bahn-Linie den Flughafen mit der Innenstadt (Union Station) verbinden. Es gibt mehrere **Shuttle-Services**, z. B. Super Shuttle Denver, ☎ 370-1300 und 1-800-525-3177, 🖵 www.supershuttledenver.com, $ 19 einfach, $ 35 H/R, tgl. 4-24 Uhr ab „Baggage Claim Level". Für eine Fahrt mit dem **Taxi** in die Stadt gilt eine Flatrate von derzeit $ 43. Die RTD (Regional Transportation District) unterhält sechs Buslinien („Sky Rides") zum Flughafen, doch nur die Linie AF pendelt meist stündlich zwischen Downtown (mehrere Haltestellen) und Flughafen (Fahrtdauer ca. 60 Min., $ 8), Infos: ☎ 299-6000, 🖵 www.rtd-denver.com

Öffentliche Verkehrsmittel

• **Amtrak**, Union Station am nordwestlichen Ende der 17th St. (ein Block von der 16th St. Mall), ☎ 534-2812, 🖵 www.amtrak.com. Der **California Zephyr** fährt morgens (8.05 Uhr) Richtung Westen (Salt Lake City, Reno, Truckee, Sacramento, San Francisco Bay) und abends (19.25 Uhr) Richtung Osten (Omaha, Chicago).

• **Greyhound-Überlandbusse:** Busbahnhof Ecke 19th/Arapahoe St., ☎ 1-800-231-2222, 🖵 www.greyhound.com

• **Stadtbusse der RTD** bedienen ein Routennetz, das bis Boulder reicht, tgl. 5.30-22.30 Uhr, $ 1,15 pro Fahrt, Infos: ☎ 299-6000, 🖵 www.RTD-Denver.com. Wichtige Linien:

– **„Mall Ride"** – Buslinie entlang der 16th St. Mall, kostenlos

– Buslinie **83L loop** – verbindet die Innenstadt (16th St. Mall, Civic Center Station) mit der Cherry Creek Shopping Area

• **Light Rail**, seit Ende 2006 sechs RTD-Linien (C, D, E, F, G, H) von der Innenstadt (Union Station und 16th Street Mall), soll bis 2014 ausgeweitet werden, $ 1,25-2,75 je nach Distanz.

• Tageskarten für RTD $ 4,50 im Stadtbereich, $ 10 für Metro Denver

Devils Tower National Monument (Bear Lodge)/WY (S. 394)

Unterkunft

Am Monument und in der nächsten Umgebung gibt es keine Motels/Hotels, daher empfiehlt es sich, in die Black Hills weiterzufahren oder in Sundance einen Stopp einzulegen, z. B.

• **Best Western Inn at Sundance** $$, 2719 E Cleveland Ave. (I-90 Exit 189), ☎ 307/283-2800, 🖵 www.bestwestern.com bzw. www.blackhillslodging.com. 44-Zimmer-Motel mit Pool, inkl. Frühstück.

• **Lake Ranch**, Hulett, Mitte April-Mitte Okt. Working Cattle Ranch nördlich des NM, die seit 1890 besteht, gemütliches Gästehaus mit acht Zimmern und Gemeinschaftsräumen, inkl. Vollpen-

3. Der Nordwesten der USA als Reiseziel: Regionale Tipps von A–Z
(Devils Tower NM/WY, Dickinson/ND, Dubois/WY, Dunsmuir/CA)

189

sion – zu buchen über America Experience by Sareiter Reisen, 🖳 www.america-experience.de, ☎ (08022) 6327.

D

Dickinson/ND (S. 445)

Unterkunft
• **Comfort Inn** $-$$, 493 Elk Dr., 🖳 www.comfortinn.com/ hotel/nd001, ☎ 701/264-7300. Angenehmes Motel mit 118 geräumigen und modern ausgestatteten Zimmern, Pool mit Waterpark.
• **Days Inn – Grand Dakota Lodge** $$-$$$, 532 15th St. W, 🖳 www.daysinn.com, ☎ 701/483-5600. Rund 150 neu renovierte, geräumige Zimmer und Suiten mit viel Komfort, inkl. Frühstück und großem Innenpool. Das zugehörige Restaurant **Red Pheasant** gehört zu den besten der Stadt.
• **Logging Camp Ranch**, Bowman/ND, rund 80 km südl. Dickinson, ☎ 701/279-5501, 🖳 www.loggingcampranch.com. Seit den 1880er Jahren betriebene Familienranch der Hansons in den Badlands. Teilnahme an Ranchaktivitäten sowie Gelegenheit zum Wandern, Jagen, Fischen. Rustikale, aber komfortable Log Cabins unterschiedlicher Größe. Packages mit Vollpension.
• **Knife River Ranch Vacations**, Golden Valley/ND, 80 km nordöstl. Dickinson, ☎ 701/983-4290, 🖳 www.kniferiverranch.com. Working Ranch am Knife River, Teilnahme an der Rancharbeit, Trailrides, Bootsfahrten, Jagen etc. Übernachtung in rustikalen Cabins inkl. Mahlzeiten und Programm.

Essen & Trinken
• **Badlands Brew**, 215 Sims St., ☎ 701/483-2759, 🖳 www.badlandsbrew.com. Kleines Café in einer ehemaligen Kirche mit eigener kleiner Rösterei. Es gibt neben einer Vielzahl von Kaffeesorten leckere Sandwiches (panini), Suppen und Salate zu günstigen Preisen, außerdem Gratis-Internetzugang.
• **Kelsey's Kitchen**, 837 Villard St. E. Typischer Diner, der auch lokale Spezialitäten der deutschen Einwanderer wie Spätzlesuppe oder Bortsch anbietet.

Dubois/WY (S. 447)

Unterkunft
• **Twin Pines Lodge & Cabins** $$, 218 W Ramshorn St., ☎ 307/455-2600, 🖳 www.twinpineslodge.com. Mittelklassemotel im gemütlichen Lodge-Stil, teilweise mit historischen Möbeln ausgestattet, 15 Zimmer und zehn Cabins.

Dunsmuir/CA (S. 626)

Unterkunft
• **Railroad Park Resort** $-$$$ 100 Railroad Park Rd. (I-5 Exit Railroad Park), ☎ 530/235-4440 (Caboose Motel), ☎ 235-0420 (Camping) und ☎ 235-4511 (Restaurant), 🖳 www.rrpark.com. Eine ungewöhnliche Unterkunft: Nächtigen in alten, zu Hotelzimmern umgebauten Güterzug-Begleitwagen (cabooses).

E Ely/NV (S. 515)

Unterkunft, Essen & Trinken
• **Historic Hotel Nevada & Gambling Hall** $-$$, 501 Aultman St., ☎ 775/289-6665, 💻 www.hotelnevada.com. Das 1929 erbaute und damals höchste Gebäude Nevadas wurde renoviert und bietet neben 63 Zimmern ein ausgezeichnetes Restaurant.

Estes Park/CO (S. 486)

s. auch Rocky Mountain National Park/CO

Unterkunft
• **Aspen Lodge at Espen Park** $$-$$$$, 6120 Hwy. 7, ☎ 970/586-8133, 💻 www.aspenlodge.net. Schönes Resort mit 36 Zimmern im Hauptbau und 23 Cabins, ideal zum Entspannen und für Unternehmungen (Reiten, Wandern), mit empfehlenswertem Restaurant.
• **McGregor Mountain Lodge** $-$$$, 2815 Fall River Rd. (5 km westl., US 34), ☎ 970/586-3457, 💻 www.mcgregormountainlodge.com. Vier Zimmer und 15 Cottages nahe dem Zugang zum Rocky Mountain NP.
• **Streamside on Fall River** $$$, 1260 Fall River Rd. (ab US 34, ca. 3 km westl.), ☎ 970/586-6464, 💻 www.streamsideonfallriver.com. Traumhaft am Fall River gelegen, drei Suiten sowie 16 Cabins.

Essen & Trinken
• **Grumpy Gringo**, 1560 Big Thompson Ave. (ca. 3 km westl., US 34), ☎ 970/586-7705. Mexikanisches Restaurant mit leckeren Spezialitäten, berühmten Margaritas und zudem in toller Lage.
• **Nick's Cattleman's Steak House**, 1350 W US 34 (ca. 3 km westl.), ☎ 970/586-2123. Empfehlenswertes Steakhaus mit großer Speisekarte.

Eugene/OR (S. 641)

Unterkunft
• **Atherton Place Inn** $$$, 690 W Broadway, ☎ 541/683-2674, 💻 www.go-native.com/Oregon/OR.Eugene.shtml. Drei Zimmer in einem Haus, das 1928 im holländischen Kolonialstil errichtet wurde.
• **Best Western New Oregon** $$, 1655 Franklin Blvd. (gegenüber der Universität), ☎ 541/683-3669, 💻 www.bestwestern.com/neworegonmotel. Modernes 129-Zimmer-Motel mit zwei Restaurants, Swimmingpool, Whirlpool und Sauna, Frühstück im Preis enthalten.

Eureka/CA (S. 591)

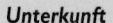

s. auch Redwood National Park/CA

 Unterkunft
• **The Eureka Inn** $$$-$$$$, 518 7th St., ☎ 707/442-6441. Historisches Hotel von 1922 im englischen Tudorstil mit 105 luxuriösen Zimmern. Es gibt einen beheizten Außenpool und das Restaurant **Rathskeller**.
• **The Daly Inn** $$$$, 1125 H St., ☎ 707/445-3638, 🖥 www.dalyinn.com. Nicht gerade billiges, aber luxuriöses und elegantes B&B einem Bau von der Wende zum 20. Jh. mitten in der Stadt. Fünf große, geschmackvoll ausgestattete Zimmer, schöner Garten und hervorragendes Frühstück.

❚❚ Essen & Trinken
Die meisten Lokale befinden sich in **Historic Old Town Eureka**, z. B.:
• **Lost Coast Brewery**, 617 4th St., ☎ 707/445-4480. Brauerei mit Pub, ausgestattet im Stil des späten 19. Jh., deftige Hausmacherkost zu ordentlichen Preisen und gute Biere.
• **Avalon**, 3rd/G St., ☎ 707/445-0500. Amerikanische Küche perfekt zubereitet, vor allem die Gerichte mit lokalem Fisch und Meeresfrüchten sind empfehlenswert.
• **Marie Callender's**, 3502 Broadway, ☎ 707/268-8255. Bekannt ist diese über 50 Jahre alte Institution für ihre Backwaren (pies) und das Frühstück.

Eureka/NV (S. 515)

 Unterkunft, Essen & Trinken
• **Jackson House Hotel, Saloon & Restaurant** $$, 11 S Main St., ☎ 775/237-5577, 🖥 www.eurekacounty.com/directory/jackson.htm. Gemütliches, kleines Hotel mit neun Zimmern in historischem Gebäude, mit angeschlossenem Restaurant und Saloon – Treff der Einheimischen.

Ferndale/CA (S. 591)

Unterkunft
• **Gingerbread Mansion** $$$$, 400 Berding St., 🖥 www.gingerbread-mansion.com, ☎ 707/786-4000. Der Atmosphäre des Ortes angepasstes B&B in einem Gebäude von 1899 im viktorianischen Stil; elf Zimmer, inkl. komplettem Frühstück.

Flaming Gorge National Recreation Area/UT & WY (S. 493)

Unterkunft, Camping
• **Red Canyon Lodge** $-$$$, am Südende der Flaming Gorge, UT 44, ☎ 435/889-3759, 🖥 www.redcanyonlodge.com. Nahe Canyonrand und VC an einem kleinen See gelegen, Cabins verschiedener Ausstattung, eigenes Restaurant und Freizeitangebot.
• **Flaming Gorge Lodge** $$, US 191, ca. 10 km südwestl. Dutch John, ☎ 435/889-3773, 🖥 www.fglodge.com. Einfache Unterkunft, auch Bootsverleih und Angeltouren.

192

3. Der Nordwesten der USA als Reiseziel: Regionale Tipps von A-Z
(Flathead Lake/MT, Florence/OR, Fort Benton/MT)

F   ## Flathead Lake/MT (Bigfork, Kalispell) (S. 359)

Unterkunft
• **O'Duachain Country Inn** $$$, *675 Ferndale Dr., ca. 7 km östl. Bigfork,* ☎ *406/837-6851,* 🖥 *www.montanainn.com. Rustikales und gemütliches Country Inn in einem großen Blockhaus in Superlage, fünf Zimmer, Kanu- und Raftingtouren.*
• **Kalispell Grand Hotel** $$-$$$, *100 Main St., Kalispell,* 🖥 *www.kalispellgrand.com,* ☎ *406/755-8100. Schön renoviertes Hotel von 1912 mitten in der Innenstadt, mit zwei Restaurants.*
• **Kalispell Hilltop Inn** $$, *801 E Idaho St., Kalispell,* 🖥 *www.kalispelhilltopinn.com,* ☎ *406/755-4455. 24 neu renovierte Motelzimmer, teilweise mit Küchenecke. Ideal für Outdoorfans, Wanderer, Fischer, Wassersportler und Skifahrer.*

Essen & Trinken
• **The Alley Connection**, *im Kalispell Grand Hotel (s. o.),* ☎ *406/752-7077. Bekannt für seine asiatischen Gerichte.*
• **Painted Horse Grill**, *im Kalispell Grand Hotel (s. o.),* ☎ *406/755-7171. Ausgezeichnetes Essen, vieles vom Grill.*

Florence/OR (S. 604)

Unterkunft
• **Edwin K B&B** $$$, *1155 Bay St. (Old Town),* ☎ *541/997-8360,* 🖥 *www.edwink.com. Das nahe dem Siuslaw River gelegene ehemalige Haus eines Holzschnitzers von 1914 bietet sechs große, geschmackvoll ausgestattete, luxuriöse Zimmer, darunter eine Suite sowie ein Cottage.*
• **Le Chateau Motel** $$, *1084 Hwy. 101,* ☎ *541/997-3481,* 🖥 *www.lechateaumotel.com. 49 Zimmer in ordentlichem Motel, mit Pool, Sauna und Fitnessraum, inkl. Frühstück.*
• **Heceta Head Lighthouse/The Keeper's House B&B** $$-$$$, ☎ *1-866-547-3696,* 🖥 *www.hecetalighthouse.com/bed_breakfast. Sechs Gästezimmer wurden in dem einstigen Leuchtturmwärterhaus neben dem Leuchtturm eingerichtet, mit Gästeküche und Superausblick.*

Essen & Trinken
• **Beachcomber Tavern**, *1355 Bay St.,* ☎ *541/997-6357. Gemütlicher Neighborhood-Pub, auch Frühstück, Di/Do Steak Night, Sa Prime Rib Dinner Special, vielerlei Biere, mit Shop.*
• **The Bridgewater**, *1297 Bay St.,* ☎ *541/997-9405. Historischer Bau von 1901, kreative Gerichte mit lokalen frischen Zutaten, viel Fisch, super Desserts, tgl. Lunch/Dinner, Frühstück Fr-Mo.*
• **Traveler's Cove**, *1362 Bay St.,* ☎ *541/997-6845. Im Freien über dem Siuslaw River, ab 9 Uhr Frühstück (Huevos rancheros!), gute Crab Quiche, Clam Chowder und Fr Prime Rib, Sa Steak und Shrimps, Do-So Livemusik und Tanz.*

Fort Benton/MT (S. 354)

Unterkunft, Essen & Trinken
• **The Grand Union Hotel** $$-$$$, *1 Grand Union Square,* ☎ *406/622-1882,* 🖥 *www.grandunionhotel.com. Historisches Hotel in edler Aufmachung und verschieden ausgestatteten und unterschiedlich großen Zimmern, zum Haus gehört ein ausgezeichnetes Restaurant.*

3. Der Nordwesten der USA als Reiseziel: Regionale Tipps von A-Z
(Fort Bragg/CA, Glacier NP & Glacier Country/MT, Gold Beach/OR)

193

Fort Bragg/CA (S. 589)

s. auch Mendocino/CA

Unterkunft
• **Hi Sea Inn** $$$, 1201 N Main St., ☎ 707/964-5929, ☐ www.callodging.com. Alle 15 Zimmer mit Meerblick und Strandzugang, außerdem Spazier- und Joggingwege in nächster Nähe.
• **The Grey Whale Inn** $$$$, 615 N Main St., ☎ 707/964-0640, ☐ www.greywhaleinn.com. 13 Gästezimmer in ehemaligem Hospital, das 1915 eine Holzfirma erbauen ließ. Eines der extravagantesten B&Bs der Region, leckeres Frühstücksbuffet.

Essen & Trinken
• **North Coast Brewing Company**, 444 N Main St., ☎ 707/964-3400. Pionier unter den Kleinbrauereien (1988), vielfach ausgezeichnet für seine Biere wie Red Seal Ale oder Old Rasputin Russian Imperial Stout. Im angeschlossenen Lokal gibt's gute Gerichte zu günstigen Preisen.

Glacier National Park & Glacier Country/MT (S. 354)

Unterkunft, Camping
Achtung: Viele Motels sind im Winter geschlossen. In den Ortschaften im Umkreis des Parks, besonders auf der Westseite (s. Flathead Lake/MT), gibt es eine Reihe von Unterkünften und Campingplätzen. Wie bei anderen großen Nationalparks sollte die Unterkunft im Park vorher reserviert werden, und zwar über:
• **Glacier Park Inc.**, East Glacier Park/MT, ☎ 602/207-6000 und 406/236-3400, ☐ www.glacierparkinc.com. Zu den betreuten Unterkünften gehören:
– **Glacier Park Lodge** $$$, MT 49, Nähe Kreuzung mit US 2. Schöne Zimmer in einer Lodge von 1913; zugehöriges Restaurant.
– **Lake McDonald Lodge** $$$. Rustikale Lodge am Lake McDonald im Westen des Parks an der Going-to-the-Sun Road.
– **Many Glacier Hotel** $$$, 12 mi westl. Babb. Schön am Swiftcurrent Lake gelegen; größtes Hotel im Nationalpark.
– **Rising Sun Motel** $$. An der Going-to-the-Sun Road am St. Mary Lake im Osten; Motel und Cabins.
• Es gibt außerdem 13 **Campingplätze** im Park, von denen viele sehr einfach ausgestattet sind; sechs liegen nahe der Going-to-the-Sun Road; Infos und Reservierungen in den VCs.

Gold Beach/OR (S. 602)

Unterkunft
• **Inn of the Beachcomber** $$-$$$, 29266 Ellensburg Ave. (US 101), ☎ 541/247-7066, ☐ www.beachcomber-inn.com. Das direkt am Strand gelegene Motel gibt es seit rund 50 Jahren. Heute ist es neu renoviert und bietet 49 Gästezimmer, Frühstück inbegriffen.
• **Tu Tu'Tun Lodge** $$$$, 96550 N Bank Rouge, ca. 10 km östl. Gold Beach, ☎ 541/247-6664, ☐ www.tututun.com. Luxuriöse, aber rustikale Lodge am Rouge River in einem Waldgebiet. Einige

194

3. Der Nordwesten der USA als Reiseziel: Regionale Tipps von A-Z
(Gold Beach/OR, Gold Country (nördlicher Teil)/CA, Golden/CO, Grand Coulee Dam/WA)

G

der 18 Zimmer verfügen über Jacuzzi und Kamin. Es gibt auch zwei Cottages. Angeln, Wandern und Bootfahren möglich.

Gold Country (nördlicher Teil)/CA (S. 524)

inkl. Nevada City, Grass Valley, Auburn, Coloma, Placerville und Folsom

Unterkunft
• **Lake Natoma Inn** $$$, 702 Gold Lake Dr, Folsom, 🖥 www.lakenatomainn.com, ☎ 916/351-1500. *Bei Sacramento in schöner grüner Lage nahe Folsom Lake gelegenes Resorthotel mit 132 Zimmern/Suiten und gutem Freizeitangebot.*
• **Murphy's Inn** $$-$$$, 318 Neal St., Grass Valley, ☎ 530/273-6873. *B&B im repräsentativen Wohnhaus eines Goldbarons von 1866. Acht große Räume mit zahlreichen historischen Relikten, Frühstück inbegriffen.*
• **Powers Mansion Inn** $$$$, 164 Cleveland Ave., Auburn, 🖥 www.powersmansioninn.com, ☎ 530/885-1166. *B&B in einem viktorianischen, aufwendig, teils mit Antiquitäten ausgestatteten Haus, tolles Frühstück, mit Tea Parlor und Steak House.*

Camping
• **Malakoff Diggins SHP**, Tyler Foote Rd. (ab CA 49), nahe North Bloomfield, ☎ 530/265-2740. *Auch buchbar über Reserve America,* ☎ 1-800-444-7275.

Essen & Trinken
• **The Owl Grill & Saloon**, 134 Mill St., Grass Valley. *Gute amerikanische Küche, große Portionen.*
• **Charlie's Cafe**, 145 S Auburn St., Grass Valley. *Ideal zum Frühstücken.*
• **New Moon Cafe**, 203 York St., Nevada City, ☎ 530/265-6399, 🖥 www.thenewmooncafe.com. *Das Top-Lokal der Region mit kalifornischen Spezialitäten.*

Golden/CO (S. 479)

s. auch Denver/CO

Unterkunft, Essen & Trinken
• **The Golden Hotel** $$$, 800 11th St., ☎ 303/279-0100, 🖥 www.thegoldenhotel.com. *Das beste Hotel der Region; mit dem Lokal **Bridgewater Grill**, das leckere Gerichte und dazu „Western Flair" bietet.*

Grand Coulee Dam/WA (S. 365)

Unterkunft
• **Coulee House Inn & Suites** $$-$$$, 110 Roosevelt Way, Coulee Dam, ☎ 509/633-1101, 🖥 www.couleehouse.com. *Sauberes 61-Zimmer-Motel mit Pool, Sauna und Whirlpool, nahe dem Damm.*

3. Der Nordwesten der USA als Reiseziel: Regionale Tipps von A–Z (Grand Coulee Dam/WA, Grand Teton NP/WY, Great Basin NP/NV, Great Falls/MT, Guernsey/WY)

195

• **Columbia River Inn** $$-$$$, 10 Lincoln St., Coulee Dam, ☎ 509/633-2100. Nahe der Staumauer gelegenes Motel mir 35 Zimmern, einige mit Jacuzzi.

G

Grand Teton National Park/WY (S. 328)

s. auch Jackson/Jackson Hole/WY

Unterkunft, Camping
Es gibt eine zentrale Reservierungsstelle und es empfiehlt sich, dort im Vorfeld ein Zimmer im Park zu buchen:
• **Grand Teton Lodge Company**, ☎ 307/543-3100 und 1-800-628-9988, ⌨ www.gtlc.com. Zimmer und Cabins bzw. Stellplätze für Camper, z. B.
– **Jackson Lake Lodge** $$-$$$, **Jenny Lake Lodge** $$$$, **Signal Mountain Lodge** $$-$$$, **Colter Bay Village Cabins** $$ und **Tent Cabins** $
– **Camping** im Colter Bay Village, an der Gros Ventre Rd., am Jenny Lake, am Lizard Creek und am Signal Mountain
• **Flagg Ranch Resort** $$$-$$$$, US 89/191/287, ☎ 307/543-2861, ⌨ www.flaggranch.com. 92 Zimmer in rustikaler, modern eingerichteter Lodge, ideal zwischen Grand Teton und Yellowstone NP gelegen.

Great Basin National Park/NV (S. 512)

Camping
Im Nationalpark gibt es drei kleinere Campingplätze, $ 12.

Great Falls/MT (S. 353)

Unterkunft
• **Best Western Heritage Inn** $$, 1700 Fox Farm Rd., ☎ 406/761-1900, ⌨ www.bestwestern.com/prop_27029. Schönes Mittelklassemotel, geräumige Zimmer, Pool, Sauna.
• **Collins Mansion B&B** $$-$$$, 1003 2nd Ave. NW, ☎ 406/452-6798. Elegante Zimmer in hochherrschaftlichem Haus, inkl. Gourmetfrühstück und Häppchen am Abend.

Essen & Trinken
• **The Cattleman's Cut Supper Club Bar & Casino**, 1325 8th Ave., ☎ 406/452-0702. Das Lokal ist bekannt für seine hervorragenden Steaks.

Guernsey/WY (S. 459)

Unterkunft
• **Crystal Inn** $$-$$$, 3701 31st SW, 727-7788, ⌨ www.crystalinns.com/grtfls.html. 86 Zimmer inkl. Frühstück und Innenpool. Die Zimmer sind mit Mikrowelle, Kühlschrank und Kaffeemaschine ausgestattet.

196

3. Der Nordwesten der USA als Reiseziel: Regionale Tipps von A-Z
(Guernsey/WY, Helena/MT, Hill City/SD, Hood River/OR)

G

H

Camping
• *Camping im* **Guernsey SP** *(☎ 307/836-2334) bei Guernsey.*

Helena/MT (S. 352)

Unterkunft
• **Sanders-Helena B&B** $$$, *328 N Ewing St.,* ⌨ *www.sandersbb.com,* ☎ *406/442-3309. Im ehemaligen Wohnhaus eines Senators von 1875 befinden sich sieben unterschiedlich große, allesamt geschmackvoll eingerichtete Zimmer. Am Abend Sherry, am Morgen Gourmetfrühstück inkl.*
• **Rocking Z Ranch**, *ca. 40 km entfernt. Kleine, von Zack und Patty Wirth geführte Guest Ranch, seit 1864 in Familienbesitz. Zu buchen über* America Experience by Sareiter Reisen, ☎ *(08022) 6327 und 0-800-632-7000,* ⌨ *www.america-experience.de*

Essen & Trinken
• **Sleeping Giant Brewing Co.**, *939 Getchell St.,* ⌨ *www.sleepinggiantbeer.com. Kleinbrauerei mit gemütlichem Pub, preiswert und gut.*
• **Windbag Saloon**, *19 S Last Chance Gulch St.,* ☎ *406/443-9669. Bis 1976 ein Bordell, seit 1976 eines der meistfrequentierten Lokale der Stadt mit tollen Steaks, sehr gemütlich.*

Hill City/SD (S. 415)

s. auch Custer/SD und Keystone/SD

Unterkunft, Essen & Trinken
• **Best Western Golden Spike Inn & Suites** $$, *US 16/385,* ☎ *605/574-2577,* ⌨ *www.bestwesterngoldenspike.com. 2005 neu renoviertes Motel mit 61 Zimmern, Pool und Whirlpool sowie einigen Suiten; angeschlossen ist ein ausgezeichnetes Restaurant.*

Hood River/OR (S. 304)

Unterkunft
• **Columbia Gorge Hotel** $$$$, *4000 Westcliff Dr. (I-84 Exit 62),* ☎ *541/386-5566,* ⌨ *www.ColumbiaGorgeHotel.com. Das elegante Hotel direkt am Columbia River, in den 1920er Jahren von einem Holzbaron erbaut, wurde neu renoviert. Die Atmosphäre ist familiär, da es nur 39 Zimmer gibt. Mit hervorragendem Restaurant* **Columbia Gorge Hotel Dining Room**.

Essen & Trinken
• **Full Sail Brewing Co.**, *506 Columbus St.,* ⌨ *www.fullsailbrewing.com,* ☎ *541/386-2247. 13-16 Uhr stündlich Touren, Shop und gemütlicher Pub (tgl. 12-20 Uhr).*
• **Columbia Gorge Hotel Dining Room**, *im Columbia Gorge Hotel (s. o.).*

Hot Springs/SD (S. 423)

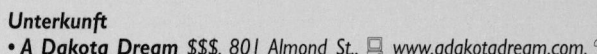

s. auch Custer/SD, Custer State Park/SD und Wind Cave National Park/SD

Unterkunft
• **A Dakota Dream** $$$, 801 Almond St., ⌨ www.adakotadream.com, ☎ 605/745-4633. Traumhaft über der Stadt gelegenes Inn in renoviertem Haus von 1891, einst exklusiver Männerclub, heute sieben Gästezimmer inkl. Frühstück.
• **Red Rock River Resort** $$-$$$, 603 N River St., ⌨ www.redrockriverresort.com, ☎ 605/745-4400. Neun modern eingerichtete, komfortable und geräumige Zimmer in liebevoll renoviertem altem Hotel von 1891, mit kleiner Bar und eigenem Spa (Specials für Hotelgäste).

Idaho City/ID (S. 321)

Unterkunft
• **Idaho City Hotel** $-$$, 215 Montgomery St., ⌨ www.idahocityhotel.com, ☎ 208/392-4290. Alteingesessenes Country Inn mit fünf ordentlichen, preiswerten Zimmern (TV/Telefon) mit Old-Wildwest-Touch, dennoch moderne Ausstattung.

Idaho Falls/ID (S. 324)

Unterkunft
• **Shilo Inn Suites Hotel** $$-$$$, 780 Lindsay Blvd., ⌨ www.shiloinns.com, ☎ 208/523-0088. Modernes Hotel mit 161 kleinen Suiten, schön am Snake River gelegen und inkl. Frühstück.

Essen & Trinken
• **Rutabaga's Restaurant**, 415 River Pkwy., ☎ 208/529-3990. Gemütliches Bistro mit internationaler Speisekarte und leckeren Tagesgerichten aus lokalen und frischen Produkten.

Jackson/Jackson Hole/WY (S. 325)

s. auch Grand Teton National Park/WY

Vorwahl 307

Unterkunft
Während der Hochsaison (Mai-Sept.) sowie in den Wintermonaten ist es ratsam, eine Unterkunft im Voraus zu buchen. Einige Tipps:
• **Amangani Resort** $$$$, 1535 N East Butte Rd., ☎ (307) 734 7333 und 1-877-734-7333, ⌨ www.amangani.com. In puncto Design und Architektur sehenswerter Komplex im Besitz einer asiatischen Luxushotelkette. In der beeindruckenden Landschaft der Tetons auf dem East Gros Ventre Butte. Mit Lokalen und Shop sowie Health Center, Pool (35 m lang, auch im Winter!) und Whirlpool, WLAN, sehr teuer, aber exzeptionell!

J
K

• **Alpenhof** $$$-$$$$, Teton Village Rd., Teton Village, ☎ 733-3242, 🖳 www.alpenhoflodge.com.
44-Zimmer-Hotel im Alpenlook, mit Whirlpool, Sauna, Massage-Angebot und gutem Restaurant mit
deutsch-schweizerischen Spezialitäten.
• **Anglers Inn** $$, 265 N Millward St., ☎ 733-3682, 🖳 www.anglersinn.net. Gemütliches Motel
nahe dem Zentrum, am Flat Creek, Zimmer im Westernstil, mit Mikrowelle und Kühlschrank.
• **Best Western Inn at Jackson Hole** $$$, 3345 McCollister Dr., Teton Village, ☎ 733-2311, 🖳
www.innatjh.com. Auch in Deutschland buchbares ordentliches Hotel in Teton Village mit geräumi-
gen Zimmern und zwei guten Restaurants.
• **Inn at the Creek** $$$, 295 N Millward St., ☎ 739-1565, 🖳 www.innonthecreek.com. Schö-
nes, kleines Hotel mitten in Jackson, ruhig am Flat Creek gelegen, neun bestens ausgestattete Zim-
mer verschiedener Größe, inkl. Frühstück.
• **Wort Hotel** $$$-$$$$, 50 N Glenwood, Jackson, ☎ 733-2190, 🖳 www.worthotel.com. Altehr-
würdiges, eher elegantes Hotel im Stadtzentrum, Stilmix aus Wildwest und British Country Style.

⚠ Camping
Breites Angebot, wobei die im Nationalpark (☎ 733-2880) bzw. im National Forest (340
N Cache Rd., ☎ 739-5500) gelegenen Plätze die schöneren sind.

🍴 Essen & Trinken, Nightlife
Um den Town Square gibt es neben zahlreichen Geschäften auch viele Restaurants und
Cafés. Tipps:
• **The Bunnery**, 130 N Cache St. Leckere Gerichte zu Frühstück und Lunch, im Sommer auch
Dinner, dazu eigene Bäckerei.
• **Bubba's Bar-B-Que**, 515 W Broadway. Nicht nur wegen der Grillgerichte, sondern auch wegen
der Salatbar beliebt; keine Alkohollizenz, Getränke können aber selber mitgebracht werden.
• **Cadillac Grille**, 55 N Cache St. (Town Square). Beliebtes Lokal mit amerikanischer Küche. Im
gleichen Bau: Billy's Giant Hamburger, Diner, berühmt für Buffalo-Burger und -Hotdogs.
• **Million Dollar Cowboy Bar**, N Cache St. Direkt am Town Square gelegener ehemaliger Sa-
loon, der dann mit einem kleinem Spielsalon versehen wurde und heute eine Mischung aus Bar
(mit Sätteln als Sitzgelegenheit!) und Disko ist.
• **Snake River Brewing Co.**, 265 S Millward St., 🖳 www.snakeriverbrewing.com. Kleine Braue-
rei (Lager, Kölsch und Stout sind ausgezeichnet) mit eigenem Pub (schmackhafte Gerichte); spe-
ziell während der Happy Hour (16-18 Uhr) empfehlenswert.
• **Sweetwater Restaurant**, King/Pearl St., ☎ 733-3553. Seit rund 30 Jahren gilt das Restaurant
als eines der besten der Stadt. In gemütlicher Log Cabin werden kreative Gerichte aus frischen und
besten Zutaten serviert.

Keystone/SD (S. 412)

s. auch Hill City/SD

🛏 Unterkunft
• **The Rushmore Express** $$-$$$, 610 Hwy. 16 A, 🖳 www.rushmoreexpress.com,
☎ 605/666-4466. Am Ortsrand nahe Mt. Rushmore NM, ruhig gelegen, schöne, geräumige Zim-
mer, mit Innenpool und inkl. Frühstück.

Essen & Trinken

Das winzige Zentrum erstreckt sich entlang der US 16A (Winter St.). Hier befinden sich Souvenirshops, Motels, Imbissstände und Lokale wie das **1880 Railhead Family Restaurant** (Swanzy St.) mit günstigem Dinner-Buffet oder das **Ruby House Restaurant** – daneben der **Red Garter Saloon**. Für das Frühstück empfiehlt sich **The Café** (US 16 A neben Miner's Inn am Ortsrand Richtung Mt. Rushmore); typischer geht's kaum.

Klamath Falls/Fort Klamath/OR (S. 631)

s. auch Crater Lake National Park/OR

Unterkunft

• **Best Western Klamath Inn** $$, 4061 S 6th St., 🖳 www.bestwestern.com, ☎ 541/882-1200. Praktisches und sauberes 50-Zimmer-Motel, inkl. Frühstück.

• **The Running Y** $$$, 5115 Running Y Rd., Running Y, ☎ 541/850-5500, 🖳 www.runningy.com. Lodge, Farm, Golfresort und Feriensiedlung in einem, nur wenige Kilometer nordwestlich Klamath Falls (ab OR 140), dazu Naturschutzgebiet und vielseitiges Outdoorprogramm (Reiten, Golf, Wandern und interessante „Wetland & Wildlife"-Programme).

Essen & Trinken

• **Saddle Rock Brew Pub**, 1012 Main St. Biere verschiedener Klein(st)brauereien des Nordwestens, dazu Fisch- und Fleischgerichte.

Kooskia/ID (S. 315)

Unterkunft

• **Reflections Inn** $$-$$$, HCR 75, Box 32, Hwy. 12, 🖳 www.reflectionsinn.com, ☎ 208/926-0855. Dieses B&B von Ruth und Jim May liegt traumhaft im Lochsa River Valley. Sechs Zimmer in eigenem Gästehaus, dazu üppiges Frühstück, Jacuzzi im Freien, Kochgelegenheit, Spiel- und Leseraum.

Lake Tahoe/NV & CA (S. 519)

inkl. Truckee, Incline Village, Emerald Bay, Tahoe City, South Lake Tahoe, Squaw Valley

Unterkunft

Die meisten Unterkünfte befinden sich zwischen Tahoe City und Tahoe Vista, außerdem in den Skigebieten um Squaw Valley (vor allem Resorthotels, die Packages mit Skipässen etc. anbieten). Besonders im Hochsommer und an Wochenenden ist die Region überlaufen und teuer. Günstiger sind vielfach die Casinohotels in Nevada und die Unterkünfte etwas weiter weg vom See, z. B. in Truckee.

• **Cedar Glen Lodge** $$-$$$, 6589 N Lake Blvd., Tahoe Vista, ☎ 916/546-4281 und 1-800-341-800. Nur durch die Straße vom Seeufer getrenntes Familienhotel mit zweistöckigem Motelgebäude und gut ausgestatteten Cottages.

200

3. Der Nordwesten der USA als Reiseziel: Regionale Tipps von A–Z
(Lake Tahoe/NV & CA, Lander/WY – Wind River Indian Reservation, Laramie/WY)

L

• **Richardson House B&B** $$$-$$$$, 10154 High St., Truckee, ☎ 530/587-5388 und 1-888/ 229-0365, 🖳 www.richardsonhouse.com. B&B mit acht Zimmern, Gourmetfrühstück, Gratis-Snacks und -Softdrinks sowie ortskundigen und hilfsbereiten Gastgebern.
• **The Truckee Hotel** $-$$$, 1007 Bridge St., Truckee, 🖳 www.thetruckeehotel.com, ☎ 1-800-659-6921. Kleines historisches Hotel mit unterschiedlich großen Zimmern.

⚠ Camping
Die meisten Plätze sind nur von Mitte Juni bis Anfang Sept. geöffnet, z. B.:
• **D.L. Bliss SP**, 27 km südl. Tahoe City, Hwy. 89, am Seeufer, ☎ 530/525-7232.
• **Emerald Bay SP**, 35 km südl. Tahoe City, Hwy. 89, ☎ 530/541-3030.

🍴 Essen & Trinken
• **Fire Sign Café**, 185 W Lake Blvd., Tahoe City, ☎ 530/583-0871. Hier kann man einfallsreiche, erschwingliche Kost in netter Atmosphäre genießen.
• **Gateway Deli**, 11012 Donner Pass Rd., Truckee. Gourmet Deli, überregional bekannt für Sandwiches und Salate, außerdem große Auswahl an kalifornischen Microbrews und Weinen.
• **Graham's at Squaw Valley**, 1650 Squaw Valley Rd., ☎ 530/581-0454, 🖳 www.dinewine.com. Gemütliches Lokal mit offenem Kamin und mediterran beeinflusster Küche, dazu eine exzellente Weinkarte, nicht ganz billig.

Lander/WY – Wind River Indian Reservation (S. 448)

🛏 Unterkunft
• **The Inn at Lander Best Western** $$-$$$, 260 Grand View Dr. (US 26), ☎ 307/332-2847, 🖳 www.bestwestern.com. Modernes Motel mit gemütlichen Zimmern, Pool, inkl. Frühstück.
• **Twin Creek Ranch** $$$, 768 Twin Creek Rd., ☎ 307/335-7485, 🖳 www.twincreekranch.com (ⓘ S. 450). Tony und Andrea Malmberg betreiben ökologische Rinderzucht und bieten zudem zwei Gästezimmer (mit Vollverpflegung) in einem gemütlichen, großen Holzhaus an. Wer möchte, kann Tony zu Pferd beim Zusammentreiben der Rinder helfen. Viele Tiere (Ziegen, Hühner, Puten, Hunde, Katzen, Pferde) und ein absolut ruhiges Naturerlebnis mitten in den Great Plains.

🍴 Essen & Trinken, Einkaufen
• **Lander Bar**, 126 W Main St. Historische Bar mit guter Auswahl an Microbrews, im gleichen Haus befindet sich **Gannett Grill**, wo einfache, preiswerte Gerichte von Pizza bis Burger serviert werden.
• **Lander Snake River Brewery**, 148 W Main St. Filiale der hervorragenden Microbrewery aus Jackson mit Pub. Daneben: **Cowfish**, ☎ 307/332-8227, mit vielseitiger Speisekarte.
• **Main Street Book**, 300 W. Main St. Nicht nur Bücher, sondern zugleich ein nettes kleines Café mit dem besten brew der Stadt.

Laramie/WY (S. 461)

🛏 Unterkunft
• **Amerihost Inn & Suites** $$$, 1665 Centennial Dr., 🖳 www.amerihost.com, ☎ 307/ 742-6665. Neuestes Hotel der Stadt mit 59 großen Zimmern und 14 Suiten.

• **Old Corral Hotel & Steak House** $$, 2750 Scenic Hwy. 130, in Centennial (via WY 130, ca. 30 km westl. Laramie), ☎ 307/745-5918, 🖳 www.oldcorral.com. 35 Zimmer im Westernstil mit tollem Blick auf die Medicine Bow Mountains, mit Steak House und Laden.

🍴 Essen & Trinken
Ideal ist Historic Downtown um die 3rd St. (I-80 Exit 313) mit zahlreichen Cafés, Lokalen und Läden. Empfehlenswert sind z. B.:
• **Overland Restaurant**, 1000 Ivinson St. (Historic DT), ☎ 307/721-2800. Seit 1977 beliebt, viel frequentiert und gut.
• **Attiude Chophouse & Brewery**, 320 S. 2nd. St. (Historic DT), ☎ 307/721-4031. Leckere Gerichte von Steak bis Pizza, dazu ausgezeichnete selbst gebraute Biere vom Fass.
• **Sweet Melissa**, 213 51st St. Café mit vegetarischen Spezialitäten.
• **Grand Avenue Pizza**, 301 Grand Ave., ☎ 307/721-2909. Nicht nur bei Studenten wegen der leckeren Pizza beliebt, auch gute homemade bagels und Eis.
• **Old Corral Hotel & Steak House**, s. o.

Lassen Volcanic National Park/CA (S. 616)

s. auch Redding/CA

🛏 Unterkunft
• **Drakesbad Guest Ranch** $$$, Warner Valley Rd., 🖳 www.drakesbad.com, ☎ 530/529-1512, Juni-Anfang Okt. geöffnet. Einzige Unterkunft im Nationalpark (im Süden), mit Cabins und Bungalows in traumhafter Lage, von Chester aus erreichbar, Ausritte und Wanderungen möglich. Langfristige Reservierung im Voraus notwendig.
• Im **Umland** (Shingletown, Mineral, Chester oder um Old Station und Hat Creek) befinden

Eines der Besucherzentren im Lassen Vulcanic Park

sich zahlreiche Chalets, Lodges oder B&Bs, z. B. die **Lassen Mineral Lodge** $$ (Hwy. 36, Mineral, ☎ 530/595-4422, 🖳 www.minerallodge.com), **The Bidwell House B&B** $$$ (1 Main St., Chester, ☎ 530/ 258-3338), **Weston House B&B** $$$ (Hwy. 44, Shingletown, ☎ 530/474-3738) oder **Rim Rock Ranch** $$ (Hwy. 44/89, Old Station, 🖳 www.rimrockranch.com, ☎ 530/335-7114).

⚠ Camping
Acht Campgrounds unterschiedlich (einfacher) Ausstattung für bis $ 15; Platz an der SW Entrance Station ganzjährig geöffnet, andere nur Ende Mai/Mitte Juni-Ende Sept./Anfang Okt. Der größte Platz ist der **Manzanita Lake Campground** an der Nordzufahrt. Backcountry Camping ist mit permit erlaubt.

202

3. Der Nordwesten der USA als Reiseziel: Regionale Tipps von A-Z
(Lava Beds NM/CA, Leavenworth/WA, Lewiston/ID, Lincoln City/OR)

L) Lava Beds National Monument/CA (S. 629)

s. auch Redding/CA

Unterkunft, Camping
• Keine Hotels im Park, daher sollte man entweder in der Umgebung von Redding oder in Klamath Falls ein Quartier suchen (s. dort).
• **Indian Well**, Haupt-Campingplatz im NM, Ende Mai-Anfang Sept. geöffnet (Check-in vor 17 Uhr im VC).

Leavenworth/WA (S. 368)

Unterkunft
• **Enzian Inn** $$-$$$, 590 US 2, ☏ 509/548-5269, 🖥 www.enzianinn.com. Wie alle Motels des Ortes im „alpinen" Stil, mit 104 Zimmern, zwei Pools, Spa.
• **Haus Rohrbach Pension** $$-$$$$, 12882 Ranger Rd., 🖥 www.hausrohrbach.com, ☏ 509/548-7024. Pension im „Alpenstil", zehn Zimmer (fünf „normale" sowie fünf Suiten, alle unterschiedlich ausgestattet und gestaltet), inkl. Frühstück.

Essen & Trinken
• **Andreas Keller Restaurant**, 829 Front St., ☏ 509/548-6000. Bayerische Gerichte und Bier, Livemusik; „man spricht Deutsch".
• **Katzenjammer**, 221 8th St., ☏ 509/548-5826. Ebenfalls deutsche Speisekarte, aber auch bekannt für Steaks und Fischgerichte.

Lewiston/ID (S. 314)

Unterkunft
• **Kirby Creek Lodge** $$$, 227 Snake River Ave., 🖥 www.snakeriveradventures.com, ☏ 208/746-6276. Schön gelegene Lodge mit sieben einfach ausgestatteten Zimmern inkl. Frühstück (andere Mahlzeiten ebenfalls offeriert) und Gemeinschaftsräume.
• **Super 8** $, 3120 North-South Hwy. (US 12/US 95), ☏ 208/743-8808, 🖥 www.super8.com. Preiswertes Standard-Kettenmotel mit 60 Zimmern.

Lincoln City/OR (S. 606)

Unterkunft
• **Inn at Spanish Head** $$$$, 4009 SW Hwy. 101, 🖥 www.spanishhead.com, ☏ 541/996-2161. Mehrstöckiges großes Hotel in traumhafter Lage direkt am Pazifikstrand, alle Zimmer mit Balkon und Meerblick, unterschiedliche Größen vom einfachen Bedroom bis hin zur Suite. Angeschlossen sind ein Restaurant, Fitnesszentrum, Spieleraum und Swimmingpool.
• **Pelican Shores Inn** $$, 2645 NW Inlet Ave., ☏ 541/994-2134, 🖥 www.pelicanshores.com. Kleines Motel (34 Zimmer, einige mit Kitchenette) direkt am Pazifik.

3. Der Nordwesten der USA als Reiseziel: Regionale Tipps von A-Z (Little Bighorn/ MT – Crow Indian Reservation, Lolo/MT, Long Beach Peninsula/WA, Lovell/WY)

203

Little Bighorn Battlefield National Monument/MT – Crow Indian Reservation (S. 389)

L

Unterkunft
• **Double Spear Ranch**, Working Ranch 60 km südwestl. Billings im Herzen der Crow Indian Reservation, sechs Zimmer in Ranchhouse und separatem Gebäude, auch Zelte/Tipis, mit Vollpension, zu buchen über America Experience by Sareiter Reisen, ☎ (08022) 6327 oder 0-800-632-7000, 🖳 www.america-experience.de

Lolo/MT (S. 346)

Unterkunft
• **Lolo Hot Springs Resort** $$$, 38500 US Hwy. 12 W, westl. Lolo an der Grenze MT-ID, nahe Lolo Pass, ☎ 406/273-2290, 🖳 www.lolohotsprings.com. Beliebt bei Jung und Alt wegen der idyllischen Lage in den Bergen und an heißen Quellen.

Long Beach Peninsula/WA (S. 611)

inkl. Chinook, Ilwaco, Seaview und Long Beach

Unterkunft
• **Inn at Harbour Village** $$-$$$, 120 Williams St., Ilwaco, ☎ 360/642-0087 und 1-888-642-0087, 🖳 www.funbeach.com/lodging/bedandbreakfast.html. In einer ehemaligen Kirche von 1930 kann man heute in neun Zimmern übernachten, sechs verfügen über ein eigenes Bad.
• **Shelburne Inn** $$$, 4415 Pacific Way (WA 103), Seaview, 🖳 www.theshelburneinn.com, ☎ 360/542-2442. Kleines Hotel in historischem Gebäude von 1896 mit 18 Zimmern, inkl. erstklassigem Frühstück und zugehörigem Restaurant.

Essen & Trinken
• **The Shoalwater Restaurant**, im Shelburne Inn (s. o.), ☎ 360/642-4142. Frisch zubereitete Fischgerichte, aber auch sonst interessante Speisekarte.

Lovell/WY (S. 385)

Unterkunft
• **Western Motel** $, 180 W Main St., 🖳 www.westernmotel-lovell.com, ☎ 307/548-2781. 18 Zimmer am Ostzugang der Bighorn Canyon National Recreation Area, einfaches Motel, doch neu renoviert und günstig, teils mit Kitchenette; außerdem neues Haus mit kleinen Apartments zugehörig.

McCloud/CA (S. 627)

s. auch Redding/CA

Unterkunft
• **McCloud Hotel B&B** $$-$$$, *408 Main St., McCloud,* ☎ *530/964-2822,* 🖳 *www.mccloudhotel.com. Die Besitzerfamilie Ogden verwandelte die vormals kleinen, primitiven Zimmer, die ab 1915 an Holzfäller und Minenarbeiter vermietet wurden, in große und luxuriös ausgestattete 13 Gästezimmer und vier Suiten; kleines Restaurant und hübscher Garten.*

McMinnville/OR (S. 642)

Unterkunft
• **Hotel Oregon** $$$, *310 NE Evans St.,* ☎ *503/472-8427,* 🖳 *www.mcmenamins.com. Unter der Ägide der McMenamin's Brewery aus Portland wurde das historische Hotel im Stadtzentrum liebevoll restauriert und „wiederbelebt"; 42 Zimmer, angeschlossener Brewpub.*
• **Wine Country Farm** $$-$$$, *6855 Breyman Orchards Rd., Dayton (östl. McMinnville),* ☎ *503/ 864-3446,* 🖳 *www.winecountryfarm.com. Wein- und Pferdefreunde kommen hier auf ihre Kosten. Geboten werden sieben Gästezimmer auf Farmgrund, üppiges Frühstück, Reitkurse und abends Verkostung der hauseigenen Weine.*
• **Youngberg Hill Farm** B&B $$$, *10660 Youngberg Hill Rd.,* 🖳 *www.youngberghill.com,* ☎ *503/ 472-2727. Mitten in der Agrarregion südlich von McMinneville auf einem Weinberg empfangen Kevin und Tasha Byrd ihre Besucher in ihrem imposanten Farmhaus mit fünf unterschiedlich ausgestatteten Gästezimmern. Dazu gibt es ein Gourmetfrühstück, die abendliche Hausweinprobe und einen schönen Ausblick von der Veranda.*

Essen & Trinken
• **Joel Palmer House**, *600 Ferry St., Dayton (östl. McMinneville),* ☎ *503/864-2995. In einem nicht allzu großen, schlichten viktorianischen Haus versteckt sich ein Gourmettempel der Sonderklasse. Jack und Heidi Czarnecki servieren in gemütlichem Wohnzimmer-Ambiente vor allem leckere Pilzgerichte.*

Medora/ND & Theodore Roosevelt National Park (S. 438)

Vorwahl *701*

Unterkunft, Camping
• **Theodore Roosevelt Medora Foundation**, *301 5th St.,* 🖳 *www.medora.com,* ☎ *1-800-633-6721. Die Foundation betreibt mehrere Hotels und Restaurants, dazu den schön gelegenen Bully Pulpit Golf Course sowie das „Medora Musical" (s. S. 444).*
• *Im* **Theodore Roosevelt NP** *selbst gibt es nur* **Campingplätze** *(an Sommerwochenenden schnell gefüllt), Hotels aller Kategorien finden sich in Medora, aber auch in Dickinson (s. dort) und Arnegard (s. dort).*
• **Badlands Motel** $$, *501 Pacific Ave.,* 🖳 *www.medora.com,* ☎ *623-4444 und 1-800-633-6721. Einfaches Motel mit gemütlichen Zimmern am Fuße der Badlands.*

3. Der Nordwesten der USA als Reiseziel: Regionale Tipps von A–Z
(Medora/ND & Theodore Roosevelt NP, Mendocino & Ukiah/CA)

205

• **Rough Riders Hotel** $$-$$$, 301 3rd Ave., ⌨ www.medora.com, ☏ 623-4444 und 1-800-633-6721. Das historische Hotel von 1883 wurde im Jahr 1962 total renoviert. Es bietet neun Zimmer und ein angeschlossenes gutes Restaurant.

M

• **Lone Butte Ranch**, 12251 Lone Butte Rd., Grassy Butte (ca. 60 km nördl. Medora, US 85, zwischen South und North Unit des NP), ☏ 701/863-6864, ⌨ www.4eyes.net/lonebutte. Lynn und Holly Dewhirst bieten zwei gemütliche Cabins im Blockhausstil, für 2-4 bzw. 4-6 Personen.

⏶⏶ **Essen & Trinken**
• **Pitchfork Fondue**, Tjaden Center, nahe Musical-Bühne (ausgeschildert), buchbar über Theodore Roosevelt Medora Foundation (301 5th St., ⌨ www.medora.com, ☏ 1-800-633-6721), auch im Paket mit Musical; in heißem Fett gebackene Steaks und Beilagenbuffet, biergartenartige Atmosphäre mit Superausblick.
• **Rough Riders Hotel Dining Room** (s. o.). Hervorragendes Restaurant, geführt von zwei jungen, kreativen Chefs. Frühstück, Lunch und Dinner.

Mendocino & Ukiah/CA (S. 588)

s. auch Fort Bragg/CA

🛏 **Unterkunft**
Mendocino ist relativ teuer, Orte im Umkreis, wie das nahe Fort Bragg (s. dort), sind etwas günstiger.
• **Blair House Inn** $$$, 45110 Little Lake Rd., ☏ 707/937-0551, ⌨ www.blairhouse.com. Viktorianisches B&B mit vier Zimmern. In diesem Haus aus dem Jahr 1888 lebte – im Film – Jessica Fletcher als Hobbydetektivin in der Fernsehserie „Murder, she wrote" („Mord ist ihr Hobby"), die eigentlich an der Küste von Maine spielte.
• **Discovery Inn** $$-$$$, 1340 N State St., Ukiah, ☏ 707/462-8873, ⌨ www.discoveryinn.com. Zentral gelegenes Hotel mit 177 super ausgestatteten Zimmern und Suiten; schöner Garten, Pool und Jacuzzis, inkl. Frühstück.

⚠ **Camping**
• Mehrere Plätze im Humboldt SP, z. B. der private **Giant Redwoods RV & Camp**, Ave. of the Giants, Myers Flat, $ 17-27. Schöne Lage in einem Redwood-Wäldchen am Eel River, gute Ausstattung und auch für RVs geeignet.
• **Casper Beach RV Park**, 14441 Pt. Cabrillo Dr, 5 km nördl. Mendocino, ☏ 707/964-3306, 🖷 964-0526, $ 25-30. Schön am Strand gelegen und mit allem Komfort.

⏶⏶ **Essen & Trinken**
• **Bayview Cafe**, Main St. Täglich Frühstück, Lunch und Dinner in gemütlicher Atmosphäre, täglich wechselndes Fischgericht, gute Sandwiches.
• **Café Beaujolais**, 961 Ukiah St., ☏ 707/937-5614. Erstklassige kalifornische Küche, erlesene Weinkarte und selbst gebackenes Brot, mittlerweile stark frequentiertes und gepriesenes Feinschmeckerlokal.

206

3. Der Nordwesten der USA als Reiseziel: Regionale Tipps von A-Z
(Missoula/MT, Mt. Hood/OR (südlicher Abschnitt), Mt. Rainier NP/WA)

M) Missoula/MT (S. 347)

Unterkunft
• **Best Western Grant Creek Inn** $$-$$$, 5280 Grant Creek Rd. (I-90 Exit 101),
☎ 406/543-0700, 🖥 www.bestwestern.com. Modernes, großes Hotel mit geräumigen Zimmern,
Frühstück inkl.
• **Goldsmith's Inn** $$$, 809 E Front St., ☎ 406/728-1585, 🖥 www.goldsmithsinn.com. Am Clark
Fork River gelegenes historisches Haus von 1911, einst Wohnhaus des Uni-Präsidenten, mit sieben
Zimmern und eigenem Restaurant.

Essen & Trinken/Einkaufen
• **Bayern Brewing**, 2600 S 3rd St. E, ☎ 406/721-1482, 🖥 www.bayernbrewery.com.
Jürgen Knöller hat fern der Heimat eine Brauerei gegründet und braut nach bayerischem Rein-
heitsgebot; kleiner Laden und Touren.
• **Goldsmith's**, s. o.
• **Iron Horse Brew Pub**, 501 N Higgins Ave., ☎ 406/728-8866. Im alten Bahnhof befindliche
gemütliche Kneipe mit hausgebrauten Bieren und reichlicher, preiswerter Pub-Kost – vor allem Bur-
ger, Sandwiches und Salate.
• **Two Sisters**, 127 W Alder, ☎ 406/327-8438. Einfallsreiche Gerichte – der Chef lernte in Top-
Lokalen von New Orleans und New York!

Mount Hood/OR (südlicher Abschnitt) (S. 640)

s. auch The Dalles/OR

Unterkunft, Essen & Trinken
• **Mt. Hood Inn** $$$, 87450 Government Camp (US 26), Government Camp, ☎ 503/
272-3205, 🖥 www.mthoodinn.com. Skihotel mit 56 Zimmern verschiedener Größe und Ausstat-
tung (z. T. mit Kühlschrank und Jacuzzi). Nebenan gibt es bei der **Mt. Hood Brewing Company**
leckere Gerichte und selbst gebrautes Bier.
• **Timberline Lodge** $$-$$$$, 27 500 Timberline Rd., Timberline, ca. 10 km nördl. US 26 und Go-
vernment Camp, ☎ 503/622-7979, 🖥 www.timberlinelodge.com. Historische Lodge aus den
1930er Jahren, einige der 71 Zimmer verfügen über einen offenen Kamin. Das angeschlossene Res-
taurant **Cascade Dining Room** bietet erstklassige Nordwestküche mit viel Fisch und lokalen
Frischprodukten.

Mount Rainier National Park/WA (S. 291)

Unterkunft
Rechtzeitige Buchung einer Unterkunft ist nötig, zumal sich im Park selbst nur zwei
Lodges ($$-$$$) befinden: das **National Park Inn** in Longmire (ganzjährig) und – schöner und
rustikaler – das **Paradise Inn in Paradise** (Mitte Mai-Mitte Okt., bis Sommer 2008 wegen Re-
novierung geschl.). Sie sind zu buchen über **Mt. Rainier Guest Services**, ☎ 360/569-2275,
🖥 www.visitrainier.com/index.php?section=7

3. Der Nordwesten der USA als Reiseziel: Regionale Tipps von A-Z (Mt. Rainier
NP/WA, Mt. St. Helens National Volcanic Monument/WA, Mt. Shasta/CA)

207

• **Alexander's Country Inn** $$$, 37515 WA 706 E. Ashford, 🖥 www.alexanderscountryinn.com, ☎ 360/569-2300. Lodge von 1912, die schon Teddy Roosevelt geschätzt haben soll. Die 14 Zimmer sind schnell ausgebucht.

• **Alta Crystal Mountain Resort** $$$-$$$$, 1 Crystal Mt. Blvd. (ab WA 410, im Nordosten), Crystal Mountain, ☎ 360/663-2500, 🖥 www.altacrystalresort.com. Kleines, traumhaft gelegenes Resorthotel mit 24 Ein- und Zwei-Zimmer-Suiten.

• **Cowlitz Lodge** $$-$$$, 31609 WA 706, Ashford, 🖥 www.escapetothemountains.com, ☎ 360/569-8804. Preiswertes, dennoch ordentliches Motel, an der Südwestecke des Parks gelegen.

Camping
• Im Park gibt es fünf große Campingplätze mit zusammen 700 Stellplätzen: **Sunshine Point** und **Cougar Rock** im SW, **Ohanapecosh** im SO, **White River** am Sunrise Point und **Ipsut Creek** im nordwestlichen Carbon-River-Areal. „First-come first-serve"-Basis (keine Reservierung).

Essen & Trinken
• **Dining Room**, im Paradise Inn (s. o.). Beste Adresse im Park.
• **Alexander's Country Inn Restaurant** (s. o.). Gutes Essen außerhalb des Nationalparks.

Mount St. Helens National Volcanic Monument/WA (S. 297)

s. auch Mount Rainier National Park/WA

Unterkunft
• **Lone Fir Resort** $$, 16806 Lewis River Rd., 🖥 www.lonefirresort.com, ☎ 360/238-5122. Kleines, eher einfaches Resorthotel im Südwesten des Mt. St. Helens mit 17 unterschiedlich großen Zimmern/Cottages (bis sechs Personen), ideal zum Übernachten nach der Ost-Umfahrung. Auch RV-Plätze.

• **Mount St. Helens Motel** $$, 1340 Mt. St. Helens, Castle Rock, I-5 Exit 49, ☎ 360/274-7721, 🖥 www.mtsthelensmotel.com. Sauberes 32-Zimmer-Motel für Besucher des Westteils.

• **Weitere Motels** in Kelso und Woodland (südwestl.), Castle Rock (westl.), Chehalis (nordwestl.), Mossyrock und Morton (nördl.).

Mount Shasta/CA (S. 625)

s. auch Redding/CA

Unterkunft
• **Mount Shasta Resort** $$-$$$$, 1000 Siskiyou Lake Blvd., ☎ 530/926-3030, 🖥 www.mountshastaresort.com. Schön am Fuße des Mt. Shasta (nahe I-5 Exit Central Mt. Shasta) gelegenes Resorthotel mit Golfplatz. Kleine Chalets mit ein bis zwei Zimmern, Küche und offenem Kamin am Lake Siskiyou; Restaurant und weitere 15 Gästezimmer im Haupthaus.

208

3. Der Nordwesten der USA als Reiseziel: Regionale Tipps von A-Z
(Napa Valley/CA, New Town – Three Affiliated Tribes Reservation Fort Berthold/ND)

N) Napa Valley/CA (S. 574)

inkl. Napa, Yountville, Oakville, Rutherford,
St. Helena und Calistoga

Vorwahl 707

Unterkunft
Die Auswahl ist riesig, der Standard hoch, die Preise sind allerdings saftig. Tipps:
• **Calistoga Village Inn & Spa** $$$, *1880 Lincoln Ave., Calistoga,* 🖳 *www.greatspa.com,* ☎ *942-0991. Ordentlich ausgestattete Zimmer, dazu gibt es ein umfangreiches Wellnessangebot.*
• **Cottage Crove Inn** $$$$-$$$$$, *1711 Lincoln Ave., Calistoga,* 🖳 *www.cottagegrove.com,* ☎ *942-8400. 15 einzeln stehende, luxuriöse Cottages mit Veranda, inkl. Jacuzzi, offenem Kamin, Stereoanlage, ständig nachgefülltem Kühlschrank mit Getränken, dazu Käse und Wein am Abend und Frühstück.*
• **Napa Valley Budget Inn** $$$, *3380 Solano Ave., Napa,* ☎ *257-6111. Einfach und preiswert, dennoch große Zimmer und ruhige Anlage – der Spar-Tipp für die Region!*

Gut zum Übernachten: das Napa Valley Budget Inn

Essen & Trinken
• **All Seasons**, *1400 Lincoln Ave., Calistoga,* ☎ *942-9111. Kalifornische Bistroküche mit frischesten Ingredienzien und zu anständigen Preisen. Vorspeisenplatte mit Meeresfrüchten, Hasenbraten oder Lammkeule probieren, dazu ein Wein aus dem zugehörigen Laden.*
• **Brix**, *7377 St. Helena Hwy., Yountville,* ☎ *944-2749. Das Restaurant bietet nicht nur etwas für den Gaumen, sondern auch fürs Auge. Fantasievolle Hawaiian-Rim-Küche, vor allem traumhafte Fischgerichte und riesige Weinauswahl.*
• **Calistoga Inn & Napa Valley Brewing Co.**, *1250 Lincoln Ave., Calistoga,* ☎ *942-4101. Im Biergarten, malerisch am Fluss, gibt es Tex-Mex-Küche, Deftiges vom Grill und dazu kühles Bier aus der hauseigenen Kleinbrauerei.*
• **Mustards Grill**, *7399 St. Helena Hwy., Yountville,* ☎ *944-2424. Preiswerte amerikanische Küche in großen Portionen, vieles vom Grill, Steaks, aber auch Vegetarisches.*

New Town –
Three Affiliated Tribes Reservation Fort Berthold/ND (S. 436)

Unterkunft/Essen & Trinken
• **4 Bears Casino & Lodge** $$-$$$, *ND 23, ca. 6 km westl. New Town,* ☎ *701/627-4018,* 🖳 *www.4bearscasino.com. Ausgefallene Architektur und schöne Zimmer mit Blick auf den Lake Sakakawea, angeschlossenes Casino mit mehreren Restaurants und Konzerthalle.*

3. Der Nordwesten der USA als Reiseziel: Regionale Tipps von A-Z
(Newberry National Volcanic Monument/OR, Newport/OR, North Cascades NP)

209

Newberry National Volcanic Monument/OR (S. 637)

N

Unterkunft, Camping
Campingmöglichkeiten im Parkgelände (Infos in den VCs). Hotels finden sich vor allem in Bend (s. dort).

Newport/OR (S. 605)

Unterkunft
• *Embarcadero Resort Hotel* $$-$$$, 1000 SE Bay Blvd., ☎ 541/265-8521, 🖳 www.embarcadero-resort.com. 84 Zimmer, alle mit Blick auf die Yaquina Bay; zugehörig: Sauna, Swimmingpool und Jacuzzis.
• *Sylvia Beach Hotel* $$$, 267 NW Cliff St., ☎ 541/265-5428, 🖳 www.sylviabeachhotel.com. Das Guesthouse mit seinen 20 Zimmern steht unter dem Motto „Literatur" und die Zimmer tragen Namen bekannter Schriftsteller. Zugehörig ist das erstklassige Restaurant **Tables of Content**, rechtzeitig buchen!

Essen & Trinken, Einkaufen
• *Canyon Way Restaurant & Bookstore*, 1216 SW Canyon Way, ☎ 541/265-8319. Beliebtes und alteingesessenes Restaurant in einem Gebäude von 1910. Ein Buchladen ist angeschlossen.
• *Rogue Brewery*, 2320 OSU Dr. (ab US 101, nahe Aquarium), ☎ 541/867-3660, 🖳 www.rogue.com/brewery.html. Brauerei mit gemütlichem Pub, außerdem Restaurant und Biermuseum an der Historic Bay Front (748 SW Bay Blvd.). Die Brewery ist bekannt für dunkle Rauchbiere – eine Spezialität von Brewmaster John Maier – und es gibt alle Biere im Set zum Probieren!
• *Tables of Content*, im Sylvia Beach Hotel (s. o.), ☎ 541/265-5428. Ausgezeichnete Gerichte, Festpreis-Dinner, große Weinauswahl.

North Cascades National Park/WA und Umgebung (S. 369)

s. auch Chelan/WA und Winthrop/WA

Unterkunft
• *Infos zu Unterkünften:* 🖳 www.northcascades.com
• Im Nationalpark: **Ross Lake Resort** $$, ☎ 206/386-4437, 🖳 www.rosslakeresort.com. Übernachten auf 13 einfach eingerichteten Hausbooten auf dem Ross Lake bei Diablo, erreichbar zu Fuß auf dem Ross Lake Trail (Verpflegung selbst mitzubringen) oder mit dem Boot der Parkverwaltung.
• **Motels/Hotels** in Diablo (ab WA 20, mit Boot erreichbar, s. u.) und Stehekin (südl., s. Chelan). Westlich befinden sich die nächsten Unterkünfte in Marblemount, Rockport bzw. Concrete, östlich in Mazama oder Winthrop (s. auch dort), z. B.
– **North Cascade Inn** $$-$$$, 🖳 www.north.cascades.national-park.com/lodge.htm, 4284 Hwy. 20, Concrete, ☎ 360/853-8771. Auf „historisch" getrimmtes Hotel, das über ein eigenes Restaurant verfügt.

210

3. Der Nordwesten der USA als Reiseziel: Regionale Tipps von A-Z (North Cascades NP
und Umgebung/WA, Oakland/CA, Olympic NP/WA & Olympic Peninsula/WA)

N

O

– **Ovenell's Heritage Inn** $$-$$$, 46276 Concrete Sauk Valley Rd., Concrete, ☎ 360/853-8494, 💻 www.ovenells-inn.com. Drei liebevoll ausgestattete Zimmer und vier Cabins auf kleiner Working Ranch der Familie Ovenell; gutes und reichhaltiges Essen und Ausblick auf den Mt. Baker – der Tipp am North Cascades NP!

– **Freestone Inn** $$-$$$, 31 Early Winter Dr. (WA 20), Mazama, ☎ 509/996-3906, 💻 www.freestoneinn.com. Modernes, rustikal ausgestattetes Hotel am Ostrand des Nationalparks. Großteil der Zimmer mit Seeblick, auch Touren im Angebot.

⚠️ **Camping**
• Infos und Reservierungen: 💻 www.ReserveUSA.com oder ☎ 1-877-444-6777 bzw. ☎ 360/856-5700 ext. 515
• Größere **Campingplätze** sind am North Cascades Hwy. (WA 20) zu finden, z. B. Newhalem Creek Campground, Colonial Creek Campground (bei Diablo), Goodell Creek Campground (am Ufer des Skagit River), Hozomeen Campground (sehr rustikal am Nordufer des Ross Lake) sowie mehrere weitere Plätze am Ross Lake NRA.

Oakland/CA (S. 559)

🛏️ **Unterkunft**
• **Best Western Inn at the Square** $$$, 233 Broadway, ☎ 510/452-4565, 💻 www.bestwestern.com. In zentraler Lage nahe dem Jack London Square mit gut 100 Zimmern und Pool, Frühstück inbegriffen.
• **Jack London Inn** $$$ 444 Embarcadero W, ☎ 510/444-2032, 💻 www.jacklondoninn.com. Hotel direkt am lebhaften Jack London Square und am Hafen gelegen. 110 geräumige, moderne und komfortable Zimmer, inkl. Frühstück.

🍴 **Essen & Trinken**
• **Kincaid's Bayhouse**, 1 Franklin/Jack London Sq., ☎ 510/835-8500. Tolle Fischgerichte und dazu Blick auf den Hafen; ebenfalls am Jack London Square: der legendäre **Heinhold's First and Last Chance Saloon**.
• **Soul Brothers Kitchen**, 5239 Telegraph Ave., ☎ 510/655-9367. Ab $ 10 gibt es Hauptgerichte in großen Portionen, Southern und Soul Food.

Olympic National Park/WA und Olympic Peninsula/WA (S. 281)

s. auch Port Angeles/WA, Port Townsend/WA und Sequim/WA

🛏️ **Unterkunft**
Mehrere Hotels, Lodges und 16 Campingplätze sind auf den NP verteilt. Daneben bieten Ortschaften am Rand, wie Port Angeles, Forks oder Port Townsend, ein breites Übernachtungsangebot, z. B.:
• **Kalaloch Lodge** $$-$$$, am US Hwy. 101, zwischen Queets und Roby Beach, ☎ 360/962-2271, 💻 www.visitkalaloch.com. Traumhaft direkt am Pazifik gelegene rustikale Lodge mit einfachen Cottages und Zimmern im Hauptbau. Die Kalaloch Lodge liegt am Rand des Olympic National Forest.

- **Lake Crescent Lodge** $$-$$$, 416 Lake Crescent Rd., ab US Hwy. 101 am Barnes Point im NP, ☎ 360/928-3211, 🖥 www.lakecrescentlodge.com. Schöne historische Lodge, rustikal, mit 35 Zimmern und 17 Cottages, direkt am See.
- **La Push Ocean Park Resort** $$-$$$, 770 Main St., La Push, 🖥 www.ocean-park.org, ☎ 360/374-5267. Cabins direkt am Meer, Campinggelegenheit und kleines, gemütliches Motel.
- **Sol Duc Hot Springs Resort** $$$, Sol Duc Rd., südl. Lake Crescent (ab US Hwy. 101), ☎ 360/327-3583, 🖥 www.visitsolduc.com. Etwa 30 kleine Hütten, einfach ausgestattet, einige mit kleiner Küche, idyllisch im NP gelegen.
- In **Forks** gibt es einige Motels – z. B. das **Pacific Inn Motel** ($$, 352 South Forks Ave., ☎ 360/374-9400, 🖥 www.pacificinnmotel.com) oder das **Forks Motel** ($$, 351 Forks Ave., ☎ 1-800-544-3416, 🖥 www.forksmotel.com).

Omak/WA (S. 369)

Unterkunft
- **Omak Inn** $-$$, 912 Koala Dr. (US 97), ☎ 509/826-3822, 🖥 www.omakinnwa.com. Modernes Motel mit geräumigen Zimmern (Kühlschrank, Mikrowelle), Pool und Whirlpool.

Essen & Trinken
- **Tequila's**, 635 Okoma Dr. (WA 219 Bus), ☎ 509/826-5417. In der ganzen Region beliebtes und erstklassiges mexikanisches Restaurant.

Park City & Heber City/UT (S. 493)

Unterkunft
- **Homestead Resort** $$$, 700 N Homestead Dr. (ca. 8 km westl. am US 40), Midway, ☎ 435/654-1102, 🖥 www.homesteadresort.com. Alte Farm von 1896, die in ein luxuriöses, mehrteiliges Resorthotel umgewandelt wurde; perfekt zur Erholung, aber auch Freizeitangebote (Reiten, Golf, Wandern).
- **Washington School Inn** $$$, 543 Park Ave., Park City, 🖥 www.washingtonschoolinn.com, ☎ 435/649-3800. Schönes B&B in historischem Schulgebäude von 1889 mit 15 Zimmern.

Pasco/WA (S. 307)

s. Tri-Cities/WA

Pendleton/OR (S. 308)

Unterkunft
- **Wildhorse Resort & Casino** $$-$$$, 72777 Hwy. 331 (I-84 Exit 216), ☎ 541/278-2274, 🖥 www.wildhorseresort.com. Hotel-Casino-Komplex der Confederate Tribes mit gutem Service und komfortabler Ausstattung der großen, renovierten Zimmer. Pool, Restaurants und eigener Golfplatz zugehörig, außerdem RV Park.

212

3. Der Nordwesten der USA als Reiseziel: Regionale Tipps von A–Z (Pendleton/OR, Pierre/SD, Pine Ridge/SD – Pine Ridge Indian Reservation, Placerville/CA)

P

Essen & Trinken
• **Raphael's**, 233 SE 4th St., ☎ 541/276-8500, 🖳 www.raphaelsrestaurant.com. In einem viktorianischen Haus von 1876 betreiben eine Nez-Perce-Indianerin und ihr Mann ein Gourmetrestaurant, in dem lokale Spezialitäten serviert werden.

Pierre/SD (S. 427)

Unterkunft
• **Eagle's View B&B** $$$-$$$$, 710 Verendrye Dr., Fort Pierre, ☎ 605/224-4053, 🖳 www.eaglesview.org. Jim und Linda Steele betreiben in ihrem modernen, komfortablen Haus über dem Tal des Missouri (mit Ausblick) ein B&B und kümmern sich rührend um ihre Gäste.

Essen & Trinken
• **Jake's Goof Times Place Sports Bar & Steakhouse**, E Hwy. 83, ☎ 605/945-0485. Uriges Lokal mit leckeren Steaks und Burgern.
• **Outpost Lodge**, 28229 Cow Creek Rd., nördl. Fort Pierre am Lake Oahe, ☎ 605/264-5450. Große Portionen schmackhafter Hausmannskost, mit Lodge.

Pine Ridge/SD – Pine Ridge Indian Reservation (S. 410)

s. auch Wall/SD

Unterkunft
• **Wakpamni B&B** $$, Batesland, ca. 35 km östl. Pine Ridge, ☎ 605/288-1800, 🖳 www.wakpamni.com. Sechs unterschiedliche Zimmer in einem modernen Haus sowie im renovierten alten Bauernhaus der Bar-O-Bar Farm. Die Besitzerfamilie, die Swicks, sind vor über 25 Jahren aus San Francisco zugezogen. Lage mitten im Reservat, großes Angebot an Freizeitaktivitäten, z. B. Reiten, Touren mit Sioux-Indianern, Powwows, Rodeos etc.

Placerville/CA (S. 527)

Unterkunft
• **Chichester McKee House** $$$, 800 Spring St., ☎ 530/626-1882, 🖳 http://charmingcountryinns.com/inns/usa/ca/placerville/chichestermckeehouse/chichestermckeehouse.php3. B&B in einem 1892 erbauten herrschaftlichen viktorianischen Haus, vier liebevoll ausgestattete Zimmer.

Essen & Trinken
• **Smith Flat House**, 2021 Smith Flat Rd., ☎ 530/622-1723. Nicht nur die Küche, sondern auch die Atmosphäre in diesem ehemaligen Saloon ist einmalig.

3. Der Nordwesten der USA als Reiseziel: Regionale Tipps von A-Z
(Point Reyes National Seashore/CA, Port Angeles/WA)

213

Point Reyes National Seashore/CA (S. 567)

P

mit Point Reyes Station, Olema, Tomales und Marshall/CA

Unterkunft
• **Point Reyes Lodging** $$-$$$$$, ☎ 1-800-539-1872, 🖥 www.ptreyes.com. *Zusammenschluss einer Reihe unterschiedlicher Unterkünfte, Hotels, Inns und B&Bs. Besonders empfehlenswert:* **Ferrando's Hideaway**, *Point Reyes Station,* 🖥 www.ferrando.com, ☎ 415/663-1966 (zwei hervorragend ausgestattete und romantische seperate Häuschen mit eigenen Terrassen, Hot Tub und inkl. Frischkost aus dem Garten der Besitzerin), und* **Roundstone Farm B&B**, *Olema,* ☎ 415/663-1020, 🖥 www.roundstonefarm.com (fünf große, liebevoll gestaltete Zimmer mit Ausblick, mitten in der Natur, gemeinsames Wohnzimmer und Küche).

Tipp in Point Reyes: Ferrando's Hideaway Cottages

Essen & Trinken
• **The Olema Inn & Restaurant**, *10000 Sir Francis Drake Hwy./Hwy. 1, Olema,* ☎ 415/663-9559, Do-Mo Lunch/Dinner, So Brunch. Ambitionierte Küche mit Gerichten aus frischen lokalen Produkten, gelegentlich Livemusik.
• **Olema Farm House**, *10005 Hwy. 1, Olema,* ☎ 415/663-1264. Preiswertes Familienlokal u. a. mit leckerem Seafood, Hamburgern, Pasta, Steaks in großen, preiswerten Portionen.
• **The Station House Café**, *Main St., Pt. Reyes Station,* 🖥 www.stationhousecafe.com, ☎ 415/663-1515. Im alten Bahnhof, mit Garten und Bar, kreative und preiswerte Gerichte aus lokalen, und saisonal wechselnden Bioprodukten (Slow Food).

Port Angeles/WA (S. 280)

s. auch Olympic National Park/WA und Olympic Peninsula/WA

Unterkunft
• **Best Western Olympic Lodge** $$$ *140 Del Guzzi Dr. (ab US 101),* ☎ 360/452-2993, 🖥 www.portangeleshotelmotel.com. Schön gelegenes Mittelklassemotel, ideales Standquartier für die Erkundung des NP und der ganzen Halbinsel oder einen Ausflug nach Victoria/Kanada.
• **Tudor Inn B&B** $$$, *1108 S Oak St.,* ☎ 360/452-3138, 🖥 www.tudorinn.com. B&B in Tudor-Style-Wohnhaus von 1910, fünf Zimmer, einige mit Blick aufs Wasser, mit britischem Charme und schönem Garten zum Erholen.

Fähren
Regelmäßige Verbindungen nach Vancouver Island und die San Juan Islands bieten:
• **Black Ball Ferries**, ☎ 360/457-4491, 🖥 www.cohoferry.com. 4-mal tgl. Fähren, keine Reservierungen, mit dem Auto rechtzeitig da sein!

P

• *Victoria Express*, ☎ 360/452-8088, 🖥 www.victoriaexpress.com. *Schnelle Passagierfähren mehrmals tgl. nach Victoria und San Juan Islands.*

Port Townsend/WA (S. 279)

Unterkunft
• *Holly Hill House B&B $$$, 611 Polk St.,* 🖥 www.hollyhillhouse.com, ☎ 360/385-5619. *Fünf Zimmer bietet das B&B in einem renovierten viktorianischen Wohnhaus von 1872; mindestens zwei Übernachtungen.*
• *Old Consulate Inn $$$, 313 Walker St.,* ☎ 360/385-6753, 🖥 www.oldconsulateinn.com. *Das Hotel in 1889 erbauter viktorianischer Residenz des einstigen deutschen Konsuls bietet acht Zimmer.*
• *Palace Hotel $$-$$$$, 1004 Water St.,* ☎ 360/385-0773, 🖥 www.palacehotelpt.com. *19 Zimmer in renoviertem Haus von 1889 an der Hauptstraße.*

Portland/OR (S. 645)

Vorwahl 503

Unterkunft
Als Wirtschafts-, Messe- und Fremdenverkehrszentrum verfügt Portland über eine breite Palette an Unterkünften. Zu empfehlen ist ein Hotel in Zentrumsnähe, da man dann das Auto stehen lassen und auf öffentliche Verkehrsmittel umsteigen kann.
• *Embassy Suites Portland Downtown $$$$-$$$$$ (1), 319 SW Pine St.,* ☎ 279-9000, 🖥 www.embassyportland.com. *Luxus im historischen Ambiente des 1912 erbauten, frisch renovierten ehemaligen Multnomah Hotels.*
• *Hilton Garden Inn-Portland Airport $$-$$$, 12048 NE Airport Way,* ☎ 503/255-8600, 🖥 www.portlandairport.gardeninn.com. *Modernes Mittelklassemotel am Flughafen mit 121 geräumigen Zimmern. Ideal, wenn man in Portland die Rundreise beginnt oder beendet.*
• *Hotel Vintage Plaza $$$-$$$$ (2), 422 SW Broadway,* 🖥 www.vintageplaza.com, ☎ 228-1212. *107 luxuriöse, geschmackvoll ausgestattete und geräumige Zimmer in historischem Gebäude, ganz dem Motto „Wein und Genuss" verschrieben, mit abendlicher Weinverkostung.*
• *The Governor Hotel $$$$ (3), 611 SW 10th/Alder St.,* ☎ 224-3400, 🖥 www.govhotel.com. *Kleines Luxus-Boutiquehotel in superzentraler Lage, hervorragender Service, geschmackvolle Zimmer.*
• *The Heathman Hotel $$$$-$$$$$ (4), 1001 SW Broadway,* 🖥 www.heathmanhotel.com, ☎ 241-4100. *Historisches Top-Hotel nahe Portland Center for the Performing Arts, mit hervorragendem Restaurant im Hause.*
• *The Mallory $$-$$$ (5), 729 SW Front Ave.,* ☎ 1-800-228-8657, 🖥 www.malloryhotel.com. *In einem Gebäude aus den 1920er Jahren mit viel Charme und relativ preisgünstig.*
• *River Place Hotel $$$$ (6), 1510 SW Harbor Way,* 🖥 www.riverplacehotel.com, ☎ 228-3233. *Schön am Tom McCall Waterfront Park gelegen, geräumige Zimmer mit tollem Ausblick, angeschlossenes Restaurant.*

Essen & Trinken
Die Vergnügungsviertel der Stadt mit Cafés, Lokalen, Musikspots, aber auch Galerien, Shops und Boutiquen, befinden sich im SE District (Hawthorne Blvd.), in Skidmore/Old Town, im

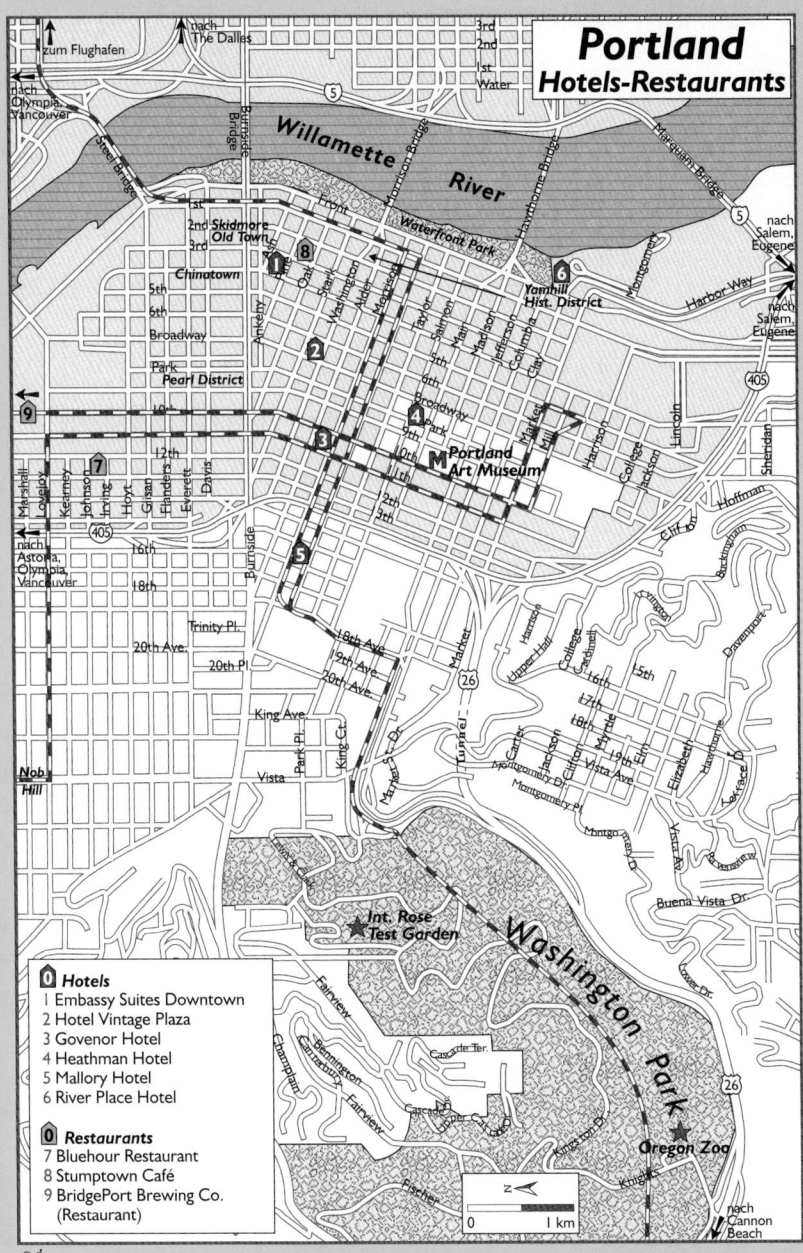

Portland
Hotels-Restaurants

🅗 Hotels
1 Embassy Suites Downtown
2 Hotel Vintage Plaza
3 Govenor Hotel
4 Heathman Hotel
5 Mallory Hotel
6 River Place Hotel

🅡 Restaurants
7 Bluehour Restaurant
8 Stumptown Café
9 BridgePort Brewing Co.
(Restaurant)

© igraphic

P

Pearl District (🖥 www.explorethepearl.com) sowie besonders im NW, um den **Nob Hill** (21st-23rd St.).

• Auf dem **Nob Hill** schlägt das Herz der Stadt und dort hat sich eine lebhafte Kneipenszene entwickelt – z. B. mit:

– **Papa Haydn**, 701 NW 23rd Ave. Der Topspot für Desserts, traumhafte Torten und anderes.

– **Wildwood**, 1221 NW 21st Ave., ☎ 225-0130. Der deutschstämmige Chef Cory Schreiber nutzt beste frische Zutaten aus Oregon und kreiert einfallsreiche, doch bodenständige Gerichte.

– **Zefiro**, 500 NW 21st Ave., ☎ 226-3394. Das beste Fischlokal in Oregon, preiswerte Mittagsmenüs an der Bar, Filiale: 214 SW Broadway, ☎ 241-3393.

• Tipps in **Downtown/Pearl District**:

– **Bluehour Restaurant** (7), 250 NW 13th Ave., ☎ 226-3394, 🖥 www.bluehouronline.com. Schickes Restaurant mit innovativer Küche.

– **Jackie's Ribs & More**, 961 SW Broadway, ☎ 221-7427. Preiswertes BBQ, auch Frühstück.

– **Jake's Grill**, im **Governor Hotel** (s. o.). Nordwestküche der Spitzenklasse mit viel Fisch, tollen Desserts und umfassender Weinkarte.

– **Heathman**, im gleichnamigen Hotel (s. o.), ☎ 790-7752. Sehr edel und elegant, frische Nordwestgerichte mit mediterranem Touch.

– **Pazzo Ristorante**, im Hotel Vintage Plaza (s. o.), ☎ 228-1515. Norditalienische Küche mit pazifischem Flair.

– **Stumptown Café** (8), SW 3rd Ave/SW Pine. Hervorragender Kaffee. Einen Block westlich (SW 3rd Ave/SW Ankeny): **Voodoo Doughnut** (22-10 Uhr!) mit riesiger Donut-Auswahl.

Brauereien & Brewpubs (Auswahl)

Allgemeine Informationen bietet die kostenlose Broschüre der Oregon Brewers Guild „Microbreweries of Oregon" (232 SE Oak St., ☎ 1-800-440-ALES, 🖥 www.oregonbeer.org).

• **Alameda Brewing Co.**, 4765 NE Fremont St. Eine der neueren kleinen Brauereien mit gemütlicher Kneipe.

• **BridgePort Brewing Co.** (9), 1313 NW Marshall St. In einer alten Seilfabrik im Pearl District, mit Bäckerei, Restaurant (Pizza aus Bierhefe!) und Bar; bekannt für Ales.

• **Laurelwood Public House & Brewery**, 1728 NE 40th Ave. Die Brauerei überraschte die Bierwelt mit einer Reihe ausgezeichneter Biere; empfehlenswerte, gemütliche Kneipe zugehörig.

• **Lucky Labrador Brewing Co.**, 915 SE Hawthorne Blvd. In einem alten restaurierten Lagerhaus gibt es vielseitiges (auch vegetarisches) Essen, Livemusik und mehrere Sorten Bier, z. B. Black Lab Stout, Hawthorne's Best Bitter und König's Kölsch.

• **McMenamins Edgefield Brewery**: 19 verschiedene Lokalitäten, Pubs, Theaterpubs und Restaurants über ganz Oregon verteilt (🖥 www.mcmenamins.com). Gute Biere wie Hammerhead Ale, Terminator Stout oder Black Rabbit Porter, dazu preiswerte Pub-Kost. In Portland: **The Ram's Head Brewpub & Restaurant** (2282 NW Hoyt) und die zum Lokal umgebaute **Kennedy School** (5736 NE 33rd Ave.).

Portland ist die „Microbrew Capital" of America. Hier der BridgePort Brew Pub

• **Portland Brewing Co.** mit **Flanders St. Brewpub & Eatery**, 1339 NW Flanders St. Brauerei mit Lokal und Laden in alter Molkerei im historischen Pearl District. Spezialitäten sind MacTarnahan's Amber Ale, Bavarian Style Weizen, Wheat Berry Brew, Haystack Black Porter und – vor allem – das Oregon Honey Beer. Weitere Filiale: **BrewHouse Taproom & Grill** (2730 31st St.).

• **Widmer Brothers Brewing Co.**, 929 N Russell St. Im Stil eines alten Münchner Wirtshauses, bekannt für deutsche Kost und unfiltriertes Hefeweißbier; Fr/Sa Touren.

Nightlife
• **Harrington's**, SW 6th Ave./Main St., ☎ 243-2932. Groß, abwechslungsreiche Musik: Blues, Folk und Jazz, ab und zu live.

• **Mount Tabor Theatre**, 4811 SE Hawthorne Blvd., ☎ 238-1646. Microbrews, Filme, Musik (vor allem Rock, Alternative live Di-Sa).

• **Satyricon**, 125 NW 6th Ave., ☎ 243-2380. Auftritte der neuesten Bands von Portland und Umgebung.

Flughafen
• **Portland International Airport** (PDX), NE Airport Way (via I-84 und I-205 bis Exit 24), ☎ 944-7000, 🖥 www.flypdx.com. Der Flughafen wird von 19 Fluggesellschaften angeflogen, u. a. nonstop ab Frankfurt mit Lufthansa, zugleich US-Drehscheibe für den Fernen Osten (Pazifik) und Alaska.

• Vom **Flughafen nach Downtown** gelangt man am preiswertesten mit der **MAX-Schnellbahn** (s. u.). Am Flughafen befinden sich die Büros aller großen Mietwagenfirmen.

Eisenbahn und Überlandbusse
• **Union Station**, 800 NW 6th Ave., am Nordrand von Downtown, nahe Chinatown, ☎ 1-800-872-7245, 🖥 www.amtrak.com. Amtrak-Bahnhof von 1894, Züge nach Kalifornien, Seattle und Vancouver sowie entlang dem Columbia River und durch Ost-Washington, Idaho, Montana und North Dakota Richtung Chicago.

• **Greyhound Busstation**, 550 NW 6th Ave., neben Union Station, ☎ 243-2316.

Städtischer Nahverkehr
Die Stadt ist gut mit öffentlichen Verkehrsmitteln erschlossen. **Tri-Met Transit** und **MAX** (Metropolitan Area Express, 🖥 www.trimet.com) betreiben Busse, Schnell- und Straßenbahnen. Die Fahrpreise sind entfernungsabhängig, innerhalb des „Fareless Square", dem Innenstadtbereich, sind alle Nahverkehrsmittel kostenlos. Die **Portland Streetcar** (🖥 www.portlandstreetcar.com) fährt alle „In-Viertel" (wie NW District, Pearl District und West End) ab Downtown an und soll demnächst bis zur S Waterfront ausgeweitet werden, von wo aus dann eine neue **Portland Aerial Tram** (🖥 www.portlandtram.com) verkehren soll.

Priest Lake & Priest River/ID (S. 361)

Unterkunft
• **Grandview Resort** $$-$$$$, 3492 Reeder Bay Rd., ☎ 208/443-2433, 🖥 www.grandview-priest-lake.com oder www.gvr.com. Kleines Resort am See, acht Zimmer, elf Suiten und neun Cabins, zudem Restaurant. Ein idealer Standpunkt zur Erkundung der Region.

218

3. Der Nordwesten der USA als Reiseziel: Regionale Tipps von A-Z
(Quincy/CA, Rapid City/SD, Red Bluff/CA, Redding & Shasta Cascade-Region/CA)

Q

R

Quincy/CA (S. 615)

Unterkunft
• **The Feather Bed B&B** $$-$$$, 542 Jackson St., 🖳 www.featherbed-inn.com, ☏ 530/283-0102. Fünf unterschiedlich große Zimmer in einem 1893 erbauten Haus, dazu ein Cottage und ein Guest House.

Rapid City/SD (S. 404)

Unterkunft
• **The Alex Johnson Hotel** $$$, 523 6th St., 🖳 www.alexjohnson.com, ☏ 605/342-1210. Das historische Hotel aus den 1920er Jahren wurde neu restauriert. Imposante Lobby mit großem Kandelaber, Zimmer z. T. klein, aber dennoch gemütlich und mit eigenem Charme; zugehörig sind Restaurant, Bar und Souvenirshop.
• **Best Western Ramkota Hotel** $$$, 2111 N. LaCrosse St. (I-90 Exit 59), ☏ 605/343-8550, 🖳 www.ramkota.com. Modernes Hotel mit geräumigen Zimmern. Es gibt einen großen Pool mit Wasserspielplatz und Restaurant.

Essen & Trinken
• **Firehouse Brewering Co.**, 610 Main St., ☏ 605/348-1915, 🖳 www.firehouse.com. Kleine Hausbrauerei mit Pub in ehemaligem Feuerwehrgebäude, besonders die dunklen Biere sind toll, dazu leckere Pub-Kost von Chicken Wings bis Burgers, Happy Hour!
• **Tally's Restaurant**, 530 6th St. Hervorragend zum Frühstück oder zur kleinen Mittagsbrotzeit geeignet.

Red Bluff/CA (S. 614)

s. auch Redding/CA

Unterkunft
• **Jeter Victorian Inn** $$-$$$$, 1107 Jefferson St., 🖳 www.jetervictorianinn.com, ☏ 530/527-1150. B&B in einem restaurierten viktorianischem Haus von 1881 mit sechs Zimmern und einem Cottage.

Essen & Trinken
• **The Snack Box Restaurant**, 257 Main St., ☏ 530/529-0227. Beliebtes Restaurant, das vor allem wegen seine Steaks besucht wird.

Redding & Shasta Cascade-Region/CA (S. 621)

Unterkunft
• **Bridgehouse B&B** $$-$$$, Redding, 🖳 www.reddingbridgehouse.com, ☏ 530/247-7177. In Historic Downtown mit Blick auf den Sacramento River gelegene Cottage von 1930. Es gibt vier geräumige Gästezimmer, Frühstücksbuffet, einen Fitnessraum, WLAN und Kabelfernsehen.

• **Hampton Inn & Suites** $$$-$$$$, 2160 Larkspur Lane, 💻 www.reddingsuites.hamptoninn.com, **R**
☎ 530/224-1001. Dreistöckiges Hotel in spanisch-mediterranem Stil mit guter Ausstattung; 36 der 80 Zimmer sind Studio-Suiten.
• **Hilton Garden Inn** $$$-$$$$, 5050 Bechelli Lane, South Redding, ☎ 530/226-5111, 💻 www.hiltongardeninn.com. George und Silvia King geben diesem empfehlenswerten und günstig gelegenen Hotel einen persönlichen Touch.
• **O'Brien Mountain Inn** $$$$, I-5 Exit O'Brien, O'Brien (nahe Shasta Lake), ☎ 530/238-8026, 💻 www.obrienmountaininn.com. Liebevoll eingerichtete Zimmer im Hauptharus, jedes einer anderen Musikrichtung gewidmet und mit eigenem Zugang, sowie etwas abseits gelegenes traumhaftes „Baumhaus", Luke's Treehouse Suite. Freundlicher Empfang und Rundum-Betreuung durch die hilfsbereiten Besitzer Teresa und Greg Ramsey.

Camping
• Reservierung von **Campingplätzen** in National Forests über USDA Forest Service Campgrounds, ☎ 707/562-8737, 💻 www.reserveusa.com
• Am **Whiskeytown Lake** lohnen vor allem folgende Plätze: **Brandy Creek** (gratis, aber primitiv, ohne WCs oder Hook-ups) und **Oak Bottom** (RV-Camping, Dump Station und Wasser/WCs, auch Zeltplätze mit Feuerstelle).
• **McArthur-Burney Falls Memorial SP**, SR 89 N, 18 km nordöstl. Redding, ☎ 530/335-2777, Mai-Sept., $ 16. 128 Campsites, WCs, aber sonst wenig Luxus, dafür vielseitiges Freizeitangebot (Bootsverleih, Wasserski, Angeln).
• **Castle Crags SP**, I-5, 10 km östl. Dunsmuir, ☎ 530/235-2684, ganzjährig geöffnet, $ 16; 76 Campingplätze, auch für RVs.
• **Lakeshore East Campground**, am Shasta Lake, 💻 www.shastalakecamping.com, ☎ 530/275-8113. Drei Yurten für maximal fünf Personen (Betten), auch für RVs geeignet.

Hausboote
• **Seven Crown Resort**, eine von mehreren **Hausbootvermietungen** am Shasta Lake, mit Bridge Bay Resort, 10300 Bridge Bay Rd (ab I-5, nördlich Redding), ☎ 530/275-3021, 💻 www.sevencrown.com. Es werden Hausboote für 6-16 Personen ab drei Tage Mietdauer angeboten. In der NS kostet das kleinste Boot ab $ 650/Woche. Am Bootshafen gibt es auch ein einfaches **Motel** ($$).

Essen & Trinken
• **Jack's**, 1743 California St. Seit Generation eine Institution, geschickt versteckt hinter schlichter Fassade. Häufig lange Wartezeiten (an der Bar!) auf einen der wenigen Tische, da keine Reservierungen angenommen werden und die Steaks heiß begehrt sind.
• **C.R. Gibb's American Grille**, 2300 Hilltop Dr., Best Western Hilltop Inn, ☎ 530/221-2335. Gute kalifornische Küche zu günstigen Preisen, dazu viele Microbrews.

Redfish Lake (bei Stanley)/ID (S. 323)

Unterkunft
• **Redfish Lake Lodge** $$-$$$, 7 mi südl. Stanley am Redfish Lake, ☎ 208/774-3536, 💻 www.redfishlake.com/lodging.html. Historische Lodge, rustikal im Blockhausstil direkt am See, unbedingt im Voraus buchen!

220

3. Der Nordwesten der USA als Reiseziel: Regionale Tipps von A-Z
(Redfish Lake/ID, Redwood NP/CA, Reno & Sparks/NV, Republic/WA)

R)

⚠ **Camping**
• **Campingplatz-Reservierung**: 🖥 www.redfishlake.com/camping_contact.htm bzw. ☎ 208/774-3376.

Redwood National Park/CA (S. 593)

s. auch Eureka/CA

⚠ **Unterkunft, Camping**
Im Park selbst gibt es keine Hotels/Motels, s. daher Crescent City.
• **Camp Marigold Cottages** $$, 16101 Hwy. 101, gut 6 km nördl. Klamath, ☎ 707/482-3585. Schöne kleine Holzhütten, sauber, einige mit Kochecke.
• In den Parks (Infos in den VC) liegen die schönsten Plätze am **Mill Creek** und am **Gold Bluffs Beach**, wobei Letzterer mit Trailern und größeren Wohnmobilen nicht erreichbar ist.
• **Allgemeine Infos zum Camping**: 🖥 www.redwood.national-park.com/camping.htm oder www.nps.gov/redw/pphtml/camping.html

Reno & Sparks/NV (S. 518)

🛏 **Unterkunft/Essen & Trinken**
Hotels in Reno sind unter der Woche preiswerter und mit Coupons gibt es oft beträchtliche Ermäßigungen. Man sollte auf alle Fälle nach Specials fragen, denn die Konkurrenz ist groß.
• **Circus Circus Hotel Casino** $$-$$$, 500 N Sierra/6th St., ☎ 775/328-9652 und 1-800-648-5010, 🖥 www.circusreno.com. Der Hotelkomplex vereint über 1.500 Zimmer auf 28 Etagen, mehrere Lokale, Shops und natürlich ein Casino.
• **Sands Regency Casino Hotel** $$-$$$, 345 N Arlington Ave., ☎ 775/348-2200 und 1-800-648-3553, 🖥 www.sandsregency.com. In Downtown gelegenes Standardhotel mit 800 großen Zimmern in den Türmen. Zudem gibt es mehrere Restaurants.
• **Silver Legacy Resort Casino** $$$-$$$$, 407 N Virginia St., ☎ 775/329-4777, 🖥 www.silverlegacy.com. Neuer Hotel-Casino-Vergnügungspark mit über 1.700 Zimmern mitten im Casinozentrum, dazu gehören mehrere Restaurants und eine nachgebaute Mine mit Bohrturm.

Republic/WA (S. 368)

🛏 **Unterkunft**
• **K-Diamond-K Guest Ranch** $$$, 15661 Hwy. 21 S (südl. Republic), ☎ 509/775-3536, 🖥 www.KDiamondK.com. Für $ 125/Person kann man auf dieser Working Ranch der Familie Konz inkl. Vollpension übernachten und alle Einrichtungen der Ranch nutzen (Reiten, Wandern, Radfahren, Angeln und Teilnahme an Viehtrieb bzw. Rancharbeit).

Rocky Mountain National Park/CO (S. 486)

s. auch Estes Park/CO

R

S

Unterkunft
• **Grand Lake Lodge** $$$, 15500 Hwy. 34, direkt südlich des Westzugangs, Grand Lake, ☎ 970/627-3967, 💻 www.grandlakelodge.com. Die seit 1920 existierende Unterkunft liegt in fast 3.000 m Höhe und bietet 56 Zimmer und 32 Cottages, sehr rustikal und nur im Sommer geöffnet.

Camping
• Im Park gibt es fünf **Campingplätze** ohne Strom, Wasser und Ver-/Entsorgungseinrichtungen. Nur **Moraine Park** (245 Plätze, ganzjährig, Ende Mai-Ende Sept., $ 20) und **Glacier Basin** (150 Plätze, Ende Mai-Mitte Sept., $ 20) können im Voraus reserviert werden. Reservierungen sind möglich unter 💻 http://reservations.nps.gov, ☎ 1-800-365-2267 oder auch unter 💻 www.reserveusa.com

Sacramento/CA (S. 527)

Vorwahl 916

Unterkunft
• **Best Western Sutter House** $$, 1100 H St., 💻 www.thesutterhouse.com, ☎ 441-1314. Preiswertes Standardhotel im Herzen der Stadt mit geräumigen und gut ausgestatteten Zimmern, inkl. Frühstück.
• **Delta King Hotel** $$$-$$$$, 1000 Front St., ☎ 444-5464, 💻 www.deltaking.com. Zum Hotel umfunktionierter historischer Schaufelraddampfer. Die Zimmer sind relativ klein, aber ungewöhnlich.
• **Inn At Parkside** $$$$, 2116 6th St., ☎ 658-1818, 💻 www.innatparkside.com. Elegantes B&B im ehemaligen Haus des chinesischen Botschafters mit liebevoll ausgestatteten, individuell gestalteten Zimmern, zudem eigenes Wellness/Spa-Angebot.

Essen & Trinken, Nightlife
• **Jazzmen's Art of Pasta**, 1107 Front St., ☎ 441-6726. Innen oder im Freien italienisch essen zu günstigen Preisen, auch Sonntagsbrunch und an Wochenenden Live-Jazz.
• **Rio City Café**, 1110 Front St., ☎ 442-8226. In Old Sacramento gelegenes Lokal mit kalifornischer Speisekarte, d. h. vielen frischen lokalen Zutaten.
• **Beermann's Beerwerks & Meat Market**, 645 5th St., 💻 www.beermanns.com, ☎ 645-2377. Brewpub in einer alten Lodge von 1864, es gibt preiswerte Gerichte und dazu frisch gebraute Biere.
• **Hoppy Brewing Company**, 6300 Folsom Blvd., ☎ 451-4677, 💻 www.hoppy.com. Mehrere Ales und dazu herzhafte und preiswerte Pub-Gerichte wie Huhn, Salate oder Burger.

Flughafen
• **Sacramento International (SMF) Airport**, ca. 20 km nordwestl. Downtown (I-5). Verbindung zur Stadt per Shuttlebus, z. B. Supershuttle (ca. $ 15), oder Taxi (ca. $ 25).

222

3. Der Nordwesten der USA als Reiseziel: Regionale Tipps von A-Z
(Sacramento/CA, Salem/OR, Salmon & Salmon River Valley/ID, Salt Lake City/UT)

S

Eisenbahn und Überlandbusse
• **Amtrak**: Bahnhof Ecke 5th/I St., Verbindungen nach Denver bzw. Chicago (einmal tgl.), Oakland/San Francisco Bay (mehrmals tgl.), Seattle (einmal tgl.), Los Angeles/San Diego (einmal tgl.) und ins San Joaquin Valley (mehrmals tgl.).
• **Greyhound-Busbahnhof**, 7th/L St., ☎ 1-800-231-2222, 🖥 www.greyhound.com

Städtischer Nahverkehr
SRT (Sacramento Regional Transit) betreibt Busse und eine Straßenbahn mit zwei Linien nach Nordosten und Osten. Außerdem gibt es **DASH Trolleys**, die von Old Sacramento über J St. und K Street Mall zum Convention Center und über K und L St. zurückfahren; gratis zwischen 11 und 15 Uhr im Downtown-Bereich (Infos: ☎ 321-2877, 🖥 www.sacrt.com).

Salem/OR (S. 642)

Unterkunft
• **Phoenix Grand Hotel** $$$, 201 Liberty St. SE, 🖥 www.phoenixgrandhotel.com, ☎ 503/540-7800. Neues Hotel mitten in der Innenstadt mit allen Annehmlichkeiten und Frühstück inbegriffen.
• **State House Inn** $$$, 2146 State St., 🖥 www.innsite.com/inns/A031322.html, ☎ 503/588-1340. Zentral gelegenes B&B mit vier Zimmern in einem Wohnhaus von 1920, dazu stehen zwei Cottages zur Verfügung.

Salmon & Salmon River Valley/ID (S. 315)

Unterkunft, Essen & Trinken
• **100 Acre Wood**, US 93, North Fork (ca. 20 km nördl. Salmon), ☎ 208/865-2165, 🖥 www.100acrewoodresort.com. Rustikale, aber komfortable Lodge mitten in der Natur, ideal für Outdoorfans, mit Tourangebot (Wanderungen, Ausritte, Angeln, Jagen). Besitzer Jon Cummings hat die Lodge selbst gebaut und liebevoll ausgestattet. Great Room mit offenem Kamin für Gäste und zugehöriges Gourmetlokal (Do-Sa mit Vorreservierung).

Salt Lake City/UT (S. 498)

Vorwahl 801

☛ Wichtige Telefonnummern

• **Notruf Polizei/Feuer/Ambulanz**: ☎ 911
• **Traveler's Aid** (Hilfe für Reisende): ☎ 328-8996
• **Ärztliche Notfälle**: L.D.S. Hospital: ☎ 408-1100,
   Salt Lake Regional Medical Center (1050 E South Temple), ☎ 350-4631
• **Pannendienst** (AAA, Automobilclub): 560 E 5th St., ☎ 364-5615

Unterkunft

S

• **Anton Boxrud B&B** $$-$$$, 57 S 600 East St., ⌨ www.netoriginals.com/antonboxrud, ☎ 363-8035. Ein „Grand Old Home" aus der Zeit um 1900, mit sieben Zimmern, in zentraler Lage und berühmt fürs Pancake-Frühstück.

• **Hotel Monaco** $$$-$$$$, 15 W 200 South St., ☎ 595-0000, ⌨ www.kimptonhotels.com. Sehenswertes Boutique-Hotel im Art-déco-Stil in der Innenstadt, 225 Zimmer, alle ungewöhnlich, luxuriös und gemütlich.

• **Salt Lake Marriott City Center** $$$$, 220 S State St., ⌨ www.saltlakecitymarriott.com, ☎ 961-8700. 2001 eröffnetes Luxushotel mit 359 geräumigen Zimmern, schon allein wegen der Lage empfehlenswert; ebenso das **Salt Lake Marriott Downtown** $$$-$$$$ (75 S West Temple, ☎ 531-0800, ⌨ http://marriott.com/property/propertypage/SLCUT) mit 513 Zimmern.

• **Shilo Inn Hotel** $$-$$$, 206 S West Temple St., ☎ 521-9500, ⌨ www. shiloinns.com. Mittelklassehotel im Zentrum, 200 modern ausgestattete Zimmer.

• **Travelodge Temple Square** $-$$, 144 W North Temple St., ⌨ www.travelodge.com, ☎ 533-8200. Günstiges und zentral gelegenes Motel, einige Zimmer mit Blick auf den Temple Square.

Camping

Auskünfte über Campingplätze unter ⌨ www.go-utah.com/Salt-Lake-City/Camping, empfehlenswert sind z. B.:

• **Camp VIP**, 1350 W North Temple St., ☎ 328-0224, ⌨ www.campvip.com. Zwischen Airport und City gelegen, gut ausgestattet.

• **Cherry Hills Campground**, 1325 S Main St., Kaysville, 16 km nördl. SLC via I-15, ☎ 451-5379, ⌨ www.cherry-hill.com

• **Mountain Shadows RV Park**, 13275 S Minute Man Dr., Draper, 14 mi. südl. SLC, ☎ 571-4024, ⌨ www.mountain-shadows.com. 25 km südlich der Stadt, idyllisch gelegen und sauber.

Essen & Trinken

• **Frontier Pies Restaurant & Bakery**, 735 W North Temple St. Suppen und Pies nach Hausmacherart.

• **Market Street Broiler & Fish Market/Bakery**, 260 S 1300 East St. Fisch u. a. vom Grill serviert in historischer Feuerwehrstation.

• **Market Street Grill**, 48 W Market St., ☎ 322-4668. Hervorragende Fisch- und Fleischgerichte in restauriertem Hotelgebäude von 1906.

• **The New Yorker**, 60 W Market St., ☎ 363-0166. Ausgezeichnete Küche und erlesene Weinkarte in gepflegtem Ambiente; mehrfach ausgezeichnet, daher auch teurer.

• **Squatter's Pub Brewery**, 147 W Broadway. Verschiedene im Haus gebraute Biere im „Bräustübchen" oder Biergarten, dazu günstige, gute Pub-Gerichte.

Nightlife

Entgegen aller Gerüchte gibt es in SLC Alkohol, gleichermaßen in Restaurants wie auch in Liquor Stores. Das Angebot beschränkt sich allerdings auf Bier und Wein, harte Sachen gibt es ausschließlich in Clubs, in denen man jedoch leicht Mitglied werden kann. Zudem bereichern in SLC zunehmend Microbreweries die Szene (s. o.).

• **The Blue & Bear**, 19 E 200 South St., ☎ 350-0950. Der beste Jazzclub der Stadt, Livemusik meist an Wochenenden.

• **Dead Goat Saloon**, 165 S West Temple St., Arrow Press Sq., ☎ 328-4628. Topspot mit Livemusik, Satelliten-TV.

S

• **Green Parrot**, 155 W 200 South St., ☏ 363-3201. Etwas feinerer Club und Restaurant mit Live-Unterhaltung unterschiedlicher Musikrichtungen.
• **The Zephyr Club**, 301 S West Temple St., ☏ 355-2582. Nahezu jeden Abend Livemusik verschiedener Richtungen, gelegentlich auch Größen der Blues- und Rock-Szene.

Flughafen
• Der **SLC International Airport** (⌨ www.slcairport.com, ☏ 575-2400 und 1-800-595-2442) liegt rund 10 km von der Innenstadt entfernt und ist erreichbar über die I-80 in westliche Richtung, ab Exit 115, ausgeschildert. Der Flughafen ist Drehscheibe von Delta Airlines und durch einen öffentlichen Bus mit Downtown verbunden (Linien 50 und 53, außerdem abends Nr. 150).
• **Shuttle-Service**: Sunrise Transportation, ☏ 774-9887, zwischen Flughafen und allen Hotels in SLC und Umgebung.

Eisenbahn und Überlandbusse
• **Amtrak-Bahnhof**, 340 S. 600 West St. (neben Greyhound), ⌨ www.amtrak.com, ☏ 287-7636; California Zephyr je einmal tgl. nach Reno und San Francisco sowie nach Denver, Chicago.
• **Überlandbusse: Greyhound,** 300 S 600 West St., ☏ 355-9579 und 1-800-231-2222, ⌨ www.geyhound.com

Städtischer Nahverkehr
• Die **Utah Transit Authority/UTA** (⌨ www.utabus.com) betreibt innerstädtische Busse, die innerhalb Downtowns in einer „free fare zone" kostenlos fahren, zudem gibt es einen Pendelverkehr zur Uni und nach Ogden und ein **Light Rail System** (⌨ www.lightrailnow.org) – eine Straßenbahn, die die südlichen Stadtviertel mit Downtown verbindet. Günstig ist der Tagespass zu $ 4, die einfache Fahrt kostet $ 1,50.

Sandpoint/ID (S. 360)

Unterkunft
• **Best Western Edgewater Resort** $$-$$$, 56 Bridge St., ☏ 208/263-3194, ⌨ www.sanpointhotels.com. Motel direkt am Wasser mit ordentlichen Zimmern.
• **Schweitzer Mountain Resort** $$$-$$$$, 10000 Schweitzer Mountain Rd., ab US 95, ausgeschildert, ca. 15 km nordwestl., ☏ 208/265-0257, ⌨ www.schweitzer.com. Traumhaft gelegenes Resort mit zwei Lodges (82 bzw. 41 Zimmer), Pool und umfangreiches Freizeitangebot.

Essen & Trinken
• **Pend Oreille Brewing Co.**, 220 Cedar St., Microbrewery mit angeschlossenem Pub, gute Biere und leckere amerikanische Standardgerichte.

San Francisco/CA (S. 533)

Vorwahl 415

 Wichtige Telefonnummern und Adressen

- **Notruf Polizei/Feuer/Ambulanz:** ☏ 911
- **Ärztliche Hilfe**
  – Traveler Medical Group, 490 Post St./Ste. 225, ☏ 981-1102, 24 Std. auch Hausbesuche; **Notfälle:** S.F. Urgent Care, 490 Post St., Ste. 710, ☏ 732-7029, 🖳 www.sfoncall.com
  – San Francisco Dental Office (zahnärztlicher Notdienst), 131 Steuart St., ☏ 777-5115
- **Automobilclub:** AAA Travel/California State Automobile Association, 100 Van Ness Ave., ☏ 565-2012, 🖳 www.csaa.com, Mo-Fr 8.30-17.30 Uhr
- **Diplomatische Vertretungen**
  – Generalkonsulat der Bundesrepublik Deutschland, 1960 Jackson St., ☏ 775-1061
  – Honorarkonsulat von Österreich, 220 Montgomery St., ☏ 951-8911
  – Generalkonsulat der Schweiz, 456 Montgomery St., ☏ 788-2272

🛏 **Unterkunft**

Preiswertere Unterkünfte reihen sich entlang der **Lombard St.**, vor allem unter den 1500-1700er- bzw. 2000-2300-Nummern auf; Kettenhotels sind besonders an Fisherman's Wharf zu finden, die Luxuspaläste am Nob Hill und um den Union Square konzentrieren sich viele große Herbergen, die auch von Deutschland aus (häufig sogar billiger) zu buchen sind. Empfehlenswerte Ketten, deren S.F.-Hotels großteils auch in Deutschland buchbar sind:

- **Personality Hotels** (🖳 www.personalityhotels.com) – Hotel Diva, Hotel Metropolis, Hotel Union Square und Hotel Kensington Park, relativ kleine Boutique-Hotels mit individuellem Flair.
- **Joie de Vivre** (🖳 www.jdvhospitality.com) – u. a. Hotel Carlton, Commodore, Maxwell, Bijou und Rex.
- **Kimpton Group** (🖳 www.kimptonhotels.com) – u. a. Hotel Monaco, Palomar, Serrano, Triton.
- **Hotelbroker im Internet:** – 🖳 www.hotels.com
  – 🖳 www.hotellocator.com
  – 🖳 www.expedia.com
  – 🖳 www.hotelres.com
- Außerdem hilft bei der Buchung das **San Francisco CVB** (schriftliche Anfragen: 900 Market St., Lower Level, Hallidie Plaza, San Francisco, CA 94102-2804, vic1@sfcvb.org, oder die **S.F. Visitor Information** (☏ 1-888-782-9673 bzw. 283-0155) weiter. Buchungsmöglichkeit im Internet auch unter 🖳 www.onlyinsanfrancisco.com
- s. auch Allgemeine Tipps von A-Z, „Information", S. 145 f. und „Unterkunft", S. 164.

Einige Einzeltipps:
- **Albion House Inn** $$$, 135 Gough St., 🖳 www.subtleties.com, ☏ 621-0896 und 1-800-400-8295. B&B im boomenden Hayes Valley, neun unterschiedlich eingerichtete Zimmer mit Kunstwerken des Hausherrn, Living Room, ganztägig Kuchen und Kekse, Kaffee und Tee, morgens Gourmetfrühstück, abends Wein.
- **Best Western Americania** $$-$$$, 121 7th St., ☏ 626-0200, 🖳 www.americaniahotelsf.com. Familiengeeignet, geräumige Zimmer, Pool und kleiner Fitnessraum, auch in Deutschland buchbar.

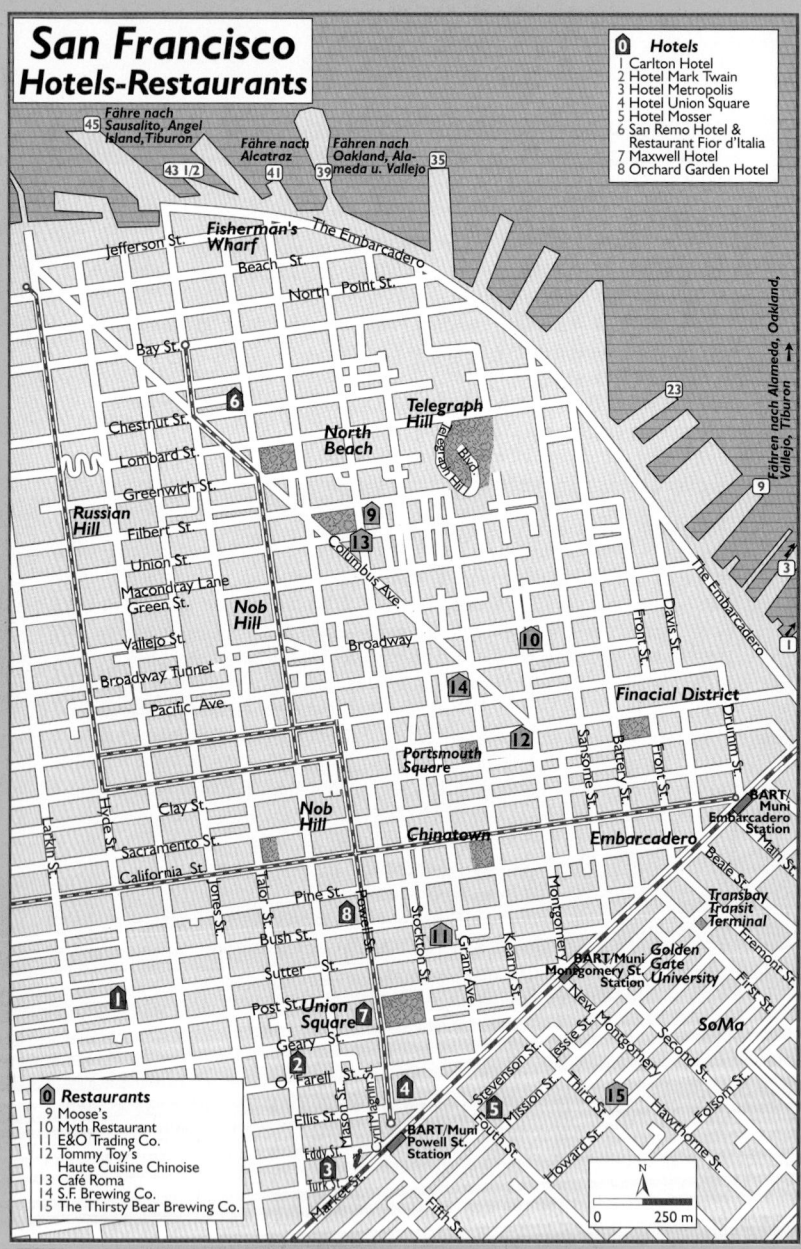

San Francisco
Hotels-Restaurants

Hotels
1 Carlton Hotel
2 Hotel Mark Twain
3 Hotel Metropolis
4 Hotel Union Square
5 Hotel Mosser
6 San Remo Hotel & Restaurant Fior d'Italia
7 Maxwell Hotel
8 Orchard Garden Hotel

Restaurants
9 Moose's
10 Myth Restaurant
11 E&O Trading Co.
12 Tommy Toy's Haute Cuisine Chinoise
13 Café Roma
14 S.F. Brewing Co.
15 The Thirsty Bear Brewing Co.

Fähre nach Sausalito, Angel Island, Tiburon
Fähre nach Alcatraz
Fähren nach Oakland, Alameda u. Vallejo
Fähren nach Alameda, Oakland, Vallejo, Tiburon

Fisherman's Wharf
Jefferson St.
Beach St.
North Point St.
Bay St.
Chestnut St.
Lombard St.
Greenwich St.
Filbert St.
Union St.
Macondray Lane
Green St.
Vallejo St.
Broadway Tunnel
Pacific Ave.
Clay St.
Sacramento St.
California St.
Pine St.
Bush St.
Sutter St.
Post St.
Geary St.
Farell St.
Ellis St.
Eddy St.
Turk St.

The Embarcadero
North Beach
Telegraph Hill
Russian Hill
Nob Hill
Broadway
Portsmouth Square
Nob Hill
Chinatown
Union Square

Columbus Ave.
Davis St.
Front St.
Battery St.
Sansome St.
Montgomery St.
Kearny St.
Grant Ave.
Stockton St.
Powell St.
Mason St.
Taylor St.
Jones St.
Leavenworth St.
Hyde St.
Larkin St.

Finacial District
Embarcadero
SoMa

BART/Muni Embarcadero Station
Transbay Transit Terminal
BART/Muni Montgomery St. Station
Golden Gate University
BART/Muni Powell St. Station

Beale St.
Fremont St.
First St.
Second St.
Third St.
Stevenson St.
Jessie St.
Mission St.
New Montgomery St.
Howard St.
Folsom St.
Hawthorne St.
Fifth St.
Market St.

N
0   250 m

© ilgraphic

• *Carlton Hotel* $$-$$$ (1), 1075 Sutter St., 🖥 www.hotelcarltonsf.com, ☎ 673-0242 und 1-800-922-7586. Boutique-Hotel (Joie de Vivre) in Bau von 1927 mit 163 Zimmern, ausgestattet mit Kabel-TV, CD-Player, Dataport, Safe etc. Wein am Abend und Wireless Internet gibt es in der gemütlichen Lobby. Speisen kann man im zugehörigen Restaurant **Saha**.

• *Elements Hotel* $, 2524 Mission St., 🖥 www.elementssf.com, ☎ 1-866-327-8407 und 647-4100. Ideal für Preisbewusste: Schlafsäle, Doppel- und Viererzimmer, mit Badezimmern, inkl. Dachterrasse und Wireless Internet. In der unmittelbaren Nachbarschaft kann man im Medjool Café Restaurant & Bar einkehren.

• *Handlery Union Square Hotel* $$$-$$$$, 351 Geary St., ☎ 781-7800 und 1-800-843-4343, 🖥 www.handlery.com/sf/home.asp. Traditionelles, großes Familienhotel mit gutem Service und in superzentraler Lage am Union Square, auch in Deutschland zu buchen!

• *Hotel Mark Twain* $$$ (2), 345 Taylor St., ☎ 673-2332, 🖥 www.hotelmarktwain.com. 118 Zimmer in zentraler Lage nahe Union Square, gute Preise und freundlicher Service.

• *Hotel Metropolis* $$-$$$ (3), 25 Mason/Market St., 🖥 www.hotelmetropolis.com, ☎ 775-4600. Gut 100 Zimmer auf neun Stockwerken in ungewöhnlichem Zen-Design, auch in Deutschland buchbar.

• *Hotel Union Square* $$-$$$ (4), 114 Powell St., ☎ 397-3000, 🖥 www.personalityhotels.com. 131 geschmackvoll und modern eingerichtete Zimmer, ideal nahe Cable Car und Union Square gelegen; günstig bei DER buchbar.

• *The Mosser* $$$ (5), 54 4th St., ☎ 986-4400, 🖥 www.themosser.com. Das 1913 im viktorianischen Stil erbaute Haus wurde 2003 renoviert und modernisiert; „Recording Studio" im Hause zugehörig, außerdem Annabelle's Bar & Bistro.

• *San Remo* $-$$ (6), 2237 Mason St., ☎ 776-8688, 🖨 776-2811, 🖥 www.sanremohotel.com. Saubere Zimmer in viktorianischem Haus von 1906, hübsch und geschmackvoll, aber ohne großen Luxus. Hilfsbereites Personal und günstige Lage nahe Fisherman's Wharf. Im Haus bietet das Restaurant **Fior d'Italia** (☎ 986-1886) gute italienische Küche.

• *The Maxwell Hotel* $$$-$$$$ (7), 386 Geary St., ☎ 986-2000, 🖥 www.joiedevivre-sf.com. Art-déco-Gebäude von 1907 mit 153 luxuriös ausgestatteten großen Zimmern auf 13 Etagen; auch von Deutschland aus buchbar.

• *Orchard Garden Hotel* $$$$ (8), 466 Bush St., 🖥 www.theorchardgardenhotel.com, ☎ 1-888-717-2881. Im Oktober 2006 eröffnetes erstes komplett „grünes" Hotel in der Stadt, Verzicht auf chemische Produkte, Recycling und Rauchen. 28 Zimmer und vier Suiten, Dachgarten, Restaurant und Bar.

🛏 Jugendherbergen
• Eine ausführliche Liste von Hostels und Billigunterkünften, mit Beschreibungen und Sofortbuchungsmöglichkeit findet sich auf den Webpages: 🖥 www.hostels.com/en/us.ca.sf.html (Stadt) bzw. 🖥 www.hostels.com/en/us.ca.ba.html (Bay Area).

• Neben mehreren HI-Herbergen (🖥 www.norcalhostels.org) in Upper Fort Mason, City Center und Downtown wurde unlängst ein **USA Hostel** nahe Union Square neu eröffnet (☎ 440-5600, 🖥 www.usahostels.com).

🍴 Essen & Trinken
Die kulinarische Szene in San Francisco ist ebenso abwechslungsreich und hochkarätig wie wechselhaft und relativ teuer. Tipps finden sich unter 🖥 http://sanfrancisco.citysearch.com und www.sanfrancisco.com/dining/index.shtml

S *Nachfolgend einige ausgewählte Tipps:*

San Francisco- /kalifornische Küche

• **Café Maritime Seafood & Spirits**, 2417 Lombard St., ☎ 885-2530. Seafood-Restaurant mit Brunch am Wochenende sowie „Late-Night Bar Menu" bis 1 Uhr mit Austern und Bier zu Sonderpreisen.

• **California Culinary Academy**, 625 Polk St., ☎ 216-4338, Di-Fr 11.30-13 und 18-20 Uhr, Buffet Do/Fr. Das Lokal der „Kochschule" ist relativ preiswert und abwechslungsreich.

• **Cortez Restaurant**, 550 Geary/Taylor St., ☎ 292-6360. Kalifornisch-mediterrane Gerichte, empfehlenswertes Fünf-Gänge-Tasting und vegetarisches Menü, große Weinkarte und viele Cocktails. Nur abends geöffnet.

• **Farallon**, 450 Post St., ☎ 956-6969, Mo-Sa Lunch, tgl. Dinner. Schickes, teures und ungewöhnlich gestaltetes Restaurant, Spezialität sind Seafood-Gerichte.

• **Moose's** (9), 1652 Stockton St., ☎ 989-7800. Erschwingliche, kreative, italienisch angehauchte Küche und hervorragende Weine in Kaffeehaus-Ambiente mit Blick auf den Washington Square.

• **Myth Restaurant** (10), 470 Pacific Ave./Montgomery St., ☎ 677-8986, Dinner außer So/Mo. Französisch-kalifornische Küche in schicker, aber angenehmer Atmosphäre; super Service, große Bar und viele Weine.

Hispano-Küche

• **Casa Sanchez**, 2778 24th/York St. Traditionell bestellt man hier direkt am Tresen seine Tamales, Tacos oder Burritos, Plätze im Freien und Laden.

• **La Taqueria**, 2889 Mission/25th St. In diesem Topspot für mexikanisches Essen bilden sich lange Schlangen, da preiswert. Adobe-Bau mit offener Küche und Wandmalereien.

• **The Thirsty Bear Brewing Co.** (15), 661 Howard St., ☎ 974-0905, Fr geschl., So nur abends. Kleinbrauerei, die bekannt ist für Tapas und Paellas; ungezwungene Atmosphäre und günstige Preise. Am Sonntagabend steht Live-Flamenco auf dem Programm.

Asiatisches und Exotisches

• **Roy's San Francisco**, 575 Mission/1st-2nd St., ☎ 777-0277. Interessante hawaiisch/asiatisch-europäische Kreationen, viel Fisch und günstiges Drei-Gänge-Menü.

• **Faz Restaurant**, 155 Steuart/Howard-Mission St., ☎ 495-6500. Mediterrane Nahost-Küche an der Waterfront, auch im Freien, preiswert und einfallsreich.

• **E&O Trading Co.** (11), 314 Sutter St., ☎ 693-0303. Restaurant und Microbrewery, auch eigenes rootbeer, bunt-laute Atmosphäre mit Livemusik und südostasiatischen Gerichten.

• **Tommy Toy's Haute Cuisine Chinoise** (12), 655 Montgomery St., ☎ 397-4888, Sa/So nur Dinner. „Luxus-Chinese", wertvolle Antiquitäten und ausgefallene Gerichte; empfehlenswert: „Special Signature Dinner" mit sechs Gängen.

• **Shanghai 1930**, 133 Steuart St., ☎ 896-5600. Shanghai-Spezialitäten, aber auch authentische Gerichte anderer Regionen; Live-Jazz am Wochenende.

Amerikanische Küche

• **Home Restaurant**, 2032 Union St. (und 2100 Market St.), ☎ 931-5006. Frische, biologisch produzierte Zutaten, preiswertes Drei-Gänge-Menü bis 19 Uhr, Wochenendbrunch und interessante Cocktails.

• **Scott Howard Restaurant**, 500 Jackson St., ☎ 956-7040. Fleisch und Fisch, vielfach von lokalen Farmen zu anständigen Preisen, Happy Hour mit Austern ($ 1/Stück) und preiswerten Cocktails, Fr/Sa Livemusik.

• **Café de la Presse**, 352 Grant Ave./Bush St., tgl. 7-23 Uhr. Mit Zeitungsstand und französisch angehauchten kleinen Gerichten, an Wochenenden Brunch.
• **Tommy's Joynt**, 1101 Geary St./Van Ness Ave., ☎ 775-4216. Urige Kneipe mit gutem Bier und leckeren Buffalo-Gerichten.

Italienisches/Cafés/Hangouts
• **Cafè Roma** (13), 526 Columbus Ave. Kaffeerösterei und Hangout.
• **Caffe Trieste**, 609 Vallejo/Columbus Ave. Legendäres Café mit eigener Kaffeerösterei, italienische Opern aus Musikbox.
• **Spec's**, 12 Adler Pl./Columbus Ave. Beatnik-Café und -Bar seit 1959, mit „Museum" (Memorabilien).
• **Vesuvio**, 255 Columbus Ave./Kerouac St., ☎ 362-3370. Boheme-Bar mit auffälligem Dekor, nahe City Lights Bookstore, Anchor Steam Beer im Ausschank.
• **Mario's Bohemian Cigar Store Café**, 566 Columbus Ave. Legendäres North-Beach-Café und eigene Kaffeerösterei.
• **Liguria Bakery**, 1700 Stockton/Filbert St. Winzige schlichte Bäckerei, seit 1906 in Familienbesitz, es wird nur Focaccia produziert!
• **Palermo Deli**, 1556 Stockton St. Italienische Spezialitäten, Salami, Oliven, Käse, Olivenöl u. a. Delikatessen zum Gleichessen oder Mitnehmen.

Breweries und Pubs
• **S.F. Brewing Co.** (14), 155 Columbus Ave. Bier und amerikanische Kost, u. a. Ribs und Würste, gelegentlich Livemusik und Happy Hour. Ehemaliger Saloon mit historischer Bar, einer der ersten Brewpubs in San Francisco mit mindestens vier Biersorten frisch vom Fass.
• **21st Amendment**, 563 2nd St., ☎ 369-0900. Microbrewery (und Sports Bar) in altem Lagerhaus in SoMa, tolle Biere, Bierhefe-Pizza u. a. zu günstigen Preisen.
• **The Thirsty Bear Brewing Co.** (15), 661 Howard St. (s. o.).

▼ Nightlife
Als Zentren des Nachtlebens gelten vor allem SoMa (11th St. zwischen Folsom und Harrison, außerdem rund um SBC Park/South Park und China Basin) und Mission/Castro sowie die neuen Trendviertel Hayes Valley, Cow Hollow und Polk Gulch. Auch in North Beach (bodenständiger) und Haight-Ashbury lässt sich zum Ausgehen etwas finden.
• **Infos zum Nightlife**:
🖳 www.sanfrancisco.com/nightlife/index.shtml oder
🖳 http://sanfrancisco.citysearch.com (Clubs, Diskos, Livemusik, Bars)

Ein paar Tipps:
• **Café du Nord**, 2170 Market/Sanchez St., ☎ 861-5016. Angesagter Club in historischem Bau von 1907, Live-Rock und Jazz im Castro.

San Francisco Brewing

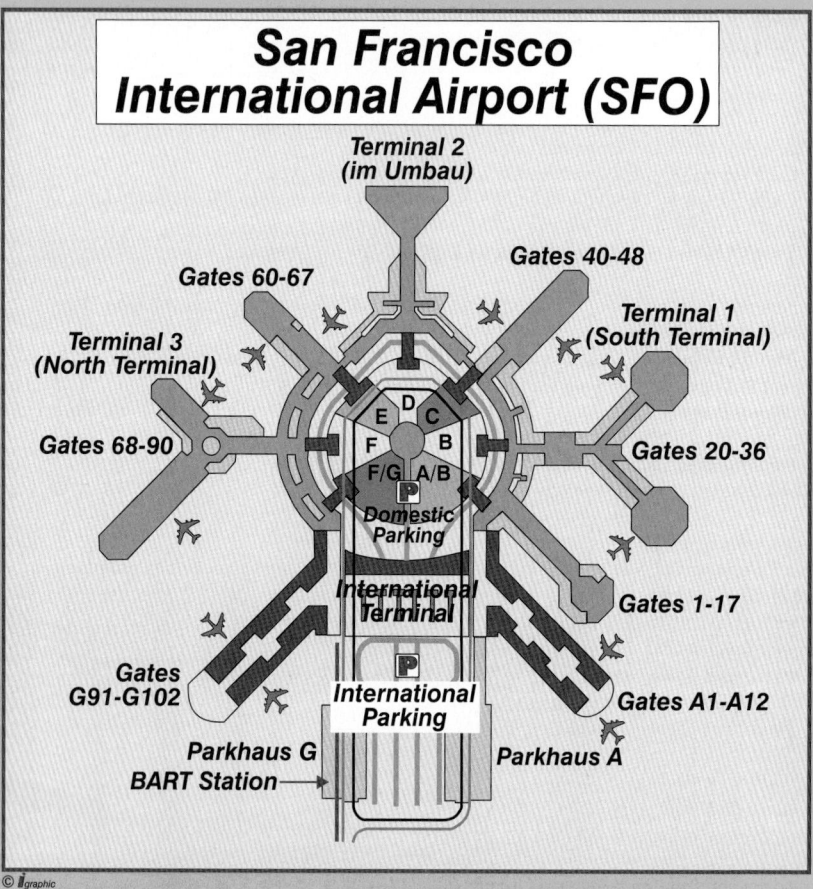

San Francisco
International Airport (SFO)

Terminal 2
(im Umbau)

Gates 40-48

Gates 60-67

Terminal 1
(South Terminal)

Terminal 3
(North Terminal)

Gates 68-90

Gates 20-36

E D C
F B
F/G A/B
P
Domestic
Parking

International
Terminal

Gates 1-17

Gates
G91-G102

P
International
Parking

Gates A1-A12

Parkhaus G
BART Station

Parkhaus A

© graphic

• **The Great American Music Hall**, 859 O' Farrell/Polk, ☎ 885-0750. Ballhaus im Stil um 1900, Livemusik aller Richtungen und große Künstler.
• **Purple Onion**, 140 Columbus Ave., ☎ 956-1610, 🖳 www.purpleonioncomedy.com. Livemusik auf einer der legendären Bühnen im Untergeschoss des Caffe Macaroni.
• **The Up & Down Club**, 1151 Folsom St., ☎ 626-2388; Supper Club mit Modern Jazz live, Drinks und Bistroküche; mit Tanzfläche.
• **Nickie's**, 460 Haight/Fillmore St., ☎ 621-6508. Nur Bier, DJ-Musik und Tanzfläche, tgl. wechselnde Musikrichtungen.

✈ **Flughafen**
• Der **San Francisco International Airport/SFO** (🖳 www.flysfo.com, ☎ 650/821-8211) liegt rund 24 km südl. der Stadt, bei San Bruno; kleinere Flughäfen befinden sich in Oakland

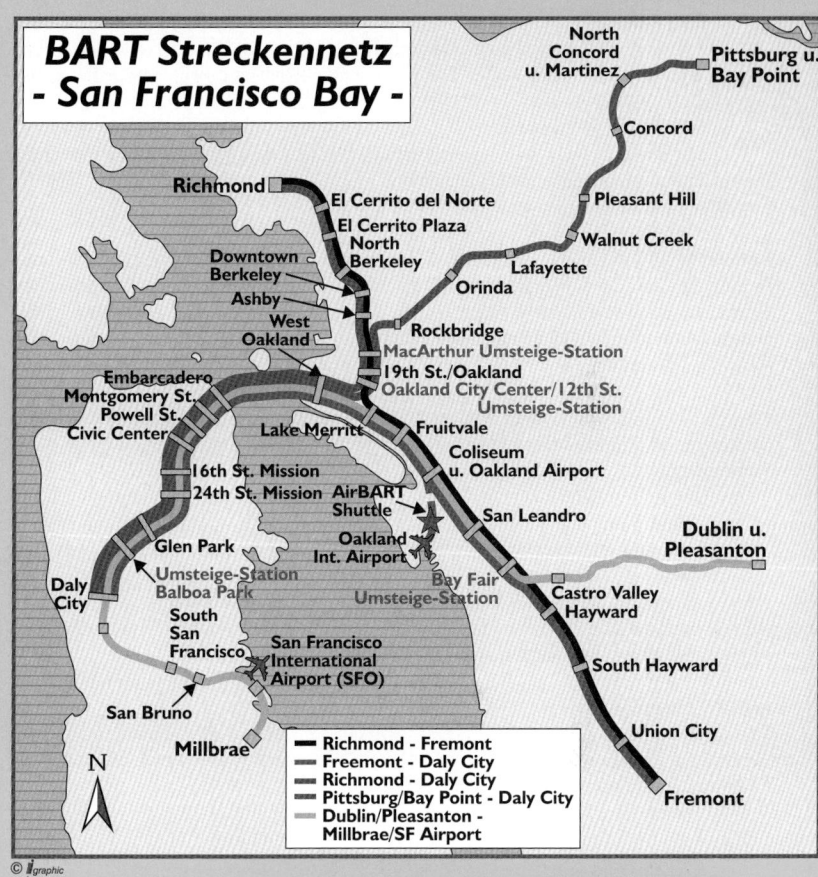

BART Streckennetz
- San Francisco Bay -

North Concord u. Martinez
Pittsburg u. Bay Point
Concord
Richmond
El Cerrito del Norte
El Cerrito Plaza
North Berkeley
Downtown Berkeley
Ashby
West Oakland
Pleasant Hill
Walnut Creek
Lafayette
Orinda
Rockbridge
MacArthur Umsteige-Station
19th St./Oakland
Oakland City Center/12th St. Umsteige-Station
Embarcadero
Montgomery St.
Powell St.
Civic Center
Lake Merritt
16th St. Mission
24th St. Mission
Fruitvale
Coliseum u. Oakland Airport
AirBART Shuttle
San Leandro
Glen Park
Umsteige-Station
Balboa Park
Daly City
South San Francisco
Oakland Int. Airport
Bay Fair Umsteige-Station
Dublin u. Pleasanton
Castro Valley
Hayward
San Francisco International Airport (SFO)
San Bruno
Millbrae
South Hayward
Union City
N

Fremont

- Richmond - Fremont
- Freemont - Daly City
- Richmond - Daly City
- Pittsburg/Bay Point - Daly City
- Dublin/Pleasanton - Millbrae/SF Airport

© I graphic

und San Jose. Sämtliche Terminals, Parkhäuser, die BART Station und das Rental Car Center sind durch eine automatisierte Magnetbahn, *AirTrain*, miteinander verbunden. Es gibt zwei Linien: *Red Line* (zwischen Terminals, Parkhäusern und BART Station) sowie *Blue Line* (zusätzlich Rental Car Center). Der Airport ist preiswert durch die Schnellbahn BART an die Stadt angebunden:
• **BART**: Station im Flughafen (International Terminal Departures/Ticketing Level), ☎ 650/992-2278, 🖳 www.bart.gov, drei- bis achtmal stündlich zwischen 5 und 23.45 Uhr. Die rote Linie Richmond-Millbrae (nur zu Stoßzeiten) und die gelbe Linie Pittsburg-Bay Point-Millbrae machen viermal in Downtown Station Halt (Civic Center, Powell St./Union Sq., Montgomery St./Financial District und Embarcadero), Fahrpreis: $ 5,15, Dauer: ca. 30 Min.
• **Shuttlebusse** verkehren zwischen 5 und 23 Uhr alle 15-30 Min. vom Airport (Departures/Ticketing Level aller Terminals) zu beliebigen Innenstadt-Hotels, ab $ 15 einfach, z. B. American Airporter, SFO Airporter oder Supershuttle.
• **Taxi**: $ 35-40 je nach Fahrtziel in Downtown.

S

Eisenbahn
• **Amtrak**: ab Emeryville oder Oakland, Ticket Office und Shuttlebusse von/nach Ferry Bldg., 31 Embarcadero, ☏ 1-800-872-7245, ⌨ www.amtrak.com oder www.amtrakcalifornia.com

Städtischer Nahverkehr
San Francisco verfügt über ein hervorragendes Nahverkehrssystem (MUNI) mit Streetcars, Bussen, Cable Cars, U/S-Bahn (BART) und Fähren.
• **Infos** zu allen Nahverkehrsmitteln: ☏ 511 (gratis)

• **MUNI**: ⌨ www.sfmuni.com; MUNI-Plan ($ 3) besorgen! Einzelfahrt Streetcar/Bus $ 1,50 (Transfer möglich), Cable Car $ 5 (exakte Summen bereithalten!); günstiger sind **MUNI Passports** (inkl. Cable Car), auch am Airport erhältlich, z. B. 1 Tag: $ 11, 3 Tage: $ 18, 7 Tage: $ 24, oder ein Weekly Pass (Mo-So) für $ 15 ($ 1 Aufschlag für Cable Car). Auch im CityPass (s. o.) ist ein 7-Tages-MUNI-Ticket enthalten.

• **BART**: ⌨ www.bart.gov, Fahr- u. Streckenplänen liegen an den BART-Stationen gratis aus, je nach Fahrtstrecke ab $ 1,40 (Ticket für Ausgangskontrolle aufheben!). Es gibt fünf Linien, eine davon zum Flughafen.

• **Cable-Car-Linien**
– Powell-Hyde-Linie, ab Powell/Market St. bis Victorian Park nahe Maritime Museum/Aquatic Park; wohl spektakulärste Linie über Nob und Russian Hills zur nördlichen Waterfront
– Powell-Mason-Linie, ab Powell/Market zu Bay/Taylor St. bei Fisherman's Wharf
– California Street-Linie, California/Market bis Van Ness Ave., durch Financial District, Chinatown und Nob Hill; weniger frequentiert als die beiden anderen Linien

• **MUNI Metro Streetcars**
Insgesamt fünf Linien (J-N), die alle von Downtown aus (unterirdisch) die südlichen Stadtteile bedienen. Besonders die oberirdischen F- und E-Linien entlang der Market St. bzw. Embarcadero zur Fisherman's Wharf mit historischen Wagen aus aller Welt lohnen.
Infos: ⌨ www.streetcar.org.

Fährverbindungen
Ausflugsboote legen von Fisherman's Wharf (Pier 39, 43 1/2) ab, wohingegen reguläre **Fähren** (nach Sausalito, Tiburon, Larkspur, Alameda, Oakland und Vallejo) am Ferry Bldg. starten (s. auch unter ⌨ www.511.org). Die wichtigsten Unternehmen sind:
• **Golden Gate Ferry**, ☏ 925-5565, ⌨ www.goldengateferry.org. Ab Ferry Bldg. mehrmals tgl. nach Sausalito und Larkspur.
• **Blue & Gold Fleet**, ☏ 705-5555, ⌨ www.blueandgoldfleet.com. Fähren nach Oakland/Alameda und Sausalito/Tiburon, Angel Island, außerdem Bay Cruise (ab Pier 39).
• **Red & White Fleet**, ☏ 673-2900, ⌨ www.redandwhite.com. Ab Pier 431/2 Golden Gate Bay Cruise, California Sunset Cruise (2 Std., Fr/Sa April-Okt.), zudem **Ferry Building Line Cruise** (Mi-So, 90 Min., ⌨ www.ferrybuildingline.com).
• **Alameda-Oakland Ferry**, ☏ 510/522-3300, ⌨ www.eastbayferry.com. Regelmäßige Verbindungen von Ferry Bldg. nach Oakland (Jack London Square).
• **Alcatraz Cruises**, ☏ 981-7625, ⌨ www.alcatrazcruises.com. Ab Pier 33 regelmäßige Touren zur Gefangeneninsel, auch neue Touren: „Alcatraz After Dark" und „Island Hop" (inkl. Angel Island).

3. Der Nordwesten der USA als Reiseziel: Regionale Tipps von A-Z
(San Jose/CA, San Juan Islands/WA, Saratoga/WY, Sausalito/CA)

233

S

San Jose/CA (S. 557)

Unterkunft
• **Le Baron Hotel** $$$-$$$$, 1350 N 1st St., 🖳 www.number1resorts.com, ☎ 408/
453-6200. Altehrwürdiges Hotel nahe Downtown am Lightrail-Stopp, mit geräumigen, gut ausge-
statteten Zimmern.
• **Cypress Inn on Miramar Beach** $$$$-$$$$$, 407 Mirada Rd., Half Moon Bay, ☎ 1-800-
832-3224 und 650/726-6002, 🖳 www.cacoastalinns.com. Luxuriöses B&B direkt am weißen
Sandstrand mit 18 Zimmern (mit TV und offenem Kamin), Abendempfang und üppiges Frühstück.

San Juan Islands/WA (S. 273)

Unterkunft
• **Roche Harbor Resort** $$-$$$$, 248 Reuben Memorial Dr., Roche Harbor (San Juan
Island), ☎ 360/378-2155, 🖳 www.rocheharbor.com. Historisches Hotel, einst Station der Hud-
son Bay Company, traumhaft gelegen und ruhig.
• **Friday Harbor Inn** $$-$$$, 410 Spring St., Friday Harbor (San Juan Island), ☎ 360/378-3031,
🖳 www.fridayharborinn.com. Kleines Hotel mit 72 Zimmern, einige mit Kitchenette.
• **Rosario Resort & Spa** $$$-$$$$, 1400 Rosario Rd., Eastsound (Orcas Island), ☎ 360/376-
2222 und 1-866-801-ROCK, 🖳 www.rosarioresort.com. Traumhaft im State Park gelegenes Wohn-
haus des einstigen Bürgermeisters von Seattle und Schiffsmagnaten Robert Moran von 1906.

Saratoga/WY (S. 460)

Unterkunft, Essen & Trinken
• **Hotel Wolf** $$, 101 E Bridge St., ☎ 307/326-5525, 🖳 www.wolfhotel.com. Historisches „Wildwest"-Hotel, 1893 von dem Deutschen F. G. Wolf erbaut, mit Saloon und Restaurant.
• **Saratoga Inn** $$-$$$, 601 E Pic Pk. Rd., ☎ 307/326-5261, 🖳 www.saratogainn.com. Rustikal
eingerichtete Zimmer, Pool mit heißen Quellen. Vielerlei Freizeitmöglichkeiten (Reiten, Wandern, Fischen, im Winter Fahrten mit dem Schneemobil, Cross Country u. a.) und Spa (Massagen/Behand-
lungen), gemütliches Kaminzimmer und zugehöriges **Silver Saddle Restaurant** sowie Shop.
• **Brush Creek Ranch** $$$, WY 130/Snowy Range Rd., ca. 20 km südöstl. Saratoga, ☎ 307/327-
5241. Cattle Ranch im Saratoga Valley aus dem frühen 19. Jh., unterschiedliche, rustikal ausgestat-
tete elf Räume, inkl. Vollpension. Ideal für Ausritte, Wanderungen, Fischen, Mountainbiking, Winter-
sport, auch Ranchaktivitäten.

Sausalito/CA (S. 563)

Unterkunft
• **Inn Above the Tide** $$$-$$$$, 30 El Portal, 🖳 www.innabovetide.com, ☎ 415/332-
9535. 29 luxuriöse Zimmer und Suiten in schön gelegenem, kleinem Hotel direkt am Hafen.
• **Casa Madrona Hotel & Spa** $$$$$, 801 Bridgeway, 🖳 www.casamadrona.com, ☎ 415/332-
0502. Das Luxus-Inn am Hang über Sausalito mit seinen 32 traumhaften Zimmern hat seinen Preis,
aber Ausblick, Service, der angeschlossene Wellnessbereich und der gesamte Luxus sind ihn wert!

S

Essen & Trinken

• **Bridgeway Cafe**, 633 Bridgeway. Ideal zum Frühstück und für einen schnellen Imbiss.
• **Small Shed Flatbreads**, 300 Turney St. Kleines Familienrestaurant, das bekannt ist für Pizza mit Zutaten aus organischem Anbau.
• **Water Street Grille**, 660 Bridgeway, ☎ 415/332-8512. Saisonal abwechslungsreiche, kreative amerikanische Küche, dazu gute Weine.

Fährverbindungen

Mehrmals tgl. Fährverbindungen zwischen San Francisco und Sausalito ab Ferry Building in San Francisco; die Überfahrt dauert etwa 20 Min.
• **Infos**: 🖳 www.goldengatetransit.org und www.blueandgoldfleet.com

Seattle/WA (S. 257)

Vorwahl 206

Unterkunft

Insgesamt soll es über 8.000 Hotelzimmer allein in Downtown geben. Reservierung ist in der HS und während Veranstaltungen angeraten. Preiswerte Motels befinden sich in Downtown an der Aurora Ave., nördlich des Seattle Center, bzw. an der 85th St. und entlang der I-5 zwischen Seattle und SEA-TAC Airport (u. a. Ramada, Motel 6, Days Inn, Quality Inn, Holiday Inn).
• **Alexis Hotel** $$$$-$$$$$ (1), 1st/Madison St., ☎ 624-4844, 🖳 www.alexishotel.com. Historisches Hotel (1908), toprenoviert, 91 unterschiedlich gestaltete Zimmer sowie 33 ungewöhnliche Suiten, mit empfehlenswertem Restaurant **The Painted Table**.
• **Bacon Mansion B&B** $$$-$$$$ (4), 959 Broadway East, 🖳 www.baconmansion.com, ☎ 329-1864. Eines der schönsten B&Bs der Stadt: Haus im Tudor-Stil von 1909, elegant ausgestattet mit Patio, Leseraum, Speise-, Kaminzimmer; zehn unterschiedlich gestaltete, verschieden große Zimmer.
• **Gaslight Inn** $$-$$$$, 1727 15th Ave., ☎ 325-3654, 🖳 www.gaslight-inn.com. Zwei Wohnhäuser von der Wende zum 20. Jh. wurden zu einem charmanten kleinen B&B mit neun Zimmern und sechs Suiten umgestaltet, mit kleinem Garten und Pool.
• **Hotel Monaco Seattle** $$$-$$$$ (2), 1101 4th St., 🖳 www.monaco-seattle.com, ☎ 621-1770. Geschmackvolles, ausgefallenes Boutique-Hotel mit luxuriös ausgestatteten Zimmern (CD-Player u. a.) und zugehörigem Restaurant.
• **Hotel Vintage Park** $$$$ (3),1100 5th Ave., ☎ 624-8000, 🖳 www.hotelvintagepark.com. Schön in der Stadtmitte, nahe Pike Place Market gelegenes kleines, gemütliches Spitzenhotel. In der Lobby mit offenem Kamin wird jeden Abend Wein serviert. Im selben Hause: **Tulio Ristorante**.
• **University Inn** $$-$$$, 4140 Roosevelt Way NE, 🖳 www.universityinnseattle.com, ☎ 632-5055. Etwa 10 Min. von Downtown, nahe der Uni; über 100 geräumige Standardzimmer, inkl. Frühstück.

Jugendherbergen/YMCA

Übersicht: 🖳 www.hostelscentral.com/city, z. B.
• **HI Seattle** $, 84 Union St., ☎ 622-5443. Nahe Pike Place günstig gelegen, sauber und ordentlich, 130 Betten in Schlafsälen ab $ 25 inkl. Frühstück.

🍴 Essen & Trinken, Brewpubs, Cafés

Fangfrischer Fisch und Meeresfrüchte sind die Spezialitäten der Stadt, doch daneben entwickelte sich dank der ethnisch stark gemischten Bevölkerung eine vielseitige internationale Küche. Für den schmalen Geldbeutel bieten sich u. a. die Imbissstände im Pike Place Market oder an der Waterfront an.

• **Belltown Bistro** (5), 2322 1st Ave., ☎ 728-2000, tgl. 11-2 Uhr. Happy Hour, tolle Bierauswahl lokaler Microbrews und kleine Gerichte.

• **Flying Fish** (5), 2234 1st Ave., ☎ 728-8595 📧 www.flyingfishseattle.com, Reservierung nötig. Trendig und energiegeladen wie das Stadtviertel Belltown, auf Seafood spezialisiert; dazu riesige Auswahl lokaler Weine.

• **Ivar's Salmon House**, 401 NE Northlake Way, ☎ 632-0767. Seit 1938 existierendes Restaurant im Nachbau eines indianischen Langhauses, mit offenem Grill, auf dem vor allem Lachs zubereitet wird.

• **Kaspar's Restaurant** (6), 19 Harrison St., ☎ 298-0123. Der Schweizer Besitzer und Chefkoch Kaspar Donier serviert in Seattles NW kreative lokale Küche mit viel Fisch und Meeresfrüchten; herausragende Weinkarte und Weinbar.

Seattle
Hotels-Restaurants

🅷 **Hotels**
1 Alexis Hotel
2 Hotel Monaco Seattle
3 Hotel Vintage Park
4 Bacon Mansion B&B

🆁 **Restaurants**
5 Belltown Bistro & Flying Fish
6 Kaspar's Restaurant
7 Pike Pub & Brewery
8 Queen City Grill

N

0   500 m

© **i**graphic

S

• **The Pike Pub & Brewery** (7), Pike Place Market/1415 1st Ave., ⌨ www.pikebrewing.com.
Legendär sind die dunklen Biere wie das XXXXX Pike Street Stout, dazu schmackhafte Pub-Ge-
richte.
• **Pyramid Alehouse, Brewery & Restaurant**, 1201 1st Ave S, ⌨ www.pyramidbrew.com.
Kleinbrauerei mit Pub, hervorragendes Bier und gutes Essen sowie Brauereitouren.
• **Queen City Grill** (8), 2201 1st Ave., ☎ 443-0975, ⌨ www.queencitygrill.com. Eher rustikales
Restaurant mit gutem Essen, ungewöhnlicher Weinliste und Fassbieren.
• **Speakeasy Café**, 2304 2nd Ave. Cyber-Café mit Internetanschlüssen; hier trifft sich die Softwa-
re-Schickeria und selbst Bill Gates soll gelegentlich reinschauen!

Nightlife
• **Belltown**, die Region um die Bell Street, gilt als Seattles „Soho", mit Musikclubs, Bouti-
quen, Galerien und Restaurants – hier ist die Szene zu Hause.
• Rund um den **Pioneer Square** befinden sich zahlreiche Clubs mit Livemusik wie **New Orleans**
(114 1st Ave. S, ☎ 622-2563) oder **Fenix Underground**.
• In **Central/South Seattle** dominieren die Afroamerikaner, hier lebten Ray Charles, Quincy
Jones und Jimi Hendrix; noch heute existieren etliche renommierte Jazzclubs.
• Auf **Capitol Hill**, **Queen Anne Hill** und im **Uni District** sind ebenfalls eine ganze Reihe klei-
ner Cafés und Bars mit Livemusik zu finden.
• Die **Grunge-Szene** ist vor allem im University District und in Capitol Hill zu Hause.
• **Dimitriou's Jazz Alley**, 2033 6th Ave./Lenora (NW), ☎ 441-9729, ⌨ www.jazzalley.com. Top-
Jazzclub von Seattle mit Live-Auftritten großer Jazz- und Blueskünstler; Restaurantbetrieb.
• **Liquid Lounge at Experience Music Project**, 325 5th Ave. N (Seattle Center), ☎ 770-
2777, ⌨ www.emplive.com. Jeden Abend Gratis-Livemusik und wochentags 16-19 Uhr Happy
Hour.

Flughafen
• Der **Seattle-Tacoma International Airport** – SEA-TAC-Airport bzw. „SEA" (☎
431-4444, ⌨ www.portseattle.org) liegt etwa 30 km südlich der Innenstadt und ist angeschlossen
über WA 518 bis I-5 Exit 154. Es ist ein übersichtlicher und besucherfreundlicher Flughafen.
• **Mietwagenfirmen** befinden sich im „Kellerdeck" unter der Passagierzone.
• **Shuttlebusse** z. B. Airporter Shuttle oder Gray Line Downtown Airporter kosten einfach
ca. $ 12 (Gray Line) bzw. $ 26 (Airporter 1-2 Pers.) (Infos: ⌨ www.portseattle.org/seatac/ground).
• Auch die regulären **Metro-Busse** Nr. 174 und 194 fahren ins Stadtzentrum ($ 1,25 bis 1,75!).

Eisenbahn und Überlandbusse
• Am **Amtrak-Bahnhof** (☎ 1-800-872-7245, ⌨ www.amtrak.com), der **King Street
Station** (303 S Jackson), halten die Züge aus/nach Portland, San Francisco und Spokane/Chicago
sowie Vancouver (Kanada).
• **Greyhound** hat sein Busterminal an der Ecke 8th Ave./811 Stewart St. (☎ 1-800-229-9424
bzw. 628-5526, ⌨ www.greyhound.com).

Städtischer Nahverkehr
Seattle ist eine fußgängerfreundliche Stadt mit vorbildlichem öffentlichem Nahverkehrssystem. Busse, Straßenbahnen, Hochbahn/Monorail und Fährboote unterstehen **Metro Transit** (☎
553-3000, ⌨ http://transit.metrokc.gov). Im CBD-Areal sind die Busse kostenlos, sonst sind die Preise nach Zonen gestaffelt. Die **Monorail**, eine Hochbahn, verkehrt zwischen Downtown (Westlake

Center, 5th Ave./Pine St.) und Seattle Center (So-Do 9-21 Uhr, Sa bis Mitternacht). Die **Water-** S
front Streetcar *startet an der Jackson St. nahe International District und Amtrak Station, vorbei
am Pioneer Square entlang Alaskan Way (Waterfront) bis Pier 70/Broad St. Der* **Metro Bus Tunnel,** *ab S Jackson St./5th Ave. bis Pine/Ecke 9th Ave., umfasst fünf Haltestellen unterhalb der Innenstadt.*

Fährverbindungen
 • *Ab* **Seattle Ferry Terminal** *geht es z. B. mit Fähren durch den Puget Sound nach
Bremerton (Olympic Peninsula, ca. 1 Std. Fahrt), nach Bainbridge Island (35 Min.) oder nach
Vashon (25 Min.). Informationen:* **Washington Ferries,** ☎ *464-6400 und 1-888-808-7977,*
🖳 *www.wsdot.wa.gov/ferries, und allgemein: www.portofseattle.org*
 • *Außerdem gibt es Fährverbindungen nach Vancouver Island (Victoria/BC, Kanada) und auf die San
Juan Islands. Es handelt sich teils um Autofähren, teils um Fußgängerschiffe oder Schnellboote. Aus-
künfte:* **Victoria Clipper,** ☎ *448-5000,* 🖳 *www.victoriaclipper.com (ganzjährig).*
 • **Argosy Cruises,** ☎ *623-1445,* 🖳 *www.argosycruises.com, veranstaltet ab Pier 55/6 verschiedene Rundfahrten, u. a. zu Blake Island mit dem Museumsdorf Tillicum Indian Village.*

Sequim/WA (S. 280)

s. auch Olympic National Park/WA und Olympic Peninsula/WA

Unterkunft
 • **Groveland Cottage** *$$$-$$$$, 4861 Sequim Dungeness Way, Dungeness, nördl.
Sequim, nahe Strait of Juan de Fuca und Dungeness National Wildlife Refuge,* ☎ *360/683-3565,*
🖳 *www.grovelandcottage.com. Simone Nichols betreut Gäste in ihrem renovierten Wohnhaus von
1886 mit unterschiedlich großen und individuell eingerichteten Zimmern; Garten, leckeres Früh-
stück und Tourenangebot.*

Sheridan/WY (S. 386)

Vorwahl 307

Unterkunft
 • **Holiday Inn** *$$$, 1809 Sugarland Dr. (I-90 Exit 25),* 🖳 *www.sheridanwyo.com,* ☎
672-8931. Das größte Hotel der Stadt, großes Atrium mit Wasserfall, Pool und zwei Restaurants.
 • **Mill Inn** *$$$, 2161 Coffeen Ave (I-90 Exit 25),* ☎ *672-6401,* 🖳 *www.sheridanmillinn.com.
Angebaut an die alte Getreidemühle, geräumige Zimmer, schön ausgestattet, inkl. Frühstück.*
 • **Eaton's Ranch** *$$$$$, ca. 25 km westl. Sheridan,* ☎ *655-9285,* 🖳 *www.eastonsranch.com.
Eine der größten, ältesten und bekanntesten Dude Ranches in den USA von 1904; heute haben
etwa 125 Gäste Platz.*
 • **Sheridan Inn** *$$$, 856 Broadway St.,* ☎ *764-5440,* 🖳 *www.sheridaninn.com. 1893 initiiert
von Buffalo Bill und von ihm als Hideout und Rekrutierungsbüro seiner Wildwest-Show benutzt.
Neueröffnung als „grünes Hotel" mit 22 Zimmern nach aufwendiger Restaurierung Ende 2008
geplant. Auf dem National Register of Historic Places mit gemütlicher Buffalo Bill Bar.*

Die legendäre Mint Bar in Sheridan

Essen & Trinken, Nightlife
• **Empire Grill**, 5 E Alger St., ☎ 674-4300. Beliebtes Lokal, neben Pizza und Pasta besonders gute Steaks (Angus), Pork Loin Chops und Fischgerichte.
• **Java Moon**, 176 N Main St. Beliebtes Café, ideal zum Frühstück.
• **Wyoming's Rip & Chop House**, ☎ 674-5440, im ehemaligen Sheridan Inn Hotel (s. o.). Gute Atmosphäre und prima Steaks, Buffalo-Gerichte, Rips und Apple Cobbler zu günstigen Preisen.
• **Mint Bar**, 151 N Main St. Seit 100 Jahren der Treff, hier im Saloon von 1907 kommt man zusammen, trinkt und feiert wie zu Zeiten Buffalo Bills.
• **Oliver's Bar & Grill**, 55 N Main St., ☎ 672-2838. Das schickste und beste Lokal weit und breit, in dem Besitzer und Chefkoch Malcolm Wallop kreative Gerichte zaubert.
• **Sanford's Grub**, Bar & Brewery, 1 E Alger St. Hier gibt es die größte Bierauswahl in Wyoming: 125 Sorten, davon über 30 vom Fass.

Sonoma County/CA (S. 571)

inkl. Sonoma, Glen Ellen, Santa Rosa, Petaluma, Sebastopol, Healdsburg und Geyserville
s. auch Bodega Bay/CA

Vorwahl 707

Unterkunft
Außer Motels/Hotels gibt es erstklassige B&Bs, Farmen und Gästezimmer auf Weingütern, preislich meist günstiger als im Napa Valley. Tipps:
• **Gaige House Inn** $$$$, 13540 Arnold Dr., Glen Ellen, ☎ 935-0237, 💻 www.gaige.com. „A small luxury Inn" mit Dachterrasse, Pool und Gästeküche (inkl. Obst, Süßigkeiten, Softdrinks), Wein am Abend in der gemütlichen Bibliothek und Gourmetfrühstück, neun Zimmer und Suiten.
• **Holiday Inn Express & Suite** $$, 1101 Gravenstein Hwy. S, Sebastopol, ☎ 829-6677. Neues Hotel in günstiger Lage mit Pool, Spa, Fitnesszentrum und Frühstücksbuffet.
• **Quality Inn Petaluma** $$, 5100 Montero Way (Old Redwood Hwy./Hwy. 101), ☎ 664-1155, 💻 www.lokhotels.com. 111 Zimmer inkl. gutem Frühstück, Kühlschrank, Kaffeemaschine, Fön und Bügeleisen.
• **The Gables Wine Country Inn** $$$$, 4257 Petaluma Hill Rd., Santa Rosa, ☎ 585-7777, 💻 www.thegablesinn.com. Traumhaftes B&B von Michael und Judy Ogne; geräumige Zimmer in liebevoll restauriertem viktorianischem Haus in ruhiger Lage.

Essen & Trinken

Sonoma County steht dem Napa Valley kulinarisch nicht nach, erfreulicherweise aber in Sachen Preise. Um die Sonoma Plaza gibt es Lokale wie **Cucina Viansa** (gegenüber Mission), **La Casa** (daneben, mexikanisch), **Basque Café** oder **The Girl & The Fig** (W Spain/W 1st St., neben Sonoma Hotel). Weitere Tipps:

• **Chez Peyo**, 2295 Gravenstein Hwy. S, Sebastopol, ☎ 823-1262, 🖳 www.sterba.com/chezpeyo. Gemütliches Lokal des Korsen Pierre Lagourgue, das Preis-Leistungs-Verhältnis stimmt und die Portionen sind groß und schmackhaft.

• **Jimtown Store**, 6706 Hwy. 128, nahe Healdsburg. In dem alten General Store aus dem späten 19. Jh. gibt es u. a. leckere frisch belegte Sandwiches.

• **The Girl & The Gaucho**, 13690 Arnold Dr., Glen Ellen, ☎ 938-2130. Gemütliche Kneipe, in der lateinamerikanische Küche serviert wird.

• **The Powerhouse Brewing Co.**, 268 Petaluma Ave., Sebastopol, ☎ 829-9171. Kleinbrauerei und Pub mit Livemusik an Wochenenden.

Spokane/WA (S. 362)

Unterkunft

• **The Davenport Hotel** $$$$, 10 S Post St., 🖳 www.thedavenporthotel.com, ☎ 509/455-8888. Mitten in der Stadt gelegenes altehrwürdiges Hotel von 1917. 283 geräumige und bestens ausgestattete Zimmer; 2007 wurde ein Anbau mit 300 Zimmern eröffnet.

• **Doubletree Hotel Spokane City Center** $$-$$$, 322 N Spokane Falls Court, ☎ 509/455-9600, 🖳 www.doubletree.com. Modernes Mittelklassehotel in der Innenstadt, am Riverfront Park.

• **Waverly Place B&B** $$$, 709 W. Waverly Place, ☎ 509/328-1856, 🖳 www.waverlyplace.com. 1902 erbautes Haus im historischen Viertel Corbin Park, zwei unterschiedliche, komfortable Suiten sowie ein Doppelzimmer stehen zur Auswahl; am Morgen gibt es ein sättigendes Frühstück.

Essen & Trinken

• **Bayou Brewing Co.** (1003 E Trent St.), **Birkebeiner Brewing** (35 W Main St.) und **Fort Spokane Brewery** (401 W Spokane Falls Blvd.) sind lokale Microbreweries mit guten Bieren und schmackhaften Gerichten, gemütlicher Atmosphäre und gelegentlich Livemusik.

• **Frank's Diner**, 1516 2nd Ave. Klassischer Diner in einem umgebauten alten Eisenbahnwagen von 1906.

• **Milford's Fish House**, 719 N Monroe St., ☎ 509/326-7251. In diesem umgebauten alten Lager-/Kaufhaus von 1925 gibt es eine riesige Auswahl an Fischgerichten.

• **Spencer's** im Doubletree Hotel (s. o.), ☎ 509/744-2372. Weit im Umkreis bekannt für Steaks und BBQ-Gerichte.

Stanley/ID (S. 322)

Unterkunft, Essen & Trinken

• **Idaho Rocky Mountain Ranch** $$$-$$$$, HC 64 (ab US 75, ca. 15 km südl. Stanley, mi 181/180, ☎ 208/774-3544, www.idahorocky.com. Vier Zimmer in einer rustikalen Lodge und neun Cabins (mit Kaminen), idealer Standpunkt für Erkundungen der Region, zudem Fahrradverleih, Ausritte etc.

240

3. Der Nordwesten der USA als Reiseziel: Regionale Tipps von A-Z
(Stanley/ID, Stanton/ND, Steamboat Springs/CO, Stevenson/WA)

S

• **Mountain Village Lodge** $$-$$$, US 75/ID 21, 🖥 www.mountainvillage.com, ☎ 208/774-3661. Modernes 60-Zimmer-Motel im Blockhausstil mit eigenem Restaurant.
• **Triangle C Ranch** $$$, 1 Benner St. (ID 21), ☎ 208/774-2266, 🖥 www.trianglecranch.net. Im Ort gelegenes Motel mit neun schönen Cabins; Schlauchboottouren und Exkursionen möglich.

Stanton/ND (S. 435)

Unterkunft
• **Missouri River Lodge** $$-$$$, ab ND 37, 16 km nördl. Stanton (ausgeschildert), ☎ 701/748-2023, 🖥 www.moriverlodge.com. B&B mit vier unterschiedlich großen, gemütlich ausgestatteten Zimmern in ehemaligem Farmhaus nahe dem Fluss, zwar etwas abgelegen, dafür aber ideal für Outdoorfans, zum Entspannen und Naturerleben. Auch Dinner möglich.

Steamboat Springs/CO (S. 490)

Unterkunft
• **The Alpiner Lodge** $-$$, 424 Lincoln Ave., 🖥 www.rockymountainfun.com/alpinlodge.html, ☎ 970/879-1430. Ordentliches und preiswertes Motel mit 31 Zimmern inkl. Frühstück.
• **Harbor Hotel** $$, 703 Lincoln Ave., ☎ 970/879-1522. Geschmackvoll restauriertes Hotel von 1930 und neuerer Trakt mit Apartments.
• **Sheraton Steamboat Resort** $$$-$$$$$, 2200 Village Inn Court, ☎ 970/879-2220, 🖥 www.sheraton.com/steamboat. Das moderne Luxushotel verfügt über allen Komfort und einen Golfplatz. Es genießt zudem den Ruf als eines der besten Skiresorts Colorados.

Camping
• **Steamboat Lake State Recreation Area**, 26 mi nördl. am CO 129, ☎ 970/879-3922. Weitere Campingmöglichkeiten im Routt NF.

Essen & Trinken
• **Hazies**, auf dem Thunderhead Peak, ☎ 970/879-6111. Schon allein der Blick über das Yampa Valley macht den Besuch zu einem besonderen Erlebnis.
• **Ore House at the Pine Grove**, Pine Grove Rd., ☎ 970/879-1190. Ranchdekor in renovierter alter Scheune, hervorragende Steaks, aber auch Seafood und vielseitige Salatbar.

Stevenson/WA (S. 304)

Unterkunft
• **Skamania Lodge** $$$$-$$$$$, 1131 SW Skamania Lodge Way (ab SR 14), ☎ 509/427-7700, 🖥 www.skamaniavacation.com bzw. www.traveltoskamania.com. Traumhaft gelegenes Resorthotel der Extraklasse mit 254 Zimmern, zwei Restaurants und Freizeitanlagen.

3. Der Nordwesten der USA als Reiseziel: Regionale Tipps von A-Z (Sun Valley & Ketchum/ID, Tacoma/WA, The Dalles/OR, Thermopolis/WY, Three Forks/MT)

241

Sun Valley & Ketchum/ID (S. 323)

S
T

Unterkunft, Essen & Trinken
• **Best Western Tyrolean Lodge** $$$, 260 Cottonwood, Ketchum, ☎ 208/726-5336, 🖥 www.bestwestern.com/tyroleanlodge. Sauberes, modernes Mittelklassemotel im „Alpenlook" mit Pool, Sauna und Whirlpool.
• **Sun Valley Resort & Lodge** $$$-$$$$, 1 Sun Valley Rd., Sun Valley, ☎ 208/622-4111, 🖥 www.sunvalley.com. Eines der ersten Resorts der Region aus den 1930er Jahren, mit Zimmern, Apartments und Cabins, dazu Sauna, Pool, Tennis, Tourangebot etc. und eigenes hervorragendes Restaurant **The Lodge Dining Room**.

Tacoma/WA (S. 286)

Unterkunft
• **Devoe Mansion B&B** $$$, 133rd St. E, 🖥 www.devoemansion.com, ☎ 253/539-3991. 1911 erbaute prächtige Mansion mit vier individuell gestalteten, eleganten Gästezimmern, von viel Grün umgeben.

The Dalles/OR (S. 305)

Unterkunft, Essen & Trinken
• **Cousins Country Inn** $$-$$$, 2114 W 6th St., 🖥 www.cousinscountryinn.com, ☎ 541/298-5161. Preiswertes Motel in Topzustand und mit zugehörigem empfehlenswertem Restaurant **Cousins' Restaurant & Saloon** (☎ 541/298-2771), Relikt aus den 1950er Jahren mit amerikanischer Kost in üppigen Portionen.

Thermopolis/WY (S. 451)

Unterkunft
• **Holiday Inn of the Waters** $$-$$$, 115 E Park St (US 20), im Hot Springs SP, ☎ 307/864-3131, 🖥 www.ichotelsgroup.com/h/d/6c/11/en/hd/thpwy. Modernes Hotel direkt an den Hot Springs mit großem Wellnessangebot.

Three Forks/MT (S. 351)

Unterkunft
• **Sacajawea Hotel** $$-$$$, 5 N Main St., 🖥 www.sacajaweahotel.com, ☎ 406/285-6515. 1910 erbautes, neu renoviertes Hotel mit 31 gemütlichen Zimmern und empfehlenswertem Restaurant.

242

3. Der Nordwesten der USA als Reiseziel: Regionale Tipps von A-Z
(Tri-Cities/WA, Twin Falls/ID, Vernal/UT, Virginia City und Nevada City/MT)

T

V

Tri-Cities/WA (S. 307)

Unterkunft, Essen & Trinken
• **Red Lion Inn** $$$, 2525 N 20th St., Pasco, 🖥 www.redlion.com/pasco, ☎ 509/547-0701. *Größtes und bestes Motel der Region, 280 großzügig proportionierte Zimmer, großer Pool und* **Rosso's Ristorante**.

Twin Falls/ID (S. 320)

Unterkunft
• **Red Lion Hotel Canyon Springs** $$, 1357 Blue Lakes Blvd., ☎ 208/734-5000, 🖥 www.redlion.com. *Komfortables Mittelklassemotel mit über 100 geräumigen Zimmern, Pool, Restaurant und Café.*

Vernal/UT (S. 492)

s. auch Flaming Gorge NRA/UT&WY

Unterkunft
• **Best Western Dinosaur Inn** $$-$$$, 251 Main St., 🖥 www.bestwestern.com, ☎ 435/789-2660. *Mittelklassemotel mit 60 Zimmern, zentral gelegen und Frühstück inbegriffen.*
• **LandMark Inn B&B** $$$, 288 E 100 St., ☎ 435/781-1800, 🖥 www.landmark-inn.com. *Zehn Zimmer, einige mit Jacuzzi, in einem Gebäude aus dem spätem 19. Jh., das einer kleinen Kirche gleicht.*

Essen & Trinken
• **Stella's Steak, Seafood & Smoke House**, 3340 N Vernal Ave., ☎ 435/789-8578. *Beliebtes Familien-Restaurant mit leckeren Gerichten in großen Portionen und deftigem Frühstück.*

Virginia City und Nevada City/MT (S. 344)

Unterkunft
Die beiden folgenden Hotels sind zentral über ☎ 406/843-5504 *oder per E-Mail über* roojake@3rivers.net *zu buchen:*
• **Nevada City Hotel & Cabins** $$-$$$, MT 287, Nevada City, ☎ 530/265-7999. *Historisches Hotel mit Zimmern in altem Blockhaus, das einst als Postkutschenstation diente, und in alten Goldgräberhütten, Mai-Sept.*
• **Fairweather Inn** $$, 315 W Wallace St., Virginia City, ☎ 406/843-5377 und 1-800-829-2969, 🖥 www.virginiacity.com/fair.htm. *Historisches Hotel im Herzen von Virginia City.*

**3. Der Nordwesten der USA als Reiseziel: Regionale Tipps von A-Z (Virginia City/
NV, Wall/SD, Warm Springs – Warm Springs Indian Reserv./OR, Watford City/ND)**

243

Virginia City/NV (S. 517)

s. auch Carson City/NV

Unterkunft, Essen & Trinken, Einkaufen
• **Gold Hill Hotel** **$-$$$**, 1540 Main St., ☎ 775/847-0111, 🖥 www.gdhilhotl.com.
Eines der ältesten Hotels in Nevada bietet 14 (kleinere) Zimmer im alten Bau von 1859 und einige modern eingerichtete, größere Lodges/Suiten im Anbau. Zugehörig sind das **Crown Point Restaurant***, ein alter* **Saloon** *und* **The Book Store** *mit großem Westernangebot.*

Wall/SD (S. 406)

s. auch Badlands National Park/SD

Unterkunft
• **Best Western Plains Motel** **$$**, 712 Glenn St. I-90 Exit 110, ☎ 605/279-2145,
wwwbestwesternplains.com. Mittelklassemotel in zentraler Lage zum Wall Drug Store und Badlands NP.

Warm Springs – Warm Springs Indian Reservation/OR (S. 640)

s. auch Bend/OR

Unterkunft/Essen & Trinken
• **Kah-Nee-Ta High Desert Resort & Casino** **$$-$$$$**, *ca. 20 km nordwestl. Madras,
ab US 26, dann ca. 18 km (ausgeschildert),* ☎ 541/553-1112, 🖥 www.kah-nee-taresort.com. *Verschiedene Unterkünfte von Tipis über geräumige Village Rooms bis zur großen Cabin, außerdem Spa, Hot Springs Pool, Shops und Ausflugsmöglichkeiten, dazu mehrere Restaurants.*

Watford City/ND (S. 436)

s. auch Arnegard/ND und New Town/ND

Unterkunft
s. Arnegard/ND

Essen & Trinken
• **Outlaw's Bar & Grill**, 120 N Main St. (ND 23), ☎ 701/842-2381. *Das beste Restaurant der Gegend, berühmt für Steaks, vor allem Prime Rib, aber auch Spezialitäten wie Sakakawea Walleye (Fisch), Posse's Beer Battered Onion Rings (Zwiebelringe) oder Four Bear's Buffalo Burger.*

244

3. Der Nordwesten der USA als Reiseziel: Regionale Tipps von A-Z
(Weaverville/CA, Wind Cave NP/SD, Winthrop/WA, Yachats/OR)

Weaverville/CA (S. 623)

s. auch Redding/CA

> **Unterkunft, Camping**
> • **Lakeview Terrace Resort** $-$$$, *Trinity Dam Blvd. (ausgeschildert), in Lewiston,* ☎ 530/778-3803, 🖳 www.lakeviewterraceresort.com. *Tolle Lage über dem Lewiston Lake, mit luxuriös ausgestatteten Cabins, außerdem Stellplätze für RVs und Zelte, Bootsverleih; seit Jahrzehnten in Familienbesitz.*
> • **Trinity Alps Resort** $$$, *Trinity Alps Rd., ab Hwy. 3 (ausgeschildert), Trinity Lake Center,* ☎ 530/286-2205, 🖳 www.trinityalpsresort.com. *Kleine Wildwest-Stadt mit General Store, Bar und Grill und über 40 Cabins in idyllischer Lage am Stuart Fork River, für jeweils bis zu sechs Personen. Neues kleines Hotel oberhalb des Resorts mit Reithalle und Pferdezuchtstation. Ausritte möglich.*

> **Essen & Trinken**
> • **La Grange Café,** *226 Main St. In einem „Dorf" wie Weaverville würde man niemals derart kreative Küche erwarten: frischer Fisch, Angus-Rind und Bison, alles zu günstigen Preisen.*

Wind Cave National Park/SD (S. 423)

s. auch Custer/SD und Hot Springs/SD

> **Unterkunft, Camping**
> *Es gibt am Elk Mountain, in der Nähe des VC, einen Campingplatz. Hotels und Motels finden sich im Custer SP (s. dort), in Custer (s. dort) oder Hot Springs (s. dort).*

Winthrop/WA (S. 369)

s. auch North Cascades National Park/WA und Umgebung

> **Unterkunft**
> • **Sun Mountain Lodge** $$$-$$$$, *etwa 15 km südwestl., 604 Patterson Lake Rd. (ab WA 20 nach W),* ☎ 509/996-2211, 🖳 www.sunmountainlodge.com. *Rustikale, sehr luxuriöse Lodge (98 Zimmer) mitten in der Natur auf einem Berg gelegen; Sportangebot (Tennis, Fahrradverleih) sowie Wanderwege.*
> • **Winthrop Inn** $$, *960 WA 20, Winthrop,* ☎ 509/996-2217, 🖳 www.winthrop.inn.com. *Einfaches, aber sauberes 30-Zimmer-Motel, inkl. Frühstück.*

Yachats/OR (S. 604)

> **Unterkunft**
> • **Adobe Resort Motel** $$$, *1555 Hwy. 101,* 🖳 www.adoberesort.com, ☎ 541/547-3141. *Direkt am Pazifik gelegenes Haus mit schönen neuen Suiten mit Whirlpools, eigenes Restaurant.*

• **Sea Quest** *$$$$*, 95354 Hwy. 101, ☎ 541/547-3782, ▣ www.seaquestinn.com. Holzlodge in (einsamer) Superlage direkt am Meer mit großen Gästezimmern und Aufenthaltsraum mit Ausblick, Sonnendeck und gutem Frühstück.
• **Yachats Inn** *$$$*, 331 Hwy. 101 S, ☎ 541/547-3456, ▣ www.yachatsinn.com. 16 luxury suites mit kleinen Küchen, außerdem 19 einfachere Zimmer, mit Blick aufs Meer.

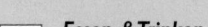

Essen & Trinken
• **La Serre**, Beach/2nd St., ☎ 541/547-3420. Weithin bekanntes Seafood-Restaurant mit großer Weinauswahl und tollen Desserts.
• **Grand Occasions Cafe**, 84 Beach St. Leckere Backwaren wie cobblers und pies.
• **The Drift Inn Historic Pub & Cafe**, 124 Hwy. 101 N, ☎ 541/547-4477. Kreative Gerichte wie Spinatsalat mit Heilbutt oder Seafood Chowder, geräucherter Lachs und Livemusik.
• **Wine Trader**, 125 Ocean View Dr. Superweinladen, in dem es auch kleine Appetizer zum Glas Wein gibt. Unter derselben Regie ist das **Yachats River House** (131 Hwy. 101 N, ☎ 541/547-4100) mit Martini Lounge (nur Dinner).

Yakima & Yakima Valley/WA (S. 306)

Unterkunft, Essen & Trinken
• **Birchfield Manor Country Inn** *$$$*, 2018 Birchfield Rd., Yakima, ☎ 509/452-1960, ▣ www.birchfieldmanor.com. Schönes B&B in viktorianischer Villa von 1910, elf Zimmer; hervorragendes Frühstück, Abendessen im angeschlossenen Restaurant möglich.
• **Tefft Cellars Winery Outlook Inn** *$$$*, 1320 Independence Rd., Outlook, ☎ 509/837-7651, ▣ www.tefftcellars.com. Drei Zimmer in separatem Gästehaus (Küche, Wohnzimmer etc.), umgeben von Apfelbäumen und Weinreben; Kellereibesichtigung und Weinprobe möglich.

Yellowstone National Park/WY (S. 333)

Unterkunft, Camping, Essen & Trinken
Wie im Grand Teton NP gibt es eine zentrale Buchungsstelle, die die Unterkünfte und die jeweils angeschlossenen Restaurants etc. betreut. Gerade im Sommer ist eine Reservierung dringend angeraten:
• **Xanterra Parks & Resorts**, P.O. Box 165, Yellowstone NP, ☎ 307/344-7311, ▣ www.TravelYellowstone.com. Im Einzelnen:
– Geyser Country: **Old Faithful Inn** *$$$-$$$$*, rustikal-nostalgisch anmutendes, riesiges mehrstöckiges „Blockhaus"von 1904, gemütlich mit viel Charme in nächster Nähe zum berühmten Geysir (Aussichtsterrasse), große Lobby mit Kamin und zugehöriges ausgezeichnetes Restaurant, unterschiedliche Zimmer; außerdem: **Old Faithful Lodge**

Gut übernachten neben dem Geysir: im Old Faithful Inn

Y

& Cabins $$-$$$, mit großem Hauptbau (mit Cafeteria) und schön gelegenen Cabins, und **Old
Faithful Snow Lodge** $$-$$$ (auch im Winter geöffnet).
– Lake Country: **Lake Yellowstone Hotel & Cabins** $$-$$$, edles und stilvolles Hotel, renoviert
und mit modernstem Komfort, Cabins etwas gleichförmig; **Grant Village** $$-$$$ und **Lake
Lodge & Cabins** $$-$$$, diese Lodge ist der älteste Bau im Park.
– Mammoth Country: **Mammoth Hot Springs Hotel & Cabins** $$-$$$, in den 1930er Jahren
erbaut, ganzjährig geöffnet.
– Canyon Country: **Canyon Lodge & Cabins** $$-$$$, nahe Lower Falls.
– Roosevelt Country: **Roosevelt Lodge & Cabins** $$-$$$, historische, rustikale Lodge von 1919.
• Außerhalb des Parks gibt es Unterkunftsmöglichkeiten in Jackson/WY, Cody/WY oder Dubois/WY
(s. jeweils dort).
• In **West Yellowstone/MT** bieten sich an:
– **Holiday Inn SunSpree Resort** $$$, 315 Yellowstone Ave., ▫ www.doyellowstone.com und
www.sunspreeresorts.com, ☎ 406/646-7365. Mittelklassehotel mit geräumigen 123 Zimmern,
ideal um die Route nach Nordwesten fortzusetzen.
– **Stage Coach Inn** $$, Madison/Dunraven, ☎ 406/646-7381, ▫ www.yellowstoneinn.com. Ein-
faches und sauberes Motel.
– **Three Bear Lodge & Restaurant** $$-$$$, 217 Yellowstone Ave., ☎ 406/646-7353, ▫
www.threebearlodge.com. 73 geräumige Zimmer und Restaurant.

Notizen

*I*WANOWSKI'S
Das kostet Sie das Reisen im Nordwesten der USA

News im Web:
www.iwanowski.de

• Stand Ende 2007 •

Der seit einigen Jahren konstant günstige Dollarkurs (Ende 2007 ca. I $ = 1,50 €, I € = 0,67 $) hat die USA zum **erschwinglichen Reiseziel** gemacht. Die Preise für Unterkünfte, Essen im Restaurant, Touren und Eintritte liegen inzwischen teilweise unter europäischem Standard, wobei Service und Qualität jedoch meist erheblich besser sind. Flüge sind ungeachtet der hohen Kerosinaufschläge und Steuern nicht wesentlich teurer als vor zehn Jahren und Nahverkehr, Benzin (trotz enormen Preisanstiegs), Motels und Fast Food sind günstiger als in Europa.

Im Nordwesten fällt zudem ein großes **Preisgefälle** auf. Ein verhältnismäßig teures Pflaster sind die großen Städte – San Francisco, Portland, Seattle, Salt Lake City und Denver. Je weiter man hingegen ins Landesinnere oder „in die Provinz" kommt, umso preiswerter wird es. Ausnahmen bilden natürlich wiederum die touristischen Zentren um große Attraktionen oder Nationalparks wie Yosemite, Lake Tahoe, Grand Teton, Yellowstone oder Black Hills.

Die „Grünen Seiten" sollen **Preisbeispiele** für eine Reise durch den Nordwesten der USA geben und damit ermöglichen, die Kosten eines Aufenthaltes halbwegs realistisch einschätzen zu können. Die Angaben verstehen sich jedoch lediglich als **Orientierungshilfen** und erheben keinerlei Anspruch auf bleibende Aktualität oder Vollständigkeit.

Tax (Mehrwertsteuer)

Generell wird in den USA auf alle Waren und Dienstleistungen eine *tax*, eine Art Mehrwertsteuer aufgeschlagen, die je nach Staat variiert. Einzelne Städte bzw. Countys, Hotels und andere Unternehmen können zusätzliche Steuern erheben. Derzeit betragen die staatlichen Steuern im Reisegebiet:

CA	7,25 %	OR	0 %
CO	2, 9 % (Denver 8 %)	SD	4 %
ID	6 %	UT	4,75 %
MT	0 %	WA	6,5 %
NV	6.5 %	WY	4 %
ND	5 %		

Beförderung

► **Flüge**

s. auch „Allgemeine Tipps von A-Z", „Flüge"

Die große Zahl konkurrierender Reiseveranstalter und verschiedener Airlines macht es **schwer**, bei der Masse angebotener Transatlantikflüge **den Überblick zu behalten**. Zumal sich die Offerten abhängig von Saison und Wochentag, Abflugort und Routenführung, dem Zeitpunkt der Buchung bzw. der Art der Buchung (z. B. Internet) unterscheiden und jeweils verschiedene Buchungskategorien mit unterschiedlicher Kontingentierung im Angebot stehen.

Generell sind **Flüge in der Nebensaison**, vor allem im zeitigen Frühjahr oder im Herbst bzw. außerhalb von Ferienzeiten bzw. Feiertagen, preisgünstiger als solche in der Hauptsaison (meist Mitte Juni bis mindestens Ende August), wobei die genauen Daten für die Reisesaisons schwanken und es überdies „Zwischensaisons" gibt. Bei nötigen Anschlussflügen in den USA kann es bei amerikanischen Feiertagen oder Veranstaltungen oder zu Ferienanfang/-ende zu Problemen kommen.

Für Kinder zwischen zwei und elf Jahren berechnen die meisten Fluggesellschaften 65-75 % des Vollzahlertarifs. Nur Kleinkinder unter zwei Jahren zahlen ohne Platzanspruch etwa 10 % des regulären Ticketpreises. Genaue Auskünfte darüber erteilen Reisebüros oder Fluggesellschaften.

Lufthansa/United Airways, Delta, BA, KLM/Northwest, US Airways und *Continental* bieten die meisten Flüge an, doch nur *Lufthansa* steuert Portland, San Francisco und Denver von Deutschland (Frankfurt/Main, München) aus nonstop an.

Einen Anhaltspunkt gibt der folgende Preisüberblick über die von einigen großen Anbietern offerierten Flüge:
- **Linienflüge Deutschland – USA** (inkl. Sicherheitsgebühren und Steuer)
– **nach Denver**: *BA, Lufthansa/United* (direkt), *Delta/KLM/Air France*
ab Frankfurt/Main, München, Düsseldorf, Berlin, Hamburg (nonstop oder umsteigen)
Preise ab 585 € je nach Saison
– **nach Portland/OR**: *BA, Lufthansa/United* (direkt), *Delta/KLM/Air France*
ab Frankfurt/Main, München, Düsseldorf, Berlin, Hamburg (nonstop oder umsteigen)
Preise ab 600 € je nach Saison
– **nach Seattle/WA**: *BA, Lufthansa/United, Delta/KLM/Air France*
ab Frankfurt/Main, München, Düsseldorf, Berlin, Hamburg (nonstop oder umsteigen)
Preise ab 586 € je nach Saison
– **nach San Francisco/CA**: *BA, Lufthansa/United* (direkt), *Delta/KLM/Air France*
ab Frankfurt/Main, München, Düsseldorf, Berlin, Hamburg (nonstop oder umsteigen)
Preise ab 586 € je nach Saison
– **nach Salt Lake City/UT**: *BA, Lufthansa/United, Delta/KLM/Air France*
ab Frankfurt/Main, München, Düsseldorf, Berlin, Hamburg (nonstop oder umsteigen)
Preise ab 586 € je nach Saison

☞ *Spartipp*
Sondertarife, *die niedriger liegen können als die oben genannten Preise, sind das ganze Jahr über erhältlich, allerdings unterschiedlich in Kontingentierung und zu variablen Bedingungen. In letzter Zeit waren langfristig im Voraus gebuchte Flüge oft preiswerter als Last-Minute-Angebote. Vor allem in der NS bieten jedoch renommierte Fluggesellschaften wie Lufthansa, KLM oder BA gelegentlich günstige Tickets über Zeitungsannoncen bzw. im Internet an (oft allerdings mit eng begrenzter, naher Gültigkeitsdauer) und es lässt sich **ab etwa 600 €** ein Flug in den Nordwesten der USA bekommen.*

Gründliches **Vergleichen** *ist sinnvoll, weil sich beispielsweise die angepriesenen Supersonderangebote von reinen Internetbrokern oder die Listen in Reisezeitschriften als Flop erweisen können. Es sind oft nur geringe Sitzplatzkapazitäten vorhanden oder die Tickets sind an bestimmte Bedingungen gekoppelt. Dennoch lohnt es sich, erst einmal Broker wie beispielsweise ▢ www.expedia.de zu kontaktieren, zumal sie einen ersten Überblick über das generelle Angebot und die Preise geben.*

▶ **Inlandsflüge**

Inlandsflüge sind im Allgemeinen unverhältnismäßig teuer. So genannte **Rundflug-tickets** *(Visit-USA/VUSA)* bzw. *Air Passes* umfassen eine je nach Gesellschaft differierende Anzahl von Gutscheinen *(Coupons)* und werden meist am günstigsten in Verbindung mit dem Transatlantikflug erworben. Zur Wissenschaft können die unterschiedlichen damit verknüpften Bedingungen werden, z. B. die Gebühren für eine Umbuchung, die Notwendigkeit von Festbuchung vorab, Zeitlimits, Sperrzeiten und Streckenführung betreffend.

Offeriert werden Rundflugpässe beispielsweise von *Air Canada, Delta Airlines, Northwest Airlines, America West Airlines, US Airways* und es gibt einen *All American Airpass* (AAA) von mehr als 50 beteiligten Airlines. Günstiger ist es in den meisten Fällen, die Möglichkeit zu **Gabelflügen und Stop-overs** zu nützen, was auf Transatlantikflügen in unterschiedlichem Umfang und zu unterschiedlich hoher Gebühr möglich ist.

▶ **Mietwagen**

s. auch „Allgemeine Tipps von A-Z", „Mietwagen"

Einen Mietwagen schon zu Hause, aus dem Katalog, **im Reisebüro bzw. im Internet** (Letzteres ist gelegentlich preiswerter!) bei einem der überregionalen großen Anbieter wie *Avis, Alamo, Hertz* oder *Budget* zu buchen, ist bei einer Mietdauer von einer Woche oder länger im Allgemeinen **wesentlich günstiger** als vor Ort, vor allem, weil es **Inklusivpreise** gibt. Zu prüfen sind ferner die Tarife von Mietwagen-Brokern wie *holiday autos, Sunny Cars, FTI, TUI* oder *DERTOUR*.

Direktbuchungen bei Mietwagenfirmen **vor Ort** sind insofern meist teurer, als meist Versicherungen, Steuern und Gebühren gesondert berechnet werden. Das lohnt nur bei kurzfristiger bzw. kurzzeitiger Buchung. Vorsicht ist bei kleineren lokalen Anbietern geboten, was Versicherungsumfang, Service, Zusatzkosten und Qualität der Fahrzeuge angeht.

Die großen Anbieter haben sich preislich und was die Versicherungshöhe angeht, weitgehend angeglichen und bieten im Allgemeinen **zwei „Packages"** an, die beide Vollkasko (CDW/LDW) und sämtliche *taxes* (Steuern) und Gebühren einschließen. Bei dem teureren Komfortpaket sind weitere Zusatzversicherungen enthalten, deren Nutzen man jedoch prüfen sollte. Die Wochenpreise (4-7 Tage) sind im Allgemeinen günstigster als die Tagesraten und man sollte, sofern möglich, entsprechend planen. Gelegentlich sind (teurere) „Jugendpreise" üblich. Der Unterschied zwischen Anmietung im „Westen" (wozu im Allgemeinen CA, CO und NV gehören) und in den „übrigen Staaten" ist unwesentlich.

Die Miete für einen **Mittelklassewagen** (Kat. C/*Intermediate* bzw. *Midsize*) pro Woche – inkl. unbegrenzter Freimeilen, Steuern, Gebühren und CDW/LDW (Vollkasko) plus Zusatzhaftpflicht von 1 Mio. € kostet für über 24-Jährige je nach Saison **durchschnittlich 200 €**, wobei *DerTour* und *Alamo* meist etwas günstiger sind als *AVIS* oder *Hertz*.

Tipp: Mietwagen

*Gibt man den Mietwagen an einer anderen als der Abholstation zurück, gilt das im Allgemeinen als „One-way"-Miete und es fällt eine von Veranstalter zu Veranstalter unterschiedliche distanzabhängige Pauschale (**Rückführgebühr**) von $ 50-1.000 an. Allerdings gibt es im Nordwesten **Ausnahmen**, vor allem zwischen den Staaten Kalifornien, Nevada, Oregon und Washington State. Dort gibt es bei unterschiedlichem Abhol- und Rückgabeort in bestimmten Fällen und Kombinationen **keine** Rückführgebühr (s. hierzu „Allgemeine Tipps von A-Z", „Mietwagen"). Da sich die genauen Bedingungen hierfür je nach Ziel und Firma unterscheiden, sollte man sich diesbezüglich im Vorfeld genau kundig machen. Ggf. ermöglicht diese Wahlmöglichkeit nämlich, kombiniert mit der Buchung eines Gabelfluges, die Reise an einem bestimmten Ort zu beginnen und von einem anderen Airport zurückzufliegen. Man spart sich damit die zeitaufwendige Rückfahrt zum Ausgangspunkt und die Zahlung der Rückführgebühr.*

▶ Camper

Generell sprechen die komplizierten Miet-, Versicherungs- und Haftungsbedingungen für eine Buchung im Heimatland. Wohnmobile oder „RVs" kosten je nach Größe, Ausstattung und Saison etwa **zwischen 60 und 250 € pro Tag**. Der Preis hängt stark von den unterschiedlichen Modellen (*Motorhome*, *Van* und *Pick-up*- bzw. *Truck-Camper*), ein wenig von den diversen Anbietern (wie *El Monte*, *Cruise America*, *Moturis*) und – stärker – von Saison und Bedingungen ab. HS ist im Allgemeinen die Zeit von Anfang Juli bis Mitte August, am preiswertesten sind die Fahrzeuge von November bis März. So genannte *Flex-Tarife* zielen auf frühzeitige Buchung und senken dann den Tagessatz.

Zum Grundpreis addieren sich **beträchtliche Nebenkosten**, für Zusatzausstattung, Endreinigung und gelegentlich Übergabe, ggf. auch für Zusatzversicherungen, Wochenendzuschläge und im Vorab zu buchende Meilen-Pakete (meist keine oder nur wenige inklusive). Die **Campingplätze** schlagen gesondert zu Buche: Für ein Campmobil inklusive zwei Personen sind mindestens $ 20 für den Stellplatz zu rechnen, auf kommerziellen Plätzen und an prominenten Orten auch mehr.

▶ **Eisenbahn**

s. auch „Allgemeine Tipps von A-Z", „Eisenbahn"

An der Westküste bildet der Zug eine attraktive Alternative, um zwischen den großen Metropolen zu pendeln. Zwischen Seattle, Portland und San Francisco fahren fast stündlich Züge der halbstaatlichen Gesellschaft **Amtrak**. Wer viel mit dem Zug unterwegs ist, sollte sich schon in Deutschland einen *Rail Pass* besorgen. Er erlaubt für einen bestimmten Zeitraum in einer festgelegten Region Zugfahrten ganz nach Wunsch. Relevant für das hier beschriebene Reisegebiet sind folgende in Deutschland buchbare Tickets:

Preise für 2007/2008
HS: Ende Mai-Anfang Sept. und Mitte Dez.-Anfang Jan.; **NS**: übrige Zeit;
Kinder bis 1 Jahr fahren kostenlos mit, Kinder von 2-15 Jahren zu 50 % ermäßigt.

• **National Rail Pass** (von der Ost- zur Westküste, HS/NS)
15 Tage: 328 (NS)/421 (HS) €
30 Tage: 395/505 €
• **West Rail Pass**
15 Tage: 278(NS)/311 (HS) €
30 Tage: 303/388 €

▶ **Bus**

s. auch „Allgemeine Tipps von A-Z", „Busse"

Greyhound bietet eine Gesamtnetzkarte namens **„Ameripass"** an, der für eine Reisedauer von 7 bis 60 Tagen gilt und den Besitzer zu beliebig vielen Fahrten und Unterbrechungen während eines bestimmten Zeitraums berechtigt. Es gibt außerdem vier verschiedene Regionalpässe (u. a. *West*) für 4-60 Tage. Die Pässe können nur von international Reisenden im Heimatland, nicht aber in den USA erworben werden. Einzelfahrten sind relativ teuer.

Ameripass (in €, ganzjährig außer um Feiertage)
7 Tage   244 €
15 Tage   358 €
30 Tage   450 €

Aufenthaltskosten

▶ **Übernachtung**

s. auch „Allgemeine Reisetipps von A-Z", „Unterkunft" und „Regionale Reisetipps von A-Z", Preiskategorien der Hotels, S. 171

Es ist schwer, genaue Preise anzugeben, denn vor Ort bestimmen Angebot und Nachfrage, Saison und Wochentag, Lage und Stadtnähe, *Specials* und gewährte Rabatte die

Preise. Entlang der Highways versuchen Hotels und Motels verschiedener Kategorien ständig mit „**Specials**" (Sonderangeboten) Kunden zu ködern. Generell berechnet sich der Preis in den USA für das Zimmer, unabhängig von der Belegung bzw. mit geringem Aufpreis für weitere Personen.

In den großen Städten ist für ein gutes Hotelzimmer in annehmbarer Lage mit rund $ 150-200 zu rechnen. Dafür gibt es in abgelegeneren Regionen durchaus gute Unterkünfte, in denen man bequem unter $ 100 nächtigen kann. Wer die **preiswerte Kategorie** bekannter Motelketten (wie *Budget Inn, Sleep-In* oder *Motel 6*) wählt, kann mit Glück sogar mit **rund $ 60-70** fürs Doppelzimmer wegkommen. In der **Mittelklasse** (z. B. *Days Inn, Howard Johnson, Holiday Inn, Best Western, Hampton Inn*) beginnen die Preise je nach Lage bei **etwa $ 80**. *Specials* sind aber durchaus möglich und auch das Vorlegen eines ADAC-Ausweises oder Seniorenpasses kann sich auszahlen.

In einem **deutschen Reisebüro vorab zu buchen**, lohnt – mit Ausnahmen wie z. B. San Francisco, Denver, Seattle, Salt Lake City oder Portland – meist nur in Sonderfällen (Veranstaltungen, Feiertage) und für die ersten bzw. letzten Tage der Reise. Meist stehen nämlich nur gehobene Hotels im Angebot und zudem sind die Preise meist höher als die *Specials* vor Ort. Günstigere Angebote haben häufig Hotelbroker im Internet.

Beim Besuch einer der attraktiven Regionen und Nationalparks wie Yellowstone, Yosemite, Black Hills oder Mt. Rainier ist in der Hauptsaison **Vorreservierung** nicht nur empfehlenswert, sondern dringend angeraten (am besten übers Internet, Angaben jeweils in den „*Regionalen Reisetipps von A-Z*").

Spartipp
In vielen staatlichen und städtischen Tourismusbüros, im örtlichen Visitor Information Center, CVB und vor allem im jeweiligen Welcome Center an den Staatsgrenzen liegen **kostenlose Couponhefte** *aus. In diesen bieten Hotels für Kurzentschlossene Zimmer für eine Nacht zu günstigen Preisen an – oft bis zu 50 % ermäßigt. Beim vorher nötigen Anruf zwecks Reservierung muss man auf den Coupon verweisen. Mit Glück und bei geringer Belegung ist es manchmal sogar möglich, Anschlussnächte zum selben günstigen Preis zu bekommen.*

▶ **Verpflegung**

Was für Unterkünfte gilt, trifft auch auf Restaurants zu, auf Fast-Food-Ketten, *Food Courts* in Shopping Malls und sonstige Imbiss-Gelegenheiten: In Großstädten und nahe bedeutender Attraktionen ist es am teuersten, je weiter man aufs „Land" kommt, umso billiger wird es. Generell liegt das Preislevel für **Lebensmittel** in etwa auf europäischem Niveau. Feinkost (Exportkäse, Frischwurst, Räucherwaren, Feinkostsalate etc.), Qualitätssäfte, Kekse, gutes Bier etc. sind teurer, Fertigkost aller Art, Konserven, Fleisch und Fisch, Obst und Gemüse, Softdrinks und Drogerieartikel hingegen meist billiger.

Fast Food ist erheblich preiswerter als in Europa („Menü" mit Getränk ab ca. $ 3, Burger ca. $ 1) und die diversen Ketten versuchen sich gegenseitig mit Sonderaktionen zu überbieten. Die untere und mittlere **Restaurantkategorie** entspricht trotz hinzuzurechnender *tax* und Trinkgeld in etwa der unsrigen (wobei Qualität und Service meist besser und die Portionen größer sind), durchschnittlich kann man mit Getränk, alles inklusive, mit rund $ 25 rechnen. In Top-Lokalen sind pro Mahl rund $ 50 anzusetzen; das Angebot ist allerdings zumeist auch das Geld wert.

Durchschnittliche Preise:

• 6 Flaschen à 0,35 l lokales Bier: ab $ 6 *(Microbrews)*; Massenware (meist Dosen) ist wesentlich preiswerter, ca. $ 4 pro Sixpack bzw. 24-pack z. T. unter $ 10.
• 1 pint (0,47 l) *microbrew*: ca. $ 3,50-4, günstiger während der Happy Hour
• mittelgroßer (guter) Kaffee: ab $ 1,20
• Saft/Soda (0,5 l Plastikflasche): $ 1-2, im Supermarkt preiswerte große Flaschen
• Bagel/Donut: ab $ 0,70, an Tankstellen oft Sonderpreis wie 3 Donuts zu $ 0,99
• Weißbrot (Supermarkt, Bäckereiabteilung): ab ca. $ 1
• Hot Dog: ab $ 1,50
• Hamburger: ab $ 1
• Frühstück (2 Donuts, Kaffee): ca. $ 2,50, (Eier, Toast, Schinken): ab ca. $ 3
• Einkauf im Supermarkt: ca. $ 5-10 pro Person (Brot/Bagel, Wurst/Käse, Obst, alkoholfreies Getränk)
• Steak-Mahlzeit mit Salat oder Suppe im Restaurant: ab ca. $ 16
• Jeans (Wrangler/Levis): ab $ 15 bzw. $ 20 (Walmart), im Outlet (größere Auswahl!) ab ca. $ 30

▶ **Eintrittspreise und Veranstaltungen**

s. auch „Allgemeine Reisetipps von A-Z", „Eintritt"

Im Schnitt beträgt der Eintritt für Museen und historische Attraktionen **zwischen $ 5 und 10**; kleinere Museen oder Sights sind preiswerter zugänglich, die Supersights und spektakulären Museen in den Städten können erheblich mehr kosten. Vielfach sind die vom *National Park Service* betriebenen historischen Attraktionen frei oder kosten $ 5. Die Gebühr für **National Parks** liegt zwischen $ 10 und $ 30 pro Pkw und das Ticket gilt meist für eine Woche. Wer mehrere Nationalparks besucht, sollte sich überlegen, ob er mit einer **Jahreskarte für $ 80** nicht besser wegkommt (s. auch „Allgemeine Reisetipps von A-Z"). Gelegentlich sind freiwillige Spenden *(Suggested Donation)* üblich, wobei man allerdings die korrekte Entrichtung der vorgeschlagenen Summe erwartet.

Preise für **Veranstaltungen** anzugeben, ist unmöglich, häufig gibt es bei Ticketkauf am selben Tag erhebliche Ermäßigungen (z. B. bei *TIX*). Bei Sport-Events hängt der Ticketpreis auch von der Sportart ab: Baseballtickets gibt es schon ab $ 15, für Eishockey und Basketball muss man für einen guten Platz schon mit $ 40/50 rechnen und bei den American Footballern der NFL sollte man um die $ 50 einplanen. Preiswertere Tickets (ca. $ 15) bedeuten weit vom Spielfeld entfernte Plätze, die ein Fernglas erfordern. Die Stimmung ist bei Spielen der Universitätsmannschaften am besten, doch diese Spiele sind meist rasch ausverkauft, dafür liegen die Preise deutlich niedriger.

▶ **Benzin**

Normalbenzin *(regular)* genügt für die meisten Mietwagen und kostet pro Gallone (3,8 l) zwischen etwa $ 2,50 und $ 3,10, d. h. etwa 0,50 € pro Liter.

Gesamtkostenplanung

Die folgende Aufstellung bezieht sich auf zwei gemeinsam reisende Personen bzw. eine dreiköpfige Familie, die drei bzw. vier Wochen den Nordwesten erkunden möchten. Nicht eingerechnet sind Ausgaben für Einkäufe, Telefonate, Sonderausgaben und eventuell im Vorfeld notwendige Versicherungen und Kreditkarten. Auch der gfs. nötige Zubringer zum Flughafen wurde nicht einkalkuliert, da er bei manchen Flugtickets im Preis enthalten und individuell verschieden ist.

Man sollte sich das eine oder andere Mal den Luxus eines B&Bs, einer Ranch oder eines historischen Inns gönnen, deshalb wurde der Durchschnittspreis relativ hoch angesetzt. Zudem sollte man seinen Mietwagen nicht zu klein wählen, verbringt man doch auf den vielfach langen Strecken viel Zeit im Auto und sollte das Gepäck gut verstaut werden können.

Hier ein paar Anhaltspunkte für die Kalkulation des Reisebudgets für **zwei Erwachsene** bei 21 bzw. 28 Tagen Aufenthalt (20/27 Nächten) in Euro, gerundet:

Kosten (in €)	3 Wochen	4 Wochen
2 Flugtickets	1.250	1.250
Mietwagen-Standardpaket (Mittelklasse)	660	880
Benzinkosten, ca. (für 4.000 bzw. 6.000 km bei ca. 9 l/100 km und $ 2,60/Gallone)	200	300
Unterkunft (Mittelklasse, durchschn. $ 100/DZ)	1.680	2.240
Verpflegung – Sparversion mit Selbstverpflegung, Fast Food (pro Tag/Pers. $ 20)	670	900
Verpflegung – Luxusversion inkl. einem tgl. Restaurantbesuch pro Tag/Pers. $ 50)	1.680	2.240
Eintritte (pauschaliert, variabel)	200	300
Gesamt	**4.660-5.670**	**5.870-7210 €**

Für ein zusätzliches **Kind** im Alter von unter elf Jahren kämen folgende Kosten hinzu (Übernachtung im Zimmer der Eltern), für Kleinstkinder gelten Sondertarife:

Flugticket (65 %)	800	800
Unterkunft (zusätzlich $ 15/Tag)	240	320
Verpflegung Sparversion	170	230
(geschätzt, je nach Alter, halbe Summe)		
Verpflegung Luxusversion	420	560
Eintritte (geschätzt)	100	150
Gesamt	**1.310-1.560**	**1.500-1.830 €**

4. Reisen im Nordwesten der USA

Vorbemerkungen

Eine Reise durch ein derart großes Gebiet wie den Nordwesten der USA – gerade wenn die Definition so weit gefasst ist wie im vorliegenden Reise-Handbuch und nach amerikanischer Auffassung den *Pacific Northwest* und Teile der *Great Plains* mit einschließt – bedarf einiger Vorausplanung. Zumindest eine grobe Richtschnur sollte vorhanden sein, um die Vielfalt dieses Reisegebietes auskosten zu können und sich

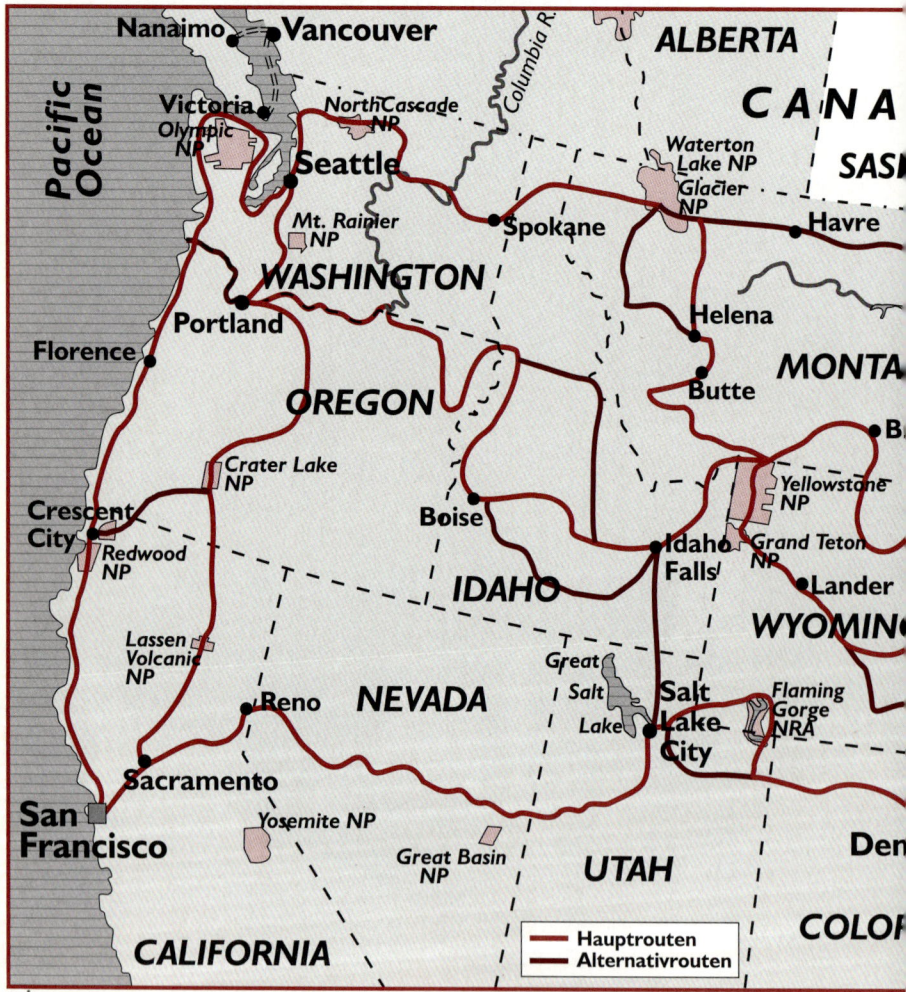

© graphic

nicht zu sehr im Detail zu verlieren. Natürlich spielen auch finanzielle und persönliche Erwägungen eine Rolle.

Um die Planung zu erleichtern, nachfolgend einige Vorschläge. Sie sollen jedoch lediglich als **Anregungen** verstanden werden und helfen, eine eigene, ganz auf die persönlichen Interessen zugeschnittene Route zusammenzustellen. Eines ist dabei jedoch unbedingt zu beachten: Man sollte die **Entfernungen** im Nordwesten nicht unterschätzen und zudem beachten, um welche Art von Strecken es sich handelt.

Entfernungen nicht unterschätzen!

Routenkarte

Bergrouten können viel Zeit in Anspruch nehmen, während man in den weiten Ebenen meist zügig vorankommt. Wegen des geringen Verkehrsaufkommens und trotz strenger, überwachter Geschwindigkeitsbegrenzungen können solche Fahrten fast schon erholsam sein, zumal man in meist traumhafter Landschaft unterwegs ist. Auf alle Fälle sollte man nicht jeden Tag riesige Strecken zurücklegen, denn nur wenn man sich Zeit für Pausen, Abstecher und Stopps nimmt, lernt man Land und Leute richtig kennen.

Im Nordwesten lassen sich reisetechnisch grob **vier geografische Areale** unterscheiden, die im vorliegenden Reise-Handbuch in **fünf großen Kapiteln** beschrieben werden:

Fünf Hauptkapitel

• die **Westküste** zwischen Pazifik und Cascade Range („Seattle und der Puget Sound", „Heart of the Rockies" und „Zwischen dem Edge of the Universe und dem Ring of Fire"),

• das **Columbia Plateau** und das sich südlich anschließende **Great Basin**, also die wüstenartigen Hochebenen zwischen Cascade Range und Rocky Mountains („Heart of the Rockies" und „Westward Ho!"),

• die **Rocky Mountains** („Heart of the Rockies", „Im Wilden Westen" und „Westward Ho!")

• und die **Great Plains** („Im Wilden Westen").

Rundreisen im Nordwesten

Strecken-abschnitte

Die auf der Karte rot gekennzeichnete **Hauptroute** bildet in diesem Reise-Handbuch den roten Faden für die Erkundung des Nordwestens und durchquert in insgesamt **sieben Streckenabschnitten** die oben aufgelisteten Areale. Diese können beliebig kombiniert werden:

• Route entlang der Westküste („Seattle und der Puget Sound", „Zwischen dem Edge of the Universe und dem Ring of Fire"),

• Route im Hinterland der Westküste entlang der Cascade Range („Seattle und der Puget Sound", „Zwischen dem Edge of the Universe und dem Ring of Fire"),

• südliche und nördliche Route zwischen Cascade Range und Rocky Mountains („Seattle und der Puget Sound", „Heart of the Rockies"),

• südliche und nördliche Route zwischen Rocky Mountains und Great Plains („Heart of the Rockies", „Im Wilden Westen"),

• Rundstrecke durch South und North Dakota („Im Wilden Westen").

Daneben werden abgesehen von der **Verbindungsroute Denver – San Francisco** („Westward Ho!") weitere (grün markierte) **Alternativrouten** angeführt, die je nach individuellen Interessen und Präferenzen ausgewählt werden können.

Hauptflug-häfen

Es ist ratsam, sich zu Anfang der Reiseplanung ein besonders interessantes Areal herauszugreifen und um dieses herum dann mit Hilfe dieses Buches die Route genauer zu planen. Je nach Reiseschwerpunkt bieten sich verschiedene **Hauptanflughäfen**, also Anfangs- und Endpunkte der Route, an: neben Seattle, Portland und San Francisco sind dies Denver und Salt Lake City. Zu bedenken ist vor allem, dass, sofern Anflug- und Abflughafen nicht identisch sind (was mit Gabelflügen möglich ist), bis auf einige Ausnahmen (s. *Allgemeine Reisetipps von A–Z, „Mietwagen"*) bei Mietwagen Rückführgebühren anfallen können.

Im Rahmen dieses Reise-Handbuchs können **keine im Detail ausgearbeiteten Routen** geliefert werden, es handelt sich vielmehr nachfolgend nur um **Vorschläge und Anregungen**. Es ist sicher nicht möglich, alle im Buch aufgeführten Orte und Attraktionen während einer Reise zu erkunden. Selbst der Routenvorschlag I ist nur dann realisierbar, wenn genügend Zeit zur Verfügung steht und lange Fahrtstrecken keine Rolle spielen.

Routenvorschlag I
für eine 5- bis 6-wöchige klassische Rundreise durch den Nordwesten

Entfernung*: ca. 4.000-5.000 mi (6.400-7.500 km)

Ausgangspunkt: Seattle (oder San Francisco)

Routenverlauf: Flug nach Seattle (Anmietung Pkw), über Mt. Rainier und Mt. St. Helens nach Portland, entlang dem Columbia River nach Idaho (Hells Canyon, Boise), über Sun Valley und Craters of the Moon zum Yellowstone NP, weiter durch Wyoming nach Denver, über den Rocky Mountain NP, das Dinosaur NM und das Flaming Gorge NM nach Salt Lake City, durch Nevada zum Lake Tahoe und weiter nach San Francisco – von hier Rückflug oder entlang der Pazifikküste zurück nach Seattle. Route gleichermaßen mit Startpunkt San Francisco möglich.

Kapitel im Reise-Handbuch: „Seattle und Puget Sound", „Heart of the Rockies", „Im Wilden Westen", „Westward Ho!", „Zwischen dem Edge of the Universe und dem Ring of Fire"

Routenvorschlag 2
für eine 4- bis 5-wöchige Rundreise zwischen Pazifik, Cascade Range und Rocky Mountains

Entfernung*: ca. 2.500 mi (4.000 km)

Ausgangspunkt: Seattle (oder Portland)

Routenverlauf: Flug nach Seattle (Mietwagen), über Mt. Rainier und Mt. St. Helens nach Portland, weiter entlang dem Columbia River nach Idaho (Hells Canyon, Boise), über Sun Valley und Craters of the Moon zum Yellowstone NP, durch Montana (Virginia City, Helena, Great Falls) zum Glacier NP, dann entlang der amerikanisch-kanadischen Grenze über Coeur d'Alene, Spokane und den North Cascade NP nach Seattle (Rückflug). Dieselbe Route kann von Portland aus gefahren werden.

Kapitel im Reise-Handbuch: „Seattle und Puget Sound", „Heart of the Rockies"

Routenvorschlag 3
für eine 3- bis 4-wöchige Rundreise entlang der nördlichen Westküste zwischen Pazifik und Cascade Range

Entfernung*: ca. 2.000 mi (3.200 km)

Ausgangspunkt: Seattle (Portland oder San Francisco)

Routenverlauf: Flug nach Seattle (Mietwagen), über Mt. Rainier und Mt. St. Helens nach Portland, dann entlang dem Columbia River bis Hood River, der Cascade Range folgend nach Shasta Cascades/CA (Crater Lake NP, Lava Beds NP/ Lassen Peak VNP), weiter über Sacramento nach San Francisco, durch das Wine Country und schließlich entlang der Küste (Hwy. I, Oregon Coast) wieder nach Norden zum Olympic NP und zurück nach Seattle (Rückflug). Route ebenfalls von San Francisco oder Portland aus realisierbar.

Kapitel im Reise-Handbuch: „Seattle und Puget Sound", „Zwischen dem Edge of the Universe und dem Ring of Fire"

Routenvorschlag 4
für eine 4- bis 5-wöchige Rundreise im Wilden Westen zwischen Rocky Mountains und Great Plains

Entfernung*: ca. 2.800 mi (4.500 km)

Ausgangspunkt: Denver (oder Salt Lake City)

Routenverlauf: Flug nach Denver (hier Mietwagen), über den Rocky Mountain NP und Dinosaur NM nach Salt Lake City, weiter zum Grand Teton und Yellowstone NP (Casper, Lander/Wind River Valley), weiter durch Wyoming (Cody, Sheridan) zum Devils Tower und in die Black Hills, Dakota-Rundfahrt (Badlands NP, Pierre, Bismarck, Theodore Roosevelt NP), Ft. Laramie NHS und Cheyenne zurück nach Denver (Rückflug). Route auch ab Salt Lake City möglich.

Kapitel im Reise-Handbuch: „Heart of the Rockies", „Im Wilden Westen"

Routenvorschlag 5
für eine 5- bis 6-wöchige Rundreise zwischen Pazifik und Great Plains

Entfernung*: ca. 3.800 mi (6.100 km)

Ausgangspunkt: Seattle (oder Portland)

Routenverlauf: Flug nach Seattle (Mietwagen), über Mt. Rainier und Mt. St. Helens nach Portland, weiter entlang dem Columbia River nach Idaho (Hells Canyon, Boise), über Sun Valley und Craters of the Moon zum Grant Teton NP, weiter durch den Süden Wyomings (Lander/Wind River Valley, Casper, Laramie) nach Denver, über Cheyenne und Ft. Laramie in die Black Hills, über den Norden Wyomings (Devils Tower, Sheridan, Cody) zum Yellowstone NP, zurück nach Seattle (Rückflug) über Montana (Virginia City, Missoula) und Idaho. Als Start- und Endpunkt ist Portland ebenfalls möglich.

Kapitel im Reise-Handbuch: „Seattle und Puget Sound", „Heart of the Rockies", „Im Wilden Westen"

* = Entfernungen sind nur als Anhaltspunkt zu verstehen

Zeiteinteilung und touristische Interessen

Gebiet	Seite	Unternehmungen/ Ausflugsziele/Routen	Tage	Touristische Interessen
Seattle	257	Stadtrundgänge, Museen, Nightlife, Shopping, Bootsausflüge auf die San Juan Islands, Rundfahrt zum Olympic NP	3-5	Stadtleben, Architektur, Kunst, Kultur, Einkaufen und Genießen, traumhafte Lage am Meer, Sportveranstaltungen, Island-Hopping
Seattle – Portland	289	Olympic NP, Mt. Rainier, Mt. St. Helens	3-5	Naturerlebnis (Regenwald, Vulkanlandschaften), Outdooraktivitäten
Portland	645	Stadtrundgänge, Museen, Brewpubs, Markt, Ausflug ins Willamette Valley (Wine Country)	2	Stadtleben, Architektur, Kunst, Kultur, kulinarische Szene (u. a. Bier, Wein)
Oregon Coast	600	Astoria, Tillamook, Lincoln City, Florence (Heceta Head, Sea Lions Cave), Newport (Oregon Coast Aquarium, Rogue Brewery)	5	Naturerlebnis, Outdooraktivitäten, kleine Hafenstädte, Leuchttürme, Strände, kulinarische Szene (Seefood, Käse, Bier)
Heart of the Rockies	302	Columbia River Gorge, Washington Wine Country, Pendleton (Rodeo, Tamastlikt Institute), Hells Canyon, Ghost Towns in Montana (Virginia City), Helena, Great Falls, Glacier NP, Coeur d'Alene, Spokane, North Cascades NP	21-28	Naturerlebnis (Berge, Wüsten, Hochebenen), Ranches und Leben der Cowboys, Geschichte des Westens, Indianer, Outdooraktivitäten
Yellowstone Country	325	Jackson, Grant Teton NP, Yellowstone NP	3-5	unvergessliches Naturerlebnis (Gebirge, Vulkantätigkeit, Schluchten, Wasserfälle, Tierwelt), Outdooraktivitäten
Wyoming	377	Cody, Little Bighorn National Battlefield, Sheridan, Buffalo, Devils Tower, Casper, Ft. Laramie, Cheyenne	10-14	Geschichte des Westens, Indianer, Ranches und Leben der Cowboys, Westernstädtchen (Sheridan, Cody), Naturerlebnis (Berge, Wüsten, Great Plains), Dinosaurier, Outdooraktivitäten

Gebiet	Seite	Unternehmungen/ Ausflugsziele/Routen	Tage	Touristische Interessen
South & North Dakota	425	Black Hills (Mt. Rushmore, Crazy Horse Memorial, Deadwood, Sturgis), Rapid City, Badlands NP, Bismarck/Mandan, Theodore Roosevelt NP	8-14	Geschichte des Westens, Indianer (Reservate verschiedener Völker mit interessanten Museen), Ranches und Leben der Cowboys, Westernstädtchen (Deadwood, Medora) und moderne Kleinstädte (Rapid City, Bismarck), Naturerlebnis (Badlands, Great Plains, Black Hills), spektakuläre Sights wie Mt. Rushmore oder das Crazy Horse Memorial, Outdooraktivitäten, vor allem Reiten
Denver	466	Stadtrundgänge, Museen, Nightlife, Shopping & Dining, Ausflüge nach Golden (Buffalo Bill Grave, Coors Brewery) oder Boulder	2-3	Kunst, Kultur, Architektur, Stadtleben, Sportveranstaltungen, kulinarische Szene
Denver – Salt Lake City	483	Rocky Mountains NP, Dinosaur NM, Fort Bridger	3-5	Naturerlebnis (Bergwelt, Schluchten, Canyons, Wüstenlandschaft), Geschichte des Westens, Dinosaurier, Outdooraktivitäten
Salt Lake City	498	Stadtrundgänge, Konzertbesuch, Ausflug an den Great Salt Lake	2	Architektur, Geschichte und Leben der Mormonen, Ahnenforschung, Kunst, Kultur, Stadtleben
Salt Lake City – San Francisco	510	Great Basin NP, Reno, Carson City, Virginia City, Lake Tahoe, Gold Country, Sacramento	5-7	Naturerlebnis (Wüstenlandschaft, Berge, Seen), Geschichte des Westens, auf den Spuren der Gold- und Silbersucher
San Francisco	533	Stadtrundgänge, Museen, Lokale, Nightlife, Kultur, Radfahren, diverse Neighborhoods	3-5	Architektur, Kunst, Geschichte, ethnische Vielfalt, Flower Power, Kunst, Stadtleben, unvergleichliche kulinarische Szene, Ausblicke von den Hügeln und geografische Lage

Gebiet	Seite	Unternehmungen/ Ausflugsziele/Routen	Tage	Touristische Interessen
San Francisco Bay Area	554	Oakland, Berkeley, Sausalito, Wine Country (Napa Valley, Sonoma County)	3	Architektur, Kunst, Stadt- und Studentenleben, Hausbootflair, Muss für Weinliebhaber, kulinarische Szene
California Coast	581	Point Reyes National Seashore, Mendocino, Eureka, Crescent City, Redwood NP	5-7	Naturerlebnis an der Pazifikküste und in den Redwoods, Outdooraktivitäten, kulinarische Szene (Seafood)
Shasta Cascades und Cascade Range	612	Redding, Chico, Lassen Volcanic NP, Shasta Lake, Mt. Shasta, Lava Beds NM, Crater Lake, Bend, Mt. Hood	7-10	Naturerlebnis (Vulkane, Wälder, Wüsten), Hausboote auf Stauseen, Outdooraktivitäten, Indianer und Geschichte des Westens, beschauliche Provinzstädte wie Redding, Chico (Sierra Nevada Brewery) oder Bend

Entfernungstabelle

Entfernungen zwischen den wichtigsten Städte im Nordwesten
Bismarck/ND (Bis), Boise/ID (Boi), Cheyenne/WY (Che), Denver/CO (Den), Helena/MT (Hel), Pierre/SD (Pie), Portland/OR (Por), Rapid City/SD (Rap), Reno/NV (Ren), Salt Lake City/UT (SLC), San Francisco/CA (SFO), Seattle/WA (Sea), Spokane/WA (Spo), Yellowstone (Old Faithful)/WY (Yel)

in mi	Bis	Boi	Che	Den	Hel	Pie	Por	Rap	Ren	SLC	SFO	Sea	Spo	Yel
Bis	–	1008	572	671	623	211	1265	358	1375	916	1604	1195	917	870
Boi	1008	–	732	811	486	1059	432	706	340	340	658	501	384	361
Che	572	732	–	100	685	434	1159	295	959	436	1188	1228	995	466
Den	671	811	100	–	781	518	1238	394	1011	504	1235	1307	1089	566
Hel	623	486	685	781	–	695	658	546	869	477	1098	588	310	216
Pie	211	1059	434	518	695	–	1353	172	1346	823	1575	1283	1005	684
Por	1265	432	1159	1238	658	1353	–	1204	538	767	636	172	348	793
Rap	358	706	295	394	546	172	1204	–	1185	662	1414	1134	856	512
Ren	1375	340	959	1011	869	1346	538	1185	–	523	229	710	778	889
SLC	916	340	436	504	477	823	767	662	523	–	752	836	712	366
SFO	1604	658	1188	1235	1098	1575	636	1414	229	752	–	808	882	1118
Sea	1195	501	1228	1307	588	1283	172	1134	710	836	808	–	278	862
Spo	917	384	995	1089	310	1005	348	856	778	712	882	278	–	745
Yel	870	361	466	566	216	684	793	512	889	366	1118	862	745	–

5. Seattle und der Puget Sound

Seattle (ⓘ S. 234)

Die „Emerald City"

Seattle, am Rand des Puget Sound gelegen, ist mit seiner Mischung aus Bergkulisse und seinen etwas an San Francisco erinnernden an Hügeln gelegenen historischen Stadtvierteln, seinen atemberaubenden Ausblicken auf Meer und Berge, mit seinem Mix aus Relikten der Vergangenheit und des Hightechzeitalters eine der reizvollsten Metropolen Nordamerikas. Kein Wunder, dass die Stadt mehrfach zur „lebenswertesten Stadt der USA" gewählt wurde. „Emerald City" – nicht ohne Grund wurde Seattle mit diesem Beinamen bedacht. Vorausgesetzt die Sonne scheint, erstrahlt die von Bergen, Wäldern und Meer gerahmte Stadt tatsächlich in smaragdgrünem Licht. Doch es gibt auch eine Kehrseite der Medaille: Bei Seattle denken viele nämlich sofort an Dauerregen und graue Tristesse. Dabei handelt es sich um nichts anderes als eine Übertreibung, schließlich gibt es in den USA bewiesenermaßen weit schlimmere „Regenlöcher".

Reizvolle Metropole

Die *Seattlites* sind ein seltsames Völkchen, haben ihre Vorlieben und gelten einerseits als etwas eigenartig und schrullig, andererseits als besonders sozial gesonnen und politisch engagiert, als liberal und tolerant. Die Stadt steht im Ruf, anders zu sein als andere US-Metropolen, und das hat in den letzten Jahren dazu geführt, dass Seattle – und der ganze Nordwesten – einen enormen Zuwanderzustrom erlebte und als eine der Boomregionen Nordamerikas gilt. Wer nach Seattle zieht, tut das allerdings nicht allein, um reich zu werden, sondern vor allem um das Leben zu genießen.

Musik hat in Seattle Tradition: *Jimmy Hendrix*, *Quincy Jones* oder *Ray Charles* wurden hier geboren oder lebten hier, ebenso Jazzmusiker *Kenny J.* Bekannt ist Seattle aber vor allem wegen der alternativen Musikszene, die weltberühmte Bands wie *Nirvana* oder *Pearl Jam* hervorgebracht und den speziellen Seattle Sound, den *Grunge*, begründet hat. In jüngerer Zeit setzen Musikgruppen wie *The Presidents of the United States* oder die *Infernal Noise Brigade* diese Tradition fort.

Seattle ist schließlich auch eine **Stadt der Erfinder und Existenzgründer**. Die Namen reichen von *Microsoft* über *UPS* bis zum Flugzeughersteller *Boeing*, Letzterer bis heute Hauptarbeitgeber der Region. Die jüngste Erfolgsstory heißt *Starbucks*. *Howard Schultz* erwarb in den 1980er Jahren eine Reihe lokaler Cafés und ließ daraus innerhalb kürzester Zeit die berühmte weltweite Café-Kette entstehen.

Stadt der Erfinder

Vergangenheit, Gegenwart und Zukunft

Es war im November 1851, als Siedler aus dem Osten ihre Holzhäuser nahe der Elliott Bay errichteten, den Ort nach dem lokalen Indianerhäuptling *Sealth* benannten und versuchten, sich als Versorgungsstation für vorbeifahrende Seefahrer und mit Fischerei und Holzwirtschaft am Leben zu erhalten. Doch die geografische Lage barg auch Nachteile, sorgten doch Ebbe und Flut lange Zeit für Probleme durch Überschwemmungen und mit der Kanalisation. Zudem zerstörte ein großer Brand 1889

Seattle
Metro Area

Carkook Park

nach Vancouver

North Seattle

N105th

99

Lake City Way

Lake City

Northgate Way

Sand Point Way

Golden Gardens Park

Holman Road

5

Matthews Beach

NW85 St.   N85th

NE75th St.

513

Greenwood Ave

Green Lake

Roosevelt

90th

Magnuson Park

NE65th St.

Ballard

Greenwood

5

Greenlake

NW Market St

Seaview Ave NW

15th Ave NW

Leary

N45th St.   NE45th St.

Roosevelt Way NE

Sand Point Way

University District

4

Discovery Park

6

W Emerson

Fremont

Way

Fremont

Wallingford

Pacific St.

Eastlake

Evergreen Point Bridge

3

520

W Nickerson St.

Magnolia

Queen Anne

Eastlake

Madison Park

2

Puget Sound

Magnolia

Elliott Ave

Queen Anne Ave N

Lake Union

Broadway

I

Capitol Hill

Lake Washington

Lake Washington Blvd

Seattle Center

W Mercer

Denny

E John St

Madison Valley

Denny Regrade

i

First Hill

E Madison St

Pike Place Market

Western Ave

5th Ave

Olive

Central Area

22rd Ave

Downtown

Boren

E Yesler Way

1 Seattle Asian Art Museum (SAAM)
2 Washington Park Arboretum
3 Museum of History and Industrie (MOHAI)
4 University of Washington Th. Burke Memorial Washington State Museum
5 Woodland Park Zoo
6 Ballard Locks
7 Museum of Flight

Yesler Way

Chinatown / International District

Madrona

nach Spokane

Leschi

90

Elliot Bay

99

Mt. Baker

5

Columbia City

West Seattle

Alki Beach

Alki Ave SW

Admiral Way SW

Spokane St.

California SW

Faun leroy

Beach Drive SW

Georgetown

Columbia Way

Seward Park

Camp Long

Lakewood/ Seward Park

S Michigan

Airport Way S

Southeast Seattle

S Ward Park Ave

N

King County Airport

0   2,5 km

Lincoln Park

Fauntleroy

zum Sea-Airport Tacoma

99

7

zum Sea-Airport/ Tacoma u. Portland

© *i* graphic

große Teile des jungen Ortes. Daraufhin entschloss man sich, ein Stockwerk höher (bis zu 10 m) über den Gassen und Ruinen der zerstörten Siedlung einen Neuanfang zu wagen – diesmal mit Häusern aus Stein. Auf diese Weise blieb der „Untergrund" der Pioniersiedlung erhalten und ist heute eine beliebte Touristenattraktion.

Von Anfang an hatte Seattle dank der dichten Wälder maßgebliche Bedeutung als **Holzstadt**; man lieferte bis nach Kalifornien. Einen ersten Aufschwung brachte die **Eisenbahn**: Die *Northern Pacific Railroad* wurde im Jahr 1887 in Tacoma, südlich von Seattle, fertiggestellt und verband erstmals den Puget Sound mit dem Osten. Die *Great Northern Railroad* schloss dann fünf Jahre später Seattle direkt an den Rest der USA an. Als Glücksjahr für die Entwicklung der Stadt entpuppte sich das Jahr 1897: Damals legte der Dampfer „Portland" mit einer Tonne Gold aus Alaska im Hafen an. Der daraufhin ausbrechende berühmte **Klondike-Goldrausch** brachte nicht nur einigen Goldsuchern Reichtum – anderen den Ruin –, sondern sorgte auch dafür, dass Seattle wie Phönix der Asche entstieg und binnen kürzester Zeit aufblühte. Als Drehscheibe aller Aktivitäten, die mit dem Goldrausch zusammenhingen, etablierte sich die Stadt als wichtigstes Wirtschafts- und Handelszentrum im Nordwesten der USA.

Redaktionstipps

Sehens- und Erlebenswertes
• Die Aussicht von der **Space Needle** (S. 264) genießen.
• Kulinarischer Spaziergang über den **Pike Place Public Market** (S. 262), um die Vielfalt der Region kennenzulernen.
• **Ausflug** auf eine der Inseln im Puget Sound – z. B. zur Blake Island (S. 273) mit Tillicum Village.
• Für Flugzeug-Fans: ein Besuch im neuen **Museum Future of Flight Aviation Center & Boeing Tour** in Everett (S. 270) und im **Museum of Flight** (S. 267).
• Unvergessliches Erlebnis für **Sportfans**: ein Spiel der *Seahawks* (Football) im Quest Field, der *Mariners* (Baseball) im Safeco Field oder der *Sonics* (Basketball) in der Key Arena (S. 269).
• Für Kunstfreunde ein Muss: das **Seattle Art Museum** (S. 261).
• Rock 'n' Roll und der legendäre *Jimmy Hendrix* leben im **Experience Music Projekt** (S. 265) fort.
• Rundfahrt durch den **Olympic National Park** mit seinen schneebedeckten Bergen, dichten Regenwäldern und aufregender Pazifikküste (S. 281).
Unterkunft
• Eines der schönsten B&Bs in Seattle ist das **Bacon Mansion B&B** in einem Haus im Tudor-Stil von 1909 auf dem Capitol Hill (S. 234).
• Ganz dem Thema Wein widmet sich das luxuriöse **Hotel Vintage Park** (S. 234).
Essen & Trinken, Vergnügen
• In **Kaspar's Restaurant** (S. 234) serviert der Schweizer Besitzer und Chefkoch *Kaspar Donier* kreative lokale Küche mit viel Fisch und Meeresfrüchten.
• Trendig und energiegeladen wie das ganze Stadtviertel Belltown ist **Flying Fish** – auf Seafood spezialisiert (S. 234).
• Wie wäre es mit einem leckeren dunklen Bier wie *XXXXX Pike Street Stout* im **Pike Pub & Brewery** (S. 234) im Pike Place Public Market?
Einkaufen
• Der **Pike Place Public Market** (S. 268) und Umgebung sind nicht nur ein kulinarisches Mekka, sondern auch ein Shoppingparadies, ebenso der **Pioneer Square** (S. 268), die **Waterfront** (S. 268) und die zentral gelegene **Northgate Mall** (S. 268).

Seattle konnte diese Stellung nicht nur behaupten, sondern sogar ausbauen. Wichtige Triebfedern für die weitere Entwicklung waren der Zuzug der **Flugzeugindustrie**, darunter die *Boeing*-Werke, und vor allem die städtebaulich und finanziell lukrative Ausrichtung der Weltausstellung 1962. Weitere große Veränderungen brachten die 1980er Jahre, als in Downtown Bank-, Büro- und Hotelhochhäuser gen Himmel wuchsen und eine beeindruckende Skyline entstand. Die im Vorort Redmont ansässige Softwarefirma *Microsoft*, die Café-Kette *Starbucks*, die Internetbuchhandlung *Amazon* und der Outdoorartikel-Hersteller *Columbia* sorgten für den bisher letzten entscheidenden wirtschaftlichen Schub.

Hoher Freizeitwert

Der **Freizeitwert** Seattles sucht seinesgleichen. In der geschützten Meeresbucht, auf Seen und Flüssen gibt es Sportmöglichkeiten in Hülle und Fülle und in nächster Nähe locken einige der schönsten Nationalparks. Seattle ist attraktiv und zählt zu den beliebtesten Wohnorten in den Vereinigten Staaten, besonders geschätzt wegen der Lebensqualität und der liberalen, toleranten Atmosphäre. Städtebaulich viel beachtet sind die Wohnprojekte, die nah am Wasser oder in Gestalt von Hausbooten eine bewohnerfreundliche Stadtarchitektur anstreben. Zur Wohnqualität tragen auch viele kleine Parks bei – und dass man im Umweltschutz aktiv ist, zeigt das über Strecken unterirdisch verlegte Busnetz. Überhaupt gilt das öffentliche Nahverkehrssystem als vorbildlich. Zudem war Seattle die erste Stadt, die Straßenpolizisten mit Mountainbikes ausrüstete.

Auch die **kulinarische Szene** ist vielseitig: Kaffeehäuser und Kleinbrauereien, Weingüter im Umkreis sowie ein breites Spektrum an Restaurants haben die Stadt zum Feinschmecker-Mekka und Ökoparadies gemacht. Seattle ist mit ihren heute fast 600.000 Einwohnern (ca. 3 Mio. im Großraum Puget Sound) eine **lebhafte, bunte Stadt**, wozu natürlich auch die vielen Studenten beitragen. Anhänger der Alternativ- und *Grunge*-Szene, darunter viele Fans des verstorbenen *Nirwana*-Sängers *Kurt Cobain*, frequentieren Zeitgeist-Läden und Lokale, in denen oft Livemusik dargeboten wird – so im Capitol Hill District.

Sehenswertes in Downtown Seattle

Beeindruckende Skyline

Seattles Stadtzentrum ist wegen seiner **sehenswerten Skyline** nicht nur ein beliebtes Fotomotiv, sondern auch ein Musterbuch moderner Architektur. Dazu gehören das *Columbia/Seafirst Building* (Cherry/4th), *1-2 Union Square* (Union/6th Ave.), *Pacific First Center* (Pike/5th Ave), *Security Pacific Tower* mit der *Rainier Square Shopping Mall* (Union/University St. und 4th/5th Ave.) oder das *First Interstate Building* (Marion/2nd Ave.). Doch haben sich auch ältere Bauten erhalten, so das *Paramount Theater* von 1930 (Broadwaystücke), das *5th Ave. Theater* oder das eigentliche Wahrzei-

Das Seattle Art Museum mit dem „Hammering Man"

Orientierung

*Das großteils rasterförmig angelegte Straßensystem erleichtert das Zurechtkommen. Das eigentliche Zentrum der Stadt liegt zwischen dem **Pioneer Square/International District** im Süden und dem **Seattle Center**, dem ehemaligen Weltausstellungsgelände, im Norden. Begrenzt wird Downtown im Osten durch die Autobahn I-5 und im Westen vom Puget Sound. Am Sound erstreckt sich die Waterfront mit ihren Piers und dem Seattle Aquarium, dahinter der **Pike Place Market** und **Belltown**, das neue In-Viertel.*

*Der **International District** – das ehemalige Chinatown – breitet sich östlich der Sportstadien, dem Pioneer Square und der Union Station (Amtrak-Bahnhof) aus.*

***Capitol Hill** liegt in den Hügeln direkt östlich von Downtown, jenseits der I-5. Hauptachse ist der pulsierende Broadway. Capitol Hill ist Heimat der Alternativszene, der Homosexuellen, Studenten, aber auch der alteingesessenen Seattlites. Zusammen mit dem **Queen Anne District**, im Nordwesten von Downtown, stellt es eines der lebendigsten Wohnviertel der Stadt dar. Zentrum von Queen Anne ist die Queen Anne Avenue (zwischen Blaine und McCraw), gut geeignet zum Einkaufen und Bummeln. **Fremont** (nördlich vom Lake Union) ist ein weiterer Treff für Trendsetter und Ausgeflippte, mit Kneipen und Cafés sowie kuriosen Läden.*

*Im Norden der Stadt, am Lake Washington, liegt der **University District**, in dessen Zentrum die **University of Washington** steht. Den kleineren westlich anschließenden Lake Union kennt man aus dem Film „Schlaflos in Seattle“, denn hier, nahe dem Seattle Center, befinden sich auf Hausbooten einige der besten Wohnadressen.*

chen der Stadt, der *Smith Tower* von 1914 – einst der höchste Bau westlich des Mississippi.

Pioneer Square Historic District

Im Bereich des **Pioneer Square** (1), im Süden von Downtown, steht sozusagen die Wiege Seattles, der **Pioneer Square Historic District**. Hier befinden sich die ältesten Gebäude der Stadt, Straßenlaternen von 1908 und im zentralen Pioneer Park ein 18 m hoher Totempfahl der *Tlingit*-Indianer. Die Überbleibsel der Stadt vor dem Brand von 1889 verbergen sich im „**Underground**“, doch man kann sie bei speziellen Touren durch die dunkle und feuchte „Unterwelt“ kennenlernen (s. u.).

Abtauchen in die „Unterwelt"

Unbedingt besuchen sollte man den **Klondike Gold Rush National Historic Park** (2) *(117 Main St., ☎ 553-7220, 🖥 www.nps.gov/klse, tgl. 9-17 Uhr, Eintritt frei)*. In dem angeschlossenen Museum gibt es sehenswerte Ausstellungen und einen Film über den berühmten Goldrausch am Klondike und die Rolle der Stadt.

Schlendert man entlang der 1st Avenue Richtung Norden, passiert man Geschäfte und Cafés „mit dem besten Kaffee Seattles" und erreicht schließlich das **Seattle Art Museum Downtown** – kurz **SAM** (3) genannt *(1300 First Ave./Union St., ☎ 654-3100, 🖥 www.seattleartmuseum.org, Di-So 10-17, Do/Fr bis 21 Uhr, $ 13 bzw. $ 15 mit Sonderausstellung, frei am 1. Do im Monat)*.

Weg-weisendes Museum

Die Skulptur des *Hammering Man* – bekannt von der Kopie vor der Frankfurter Messe – kündigt den modernen, interessanten Museumsbau von *Robert Venturi* an. Raumkonzeption – mit loftartigen, ineinanderübergehenden Sälen und großzügigen Eingangsfoyers – sowie Präsentation der Objekte waren 1991 wegweisend für die moderne Museumsplanung. Berühmt ist das SAM wegen seiner Sammlungen afrikanischer und indianischer Kunst *(Northwest Coast Native Art oder African Art Galleries)*, aber auch wegen seiner Renaissance- und impressionistischen Gemälde, griechischen Münzen und Werken lokaler Künstler. Das Museum wurde 2007 vergrößert wiedereröffnet und bietet nun 11.000 m² Ausstellungsfläche, umfasst ein Café und einen attraktiven Museumsladen und ist Ort von vielerlei Veranstaltungen.

Neueste Errungenschaft des SAM ist auf einem ehemaligen Industriegelände am Puget Sound, im Viertel Belltown, der **Olympic Sculpture Park** *(2901 Western Ave., 6-21 bzw. 7-18 Uhr, Eintritt frei)*. Dort geht es auf 670 m Fußweg vorbei an 21 Kunstobjekten von 16 Künstlern.

Fast wie ein orientalischer Basar: der Seattle Pike Place Market

Pike Place Market

🖥 *www.pikeplacemarket.org., Pike St./1st Ave.,* ☎ *682-7453, Mo-Sa 9-18, So 11-17 Uhr, Touren $ 8.*

Oberhalb der Waterfront und mit dieser über den *Hillclimb Corridor* – einer Reihe von Treppen – verbunden, nur wenige Schritte nordwestlich des SAM, bildet der **Pike Place Market** (**4**) fast ein eigenes Stadtviertel, das sich labyrinthisch über mehrere Ebenen unter Dach und im Freien hinzieht und mit Buden, Lokalen, Shops und Veranstaltungen ein Eigenleben führt. Dieser älteste kontinuierlich betriebene Bauern- und Fischmarkt der USA aus dem Jahr 1907 bietet ein lebhaftes Ambiente, zu dem Marktschreier, Feinkoststände, ein Blumen- und Obstmarkt sowie Kleidungs- und Souvenirstände und ein Flohmarkt gehören.

Bester Ausgangspunkt ist der Haupteingang unter der großen Uhr, wo sich auch ein Informationsstand befindet. Gerüche und Geräusche, Musiker und Marktschreier wetteifern miteinander und es geht beinahe zu wie auf einem orientalischen Basar. Am besten besucht man den Markt vor 9 Uhr – bevorzugt zum Frühstück mit

---

 Tipp für Besucher

Wer möglichst viel sehen und dabei sparen möchte, der sollte sich die **Go Seattle Card** *besorgen. Die Karte für 1, 2, 3, 5 oder 7 Tage gibt es ab $ 55. Sie gewährt freien Eintritt in etwa 30 Sehenswürdigkeiten, kostenlose Sightseeing-Bustouren sowie Rabatte in Restaurants und Geschäften. Infos:* 🖥 *www.GoSeattleCard.com*

knusprigem Backwerk und frisch gebrühtem Kaffee –, denn dann hält sich das Gewimmel noch in Grenzen. Zu den Verkaufsständen gibt es rund 50 Kneipen und Restaurants auf dem Marktareal, die von *Northwestern Haute Cuisine* bis zu Fast Food, von gepflegtem Cappuccino bis zu frisch gezapftem Bier alles bieten.

Nördlich des Marktareals breitet sich **Belltown** aus, ein revitalisiertes Viertel mit Edelboutiquen, Designerläden, Kunstgalerien und Lokalen, wo auch vermehrt alte Lagerbauten in Wohnhäuser umgewandelt werden.

Waterfront Park (5)

Über Treppen bzw. per Aufzug gelangt man vom Markt schnell hinunter zum Alaskan Way (Parkplätze!) und zur **Waterfront**. Zu Zeiten des Goldrauschs in Alaska als *The Gold Rush Strip* berühmt geworden, reicht sie von Pier 51 im Süden bis Pier 70 im Norden. Attraktiv zum Einkaufen und Bummeln sind besonders die Piers 70, 57 und 54. Fähren und Boote legen von Pier 56-57 ab, Ausflugsboote und Fähren zum **Tillicum Village** (s. S. 273) von Pier 59, wo sich auch das Seattle Aquarium (s. u.) befindet, und ab Pier 55 starten im Sommer Hafenrundfahrten. Schade, dass die gesamte Waterfront durch den zweigeschossigen Hwy. 99 von der Innenstadt abgetrennt ist. Zwar kann man unter den hässlichen Betonstelzen hindurch zum Ufer gelangen, doch hätte man sich hier etwas mehr stadtplanerische Weitsicht gewünscht.

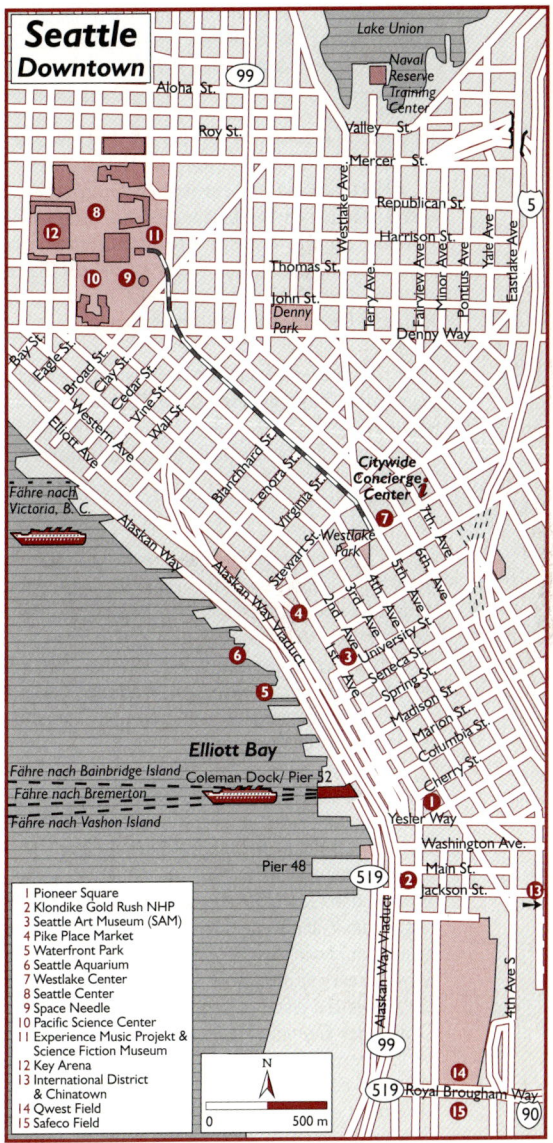

1 Pioneer Square
2 Klondike Gold Rush NHP
3 Seattle Art Museum (SAM)
4 Pike Place Market
5 Waterfront Park
6 Seattle Aquarium
7 Westlake Center
8 Seattle Center
9 Space Needle
10 Pacific Science Center
11 Experience Music Projekt & Science Fiction Museum
12 Key Arena
13 International District & Chinatown
14 Qwest Field
15 Safeco Field

Tipp für Besucher

*Man muss in Downtown Seattle nicht alles zu Fuß machen. Eine **Straßenbahnlinie**, betrieben mit historischen Fahrzeugen des Baujahrs 1927 aus Melbourne/Australien, verbindet die Waterfront mit dem Pioneer Square Historic District und dem International District. Zwischen dem zentralen Westlake Center (nahe Pike Place) und dem Seattle Center verkehrt die 1962 anlässlich der Weltausstellung gebaute **Monorail**.*

*Wasser-
land-
schaften*

Im **Seattle Aquarium** (**6**) *(Pier 59, 1483 Alaskan Way, ⌨ www.seattleaquarium.org, ☏ 386-4320, tgl. 9.30-19 Uhr, $ 15)* kann man verschiedene Wasserlandschaften (u. a. Korallenbänke) durchschreiten, Großfischen (Haien) ins Auge schauen, Ottern und Robben beim Spielen zusehen, die Flinkheit der Papageientaucher bewundern, in einem *Touch Tank* verschiedene Schalentiere anfassen oder im großzügig proportionierten, verglasten *Underwater Dome* das Geschehen von Höhe des Meeresbodens aus betrachten. Populär ist auch das *Omnidome Theater*, in dem auf der Großleinwand Dokumentarfilme gezeigt werden.

Wer sich über die Schifffahrt auf dem Puget Sound informieren möchte, sollte dagegen das **Odyssey Maritime Discovery Center** *(Pier 66, ☏ 374-4000, ⌨ www.ody.org, Di-Sa 10-17, So 12-17 Uhr, $ 7)* mit *Sound/Sea/Ocean Trade Gallery* und *Harborwatch Exhibits* am Bell Street Pier besuchen.

Downtown

*Sehenswer-
te Wolken-
kratzer*

Genau genommen gehört das zuvor beschriebene Areal ebenfalls zu **Downtown**, doch enger gefasst ist damit nur das Banken- und Hochhausviertel gemeint, das sein Aussehen erst in den letzten beiden Jahrzehnten erhielt. Auf dem Weg zum Einkaufszentrum **Westlake Center** (**7**), an dem die *Monorail* abgeht, kommt man vom Pike Place Market an sehenswerten Wolkenkratzern wie dem *Pacific First Center* oder dem *Security Pacific Tower* vorbei. In etlichen der modernen Bauten sind mehrstöckige und über mehrere Blocks reichende Einkaufszentren wie *Westlake Center* oder *Rainier Square* untergebracht.

Seattle Center

Das **Seattle Center** (**8**) bezeichnet ein 30 ha großes Gelände im Nordwesten der Stadt, das für die EXPO 1962 mit modernen und für die Entstehungszeit futuristisch anmutenden Gebäuden ausgestattet wurde. Die 185 m hohe **Space Needle** (**9**) ist längst zum Wahrzeichen der Stadt geworden – obwohl sie zwischenzeitlich von einigen Bankhochhäusern überragt wird. Der Aussichtsturm *(☏ 905-2111, ⌨ www.spaceneedle.com, tgl. 9 Uhr bis Mitternacht, $ 16 für Aufzug)*, der einem Ufo auf Stelzen gleicht, bietet einen grandiosen Rundumblick – an klaren Tagen bis hin zu den Gipfeln der Olympic, Mt. Rainier und North Cascade National Parks.

In nur 43 Sekunden befördert ein Aufzug Besucher zum **Observation Deck** oder ins *SkyCity*, ein sich drehendes Restaurant.

Abgesehen von der Space Needle und dem zugehörigen **Sculpture Garden** *(Broad St., frei zugänglich)* lohnt sich ein Besuch im **Pacific Science Center** (10) mit seinen Lasershows, Hologrammen, naturwissenschaftlichen IMAX-Filmen, Riesenrobotern und anderem Interessanten, vor allem für Familien *(☏ 443-4629, 🖥 www.pacsci.org, tgl. 10-17/18 Uhr, $ 11, IMAX $ 8 etxra).*

Ein Muss für Musikfreunde ist das **Experience Music Projekt – EMP** (11) *(325 5th Ave., ☏ 367-5483, 🖥 www.emplive.org, tgl. 10-20 Uhr, im Winter verkürzt, $ 15).* Gestiftet von Science-Fiction- und *Hendrix*-Fan *Paul Allen*, Mitbegründer von *Microsoft*, ist hier eine Erinnerungsstätte an *Jimmy Hendrix* und den Rock 'n' Roll entstanden – erbaut von *Frank Gehry* in Form einer Gitarre. Man kann aber hier nicht nur viel über Musik erfahren, es gibt auch eine Konzerthalle und ein Studio, in dem Besucher selbst musizieren können. Im Bau untergebracht ist außerdem das **Science Fiction Museum and Hall of Fame**, in dem ein Blick in die Zukunft gewagt und über das Genre und seine Vertreter informiert wird *(☏ 367-5483, tgl. 10-20 Uhr, im Winter verkürzt, $ 15).*

Markanter Punkt auf dem ehemaligen Weltausstellungsgelände: die Space Needle

Auf dem Gelände gibt es zudem einen kleinen Vergnügungspark, ein Kindermuseum sowie verschiedene Theater- und Konzertbühnen. Am Rand des Areals liegt die **Key Arena** (12) (mit **Key Museum**), in der die *SuperSonics* (NBA) sowie das Frauenteam *Storm* (WNBA) Profibasketball bieten. Die *Sonics*-Besitzer fordern derzeit eine neue Halle und drohen mit einem Umzug nach Oklahoma City – was ein schwerer Verlust für Seattle wäre.

International District – Chinatown (13)

Östlich des Pioneer Square Historic District breitet sich der **International District** aus, Heimat zahlenmäßig starker ostasiatischer Bevölkerungsgruppen. Die chinesische Gemeinde, nach San Francisco, Vancouver und Los Angeles die größte des Westens, hat hier ihr **Chinatown**; rund um die **Asian Plaza** leben u. a. Vietnamesen und Koreaner, und der **Kobe Terrace Park** demonstriert die engen Verbindungen zu Japan. Für Besucher ist das Areal wegen der Grünanlagen, Souvenirgeschäfte, der asiatischen Restaurants und einiger Museen interessant.

Große chinesische Gemeinde

Ein paar Blocks weiter südwestlich erheben sich wieder zwei moderne Wahrzeichen der Stadt: **Qwest Field** (14) und **Safeco Field** (15). In Ersterem – ermöglicht durch ein paar von *Paul Allens* Millionen – spielen regelmäßig vor über 70.000 Fans die beliebten America-Football-Profis der NFL, die *Seahawks*. Im Safeco Field, einem der wenigen Baseballstadien mit verschließbarem Dach, treten dagegen die *Mariners*, Seattles Baseballmannschaft, an.

Seattle Neighborhoods

Westlich der Innenstadt

Hinweis

s. Karte Seattle Metro
Area, S. 258

Capitol Hill ist eines der buntesten Viertel der Stadt und liegt direkt östlich von Downtown, jenseits der I-5. Hauptachse ist der **Broadway**, ideal zum Einkaufen und Treff der Nachtschwärmer. In seinem Zentrum liegt die private **Seattle University** mit dem *College of Arts*. Über 6.000 Studenten sorgen hier für eine umtriebige und bunte Szene in den Straßen, Kneipen, Cafés und Shops.

Beachtliche asiatische Kunstsammlung

Seit 1994 befindet sich idyllisch ins Grün des **Volunteer Park** eingebettet das **Seattle Asian Art Museum – SAAM** (**1**) *(1400 E Prospect St., ☎ 654-3100, 🖥 www.seattleartmuseum.org, Di-So 10-17, Do bis 21 Uhr, $ 5)*. Es beherbergt eine beachtliche Kunstsammlung aus Japan, China, Korea, Indien, der Himalaya-Region und Südostasien. Angeschlossen ist außerdem der **Kado Tea Garden** und es finden sehenswerte Wechselausstellungen statt. Gute Aussichten eröffnen sich vom nahen alten Wasserturm und im nicht weit entfernten **Greenwood Cemetery** befindet sich u. a. das Grab von *Jimi Hendrix*.

Nördlich der Innenstadt

Queen Anne, das Viertel mit hübschen Häusern, Läden und Restaurants, liegt nur wenige Blocks nordwestlich des Seattle Center und sein Herz schlägt zwischen Queen Anne Ave. N, Blaine und McCraw St. Vom Kerry Park *(W Highland Dr.)* aus eröffnen sich spektakuläre Ausblicke auf Space Needle und Downtown.

Viel Grün um den Lake Washington

Um den großen **Lake Washington** im Osten gruppieren sich die begehrtesten Wohnadressen und schönsten Parks der Stadt – Madison, Washington, Denny Blaine, Madrona oder Mt. Baker Park. Hier liegt auch das **Washington Park Arboretum** (**2**), eine 80 ha große Parkanlage, die zum gemütlichen Spaziergang einlädt, bevorzugt zwischen März und Juni, wenn Rhododendren und Azaleen blühen *(tgl. geöffnet, VC tgl. 10-16 Uhr, kostenlose Führungen ab VC Sa/So 13 Uhr)*. Sehenswert sind auch der Japanische Garten am Südende des Parks und der auf 33 Pontons gelegte *Waterway Trail* am Nordende, der zum **Museum of History and Industry (MOHAI)** (**3**) führt *(2700 24th St., McCurdy Park/Lake Washington, ☎ 324-1126, 🖥 www.seattlehistory.org, tgl. 10-17 Uhr, $ 7)*. Interessant in dem industriegeschichtlichen Museum ist vor allem die Ausstellung zur Stadtgeschichte; daneben erhält man einen Überblick über die wirtschaftliche Entwicklung der Region.

North Seattle wird geprägt von der **University of Washington** (**4**) mit ihren fast 35.000 Studenten. Der Campus breitet sich malerisch am Nordwestufer des Lake Washington aus, Hauptachse des lebendigen Univiertels ist der University Way. Sehenswert ist neben dem *Husky Stadium* (College Football) mit seinen 72.500 Plätzen vor allem das **Thomas Burke Memorial Washington State Museum** *(Uni of Washington Campus, 17th Ave./NE 45th St., 🖥 www.washington.edu/burkemuseum, ☎ 543-5590, tgl. 10-17, Do bis 20 Uhr, $ 8)*. Die interessantesten Teile dieses naturkund-

Hausbootsiedlung am Lake Union

lichen und kulturhistorischen Unimuseums sind die Abteilung zur Geschichte der Pazifikküste und die Erläuterungen zu den einzelnen Indianerstämmen der Region.

Der **Woodland Park Zoo** (**5**) zählt wegen seiner wegweisenden natürlichen Bio-
tope, z. B. *African Savanna, Elephant Forest, Thai Camp, Tropical Rain Forest, Northern
Trail* oder *Nocturnal House*, zu den zehn besten Tierparks der USA *(5500 Phinney Ave.
N, ☎ 684-4800, 💻 www.zoo.org, tgl. 9.30-17/18 Uhr, $ 15).*

Lake Union, zwischen Lake Washington und Puget Sound, bzw. die am Nordost-
ufer vertäuten Hausboote mögen Kinofans aus dem Film „Schlaflos in Seattle" mit
Tom Hanks und *Meg Ryan* kennen. Einen Abstecher wert ist der 13 km lange **Lake
Washington Ship Canal**, den man auch per Kanu erkunden kann. Von einer Aussichtsplattform blickt man auf die 1917 erbauten **Ballard Locks** (**6**). Das ange-
schlossene Visitor Center informiert über die Geschichte dieser Schleusen und die
eigens angelegte Fischleiter. Über diese *fish ladder* können vor allem Lachse über 21
Stufen zum Laichen ins Süßwasser gelangen.

*„Schlaflos
in Seattle"*

Südlich der Innenstadt

Im Süden der Stadt lohnt ein Abstecher zum **Museum of Flight** (**7**) gegenüber
dem ehemaligen *Boeing*-Entwicklungszentrum *(I-5, Exit 158, 9404 E Marginal Way S,
☎ 764-5720, 💻 www.museumofflight.org, tgl. 10-17, Do bis 21 Uhr, $ 14).* Das Museum
zeigt in einer riesigen Halle und auf dem Rollfeld über 50 Originalflugzeuge (u. a. die
Präsidentenmaschine von *Eisenhower, Kennedy* und *Johnson*), daneben wird die Geschichte der Luft- und Raumfahrt durch Fotos, Dokumente und Filme illustriert. In
der *Red Barn* begann 1916 die Erfolgsstory der *Boeing*-Werke, initiiert durch die
Flugzeugpioniere *William Boeing* und *Charles Westervelt*, die zuerst mit dem Bau von
Wasserflugzeugen ihr Geld machten.

Reisepraktische Informationen Seattle/WA

Vorwahl 206

i Information
• **CITYWIDE CONCIERGE CENTER** (Seattle CVB) im Washington State Convention & Trade Center, Pike St. zwischen 7th und 8th Ave., ☎ 206/461-5888, 🖳 www.visitseattle.org, tgl. 9-13/14-17 Uhr. Zahlreiche Gratisbroschüren, u. a. auch „Seattle Music Map" zur lokalen Musikszene (🖳 www.seattle.gov/music).
• Schriftliche Anfragen: **Seattle Convention & Visitors Bureau**, One Convention Pl., 701 Pike St., Suite 800, Seattle, WA 98101.
• In Deutschland: Fremdenverkehrsamt Washington State, **Wiechmann Tourism Services GmbH**, Scheidswaldstr. 73, D-60385 Frankfurt/Main, ☎ (069) 255-38240, 🖨 255-38100, 🖳 www.wiechmann.de und www.experiencewashington.com

🎁 Einkaufen
• Der **Pike Place Public Market** ist in erster Linie ein Bauernmarkt mit frischem Obst, Käse, Gemüse, Fisch und Meeresfrüchten, Fleischwaren und Blumen, doch auch Souvenirs u. a. werden verkauft. Im Umkreis des Marktes (tgl. geöffnet) haben sich zahlreiche Läden angesiedelt, z. B.
– **Made in Washington**, 1530 Post Alley und weitere Filialen. Produkte aus dem Bundesstaat, u. a. geräucherter Lachs, auch eingeschweißt und verpackt zum Mitnehmen.
– **Pure Food Fish Market**, Pike Place Market. Auch verpackter Fisch zum Mitnehmen.
• Rings um den **Pioneer Square** im Zentrum (1st Ave./Yessler Way und Umgebung) reihen sich Läden, Galerien und Boutiquen aneinander, z. B.:
– **Seattle Mystery Bookshop**, Cherry St./2nd Ave. Perfekt für Krimifreunde.
– **Pioneer Square Mall**, Untergeschoss. Ein wildes Konglomerat unterschiedlicher Antiquitätenläden.
– **The Elliott Bay Book Company**, 1st/Main St. Der interessanteste Buchladen der Stadt, neben Neuerscheinungen gibt's Sonderpreise und Remittenden.
• Die **Seattle Central Waterfront**, ebenfalls im Zentrum, malerisch am Hafen gelegen, lockt die meisten Besucher an (vor allem Piers 55 und 56 mit Läden wie **Trident Imports**, oder Pier 54 mit **Ye Olde Curiosity Shop** – Souvenirs und Kuriositäten seit 1899).

Shopping Malls
• **Northgate Mall**, 555 Northgate Mall. Im Norden der Stadt mit Nordstrom und JC Penny sowie über 100 Läden.
• **Rainier Square**, zwischen Union und University St., 4th-5th Ave.
• **Southcenter Mall**, Kreuzung I-5/I-405. Größte Mall Seattles, mit Kaufhäusern und 150 Läden.
• **University Village**, University District. Mit 70 Shops, Lokalen etc., nördlich Husky Stadium.
• **Westlake Center**, 400 Pine St. 80 Läden, Food Court, nahe Westlake Park (Pike St. zwischen 5th und 4th Ave).

🛶 Touren/Aktivitäten
• **Bill Speidel's Underground Tour**, 🖳 www.undergroundtour.com, 610 1st Ave./Pioneer Sq., ☎ 682-4646, tgl. mehrere Führungen ab 11 Uhr, $ 14, im Sommer Reservierung empfohlen. 90-minütiger Spaziergang durch die alte Stadt unter dem Pioneer Sq., Start von Doc Maynard's Bar von 1890 (mit Snacks/Microbrews).

• **Schiffsausflüge**: den Puget Sound per Boot erkunden, Abfahrt: Piers am Waterfront Park (s. „Fährverbindungen", S. 237).
• **Kajak**: Kajaking in der Elliott Bay, auf dem Lake Union, im Washington Ship Canal, im Green Lake sowie im Lake Washington. Boote vermietet das **Northwest Outdoor Center** (2100 Westlake Ave. N, ☎ 281-9694).

Fahrradfahren
• Trail um den **Green Lake** (ca. 5 km), nördlich der Innenstadt, außerdem **Burke-Gilman Trail**, ca. 20 km von der 8th Ave. NW/Leary Way zum Tracy Owen Station Park (61st Ave./SR 522). Allgemeine Infos im VC (s. o.).
• Fahrräder vermietet u. a. **Gregg's Greenlake Cycle** (7007 Woodlawn Ave. NE, ☎ 523-1822).

Zuschauersport
• **Seattle Mariners** (Major League Baseball/MLB), Spiele April-Okt. im Safeco Field, 1st/Atlantic St., ☎ 346-4000, 🖥 www.mariners.com
• **Seattle Seahawks** (National Football League/NFL), Sept.-Dez. im neuen Qwest Field (an Stelle des alten Kingdomes, 🖥 www.qwestfield.com), ☎ 682-2800, 🖥 www.seahawks.com
• **Seattle SuperSonics** (National Basketball Association/NBA), Nov.-April/Mai in der Key Arena (Seattle Center), ☎ 283-3865, 🖥 www.supersonics.com
• **Seattle Storm** (WNBA – Frauen-Profibasketball), Ende Mai-Aug. in der Key Arena, ☎ 281-5800, 🖥 www.storm.wnba.com
• **Seattle Sounders**: Fußballteam der USL 1, die der Profiliga Major League Soccer/MLS als Art zweite Liga untergeordnet ist, bereits dreimaliger Meister (zuletzt 2007). Infos und Tickets: ☎ 622-3415, 🖥 www.seattlesounders.com
• **Seattle Thunderbirds** (Western Hockey League, kanadische Eishockey-Juniorenliga), Spiele Okt.-März in der Key Arena, ☎ 448-7825, 🖥 www.seattle-thunderbirds.com
• **University of Washington Huskies** (College Football und Basketball, Männer und Frauen), ☎ 543-2200, 🖥 http://gohuskies.cstv.com/

Veranstaltungen
Infos: 🖥 www.visitseattle.org/cultural/festivals.asp
• Ende Mai: **Pike Place Market Festival**
• Juni: **Pioneer Square Fire Festival**
• Juli: **Bite of Seattle**, Seattle Center, große „Fressmesse"
• Juli: **Indian Days Powwow** (Discovery Park), großes Fest der in und um Seattle lebenden Ureinwohner
• Juli/Anfang Aug.: **SEAFAIR Festival**, drei Wochen lang zahlreiche Veranstaltungen am Wasser
• Aug.: **Chief Seattle Days**, Stadtfest
• Anfang Sept.: **Bumbershoot**, Seattle Center, Kunstfestival mit verschiedenen Veranstaltungen

---

👉 Hinweis

Tipps zu Unterkünften, Essen & Trinken, Nachtleben und Verkehrsverbindungen in Seattle, s. S. 234 ff.

Hinweis zur Route

Wer genügend Zeit hat, kann die Region nördlich von Seattle für sich erkunden oder aber mit einem Abstecher zu den San Juan Islands (s. u.) verbinden. Auch nach einer Rundreise durch das „Heart of the Rockies" (s. Kapitel „Heart of the Rockies" – von Seattle zum Yellowstone NP und zurück) könnte man vom North Cascades NP kommend, hier einen Stopp einlegen.

Die nördliche Puget-Sound-Küste

Die Boeing-Werke in Everett

Flugzeug-fabrik Boeing

In Everett, knapp 50 km nördlich Downtown Seattle gelegen und über die I-5 (Exit 189) zu erreichen, liegt die **Zentrale des Boeing-Konzerns**. Weitere Werke befinden sich in Renton (südlich Seattle) und in Wichita (Kansas), kleinere sind über das ganze Land verteilt. Die Hauptfertigungshalle – das größte Gebäude Nordamerikas – bedeckt eine Fläche von 39 ha und misst rund 4 km im Umfang. *Boeing* ist die größte Flugzeugfabrik und zeichnet seit der Fusion mit *McDonell-Douglas (MDD)* Anfang 1997 für etwa die Hälfte aller Verkehrsflugzeuge verantwortlich – *Airbus* (Frankreich-Deutschland) ist der zweite Großkonzern und Hauptkonkurrent. Dabei ist bei *Boeing* durch die Fusion der Anteil des Konzerns an militärischen und Raumfahrtprogrammen gestiegen, denn das war die wesentliche Domäne von *MDD*. Auch Hubschrauber und Militärflugzeuge gehören nun zur Angebotspalette.

Am Flugplatz *Paine Field* bietet eine neuere Attraktion – mit **Boeing Tour VC** – Besuchern eine einzigartige Kombination aus futuristischem Museum und Werksbesichtigung: das **Museum Future of Flight Aviation Center & Boeing Tour** *(Flugplatz Paine Field, 2909 100th St. SW, I-5 Exit 189, 🖳 www.FutureOfFlight.org, tgl. 8.30-17.30 Uhr, $ 15)*. Neben Einblicken in Gegenwart und Zukunft des Flugzeugbaus wirft das Museum auch einen Blick zurück auf die Geschichte der Luftfahrt. Flugzeugfans können während der Tour von einer Galerie aus bei der Fertigung der „Großen", der 747-, 777- und 767-Modelle, zuschauen. Die Tour umfasst zudem einen 20-minütigen Einführungsfilm zur Geschichte von *Boeing* und eine Busfahrt über das Gelände.

La Conner

Kleine Künstler-gemeinde

Der kleine Fischerort nahe der Mündung des Skagit River, westlich von Mount Vernon und nördlich von Everett, hat sich in den 1940er Jahren zu einer kleinen Künstlergemeinde gewandelt, die heute jedoch während der Sommermonate arg durch den Tourismus strapaziert wird. Kunstinteressierte können in den Galerien nach Werken lokaler Maler Ausschau halten und zahlreiche Cafés laden zum Päuschen ein.

Bellingham

Mit etwa 68.000 Einwohnern ist Bellingham – von den Einheimischen oft „Bing" genannt – die nördlichste Großstadt im Bundesstaat Washington. Die Bucht, an der

Bellingham liegt, wurde 1792 von *Captain George Vancouver* entdeckt – und war damals noch ein idyllisches Fleckchen Erde. Holz, Kohle und eine geschützte Hafenlage haben die Idylle später zwar weitgehend zunichtegemacht, doch geblieben ist immerhin ein beeindruckendes Stadtbild vor der Kulisse des rund 50 km entfernt im Inland „thronenden" Mt. Baker. Der Wirtschaftsboom, besonders zu Ende des 19. Jh., verhalf der Region zu ansehnlichem Wohlstand. Hier wurde jenes Geld umgesetzt, das die Holz- und Minenarbeiter im Landesinneren unter schwierigsten Bedingungen der Natur abrangen. 1903 entschloss man sich, die vier hier gelegenen Ortschaften zusammenzulegen, und hegte zunächst die Wunschvorstellung, die Stadt könnte sich zu einem „zweiten Chicago" entwickeln. Dazu reichte es jedoch nicht. Mit dem Niedergang der Kohleminen und dem Ende einer profitablen Holzindustrie begann auch für Bellingham der „normale Alltag" einer mittelgroßen Stadt im Nordwesten: Was blieb war ein wenig Industrie und die Hoffnung, als „Trittbrettfahrer" von Seattle am Tourismusboom teilzuhaben.

Zeugnis der einstigen Blütezeit legt heute noch das ehemalige Stadtzentrum, der **Fairhaven District** (südlich des modernen Downtown) mit Häusern aus dem 19. Jh. ab, in die jetzt Restaurants, Boutiquen und Souvenirshops eingezogen sind. Der **Chuckanut Drive** (I-5 Exit 250, WA 11) im Süden des Fairhaven District bietet schöne Aussichten auf den Puget Sound und stellt so eine gute Alternative für die Rückfahrt nach Seattle dar. Wer mehr über Lachsfang und die Seefahrt im Puget Sound erfahren möchte, sollte das **Maritime International Heritage Center** nicht versäumen (*800 Cornwall Ave.,* ☎ *360/592-4112,* 🖥 *www.maritimeheritage.net, tgl. Sonnenauf- bis Sonnenuntergang, Eintritt frei*). Die beste Zeit zur Lachsbeobachtung sind die Monate Oktober bis Dezember.

Ausblicke auf den Puget Sound

Bellingham ist zugleich Ausgangsstation für die Erkundung des 3.238 m hohen **Mt. Baker**, zu dessen Skigebiet der **Mt. Baker Highway** (WA 542) hinaufführt. Besonders beliebt ist der Vulkan bei Eiskletterern, die sich auf den insgesamt gut 30 km langen Gletscherzungen austoben. Nach dem Mt. St. Helens ist er der zweitaktivste Vulkan der Cascade Range. Der letzte Ausbruch wurde 1843 verzeichnet und man traute vor 1980 eher diesem Vulkan als dem Mt. St. Helens den nächsten großen Ausbruch zu.

Reisepraktische Informationen Bellingham/WA

Information
* **Visitor Information Center**, *904 Potter St.,* ☎ *360/671-3990,* 🖥 *www.bellingham.org*

Touren
* *Von **Bellinghams Cruise Treminal** gehen nicht nur Fähren Richtung Alaska ab, sondern auch zu den San Juan Islands (s. u.).*

Buchtipp
* *Von Bellingham ist es nicht weit ins kanadische Vancouver. Mehr dazu findet sich im **Iwanowski's Reise-Handbuch „Kanada – Westen"** von Karl-Wilhelm Berger.*

Ausflüge auf die Inseln im Puget Sound

Überblick

Der **Puget Sound** ist ein tief ins westliche Washington eingreifender Fjord des Pazifik. Er reicht vom *Strait of Juan de Fuca* an der amerikanisch-kanadischen Grenze im Norden weit nach Süden, bis Olympia, der Hauptstadt des Bundesstaats Washington. Im Osten liegt die Metropole Seattle, im Westen die Kitsap-Halbinsel, die selbst Teil der Olympic Peninsula ist. Tiefseehäfen gibt es in Olympia, Tacoma und Seattle, außerdem einen Navy-Stützpunkt in Bremerton. Der Puget Sound ist zugleich der südlichste Teil der so genannten *Inside Passage*, jenem legendären Seeweg zwischen Festland und Inseln hinauf nach Alaska.

Im Puget Sound liegen unzählige Inseln und Inselchen, allein die am Übergang zwischen Sound und *Strait of Juan de Fuca* gelegenen **San Juan Islands** sollen aus über 500 bestehen. Nur etwa 200 tragen einen Namen und nicht einmal drei Dutzend sind besiedelt. Die lokalen Indianer hielten diese Inseln für die Geburtsstätte der Menschheit – erlebt man den tiefblauen Puget Sound an einem strahlenden Sonnentag mit der mächtigen, schneebedeckten Bergkette der Cascades im Hintergrund, versteht man die Ehrfurcht der Ureinwohner vor diesem traumhaften Stück Erde. Mit den regelmäßig verkehrenden Fähren von Seattle kann man mühelos die eine oder andere Insel erreichen.

Washington State Ferries

An die 30 Fähren der staatlichen Washington State Ferries bedienen rund 20 Anlegestellen im Puget Sound zwischen Seattle, den Inseln, den Olympic- und Kitsap-Halbinseln sowie dem kanadischen Sidney (Details s. „Regionale Tipps von A-Z", S. 237). Grundsätzlich gilt, besonders an Sommerwochenenden: Autofahrer sollten ein bis zwei Stunden vor Abfahrt der Fähre am Terminal eintreffen. Da nur maximal vier Fähren am Tag zu den einzelnen Inseln fahren und keine Reservierungen angenommen werden, riskiert man sonst lange Wartezeiten. Anders verhält es sich mit Fußgängern und Radlern, für die immer Platz ist. Die Fahrtdauer der Fähren liegen zwischen 45 Minuten (Lopez Island) und 90 Minuten (San Juan Island). Infos im Internet: 🖥 www.wsdot.wa.gov/ferries.

Fährverkehr im Puget Sound

Das Tillicum Village auf Blake Island

Auch wer nicht viel Zeit mit *island hopping* vertun möchte, dem sei zumindest der Ausflug von Pier 55 an Seattles Waterfront zur **Blake Island**, nur rund 13 km entfernt im Puget Sound gelegen, empfohlen. Hier wurde 1959 der **Blake Island State Park** eingerichtet. Trails führen durch die herrlichen Laubwälder, Maultierhirsche sind zu beobachten und vom Strand aus ist die Aussicht auf die Nachbarinseln und den eisbedeckten Mt. Rainier unschlagbar.

Teil des State Parks ist ein altes indianisches Fischerdorf – Häuptling *Seathl* soll auf dieser Insel geboren worden sein –, in dem lokale Indianer Besuchern ihre Kultur und Lebensweise demonstrieren. **Tillicum Village** – *Tillicum* bedeutet in der *Chinook*-Sprache „freundliche Menschen" – entstand 1962 und ist Sitz von indianischen Kunsthandwerkern, die hier die alten Traditionen und Techniken pflegen und versuchen, die Indianerkultur des Nordwestens am Leben zu halten und Besuchern nahezubringen. Interessant sind vor allem die meterhohen und im ganzen Gelände aufgestellten Totempfähle. Besucher können im Rahmen eines „Pakets" auch an einer indianischen Mahlzeit teilnehmen, wo es u. a. auf traditionelle Weise geräucherten Lachs, Muschelsuppe und Tillicum-Brot gibt.

Altes indianisches Fischerdorf

Information/Anreise

• **Tillicum Village & Northwest Coast Indian Cultural Center,** ☎ 206/933-8600, 🖥 www.tillicumvillage.com; Anreise mit Fähren ab Seattle, Pier 55, Di-Sa 11.30, 16.30, 18.30 Uhr, $ 40 (Cultural Center frei), im Paket mit Dinner/Show $ 79; ca. 4 Std.

Die San Juan Islands (ⓘ S. 233)

Die Inselgruppe zwischen Vancouver Island und dem Nordwesten von Washington zählt **180 benannte**, bis auf etwa 60 unbewohnte Inseln und **gut 500 weitere kleine und kleinste Inselchen**, die wohl nur selten ein Mensch betreten hat, besonders weil viele davon zeitweise unter den Wassern der Flut verschwinden. Die vier meistbesuchten und größten Inseln sind San Juan, Orcas, Shaw und Lopez Island. Letztere liegt nur etwa 50 km nördlich Seattle und ist per Fähre von Anacortes am schnellsten erreichbar. Bekannt sind die Inseln vor allem für ihre unberührte Natur und die Outdoorangebote (Kajak, Fahrrad). Schon vor hundert Jahren haben die Inseln dank ihrer Fruchtbarkeit maßgeblich zur Versorgung der Festlandsbevölkerung beigesteuert. Milchprodukte, Gemüse, Getreide und sogar Wein – wie jener von *Lopez Island Vineyards* oder *Whidbey Island Winery* – haben einen guten Ruf.

Kurioser „Schweinekrieg"

In der Geschichte spielten die Inseln eine kurze, kuriose Rolle. 1859 „tobte" auf San Juan Island der so genannte **Pig War**. Ein Schwein englischer Siedler – davon gab es damals angeblich sieben – durchwühlte das Kartoffelfeld doppelt so vieler amerikanischer Anwohner. Einer davon tötete das Schwein, verspeiste es mit den anderen Siedlern und initiierte damit eine nahezu 13 Jahre dauernde Fehde, bei der glücklicherweise dabei das Tier das einzige Opfer blieb. Der Konflikt drohte zu eskalieren, als jeweils ein britisches und amerikanisches Truppenkontingent stationiert wurde und beide Siedlergruppen plötzlich San Juan Island für ihre Nation beanspruchten. Für ein Ende des Streits sorgte schließlich ausgerechnet der deutsche Kaiser *Wilhelm I.*, der als Mittler 1872 die Grenzen zugunsten der Amerikaner endgültig festlegte. Damit wurde San Juan Island als letzte britische Bastion auf US-amerikanischem Territorium aufgelöst.

Ein Besuch der San Juan Islands verspricht vor allem **Naturerlebnis**: Strände, Klippen undd Höhlen, kleine Binnenseen und Urwälder entführen Wanderer oder Paddler in eine fast intakte Inselwelt. Killer- und Schwertwale, Seehunde und Delfine sind zu beobachten und Ornithologen kommen voll auf ihre Kosten. Hier gibt es beispielsweise die größte Population an Weißkopfseeadlern der USA – mit Ausnahme Alaskas.

Tourismus im Puget Sound

Im **Sommer** ist Vorausbuchung in einem der B&Bs, Inns oder Cabins nötig, denn während der warmen Monate, besonders an Wochenenden, werden die Inseln von den Städtern überschwemmt. Sie wissen vor allem zu schätzen, dass die Inseln im regenarmen „Windschatten" von Vancouver Island liegen und hier die Sonne scheinbar dauernd scheint. Der Tourismus hat jedoch auch negative Spuren hinterlassen, besonders auf San Juan Island: Wasser ist im Sommer oft knapp, da nur Grundwasser zur Verfügung steht und dieses in den Granitformationen nur begrenzt und schwer zu erreichen ist. Andererseits gilt selbst in der Hochsaison: Hat man die überlaufenen Hafenorte einmal verlassen, überwiegt **Naturidyll**.

Whidbey und Fidalgo Islands

Zu den **größten Inseln** gehören San Juan, Orcas und Lopez Islands und nur auf diesen gibt es Unterkünfte. Shaw Island zählt zwar ebenfalls zu den „Großen", hat aber keine Herbergen zu bieten. Streng genommen zählen auch die Whidbey und Fidalgo Islands zu den San Juan Islands, im allgemeinen Sprachgebrauch werden sie heute jedoch, da etwas abseits, nämlich südlich der anderen Inseln und damit näher zum Festland gelegen, eigens aufgelistet.

Whidbey Island (▱ www.whidbeycamanoislands.com), benannt nach *Joseph Whidbey*, dem Kapitän auf *George Vancouvers* Entdeckungsschiff „Discovery", empfiehlt sich besonders durch die einzigartige Küstenlandschaft. Es ist mit 70 km die längste Insel an der amerikanischen Pazifikküste. Verschiedene State Parks auf der Insel bieten unberührte Natur mit urigen Felsformationen, Stränden und im **South Whidbey State Park** zusätzlich einen Lehrpfad durch einen Teil des Küstenregenwalds.

Langley, ein kleiner Ort im Südosten, wurde bereits während der 1970er Jahre von Aussteigern aus der Großstadtszene entdeckt. Heute sind von dieser Aussteigerromantik nur noch Spuren geblieben, denn die Künstler und Freaks von damals sind bodenständig geworden und verdienen zudem nicht schlecht an den Wochenendtouristen. Kurz vor **Greenbank** liegen etwas abseits die *Meekerk Rhododendron Gardens* mit über 2.000 Rhododendron-Arten (Hauptblütezeit: Mitte Mai-Mitte Juni). *Ende der Aussteigerromantik*

Noch vor Coupeville zweigt nach Westen der Hwy. 20 ab zum Fähranleger in **Keystone**. Von dort benötigen die Fähren 30 Minuten bis Port Townsend auf der Olympic Peninsula (s. u.). Die Wartezeit kann man mit einem zehnminütigen Spaziergang zum **Fort Casey** verkürzen, eine Befestigungsanlage, die zusammen mit Fort Worden und Flagler auf der anderen Seite des Admiralty Inlet zwischen 1900 und 1945 die Zufahrt nach Seattle schützen sollte.

Coupeville beansprucht wie Port Townsend und Port Gamble die Ehre, die älteste Stadt im Staate zu sein. Wer nun tatsächlich in der Zeit zwischen 1850 und 1853 als Erster da war bzw. wer wann Stadtrecht erhielt, darüber wird immer noch gestritten. Zumindest befinden sich in Coupeville ein paar historische Stadthäuser und empfehlenswerte B&Bs, außerdem lohnt das **Island County Historical Museum** einen kurzen Besuch. *Älteste Stadt in Washington State*

Oak Harbor ist die größte Stadt auf Whidbey Island. An das Erbe der ersten holländischen Siedler, die um 1890 hier siedelten, wird zwar mit Hilfe einiger Windmühlen (z. B. an Motelfronten), zahlreich gepflanzten Tulpen und einem alljährlich stattfindenden *Dutch Festival* erinnert, aber eigentlich wird das Leben in der Stadt von Marineflieger-Geschwadern, die hier stationiert sind, bestimmt. Man sollte lieber Zeit für eine Wanderung oder ein Picknick im **Deception Pass State Park** einplanen. Im Norden, noch vor der Brücke, die zur Fidalgo Island hinüberführt, geht es linker Hand dorthin; der Nordteil des Parks liegt bereits auf Fidalgo Island.

In der Meerenge unterhalb der Deception-Pass-Brücke tost eine gewaltige Meeresströmung, nach einer Indianerlegende das Haar einer bezaubernden Meerjungfrau, in die sich der Meeresgeist verliebt hat. Die größte Stadt auf **Fidalgo Island** ist **Anacortes** (ⓘ S. 173), von wo aus die Washington State Ferries zu weiteren Inseln übersetzen. Anacortes ist ein Ölverladehafen mit kleiner Raffinerie und hat sonst nicht allzu viel zu bieten.

> **Information**
> • **Anacortes Tourist Information**, 819 Commercial Ave., Suite F, ☏ 360/293-3832, ▱ www.anacortes.org oder auch www.fidalgoliving.com.

Lopez Island

Lopez Island (⌨ www.lopezisland.com) ist relativ flach und daher ein Eldorado für Fahrradfahrer. Der Hauptort ist **Lopez Village**, dort leben die meisten der rund 2.200 Bewohner. In dem Künstlerort gibt es auch ein kleines historisches Museum zu besuchen. Auf **Shaw Island** existiert lediglich ein einfacher Campingplatz (ohne Trinkwasser) und für Proviant sorgt nur ein kleiner *General Store* – geleitet von Franziskanernonnen. Die Stille, die diese Insel ausstrahlt, bietet Gelegenheit, sich vorzustellen, wie idyllisch es einst überall auf den Inseln war.

Orcas Island

Whale Watching

Die Hauptorte der mit 151 km² größten und am besten erschlossenen Insel des Archipels (⌨ www.orcasislandchamber.com) sind der Fährhafen **Deer Harbor**, von wo aus Boote zum *Whale Watching* ablegen, **Westsound** und **Eastsound** mit einem kleinen historischen Museum (181 N Beach Rd.), sowie **Orcas Village**.

Auf Orcas Island befindet sich mit dem 733 m hohen **Mt. Constitution** der höchste Berg der San-Juan-Inselgruppe. Von seinem Gipfel mit Aussichtsturm bietet sich bei klarem Wetter ein wunderschöner Rundblick auf Mt. Baker, Vancouver Island und Mt. Olympus. Der Berg liegt mitten im **Moran State Park**, der über ausgedehnte Waldgebiete, Trails, Badestellen, Picknickplätze und einen einfachen Campingplatz verfügt. Das Land des State Parks gehörte einst dem reichen Schiffsmagnaten *Robert Moran*, der auch Bürgermeister von Seattle war. Er vermachte das Land später dem Staat, und sein einstiges Wohnhaus von 1906 ist jetzt Teil des **Rosario Resorts**, einer luxuriösen Hotelanlage (s. „Regionale Tipps von A-Z", S. 233).

San Juan Island

Letzter Stopp beim Island Hopping

San Juan Island (⌨ www.sanjuanisland.org) ist mit 1.800 Einwohnern und dem County-Sitz in Friday Harbor die bedeutendste der Inseln und letzter Stopp der Fähre beim *island hopping* von Anacortes aus. Im (sehr touristisch geprägten) Ort lohnen sich das **Whale Museum** (62 1st St., ☏ 360/378-4710, tgl. 10-17/18 Uhr, $ 6) und das **San Juan Historical Museum** (405 Price St., ☏ 360/378-3949, Di-Do 10-15, Sa/So 13-16 Uhr, $ 2) sowie das **Weingut San Juan Vineyards** (3136 Roche Harbor Rd., ☏ 378-360/9463, ⌨ www.sanjuanvineyards.com).

Außer Natur und Walbeobachtung – auch möglich vom **Lime Kiln Point State Park**, dem ersten offiziellen Walbeobachtungspark der USA auf der Westseite der Insel – lohnt vor allem der **San Juan Island National Historical Park**. Er erinnert an die Zeit der britischen Okkupation, an die Grenzkonflikte während des *Pig War* und an das Ende der Kolonialmacht Großbritannien. Infocenter befinden sich in beiden Abschnitten des Parks – einerseits das amerikanische Militärcamp (*American Camp*) im Süden und andererseits das der Briten (*English Camp*) auf der Nordwestseite der Insel mit beeindruckenden historischen Gebäuden. Von Ersterem aus lohnt der etwa einstündige Spaziergang zur Südspitze der Insel, *Cattle Point*.

Reisepraktische Informationen San Juan Islands/WA

Information
i • **San Juan Islands Visitors Bureau**, Friday Harbor (San Juan Island), ☎ *1-888 468-3701*,
🖳 *www.guidetosanjuans.com, s. auch die bei den einzelnen Inseln angegebenen Webpages.*

Touren
• **Kajaktouren**: *Die Inselwelt lässt sich auch auf einer Kajaktour,* **Sea-Kayaking**, *erkunden.*
Es gibt Höhlen, Seevögelkolonien, einsame Buchten und Strände und vieles mehr zu entdecken. Vor-
kenntnisse sind nicht nötig und es gibt mehrere Outfitter in Friday Harbor, die mehrstündige bis mehr-
tägige Touren (mit Führer) anbieten.
• *Der* **Cascadia Marine Trail***, eine 240 km lange (See-) Kajakstrecke von Olympia entlang dem*
Puget Sound und um die San Juan Islands, zählt zu den schönsten (mehrtägigen) Kajak-Wanderrou-
ten Amerikas. Es gibt 30 Campingplätze entlang der Strecke und man kann auch nur Teilabschnitte
um die Inseln abfahren. Wegen unberechenbarer Strömungen vor allem im Bereich der Inseln ist von
längeren Touren ohne Führer jedoch abzuraten.
• **San Juan Safaris**, ☎ *360/378-1323,* 🖳 *www.SanJuanSafaris.com, HS tgl. 11/15 Uhr ab Roche*
Harbor bzw. 11/17.30 Uhr ab Friday Harbor; mehrstündige Bootsfahrten in Gruppen von 18 bis 24
Personen zum Whale Watching, daneben auch Kajaktouren.
• **San Juan Excursions**, *Friday Harbor (Spring Street Landing),* 🖳 *www.watchwhales.com und*
www.sanjuanislandcruises.com, ☎ *360/378-6636. Whale Watching (mehrere Boote am Tag), Kajak-*
touren und andere Bootstrips im Puget Sound.

Rundfahrt um die Olympic Peninsula

Westlich des Puget Sound erhebt sich die Olympic Peninsula. Sie ist auf drei Seiten
von Wasser umgeben: Im Westen brandet der Pazifik gegen Klippen und Sandstrände, im Norden trennt die *Strait of Juan de Fuca* das Land von der kanadischen Vancouver Island, und in ihrem Osten erstreckt sich schließlich der durch Buchten und
Inseln gegliederte Puget Sound.

 Hinweis zur Route

Mit der Personen- oder Autofähre erreicht man von Seattle aus Bremerton oder Bain-
bridge – inklusive grandiosem Blick auf Stadt und Berge. Ab **Bremerton**, *praktisch*
ein „Vorort" von Seattle, führen der WA 3, dann WA 104 zum US Hwy. 101 an der
Nordostecke der Olympic-Halbinsel. Hier bietet sich ein Abstecher nach **Port Town-**
send *an. Bei* **Port Angeles** *fährt man dann in den Olympic NP hinein oder setzt per*
Fähre zur kanadischen Vancouver Island über. Von Port Angeles aus führt jedoch auch
der US Hwy. 101 um den Olympic NP herum zur Westküste und weiter nach Süden.
Bei Aberdeen folgt man dem US Hwy. 12 und dann der WA 8 nach Osten zur Haupt-
stadt **Olympia***. Auf der I-5 geht es dann später vorbei an Tacoma zurück nach*
Seattle.

Bremerton und die Kitsap Peninsula

Sehenswertes Marinemuseum

Bremerton hat seine Existenz nahezu allein der Marine zu verdanken, die seit der Wende zum 20. Jh. hier ihre Flotte bauen und warten lässt. Auch wenn die große Zeit der Pazifik-Schlachtschiffe längst vorbei ist, wirken auch die riesigen Flugzeugträger monumental. Bereits vom WA 3 lassen sich die *Naval Shipyards* rechter Hand erkennen. In der Stadt, direkt am Hafen, gibt es außerdem das **Naval Memorial Museum of the Pacific** mit zahlreichen Artifakten, Karten und Modellen zum Thema „Amerikas Pazifikflotte" *(402 Pacific Ave.,* ☎ *360/479-7447, Mo-Sa 10-16, So 13-16 Uhr, Spende).*

Der nordwestlich von Bremerton gelegene **Scenic Beach State Park** verspricht bei gutem Wetter einen schönen Blick auf den Mt. Olympus und im Hochsommer lohnt unter Umständen ein Sprung ins Wasser des Hood Canal.

Keyport, ein kleiner Hafenort, hat eine interessante Marine-Einrichtung zu bieten: das **Naval Undersea Museum** *(SR 308, ausgeschildert, tgl. 10-17 Uhr, im Winter Di geschl., Eintritt frei),* das über die Marineflotte im Pazifik informiert. Anders als in Europa obliegen der *US Navy* jedoch auch zahlreiche Forschungsaufgaben und somit werden in diesem Museum nicht nur die gewaltigen U-Boottürme und -einrichtungen demonstriert, sondern es geht auch um meeresbiologische Unterwasserlabors, ihre Ziele und Ergebnisse.

Grabstätte von Häuptling Seattle

Nächstes Ziel ist **Poulsbo**, das seinen skandinavischen Ursprung mittels „authentischer" Läden und Lokale betont und dessen neu eröffnetes **Marine Science Center** sich dem Thema Meeresbiologie widmet *(18743 Front St. NE, Do-So 11-16 Uhr,* 🖥 *www.poulsbomsc.org).* Von Poulspo bietet sich ein kurzer Abstecher nach **Suquamish** an, wo der berühmte Indianerhäuptling *Chief Seattle* unter einem Baldachin von Einbäumen begraben liegt und das **Suquamish Museum** über die Geschichte der ersten Bewohner dieser Region informiert *(15838 Sandy Hook Rd./WA 305,* ☎ *360/598-3311,* 🖥 *www.suquamish.nsn.us/museum, tgl. 10-17 Uhr, im Winter nur Fr-So 11-16 Uhr, $ 4).*

Historisches Port Gamble

Noch vor der Brücke über den Hood Canal zur Olympic Peninsula passiert man das historische Städtchen **Port Gamble**. Es wurde um 1850 von *Captain William Talbot, A. J. Pope* und *Cyrus Walker* gegründet. Sie hatten damals die natürlichen Vorteile dieses Ortes mit seinen großen Douglastannen-Wäldern und einer geschützten Bucht mit tiefer Fahrrinne erkannt. Der 1849er-Goldrausch und der Boom in San Francisco zogen einen immensen Holzbedarf nach sich und so erblühte Port Gamble im Schatten eines Sägewerks. Das heutige Stadtbild, vergleichbar mit einer gepflegten Golfanlage, auf der lose schöne Holzhäuser verteilt sind, zeugt noch von dieser Zeit, auch wenn das Sägewerk 1995 geschlossen wurde und nur wenige der Bewohner dem Städtchen die Treue hielten. Im **Port Gamble Historic Museum** wird die Erinnerung an die Boomjahre wachgehalten *(im General Store, WA 104,* ☎ *360/297-8074, tgl. 9.30-17 Uhr, $ 3).* Auch der Friedhof oberhalb der Stadt lässt erahnen, wann hier die Blütezeit und die Luft in den Saloons am bleihaltigsten war. Außerdem hat man von der Anhöhe eine schöne Aussicht, u. a. auf die Hood Canal Bridge.

Der Nordosten der Olympic Peninsula

Wenige Meilen vor Port Townsend zweigt nach rechts ein Weg zum **Old Fort Townsend State Park** ab. Das Fort wurde 1856 zum Schutz vor Indianerangriffen an der zur Stadt nächstgelegenen Süßwasserquelle errichtet. Doch schon bald erkannte man, dass die einzige Gefahr vom Wasser her drohte. Ein Feuer 1896 sorgte letztlich dafür, dass die Befestigung endgültig verlassen wurde. An Historischem gibt es nicht mehr viel zu sehen, dafür bietet der State Park Trails und schöne Camping- und Picknickplätze.

Port Townsend (ⓘ S. 214)

Port Townsend galt einmal als „New York des Westens" und boomte bis zum Jahr 1893, sowohl als Handelshafen als auch als Standort der Holzindustrie. Dann aber entschied die Eisenbahngesellschaft, ihre Bahnlinie nur bis Seattle auszubauen, und abrupt war der Boom zu Ende. Die charmanten viktorianischen Holzhäuser und die monumentalen Gebäude entlang der Water Street sind erhalten geblieben – als stumme und eindrucksvolle Zeugen einer wirtschaftlichen Hoch-

Das ehemalige „New York des Westens": Port Townsend

phase. Die Hafenanlagen in der Innenstadt dienen heute nur noch der Abfertigung von Fähren und Freizeitbooten; ein Sägewerk mit Kais vor der Stadt ist geblieben und stellt zusammen mit dem Tourismus ein wirtschaftliches Standbein dar.

Beim Besuch im **Jefferson County Historic Museum**, untergebracht in der City Hall, erfährt man, wie das Leben in der Stadt einst pulsierte *(Madison/Water St., ☎ 360/385-1003, 🖳 www.jchsmuseum.org, tgl. 11-16 Uhr, $ 4)*. Anschließend kann man in der Innenstadt (entlang der Water St.) in die Vergangenheit eintauchen, um dann die Treppen oberhalb der Taylor Street hinaufzusteigen. Auf der Klippe oberhalb des Stadtkerns thronen das Court House und die Wohnhäuser einst wohlhabender Bürger. Eines davon ist das 1868 erbaute und zu besichtigende **Rothschild House**, ehemals Residenz eines einflussreichen Kaufmanns *(Jefferson/Taylor St., ☎ 360/379-8076, 🖳 www.jchsmuseum.org/Rothschild/house.html, Mai-Sept. tgl. 11-16 Uhr, $ 4 bzw. $ 5 mit Museum)*.

Luxuriöse Wohn-häuser

Eine weitere Attraktion ist der **Fort Worden State Park** im Norden der Stadt *(Cherry St., ☎ 360/385-4730, 🖳 www.parks.wa.gov/fortworden, tgl. 6.30 Uhr bis Sonnenuntergang, Parkgebühr $ 5)*. Weniger die um die Wende zum 20. Jh. errichtete Befestigungsanlage beeindruckt als vielmehr die mittlerweile in und um die Gebäude eingerichteten Sehenswürdigkeiten. So gibt es ein **Artillerie-Museum** zum Küstenschutz in der amerikanischen Geschichte *(Coast Artillery Museum, tgl. 11-16 Uhr)*, ein **Marine Science Center** *(Mi-Mo 11-17 Uhr, $ 5)*, das Haus des ehemaligen

Kommandeurs (Officer's Quarter, tgl. 10-17 Uhr), einen Rhododendron-Garten und ein paar viktorianische Offiziershäuser zu sehen; Letztere kann man bei frühzeitiger Reservierung auch mieten.

Information
• **Port Townsend Chamber of Commerce Visitor Center**, 2437 Sims Way, ☏ 360/385-2722, 💻 www.ptchamber.org

Einkaufen/Essen & Trinken
Die **Water Street**, die Hauptachse von Port Townsend, lohnt zum Bummel. Secondhandläden, Galerien, Buchgeschäfte, Boutiquen, aber auch Cafés und Lokale reihen sich hier aneinander.

Auf dem US Hwy. 101 geht es westwärts, Richtung Olympic National Park, vorbei an der **Discovery Bay**, bekannt für ihre exzellenten Austern. Auf einer knapp 10 km langen Landzunge nördlich der kleinen Ortschaft **Sequim** (ⓘ S. 237) befindet sich das Naturschutzgebiet **Dungeness National Wildlife Refuge**, besonders attraktiv für Ornithologen (💻 www.dungeness.com/refuge/index.htm, ab US Hwy. 101 über Kitchen Dick Rd., tgl. Sonnenauf- bis Sonnenuntergang, Leuchtturm-Touren tgl. 9 Uhr bis 2 Std. vor Sonnenuntergang, $ 3/Pkw).

Port Angeles (ⓘ S. 213)

Die kleine Stadt Port Angeles (ca. 18.400 Einwohner) ist das Handelszentrum der *Northern Olympic Peninsula*. Zwei Sägemühlen, ein Hafen, von dem aus die Fähre ins kanadische Victoria abgeht und der eine große Fischereiflotte beherbergt, sowie das Hauptquartier des Nationalparks sorgen für Zulauf. Zu sehen gibt es in der Stadt – mit Ausnahme des **Marine Life Centers** (City Pier/Lincoln St., Di-So 10-17 Uhr, $ 3), des **Olympic Coast Discovery Centers** (115 Railroad Ave. E, Do-Mo 10-17 Uhr, Eintritt frei) sowie eines **Fine Arts Centers** (E Lauridsen Blvd., Do-So 11-17 Uhr, Spende) – nicht allzu viel, dafür aber bieten sich Unterkünfte aller Preisklassen an und das macht Port Angeles zur idealen Standbasis. Den Namen verlieh der Stadt übrigens der spanische Seefahrer *Francisco Eliza*, 1791: Er nannte es damals „Port of Our Lady of the Angels".

Hauptquartier des Olympic NP

Information
• **Port Angeles Visitor Info Center**, 121 E Railroad Ave., ☏ 360/452-2363 und 1-800-663-3883, 💻 www.portangeles.org, tgl. 9-17 Uhr.

Hinweis
Tipps zu Unterkünften und Fährverbindungen s. S. 213.

  Ausflug nach Vancouver Island und Victoria, Kanada

Von Port Angeles verkehren Autofähren nach Victoria, Hauptstadt der kanadischen Provinz British Columbia, auf Vancouver Island. Mehr dazu findet sich in **Iwanowski's Reise-Handbuch „Kanada – Westen"** von Karl-Wilhelm Berger.

Der Olympic National Park (ⓘ S. 210)

Der 370.123 ha große Olympic National Park vereint alpine Wildnis mit Sandstränden und Klippen einerseits sowie nordpazifischem Regenwald andererseits. Das aus vielen Gründen reizvolle Gebiet wurde von Präsident *Theodore Roosevelt* 1909 zum *National Monument* erklärt, dies allerdings hauptsächlich, um die großen und vom Aussterben bedrohten Roosevelt-Hirsche zu schützen. 1938 wurde das Gelände vergrößert und zum Nationalpark erhoben.

Beherrschender Blickpunkt, wenn auch oft von dichten Wolken umhüllt, ist der 2.428 m hohe **Mt. Olympus**. Wie Mt. Rainier und Mt. St. Helens verdankt auch er seine Entstehung dem Zusammenstoßen von Amerikanischer und Pazifischer Erdplatte. Modelliert von eiszeitlichen Gletschern und von nacheiszeitlichen Erosionen abgeschliffen, ist sein Gipfel von einer leuchtend weißen Kappe ewigen Eises bedeckt, das sich durch die enorm hohen Niederschläge (5 m Regen, 12 m Schnee jährlich!) ständig neu bilden kann. Überhaupt weisen die gegen den Pazifik gerichteten Hänge des Mt. Olympus die höchsten Niederschlagsmengen der kontinentalen USA auf.

Ewiges Eis auf dem Mt. Olympus

Pflanzen- und Tierwelt auf der Olympic Peninsula

Der Pazifik, die niedrige Küstenregion, Seen und Flüsse, Regenwald, Berghänge und die eisigen hochalpinen Regionen haben eine **außerordentlich vielfältige Flora und Fauna** hervorgebracht. An Großsäugetieren sind u. a. Roosevelt-Hirsche, Elche, Schwarzbären, Rehe, Waschbären und Schneeziegen anzutreffen. Räuber wie Kojoten, Füchse, Stinktiere, Marder und Luchse sind ebenfalls häufig zu sehen, genau wie Hasen, Erdhörnchen und Murmeltiere. Auf den Klippen tummeln sich Robben, und im Ozean ist der Zug der Grauwale zu beobachten. Noch reicher ist mit etwa 180 Arten die Vogelwelt im Nationalpark vertreten, insbesondere mit unzähligen Wasser- und Seevögeln. Darunter befinden sich auch beachtliche Bestände an Seeadlern und Wanderfalken.

Vielfältige Flora und Fauna

In botanischer Hinsicht ist der Park vor allem deshalb interessant, weil er einen der letzten unverfälschten Regenwälder nördlicher Breiten beherbergt. Im **Hoh Rain Forest** auf der Westseite ist das unwirklich scheinende grüne Dickicht mit seinen Moosen, Pilzen, Lebensbäumen, Tannen, Ahorn etc. am besten zu studieren. Während der Regenwald in den tiefen Lagen anzutreffen ist, ändert sich

Reh im Olympic National Park

mit zunehmender Höhe (und Trockenheit) die Vegetation erheblich. Der Misch- und Regenwald weicht ab etwa 600 m ü. d. M. dem reinen Nadelwald, dieser wiederum geht ab 1.000 m in eine Mattenlandschaft mit Krüppelbäumen und Blumen über; oberhalb der Baumgrenze von 1.500 m wachsen nur noch Flechten und Moose.

Erkundung des Nationalparks und seiner Umgebung

Bei der vorliegenden Streckenbeschreibung empfiehlt es sich, zuerst das nordöstliche **Visitor Center bei Port Angeles** (s. o.) aufzusuchen. Von hier und auf der

Weiterfahrt auf dem US Hwy. 101 kann man auf Stichstraßen Ausflüge in das Parkinnere unternehmen. Die reine Fahrstrecke von Port Angeles zum Quinault Lake auf dem US 101 (ohne Abstecher) beträgt rund 200 km.

Ein erster Höhepunkt ist die Fahrt zur 1.594 m hohen **Hurricane Ridge** (etwa 20 km ab Port Angeles). Bei klarem Wetter ist von hier aus die Sicht auf den **Mt. Olympus** mit seinen drei Gipfeln oder auf andere Berge fantastisch. Noch weiter hinauf, zum 1.966 m hohen **Obstruction Peak**, führt eine unbefestigte Straße (14 km).

Fantastische Aussicht

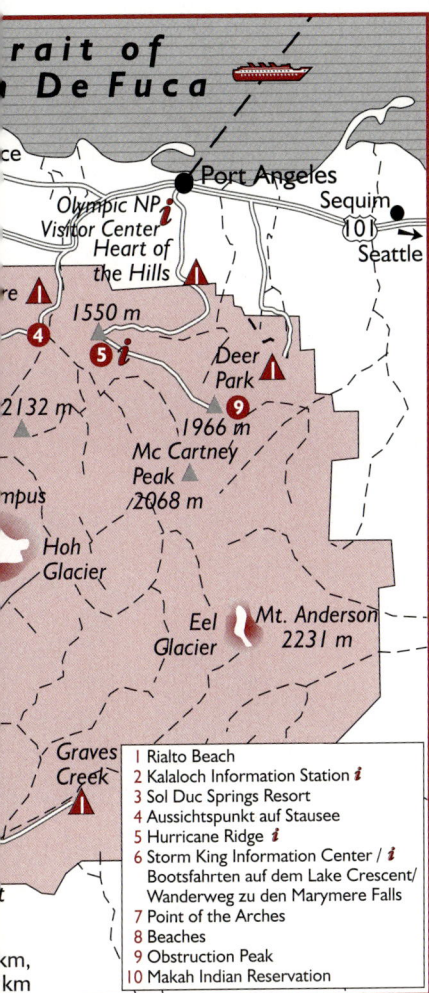

1 Rialto Beach
2 Kalaloch Information Station *i*
3 Sol Duc Springs Resort
4 Aussichtspunkt auf Stausee
5 Hurricane Ridge *i*
6 Storm King Information Center / *i*
  Bootsfahrten auf dem Lake Crescent/
  Wanderweg zu den Marymere Falls
7 Point of the Arches
8 Beaches
9 Obstruction Peak
10 Makah Indian Reservation

Westlich von Port Angeles passiert der US Hwy. 101 den **Lake Crescent**. Vom hier gelegenen **Storm King Information Center** werden ein- bis zweistündige Schiffsfahrten auf dem Lake Crescent angeboten, und ein meilenlanger Pfad führt zu den beeindruckenden **Marymere Falls**. Auf dem weiteren Weg westwärts auf dem US Hwy. 101 sind Ausflüge in die Bergwelt des **Boulder Creek** und **Sol Duc Creek** (heiße Quellen), ebenfalls auf Stichstraßen, möglich.

Ab Sappho lohnt ein Abstecher (WA 113 und 112, ca. 35 mi/55 km) nach **Neah Bay** in die **Makah Indian Reservation**. Abgesehen von dem traumhaften Blick auf die *Strait of Juan de Fuca* und den Pazifik von der nordwestlichsten Spitze der kontinentalen USA aus, lohnt der Besuch des kleinen Indianermuseums im **Makah Cultural & Research Center** (WA 211, ☎ 360/645-2711, zum Stamm der Makah: 🖥 www.makah.com sowie www.makah.com/mcrchome.htm, tgl. 10-17 Uhr, $ 5). Die Makah sind vor ein paar Jahren in die Schlagzeilen gekommen, als sie nach Langem wieder eine traditionelle Waljagd unternommen haben.

Interessantes Indianermuseum

Zurück auf dem US Hwy. 101 sollte man vor **Forks**, dem zentralen Versorgungsort an der Westküste (mit Timber Museum), entlang dem Sol Duc River bis zur Pazifikküste bei **La Push** fahren

Tipps für Besucher des Olympic National Park

 Information
• **Olympic National Park**, 600 E Park Ave., Port Angeles, ☎ 360/565-3130,
🖳 www.nps.gov/olym
• **Gebühr**: $ 15
• **Besucherzentren** im Nationalpark:
– **Olympic National Park VC**, 3002 Mt. Angeles Rd. (ab US Hwy. 101), Port Angeles,
tgl. 9-16.30 Uhr
– **Storm King Information Station**, Lake Crescent, US Hwy. 101, nur im Sommer geöffnet
– **Hoh Rain Forest VC**, im Westen des Nationalparks, ab US Hwy. 101, tgl. 9-16.30 Uhr
– **Kalaloch Information Station**, im Südwesten am US Hwy. 101, nur im Sommer
– **Hurricane Ridge VC**, wie die Straße nur April-Sept. geöffnet

• Weitere **Infos zur Region im Internet** unter:
– 🖳 www.northwestsecretplaces.com und www.olympicpeninsula.org
– 🖳 www.heartoftheolympics.org
– 🖳 www.portangeles.org
– 🖳 www.forkswa.com

Olympic Peninsula: Strand bei Kalaloch

Übernachten

In **Port Angeles** gibt es viele Motels, etwas Besonderes sind jedoch die beiden historischen Park Lodges **Lake Quinault Lodge** oder **Kalaloch Lodge** (s. S. 210)

Zeitplanung

Optimal für den Besuch des Nationalparks sind zwei bis vier Tage. Für die Anfahrt von Seattle mit der Fähre braucht man einen halben Tag. Erste Anlaufstation sollte das Visitors Center nahe Port Angeles sein (s. o.), von wo aus man den nördlichen Abschnitt um den Mt. Olympus erkunden kann. Wer nur zwei Tage Zeit hat, fährt über Port Townsend wieder zurück, ansonsten geht es weiter Richtung Westen – mit einem Abstecher nach Neah Bay. Übernachten sollte man in La Push, Ruby Beach, Kalaloch oder Queets (eventuell vorbuchen). Am dritten Tag könnte man den Nationalpark von der Westseite her erkunden und noch einmal am Pazifik übernachten, danach geht es auf der Südseite über Olympia und Tacoma zurück.

Reisezeit

Entsprechend dem milden, aber feuchten Klima des Nordwestens muss in Meereshöhe das ganze Jahr über mit Regen und Nebel, nicht aber mit Frost gerechnet werden. In den höheren Lagen kann es allerdings kalt werden und im Winter fällt dort Schnee. Im Juli, August und September herrschen tagsüber angenehm warme Temperaturen, die Niederschläge sind dann am geringsten. Juli und August sind jedoch zugleich die besucherstärksten Monate, so dass rechtzeitiges Buchen der Lodges bzw. Campingplätze wichtig ist, der September ist ein „ Geheimtipp".

Wandern

Insgesamt stehen mehr als 900 km an Trails zur Verfügung – kurze und einfach zu begehende Lehrpfade ebenso wie anspruchsvolle, mehrere Tage beanspruchende **Backcountry Trails**. In den Besucherzentren gibt es Karten, Broschüren und detaillierte Auskünfte. Auch bei nur kurzem Aufenthalt sollten folgende drei Wanderungen/Spaziergänge eingeplant werden, bei denen man die typischsten Landschaftsformen kennenlernt:
• Strandwanderung am **Rialto Beach** (nördlich von La Push, Westküste) über Sandstrand und vorbei an Klippen und Felsen. Länge der Strecke beliebig.
• Wanderpfade in den **Boulder Creek** (Lake Mill Rd.) zu Bergseen und Tälern, können auf die Besteigung des dreigipfligen Mt. Olympus ausgedehnt werden.
• Botanischer Lehrpfad durch den nordpazifischen Regenwald **Hoh Rain Forest** (Westseite, südlich Forks). Wer echtes Backcountry-Trekking liebt, dem sei der – je Strecke – knapp 30 km lange Hoh River Trail, beginnend am Hoh Rainy Forest VC zu empfehlen. Er führt hinauf zur 1.600 m hoch gelegenen Gletscherregion.

Reiten

Ein Netz von etwa 100 km Reitwegen steht zur Verfügung, Pack- und Reittiere können u. a. in Port Angeles und Forks ausgeliehen werden (auch geführte Touren).

Wassersport

Auf den meisten Flüssen und Seen sind Kajaks, Kanus, Schlauch-, Ruder- und Segelboote zugelassen, auf einigen Gewässern auch Motorboote. In den VCs des Nationalparks erhält man Infos über Bootsvermietung und Touren. Die fischreichen Gewässer laden außerdem zum Angeln ein (über die gültigen Vorschriften informieren die Besucherzentren).

und einen Strandspaziergang nördlich der Flussmündung am **Rialto Beach** unternehmen. Die Küste lockt mit Klippen und rund 80 km Sandstrand – und einem unvergesslichen Sonnenuntergang. Südlich von Forks ist der Abstecher zum **Hoh Rain Forest** (ab US 101) und der 2 km lange Lehrpfad, **Hall of Mosses Trail**, durch den Regenwald, den letzten der nördlichen Breiten, ein unbedingtes Muss.

Spazier-gänge zwischen Wald und Meer

Direkt entlang der Küste geht es schließlich zum südlichen Parkeingang. Mehrere Strandzugänge und eine Pause bzw. Übernachtung in der *Kalaloch Lodge* bieten sich an. Ein Spaziergang am **Quinault Lake** (Übernachtung eventuell in der *Lake Quinault Lodge*) an der Südwestecke des Nationalpark lohnt, außerdem gibt es in dieser Region, die großteils als *National Forest* ausgewiesen ist, schöne Waldwanderwege durch Überreste des Regenwalds.

Über Olympia und Tacoma zurück nach Seattle

Hinweis zur Route

Von der Südwestecke des Olympic NP bei Quinault kann man wieder den gleichen Weg über Forks und Port Angeles zurückfahren oder aber man folgt weiter dem US Hwy. 101 südwärts nach Aberdeen. Von hier geht es ostwärts, zunächst auf dem US Hwy. 12, dann ab Elma auf dem WA 8 Richtung Olympia.

Olympia

Beschau-liche Hauptstadt

Gleich vorweg: Olympia (ca. 43.000 Einwohner) ist zwar die Hauptstadt des Staates Washington, hat aber nicht übermäßig viel zu bieten. Olympia wurde 1850 unter dem Namen *Smithfield* als Zollstation ins Leben gerufen. Mit der Gründung des Territoriums Washington, 1853, entschied man sich für den heutigen Namen, Bezug nehmend auf den Mt. Olympus, und erklärte die Stadt zum Regierungssitz.

Lohnend ist der Besuch des **Capitol Campus** am Capitol Way zwischen 11th und 14th Ave. auf einem Hügel südlich des Zentrums, wo es auch ein Informationszentrum gibt *(14th Ave./Capitol Way, Mo-Fr 8-17, Sa/So 10-16 Uhr, Touren tgl. stündlich 10-15 Uhr, Eintritt frei)*. Eine 87 m hohe Kuppel bekrönt auch dieses Capitol im klassizistischen Stil, doch besonders schön an der gesamten Anlage der Verwaltungsgebäude ist die Lage am Capitol Lake, in einer parkähnlichen Landschaft.

Information
• **Olympia Visitor & Convention Bureau**, *1600 E 4th Ave.,* ☎ *360/704-7544 bzw. 1-877-704-7500,* 🖥 *www.visitolympia.com*

Tacoma (ⓘ S. 241)

Tacoma, die benachbarte und zweitgrößte Stadt des Staates Washington (ca. 195.000 Einwohner), bemüht sich im Umfeld der Metropole Seattle um ein eigenes Profil.

Der Hafen und die Holzindustrie dominieren zwar noch immer das Stadtbild, doch der Innenstadt wurde durch Revitalisierungsmaßnahmen mehr Attraktivität verliehen: Ausgefallene Kunstgalerien, Boutiquen und Lokale sind in die Backsteingebäude der 1920/30er Jahre eingezogen.

Hauptattraktion ist der **Point Defiance Park** (auf der Landzunge nördlich des Zentrums, 5400 N Pearl St.), in dem der **Point Defiance Zoo** mit Aquarium (☎ 253/591-5337, 🖳 http://pdza.org, tgl. 9.30-18 Uhr, $ 9), das **Fort Nisqually Living History Museum** (☎ 253/591-5339, tgl. 11-17 Uhr, $ 4) – ein rekonstruierter Hudson-Bay-Posten – ein Botanischer Garten und eine kleine Holzfällerausstellung im *Camp Six Logging Museum* (☎ 253/752-0047, Mi-Fr 10-16, Sa/So 10-17 Uhr, Eintritt frei, Fahrt mit Zug $ 4) zu den Anziehungspunkten gehören.

Sehenswert ist nicht nur die Architektur, sondern auch der Inhalt des **Museum of Glass** (1801 E Dock St., ☎ 253/284-4750, 🖳 www.museumofglass.org, Mo-Sa 10-17, So 12-17 Uhr, $ 10). In Wechselausstellungen werden Glaskunstwerke ausgestellt, man kann Glaskünstlern bei der Arbeit zusehen und die **Chihuly Bridge of Glass** (vom Museum über die I-705 zur Union Station) mit Installationen des berühmten Glaskünstlers bewundern. Mehr über *Chihuly* und dazu Wechselausstellungen bietet das **Tacoma Art Museum** (1701 Pacific. Ave., 🖳 www.tacomaartmuseum.org, ☎ 253/272-4258, Mo-Sa 10-17, So 12-17 Uhr, $ 7,50).

Museum für Glaskunst

Wer hingegen mehr über die Geschichte des Staates Washington erfahren möchte, sollte das **Washington State History Museum** (1911 Pacific Ave./19th St., ☎ 253/272-3500, 🖳 www.washingtonhistory.org, Di-Sa 10-17, Do bis 20, So 12-17 Uhr, $ 8) nicht versäumen.

> **i**
>
> **Information**
> • **Tacoma Regional CVB**, 1119 Pacific Ave., 5th Floor, ☎ 253/627-2836, 🖳 www.traveltacoma.com

6. Heart of the Rockies – Von Seattle zum Yellowstone National Park und zurück

Überblick

*„Der wahre Westen unterscheidet sich von der Ostküste auf eine großartige, beeindru-
ckende, allgegenwärtige und Ehrfurcht gebietende Weise: durch den Raum. Die unermessliche Weite verändert Straßen, Haus, … Politik, Wirtschaft und … die Denkungsart."*

Wer erst einmal Seattle und den Puget Sound hinter sich gelassen hat und in die
Weite des Nordwestens eintaucht, dem werden die Worte von *William Least Heat-
Moon*, einem indianischen Autor (*1939), der berühmt wurde durch seine Reise-
erzählung *„Blue Highways: A Journey into America"*, nicht mehr aus dem Kopf gehen.
Nirgendwo lassen sich die Gegensätze unterschiedlichster Naturregionen derart in-
tensiv erleben wie auf der in diesem Kapitel beschriebenen Fahrt ins **Heart of the
Rockies**.

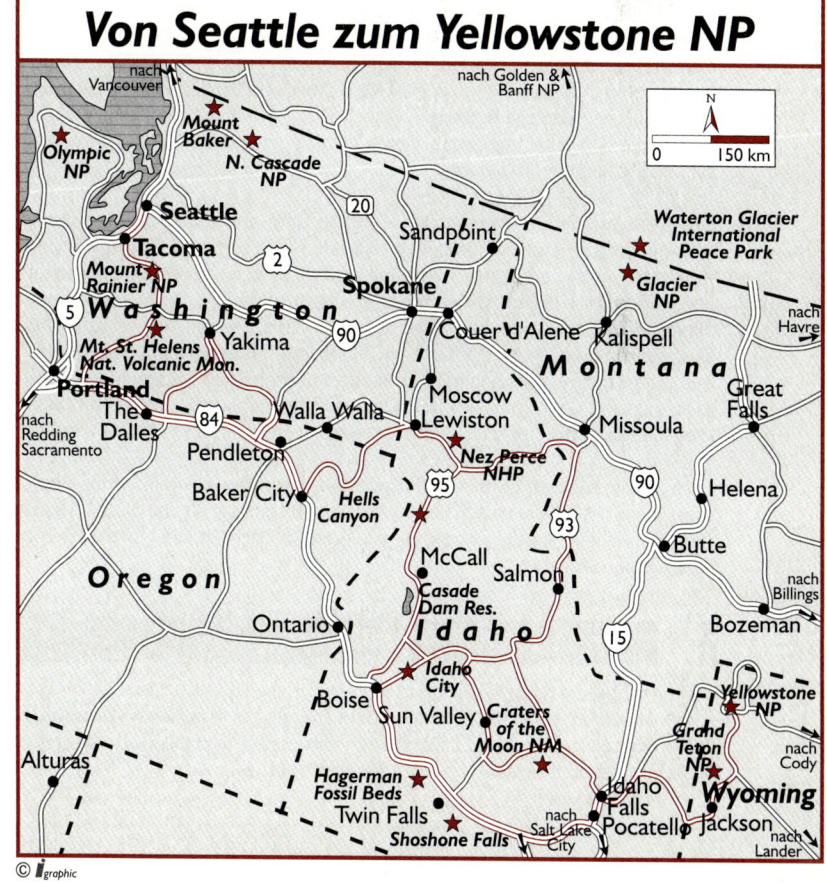

Kaum hat man die zerklüftete **Pazifikküste** mit ihren Buchten, Stränden, Inseln und dichten Regenwäldern verlassen, steht man staunend vor den schneebedeckten Gipfeln der Cascade Range, der Bergkette zwischen Coastal Range und Columbia Plateau. Aufsteigende Rauchwolken erinnern hier noch daran, dass es sich noch immer um aktive Vulkane handelt. Kaum hat man jedoch diese Berge passiert, verändert sich die Szenerie dramatisch. Im Regenschatten der Berge, östlich der Cascades, breitet sich auf der Hochebene des **Columbia Plateaus** eine scheinbar endlose Halbwüstenlandschaft aus. Sie ist nur dort, wo es feucht genug ist, durch Weideflächen unterbrochen, Ortschaften und Menschen sind rar, dafür gibt es umso mehr Weite und Himmel – **Big Sky**. Im Sommer präsentiert sich die Landschaft hier als Wüste, im Frühjahr und Herbst als Paradies und im Winter als Eiskeller.

Big Sky – endloser Horizont

Im Osten der Hochebene dann plötzlich wieder mehr Bäume – ein alpiner Hochwald deutet den Beginn der **Rocky Mountains** an, jener monumentalen Barriere zwischen der Weite des Hochplateaus im Westen und den Great Plains im Osten. Eine Fahrt durch das *Heart of the Rockies* gehört zu den unvergesslichen Erlebnissen einer Nordwest-Reise – nicht allein wegen der „Hexenküche" im Zentrum, dem **Yellowstone National Park**, eine der spektakulärsten Sehenswürdigkeiten ganz Nordamerikas. Lange wollte man die Geschichten vom „brodelnden Boden" nicht glauben, bis der Geologe *Ferdinand V. Hayden* 1871 ganz offiziell der Sache nachging. Was er auf 500 Seiten berichtete, führte letztlich dazu, dass 1872 der Yellowstone zum Nationalpark erklärt wurde.

Natur pur in der Heimat der Ureinwohner

Eine Reise von Seattle ins *Heart of the Rockies* ist in erster Linie **„Natur pur"** – schneebedeckte Berge und tiefe Seen, reißende Flüsse und enge Canyons, endlose Weideflächen und brodelnde Vulkanlandschaften, flimmernde Wüsten und dichte Bergwälder. Doch auch **historisch** gibt es viel zu entdecken: alte Minenorte oder Westernstädte, teils touristisch aufgemacht, teils abseits gelegen und verlassen. Man durchquert auf der Reise die Reste der ehemaligen **Heimat der Ureinwohner**, z. B. der *Nez Percé*, und kann in Museen und an historischen Stätten ihre überwiegend tragische Geschichte erfahren. Dass sich die Indianer dennoch nicht unterkriegen lassen, machen die heute wieder verstärkt stattfindenden *Powwows* deutlich.

Auch an **Aktivitäten** besteht kein Mangel: Ausritte, Wanderungen, Rafting, Bootstrips, Biking oder Wintersport. Ranchaufenthalte bieten sich ebenso an wie der Besuch eines der zahlreichen Rodeos – die ideale Gelegenheit, die Northwesterner besser kennenzulernen.

 Hinweis zur Route

Die beschriebene Route von Seattle in das „Heart of the Rockies" und zurück ist nur eine Möglichkeit, ein Vorschlag, der versucht, die wichtigsten Attraktionen einzuschließen. Abgesehen von der Hauptroute gibt es nachfolgend immer wieder Vorschläge für Alternativstrecken, so dass sich jeder Reisende selbst eine individuelle Route zusammenstellen kann.

Von Seattle ins Columbia River Valley

Mt. Rainier National Park (ⓘ S. 206)

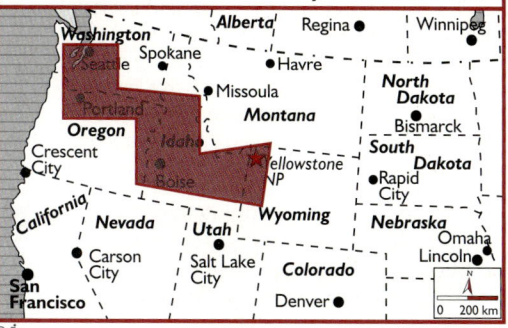

Seattle-Columbia River Valley-Yellowstone NP

© *i graphic*

Unübersehbar ragt der knapp 4.400 m hohe **Mt. Rainier** – der höchste Berg der zum *Ring of Fire* gehörigen Vulkankette – aus der Cascade Range heraus. Im Schnitt überragt der majestätische Gigant die umgebenden Berge um 2.500 m, seine Basis liegt sogar über 3.300 m höher als das umgebende Tiefland. Auch in seiner Form unterscheidet er sich von anderen Vulkanen: Er ist nicht kegelförmig, sondern fällt durch seine abgerundete Spitze und die zerfurchten Hänge auf. Der **letzte große Ausbruch** des Mt. Rainier liegt über 2.000 Jahre zurück und die letzten kleinen Eruptionen wurden im 19. Jh. registriert. Gelegentlich austretende kleine Rauchsäulen über dem Gipfel zeigen aber an, dass der Vulkan nicht erloschen ist.

Die **Gletscherwelt** um den Gipfel ist ungewöhnlich: Kein Areal Amerikas außerhalb Alaskas weist so viele Gletscher – 26 – und eine so große Eisfläche – fast 90 km² – auf. Zum Vergleich: „Nur" 55 km² sind im Glacier National Park von Eis bedeckt. Durch

Redaktionstipps

Sehens- und Erlebenswertes
- Atemberaubende Einblicke in die Vulkan-Bergwelt gibt es vom **Mt. Rainier National Park** (S. 291) und vom **Mt. St. Helens National Volcanic Monument** (S. 297).
- Fahrt auf dem Historic **Columbia River Highway** (US Hwy. 30) durch die beeindruckende **Columbia River Gorge** (S. 302).
- Das **Columbia Gorge Discovery Center** (S. 305) gibt eine gute Einführung in die Geschichte der Columbia River Gorge, des Oregon Trails und der *Lewis & Clark*-Expedition.
- Ideal für Weinfreunde: ein Abstecher ins **Weingebiet im Osten Washingtons** (S. 306) um Walla Walla und Yakima.

Unterkunft
- Traumhaft gelegen am Fuß des Mt. Rainier: die 1926 erbaute **Longmire National Park Inn** (S. 206 und S. 297).

Essen & Trinken
- Die **Full Sail Brewery** (S. 196 und S. 304) ist wegen ihrer Biere weit über den Nordwesten hinaus bekannt.

seine Mächtigkeit sorgt der Mt. Rainier für ein **spezifisches Kleinklima**. Schaut der Gipfel meist über die Wolken hinaus und ist weithin sichtbar, bekommt man ihn im Park selbst selten zu sehen, da die Straßen in bzw. unterhalb des Wolkenkranzes entlangführen. Diese Wolken, vom Berg gestoppte Meeresluftströmungen, enthalten so viel Wasser, dass besonders der Abschnitt südlich des Berges allein im Winter durchschnittlich 5 m (!) Schnee abbekommt. Geschaffen von „Feuer und Eis" bietet der 953 km² große Mt. Rainier National Park eine **vielfältige Landschaft**.

Ein Berg, viele Namen

*Mythischer
Berggipfel*

Tahoma, Takhoma, Tehoma, Takober, Takoman – so lauten die indianischen Bezeichnungen für den Mt. Rainier. „*Die Erde ist unsere Mutter*", der Berg als „*Quelle der Fruchtbarkeit*", „*Weiße Wasser kommen seine Hänge heruntergeflossen*", der „*Berg, der uns zu trinken gibt*", der „*allmächtige Berg – unsere Gottheit*" – auch die Vielzahl an Interpretationsmöglichkeiten macht deutlich, wie schwierig es ist, die **Mythen und Legenden der Indianer** in moderne Sprache und Denkweise umzusetzen.

Während in der westlichen Welt feste Definitionen benutzt werden, ist die Philosophie der Indianer eine andere. Sie bezeichnet geografische Punkte nach ihrer Bedeutung und die kann je nach Standort und Wertschätzung unterschiedlich sein: Für die Indianer in den östlichen Trockengebieten ist der Mt. Rainier die „*Brust, aus der das weiße Wasser stammt*", denn für sie war das Gletscherwasser ein wahrer Segen. Die Stämme westlich hingegen sprechen vom „*großen weißen Berg*". Da hier genügend Niederschläge fallen, scheint ein Hinweis auf die Wassermassen unwichtig. Weiter entfernt lebende Indianer sprachen dagegen vom „*Klaren Himmel*", denn sie sahen stets den Gipfel über den Wolken „*tanzen*".

Blick auf den Mt. Rainier

Einer Legende der *Puyallup*-Indianer nach wird die Entstehung der fünf mächtigen Gipfel – Mt. Baker, Mt. Rainier, Mt. Adams, Mt. Hood und Mt. St. Helens – so erklärt, dass *Doquebuth*, der große „Veränderer", einst seine fünf Schwestern in diese Bergriesen verwandelt hat. Sicher ist, dass 1792 mit dem englischen Kapitän *George Vancouver* der erste Weiße den Gipfel erblickte und ihn nach seinem Freund *Admiral Peter Rainier* benannte. 1899 wurde das gesamte Gebirgsmassiv dann zum **fünften Nationalpark der USA** erklärt, hauptsächlich um der Abholzung seiner unteren Hänge vorzubeugen.

Geologie

*Höchster
Vulkan der
Cascade
Range*

Der Mt. Rainier ist der **höchste Vulkan der Cascade Range**. Sein aus vulkanischem Material, wie Brekkzien (Gesteinstrümmer), Laven und Aschen, gebildeter Bergkegel (Stratovulkan) erreicht eine Höhe von 4.392 m. Die von seinem schneebedeckten Gipfel ausgehenden Gletscher formen das größte *single-peak*-Glazialsystem in den Cascade Ranges. Der mächtigste von ihnen, der Emmons-Gletscher, erreicht eine Länge von über 6 km! Obwohl vulkanische Aktivitäten im Bereich der Cascade Range schon vor etwa 40 Mio. Jahren, im Tertiär, einsetzten, bildete sich der Vulkankegel des Mt. Rainier erst im frühen Pleistozän, vor etwa 1,5 Mio. Jahren. Aus geologischer Sicht spricht man daher von einem „jungen" Vulkan.

Im Gegensatz zu den anderen Vulkanen in den Kaskaden handelte es sich bei etwa 90 % der Eruptionen des Mt. Rainier um Magma-Ergüsse, deren Laven den Berg anwachsen ließen. Eine intensive **Erosion durch Gletscher** bewirkte hingegen eine stetige Nivellierung der Berge. Die abgleitenden Eismassen trugen immense Mengen des vergleichsweise lockeren Vulkangesteins ab. In Perioden verstärkter vulkanischer Aktivität führte die innere Hitze oft zum Abschmelzen der unteren Eisschichten, so dass sich der Untergrund in eine breiige Masse verwandelte und unter der Last des aufliegenden Eises als enorme Schlammlawine *(mudflow)* talwärts stürzte.

Vulkanische Aktivitäten

Wissenschaftler nehmen an, dass der Mt. Rainier vor etwa 75.000 Jahren mit knapp 4.800 m seine maximale Höhe erreicht hatte. Vor etwa 6.500 Jahren kam es zu einer **Serie von Explosionen**, die vor 5.700 Jahren ihren Höhepunkt erreichten. Durch eine gewaltige Eruption wurde damals die Kuppe des Mt. Rainier weggerissen und der Vulkan auf die heutige Höhe „zurechtgestutzt".

Seither ist es nur noch zu harmlosen Ausbrüchen in Form von kleineren Gas- und Asche-Emissionen gekommen. Doch auch wenn es seit hundert Jahren still geworden ist, gilt der Vulkan als nicht erloschen, schließlich bedeutet in geologischen Dimensionen ein Jahrhundert nicht viel. Überdies wurden in den letzten Jahrzehnten immer wieder thermische Aktivitäten und Magmabewegungen in der Tiefe registriert.

Tier- und Pflanzenwelt

Die **Fauna** des Nationalparks ist der des Olympic National Park sehr ähnlich: Große Säugetiere wie Schwarzwedelhirsche, Wapitihirsche, Schwarzbären, Schneeziegen und Waschbären kommen ebenso vor wie 140 Vogelarten, vom Kolibri bis zum Steinadler.

Die **Flora** wird vom Niederschlag bestimmt. In den Bergtälern begünstigte hohe Feuchtigkeit die Entstehung dunkler (Regen-)Wälder mit Douglastannen, Sitkafichten, Ahorn, Schierlingstannen, Silbertannen und anderen Bäumen des Nordwestens – deren Charakteristikum ihre unglaubliche Größe von bis zu 60 m ist. Unter diesen Bäumen gedeiht eine üppige Moos- und Farnvegetation. In höheren Lagen (ab ca. 1.000 m) lichtet sich dann der Wald – Hemlocktannen und Stroben sind hier häufig. Sie weichen ab ca. 1.400 m dann Krüppelbäumen (u. a. Zedern) und alpinen Wiesen, die ab etwa 1.600 m Höhe fast allein das Bild bestimmen.

Üppige Moos- und Farnvegetation

Erkundung des Parks

Die Route durch den Park führt von Nordosten her auf WA 410 und 123 entlang der Ostseite zum von Osten nach Westen querenden WA 706. Ein Abstecher ab WA 410 (ca. 10 km nach Einfahrt in den NP) führt hinauf zum **Sunrise Viewpoint**: Vorbei am **White River Entrance** geht es durch ein Gebiet, das vor 5.700 Jahren, zur Zeit eines großen Ausbruchs des Mt. Rainier, von einer 150 m dicken Stein-, Geröll- und Schlammlawine überdeckt wurde. Anschließend windet sich die Straße steil nach oben zum **Sunrise Point** auf 1.850 m Höhe und von hier kann man bei klaren Verhältnissen Mt. Hood, Mt. Baker, Mt. Adams, Glacier Peak und natürlich Mt. Rainier sehen. Knapp 5 km weiter liegt dann das **Sunrise Visitor Center** auf 1.950 m, von wo aus sich der beste Blick auf den Krater bietet – wie der Name sagt, am schönsten bei Sonnenaufgang. Dort beginnen zugleich mehrere Wanderwege, u. a. zum Emmons Glacier, dem größten Gletscher am Mt. Rainier.

Im **Ohanapecosh Visitor Center** an der Südostecke des Parks (WA 123) befinden sich eine kleine Ausstellung über die Bäume im Ostabschnitt, außerdem ein großer Campingplatz. Ein längerer Wanderweg führt hinauf zum **Shreak Peak Tower**,

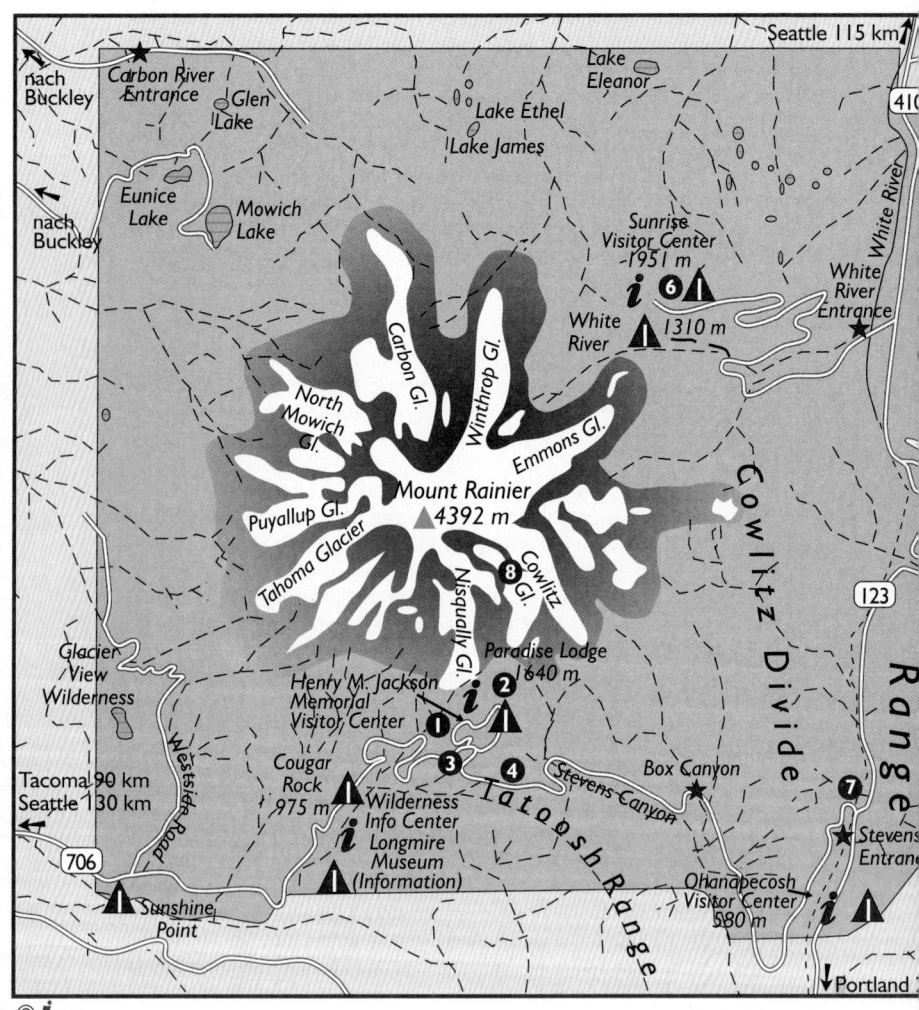

© **i**graphic

einem Gipfel mit Feuerwachtturm. Um weiter den Mt. Rainier zu umrunden, muss man einige Kilometer zurück nach Norden fahren und dem hier nach Westen abzweigenden WA 706 folgen.

Die Straße schraubt sich langsam den Südabhang des Mt. Rainier hinauf. Am Rand des **Stevens Canyon**, eines U-förmigen Gletschertals, zieht sich die Straße dabei an dessen nördlicher Felswand entlang. An dieser Schlucht wird deutlich, wie sich Gletschereis und Flusswasser die Arbeit geteilt haben, um ein solches Tal zu formen. Von der Straße aus führt zudem ein gut 2 km langer Trail in einen Wald, den **Grove of the Patriarchs**, mit großen und bis zu bis zu 1.000 Jahre alten Hemlock-, Douglastannen und Zedern.

Spektakuläre Fahrt

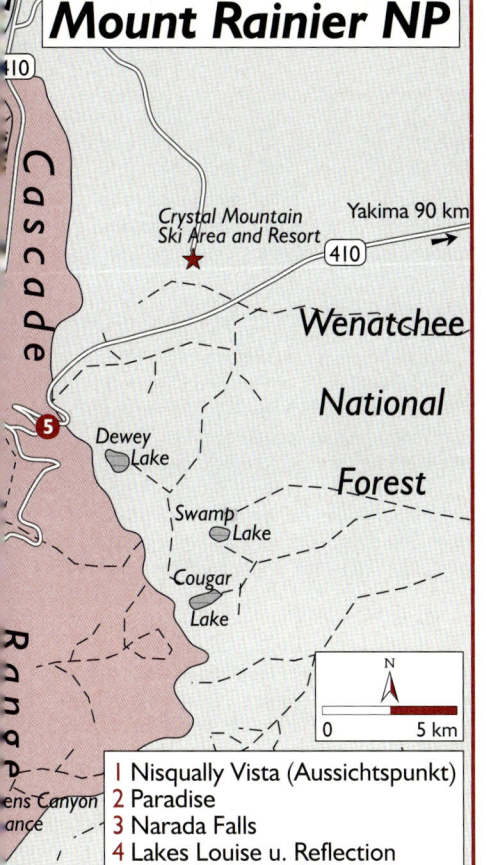

Mount Rainier NP

Crystal Mountain Ski Area and Resort

Yakima 90 km

410

Wenatchee

National

Forest

Dewey Lake

Swamp Lake

Cougar Lake

Cascade

Range

5

N

0   5 km

1 Nisqually Vista (Aussichtspunkt)
2 Paradise
3 Narada Falls
4 Lakes Louise u. Reflection
5 Tipsoo Lake / Chinook Pass
6 Sunrise Point - Aussichtspunkt
7 Grove of the Patriarchs

Vorbei am **Reflection Lake**, in dem sich bei Windstille und wolkenlosem Himmel der Mt. Rainier fotogen spiegelt, erreicht man **Paradise**. Jener Ort soll *Martha Longmire* (s. u.) einst so verzaubert haben, dass sie ihn das „Paradies" nannte. Die schöne Lodge, das *Paradise Inn*, stammt von 1917. Ein Stopp am **Henry M. Jackson Memorial Visitor Center**, dem größten Besucherzentrum des Parks in Paradise (WA 706), bietet Einblicke in die Naturkunde, es gibt Filme zu sehen und vom Obergeschoss aus kann man bei klarem Wetter durch Ferngläser den Gipfel betrachten. Das Besucherzentrum bzw. der Ort Paradise sind Ausgangspunkt für mehrere Trails, von denen der **Nisqually Vista** und der **Skyline Trail** die bekanntesten sind.

Paradise – Ausgangspunkt für Wanderungen

Auf der weiteren Fahrt, wieder langsam bergab, bestechen Ausblicke auf den **Nisqually Glacier** und die 50 m hohen **Narada Falls**. Schon fast am Südwestfuß des Mt. Rainier liegt **Longmire**. Hier hat sich 1883 als erste Siedler die Familie *Longmire* nahe einer Mineralquelle niedergelassen und die erste Lodge am Berg gebaut. Ein Teil des Komplexes wird heute von der Parkverwaltung ge-

Tipps für Besucher des Mt. Rainier National Park

ℹ️ Information
- **Mt. Rainier NP**, Park Headquarters, 55210 238th Ave. E, Ashford/WA, ☎ 360/569-2211, 🖵 www.nps.gov/mora
- **Gebühr**: $ 15 pro Pkw.
- Im Nationalpark gibt es vier **Besucherzentren** (VC), Öffnungszeiten im Winter eingeschränkt:
  - **Longmire Museum & VC** (im Südwesten), ☎ 360/569-2211, ext. 3314, tgl. 9-17 Uhr
  - **Henry M. Jackson Memorial VC** (Paradise), ☎ 360/569-6036, Okt.-April tgl. 10-18 Uhr
  - **Ohanapecosh VC** (im Südosten), ☎ 360/569-6046, tgl. 9-18 Uhr, im Winter geschl.
  - **Sunrise VC** (an der Stichstraße im Nordosten), ☎ 360/663-2425, tgl. 9-18 Uhr, im Winter geschl.

‼️ Achtung Autofahrer
Es gibt kein Benzin im Nationalpark. Die teils sehr kurvenreichen Straßenabschnitte erfordern längere Fahrzeiten, als es von der Karte her den Anschein hat.

🛏️ Unterkunft
Bereits im Vorfeld sollte man sich nach Unterkünften umschauen und telefonisch klären, ob es freie Zimmer in den **Park Lodges** gibt – in den Sommermonaten oft ein Problem! **Elbe** und **Eatonville** (am WA 706, südwestlich des Nationalparks), ehemalige Holzfällersiedlungen, verfügen ebenfalls über einige Hotels bzw. Motels.

👉 Zeitplanung
Plant man, die Gletscher lediglich von einem Aussichtspunkt aus zu betrachten und nur einige kurze Trails abzulaufen, genügt ein eintägiger Aufenthalt. Von Seattle/Tacoma her kommend, folgt man dem WA 410 zur Nordostecke des Parks, dann dem WA 123 und schließlich dem WA 706, der den Nationalpark im Süden umfährt und im Südwesten wieder verlässt. Für die besonders schönen **Wanderrouten** (s. u.) muss man hingegen einige Tage rechnen und vor allem entsprechend ausgerüstet und vorbereitet sein, da die Trails fast immer durch schneebedeckte Gebiete führen. Falls möglich, sollte man im Sommer die Wochenenden meiden, da dann der Park beliebtes Ausflugsziel der Städter ist und die Fahrt auf den z. T. sehr kurvenreichen Straßen im Schneckentempo erfolgt. Nicht selten ist auch der Parkplatz in Paradise sowie am Jackson Visitor Center belegt, was bereits am Parkeingang durch eine Blinkanlage angezeigt wird.

👉 Reisezeit
Statistisch gesehen sind der Juli und August die wärmeren und niederschlagsärmeren Monate und daher am geeignetsten, aber auch am stärksten frequentiert. Der späte Juni bzw. die Zeit bis Mitte September ist diesbezüglich angenehmer. Grundsätzlich regnet es an den Hängen des Berges viel, besonders im Westen. Ab Mitte September, spätestens im Oktober, kann der Regen in Schnee übergehen und Straßen und Wege unpassierbar machen.

🚶 Wandern und Bergsteigen
Es gibt ein Netz von über 500 km an **Wanderwegen** im Park. Der bekannteste ist der 150 km lange **Wonderland Trail**, der in einem großen Bogen um den Berg herumführt und den man auch in Teilabschnitten begehen kann. Etwas gemütlicher sind die Trails, die in Paradise beginnen, beispielsweise der 9,5 km lange **Skyline Trail**, der zum Panorama Point und Paradise Glacier führt. Am

Ende des Trails, auf 3.100 m Höhe, erreicht man **Camp Muir**, *eine verlassene kleine Forschungsstation.*

Geologische und botanische Erläuterungen finden sich entlang dem 2 km langen **Nisqually Vista Trail**. *Der knapp 1 km lange* **Trail of the Shadows** *beginnt in Longmire und führt zu den Mineralquellen.* **Sourdough Ridge Nature Trail** *und* **Emmons Vista Trail**, *zusammen 3,2 km lang (zu Beginn Anstieg!), bieten neben botanischen Informationen einen Überblick über den größten Gletscher des Bergmassivs, den Emmons Glacier. Der Startpunkt liegt nahe dem Sunrise Visitor Center. Hier beginnen auch etliche andere Bergtrails.*

Bergsteigen *ist sehr populär und kommerzielle Unternehmen bilden Schnellkurse an, so dass man (theoretisch) bereits am nächsten Tag an der Besteigung des 4.392 m hohen Vulkans (Dauer: 2 Tage) teilnehmen kann. Jährlich steigen nahezu 2.500 Personen auf das „Dach des Nordwestens".*

Sonstige Aktivitäten
Angeln *(vor allem von Forellen) ist ebenfalls beliebt und* **Wintersportler** *finden Möglichkeiten zu Langlauf, Abfahrt (Crystal Mt.), Schneeschuhlaufen u. a. Während der HS stehen interessante* **Ranger-Programme** *(Naturführungen, Vorträge) an.*

nutzt. In einem Gebäude befindet sich das **Longmire Museum** mit einer kleinen Ausstellung zur Geologie, Botanik und Fauna. Das **Longmire National Park Inn** wurde 1916 gebaut, brannte aber 1926 ab und wurde später nach alten Plänen wiederaufgebaut. Gegenüber der Siedlung beginnt der kurze **Trail of Shadows**, der zur ersten Hütte der *Longmires* und den Überresten des ehemaligen Hotels der Familie führt. Wer längere Wanderungen im Park vorhat, sollte sich im **Hiker Information Center** wegen *permits*, Karten, Infos und Wetteraussichten kundig machen. Im letzten, niedrigeren Teilabschnitt führt die Straße durch dichte, bis zu 45 m hohe Nadelwälder hinaus aus dem Park.

Die Gegend an der **Nordwestecke des Parks**, am **Carbon River**, ist sehr abgeschieden und lediglich durch eine ungeteerte Nebenstraße von der WA 165 aus erschlossen; sie gilt gerade deshalb als Paradies für Oudoorfans. Es gibt unberührte Bergregenwälder, den gut 11 km langen **Carbon Glacier Trail** (mittlerer Schwierigkeitsgrad) und Campingplätze um den **Mowich Lake**, 5 km zu Fuß vom Parkplatz am Ende der Stichstraße entfernt.

Paradies für Outdoorfans

Mt. St. Helens National Volcanic Monument (ⓘ S. 207)

Südlich und östlich des Mt. St. Helens erstreckt sich ein einzigartiges Naturareal: der 5.000 km² große **Gifford Pinchot National Forest** mit Koniferenwäldern, einsamen Bächen und Seen, zahlreichen kleineren Gletschern, Ausblicken auf die Vulkane, schönen Campingplätzen – eine weitere beliebte Outdoordestination! Die meisten Straßen werden hier jedoch nach dem ersten Schneefall (manchmal schon im September!) geschlossen. Infos erhält man im kleinen VC in **Packwood** am WA 12 (ca. 25 km östlich von Randle).

Hinweis zur Route

Mt. Rainier NP und **Mt. St. Helens NVM** liegen nur knapp 100 km auseinander. Ausgangspunkt für die Parkerkundung ist der Ort **Randle** am US Hwy. 12. Man erreicht ihn direkt vom Mt. Rainier NP über den WA 123, dann US Hwy. 12 oder von **Elbe** über WA 706, WA 7 und US Hwy. 12. Von Randle aus lässt sich der Ost- und Südteil des Mt. St. Helens NVM erkunden, anschließend könnte man auf WA 503 und I-5 einmal zur Westseite des NVM bzw. weiter nach Portland fahren. Interessante Punkte und die Hauptbesucherzentren liegen nämlich auf der Westseite und sind nur über eine Stichstraße (WA 504) ab I-5 Exit 49 (Castle Rock/Silver Lake), erreichbar.

Der große Knall von 1980

Als im Frühjahr 1980 – nach „nur" 123 inaktiven Jahren – aus dem Mt. St. Helens über 3 Mrd. m³ Lava, Asche, Gestein und Erde herausschossen, saßen viele Menschen vor den Fernsehern, um erstmals live einen Vulkanausbruch mitzuerleben. Man war erstaunt, welch gewaltige Kräfte die Natur freisetzen kann. Ohne Frage war der **Ausbruch dieses Vulkans** ein eindrucksvoller Beleg dafür, dass die Erde ein Pulverfass ist und bleibt. Frühzeitige Warnungen – die zuerst nur wenig Beachtung fanden – haben trotzdem nicht verhindern können, dass es Opfer gab.

Vulkanaus-bruch live

Die **Folgen** waren eindrucksvoll: Die Asche stieg bis zu 20 km in die Atmosphäre auf und lag selbst an der knapp 100 km entfernten I-5 noch bis zu einem halben Meter hoch. Bis nach Montana hinein war der Boden grau, und Staubpartikel des Mt. St. Helens konnten sogar noch in Europa registriert werden. 390 km² Berghang waren einfach weggeblasen worden, der aufgerissene Krater wies rund 600 m an Tiefe und 1,7-3 km an Durchmesser auf und im Umkreis von 27 km wurden Bäume wie Streichhölzer umgeknickt. Noch heute zeugen im Park Lavafelder, geknickte Bäume und eine veränderte Vegetation von den Ereignissen 1980.

Tipps für Besucher des Mt. St. Helens NVM

 Information
• **Mt. St. Helens National Volcanic Monument Headquarters**, 42218 NE Yale Bridge Rd., Amboy, ☎ 360/449-7800, 🖳 www.fs.fed.us/gpnf/mshnvm, Mo-Fr 8-17 Uhr.
• **Gebühr:** $ 8
• Mehrere VCs am WA 504 im Westen des Parks:
– **Mt. St. Helens VC at Silver Lake**, 3029 Spirit Lake Hwy. (mi 5/SR 504), Castle Rock, ☎ 360/274-0962, $ 3 extra
– **Coldwater Ridge VC**, 3029 Spirit Lake Hwy. (mi 43/SR 504), Castle Rock, ☎ 360/274-2114, Mai-Ende Okt. tgl. 10-18, sonst Do-Mo 10-16 Uhr
– **Johnston Ridge Observatory**, mi 52/SR 504, Castle Rock, ☎ 360/274-2140, im Sommer tgl. 10-18 Uhr

Der Ausbruch des Mt. St. Helens im Zeitraffer INFO

Lange vor dem Ausbruch hielten Geologen den Mt. St. Helens für den gefährlichsten und explosivsten Vulkan in den USA. Seine gut erforschte, kurze Entwicklung von etwa 4.500 Jahren ergab ein Bild von häufigen, meistens sehr explosiven Eruptionsphasen, die ziemlich regelmäßig auftraten. Dass der Vulkan so lange „schlief", war für die Wissenschaftler daher auch eher beunruhigend.

Dann gab eine Serie von Erdbeben unter dem St. Helens am **20. März 1980** den Startschuss für eine neue eruptive Phase mit katastrophalen Folgen. **Anfang April 1980** gingen vom Inneren des Berges gleichmäßige seismische Vibrationen *(harmonic tremor)*

Mt. St. Helens

aus: ein deutlicher Hinweis auf Magmabewegungen im und unter dem Vulkan. Etwa gleichzeitig begann die Nordflanke des St. Helens langsam, aber sicher anzuschwellen. Vulkanische Gase, die aufgrund ihrer höheren Flüchtigkeit vor dem Magma aufsteigen, blähten den Berg auf. Die heiße Phase hatte begonnen und die „Beule" war schnell auf 100 m angewachsen, was den *US Geological Survey* veranlasste, die Bevölkerung zur Evakuierung des Areals aufzurufen.

Am **18. Mai um 8.32 Uhr** explodierte der Berg. Die Nordflanke und der Gipfel wurden dabei weggerissen und eine über 500 °C heiße Glutwolke aus Asche und Gas fegte mit der Geschwindigkeit eines Hurrikans in nördliche Richtung und zerstörte auf einer Fläche von 600 km^2 alles. Gleichzeitig spie der Vulkan eine Aschewolke wie einen riesigen Pilz 25 km hoch in die Atmosphäre. Neun Stunden dauerte die Eruption, die östlich des Vulkans auf 250 km Strecke den Tag zur Nacht machte. Bis zu 10 cm hoch lagerte sich Asche im größten Teil des Staates Washington sowie in Nord-Idaho und im westlichen Montana ab. Weitere Eruptionen folgten bis Mitte Oktober und nur langsam kam der Vulkan wieder zur Ruhe. Eine erneute Explosion kann nicht ausgeschlossen werden und bereits 2004/2005 erwartete man einen neuerlichen Ausbruch, der zum Glück jedoch ausblieb.

Die **Folgen des Ausbruchs** 1980 waren verheerend: 26 Seen wurden vernichtet, 300 Häuser, zwölf Brücken, mehrere Forst- und Touristencamps, Fischzuchtbetriebe und Wälder. Insgesamt sind über 3 Mrd. m^3 Gestein und Asche weit in die Region geschleudert worden. Die Zahl der getöteten Säugetiere, Vögel und Fische schätzen Experten auf 1,6 Mrd., darüber hinaus kamen 60 Menschen um, 1.000 wurden evakuiert und 200 Bewohner von Yakima mit Atembeschwerden ins Krankenhaus eingeliefert.

Erkundung des Mt. St. Helens

Ein halber Tag sollte das Minimum für einen Besuch sein. Besonders beeindruckend ist es in diesem Areal, zu sehen, wie sich die Natur allmählich ihren Lebensraum zurückerobert. Bereits wenige Wochen nach dem Ausbruch kämpften sich die ersten Pflanzen durch die Lavaschicht durch und noch heute verändert sich die Vegetation von Jahr zu Jahr.

Zwischen den beiden Orten **Randle** im Norden und **Cougar**, dem südlichen Zugangstor, gibt es keine Tankstellen. Zwar beträgt die direkte Strecke nur gut 100 km, doch einschließlich der Abstecher zu Aussichtspunkten und Attraktionen kommen leicht über 160 km zusammen – also entsprechend vorsorgen! Südlich von Randle passiert man das **Woods Creek Info Center**, wo der Eintritt zu entrichten ist und man Infos, Karten und Auskünfte erhält.

Etwa auf halbem Weg, bei **Gifford**, führt der NF 99 westwärts in den Park hinein zu den **Windy Ridge Viewpoints**, den wohl interessantesten Punkten am Mt. St. Helens. Die Straße (25 km Sackgasse) passiert seit dem Ausbruch nahezu unveränder-

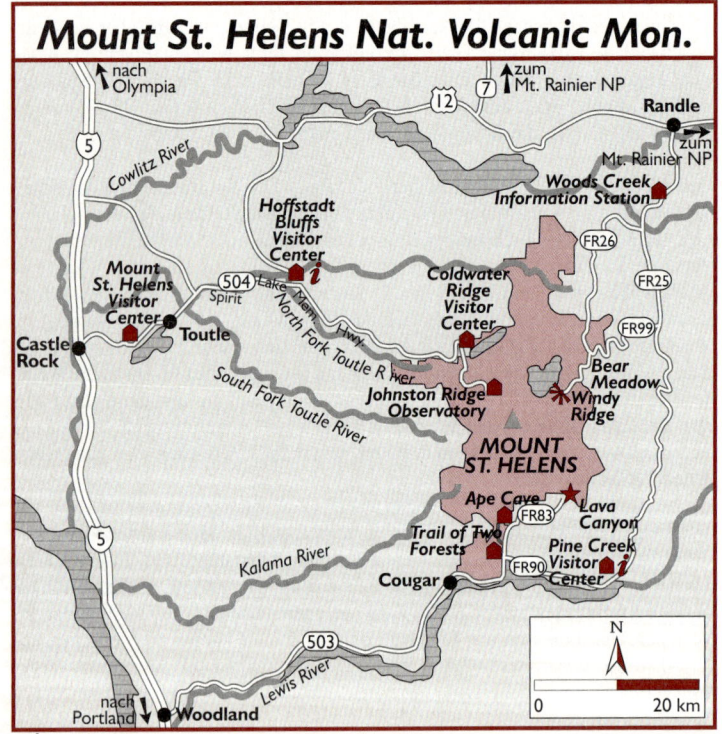

Mount St. Helens Nat. Volcanic Mon.

te Gebiete. Die von der Wucht des Ausbruchs umgeknickten Baumstümpfe liegen zu Tausenden herum, oft in Reih und Glied bzw. in Fächerform, so dass man gut die Richtung der Druckwelle erkennen kann.

Oben angekommen, fällt der Blick auf den **Spirit Lake**, der einst ein grünes, baumbestandenes Bergidyll und Refugium für Naturliebhaber war und in dem heute graue Baumstämme schwimmen. Nach 15-minütigem anstrengendem Aufstieg vom obersten Parkplatz erreicht man einen Seitenrand des Kraters. Der innere Lavakegel raucht noch heute. Von hier oben hat man Ausblick auf die weiteren Vulkanen der Region: nordöstlich Mt. Rainier, südöstlich Mt. Hood. Es gibt weitere Trails, die hinunter zum See bzw. näher an den Lavakegel heranführen. Sie sind allerdings um einiges länger und erfordern entsprechende Kondition und Ausrüstung. *Ausblick auf die Vulkanwelt*

Zurück in Gifford, geht es auf dem NF 25 weiter nach Süden, bis man links auf den NF 90 abbiegt. Hier befindet sich ein weiteres **Visitor Center** am Pine Creek. Auf halbem Weg entlang der Südflanke, Richtung Cougar, zweigt eine Straße (NF 83) ab und führt in den Südteil des Monuments zu den **Ape Caves**, vor etwa 1.900 Jahren entstanden. Diesen knapp 4 km langen Lavatunnel – unterteilt in einen unteren und oberen Teil – kann man mit Taschenlampe ablaufen. Für die Erkundung des unteren Tunnels allein benötigt man etwa eine Stunde, beide zusammen nehmen rund drei Stunden in Anspruch.

Nicht weit vor den Höhlen geht eine Schotterstraße zum **Lava Canyon** ab, der vom Muddy River gebildet wurde. An einer Stelle stürzt hier das Wasser über alte Lavamassen. Wieder auf dem NF 90 erreicht man den südlichen Zugangsort **Cougar** und über den WA 503 geht es nach etwa 50 km, bei Exit 21, auf die Autobahn, I-5. Von hier sind es rund 45 km nach Norden (Exit 49 Castle Rock/Silver Lake) zum WA 504, der Stichstraße zum Westteil des NVM. Die I-5 führt zudem Richtung Süden nach Portland.

Im Westen des Vulkans

In **Castle Rock** (I-5 Exit 49) verspricht das **Mt. St. Helens CINEDOM Theater** *(1239 Mt. St. Helens Way NE)* von Mai bis Oktober 25 atemberaubende Minuten vor einer Großleinwand. Der Vulkanausbruch wird hier als unvergessliches, dramatisches Medienereignis dargestellt. Das **Silver Lake VC** befindet sich ca. 8 km östlich von Castle Rock am WA 504. Vorbei am Silver Lake und durch die kleinen Siedlungen Toutle und Kid Valley (letzte Tankstelle!) geht es langsam bergauf. Bis Kid Valley kann man noch gut erkennen, wie die Landschaft vor 1980 ausgesehen haben mag. *Dramatischer Film*

Am Meilenstein 27, von einer Aussichtsplattform des **Hoffstadt Bluffs VC**, blickt man auf den ehemaligen Lavastrom. Wie schwer es gewesen ist, Bäume auf den Lavafeldern neu zu pflanzen, erfährt man im nächsten VC, dem interessanten **Weyerhaeuser Forest Learning Center** (mi 33,5). Obwohl es von einer Holzfirma betrieben wird, in deren Besitz der Wald am Mt. St. Helens ist (im Osten ist dagegen alles National Forest), werden Folgen und Maßnahmen nach dem Ausbruch gut erläutert.

Der Berg „vorher und nach- her"

Die Straße führt hinauf zum **Coldwater Ridge VC** (mi 43, bei Zufahrt von Westen ist hier Eintrittsgebühr zu entrichten), das sich gezielt mit der Geologie und Tierwelt befasst und anhand vieler Modelle und Bilder den Berg „vorher" und „nachher" il- lustriert. Unterhalb des Besucherzentrums liegt der durch einen Lavadamm neu ge- schaffene **Coldwater Lake**, ein ehemals idyllischer, von dichten Wäldern umgebe- ner Bergbach. Endpunkt der Straße ist das **Johnston Ridge VC & Observatory** (mi 52). Der Name dieser Aussichtsplattform auf 1.266 m erinnert an den Geolo- gen *David A. Johnston*, der beim Vulkanausbruch 1980 im Dienst ums Leben kam. Von hier ist der Blick in den Krater des noch qualmenden Mt. St. Helens einzigartig. Auch hier gibt es Marker mit Informationen zum Vulkanausbruch und jede volle Stunde er- läutert ein Ranger auf der Plattform den Ausbruch.

 Hinweis zur Route: Portland

*Nächste Station auf der Route ist die Metropole **Portland/Oregon**. Die Stadt, die sich als Flugkreuz als Ausgangs- oder Endpunkt einer Rundreise anbietet, wird im Kapitel „Highway to Heaven – die Küstenroute" (Von San Francisco nach Seattle) be- schrieben (S. 581 ff.).*

Die Columbia River Gorge

Zwischen Corbett im Westen (einem östlichen Vorort von Portland) und Hood River im Osten erstreckt sich eine Schlucht, die sich der **Columbia River** durch die Cascade Range gegraben hat. Bereits die beiden Expeditionsreisenden *Lewis* und *Clark* sowie ein Teil der Siedler auf dem *Oregon Trail* zogen hier durch. Damals konn- te der Columbia River westlich von The Dalles, einer damals reißenden und heute durch einen Staudamm gebändigten Stromschnelle, nicht mit Booten befahren wer- den. So verlud ein Teil der Siedler ihr Hab und Gut und umrundete den Mt. Hood über den *Barlow Trail* auf dem Landweg.

Geologisch junge Schlucht

Geologisch betrachtet, ist diese z. T. sehr breite Schlucht noch jung. Erst mit dem verstärkten Abschmelzen der Gletscher während der ausgehenden letzten Eiszeit, vor 13.000 bis 15.000 Jahren, in Nord-Montana und British Columbia floss genügend Wasser den Columbia River hinunter, um sich durch das Basaltgestein zu fressen. Diese Flut wird als „Bretz-Flooding" bezeichnet. Die so entstandene Schlucht hat dazu geführt, dass den Schmelzwassern des südlich gelegenen Mt. Hood die Fluss- betten regelrecht entzogen wurden und sie stattdessen in spektakulär wirkenden **Wasserfällen** ins Tal hinabstürzen; besonders eindrucksvoll ist dies entlang des unten beschriebenen **US Hwy. 30** zu sehen. Dieser **Historic Columbia River Highway** (eine *All-American Road*) verläuft auf der Südseite (Oregon) parallel zum I-84. Das Nordufer mit dem WA 14 gehört dagegen zum Bundesstaat Washington.

Heute stauen zwei große Wehre mit Schleusen den Columbia River in diesem Areal auf, so dass die einstigen Stromschnellen nicht mehr zu erkennen sind. Beide Stau- dämme – einer in The Dalles, der andere der *Bonneville Dam* – sind Errungenschaften aus *Roosevelts* „New-Deal-Ära" in den 1930er Jahren, als Arbeitsplätze geschaffen und der Columbia River schiffbar gemacht wurden.

Historic Columbia River Highway (US Hwy. 30)

Die knapp 50 km lange Strecke zwischen Troutdale im Osten Portlands (I-84 Exit 18) und Cascade Locks (I-84 Exit 44) ist zwar aufgrund ihrer Kurven etwas mühsam zu befahren und für größere Wohnmobile an einigen Stellen problematisch, doch bietet sie bei schönem Wetter ein einmaliges Erlebnis: Ausblicke auf die Columbia River Gorge und die Berge der Cascade Range, dichte Wälder und Wasserfälle, von denen die 190 m hohen **Multnomah Falls** die beeindruckendsten sind. An ihnen beginnt auch ein 5,5 km langer Trail hinauf zum **Larch Mountain**. Auch andere Wasserfälle, z. B. die **Bridal Veil Falls**, lohnen einen Stopp.

Blick auf die Columbia River Gorge

Bei **Corbett** beginnt die Schlucht, und auf dem 220 m hoch aufragenden **Crown Point Rock** hat man in den 1920er Jahren das **Vista House** als Café eingerichtet. Heute befindet sich in dem runden Gebäude eine kleine Ausstellung mit historischen Fotos und man genießt einen fantastischen Ausblick auf die Gorge.

Ungewöhnlich ist die **regenwaldähnliche Vegetation** entlang der Straße. An den feuchten und wenig beschienenen Nordhängen bedecken Moose und Baumrinden die Böden. Die Luftfeuchtigkeit liegt um einiges höher als auf der anderen Flussseite. Das raue Klima hat in der Anfangsphase, als die Besitzer und Zuständigen der jeweiligen Straßen auf beiden Flussseiten in Konkurrenz zueinander standen, viele Probleme aufgeworfen: Starke Regenfälle, gefolgt von Erdrutschen, und im Winter Eis und Schnee machten der Oregon-Seite stets das Leben schwer.

Nach Crown Point und Multnomah Falls folgt der **Bonneville Dam** *(ab I-84 Exit 40, mit Bradford Island VC, tgl. 9-17 Uhr, Fish Hatchery und Lachs-Leiter).* Gegenüber, auf Washington-Seite, ragt das 260 m hohe **Beacon Rock** auf, ehemals Wegweiser und Peilstation für die Schifffahrt. Hier war es, wo Lewis und Clark erstmals die Gezeiten des Meeres registrierten und sich ihrem Ziel, dem Ozean, nahe wähnten.

Ein Stück weiter östlich, kurz vor **Cascade Locks** (www.cascadelocks.net), führt die **Bridge of the Gods** auf die nördliche Uferseite. Die moderne Brücke erinnert an eine alte steinerne Brücke, die um 1500 einstürzte. Die Indianer erzählen, der Große Geist hätte sie geschaffen. Als dann jedoch die beiden Göttersöhne *Klickitat* und *Wyeast*, in Gestalt von Mt. Adams und Mt. Hood weithin sichtbar, über eine schöne Frau in Streit gerieten, sich beschimpften und mit Feuer bespuckten, begann die Erde zu beben und die göttliche Brücke stürzte ein.

Streit der Göttersöhne

Wissenschaftler fanden heraus, dass um 800 tatsächlich ein Erdbeben die Region heimsuchte und es zu einem Ausbruch des Mt. Adams kam. Als Erde und ein gigantischer Felsen in den Fluss stürzten, bildete sich ein natürlicher Damm aus Erde und Fels, der etwa hundert Jahre lang den Columbia River bis Idaho aufstaute. Als der Fluss das lockere Erdreich schließlich unterspült hatte, war eine natürliche Brücke entstanden, die allerdings einstürzte, als Mt. Hood und Mt. Adams gleichzeitig ausbrachen. Die Überreste des Dammes sind heute noch als Inseln im Wasser zu erkennen. Die 1896 eingerichteten Schleusen sorgen heute für eine gefahrlose Umschiffung der Stromschnellen. Ein kleines Museum in den Schleusen erläutert die Geschichte der Schifffahrt in der Schlucht. An Exit 44 (I-84) starten empfehlenswerte Touren mit einem *Sternwheeler* (auch inklusive Essen, s. u.).

Columbia Gorge Interpretive Center

Einen Abstecher wert ist der am Nordufer gelegene kleine Touristenort **Stevenson** (ⓘ S. 240) bzw. das dort befindliche **Columbia Gorge Interpretive Center** *(990 SW Rock Creek Dr., ☎ 509/427-8211, 🖥 www.columbiagorge.org, tgl. 10-17 Uhr, $ 7)*. In einem auffälligen Glasgebäude unterhalb der luxuriösen **Skamania Lodge** (s. S. 240) wird eindrucksvoll gezeigt, wie die Besiedlung, der Bau der Straßen und Eisenbahnen und nicht zuletzt die Fischerei die Schlucht verändert haben. Auch zur Geschichte der Indianer, zur *Lewis & Clark*-Expedition, zur Geologie sowie zur Erhaltung des Naturraums in jüngerer Zeit gibt es viel zu lernen.

Weiter geht es auf dem WA 14 ostwärts nach Hood River. Der Blick auf den aufgestauten Columbia River mit all seinen Windsurfern und Booten und der sich als Hintergrundkulisse auftürmende schneebedeckte Mt. Hood lohnt immer wieder einen Fotostopp. **Hood River** (ⓘ S. 196) ist eine beschauliche Kleinstadt mit historischem Stadtzentrum und auf Besucher eingerichtet. Wer gern mit der Eisenbahn fährt, sollte einen Dinner- bzw. Brunch-Ausflug mit der **Mount Hood Railroad** (s. u.) an den Fuß des Berges bei Parkdale einplanen. Bierliebhaber sind gut mit einer Visite in der **Full Sail Brewing Company** bedient *(506 Columbus St., ☎ 541/386-2247, 🖥 www.fullsailbrewing.com, 13-16 Uhr stündlich Touren)*. Diese mittelgroße Brauerei (mit eigenem Pub, tgl. 12-20 Uhr) bzw. ihre Biere zählen zu den Besten im Nordwesten. Die als Genossenschaft organisierte, 1992 gegründete Brauerei hat sich zwar mittlerweile zu einem modernen Betrieb entwickelt, doch das Ziel ist das gleiche geblieben: Bier höchster Qualität zu brauen.

Reisepraktische Informationen Columbia Gorge/Hood River/OR

Information
ℹ • **Hood River Visitor Info Center**, 405 Portway Ave. (I-84 Exit 63), ☎ 541/386-2000, 🖥 www.hoodriver.org, Mo-Fr 9-17 Uhr

Touren
🛶 • **Sternwheeler Columbia Gorge**, Cascade Locks Marine Park (I-84 Exit 44), ☎ 503/224-3900, 🖥 www.sternwheeler.com. Verschiedene Cruises, ab $ 25, darunter zweistündige Besichtigungsfahrten mit einem Raddampfer auf dem Columbia River.
• **Mount Hood Railroad & Dinner Train**, Hood River Depot (I-84 Exit 63), ☎ 541/386-3556, 🖥 www.mthoodrr.com, Mi-So ab 10 Uhr, an Wochenenden im Sommer 10 und 15 Uhr, $ 25. Gut vierstündige Eisenbahnfahrt zum Fuß des Mt. Hood und zurück.
• **Swiss Swell**, Hood River, ☎ 541/490-9626, 🖥 www.Swiss-Swell.com. Swiss Swell, betrieben von dem Schweizer Ehepaar Gurtner, bietet Windsurfing-Unterricht und unterschiedliche Touren auf dem Columbia River.

Nicht versäumen: das Columbia Gorge Discovery Center in The Dalles

The Dalles (ⓘ S. 241), nächste Station auf dem Weg nach Osten (I-84), dient in erster Linie als Versorgungspunkt des sich ringsum ausbreitenden Hood River Valley, berühmt als Obst- und Gemüseanbaugebiet. Ein Muss ist hier der Besuch des **Columbia Gorge Discovery Center & Wasco County Historical Museum** *(5000 Discovery Dr., ☎ 541/296-8600, 🖥 www.gorgediscovery.org, tgl. 9-17 Uhr, $ 8)*, ein attraktiv aufgemachtes und instruktives Museum, in dem es um die Geschichte der Schlucht, den Oregon Trail und die *Lewis & Clark*-Expedition geht. Idyllisch gelegen, mit Blick auf den Columbia River, besteht der Komplex aus zwei separaten Museen. Das eine steht unter der Ägide des *National Forest Service* und befasst sich vor allem mit Geologie und Umwelt, das zweite gehört dem Wasco County und stellt Besiedlung und Geschichte der Region in den Mittelpunkt.

Lehrreicher Museums- besuch

Abstecher nach Maryhill

Der kleine Ort **Maryhill**, rund 40 km östlich von The Dalles am nördlichen Flussufer in Washington (WA 14), verdankt seine Bekanntheit dem exzentrischen Eisenbahnmagnaten *Samuel Hill*. Er hat hier großzügig das **Maryhill Art Museum** *(35 Maryhill Dr., WA 14, ☎ 509/773-3733, 🖥 www.maryhillmuseum.org, tgl. 9-17 Uhr, $ 7)* in einer „französischen" Villa aus den 1920er Jahren eingerichtet. Skulpturen von *Auguste Rodin* stehen im Mittelpunkt, aber auch indianische Kunstwerke, russische Ikonen und bekannte Maler der Wende zum 20. Jh. sind vertreten.

Kunst in „französischer" Villa

Hill hat östlich von Maryhill gleich noch eine weitere Attraktion geschaffen: **Stonehenge/WA** – ein originalgroßer Nachbau des gleichnamigen mystischen Bauwerks in Südengland *(WA 14/US 97, ausgeschildert, tgl. 7 Uhr bis Sonnenuntergang, Eintritt frei)*. Besucher treffen sich hier bei Sonnenuntergang, um die Sonne direkt hinter dem Mt. Hood verschwinden zu sehen. Östlich der Ortschaft führt eine Brücke hinüber nach Oregon und auf die I-84, die nach etwa 160 km die nächste Station, Pendleton, erreicht.

Alternativroute durch das Weingebiet im Südosten Washingtons

Hat man etwas mehr Zeit, kann man sich die etwas monotone Fahrt auf der I-84 sparen und über den US Hwy. 97 einen Umweg durch das Yakima und Columbia Valley im Südosten Washingtons unternehmen. Von Yakima folgt man der I-82 dann zu den *Tri-Cities* und weiter Richtung Pendleton. Das **Yakima Valley** (ⓘ S. 245) ist bekannt für ein großes Indianerreservat, rasch gewachsene Weinanbaugebiete und Obstplantagen. Die größten Orte sind **Yakima** (ca. 70.000 Einwohner), **Kennewick** (55.000 Einwohner) und **Richland** (38.000 Einwohner). Das Weingebiet erstreckt sich jedoch über das Yakima und Columbia Valley hinaus bis **Walla Walla**, in der äußersten Südostecke des Staates.

Schon im 19. Jh. hatte man hier Obst kultiviert – unter Einsatz intensivster Bewässerungsmaßnahmen, da Niederschläge östlich der Cascade Range (Jahresdurchschnitt: 210 mm) Mangelware sind. Die Region war (und ist) berühmt für Äpfel, Kirschen und Birnen. Vor einigen Jahrzehnten begannen einige Farmer mit Trauben zu experimentieren. Die Böden waren dafür ebenso optimal wie die Sonnenscheindauer und -intensität im Sommer und die gleichzeitig kühlen Nächte. Wenige Mutige machten den Anfang, 1981 gab es 19 **Weingüter** in der Region, heute sind es an die hundert, mit steigender Tendenz. Darunter sind einerseits mächtige Großunternehmen, z. B. *Chateau Sainte Michelle*, *Columbia Crest* oder *Hogue*, die gleichbleibende Durchschnittsqualität produzieren. Andererseits erzeugen „Winzlinge" wie *L'Ecole 41*, *Canoe Ridge* oder *Covey Run* Top-Qualitäten. Heute ist Washington nach Kalifornien der **zweitgrößte Traubenproduzent** der USA und das Yakima Valley gilt als Amerikas zweitwichtigste Weinbauregion mit insgesamt rund 5.000 ha Anbaufläche. Die Qualität der Weine, insbesondere des *Cabernet Sauvignon*, ist mittlerweile heraus-

Eine von vielen Wineries im Südosten Washingtons: Bookwalter

gend und kann sich sogar mit kalifornischen Weinen messen. Neben Wein, Obst und Gemüse ist auch der Anbau von Hopfen im Yakima Valley von zunehmender Bedeutung. Über 70 % der Hopfenproduktion der USA kommt von hier und viele Microbreweries schwören auf diesen Hopfen als Alternative zum bayerischen aus der Hallertau.

In **Yakima** (ⓘ S. 245), der größten Stadt der Region, lohnt ein Besuch im **Yakima Valley Museum** (*2105 Tieton Dr./Franklin Park*), um mehr über die Geschichte des fruchtbaren Tals zu erfahren. Im südlich davon gelegenen **Toppenish** befindet sich der Verwaltungssitz der **Yakama Indian Reservation** und im **Yakama Nation Cultural Center** (*am US 97*, ☎ *509/865-2800*, 🖳 *www.yakamamuseum.com, tgl. 8-17 Uhr, $ 4*, mit Laden und Restaurant) geht es ausschließlich um die *Yakama*-Indianer. Sie gehörten zu den ersten Stämmen, die zu Beginn der 1990er Jahre angefangen haben, Bisons zu züchten. Außerdem gibt es in Toppenish das **American Hop Museum** (*22 S B St.*, 🖳 *www.americanhopmuseum.org, Mai-Sept. Mi, Do, Sa 10-16, So 11-*

16 Uhr, $ 3) zum Thema Hopfenanbau. Über die gesamte Innenstadt verteilt sind **Murals** (Wandbilder): An die 50 Bilder schmücken Hauswände und Mauern, es werden von Jahr zu Jahr mehr.

i **Information**
• **Yakima Valley Visitors Center**, 101 N Fair Ave., Yakima, ☎ 509/573-3388 bzw. 1-800-221-0751, 🖥 www.visityakima.com. Hier gibt es u. a. eine Karte der Weingüter.

Ab **Zillah**, 5 km nördlich von Toppenish (I-82), biegt man an Exit 54 auf den *Yakima Valley Highway* ab – eine Landstraße, die parallel zur Interstate durch die Obst- und Weinanbaugebiete führt. Entlang dieser Straße reihen sich mehrere Weingüter (ausgeschildert) aneinander. Im Südosten des Bundesstaats Washingtons fließen drei mächtige Ströme – **Columbia**, **Snake** und **Yakima River** – zusammen und man wundert sich angesichts des Wasserreichtums, wie trocken und wüstenartig die Landschaft hier im Grenzgebiet zwischen Washington und Oregon ist und wie sich gerade in dieser *moonscape* (Mondlandschaft) die Kornkammer und das Obst- und Gemüsezentrum des Nordwestens ansiedeln konnte. „Künstliche Bewässerung" heißt das Zauberwort in der Region, wo am Zusammenfluss die **Tri-Cities** (ⓘ S. 242) – **Pasco**, **Kennewick** und **Richland** – das städtische Zentrum bilden.

In **Richland** wurde ab 1943 – wie in Los Alamos (NM), Oak Ridge (TN) und Argonne (IL) – maßgeblich an der Entwicklung von Atombomben geforscht. Heute wird die riesige Anlage zu Forschungszwecken sowie zur Entwicklung und dem Bau von Wiederaufbereitungsanlagen genutzt. In der **Columbia River Exhibition of History, Science and Technology** *(95 Lee Blvd., ☎ 509/943-9000, 🖥 www.crehst.org, Mo-Sa 10-17, So 12-17 Uhr, $ 3,50)* erfährt man mehr über die Entwicklung eines 200-Einwohner-Nestes zu einem der bedeutendsten Atomzentren, aber auch zur Geschichte und Geologie der Region.

i **Information**
• **Tri-Cities CVB**, 6951 W Grandridge Blvd., Kennewick, ☎ 509/835-8486 und 1-800-254-5824, 🖥 www.visittri-cities.com

Ⴤ **Hinweis für Weinliebhaber**
Im Südosten Washingtons kann man in vielen **Weingütern** *die Produkte probieren und kaufen. Die „Großen" wie Chateau Ste. Michelle, Columbia oder Hedges unterhalten Verkaufs- und Probierstuben im näheren Umkreis von Seattle. Hier ein paar Tipps (die Wineries sind ausgeschildert) für die Region zwischen Yakima und Walla Walla:*
• **Columbia Crest Winery**, WA 221, Columbia Crest Dr., Paterson (ab Prosser), tgl. 10-16 Uhr
• **Barnard Griffin**, 878 Tuliplane, Richmond, tgl. 10-18 Uhr
• **Bookwalter Winery**, 894 Tuliplane, Richmond, tgl. 10-17 Uhr
• **Canoe Ridge**, 1102 W Cherry St., Walla Walla, tgl. 11-16/17 Uhr
• **Chinook Wines**, Wine Country Rd./Witkopf Loop, Prosser, Sa/So 12-17 Uhr
• **Covey Run Vinters**, 1500 Vintage Rd., Zillah, tgl. 12-17 Uhr
• **L'Ecole No. 41 Winery**, 41 Lowden Scholl Rd., Lowden (zwischen Kennewick und Walla Walla), tgl. 11-16 Uhr
• **Tefft Cellars Winery**, 1320 Independence Rd., Outlook, mit eigenem B&B, Touren für Gäste
Allgemeine Informationen gibt es bei der **Washington Wine Commission** *unter ☎ 206/667-9463 bzw.* 🖥 *www.washingtonwine.org. In Deutschland sind WA-Weine erhältlich bei:* 🖥 *www.weinhalle.de (K&U Weinhalle, Nürnberg)*

Vom Columbia River zum Yellowstone National Park

Pendleton und die Blue Mountains

Redaktionstipps

Sehens- und Erlebenswertes
- Ein Erlebnis der besonderen Art im September: das **Pendleton Round-Up** (S. 309), eine Mischung aus (Profi-)Rodeo und *Powwow*, Kunsthandwerksmarkt und Wildwest-Show, Cowboys und Indianern.
- Das **Tamastslikt Cultural Institut** der *Confederate Tribes of Umatilla, Walla Walla and Cayuse* bei Pendleton (S. 310) gilt als eines der spektakulärsten Indianermuseen in den USA.
- Zu den ungewöhnlichsten Nationalparks zählt der **Nez Perce National Historical Park**, der aus 38 einzelnen Sights von Oregon bis Montana besteht (S. 312 und S. 314). Er erinnert an den Fluchtversuch der *Nez-Perce*-Indianer unter *Chief Joseph* 1877.
- Der **Hells Canyon** (S. 317), der tiefste Canyon in Nordamerika, gilt als „Grand Canyon des Nordwestens".
- **Ponderosa Pine** und **Sawtooth Scenic Byway** (S. 321) führen durch eine faszinierende Berg- und Waldlandschaft vorbei am **Craters of the Moon NM** (S. 321).
- **Wildwasserrafting** auf dem Salmon River in Idaho (S. 315).

Unterkunft
- *Ruth* und *Jim May* betreuen das **Reflections Inn** in Kooskia (S. 199) im malerischen Lochsa-River-Tal, nahe *Nez Perce Reservation* und *Lewis & Clark Trail*.
- Nahe Pendleton betreiben die *Confederate Tribes* angeschlossen an ihr Casino das luxuriöse **Wildhorse Hotel** (S. 211 und S. 311) – idealer Standort nicht nur während des Pendleton Round-Up.

Essen & Trinken
- Inmitten der Cowboy-Town Pendleton betreibt eine *Nez-Perce*-Indianerin ein hochklassiges Top-Restaurant: **Raphael's** (S. 212).

Einkaufen
- In den **Pendleton Woolen Mills** (S. 311) gibt es nicht nur Touren, sondern auch jene bunt gewebten Wolldecken (auch preiswerte zweite Wahl), die seit Generationen besonders von den Indianern geschätzt werden.

Jedes Jahr, Mitte September, verwandelt sich **Pendleton,** ein sonst eher verschlafenes Provinznest, in ein Tollhaus: Dann findet nämlich eines der bedeutendsten Rodeos in Nordamerika, das legendäre **Pendleton Round-Up** (Arena im Westen der Ortschaft) statt. Zu den rund 16.000 Einwohnern stoßen dann rund 50.000 Besucher und vier Tage lang gibt es nur ein Thema: **Rodeo**. Cowboys, Wranglers, Boots, *Buckels*, *Belts* und *Hats*, so weit das Auge reicht, die Grills qualmen und auf vier Bühnen im Stadtzentrum wird bis Mitternacht Countrymusic dargeboten.

Pendleton liegt auf kargem Land, umgeben von riesigen Weideflächen und der Horizont scheint bis zu den **Blue Mountains** im Osten zu reichen. Die Landwirtschaft und ein unerschütterlicher *Frontier Spirit* prägen seit Generationen diese Region: 1909 hatte man erstmals zur Ablenkung vom harten Farmalltag ein Fest gefeiert, mit *Bronc Riding*, Pferderennen, einem *Powwow* und anderen Cowboy-Vergnügungen. Die Bewohner waren begeistert und 1910 entschloss man sich, dieses Round-Up regelmäßig im September, nach der Ernte, abzuhalten. Land wurde erworben, eine einfache Arena mit Tribüne und Rennbahn gebaut und schon das folgende

Let'er buck! – Rodeo, der Nationalsport der Cowboys

Plötzlich herrscht Stille im weiten Rund der Arena und die Anspannung wächst, dann schnellt das Holzgatter zur Seite und der Brahma-Bulle springt wie vom Teufel besessen aus der engen Box. Doch der Cowboy auf seinem Rücken lässt sich nicht abschütteln. Sekundenlang klebt er wie eine Klette auf dem wilden Stier und die Zuschauer sind aus dem Häuschen: *„Let'er buck! Let'er buck!"*.

Rodeos gehören in den Städten und Ortschaften des Nordwestens zwischen Frühjahr und Herbst zum Alltag, schließlich ist Rodeo der **Nationalsport der Cowboys**. Schon zu Blütezeiten in der zweiten Hälfte des 19. Jh. gönnte man sich an Wochenenden auf den Ranches und in den Ortschaften etwas Ablenkung vom harten Farmalltag mit *Bronc Riding*, Pferderennen und anderen Geschicklichkeitswettbewerben aus dem Alltag der Cowboys. Zu Beginn des 20. Jh. entwickelten sich aus den lokalen Vergnügungen feste Rodeo-Wettbewerbe. Zu den Legendärsten gehören das 1909 erstmals ausgetragene **Pendleton Round-Up**, die seit 1912 den ganzen Westen in den Bann ziehende **Calgary Stampede** oder die als *Daddy of 'Em All* bezeichneten **Cheyenne Frontier Days**.

Längst sind die Wettbewerbe mehr als nur ein Freizeitspaß für übermütige, junge Cowboys. Rodeo ist zum **Berufssport** geworden und die Teilnehmer sind in der *Professional Rodeo Cowboys Association* (PRCA, 🖳 http://prorodeo.org) organisiert. Da es Preisgelder von insgesamt 150.000 Dollar und mehr zu gewinnen gibt, finden sich die besten professionellen Rodeo-Cowboys aus ganz USA – vor allem aus Nebraska, Idaho, Texas, Arizona und Oklahoma –, Kanada und sogar Australien zu den Wettbewerben ein. In rund 40 US-Bundesstaaten werden **jährlich über 600 Rodeos** in verschiedenen Klassen veranstaltet. Die besten Rodeo-Cowboys treffen sich schließlich im Dezember **zum großen Finale in Las Vegas**.

Publikumsmagneten sind nach wie vor das **Bareback** und **Saddle Bronc Riding** – auf wilden Mustangs mit und ohne Sattel – sowie das **Brahma Bull Riding** (wilde Stiere), doch das fachkundige Publikum weiß auch die „harmloseren" Disziplinen zu schätzen, z. B. das **Calf** und **Steer Roping**, wo ein Kalb bzw. junger Stier von einem Cowboy oder einem Team möglichst schnell zu Pferd gefangen und gefesselt wird. Zu den härtesten Disziplinen zählt das **Steer Wrestling**: Aus vollem Galopp wirft sich der Cowboy auf einen jungen Stier, packt ihn bei den Hörnern und wirft ihn zu Boden. Einst waren in Pendleton auch Frauen an allen Disziplinen beteiligt, heute betreten sie nur mehr zum **Barrel Race** die Arena und sind sonst in einer eigenen Rodeo-Vereinigung zusammengeschlossen. Beim Barrel Race gilt es, möglichst schnell einen Parcours um drei Fässer abzureiten.

📖 **Lesetipp**
• **Ken Kesey**, Last Go Round (1994, über Amazon beziehbar), erzählt fesselnd von den frühen Jahren des Round-Up und den ersten Stars *Jackson Sundown*, *George Fletcher* und *J.E. Lee Spain*.

Let'er buck – Rodeo in Pendleton

Round-Up sollte in die Annalen eingehen: Damals lieferten sich der schwarze Cowboy *George Fletcher*, der *Nez-Perce*-Indianer *Jackson Sundown*, Neffe des berühmten *Nez-Perce*-Häuptlings *Chief Joseph*, und *Jonathan E. Lee Spain* aus Tennessee unvergessene Wettkämpfe. An sie wird wie an viele andere legendäre Teilnehmer in der **Hall of Fame** erinnert.

Doch Pendleton besteht nicht nur aus Cowboys und -girls, Rinder- und Pferdekoppeln, Rodeo und Wildwest. Dazu liegt das Städtchen viel zu nahe an der Reservation dreier verwandter Indianerstämme, der **Confederated Tribes** (🖥 www.umatilla.nsn.us) – **Umatilla, Cayuse und Walla Walla** – mit rund 2.400 Mitgliedern. Ohne die Indianer wäre Pendleton Austragungsort eines stinknormalen Rodeos und ohne Rodeo würde im Reservatsleben ein wichtiger Teil fehlen. Es ist für die Indianer eine Art kulturelles Statement, eine Chance, ihre Identität unter Beweis zu stellen. Bereits Mitte des 19. Jh. war die Reservation entstanden, aber erst in den letzten Jahren sorgen die Einnahmen von **Wildhorse Resort & Casino** und **Tamastslikt Cultural Institute**, beide östlich des Ortes an der I-5 (Exit 216) gelegen, für eine verbesserte Infrastruktur und ebenso wachsenden Wohlstand.

Pendleton Rodeo und Confederated Tribes

Wer nicht die Gelegenheit hat, das Pendleton Round-Up live zu erleben, sollte zumindest der neuen **Round-Up and Happy Canyon Hall of Fame** gegenüber der Rodeo-Arena *(1114 SW Court St., Mo-Sa 10-16 Uhr, $ 5)* und den **Pendleton Woolen Mills** (s. u.) einen Besuch abstatten. Und genügend Zeit für das Tamastslikt Cultural Institut, eines der ungewöhnlichsten Indianermuseen in den USA, einplanen.

Indianermuseum der Sonderklasse
***Tamastslikt Cultural Institute**, Confederated Tribes of the Umatilla Indian Reservation, 72789 Hwy. 331 (I-84 Exit 216), ☎ 541/966-9748, 🖥 www.tamastslikt.com, tgl. 9-17 Uhr (im Winter So geschl.), $ 6.*

Einführung in die Welt der Indianer

Der Name des 1998 als Teil eines Casino-Hotel-Komplexes auf dem Land der *Confederated Tribes* entstandenen Museums ist Programm: *Tuh-must-slikt* heißt „umdrehen, aufdecken", frei übersetzt „entdecken". Kaum hat man das luftige Foyer verlassen, gibt im Coyote Theater *Tspilyáy*, der „gewitzte Kojote", mittels modernster Sound- und Lichttechnik eine Einführung in die Welt der drei Indianervölker. Die spiralförmig angeordneten Ausstellungsbereiche beschäftigen sich dann mit Hilfe von Modellen, Nachbauten und Originalstücken mit den Fragen *Who we were, Who we*

Reisepraktische Informationen Pendleton/OR

Einkaufen
• **Pendleton Woolen Mills**, I-84 Exit 210 (ausgeschildert), tgl. 8-18 Uhr, regelmäßig Touren. Qualitativ hochwertige, farbenfrohe Wollstoffe werden hier vor allem zu prächtigen Decken verarbeitet. Im Shop gibt es auch günstige, leicht fehlerhafte Ware.

Veranstaltungen
• **Pendleton Round-Up**, ☎ 541/276-2553, 🖥 www.pendletonroundup.com. Alljährlich in der zweiten Septemberwoche stattfindendes traditionsreiches Rodeo mit Powwow (Tanz, Trommel- wettbewerbe), Tipi-Dorf, Kunsthandwerks- und Imbissständen. Im Jahr 2010 steht die 100-Jahr-Feier des legendären Round-Up an.
• **Happy Canyon Night Show**, während des Round-Up, Mi-Sa 20 Uhr, Aufführungen im Open-Air- Theater, $ 7-13, Tickets: ☎ 541/276-2553. Historisches Theaterstück, das mit öffentlichem Tanz und Barbetrieb endet
• **Wildhorse Powwow**, Anfang Juli laden die Confederated Tribes of the Umatilla Indian Reser- vation zu einem großen Fest auf dem Areal zwischen Casino und Tamastslikt Cultural Institute ein. Infos: 🖥 www.WildhorseResort.com

are und Who we will be. Seit Kurzem ergänzt ein Freiluftdorf (mit Demonstrationen im Sommer) die Ausstellung. Zum Museum gehören außerdem ein Café mit lecke- ren indianischen (und anderen) Spezialitäten sowie ein gut sortierter Laden mit Bü- chern, CDs und indianischem Kunsthandwerk.

Über die „Blauen Berge"

Die Strecke auf der I-84 zwischen Pendleton und La Grande (ca. 50 mi/80 km) darf als eine der Traumstraßen Oregons gelten. Gemächlich windet sich die Autobahn in weiten Kehren hinauf zu den **Blue Mountains**, den „Blauen Bergen", den fast 2.000 m hohen **Mt. Emily** immer im Blick. Nach Hilgard Junction (I-84 Exit 252) hat man die Passhöhe erreicht. Im Südwesten liegt ein von den Wäldern des *Wallowa Whitman National Forest* umgebenes Hochplateau, im Osten breitet sich das *Grande- Ronde*-Hochtal mit der Ortschaft La Grande aus, dahinter die bis zu 3.000 m hohen Gipfel der Wallowa Mountains und im Norden der erwähnte Mt. Emily.

In den „Blauen Bergen"

La Grande, wie Pendleton etwa 15.000 Einwohner zählend, verdankt seinen Namen den ersten Siedlern, die von dem hier herrschenden Klima und der gran- diosen Kulisse angetan waren. Obstbau und Viehzucht sind die Haupteinnahmequel- len, aber auch das kleine *Eastern Oregon State College* prägt den Ort mit. Lohnend in dem südlich gelegenen Baker City ist das **National Historic Oregon Trail Inter- pretive Center** (Campbell/Grove St., I-84 Exit 304, ☎ 541/523-9308, 🖥 www.blm.gov/or/oregontrail, tgl. 9 bis mindestens 16 Uhr, $ 5). Ausstellungen und Filme illustrieren die Geschehnisse, Akteure in historischen Kostümen stellen das Leben der ersten Pioniere nach, die hier über den Oregon Trail aus dem Osten vorbei- zogen.

Oregon Trail Be- sucher- zentrum

Die NiMiiPuu und Chief Joseph

Über die Vorurteile vom „schmutzigen Wilden" können die *Nez Perce* wie viele Indianer nur den Kopf schütteln. Der stolze Indianerstamm, der einst Teile der heutigen Bundesstaaten Idaho, Oregon und Washington seine Heimat nannte und dessen Name – „durchlöcherte Nasen" – auf französische Trapper zurückgeht, war seit dem Auftauchen der *Lewis & Clark*-Expedition stets freundlich zu den Weißen, den *stinking ones*, wie sie sie nannten, gewesen. Während sich die Indianer täglich wuschen, mieden die Weißen damals nämlich das Wasser.

Neu erwachtes Selbstbewusstsein bei den Indianern

Nach der Tradition der **NiMiiPuu**, wie sich die *Nez Perce* selber nennen, war das Columbia Plateau ihre angestammte Heimat. Die alten Geschichten von *Ítseyeeya*, dem schlitzohrigen, mythischen Kojoten, das *Heart of the Monster* in Kamiah – ein kleiner Hügel, der im Gründungsmythos der *Nez Perce* eine zentrale Rolle spielt – und weitere heilige Orte sind Beleg dafür. Ihre Pferde, die Appaloosas oder *s⸍ík⸍em*, verhalfen den *Nez Perce* zu fortdauernder Berühmtheit als Pferdezüchter. Außerdem belegen archäologische Funde eine über 10.000-jährige Geschichte dieser Indianer in der Region zwischen Clearwater und Snake River.

Auf *Lewis* und *Clark* folgten die ersten Missionare, z. B. *Father Spalding*, dessen Missionsstation sich nahe dem heutigen VC des Nez Perce NHP in Spalding befand. Auch Händler und Trapper kamen und die *Nez Perce* vertrugen sich mit allen gut. Kritisch wurde die Situation erst, als die ersten Siedlertrecks und etwas später die ersten Gold- und Silbergräber die Region erreichten. Es wurde zunehmend eng für die Indianer, das ihnen 1855 zugestammte Wohngebiet wurde mehr und mehr beschnitten und 1863 wies es gerade noch die Größe des heutigen Reservats auf – nicht einmal mehr ein Zehntel des ehemaligen Stammesgebietes! Bei dieser letzten Beschneidung spalteten sich die *Nez Perce* in zwei Lager: die, die den staatlichen Einschränkungen zustimmten, die *Treaty Nez Perce* oder Loyalen, und jene, die sich unter **Old Chief Joseph** dagegen auflehnten und in ihre alte Heimat, ein Seitental auf Oregon-Territorium nahe dem heutigen Ort Joseph, zurückzogen. Diese *Non-Treaty Nez Perce* lehnten eine Umsiedlung ins Idaho Territory zu den *Treaty Nez Perce* vehement ab.

1877 eskalierte der Konflikt, als während des zähneknirschenden Umzugs der Sippe um *Chief Joseph* Schüsse fielen. Die Armee griff daraufhin gewaltsam ein. Angeführt von *Looking Glass* und *Chief Joseph* versuchten daraufhin etwa 800 Indianer (darunter nur 125 Krieger) nach Kanada zu entkommen. Nach einem militärisch genialen Rückzugsgefecht über rund 1.300 Meilen hatten sie die kanadische Grenze beinahe erreicht, als *General Miles* und seine Truppen den Großteil der Gruppe bei Chinook im Norden Montanas stoppte. Dort sprach *Chief Joseph* die legendären Worte: *„Where the sun goes down, I'll never fight again"*. Einige *Nez Perce* entkamen bei Nacht und Nebel dennoch nach Kanada, während sich *Chief Joseph* und die überlebenden Flüchtlinge ergaben.

Nach Jahren im fremden Oklahoma – entgegen dem Friedensabkommen – durften die Flüchtlinge in den Nordwesten zurückkehren, jedoch nicht in ihre alte Heimat, sondern in den Osten des Bundesstaates Washington, in ein Reservat bei Colville. Bis heute sind die Nachkommen der **Chief Joseph Band** weder auf die Regierung noch die *Treaty Nez Perce* gut zu sprechen.

 Hinweis zur Route

*Es gibt mehrere Möglichkeiten, weiter ostwärts zu fahren. Die **schnellste Variante** – für jene, die sich nicht für Hells Canyon und die Heimat der Nez Perce interessieren – führt weiter auf der I-84 Richtung Boise/Idaho. **Alternativ** kann man ab Pendleton auf dem OR 11 bis Walla Walla (WA) fahren und dann dem US Hwy. 12 weiter nach Idaho (Lewiston) folgen.*

*Die **landschaftlich schönste**, wenn auch kurvigste Route, durch kaum besiedeltes Land, ist ab La Grande der OR 82 Richtung Joseph, um die Wallowa Mountains, und weiter auf dem OR 3 und WA 129 nach Lewiston (Idaho) – mitten durch das alte Siedlungsgebiet der Nez Perce. Diese Route ist nachfolgend beschrieben.*

In der Heimat der Nez Perce

In der alten Heimat der *Nez Perce* wäre ein ein- bis zweitägiger Abstecher in die **Wallowa Mountains** mit ihrer urwüchsigen Bergwelt und an die 40 Naturseen (Angeln!) das Richtige für Wanderfreunde. Auf den knapp 2.500 m hohen Mt. Howard fährt eine Seilbahn, zu erreichen von Nordosten über den Ort **Joseph** (etwa 60 mi/96 km östlich La Grande); dort gibt es auch zahlreiche Hotels und Motels *(Informationen unter 🖳 www.josephoregon.com)*.

Urwüchsige Bergwelt

Der Ortsname erinnert an die einst hier lebende *Nez-Perce*-Gruppe unter Häuptling *Joseph*, dessen Sohn als *Chief Joseph* Ende des 19. Jh. Berühmtheit erlangte. Der Ort feiert seinen Namenspatron an den *Chief Joseph Days* am letzten vollen Juli-Wochenende mit *Powwow*, Paraden und Rodeo *(🖳 www.chiefjosephdays.com)*. Am nördlichen Ende des Wallowa-Sees steht das **Old Joseph Monument**, ein Denkmal für den berühmten Indianerhäuptling. Vom 1.000-Seelen-Dorf aus gelangt man auf den Highways OR 3 und WA 129 nach rund 90 mi/145 km in die Schwesterstädte Clarkston (WA) und Lewiston (ID).

Der Blick auf **Clarkston** und **Lewiston** (ⓘ S. 202), benannt nach den Forschungsreisenden *Lewis* und *Clark*, ist das wohl Beeindruckendste, ansonsten prägt vor allem der Hafen am Snake River die beiden Städte und verhilft ihnen zu wirtschaftlicher Bedeutung. Ein bereits 1914 ausgebautes Schleusensystem entlang Snake und Columbia River machte es möglich, dass Schiffe landeinwärts bis hierher fahren können. Da die Boomzeit der *Steamboats* lange vorbei ist, wird der einstige Reichtum vor allem durch die alte, halb verrostete eiserne Zugbrücke und ein paar alte Stadthäuser symbolisiert. Lewiston war einst die Hauptstadt des Territoriums Idaho, bis man sich 1864 entschied, die Hauptstadt nach Boise zu verlegen.

> ℹ️ **Information**
> • **Lewiston Chamber of Commerce**, *111 Main St., Suite 120,* ☎ *208/743-3531 oder 1-800-473-3543,* 🖥 *www.lewistonchamber.org bzw. www.clarkstonchamber.org*

Nez Perce National Historical Park (Spalding Site)
US Hwy. 95 S (via Hwy. 12), Spalding/ID, ☎ *208/8843-2261,* 🖥 *www.nps.gov/nepe*

Etwa 10 mi/16 km östlich von Lewiston (US Hwy. 95) befindet sich im kleinen Ort **Spalding** das Hauptquartier des **Nez Perce National Historical Park**, der 38 kultische und historische Orte – Big Hole und Bear Paw (Montana) als die beeindruckendsten – von Oregon bis Montana umfasst. Er informiert über die *Nez Perce* selbst, vor allem aber über die legendäre Flucht des Stammes unter *Chief Joseph* Richtung Kanada 1877. Das Gebiet dieser Indianer erstreckte sich bis ins 19. Jh. hinein von West-Washington bis nach Montana. Sie waren ein friedliebendes, aber stolzes Volk, das sich vom ersten Kontakt an, mit der *Lewis & Clark*-Expedition, Weißen gegenüber wohlwollend zeigte. Im Hauptquartiert erhält man auch Informationen zu den einzelnen Attraktionen im Park, der sich nach Montana hinein erstreckt. Alle Teile des NHP sind frei zugänglich.

Legendäre Flucht der Nez Perce

> **Touren**
> • **Clearwater Connections**, *Kooskia/ID, lin@lewisclarkidaho.com,* ☎ *208/926-7875. Linwood Laughy bietet verschiedene individuelle Touren entlang dem* Lewis & Clark Trail *und zu bedeutenden Plätzen der* Nez-Perce-*Indianer an.*

👉 **Hinweis zur Route**

Von der Nez Perce Reservation aus bieten sich **zwei Möglichkeiten,** *in den Süden Idahos zu gelangen: Wer den Hells Canyon und den Südwesten Idahos eingeplant hat, folgt der weiter unten beschriebenen Route. Wer den Spuren der* Lewis & Clark-*Expedition folgen möchte, sollte ab Spalding den US Hwy. 12 einschlagen. Dieser* **Northwest Passage Scenic Byway,** *eine landschaftlich attraktive Straße, führt parallel zum historischen* Lewis & Clark Trail *über die Bitterroot Mountains, eine der schneereichsten Bergketten der Rocky Mountains. Sie ist nachfolgend als Erste beschrieben.*

Alternativroute entlang dem Lewis & Clark Trail

Zunächst passiert man **Kamiah**, wo mit dem *Heart of the Monster* ein Stück Mythologie der *Nez Perce* lebendig ist. Vorbei an **Kooskia** ((i) S. 199) und durch die **Weippe Prärie**, ein Hochtal des Columbia Plateau inmitten üppig grüner Vorgebirgslandschaft, schraubt sich die Straße immer höher in die Berge hinein und man versteht, wie anstrengend und gefährlich die Überquerung der *Bitterroot Mountains* einst war und welchen Respekt die *„tremendous mountains"* den Expeditionsteilnehmern abrangen. Heute überwindet sie der Normalbesucher fast mühelos über den **Lolo Pass** (US Hwy. 12).

Fantastisch ist der Blick auf die Berglandschaft entlang **Lochsa** und **Clearwater River**: Dichte Wälder, schmale Täler und reißend ins Tal schießende klare Bäche – Wildwater Rafting ist hier sehr beliebt – lassen das Herz jedes Naturfreundes höher schlagen. Die Region ist extrem dünn besiedelt, hier lebt statistisch weniger als ein Bewohner pro Quadratmeile. Die Passhöhe liegt an der Staatsgrenze zwischen Montana und Idaho auf über 1.700 m Höhe – dort liegt lange (bis Mai/Juni) und schon früh (September) Schnee – und man blickt auf Furcht einflößende Felsformationen, deren Gipfel oft von dicken grauen Wolken eingehüllt sind. Nach Passieren des Lolo Passes erreicht man den Ort **Lolo** (Montana) im *Bitterroot River Valley* und stößt auf den US Hwy. 93, der nördlich nach **Missoula** (s. S. 347) führt. Südwärts verläuft diese Straße zunächst weiter durchs Tal, ehe man den **Lost Trail Pass** (Anschluss Richtung Big Hole NB, Dillon, Virginia City zum Yellowstone NP, s. S. 345) auf über 2.000 m Höhe quert. Anschließend geht es über abenteuerliche Serpentinen hinab ins **Salmon River Valley**.

Naturfreunde kommen in der Region um **Salmon**, dem Hauptort im Salmon River Valley, auf ihre Kosten. Der Salmon River, den *Clark* 1805 wegen seiner Stromschnellen als *„River of no return"* bezeichnete, gilt als Geburtsstätte und Hochburg des **Whitewater Rafting**. Wer lieber in den Bergen und Canyons zu Fuß oder auf dem Pferderücken unterwegs sein und der Zivilisation den Rücken kehren möchte, ist im unerschlossenen Hinterland des Salmon River richtig.

Touren
• *Der **Middle Fork Salmon River** mit über 100 z. T. schwer passierbaren Stromschnellen ist beliebtes Wildwasserareal. Angeboten werden mehrtägige Schlauchboot-/Rafting-Trips (mit Zelten). Infos:* **Idaho Outfitters & Guides Association**, *P. O. Box 95, T-9, Boise, ID 83701,* 🖳 *www.IOGA.org.*
• **Kooka Burra**, *Whitewater Rafting & Steelhead Fishing, 706 15th St.,* ☎ *208/756-4386,* 🖳 *www.raft4fun.com. Rafting-Trips unterschiedlicher Schwierigkeitsgrade und Längen unter qualifizierter Leitung von Chris, April, Dave und Sharon Osgood auf dem Salmon River.*

Nicht versäumen sollte man in Salmon das **Sacajawea Interpretive, Cultural and Education Center** (Main St., ID 28, ausgeschildert, im Süden, 🖳 www.sacajaweacenter.org, ☎ 208/756-1188, Freigelände tgl. Sonnenauf- bis Sonnenuntergang, Museum tgl. 9-17/18 Uhr, $ 4). Es handelt sich um ein Open-Air-Museum, das die gesamte Landschaft am Lemhi River, einem Nebenfluss des Salmon River, einschließt. Lehrpfade durchziehen das große Freigelände, auf dem die Natur selbst, aber auch das Leben der *Shoshone* und das Zusammentreffen mit dem Corps mit Schautafeln, Nachbauten, Originalobjekten und Demonstrationen veranschaulicht werden. Von Salmon aus folgt der US Hwy. 93 dem Salmon River weiter nach Süden und trifft bei Challis wieder auf die weiter unten beschriebene Hauptroute, nahe dem Craters of the Moon NM.

INFO
Die erste Forschungsreise in den „Wilden Westen"

In den Jahren 2003 bis 2006 jährte sich zum 200. Mal die Expedition der beiden US-amerikanischen Offiziere *Meriwether Lewis* und *William Clark* durch den Westen des nordamerikanischen Kontinents. 1803 war *Lewis* von der Hauptstadt Washington aufgebrochen, um die Reise vorzubereiten und das **Corps of Dicovery** zusammenzustellen. Der eigentliche Start Richtung Westen erfolgte am **22. Mai 1804** in St. Louis (Missouri) und im November 1805 erreichte das Expeditionscorps das Ziel der Reise, den Pazifik, nahe dem heutigen Astoria (Oregon). Ein Jahr später, im Herbst 1806, war die Truppe bereits wieder zurück in St. Louis.

Die treibende Kraft hinter diesem Abenteuer hieß *Thomas Jefferson*. Dem US-Präsidenten war es 1803 gelungen, für 15 Mio. Dollar ein Riesenareal *Napoleon* abzukaufen und mit diesem so genannten *Louisiana Purchase* das Staatsgebiet der USA um ein Vielfaches zu vergrößern. Es galt nun, die amerikanischen Machtansprüche auf die neuen Besitzungen zwischen dem Mississippi und den Rocky Mountains nicht nur gegenüber Briten und Spaniern anzumelden, sondern auch die Indianer über

Erfolgreiche Expedition des Lewis & Clark Corps

die neuen Herren in Kenntnis zu setzen. Zudem war es ein Anliegen des genialen Multitalents *Jefferson*, das weitgehend unbekannte Land in allen Aspekten zu erforschen und einen schiffbaren Weg zum Pazifik zu finden. Aus diesem Grund beauftragte *Jefferson* seinen langjährigen Vertrauten und Privatsekretär, den Offizier *Meriwether Lewis*, einen Expeditionstrupp zusammenzustellen. Die erste Person, die dieser zur Unterstützung herbeirief, war sein Freund aus alten Militärzeiten, *William Clark*.

„Wir werden nun in ein Land eindringen, ..., das noch kein zivilisierter Mensch je betreten hat." – Als am 7. April 1805 *Lewis* diese Worte in sein Tagebuch eintrug, war er sich seiner schweren Aufgabe bewusst. *Lewis* und *Clark* hatten sich damals zusammen mit 26 Soldaten, *George Drouillard*, einem Halbblut, der als Jäger und Fährtenleser wichtige Aufgaben erfüllte, *York*, dem schwarzen Sklaven *Clarks*, *Sacagawea*, einer jungen *Shoshone*-Indianerin mit ihrem Baby und frankokanadischen Ehemann sowie *Lewis'* schwarzem Neufundländer *Seaman* von ihrem Winterlager Fort Mandan im heutigen US-Bundesstaat

North Dakota auf den Weg in ein der zivilisierten Welt bis dato unbekanntes Gebiet gemacht.

Eine schiffbare Verbindung vom Mississippi zum Pazifik fand man zwar letzten Endes zwar nicht – insofern war die Unternehmung ein Misserfolg –, doch die überlieferten Tagebücher der beiden Offiziere mit detaillierten Aufzeichnungen zu Landschaft, Flora, Fauna und Indianern, illustriert durch Karten und Zeichnungen, gelten heute als **bedeutendes historisches Dokument** und eine der wichtigsten wissenschaftlichen Feldstudien Nordamerikas. Durch die *Lewis & Clark*-Expedition wurde jene Basis geschaffen, die in den folgenden Jahrzehnten unzähligen Siedlern aus aller Welt eine neue Existenz eröffnete und damit die **Eroberung des Westens** einläutete. Dies alles geschah allerdings auf Kosten der Indianer, die bis zum Auftauchen der Weißen in einer intakten Landschaft im Einklang mit der Natur gelebt hatten.

Lesetipp
• **Stephen E. Ambrose**, Undaunted Courage (1996, über amazon beziehbar), fesselnd geschriebene Schilderung der *Lewis & Clark*-Expedition.

Über den Hells Canyon nach Boise

Die vorgeschlagene Hauptroute führt von **Spalding** weiter auf dem US Hwy. 95 nach Süden. In **Grangeville** kann man im VC (am US 95) nähere Erkundigungen über den **Hells Canyon** einholen. Südlich Grangeville, am Rand des White Bird Canyon, führt eine Stichstraße (ID 493) zur Pittsburgh Landing am Hells Canyon. Da es sich jedoch um eine Schotterpiste handelt, sollte man den Hells Canyon besser weiter südlich erkunden.

Es gibt verschiedene Möglichkeiten: Per (lautem) Jetboat von Clarkston/Lewiston aus (1 Tag, ev. mit Übernachtung im Canyon) oder mit dem Pkw über den Damm im Süden (2-4 Std.). Der absolut schönste und höchste Aussichtspunkt östlich des Canyons ist der **Heavens Gate Overlook**, in etwa 2,5 Stunden hin und zurück zu erreichen von Riggins (US 95) auf einer 17 mi/27 km langen kurvigen Schotterstraße (CR 517) – für RVs und Wohnmobile ungeeignet. Die ideale Route zur Erkundung des Canyons ist der **Hells Canyon Scenic Byway** (ID 71), der im Süden von Cambridge (ab US 95) zur Staumauer direkt in die Schlucht führt und dieser etwa 20 mi/32 km nordwärts folgt (gleicher Weg zurück).

Heavens Gate Overlook

Der **Hells Canyon** ist ein Abenteuer für sich – und wird verglichen mit dem Grand Canyon. Dessen majestätischen Ausmaße erreicht er zwar nicht, obwohl er, eingeschnitten durch den Snake River, an seiner höchsten Kante, zwischen *Hells Devil Mountain* und *Granit Creek*, 2.400 m steil abfällt – so tief wie kein anderer Canyon in Nordamerika!

Reisepraktische Informationen Hells Canyon NRA

Information
• **Hells Canyon NRA Office Idaho,** ☏ 208/628-3916, 🖥 www.fs.fed.us/hellscanyon

Touren
• **Hells Canyon Adventures**, Touren ab Hells Canyon Dam (Oxbow Dam), erreichbar im Süden über ID 71, ☏ 541/785-3352, 🖥 www.hellscanyonadventures.com, im Sommer tgl. zweistündige Touren (ab 14 Uhr), längere Touren 9/10 Uhr, ab $ 35.
• **Jet Boat Trips** bieten an: **Beamers Hells Canyon Tours**, 🖥 www.hellscanyontours.com, ☏ 509/758-4800, ab Lewiston/WA oder **Hells Canyon Jet Boat Tours**, 🖥 www.killgoreadventures.com, ☏ 208/839-2255, ab White Bird/ID (ab US 95).

☞ Hinweis zur Route

Nach dem Abstecher zum Hells Canyon führt der US Hwy. 95 von Cambridge zur I-84 und weiter nach Boise. Wer Zeit hat, kann von Cambridge auf dem Hwy. 95 zurück nach **New Meadows** (mit Motels) fahren. Von diesem Ort, mitten in einer großen Talebene mit Ranches gelegen, führt der **Payette River Scenic Byway** (ID 55) nach Boise. Vorbei am **Payette Lake**, einem beliebten Erholungsort, und **Cascade** – Hauptort und landwirtschaftliches Zentrum der Region – geht es am North Payette River entlang, der sich durch eine z. T. sehr enge Schlucht schlängelt. Ab Horseshoe Bend wird es dann karger und ein letzter, 1.280 m hoher Pass muss überquert werden, ehe man Boise erreicht.

Boise, Idahos Hauptstadt (ⓘ S. 177)

Der „bewaldete Platz"

Boise verdankt seinen Namen französischen Trappern, die bereits im späten 18. Jh. die Bäume in der Talsenke bewunderten und den Platz als „boisé", „bewaldet", bezeichneten. Gegründet wurde die Stadt jedoch erst 1863, nachdem ein Jahr zuvor Gold- und Erzsucher in der Region fündig geworden waren. Schon ein Jahr später wählte man den Ort, der sich schnell zum Wirtschaftszentrum der nahen Minenregion (s. u.) entwickelte, zur neuen Hauptstadt des Idaho-Territoriums – und 1890 zur Hauptstadt des neuen Bundesstaates.

Nach dem Minenboom etwas in Vergessenheit geraten, hat sich die Stadt mittlerweile gemausert, die Einwohnerzahl ist auf über 180.000 angestiegen, und im Großraum lebt über eine Viertelmillion Menschen. Hochhäuser überragen das State Capitol, kleinere und mittlere Konzerne haben ihre Headquarters hier eingerichtet und sich die günstigen Steuerbedingungen sowie die verkehrsgünstige Lage im Nordwesten zunutze gemacht. Boise hat zudem ein angenehmes Klima, viel Grün und die Boise State University mit entsprechender Infrastruktur zu bieten.

Die **O'Farrell Cabin** von 1864 auf der Fort Street gilt als einer der ältesten Bauten der Stadt. Das Stadtbild dominiert jedoch das wenige Blocks südlich gelegene **State Capitol** im üblichen repräsentativen Baustil *(Jefferson/W State/6th/8th St., Mo-Fr 7-18, Sa/So 9-17 Uhr, Eintritt frei)*. Es wurde zwischen 1905 und 1920 erbaut. Das nahe gelegene **Basque Museum & Cultural Institute** *(611 Grove St., ☏ 343-2671, Di-Fr 10-16, Sa 11-15 Uhr, $ 5)* mag kurios anmuten, macht aber deutlich, dass gerade hierher viele Basken ausgewandert sind.

An der Ecke N 8th/Broad Street befindet sich verteilt auf alte Lagerhäuser das Shoppingcenter **8th Street Marketplace** mit zahlreichen Spezialitätengeschäften. Es bildet das Zentrum von **Bo**Do, **Bo**ise **Do**wntown, das Shoopingareal in der Innenstadt zwischen Main und Front, 14th und 4th Streets.

Hauptattraktion der Innenstadt ist der **Julia Davis Park** (Zufahrt über Capitol Blvd.). Hier befinden sich einige Museen, als interessantestes das **Idaho State Historical Museum**, wo allerhand Wissenswertes über die Geschichte des Staates zu erfahren ist *(610 N Julia Davis Dr., 🖳 www.idahohistory.net/museum.html, ☏ 334-2120, Di-Sa 9-17, So 13-17 Uhr, $ 2)*. Im **Boise Art Museum – BAM –** *(670 N Julia Davis Dr., ☏ 345-8330, 🖳 www.boiseartmuseum.org, Di-Sa 9-17, So 13-17 Uhr, $ 8)* lohnen vor allem die Wechselausstellungen und die Kunstwerke des amerikanischen Realismus. Ein Besuch im **Zoo** *(tgl. 10-17 Uhr, $ 5)* oder im **Discovery Center of Idaho** *(131 Myrtle St., ☏ 343-9895, 🖳 www.scidaho.org, Mo-Sa 10-17, So 10-17 Uhr, $ 6,50)*, einem sehenswerten Wissenschaftsmuseum mit interaktiven Ausstellungen, ist vor allem für Familien das Richtige.

Interessantes Geschichtsmuseum

Ein Stück südöstlich der Innenstadt befindet sich das **Morrison Knudsen Nature Center** *(600 S Walnut St., tgl. Sonnenauf- bis Sonnenuntergang, Eintritt frei)*, das verschiedene Ökosysteme Idahos inklusive Flora und Fauna auf großem Areal und mit Trails demonstriert; besonders interessant ist die Ausstellung über den Lebenslauf der Fische.

Das State Capitol von Boise

Etwas außerhalb der Stadt, im Nordosten, an der Old Penitentiary Road (via Warm Springs Rd.) befindet sich der **Idaho Botanical Garden** *(2355 N Old Penitentiary Rd., Mo-Fr 9-17, Sa/So 10-18 Uhr $ 4)*. Der Botanische Garten ist in zwölf Abteilungen unterteilt: ein Kinder-, Päonien-, Rosen-, Kräuter- und ein Englischer Garten gehören dazu. Er wurde einst von den Gefangenen des benachbarten **Old Idaho Penitentiary** angelegt, die Gemüse und Gewürze sowie Blumen kultivierten. *Old Pen* selbst gewährt Einblick in die harten „Lebensbedingungen" des Gefängnisalltags zwischen 1870 und 1973 *(2445 Old Penitentiary Rd., ☏ 334-2844, tgl. 10-17 Uhr, $ 5)*.

Reisepraktische Informationen Boise/ID

Vorwahl 208

Information/Touren
• Allgemein zum Staat Idaho: 💻 www.visitidaho.org
• **Boise CVB**, 312 S 9th St., Ste. 100, ☎ 344-7777 bzw. 1-800-635-5240, 💻 www.boise.org
• **Idaho Outfitters & Guides Association**, P. O. Box 95, T-9, Boise, ID 83701, 💻 www.IOGA.org.
Infos zu Outdooraktivitäten und -anbietern, inkl. Liste von Guest Ranches.

Einkaufen
• **8th Street Marketplace**, 8th St. Viele Spezialgeschäfte mitten in Downtown.
• **Factory Outlet Mall**, I-84 Exit 57 Gowen Rd. Über 40 Läden mit Schnäppchen in Hülle und Fülle.

Hinweis
Tipps zu Unterkünften, Essen & Trinken, Nightlife s. S. 177.

Alternativroute nach Idaho Falls

Die weiter unten ausführlich behandelte Hauptroute ist die idyllischere, doch der schnellste Weg von Boise Richtung Yellowstone NP folgt der Autobahn I-84/86, dann ab Pocatello der I-15 nach Idaho Falls – damit dem historischen **Oregon Trail** (ⓘ S. 453) – durch ein von *sagebush* (Artemisia bzw. Beifuß) bedecktes, karges Halbwüstenareal, das immer wieder von kleinen und größeren Canyons unterbrochen wird.

Einen Abstecher auf dieser Strecke lohnt der **Bruneau Dunes SP**, ca. 22 mi/35 km südlich von Mountain Home (ID 51, I-84 Exit 90). In seinem Zentrum befinden sich graue Dünen, die mit bis zu 140 m zu den höchsten Amerikas zählen. Zwischen Bliss (I-84 Exit137) und Twin Falls (I-84 Exit 173) lohnt der Umweg über den US Hwy. 30, den **Thousand Springs Scenic Byway**, durchs Hagerman Valley, den interessantesten Abschnitt der Route.

Eine Attraktion dort ist das **Hagerman Fossil Beds National Monument** (💻 www.nps.gov/hafo), u. a. mit einem Skelett eines Urpferds *(Hagerman Horse)*. In Hagerman selbst gibt es eine kleine Fossilienausstellung. Ein paar Meilen weiter sprudeln die mysteriösen **Thousand Springs** aus der vom Snake River geschliffenen Canyonwand. Man glaubt, dass vor Urzeiten die Lavamassen ehemalige Quellen und Flussläufe weiter im Norden überdeckt haben. Da die Lava aber Tunnel und Höhlungen aufwies, bahnte sich das Wasser im Verborgenen einen Weg und drang immer weiter nach Süden vor, bis es hier aus den Wänden austrat. Im Umkreis der *Thousand Springs* zeugen einige heiße Mineralquellen von weiteren unterirdischen Aktivitäten.

Zwei Dinge lohnen in **Twin Falls** (ⓘ S. 242): der **Snake River Canyon**, den man von der Stadtseite (Aussichtspunkt am VC) gut einsehen kann, und, sofern ausreichend Wasser fließt, die **Shoshone Falls**, gut 6 km östlich der Stadt (ausgeschildert).

> **Information**
> • **Twin Falls Area Chamber of Commerce**, 858 Blue Lakes Blvd. N, ☎ 208/733-3974,
> 🖳 www.twinfallschamber.com und www.visitsouthidaho.com

Pocatello ist ein wichtiger Verkehrsknotenpunkt, besonders für die Eisenbahn. Zudem wird das etwa 52.000 Einwohner zählende Städtchen von den Studenten der *Idaho State University* geprägt. Zu den Sehenswürdigkeiten gehört neben dem **Idaho Museum of Natural History** (5th/Dillon St., Idaho State University, ☎ 208/282-3317, Di-Sa 10-17 Uhr, $ 5) der Nachbau von **Fort Hall** im Ross Park, einst Handelsstation der Hudson's Bay Company am Oregon Trail *(N 5th Ave., tgl. 10-18 Uhr, $ 2)*.

Östlich von Pocatello führt die I-15 nach Norden und Idaho Falls. Unterwegs kann man in **Blackfoot**, am Rande der *Fort Hall Indian Reservation*, in der **Idaho World Potato Exposition** einen Stopp einlegen. In dem kleinen Museum geht es um das Hauptanbauprodukt von Idaho, die Kartoffel *(130 NW Main St., I-15 Exit 93, ☎ 208/785-2517, 🖳 www.potatoexpo.com, Mo-Fr/Sa 9.30-15/17 Uhr, $ 3)*.

Folgt man der Autobahn jedoch südwärts, erreicht man **Salt Lake City** (Anschluss an die in Kapitel „'Westward Ho!' Von Denver über Salt Lake City nach San Francisco" beschriebene Route, S. 483 ff.).

Ponderosa Pine und Sawtooth Scenic Byway

Für die Fahrt Richtung Yellowstone sollte man sich Zeit nehmen und auf **Ponderosa Pine** und **Sawtooth Scenic Byway** die Berg-, Seen- und Waldlandschaft Idahos und das **Craters of the Moon NM** angemessen würdigen. Östlich von Boise biegt man auf den ID 21 ein und erreicht bald die Ranger Station der **Sawtooth NRA**, wo man vielerlei Informationen erhält. Man sollte keine dichten Waldareale erwarten, die befinden sich in den Hochlagen der Berge, während die Täler mit Grasflächen bedeckt sind. Dieser Gegensatz verleiht dem *Heartland* von Idaho seinen eigenen Charakter.

Goldrausch in Idaho

Idaho City (🖳 www.idahocitychamber.com, ⓘ S. 197), ca. 40 mi/64 km von Boise entfernt (ID 21), war Mitte der 1860er Jahre die größte Stadt im Nordwesten. Man zählte damals 5.640 Männer (ein Drittel davon Chinesen), 360 Frauen, 224 Kinder … und 36 Saloons! Grund für den Boom war das Gold, das in den umliegenden Bergen von den Flüssen ins Boise-Becken geschwemmt wurde. 1862 hatte ein Goldrausch eingesetzt, der insgesamt 250 Mio. Dollar – mehr als in Alaska – einbrachte und westlich von Idaho City zahlreiche, heute nur über Schotterpisten erreichbare Orte wie Placerville, Centerville oder Atlanta entstehen ließ.

… und 36 Saloons

Idaho City hat das Ende des Goldrauschs überlebt, auch wenn es heute kaum 500 Menschen zählt. Aus den „goldenen Zeiten" sind im Ortskern noch rund zwanzig historische Bauten geblieben. In das alte Postamt von 1867 ist das **Boise Basin Museum** eingezogen, wo Memorabilien, alte Fotos und Modelle die Blütezeit der „Stadt" illustrieren *(Montgomery/Wall St., Mo-Sa 11-16, So 13-16 Uhr, $ 2)*.

Von Gletschern geformte Berge

Die **Sawtooth Mountains** haben ihren Namen den ersten Trappern zu verdanken, die ihre Umrisse als die Zähne eines Sägeblattes deuteten. Sie wurden wie viele andere hohe Bergmassive der *Heartlands* durch die Gletscher der letzten Eiszeit geformt. Deren Schmelzwasser wiederum hatte die Entstehung vieler kleiner Seen unterhalb der Berge zur Folge, die gefüllt blieben, da vorgelagerte Moränenwälle den Abfluss versperrten.

Stanley (ⓘ S. 239), 80 mi/130 km nördlich Idaho City (ID 21), ist eine winzige Gemeinde mit offiziell hundert Einwohnern. Im Sommer vervierfacht sich die Zahl, da sich Naturfreunde und Wanderer, vor allem aber Rafter und Kanuten hier einfinden. Es gibt zahlreiche Touranbieter und Outfitter im Ort und dazu einige Motels (vorreservieren!).

Alternativroute zum Craters of the Moon National Monument

Von Stanley führt der ID 75 zum US Hwy. 93 , der dem Salmon River Valley weiter nach Norden folgt. Hier trifft man auf die vorher beschriebene Alternativroute entlang dem *Lewis & Clark Trail*. Kurz vor der Kreuzung ID 75/US Hwy. 93 und der Ortschaft **Challis** liegt das Interpretive Center des **Land of the Yankee Fork State Park**. Hier erfährt man mehr über die Minengeschichte der Region zwischen 1860 und 1910. Eine Schotterpiste (Custer Motorway Adventure Rd.) führt zwischen **Sunbeam** (östlich Stanley, ab ID 75) und Challis über etwa 60 km durch das Goldminenareal, vorbei an Ghosttowns und aufgelassenen Minen.

i   *Information/Sehenswertes*
• *Land of the Yankee Fork SP/Interpretive Center, ID 75 südl. der Kreuzung mit US 93 via Custer Motorway (Schotterpiste!),* 🖳 *http://parksandrecreation.idaho.gov/parks/yankeefork.aspx, tgl. 9-17 Uhr, Eintritt frei.*

Fast menschenfeindlich: Craters of the Moon

Nach der Besichtigung des Interpretive Centers stößt der ID 75 auf den US Hwy. 93, der vorbei am **Grand View Canyon**, auch *Grand Canyon en miniature* genannt, und dem Borah Peak, mit 3.859 m der höchste Berg in Idaho, nach **Arco** (ca. 1.000 Einwohner) führt. Von hier sind es nur noch rund 30 km zur mondähnlichen Landschaft des **Craters of the Moon NM**.

Im Sun Valley (ⓘ S. 241)

Südlich von Stanley lohnt eine Pause am **Redfish Lake** (▭ *www.redfishlake.com*, ⓘ S. 219), dem vielleicht schönsten See Idahos (ID 75). Ein Campingplatz lädt zum Bleiben ein (vorbuchen!), rund um den See gibt es zahlreiche Wanderwege und von der *Redfish Lake Lodge* legt ein kleiner Ausflugsdampfer ab. Zudem können hier Kajaks und Kanus gemietet werden.

Auf der Weiterfahrt sollte man vor Erreichen des **Galena Passes** (2.610 m), nahe mi 159, einen Stopp einlegen. Der Blick zurück ins Tal des Salmon River, die Sawtooth Range und die White Cloud Mountains lohnen die kurze Unterbrechung. Rasch ist das **Sun Valley** erreicht, ein beliebtes Sommer-, besonders aber Winterausflugsziel mit Hotels, Motels und Privatunterkünften. An zwei Berghängen verkehren Ski- und Sessellifte, die auch im Sommer in Betrieb sind, und um die drei Hauptorte **Sun Valley**, **Elkhorn** und **Ketchum** gibt es zahlreiche Wander- und Mountainbike-Trails. Der Ort Sun Valley besteht im Grunde vor allem aus einem Resortkomplex, Elkhorn ist vornehmlich eine Apartmentsiedlung, während Ketchum der eigentliche Hauptort ist.

Beliebtes Reiseziel

Die einstige Minenstadt **Ketchum** (ca. 3.000 Einwohner) hat sich ganz dem Tourismus verschrieben. Die Berglandschaft um das und südlich des Sun Valley – dem ersten amerikanischen Skigebiet überhaupt – hat ihren eigenen Reiz, denn im Gegensatz zu den schroffen und spitzen Sawtooth-Bergen wirken die Anhöhen hier sanft, sind die Hänge von Wiesen bedeckt und kaum bewaldet; das nahe Wüstenklima macht sich hier bemerkbar. Die heutige Erholungs- und Wochenend-Party-Destination wurde einst durch *Ernest Hemingway* berühmt. Er hatte die klimatisch wie auch landschaftlich besondere Lage des Sun Valley entdeckt und viele Jahre hier verbracht, oft am Tresen der Casino-Bar. Er hat sich hier jedoch auch am 2. Juli 1961 das Leben genommen und fand mit seiner Frau auf dem Ortsfriedhof die letzte Ruhe.

Hemingways letzte Ruhestätte

Nach Hailey und Bellevue zweigt die Route auf dem US Hwy. 20 (zugleich US Hwy. 26 und 93) nach Osten ab und erreicht bald die ersten **Vorboten eines großen Lavagebietes**.

> ℹ️ **Information**
> • **Sun Valley/Ketchum CVB**, *371 N Main St., Sun Valley und 251 Washington St., Suite A, Ketchum,* ☎ *208/726-3423,* ▭ *www.visitsunvalley.com*

Craters of the Moon National Monument

Vor 15.000 Jahren begann die Erdkruste auf einer Länge von knapp 100 km aufzubrechen, das **Great Riff** entstand und ließ durch den Bruch bis vor 2.000 Jahren enorme Lavaströme austreten. Dies war als Warnsignal dafür zu werten, dass nicht nur die geografisch bekannten Vulkane eine Gefahr darstellen, sondern auch entlang den Verwerfungszonen Aktivität herrscht, wie das Erdbeben am *Borah Peak* 1983 bewies. Damals erschütterte ein Beben der Stärke 7,3 die Region, eines der schwersten auf dem nordamerikanischen Kontinent im 20. Jh. Der Berg wuchs innerhalb von 40 Sekunden um 15 cm, das angrenzende Tal senkte sich zugleich um 22 cm.

Mondland-
schaft

Ein Gebiet von über 200 km² verhärteter Lava ist hier am US Hwy. 20 als *National Monument* ausgewiesen. Lavatunnel, bizarre Bögen *(Natural Bridges)*, Schlackenkegel und weite Flächen mit schwarzem Lavagestein sind Relikte der erschreckenden Signale der Erde. Den Namen erhielt das Monument, weil die Oberfläche aus der Ferne wie die Mondoberfläche aussieht. Passenderweise nutz(t)en Astronauten das Areal als Trainingsgelände. Dennoch ist die Region nicht lebensfeindlich: Besonders im Frühjahr sprießen und blühen an die 300 Pflanzenarten und locken 2.000 Insekten- und 148 Vogelarten an.

Erste Anlaufstation sollte das **Visitor Center** am US Hwy. 20, 20 mi/32 km westlich Arco sein. Hier gibt es Auskünfte und einen instruktiven Film. Festes Schuhzeug (Lavagestein ist spitz und scharf!), eine Taschenlampe (für die Lavatunnel) sowie ausreichend Wasser sind Voraussetzungen für Wanderungen. Man kann das Gelände aber auch auf einer 7 mi/11 km langen Route im Auto erkunden. An sieben Haltepunkten gibt es Erläuterungstafeln und gehen Trails ab. Besonders der Pfad an Punkt 7, der zu Lavahöhlen und -tunnel führt, ist empfehlenswert.

i **Information**
• **Visitor Center** *des Craters of the Moon NM an der Zufahrt (ab US 26), am Beginn des Loop, tgl. 8-18 Uhr, ☎ 208/527-3257, 🖳 www.nps.gov/crmo, $ 8 pro Pkw.*

Auf der Weiterfahrt nach Idaho Falls durchquert man rund 10 km südöstlich von Arco (US 20) das **Idaho National Engineering Laboratory**, das eine Fläche von beinahe 2.400 km² einnimmt. Im Zentrum dieser 1949 eingerichteten Forschungsstation steht der **Experimental Breeder Reactor #1**, der 1951 in Betrieb genommene erste Atomreaktor. Die zu besichtigende Forschungseinrichtung beschäftigt sich mit der friedlichen Nutzung der Atomenergie. Ob wohl der Standort in dieser erdbebengefährdeten Region klug gewählt ist?

Idaho Falls (ⓘ S. 197)

Zweitgröß-
te Stadt
Idahos

Idaho Falls ist mit seinen über 50.000 Einwohnern zwar immerhin die zweitgrößte Stadt Idahos, sie hat ihre Blütezeit allerdings hinter sich. Um 1860 wurde der Minenort *Taylor's Crossing* gegründet, nach dem Mining-Boom ver-

 Tipp für Besucher

*Idaho Falls kann für Reisende, die im Yellowstone bzw. Grand Teton NP keine **Unterkunft** mehr gefunden haben bzw. preisgünstiger nächtigen möchten, eine empfehlenswerte Alternative sein. Von hier sind es nur noch zwei Fahrstunden zu den Parks.*

kam er zur Ghosttown. Heute fungiert die Kleinstadt als Industrie-, Handels- und Verwaltungszentrum der Region, geprägt von Farmen und Landwirtschaft.

Sehenswert ist das **Museum of Idaho** (*200 N Eastern Ave., ☎ 208/522-1400, 🖳 www.museumofidaho.org, Mo-Sa 9-17 Uhr, $ 6*), das sich der Geschichte der Region widmet. Da dabei Teile der historischen Stadt 1:1 nachgebaut wurden, wird der Besucher im Museum auf eine Zeitreise geschickt. Die Wasserfälle in den Snake River, die **Idaho Falls** (I-15, Broadway Exit), sind heute leider mittels Staustufen gebändigt, aber immerhin eingebettet in ein hübsches Parkareal.

Information
• **Snake River Territory/Greater Idaho Falls CVB**, *630 W Broadway*, ☎ *208/523-1010*, 🖳 *www.visitidahofalls.com*

👉 **Hinweis zur Route**

Der schnellste Weg ins **Yellowstone Country** *mit seinen beiden Nationalparks führt über den im Sommer stark frequentierten US Hwy. 26 zunächst nach* **Jackson**, *Zugangstor zum* **Grand Teton NP**. *Wer plant, zuerst den Yellowstone NP zu besuchen, wählt besser den US Hwy. 20, der nach* **West Yellowstone**, *dem westlichen Zugang zum Park, führt.*

Jackson Hole und der Grand Teton National Park

Jackson und Jackson Hole (ⓘ S. 197)

Die Bergkette der Tetons mit ihrem grandiosen Panorama zählt zu den beeindruckendsten Naturschönheiten Nordamerikas. *Teewinot* (viele Bergspitzen) nannten es die Indianer, während die ersten weißen Trapper, darunter viele Frankokanadier, von *Les Trois Tetons* (umgangssprachlich „die drei Titten") sprachen. Das sich davor im Südosten ausbreitende Talbecken wurde nach *David E. Jackson*, einem der ersten Trapper in der Region, *Jackson's Hole* genannt. Die damit verbundenen schlüpfrigen Witze führten dazu, dass man 1991 den Namen offiziell in *Jackson Hole* abänderte.

Les Trois Tetons

Das lang gestreckte Talbecken entstand vor 13 bis 17 Mio. Jahren, als die Erdkruste begann, hier aufzubrechen: Eine der Platten stieg dabei auf und formte über Millionen Jahre die Teton Range, die Ostseite dagegen sank ab und bildete die Talsenke. Die tiefste Stelle dieser *Teton Fault* befindet sich wenig südlich des Ortes Jackson – und gilt noch heute als Erdbebengebiet. Daran haben sich aber weder die Indianer, die hier schon vor 11.000 Jahren gejagt haben, noch die Trapper, die Cowboys, die Jetsetter oder die Reichen gestört. **Jackson** ist heute Dreh- und Angelpunkt des Berg- und Naturtourismus, im Winter wie im Sommer – mit allen Vor- und Nachteilen. Einen gewissen Charme hat sich Jackson trotz allen Fremdenverkehrsrummels inklusive Boutiquen, Outdoor-

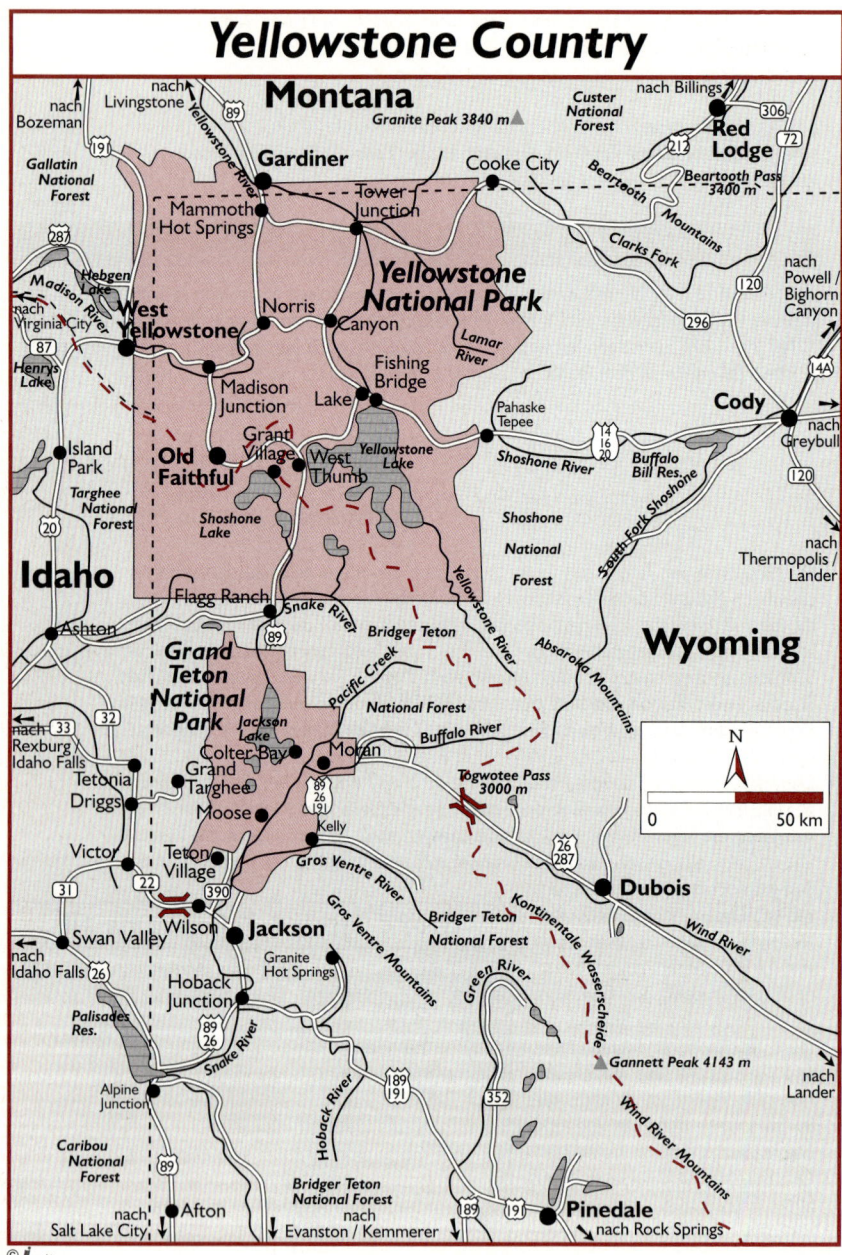

Yellowstone Country

© *i*graphic

und Souvenirshops und Outfittern dennoch bewahrt, wenn auch das Wildwest-Image etwas aufgesetzt wirkt.

Längst ist **Jackson Hole** mit seinen mehr als 50 Skipisten auch ein Tipp für europäische Winterurlauber. Am Mt. Rendezvous bietet eine Piste die größte Höhendifferenz in den USA mit fast 1.300 m und die längste Abfahrt der Gegend misst über 7 km. Trotz der über 11.000 zur Verfügung stehenden Betten empfiehlt sich im Sommer wie im Winter eine möglichst frühzeitige Reservierung.

Winter-sportziel

Sehenswertes in Jackson

Die kleine Innenstadt mit ihren Läden, Cafés und Lokalen breitet sich um den **Town Square** aus. Nicht weit entfernt befindet sich das kleine **Jackson Hole Museum** *(W Deloney/N Glenwood St., Mo-Sa 9.30-18, So 10-17 Uhr, $ 3)*. Besuchenswert ist jedoch vor allem im Norden des Städtchens das moderne **National Museum of Wildlife Art** *(Rungius Rd., US 89/26,* ☎ *733-5771,* ▭ *www.wildlifeart.org, tgl. 9-17 Uhr, $ 10)*, in dem Landschaftsbilder – u. a. von *Albert Bierstadt, George Catlin,* dem Deutschen *Carl Rungius* oder *C. M. Russell* – und Tierbronzeskulpturen zu bewundern sind. Interessant sind besonders das nachgebaute Studio des Westernmalers *John Clymer* (1907-89) und die *American Bison Gallery.*

Vom Bau und der Terrasse (mit kleinem Café) hat man eine gute Aussicht auf die gegenüberliegende **National Elk Refuge**. Es handelt sich hierbei um ein 1.000 km² gro-

Jackson, im Sommer wie im Winter viel besucht

ßes Rückzugsgebiet für Wapitihirsche, das sich in den Grand Teton National Park hinein erstreckt. Die Tiere ziehen im Winter von den Berghöhen im Yellowstone Park hierher und bis zu 7.500 Hirsche versammeln sich dann auf der weiten Ebene – eine Attraktion der besonderen Art, zu der auch Schlittentouren angeboten werden.

Rückzugs-gebiet für Hirsche

Als Sehenswürdigkeit der besonderen Art könnte man auch die **Snake River Brewing Co.** zählen *(265 S Millward St.,* ▭ *www.snakeriverbrewing.com)*. Die kleine Brauerei (mit Pub) gehört seit Jahren zu einer der besten im Westen, dessen Biere immer wieder ausgezeichnet werden.

Das **Teton Village**, nordwestlich von Jackson, ist ein reiner Touristenort mit Hotels, Motels, Lokalen, Bars, Outfittern und Tourveranstaltern, ideal für Wanderer und Skifahrer mit Hang zu Fun und Unterhaltung. Die Seilbahn auf den 3.280 m hohen Mt. Rendezvous wird derzeit neu gebaut und soll 2008 wieder eröffnet werden.

Reisepraktische Informationen Jackson/Jackson Hole/WY

Vorwahl 307

Information
• **Jackson Hole & Greater Yellowstone VC**, 532 N Cache St., ☎ 733-3316, tgl. 8/9-17/19 Uhr, 🖥 www.jacksonholechamber.com, www.jacksonholewy.com sowie www.fs.fed.us/jhgyvc
• **National Elk Refuge VC**, 532 N Cache St., tgl. 8-19 Uhr, Areal rund um die Uhr geöffnet, Eintritt frei

Einkaufen
Rund um den **Town Square** gibt es zahlreiche Shops (z. B. Eddie Bauer), Boutiquen, Galerien und Läden.
• **Jackson Hole Hat Company**, 245 N Glenwood, 🖥 www.jhhatco.com. Paul und Marilyn Hartman gründeten 1983 ein Hutmachergeschäft, genannt „Hatter to the Cowboys", wo es qualitativ hochwertige Hüte zu „Cowboy"-Preisen gibt.
• **Jackson Hole Buffalo Co.**, 1325 S Hwy. 89 (neben Smith's Grocery Store), 🖥 www.buybuffalomeat.com. Seit 1949 wird hier Wild- und Bisonfleisch in allen Variationen zum Verkauf angeboten (auch Pakete zum Mitnehmen).

Touren, Outdooraktivitäten
Kaum ein Ort in den USA bietet in Sachen Outdooraktivitäten, Canoeing, Chuckwagon-Touren etc. ein ähnliches Angebot. Um den Town Square herum gruppieren sich die Büros zahlreicher Tourveranstalter und Unternehmen. Zu den bekanntesten Anbietern von Bootstouren zählen:
• **Lewis & Clark Expeditions**, N Cache (nahe Town Square), ☎ 733-4022, 🖥 www.lewisandclarkexpeds.com
• **Barker-Ewing Scenic Tours**, W Broadway (nahe Town Square), ☎ 733-1800, 🖥 www.barkerewing.com

Jackson Hole Hat Company

Im Grand Teton National Park (ⓘ S. 195)

Grandiose Gebirgskette

Das 64 km lange Rückgrat des 125.666 ha großen Nationalparks, der zu den meistbesuchten und schönsten in den USA zählt, bildet die Gebirgskette der Tetons, die unvermittelt aus der Ebene aufzusteigen scheint und mit dem **Grand Teton** eine maximale Höhe von 4.197 m erreicht. Seit 1929 ist diese Landschaft mit ihren Seen, Bergen und dem Hochtal *Jackson Hole* als Nationalpark geschützt, wobei allerdings erst im Jahr 1950 der große östliche Teil durch finanzielle Unterstützung des Großindustriellen *John D. Rockefeller Jr.* dazugewonnen werden konnte. Aus diesem Grund trägt der US Hwy. 89 auch den Beinamen **Rockefeller Memorial Parkway**.

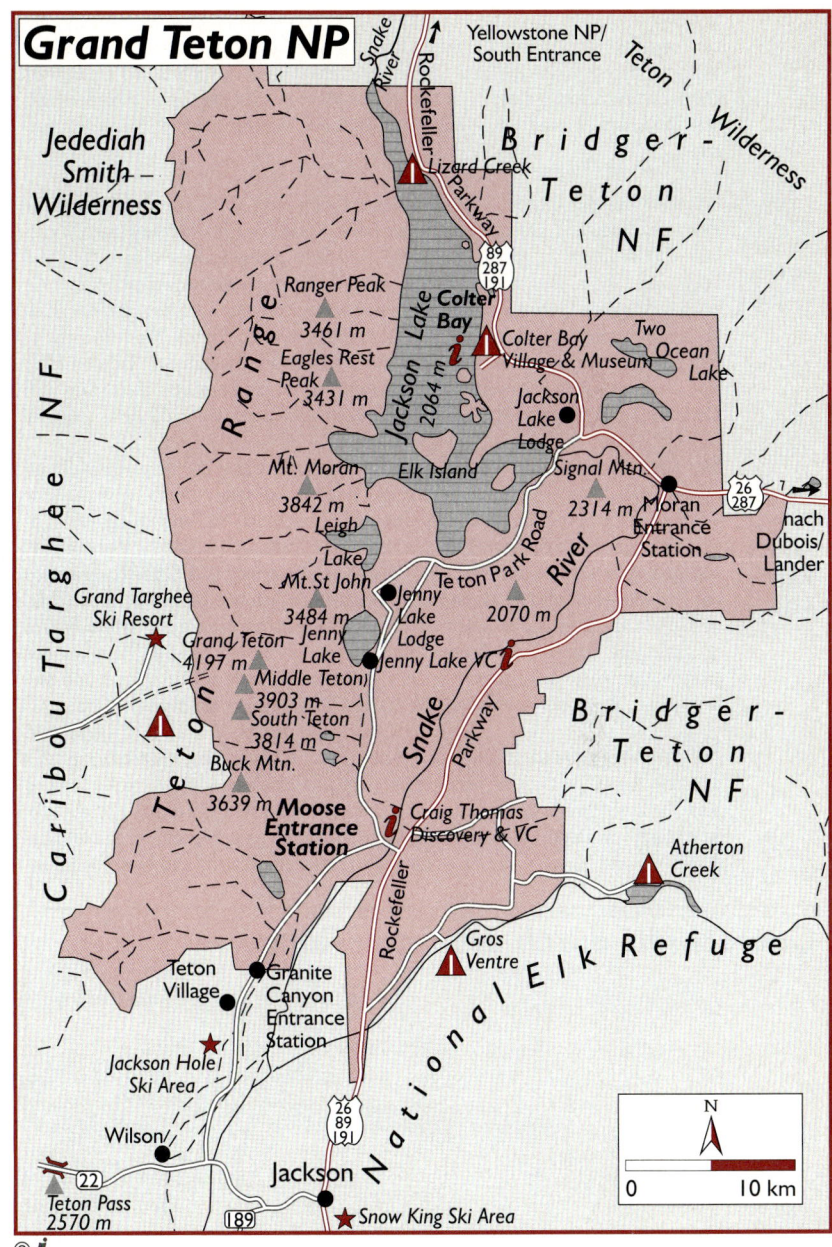

Grand Teton NP

Snake River

Yellowstone NP/
South Entrance

Teton Wilderness

Jedediah
Smith
Wilderness

B r i d g e r -
T e t o n
N F

Rockefeller Parkway

Lizard Creek

89
287
191

Ranger Peak
3461 m

Colter
Bay

Colter Bay
Village & Museum

Two
Ocean
Lake

Eagles Rest
Peak
3431 m

Jackson
Lake
2064 m

Jackson
Lake
Lodge

Mt. Moran
3842 m

Elk Island

Signal Mtn.
2314 m

Moran
Entrance
Station

26
287

nach
Dubois/
Lander

Leigh
Lake

T e t o n   R a n g e

Teton Park Road

Snake River

Grand Targhee
Ski Resort

Mt. St John
3484 m

Jenny
Lake

2070 m

C a r i b o u   T a r g h e e   N F

Grand Teton
4197 m

Jenny
Lake
Lodge

Jenny Lake VC

Middle Teton
3903 m

South Teton
3814 m

Buck Mtn.
3639 m

Moose
Entrance
Station

Craig Thomas
Discovery & VC

B r i d g e r -
T e t o n
N F

Snake River

Rockefeller Parkway

Atherton
Creek

N a t i o n a l   E l k   R e f u g e

Teton
Village

Granite
Canyon
Entrance
Station

Gros
Ventre

Jackson Hole
Ski Area

Wilson

22

26
89
191

Teton Pass
2570 m

Jackson

189

Snow King Ski Area

N

0 ———— 10 km

© *i* graphic

Erste Anlaufstation sollte das **Hauptbesucherzentrum in Moose**, nördlich Jackson, sein. Hier erhält man u. a. die Parkzeitung „Teewinot Newspaper", die über Aktivitäten, Tagesprogramme und Sonderveranstaltungen informiert, und einen Plan. Dem Zentrum angeschlossen ist ein kleines Museum, das die Geschichte des Jackson Hole und seiner frühen Bewohner (Indianer, Trapper, Händler, Pioniere) illustriert.

Erkundung der Grand Tetons

Bei einer Besichtigungstour mit dem Wagen sollte man ab Moose den Rockefeller Pkwy. verlassen und sich auf der **Teton Park Road** – nach Bezahlung der Parkgebühr an der *Entrance Station* – den herrlichen Seen **Jenny Lake** (weiteres VC) und *Leigh Lake* nähern. Hier sind zahlreiche (leichte) Wanderwege ausgeschildert und die hoch aufragende Gebirgswand steht immer vor Augen und Fotolinse. Von der Straße aus ist zudem ein Abstecher zum Aussichtspunkt des **Signal Mountain** empfehlenswert – er erlaubt einen weiten Blick auf die Hochebene von Jackson Hole und die umgebende Bergwelt. Der beste Ausblick auf die Bergkette bietet sich vom **Oxbow Bend Overlook**, wo sich die Berge im Altwasser des Snake River spiegeln.

Erinnerungen an Karl May

Der Signal Mountain liegt am Südostufer des **Jackson Lake**, der durch das Aufstauen des Snake River – jenem Fluss, der uns erstmals bei seiner Mündung in den Columbia River in Ost-Washington begegnet ist – entstanden ist. *Karl May*-Lesern ist er als „Schlangenfluss" ein Begriff, ein Großteil der Handlungen in Band „Winnetou III" spielt nämlich hier im Südwesten und Westen von Wyoming. Das Grab von *Winnetou* hat *Karl May* ebenfalls hier in die Berglandschaft nördlich von Jackson gelegt. Mit seinen Inseln, Buchten und bewaldeten Ufern gibt der Jackson Lake ein idyllisches Bild ab, zahlreiche kürzere und längere Wanderwege führen um den See. Kurz vor der *Jackson Lake Lodge* gelangt man an der **Jackson Hole Junction** wieder auf den Rockefeller Pkwy., der kurz zuvor die östliche Zufahrt zum Nationalpark passierte.

Auf dem Weg nordwärts führt der Parkway zur **Colter Bay**. Hier befindet sich ebenfalls ein VC, in dem ein Film gezeigt wird und es eine sehenswerte Ausstellung zum Kunsthandwerk der Indianer gibt. Dieses **Indian Art Museum** ging aus der Sammlung von *David T. Vernon* hervor, finanziert durch eine Spende der *Rockefellers*. Außer VC und Museum gibt es einen Laden, Tankstelle, Cabins und eine Bootsanle-

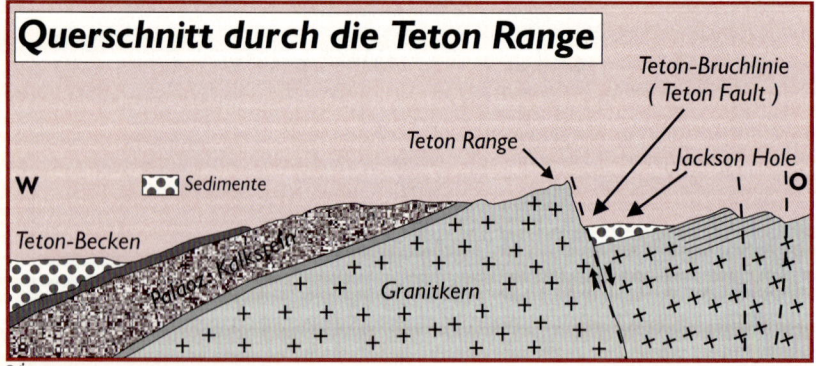

Querschnitt durch die Teton Range

Teton-Bruchlinie
(Teton Fault)

Teton Range

Jackson Hole

W

Sedimente

O

Teton-Becken

Paläoz. Kalkstein

Granitkern

© *i*graphic

INFO
Die Entstehung der Rocky Mountains

Die Rocky Mountains (das „Felsengebirge") sind der östlichste Teil der nordamerikanischen Kordillere, die sich stellenweise bis zum Pazifik erstreckt. Die überwiegend durch Bewegung und Faltung der Erdkruste gebildeten Höhenzüge grenzen östlich an die Great Plains an. Sie werden aufgrund ihrer Entstehung von Geologen auch als „Überschiebungsgürtel" bezeichnet, denn zur Zeit der Kreide-Tertiär-Grenze, vor etwa 80 Mio. Jahren, erreichte diese Subduktion der Pazifischen durch die Nordamerikanische Platte ihren Höhepunkt und führte so zur Entstehung der Rockies. Durch die Kollision der beiden Platten gerieten die Gesteins- und Sedimentmassen unter gewaltigen Druck und wurden dadurch nach Osten gedrängt und – wie ein Teppich – in Falten gelegt. Abhängig von Gesteinsart, Druckintensität und Entfernung, legten sich die Falten übereinander („Biegegleitfaltung" oder „Scherfaltung") und bildeten so genannte Deckenüberschiebungen.

Die Gesteine reagierten dabei unterschiedlich: Während sich z. B. tonhaltige Schichten nahezu vollständig „verbiegen" lassen, reagieren Kalkschichten weitaus weniger plastisch und zerbrechen unter Druck. Man spricht dann von Bruchfaltentektonik oder Bruchfaltengebirge. Teilweise haben die Schichten – zerfaltet, gestaucht und übereinandergeschoben – Hunderte von Kilometern zurückgelegt und die typischen aufgefalteten Höhenzüge und dazwischenliegenden tektonischen Becken ausgebildet. Vom tektonischen Druck wurde gebietsweise auch das kristalline Grundgebirge erfasst und nach oben gepresst. Es entstanden beeindruckende Gebirgsketten wie die *Bighorn*, *Bitterroot* oder *Uinta Mountains*, die *Tetons*, *Front*, *Wind River* oder *Laramie Ranges*.

gestelle und auch hier wieder eine Vielzahl von Wanderwegen um den See. Von Colter Bay führt die Straße immer entlang dem Ufer des Jackson Lake zum nördlichen Parkausgang und dann – nach weiteren 13 km durch einen kurzen Waldabschnitt – zum Südzugang des Yellowstone NP.

Geologie, Flora und Fauna der Grand Tetons

Die Grand Tetons sind eine der **jüngsten geologischen Bergformationen** Amerikas. Sie sind „lediglich" zwischen 13 und 17 Mio. Jahre alt – jung im Vergleich zu den 60 Mio. Jahre alten Bergen ringsum. Die imposante Bergkette entstand, als sich ein gewaltiger Riss in der Erdoberfläche auftat, durch den das heutige Gebirge (Grand Tetons) mit Hilfe starker Kräfte aus dem Erdinneren hochgedrückt wurde. Als Gegenstück dazu entstand eine große Talsenke (Jackson Hole). Die Erde ist noch immer in Bewegung und könnte sich, laut Geologen, in kürzester Zeit um über 3 m senken und ein starkes Erdbeben hervorrufen.

Entstehung der Bergkette

Die Berge wachsen auch heute noch, besonders an der Ostflanke. Somit verwundert es nicht, dass sich durch diesen **Verschiebungsprozess** geologisch gleiche Se-

Tipps für Besucher des Grand Teton National Park

Information
i • **Grand Teton NP**, Moose/WY, ☎ 307/739-3300, 🖥 www.nps.gov/grte
• **Gebühr**: $ 25 pro Pkw (gültig für Grand Teton **und** Yellowstone NP)
• Im Nationalpark gibt es mehrere **Besucherzentren**, die auch permits für längere Wanderungen ausstellen und Programm bieten:
– **Moose VC**, Teton Park Rd. (ab US 26/191), im Süden des NP, neben Headquarters, tgl. 8-17 Uhr; allgemeine Einführung und Shop
– **Jenny Lake VC**, Teton Park Rd., nur im Sommer tgl. 8-19 Uhr; Infos zur Geologie und kleiner Laden
– **Colter Bay VC**, Rockefeller Memorial Pkwy. (im Norden, nahe Jackson Lake), tgl. 8-17/19 Uhr außer Okt.-März; mit sehenswertem Indian Art Museum
– **Flagg Ranch Info Station**, US 89/191/287, ca. 20 km nördlich Colter Bay, nur im Sommer tgl. 8.30-17 Uhr

Übernachten
Das breiteste Angebot an Unterkunftsmöglichkeiten findet man in Jackson oder Teton Village, schön sind auch die Jenny Lake Lodge und die Jackson Lake Lodge mitten im Nationalpark (Übernachtungstipps s. S. 195). Eine empfehlenswerte Möglichkeit wäre, die erste Nacht in Jackson zu verbringen, am folgenden Tag durch den Grand Teton NP (mit Stopps, kurzen Wanderungen und Abstechern) zum Yellowstone NP zu fahren und dann dort zu übernachten.

Reisezeit
Das bis zu 2.000 m hoch gelegene Terrain kennzeichnen schneereiche Winter, kalte Übergangszeiten und milde Sommer. Am besten eignen sich die Monate Juli und August für einen Parkbesuch, doch leider ist diese Zeit auch die meist frequentierte. Rechtzeitige Vorausbuchung ist nötig.

Wandern, Reiten u. a. Aktivitäten
Der Grand Teton NP besticht in zweierlei Hinsicht: wegen der einzigartigen Panoramen und der Möglichkeiten zu Wanderungen oder Ausritten. Entlang der Teton Park Road lohnen Stopps, die immer wieder neue Ausblicke auf die Bergkette bieten. 320 km an Reit- und Wanderwegen erschließen die Umgebung, darunter viele kurze Pfade, wie einer vom VC an der Colter Bay um eine kleine Halbinsel am Jackson Lake oder zahlreiche Trails zwischen und um Jenny und Leigh Lake. Die Tetons gelten als eines der vorzüglichsten Bergsteigerreviere der USA (permit nötig). Auf den Seen wird Wassersport (Segeln, Rudern etc.) betrieben, und auf dem Snake River werden Floßfahrten und Wildwater Rafting angeboten. Der Nationalpark ist außerdem ein Wintersportgebiet (Skilanglauf).

dimente und Gesteine in den unterschiedlichsten Höhenlagen befinden. Ausschlaggebend für die heutige Oberflächenstruktur der Bergketten waren dagegen die Gletscher, die die höheren Lagen regelrecht abgeschliffen und mit ihren Schmelzwassern, vorgeschobenen Moränen und Geröllwüsten die mittleren und tieferen Lagen bedacht haben.

Beeindruckende Bergwelt der Grand Tetons

Der Nationalpark bildet **ökologisch** gesehen mit dem nördlich angrenzenden Yellowstone NP ein geschlossenes System und die Tier- und Pflanzenwelt unterscheidet sich nicht von der dortigen (s. u.). Im Vergleich zum fast ausschließlich nadelbaumbestandenen Yellowstone NP finden sich am Fuß der Tetons entlang der Bachläufe, Flüsse und Seen jedoch mehr Laubbäume, darunter Ahorne, Erlen, Espen, Weiden und Pappeln – die im Herbst für eine einzigartige Farbenpracht sorgen.

Yellowstone National Park (ⓘ S. 245)

Zusammen mit dem Grand Canyon und dem Yosemite ist der Yellowstone der bekannteste und mit etwa 3,5 Mio. Besuchern jährlich der **meistbesuchte Nationalpark** Nordamerikas. Zudem ist er nicht nur der flächenmäßig größte Nationalpark, sondern auch jener, der eine historische Vorreiterrolle spielte: Nach den sensationellen, anfangs belächelten Berichten von Trappern – darunter *John Colter*, Mitglied der *Lewis & Clark*-Expedition und 1808 der erste Weiße in dieser Region – entschied man sich in Washington D.C., 1871 eine wissenschaftliche Expedition in die Wildnis zu schicken.

Meistbesuchter Nationalpark

Der daraus resultierende Bericht des Leiters, *Dr. Ferdinand V. Hayden*, Direktor des *U.S. Geological & Geographical Survey of the Territories*, sorgte kombiniert mit den Gemälden von *Thomas Moran* und den Schwarz-Weiß-Fotos von *William Henry Jackson* für derartiges Aufsehen, dass am **1. März 1872** zum ersten Mal ein Naturareal unter die Aufsicht und den Schutz des Staates gestellt und als „ein öffentlicher Park, zum Nutzen und zur Freude des Volkes" ausgewiesen wurde. Vom Yellowstone aus

Spuckt regelmäßig: der Old Faithful Geysir

griff die Nationalpark-Idee in den folgenden Jahren und Jahrzehnten auf ganz Amerika sowie nach Kanada und Neuseeland über.

Dass ausgerechnet hier das **erste Naturschutzgebiet** entstand, erstaunt: Außer einzelnen Trappern hatte kaum ein Weißer die Geysire, Fumarolen und die Bergwelt des Yellowstone gesehen. Die Politiker in Washington verließen sich allein auf den Expeditionsbericht und trafen eine wegweisende und richtige Entscheidung. Unproblematisch war die Sache dennoch nicht, schließlich diente die Region bis in die 1870er Jahre verschiedenen Indianerstämmen als Jagdgrund und zogen 1877 die *Nez Perce* auf ihrer Flucht vor der Armee durch den Park. Für potenzielle Touristen war der Yellowstone NP also durchaus nicht ungefährlich. Nach dem Ende der Auseinandersetzungen mit den Indianern 1877, einem generellen Jagdverbot und der Ausweitung des Parkgeländes auf fast 900.000 ha stieg die Zahl der Besucher konstant an. Jeder wollte dieses Naturparadies mit seinen 250 aktiven Geysiren, heißen Quellen, Wasserfällen, schneebedeckten Bergen, Schlammvulkanen und mit dem größten Wildbestand der USA sehen.

Feuer als Regulativ

Eine ganz andere Art der Gefährdung stellen die **Feuer** dar, die in gewissen Abständen immer wieder ausbrechen und Flora und Fauna beeinträchtigten bzw. vernichteten. So grausam solche Brände scheinen mögen, sie sind zugleich ein natürliches Regulativ und gehören zu einem Kreislauf, in dem sich der Urwald sozusagen selbst reinigt.

Großfeuer im Yellowstone

Man schätzt, dass etwa 300 Großfeuer in den letzten 10.000 Jahren gewütet haben, zuletzt ein **verheerender Brand 1988**, der auf dem Parkgelände 4.000 von insgesamt 9.000 km² mehr oder weniger stark erfasste – besonders den Westteil. 9.500 Feuerwehrmänner waren im Einsatz und schweres Gerät sowie 60 Hubschrauber und mehrere Löschflugzeuge wurden aktiviert; die Kosten für die Feuerbekämpfung beliefen sich auf 110 Mio. Dollar. Heute zeigt sich jedoch, dass der Brand mehr genutzt als geschadet hat: Aus dem verbrannten Boden sprießen wieder junge Triebe mit ungebremster Kraft, und in wenigen Generationen wird ein neuer, vitaler Wald den überalterten ersetzt haben.

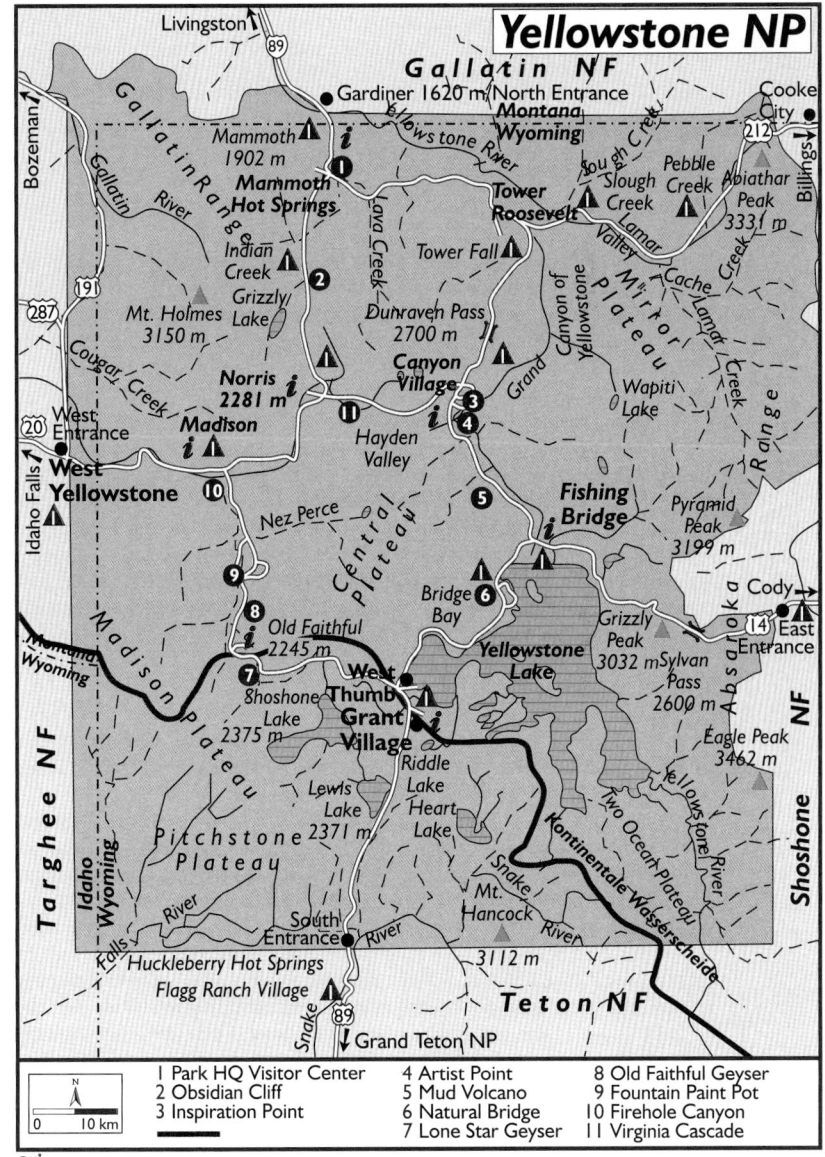

	1 Park HQ Visitor Center	4 Artist Point	8 Old Faithful Geyser
	2 Obsidian Cliff	5 Mud Volcano	9 Fountain Paint Pot
	3 Inspiration Point	6 Natural Bridge	10 Firehole Canyon
		7 Lone Star Geyser	11 Virginia Cascade

© *i*graphic

INFO
Land unter Druck – Es rumort unter dem Yellowstone

Der Yellowstone NP ist ein Musterbeispiel für die enormen Kräfte, die unter der Erd-oberfläche wirken. So zischt, sprudelt und dampft es aus mehr als 200 Geysiren und über 10.000 heißen Quellen, Schlammlöchern und Fumarolen pausenlos. Verant-wortlich dafür sind „**Hot Spots**" – Stellen unterhalb der Erdkruste mit erhöhtem Wär-mefluss. Über diesen bewegen sich die Platten der Erdkruste und im Laufe der Jahr-millionen entstanden an den Reibungspunkten der Platten ganze Ketten von Vulka-nen, von denen sich jeweils nur der jüngste über einem *Hot Spot* befindet und aktiv ist, während die älteren Vulkane erloschen sind. Der Vulkan unter dem Yellowstone ist dabei nahezu unsichtbar, da er keinen Kegel ausbildete und bei der letzten großen Eruption vor etwa 640.000 Jahren einstürzte und einen gigantischen Krater bildete.

In den Geysiren, heißen Quellen, Dampffontänen und Schlammlöchern manifestiert sich die Hitze des Erdinneren. Durch das poröse Lavagestein versickert das Nieder-schlagswasser schnell in größere Tiefen. Es wird in dem dortigen verzweigten Netz aus Rissen und Spalten erhitzt und steigt wieder nach oben. Trifft es dabei auf keine Hindernisse, tritt es als warme oder heiße, gleichmäßig fließende **Quelle** zutage. Oft jedoch wird es aber durch Gestein und von oben nachfließendes Wasser am Aufstei-gen gehindert. Dann erhitzt es sich bis ums Dreifache des normalen Siedepunktes, der Druck erhöht sich und das darüberstehende Wasser wird durch den Wasserdampf her-ausgeschleudert. Diese Fontänen aus Wasser und Dampf nennt man nach dem islän-dischen Wort für „hervorbrechen", *geysa* – **Geysir**. Der berühmteste Geysir des Yel-lowstone NP ist der **Old Faithful**, der ungefähr alle 90 Minuten eine Fontäne von heißem Dampf und Wasser produziert, die bis zu 60 m hoch sein kann. An manchen Stellen gelangt die Wärme aus dem Erdinneren direkt an die Oberfläche und wenn sie z. B. auf ein Gemisch von Wasser und feinen Gesteinspartikeln trifft, entsteht ein kleiner **Schlammvulkan**, der ständig mehr oder minder heftig vor sich hin brodelt. Als **Fumarolen** bezeichnet man hingegen Stellen, an denen Gase (z. B. Chlor oder Schwefel) aus dem Erdinneren zutage treten.

Im Vulkan unter der Erdkruste des Yellowstone NP hat sich über Jahrhunderte eine riesige Magmablase gebildet, ist ein so genannter **Supervulkan** entstanden. In den letzten Jahren hat man beobachtet, dass der Boden sich an einigen Stellen bis zu 10 cm gehoben, andernorts gesenkt hat. Es hat den Anschein, als ob das „Monster" atmen würde. Bislang war man der Meinung gewesen, nur das heiße Grundwasser ru-more unter dem Boden und sei für die Deformationen an der Oberfläche verantwort-lich – wie auf den *Phlegräischen Feldern* nahe Neapel, einem Gebiet mit ähnlicher **geologischer Sprengkraft**. Doch jetzt glauben etliche Forscher, dass Magmaströ-mungen für diese Blase unter dem Yellowstone verantwortlich seien. Unterirdisch er-strecke sie sich etwa 15 km quer durch den Park und habe den Boden in Bewegung versetzt. Das würde auch die unzähligen kleinen Erdbeben, bis zu 100 pro Tag, und die zuletzt etwa 14 neu entstandenen Geysire erklären. Würde der Druck zu hoch, droht eine hydrothermale Explosion – Ausströmen von heißem Wasser und Gestein – oder gar ein Ausbruch des Supervulkans mit katastrophalen Folgen für die klimati-schen Verhältnisse weltweit.

Orientierung und Anfahrt

Der Yellowstone NP wird verwaltungstechnisch in **fünf Areale** gegliedert. Die einzelnen Regionen – alle auf einer Höhe von 2.100 bis 2.500 m – weisen jeweils eigene landschaftliche Charakteristika auf, die z. T. durch ihre Beinamen deutlich werden:

- im NW: **Mammoth Country** – heiße Thermalquellen, die Kalksinterterrassen geformt haben
- im NO: **Roosevelt Country** – der „Old West", wo die Geschichte der ersten Siedler im Mittelpunkt steht, es aber auch Großtiere wie Bisons, Hirsche, Wölfe, Grizzlys gibt
- im Zentrum: **Canyon Country** – mit dem „Grand Canyon of the Yellowstone" und spektakulären Wasserfällen als Hauptattraktion
- im SW: **Geyser Country** – Geysire wie der Old Faithful, heiße Pools und blubbernde Schlammlöcher
- im SO: **Lake Country** – um den Yellowstone Lake, ein Paradies für Angler mit grünen Wiesen, Seen- und Sumpfarealen, wo Bisons, Bären und Elche zu beobachten sind

Der Nationalpark verfügt über **fünf Zufahrtsstraßen**, die alle zu einem VC führen:
- US Hwy. 89 von S/Grand Teton NP & Jackson (Grant Village VC)
- US Hwy. 14/16/20 von O/Cody (Fishing Bridge VC)
- US Hwy. 212 von NO/Billings (Canyon Village VC)
- US Hwy. 89 von N/Livingston (Albright VC in Mammoth Hot Springs)
- US Hwy. 20 von W/Idaho Falls (Madison Info Station)

Die Tierwelt im Yellowstone National Park

Im und um den Yellowstone NP existiert der **größte Bestand an wild lebenden Tieren** in den USA. Aufgrund der wachsenden Besucherzahlen haben sich einige Tierarten allzu sehr an die Anwesenheit von Menschen gewöhnt und sind mit ihnen (bzw. ihren Abfällen) vertraut geworden. Oberstes Gebot ist, dass Essensreste nur in die dafür vorgesehenen Abfalleimer wandern und Tiere auf keinen Fall gefüttert werden dürfen. Für Camper gelten spezielle Regeln, die auf Merkblättern zusammengefasst sind. Solche Vorschriften sollen nicht nur die Tiere schützen, sondern auch die Besucher.

Größter Wildtierbestand Nordamerikas

Das mächtigste Raubtier ist der **Grizzly** oder Braunbär, der einst als uneingeschränkter Herrscher in allen waldreichen Gebirgen des Westens bis zu den Aleuten vorkam. Während die Indianer die Bären respektierten, dezimierten die Weißen den Grizzly-Bestand fast komplett. Verschiedene Staaten setzten Kopfprämien aus und der Braunbär wurde in weiten Teilen des Westens ausgerottet – so auch in Kalifornien, wo der Grizzly das Wappentier ist. Heute kommen die Tiere fast nur noch in den westlichen Nationalparks Kanadas und der USA vor.

Außer Grizzlys leben im Yellowstone die etwas kleineren (aber immer noch imposanten) **Schwarzbären**. Beide Arten sind am besten im September und Oktober zu beobachten, wenn sie aus dem Dickicht auftauchen, oder bei kaltem Wetter, wenn sie sich im Umkreis der heißen Quellen aufwärmen.

Bisonherde im Yellowstone National Park

Zu den Großtieren zählt auch das **Moose**, der Elch, der nicht mit dem „**Elk**" (Wapitihirsch) verwechselt werden darf. Der mächtige Elch ist größer als der Wapitihirsch, der jedoch ebenfalls noch bis zu 1.000 Pfund schwer werden kann. Demgegenüber ist der Maultierhirsch *(deer)* vergleichsweise zierlich.

Die Rückkehr der Bisons

Sehr oft bekommt man **Bisons** (Büffel) zu Gesicht, jene legendären Riesen, die einst den ganzen Westen bevölkerten und von denen ganze Indianerstämme lebten. Während die Indianer den getöteten Bison universell nutzten – das Fleisch als Nahrung, das Fell für Kleider und Zelte, den Dung fürs Feuer, die Knochen als Werkzeuge, die Sehnen als Seile, die Blase als Behältnis etc. – begaben sich die Weißen großteils zum Zeitvertreib und zur Vernichtung der indianischen Existenzgrundlage auf Büffeljagd. Sie schafften es bis um 1900, die Bestände auf 500 Exemplare zu dezimieren. Heute leben wieder über 4.000 Bisons im Park.

Gabelböcke, Dickhornschafe, Kojoten, Pumas, Baum- und Erdhörnchen, Biber, Hasen und viele andere Tiere gehören ebenso zu den **Waldbewohnern** des Yellowstone. **Wölfe** werden höchst selten gesichtet und häufig mit den kleineren Kojoten verwechselt, doch hat ihre Zahl in den letzten Jahren zugenommen. In der Luft und auf dem Wasser sind unzählige **Kleinvogelarten** und ab und zu auch Fischadler, Seeadler, Wildgänse, Weißpelikane und Kanada-Kraniche zu beobachten.

Die **Vegetation** besteht anders als im Grand Teton NP (s. dort) hauptsächlich aus Nadelwald. Die Baumskelette im Geyser Country sind übrigens kein Anzeichen von saurem Regen oder ähnlichen Umwelteinflüssen, sondern Resultat des Kontaktes mit siliciumhaltigem, heißem Wasser.

Der Grand Loop

In der Form einer Acht durchquert eine Route den Park. Nord- und Südteil (North/ South Loop) sind zusammen rund 300 km lang; wer sie absolviert, erhält einen umfassenden Einblick in Landschaft, Flora und Fauna. Erreicht man den Park von Süden, wie hier nach dem Besuch des Grand Teton NP vorgeschlagen, sollte die erste Anlaufstation das **Grant Village VC** (s. o.) sein. Hier erhält man eine allgemeine Einführung und erfährt vor allem mehr über das Feuer von 1988 und die Bedeutung von Waldbränden im Allgemeinen.

Von hier aus folgt man dem **südlichen Loop** im Uhrzeigersinn hinein in die Welt der Geysire und heißen Quellen. Erste Hauptattraktion ist der **Old Faithful** im Upper Geyser Basin. Hier hat ein neues VC eröffnet (s. o.), das sich ausführlich mit den heißen Quellen und Geysiren befasst. Mit relativ großer Regelmäßigkeit spuckt Old Faithful alle 90 Minuten (am VC ist der Zeitpunkt des nächsten Ausbruchs angeschlagen) unter Anteilnahme zahlreicher Besucher, für die sogar Sitzbänke errichtet wurden, zwei bis fünf Minuten lang etwa 15.000-30.000 l kochendes Wasser aus. Die Fontäne erreicht eine Höhe von 40-60 m. In nächster Nachbarschaft zum Geysir liegt das **Old Faithful Inn**, das beste Hotel und architektonisch auffälligste im Park – allein wegen seiner Lobby mit Kamin, der Holzkonstruktion und der Dimensionen zumindest einen Blick wert.

Verlässlicher Old Faithful

Von den zahlreichen Parkplätzen entlang dem Weg aus führen Holzstege über blubbernde, schillernd bunte Schlammlöcher und vorbei an kleineren Geysiren. Sehenswert ist vor allem das **Midway Geyser Basin** mit verschiedenen geothermischen Erscheinungen, wie die *Grand Prismatic Spring* mit einer unglaublich surrealen Färbung. Einen Abstecher lohnt auch der **Firehole Lake Drive**, wo der *Geysir Great Fountain* etwa alle neun Stunden ausbricht. Kontrastprogramm bietet dann die Fahrt auf dem **Firehole Canyon Drive**, einer engen Schlucht mit schönen Ausblicken auf die *Firehole Falls*.

Nach der Schlucht lohnt sich der Abstecher zum Westzugang des Parks – wer den Park im Westen verlässt, kann sich diesen für später vormerken. Hier befindet sich in West Yellowstone das **Grizzly Discovery Center**, wo man alles über diese Bären und Wölfe erfahren kann und einige Tiere in natürlichen Habitaten gehalten werden.

Bären und Wölfe

Folgt man der Rundstrecke weiter Richtung Norden, erreicht man das **Norris Geyser Basin**, ein Gebiet mit Fumarolen und heißen Quellen, der *hottest spot* im Yellowstone, und schließlich Norris mit einer Infostelle und dem **Museum of the National Park Ranger**. Hier beginnt der **nördliche Loop**. Vorbei geht es am **Obsidian Cliff**, einer Klippenformation aus schwarzem Obsidian (vulkanischem Glas), nach **Mammoth Hot Springs**, berühmt für seine strahlend weißen Kalksinterterrassen.

Die Nordroute folgt dem Blacktail Deer Plateau zum Petrified Tree, einem versteinerten Baumstamm, und zur **Roosevelt Lodge**, ehe sie sich wieder Richtung Süden

Tipps für Besucher des Yellowstone National Park

Information
• **Yellowstone NP Information Office**, *Mammoth*, ☎ *307/344-7381,*
🖥 *www.nps.gov/yell und www.TravelYellowstone.com;*
informative Hefte „Yellowstone Today" und „Yellowstone NP Trip Planner".
• **Gebühr**: *$ 25 pro Pkw (gültig für Yellowstone NP **und** Grand Teton NP)*
• **Besucherzentren** *befinden sich vor allem an den fünf Zufahrtsstraßen:*
– **Albright VC**, *in Mammoth Hot Springs (US Hwy. 89 im Norden), tgl. geöffnet*
– **Old Faithful VC**, *nahe dem berühmten Geysir, tgl. Mai-Okt., neues VC im Bau*
– **Canyon Village VC**, *am Schnittpunkt von N- und S-Loop (US Hwy. 212), nur im Sommer, das neueste und beste VC im Park (Schwerpunkt Geologie und Vulkantätigkeit), mit großem Laden*
– **Grant Village VC**, *US Hwy. 89 von Süden/Grand Teton NP und Jackson, tgl. Mai-Okt., Einführung und Informationen zum Feuer 1988 sowie vielerlei Ranger-Programme im Angebot (u. a. geführte Hikes, $ 15)*
– **Fishing Bridge VC**, *US Hwy. 14/16/20 im Osten, tgl. Mai-Okt., etwas in die Jahre gekommen, Infos zum Wildlife um den Yellowstone Lake*
– **Madison Info Station**, *US Hwy. 20, im Westen*

Übernachten
Rechtzeitige Buchung der Unterkunft, am besten schon von zu Hause, ist ratsam. Es gibt Unterkünfte und Campingplätze an verschiedenen Orten: im Grant Village, in Old Faithful, in Mammoth Hot Springs, in Tower-Roosevelt, im Canyon Village sowie in Fishing Bridge/Lake Village/Bridge Bay. Außerhalb des Parks finden sich Hotels und Motels in West Yellowstone, Jackson, Dubois oder Cody; die beiden nächstgelegenen Städte sind Cody im Osten und Jackson im Süden (Übernachtungstipps s. S. 197 und S. 182).

Reisezeit
Normalerweise ist ein Besuch im Park nicht vor Ende Mai oder nicht mehr nach Ende September empfehlenswert – es sei denn, man möchte Wintersport treiben. Der Park ist nur partiell ganzjährig geöffnet, wobei fast alle Unterkünfte und viele Straßen zwischen 1. November und April geschlossen sind. In den Sommermonaten (vor allem an Wochenenden) sind Unterkünfte frühzeitig ausgebucht.

Zeitplanung
*Für einen Besuch sind **mindestens zwei Tage** empfehlenswert. Die beiden existierenden Rundfahrtstrecken (**Loops**) erlauben es, wenn nötig in einem Tag die wichtigsten Sehenswürdigkeiten überblicksartig „mitzunehmen". Voraussetzung dafür ist, dass sich das Nachtquartier im Park befindet und dass man auf ausgedehnte Wanderungen und längere Stopps verzichtet. Die beiden Loops zusammengenommen (**Grand Loop**) haben eine Länge von etwa 185 mi/300 km, mit Start und Ziel Grant Village. Günstiger ist es, die beiden Strecken auf **zwei Tage** (eine, besser zwei Übernachtungen im Park) zu verteilen. Wer wandern möchte, sollte mehr Zeit einplanen.*

Wandern
Bei etwa 1.500 km Wanderwegen findet sich die passende Wegstrecke leicht. In den Besucherzentren gibt es Auskünfte, Karten und Broschüren. Als besondere Vorsichtsmaßnahme gilt, im Ge-

biet der Thermalquellen die Holzstege nicht zu verlassen, da man im dünnen und porösen Untergrund einsinken und sich Verbrennungen zuziehen könnte.

Sonstige Aktivitäten

Die Möglichkeiten zum **Forellenfischen** sind ideal (permit nötig). **Marinas** (Sporthäfen) gibt es in Bridge Bay, Grant Village und Lewis Lake. Dort kann man Ruder-, Motorboote und Jachten mieten. **Ausritte** können in Canyon, Roosevelt und Mammoth arrangiert werden. Empfehlenswert sind auch die von den VCs veranstalteten Touren u. a. Veranstaltungen, doch setzt die Teilnahme an einer solchen eine strategisch günstige Unterkunft im Park voraus.

Sinterterrassen an den Mammoth Hot Springs im Yellowstone

Touren

Es gibt keinen öffentlichen Nahverkehr im Park, während der Sommersaison bietet **Xanterra Parks & Resorts**, der Betreiber der Lodges und anderer Einrichtungen, auch Bustouren an (Infos: ☏ 307/344-7311, 🖥 www.travelyellowstone.com).
– **Lower Loop Tour** (Südteil des Parks) und **Upper Loop Tour** ab Lake Hotel, Fishing Bridge RV Park, Canyon Lodge (Nordteil), außerdem **Grand Loop Tour** ab Gardiner/MT und Mammoth Hot Springs Hotel (Tagestour), im Winter **Snowcoach Tours**.
– Im Sommer 2007 sind die alten **gelben Tourbusse** aus den 1930er Jahren nach einer grundlegenden Renovierung wieder aktiviert worden.
– **Tipp: Yellowstone Safari Company**, P. O. Box 42, Bozeman, MT, ☏/🖷 406/586-1155, 🖥 www.yellowstonesafari.com. Wildbiologe Ken Sinay und sein Team bieten interessante, unterschiedlich lange und thematisch verschiedene Touren (z. T. mit Picknick) an.

wendet. Vorbei geht es am 42 m hohen **Tower Fall** und dem **Mount Washburn**, einem 3.122 m hoch gelegenen Aussichtspunkt. Über den eindrucksvollen Dunraven Pass (ca. 2.700 m) erreicht man bei Canyon Village wieder den Süd-Loop.

Unbedingt halten sollte man hier am neuen **Canyon Village VC** (s. o.). Es ist das instruktivste Infozentrum im Park mit Schwerpunkt Geologie und Vulkantätigkeit, einem großen Modell und sehenswerten Ausstellungen. Ein Highlight ist nachfolgend der **Grand Canyon of Yellowstone**. Zahlreiche Aussichtspunkte und kurze Wanderwege ermöglichen atemberaubende Einblicke in die tiefe Schlucht des Yellowstone River und auf die eindrucksvollen Wasserfälle der Lower Falls (94 m) und Upper Falls (33 m). Vorbei am Mud Volcano Geyser, einem Schlammvulkan mit brodelndem schwarzem Schlammauswurf, erreicht man schließlich wieder den Yellowstone Lake. Hier führt die Hauptroute nach Osten aus dem Park, vorbei am etwas altertümlichen **Fishing Bridge VC** (s. o., Schwerpunkt Flora und Fauna).

Grand Canyon of Yellowstone

Trail of the Great Bear

Überblick

Redaktionstipps

Sehens- und Erlebenswertes

• In die Zeiten des „Wilden Westens" entführt der Besuch von **Virginia City** und **Nevada City** (S. 344).

• An eine der Schlachten während der Flucht der *Nez Perce* 1877 erinnert das **Big Hole National Battlefield** (S. 345).

• In Great Falls lohnen gleich zwei Attraktionen, das **Lewis & Clark National Historic Trail Interpretive Center** (S. 353) und das **C. M. Russell Museum** (S. 354).

• Die **Yellowstone Safari Company** bietet unterschiedliche interessante **Touren** durch den Südwesten Montanas und den Yellowstone NP an (S. 341 und S. 351).

Unterkunft

• Im historischen und neu renovierten **Grand Union Hotel** (S. 192 und S. 354) in Fort Benton lässt es sich gut nächtigen.

Essen & Trinken

• Die **Sleeping Giant Brewing Co.** (S. 196 und S. 352) in Helena, Montanas Hauptstadt, schenkt nicht nur hausgebraute Biere aus, in dem gemütlichen Pub lässt es sich auch gut essen.

• Der **Windbag Saloon** (S. 196) in Helena war bis 1976 ein Bordell, jetzt ist es eines der besten Restaurants in Montana.

Der **Trail of the Great Bear** verbindet die Nationalparks im **Heart of the Rockies** miteinander – vom Yellowstone über den Glacier zu den kanadischen Banff und Jasper NP. Die Route, die über verschiedene Highways führt, passiert dabei nicht nur die beeindruckende Bergwelt der Rockies, sondern quert auch weites Ranchland, schneebedeckte Pässe, Indianerreservate und alte, teils aufgelassene Minenstädte.

Verlässt man den Yellowstone NP Richtung Norden bzw. Nordwesten findet man sich in Montana wieder – und erkennt rasch, warum dieser Staat auch *Big Sky State* genannt wird. Weite Talebenen und ein endlos erscheinender Horizont prägen die Landschaft. Hier befand sich einmal das „Füllhorn Amerikas", doch heute sind sowohl die Rinderzucht als auch der Getreideanbau rückläufig, und der einst dominierende Bergbau spielt fast überhaupt keine Rolle mehr.

Fahrt durch Südwest-Montana

Kurz nachdem der US Hwy. 287 von der Nummer 191 abzweigt, wenige Meilen nördlich **West Yellowstone**, weist ein Schild auf die **Earthquake Area** hin, die man auf knapp 24 km durchquert. Hebgen Lake und Madison River, so friedlich und beschaulich sie heute auch wirken mögen, waren am 17. August 1959 Schauplatz eines massiven Erdbebens (7,5 auf der Richterskala), hervorgerufen durch die gleichzeitige Verschiebung zweier Erdspalten. Bis zu 6 m fielen Uferabschnitte am See ab und begruben Hütten und Campingplätze unter sich bzw. wurde die Uferbebauung vom Seewasser überspült.

Als noch schlimmer erwies sich aber ein Erdrutsch einige Meilen flussabwärts: 80 Mio. Tonnen Geröll blockierten den Abfluss des Madison River und stauten diesen zum **Earthquake Lake** auf. Nur mit Hilfe der Spezialeinheit des *US Army Corps of Engineers* konnte ein Kanal durch die Geröllmassen gegraben werden, so dass Teile des Earthquake Lake später abfließen konnten. Entlang der Strecke erläutern Tafeln die Ver-

Hinweis zur Route

Es gibt für den Abschnitt zwischen Yellowstone NP und Glacier NP zahlreiche Alternativen. Nachfolgend wird eine **empfehlenswerte Route** näher beschrieben, die viele der Attraktionen Montanas einschließt: Von West Yellowstone geht es auf dem US Hwy. 287 über Ennis nach Virginia und Nevada City bis Twin Bridges. Weiter südwärts, auf dem MT 41 bis Dillon, dann auf dem MT 278 nach Wisdom, erreicht man auf dem MT 43 das Big Hole National Battlefield. Durchs Bitterroot Valley (US Hwy. 93) führt die Route nach Missoula. Von dort geht es auf der I-90 südostwärts nach Three Forks und auf dem US Hwy. 12 in die Hauptstadt Helena. Nordwärts auf der I-15 folgt Great Falls und von dort geht es auf dem US Hwy. 89 schließlich zum Glacier NP.

Vom Yellowstone NP zurück nach Seattle

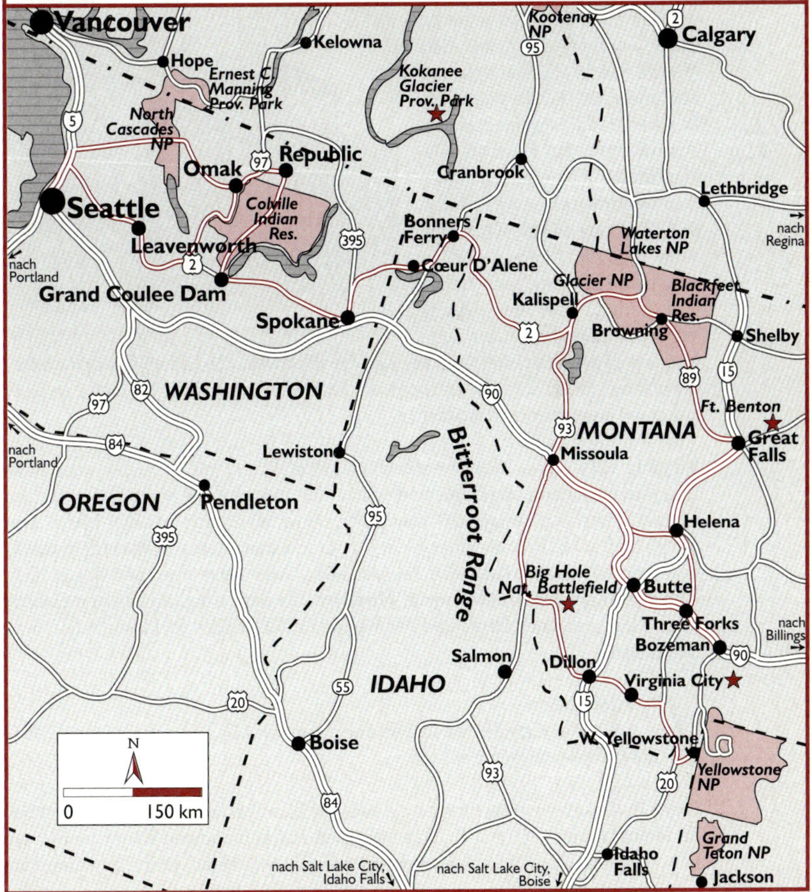

Vancouver
Hope
Kelowna
Calgary
Kootenay NP
95
Ernest C. Manning Prov. Park
Kokanee Glacier Prov. Park
North Cascades NP
5
Omak
97
Republic
Cranbrook
Lethbridge
nach Regina
Seattle
Colville Indian Res.
Bonners Ferry
Waterton Lakes NP
Leavenworth
2
395
Cœur D'Alene
Glacier NP
Kalispell
Blackfeet Indian Res.
nach Portland
Grand Coulee Dam
Spokane
2
Browning
Shelby
89
15
82
WASHINGTON
90
Ft. Benton
Great Falls
97
93
MONTANA
nach Portland
84
Lewiston
Missoula
OREGON
Pendleton
95
Helena
395
Bitterroot Range
Big Hole Nat. Battlefield
Butte
Three Forks
Bozeman
nach Billings
90
Salmon
Dillon
Virginia City
20
55
IDAHO
15
Boise
93
W. Yellowstone
20
Yellowstone NP
84
Grand Teton NP
nach Salt Lake City, Idaho Falls
nach Salt Lake City, Boise
Idaho Falls
Jackson

© graphic

änderungen, die das Beben hervorgerufen hat, außerdem gibt es ein VC am Nord-westende des Gebietes.

„Sphinx Peak"

Anschließend öffnet sich das weite **Tal des Madison River** mit seinen riesigen Weideflächen. 15 mi/24 km vor Ennis macht ein Blick nach Osten deutlich, warum einer der Gipfel der Madison Range als „Sphinx Peak" bezeichnet wird. Die Ähn-lichkeit mit der ägyptischen Statue ist unverkennbar. Der MT 287 führt erst west-wärts einen steilen Pass hinauf (Ausblick!) und dann hinunter zum *Virginia City Na-tional Historic Landmark*.

Virginia City National Historic Landmark

Goldrausch und Wilder Westen

Am 26. Mai 1863 wollte es der Zufall, dass sechs Desperados auf der Flucht vor Indianern am *Alder Gulch* Gold fanden. Keine vier Monate später hatten sich be-reits mehr als 10.000 geldgierige Schürfer im Tal eingefunden und durchwühlten das Flussbett wie Maulwürfe. Einhergehend mit dem **Goldrausch** wurden Recht und Ordnung außer Kraft ge-setzt: Über 190 Morde verzeich-nete man zu Anfang, dann stellte sich heraus, dass der Sheriff selbst der Rädelsführer der Out-

Von der Geisterstadt zum Open-Air-Museum: Virginia City

laws war. In den Folgejahren machte eine Eisenbahnlinie den Leuten das Leben leich-ter und bis die Vorkommen erschöpft waren, waren an die 300 Mio. Dollar in Gold aus dem Fluss gewaschen worden.

Virginia City (ⓘ S. 242) ist noch heute bewohnt, und mit viel Liebe – und nicht allzu vielen touristischen Zugeständnissen – hat man den Wildwest-Charakter des kleinen Städtchens weitgehend konserviert. Etwa 80 Bauten aus den Jahren zwi-schen 1865 und 1876, als Virginia City sogar Hauptstadt des *Montana Territoriums* war, wurden renoviert, andere rekonstruiert, viele kann man besichtigen. Das **Thompson-Hickman Memorial Museum** gibt dazu einen detaillierten Einblick in die Geschichte des Ortes und der Region *(300 E Wallace St., Mai-Sept. tgl. 10-17 Uhr, Spende)*.

i **Information**
• **Virginia City Visitor Information Center**, MT 287, Virginia City, ☎ 406/843-5247, 🖳 www.virginiacitymt.com

Ebenfalls denkmalgeschützt ist das nur wenige Kilometer westlich (MT 287) gelege-ne **Nevada City** (ⓘ S. 242). Das Städtchen wurde nach alten Plänen restauriert und ist heute ein Wildwest-Freiluftmuseum (🖳 www.nevadacitychamber.com, Mai-

Sept. tgl. 9-19 Uhr, $ 14,50 inkl. Zugfahrt). Auch die alte Schmalspur-Eisenbahn, die **Alder Gulch Shortline Railroad**, avancierte mittlerweile zur Touristenattraktion und pendelt im Sommer zwischen den beiden Orten.

Bahnfahrt
• *Alder Gulch Shortline Railroad, Mai-Sept. tgl. 11-18.30 Uhr, $ 8 bzw. 14,50 (H/R) im Eintritt Nevada City enthalten.*

☞ Hinweis zur Route

*Die Route führt anschließend weiter durch Ranchland, vorbei an Sheridan nach Twin Bridges, wo man der MT 41 Richtung Süden nach **Dillon** folgt. Wer auf den anschließenden Schlenker durch Südwest-Montana verzichten und über Butte gleich nach Helena weiterfahren möchte, folgt der MT 41 nach Norden.*

Bannack State Historic Park
 406/834-3414, 🖳 *www.bannack.org, Mai-Sept. tgl. 8-21 Uhr, VC 10-18 Uhr, $ 5*

Etwa 20 mi/32 km westlich **Dillon**, mit seinen rund 4.000 Einwohnern ein zentraler Ort im Südwesten Montanas, erreicht man über eine Stichstraße ab MT 278 ein weiteres altes Goldgräberstädtchen, das heute größtenteils als Ghosttown konserviert ist. Der große Goldrausch fand in **Bannack** 1862 statt und kurze Zeit später lebten hier über 3.000 Menschen. Die Stadt wurde noch vor Virginia City erste Territorialhauptstadt Montanas, besaß zudem das erste Gefängnis und die erste Sägemühle des Staates. Der Goldrausch bescherte nicht nur einen Zustrom an Goldsuchern, sondern auch Wohlstand, so dass u. a. ein stattliches Hotel aus Stein errichtet werden konnte. Um die 50 weitere historische Gebäude sind heute noch zu bewundern.

Erste Hauptstadt Montanas

Weiter geht es auf dem MT 278 Richtung Nordwesten vorbei an **Jackson** – einem echten Wildwest-Nest – und **Wisdom**, von wo aus es nur noch knapp 20 km auf dem MT 43 in westlicher Richtung zum *Big Hole National Battlefield* sind.

Big Hole National Battlefield
☎ *406/689-3155,* 🖳 *www.nps.gov/biho und www.nps.gov/nepe, Park und VC tgl. 9-17/18 Uhr, Eintritt frei, Loop Road im Winter gesperrt.*

Im Sommer 1877 versuchten 800 *Nez Perce* (ⓘ S. 312), darunter 125 Krieger, aus Nordost-Orgeon einer drohenden Zwangsumsiedlung zu entgehen. Ihre über 2.000 km lange Flucht führte sie u. a. durch das **Big Hole**, das „Große Loch", eine Senke im Südwesten Montanas, in der sie am 7. August ihr Lager aufschlugen. Obwohl ihrem Anführer, *Chief Looking Glass*, bewusst war, dass ihnen Soldaten der US-Armee auf den Fersen waren, wähnte er diese noch weit zurück und ließ keine Wachen postieren. Doch bereits am nächsten Tag näherte sich eine 162 Mann starke Truppe unter *General Howard* den Indianern bis auf 200 m, um sie im Morgengrauen des 9. August anzugreifen.

Schlacht am Big Hole

Ein Zufall wollte es, dass ein Indianer vor Sonnenaufgang nach den Pferden sah und dabei auf die Soldaten stieß. Diese erschossen ihn, weckten damit aber das ganze Lager, so dass sich die Krieger der *Nez Perce* rechtzeitig auf den nächsten Hügel zurückziehen konnten und den Soldaten, die wie wild auf die Frauen, Kinder und Greise schossen, nur der Rückzug hinter die nächste Kuppe blieb. Dort wurden sie für 24 Stunden von einer Handvoll Indianern unter Beschuss genommen, denn das gab den *Nez Perce* Zeit, ihre Toten zu begraben, die Verletzten zu versorgen und sich mit ihren Familien aus dem Staub zu machen.

Auf der Flucht nach Kanada

Zwischen 60 und 90 Indianer starben bei dem Angriff, darunter 30 Krieger, dazu verloren etwa 29 Soldaten ihr Leben. Obwohl die Indianer den Angriff der Armee nicht nur erfolgreich zurückschlagen, sondern auch ihre Flucht fortsetzen konnten, war einem der Anführer, *Chief Joseph*, klar geworden, dass seine Leute langfristig keine Chance gegen die Übermacht der Armee haben würden. Er sah die einzige Chance darin, so schnell wie möglich nach Kanada zu fliehen. Dieses Unternehmen scheiterte wenige Kilometer vor der kanadischen Grenze am 30. September und endete mit der Kapitulation in den dortigen *Bear's Paw Mountains*.

Heute informiert ein **Film und eine Ausstellung im VC** über die traurigen Ereignisse. Zudem kann man über den Lagerplatz und den Schauplatz der Schlacht spazieren. Am Jahrestag treffen sich hier alljährlich die Nachkommen der *Chief Joseph Nez Perce Band*, um der Toten zu gedenken – ein denkwürdiges Ereignis!

Vom Bitterroot Valley nach Missoula

Wenige Meilen westlich des Battlefield trifft man auf den US Hwy. 93, der nach Süden ins Salmon River Valley und über den *Lost Trail Pass* (2.110 m) nach Norden ins **Bitterroot Valley** führt. Die schneebedeckte Bergkette im Westen, die **Bitterroot Mountains**, bilden die *Continental Divide*, die Wasserscheide zwischen Pazifik und Atlantik bzw. Golf von Mexiko. Sie waren es auch, die der *Lewis & Clark*-Expedition 1805 die Mächtigkeit der Rockies vor Augen führte (s. Alternativroute entlang dem *Lewis & Clark Trail*, S. 315).

Traveler's Rest

Einen Stopp auf der Fahrt durch das Bitterroot Valley, einst Heimat der *Flathead*-Indianer, lohnt der Ort **Lolo** (ⓘ S. 203). Der **Traveler's Rest State Park** *(Hwy. 93 bzw. Zufahrt Hwy. 12, ☎ 406/273-4253, 🖳 www.travelersrest.org, tgl. Sonnenauf- bis Sonnenuntergang, mit VC und Freigelände, $ 2)* markiert jene Stelle, an der die lokalen Indianerstämme vor und nach der Überquerung der Bitterroot Mountains lagerten, sich aber auch sonst zu Festivitäten und Handel trafen. Anfang September 1805 und im Juli 1806 lagerte hier das *Corps of Discovery*. Das konnte ausnahmsweise nicht nur durch die Tagebücher, sondern auch anhand archäologischer Funde belegt werden. Die gewonnenen Erkenntnisse wurden im neuen **Lewis & Clark Center**, großteils als Freiluftmuseum konzipiert, anschaulich aufbereitet. Gegenüber liegt an der Nordseite die US 12 mit dem **Holt Heritage Museum** das liebevoll eingerichtete Privatmuseum der Familie *Holt* mit einer beeindruckenden Wildwest-Sammlung *(6800 Lewis & Clark Highway/Hwy. 12 W, ☎ 406/273-6743, 🖳 www.holtheritagemuseum.com, Besichtigung nach Anmeldung).*

Von Lolo sind es nur wenige Kilometer nach **Missoula** ((i) S. 206), einerseits geprägt von der Holzindustrie, andererseits von der Universität. Mit rund 57.000 Einwohnern ist das Städtchen alles andere als typisch: Studenten, Holzfäller, Schriftsteller, Geschäftsleute, Urlauber, Cowboys – hier treffen alle zusammen. Gesellschaftliche Veränderungen und neue Moden erreichen Missoula lange vor Helena, Butte oder Billings – wenn auch mit einiger Verspätung zu Seattle. Zudem ist Missoula das Zentrum des *Fly Fishing* (Fliegenflischen) und Angler finden hier optimale Bedingungen vor.

📖 Lesetipps

Norman Maclean *beschreibt in zwei seiner Werke den Westen Montanas und seine Menschen: In „Aus der Mitte entspringt ein Fluss" (verfilmt von* Robert Redford *mit* Brad Pitt*) steht das* Fly Fishing *nahe Missoula im Mittelpunkt, während „Junge Männer im Feuer" das Schicksal einer Gruppe von* Smokejumpers *nachzeichnet, die am 5. August 1943 bei einem Waldbrand (Man Gulch Fire) am Missouri River nahe Helena eingeschlossen wurden.*

Im **Caras Park**, westlich der N Higgins St., steht der Stolz der Stadt: **The Carousel**, ein altes Holzkarussell – überdacht und angeblich das erste seiner Art in Amerika. Sehenswert ist außerdem **Old Fort Missoula** mit seinem **Historical Museum** *(South Ave., ausgeschildert, ☎ 406/728-3476, 🖥 www.fortmissoulamuseum.org, Mo-Sa 10-17, So 12-17 Uhr, $ 3).* Zwischen 1877 und 1950 befand sich hier eine Befestigungsanlage, von der heute noch 13 alte Gebäude, darunter eine Kirche, erhalten und zu besichtigen sind. Im Museum geht es um die Bedeutung der Holzindustrie, des Forts und um die frühe Besiedlung im Missoula County.

Old Fort Missoula mit historischem Museum

Die **Rocky Mountain Elk Foundation** *(5705 Grant Creek Rd., ☎ 406/523-4545, Mo-Fr 8-18, Sa/So 9-18 Uhr, Spende)* zeigt im kleinen *Wildlife VC* Kunstwerke und andere Ausstellungsstücke zu Wildtieren und erläutert deren Lebensweise.

Eine ungewöhnliche Attraktion ist das **Smokejumping Base Aerial Fire Depot** *(W Broadway/US 93, direkt hinter dem Flugplatz im Westen, ☎ 406/329-4934, Mai-Sept. tgl. 8.30-17 Uhr, Touren 10, 11, 14, 15, 16 Uhr, Spende)*, das Ausbildungszentrum der *Smokejumpers.* Dieser spezielle Trupp von Feuerwehrleuten springt mit Fallschirmen über abgelegenen brennenden Waldarealen ab, um im Team gegen die Flammen zu kämpfen. Ein kleines Museum erläutert Ausbildung und Vorgehensweisen der *Smokejumpers* und darüber hinaus werden Führungen durch das Ausbildungszentrum angeboten.

Smokejumpers

ℹ️ Information
• ***Missoula CVB***, 1121 E Broadway, Suite 103, 🖥 www.missoulacvb.org, ☎ 406/532-3250.

Hinweis zur Route

Wer sich die restliche, unten beschriebene Fahrt durch Montana sparen möchte, kann von Missoula aus direkt auf dem US Hwy. 93 zum Glacier NP (s. u.) fahren oder, noch kürzer, weiter auf der I-90 gleich westwärts Richtung Idaho (Coeur D'Alene).

Im Minengebiet Montanas

Von Missoula aus erreicht man auf der I-90 Richtung Südosten den Ort **Drummond**. Folgt man ab hier dem MT 1, dem **Pintler Scenic Drive**, erreicht man, vorbei an einigen Ghosttowns, am Ende **Anaconda**. Bleibt man hingegen auf der I-90, lohnen in **Deer Lodge** der Besuch des **Old Montana Prison** *(1106 Main St., tgl. 8-20 Uhr, 🖳 www.pcmaf.org/prison.htm, $ 8 inkl. Frontier Museum, Auto Museum, Doll & Toy Museum)*, des ersten Territorialgefängnisses im Westen der USA, vor allem aber die Grant-Kohrs Ranch NHS.

Old Montana Prison

Grant-Kohrs Ranch National Historic Site
I-90 Exit 184 oder 187 (ausgeschildert), 🖳 www.nps.gov/grko, im Sommer tgl. 8-17.30 Uhr, sonst verkürzt, stündlich Haustouren, Eintritt frei ($ 3 für Touren mit Kutschen)

Riesige Ranch

1857 hatte hier im Deer Valley der kanadische Trapper *Johnny Grant* damit begonnen, Rinder zu züchten. Binnen weniger als einem Jahrzehnt grasten auf *Grants* 12.000 ha Weideland über 2.000 Tiere. 1866 verkaufte er die Ranch an den deutschen Immigranten *Conrad Kohrs*, von Beruf Metzger, der sich mit dem Rinderhandel auskannte. *Kohrs* vergrößerte das Imperium, indem er weitere Ranches und Weidegebiete in Idaho, Montana und Wyoming dazukaufte und mit seinem Halbbruder begann, hochwertigere Rinderrassen zu züchten.

Das Ranchgeschäft war damals noch hart und arbeitsintensiv: Über 1.000 km mussten die Herden teilweise getrieben werden, um gute Weiden zu erreichen, und auch der Abtransport nach Osten war nicht einfach. Die nächste Verladestation befand sich in Cheyenne, WY, später in Miles City, MT. Heute betreibt die Nationalparkbehörde die Ranch als Sehenswürdigkeit, wobei 600 ha davon noch bewirtschaftet werden. Sie vermittelt Besuchern eine gute Vorstellung über die Bedingungen und vor allem die Ausmaße des Ranchgeschäfts im Westen der USA im 19. Jh.

Anaconda

Anaconda wurde als *Company Town*, als Firmenniederlassung, 1883 unter dem Namen „Copperopolis" gegründet und 1894 umbenannt. *Marcus Daly*, einer der drei *Copper Kings* (ⓘ S. 350), entdeckte hier große Kupfervorkommen, ließ eine große Kupferschmelze und eine Arbeitersiedlung errichten. *Daly* wollte Anaconda zur Hauptstadt Montanas ernennen lassen, unterlag aber mit seinem Wunsch in einer Abstimmung gegen seinen Kontrahenten *W. A. Clark*, der Helena favorisierte. Auch heute dreht sich im Städtchen noch immer alles – unübersehbar – um den Kupferabbau.

Butte – The Richest Hill on Earth ((i) S. 179)

Das etwa 35.000 Einwohner zählende, etwa 15 mi/24 km entfernte Städtchen **Butte** blühte um 1870 aufgrund riesiger Silberminen auf, später kamen Kupferfunde dazu. Man siedelte auf einem Hügel, der den Beinamen „The Richest Hill on Earth" trägt. Bekannt wurde Butte durch den „**Krieg der Kupferkönige**" ((i) S. 350). Sie be- *Krieg der* stimmten zwischen 1875 und 1910 das Schicksal ganz Montanas und machten in *Kupfer-* Butte wenige Leute reich und viele zu Sklaven, d. h. schlecht bezahlten Minenarbei- *könige* tern. Die meisten waren Einwanderer aus Irland, Polen, Slowenien und Italien, eine nicht unerhebliche Zahl kam aus China. Dabei galten unter den Kupferkönigen die Arbeitsbedingungen noch als „human"; unter deren Nachfolger, der *Anaconda Company*, waren sie z. T. so schlecht, dass es besonders während des Ersten Weltkriegs zu Streiks und Unruhen kam, die nicht selten nur mit Hilfe der Armee zu stoppen waren.

Butte war bis in die 1930er Jahre hinein die dominierende Stadt in Montana. Als mit der hereinbrechenden Depression die Kupferpreise um nahezu 80 % fielen und die Produktion binnen vier Jahren auf 10 % heruntergeschraubt wurde, war der Boom vorbei. 1955 versuchten sich Investoren noch einmal mit der Aushebung der gigantischen *Berkeley*-Grube, doch auch sie wurde 1983 geschlossen. Nur dem Engagement eines reichen Geschäftsmannes aus Montana ist es zu verdanken, dass seit 1985 wieder in kleinem Umfang

Im Minengebiet Montanas

Kupfer gefördert wird. Im Grunde aber ist die arbeitskraftintensive Kupferförderung in Sambia, Zaire und vor allem Chile seit Jahrzehnten wesentlich rentabler, und besonders in Chile hat sich die hier in Butte gegründete, aber längst nicht mehr ansässige *Anaconda Company* stark engagiert.

Das Stadtbild legt Zeugnis vom einstigen Reichtum ab, z. B. in Gestalt der luxuriö- *Luxuriöse* sen Villen entlang der Granite St. und den Geschäftshäusern aus den 1920er Jahren *Villen* in der historischen Uptown. Ein sehenswertes Bergbaumuseum ist das **World Museum of Mining & Hell Roarin' Gulch** *(155 Museum Way,* ☎ *406/723-7211, tgl. 9-17.30 Uhr, $ 7),* das auf dem Gelände der einstigen *Orphan Girl Mine* liegt, einer zwischen 1875 und 1956 betriebenen Silbermine. Neben dem nachgebauten Minencamp *Hell Roarin' Gulch*, einer kleinen Kupfergrube, alten Häusern und Geschäften lohnt vor allem das auf dem Gelände angesiedelte Minenmuseum mit historischen Fotos, diversen Werkzeugen und Ausrüstungsgegenständen.

Im **Mineral Museum** auf dem Campus der *Montana Tech University* geht es dagegen um die unterschiedlichen Gesteine der Rockies *(1300 W Park St., tgl. 9-18 Uhr,*

INFO
Die Copper Kings von Butte

Spricht man von den **Kupferkönigen**, meint man *William Andrew Clark, Marcus Daly* und *Fritz August Heinze*. Sie bestimmten nicht nur das Geschehen in Butte zwischen 1875 und 1910, sondern die Geschicke des gesamten Staates Montana, denn abgesehen von den Minen mischten sie auch kräftig in der Politik mit. Die zwischen den Dreien herrschende Rivalität wurde im Volksmund als „Krieg der Kupferkönige" bezeichnet.

William A. Clark war 1874 als Erster nach Butte gekommen. Der Banker und Politiker hatte sich seine Fachkenntnisse beim Goldrausch in Bannack erworben. Er kaufte sich in eine der größten Silberminen ein, kontrollierte aber bald auch die Handelsstrukturen, das Transportwesen und die Holzindustrie in Montana.1876 traf **Marcus Daly**, vormals Minenprospektor in Colorado, beauftragt von einem finanziell einflussreichen Konsortium in Butte ein. Beim Erkunden der Gegebenheiten erkannte er sofort die zukünftige Bedeutung von Kupfer und kaufte die Anaconda-Minen, gut 40 km westlich von Butte, und gründete die gleichnamige Stadt.

In den folgenden Jahren lieferten sich *Clark* und *Daly* immer wieder heiße „Gefechte". Es ging weniger um Minengeschäfte als vielmehr um politisches Ansehen und Macht. Um ihre Ideen verfolgen und ihre Macht demonstrieren zu können, „kauften" sie Richter, Sheriffs, Politiker und kleinere Geschäftskontrahenten. Das Ganze gipfelte 1889 in der Wahl der neuen Hauptstadt Montanas: *Daly* wollte seine Stadt Anaconda als Staatssitz sehen, *Clark* dagegen Helena. *Clark* gewann, doch *Daly* wusste im Gegenzug zu verhindern, dass sein Kontrahent einen Sitz im US-Senat erhielt.

Der deutschstämmige **Fritz A. Heinze** trat erst danach in Erscheinung. Er war kein Minenexperte, sondern ein gewitzter Jurist, der sich den bereits vorhandenen Reichtum in Butte zunutze machte, indem er ihn zu seinen Gunsten „umverteilte". Auch er bestach dazu Richter und Juroren. Sein großer Coup war die Durchsetzung des *Apex Law*. Dieses Gesetz besagte, dass dem, der den Austritt einer Edelmetallader auf seinem Claim nachweisen konnte, die gesamte Ader gehöre, also auch die Abschnitte unter anderen Anteilen. Als Spätankömmling besaß *Heinze* gerade diese Randclaims und konnte entsprechend im Kupferpoker mitmischen. Meist verkaufte er seine Anteile für viel Geld.

Heinzes Engagement läutete aber zugleich das **Ende der Hierarchie der Kupferkönige** ein. Seine zerstörerischen Finanzmethoden führten bei den großen Firmen, besonders bei *Dalys Amalgamated Copper Company* (auch als *Anaconda Company* bekannt), zum Umdenken. *Dalys* Firma, hinter der schon seit Jahren *Standard Oil* (*Exxon, Esso*) steckte, hatte bereits das Imperium von *Clark* aufgekauft und begann nun, die Strukturen weiter zu straffen. Man kaufte schließlich auch *Heinzes* letzte Anteile auf. „The Company" hatte damit in Butte, wenn nicht in ganz Montana, alles in der Hand und wurde von New York aus gesteuert.

Eintritt frei). Die Besichtigung der 1888 fertiggestellten **Copper King Mansion** *(219 W Granite St., B&B, Touren tgl. 9-16 Uhr, $ 7)*, des Wohnhauses des Kupferkönigs W. A. Clark, gibt Aufschluss über das Leben der Oberschicht Ende des 19. Jh. Zehn Jahre später ließ sich *Charles W. Clark* **Arts Chateau** im Stil eines französischen Schlosses als Wohnresidenz erbauen *(321 W Broadway, innen wechselnde Kunstausstellungen, Di-Sa 11-17 Uhr, $ 4).*

Information
• **Butte Chamber of Commerce VC**, *1000 George St.,* ☏ *406/723-3177,* 🖳 *www.buttecvb.com*

Schlenker nach Three Forks (ⓘ S. 241)

Von Butte führt die I-15 nach Helena. Wer Zeit hat, sollte jedoch einen Schlenker über Three Forks einplanen. Unterwegs kann man am MT 2 die **Lewis & Clark Caverns**, eine Tropfsteinhöhle, besichtigen. Dieses Höhlensystem ist zwar weniger imposant als jene in den Black Hills, aber für Höhlenfans ist ein Besuch dennoch lohnend: *Lewis & Clark Caverns SP, MT 2, 10 km östlich von Whitehall,* ☏ *406/287-3541,* 🖳 *http://fwp.mt.gov/lands/site_281895.aspx, tgl. 9-19/21 Uhr, $ 5, Touren 9-18.30 Uhr, $ 10.*

Tropfstein-höhle

Noch weiter östlich entspringt bei Three Forks der Missouri im **Missouri Headwaters State Park** – hier vereinen sich drei Quellflüsse, Jefferson, Madison und Gallatin River, zu dem großen Strom. Das Auffinden dieser „Quellen" war eines der Ziele der 1805 hier eintreffenden *Lewis & Clark*-Expedition: *Missouri Headwaters SP, US 10, Trident Junction, ca. 10 km nordöstlich von Three Forks,* ☏ *406/994-4042,* 🖳 *http://fwp.mt.gov/lands/site_281910.aspx, tgl. Sonnenauf- bis Sonnenuntergang, $ 5.*

Von Three Forks aus führt der US Hwy. 287 entlang dem Missouri River schließlich nach Helena.

Information
• 🖳 *www.threeforksmontana.com*

Touren
• **Yellowstone Safari Company**, *P. O. Box 42, Bozeman, MT,* ☏/🖨 *406/586-1155,* 🖳 *www.yellowstonesafari.com*
• *s. auch Yellowstone NP*

Bozeman (ⓘ S. 178)

Einen Abstecher wert wäre Bozeman (ab Three Forks über I-90, ca. 45 km). Das 27.500-Einwohner-Städtchen wurde nach dem gleichnamigen Trapper benannt und ist Sitz der *Montana State University.* Hauptsight ist auf dem Unicampus das **Museum of the Rockies** *(600 W Kagy Blvd.,* 🖳 *www.museumoftherockies.org,* ☏ *406/994-3466, Mo-Sa 9-17, So 12.30.17 Uhr, im Sommer 8-20 Uhr, $ 9,50)*, das sich mit den geologischen Aspekten der Rocky Mountains, mit Ureinwohnern und Pionieren befasst und eine Dinosaurierausstellung zeigt; angeschlossen ist zudem ein Planetarium.

Museum über die Rocky Mountains

Unterwegs im Nordwesten Montanas

Helena, Montanas Hauptstadt (ⓘ S. 196)

„Queen of the Rockies"

An der „letztmöglichen" Stelle war es, wo eine Handvoll Schürfer 1864 endlich auf Gold stieß. Sie nannten daraufhin Tal und Bach *Last Chance Gulch*. Die Ankunft weiterer Glücksritter ließ natürlich nicht lange auf sich warten und binnen kurzer Zeit mauserte sich das Camp zur Stadt Helena, die sich heute gern als *Queen of the Rockies* bezeichnet. Die Boomjahre waren schon lange vorbei, als der Streit zwischen den Kupferkönigen (ⓘ S. 350) Helena 1889 zur Hauptstadt Montanas machte. Heute sind in der 26.000 Einwohner zählenden Kleinstadt noch historische Gebäude im Zentrum, auf dem so genannten *Last Chance Areal*, erhalten, doch vor allem präsentiert sich Helena als propere, etwas sterile Verwaltungszentrale. Staatsangestellte in Anzügen und Kostümen bestimmen das Stadtbild und man merkt sofort, dass hier das Geld ausgegeben wird, das in Butte und Billings verdient wird.

Last Chance Gulch

Im historischen Viertel, der einstigen **Last Chance Gulch**, wo früher die Minenarbeiter lebten, befinden sich heute Boutiquen und Souvenirgeschäfte, Cafés und Lokale – wie der *Windbag Saloon*, der vom Bordell zum Top-Restaurant mutiert ist. Das **State Capitol** (*6th/Montana St., Mo-Sa 9-17, So 12-17 Uhr, Touren Mo-Sa 9-15, So 12-16 Uhr, Eintritt frei*) von 1902 ist ein klassizistischer Bau mit ausnahmsweise einmal nicht vergoldeter, sondern passenderweise kupferner Kuppel. Im Inneren sehenswert ist ein Wandbild von *C. M. Russell*, dem Western-Art-Künstler aus Great Falls (s. S. 354), zum Thema *Lewis & Clark Meeting Indians at Ross' Hole*.

Besuchenswert ist überdies das **Montana Historical Society Museum** (*225 N Roberts St., ☏ 406/444-2694, Mo-Sa 9-17 Uhr, $ 5*) mit weiteren Kunstwerken von *Russell* und historischen Aufnahmen des Fotografen *F. Haynes*. In der *Montana Home-*

land-Ausstellung geht es um die Geschichte des Staates von der Frühzeit bis ins 20. Jh. Die neogotische **Cathedral of St. Helena** an der Warren St. soll dem Kölner Dom nachempfunden sein; auf alle Fälle sehenswert sind die Buntglasfenster aus Münchner Werkstätten.

Durstig geworden? Die Biere der **Sleeping Giant Brewery** (*939 Getchell St.*) löschen exzellent den Durst und können zusammen mit einem deftigen Snack im zugehörigen Pub verkostet werden.

Die Sleeping Giant Brewery in Helena

Folgt man der I-15 weiter nordwärts, zweigt an Exit 209 eine kleine Stichstraße zum **Gates of the Mountains Park** ab. Dort erwartet Wanderer eine bewaldete Canyonlandschaft und während der Sommermonate sind empfehlenswerte Bootstouren auf dem Missouri möglich. Benannt wurde dieser Durchbruch des Missouri durch die Berge von *Meriwether Lewis*, der sich während der Expedition 1805 mit seiner Truppe in Kanus der Engstelle näherte.

Reisepraktische Informationen Helena und Great Falls/MT

Helena/MT

i **Information**
• **Helena CVB**, 225 Cruse Ave., 🖥 *http://helenacvb.visitmt.com*, ☎ 406/447-1530 bzw.
1-800-743-5362.

Einkaufen
• **Last Chance Gulch**, Broadway/6th Ave. Fußgängerzone mit Shops, Cafés und Lokalen.
• **Reeder's Alley**, 100 S Park Ave. Einst Billigunterkünfte für Arbeiter, heute kleines Einkaufszentrum.

Touren
• **Gates of the Mountains Boat Tours**, I-15 Exit 209, Upper Holter Lake, ☎ 406/458-5241, 🖥 *www.gatesofthemountains.com*. Unterschiedliche Bootstouren (2 Std./$ 11) durch die Gates of the Mountains, die berühmte Engstelle des Missouri südöstlich Helena.

Great Falls/MT

i **Information**
• **Great Falls Visitor Information Center**, 15 Overlook Dr., ☎ 406/771-0885 bzw.
1-800-735-8535, 🖥 *www.visitgreatfalls.net* bzw. *http://greatfallscvb.visitmt.com*, Mo-Fr 9-18 Uhr,
Sa/So und Okt.-April tgl. 10-16 Uhr.

Markt
• **Great Falls Farmers' Market**, am Great Falls Civic Center, Sa 8-12, Mi 16.30-18.30 Uhr.
Markt mit über hundert Verkaufsständen.

Veranstaltungen
• **Annual Lewis & Clark Festival**, Ende Juni , Infos: 🖥 *www.lewisandclarkia.com*

Great Falls (*i* S. 195)

Great Falls ist mit knapp 57.000 Einwohnern die zweitgrößte Stadt Montanas und zugleich das wirtschaftliche Zentrum des Staates. Das spektakuläre Tosen der Wasserfälle ist verstummt, seit hier zwischen 1891 und 1958 fünf Dämme errichtet wurden und nur noch zwei Wasserfälle – ebenfalls gebändigt – übriggeblieben sind. Immerhin bietet das **Lewis & Clark National Historic Trail Interpretive Center** (4201 Giant Springs Rd., ☎ 406/727-8733, 🖥 *www.fs.fed.us/r1/lewisclark/lcic/*, tgl. 9-18 Uhr, $ 5) eine Entschädigung für das entgangene Naturschauspiel. Betreut vom *National Forest Service*, zählt es zu den besten *Lewis & Clark*-Museen des Landes. Mittels einer modernen, multimedialen Ausstellungskonzeption wird der Besucher auf eine Zeitreise geschickt. Dabei steht die *Grand Portage*, die Umgehung der Wasserfälle, im Mittelpunkt. Einen weiteren Schwerpunkt bilden die am Trail lebenden Indianer. Mitglieder der einzelnen Stämme haben dabei ihren Ausstellungsbeitrag selbst gestaltet.

Zeitreise mit Lewis & Clark

Ein weiteres Highlight ist das **C. M. Russell Museum** (400 13th St. N, ☎ 406/727-8787, 🖥 www.cmrussell.org, tgl. 9-18 Uhr, $ 9). Zusammen mit *Frederick Remington* (1861-1909), der vor allem Bronzeskulpturen schuf, zählt *Charles M. Russell*, ein Sohn der Stadt, in Amerika zu den bedeutendsten Western-Art-Künstlern. Seine teils heroisierenden Kunstwerke stehen repräsentativ für die Geschichte des Westens, ohne dabei die Leistungen der ersten Pioniere zu vernachlässigen; auch die Indianer werden positiv dargestellt. Russells Erfolg beruht vor allem auf der Tatsache, dass er die meisten Motive aus eigener Anschauung kannte. „Die Zivilisation ist der größte Feind der Natur", soll *Russell* einmal gesagt haben. Der 1864 geborene Künstler war lange selbst Cowboy gewesen und hatte während der einsamen Stunden auf den Weiden seine Liebe zur Malerei entdeckt. Er war gefesselt von der Prärielandschaft, von der Lebensweise der Menschen im Westen und vom Lebensstil der Indianer. Als *Russell* 1896 die 18-jährige *Nancy Cooper* heiratete, machte er sein Hobby zum Beruf. In Great Falls richtete er sich neben seinem Wohnhaus ein Studio ein, das *Nancy* – immer die treibende Kraft – nach seinem Tod 1926 mit zahlreichen indianischen Originalstücken, großteils Geschenken, zum Museum umgestaltete. Es ist heute Teil des Komplexes.

Western Art von C. M. Russell

Fort Benton (ⓘ S. 192)

Fort Benton, nordöstlich von Great Falls (30 mi/48 km), fungierte zwischen 1860 und 1890 als bedeutender Flusshafen. Von hier aus war der Missouri River schiffbar. Zwei Museen, das **Museum of the Northern Great Plains** (1205 20th St.) und vor allem das **Museum of the Upper Missouri** (Front/18th St., im Sommer tgl. 10-17 Uhr, beide Museen $ 6), liefern Informationen über diese Zeit. Historische Gebäude, darunter das **Grand Union Hotel**, und die Ruinen des **Historic Old Fort Benton** (wird derzeit renoviert) von 1847 am Fluss runden das Bild ab.

Blackfeet Indian Reservation

Geschichte der Prärie-Indianer

Von Great Falls führt der US Hwy. 89 weiter nordwärts. In **Browning**, Hauptort der *Blackfeet Indian Reservation*, sollte man das **Museum of the Plains Indians** nicht versäumen (nahe Kreuzung US 2/89, 🖥 www.blackfeetcountry.com/museum.html, ☎ 406/338-2230, tgl. 9-16.30 Uhr, im Winter verkürzt, $ 4). Hier wird die Geschichte der Prärie-Indianer, mit Hauptaugenmerk auf die *Blackfeet* (Schwarzfuß-Indianer), eindrucksvoll präsentiert. Vom Museum aus werden auch halb- und ganztägige Touren durch die Reservation angeboten.

Glacier National Park (ⓘ S. 193)

Der 410.196 ha große und 1910 gegründete Glacier NP hat eine vielfältige Wasser- und Gletscherlandschaft zu bieten. Er besteht aus zerklüfteter Gebirgslandschaft und acht lang gestreckten und tiefen großen sowie rund 200 kleinen Seen. Diese sind beim Zurückweichen der eiszeitlichen Gletscher entstanden, denen der Park seinen Namen verdankt. Die Gletscher selbst – etwa 50 – wurden zu kleinen Zungen in höheren Lagen reduziert.

Geologie

Vor mehr als einer Milliarde Jahren, im Präkambrium, bedeckte ein **großes Meer** das Gebiet. Seine frühen Ablagerungen machten den Anfang der heute bis zu 700 m mächtigen Kalksandstein-Sedimentschichten, in deren frei gelegten Aufbrüchen teilweise sogar jetzt noch fossile Algen zu entdecken sind (z. B. an der *Going-to-the-Sun Road*). Auf diese Kalkschicht haben sich weitere gelegt: die sich bis vor 70 Mio. Jahren bildende *Appekunny Formation* (600 m dick), darüber die

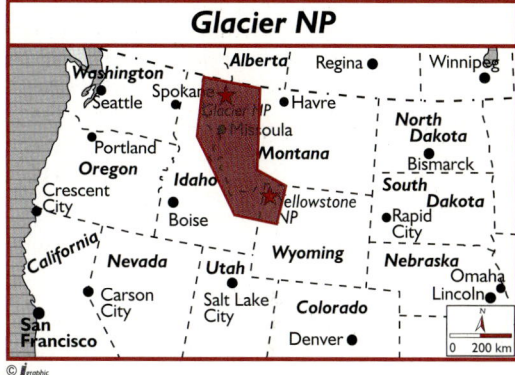

800 m mächtige *Grinnell Formation* – beides verhärtete Schlammablagerungen. Auch hierin finden sich fossile Reste, die aufgrund des enormen Sauerstoffentzugs (wegen der Dichte des Bodens) z. T. noch besser erhalten sind.

Die heute überwiegend hervortretende **Sediment- und Gesteinsschicht** des Gebirges aber ist die widerstandsfähige *Siyeh Formation*, eine bräunliche Kalkschicht. Ihre Widerstandsfähigkeit gegenüber den Gletschern sorgt für die bizarren und schroffen Felsformationen, die besonders bei Kletterern so beliebt sind. Die an einigen Stellen auf dieser aufliegenden *Kintla* und *Shephard Formationen* gleichen der *Siyeh Formation*.

Bizarre Felsformationen

Auch aus der Tiefe hochgedrücktes **Magmagestein** bedeckt an vielen Stellen die heutige Parkfläche, und vor 60 Mio. Jahren kam es zudem zu einer vom Erdinneren ausgelösten Anhebung der präkambrischen Sedimentschichten. Viele Bereiche brachen auf, „kippten um", und alte Felsformationen rutschten bzw. „wanderten" bis zu 40 Meilen in nordöstliche Richtung, der Schwerkraft folgend. Diese Felsen wurden dann erneut von jüngeren Sedimenten bedeckt und bilden heute die *Lewis Range*.

Vor 50 Mio. Jahren begannen Erosionskräfte (Frost, Wasser, Wind), die Landschaft zu formen, und vor drei Mio. Jahren waren es schließlich die **Gletscher**, die in mehreren Eiszeiten – die letzte endete vor 10.000 Jahren – für den endgültigen Schliff sorgten. Nur die höchsten Bergspitzen blieben vom Eis verschont. Die Eismassen schufen V- und U-förmige Täler sowie Trogtäler, setzten Geröll ab, und ihr Abflusswasser hinterließ zahlreiche Seen.

Die Gletscher waren auch verantwortlich für die *Garden Wall*, die heute die **Wasserscheide** *(Continental Divide)* bildet. Die westlichen Wasser fließen in das *Columbia River System* und später in den Pazifik, die nordöstlichen in das *Saskatchewan River System* und dann in die Hudson Bay, und die südöstlichen in das *Missouri River System*, um schließlich in den Golf von Mexiko zu münden.

Flora und Fauna

Die Flora und Fauna des Nationalparks entspricht seiner nördlichen Breite und der Höhenlage. Großtiere wie Elche, Wapiti- und Maultierhirsche sowie Schwarz- und Waschbären sind zahlreich anzutreffen. Vereinzelt kommen auch Schneeziegen, Biber und Otter vor. Die wenigen Grizzlys bekommt man so gut wie nie zu Gesicht. Unter

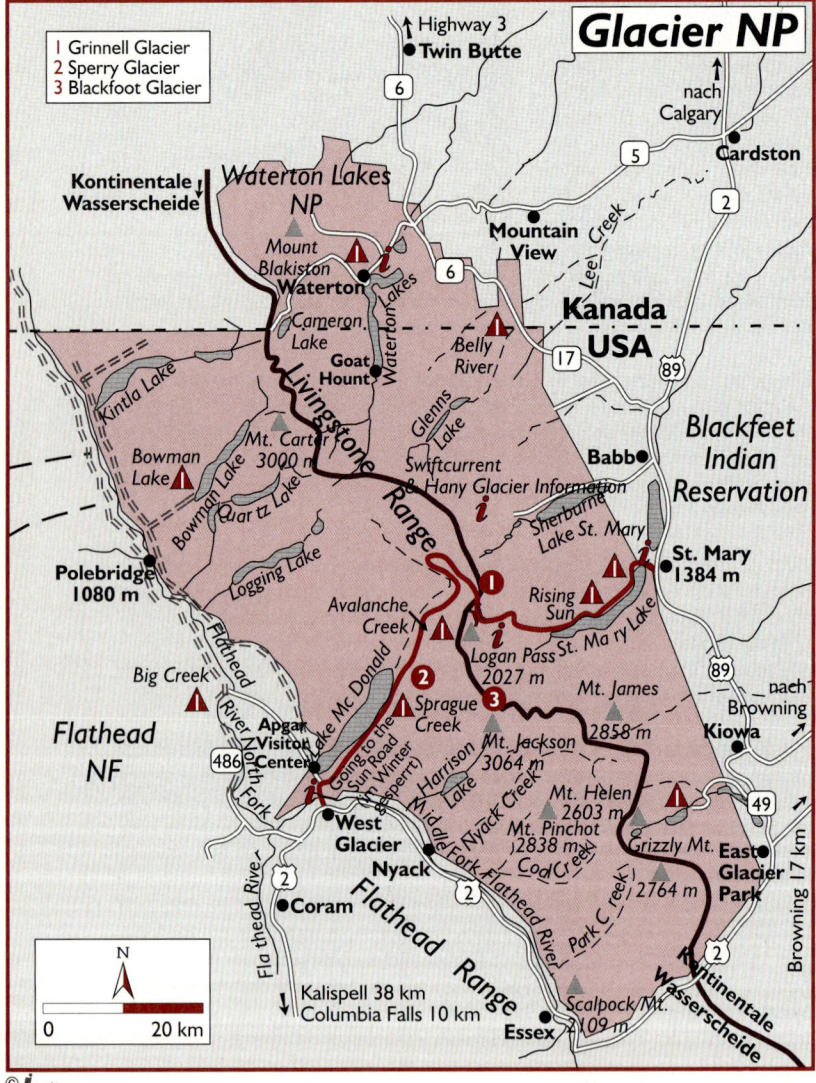

Glacier NP

1 Grinnell Glacier
2 Sperry Glacier
3 Blackfoot Glacier

↑ Highway 3
● **Twin Butte**

6

↑ nach Calgary

5

Cardston

2

Kontinentale Wasserscheide

Waterton Lakes NP

Mountain View

Leel Creek

Kanada

USA

Mount Blakiston
Waterton

6

17

89

Cameron Lake

Goat Hount

Belly River

Livingstone Range

Watertons Lakes

Glenns Lake

Babb

Blackfeet Indian Reservation

Mt. Carter 3000 m

Swiftcurrent
& Many Glacier Information
i

Sherburne Lake St. Mary

St. Mary 1384 m

Bowman Lake

Bowman Lake

Quartz Lake

Logging Lake

Polebridge 1080 m

Avalanche Creek

❶

Rising Sun

i

Logan Pass 2027 m

St. Mary Lake

89

nach **Browning**

Kiowa

Flathead

Flathead River North Fork

Big Creek

Apgar
Visitor Center

486

❷

Sprague Creek

❸

Going to the Sun Road (im Winter gesperrt)

Mt. James 2858 m

Lake Mc Donald

Harrison Lake

Mt. Jackson 3064 m

Nyack Creek

Mt. Helen 2603 m

49

Flathead NF

West Glacier

Nyack

Middle Fork Flathead River

Mt. Pinchot 2838 m

Cod Creek

Grizzly Mt. 2764 m

East Glacier Park

2

Coram

2

Flathead River

Flathead Range

Park Creek

Browning 17 km

N

0   20 km

↓ Kalispell 38 km
Columbia Falls 10 km

Scalpock Mt. 2409 m

Essex

Kontinentale Wasserscheide

2

© *i graphic*

St. Mary Lake im Glacier National Park

den über 200 Vogelarten finden sich besonders viele Wasservögel. Die Vegetation variiert zwischen dem niederschlagsreichen Westen und dem trockenen Osten. Der gesamte Westteil ist stark bewaldet, vor allem kommen verschiedene Tannen-, Lärchen- und Kiefernarten vor. Oberhalb der Baumgrenze gibt es Steppenareale und Blumenwiesen.

Autotour durch den Park

Es gibt vier Parkeingänge, die in vier unterschiedliche Landschaften führen. Auf der hier vorgeschlagenen Route gelangt man über die spektakuläre 80 km lange **Going-to-the-Sun Road** von **St. Mary** – in der *Blackfeet Indian Reservation* gelegen – im Osten des Parks zum Westzugang bei **West Glacier**, dem zentralen Ort der Region, wo man u. a. Wildwater-Rafting-Trips und Ausritte buchen kann. Der enge und kurvige Highway durchquert den gesamten Park und erreicht am *Logan Pass* eine Höhe von 2.027 m. Im hier befindlichen VC gibt es Informationen über Geologie und Landschaften im Park. *Going-to-the-Sun Road*

Von zahlreichen **Aussichtspunkten** ergeben sich entlang der Route grandiose Ausblicke: auf den St. Mary Lake, auf schneebedeckte Berge, den Lake McDonald, den Dreitausender Mt. Jackson und auf ausgedehnte Waldareale. Die Passstraße markiert übrigens auch den Verlauf der *Great Continental Divide*, der großen Wasserscheide der Rocky Mountains. Westlich wird der Subkontinent zum Pazifik entwässert, östlich in den Golf von Mexiko. Im östlichen Streckenabschnitt gehen zahlreiche Lehrpfade und Wanderwege von der Straße ab.

Tipps für Besucher des Glacier National Park

Information
- *Glacier Country*, P. O. Box 1035, Bigfork, MT 59911, ☎ 406/837-6211,
🖳 www.glaciermt.com/index.php
- *Glacier NP*, West Glacier/MT, ☎ 406/888-7800, 🖳 www.nps.gov/glac
- *Gebühr*: $ 25 pro Pkw
- *Im Nationalpark gibt es fünf* **Besucherzentren** *(alle im Sommer tgl. geöffnet):*
- *St. Mary VC*, Hauptbesucherzentrum am Ostzugang
- *Apgar VC*, bei West Glacier am Westzugang
- *Logan Pass VC*, an der Going-to-the-Sun Road mitten im Park
- *Many Glacier Ranger Station*, nahe Campingplatz an der nordöstlicheren Stichstraße ab Babb
- *Polebridge Ranger Station*, im Nordwesten, nur über Schotterpiste ab Apgar VC erreichbar

Hinweis
RVs von über 6,30 m (21 ft) Länge sind auf dem Highway nicht zugelassen. Das Befahrung der z. T. steilen und kurvenreichen 80 km langen Straße ist zeitaufwendig – ohne Stopps sollte man mindestens zwei Stunden rechnen. Wem das Befahren der Passstrecke zu anstrengend ist, kann mit historischen Bussen aus den 1940er Jahren auf Tour gehen (Abfahrt an den drei VCs).

Zeitplanung
Bei Zeitmangel sollte man sich auf die **Going-to-the-Sun Road** beschränken, doch eigent-lich lohnt für den Glacier NP mindestens ein ganzer Tag, zumal wenn man eine Wanderung, z. B. den 6 km lange Avalanche Trail oder den stärker frequentierten Hidden Lake Overlook Trail einplant.

Reisezeit
Der Park ist nur Ende Mai bis Mitte September geöffnet, ideal zum Besuch sind die Monate Juli und August. Ansonsten ist mit hohen Niederschlagsmengen zu rechnen (Jahresmittel 1.500 mm!). Selbst im Hochsommer kann es nachts zu Kälteeinbrüchen mit Temperaturen bis zum Gefrierpunkt kommen.

Wandern
Mit über 1.000 km an Trails ist der Park zum Wandern gut geeignet (Infos in den VCs). Viele Wege sind jedoch lang und bedürfen entsprechender Vorbereitung und Ausrüstung sowie einer Geneh-migung. Lohnend sind die kurzen Wanderwege und Lehrpfade, die vom Avalanche Campingplatz aus-gehen, besonders der Avalanche Lake Trail (4 km).

Weitere Aktivitäten
Beliebt sind Bootsfahrten oder Ausflüge mit gemieteten Motor-, Segel- und Paddelbooten auf dem McDonald Lake, St. Mary Lake, Sherburne Lake oder Two Medicine Lakes. Im Winter haben sich die benachbarten Ortschaften auf Skilanglauf, Schneeschuhwandern und Snowmobiling eingestellt.

Abstecher nach Kanada/Buchtipp
Der Glacier NP grenzt nicht nur direkt an Kanada, dort beginnt zugleich eine Reihe von Na-turparks: der Waterton Lakes NP sowie Banff und Jasper NP. Mehr dazu findet sich in Iwanowski's Reise-Handbuch „**Kanada – Westen**" von Karl-Wilhelm Berger.

Vom Glacier National Park nach Seattle

Die Route zurück nach Seattle, westwärts, folgt in gebührenden Abstand der Grenze zwischen den USA und Kanada.Von **West Glacier** geht es zunächst bis zur Staatsgrenze zwischen Montana und Idaho auf dem US Hwy. 2.

Whitefish, ein paar Kilometer westlich West Glacier, ehemals „nur" ein wichtiger Eisenbahnstützpunkt, hat sich dem Nationalpark-Tourismus sowie dem Skisport verschrieben. Das Besucherzentrum und ein Eisenbahnmuseum befinden sich im früheren Bahnhof, der wiederum einer Nationalpark-Lodge nachempfunden wurde. Mit seiner Lage am malerischen *Whitefish Lake* und einer beschaulichen Innenstadt ist Whitefish um einiges attraktiver als das benachbarte **Columbia Falls**. Das etwas südlich gelegene **Kalispell** ist mit 13.000 Einwohnern der größte Ort im Nordwesten Montanas. Neben dem Fremdenverkehr sind es zwei landwirtschaftliche Erzeugnisse, die das Städtchen wirtschaftlich am Leben erhalten: Kartoffeln und Kirschen.

Ein kurzer Abstecher von Kalispell zum wenige Meilen südlich gelegenen **Flathead Lake** (ⓘ S. 192) lohnt. Der 45 x 24 km große See liegt in grandioser Landschaft und ist touristisch voll erschlossen. Er kann auf den Straßen Nr. 82, 93 und 35 komplett umrundet werden. Hauptort im Süden ist **Polson**, wo sich zahlreiche Motels/Hotels befinden. Eine Bootsfahrt auf dem See war bereits im ausgehenden 19. Jh. die Attraktion schlechthin, denn wie beim schottischen *Loch Ness* behauptet man, dass auch am Flathead Lake ein „Monster" sein Unwesen treibe und gerne Reisende erschrecke …

> *ⓘ* **Information**
> • *Flathead CVB, 15 Depot Park (im alten Bahnhof, Ecke Main St.), Kalispell, ☎ 406/756-9091, 1-800-543-3105, ⌨ www.fcvb.org*

 Hinweis

Zur Streckenübersicht s. Routenkarte S. 343

Redaktionstipps

Sehens- und Erlebenswertes

• Naturfreunde sollten sich im **North Cascades NP** (S. 369) Zeit für eine zumindest kurze Wanderung durch unberührte Natur nehmen, z. B. auf dem *Sourdough Mountain Trail*, dem *Rainy Lake Trail* oder dem längeren *Hidden Lake Trail* (S. 372).

• Tour und Lasershow am **Grand Coulee Dam** (S. 194 und S. 365).

• **Spokane**, „The Big City" (S. 362) erkunden, die *Bing Crosby Collection* (S. 364) und das *Jundt Art Museum* (S. 364) besuchen, sich in einer der zahlreichen *Breweries* stärken und in der *Northtown Mall* shoppen (S. 364).

• Am zweiten Wochenende im August die **Omak Stampede and Suicide Race** (S. 211 und S. 369) besuchen und Cowboys live erleben.

• Zeitreise ins **Land der Cowboys und Indianer** im Nordosten Washingtons (S. 366), z. B. auf dem *Highland Historic Loop* durch historische Westernstädtchen nördlich des Colville-Reservats, wo man das *Colville Conferderate Tribes Museum* (S. 367) nicht versäumen sollte.

Unterkunft

• Einmal Cowboy sein: Der Wunsch kann auf der **K-Diamond-K Guest Ranch** in Republic/WA (S. 200 und S. 368) in Erfüllung gehen.

• Übernachtung auf dem Wasser: Im **Ross Lake Resort**, auf dem Ross Lake bei Diablo, auf einem Hausboot nächtigen (S. 209 und S. 372)

Der „Panhandle" von Idaho

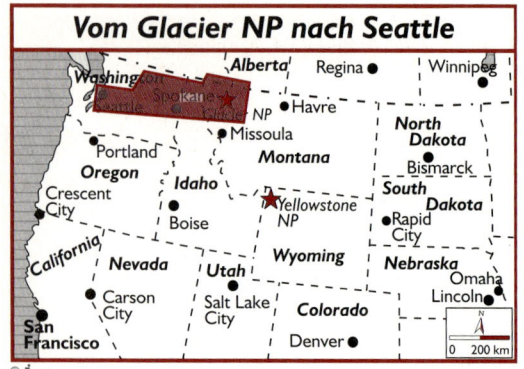

Vom Glacier NP nach Seattle

Auf dem US Hwy. 2 erreicht man den Nordzipfel Idahos, als *Panhandle* (Pfannenstiel) bezeichnet. Riesige Nadelwälder, große und kleine Seen, schöne Camping- und Angelplätze, verschlafene Provinznester und ein Hauch von Pioniergeist sind hier zu erleben.

Sandpoint (ⓘ S. 224)

Zentraler Ort ist Sandpoint, ideale Ausgangsbasis zur Erkundung der Region. Die geografisch günstige Lage des Ortes am **Lake Pend Oreille**, dem mit rund 79 x 10 km größten See von Idaho, haben bereits die

Größter See Idahos ersten Straßen- und Eisenbahnbauer erkannt und hier einen Knotenpunkt von Schienen und Straßen entstehen lassen. Holzfabriken folgten, doch heute spielt der Tourismus die erste Geige, allerdings auf dezente Weise. Sandpoint hat diverse Geschäfte, ein kleines Museum, zahlreiche Restaurants und z. T. malerisch am Seeufer gelegene Hotels zu bieten. Oberhalb des Ortes thront der **Mt. Schweitzer**, an dessen Hängen sich im Winter die Skifahrer vergnügen. Auch im Sommer ist jedoch eine Fahrt mit einem der Sessellifte allein des Ausblicks wegen zu empfehlen.

☞ **Hinweis zur Route**

Von Sandpoint führt der US Hwy. 2 direkt nach Spokane im Bundesstaat Washington. Wer Zeit hat, sollte den Umweg auf dem US Hwy. 95 nach Coeur D'Alene einplanen. Von dort aus erreicht man dann via I-90 in einer halben Stunde Spokane.

Reisepraktische Informationen Sandpoint / ID

 Information
• **Greater Sandpoint Chamber of Commerce**, 900 N 5th Ave., ☎ 208/263-0887,
🖥 www.sandpointchamber.com

 Einkaufen
• **Coldwater Creek**, 311 N 1st St. Das Hauptgeschäft des landesweit bekannten Versandhauses.
• **Cedar Street Bridge Public Market**. Die renovierte Brücke über den Sand Creek (Cedar St.) wurde nach dem Vorbild des Ponte Vecchio in Florenz geplant und bietet heute auf zwei Stockwerken Western- und Spezialitätenshops. Ebenso Cafés und Lokale sind hier eingezogen und laden zur Einkehr ein.

Priest Lake/Priest River (ⓘ S. 217)

Einen Abstecher von Sandpoint lohnt die Region um den Priest Lake im Westen – wer den US Hwy. 2 nach Spokane gewählt hat, kommt hier eh vorbei. Zunächst folgt man dem teilweise renaturierten Pend Oreille River bis zur Ortschaft **Priest River** (US Hwy. 2). Dort lohnt ein Besuch des **Keyser House Museum** *(tgl. 9-17 Uhr, Eintritt frei)*, das sich mit der Geschichte der Holzwirtschaft beschäftigt.

Von Priest River erreicht der ID 57 nach etwa 22 mi/35 km den **Priest Lake** (📖 *www.priestlake.org*), ein idyllisch gelegenes Eldorado für Camper, Angel-, Picknick- und Naturfreunde. Noch ehe man den See erreicht, lohnt ein Blick ins VC und ins Priest Lake Museum. *Peter John DeSmet*, ein Pater, bekannt als *Great Black Robe*, erkundete den zweigeteilten Gletschersee als erster Weißer – ihm haben Fluss und Ort ihre Namen zu verdanken.

Eldorado für Naturfreunde

Farragut State Park

Bayview/ID, nahe dem Lake Pend Oreille, Zufahrt über den ID 54, ☎ 208/683-2425, 📖 http://parksandrecreation.idaho.gov/parks/farragut.aspx

Eine Attraktion auf der Weiterfahrt von Sandpoint nach Coeur D'Alene (US Hwy. 95) ist der **Farragut State Park**. Das 1.800 ha große Gebiet, das heute als Camping- und Erholungspark genutzt wird, hatte während des Zweiten Weltkriegs eine andere Bedeutung: Zwischen Dezember 1941 und September 1942 errichteten an dieser Stelle 22.000 Arbeiter das zweitgrößte Marineausbildungslager der Welt. Von September 1942 bis zu seiner Schließung im Juni 1946 wurden hier 293.000 Marinerekruten, viele für die U-Boot-Flotte, ausgebildet und konnten in dem 400 m tiefen See Taucherfahrung erwerben. Auch 850 deutsche Kriegsgefangene waren zeitweise in Farragut kaserniert. Ein Museum auf dem Gelände erläutert die kurze, aber eindrucksvolle Geschichte des Komplexes.

Coeur D'Alene (ⓘ S. 182)

Als um 1800 frankokanadische Trapper in der Region mit den hier ansässigen Ureinwohnern verhandelten, nannten sie die unerbittlich feilschenden Indianer *Coeur D'Alene* (frei übersetzt: die „Hartherzigen"). Der Name blieb, doch kürzen ihn die Einheimischen gern mit „**CDA**" ab. Den eigentlichen Boom und die offizielle Anerkennung als Stadt, 1878, verdankt das 35.000 Einwohner zählende Städtchen reichen Gold- und Silberfunden im *Coeur d'Alene Mining District*, der weiter östlich, um Wallace, liegt. Außerdem war der Ort Sitz eines hier 1878 von *General William Tecumseh Sherman* eingerichteten Militärpostens.

Besuch in „CDA"

Die ersten transkontinentalen Eisenbahnlinien umgingen zunächst den schön am gleichnamigen See gelegenen Ort und führten stattdessen über Sandpoint. Dennoch war CDA durch eine Stichbahn erschlossen, denn sowohl die Minenprodukte und Goldschürfer als auch später die Touristen wollten befördert werden. Heute ist Coeur D'Alene in erster Linie Standort von Holzfabriken und eine beliebte Feriendestination, Letzteres vor allem wegen seiner Lage am Ufer des **Lake Coeur**

D'Alene, der nach Meinung des „National Geographic" zu den fünf schönsten Seen der Welt zählt.

Museum of North Idaho

Sehenswert im Zentrum ist das **Museum of North Idaho** *(115 NW Blvd., ☎ 208/664-3448, 🖥 www.museumni.org, April-Okt. Di-Sa 13-16.45 Uhr, $ 2)* mit interessanten Abteilungen zur lokalen Geschichte und Geologie. Um die Uferzone des Sees führt eine Promenade, und vom zentralen Steg *(Independence Point)* gehen Bootstouren ab; Paragliding und Kanumieten sind ebenfalls möglich. Eher klein ist das **Fort Sherman Museum** *(North Idaho College Campus)* – zu sehen gibt es ein altes Tor, das Munitionsgebäude (mit Museum) und das Offiziersheim.

Nördlich der Stadt, an der US 95 bei Athol, liegt der **Silverwood Theme Park** *(☎ 208/683-3400, 🖥 www.silverwoodthemepark.com, im Sommer tgl. 11-21/22 Uhr, im Winter nur an Wochenenden, $ 37)*. Der Vergnügungspark wurde einer alten Minenstadt nachgebaut.

> ℹ️ **Information**
> • **Coeur D'Alene CVB**, 1621 N 3rd St., ☎ 208/664-3194 bzw. 1-877-782-9232, 🖥 www.coeurdalene.org

Das Silver Valley

Reichstes Minengebiet der USA

Lohnend ist ein Tagesausflug von Coeur D'Alene ins östlich gelegene Silver Valley (via I-90). An Exit 39 liegt die **Cataldo Mission of the Sacred Heart** *(tgl. 8-18 Uhr, $ 4/Pkw)*, eine Jesuitenmission von 1853. Das Silver Valley einschließlich seiner Seitentäler entpuppte sich um 1878 als eines der reichsten Minengebiete der USA, der **Coeur D'Alene Mining District** war geboren. Bis dato wurden Gold, Silber, Blei und Zink im Werte von über 5 Mrd. Dollar den Böden entrungen. In Kellogg, Murray und Wallace – nette historische Örtchen – gibt es kleine Minenmuseen, die Geschichte und Technik erläutern.

Kellogg, mit rund 2.400 Einwohnern der größte Ort im Tal, hat sich mit einem legendären Minenarbeiterstreik 1899 in den Geschichtsbüchern verewigt. Die Arbeiter hatten einen Lorenzug mit 1.400 kg Dynamit in den Schacht einfahren lassen – die Explosion zerstörte die gesamte Mine. **Wallace** behauptet stolz von sich, das einzige komplett unter Denkmalschutz stehende Städtchen der USA zu sein. Minentouren, ein Minenmuseum, ein Eisenbahn-, ein Bordellmuseum und alte Minensiedlungen in der Umgebung lohnen den Aufenthalt.

Spokane – „The Big City" (ℹ️ S. 239)

Von Coeur D'Alene nach Spokane sind es auf der Autobahn (I-90) nur noch rund 30 mi/48 km. Als moderne und funktionelle Großstadt mit rasch wachsenden Einwohnerzahlen (ca. 195.000, im Großraum 430.000 Einwohner) ist Spokane die größte Stadt zwischen Seattle (460 km) und Minneapolis (2.390 km) und damit regionales Wirtschafts- und Verkehrszentrum sowie Universitätsstadt. Spokane ist keine touristische Destination an sich, bietet aber eine große Auswahl an Geschäften und ist ideale Ausgangsbasis für die Erkundung des Umlandes.

Der Name der Stadt geht zurück auf lokale Indianer und bedeutet so viel wie „Kinder der Sonne". Seine Gründung verdankt Spokane der geografischen Lage, denn nur hier war es möglich, die Eisenbahntrasse in den 1870er Jahren durch die Berge hindurchzubauen. Die Wurzeln der Stadt reichen allerdings viel weiter zurück: Schon 1810 hatte die *Northwest Fur Company* am Little Spokane River, heute etwa 15 km vom Zentrum entfernt, einen Handelsposten errichtet – die **erste nicht-indianische Siedlung** im Nordwesten!

Erste europäische Siedlung im Nordwesten

Erst um 1870 entwickelte sich eine Siedlung an den Spokane Falls. Dank der Eisenbahn, der Goldfelder im Osten, bei Coeur D'Alene, und des großen Sägewerks an den Wasserfällen wuchs der Ort rasch an und wurde **1872 zur Stadt** erhoben. Ein einschneidendes Ereignis war der **große Brand von 1889**, der fast die ganze Stadt vernichtete – doch der Wiederaufschwung war nicht aufzuhalten. 1974 war die Stadt Austragungsort der **EXPO 1974**, ein Event, dem sie u. a. den Riverfront Park in der Innenstadt zu verdanken hat.

Heute haben sich im Umkreis von Spokane an die 7.000 (!) große und kleine Firmen angesiedelt, und Spokane ist für die Bewohner Nord-Idahos, Nordwest-Montanas und dem Süden von British Columbia „**The Big City**". Die *Gonzaga University* ist für eine bunte Studentenszene mit Straßencafés und entsprechenden Shops verantwortlich. Damit man im Winter nicht dauernd in die Kälte hinausmuss, wurden in der Innenstadt wichtige Bauten und Geschäfte durch ein geschlossenes System von *Skywalks* miteinander verbunden.

Sehenswertes

Am besten folgt man dem **City Drive** (Plan im VC, braun-weiße Schilder in Pfeilform) über etwa 50 km durch Stadt und ihre nähere Umgebung. Der **Riverfront Park** liegt gleich nördlich der Innenstadt, nahe der Main Street. Hier beginnt nicht nur der **Centennial Trail**, ein Wander- und Fahrradweg, der nach Idaho führt, sondern ist auch für allerlei Freizeitvergnügen – Karussells, IMAX-Theater, *Skyride over Falls* u. a. – gesorgt. Vor 1970 galt dieses Parkareal noch als das Industriegebiet der Stadt mit großem Rangierbahnhof. **The Flour Mill** *(W 621 Mallon St., am Riverfront Park)* ist eine 1890 errichtete Getreidemühle, die restauriert wurde und heute Boutiquen, Shops und Restaurants beherbergt. Die **Spokane Falls** kann man am besten von der Monroe St. Bridge aus, westlich des Parks und nahe der City Hall, bewundern.

Riverfront Park und andere Attraktionen

Das **Northwest Museum of Arts & Culture** *(W 2316 1st Ave.,* ☎ *509/456-3931,* 🖥 *www.northwestmuseum.org, Di-So 11-17 Uhr, $ 7)* westlich der Innenstadt gibt Informationen zur Lokalgeschichte, zu den hier lebenden Indianern; angeschlossen ist eine kleine Kunstgalerie und das *Campbell House*, eine Villa von 1898. Wer sich für Rosen und exotische Pflanzen interessiert, dem sei der Botanische und Japanische Garten im **Manito Park** südlich der Innenstadt ans Herz gelegt *(ab Grand Blvd., tgl.*

6-21 Uhr, Japanischer Garten tgl. 8 Uhr bis Sonnenuntergang, Conservatory tgl. 8-19 Uhr, Eintritt frei).

Bing Crosby Collection

Im Nordosten der Innenstadt, am Flussufer liegt der Campus der **Gonzaga University** (www.gonzaga.edu). Hier lohnen zwei Attraktionen einen Besuch: Die **Bing Crosby Collection** ist ein Muss für Fans des Sängers und Schauspielers, während Kunstfreunde das **Jundt Art Museum** *(202 Cataldo Ave., Mo-Fr 10-16, Sa 12-16 Uhr, Eintritt frei)* nicht versäumen sollten. Abgesehen von Wechselausstellungen sind vor allem die Glaskunstwerke von *Dale Chihuly* und Skulpturen von *Auguste Rodin* sehenswert. Der **Mt. Spokane State Park** liegt etwa 40 km nordöstlich der Stadt an der WA 206. Der gleichnamige Berg misst 1.770 m und bietet spektakuläre Ausblicke auf das Umland. Im Park gibt es Wanderwege, Picknickplätze, und im Winter tummeln sich hier Städter mit Schlitten, Langlaufskiern und Snowmobilen.

 Hinweis zu alternativen Routen

Der US Hwy. 195 führt von Spokane südwärts durch das Getreideanbaugebiet der **Palouse Hills** *und weiter über* **Pullman**, *ein kleines Universitäts- und Agrarstädtchen, zur Doppelstadt* **Clarkston/Lewiston** *(Anschluss Kapitel „In der Heimat der Nez Perce", s. S. 312).*

Für die **Fahrt von Spokane nach Seattle** *bieten sich drei Routenalternativen an:*

• *Im Norden auf dem WA 20 – die wohl schönste und abwechslungsreichste Strecke; sie führt u. a. durch den einzigartigen North Cascades NP.*

• *Die mittlere Route (US Hwy. 2) durchquert zunächst die unendliche Weite der Halbwüste des Columbia Plateaus, passiert den Coulee Dam und führt dann über die Cascade Range westwärts.*

• *Die Südroute hat abgesehen von Weingütern im Yakima Valley (s. „Alternativroute durch das Weingebiet im Südosten Washingtons", S. 306) landschaftlich am wenigsten zu bieten. Da sie der I-90 folgt, ist sie jedoch die schnellste Verbindung nach Seattle.*

Wer Zeit hat, sollte der im folgenden Kapitel **vorgeschlagenen Route** *folgen, die die beiden erstgenannten Varianten kombiniert: Zunächst geht es auf dem US Hwy. 2 durch die Halbwüste, dann durch die Colville Indian Reservation nach Nordwesten zum North Cascades NP.*

Reisepraktische Informationen Spokane/WY

 Information
• **Spokane Regional CVB**, 201 W Main St., ☎ 509/747-3230 bzw. 1-888-776-5263,
 www.visitspokane.com

 Einkaufen
• *Das größte Einkaufszentrum, die* **Northtown Mall** *mit rund 170 Läden und Filialen von Macy's, JC Penney und Sears, liegt nördlich der I-90 am US Hwy. 2/395 (Wellesley/Division St.).*
• **Factory Outlet Mall** *(u. a. Levis), ca. 40 km östlich in Post Falls/ID (I-90, 4300 W Riverbend Ave.).*
• **Hillyard District**, *Market St., zwischen Wellesley-Francis. Im ehemaligen Eisenbahnviertel locken heute Antiquitäten- und Secondhand-Shops.*
• **Flour Mill**, *W 621 Mallon St., Shopping Mall mit kleinen Läden und Lokalen.*

Am Grand Coulee Dam (ⓘ S. 194)

Der US Hwy. 2 führt zunächst von Spokane westwärts in hügeliges Farmland – kaum ein Baum, nur das satte Gelb endloser Getreidefelder. In den kleinen Agrargemeinden **Davenport**, **Creston** und **Wilburn** fallen vor allem die Silos ins Auge. Von Wilburn führt der WA 174 direkt zum *Grand Coulee Dam*, wer Zeit hat, sollte aber auf dem US Hwy. 2 weiter bis *Coulee City* fahren und dann den WA 155 zum *Grand Coulee Dam* wählen. Dieser rund 55 km lange Umweg lohnt, da er durch eine canyonartige Landschaft führt, die sehr an Süd-Utah oder Arizona erinnert.

Canyon-artige Landschaft

Doch auch hier war es nicht der mittlerweile bei **Coulee City** aufgestaute Columbia River, der für die zerklüfteten Formen sorgte, sondern Flutwasser. Vor gut 15.000 Jahren, während des Endes der letzten Eiszeit, überschwemmte der Columbia während der so genannten *Spokane Flood* dieses Areal und floss weiter nach Süden. Er fiel über die jetzt trockene, nahezu 5 km breite und 130 m hohe, mittlerweile arg „zerfranste" Abbruchkante hinab. Noch heute lässt sich dieses Phänomen eindrucksvoll in Coulee City an den **Dry Falls** erkennen.

Der Grand Coulee Dam

Erster Stopp vor dem Coulee Dam ist **Electric City**, ehemals Erholungs- und Wohnort der Staudammarbeiter und heute ein kleiner Touristenort mit ein paar Hotels. Kurz darauf folgt **Grand Coulee**, das wirtschaftliche „Herz" der Staudammregion und Ablegestation der Hausboote auf dem *Roosevelt Lake*.

Die eigentliche Attraktion ist die Staumauer selbst, der **Grand Coulee Dam**. 1933 hatte man im Rahmen der Arbeitsbeschaffungsmaßnahmen von *Franklin D. Roosevelt* während der wirtschaftlichen Depression mit ihrem Bau begonnen. Neun Jahre dauerten die Arbeiten, und heute sorgt der Stausee für die Stromversorgung und die Bewässerung des ganzen Nordostens von Washington. Ökologen kritisieren den Mangel von „Fischleitern", denn die Lachse können nicht mehr, wie gewohnt, den Columbia River hinauf zu ihren Laichplätzen gelangen. Nur noch 3 % der ehemals gemessenen Lachsbestände schafft es zu den Gewässern oberhalb der Staumauer. Auch die Schlammmassen, die früher die Felder der westlich des Dammes gelegenen Gebiete mit nährstoffreichen Ablagerungen versorgten, können den Damm jetzt nicht mehr passieren.

Arbeitsbe-schaffungs-maßnahme

Der bis nördlich von Kettle Falls reichende *Franklin D. Roosevelt*-Stausee hat eine Uferlänge von gut 1.000 km und ist, trotz des Lachsmangels, ein beliebtes Anglerparadies. „Freizeitkapitäne" mieten sich in Grand Coulee Hausboote, um mit diesen

Tipps für Besucher der Grand Coulee Dam Area

Information
• **Grand Coulee Dam Area Chamber of Commerce**, 306 Midway Ave., Grand Coulee, ☎ 509/633-9265 bzw. 1-800-268-5332, 🖳 www.grandcouleedam.org
• **Lake Roosevelt NRA**, 1008 Crest Dr., Coulee Dam, ☎ 509/633-9441, 🖳 www.nps.gov/laro. Infos zur National Recreation Area und Camping.

Zugang/Camping
Zugang zum See gewähren mehrere Stichstraßen, an deren Ende sich zumeist **Camping-plätze** befinden.

Fähren
Auf dem See verkehren zwei **Fähren**: Keller Ferry (WA 21) und Gifford Ferry (Verbindung WA 21 – Inchelium – WA 25).

Sehenswertes
• Im **Grand Coulee Dam VC** an der WA 155 in Coulee Dam wird ein Film über den Damm gezeigt und es gibt Infos zu Bau, Funktion und Wirkung der Konstruktion (🖳 www.grandcouleedam.org, tgl. 9-17 Uhr, im Sommer bis 23 Uhr, Eintritt frei). Durch das **3rd Power House** gibt es Touren (tgl. 10/12/14/16 Uhr), außerdem einen gläsernen Fahrstuhl.
• Hauptattraktion am Staudamm ist die abendliche **Laser-Light-Show**, die größte ihrer Art auf der Welt (25. Mai-31. Juli tgl. 22 Uhr, 1.-31. Aug. tgl. 21.30 Uhr, 1.-20. Sept. tgl. 20.30 Uhr).

Hausbootvermietung
• **Lake Roosevelt Vacations/Roosevelt Recreational Enterprises**, Coulee Dam, ☎ 509/633-0136, 🖳 www.rrehouseboats.com. Hausboote für drei Tage (ab ca. $ 800) bis zu mehreren Wochen (Wochenpreis ab ca. $ 1200).

nach Kanada zu schippern. Auf einer Länge von 250 km wird der Columbia River als **Lake Roosevelt** aufgestaut. Er und die ihn umgebende **Coulee Dam National Recreation Area** bedecken eine Fläche von 40.000 ha. Spätere Pläne, den Lake Roosevelt weiter aufzustauen, bis hinein in kanadisches Gebiet, wurden vom nörd-lichen Nachbarn abgelehnt.

Größter Staudamm der USA

Die Staumauer in Grand Coulee ist 165 m hoch und gilt mit einer Länge von 1,57 km an der Oberkante als **größter Staudamm der USA**. Das Wasser des Stausees wird für die Bewässerung von 500.000 ha Farmland verwendet und die Leistung des E-Werkes beträgt 6,8 Mio. Kilowatt. Sie soll durch modernere Techni-ken in Zukunft noch gesteigert werden.

Im Land der Cowboys und Indianer

Lange bevor die ersten weißen Pelzhändler 1825 mit **Fort Colville** einen Handels-posten eingerichtet hatten, lebten Indianer in den Weiten Nordost-Washingtons.

Das Fort wurde nach einem englischen Geschäftsmann benannt und dieser verlieh seinen Namen auch gleich sämtlichen Indianerstämmen der Region („Colville-Indianer"). Die ehemaligen Nomaden wurden im Laufe des 19. Jh. schließlich in der *Colville Indian Reservation* angesiedelt, nachdem sich ein Dutzend Stämme zum Verband der *Colville Confederate Tribes* zusammengeschlossen hatten.

Die **Colville Indian Reservation** beginnt nördlich von Coulee Dam und gilt mit rund 6.000 km² noch immer als eines der größten Reservate in den USA. Dabei umfasste das Land zwischen 1855 und 1872 noch ein Drittel des Staatsgebietes von Washington, ehe es auf die heutige Große reduziert wurde. Die berühmtesten Mitglieder der Konföderation sind die Nachkommen jener *Nez-Perce*-Gruppe, die sich unter *Chief Joseph* mit der legendären Flucht 1877 nach Kanada absetzen wollten (ⓘ S. 312). Die Überlebenden, darunter *Chief Joseph* selbst, wurden Ende des 19. Jh. hier angesiedelt.

Colville Indian Reservation

Heute wohnen von den rund 8.000 Stammesangehörigen etwa 5.000 auf Reservatsgrund. Im Unterschied zu vielen anderen Indianerstämmen leben sie nicht vorrangig von Tourismus bzw. Casinos, sondern vor allem vom Holzhandel, inklusive eigenem Sägewerk und Holzfabrik. Das **Colville Conferderate Tribes Museum** *(502 6th St., ☎ 509/633-0751, 🖥 www.colvilletribes.com, Mo-Sa 10-17 Uhr, Spende)* in Coulee Dam, untergebracht in der alten Kirche St. Benedikt, informiert über die Ureinwohner. Berühmt ist vor allem das Archiv historischer Fotos. Es gibt auch einen kleinen Laden.

Auf dem Weg nach Norden auf dem WA 155 passiert man die Verwaltung des Reservats *(Colville Indian Agency)* und den Hauptort **Nespelem**. Hier leben die *Nez Perce* und hier verstarb 1904 ein verbitterter *Chief Joseph*. Er fand seine letzte Ruhe auf dem *Nez-Perce*-Friedhof (WA 155, an der Straße ausgeschildert – Friedhof selbst nicht zugänglich) und wurde durch das **Chief Joseph Monument** geehrt.

Chief Joseph Monument

Die Fahrt durch das Reservat nach **Omak** führt durch spektakuläre Landschaft, die mit ihren von Beifußsträuchern *(sagebrush)* bestandenen Ebenen, Canyons, klaren Flüssen, Bächen und Seen sowie Bergwäldern an Szenen aus Westernfilmen erinnert. Über den WA 155 verlässt man das Reservat bei Omak (s. u.).

Beinahe empfehlenswerter ist es jedoch, von Nespelem die Querverbin-

Cattle Drive im Land der Cowboys und Indianer

dung zur WA 21 zu wählen und von dort weiter nordwärts ins alte Goldgräber-städtchen **Republic** (ⓘ S. 220) zu fahren. Mitte des 19. Jh. waren Glücksritter hier auf Goldsuche, doch geblieben sind am Ende nur jene, die ihr Glück in der Land-wirtschaft gesucht und gefunden haben.

Farmen und Ranches
In der Osthälfte Washingtons existieren bis heute viele **Farmen und Ranches**, ste-hen Rodeos und Viehtriebe, Lagerfeuerromantik und harter Ranchalltag auf der Ta-gesordnung. Gerade zwischen Republic, Omak und Okanogan, um die *Colville Indian Reservation* entlang dem WA 20, reihen sich „Cowboy-Nester" aus dem Bilderbuch auf, in denen die Zeit stehen geblieben zu sein scheint.

Von Republic führt ein 250 km langer Rundweg, der **Highland Historic Loop**, durch historische Westernstädtchen und die herrliche Landschaft nördlich des Re-servats. Höhepunkt einer Zeitreise in den alten Wilden Westen ist eine Übernach-tung auf einer „richtigen" Ranch wie der **K-Diamond-K Guest Ranch** (s. S. 220) in Republic.

Alternativroute über Lake Chelan und Leavenworth

Wer nicht nur Wald und Berge erleben, sondern dazu ein paar ungewöhnliche Orte sehen möchte, sollte ab Okanogan vom Hwy. WA 20 auf den **US Hwy. 97 Richtung Süden** wech-seln und dann bei Wenatchee auf dem US Hwy. 2 weiter westwärts nach Seattle fahren. Im Win-ter ist diese Route obligatorisch, da die Nordstrecke über den WA 20 dann gesperrt ist.

Man passiert zunächst **Chelan** (ⓘ S. 180), ein malerisch gelegenes Städtchen am 90 km lan-gen, fjordähnlichen **Lake Chelan**. Der Ort ist Ausgangspunkt für die Erkundung des Sees – mit bis zu 450 m Tiefe nach Crater Lake und Lake Tahoe der drittiefste See der USA – und des südlichen *North Cascades NP* (s. u.). Große und kleine Resorts, Freizeit- und Sportmöglichkei-ten sowie Shops aller Art locken besonders an Wochenenden Menschen von der „Coast" hier-her. Von Chelan legen zudem die Ausflugsdampfer zur *Lake Chelan Recreational Area* im Nord-westen des Sees ab.

Information
• *Lake Chelan Chamber of Commerce*, 102 E Johnson Ave., ☎ 509/682-3503,
🖥 www.lakechelan.org

Die Region um **Wenatchee** ist berühmt für ihre Äpfel (Infos im Washington Apple Visitor Center, ausgeschildert ab US Hwy. 2). Schon auf dem Weg nach Westen liegt in der Cascade Range der Ort **Leavenworth** (ⓘ S. 202), der sich „bayerisch-schweizerischer Romantik" ver-schrieben hat, mit holzverschnörkelten Alpenhäusern, Blasmusik aus Lautsprechern und Alpen-Jodel-Kitsch. Ein Blick ins kleine **Nutcracker Museum** *(735 Front St.)* lohnt wegen der 3.000 dort versammelten Nussknacker.

Vorbei am **Lake Wenatchee** (etwa 7 km nördlich US 2) – ein beliebtes Wochenendferiengebiet inmitten von Bergen und Wäldern – und über den **Stevens Pass** (1.220 m) geht es auf die Westseite der Cascade Range und weiter Richtung Seattle.

Omak ((i) S. 211) und **Okanogan**, Verwaltungssitz des bevölkerungsarmen Okanogan County (33.000 Einwohner auf 20.000 km²!), liegen am westlichen Rand der
Colville Indian Reservation. Beide Orte zählen gut 4.500 Menschen und sind bekannt
als Zentren der Holzverarbeitung und des Apfelanbaus. Ein kleines historisches Museum in Okanogan gibt Einblick in die lokale Geschichte.

Country- und Rodeoshow

Am zweiten Augustwochenende steht Omak während der **Omak Stampede**
***and Suicide Race** Kopf: Diese Country- und Rodeoshow zieht dann an vier Tagen bis zu
30.000 Besucher an. Der Suicide Race ist ein Pferderennen hinab von einem extrem steilen Hügel, durch ein Flussbett zum nahen Rodeostadion und findet an allen vier Veranstal-
tungstagen im Anschluss an die Rodeowettbewerbe statt (Informationen und Programm
unter* ⌨ *www.omakstampede.org).*

*Beliebtes
Rodeo*

North Cascades National Park ((i) S. 209)

Vom „Land der Cowboys und Indianer" führt der WA 20 nun westwärts. Am *Loup-
Loup Pass*, westlich von Okanogan, endet das Halbwüstenklima des Columbia Plateau
und man gelangt in den Einflussbereich der feuchteren und kälteren **Cascade
Range** und ins fruchtbare **Methow Valley** (Obst, Gemüse).

Hauptorte sind **Twisp**, ein bescheidenes Backcountry-Nest, und das wenige Meilen
nördlich gelegene **Winthrop** ((i) S. 244). Gegründet 1890 als Basis für die Versorgung der nahen Goldminen (z. B. bei Ruby, zwischen Winthrop und Omak) und für
die bereits im 19. Jh. siedelnden Farmer, setzt der nach dem Reiseschriftsteller *Theodore Winthrop* benannte Ort ganz auf Wildwest-Flair. Attraktive Souvenirshops und
vor allem das **Shafer Museum** *(285 Castle Ave., nur im Sommer Do-Mo 10-17 Uhr,
Spende)*, das die interessante Geschichte des Ortes beleuchtet, lohnen einen
Zwischenstopp.

Vorbei an **Mazama** nähert sich der WA 20 (im Winter geschlossen) dem **North
Cascades NP**. Dieser Nationalpark gliedert sich in zwei Teile, **North und South
Unit**, und gehört zu einem größeren Naturschutzkomplex: Die beiden Units werden von der **Ross Lake National Recreation Area** gerahmt, und den Park quert
der WA 20. An den Südteil des Nationalparks schließt sich um den Lake Chelan die
Lake Chelan National Recreation Area an, doch beide Areale sind nur von Chelan
aus mit Boot bzw. Flugzeug oder mittels Fußmarsch über den Cascades Pass zu erreichen. Eine Erkundung dieses Teils vom WA 20 aus ist nicht sinnvoll.

*Großer
Natur-
schutz-
komplex*

Nur knapp 70.000 Reisende besuchen jährlich den 1968 gegründeten, 202.000 ha
großen **Nationalpark**, der auch *North American Alps* genannt wird. Diese Zahlen
machen deutlich, dass Wander- und Naturfreunde in diesem Nationalpark selbst in
der Hochsaison voll auf ihre Kosten kommen und Menschenmengen kein Problem
sind. Eine vernünftige Ausrüstung, etwas Kondition, Freude an der Natur und am einfachen Campen sind Voraussetzung, wenn man länger als einen Tag bleiben möchte.
Doch selbst nur ein „Durchfahrtstag" (inklusive kurzer Wanderungen und Foto-

stopps) ist empfehlenswert. Beeindruckend ist vor allem die Bergwelt selbst, geformt und geschliffen von Gletschern, deren höchste Gipfel aufgrund der geografischen Lage und des hohen Niederschlagsaufkommens an der Westflanke selbst im Sommer von Schnee bedeckt sind. Zahlreiche Aussichtspunkte entlang dem WA 20 – dem **North Cascades Scenic Highway** – bieten atemberaubende Ausblicke. Das Areal um die drei hier befindlichen Stauseen beherrscht *Seattle City Lights*, jene Firma, die Seattle mit Strom versorgt. Die Firma arbeitet mit der Parkbehörde zusammen und bietet interessante Touren an.

Atemberaubende Ausblicke

Geologie, Flora und Fauna

Auch dieser Park wird von der **Vulkanwelt der Cascade Range** geprägt. Die Gipfel der höchsten Berge wurden hier jedoch nicht in der kontinentalen Eiszeit vor 15.000 Jahren geformt, sondern von einer kleinen Zwischeneiszeit vor 3.000 Jahren. Über 300 Gletscher sollen sich in den Höhen erhalten haben.

Die **Tierwelt** des Parks hat sich den differenzierten Klimaverhältnissen (feuchter Westen, relativ trockener Osten) angepasst, besteht aber überwiegend aus Bergtieren, wie Berglöwen und -ziegen, Schneeziegen, Luchsen und Schwarzbären. Seltener sind Grizzlys zu beobachten und auch Hirsche und Elche machen sich eher rar. Da der Park groß und wenig erschlossen ist, können sich die Tiere in kaum frequentierte Regionen zurückzuziehen und Durchreisende brauchen Glück, um entlang der Straße Tiere zu sehen.

Wenig erschlossenes Areal

Die **Vegetation** gleicht auf den ersten Blick derjenigen in den Alpen und auch der Höhenstufenbewuchs weist Gemeinsamkeiten auf. Besonders an den beregneten

Wandern im North Cascades National Park

Westhängen sind es Douglas- und Hemlocktannen, die bis zu 70 m hoch werden und eine Art „Regenwald" mit Pilzen, Farnen und Moosen in bodennahen Regionen bilden. Die trockenere **Ostseite** ist spärlicher bewachsen, am häufigsten mit verschiedenen Kiefernarten.

Entlang der Flüsse gibt es so genannte **Galeriewälder** aus Weiden und Pappeln. Mit zunehmender Höhe nimmt die Dichte des Baumbewuchses deutlich ab und kümmerliche Lärchen und Tannen, seltener Ahorne, sind die letzten, die bis zur Baum-

Baumbewuchs

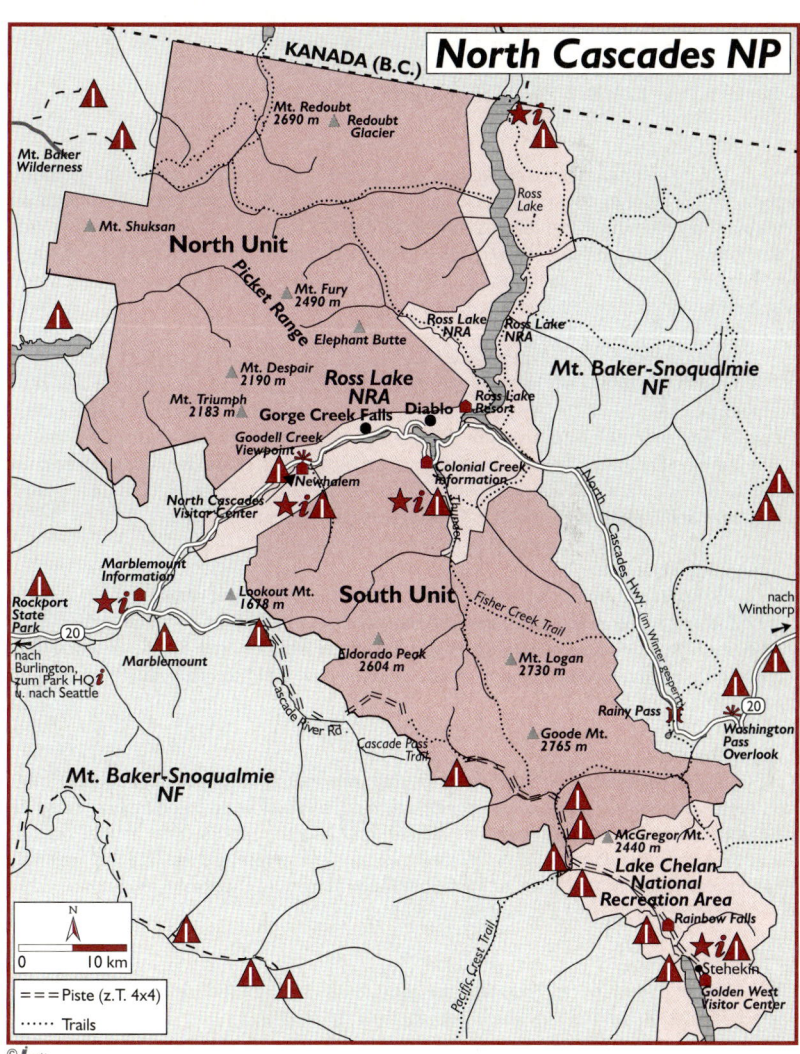

Tipps für Besucher des North Cascades National Park

Information
• **North Cascades NP VC & Headquarter**, 810 SR 20, Sedro Woolley, ☏ 360/856-5700, 🖳 www.nps.gov/noca, tgl. 8-16.30 Uhr, im Winter nur Mo-Fr, Eintritt frei.
Infos und permits in folgenden **VCs** bzw. **Ranger Stations**:
– **Marblemount Wilderness Information Center**, Fr/Sa 7-20, So-Do 7-18 Uhr
– **Newhalem North Cascades VC**, Mai-Okt. tgl. 9-17, im Sommer bis 18 Uhr
– **Winthrop North Cascades Scenic Highway VC/Methow Valley**, im Sommer tgl 9-17 Uhr
– **Winthrop Ranger Station**, Mo-Fr 7.45-16.30 Uhr
– **Stehekin Lake Chelan NRA – Golden West VC**, tgl. 8.30-17 Uhr

Besuchszeit
Der Park ist zwar das ganze Jahr über geöffnet, doch wird der östlich von Diablo liegende Abschnitt des WA 20 beim ersten Schneefall (d. h. etwa Mitte Nov.-Mitte April) gesperrt. Während der Westen im Sommer kühler und regnerisch ist, ist die Ostseite meist sonnig und relativ trocken. Wanderer sollten zu jeder Jahreszeit Regenschutz mitnehmen. Hauptbesuchsmonate sind Juli und August, während Juni und September noch weniger „überlaufen" sind. Die restlichen Monate sind kühl bis kalt, und von Oktober bis Mai sind viele Unterkünfte geschlossen.

Übernachten und Infrastruktur
Wer länger bleiben möchte, sollte eine Unterkunft im Voraus buchen. Es gibt nicht viele Übernachtungsmöglichkeiten im Umkreis des Nationalparks. Am zentralsten liegt das Ross Lake Resort in Diablo (Anfang Juli-Ende Okt.), außerdem gibt es einige Unterkünfte am Lake Chelan (North Cascades Stehekin Lodge), im Stehekin Valley und, außerhalb des Parks, in Marblemount im Westen und Mazama im Osten ebenfalls ein paar Motels, Läden und Tankstellen. Einige einfache Campgrounds (meist ohne Reservierung) stehen ebenfalls zur Verfügung (Unterkünfte s. S. 209).

Zeitplanung
Wer nur durch den Nationalpark durchreist, folgt dem WA 20 und unternimmt ein paar kürzere Wanderungen. Bei eintägigem Aufenthalt kann zusätzlich die Fahrt auf der **Cascades River Road** eingeplant werden. Bei mehrtägigem Aufenthalt könnte man den ersten Tag der Cascades River Road widmen und bei Übernachtung im Ross Lake Resort von dort aus Touren und Wanderungen unternehmen.

Wandern
Es gibt nahezu 600 km Trails und wenigstens eine mehrstündige Tour sollte eingeplant werden. Bei längeren Wanderungen sind genügend Verpflegung und Trinkwasser Voraussetzung. Einige der beliebtesten **kürzeren Wanderwege** sind der Trail of the Cedars, der Thunder Woods Trail, der Rainy Lake Trail; etwas **länger** sind der Hidden Lake und der Horseshoe Basin Trail und noch mehr Kondition und Zeit erfordern Cascade Pass, Sourdough Mountain, Thornton Lakes und Thunder Creek Trail. Nähere Infos dazu in den Ranger Stations und VCs.

Bootfahren
Beliebt ist Rudern und Paddeln auf den beiden Seen (Bootsverleih u. a. im Ross Lake Resort) sowie Wildwasserfahrten auf dem Skagit River oberhalb von Newhalem.

grenze reichen. Heide- und Buschvegetation bildet die **Übergangszone** zwischen Bäumen und den oberen, kargen Hochgebirgspflanzen, die sich hauptsächlich durch ihre perfekte Anpassung an das raue Klima auszeichnen. In diese Areale führen nur längere Wanderungen, denn der WA 20 selbst erreicht am *Washington Pass* lediglich eine Höhe von 1.670 m.

Auf dem WA 20 durch den Nationalpark

Von **Mazama**, dem Versorgungsort im Osten, und dem fruchtbaren *Methow Valley* führt der WA 20 steil hinauf zum 1.670 m hohen **Washington Pass** (VC). Aussichtspunkte und kürzere Trails lohnen Stopps. Der **Ross Dam Trail** führt beispielsweise hinunter zum gleichnamigen See und zum Bootsableger für Wassertaxis am *Ross Lake Resort*, der einzigen Unterkunft innerhalb der Parkgrenzen. Der **Diablo Lake Overlook** ist ein beliebter Fotostopp.

Aussichtspunkte und Trails

Weiter auf dem WA 20 sollte der nächste Halt am *Colonial Creek Campground* erfolgen, von wo aus der kurze **Thunder Woods Nature Trail** einen guten Eindruck von den Zedernwäldern gibt. Das Zedernholz haben die Indianer für den Bau ihrer Kanus verwendet. Ein Stückchen weiter auf dem Highway zweigt nach Norden eine kleine Straße über den Damm zu den Bootsablegern für die Stausee-Rundfahrten ab.

Der kleine Abstecher nach **Diablo**, einem der beiden Camps von *Seattle City Lights*, direkt unter der Staumauer, führt an der Siedlung vorbei zum Startpunkt der **Seattle-City-Lights-Touren**. Einen kurzen Fotostopp ist die Brücke über den **Gorge Creek** wert: Lohnend sind ein Wasserfall auf der Bergseite und die Aussicht auf den Stausee in die andere Richtung.

Touren
• *Seattle City Lights/Skagit Tours*, 500 *Newhalem St., Rockport,* ☎ *206/684-3030 und 233-2709,* 🖥 *www.seattle.gov/light/tours/skagit. Verschiedene Touren am Ross-Staudamm des Diablo Lake (SR 20, ausgeschildert), Juni-Sept. 12.30 Uhr (ab $ 25, Reservierung empfehlenswert); Besichtigung des Staudamms, Diashow, Sessellift- und Bootsfahrt auf dem aufgestauten Skagit River (Ross Lake), bei längeren Touren ist Essen eingeschlossen. Die drei Stauseen bzw. deren E-Werke sorgen für nahezu ein Drittel des Strombedarfs von Seattle.*

In **Newhalem** befindet sich das Hauptbesucherzentrum (s. o.), in dem vielerlei Informationen zu erhalten sind und wo sich ein schöner Camping-

Flüsse, Wälder, Berge ... im North Cascades NP

platz befindet. Newhalem selbst ist Sitz einer weiteren großen Firmensiedlung von *Seattle City Lights* mit Postamt, Supermarkt und Veranstaltungshalle. Der WA 20 folgt weiterhin dem vom Gletscherschliff türkis gefärbten **Skagit River**, der wiederum von Stromkabeln begleitet wird. **Marblemount** ist der erste Ort auf der Westseite des Parks – wie Mazama im Osten ist er zugleich ein wichtiger Versorgungspunkt.

Der Süden des North Cascades National Park

„Fjord Romantic"

Der Südteil des Nationalparks und die Lake Chelan NRA reichen bis zum Lake Chelan, sind jedoch nur zu Fuß oder per Boot bzw. Flugzeug von **Chelan** (s. S. 180) aus erreichbar. Nicht zu Unrecht werden Ausflüge auf dem Lake Chelan in Broschüren mit *„Fjord Romantic"* beschrieben. Besonders, wenn man in Stehekin übernachtet, wird man dieses Erlebnis genießen. Nachmittags sind dann nämlich die Tagesbesucher wieder mit dem Boot entschwunden und es herrscht einsame Idylle.

Der 80 km lange, aber nur gut 2 km breite **Lake Chelan**, dessen Becken vor gut 15.000 Jahren von Gletschern ausgefräst wurde, ist über 450 m tief, und seine tiefste Stelle liegt 130 m unter dem Meeresspiegel. Zur Erkundung des südlichen Nationalparkabschnitts bzw. der Lake Chelan NRA bieten sich Wasser- oder Luftweg an. **Stehekin** hat überdies ein paar historische Sights zu bieten, denn hierher kamen bereits Goldsucher und Farmer, ehe noch das erste Hotel im Jahr 1889 am See eröffnete. Ein paar alte Gebäude bzw. Reste davon sind erhalten. Die größte Mine (Gold, Silber, Kupfer, Zink) war die *Black Warrior Mine* im *Horseshoe Basin* (östlich des *Cascades Pass*).

Mt. Baker Wilderness Area und National Forest

Skigebiete und dichter Wald

Das 8.000 km² große Waldareal an den westlichen Hängen der Cascade Range, zwischen kanadischer Grenze und Mt. Rainier, ist verwaltungstechnisch zum **Mt. Baker-Snoqualmie National Forest** (www.fs.fed.us/r6/mbs) zusammengefasst. Sieben erschlossene Skigebiete, mehr als 2.300 km Wanderwege und unzählige Picknick- und Campingplätze befinden sich auf dem Areal. Der nördliche Teil, die **Mt. Baker Section** um den gleichnamigen, weithin sichtbaren 3.230 m hohen Vulkangipfel, ist wiederum unterteilt in reines Waldgebiet *(National Forest)*, die *Mt. Baker Ski Area* in der **Mt. Baker Wilderness Area** (zu erreichen über die nördlich verlaufende WA 542, I-5 Exit 255) und die **Mt. Baker NRA** – nur zu Fuß von einer Stichstraße nördlich von Concrete (am WA 20 aus) zugänglich. Ein Abstecher ins Skigebiet lohnt nur im Winter.

Die Orte westlich der Cascade Range haben alle ihre Geschichte. Nicht, dass es hier besondere Sehenswürdigkeiten gäbe, es ist vielmehr die Beschaulichkeit, das „Backcountry Feeling", das sie heraushebt. **Darrington** (WA 530) ist eine alte Holzfällersiedlung, die auch heute noch von einem großen Sägewerk lebt. **Concrete** (WA 20) – der Name verrät es – war einst Sitz eines großen Zementwerks und fristet heute ein gemächliches Dasein.

Rockport (WA 20 und 530) schließlich besteht heute gerade noch aus ein paar Häusern, war aber im 19. Jh. eine kleine Boomtown mit Hotels, Saloons und eigener Tageszeitung. Damals führte eine Eisenbahnlinie hierher und ein großes Sägewerk sorgte für Einkünfte. Sogar Touristen wurden hier früh in Scharen gesichtet, denn schon damals waren die Cascades und der Skagit River eine beliebte Outdoordestination. Der kleine **Rockport SP** weist einen kurzen *Nature Trail* auf, der die Bäume der Cascades erläutert.

Outdoordestination

Das untere Skagit Valley

Die Talebene des **Skagit River** zwischen Cascade Range und dem Puget Sound ist bekannt für ihre fruchtbaren Böden. Rosen, Gewürzpflanzen und Äpfel werden angebaut und Rancher züchten in dieser Region exotische Tiere wie Lamas, Emus, Strauße oder Kaschmirschafe. Der WA 20, dem man bereits über die Cascade Range gefolgt ist und der erst 1972 durchgehend geteert wurde, quert dieses Areal. Ursprünglich diente die Route der besseren Erschließung der Wasserkraftwerke in den Bergen. Dass es später nicht zur Erhöhung der Staudammkapazitäten kam, liegt einzig an dem Veto der Kanadier, die den Skagit River auf ihrem Territorium nicht weiter aufgestaut haben wollten. Das Tal endet an der Küste bei **Burlington** – wo es über die I-5 schnell – sofern kein Stau herrscht – zurück nach Seattle geht.

Fruchtbare Böden

Bergwelt im Hinterland von Seattle

7. Im „Wilden Westen" – Vom Yellowstone National Park nach Denver

Überblick

Away to the Great Plains of America, to that immense Western short-grass prairie now mostly plowed under!
Away to the still-empty land beyond newsstands and malls and velvet restaurant ropes!
Away to the headwaters of the Missouri, now quelled by many impoundment dams …
Away to the air shaft of the continent, where weather fronts from two hemispheres meet, and the wind blows almost all the time! …
Away to the fields of wheat and milo and sudan grass and flax and alfalfa and nothing!
Away to parts of Montana and North Dakota and South Dakota and Wyoming and Nebraska and Kansas and Colorado and New Mexico and Oklahoma and Texas!
Away to the high plains rolling inwaves to the rising final chord of the Rocky Mountains!
(Ian Frazier, Great Plains, 1989)

An die endlose Weite des Nordwestens hat man sich auf der Fahrt zum bzw. durch das „Heart of the Rockies" schon gewöhnt. Auf der weiteren Reise, im folgenden Kapitel, werden nun die gigantischen Bergwelten durch eine andere, nicht weniger

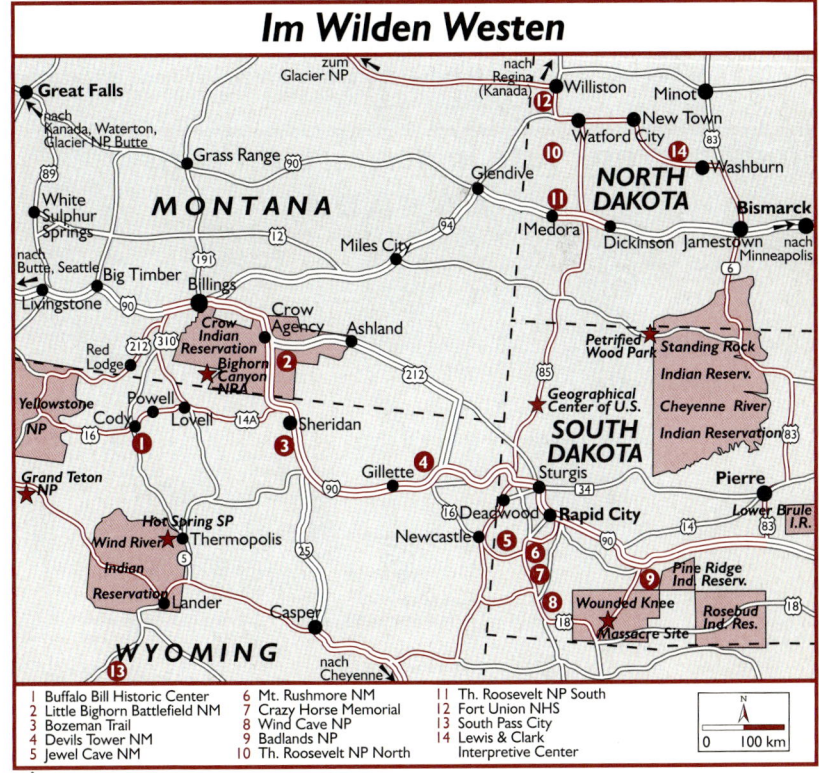

Im Wilden Westen

1 Buffalo Bill Historic Center	6 Mt. Rushmore NM	11 Th. Roosevelt NP South
2 Little Bighorn Battlefield NM	7 Crazy Horse Memorial	12 Fort Union NHS
3 Bozeman Trail	8 Wind Cave NP	13 South Pass City
4 Devils Tower NM	9 Badlands NP	14 Lewis & Clark
5 Jewel Cave NM	10 Th. Roosevelt NP North	Interpretive Center

© i graphic

atemberaubende Landschaft abgelöst: die **Great Plains**. *Ian Fraziers* Beschreibung des legendären Graslands zwischen Mississippi und Rocky Mountains bringt die Vielseitigkeit und die Veränderungen auf den Punkt: Das natürliche Grasland hat sich vielfach in endlose Agrarflächen gewandelt und in der scheinbaren Leere der **Wide Open Spaces** findet man heute überall menschliche Hinterlassenschaften, von Siedlungen bis hin zu Staudämmen.

Abwechs-lungsreiche Land-schaften

Dennoch lässt sich die Natur nicht unterkriegen und auf der Route durch den „Wilden Westen" durchquert man eine der **abwechslungsreichsten Landschaften** Nordamerikas: Weiden, bewaldete Hügelketten, atemberaubende Canyons, wüstenartige Steppen, schneebedeckte Berge, malerische Flusstäler und dazwischen alte Minenstädte und Indianerreservate. Es geht vorbei an in Stein gehauenen Präsidenten oder Indianerhäuptlingen und die Spuren der wechselvollen Geschichte sind allgegenwärtig. Doch im **Big Sky Country** ist es nicht nur die Natur selbst, die beeindruckt, es sind auch die aufgeschlossenen und höchst **gastfreundlichen Menschen**. Ihr unbändiger „Pioniergeist", ihre Abenteuerlust und ihre Hochachtung vor Raum und Weite, Land und Natur wirkt ansteckend.

Allein die nachfolgend beschriebene Route würde für eine mehrwöchige Reise reichen – und selbst dann hätte man bei Weitem nicht alles gesehen. Im Zentrum dieses Reiseabschnitts steht **Wyoming**, dazu kommen die angrenzenden Landstriche in **Montana**, **South** und **North Dakota**. Dieses Areal bietet eine ungewöhnlich

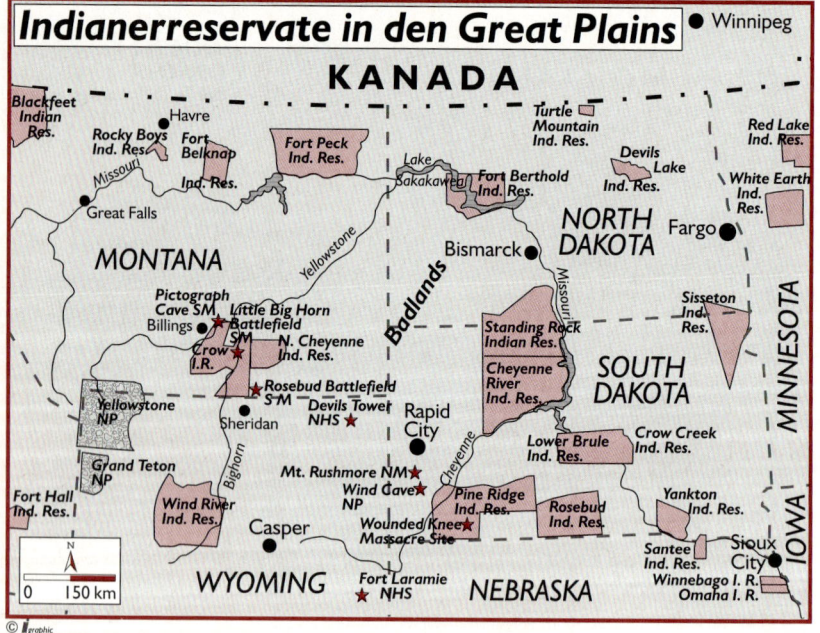

© *I graphic*

Der Bighorn Canyon in der Bighorn Canyon NRA

abwechslungsreiche und atemberaubende Landschaft, deren Ausformung ein langer geologischer Prozess war.

Vor Hunderten von Millionen Jahren war das Land von großen Seen bedeckt, was über unterschiedlich lange Zeiträume immer wieder, abhängig vom Klima, zur Ablagerung verschiedener Gesteinsschichten führte, die heute stellenweise ein buntes Bild ergeben. Vor 80 bis 100 Mio. Jahren begannen diese Seen auszutrocknen und hinterließen eine relativ eintönige Ebene, durch die sich kleine Flüsse zogen. Die Rocky Mountains begannen sich vor rund 75 Mio. Jahren zu heben, und die Landschaft begann sich nach Osten hin zu neigen. Aus den kleinen Flüssen wurden z. T. reißende Ströme, die anfingen, sich durch die Sedimentschichten zu graben und damit Canyons und weite Täler schufen.

„Klimawandel"

Entscheidend für das heutige Landschaftsbild mit Bergen, schräg angeordneten Gesteins- und Ablagerungsschichten in verschiedenen Farben und Canyons waren vor allem die letzten 3 Mio. Jahre, als das Klima tropischer wurde. Während der letzten 500.000 Jahre gaben hingegen die Eiszeiten, mit ihren Gletschern, der Kälte und dem Wind, dem Land den letzten Schliff. Zahlreiche einzeln stehende, so genannte „Zeugenberge" weisen heute noch darauf hin, wie hoch die Region einmal gelegen war und wie die obersten Ablagerungsschichten der großen Seen einmal ausgesehen haben. Die *Crowheart Butte* östlich von Dubois oder die Tafelberge südlich von Lander/WY sind Beispiele.

 Hinweis zur Route

In den Weiten des Nordwestens unterschätzt man gerne die Entfernungen und die dafür benötigte Zeit. Hinzu kommt, dass ab Oktober bis in den Mai hinein viele Straßen in den Bergregionen gesperrt sind. Die beste Reisezeit ist der Spätsommer und der Frühherbst, wenn der Touristenrummel etwas nachgelassen hat und die Wetterlage dennoch stabil ist. Die nachfolgend beschriebenen Routen lassen sich auch – mit Ausgangspunkt Denver – als eigene Rundreise planen.

Die Nordroute durch Süd-Montana, Nord-Wyoming und das westliche South Dakota

Redaktionstipps

Sehens- und Erlebenswertes

- Eindrucksvoll und monumental: die Felsskulpturen in den Black Hills, **Mt. Rushmore** (S. 412) und das **Crazy Horse Memorial** (S. 415).
- Wer sich für Geschichte und Leben im Wilden Westen interessiert, sollte folgende Top-Museen nicht versäumen: das **Buffalo Bill Historical Center** in Cody/WY (S. 380), das **National Historic Trails Interpretive Center** in Casper/WY (S. 457) und das **Journey Museum** in Rapid City/SD (S. 404).
- Ungewöhnliche Naturschauspiele bieten der **Devils Tower** (S. 394), der **Badlands NP** (S. 406) und der **Custer State Park** mit seinen Bisons (S. 419) als Teil der **Black Hills** (S. 395).
- Wenn möglich, das legendäre **Custer SP Buffalo Round-Up** Ende September/Anfang Oktober besuchen (S. 420).
- An eine legendäre Schlacht in den Indianerkriegen erinnert das **Little Bighorn Battlefield NM** (S. 389).
- Ein Wildwest-Städtchen aus dem Bilderbuch: **Sheridan/WY** (S. 386).

Unterkunft

- In dem 1880 gegründeten **Historic Occidental Hotel & Saloon** in Buffalo/WY (S. 178 und S. 394) weht noch ein Hauch wilder Westen – und es gibt gutes Essen!
- Mitten in den Wäldern der Black Hills nächtigt man gut in den diversen **Lodges des Custer SP** (S. 184).
- Unvergesslich sind Sonnenauf- und Sonnenuntergang von der Veranda der kleinen **Cottages im Badlands NP** aus (S. 174).

Essen & Trinken

- An der alten Bar im **Sheridan Inn** in Sheridan/WY (S. 237 und S. 387) genoss schon *Buffalo Bill* seine Drinks. Im zugehörigen Lokal gibt es tolle Steaks.
- Dass auch Cowboys auf gutes Bier (und handfeste Kost) stehen, zeigt sich im **Firehouse Brewing** (S. 218 und S. 406) in Rapid City.

Im Buffalo Bill Country

Ehe man in die endlosen Weiten der Great Plains, unterbrochen durch Bergketten wie die Bighorn Mountains oder Black Hills, eintaucht, verabschieden sich die Rocky Mountains beim Verlassen des Yellowstone NP auf spektakuläre Weise, egal, welcher Route man folgt: dem US Hwy. 212 (**Beartooth Scenic Byway**) im Nordosten, Richtung Billings – wobei man jedoch Cody links liegen lässt –, dem WY 296 oder **Chief Joseph Scenic Byway** ebenfalls im Nordosten, oder dem US Hwy. 14, 16, 20. Die beiden Letztgenannten führen nach Cody.

▄▄▄▄▄ Cody – Buffalo Bills Heimat (ⓘ S. 182)

William F. Cody, besser bekannt als **Buffalo Bill**, hat während seines Lebens als Trapper, Scout und Jäger die geografisch günstige Lage der Region erkannt und dazu beigetragen, dass 1901 der Ort Cody als **Gateway to Yellowstone** gegründet wurde. Im Winter eher beschaulich, blüht im Sommer der Tourismus: Souvenirgeschäfte, Restaurants und Hotels reihen sich beinahe lückenlos an der Hauptstraße auf.

Dabei steht der Ort ganz im Zeichen der Wildwest-Ikone. Ein Muss ist das **Buffalo Bill Historical Center** (*720 Sheridan Ave.,* ☎ *587-4771,* 🖥 *www.bbhc.org,*

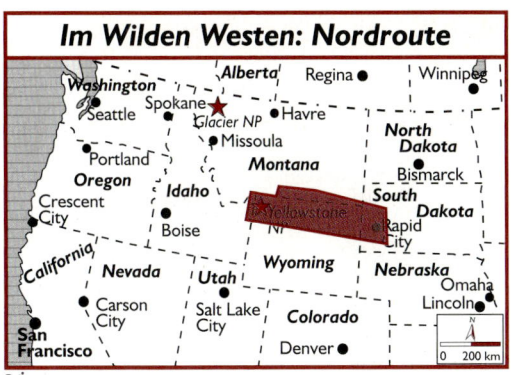

Im Wilden Westen: Nordroute

tgl. 8-17 Uhr, im Sommer 7-20 Uhr, $ 15 für 2 Tage und alle Museen) – eines der eindrucksvollsten Cowboy- und Wildwest-Museen Amerikas, für dessen Besuch man fast schon einen halben Tag einplanen sollte. Der Komplex gliedert sich in fünf separate Museen:

Museum der Extraklasse

Das wohl wichtigste ist das **Buffalo Bill Museum**, wo Memorabilien, Dokumente, Fotos und andere Zeugnisse aus *Codys* Leben deutlich machen, in welchem Maße er dazu beigetragen hat, den Wilden Westen „salonfähig" zu machen. Ebenfalls hochinteressant ist das **Plains Indian Museum** – eine sehenswerte Ausstellung über die Prärie-Indianer mit vielen Hörstationen, Nachbauten von Tipis, nachgestellten Szenen sowie Ausstellung von Kleidung und Kunsthandwerk.

Die **Whitney Gallery of Western Art** bietet als Kunstausstellung mit Werken von *Russell, Bierstadt, Moran, Bodmer, Remington* u. a. eine hervorragende Übersicht über Westernkunst. Das **Cody Firearms Museum** ist mit seiner ungeheuer vielseitigen Waffensammlung von über 3.500 Exponaten, darunter Hunderte von *Winchester-* und *Remington*-Gewehren, perfekt für Waffenfans. Im **Draper Museum of Natural History** schließlich geht es um Naturgeschichte und Landschaft, um Flora und Fauna der Region und um den menschlichen Einfluss.

Übersicht über Westernkunst

Nach der Besichtigung der Museen lädt der zugehörige Skulpturengarten zum Erholen ein oder man isst im Café einen Bissen, ehe man sich im Shop umsieht. Wer sich dann noch intensiver mit der Geschichte des „Wilden Westens" befassen möchte, kann das in der zugehörigen Bibliothek, der *Research Library*, tun.

Buffalo Bill Historical Center

INFO
Buffalo Bill und der Mythos „Wilder Westen"

Wie kein Zweiter hat **William F. Buffalo Bill Cody** den Wildwest-Mythos mitgeprägt. Geboren am 26. Februar 1846 in LeClair/Iowa, heuerte er schon in jungen Jahren als Reiter beim *Pony Express* im Westen an. Nach dem Bürgerkrieg, 1867-68, versorgte er die Arbeiter der *Kansas Pacific Railroad* mit Büffelfleisch und erwarb sich so seinen Spitznamen – und einen guten Ruf. Die nächsten vier Jahre diente er als „Chief of Scouts" für die *5th U.S. Cavalry*.

Erst als *Cody* 1869 zur Hauptfigur in einem Groschenroman, einer *Dime Novel*, von *Ned Buntline* und so über Nacht als Westernheld berühmt wurde, sollte sich sein Leben ändern. In der Folgezeit verstand er sich exzellent darauf, diese Legende weiterzuspinnen. 1883 begann *Buffalo Bill* eine Wildwest-Show zusam-

William F. „Buffalo Bill" Cody

menzustellen, die den Mythos des Westens mit nachgespielten Indianerkämpfen, Postkutschen-Überfällen, Bisonjagden und Geschicklichkeitswettbewerben in alle Welt hinaustrug. Bei der Show traten neben *Buffalo Bill* legendäre Figuren wie *Buck Taylor*, *Annie Oakley* oder sogar *Sitting Bull* auf. Bis 1913 tourte er im hellen Lederkostüm, mit Hut und Schimmel, Wallehaar und Spitzbart mit seiner Wildwest-Show durch die Welt, versuchte sich, wenig erfolgreich, in anderen Geschäften und wurde nie reich. Nahe Denver starb er am 10. Januar 1917 im Alter von 71 Jahren.

Mythen über *Buffalo Bill* und seine Abenteuer gibt es bis heute unzählige, viele von ihm selbst in die Welt gesetzt. Manches entpuppte sich am Ende als „Märchen", doch am Ende konnte wohl selbst *Buffalo Bill* Realität und Legende nicht mehr auseinanderhalten. Schließlich war er schon zu Lebzeiten selbst zum Mythos avanciert – wie übrigens auch sein „deutsches Gegenstück", *Karl May*.

Reisepraktische Informationen Cody/WY

Vorwahl 307

Information
• **Cody Chamber of Commerce**, 836 Sheridan Ave., ☎ 587-2777, 💻 www.yellowstonecountry.org bzw. www.codychamber.org

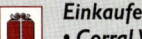

Einkaufen
• **Corral West**, 1625 Sheridan Ave. Filiale des großen Western-Wear-Ladens mit günstigen Jeans, Boots und Hats.
• **Seidel's Saddlery**, 1200 Sheridan Ave. Alteingesessener Westernladen, der auch Sättel und sonstiges Reitzubehör herstellt.
• **Wayne's Boot Shop**, 1256 Sheridan Ave. Große Auswahl an Cowboystiefeln.
• **Wyoming Buffalo Co.**, 1264 Sheridan Ave. Nicht nur Souvenirs, sondern auch Wild- und Bisonprodukte.
• **Wyoming Well Book Exchange**, 1902 E Sheridan. Großer Secondhand-Buchladen mit umfangreicher Auswahl an Krimis und Western.

Touren
• **Cody Trolley Tours**, ☎ 527-7043, 💻 www.codytrolleytours.com, einstündige Bustouren durch Stadt und Umgebung (mit Erläuterungen), tgl. Juni-Sept., 11, 15 und 18.30 Uhr, So nur 11 und 15 Uhr, $ 20.

Veranstaltungen
• **Cody Nite Rodeo**, Yellowstone Hwy. (US 14/16/20, am westl. Ortsrand), ☎ 587-5155, 💻 www.codyniterodeo.com, Juni-Aug. tgl. 20.30 Uhr Rodeos, $ 15.
• **Cody Stampede**, Yellowstone Hwy. (US 14/16/20, am westl. Ortsrand), ☎ 587-5155, 💻 www.codystampederodeo.com. Jedes Jahr vom 1. bis 4. Juli findet das Ereignis in Cody seit dem Jahr 1922 statt.
• **Dan Miller's Cowboy Music Revue**, 1110 Beck Ave., ☎ 307/272-7856, Mai-Sept. tgl. 20 Uhr, $ 12. Cody Stage, ein Abend voller Cowboy-Musik und Poetry.
• **Cody Gunslingers**, Mo-Sa im Sommer Wildwest-Schießerei, die vor dem Irma Hotel nachgestellt wird.

 Hinweis zur Route

Von Cody führt der WY 120 südwärts nach **Thermopolis** und dort trifft man auf die ab S. 446 beschriebene Südroute. Zunächst jedoch sollen zwei Möglichkeiten vorgestellt werden, **nach Sheridan**, jenseits der Bighorn Mountains, zu gelangen: Entweder auf dem WY 120 und MT 72 **über Billings** und dann auf der Autobahn I-90, vorbei am **Little Bighorn Battlefield NM**, oder auf dem US Hwy. 14 ALT zum **Bighorn Canyon** und weiter über die **Bighorn Mountains**.

Routenvariante über Billings/MT

Südlich von **Bridger/MT**, erreichbar von Cody auf dem WY 120 bzw. MT 72, mündet die Straße in den US Hwy. 310, der wiederum bei Rockvale in den US Hwy. 212, den schon oben erwähnten **Beartooth Scenic Byway**, übergeht. Ebenfalls südlich von **Bridger** (ⓘ S. 178) liegt die Lonesome Spur Ranch (Schwend Rd.), eine typische Working Ranch, die *Lonnie* und *Darlene Schwend* bereits in dritter Generation betreiben und als Urlaubsdomizil ausgebaut haben. Auf der Ranch weilte einst auch Autor *Nicola Evans*, der die dort gewonnenen Eindrücke in seinen Bestseller „Der Pferdeflüsterer" (1995, engl.: *„The Horse Whisperer"*) einfließen ließ.

Größte Stadt Montanas

Von Bridger bzw. Rockvale sind es nur noch wenige Meilen nach **Billings/MT** (ⓘ S. 175). Die heute 90.000 Einwohner zählende Stadt wurde 1882 als Eisenbahnstützpunkt gegründet. Zunächst lebte man von Rindern, die aus dem Norden Montanas hier zusammengetrieben und dann zur Verladestation in Billings gebracht wurden. Ab den 1970er Jahren kamen Erdöl- und Erdgasförderung dazu und machten Billings zur größten Stadt Montanas.

Zu den Attraktionen der Präriestadt gehört die **Moss Mansion** *(914 Division St., ☎ 406/256-5100, 🖳 www.mossmansion.com, Mo-Sa 9-16, So 13-15 Uhr stündlich Touren, $ 7)*, 1901 erbaut für den Bankpräsidenten *P. B. Moss* und Frau. Die Originalausstattung reicht von französischen Fresken über ein Esszimmer im englischen Tudor-Stil bis hin zu maurischen Eingangsbogen und ist ein Musterbeispiel für den eklektizistischen Kunstgeschmack des Besitzers.

Western Heritage Center

Im **Western Heritage Center** *(2822 Montana Ave., Di-Sa 10-17 Uhr, Eintritt frei)* beschäftigen sich Wechselausstellungen mit der Besiedlungs- bzw. Indianergeschichte des Westens; ähnlich ist das **Peter Yegen Jr. Yellowstone County Museum** *(1950 Terminal Circle/Airport, Mo-Fr 10.30-17, Sa 10.30-15 Uhr, Spende)*, zu dem eine kleine Kunstgalerie gehört. Das **Yellowstone Art Museum** *(401 N 27th St., ☎ 406/256-6804, 🖳 www.artmuseum.org, Di-Sa 10-17, So 12-17 Uhr, $ 7)*, das im ehemaligen Gefängnis untergebracht ist, widmet sich hingegen ausschließlich der lokalen Kunst.

Im Großraum von Billings lohnt der **Pictograph Cave State Park** *(südöstlich, I-90 Exit 23 Lockwood, Mai-Okt. tgl. Sonnenauf- bis Sonnenuntergang, Eintritt frei)*. Wie Felsmalereien aus der Zeit von vor über 4.500 Jahren belegen, war die Region bereits lange vor den Weißen und den *Crow Indians* besiedelt.

Pompeys Pillar

Eine einzige noch erhaltene Spur hinterließ die *Lewis & Clark*-Expedition Anfang des 19. Jh. auf einer Felsklippe über dem Yellowstone River, gut 30 km nordöstlich der Stadt: das **Pompeys Pillar National Monument**, auf dem sich *William Clark* verewigt hat *(I-94 Exit Pompeys Pillar, 🖳 www.pompeyspillar.org, mit Interpretation Center, tgl. 9-17 Uhr im Sommer 8-20 Uhr, VC Ende Okt.-Mai geschl., Gelände immer zugänglich, $ 7/Pkw)*. Über die Geschichte und die Region informiert das angeschlossene attraktive **Clark on the Yellowstone Interpretive Center**, von wo aus auch Ranger-Touren zum Felsen angeboten werden.

Reisepraktische Informationen Billings/MT

Information
• **Billings Area Chamber of Commerce**, *815 S 27th St. (I-90 Exit 450)*, ☎ *406/252-4016 und 1-800-735-2635*, ▱ *www.billingschamber.com*

Einkaufen
• **Shipton's Big R**, *216 N14th St. Das größte und beliebteste Westernbekleidungsgeschäft der ganzen Region.*

Veranstaltungen
• *Im Sommer finden mehrmals wöchentlich in der* **4 Cross Arena** *(I-90/Mullowney Lane)* **Rodeos** *statt. Infos:* ☎ *406/248-1080.*

👉 Hinweis zur Route

Zurück in Billings erreicht man auf der I-90 nach rund 65mi/100 km einen für die Geschichte des Westens bedeutenden Ort: das **Little Bighorn Battlefield NM** *(s. u.). Von dort führt dieselbe Interstate weiter nach Sheridan/WY.*

Routenvariante über die Bighorn Mountains

Von Cody geht es auf dem US Hwy. 14 ALT zunächst nach Lovell und von dort auf einem interessanten Streckenabschnitt, der so genannten *Medicine Wheel Passage*, über die Bighorn Mountains. **Lovell** (ⓘ S. 203) selbst ist ein kleines Präirienest und Ausgangspunkt für die Erkundung des **Bighorn Canyon** (VC östlich des Ortes, s. u.). Wenige Meilen östlich Lovell zweigt die WY 37, eine Stichstraße, nach Norden zur **Bighorn Canyon National Recreation Area** ab, doch zuvor geht es durch das Gebiet der *National Wildhorse Range*. Zahlreiche Mythen ranken sich um die weit über hundert Wildpferde, die dieses 14.000 ha große Areal bevölkern. Am wahrscheinlichsten scheint, dass ein Rancher nach Aufgabe seiner Farm die Pferde einfach dort gelassen hat, wohingegen andere behaupten, die Herde sei frühen Pionieren entflohen und bereits um 1700 hierher geraten.

Bighorn Canyon

Information
• **Bighorn Canyon VC**, *an der Kreuzung US 310 und US 14A, Lovell*, ▱ *www.nps.gov/bica, tgl. 8-18 Uhr, im Winter 8.30-16.30 Uhr, $ 5 pro Pkw.*

Auf über 100 km hat sich der Bighorn River durch ein felsiges Hochplateau gefressen und über die Jahrmillionen einen **atemberaubenden Canyon** geschaffen, dessen Wände über 300 m steil abfallen. Obwohl die Region bereits vor 10.000 Jahren von Indianern bewohnt war, gelangten nur wenige in die furchterregende Schlucht. Auch die ersten Trapper und Siedler mieden den Canyon und zogen östlich daran vorbei. Die Unwegsamkeit des Geländes schützte die Natur lange vor menschlichen

Eingriffen und erst 1968 entstand die 160 m hohe Staumauer des *Yellowtail Dammes*, die den **Bighorn Lake** hervorbrachte.

Trotz dieses Stausees ist das Naturerlebnis einmalig. Mit etwas Glück kann man in den umliegenden Bergen Elche, Berglöwen, Bighorn-Schafe, wilde Pferde und Stachelschweine beobachten. Am beeindruckendsten ist der Ausblick vom **Devil Canyon Overlook**, einer Stelle, an der sich der Bighorn River seine tiefste Furche gefräst hat und wo der kleinere *Porcupine Creek* auf diesen trifft; die Wände sind hier bis zu 330 m hoch.

Devil Canyon Overlook

Weiter geht es auf der Hauptroute, der **Medicine Wheel Passage**: Der Byway schraubt sich die westliche Abbruchstelle der **Bighorn Mountains** hinauf und eröffnet immer wieder spektakuläre Ausblicke auf das *Yellowstone Plateau* und die fernen Rockies. Etwa 34 mi/54 km östlich von Lovell, bereits mitten in den Bighorn Mountains, führt eine kleine Stichstraße (FDR 12) nordwärts auf den 3.000 m hohen *Medicine Mountain*.

Vom Parkplatz aus sind noch rund 2,5 km zu wandern, ehe man das **Medicine Wheel National Historic Landmark** erreicht (*ab US 14 A, VC in Lovell, 604 Main St.,* 🖳 *www.byways.org/browse/byways/2164*). Dabei handelt es sich um eine unterschiedlich interpretierte Hinterlassenschaft prähistorischer Indianerkulturen – eine Steinformation in Form eines Wagenrades. Der Durchmesser des *Medicine Wheel* beträgt rund 25 m und das „Rad" hat 28 „Speichen". In South Dakota, Wyoming, Montana, Alberta, Saskatchewan gibt es um die hundert solcher heiligen Plätze, allesamt in Regionen, die vor mehreren Tausend Jahren bereits von Indianern besiedelt waren. Hier in der Bighorn Canyon NRA kam und kommt es immer wieder zu Konflikten zwischen Staat und touristisch-wirtschaftlicher Nutzung einerseits und andererseits den Indianern und ihrer Vorstellung von einem sakralen Ort.

Rätselhaftes „Wagenrad"

Der US Hwy. 14 ALT trifft in Burgess Junction auf den Hwy. 14, den **Bighorn Scenic Byway** (🖳 *www.byways.org/explore/byways/2053*). Diese Straße überquert auf einer malerischen Route weiter die Bighorn Mountains und mündet wenige Meilen nördlich von Sheridan in die I-90.

> 📖 **Lesetipp**
> Die Krimis von **J. C. Box** spielen in den Bighorn Mountains. Sein Held ist Ranger im National Forest (zu beziehen z. B. über Amazon).

Sheridan – „No. 1 Western Town of America" (ⓘ S. 237)

Von Dayton sind es rund 35 km nach Sheridan (16.000 Einwohner), ein typisches Präriestädtchen auf halbem Weg zwischen Yellowstone und Black Hills. Sheridan hat sich den Charakter einer Westernstadt aus dem Bilderbuch bewahrt und wurde deshalb vom Fachmagazin „True West" zur „**Top-Western Town of America**" gekürt. Bekannt ist die Stadt auch wegen ihrer *Guest Ranches* im Umkreis – die erste wurde 1904 eröffnet (*Eaton's*) – und der hier stattfindenden Rodeos, allen voran das Mitte Juli stattfindende hochklassige **Sheridan WYO Rodeo**.

Westernstadt aus dem Bilderbuch

Ursprünglich Indianergebiet, brachte der südlich verlaufende *Bozeman Trail* nicht nur Goldsucher und Siedler, sondern auch wachsende Konflikte mit den Indianern. Später sorgten dann Viehzucht, Getreideanbau und Kohleabbau für bescheidenen Wohlstand und heute hat sich dank vielfältiger Outdoormöglichkeiten, vor allem im **Bighorn National Forest**, der Tourismus zum wichtigen wirtschaftlichen Standbein entwickelt.

Sehenswert ist abgesehen von der historischen Innenstadt um die Main Street besonders die **Trail End State Historic Site** *(400 Clarendon Ave./Kendrick Park, ☎ 307/674-4598, 🖳 www.trailend.org, Juni-Aug. tgl. 9-18 Uhr, März-Mai und Sept.-Anfang Dez. tgl. 13-16 Uhr, $ 2).* Im ehemaligen Wohnhaus des Gouverneurs von Wyoming *John B. Kendrick* (1857-1933), der einst als Cowboy zum reichsten Rancher der Region und zum bedeutenden Politiker aufstieg, beeindrucken nicht nur Innenarchitektur und Ausstattung, u. a. mit Antiquitäten, sondern auch Dimensionen und Luxus. Die Villa war für den „Wilden Westen" und die damalige Zeit höchst komfortabel.

Vom Cowboy zum reichen Rancher

Das **Historic Sheridan Inn** war 1893 das erste Gebäude der Stadt mit Strom, Telefon und fließendem Wasser und galt als bestes Hotel zwischen Chicago und San Francisco. An seiner Entstehung war *Buffalo Bill* maßgeblich beteiligt, er nutzte dieses Hotel schließlich als Rückzugsort, als *Hideout*, und traf sich hier mit berühmten Freunden wie *Calamity Jane*, *Wild Bill Hickok*, *Ernest Hemingway* oder *Theodore Roosevelt*, feierte Partys und plante seine Wildwest-Show. Erhalten sind das empfehlens-

No. 1 Western Town of America: Sheridan/Wyoming

werte Restaurant und die sehenswerte alte Bar, doch auch das Hotel, das auf dem *National Register of Historic Places* steht, soll nach über 40-jährigem Dornröschenschlaf nach einer 4,3 Mio. Dollar teuren Renovierung demnächst mit 22 Wildwest-Zimmern und Suiten wiedereröffnet werden. Einstweilen gibt es Führungen durch *Buffalo Bill*, *Wild Bill* und *Annie* höchstpersönlich *(5th/Broadway, ☎ 307/674-2178, 🖳 www.sheridaninn.com, Mo-Fr 10-14 Uhr, Touren mit kostümierten Guides $ 5).*

Die Main Street ist einen Bummel wert: Kleine Läden, Bars und Lokale reihen sich aneinander. Nicht versäumen sollte man **King's Saddlery** *(184 N Main St.)*. Hier kaufen nicht nur Cowboys, sondern auch Rodeo-Teilnehmer ihre Ausrüstung. *Dan King* (1923-2007) hatte seine Karriere als Cowboy begonnen, um sich nach dem Zweiten Weltkrieg als Sattelmacher selbstständig zu machen. Seit den 1960er Jahren haben allerdings die im Untergeschoss des Geschäftes produzierten Lassos *(ropes)* den kunstvoll verzierten Sätteln den Rang abgelaufen und das Unternehmen ame-

King's Saddlery

rikaweit berühmt gemacht. Über 30.000 solcher Seile werden im Jahr verkauft! In einem dem Laden angeschlossenen Bau befindet sich **Don King's Museum** *(Mo-Sa 8-17 Uhr, Eintritt frei)*. Prall gefüllt mit Cowboy-Memorabilien aller Art, vor allem Sätteln, z. T. seltenen und historischen, mit *Chaps*, Sporen, Waffen und indianischen Artifakten lässt *King* hier die Geschichte der *Horsemen* und Indianer der Gegend eindrucksvoll Revue passieren.

Bradford Brinton Ranch & Museum

Etwa 15 mi/24 km südlich der Stadt (US Hwy. 87, dann WY 335) lohnt der Besuch der **Bradford Brinton Memorial Historic Ranch & Museum** *(239 Brinton Rd., Big Horn, ☎ 307/672-3173, 🖳 www.bradfordbrintonmemorial.com, Mai-Sept. tgl. 9.30-17 Uhr, $ 4)*. 1892 gegründet und 1923 von *Bradford Brinton* – einst Ingenieur bei einer Fabrik für landwirtschaftliche Maschinen in Midwest – übernommen, baute dieser das Wohnhaus zu einer luxuriösen 20-Zimmer-Villa aus. Im Ranchhaus (Touren) und dem angeschlossenen Museum (auch Wechselausstellungen) befindet sich seine ungewöhnliche Sammlung von Western Art, u. a. mit Gemälden bedeutender Western-Art-Künstler wie *Remington* oder *Russell*, sowie indianisches Kunsthandwerk, seltene Bücher, Antiquitäten, Fotos und vieles mehr.

Reisepraktische Informationen Sheridan/WY

Information
• **Wyoming Tourist Info** *(auch zu Sheridan)*, I-90 Exit 23, ☎ 307/672-2485, 🖳 www.sheridanwyoming.org/travel, im Sommer tgl. 10-18 Uhr.

Einkaufen
Alles spielt sich an der/um die **Main Street** ab. Hier finden sich Bars, Cafés und Geschäfte, beispielsweise:
• **Bucking Buffalo Supply Co.**, 317 N Main St. Ausgefallene Westernkleidung und -Schnickschnack.
• **Corral West**, 150 N Main St. Filiale der kleinen, topsortierten Kette für Westernartikel; günstige Jeans, Boots und Cowboyhüte!
• **Custer Battlefield Trading Post**, 130 N Main St. Indianerschmuck, Westernsouvenirs und Bücher zum Thema Custer und Sioux.
• **King's Saddlery**, 184 N Main St. Hier es Cowboy-Arbeitszubehör aller Art. Einst legendäre Sattlerei, heute in ganz USA vor allem bekannt als Seilmacherei; zugehöriges sehenswertes Wildwest-Museum.
• **Sheridan Stationery Co.**, 206 N Main St. Buchladen und Galerie in einem.

Veranstaltungen
• Ende Juni: **Chick's Run** – Frauen-Motorradrennen durch die Big Horn Mountains von Casper nach Sheridan mit großer „Street Party", 🖳 www.chicksrun.com
• Ende Juni: **Buffalo Bills Days**, ☎ 307/672-9084, 🖳 www.buffalobilldays.org. Mit Ball, Parade, Pony Express Ride u. a. Events wird ein Wochenende lang auf den County Fairgrounds an die wilden Tage Buffalo Bills erinnert.
• Mitte Juli: **Sheridan WYO Rodeo**, ☎ 307/672-9084, 🖳 www.sheridanwyorodeo.com. Eines der Top-Rodeos in den USA, sechs Tage Rodeo, Parade, Konzerte u. a. Vergnügungen.
• Ende Aug./Anfang Sept.: **Don King Days** – „Old West Rodeo" im Big Horn Events Center

Das Little Bighorn Battlefield National Monument (ⓘ S. 203)

Hat man nicht die erste Routenvariante über Billings (s. o.) gewählt, sollte man ab Sheridan einen Abstecher (ca. 80 mi/130 km einfach) zum Little Bighorn Battlefield NM, mitten in der *Crow Indian Reservation* im benachbarten Montana, einplanen. Im nördlich des Battlefield gelegen Ort **Crow Agency** findet jedes Jahr im August das **größte Powwow der Welt** statt. Indianer aus ganz Amerika treffen sich zu Feierlichkeiten und Hunderte von Tipis bedecken dann die Ebene. Das noch weiter nördlich gelegene **Hardin** ist hingegen immer Ende Juni Schauplatz eines dreitägigen *Custer Re-Enactments*, der Nachstellung jener legendären Schlacht am Little Bighorn.

Südlich Crow Agency zweigt der US Hwy. 212 zum **Little Bighorn Battlefield NM** ab. Im VC an der Zufahrt erhält man Infos, eine Karte vom Schlachtfeld und kann eine Audiokassette ausleihen, die während der Rundfahrt die einzelnen Punkte näher erläutert. Eine Rundfahrt über das Areal führt vorbei an einem Friedhof und an wesentlichen Punkten der Schlacht, durch Marker gekennzeichnet. Am offiziellen *Last Stand*, wo *Custers* Truppen angeblich ihre letzte Stellung bezogen hatten, befindet sich ein Museum, das sich näher mit den Umständen und Randaspekten der Schlacht befasst. Wenngleich die greifbaren Hinterlassenschaften eher spärlich sind, strahlt der Ort eine besondere Atmosphäre aus und sind Hintergründe und Folgen dieser Schlacht von umso größerem Interesse.

Rundfahrt über ein Schlachtfeld

Die **Schlacht am Little Bighorn am 25. Juni 1876** (ⓘ S. 390) zählt zu den bekanntesten kriegerischen Auseinandersetzungen zwischen US-Armee und Indianern. Das mag vor allem daran liegen, dass der Armee damals eine vernichtende Niederlage zugefügt wurde. Der genaue Hergang ist ungeachtet aller archäologischen Forschungen bis heute ungeklärt und gibt noch immer Anlass zu Diskussionen. Schließlich gab es keine überlebenden Soldaten und die Indianer hielten sich stets mit Aussagen zurück. Im Grunde war es nicht der militärische Verlust, der dieser Schlacht zum Einzug in die Geschichtsbücher verholfen hat, sondern vielmehr die Tatsache, dass mit Befehlshaber *George Custer* ein im Bürgerkrieg bewährter, ebenso schillernder wie umstrittener Offizier vernichtend geschlagen wurde. Mythen begannen schon Tage nach dem Ereignis wild zu sprießen, die Soldaten wurden als Heroen und Opfer bestialischer Kriegsmethoden gefeiert und die Schlacht so dargestellt, als ob *Custer* und sein ihn umgebendes letztes Trüppchen von vielleicht 20 Mann bis zur letzten Kugel gekämpft hätten. Der Kampf wurde jedoch von beiden Seiten hart und grausam geführt und archäologische Forschungen haben mittlerweile die meisten heroisierenden Mythen in Frage gestellt.

Little Bighorn – Hergang unklar

Geschichtlich bedeutender Ort: das Little Bighorn Battlefield

Reisepraktische Informationen Little Big Horn NM

Information
• **Little Bighorn Battlefield NM**, Zufahrt 25 km südöstl. Hardin/MT (I-90 Exit 510, dann US 212), ☎ 406/638-2621, 🖥 www.nps.gov/libi, tgl. 8-21, im Winter 8-16.30 Uhr, VC tgl. 8-19.30 Uhr, $ 10/Pkw.

Touren
• **Apsaalooke Tours**, ☎ 406/638-7272, 🖥 www.lbhc.cc.mt.us/atours/index.html, E-Mail atours@lbhc.cc.mt.us, im Sommer tgl. 10, 11, 12, 14 und 15 Uhr, einstündige Touren im Kleinbus ab VC organisiert von Crow Indians, $ 8. Die Ereignisse aus Sicht der Indianer.
• **Go Native America**, ☎ 1-888-800-1876, 🖥 www.gonativeamerica.com, buchbar auch im Holiday Inn, Sheridan/WY (s. S. 237). Verschiedene interessante Touren (mindestens halbtägig) über das Schlachtfeld und zu anderen historischen Orten der Umgebung, Schwerpunkt ist die indianische Lebensweise und Kultur.

INFO
Was wirklich geschah am Little Bighorn

Kaum ein anderes Indianervolk – mit Ausnahme der *Apachen* im Südwesten – hat sich derart vehement gegen weiße Eindringlinge zu Wehr gesetzt wie die **Sioux** und die mit ihnen befreundeten **Cheyenne**. Dieses als „Indianerkriege" oder **Great Sioux War** in die Historie eingegangene traurige Kapitel dauerte fast ein Jahrhundert lang, beginnend mit den ersten weißen Trappern, die im späten 18. Jh. im Westen für Unruhe sorgten. Ihnen folgten Abenteurer, Goldsucher, Forscher und zuletzt Siedler, und sie alle verdrängten die Indianer immer weiter, bis diesen schließlich von der US-Regierung Reservate zugeteilt wurden. Vertrag um Vertrag wurde geschlossen und wieder gebrochen, forciert durch den Landhunger der Siedler und die Entdeckung von Bodenschätzen.

Um 1860 brachen im Gebiet der **Lakota**, einer der drei Gruppen der *Sioux*, die in den heutigen Bundesstaaten Wyoming, North und South Dakota sowie Teilen Montanas lebten, heftige Unruhen aus. Sie führten sogar dazu, dass sich die US Army aus manchen Regionen, wie um den *Bozeman Trail* (s. u.), zurückzogen. *„It's cheaper to feed than to fight the Indians"*, war die landläufige Meinung, und ein **1868 in Fort Laramie unterzeichneter Vertrag** sollte endlich für Ruhe sorgen. Er wies den Prärie-Indianern, vornehmlich *Lakota-Sioux* und *Cheyenne*, ein Stück Land zu, das von den Bighorn Mountains zum Missouri und North Platte River reichte. Die Bundesregierung verpflichtete sich, die Indianer hier zu „schützen" und mit Nahrung zu versorgen.

Als sechs Jahre später **Gold in den Black Hills** entdeckt wurde, zog es Tausende von Abenteuerlustigen in die den *Lakota* heiligen Berge. Die Armee versuchte – mit wenig Erfolg – die Horden zurückzuhalten und die Indianer reagierten verständlicherweise gereizt. Daraufhin bemühte sich die US-Regierung vergeb-

lich darum, den *Lakota* die Black Hills abzukaufen – bis heute heißt es unter den
Lakota: *„The Black Hills are not for sale"* – und setzte dann den „wilden Sioux"
ein Ultimatum: Wer sich bis zum 31. Januar 1876 nicht in einem Reservat mel-
det, wird als Feind betrachtet. Auch als das Ultimatum bis zum 17. März ver-
längert wurde, kümmerte das die Indianer wenig – ein Konflikt schien unaus-
weichlich.

Es kam zu ersten Scharmützeln und immer mehr Indianer scharten sich um die
beiden charismatischen Anführer **Sitting Bull** und **Crazy Horse**. Ihr Ziel war
nicht der Kampf gegen die US-Armee, vielmehr wollte man lediglich in Frieden
in der alten Heimat zwischen Black Hills und Bighorn Mountains leben und
jagen. Im **Frühjahr 1876** hatte die Armeeführung unter *General Sheridan* Befehl erteilt, entschiedener gegen die „unbeugsamen" Indianer vorzugehen. Man
wollte die „wilden Sioux", von denen man wusste, dass sie sich im Gebiet der
Bighorn Mountains zu einem großen Sommerlager versammelt hatten, einkesseln und **zur Aufgabe zwingen**.

Von Fort Ellis (Montana) marschierte *Colonel Gibbon* mit mehreren Kompanien,
Kavallerie und Infanterie, nach Osten, *General George Crook*, einer der wenigen
Indianerfreunde unter den Offizieren, zog mit über 1.400 Mann entlang dem
Tongue River nach Norden und etwa 1.000 Soldaten unter Führung von *General
Alfred H. Terry* brachen von Fort Abraham Lincoln bei Mandan (ND) Richtung
Westen auf. Zu Terrys Abteilung gehörte auch **Lt. Col. Custer** ((i) S. 432) als
Befehlshaber der 7. Kavallerie. *Gibbon* und *Terry* trafen im Juni an der Mündung
des Tongue River in den Yellowstone River (beim heutigen Miles City) zusammen. Südlich davon, am Goose Creek (südlich Sheridan, im heutigen WY), errichtete *Crook* ein Basislager, denn die drei Befehlshaber hatten Kenntnis von
einer *Sioux*-Streitmacht in der Nähe, die *Crooks* Armee **am 17. Juni** am Rosebud Creek (im Grenzgebiet MT/WY) angriff. Doch die *Sioux* unter *Crazy Horse*
schlugen die Truppen zurück und zogen sich zum Little Bighorn zurück.

Am **21. Juni 1876** kamen *Gibbon*, *Terry* und *Custer* zu einer **Besprechung** zusammen, über deren Ergebnis bis heute spekuliert wird. Hinterher betonten Erstere stets, *Custer* klare Anweisungen gegeben zu haben – so konnte man die Al-
leinschuld für das Fiasko leicht auf den ehrgeizigen Draufgänger abwälzen. Hin-
terfragt man jedoch die offiziellen Verlautbarungen der Generalität, die ihm
Missachtung von Befehlen und Selbstüberschätzung anlastete, und betrachtet
man den tatsächlichen Angriffsplan, ergibt sich ein anderes Bild.

Gibbon, *Terry* und *Crook* wollten die *Sioux* am Little Bighorn einkesseln. **Custers Aufgabe** schien gewesen zu sein, den Indianern den Fluchtweg nach Osten,
in die Black Hills, abzuschneiden. Ein Auftrag, der ihm nach Aussagen Über-
lebender nicht zusagte, da er dabei unweigerlich Frauen, Kinder und Alte hätte
verfolgen müssen – ein wenig rühmlicher Akt für einen ehrgeizigen Offizier!
In dem Plan spielte vor allem *Crooks* Truppe eine entscheidende Rolle: **Crook**

INFO

sollte den **Hauptangriff** auf das *Sioux*-Lager aus südwestlicher Richtung einleiten, während sich die Truppen von *Terry* und *Gibbon* aus Norden näherten. Zusammen bedeutete dies eine Streitmacht von etwa 3.000 Mann.

Auf die Realisierung dieses Plans muss sich *Custer* verlassen haben, nur so bekommen seine anscheinend unüberdachten und selbstmörderischen Aktionen einen Sinn. **Custers Pech** war, dass *Crook* nicht in Aktion trat und er mit seinen rund 600 Mann ganz allein auf die geballte *Sioux/Cheyenne*-Streitmacht prallte. Warum *Crook* nach der Schlacht am 17. Juni am Rosebud Creek *Crazy Horse* nicht die gut 30 km zum Little Bighorn folgte und die *Sioux* weiter unter Druck setzte, bleibt ein Rätsel. Seine Truppe sei geschwächt gewesen und hätte auf Verstärkung gewartet, hieß es später – bei über 1.400 Soldaten und kaum Verlusten? Unter vorgehaltener Hand war im Offizierscorps auch von Feigheit die Rede und seine *Crow-Scouts* nannten *Crook* „Squaw Chief" und quittierten den Dienst. Offiziell wurde dagegen *Crooks* Besonnenheit gegenüber *Custers* „heldenhafter Leichtfertigkeit" hervorgehoben.

Was *Custer* am Mittag des **25. Juni** unternahm, war – sofern er nicht fest an *Crooks* Eingreifen geglaubt hatte – reiner Selbstmord, denn die Stärke der indianischen Streitmacht war allgemein bekannt. Hätte *Crook* jedoch planmäßig angegriffen, wären **Custers Aktionen** durchaus logisch gewesen. Seine viergeteilte Truppe sollte den fliehenden *Sioux* lediglich die Fluchtwege nach Osten abschneiden, in Wahrheit aber trafen die vier Abteilungen des 7. Kavallerie-Regiments ganz allein auf die indianische Streitmacht. Während sich die rund 430 Mann starken Truppen von *Major Markus Reno, Captain Frederick Benteen* und *Thomas McDougall* vor den angreifenden Indianern zu einer **effektiven Verteidigungslinie** zusammenschließen und die Angriffe abwehren konnten, ging *Custer* mit seinem Kontingent – 280 Soldaten und neun Offiziere – unter.

Wo sich *Custers Last Stand*, seine **letzte Kampfstellung**, tatsächlich befunden hat, ist unklar. Dagegen besteht größere Sicherheit, dass der letzte Kampf weniger glorreich vonstatten ging, als der Mythos glauben machen will. Da die ersten Zeugen nach der Schlacht kaum verstümmelte Gefallene fanden – die *Sioux* fügten toten Feinden rituelle Verstümmelungen zu –, dürften sich die letzten Überlebenden von *Custers* Truppe wohl eher selbst getötet haben. Die zumeist jungen und unerfahrenen Rekruten waren den verbittert kämpfenden Indianern nicht nur hoffnungslos unterlegen, angesichts der Greuelgeschichten von Gefangenen erschien vielen der **Freitod als einziger Ausweg**.

Gleichgültig, wie man die Schlacht am Little Bighorn betrachtet: Sie war ein Fiasko für die US-Armee und die Indianerpolitik der Regierung. Für die Indianer bedeutete sie den **Anfang vom Ende**. Sie zerstreuten sich zunächst in alle Winde und gaben schließlich alle auf. *Crazy Horse* wurde bei seiner Gefangennahme hinterrücks ermordet und *Sitting Bull* kehrte am Ende als gebrochener Mann aus dem Exil in Kanada zurück. Auch er wurde später unter dubiosen Umständen getötet.

Alternativroute

*Vom Little Bighorn Battlefield NM bietet es sich **alternativ** zu der unten vorgeschlagenen Hauptroute an (zurück nach Sheridan und von dort über Buffalo zum Devils Tower), dem **US Hwy. 212** durch die Crow Indian Reservation und anschließend durchs Northern Cheyenne-Indianerreservat nach Osten zu folgen. In **Ashland** lohnt das **Northern Cheyenne Museum** in der Indian Mission & School einen Besuch. Ab **Alzada**, kurz vor der Grenze Montana-Wyoming, führt die WY 112 dann zum Devils Tower.*

Entlang dem Bozeman Trail

Zwischen Sheridan und Buffalo folgt einerseits die I-90, aber auch die parallel verlaufende US Hwy. 87 dem **Bozeman Trail** (🖳 www.bozemantrail.org). John M. Bozeman entdeckte in den frühen 1860er Jahren den Weg als Abkürzung zu den Gold- und Minengebieten im Südwesten Montanas. Der Trail verlief zunächst ab Colorado identisch mit dem *Oregon Trail* nach Wyoming, wo er dann Richtung Big Horn Mountains und weiter nach Westen, nach Bozeman und Virginia City, verlief. Die US-Armee versuchte den Weg durch das Gebiet der *Sioux* durch Militärposten zu sichern, doch die Indianer setzten sich unter *Red Cloud* vehement zur Wehr, so dass der Trail bald als *Bloody Bozeman* bekannt wurde. Auf Spuren dieser fortdauernden Auseinandersetzungen stößt man während der Fahrt von Sheridan nach Buffalo an verschiedenen Stellen.

„Bloody" Bozeman Trail

Bei **Story**, südlich Sheridan, ist nahe der Fort Phil Kearny State Historic Site (s. u.) beispielsweise die Stelle des *Wagon Box Fight* zu sehen. Hier hatte sich 1867 eine Handvoll Holzfäller erfolgreich gegen eine Überzahl angreifender Indianer zur Wehr gesetzt, indem sie eine Wagenburg errichteten und neue Schnellfeuerwaffen zum Einsatz kamen.

Auf der anderen Seite der Interstate macht ein großer, steinerner Gedenkstein auf das **Fetterman Massacre** aufmerksam. Über das Schlachtfeld führt ein Trail, an dem Infotafeln erläutern, wo und wie genau *Lt. Col. William Fetterman* mit 81 Soldaten und Zivilisten am 21. Dezember 1866 von *Sioux*-Indianern unter *Red Cloud* in einen Hinterhalt gelockt und getötet wurden. Daraufhin wurden einige Militärposten und der Trail auf Befehl von Oberbefehlshaber *General Grant* aufgegeben.

Fetterman Massacre

• Fort Phil Kearny State Historic Site
I-90 Exit 44, 17 mi/27 km nördlich Buffalo, südlich Sheridan, bei Story (WY 193), ausgeschildert, mit „Fetterman Battle Site" und „Wagon Box Fight", ☎ 307/684-7629, 🖳 www.philkearny.vcn.com sowie www.bozemantrail.org und www.artsparkshistory.com, VC Mai-Sept. tgl. 8-18, sonst Mi-So 12-16 Uhr, $ 2, Battlefields frei zugänglich.

Die Indianer brannten, als Zeichen ihres Hasses gegen die weißen Eindringlinge, das aufgegebene Fort Phil Kearny ab. Die **Fort Phil Kearny SHS** erinnert mit VC und Museum an jene Auseinandersetzungen in den 1860er Jahren zwischen *Sioux, Che-*

yenne und *Arapahoe* unter *Red Cloud* und 250 US-Soldaten, die hier zur Sicherung des *Bozeman Trails* stationiert waren. Erst im Vorfeld der Schlacht am Little Bighorn im Sommer 1876 wagte sich wieder eine US-Armee unter *General Crook* hierher ins Powder-River-Gebiet.

Buffalo – more than a horse town!

• Buffalo (ⓘ S. 178)

Buffalo war 1884 als einer der ersten Orte im Norden Wyomings gegründet worden und diente Fort McKinney (1877-94) als Versorgungs- und Vergnügungsort mit etlichen Saloons, Bars und Bordellen; nach Aufgabe des Forts fiel das Städtchen in einen Dornröschenschlaf.

Ein Relikt dieser alten Zeiten ist das 1997 von einer mutigen Dame reanimierte **Occidential Hotel** *(The Historic Occidental Hotel & Saloon, 10 N Main St.,* 🖳 *www.occidentalwyoming.com, im Sommer Mo, Mi und Fr 9-16 Uhr Touren nach Bedarf und gegen eine Spende),* dessen Geschichte bis 1878 zurückreicht und in dem sich etliche Prominente, darunter *Owen Wister,* der hier große Teile des „Virginian" schrieb, ein Stelldichein gaben. Heute stellt das historische Luxushotel mit seinem erlesenen Restaurant eine fast noch wichtigere Attraktion im Ort dar als das gegenwärtig noch etwas angestaubte **Jim Gatchell Memorial Museum,** für das ein moderner Neubau geplant ist *(100 Fort St.,* ☎ *307/684-9331,* 🖳 *www.jimgatchell.com, April-Okt. Mo-Sa 9-17 Uhr, $ 5).* Es berichtet seit 50 Jahren über lokale Ereignisse wie den berühmten Rinderkrieg *(Johnson County Cattle War),* über die verschiedenen Zuwanderer – vor allem Basken, die als Schafhirten arbeiteten – und über die dunkelhäutigen *Buffalo Soldiers.*

Historisches Luxushotel

ⓘ **Information**
• **Buffalo Chamber of Commerce,** 55 N Main St., ☎ 307/684-5544, 🖳 www.buffalowyo.com, Mo-Fr 9-17 Uhr
• **Info Center** an der I-90, Exit 58, nur im Sommer tgl. 9-18 Uhr

Devils Tower National Monument/Bear Lodge (ⓘ S. 188)

Devils Tower NM, WY 110, Bldg. 170 (I-90 Exit 154, dann US 14 nordwärts zur WY 24), ☎ *307/467-5283,* 🖳 *www.nps.gov/deto, Gelände tgl. geöffnet, VC im Sommer tgl. 8-19 Uhr, April/Mai und Sept./Okt. tgl. 8.30-16.30 Uhr, $ 10 pro Pkw.*

Die I-90 führt ostwärts zum Devils Tower NM und in die Black Hills. Der **Devils Tower** ist bereits von Weitem sichtbar. Von der Form her an einen Baumstumpf erinnernd und mit charakteristischen senkrecht verlaufenden Rinnen überzogen, erhebt er sich knapp 400 m über der Talsohle und 264 m über dem VC und erreicht rund 1.600 m über NN, d. h., er überragt die Black Hills. Entstanden ist der Felsen durch starke Erhitzung im Erdinneren, die zum Auswurf metamorphen Gesteins entlang einer geologischen Bruchlinie geführt hat; seitdem hat die Erosion ihre Spuren hinterlassen. Die ungewöhnliche Form und die vom herablaufenden Wasser geformten Rillen im Fels haben dafür gesorgt, dass nicht nur die Indianer den Berg als heilig ansahen, sondern dass der Devils Tower schon 1906 zum **ersten National Monument der Welt** erklärt wurde.

Erstes National Monument

Die Indianer haben für die spezielle Gestalt des Felsens eine ganz andere Erklärung, nach der Indianermädchen einst vor einem großen Bären flüchteten. Der *Große Geist* lotste sie an diese Stelle und ließ den Berg aus dem Erdboden wachsen. An seinen steilen Wänden versuchte der Bär vergeblich hochzuklettern – daher die Rillen – und die Mädchen waren gerettet. Bis heute ist für die Plains-Indianer der Berg heilig und sie nennen den Ort auch **„Bear Lodge"** (*„Mato Tipila"*/Lakota oder *„Nakovehe"*/Cheyenne) und nicht „Turm des Teufels".

Vor allem im Sommer finden hier religiöse Zeremonien statt (von denen z. B. bunte Tücher und andere „Kunstwerke" an den Bäumen ringsum Zeugnis ablegen). Die Climber, die dieses Terrain ihrerseits besonders schätzen, werden daher von den Indianern nicht gern gesehen. Zumindest im Juni, während der Hauptfeste, wird daher ein freiwilliger Kletterverzicht von der Parkverwaltung ausgerufen.

Nach dem Besuch des kleinen VC am Parkplatz sollte man den **Tower Trail** ablaufen, der einmal rings um den Felsen herumführt (ca. 2,5 km). Es geht zunächst durch ein mächtiges Geröllfeld, das die Vergänglichkeit des Felsens demonstriert, dann durch Wald und vorbei an Tafeln, die Erklärungen zu Flora und Fauna, Gestein und Geschichte geben. Von den Aussichtspunkten lässt sich das ständig wechselnde Farbenspiel des Felsens und der Ausblick auf die umgebenden Black Hills bewundern.

Heiliger Ort für die Indianer: der Devils Tower

He Sapa – die Black Hills

Die **Black Hills**, die „Schwarzen Hügel", liegen im äußersten Westen South Dakotas und bilden als geologische Einheit eine für diese Region der weiten Prärielandschaft untypische Landschaftsform. Die *Sioux* gaben den Bergen ihren Namen – **He Sapa** –, weil sich ihre Umrisse aus mehr als hundert Meilen Entfernung als schwarze Kontur am Horizont abzeichnen – was vor allem an den dunklen Kiefernwäldern liegt.

Alte Ge-birgsfor-mationen

Geologisch zählen die Black Hills zu den **ältesten Gebirgsformationen Amerikas**. Vor 60 Mio. Jahren begann ein langsamer Hebungsprozess, der einen gewaltigen Granitfelsen durch die Sandsteinformationen der damals noch subtropischen und von Dinosauriern bewohnten Ebene drückte. Die Sandsteinschichten sind längst wegerodiert, während der große Granitfelsen immer noch wächst und nur langsam auseinanderfällt. Viele Gipfel messen über 2.000 m; der *Harney Peak* südlich von Hill City ist die höchste Erhebung. Der geologische Aufbruch hat aber nicht nur Granit, sondern auch zahlreiche Bodenschätze hervorgebracht, vor allem Gold und Silber zuletzt auch Uran.

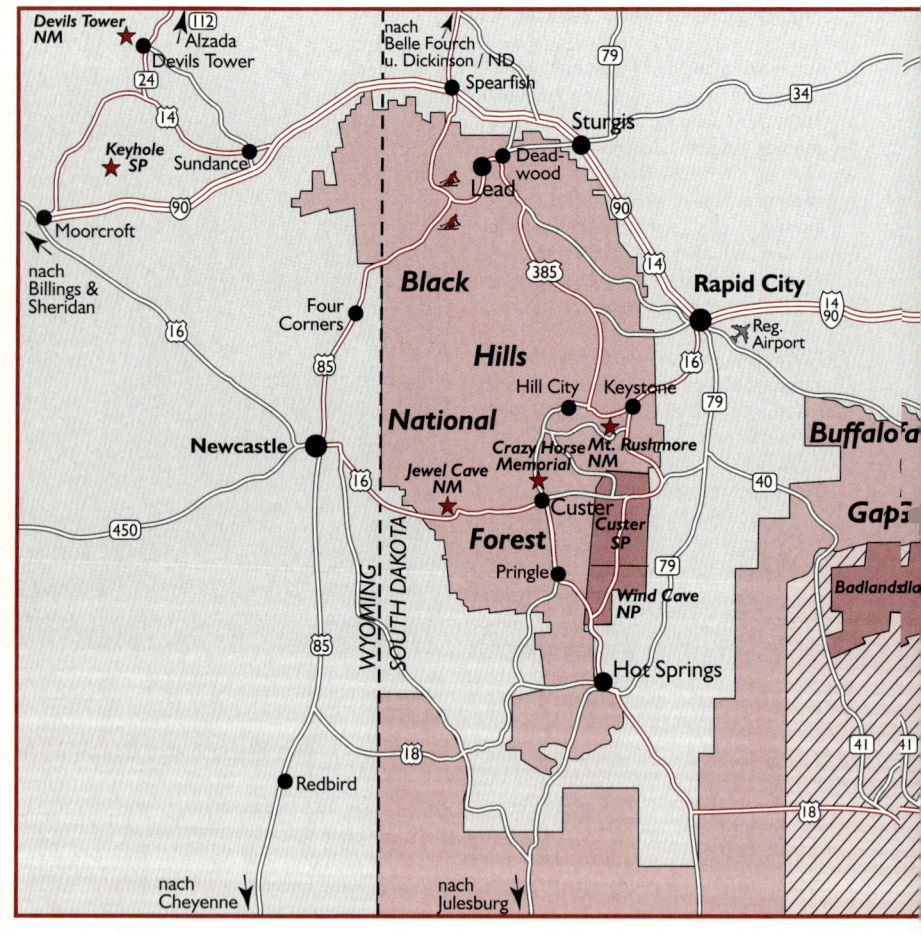

Die Black Hills sind gleich aus verschiedenen Gründen eine Reise wert: Den kleinen Städten, die allesamt während des Goldrauschs gegründet wurden, wohnt noch heute das Flair der ersten Pioniertage inne; die bewaldete Bergwelt ist von unzähligen Wanderwegen durchzogen, von denen der *Centennial Trail* der schönste ist, und schließlich warten die Black Hills mit **Highlights** auf wie *Mt. Rushmore*, *Crazy Horse Memorial*, der Höhlenwelt der *Jewel* sowie den *Wind Caves* und den Dinosaurierfunden bei Hot Springs.

Unterwegs in den Black Hills

Landschaftlich herausragend ist der **Custer State Park** mit seiner Bisonherde sowie einigen traumhaften **Scenic Roads** wie der **Iron Mountain Road** oder dem **Needles Highway**, beide sind Teile des **Peter Norbeck Scenic Byway** (s. S. 398.).

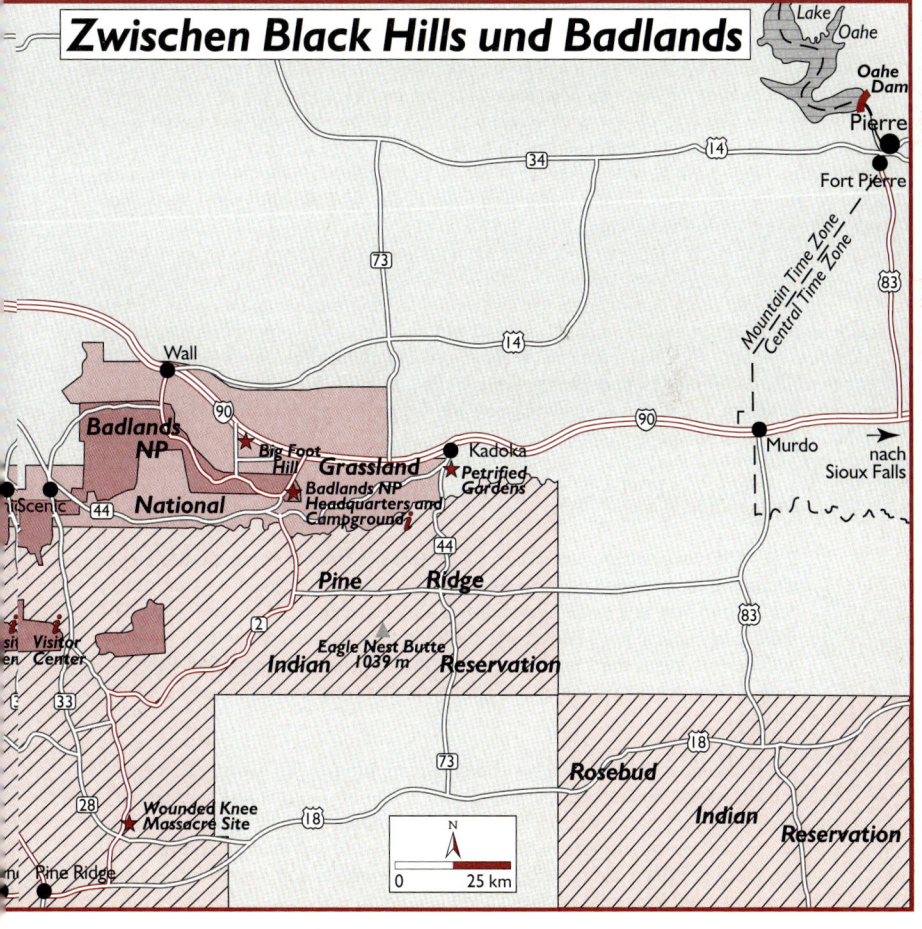

Tipps für Besucher der Black Hills

i

Information
• **Black Hills Visitor Information Center**, I-90 Exit 61, 1851 Discovery Circle, Rapid City,
☎ 605/355-3600, 🖳 www.travelblackhills.travel und www.blackhillsbadlands.com; Karten, Broschüren und vielerlei Auskünfte.

Übernachten
Während der gesamten Sommermonate sind in den Orten in den Black Hills – vor allem Rapid City, Deadwood, Custer oder Sturgis – **Unterkünfte Mangelware** – rechtzeitiges Reservieren empfiehlt sich. Am besten wählt man einen Ort als Standquartier.

Aktivitäten
• Beliebteste **Outdooraktivitäten** sind Wandern, Mountainbiking, Canoeing und Reiten, die bekanntesten Wanderwege sind der 110 mi/176 km lange **Centennial Trail**, der sich vom Wind Cave NP nach Norden durch die Berge bis Bear Butte zieht und an mehreren Stellen die Straße kreuzt (Parkplätze), sowie der gut 160 mi lange **Mickelson Trail**, der die Hills von Norden nach Süden durchquert; am schönsten sind die Abschnitte im Custer SP.
• **Wintersport** wird ebenfalls großgeschrieben in den Black Hills. Neben Abfahrten bieten sich zahlreiche Langlaufstrecken sowie mehrere Snowmobil Trails an. Die Region mit den sichersten Schneebedingungen liegt um Deadwood/Lead.

Peter Norbeck Scenic Byway
Benannt nach dem Naturschützer und Politiker aus South Dakota, der im frühen 20. Jh. maßgeblich an der Schaffung des Custer SP beteiligt war, folgt der Scenic Byway einer Reihe von Straßen im Zentrum der Black Hills. Ausgehend vom Mt. Rushmore entspricht er dem SD 244 nach Hill City, dann dem SD 87 (**Needles Highway**) nach Süden in den Custer SP, weiter auf dem US 16A durch den Park nach Osten und nach Norden zurück zum Mt. Rushmore (**Iron Mountain Road**) – Gesamtlänge etwa 57 mi/91 km).

Der „Wilde Westen" lebt

Gold in den Black Hills

Eine **Militärexpedition** unter *George A. Custer* 1874 sollte nicht nur die Region um die Black Hills erkunden, sondern auch den Gerüchten um Goldfunde nachgehen. In der Tat fand man Spuren des Edelmetalls. Zwar versuchte die US-Armee einen *Gold Rush* zu verhindern – schließlich war das Land mit dem Vertrag von Laramie 1868 den *Sioux* fest zugesichert worden –, konnte jedoch den einsetzenden Run nicht verhindern, besonders nachdem man 1875 auch in der *Deadwood Gulch* Gold entdeckt hatte.

Die Vorkommen in den südlichen Bergregionen, vornehmlich Goldstaub aus den Flüssen, waren nie besonders ergiebig, doch in und um **Deadwood** befanden sich die wahren Schätze. In dieser Schlucht lagen die großen Brocken, während die Flüsse von hier aus nur kleinere Partikelchen ins Umland schwemmten. Innerhalb weniger Wochen kamen über 25.000 Glückssuchende ins Tal und stampften eine **be-**

rüchtigte **Minenstadt** aus dem Boden, die durch die gleichnamige TV-Serie wieder in aller Munde kam. Dort, wo heute der Highway verläuft, schlängelte sich einst die Eisenbahn durch die Berge, beladen mit gold- und silberhaltigen Erzen.

Deadwood selbst zählte 1875 noch 200 Einwohner, 1880 bereits 10.000! Kuriose Figuren wie *Wild Bill Hickok*, *Calamity Jane* und *Colorado Charlie Utter* waren hier ebenso zu Hause wie Glücksritter und Abenteurer. Nachdem der große Goldboom auch in Deadwood vorbei war, übernahm **Lead** dessen Rolle und hier war es, wo mit der **Homestake Mine** eine der größten Goldminen der Welt eröffnete; sie war bis 2001 in Betrieb. An Deadwood aber blieb der Ruf als berühmt-berüchtigte Saloon- und Spielerstadt haften.

Eine der größten Goldminen

In den 1920er Jahren wurden die Musik leiser und die Saloons leerer, Deadwood drohte zur Ghosttown zu werden. So lange jedoch die Minen in Lead in Betrieb waren, blieb der Ort als „Vergnügungsort" der Minenarbeiter in Funktion – das letzte Bordell schloss erst 1981! – und hinzu kam, dass es schon früh Touristen nach Deadwood zog. Doch Waldbrände – ein gravierender 1879 und zuletzt einer 2002 – und Fluten bedrohten immer wieder die Stadt und schienen deren Untergang einzuläuten.

Ein Feuer 1987 veranlasste die Stadtväter von Deadwood zum Handeln. Man entschied sich für eine **Legalisierung des Glücksspiels** in der Stadt, um mehr Besucher anzulocken und den Tourismus anzukurbeln. In den renovierten Bauten entlang der historischen Main Street eröffnete ein Casino ums andere, jede Hotellobby und jeder Shop ist mit Automaten bestückt. Da jedoch pro Jahr 4 % der Einnahmen in die **Renovierung der Altstadt** gesteckt werden, hat das *Gambling* hier auch sein Gutes. Die Gäste kamen und seit die TV-Serie „Deadwood" die wilden Zeiten der Stadt wieder aufleben ließ, reißt der Besucherstrom nicht mehr ab.

TV-Serie „Deadwood"

Kommt man aus Richtung Devils Tower, lohnt sich vor der Fahrt in die Black Hills ein Stopp in **Spearfish**. Das **High Plains Western Heritage Center Museum** *(825 Heritage Dr., I-90 Exit 14, 🖥 www.westernheritagecenter.com, tgl. 9-17 Uhr, $ 7)* informiert ausführlich über die Geschichte der Region, von den Indianern über die Minen bis hin zu Ranches und Cowboys. Fast jedes der in dem modernen Bau ausgestellten Objekte erzählt seine eigene Geschichte.

Empfehlenswert ist dann der *Scenic Byway* (US 14A) durch den **Spearfish Canyon** nach Deadwood. Er gibt einen ersten Eindruck von der faszinierenden Bergwelt der Black Hills, mit Bächen und Flüssen, Wasserfällen und Wäldern. Man beginnt zu verstehen, warum die Berge den *Lakota* und anderen *Plains Indians* heilig waren.

Faszinierende Bergwelt

Rundgang durch Deadwood und Lead (ⓘ S. 185)

Schlendert man durch die Straßen **Deadwoods**, meint man zunächst, noch den Hauch des „Wilden Westens" zu spüren. Das stimmt auch, was die renovierten historischen Fassaden der Wohnhäuser angeht, nicht aber unbedingt, was deren Inhalt anbelangt: Casinos, wo immer man hineinschaut, kombiniert mit Souvenirshops, Hotels und Lokalen.

„Blaue Bohnen" in Deadwood

Noch immer lebt Deadwood von seinem Ruf, ein heißes Pflaster im „Wilden Westen" gewesen zu sein. Die **TV-Serie „Deadwood"** und nachgestellte Schießereien in der Stadt halten die Erinnerung an jene rauen Zeiten wach, als sich dubiose Gestalten in der Stadt tummelten: **Martha „Calamity Jane" Canary** war beispielsweise berüchtigt als schießwütige Trunkenboldin, als Glücksspielerin, als Lügnerin. Sie soll die meisten Schimpfworte gekannt haben und war bekannt für ihre „Schlagkraft". Sie war jedoch auch Goldsucherin, Krankenschwester und Prostituierte und dazu angeblich gut im Geschichtenerzählen. Sicher ist, dass, wo immer *Wild Bill Hickok* auftauchte, *Calamity Jane* nicht weit war. Sie hielt felsenfest das Gerücht im Gang, dass sie und der Westernheld ein Verhältnis hätten. Als sie 1903 starb, wurde sie neben *Bill* begraben. Dieser soll sich während ihrer Beisetzung im Grab umgedreht haben – nur weiß niemand, in welche Richtung …

„Wild Bill" Hickok

Zu Lebzeiten galt „**Wild Bill**" Hickok als eine der fragwürdigsten und rätselhaftesten „Persönlichkeiten" des Westens. Ehe er im Alter von 39 Jahren, im Sommer 1876, nach Deadwood kam, diente er in der Armee, war als Revolverheld gefürchtet und als Zirkusakrobat gefeiert. Sein guter Freund, „**Colorado Charlie" Otter**, war ebenfalls ein gefürchteter Revolverheld. *Wild Bill* war auch ein passionierter Kartenspieler und die letzten Monate in Deadwood verbrachte er zumeist im Saloon #10 beim Poker. Am 2. August 1876 fand er ein tragisches Ende: *Jack McCall*, der Bruder eines seiner letzten „Opfer", erschoss ihn hinterrücks beim Spiel. *Bills* letztes Blatt bestand angeblich aus zwei schwarzen Assen, zwei schwarzen Achten und einer roten Neun, eine Kombination, die seither „*Deadman's Hand*" heißt.

Eben jener **Jack McCall** wurde durch seinen Mord an *Wild Bill* berühmt. Ein Gericht sprach in zunächst frei, doch *McCall* beging den Fehler, in trunkenem Zustand in einer Bar in Nebraska mit seiner Tat und der Manipulation der Jury in Deadwood zu prahlen. Daraufhin wurde er erneut vor Gericht gestellt, zum Tode verurteilt und am 1. März 1877 hingerichtet.

Seth Bullock war Deadwoods erster und zugleich berühmtester Sheriff und einer der reichsten Geschäftsmänner der Stadt. Ihm wurde nachgesagt, dass er statt mit dem Revolver die Ganoven mit Köpfchen zur Strecke brachte. Er gründete das heute noch existierende *Bullock Hotel*. Als er zusammen mit dem späteren Präsidenten *Theodore Roosevelt* 1884 auf Verbrecherjagd ging, freundeten sich beide an und *Bullock* wurde später ein Mitglied der legendären Armeetruppe *Roosevelt Rough Riders*.

Ein Geistlicher kam aus Louisville nach Deadwood, um dort das große Geld zu machen. Reverend **Henry Watson Smith**, bekannt als „**Preacher Smith**", war ebenfalls ein Unikum: Kirchenmann und Seelentröster einerseits, kartenspielendes Pokerface andererseits. Die gesamte Gemeinde trauerte um ihn, als er ermordet aufgefunden wurde. Mehr Glück im Spiel hatte hingegen „**Potato Creek Johnny**". Der friedliebende, gerade einmal 1,30 m große Ire mit langem Haar und Rauschebart, der bei Kindern als „Goldsucher-Opa" bekannt war, fand mit 7,5 Unzen den größten Goldnugget in den Black Hills.

Ebenfalls mit dem Kartenspiel bestritt „**Poker Alice**", alias **Alice Duffield**, ihren Lebensunterhalt. Nach dem frühen Tod ihres Mannes wandte sich die attraktive Frau, deren Markenzeichen eine dicke Zigarre zwischen den Lippen war, dem Kartenspiel zu. Ihr Geschick und ihr Geschäftssinn machten sie zur beliebtesten Kartendealerin in den Black Hills.

Lesetipps
• Elisabeth Kiderlen (Hrsg.): **Calamity Jane – Briefe an meine Tochter** (1980), die fiktiven Briefe an Janes Adoptivtochter schildern den Wilden Westen, so wie er wirklich war.
• Rainer Eisfeld: **Wild Bill Hickok. Westernmythos und Wirklichkeit** (1994), hervorragende Fallstudie zum Mythos „Wilder Westen".

Das **Adams House Museum** *(22 Van Buren St.,* ☎ *578-3724, tgl. 9-17 Uhr, im Winter Di-Sa 10-16 Uhr, stündlich Touren, $ 5)*, etwas abseits der Touristenachse, gewährt mit seiner weitgehend originalen Ausstattung Einblick in das Leben eines vermögend gewordenen Händlers und Bankiers. Derselbe W. E. Adams stiftete 1930 das **Adams Museum** *(54 Sherman St.,* ☎ *578-1714, tgl. 9-17 Uhr, im Winter Di-Sa 10-16 Uhr, $ 3)* – im Angedenken an seine 1925 verstorbene Frau und Tochter. Zwar etwas in die Jahre gekommen, gibt es einen Überblick über Geschichte, Persönlichkeiten und Geologie der Region. Über die lokale Geschichte und Zukunftprojekte der Stadt informiert das **History & Information Center** *(3 Siever St.)* im alten Bahnhof von 1897, gleich neben dem Adams Museum.

Ein Mittelding zwischen Museum und Vergnügungsetablissement ist der **Old Style Saloon #10** in der Main Street *(657 Main St.,* ☎ *578-3346,* 🖥 *www.saloon10.com).* Im berühmtesten *Watering Hole* des Westens kann man auf Zeitreise gehen, einen Drink nehmen, essen oder eine der Shows verfolgen. Den legendären alten Saloon, in dem *Wild Bill Hickok* erschossen wurde, gibt es längst nicht mehr. Nur ein kleines Museum im **Eagle Saloon** *(624 Main St.)* erinnert an den Ort.

Berühmt-berüchtigte Bar

Nicht auslassen sollte man den **Mt. Moriah Cemetery** am Boot Hill, südöstlich über der Stadt *(ab Lincoln St., ausgeschildert, tgl. 9-17 Uhr, $ 1)*, schließlich fanden hier u. a. *Calamity Jane, Wild Bill Hickok, Potato Creek Johnny, Preacher John* oder *Marshall Seth Bullock* ihre letzte Ruhe.

Neueste Attraktion der Stadt ist das sehenswerte, etwa 2 km nördlich gelegene und von *Kevin Costner* finanzierte **Tatanka – Story of the Bison** (*100 Tatanka Dr., an US 85,* ☎ *584-5678,* 🖥 *www.storyofthebison.com, Mai-Sept. tgl. 9-17 Uhr, $ 7,50*). In diesem Informationskomplex mit Shop und Café erfährt man alles über das „Wappentier" der Prärie, den Bison, und die Bewohner der Region, die *Lakota* (ⓘ S. 428). Im Zentrum steht dabei die lebensgroße Skulptur einer Bisonjagd auf dem Freigelände, geschaffen von der lokalen Künstlerin *Peggy Detmers. Costner* wollte ursprünglich hier ein Hotel bauen, entschied sich dann jedoch – nach „Der mit dem Wolf tanzt" dafür, den *Lakota* und dem Bison ein Denkmal zu setzen. Es finden verschiedene Veranstaltungen, Filmvorführungen und Vorträge statt.

Neueste Attraktion von Deadwood: Tatanka – Story of the Bison

Auf dem Weg nach Lead liegt am US Hwy. 85 die **Broken Boot Gold Mine** (*Upper Main St./US 14 A,* 🖥 *www.brokenbootgoldmine.com,* ☎ *578-9997 und 578-1876, Mai-Sept. tgl. 8.30-17.30 Uhr, Touren alle 30 Min., $ 5, auch „Gold Panning"*), deren Besichtigung eine Vorstellung vom Aussehen einer alten Goldmine vermittelt.

Lead entwickelt sich ebenfalls mehr und mehr zur Casino-Stadt und zum beliebten Wintersportort. An der Ecke Main/Mill Street ist die **Homestake Mine** (*160 Main St.,* ☎ *584-3110,* 🖥 *www.homestaketour.com, tgl. 8.30-18 Uhr, im Winter Di-Sa 9-17 Uhr, Touren $ 6*) zu besichtigen, einst die größte Goldmine der westlichen Hemisphäre, die fast 2,5 km tief hinabreichte. Die kombinierten Bus-Walking-Touren durch Leads und die Mine dauern eine gute Stunde und beginnen mit einem Film zur Geschichte des Goldrauschs.

Glücksspiel und Wintersport

Um die Geschichte des Goldabbaus geht es auch beim Gang durch den Nachbau einer Mine im **Black Hills Mining Museum** (*323 Main St.,* ☎ *584-1605,* 🖥 *www.mining-museum.blackhills.com, einstündige Touren Mai-Sept. 8-18 Uhr, $ 6*). Im **Presidents Park** (*US 85, ausgeschildert,* ☎ *584-9925, www.PresidentsPark.com, tgl. 8-18 Uhr, im Winter 8-16 Uhr, $ 8*), ca. 6 km südlich von Lead, begegnet man hingegen den bisher 43 US-Präsidenten in Form von 6 m hohen Büsten in einem Stück Bergwald.

Reisepraktische Informationen Deadwood und Lead/SD

Vorwahl 605

Information
• **Deadwood Area CVB**, 767 Main St., Deadwood, ☎ 578-1876 und 1-800-999-1876, 🖥 www.deadwood.org
• **Deadwood History & Information Center**, 3 Siever St. Walking-Tour-Broschüren für einen Spaziergang durch die historische Altstadt, sonstige Infos und kleine Ausstellung zur Geschichte und Zukunft der Stadt.
• **Lead Info Center**, 309 Main St., ☎ 1-877-428-5590, 🖥 www.leadmethere.org

Einkaufen
• **Deadwood Buffalo Co.**, 27 Lee St. Spezialitätenladen mit großer Auswahl an Bisonfleisch-Produkten.

Touren
• **Boot Hill Tours**, 662 Main St., ☎ 578-3758, Juni-Okt. tgl. 9.30, 11, 13, 15 und 17 Uhr, $ 7. Einstündige Bustour über die Friedhöfe mit Infos zur Geschichte und den hier begrabenen Persönlichkeiten.
• **Deadwood Trolley**, 102 Sherman St., ☎ 578-2600, tgl. 7/8 Uhr bis Mitternacht, 1- bis 3-mal pro Stunde verkehrender Shuttle zwischen Hotels/Casinos und Restaurants (50 c.).

Veranstaltungen
Infos unter 🖥 www.deadwood.org, z. B.:
• *Ende Juli:* **Days of '76**, Rodeo mit Parade
• *Mitte Juni:* **Wild Bill Hickok Days**, Re-enactment
• **Shootouts**, tgl. Ende April-Mitte Sept.

Sturgis – Mekka aller Harley-Fans

Sturgis (ca. 6.500 Einwohner) ist ein verschlafenes Nest. Das ändert sich jedoch jedes Jahr Anfang August, wenn sich hier für zwei Wochen über 100.000 *Harley-Davidson*-Fahrer treffen und standesgemäß ein rauschendes Fest feiern. Die **Sturgis Motorcycle Rally** findet seit den 1930er Jahren statt, initiiert vom lokalen Motorradclub. Nicht wenige der Harley-Fans kommen extra zum Heiraten hierher. Denn ein echtes *Harley*-Pärchen heiratet nämlich erst, wenn es die weite Anreise und die kurvenreiche Tour durch die Black Hills gemeinsam durchgestanden hat. Während der *Sturgis Motorcycle Rally* bieten zahlreiche Shops und Vermieter *Harley-Davidson*-Motorräder zum Ausleihen an, es gibt Konzerte, Veranstaltungen und Besäufnisse.

Alljährliche Motorcycle Rally

Das ganze Jahr über zu erleben ist hingegen das **Sturgis Motorcycle Museum & Hall of Fame** (999 Main St., ☎ 605/347-2001, 🖥 www.sturgismuseum.com, Mo-Fr 9-17, Sa/So 11-15 Uhr, $ 5). Schon allein die Sammlung klassischer Motorräder wie *Harleys*, *Indians* oder *Excelsiors-Hendersons* lohnt den Besuch.

Über die *US Cavalry* informiert das kleine **Fort Meade Cavalry Museum** *(SD 34, ca. 3 km südl., ☎ 605/347-9822, 🖥 www.fortmeademuseum.org, Mai-Sept. tgl. 9-17 Uhr, $ 3)*, das 1878 von den verbliebenen Einheiten der *7th Cavalry* nach der Schlacht am Little Bighorn eingerichtet wurde, um die nahe gelegenen Indianerreservate zu kontrollieren.

Rapid City (ⓘ S. 218)

Das „Tor zum Westen"

Mit rund 61.000 Einwohnern ist Rapid City, am Fuße der nordöstlichen Black Hills, die zweitgrößte Stadt South Dakotas. Gegründet 1876, galt sie über Jahrzehnte als „Tor zum Westen" und als Wirtschaftszentrum für die Goldminen. Nachdem der Goldrausch vorbei war, sagte man ihr den raschen Niedergang voraus. Doch hat sich Rapid City mittlerweile wieder wirtschaftlich hochgearbeitet und sowohl Industrie als auch das Militär (Luftwaffenstützpunkt) angelockt.

The Journey Museum

Erste Station sollte das **Black Hills Visitor Information Center sein** (I-90 Exit 61, s. u.). Hier erhält man Informationen aller Art und Karten, dazu eine umfassende Einführung in die Region. Ein Muss und zugleich die Hauptattraktion der Stadt ist **The Journey Museum** *(222 New York St., ☎ 394-6923, 🖥 www.journeymuseum.org, tgl. 10-17 Uhr, $ 7)*, das eine instruktive, multimediale Einführung in die Geologie und Geschichte der Region über einen Zeitraum von 2,5 Mrd. Jahren gibt. Der Name deutet es bereits an: Der Besucher wird nach einem einführenden Video auf eine Zeitreise geschickt: von der Entstehung der Welt bis in die modernen Zeiten in den Black

Rapid City und „Prairie Edge" – ganz im Zeichen der Indianer

Hills. Im Mittelpunkt des Museums steht das *Sioux Indian Museum*, eine von Indianern gestaltete Einführung in die Welt der *Lakota* (und anderer *tribes*), die man gesehen haben muss. Ausgezeichnet ist auch der Museumsshop.

Indianisches Kunsthandwerk

Wer sich für indianisches Kunsthandwerk, Literatur und Musik der Indianer, speziell der Lakota, interessiert, sollte sich das riesige „Kaufhaus" **Prairie Edge** (6th/Main St., s. u.) in der historischen Innenstadt nicht entgehen lassen.

Eine weitere Sehenswürdigkeit ist das **South Dakota Air & Space Museum** auf der *Ellsworth Air Force Base (I-90 Exit 67, ☎ 385-5188, tgl. 8.30-16.30/18 Uhr, Bustouren, $ 6)*. Die westlich von Rapid City gelegene **Chapel in the Hills Stavkirke** *(SD 44/Jackson Blvd., über Rimrock Hwy., Mai-Sept. tgl. 7.30 Uhr bis Sonnenuntergang, Spende, Abendgottesdienst 19.30 Uhr)* ist eine nachgebaute norwegische Stabkirche aus dem 12. Jh. mit einem kleinen Museum zur Holzverarbeitung.

Reisepraktische Informationen Sturgis und Rapid City/SD

Sturgis/SD

Information
• **Sturgis Area Chamber of Commerce**, 2040 Junction Ave., ☎ 605/347-2556, 🖥 www.sturgis-sd.org

Veranstaltungen/Infos
• **City of Sturgis Rally Department**, 2030 Main St., 🖥 www.sturgismotorcyclerally.com, ☎ 605/720-0800. Infos zur alljährlich im August stattfindenden Sturgis Motorcycle Rally – nächste Termine: 4.-10. August 2008, 3.-9. August 2009, 9.-15. August 2010 (70th Anniversary).
• Anfang Juni: **Cavalry Days Festival**, erinnert an die Zeit der Indianerkonflikte.

Rapid City/SD

Vorwahl 605

Information
• **Rapid City Area CVB**, Civic Center, 444 N Mt. Rushmore Rd., ☎ 718-8484 und 1-800-487-3223, 🖥 www.visitrapidcity.com
• **Black Hills Visitor Information Center**, 1851 Discovery Circle, I-90 Exit 61, ☎ 355-3600, 🖥 www.travelblackhills.travel und www.blackhillsbadlands.com. Infos, Broschüren und Karten, Ausstellung, Bücher und Souvenirs.

Einkaufen
• **Prairie Edge**, 6th/Main St., ☎ 342-3086, 🖥 www.prairieedge.com, www.siouxtrading.com. Mehrteiliger riesiger Laden mit großer Auswahl an indianischem Kunsthandwerk, Büchern, CDs und vielem mehr.

Touren
• **Shebby Lee Tours**, P. O. Box 1032, Rapid City, ☎ 343-4852 und 1-800-888-8306, 🖥 www.shebbyleetours.com, veranstaltet unterschiedlich lange, thematische Touren durch den „Wilden Westen" (am besten schon von Deutschland aus buchen!).

Veranstaltungen
• **Circle B Ranch Chuckwagon Suppers & Western Music Show**, 22735 Hwy. 385, ca. 20 km westl., ☎ 348-7358, 🖥 www.circle-b-ranch.com, Mai-Sept. Mo-Sa ab 17 Uhr, ab $ 18. Abendessen und anschließende Wildwest-Show.
• **Flying T Chuckwagon Supper & Show**, US Hwy. 16, ca 10 km südl., 🖥 www.flyingt.com, ☎ 342-1905, Mai-Sept. tgl. ab 18 Uhr, $ 18, BBQ-Dinner und Wildwest-Show.
• **Fort Hays Chuckwagon Supper & Cowboy Show**, 2255 Ft. Hayes Dr., ab US Hwy. 16, ca. 8 km südl., ☎ 394-9653, 🖥 www.rushmoretours.com/chuckwagon.html, Mai-Sept. tgl. ab 18.30 Uhr, $ 18. BBQ, Show und Set des Films „Der mit dem Wolf tanzt" („Dances With Wolves").
• Anfang Okt. großes **Powwow** im Civic Center, an dem nicht nur die Lakota aus ganz South Dakota teilnehmen.

Attraktionen in Rapid City

Für Kinder interessant ist der etwas in die Jahre gekommene, oberhalb der Stadt gelegene **Dinosaur Park** mit Modellen und Kletterobjekten *(940 Skyline Dr./Quincy St., ☎ 343-8687, Sonnenauf- bis Sonnenuntergang, Eintritt frei)*. Er liegt am **Skyline Drive**, der eine Rundfahrt um die Stadt mit Blick auf die Black Hills und Prairie ermöglicht. **Bear Country USA**, ca. 12 km südlich der Stadt, ist ein *Drive-through-Zoo (US 16/Mt. Rushmore Rd., ☎ 343-2290, 💻 www.bearcountryusa.com, Mai-Okt. tgl. 8-18 Uhr, $ 13)*. Ebenfalls am US Hwy 16/Mt. Rushmore Rd., ca. 10 km südlich Rapid City, kann man in den **Reptile Gardens** die weltgrößte Reptiliensammlung besuchen *(☎ 342-5873, 💻 www.reptilegardens.com, Mai-Sept. tgl. 8-19 Uhr, April/Okt. tgl. 9-16 Uhr, $ 12,50)*.

Das etwas altertümliche **Museum of Geology**, das der *SD School of Minesand Technology* angeschlossen ist, informiert über die Geologie der Black Hills *(O'Hare Memorial Bldg., 501 E St. Joseph St., ☎ 394-2467, Mo-Sa 8-18, So 12-18 Uhr, Eintritt frei)*.

Perfekt zur Entspannung nach dem Besichtigungsprogramm ist eine Einkehr im **Firehouse Brewing Co.** mit selbst gebrautem Bier und schmackhaftem Essen *(610 Main St., ☎ 348-1915, 💻 www.firehousebrewing.com)*.

Land of Stone and Lights – die Badlands (ⓘ S. 174)

Hat man sich für die **Dakota-Rundfahrt** entschlossen (s. u.), passiert man automatisch den **Badlands NP**, allen anderen sei zumindest ein Ausflug ab Rapid City dorthin dringend ans Herz gelegt.

Wall Drug Store

Die kleine Ortschaft **Wall** *(💻 www.wallbadlands.com, ⓘ S. 243)*, ca. 50 mi/80 km östlich Rapid City (I-90), gilt als Tor zum Badlands NP. Attraktion im Ort ist der **Wall Drug Store** *(510 Main St., I-90 Exits 109 und 110, 💻 www.walldrug.com, tgl. 6-22 Uhr, im Winter verkürzt)*, seit 1931 ein *Waterhole* für Reisende auf dem Weg in den Westen. Heute gibt es in dieser Mischung aus Mall und Vergnügungspark – mit unübersehbaren Reklametafeln bereits entlang der I-90 angekündigt – neben Drogerieartikeln auch Western Wear, Souvenirs, Kunstgalerien und ein Restaurant.

> **ⓘ Besucherzentrum**
> In Wall befindet sich überdies das **Buffalo Gap National Grassland VC** *(708 Main St., 💻 www.trailsandgrasslands.org/bgap.html bzw. www.fs.fed.us/r2/nebraska/units/frrd/bgng.html, tgl. 8-18 Uhr, im Winter nur Mo-Fr 8-16.30 Uhr, Eintritt frei)*. Das Besucherzentrum gibt eine gute Einführung in die Gegebenheiten einer Prärielandschaft, die hier, im Umfeld der Badlands, ebenfalls unter Schutz steht.

Hinweis zur Route

*Den **Badlands NP** erreicht man von Rapid City aus über die Autobahn I-90 (Exit 110). Von hier führt der SD 240 zum Pinnacle Entrance und als **Badlands Loop Road** durch den Park zum **Ben Reifel/Cedar Pass VC**. Zurück geht es entweder durch den Northeast Entrance zur I-90 (Exit 131) oder man verlässt den Park durch den Interior Entrance im Süden und fährt auf dem SD 44 zurück nach Rapid City (s. auch Hinweis zur Route bei Pine Ridge, S. 410).*

Sehenswert ist das **Wounded Knee Museum** *(I-90 Exit 110, 207 10th Ave.,* ☎ *605/279-2573,* 🖥 *www.woundedkneemuseum.org, Mai-Okt. tgl. 8.30-17.30 Uhr, $ 5)* mit einer Ausstellung zum weiter südlich stattgefundenen Massaker am 29. Dezember 1890 (s. u.). Es informiert nicht nur über die damaligen Ereignisse, sondern auch über das Umfeld und die *Lakota* gestern und heute.

Der **Badlands National Park**, einschließlich des ihn umgebenden **Buffalo Gap National Grassland**, ist einer der weniger besuchten Nationalparks. Er bietet jedoch landschaftliche Reize, die man so schnell nicht vergisst. Die Faszination dieser wild zerklüfteten, bizarren Bergwelt – man möchte fast „Mondlandschaft" sagen –, wird noch gesteigert durch die bunten Farben der einzelnen Sandsteinschichten aus verschiedenen geologischen Erdzeitaltern.

Nie überlaufen: der Badlands National Park

Seinen Namen erhielt der Park – und diese Landschaftsform im gesamten Nordwesten – von den ersten französischen Trappern, die diese als „ausgesprochen schlecht zu passieren" beschrieben. Für die Indianer dagegen ist die eindrucksvolle Landschaft bis heute heilig. Von Süden kommend betrachtet, wird deutlich, warum

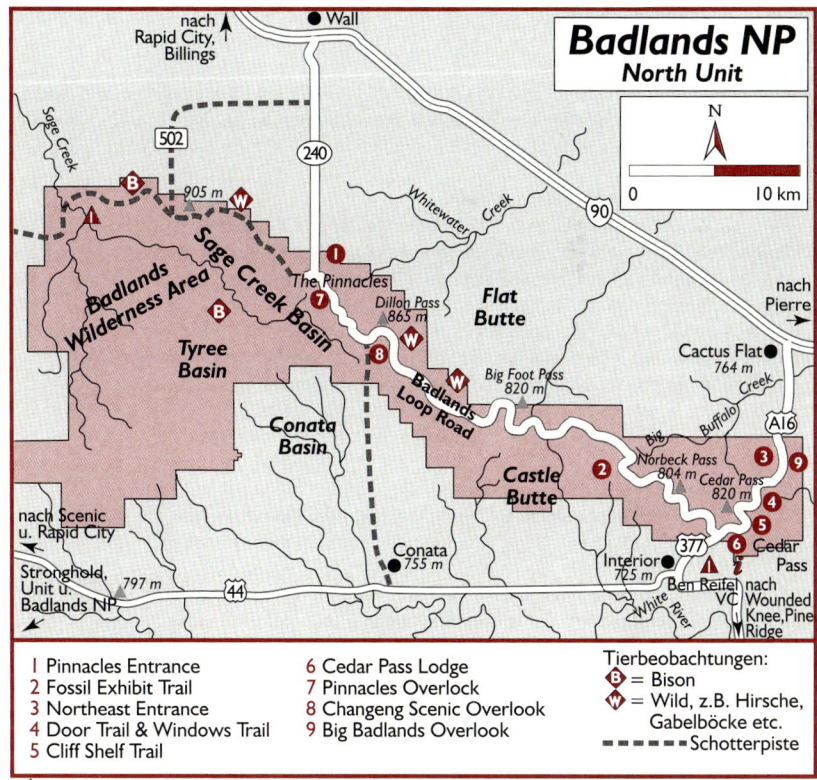

1 Pinnacles Entrance	6 Cedar Pass Lodge
2 Fossil Exhibit Trail	7 Pinnacles Overlock
3 Northeast Entrance	8 Changeng Scenic Overlook
4 Door Trail & Windows Trail	9 Big Badlands Overlook
5 Cliff Shelf Trail	

Tierbeobachtungen:
B = Bison
W = Wild, z.B. Hirsche, Gabelböcke etc.
- - - - - - Schotterpiste

© *graphic*

Kadoka,
die Wand
sie einen anderen Namen wählten: **Kadoka**, die Wand. Wenn man über die endlose Prärie am Fuß der Bergkette hier ankam, wirkte diese zunächst wie ein unüberwindliches Hindernis. Die ersten Siedler übernahmen auch das Wort und nannten ihre ersten Siedlungen entsprechend **Kadoka** und **Wall**. Die Badlands wurden 1939 zum Nationalpark erklärt und 1976 um den Südteil erweitert, den die Parkverwaltung zusammen mit den *Lakota* aus dem *Pine Ridge Reservat* verwaltet. Heute misst das Gesamtareal rund 1.100 km².

• Geologie, Flora und Fauna der Badlands

Vor über 70 Mio. Jahren bedeckte noch ein riesiges Meer den Nordwesten. Dieses begann vor rund 65 Mio. Jahren abzufließen, als sich die gesamte Region als Folge von plattentektonischen Verschiebungen, in deren Folge auch die Rocky Mountains

Tipps für Besucher des Badlands National Park

Information
• **Badlands NP**, P. O. Box 6, Interior, SD 57750, ☎ 605/433-5361, 🖥 www.nps.gov/badl
• **Gebühr:** $ 15/Pkw
• Es gibt zwei **Besucherzentren**:
– **Ben Reifel VC** (auch „Cedar Pass VC"), SD 240, tgl. 9-17 Uhr, mit kleinem Museum und Laden;
– **White River VC**, im abgelegeneren Südteil, BIA Rte. 27, nur im Sommer tgl. 10-16 Uhr, mit kleiner Ausstellung zu den Sioux (Lakota).

Routen durch den Nationalpark
In Wall (I-90 Exit 110) beginnt der **Badlands Loop** (SD 240/Pinnacle Entrance) durch den **Nordteil** des Parks. Nach ca. 33mi/53 km erreicht er das **Ben Reifel VC**. Durch den Nordost-Eingang gelangt man wieder auf die I-90 (Exit 131) und zurück nach Rapid City bzw. kann die weiter unten beschriebene Dakota-Rundfahrt starten. Fährt man hingegen vom VC auf dem SD 377 nach Süden bis zur SD 44, verlässt man die North Unit und befindet sich im **Buffalo Gap National Grassland**, ehe man schließlich wieder Rapid City erreicht. Beim Ort **Scenic** zweigt der SD 589 ab und von dort gibt es Gelegenheit, zum **Südteil des Nationalparks** zu gelangen (direkte Zufahrt über 6,5 mi/10 km Schotterpiste – Sackgasse – zum Gebirgszug Sheep Mountain Table). Der Hwy. 589 führt weiter in die Pine Ridge Indian Reservation und nach Wounded Knee (s. u.).

Übernachten
Die **Cedar Pass Lodge** (s. S. 174) im Park ist empfehlenswert, außerdem befinden sich mehrere Motels/Hotels in Wall. Frühzeitige Reservierung ist vor allem in der HS ratsam.

Sehenswertes & Wandern
Aussichtspunkte gibt es entlang dem Badlands Loop (SD 240) zahlreich; daneben mehrere kurze **Wanderwege** wie **Fossil Exhibit Trail** (0,5 km), **Cliff Shelf Nature Trail** (ca. 1 km), **Saddle Pass Trail** (ca. 0,5 km, sehr steil) oder **Door Trail** (etwa 1,2 km) und wenige längere wie den **Notch Trail** (ca. 2,5 km, anstrengend) oder den **Castle Trail** (16 km). Für mehrtägige Wanderungen ist der Nationalpark aus klimatischen (Hitze), geografischen (Unzugänglichkeit) und infrastrukturellen Gründen (keine ausgebauten Trails) wenig empfehlenswert.

entstanden, anhob. Das Meer hinterließ **verschiedene Sedimente**, die u. a. kalkhaltige Muschel- und Schneckenreste sowie verhärtete Algen enthielten. Die geringe Sauerstoffzufuhr hatte einen dunklen Sandstein erzeugt, der sich erst über die Jahrmillionen aufhellte.

Nachdem das Meer endgültig zurückgewichen war, wirkten andere Faktoren auf die Landschaft ein, vor allem die Flüsse, die sowohl Täler in die Oberfläche schnitten, als auch unterschiedlichstes Verwitterungsmaterial aus höher gelegenen Regionen herantrugen. Vor etwa 40 Mio. Jahren setzte **starke vulkanische Tätigkeit** im Gebiet des heutigen Yellowstone Parks und entlang der Pazifikküste ein. Die vulkanischen Aschen wurden vornehmlich durch den Wind hergetragen und bildeten bis zu 180 m starke Schichten in der Region der Badlands aus. Anschließend, vor rund 37

Vulkanische Tätigkeit

bis 23 Mio. Jahren, setzte die **Phase der Sedimentierung und Verfestigung der Ablagerungen** ein; gleichzeitig begann sich das **Klima zu verändern**: Erst subtropische und dann aride Verhältnisse stellten sich ein. In der Folgezeit bedeckten erneut meist durch den Wind herangeschaffte Sande die Landschaft, und die Knochen der Urtiere tauchten wieder an Stellen auf, in die die Flüsse später Canyons geschnitten haben. Knochen von Dinosauriern wurden von der Erosion freigelegt und können am **Fossil Exhibit Trail** (etwa 500 m lang) bestaunt werden.

„Land of Stone and Lights": im Badlands National Park

Heute gehen, stark schwankend, zwischen 250 und 550 mm Niederschlag jährlich auf die Badlands nieder. Der Regen fällt meist in Form heftiger Gewitterschauer, die starke Erosionskraft besitzen. Die **starken Temperaturschwankungen** tragen ebenfalls zur Erosion bei, da sie sich gerade in den oberen Gesteinsschichten auswirken, wo die Sonne tagsüber die Erde „zum Glühen" bringt, während nachts, aber vor allem im Winter, bitterkalte Temperaturen herrschen.

Die stetige Erosionstätigkeit lässt nur **begrenztes Pflanzenwachstum** zu, das zusätzlich durch die ungenügenden bzw. unregelmäßigen Regenfälle eingeschränkt wird. Somit findet man kaum Bäume und wenn, dann nur vereinzelt an Flussläufen (Pappeln/Ulmen) und an einigen Hängen (Wacholder). Vorkommende Pflanzen sind vorwiegend die für aride Gebiete typischen Yucca-Palmen, Sukkulenten, Kakteen und Dornbuschsträucher. Einzig **Gräser**, von denen 53 unterschiedliche Arten etwa die Hälfte des Nationalparkgebietes bedecken, und im Frühling zahlreiche **Wildblumenarten** bieten Abwechslung in der schroffen und menschenfeindlich wirkenden Landschaft.

Wenige Pflanzen

Die in den Prärien heimischen **Bisons** waren auch hier bis Ende des 19. Jh. fast komplett ausgerottet worden. Zwischen 1962 und 1965 setzte man wieder Tiere aus, und mittlerweile beläuft sich ihre Zahl im Park wieder auf ein paar Hundert. Mit etwas Glück sieht man sie friedlich weidend auf den Grasflächen. Seltener sind die scheuen **Gabelböcke**, eine fast ausgestorbene Tierart, wohingegen sich **Prärie-hund-Siedlungen** über den gesamten Park verteilen. Die wenigen Weißwedel- und Maultierhirsche halten sich gern in den Tälern und zwischen Deckung versprechen-den Sträuchern auf. Nachts werden Camper gelegentlich die leuchtend roten Augen der **Kojoten** sehen – sie sind jedoch in der Regel für den Menschen ungefährlich. Waschbären, Stachelschweine, sieben Schlangenarten – darunter als einzig giftige die Klapperschlange –, verschiedene Hörnchenarten und über 200 Vogelarten leben ebenfalls im Park.

Vielfältige Tierwelt

Abstecher nach Wounded Knee und in die Pine Ridge Indian Reservation

Südlich des Badlands NP erstreckt sich die **Pine Ridge Indian Reservation** (ⓘ S. 428), Heimat der **Oglala**, einer Gruppe der *Lakota-(Sioux)*-Indianer (ⓘ S. 212). In ihrem Reservat verbirgt sich abseits jeglicher Touristen-pfade einer der traurigsten Schauplätze in der amerika-nischen Geschichte: die **Wounded Knee Historic Site**.

ⓘ **Information**
• **Wounded Knee Historic Site**, Pine Ridge Re-servation, BIA 27 (ca. 25 km nordöstl. Pine Ridge), kleines VC (derzeit geschl.), Friedhof und Zeremonienplatz.

Casino
• **Prairie Wing Casino**, US 18, etwa 20 km westl. Pine Ridge.

Während man an Ort und Stelle nur Stille und Trauer spürt, informiert das **Oglala Lakota College Histo-rical Center** in **Kyle** (BIA 2, etwa 60 km südlich Bad-lands NP über SD 44 und BIA 2, Juni-Sept. Mo-Sa 9-15 Uhr, Eintritt frei) nicht nur über das Massaker, sondern auch

Ein trauriges Kapitel Geschichte: Wounded Knee

☞ Hinweis zur Route

Jeder an Geschichte und modernem Leben der Indianer Interessierte sollte vom Badlands NP einen Abstecher nach **Wounded Knee** *und in die* **Pine Ridge Indian Reservation** *unternehmen. Vom Interior Entrance des Nationalparks geht es zunächst auf dem SD 44 nach Süden und dann auf dem BIA 2 – dem* **Bigfoot Trail** *– nach Westen (in Kyle lohnt ein Besuch des dortigen Heritage Centers, s. o.) bis zum BIA 27, der nach Wounded Knee führt (etwa 120 km). Zurück geht es auf BIA 27 zur Stronghold Unit des Badlands NP und dem SD 589, der in den SD 44 mündet und zurück nach Rapid City führt (ca. 120 km). Man kann aber von Wounded Knee auch weiter nach Pine Ridge fahren und von dort auf dem US 18 in die Black Hills nach Hot Springs (ca. 130 km) – eine Besichtigung der Black Hills von Süden her.*

über die *Lakota* im Allgemeinen. Auch im Hauptort des Reservats **Pine Ridge** kann man mehr über diesen Stamm und ganz besonders über moderne indianische Kunst im *Heritage Center* erfahren. Es befindet sich in der **Red Cloud School** (*100 Mission Dr., ab US 18, ca. 6 km nördlich Pine Ridge, ▯ www.redcouldschool.org, Mo-Fr 9-16 Uhr, Eintritt frei*) und auf dem zugehörigen Friedhof ist auch das Grab von *Red Cloud*.

Eine (Beinahe-) Sonnenfinsternis inspirierte im Januar 1889 eine Gruppe *Minneconjou-Lakota*, frustriert von der Reservatspolitik, einen so genannten **Geistertanz** unter Organisaton von Häuptling **Big Foot** durchzuführen. Damit hofften die in Trance versetzten Indianer die alten Weidegründe der Bisonherden und damit ihre ehemaligen Jagdgründe zurückbeschwören zu können. Auch glaubten sie, dadurch in die Lage versetzt zu werden, den weißen Mann wieder in das „Große Meer" zurückzudrängen. Der Geistertanz war keineswegs eine isolierte Erscheinung – seit den Konflikten mit den Weißen war es immer wieder bei verschiedenen Stämmen zu religiösen Bewegungen gekommen – beispielsweise um 1807 an den Großen Seen unter *Tecumseh* und seinem Bruder *Tenskwatawa*.

Die Geistertanz-Zeremonie

Die amerikanische Regierung betrachtete die Geistertanz-Zeremonien mit gemischten Gefühlen, da die Bewohner des Westens einen neuen Indianerkrieg fürchteten. Um die **Geistertänze zu unterbinden**, entsandte man daher jene 7. Kavallerie, die 1876 bei Little Bighorn eine vernichtende Schlappe gegen die *Sioux* eingesteckt hatte. *Lt. Col. Whitside* und seine Männer sollten *Big Foot* und seine Gruppe entwaffnen und in die *Pine Ridge Reservation* bringen. Doch bereits vor deren Eintreffen hatten sich viele Indianer aus dem Staub gemacht. Südlich der Badlands fanden die Soldaten am **29. Dezember 1890** nur noch eine kleine Gruppe um den todkranken *Big Foot*, die schon auf dem Weg nach Pine Ridge zu ihren Verwandten um Häuptling *Red Cloud* war, um sich dort in Sicherheit zu bringen. Das Militär eskortierte daraufhin die friedlichen Indianer zur Ortschaft Wounded Knee in der Nähe der *Pine Ridge Agency*.

Dort sollten sie alle ihre Waffen ablegen, doch löste sich bei der Aktion scheinbar versehentlich ein Schuss und die Soldaten begannen **ohne jegliche Vorwarnung** auf die Indianer zu schießen. Am Ende lagen 153 Männer, Frauen und Kinder tot im Schnee, darunter *Big Foot* und 25 vom eigenen Feuer getötete Soldaten. Diese, mit Recht als feige bezeichnete „Militäraktion", galt als die endgültige Niederschlagung jeglichen indianischen Widerstandes. Es war *General Nelson A. Miles*, der nicht nur den zuständigen Offizier *Col. Forsyth* sofort des Amtes enthob und als Erster empört von einem Massaker sprach. Daraufhin begannen weitere hohe Militärs und die Bundesregierung die Schandtat – auch auf Druck der Medien – offiziell zu verurteilen.

Massaker am 29. Dezember 1890

Seit den 1990er Jahren untersteht der Ort **Wounded Knee** der Obhut der *Lakota*, doch noch sitzt der Schmerz zu tief, um eine größere Erinnerungsstätte aufzubauen. Es wurde ein kleines VC eingerichtet, das aber nur nach *Indian Time* geöffnet ist, wenn überhaupt. Auf dem nahen Friedhof erinnert ein kleines Denkmal an das Geschehen, ein Zeremonienplatz wurde zu religiösen Feiern eingerichtet und seit einigen Jahren gedenkt eine wachsende Gruppe von *Lakota* mit einem **Gedenkritt** jenem 29. Dezember 1890 und den damals ermordeten Indianern.

Wounded Knee – der Friedhof

1973 wurde Wounded Knee zum **Schauplatz des neu aufkeimenden Selbstbewusstseins der Sioux**. Eine Gruppe des **AIM** *(American Indian Movement)* machte mit einer Besetzung auf die Situation in den Reservaten aufmerksam, die bis heute kaum verändert ist. Die *Pine Ridge Reservation* zählt zu den **ärmsten Regionen ganz Amerikas**, mit geringer Lebenserwartung, hoher Kindersterblichkeit und enormer Arbeitslosenrate. Dennoch laufen mutige Versuche, den jungen *Lakota* eine neue Perspektive zu geben. Das **Oglala Lakote College** (s. o.) in Kyle und besonders die **Red Cloud School** in Pine Ridge, eine katholische Einrichtung, versuchen Kindern und Jugendlichen nicht nur eine gute Ausbildung zu geben, sie sehen sich zugleich als Wahrer indianischer Kultur. Das *Heritage Center* (s. o.) der Red Cloud School fördert indianische Kunsthandwerker und propagiert moderne indianische Kunst.

Ärmste Region der USA

> *i* **Infos zur Pine Ridge Indian Reservation**
> 🖳 *http://friendsofpineridgereservation.org, www.lakotamall.com, www.gfbv.de*

 ### Mt. Rushmore National Memorial

US 16A/SD 244, ca. 3 km südwestlich Keystone, ☎ *605/574-3171 und 574-2523,* 🖳 *www.nps.gov/moru, www.mountrushmoreinfo.com und www.mtrushmorebookstore.com; VC tgl. 8-17 Uhr, im Sommer bis 22 Uhr, Eintritt frei, Parkgebühr $ 8. Museum, Studio, Aussichtsterrasse, Trail und Ranger-Touren, Audiotour und Mai-Sept. 21 Uhr: „Evening Sculpture Lighting Ceremony".*

Fährt man von Rapid City oder Deadwood tiefer hinein in die Black Hills, versteht man schnell, woher der Slogan South Dakotas, „**Great Faces, Great Places**", kommt. Gleich zwei einzigartige Monumente wurden hier in die Berghänge gemeißelt: An einem der höchsten Punkte der östlichen Black Hills, weithin sichtbar, wurden während der 1930er Jahre die Konterfeis der vier bedeutendsten Präsidenten der USA – *George Washington, Thomas Jefferson, Abraham Lincoln* und *Theodore Roosevelt* – in den Fels gehauen bzw. herausgesprengt. Mt. Rushmore gilt seitdem fast als „Pilgerort" und gehört zu den meistfotografierten Sehenswürdigkeiten Amerikas.

„Great Faces, Great Places"

Von Rapid City führt der ausgebaute US Hwy. 16 zunächst nach **Keystone** (ⓘ S. 199) – ein kleines Nest, das vom Mt.-Rushmore-Tourismus profitiert. Entsprechend findet sich an der Hauptstraße nachgebaute Wildwest-Romantik mit Spuren aus der Goldgräberzeit. In Keystone wird die Geschichte der Entstehung des Mt. Rushmore Memorials in dem etwas angestaubten **Borglum Historical Center** anhand eines Films, einer Werkzeugausstellung, der Lebensgeschichte des Künstlers *Gutzon Borglum* und zahlreicher Fotos veranschaulicht *(US 16A/342 Winter St.,* ☎ *605/666-4448,* 🖳 *www.rushmoreborglum.com, Mai-Sept. tgl. 8-19 Uhr, sonst 9-15 Uhr, $ 7).*

> *i* **Information**
> • **Keystone Chamber of Commerce**, 110 Swanzy St. (nahe 1880 Train Station/US 16A), ☎ 605/666-4896, 🖳 www.keystonechamber.com

Bereits im 19. Jh. kamen Pläne für eine überdimensionale Felsskulptur ins Gespräch und so wollte man beispielsweise 1849 *Christoph Kolumbus* an passender Stelle in

Vier Präsidenten in Stein

INFO

Der Bildhauer **Gutzon Borglum** hatte eine Idee: Er wollte jene **vier Präsidenten** in Stein verewigen, die Amerika aus dem Kolonialismus ins moderne 20. Jh. geführt hatten und als verdiente Persönlichkeiten der Bestimmung des Monuments als „**Shrine of Democracy**" gerecht wurden.

Der erste Auserwählte ist **George Washington** – der erste Präsident der USA (1789-1797) und zuvor Befehlshaber der für die Unabhängigkeit kämpfenden Truppe. Er steht für die *Foundation*, die Schaffung der Grundlagen. Als dritter Präsident in der Geschichte der USA (1801-09) kommt **Thomas Jefferson** das Verdienst zu, sowohl die „*Declaration of Independence*" verfasst als auch die *Expansion* nach Westen forciert zu haben. **Abraham Lincoln** war der 16. und zugleich bedeutendste US-Präsident (1861-1865). Er verhinderte das Auseinanderbrechen der Nation, obwohl dies Bürgerkrieg bedeutete, und schaffte die Sklaverei ab. *Conservation* war sein Verdienst, wegweisende Schritte zur Wahrung der Grundrechte und Stabilisierung der Demokratie. Der 26. Präsident, **Theodore Roosevelt** (1901-09) schließlich, führte die Nation in die Moderne – er steht für *Development* – und bereitete den Weg für Amerikas Stellung als führende „Nation der Welt". Gleichzeitig setzte er sich mit der Ausweisung vieler Nationalparks für den Erhalt der Natur ein.

Daten zum Mt. Rushmore
• 450.000 t Stein wurden gesprengt.
• Jeder Kopf ist rund 18 m hoch, die Augen jeweils etwa 5 m breit, die Nasen ca. 6 m lang, Washingtons Mund misst rund 5,5 m in der Breite.
• Insgesamt 360 Mann waren an dem Monument beschäftigt, wobei der durchschnittliche Stundenlohn $ 1,50 betrug.

Mt. Rushmore: Vier Präsidenten in Stein

den Rocky Mountains verewigen. Erst 1923 lenkte der Historiker *Doane Robinson* die Aufmerksamkeit auf die Black Hills – „ein Gebirge, das den Zugang zum Westen und zugleich das Tor zu einem anderem Naturraum (die Rockies) bedeutete". Ein überdimensionales Felsbild war geplant, das die Stärke und Bedeutung der amerikanischen Nation symbolisieren sollte. *Robinson* schlug *The Needles* (südöstlich Mt. Rushmore) als geeignete Kulisse vor, doch protestierten sowohl die Naturschützer – gegen die Wahl des Standorts – wie auch die Nationalisten – gegen die Motivwahl, nämlich Indianer und Pioniere des Westens. Der Grundgedanke des Projektes wurde jedoch, trotz Gegenwehr, weiterverfolgt.

Bildhauer Gutzon Borglum

1925 fiel die Wahl des ausführenden Künstlers auf den Bildhauer **Gutzon Borglum** (1867-1941), der bereits das Felsbild (Südstaaten-Persönlichkeiten des Bürgerkriegs) am Stone Mountain bei Atlanta und zuvor andere kleinere Standbilder in Washington (u. a. Lincoln-Statue im Capitol), New York und anderen Städten geschaffen hatte. *Borglum*, der u. a. zusammen mit *Rodin* in Paris studiert hatte, galt sowohl als künstlerisch begabt als auch mit hinreichend Enthusiasmus ausgestattet.

Als „Hintergrund" entschied sich *Borglum* für den 1.718 m hohen **Mt. Rushmore**, der massiver und stabiler war als die Needles und der den Vorteil besaß, fast den ganzen Tag über sonnenbeschienen zu sein. Beginnend 1927 beschäftigte sich der Bildhauer die ersten drei Jahre vor allem mit den Entwürfen, die er in seinem Studio immer wieder abänderte und an deren Modellen im Maßstab 1:12 er fieberhaft arbeitete. Die Depressionsjahre verzögerten seine Pläne immer wieder, Geld war knapp. Allerdings war *Borglum* so besessen von seinem Projekt, dass er es durch Reden und geschickte Diplomatie schaffte, nach und nach 836.000 der erforderlichen 1 Mio. Dollar aus Staatsmitteln zu erhalten.

Eröffnung im Oktober 1941

1930 begann er mit der Ausführung des Entwurfs am Fels – das erste fertiggestellte Porträt war das von *Washington*. Erst 1936 folgte das Porträt *Jeffersons* und ein Jahr später jenes von *Lincoln*. 1939 war *Roosevelt* verewigt und *Borglum* fasste nun die geplante Ausführung der Oberkörper ins Auge. Allerdings starb der Künstler 74-jährig im März 1941 und sein Sohn *Lincoln*, der das Werk fortsetzen sollte, entschied sich, die Oberkörper wegzulassen. Im Oktober 1941 wurde das Monument dann nach insgesamt 14 Jahren und 1 Mio. Dollar Baukosten eröffnet.

Vom Concession Building mit Shop und anderen Serviceeinrichtungen führt die **Avenue of Flags** (Fahnen der 56 Staaten und Territorien) spektakulär zur **Grandview Terrace**. Von hier geht es ins **Lincoln Borglum Museum**, wo es abgesehen von einer gut aufgemachten Ausstellung einen Film zur Entstehungsgeschichte des Monuments zu sehen gibt. Unterhalb der Aussichtsplattform liegt das Amphitheater, in dem im Sommer allabendlich eine Art Lasershow (*Evening Sculpture Lighting Ceremony*) stattfindet.

Der **Presidential Trail**, ein knapp 1 km langer Weg am Fuß des Berges, bietet gute Fotomotive der Skulpturen und zudem liefern Tafeln am Wegrand weitere Informationen. Hier, aber auch im **Sculptor's Studio**, wohin ein Weg rechter Hand des Theaters hinführt, finden zudem regelmäßig Ranger-Programme statt. Eine Ausstel-

Mit dem historischen 1880 Steamtrain durch die Black Hills

lung dort widmet sich den verschiedenen Werkzeugen, zeigt Fotos, Skizzen und Modelle und erläutert die verschiedenen Bildhauertechniken.

In dem nächsten kleinen Ort, **Hill City** (🖳 *www.hillcitysd.com*, ⓘ S. 196), tiefer in den Black Hills gelegen, bieten sich weitere Hotels/Motels zur Übernachtung an, außerdem locken zwei touristische Highlights: der **1880 Steamtrain** (s. u.) und das **Black Hills Museum of Natural History**, das als eines der besten paleontologischen Museen der Welt gilt *(217 Main St., ☎ 605/574-3919, 🖳 www.bhmnh.org, Mo-Sa 8.30-19, So 10-18 Uhr, im Winter verkürzt, $ 5).*

🚂 **Fahrt mit dem Dampfzug**
Der *1880 Steamtrain* verkehrt auf den ehemaligen Gleisen der Goldgräberzüge zwischen Hill City und Keystone. Die gemächliche Hin- und Rückfahrt mit dem Dampfzug dauert etwa zwei Stunden *(Railroad Ave., US 16/385, ☎ 605/574-2222, 🖳 www.1880train.com, Mai-Okt. tgl. mehrere Fahrten, $ 21, Reservierung empfohlen).*

1880 Steamtrain

Crazy Horse Memorial (ⓘ S. 183)
US 16/385, 10 km nördlich Custer, ☎ 605/673-4681, 🖳 www.crazyhorsememorial.org, tgl. Sonnenauf- bis Sonnenuntergang, $ 10 bzw. $ 25/Pkw. Mit Indian Museum of North America, Bildhauerstudio, Filmvorführung im Theater, Gift Shop und Restaurant.

Als im Jahr 1939 die Arbeiten am Mt. Rushmore im vollen Gange waren, entschloss sich der damalige Häuptling der *Lakota*, **Henry Standing Bear**, ebenfalls ein Monument in Auftrag zu geben: Zu Ehren der Indianer sollte in den Felsen des Thunderhead Mountain (5 mi/8 km nördlich Custer bzw. 17 mi/27 km südwestlich Mt. Rushmore) ein **Reiterdenkmal von Crazy Horse** geschlagen werden. Jener legendäre *Sioux*-Führer hatte 1876 *General Custer* am Little Bighorn besiegt (ⓘ S. 390) und war wegen seiner geschickten Kriegsführung als der „Clausewitz der Indianer" in die Geschichte eingegangen.

Denkmal für Crazy Horse

Die Wahl *Standing Bears* war auf den Bildhauer **Korczak Ziolkowski** (1908-82) gefallen, der bereits einen Preis für die Skulptur des Pianisten und Politikers *Ignacy Jan Paderewski* erhalten hatte und der als Assistent von *Gutzon Borglum* am Mt. Rushmore tätig war. Der Künstler war von der Idee begeistert, obwohl die finanzielle Seite wenig ermutigend war.

Während der folgenden neun Jahre brütete *Ziolkowski* über einem Plan, den er **1948** in die Tat umzusetzen begann. Zuerst ganz auf sich gestellt, lebte er in einem Zelt, danach in einer Holzhütte. Er musste die ersten Partien des Berges „mit der Hand" abtragen, was Hunderten von Fußmärschen gleichkam, zumal der (heute ausgestell-

Crazy Horse – American Hero

„Crazy Horse: American Hero – killed 1877 defending his country" – die Inschrift am Denkmal im Buffalo Bill Historical Center in Cody/WY macht den Besucher ebenso sprachlos wie das in die Black Hills eingemeißelte Porträt des legendären Indianers. Als sich **Crazy Horse** am 5. September 1877 der Verhaftung durch die US-Armee in Fort Robinson/Nebraska zu entziehen versuchte, wurde er von einem Soldaten mit einem Bajonett erstochen. Sein alter Vater stimmte daraufhin den Totengesang an, packte seinen Sohn auf ein Pferd und verschwand mit ihm in der Prärie. Für die *Lakota* und besonders die *Oglala*, eine der sieben *Lakota*-Untergruppen, lebt damit ihr legendärster Kämpfer in den Weiten der Plains fort.

Um 1845 geboren, fiel **Tashunke Witko**, wie *Crazy Horse* im *Oglala*-Dialekt hieß, schon früh als unerschütterlicher Kämpfer für sein Volk auf. Nachdem er, 16-jährig, *Hump*, dem Anführer einer Kriegertruppe, das Leben gerettet hatte, wurden die beiden, der junge Draufgänger und der ältere Krieger, ein Herz und eine Seele oder, wie die *Lakota* zu sagen pflegten, „wie ein Grizzly und sein Junges".

Bald schon genoss *Crazy Horse* hohes Ansehen und alle *Lakota*-Gruppen, insbesondere aber *Hunkpapa*-Medizinmann und Seher *Sitting Bull*, erkannten ihn als führende Persönlichkeit **im Kampf um die Freiheit** und gegen das Ausgreifen des weißen Machtanspruchs an. Bei allen Auseinandersetzungen war *Crazy Horse* in vorderster Front dabei und verschaffte sich aufgrund seiner taktischen Fähigkeiten auch beim US-Mi-

Crazy Horse, ein amerikanischer Held

litär Achtung; respektvoll nannte man ihn den „Clausewitz der Indianer". Im Sommer 1876, auf dem Höhepunkt des so genannten **Great Sioux War**, brüskierte er die US-Armee immer wieder und fügte ihr in zahlreichen Schlachten, wie am Rosebud oder am Little Bighorn, empfindliche Niederlagen zu.

Nach einem strengen Winter überredete ihn schließlich sein Onkel, *Spotted Tail*, im Frühjahr 1877 zur Aufgabe. Inzwischen war *Sitting Bull* nach Kanada geflohen und mehr und mehr *Sioux*-Gruppen gaben ihren Freiheitskampf auf und zogen sich verbittert, hungernd und frierend in die ihnen zugewiesenen Reservationen zurück. So blieb am Ende auch dem freiheitsliebenden Kämpfer *Crazy Horse* und seinen Getreuen nur die Kapitulation.

Hoch erhobenen Hauptes und in voller Kriegsmontur legten sie im Mai 1877 vor der *Red Cloud Agency* – dem Verwaltungssitz – die Waffen nieder. Doch an-

INFO

statt ihnen, wie versprochen, einen Platz im Reservat zuzuweisen und sie mit Lebensmitteln zu versorgen, geschah nichts. Im Gegenteil, *Crazy Horse* sollte als gefährlicher Unruhestifter eingesperrt werden. Gerüchte über einen neuerlichen Aufstand nutzte das Militär, um ihn vorzuladen und bei dieser Gelegenheit in Ketten zu legen.

„Dies ist ein guter Tag um zu sterben", soll *Crazy Horse* einmal gesagt haben. An jenem Septembertag 1877 beschloss er, sich lieber für sein Volk zu opfern, als von den verhassten Weißen eingesperrt und wie ein Verbrecher behandelt zu werden. Noch heute wird er von den *Lakota* als **einer ihrer Helden** verehrt und dass auch Weiße ihn schätzen, zeigen die eingangs zitierte Inschrift und das Memorial.

te) Generator immer wieder ausfiel. Später half ihm seine sich stetig vergrößernde Familie. Für die zehn Kinder wurde eigens eine Schule eingerichtet und als *Ziolkowski* 1982 starb, übernahm seine Frau *Ruth* die Leitung; heute beaufsichtigt sie gemeinsam mit ihren Kindern das ehrgeizige Projekt.

Dass die Indianer öffentliche Gelder verweigern und zweimal Zuwendungen in Höhe von jeweils 10 Mio. Dollar ablehnten, macht die Sache nicht einfacher. Bis heute sind Eintrittsgelder, Fonds und ein Förderverein die einzigen Geldquellen. Das ambitionierte Kunstwerk, zu dem einmal auch soziale und kulturelle Einrichtungen und eine Universität für Indianer gehören sollen, ist noch immer unvollendet. Langsam, aber stetig schreitet die Arbeit dennoch voran und zuletzt wurde, nach Fertigstellung des Porträts, mit den Arbeiten am ausgestreckten Arm und am Pferdekopf begonnen.

Monument noch unvollendet

Man hofft, bis **Ende des 21. Jh.** die Fertigstellung erleben zu dürfen. Die Indianer feiern alljährlich den Fortschritt der Arbeiten mit einem großen *Powwow*. Anlässlich der **50-Jahr-Feier 1998** sprach der Gouverneur unter großem Beifall der Indianer in *Lakota*-Sprache die denkwürdigen Worte: „Heute stehe ich vor euch und schüttle euch frohen Herzens die Hand. Der Große Geist hat uns beide geschaffen. Wir müssen unsere Verschiedenheit feiern und uns dann auf die gemeinsame Arbeit konzentrieren."

Heute kann man sich im modernen Besucherzentrum, dem **Orientation Center & Theater**, zunächst mit einem Film, Fotos und Ausstellungsstücken ins Thema einführen

 Daten zum Crazy Horse Memorial

- *Bis 1996 wurde 20-mal so viel Fels gesprengt als am Mt. Rushmore.*
- *Länge: 192 m*
- *Höhe: 172 m, d. h. 2 m höher als das Washington Monument*
- *Höhe von des Kopfes von Crazy Horse: 27 m; des Pferdekopfes: 66 m, d. h., das gesamte Mt. Rushmore Memorial würde im Pferdekopf Platz finden!*
- *Das Crazy Horse Memorial wird einmal das größte in Stein gehauene Monument der Welt sein, größer als die Pyramiden in Ägypten.*

lassen, ehe man sich den anderen Teilen des riesigen Komplexes zuwendet. Dazu gehören das **Indian Museum of North America** und ein **Native American Cultural Center**, in dem Indianer arbeiten und ihr Kunsthandwerk verkaufen.

Es gibt noch viel zu tun am Crazy Horse Memorial

Das große **Sculptor's Studio** mit einigen Nachbildungen von *Ziolkowskis* Skulpturen und Arbeitsmaterial darf nur teilweise betreten werden, doch das Modell des fertigen Monuments (Maßstab 1:34) steht eh auf der Terrasse, fotogen mit der reellen Skulptur im Hintergrund. „Überwältigend" ist der riesige Souvenirshop und wie das Laughing Water Restaurant immer viel frequentiert. Zwischen dem allzeit wimmelnden Besucherzentrum und dem Berg ist langfristig auch die Einrichtung eines Kulturzentrums und eine Universität für Indianer geplant.

Jewel Cave National Monument
US 16, ☎ 605/673-2288, 🖳 www.nps.gov/jeca, VC tgl. ab 8 Uhr, Schließung je nach Jahreszeit unterschiedlich, Höhlentouren ab $ 8.

„Juwelen-höhlen"

Nur 14 mi/22 km westlich von Custer (US Hwy. 16, s. u.) liegt das Jewel Cave NM. Die „Juwelenhöhlen" gehören zu den beeindruckendsten Höhlen in Amerika und gelten als das **drittgrößte Höhlensystem** der Welt. Mehrere Touren stehen zur Auswahl, für die man sich gleich nach Ankunft im VC vormerken lassen sollte, um Wartezeiten zu vermeiden. Die Entdecker der „Juwelenhöhlen", die Gebrüder *Frank* und *Albert Michaud* sowie ein Freund namens *Charles Bush*, hielten damals die glitzernden Kalzitkristalle für wertvolle Edelsteine, wurden aber wenig später eines Besseren belehrt. Ihr Vorhaben, die Höhlen touristisch zu nutzen, schlug fehl und deshalb übergaben sie die Sehenswürdigkeit an die amerikanische Regierung, die sie 1908 zum *National Monument* erklärte. 1959 widmete sich das Ehepar *Herb* und *Jan Conn* der weiteren Erforschung des Höhlensystems, in dem konstant 12 °C herrschen. Die *Conns* verbrachten in den folgenden 21 Jahren auf 708 Höhlentouren mehr als 6.000 Stunden im Untergrund und dennoch sind von geschätzten über 2.000 km an Gängen und Höhlen nicht mehr als 160 km erforscht.

Vor etwa **60 Mio. Jahren** begannen sich die Black Hills dramatisch zu heben und es entstanden unterirdisch Risse in den Felsen, die sich im Laufe der Zeit vergrößerten. Einsickerndes, säurehaltiges Regenwasser begann Wirkung zu zeigen und erzeugte im Inneren einzigartige Kalzitkristalle. Diese verdanken ihre Entstehung auch dem hohen Kalkanteil in den hiesigen Sandsteinschichten, zustande gekommen durch abgelagerte ehemalige Muschel- und Knochenreste.

Auch heute noch verändern sich die Jewel Caves ständig, wobei sich allerdings der Prozess durch die geringere Niederschlagsintensität stark verlangsamt hat. Man kann **unterschiedlichste Gebilde** bestaunen: von Stalaktiten, „Gesteinszapfen", die von der Decke hängen und deren stetig herabfallende (kalkhaltige) Wassertropfen das Gegenstück, die Stalagmiten hervorbringen, über *Cave Pearls* – Höhlenperlen, die entstanden, als ein Sandkorn mit immer mehr Kalkschichten überzogen wurde und sich dadurch der Umfang um ein Zigfaches vergrößerte – bis hin zu *Draperies* oder *Boxwork* (Behänge), die dort entstanden, wo Wasser an einer schrägen Decke herabfloss und sich entlang der Hauptfließrichtung Kalk absetzen konnte. Auch an der Oberfläche kommt es immer wieder zu Veränderungen, wie zuletzt der Waldbrand von 2000 zeigte. Brände gehören zum Ökosystem der Great Plains und der Rockies.

Stalagmiten und Stalaktiten

Custer (ⓘ S. 184)

Zwischen Jewel Cave und dem Crazy Horse Memorial liegt das ehemalige Goldgräberstädtchen Custer, das ca. 1.800 Einwohner zählt. Es hat sich mittlerweile zu einem kleinen Touristenort mit gutem Hotel-/Motel-Angebot mitten in den Black Hills gemausert, ohne dabei den Hauch von Wildwest-Atmosphäre und seine Provinzialität verloren zu haben. Custer ist klein, alles spielt sich entlang der beschaulichen Hauptstraße, der Mt. Rushmore Road, ab. Hier gibt es kleine Souvenirläden, Cafés, Lokale und zwei Saloons. Interessant sind das **National Museum of Woodcarving** *(Mai-Okt. tgl. 9-17 Uhr, im Sommer 8-20 Uhr, $ 7)*, ca. 2 km westlich am US Hwy. 16, sowie das **Custer County 1881 Courthouse Museum** *(411 Mt. Rushmore Rd., ⌨ www.1881courthousemuseum.com, Juni-Aug. Mo-Sa 9-20, So 13-20 Uhr, Mai/Sept. tgl. 13-19 Uhr, $ 3)*.

Wildwest-Atmosphäre

Familien sollten sich einen Besuch des **Flintstones Bedrock City Theme Park** *(US 16, ☎ 605/673-4079, ⌨ www.flintstonesbedrockcity.com, Mai-Sept. tgl. 9-17/21 Uhr, $ 8)* am westlichen Ortsrand – mit Campingmöglichkeit – nicht entgehen lassen.

Custer State Park (ⓘ S. 184)

Östlich von Custer erstreckt sich der Custer SP. Dieses knapp 30.000 ha große Naturareal gibt Gelegenheit, ein paar geruhsame und naturverbundene Tage zu verbringen, z. B. beim Campen oder Wandern, Reiten oder Kanufahren. Gegründet wurde der Naturpark 1919 auf Initiative des lokalen Politikers *Peter Norbeck*. Er war es auch, der die kurvenreichen Straßen anlegen ließ, mit dem Hintergrund, dass dann die Besucher langsam fahren müssen und so die Landschaft und Tierwelt genießen können. In der Tat kann man hier nicht nur Bisons, sondern auch Wapitihirsche *(elk)*, Gabelböcke, Schneeziegen, Kojoten, Bighorn-Schafe oder Präriehunde beobachten.

Drei *Scenic Drives* führen durch den Park: der **Needles Scenic Highway** (SD 87) durchquert den Park in Nord-Süd-Richtung, von Westen nach Osten passiert die **Iron Mountain Road** (US 16A) und die **Wildlife Loop Road** umrundet das Parkzentrum. Das Besondere im Park ist die rund 1.200 bis 1.500 Tiere umfassende, derzeit größte wild lebende Bisonherde. Ein unvergessliches Erlebnis ist das jährlich im September stattfindende **Buffalo Round-Up** zur Sichtung und Kontrolle der Tiere.

Needles Scenic Drive

INFO

Here They Come! – Custer SP Buffalo Round-Up

Die Erde vibriert wie bei einem Erdbeben, Staubwolken verdunkeln den Horizont. *„Here They Come"* rufen die fast 10.000 Besucher … und wirklich: Zuerst sieht man nur einen einzigen mächtigen braunen Körper, dann werden es mehr – und plötzlich ist die ganze Ebene mit Bisons gefüllt. Alljährlich im Herbst pilgern Naturfreunde aus aller Welt in den **Custer State Park**, um das große **Buffalo Round-Up** mitzuerleben. Ende September/Anfang Oktober treibt nämlich die Parkverwaltung ihre Bisonherde zur Sichtung und Kontrolle zusammen, als Höhepunkt eines dreitägigen Events mit Kunsthandwerksmarkt und Programm unter Schirmherrschaft des Gouverneurs höchstpersönlich.

Die Bisonherde im Custer SP geht auf die Versuche im späten 19. Jh. zurück, die der Ausrottung der Bisons mit dem Aufbau neuer kleiner Herden entgegenwirken wollten. 1914 entschlossen sich auch die Verantwortlichen des Custer SP, den Bison zurück in die Black Hills zu holen, und erwarben die ersten 36 Tiere. 1.200-1.500 Tiere sind es heute, doch anders als beispielsweise im Yellowstone NP, wo an die 4.000 Bisons leben, überlässt die Verwaltung des Custer SP die Herde nicht der Natur und dem Zufall. Hier werden die Bisons zusammengetrieben, registriert und untersucht, geimpft und ausgesondert, denn der rund 300 km^2 große Park kann keine unbegrenzt große Bisonherde ernähren und muss auf Alters- und Geschlechtsstruktur achten.

In drei Kolonnen, jeweils von einem Ranger angeführt, treiben an die 60 Reiter – die wegen der großen Nachfrage ausgelost werden – bereits Tage vor dem eigentlichen Event zunächst die weit verstreuten Bisongruppen in ein südliches Tal nahe der Corrals zusammen. Beim eigentlichen **Round-Up** gilt es dann, die Bisons in den Pferch zu treiben. Dabei werden die Reiter von rund 15 Pickups unterstützt bzw. geschützt. Über Stock und Stein, manchmal in gefährlichen Manövern, sind es diese motorisierten Park Ranger und einige ausgewählten Gäste als Beifahrer, die am Ende die Herde in den Pferch treiben.

Der Staub hat sich gelegt, die Tiere stehen in den massiven Gattern. Zeit für eine Erfrischung und eine Stärkung am *Chuckwagon*. Hier treffen sich nicht nur die Besucher, sondern auch die Horsemen, die Ranger und die Gäste des Gouverneurs von South Dakota, derzeit *Mike Rounds*. Er lädt höchstpersönlich Gäste, Freunde und Journalisten ein, bewirtet sie, zeigt ihnen die Schönheiten der Black Hills und begeistert sich mit ihnen an der Rückkehr der Bisons in die Great Plains. Für Ranger, Veterinäre und die Bisons geht es jetzt erst richtig los. Tier für Tier wird durch Holzschleusen in eine Art Arena mit Besuchertribüne getrieben, Ohrmarken werden gescannt und Tiere, die verkauft werden sollen, ausgesondert. Die im Frühjahr geborenen Kälber werden markiert, gewogen, geimpft und gebrannt, und auch hier wird ausgewählt. Am Ende wird die Herde wieder um die tausend Tiere umfassen. Die überzähligen Tiere werden in einer großen Auktion am dritten Samstag im November verkauft – was etwa ein Viertel des jährlichen Parkbudgets einbringt.

Reisepraktische Informationen Custer/SD und Custer SP

i Information Custer State Park
• **Custer SP VC**, 🖥 www.sdgfp.info/Parks/Regions/Custer/info.htm, US 16A, ca. 8 km östlich Custer, ☏ 605/255-4515. Der Park ist ganzjährig geöffnet; $ 5 pro Person bzw. $ 12 pro Pkw. Besucherzentrum: Mo-Fr 7.30-17 Uhr.

Einkaufen
• **Readers' Retreat Bookstore**, 607 Mt. Rushmore Rd., Custer, 🖥 www.custerbookstore.com. Der größte Secondhand-Buchladen in South Dakota mit rund 50.000 Büchern.
• **Custer County Candy Co.**, 5th/Mt. Rushmore Rd., Custer. Leckere Süßigkeiten.

Touren
Zahlreiche Trails im **Custer SP** stehen Wanderern ebenso zur Verfügung wie Reitpfade. Auf den Seen und Flüssen können Kanu- und Kajaktouren unternommen werden.
• **Trail Rides** und **Jeep Safaris** werden in den Lodges angeboten.
• **George S. Mickelson Trail**, 🖥 www.parkswildlifefoundation.org. Der in den 1990er Jahren eingerichtete Wanderweg führt durch die Black Hills von Deadwood über Hill City und Custer nach Edgemont, er folgt einer 1993 aufgegebenen und abgetragenen Eisenbahnlinie über 109 mi.
• **Black Hills Balloons**, P. O. Box 210, Custer, 🖥 www.rapidnet.com/~balloons, ☏ (605) 673-2520. Touren im Heißluftballon über den Black Hills mit Mt. Rushmore und Crazy Horse Memorial.

Veranstaltung
• **Buffalo Round-Up** (ⓘ S. 420). Jedes Jahr Ende Sept./Anfang Okt. werden die im Park lebenden Bisons zur Sichtung und Kontrolle im Rahmen eines großen Festes mit Kunsthandwerksmarkt etc. zusammengetrieben. Aktuelle Termine und Infos: 🖥 www.sdgfp.info/Parks/Regions/Custer/info.htm

Jährliches Top-Event: Buffalo Round-Up im Custer State Park

Bison – Lebensspender der Prärie-Indianer

„Der Bison war für die Prärie-Indianer das, was für uns heute Öl bedeutet – er war lebensnotwendig." *Mark Halvorson*, Archivar des North Dakota Heritage Centers in Bismarck, versucht klarzumachen, wie bedeutend der Bison, oft fälschlich als

Einstmals Herren der Prairie: die Bisons

Buffalo (Büffel) bezeichnet, für die Indianer der Great Plains war. *Pte Oyate, Buffalo Nation*, nannten sich beispielsweise die *Sioux* selbst. Um 1850 sollen noch 13 Mio. der 630 bis 1.000 kg schweren Tiere über die Prärie gezogen sein, gut 30 Jahre später zählte man nurmehr 200 Exemplare – und gleichzeitig waren die Indianer in Reservate verbannt worden. Ihr Nomadenleben in den Fußstapfen der Bisonherden hatte den weißen Vorstellungen von Sesshaftigkeit und Urbarmachung des Landes widersprochen.

Die Büffeljagd war einst **Hauptbestandteil im Jahreszyklus der Prärie-Indianer**. Gemeinschaftlich und streng reglementiert jagte man die mächtigen Tiere, anfangs, indem man sie über **Buffalo Jumps** (Felsabbrüche) trieb, später schoss man bei der **Verfolgung per Pferd** meist mit Pfeil und Bogen auf die Kolosse – eine gefährliche und großes Geschick erfordernde Jagdmethode. Nach dem Töten folgte die harte Arbeit des Zerlegens und Verwertens der Tiere, in erster Linie Frauenarbeit. Dabei wurden alle, wirklich alle Teile auf irgendeine Art und Weise verwendet, nicht nur das Fleisch, sondern auch Häute, Knochen, Hörner, Sehnen und Innereien.

Inzwischen tummeln sich wieder mehr *Pte* und *Tatanka*, Büffelkühe und Bullen, auf den weiten Ebenen der nordamerikanischen Prärie, nicht nur in Schutzgebieten, auch Rancher entscheiden sich immer häufiger für die Bisonzucht. Die *Terry Bison Ranch* südlich Cheyenne/WY oder die große Ranch von CNN-Gründer *Ted Turner* in Montana sind nur zwei der bekanntesten Beispiele. Auch in den Indianerreservaten des Westens hat man damit begonnen, Bisonherden für die eigene **Fleischproduktion** zu züchten.

Von den mittlerweile über 500.000 Tieren, die in Parks und auf Ranches gehalten werden, darf eine reglementierte Zahl im Alter von 18 bis 24 Monaten geschlachtet werden. Bisonfleisch aus geregelter Zucht erobert in den USA zunehmend die Küchen – da mager, cholesterinarm, eisenhaltig und gesund. 100 g Bisonfleisch enthalten nur 2,4 g Fett (vgl. Rind: 9,4 g), nur 143 Kalorien (vgl. Rind: 207), es gilt als schmackhaft und weitgehend unbelastet von Hormonen oder Antibiotika.

Wind Cave National Park

Direkt an den Custer SP – über den SD 87 mit diesem verbunden – schließt sich im Süden der Wind Cave NP an. Das 1903 als siebter Nationalpark eingerichtete Schutzgebiet umfasst rund 11.200 ha. Seinen Namen verdankt es der Tatsache, dass die Entdecker des Höhlensystems 1881 deshalb auf die Höhlen aufmerksam wurden, weil der Wind ein pfeifendes Geräusch verursachte, das scheinbar „der Tiefe der Erde entwich". Dabei galt die Höhle den Plains-Indianern schon seit ewigen Zeiten als heilig. So erzählen die *Lakota*, dass durch den Höhleneingang einst *Buffalo Woman* die Bisons aus der Unterwelt in die Prärie geführt habe und damit den Menschen die Lebensgrundlage erschaffen hat.

Wenn der Wind pfeift

Unterschiedliche Druckverhältnisse in der Höhle verändern dieses stets wahrnehmbare Geräusch fortwährend. Das bekannte **Höhlensystem** misst heute um die 120 Meilen – der Großteil ist noch nicht erforscht. Die geologische Entstehungsgeschichte entspricht prinzipiell jener der *Jewel Caves* (s. S. 418), ebenso die einzelnen Formationen. Das Höhlensystem lohnt jedoch weniger wegen eindrucksvoller Tropfsteinformationen, sondern vielmehr wegen anderer, weniger bekannter Kalkablagerungen wie *Boxwork*, *Popcorn* oder *Frostwork*.

Im Wind Cave NP hat sich eine **Pflanzenwelt** entwickelt, die nicht nur typisch für die Region ist, sondern deren Abkömmlinge bis nach Arizona (Kakteenarten), in die Rockies (Rocky-Mountains-Wacholder), nach Kanada (Gelbkiefer) und in die Plains im Osten (Ulmen, Eschen und andere Laubbäume) zurückzuverfolgen sind. Ein trockenes Klima, der samentragende starke Wind und von Menschenhand herbeigeschaffte Sprösslinge sind die Hauptursache für diese einzigartige Fauna. Im Park treffen zwei Landschaftsformen aufeinander: Prärie und Bergwald. Entsprechend artenreich ist auch die Tierwelt. Besonders **Präriehunde** und **Bisons** lassen sich hier gut beobachten; teilweise stehen die majestätischen Tiere sogar fotogen direkt am Straßenrand. 1913 wurden die Tiere wieder angesiedelt, indem man 14 Bisons aus dem Bronx Zoo in New York herbrachte. Weitere zu sichtende Tiere im Park sind Gabelböcke, Stachelschweine, Truthähne und sogar Elche.

Heimat von Präriehunden und Bisons

ℹ️ Information
• **Wind Cave NP**, *Hot Springs, ☎ 605/745-4600, 🖥 www.nps.gov/wica, tgl. geöffnet, Eintritt frei. VC ausgeschildert ab US 385, mit kleinem Museum und Diashow; hier auch Beginn der Höhlentouren: Juni-Sept. fünf verschiedene Touren ab $ 7, Haupttour ($ 9) ganzjährig (Reservierung empfehlenswert!).*

Hot Springs (ℹ️ S. 197)

Vom Wind Cave NP sind es nur gut elf Meilen auf dem US Hwy. 385 südwärts nach Hot Springs, einem kleinen Städtchen im Südteil der Black Hills. Im Hot Springs *Historic District* fällt auf, dass die herrschaftlichen Häuser aus lokalem, hellem Sandstein erbaut worden sind. Es war *Ted T. Evans*, der mit dem Bau des *Evans Hotels* (heute ein Seniorenheim) aus Sandstein einen Trend auslöste. Heute sind fast alle Bauten entlang der N River St. aus diesem Material erbaut und machen Hot Springs ebenso zu einem ungewöhnlichen Ort wie die hier austretenden warmen Quellen, die schon die Indianer als Heilbad nutzten. So verdankt Hot Springs seinen Namen diesen Mineralquellen, deren Wasser noch heute in Freizeitparks, Spas und Pools zum Planschen einlädt. Eine Ausstellung zur Heimatgeschichte ist im **Pioneer Museum** in der alten *School on the Hill* zu sehen *(300 N. Chicago St., Juni-Sept. Mo-Sa 9-17 Uhr)*.

Grabungs-stätte

Zudem wurden in der Nähe Überreste einer Gruppe **Mammuts** gefunden, die in einer der warmen Quellen, die zu einem sumpfigen Tümpel geworden war, vor etwa 27.500 Jahren eingeschlossen wurden. Im **Mammoth Site Museum** etwa 1,5 km südwestlich der Stadt kann man die seit 1974 andauernde Grabung – seit 1986 überdacht – besichtigen und in einem kleinen angeschlossenen Museum mehr über die Frühgeschichte der Region erfahren *(US 18 By-Pass, 🖥 www.mammothsite.com, ☎ 605/745-6017, Mo-Sa 9-15.30, So 11-15.30 Uhr, im Sommer tgl. 8-20 Uhr, $ 7,50)*.

👉 **Hinweis zur Route**

*Von Hot Springs führt die Hauptroute auf dem US Hwy. 18 westwärts über **Edgemont**, der südlichen Ortschaft in den Black Hills, zurück nach Wyoming. Dabei stößt man in **Mule Creek Junction** in Ost-Wyoming auf den US Hwy. 85, die alte Postkutschenlinie zwischen Deadwood und Cheyenne, und passiert dann nach ca. 160 km das nächste Highlight, **Ft. Laramie NHS** (s. u.), ehe man über Cheyenne nach Denver gelangt.*

Reisepraktische Informationen Hot Springs/SD

 Information
• **Tourist Information**, 801 S 6th St., 🖥 www.hotsprings-sd.com, ☎ 605/745-4140 und 1-800-325-6991, im Sommer (tgl. 9-17 Uhr) geöffnete Filiale: **Depot Tourist Info Center**, N River St. (US 385).

Einkaufen/Café
• **Fall River Bakery**, 407 N. River St. Kleine Bäckerei mit Café (tgl. 6/7-13 Uhr), leckeres Backwerk wie Donuts oder Muffins.

Hot Springs
• **Evans Plunge**, 11455 N River St., ☎ 605/745-5165, 🖥 www.evansplunge.com. Der größte natürliche Warmwasserpool der Welt, gespeist von den warmen Quellen des Ortes, Wasserspaß für die ganze Familie.
• **Spa Minnekahta**, im Red Rock River Resort, 603 N River St., 🖥 www.redrockriverresort.com, ☎ 605/745-4400. Gesamtpakete mit Bad in warmen Quellen, Massagen u. a. Annehmlichkeiten.
• **Springs Bath House**, 146 N Garden St., ☎ 605/745-4424, 🖥 www.springsbathhouse.com. Warme Quellen, Massage etc., ab $ 12.

Touren
• **Black Hills Wild Horse Sanctuary**, etwa 20 km südlich (an SD 71), ☎ 605/745-5955, 🖥 www.wildmustangs.com. Zweistündige Touren im Sommer tgl. 10 und 15 Uhr, in der NS auf Anmeldung, $ 50; Touren zu einem Wildreservat mit Wildpferden.

„The Dakota Loop" – Rundreise durch die Dakotas

Die beiden Dakotas, **South und North Dakota**, sind streng genommen kein Teil des Nordwestens. Da sich aber eine Erkundung dieser interessanten, aber wenig bekannten Teile der USA von den Black Hills aus anbietet, wird nachfolgend eine **Rundfahrt** beschrieben. Sie sollte mindestens eine Woche dauern.

Die **Black Hills** bilden eigentlich einen geologischen Fremdkörper in den **Great Plains**, wo der Blick in die Weite schweift und der Horizont endlos scheint. In

The Dakota Loop

© ℓ graphic

der scheinbar **unendlichen Graslandschaft** von South und North Dakota tummeln sich Fasane und wilde Truthähne, Weißwedel-Hirsche und Gabelböcke, Enten und Tauben, Weißkopf- und Fischadler, Klapperschlangen und Baum-Stachelschweine, Kojoten und Präriehunde. Auch Bisons, diese mächtigen, dampfenden Ungetüme und einstigen Herrscher der Prärie, lassen sich in Naturparks und Indianerreservaten wieder sehen; allein in den Sioux-Reservaten South und Nord Dakotas sollen es mehr als 15.000 sein.

Am mächtigen Missouri

State Capitol von South Dakota in Pierre

Die beiden Dakotas sind mit jeweils weniger als 700.000 Einwohnern die **bevölkerungsärmsten US-Bundesstaaten** und noch heute **Heimat verschiedener Indianernationen**. Eine Fahrt entlang dem Missouri führt zunächst durch mehrere Reservate der **Sioux** (Yankton Sioux, Crow Creek, Lower Brule, Cheyenne River und Standing Rock), zwischen Chamberlain und Pierre (SD) durch den neuen **Native American Scenic Byway** miteinander verbunden.

Indianernationen

Die I-90 geht Richtung Osten, vorbei am **Badlands NP** (s. o.) und der kleinen Ortschaft **Kadoka** mit dem interessanten **Badlands Petrified Garden** (*I-90 Exit 152*,

Redaktionstipps

Sehens- und Erlebenswertes
- Umfassend über die Geschichte der Region informieren das **South Dakota Heritage Center** in Pierre/SD (S. 427), das **North Dakota Heritage Center** in Bismarck/ND (S. 431) und das **Lewis & Clark Interpretive Center** nahe Washburn/ND (S. 435).
- Eine hervorragende Vorstellung davon, wie einst die Indianer lebten, vermittelt das **On-a-Slant Village** (mit Fort Abraham Lincoln SP und Custer House) in Mandan/ND (S. 430) und die **Knife River Indian Villages NHS** bei Washburn/ND (S. 435), wohingegen **Fort Union NHS** (S. 438) das Leben der Soldaten in einem Fort zeigt.
- Naturfreunde müssen den **Theodore Roosevelt National Park** (S. 438) besuchen.
- Einblick in das Leben der Indianer gestern und heute bieten das **Akta Lakota Museum** in Chamberlain/SD (S. 427) und das **Three Tribes Museum** in New Town/ND (S. 436).
- Alles über Pferde, Indianer, Cowboys und Rodeo erfährt man in der **North Dakota Cowboy Hall of Fame** in Medora/ND (S. 443).
- Das Leben der heutigen Cowboys kann man in **Dickinson/ND** (S. 189 und S. 445) kennenlernen.

Unterkunft
- Die ungewöhnlichste Unterkunft in den Dakotas ist das **Old School B&B** (S. 173 und S. 438) in Arnegard/ND.

Essen & Trinken
- Die Angus-Rinder auf den Weiden tauchen auf den Speisekarten als Steaks in allen Variationen auf, z. B. bei **Outlaw's** (S. 243 und S. 436) in Watford City/ND oder beim **Pitchfork Fondue** in Medora/ND (S. 205 und S. 443). Den passenden Kaffee dazu gibt's bei **Badlands Brew** (S. 189 und S. 443) in Dickinson/ND.

Veranstaltungen
- Zu den größten Indianer-Veranstaltungen des Landes gehört das **United Tribes International Powwow** (S. 433) in Bismarck/ND.
- Eine ungewöhnliche Cowboy-Show vor prächtiger Naturkulisse bietet das **Medora Musical** (S. 443) in Medora/ND.

Kadoka, ☎ 605/837-2448, 🖳 www.badlandspetrifiedgardens.com, April-Okt. tgl. 8-18 Uhr, im Sommer 7-20 Uhr, $ 5).

Chamberlain

Bevor man nordwärts Richtung Pierre, der Hauptstadt South Dakotas, fährt, lohnt in **Chamberlain** (ⓘ S. 180) ein Stopp. Dort thront das **VC von South Dakota** hoch über dem Fluss und schon allein der Ausblick von hier, aber auch das neue **Lewis & Clark Interpretive Center** lohnen eine Pause.

Information
• **VC von South Dakota** mit **Lewis & Clark Interpretive Center**, I-90 Exit 263-265, Chamberlain, ☎ 605/734-4562, im Sommer 8-20 Uhr, sonst kürzer oder nur an Wochenenden.

In der Ortschaft selbst sollte man das sehenswerte **Akta Lakota Museum and Cultural Center** nicht versäumen (N Main St., 🖳 www.aktalakota.org, Mai-Sept. Mo-Sa 8-18, So 9-17 Uhr, sonst Mo-Fr 8-17 Uhr, Eintritt frei, mit Shop). Es liegt auf dem Gelände der lokalen **St. Joseph's Indian School**, einer von deutschen Mönchen gegründeten Institution, die den ärmsten Indianerkindern Schulbildung und vorübergehende Bleibe bietet. Das Museum wurde von der Schule mitfinanziert und informiert auf eindrucksvolle Weise in verschiedenen Abteilungen mit Modellen und Originalstücken über die Geschichte und das Leben der *Sioux*.

Pierre (ⓘ S. 212)

Von Chamberlain aus folgt man dem ausgeschilderten **Native American Scenic Byway** durch *Crow-Creek-* und *Lower-Brule-*Reservate, Heimat verschiedener *Sioux-*Gruppen, nach Pierre. Hauptattraktionen von **Pierre** – mit nur 15.000 Einwohnern eine der kleinsten Hauptstädte der USA – sind das **State Capitol** *(500 E Capitol Dr., tgl. 8-20 Uhr, Eintritt frei)*, schön gelegen an einem See, und das moderne **South Dakota Cultural Heritage Center** *(900 Governor's Dr., 🖳 www.sdhistory.org, ☎ 605/773-3458, Mo-Sa 9-16.30/18.30, So 13-16.30 Uhr, $ 4)*. Die dortige sehenswerte Abteilung über die *Sioux* wurde von einem Gremium der verschiedenen *Sioux-*Gruppen selbst konzipiert. Ergänzend dazu ist neben dem einstigen *Ft. Pierre Chouteau*, nördlich des kleinen Schwesterortes von Pierre, Fort Pierre (Hwy. 1806), der **Wakpa Sica Reconciliation Place**, bestehend aus mehreren Gebäuden, u. a. einem **Cultural Center** für die elf *Sioux-*Stämme *(United Sioux Tribes)* im Bau *(Infos: 🖳 www.wakpasica.org)*.

ⓘ **Information**
• **Pierre CVB**, *800 W Dakota Ave., 🖳 www.pierre.org, ☎ 605/224-7361 bzw. 1-800-962-2034.*

Roger Head, Curator des Akta Lakota Museum

Nordwestlich von Fort Pierre lädt die **Triple U Buffalo Ranch** *(SD 1806, 26314 Tatanka Rd., Fort Pierre, ☎ 605/567-3624, 🖳 www.tripleuranch.com)* zum Übernachten und zur Bisonbeobachtung ein. Zugleich lässt sich hier auf den Spuren von „Der mit dem Wolf tanzt (*„Dances with Wolves"*) wandeln – auf dem Gelände wurden große Teile des Films gedreht.

Standing Rock Reservation

Auf den Highways US 83 und 12 geht es erst nach Mobridge, dann auf den Straßen SD 63 und ND 6 weiter nordwärts Richtung North Dakota. Unterwegs durchquert man die **Standing Rock Reservation** *(🖳 www.standingrock.org)*, eine weitere *Sioux-*Siedlung. Hoch über dem Lake Oahe, dem aufgestauten Missouri westlich von Mobridge, in Nachbarschaft zum **Sacagawea Monument** geht es vorbei am **Sitting Bull Monument**. Das Grab des legendären Führers der *Sioux*, die *Sitting Bull Burial Site*, befindet sich in Fort Yates, im nördlichen Teil der Reservation, bereits in North Dakota (ND 24 ab ND 6). Folgt man weiter dem Hwy. 24, der dem Missouri nach Norden folgt, erreicht man nach etwa 80 km Bismarck (s. u.).

Sacagawea und Sitting Bull

„Warriors of the Plains"

Zwar sprechen viele indianischen Völker einen *Sioux*-Dialekt, doch wurde unter dem Namen *Sioux* jene Gruppe berühmt, die in den Great Plains zu Hause ist. Die **Great Sioux Nation** oder **Pte Oyate**, die *Buffalo Nation*, setzte sich ursprünglich aus sieben Stämmen – den „Sieben Ratsfeuern" oder **Oceti Sakowin** – zusammen. Nachdem die *Sioux* im frühen 18. Jh. aus dem Waldlandgebiet um die Großen Seen von anderen Stämmen in die Prärien verdrängt worden waren, gliederten sie sich nur noch in drei Gruppen: Im Osten, jenseits des Missouri, lebten die **Santee** oder **Dakota**, zu denen die *Wahpekute, Mdewakantonwan, Wahpetonwan* und *Sisiton-wan* gerechnet werden. Im Westen, zwischen Black Hills und Bighorn Mountains, siedelten die **Teton** oder **Lakota**, bestehend aus *Oglala, Sicangu* oder *Brulé, Hunk-papa, Minneconjou, Itazipcho, Oohenonpa* und *Sihasapa*. Geografisch zwischen diesen beiden Gruppen, um den Missouri, lebten die **Nakota** oder **Yankton**, zu-sammengesetzt aus *Ihanktonwan* oder *Yankton* und *Ihanktonwana* oder *Yanktonai*.

Mit der Einführung von Pferd und Feuerwaffen Mitte des 18. Jh. entwickelten sich die *Sioux*, insbesondere die **Teton/Lakota**, zur dominanten Macht in den Great Plains. Als hervorragende Jäger und gefürchtete Kämpfer avancierten sie zu den wahren „Herren der Prärie", zu den „**Warriors of the Plains**". Ihre Gesellschafts-struktur basierte auf Kriegerbünden und deren Ehren- und Moralkodex. So war nicht die Vernichtung oder Tötung eines Gegners wichtig, sondern Mut und Tapferkeit vorrangig. Das Landen eines *Coups*, d. h. die Berührung eines Gegners, galt mehr als dessen Tötung. Auseinandersetzungen zwischen den Stämmen wurden somit zu einer Art Wettkampf und Reviersicherung und das Pferdestehlen galt als „sportliche Disziplin". Durch erlangte *Coups* und Pferde stieg das Ansehen, grundsätzlich gab es nämlich keine allgemein anerkannten Anführer. Wer im Moment das höchste Prestige genoss und die besten Fähigkeiten an den Tag legte, führte eine willkürlich zusammengesetzte Gruppe bei einer ganz bestimmten Aufgabe an. Das Leben der *Sioux* war durch **Mobilität** geprägt, man folgte stets den Bisonherden, die die Le-bensgrundlage darstellten – daher auch die Eigenbezeichnung als *Pte Oyate* – **Volk des Bison**. Ein wichtiger Teil der Tradition war neben der **Büffeljagd** die Suche nach einer Vision, die Kriegerbünde oder *Soldier Societies* und der Sonnentanz.

Lesetipps
• Royal B. Hassrick, **Das Buch der Sioux** (1964; dt. 1982), beschäftigt sich ausführlich mit dem Leben, den Traditionen und der Geschichte der *Sioux*.
• Norman Bancroft-Hunt und Werner Forman, **Die Indianer. Auf der Fährte der Büffel** (1986), umfassende Schilderung der Kultur der Prärie-Indianer.
• Ruth Beebe Hill, **Hanta Yo** (1979; dt. 1980), faszinierende Erzählung über eine *Mdewakantonwan-Dakota*-Sippe (1794–1835), auch in *Dakota*-Sprache erschienen.
• Mari Sandoz, **Crazy Horse. The Strange Man of the Oglalas** (1942), noch immer das beste Buch über den bedeutendsten Führer der *Sioux* sowie über Leben und Traditionen der *Oglalas*.
• **Joseph Marshall III**, selbst *Lakota*, publizierte mehrere Bücher über sein Volk und ein lesenswertes über *Crazy Horse* (u. a. bei Amazon).

Legendary North Dakota

North Dakota (ND), die Kornkammer Amerikas – *America's Breadbasket* – verdankt seinen bescheidenen Reichtum neben der Landwirtschaft – insbesondere Weizen, aber auch Viehzucht – seinen Braunkohle- und Erdöllagerstätten. In jüngerer Zeit sorgt auch der Tourismus für wachsendes Einkommen.

Die bedeutendsten Siedlerströme kamen sowohl aus Norwegen als auch aus dem deutschsprachigen Raum, insbesondere handelt es sich um Russland- und Ungarndeutsche. Noch heute stellen diese beiden ethnischen Gruppen die Mehrheit der North Dakotans: Jeweils etwa **45 %** der rund 650.000 Einwohner berufen sich auf **norwegische oder deutsche Vorfahren**. Etwa 4 % der Bevölkerung sind **indianischer Herkunft** – neben *Dakota* und *Lakota* vor allem *Mandan, Hidatsa* und *Arikara* –, mit steigender Tendenz. Diese **drei ethnischen Komponenten** prägen bis heute das Leben in North Dakota, von der Küche bis hin zu Festen und Gebräuchen. Die letzte deutschsprachige Zeitung existierte bis 1969 und noch heute sprechen etwa 45.000 North Dakotans Deutsch bzw. einen der alten Dialekte der einstigen Zuwanderer.

Norwegische und deutsche Vorfahren

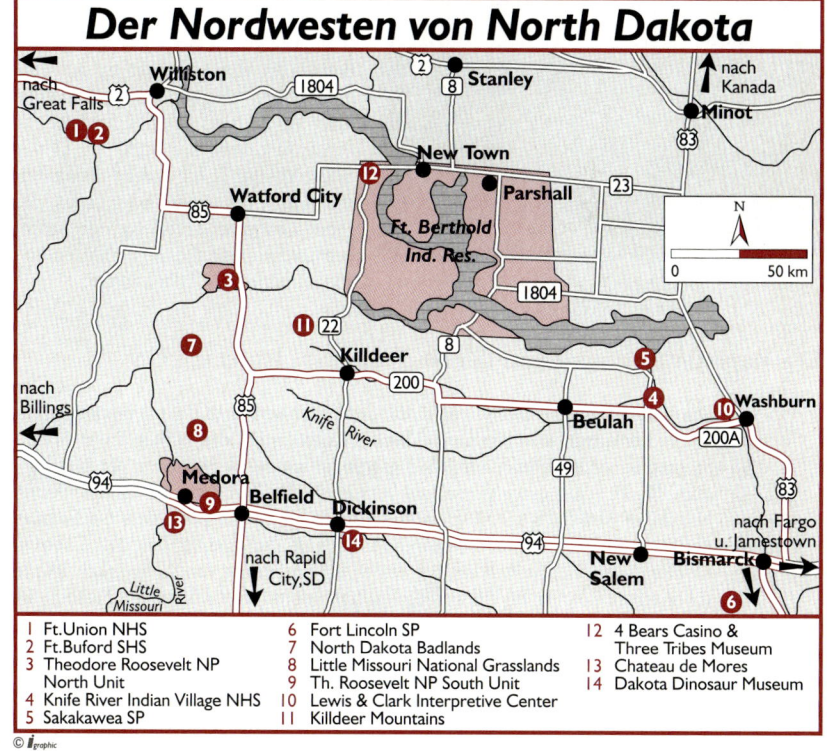

Der Nordwesten von North Dakota

1 Ft. Union NHS	6 Fort Lincoln SP	12 4 Bears Casino &
2 Ft. Buford SHS	7 North Dakota Badlands	Three Tribes Museum
3 Theodore Roosevelt NP	8 Little Missouri National Grasslands	13 Chateau de Mores
North Unit	9 Th. Roosevelt NP South Unit	14 Dakota Dinosaur Museum
4 Knife River Indian Village NHS	10 Lewis & Clark Interpretive Center	
5 Sakakawea SP	11 Killdeer Mountains	

© i graphic

Der Missouri teilt North Dakota geografisch in die östlichen **Prairie Drifts** und die westlichen **Badlands**. 1804/05 überwinterte die *Lewis & Clark*-Expedition, auf deren Spuren man entlang dem Missouri in South und North Dakota überall stößt (ⓘ S. 316), nahe den *Mandan*- und *Hidatsa*-Siedlungen mitten im heutigen North Dakota. Die Weißen staunten damals nicht schlecht, als Tausende von Indianern zusammenliefen, um sie zu sehen. Schließlich übertrafen damals diese so genannten **Knife River Indian Villages** von den Bevölkerungszahlen her St. Louis und sogar die US-Hauptstadt Washington. Und das, obwohl eine verheerende Masernepidemie im Jahr 1781 bereits 80 % der *Mandan* das Leben gekostet hatte. Eine zweite Seuche dezimierte 1837 beide Stämme weiter und bewirkte, dass sie sich mit den einstigen benachbarten Feinden, den *Arikara*, zu den **Three Affiliated Tribes** zusammenschlossen. Diese sind heute in der *Fort Berthold Reservation* (s. u.) zu Hause.

Indianische Siedlungs- zentren

Im Umkreis von **Bismarck**, der Hauptstadt North Dakotas, lassen sich noch zahlreiche Spuren der *Mandan* – im Unterschied zu den *Sioux* sesshafte Ackerbauern –

finden. An Plätzen wie **Double Ditch** *(ND Rte. 1804, 18 km nördlich Bismarck, tgl. Sonnenauf- bis Sonnenuntergang, Eintritt frei)* oder in den schon erwähnten **Knife River Indian Villages**, wenige Kilometer westlich des kleinen Ortes Washburn (s. u.), haben sich von deren ehemaligen Behausungen, den *Earthlodges*, nur Erdmulden bzw. -hügel erhalten. Am Knife River wurde eine solche *Earthlodge* rekonstruiert, mehrere sogar im **On-a-Slant Village** (s. u.) und im neuen Museumsdorf bei New Town (s. u.). Sie geben eine gute Vorstellung vom Aussehen solcher indianischer Erdhütten und von der damaligen Lebensweise.

Blick in eine Earthlodge der Mandan-Hidatsa

Die Kapitale Bismarck und die Nachbarstadt Mandan (ⓘ S. 176)

Die indianische Lebensweise und Kultur steht auch im North Dakota Heritage Center in **Bismarck** im Mittelpunkt. Dieses Center stellt das Highlight der Staatshauptstadt dar, die offiziell erst 1873 gegründet wurde. Sie bildet mit der Nachbarstadt Mandan das geografische und wirtschaftliche Zentrum des Staates. Seinen Namen verdankt das 55.000-Einwohner-Städtchen der Tatsache, dass die Erbauer der *Northern Pacific Railway* Investoren aus dem Deutschland zur Zeit des „Eisernen Kanzlers" anlocken wollten, um den teuren Schienenstrang von St. Paul nach Seattle vollenden zu können. Bereits vor der Stadtgründung galt die Stelle am Missouri als beliebter Flusshafen und Fährpassage und war bekannt als *The Crossing*.

Der „Eiserne Kanzler" als Werbeträger

Neben dem erwähnten **North Dakota Heritage Center** *(612 E Boulevard Ave.,* ☏ *701/328-2666,* 🖥 *www.nd.gov/hist, im Sommer tgl. 8-17 Uhr, sonst Mo-Fr 8-17, Sa 9-*

17, So 11-17 Uhr, Eintritt frei), das eine der größten Sammlungen indianischer Artifakte weltweit beherbergt und sich auf instruktive und höchst anschauliche Weise der Geschichte North Dakotas widmet, lohnt das benachbarte **State Capitol** einen Besuch *(N 6th St., Mo-Fr 8-11, 13-16 Uhr, stündlich Touren, Eintritt frei, im Sommer auch Sa 9-11 und 13-16, So 13-16 Uhr)*. Das für einen solchen Repräsentativbau untypische Hochhaus – der *Skyscraper of the West* – wurde 1933 errichtet und deshalb ist auch im Inneren mit Art-déco-Stilelementen nicht gespart worden. Vom obersten Stockwerk *(18th floor)* hat man einen schönen Ausblick auf das Umland.

State Capitol

Im benachbarten, auf der Westseite des Missouri gelegen, kleineren **Mandan** (ca. 16.000 Einwohner) lohnt ein Besuch des **Five Nations Arts** im alten Bahnhof *(401 W Main St.)*, wo indianisches Kunsthandwerk angeboten wird. Im **ND State Railroad Museum** erfährt man, welche Bedeutung einst die Eisenbahn für diese Region hatte *(3102 37th St. NW, ☎ 701/663-9322, 🖳 www.geocities.com/ndsrm, tgl. 13-17 Uhr)*.

Fort Abraham Lincoln State Park und On-a-Slant Village
4 mi/6,4 km südlich Mandan, ND 1806, ☎ 701/667-6340, 🖳 www.fortlincoln.com, Park tgl. 9-19 Uhr, Touren April-Okt., $ 5/Pkw.

Hauptanziehungspunkt ist jedoch der **Fort Abraham Lincoln SP**, im Sommer per historischer Straßenbahn von Mandan aus erreichbar (s. u.). Ein neu eröffnetes, instruktives **Besucherzentrum** informiert über das *On-a-Slant Village* und die *Mandan*-Indianer, aber auch über den Militärposten. Ein kurzer Pfad führt vom VC zum **On-a-Slant Village**, wo Nachkommen der *Mandan/Hidatsa*, die heute in der *Fort Berthold Reservation* im Nordwesten North Dakotas leben, fünf (von ursprünglich 85) Lodges – darunter ein größeres Versammlungshaus – rekon

On-a-Slant Village bei Bismarck

struiert und im traditionellen Stil ausgestattet haben. Die Lage über dem Missouri und der Nachbau eines Teil des Dorfes vermitteln ein gutes Bild, wie die *Mandan* lebten, bis eine Masernepidemie 1781 die hier gelegenen Dörfer ausradierte. Nachdem fast 80 % der Indianer gestorben waren, zogen die Überlebenden zu den *Hidatsa* am Knife River (s. u.).

In der Nähe des VC sind die Reste und Nachbauten von **Fort Abraham Lincoln** zu sehen. Während der zweiten Hälfte des 19. Jh. befand sich hier der Stützpunkt der *7th Cavalry* und einer Infanterie-Einheit, die den Bau der Eisenbahn schützen sollten. Berühmt wurde das Fort, da von hier **George Armstrong Custer** mit

Fort Abraham Lincoln

INFO

George A. Custer – Zwischen Mythos und Realität

Schillernde Persönlichkeiten waren in der Geschichte des Westens keine Seltenheit. Zu den ungewöhnlichsten und umstrittendsten Figuren gehört *George Armstrong Custer*. Nicht allein sein Tod in der **Schlacht am Little Bighorn River** am 25. Juni 1876 (ⓘ S. 390) hat zur Legendenbildung beigetragen, *Custer* sorgte sein ganzes Leben über für Aufsehen. *Custer*, am 5. Dezember 1839 in New Rumley, Ohio, geboren, fehlte es nie an Selbstbewusstsein. Nach seinem Abschluss an der Militärhochschule West Point – in seinem Jahrgang schloss er als Letzter von 34 Absolventen ab –, trat er 1861, zu Beginn des Bürgerkriegs, als *2nd Lieutenant* in die US-Armee ein und startete unerwartet eine **brilliante Karriere**: Bis 1865 war der Draufgänger bis zum Generalmajor aufgestiegen.

Der **„Boy General"** war aufgrund seiner Bravourstücke im Bürgerkrieg nicht nur zum Idol der Kavallerie geworden, sondern zugleich zum „uniformierten Prinzen" seitens des weiblichen Geschlechts. Sein **ungewöhnliches Auftreten** mit breitkrempigem Hut, rotem Halstuch und blondem Wallehaar wurde zum Markenzeichen. Seiner Beliebtheit konnte auch die Heirat mit *Elizabeth „Libbie" Bacon* nichts anhaben – im Gegenteil: Sein galantes Auftreten und seine glückliche Ehe steigerten noch seine Popularität.

Nach dem Bürgerkrieg in den Westen abkommandiert, machte *Custer* bald von sich reden. **Sinnlose Gewaltmärsche, Halsstarrigkeit, Rücksichslosigkeit** gegenüber den eigenen Soldaten und das **unerlaubte Entfernen** von der Truppe wegen einer Krankheit seiner Frau brachten das Fass zum Überlaufen. *Custer* wurde von der Führung in allen Anklagepunkten als schuldig erklärt – doch nur ein Jahr lang suspendiert. Die milde Strafe spiegelt wohl den öffentlichen Druck wider: *Custer* war bei der Presse im Osten beliebt und seine Fürsorglichkeit rührte den weiblichen Teil Amerikas. Zudem galt *Custer* in jenen Kreisen des Offizierscorps, die nicht direkt etwas mit ihm zu tun hatten, als bewunderter Haudegen und Kavalier.

Der **Mythos** wurde noch verstärkt durch eine „Schlacht" im November 1868 gegen ein Dorf der Cheyenne; eigentlich nur ein unnötiges Gemetzel. Über 800 Soldaten überfielen das friedliche Dorf von *Black Kettle* – unter den etwa 360 Indianern gab es kaum 60 Krieger – und töteten etwa 50 Menschen. Von der Presse als überwältigender Sieg gefeiert, hatte sich *Custer* jedoch aus Angst vor einem Racheangriff der *Cheyenne* überstürzt zurückgezogen und dabei 21 seiner Leute im Stich gelassen.

In den folgenden Jahren machte Custer als offizieller **Jagdbegleiter** des russischen Großfürsten *Alexander* in die Plains (1872) von sich reden. Als man ihn 1873 wieder in Indianergebiet abkommandierte – er leitete 1874 eine folgenreiche Expedition in die Black Hills –, hatte er einige geruhsame Jahre an der Ostküste hinter sich. Die **erneute Missachtung von Befehlen, unerlaubtes Fernbleiben** und die **Erschießung einiger Deserteure** brachten ihn 1876 erneut in

INFO

Schwierigkeiten. Er wurde zwar am 10. Mai nach Fort Lincoln zur *7th Cavalry* zurückgeschickt, doch Präsident *Grant* enthob ihn seines Amtes. Scheinbar ohne Konsequenzen, denn als die Truppe am 17. Mai zum Feldzug gegen die *Sioux* ausrückte, ritt *Custer* als Befehlshaber der *7th Cavalry* wieder an der Spitze. Was den Sinneswandel in Washington und im Oberkommando der US-Armee bewirkt hat, interessierte nach dem Tod des Quertreibers und Draufgängers am Little Big Horn niemanden mehr: Die Nation trauterte um einen Helden – und im Laufe der Zeit vermischten sich Realität und Mythos mehr und mehr.

einem Teil der Kavallerie aufbrach, um am 25. Juni 1876 am Little Bighorn von den Indianern geschlagen zu werden. Heute kann man den ehemaligen Exerzierplatz der Kavallerie, die spartanischen Mannschaftsunterkünfte, in denen Namensplaketten zeigen, wie viele Deutsche in der Armee dienten, das letzte Wohnhaus *Custers*, einen Armeefriedhof, die Pferdeställe und einen nachgebauten Aussichtsturm der Infanterie besichtigen. Vorführungen und kostümierte Guides geben Informationen über die regionale Militärgeschichte und die legendäre Schlacht. In der *Commissary* am Parkplatz befindet sich ein Laden mit Souvenirs und gutem Buchsortiment, insbesondere zu *Custer*.

Custers letztes Wohnhaus

Reisepraktische Informationen Bismarck und Mandan/ND

Information
• **Bismarck-Mandan CVB**, I-94 Exit 157, 1600 Burnt Boat Dr., ☎ 701/222-4308 und 1-800-767-3555, 🖳 www.bismarckmandancvb.com

Einkaufen
• **Five Nations Arts**, 401 W Main St., Mandan. Kunst und Kunsthandwerk der Indianer in großer Auswahl, auch nette Souvenirs.
• **Kirkwood Mall**, 7th St./Bismarck Expressway (I-94 Bus Loop). Größte Mall der Region mit Läden wie Eddie Bauer, JC Penney, Marshall Field's, sowie einer Filiale von Scheels, des angeblich weltgrößten Sportgeschäfts.

Touren
• **Lewis & Clark Riverboat**, Port of Bismarck, River Rd., 🖳 www.lewisandclarkriverboat.com, ☎ 701/255-4233, April-Okt. tgl. 14.30 Uhr, Dinner Cruises 18/20.30 Uhr, ab $ 15. Mit einem nachgebauten Schaufelraddampfer auf dem Missouri.
• **Fort Lincoln Trolley**, Straßenbahn zwischen Mandan (3rd St.) und Fort Abraham Lincoln SP, im Sommer 13-17 Uhr jeweils zur vollen Stunde ab Mandan, zur halben ab Fort Lincoln, $ 5 (H/R).

Veranstaltung
• Anfang Sept.: **United Tribes International Powwow**, Campus des United Tribes Technical College, ☎ 701/255-3285, 🖳 www.unitedtribespowwow.com, $ 15. Eines der bedeutendsten und größten Powwows in Nordamerika.

Ausflug nach Jamestown

Zwei weiße Bisons

Die *Lakota* erzählen, dass ihnen einst *White Buffalo Woman* die heilige Pfeife brachte. Als weiße Wolke – *Mahpiya Ska (White Cloud)* – tauchte sie auf, als weiße Bisonkuh verließ die heilige Frau die *Lakota* wieder. Seither ist jeder weiße Büffel den *Lakota* heilig. Kein Wunder, dass **White Cloud**, die Albino-Bisonkuh, die seit 1997 Teil der kleinen Herde des **National Buffalo Museum** in Jamestown ist, von den Prärie-Indianern verehrt und von Besuchern bewundert wird. Das Museum *(500 17th St. SE, I-94/Exit 258,* 🖥 *www.buffalomuseum.com, Mo-Fr 9-17, Sa 10-17, So 12-17 Uhr, $ 5)* ist Teil des **Frontier Village** *(Eintritt frei)*, das an die Gründertage von Jamestown Ende des 19. Jh. erinnert.

Die kleine, sehenswerte Ortschaft liegt etwa 100 mi/160 km östlich von Bismarck (I-94) und ist allein schon wegen *White Cloud* einen Abstecher wert, zumal die Bison-kuh nach vier „gewöhnlichen" Kälbern Ende August einen kleinen weißen Bullen auf die Welt brachte. Während mehr und mehr Besucher das Naturwunder bestaunen, sehen die Indianer darin ein Zeichen: Einst hatte *White Buffalo Woman* versprochen zurückzukehren, um ihrem Volk in Notzeiten zu helfen.

Jamestown lohnt aber auch wegen seines berühmtesten Sohnes: Westernautor **Louis L'Amour** erblickte 1908 hier das Licht der Welt und ist hier aufgewachsen. Deshalb plant die Stadt, ihm ein neues Museum zu widmen, doch bis es so weit ist, erinnert der **Writer's Shack** im Frontier Village an den Autor. Vormittags trifft man hier oft den über 90-jährigen *Reese Hawkins* an, der zusammen mit seiner Frau *Margaret* eine enge Freundschaft mit dem 1988 verstorbenen *L'Amour* und dessen Ehe-frau unterhielt und Besuchern eine Zeitreise in *L'Amours* Westernwelt ermöglicht.

Hinweis zur Route

Die schnellste Verbindung führt von Bismarck auf dem US 83 und ND 23 nach New Town. Man soll-te sich jedoch Zeit für Nebenrouten nehmen, z. B. für den ND 1804 entlang dem Missouri bis kurz vor Washburn und dann wenige Meilen auf dem US 83. Der ND 200A bzw. 200 führt von Wash-burn weiter westwärts, nach Killdeer. Möglich ist ein kurzer Abstecher auf dem ND 37 nach Stan-ton. Von Killdeer folgt man dem **Killdeer Mountain Four Bears Scenic Byway** *nach New Town.*

Im Sakakawea Country

Lake Sakakawea

Der zentrale Westen North Dakotas wird von den **Badlands** und vom **Lake Sa-kakawea** geprägt. Benannt ist der See und die ganze Region nach *Sakakawea*, der Indianerin, die während der *Lewis & Clark*-Expedition eine wichtige Rolle spielte (ⓘ S. 316). Beim Lake Sakakawea handelt es sich um einen der größten von Menschen-hand geschaffenen Stauseen mit einer Uferlinie von über 2.500 km Länge. Der Stau-damm des hier gebändigten Missouri selbst liegt bei Pick City, nördlich von Bis-marck. Der See dient nicht nur der Energiegewinnung und Wasserversorgung, son-dern fungiert inzwischen auch als wichtiges Erholungsgebiet.

Lewis & Clark Interpretive Center und Fort Mandan

US Hwy. 83/ND 200A, Washburn, ☎ 701/462-8535, ▭ www.fortmandan.com, tgl. 9-17/ 19 Uhr, $ 7,50, inkl. Fort Mandan

Etwa 60 km nördlich von Bismarck stößt man auf Hinterlassenschaften der Indianer und der *Lewis & Clark*-Expedition. Im **Lewis & Clark Interpretive Center** in Washburn gibt es abgesehen von einem kompletten Drucksatz der Zeichnungen *Karl Bodmers* (ⓘ S. 98) interessante Wechselausstellungen und einen instruktiven Überblick über die Expedition sowie deren Auswirkungen für die Region. In nächster Nähe zum Museum befinden sich ein **Besucherzentrum** (mit Film!) und ein Nachbau von **Fort Mandan**, der Lagerstätte des Expeditionstrupps im Winter 1804/05.

Lewis & Clark Interpretive Center in Washburn

Knife River Indian Villages National Historic Site

ND 37, Stanton, ☎ 701/745-3300, ▭ www.nps.gov/knri, tgl. 8-16.30 Uhr, im Sommer 7.30-18 Uhr, Eintritt frei

Etwa 15 mi/24 km weiter auf dem 200 A führt ein Abstecher (ND 37) zur **Knife River Indian Villages NHS** bei **Stanton/ND** (ⓘ S. 240), inmitten beeindruckender Landschaft gelegen. Die Erdmulden dort weisen auf die einst hier befindlichen drei Dörfer der *Hidatsa*-Indianer hin. Zu ihnen hatte sich 1781, bis zur zweiten Masernepidemie 1837, die dezimierte Gruppe der *Mandan* gesellt. Sie lebten benachbart in zwei Dörfern beim nahen **Fort Clark** (ab ND 200A), günstig am Fluss gelegen. Es wird vermutet, dass die *Hidatsa*-Dörfer bereits um 1300 entstanden sind, wobei die Region am Knife River wohl schon um 11.000 v. Chr. besiedelt war. Die *Hidatsa* und *Mandan* bewährten sich früh als Ackerbauern – übrigens eine Domäne der Frauen, während die Männer jagten und zu Kriegern ausgebildet wurden. Zudem waren die Indianer als gewiefte Händler bekannt. Ihre Handelsbeziehungen reichten bis zu den Großen Seen und südwärts bis zum Golf von Mexiko.

Heimat der Mandan und Hidatsa

Auf dem Weg von Stanton nach New Town folgt man ab Killdeer (ND 200 und ND 22) dem **Killdeer Mountain Four Bears Scenic Byway**, der zunächst am Fuße der Killdeer Mountains entlangführt. Hier lohnt ein Stopp an der **Killdeer Battlefield Historic Site**, wo sich im Sommer 1864 die US-Armee unter *General Alfred Sully* mit einem Zusammenschluss der *Dakota* eine erbitterte Schlacht lieferte. Nachdem die *Santee-Dakota* 1862 in Minnesota weiße Siedler angegriffen hatten, wollte die US-Armee alle *Sioux* bestrafen. Daher griff *General Sully* eine völlig unbeteiligte *Dakota*-Gruppe an und sorgte damit unter den *Sioux* für böses Blut.

Der *Scenic Byway* durchschneidet die scheinbar endlosen Great Plains, bis sich vor **Mandaree**, einem der indianischen Zentren der *Fort Berthold Reservation*, die allmählich eintönig werdende Landschaft plötzlich ändert und der Reisende beim Durchqueren des Little-Missouri-Tales (s. u.) unvermittelt einen ersten Eindruck von den **Badlands** erhält.

New Town (ⓘ S. 208) und Fort Berthold Indian Reservation

Große Teile der Region um den Stausee gehören zur **Fort Berthold Indian Reservation** (🖳 www.mhanation.com) mit dem Hauptort **New Town**. Im Reservat leben rund 3.000 Nachkommen der *Mandan*, *Hidatsa* und *Arikara*. Unvergessen bleiben wird der Bau des **Garrison Dams** in den 1940er Jahren und die Flutung der alten Dörfer, wurden doch durch diese Maßnahme die Indianer ihrer Lebensgrundlage beraubt und in alle Winde zerstört. Heute steigen auf Reservatsgebiet die Bevölkerungszahlen wieder an, wohingegen der Staat North Dakota mit seinen rund 9 Einwohnern/km² insgesamt einen Rückgang verzeichnet. „Vollblut-Indianer" eines Stammes sind jedoch selten geworden, häufig haben sich *Mandan*, *Hidatsa* und *Arikara* vermischt und selbst weiße Vorfahren sind keine Seltenheit.

Indianer-
museum
Three
Tribes
Über Traditionen, Kultur und die heutige Situation der drei Stämme informiert das nicht allzu große, aber sehenswerte **Three Tribes Museum** (ND 23, ☏ 701/627-4477, 🖳 www.mhanation.com, April-Nov. tgl. 10-18 Uhr, $ 4), durch eine moderne Brücke über den Missouri mit dem Ort New Town verbunden. Engagiert versucht hier Museumsleiter *Calvin Grinnell* die Traditionen (und Sprache) seiner Vorfahren zu bewahren und weiterzugeben. Das Museum liegt neben der *4 Bears Casino & Lodge*.

> **Casino und mehr**
> **4 Bears Casino & Lodge**, *ausgeschildert, ND 23, ca. 6 km westl. von New Town,* 🖳 *www.4bearscasino.com, umfasst ein Casino, Hotel, Restaurants und eine Konzerthalle.*

Watford City (ⓘ S. 243)

Long X
Visitor
Center
Westlich von New Town liegt Watford City (ND 23), seit den 1880er Jahren, als texanische Cowboys Rinder auf dem *Long X Trail* aus dem Süden hierher getrieben haben, Versorgungszentrum der Region. Sehenswert ist das neue **Long X Visitor Center**. Hier gibt es nicht nur Broschüren und Infos und einen kleinen *Liquor Store*, sondern auf zwei Ebenen auch Ausstellungen zur Geschichte der Region, vor allem zu den weiblichen Pionieren und zur Ölindustrie.

> *ℹ️* **Information**
> • **Long X Visitor Center**, *ND 23/US 85,* 🖳 *www.4eyes.net/tourism/default.htm,* ☏ *701/444-2804.*

> **Essen & Trinken**
> *Abgesehen davon ist das Restaurant **Outlaw's Bar & Grill** ein „Renner": Hier werden die besten Steaks und das saftigste* Prime Rib *weit und breit serviert (120 N Main St., ND 23, ☏ 701/842-2381).*

Die Old School in Arnegard   INFO

Als Standquartier für die **Erkundung des Sakakawea Country** bietet sich der kleine, idyllische Ort **Arnegard** (ⓘ S. 173), ca. 10 mi/16 km westlich von Watford City, an. *„We're in the middle of nowhere ... but in the middle of everything!"* – Arnegard liegt zentral zwischen Williston, New Town und der North Unit des Roosevelt NP und zählt zwar nur rund 130 Einwohner, hat dafür aber **eine der ungewöhnlichsten Unterkünfte** weit und breit zu bieten.

Der unübersehbare große gelbe Ziegelbau nahe dem US 85 fungierte bis 1976 als Schulhaus, heute als B&B und „Schulmuseum". Dass sich die 1914 erbaute und später erweiterte **Old School** heute wieder in derart gutem Zustand präsentiert, ist dem in Arneson gebürtigen und nach vielen Jahren dorthin zurückgekehrten *Milton Hanson* zu verdanken. Der Musiker, Instrumentenbauer und Farmer übernahm 1998 die alte Schule in desaströsem Zustand und renovierte sie, weitgehend in Eigenregie, komplett.

Betritt man den Bau, fühlt man sich in eigene Schulzeiten zurückversetzt: Eine mächtige Pforte, ein doppelter Treppenaufgang, Mitteilungstafeln und knarrende Holzböden – man vermisst lediglich die Schulglocke. Im Erdgeschoss wurden

Früher Schule, heute B&B: die Old School in Arnegard

zwei Klassenzimmer zu vier geräumigen Gästezimmern mit Jacuzzi-Bädern und individuell härteverstellbaren Matratzen umfunktioniert. Oben sind die Schulräume zu Medien-, Spiel-, Wohn- und Esszimmer für die Gäste geworden; außerdem befinden sich hier die Bibliothek, die Privaträume des Besitzers und, im ehemaligen Chemielabor, die Küche, in dem das fabelhafte Frühstück – z. B. *French Toast* mit Blaubeeren – von *Milton* selbst zubereitet wird.

Im gesamten Bau erinnern die von *Hanson* im Dachboden gemachten Funde an die Vergangenheit: Fotos und Dokumente, die komplette Schulbibliothek, die Musikinstrumente und Kostüme der Schulband, Sporttrikots und Trophäen, Schreibmaschinen, dazu die alten Möbel, Schulbänke und -tische, Tafeln und Vitrinen. Besonders beeindruckend ist die alte Schulbibliothek, aber auch die beiden nachträglich angebauten Hallen: ein Auditorium mit Bühne und eine Basketballhalle – 1961 war die Schule Basketballmeister von North Dakota! – mit rund 300 Plätzen. Beide sollen nach Abschluss der Renovierungen als Veranstaltungshallen dienen.

 Old School B&B $$-$$$, 400 Vine St., ☎ 701/586-3595, 🖥 www.oldschoolbb.com, s. auch S. 173.

Fort Buford und Fort Union

Zwei wichtige Militär- posten

Nahe der kleinen Stadt **Williston** (💻 www.willistonndtourism.com, ab Watford City US 85) liegen zwei alte Militärposten: **Fort Buford** und Fort Union. Ersteres erinnert an das 1866 gegründete Fort und Versorgungslager für die umliegenden Indianer- stämme. Bekannt wurde der Stützpunkt dadurch, dass sich *Sitting Bull* mit seinen Leuten 1881 hier ergeben hat. Heute sind noch das Hauptquartier, das Magazin und der Friedhof zu besichtigen.

Fort Union NHS – Handelsposten am Missouri

Nur zwei Meilen westlich befindet sich die **Fort Union NHS**. 1829 unter der Leitung von *Kenneth McKenzie* für die Pelzhandelsfirma *American Fur Company* am Missouri errichtet, war Fort Union vornehmlich ein Handelsposten. Als einer der westlichsten *Outposts* zu die- ser Zeit, fanden sich hier die verschie- densten Besucher ein: Pelzhändler, Priester, reiche Kaufleute, Künstler, Jäger, Abenteurer, Indianer und Natur- wissenschaftler. Mit der Einrichtung des benachbarten Fort Buford schwand die Bedeutung und Fort Union wurde 1867

geschlossen. Heute ist der alte Zustand teilweise wiederhergestellt, mit dem alten *Bourgeois House*, dem Hauptquartier des Forts, sowie den umgebenden Pallisaden- wände. Während der Sommermonate finden *Re-enactments* statt.

 Information
• **Fort Buford**, ND 1804 (ab US 2), 💻 www.nd.gov/hist/buford/buford.htm, ☎ 701/572-9034, Mai-Sept. tgl. 8-18 Uhr, $ 5.
• **Fort Union NHS**, ND 1804 (ab US 2), 40 km südwestl. Williston, ☎ 701/572-9083, 💻 www.nps.gov/fous, tgl. 9-17.30 Uhr, im Sommer 8-20 Uhr, Eintritt frei.

 Hinweis zur Route

*Von Williston bzw. Arnegard führt der US 85 südwärts zu den Black Hills. Dabei pas- siert man die Badlands, die man im **Theodore Roosevelt NP** sowohl in der North wie in der South Unit kennenlernen kann.*

Theodore Roosevelt National Park (ⓘ S. 204)

In den Badlands

Im Westen North Dakotas ist den **Badlands** ein weiterer Nationalpark gewidmet: der **Theodore Roosevelt NP**. In dieser faszinierenden Landschaft, in der die hoch gelegenen Great Plains von einem tiefen Canyon durchschnitten werden, versuchte sich einst der spätere Präsident *Theodore Roosevelt* mit der Rinderzucht. Da er hier für rund 15 Jahre vor seiner Präsidentschaft lebte und sich später für die National-park-Idee stark machte, wurde der Park nach ihm benannt.

Der Nationalpark gliedert sich in **einen Nord- und einen Südteil**. Im weitaus weniger besuchten **North Unit** des Parks ist der Canyon schmaler, wirkt dadurch dramatischer und eindrucksvoller, doch grundsätzlich präsentiert sich der Südabschnitt vielseitiger. Wer den North Unit besuchen möchte, sollte auf der Fahrt südwärts auf dem US Hwy. 85 etwa 20 km nach **Watford City** Station machen. Direkt an der Straße liegt ein VC, von dem eine rund 20 km lange Stichstraße in den Nordteil führt. Anschließend gelangt man erst auf dem US Hwy. 85, dann einige Meilen nach Westen auf der I-94 zum Südteil des Nationalparks.

Zweige-teilter National-park

Vor Erreichen des **Painted Canyon Overlook** (mit VC), westlich von Medora (ab I-94 Exit 32), lässt noch nichts darauf schließen, was einen hier erwartet. Der Little Missouri hat sich in die Sandsteinformationen der Prärie hineingefräst, und obwohl der Canyon keinesfalls so spektakulär ist wie beispielsweise der Grand Canyon, macht ihn die umgebende Landschaft zu etwas Besonderem und sind die verschiedenen geomorphologischen Formationen und Schichten, die mit dem Licht bzw. Sonnenstand ihre Farben verändern, faszinierend.

Ursprünglich galt dieser Landstrich als „schlechtes Land" und erst *Marquis de Mores* (s. u.) und der spätere Präsident *Theodore Roosevelt* lenkten die Aufmerksamkeit darauf. *Roosevelt* kam ab 1883 regelmäßig in die Badlands, erst zur Jagd, dann, um als Rinderzüchter hier zu leben. Landschaft, Menschen und die zunehmende Bedrohung der

Das „schlechte Land"

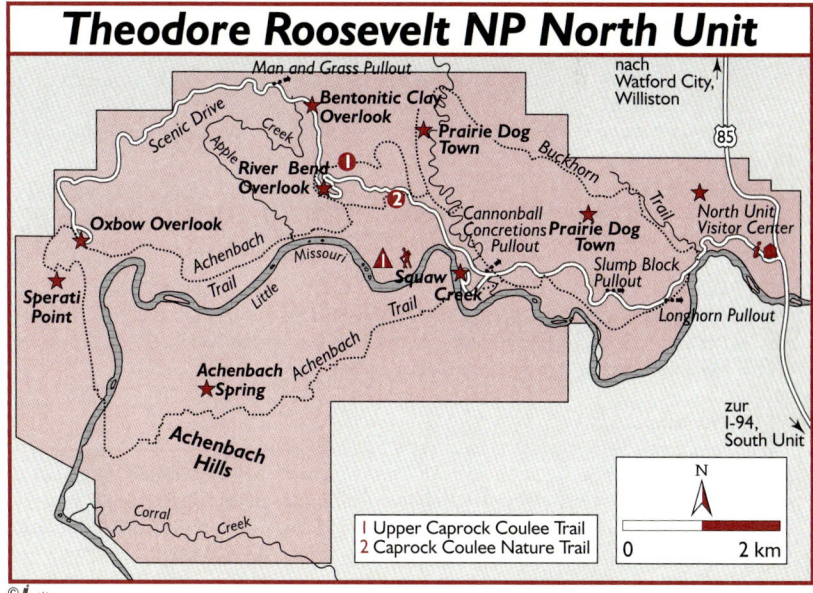

© *i̇graphic*

Theodore Roosevelts Cabin im Roosevelt NP

Natur hatten eine derart nachhaltige Wirkung auf *Roosevelt*, dass er später sagte: „*I would not have been President, had it not been for my experience in North Dakota*". Dank seiner Euphorie wurde „Naturschutz" erstmals thematisiert. *Roosevelt* setzte sich besonders während seiner Amtszeit (1901-09) vehement für die **Idee der Gründung von Nationalparks** ein, und seine größten Erfolge waren 1906 die Einsetzung der US-Forstverwaltung und die Unterzeichnung des „*Antiquities Act*", auf den basierend bereits im selben Jahr 18 *National Monuments* ausgewiesen wurden.

Den **südlichen Abschnitt** des 280 km² großen Nationalparks erschließt eine 36 mi/ 58 km lange Rundstrecke. Sie beginnt am **Medora VC** im gleichnamigen Ort – mit Museum und Film sowie Touren durch *Roosevelts* erste Hütte – und führt durch einen weiten und offenen Abschnitt des Canyons, vorbei an mehreren Aussichtspunkten und Ausgangspunkten für Trails, an Flusslandschaften und Präriehunde-Städten.

Tipps für Besucher des Theodore Roosevelt National Park

Information/Touren
s. S. 204.

Übernachten
Medora bietet mehrere Hotels/Motels, Shops und sonstige Versorgungseinrichtungen.

Zeitplanung
2 Std. bis 1 Tag: Besuch eines Parkabschnitts, bevorzugt des Südteils; bei 2-3 Tagen: Erkundung des Südteils und Medoras sowie Fahrt durch den North Unit möglich.

Reisezeit
Am angenehmsten vom Klima und am beeindruckendsten von der Landschaft her präsentiert sich der Park von April bis Juni und im September/Oktober. Die meisten Unterkünfte in Medora sind nur von Memorial bis Labor Day (Ende Mai-Anfang Sept.) geöffnet.

Wandern
Es gibt mehrere ausgewiesene, meist kurze und leicht zu bewältigende Wanderwege im Park. Sie führen meist von der Straße in die Badlands hinein bzw. hinab zum Fluss. Empfehlenswert ist es, wenigstens den rund 1 km langen **Ridgeline Nature Trail** (im Südteil) abzulaufen. Längere Trails sind der **Petrified Forest Loop Trail** (16 mi/26 km) im Südteil sowie im North Unit der **Achenbach Trail**, der entlang dem Canyonrand und durch den Canyon führt (16 mi/26 km, z. T. beschwerlich).

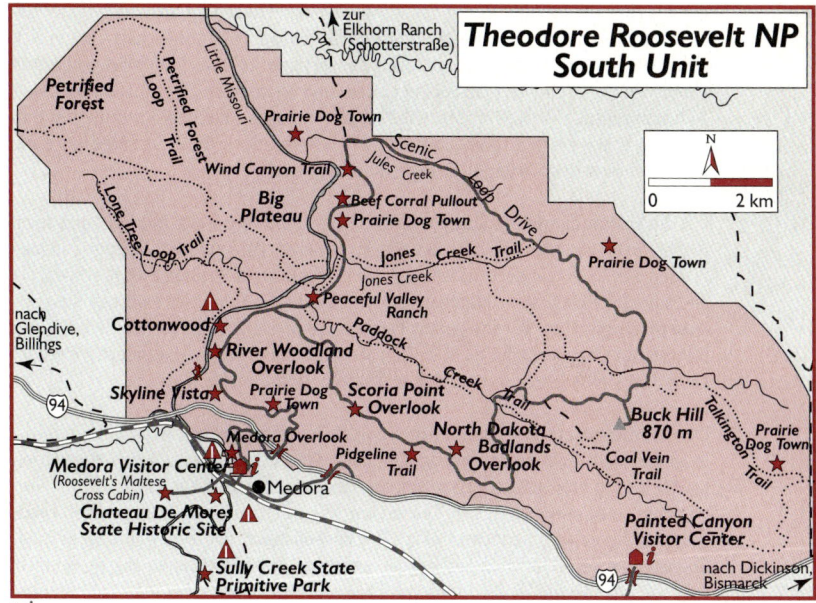

Die beiden Ranches von *Theodore Roosevelt* können ebenfalls besichtigt werden: Die **Malteser Cross Cabin**, sein ehemaliges Wohnhaus auf dem Areal der gleichnamigen Ranch, die südwestlich von Medora lag, wurde in die Nachbarschaft des Medora VC umgesetzt, während die Stelle der 1898 aufgegebenen und heute nicht mehr erhaltenen **Elkhorn Ranch** zwischen beiden Parkabschnitten liegt, und nur mit *permit* (im VC erhältlich) und über eine einfache Schotterpiste erreichbar ist.

Roosevelts Ranch

Zwischen beiden Parkabschnitten und weiter Richtung Süden bis nah an die Grenze zu South Dakota erstreckt sich entlang dem Little Missouri das **Little Missouri National Grassland**. Knapp eine halbe Million Hektar der Prärielandschaft im Westen von ND sind hier unter Schutz gestellt. Folgt man dem US Hwy. 85 weiter südwärts Richtung Rapid City, fährt man an diesem Schutzgebiet entlang.

Geologie und Geomorphologie

Nachdem vor etwa 65 bis 70 Mio. Jahren das **große Meer**, das diesen Teil des Kontinents bedeckte, verschwunden war und die seitdem permanent wachsenden Rocky Mountains zum geologisch bestimmenden Faktor geworden waren, setzte auch die Entstehung der ersten heute noch sichtbaren Landschaftsformen in den Plains, der Badlands, ein. Vor etwa 60 Mio. Jahren erreichte Erosionsmaterial der Rockies die heutigen Badlands – zu einer Zeit, als das Klima tropisch war. Die **Vegetation** war dicht, zahlreiche wasserreiche Flüsse durchzogen die Region und beides sorgte für die Sedimente, die den heutigen Sandstein ausmachen.

Faszinierende Landschaft

Als das Klima trockener wurde, verschwanden die Pflanzen bis auf wenige Überreste, die in Gestalt des **Petrified Forest** zurückblieben. Die Landschaft begann sich zu entfalten, Vulkanausbrüche im Gebiet des heutigen Yellowstone-Parks schütteten immer wieder Aschen auf die Sedimente; sie sind heute noch als graue Linien in den Abbruchkanten zu erkennen. Vor 20 Mio. Jahren begann die Region, sich erneut zu heben, was vor allem eine verstärkte Abflusstätigkeit der Flüsse zur Folge hatte, die nun noch intensiver Material abtragen konnten.

Mächtiger Little Missouri River

Für die **Entstehung des Canyons** waren schließlich die Little Missouri und seine Nebenflüsse verantwortlich, wobei sie in früheren geologischen Perioden immer wieder den Lauf geändert hatten, was die verschiedenen kleinen Hügel erklärt, die im Laufe der Zeit zu ihrer heutigen Form erodiert sind. Gut erklärt werden die **geomorphologischen Vorgänge** am Painted Canyon Outlook. So brechen z. B. die Kanten des Canyonrandes nicht einfach ab und fallen in die Tiefe, sondern gleiten im Laufe von vielen Jahren in hausgroßen Stücken ganz allmählich ab.

Die **Gletscher** hatten ebenfalls Anteil an der Schaffung dieser Landschaft. Sie reichten zwar nicht ganz heran, veranlassten aber den Missouri dazu, seinen ehemaligen Lauf Richtung Norden zu ändern um, dann südwärts, zum Mississippi und zum Golf von Mexiko zu entwässern. Das führte über lange Zeit zu einer verlangsamten Fließgeschwindigkeit und bedeutete eine „Verschnaufpause" für die Sedimente auf den Ebenen. Die verschiedenen Farben der einzelnen Sedimentebenen zeigen deutlich, dass mit geänderter Fließrichtung der Flüsse unterschiedlichstes Material herangeführt wurde, dass aber auch die einzelnen Klimafaktoren (tropisch bis arid) immer wieder andere Verwitterungsprozesse verursacht haben.

Fauna und Flora

Kleine Bisongruppen und …

Von den riesigen Bisonherden, die noch bis 1870 durch den Canyon zogen, ist nicht viel geblieben. Ebenfalls wurden die Antilopen (Gabelböcke), verschiedenste Hirscharten, Schwarzbären, Waschbären, Biber und viele andere Tiere weitgehend ausgerottet. Erst in jüngster Zeit bemüht man sich wieder um die Ansiedlung bedrohter Tierarten und mittlerweile gibt es wieder vereinzelte kleine **Bisongruppen** und **Antilopen**. Ausschau halten sollte man auch nach verstreuten **Mustangs**, Wildpferden die sich, zurückgelassen von früheren Ranchern, gern im östlichen Abschnitt des Südteils – entlang Paddock Creek – aufhalten.

… große Prairie Dog Towns

Prairie Dog Towns sind fast überall im Park leicht an den Erdhäufchen zu erkennen. Die Präriehunde, kleine, posierliche Nager, ähneln auf den ersten Blick Murmeltieren, doch leben sie in Siedlungen mit mehreren Tausend Artgenossen. Ornithologen finden sich besonders im April und Oktober, wenn unzählige **Zugvögel** hier Rast machen, im Roosevelt Park ein. **Raubvögel** wie Bussarde und seltener Steinadler sind ebenfalls keine Seltenheit.

Lange Trockenzeiten und starke Regen rufen **klimatische Extrembedingungen** hervor, die durch voranschreitende Bodenerosionen noch verstärkt werden und nur schnell wachsenden, robusten Pflanzen eine Überlebenschance lassen. Bäume gibt es fast ausschließlich in Form von **Galeriewäldern** (Pappeln, Ulmen und, seltener, Espen) entlang der Flüsse. Auf den weiten **Grasfluren** sorgen niedrige Wacholderarten *(junipers)* und Sträucher wie *silver sage (Artemisia cana)*, Yucca *(Yucca glauca)* und Kakteen *(Opuntia polyacantha)* für Abwechslung,. Vor allem im Frühjahr kommen zahlreiche **Wildblumen** dazu.

„Cowtown" Medora

Wäre es nach dem französischen Adeligen *Marquis de Mores* gegangen, wäre Medora die **Rindermetropole des Mittleren Westens** geworden. Er war 1882 in die Region gekommen und hatte geplant, einen Schlachthof zu errichten, von dem aus das Rindfleisch in Kühlwagen an die Ostküste geliefert werden sollte. Damit hätte man sich das mühevolle Verladen und Verschicken der Tiere in die Schlächthöfe von Chicago erspart. Der Schlachthof wurde gebaut und es entstand auch eine Eisenbahnstation, doch letztlich scheiterte die Idee wegen des großen Viehsterbens Mitte der 1880er Jahre einerseits und des Widerstands der etablierten Unternehmen in Chicago und New York andererseits.

Traum von der Rindermetropole

Doch Medora, benannt nach der Gattin des Marquis, blieb als Ort bestehen, ebenso das Wohnhaus der Familie *de Mores* **Chateau de Mores SHS** *(I-94 Exit 24, ausgeschildert,* ☎ *623-4355,* 🖳 *www.nd.gov/hist/chateau/chateau.htm, Mai-Sept. tgl. Sonnenauf- bis Sonnenuntergang, VC tgl. 8.30-17.50 Uhr, $ 6)* am südwestlichen Rand Medoras. Es ist zwar kein Schloss im eigentlichen Sinne, sondern eher ein großes Holzhaus. Es verfügt aber immerhin über 27 Zimmer mit recht luxuriöser Ausstattung, u. a. Antiquitäten aus Frankreich, Porzellan aus England, einen Jagdraum, einen Weinkeller und vielen Dienstbotenräumen.

Ein Schloss aus Holz

Der Ort Medora mit seinen gut 100 Einwohnern wächst während der Hauptsaison um ein Vielfaches an. Man hat sich erfolgreich bemüht, den historischen Ortskern zu restaurieren und das Wildwest-Flair wiederherzustellen. Zahlreiche kleine Lokale, Cafés und Geschäfte laden zum Bummel ein, wobei im Besonderen der Buchladen **Western Edge Books, Artwork & Music** *(425 4th St./Broadway)* wegen seiner überaus riesigen Auswahl an Titeln zu den Themen „Wilder Westen" und Indianer lohnt.

Neueste Attraktion ist die **North Dakota Cowboy Hall of Fame** *(250 Main St./ 3rd. Ave.,* ☎ *623-2000,* 🖳 *www.northdakotacowboy.com, Mai-Okt. tgl. 10-20 Uhr, $ 6,50).* Es geht um Indianer und ihren Umgang mit Pferden, die Ursprünge der *Homesteads* und Ranches sowie die Entwicklung und Bedeutung des Rodeosports. Ausgestellt ist als Highlight der Kopfschmuck von *Sitting Bull.*

Cowboy Hall of Fame

Western Entertainment bietet das **Burning Hill Amphitheater** mit seinem „Medora Musical", einem Varieté im Broadway-Stil mit Showeinlagen, dargeboten im Freien. Als „Paket" erhältlich, bietet sich vor der Show das benachbarte **Pitchfork Fondue** (Tjaden Center) an. In biergartenähnlicher Atmosphäre mit Selbstbedienung und hervorragendem Ausblick werden Steaks in riesige Kessel mit heißem Fett getaucht; dazu gibt es verschiedene Beilagen (s. auch S. 444).

Reisepraktische Informationen Theodore Roosevelt NP/Medora/ND

Vorwahl 701

Information
• **Theodore Roosevelt NP**, Medora, ☎ 623-4466, 🖥 www.nps.gov/thro, $ 10/Pkw.
Im Nationalpark gibt es drei Besucherzentren:
– **Medora VC**, an der Zufahrt I-94 Exit 24, mit Museum, Film und „Maltese Cross Cabin", tgl. 8-16.30 Uhr, im Sommer länger. Hier erhält man auch Infos zu Stadt und Region.
– **Painted Canyon VC**, am Overlook westlich von Medora (I-94 Exit 32). Kleine Ausstellung und Diashow, April-Nov. tgl. 8.30-16.30 Uhr, im Sommer länger.
– **North Unit VC**, US 85, am Zugang zum North Unit, Mai-Sept. tgl. 9-17.30 Uhr.
• **Medora Area CVB**, 475 5th St., 🖥 www.medorand.com bzw. www.medorandchamber.com, ☎ 623-4829

Einkaufen
• **Joe Ferris General Store**, Main St./3rd Ave. Alter General Store, in dem es alles Erdenkliche gibt, sogar ein kleines Café mit Internetzugang.
• **Western Edge Books, Artwork & Music**, 425 4th St. Gut sortierter Buchladen mit Schwerpunkt Westen und Indianer – ein Muss für jeden „Wildwest-Fan".

Touren
• **Maah Daah Hey Trail**, ca. 150 km langer Wander-, Fahrrad- und Pferdetrail, der North und South Unit verbindet. Der Name geht auf ein Mandan-Wort zurück, das die Langlebigkeit und

Die neue Cowboy Hall of Fame in Medora

Mächtigkeit der Badlands respektvoll als „ewig lebender Großvater" bezeichnete. Mehrere Unternehmen bieten Touren an, z. B.
– **Dakota Cyclery**, 275 3rd Ave., Medora, ☎ 701/623-4808, 🖥 www.dakotacyclery.com. Verleih von Fahrrädern und es werden Arrangements von Touren angeboten.
– **Trail Rides by Little Knife Outfitters**, Watford City, 🖥 www.littleknifeoutfitters.com, ☎ 701/842-2631. Ein- und zweitägige Ausritte und Cattle Round-Ups, außerdem Fünf-Tages-Ritte.

Veranstaltungen
• **Medora Musical**, Burning Hill Amphitheater (I-94 Exit 24 oder 27, ausgeschildert), ☎ 623-4444 und 1-800-633-6721, 🖥 www.medora.com, Juni-Sept. tgl. 20.30 Uhr. Musical zur Geschichte der Region mit Showeinlagen, auch im Paket mit „Pitchfork Fondue" (s. o.) buchbar über:
Theodore Roosevelt Medora Foundation, 301 5th St., ☎ 1-800-633-6721, 🖥 www.medora.com

Das Rough Rider Country um Dickinson (ⓘ S. 189)

Bevor man sich wieder auf den US Hwy. 85 (via I-94 Exit 42) begibt und zurück in die Black Hills fährt, lohnt noch ein Abstecher (I-94 Exit 61) nach **Dickinson** (ca. 16.000 Einwohner), speziell wegen des Museumskomplexes nahe der Autobahn. Dessen herausragender Teil ist das **Dakota Dinosaur Museum** *(200 E Museum Dr., I-94 Exit 61, ☎ 701/225-3466, 🖥 www.dakotadino.com, Mai-Sept. tgl. 9-17 Uhr, $ 6).* Vor über 100 Mio. Jahren, zu einer Zeit, als das Klima feuchter war, ein großer Binnensee sich langsam zurückzuziehen begann und in Teilen des Nordwestens Sumpflandschaften hinterließ, lebten in Dakota Dinosaurier. Im Museum sind jedoch nicht nur regionale Funde ausgestellt, sondern es wird versucht, anhand original-großer Skelette und plastischer Nachbildungen von elf verschiedenen Dinosaurier-arten und eines urzeitlichen Rhinozeros einen Überblick über die Entwicklung zu geben.

Dino- saurier- museum

Zum Museumskomplex gehören außerdem das **Joachim Regional Museum** (lo-kale Geschichte), das **Pioneer Machinery Museum** (alte landwirtschaftliche Ge-räte) und der **Prairie Outpost Park** (Nachbau einer Pioniersiedlung). *Alle drei Mu-seen:* ☎ *701/225-3466,* 🖥 *www.joachimmuseum.org, Mai-Sept. tgl. 9-17 Uhr, Spende.*

Dickinson ist Hauptort des **Rough Rider Country**, benannt nach der Spezialtrup-pe des späteren Präsidenten *Theodore Roosevelt*, der im nahen Medora einmal zu Hause war. Noch heute bestimmen Vieh- und Pferdezucht das Leben. Wer sich dafür bzw. fürs Reiten interessiert, sollte ein paar Tage bleiben, denn Dickinson ist der ideale Ort für einen Reiturlaub: Trails unterschiedlicher Länge und Schwierigkeit zie-hen sich durch die Prärie und hinein in die Badlands. Speziell die Killdear Mountains und die Region in und um den nahen Roosevelt NP sind „Geheimtipps".

Im Rough Rider Country

Essen & Trinken

*Anschließend sollte man einen „Kirchenbesuch" nicht versäumen. Im Ortszentrum ist in eine ehemalige kleine Kirche **Badlands Brew** (215 Sims St., ☎ 701/483-2759, 🖥 www.badlandsbrew.com.) eingezogen. Hier werden die Kaffeebohnen noch selbst geröstet und außer ausgezeichnetem Kaffee gibt es Süßes, Sandwiches, Suppen und Salate zu güns-tigen Preisen.*

Information

• **Dickinson CVB**, 72 E Museum Dr., 🖥 www.dickinsoncvb.com, ☎ 701/483-4988.

☞ Hinweis zur Route

*Vom Badlands NP aus verläuft der **US Hwy. 85** durch kaum besiedelte Regionen im Südwesten North Dakotas und im Nordwesten South Dakotas und erreicht bei Dead-wood wieder die Black Hills. Der Hwy. 85 ist zugleich jene Route, die westlich an den Black Hills vorbei **Richtung Cheyenne und Denver** führt (Anschluss s. u., „Ent-lang dem North Platte River").*

Der Outlaw Trail durch Montana

Der „Wild
Bunch" auf
den Fersen

Wer die Hauptroute nicht südwärts, nach Denver, fortsetzen, sondern zurück nach Westen und damit Richtung Seattle fahren möchte, kann ab **Williston** dem **US Hwy. 2**, dem *Outlaw Trail* folgen – so benannt, da er einst von zahlreichen Banditen wie der „*Wild Bunch*" von *Butch Cassidy* und *Sundance Kid* benutzt wurde. Er durchquert die Weiten Nord-Montanas, eine sanfte Hügellandschaft, unterbrochen von kleinen, bizarren Erosionsformationen. Man passiert Orte wie **Culbertson, Poplar** – Sitz der Reservatsverwaltung der *Fort Peck Indian Reservation* –, **Glasgow**, **Malta**, **Chinook** oder **Havre**. In Chinook befindet sich der **Bear Paw Battleground**, wo sich *Chief Joseph* und die *Nez Perce* nach einer gut 2.000 km langen Flucht im Oktober 1877 ein letztes Gefecht mit der US-Armee lieferten, ehe sich der legendäre Indianerhäuptling ergab. Schließlich führt der US Hwy. 2 nach **Browning** und dem **Glacier NP** (Anschluss Kapitel „Vom Glacier National Park nach Seattle").

i **Information**
• **Bear Paw Battlefield**, Hwy. 2, dann Rte. 240, 16 mi/25 km südl. Chinook, www.nps.gov/nepe, tgl. Sonnenauf- bis Sonnenuntergang, Eintritt frei.
• **Blaine County Museum**, 501 Indiana St., Chinook, Mo-Fr 8-12, 13-17 Uhr, Eintritt frei. Sehenswerter Film zur Flucht der Nez Perce.

Die Südroute durch Wyoming

Im „Tal des warmen Windes"

Die **Südroute vom Yellowstone NP nach Denver** führt über die östlichen Ausläufer der Rocky Mountains in eine weite, teilweise zerklüftete Graslandschaft, die sich auf einer Hochebene etwa 1.500 m ü. NN im weiten **Wind River Valley** erstreckt. Der Name des Tals leitet sich von einer indianischen Bezeichnung ab und man stellt rasch fest, wie passend er ist. Starke Winde resultieren vor allem aus den unterschiedlichen Hoch- und Tiefdruckgebieten zwischen Berg- und Tallandschaft.

Da hier viele Flüsse so warm sind, dass sie im Winter nicht zufrieren, siedelten sich einst hier die *Shoshone*-Indianer an.

Entlang der Flussläufe, die sich von den Rockies ostwärts ziehen, wie *Sweetwater* oder *North Platte Rivers*, zogen schon Mitte des 19. Jh. Siedlertrecks gen Westen. Historische Marker, Museen, alte Forts wie Fort Laramie und das sehenswerte **National Historic Trails Interpretive Center** in Casper gewähren interessante Einblicke in die wechselvolle Geschichte der Besiedlung.

Unterwegs nach Lander

Ab Moran Junction – noch im Grand Teton NP – führt der US Hwy. 26/287 durch den **Bridger-Teton National Forest** und parallel zur Absaroka Range hinauf auf den knapp 3.000 m hohen **Togwotee Pass**, der zugleich die Wasserscheide, die *Continental Divide*, quert. Lohnend ist der Ausblick vom **Togwotee Outlook**, ehe man in eine andere Welt eintaucht. Die Berglandschaft weicht einer unwirklich erscheinenden Fels- und Canyonregion mit unterschiedlichen Gesteinsschichten – erste Spuren der Great Plains. Man folgt dem Wind River, an dessen Ufer die einzigen Bäume wachsen, ansonsten dominieren *sagebrush* (Beifuß) und Präriegräser.

Der erste Ort ist das knapp 1.000 Einwohner zählende **Dubois** (ⓘ S. 189), inmitten eines roten Sandsteincanyons, an dessen Hängen Bauten im Blockhausstil aufgereiht sind. Unbedingt sehenswert ist das **National Bighorn Sheep Interpretive Center** am westlichen Ortsrand, wo es einen Film und vielerlei Infos zu den berühmten Bergschafen gibt *(am Hwy. 26, 907 W Ramshorn St.,* ☏ *307/335-8778,* 🖥 *www.bighorn.org, tgl. 9-17/20 Uhr, $ 2).* In den südwestlich gelegenen *Whiskey Mountains* siedelt die angeblich größte Bighorn-Schafherde der Welt. Das kleine **Dubois Museum** *(909 W Ramshorn St., tgl. 8-17 Uhr, Eintritt frei)* nebenan informiert über die Lokalgeschichte (Trapper, Holzfäller). Die Canyonlandschaft rund um Dubois fällt durch ihr buntes Sedimentgestein auf, das ein wenig an die *Painted Desert* im Südwesten erinnert, und wohl deshalb nennt man das Tal „Painted Valley".

Allmählich weitet sich das **Wind River Valley**. Der größte Teil des Tals gehört zur **Wind River Indian Reservation**, in der heute die einst verfeindeten *Shoshone* und

Sehens- und Erlebenswertes
- Um die alten Siedlertrecks geht es höchst anschaulich und multimedial im **National Historic Trails Interpretive Center** in Casper/WY (S. 457).
- Wie hart das Leben für die Soldaten im Westen war, erfährt man in der **Fort Laramie NHS** (S. 459).
- Fast schon gespenstisch ist ein Besuch in der Geisterstadt **South Park City** (S. 450).
- Baden in warmen Quellen kann man in **Thermopolis** (S. 451).
- Im ehemaligen Gefängnis der **Wyoming Territorial Prison SHS** (S. 461) saß so mancher Outlaw hinter Gittern.
- Interessant für Westernfans ist das **Nelson Museum of the West** in Cheyenne (S. 463).
- Das größte Rodeo und Wildwest-Fest mit Parade findet während der **Cheyenne Frontier Days** in Cheyenne statt (S. 463).

Unterkunft
- Wer einmal ein paar Tage Cowboy sein möchte, ist auf der **Twin Creek Ranch** bei Lander (S. 200 und S. 450) genau richtig.
- Mitten in Cheyenne wohnt man im **Nagle Warren Mansion B&B** (S. 181) luxuriös wie zu Zeiten der großen Rinderbarone.

Essen & Trinken
- Zu den legendären Saloons des Westens gehört die **Wonder Bar** in Casper (S. 180 und S. 457).
- Im alten Bahnhof von Cheyenne gibt's im **Snake River Pub & Grill** (S. 181) ein Glas frisch gezapftes Bier und leckere Gerichte.

Einkaufen
- Seit 1919 kaufen die Cowboys in **Lou Taubert Ranch Outfitters** in Casper ein (S. 457 und S. 458).

Powwows in Fort Washakie

Arapahoe leben. Der Hauptort des Reservats heißt **Fort Washakie**, wo alljährlich im Sommer *Powwows* zahlreiche Touristen anlocken. Westlich von Fort Washakie soll sich das Grab der Indianerin *Sacagawea* oder *Sakakawea*, der einzigen weiblichen Teilnehmerin der *Lewis & Clark*-Expedition, befinden – was etliche Historiker anzweifeln. Der legendäre Häuptling der *Shoshone*, *Chief Washakie*, der 1900 im Alter von 102 Jahren gestorben ist, liegt auf dem *Military Cemetery* in Fort Wakashie begraben.

Das nur etwa 15 mi/24 km südlich gelegene **Lander** (ⓘ S. 200) wurde 1875 gegründet und als „*The place, where the rails end and the trails begin*" bekannt. Die Rei-

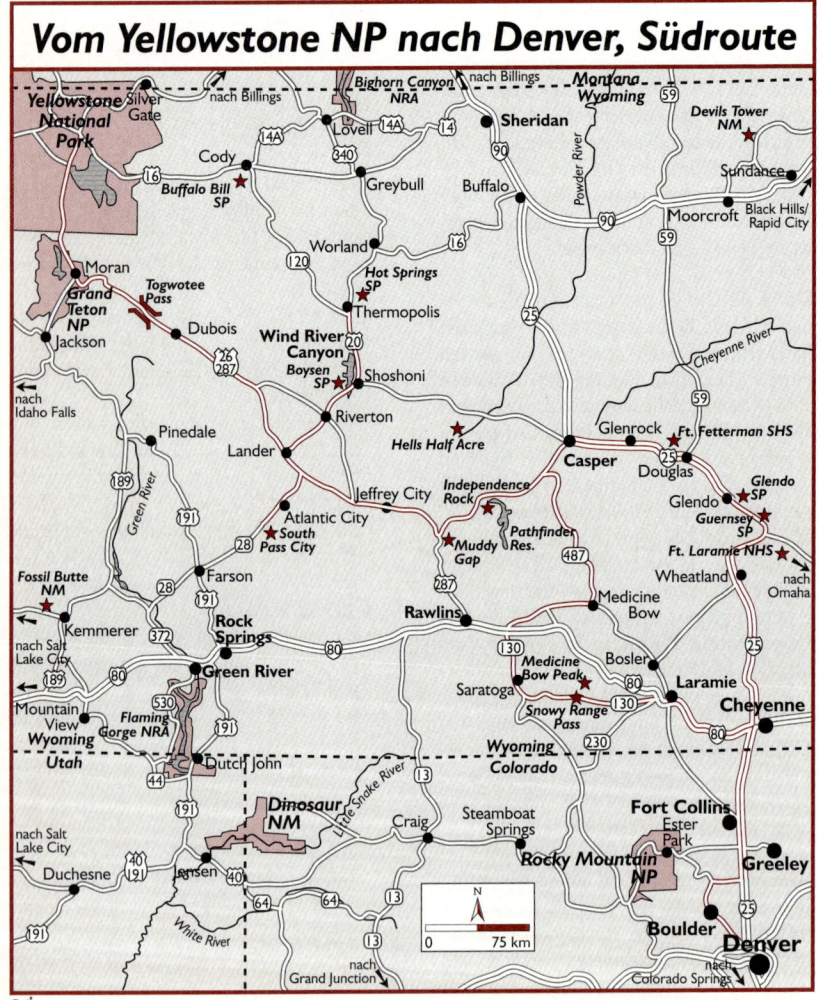

Vom Yellowstone NP nach Denver, Südroute

senden kamen von Osten mit dem Zug hier an und mussten dann auf dem Trail mit Kutschen bzw. Pferdewagen weiterreisen. Später war es vor allem der Eisenerzbergbau, der der Stadt zu bescheidenem Wohlstand verhalf. Als die Minen schlossen, drohte Lander zu einer Ghosttown zu verkommen und nur die Ranches im Umkreis bewahrten es damals vor dem Niedergang. Mittlerweile hat sich herumgesprochen, welche Naturschönheiten die Region

Rote Sandsteinformationen sind typisch für das Wind River Valley

zu bieten hat, und so mauserte sich Lander zu einem attraktiven Kleinstädtchen mit ca. 7.000 Einwohnern, das sich als idealer Standort für Ausflüge ins Umland anbietet.

In der Stadt selbst gibt es zwei Attraktionen: das **Museum of the American West/Pioneer Association** *(1445 Main St., Mo-Fr 10-17, Sa 13-16 Uhr)* mit einer interessanten Ausstellung zur Besiedlungsgeschichte der Region und die **Eagle Bronze Foundary** *(Poppy Rd.)*, wo Bronzestatuen hergestellt werden. Viele davon sind über die ganze Stadt verteilt ausgestellt.

Besiedlungsgeschichte

Reisepraktische Informationen Lander/WY

Information
• **Lander Chamber of Commerce**, 160 N 1st/Main St., 🖵 www.landerchamber.org, ☎ 307/332-3892. Das Informationsbüro ist in einem alten Güterzug-Begleitwagen (caboose) untergebracht.
• 🖵 www.wind-river.org – Infos zum gesamten Wind River Country.

Touren
• **Wind River Pack Goats**, 280 N 9th St., ☎ 307/332-3328, 🖵 www.goatpacking.com. Wanderungen im Umland mit Ziegen als Lastentiere.

Veranstaltungen
• 4. Juli: **Pioneer Days Parade & Rodeo**, seit über 100 Jahren abgehalten, damit das älteste Profi-Rodeo der Welt.
• Mai-Sept.: Regelmäßig **Powwows** der Shoshone und Arapahoe in der nahen Wind River Indian Reservation.

INFO
Zu Gast bei echten Cowboys

Südöstlich von Lander breitet sich um den US Hwy. 287 eine wilde Plains- und Wüstenlandschaft aus, die immer noch ein Kernland der Viehzucht ist. Hier trifft man noch auf die **wahren Cowboys**, z. B. auf *Tony Malmberg*, der zusammen mit seiner Frau *Andrea* südlich von Lander am Rande des *Red Desert* die **Twin Creek Ranch** betreibt. Rinder, Pferde, Ziegen, Hühner, Truthähne, Hunde und Katzen bevölkern den Grund, es gibt einen Biberdamm, unzählige Wildtiere und

einen großen Garten, in dem *Andrea* Obst und Gemüse züchtet. Zwei Gästezimmer und ein Cottage stehen Gästen zur Verfügung, die sich, sofern sie keine absoluten Anfänger sind, auch als Cowboys betätigen und beim Rindertrieb teilnehmen können.

Tony gilt als Experte für umweltverträgliche Rinderzucht nach dem Prinzip des „**Holistic Management**". Dabei werden die Rinder auf einem begrenzten Areal

Zu Gast auf der Twin Creek Ranch in Lander

gehalten und regelmäßig auf eine neue Weide getrieben, so wie einst die Bisons auf der Futtersuche wanderten. So wird eine Überweidung der Prärie vermieden und die Gräservielfalt gefördert. Letzteres kommt wiederum der Fleischqualität zugute, zumal die Tiere keinerlei Zusatzfutter erhalten. Von der Qualität dieses Biofleisches, das auch ab Hof verkauft wird, können sich Besucher bei den im Paket enthaltenen Mahlzeiten selbst überzeugen.

- **Twin Creek Ranch** $$$, 768 Twin Creek Rd., ☎ 307/335-7485, 💻 www.twincreekranch.com, s. auch S. 200.

Abstecher nach South Pass City und Atlantic City

Geisterstadt

South Pass City liegt etwa 30 mi/48 km südwestlich von Lander und ist von der WY 28 über eine etwa 6 km lange Schotterpiste erreichbar. Diese Geisterstadt erlebte ihre Glanztage 1867, als man große Goldvorkommen entdeckte. Bereits 1842 war das erste Edelmetall in der Region entdeckt und innerhalb von fünf Jahren ausgebeutet worden.

Die gesamte historische Innenstadt ist heute als **South Park City State Historic Site** *(Milepost 43, 💻 www.southpasscity.com, Mai-Sept. tgl. 9-18 Uhr, $ 2)* ausgewiesen und verfügt über 24 erhaltene Gebäude, großteils entlang der historischen Main Street: *Carissa Saloon, South Pass Hotel,* Gefängnis, Scheune und Laden gehören dazu

Tipp für Besucher

*Südwestlich von Lander führt der WY 131 zum **Sinks Canyon State Park**, im gleichnamigen Canyon gelegen. Abgesehen von schönen Trails und der Gelegenheit, Wildtiere wie Hirsche, Elche, Langhorn-Schafe oder Rehe zu beobachten, ist vor allem der **Popo Agie River** sehenswert. Am VC, 7 mi/11 km hinter Lander, kann man dieses kleine Naturwunder bestaunen: Auf einer 400 m langen Strecke versickert der Fluss, ehe wieder Wasser austritt.*

Der Putz ist ab in South Pass City

und sind zu besichtigen. An Sommerwochenenden finden in South Pass City historische Vorführungen statt. Der eigentliche South Pass, einige Meilen weiter südwestlich, war der Punkt, an dem Siedlertrecks die Rockies an der kontinentalen Wasserscheide überquerten.

Historische Vorführungen

Atlantic City liegt wenige Meilen nördlich South Pass City und der Abstecher lohnt wegen des historischen *Mercantile Saloons*, in dem sich heute ein Lokal befindet. Zurück nach Lander geht es anschließend wieder auf dem WY 28.

Ausflug zum Wind River Canyon und nach Thermopolis

Ein weiterer Ausflug von Lander führt zunächst auf dem WY 789 nach **Riverton**, der größten Stadt der Region (9.300 Einwohner). Hier informiert das **Riverton Museum** *(700 E Park St., Di-Sa 10-16 Uhr, Eintritt frei)* über die Siedler und Indianer der Region, *Shoshone* und *Arapahoe*. Entlang dem **Boysen Reservoir**, einem großen Stausee, der das Gebiet um Riverton mit Wasser und Elektrizität versorgt, biegt man in Shoshoni nach links auf den Hwy. WY 789 Richtung *Wind River Canyon* ab.

Kurz hinter dem *Boysen State Park VC* passiert die Straße die Staumauer und erreicht den atemberaubenden **Wind River Canyon**. Gleich zu Anfang geht es durch drei Tunnel und parallel zur Straße verläuft auf der anderen Flussseite eine Eisenbahntrasse. Hier lohnen sich Stopps zum Fotografieren und an mehreren Stellen weisen geologische Marker auf die unterschiedlichen Gesteinsschichten hin, die der Fluss über die Jahrmillionen freigelegt hat. Die ältesten Schichten sind bis zu 700 Mio. Jahre alt.

Wind River Canyon

Wenige Meilen nach Ende des Canyons, geografisch etwas abgelegen, erreicht man **Thermopolis** (ⓘ S. 241), das eher einem charmanten Wildwest-Städtchen als einem mondänen Thermalbad gleicht. Ein Vertrag zwischen *Shoshone* und *Arapahoe* hielt fest, dass die hier zu Tage tretende größte Mineralquelle der Welt von jedermann frei genutzt werden kann, und das ist bis heute im **Hot Springs State Park**

Wellness im Wilden Westen

(nordöstlich der Stadt, US 20/SR 789) der Fall. Aus der Quelle sprudeln täglich mehr als 15 Mio. Liter Heilwasser und dieses lädt an verschiedenen Stellen zum Baden ein, wird aber auch in Dampfbädern und Saunen verwendet. Nach dem Bad empfiehlt sich ein Spaziergang über die Kalkterrassen und etwas Ruhe – Wellness pur!

Das **Hot Springs Historical Museum** *(700 Broadway, ☎ 307/864-5183, Mo-Sa 8-17 Uhr, im Winter Di-Sa 9-16 Uhr, $ 4)* beschäftigt sich mit der Geschichte der Indianer und der ersten Siedler, mit geologischen, landwirtschaftlichen und industriellen Aspekten und beinhaltet Kuriosa wie den Tresen der im gesamten Wilden Westen bekannten *Bar Hole in the Wall*. Hier sollen u. a. *Butch Cassidy* und *Sundance Kid* Stammgäste gewesen sein.

Auf den Spuren der Dinosaurier

Zweite Hauptattraktion von Thermopolis ist das **Wyoming Dinosaur Center & Museum** *(110 Carter Ranch Rd., ☎ 307/864-2997, 🖥 www.wyodino.org, tgl. 8-18 Uhr, im Winter 10-17 Uhr, $ 6 Museum, $ 10 Ausgrabung, $ 12 Kombiticket)*, das mit lustigen Reklametafeln auf sich aufmerksam macht: „*Today you can be a visitor, 150 Million years ago you would have been a snack.*" Folgt man aus der Innenstadt den grünen Dinosaurierspuren, steht man vor einem einzigartigen Museum, an dessen Besuch man die Besichtigung der nahen Ausgrabungsstätte auf dem Areal der *Warm Springs Ranch* anschließen sollte, wo auch *Dino-Diggin'* – Ausgrabungen für Laien – angeboten werden.

> ℹ️ **Information**
> • **Thermopolis-Hot Springs Chamber of Commerce**, 119 S 6th St., ☎ 307/864-3192 und 1-800-786-6772, 🖥 www.thermopolis.com

---

📖 **Lesetipp**

*Die Krimis von **Margaret Coel** spielen in der Wind River Reservation. Helden sind eine indianische Anwältin und ein katholischer Pfarrer (zu beziehen beispielsweise über Amazon).*

Entlang der Siedler-Trails nach Casper

Wegweiser für Siedler-trecks

Folgt man dem US Hwy. 287 von Lander südostwärts, erreicht man nach ca. 40 mi/64 km an der Kreuzung mit dem WY 139 das **Sweetwater Valley**. Der Sweetwater River bzw. die im Norden parallel verlaufende Sweetwater Range waren für die Siedler auf dem Weg nach Westen ein wichtiger Anhaltspunkt. Der Gebirgszug, der zu den ältesten Gesteinsformationen der Rocky Mountains zählt, diente vor allem wegen seiner markanten geologischen Formationen den Siedlerzügen als „Wegweiser". Augenfällig war beispielsweise der **Split Rock**, ein gespaltener Felsen, der bereits weit im Voraus zu sehen war. Hier unterhielt der *Pony Express* (S. 456) eine wichtige Wechselstation und befand sich eine Postkutschen- und Poststation, die bis in die 1940er Jahre hinein als Sammelpunkt für den Postverkehr der Region diente.

Auf ins „Gelobte Land"

I'm bound for the Promised Land.
Oh, who will come and go with me?
I am bound for the Promised Land.
(*On Jordan's Stormy Banks* – altes Kirchenlied)

Bereits unter den ersten Siedlern, die sich im 17. Jh. an der Ostküste niederließen, befanden sich viele Unruhegeister, die neugierig ihren Blick gen Westen richteten. Ihnen ist es zu verdanken, dass sich die *Frontier* – die Grenze zwischen der europäisch-„zivilisierten" und der indianisch-„unzivilisierten" Welt – allmählich westwärts verschob. Abenteurern wie *Daniel Boone*, die sich erstmals über die Appalachen wagten, folgten Siedler, denen es an der Ostküste zu eng wurde.

Es war 1803, als US-Präsident *Thomas Jefferson* mit dem **Louisiana Purchase** das Schicksal der jungen Nation schlagartig veränderte: Für nur 15 Mio. Dollar hatte er damals *Napoleon* den riesigen, weitgehend unbekannten Landstrich zwischen Mississippi und Rocky Mountains abgekauft. Um herauszufinden, was dieses neue Stück Land zu bieten hatte, wurde der „Corps of Discovery", eine von *Meriwether Lewis* und *William Clark* angeführte Militärexpedition, losgeschickt. Sie sollte Informationen über das *Promised Land* sammeln.

Horace Greeley (1811-72), Gründer der „New York Tribune" und einer der politisch einflussreichsten Männer seiner Zeit, soll die Parole *„Go West, young man!"* aufgebracht haben, die schnell zum Lockruf für Abenteurer, Händler und Siedler wurde. An die verschiedenen, von den Siedlern eingeschlagenen Wege ins „Gelobte Land" erinnert heute eine Reihe von Trails, die dem *National Park Service* unterstehen: der **Oregon Trail**, der **California Trail** und der **Mormon Pioneer Trail**.

Zwischen einer halben und einer Million Menschen sollen die **Trails nach Westen** im Laufe des 19. Jh. eingeschlagen haben – die größte, freiwillige Völkerwanderung der Menschheitsgeschichte! Wie viele davon letztlich am Ziel angekommen sind, liegt ebenso im Dunkeln wie genaue Zahlen. Dabei stellten jedoch weniger die angeblich so wilden Indianer die Hauptgefahr dar, vielmehr waren es Krankheiten wie Cholera, Erschöpfung, selbst zugefügte Wunden aufgrund fehlender Erfahrung im Umgang mit Schusswaffen, Unfälle, Mangelernährung oder verseuchtes Wasser.

Für die gesamte **Strecke von über 3.000 km** benötigten die Siedler bei einer durchschnittlichen Tagesetappe von 20 km etwa sechs Monate (Ruhephasen und Zwischenfälle sind einzurechnen), wobei man möglichst im April startete, um vor der einsetzenden Kälte im Herbst das Ziel zu erreichen und rechtzeitig vor Wintereinbruch ein Dach über dem Kopf zu haben. Es war immer ein Wettlauf mit der Zeit: Startete man zu früh, war das Gras noch nicht hoch genug, um das

INFO

Vieh auf dem langen Weg zu ernähren, ging man zu spät los, bestand Gefahr, das Ziel nicht vor Wintereinbruch zu erreichen. Bis Anfang Juli musste der Independence Rock westlich von Casper in Wyoming erreicht sein, um sich sicher fühlen zu können.

South Pass und das im Südwesten Wyomings gelegene **Fort Bridger** waren wichtige Verteilerpunkte: Die Mormonen und die Goldsucher zogen von hier

nach Südwesten, die Mehrzahl der landsuchenden Farmer nach Nordwesten. Für viele hieß das Ziel **Oregon**, wobei während der 1840er Jahre das gesamte 3 Mio. km² große Gebiet westlich und nordwestlich des *South Pass* als „Oregon Territory" bezeichnet wurde (heute die Staaten OR, WA, ID, NW-Montana sowie große Teile von British Columbia). Damals noch kein Staat, meldeten sowohl die Briten als auch die Amerikaner Besitzansprüche an und sogar die Spanier mischten sich von Kalifornien aus zeitweilig ein. Erst die massive Besied-

Tief eingegrabene Spuren der Trecks auf dem Oregon Trail

lung durch die „Oregon-Trecker" gab der USA das nötige Übergewicht, so dass sich Briten und Amerikaner 1846 auf die Staatsgrenze entlang dem 49. Breitengrad einigten.

Im Frühjahr 1841 brach ein erster Treck von etwa 60 Abenteurern, angeführt von *John Bidwell*, von Independence/Missouri nach Kalifornien auf. *Bidwell*, der „Prinz der Pioniere", war Gerüchten vom „Paradies auf Erden" erlegen und so überquerte sein Siedlertrupp als erster die Prärie, die Rocky Mountains, das Great Basin und die Sierra Nevada. Zu einer Zeit, als die meisten Reisenden noch zeitaufwendig und gefährlich per Schiffspassage um Kap Horn nach Kalifornien gelangten, stellte die Entdeckung des **California Trails** einen enormen Fortschritt dar.

Händler und Medien warben in Missouri für die neue Route, wobei sie allerdings meist die Gefahren verschwiegen, wie sie bei der Durchquerung des wüstenhaften Great Basins oder der Überquerung der Sierra Nevada drohten, in der oft schon Ende September die Pässe wie der legendäre **Donner Pass** verschneit waren. Zwischen Independence und dem Endpunkt, Sacramento, lagen rund 3.200 km, für die ein Planwagen etwa 120 Tage brauchte. 1841-48 wurde die Route von kaum 3.000 Siedlern benutzt, doch dann änderten die Goldfunde in Kalifornien alles: 1849 zogen 25.000 und ein Jahr später 44.000 Schatzsucher gen Westen!

Nur zwei Jahre nach dem ersten Kalifornien-Treck folgten rund 1.000 Siedler in den Fußstapfen der 1836 gereisten Missionare *Marcus Whitman* und *Henry Spalding* ins *Oregon Territory*. Von Independence zum North Platte River und über die Rocky Mountains verliefen beide Routen zunächst identisch. Erst westlich des heutigen Pocatello/Idaho, nördlich des Great Salt Lake, trennten sich **California** und **Oregon Trail**. Letzterer folgte dem Snake River nordwestwärts ins *Oregon Territory*.

Auf der gleichen Trasse entlang dem Ufer des North Platte River, weitgehend identisch mit *California* bzw. *Oregon Trail*, zog sich auch der **Mormon Pioneer Trail** zwischen Fort Kearny in Nebraska und Fort Bridger im Südwesten Wyomings hin. Mehr als 70.000 Anhänger der Kirche der *Latter-Day Saints* zogen zwischen 1846 und 1869 von Nauvoo am Mississippi über Omaha zum Great Salt Lake, wo Kirchenführer *Brigham Young* das ihnen verheißene Gelobte Land gefunden zu haben glaubte.

Entlang den Siedlertrecks verdienten sich viele geschäftstüchtige Anwohner ein kleines Vermögen. Händler boten Waren aller Art zu überhöhten Preisen den Siedlern an, und Fährleute, die die Planwagen auf wackligen Flößen über die Flüsse beförderten, verlangten dafür hohe Summen. Nach 1850, mit dem Goldrausch in Kalifornien, erreichten die Siedlerströme zahlenmäßig ihren Höhepunkt: Um die 50.000 Menschen zogen zu dieser Zeit durch die Weiten Wyomings. 1869, mit der Fertigstellung der transkontinentalen Eisenbahnlinie, war dann schlagartig die Zeit der Siedlertrecks vorbei.

Bei **Muddy Gap** biegt man Richtung Nordosten auf den WY 220 ab. Linker Hand ist nach einigen Kilometern bereits aus größerer Entfernung eine 120 m hohe und 450 m lange Einkerbung im Felsen der Sweetwater Range sichtbar: **Devil's Gate**. Hier befand sich einst ein Lagerplatz der Siedler, die auf dem *Oregon Trail* unterwegs waren, doch auch die Indianer nutzen den Ort, allerdings als Friedhof. An den ersten Siedler, *Tom Sun* aus Frankreich, und einen dramatischen Siedlerzug der Mormonen im Jahr 1856 erinnert hier **Mormon Handcart Historic Sites** *(WY 220, am Devil's Gate,* ☎ *307/328-2953,* 🖳 *www.handcarttreks.com, im Sommer tgl. 8-19 Uhr, sonst tgl. 9-16 Uhr).* Das Land gehört großteils noch immer der *Sun*-Familie, ein Teil davon der Mormonenkirche, die hier dieses kleine, sehenswerte Museum eingerichtet hat.

Devil's Gate

Der auffällige abgerundete **Independence Rock** erhielt seinen Namen von Pelzhändlern, die auf dem Weg nach Westen hier campierten, genau am Unabhängigkeitstag, dem 4. Juli 1830. Auch später erreichten häufig Trecks um diesen Tag herum diese Stelle, die auf etwa halber Strecke zur Westküste lag. Unter dem Felsen konnte der Feiertag angemessen gefeiert werden und es muss oft hoch hergegangen sein. Einige der Siedler haben sich an den Wänden des Felsens – mehr oder weniger nüchtern – verewigt. Von den über 5.000 Einritzungen und Graffiti sind heute noch

Independence Rock

INFO

Der Pony Express

Zu Beginn des Bürgerkriegs in den 1860er Jahren bestand Bedarf an einer **schnellen Nachrichtenübermittlung** zur Pazifikküste. Da Schiffe zu lange benötigten und Telegrafenleitungen noch nicht existierten, wurde der so genannte **Pony Express** ins Leben gerufen, mit dem zwischen dem 4. April 1860 und dem 24. Oktober 1861 Nachrichten und Briefe zwischen der Westküste und dem Mississippi-Tal befördert wurden.

Ausgangspunkt war St. Joseph, Missouri – seit 1854 Hauptstadt von Kalifornien und wichtiger Verkehrsknotenpunkt – Endpunkt war Sacramento. Für die zurückzulegenden 3.200 km wurden etwa zehn Tage benötigt, dabei waren 80 Reiter und 500 Pferde im Staffettendienst im Einsatz. Die Reiter, die mit rund 10 kg Eilpost rund um die Uhr unterwegs waren, wurden wie die Pferde in regelmäßigen Abständen an einer der über 150 Stationen ausgewechselt.

Solche Wechsel dauerten höchstens zwei Minuten, denn Zeit war wertvoll. Die Arbeit der „Postboten zu Pferd" – mehrheitlich junge, ungebundene Männer, die nicht schwerer als 60 kg sein durften – war nicht nur kräfteraubend, sondern auch gefährlich, da der Betrieb immer wieder wegen feindlicher Indianerangriffe eingestellt werden musste. Der berühmteste Reiter soll übrigens *Buffalo Bill Cody* gewesen sein.

Mit der Einrichtung der **transkontinentalen Telegrafenleitung** im Oktober 1861 wurde der Postservice eingestellt, ohne allerdings seinen legendären Ruf jemals eingebüßt zu haben. Schließlich soll während der gesamten 18-monatigen Betriebszeit nur ein einziger Brief verloren gegangen sein …

ein paar Hundert zu erkennen, und der Felsen erhielt den Spitznamen *The Great Register of the Desert*. In der **Independence Rock State Historic Site** gibt es Infotafeln, ein paar Wanderwege, Picknicktische und ein Wildgehege *(WY 220, südwestlich Casper, bei Alcova, 🖳 http://wyoparks.state.wy.us/Sites/IndependenceRock/index.asp, tgl. Sonnenauf- bis Sonnenuntergang, Eintritt frei)*.

Entlang dem North Platte River

Auf dem Weg nach Casper erreicht der Highway das Tal des **North Platte River** mit seinen Stauseen, die für die Bewässerung der Landschaft um Casper und weiter östlich, bis nach Nebraska hinein, zuständig sind. 90 % der Wasservorräte der Region befinden sich im hiesigen *Pathfinder Reservoir* – das zu Recht auch ökologische Proteste ausgelöst hat. Es sorgt für die Bewässerung von 420 Mio. ha Agrarland und gilt als Naherholungsgebiet von Casper.

Bunte, vor allem rote und grüne Steinformationen fallen entlang der Strecke nach Casper auf und vermitteln eine gute Vorstellung von über die Jahrmillionen hinweg erfolgten Verschiebungen, Verwerfungen und Faltungen der einzelnen Gesteinsschichten.

Casper – „Wyoming's Playground" (ⓘ S. 180)

Ursprünglich befand sich an der Biegung des North Platte River die letzte **Furt der Siedlertrecks** über den Fluss. Zunächst richteten 1847 die Mormonen ihre *Mormon Ferry* ein und kassierten $ 3 für das Übersetzen eines Planwagens, dann wurde eine Holzbrücke gebaut, deren Überquerung $ 5 kostete. Zum Schutz entstand ein kleiner Militärposten, später *Fort Caspar* genannt, nach Leutnant *Caspar Collins*, der bei einem Indianerangriff ums Leben gekommen war. Als schließlich 1888 um das Fort eine Stadt gegründet wurde, sorgte ein Fehler im Schreibbüro für die heutige Schreibweise von *Casper* mit einem „e". Neben Viehzucht und der Eisenbahn waren es besonders in den 1920er Jahren Ölfunde, die die Stadt aufblühen ließen. Noch heute spielen Erdgas, Öl und Kohle eine wichtige Rolle. *Aus einem Fort wird eine Stadt*

Casper ist heute mit ca. 50.000 Einwohnern die zweitgrößte Stadt Wyomings. Sehenswert ist das nachgebaute **Fort Caspar** mit angeschlossenem historischen Museum *(4001 Ft. Caspar St., 🖥 www.fortcasparwyoming.com, Mo-Sa 8-19, So 12-17 Uhr, im Winter verkürzt, $ 2)*, vor allem, wenn im Sommer *Re-enactments* auf dem Programm stehen. Kunstliebhaber sollten sich Zeit für das **Nicolaysen Art Museum & Discovery Center** nehmen *(400 E Collins Dr., 🖥 www.thenic.org, ☏ 307/235-5247, Di-Sa 10-17, So 12-16 Uhr, Eintritt frei)*.

Die historische Innenstadt wartet mit vielen alten Bauten, kleinen Läden und zwei legendären Plätzen auf: zum einen der **Wonder Bar** *(256 S Center St.)* – eine der legendären Bars des Westens, in der einst die Cowboys gleich mit dem Pferd hineingeritten sind – und zum anderen **Lou Taubert Ranch Outfitters** *(125 E Second St.)*. Dieses Geschäft versorgt seit seiner Gründung im Jahr 1919 Cowboys mit allem Notwendigen von Boots über Wrangler-Jeans und Karohemden bis hin zu Hüten, Gürteln, Sätteln und Zaumzeug. Auf neun Stockwerken in zwei Gebäuden gibt es heute die vielleicht größte Auswahl an Westernbekleidung und Zubehör weit und breit. *Legendäre Plätze*

Hauptattraktion der Stadt und ein Muss ist jedoch das neue **National Historic Trails Interpretive Center** *(1501 Poplar St., I-25 Exit 188B, ☏ 307/261-7700, 🖥 www.blm.gov/wy/st/en/NHTIC.html, tgl. 8-19 Uhr, im Winter Di-Sa 9-16.30 Uhr, $ 6)*. Oberhalb des Platte River und der Stadt gelegen, gibt der moderne Komplex eine eindrucksvolle Einführung, interaktiv und multimedial, zu den verschiedenen Siedlertrecks, die einst hier zum letzten Mal über den Platte River übersetzten. Die Motive der Leute, ihre Herkunft, die Organisation der Trecks, die Gefahren und Nöte sind eindringlich in verschiedenen Abteilungen geschildert.

Spektakulär in Casper: National Historic Trails Interpretive Center

Reisepraktische Informationen Casper/WY

Information
• **Casper Area CVB VC**, 500 S Center St., ☎ 307/234-5311, 🖥 www.casperwyoming.info, Mo-Fr 8-17 Uhr

Einkaufen
• **Lou Taubert Ranch Outfitters**, 125 E Second St. Seit 1919 eine Legende, größtes Angebot an Westernausstattung. Diesen Laden muss man gesehen haben!
• **Eastridge Mall**, Wyoming Blvd./2nd St. (I-25 Exit 185). Größte Mall in Wyoming, u. a. mit Filiale von Corral West (Spezialist für Western Wear).
• **The Book Exchange**, 323 S Central St.; Buchladen mit riesiger Auswahl an gebrauchten Büchern, u. a. Super-Westernabteilung.

Touren
• **Spiritrider Wagon Train Adventures**, 5897 S 12 Mile Rd., ☎ 307/472-5361, 🖥 www.spiritrider-wagontrain.com. Mikel Carmon veranstaltet verschieden lange Planwagenfahrten (3-5 Tage) auf dem Oregon Trail, inkl. Verpflegung und historischem Programm.

Veranstaltung
Casper ist als Rodeo-Veranstaltungsort berühmt, vor allem sehenswert ist Mitte Juni das **College National Finals Rodeo** (Infos: 🖥 www.cnfr.com).

Entlang dem North Platte River

Von Casper führt die Autobahn I-25 entlang dem North Platte River nach Cheyenne und folgt dabei der Route der alten Siedlertrecks. Zwischen Glenrock und Douglas lohnt die **Natural Bridge at Ayers Park** (ausgeschildert ab I-25), eine 15 m hohe natürliche Felsenbrücke.

Wyoming Pioneer Memorial Museum

Douglas (5.300 Einwohner) ist eine für den Westen typische Kleinstadt. Sehenswert dort ist das **Wyoming Pioneer Memorial Museum** (400 W Center St., Fairgrounds, ☎ 307/358-9288, Mo-Fr 8-17 Uhr, im Sommer auch Sa 13-17 Uhr, Eintritt frei), das eine ausführliche Übersicht über die Geschichte gibt. Berühmt gemacht hat Douglas das *Jackalope*, eine Kreuzung aus Kaninchen und Antilope. Wie der berühmte „Wolpertinger" soll dieses Fabelwesen tatsächlich existiert haben – behaupten die Einheimischen …

12 km nordwestlich von Douglas, am WY Hwy. 93, liegt die **Fort Fetterman State Historic Site** (🖥 http://wyoparks.state.wy.us/Sites/FortFetterman/index.asp, ☎ 307/358-2864, Mai-Sept. tgl. 9-17 Uhr, $ 2). Das Fort wurde 1867 während heftiger Auseinandersetzungen mit den Indianern errichtet und diente als Stützpunkt an der Kreuzung von Ost-West- sowie Nord-Süd-Routen. 1880 wurde das Fort aufgegeben.

Abstecher zur Fort Laramie National Historic Site

Fort Laramie NHS, 965 Gray Rocks Rd. (ab US 26, südwestl. des gleichnamigen Ortes), ☎ 307/837-2221, 🖳 www.nps.gov/fola, Park Sonnenauf- bis Sonnenuntergang, $ 3/Person.

Auf der Fahrt nach Cheyenne sollte man unbedingt einen Abstecher nach Fort Laramie einplanen. Am Exit 92 verlässt man dazu die I-25 und fährt nach **Guernsey** (ⓘ S. 191), eine kleine Ortschaft, in deren Nähe sich der gleichnamige State Park befindet. Südlich des Ortes (ausgeschildert ab US 26) erhebt sich der **Register Cliff** *(S Wyming Ave., tgl. Sonnenauf- bis Sonnenuntergang, Eintritt frei)*, in dessen Wand sich Tausende von Pionieren – und viele moderne Besucher – verewigt haben. In dessen Nähe bei der **Oregon Trail Ruts SHS** *(S Wyming Ave. tgl. Sonnenauf- bis Sonnenuntergang, Eintritt frei)* sind noch tiefe Fahrrinnen zu sehen, die die unzähligen Siedlerwagen in den Felsen eingegraben haben. — *In Stein verewigt*

Wenige Kilometer östlich, nahe dem Zusammenfluss von **North Platte River** und **Laramie River**, wurde in der Nähe des Ortes **Fort Laramie** (250 Einwohner) 1834 ein Stützpunkt und Handelsplatz für Pelzhändler eingerichtet. Seinen Namen verdankt dieser Ort dem französischen Pelzhändler *Jacques LaRamee.* Als immer mehr Siedler, Postkutschen und kurzfristig auch der *Pony Express* hier durchzogen, entschied sich die Regierung für die Einrichtung eines größeren Militärpostens und erwarb 1849 den Posten von der *American Fur Company*. In den 1860er Jahren, als auch Goldsucher in großen Scharen herströmten, wurde das Fort noch einmal vergrößert. — *Legendäres Fort Laramie*

Fort Laramie hatte nicht nur als Versorgungsposten und zum Schutz der Siedlertracks eine bedeutende Funktion in der Geschichte der Besiedlung des Westens, hier ratifizierte man auch wichtige Verträge mit Indianern: **1851** wurde der erste Vertrag mit den Plains-Indianern verschiedener Stämme geschlossen; er sicherte den Siedlern freien Durchzug, den Indianern dagegen unantastbare Jagdgründe zu. Doch schon im Sommer 1854 geriet der Frieden ins

Fort Laramie war einst der bedeutendste Militärposten im Westen

Wanken, als ein übermotivierter Offizier namens *Grattan* wegen einer von Indianern getöteten Kuh eines Mormonen einen Zwischenfall auslöste, der ihm und mehreren Soldaten das Leben kostete. Bis 1868 befanden sich deshalb vor allem die *Lakota* und das Militär im Kriegszustand. Erst der so genannte **Vertrag von Laramie 1868** trug, zumindest vorübergehend, zur Beilegung der Konflikte bei.

Mit der Fertigstellung der transkontinentalen Eisenbahnlinie 1869 ebbten auch die Siedlertrecks ab und mit dem Ende der letzten Auseinandersetzungen mit Indianern, um 1880, verlor das Fort an Bedeutung und wurde 1890 nach dem Massaker von *Wounded Knee* geräumt.

Interessan-
te Ranger-
Touren
Heute sind noch 22 der ehemals 67 Gebäude erhalten und die meisten von ihnen
können besichtigt werden. Besonders empfehlenswert sind die Ranger-Touren, da
sie einen guten Überblick über die Geschichte der Trails, die Ausdehnung nach Westen sowie das Leben als Soldat geben. Die interessantesten Bauten sind neben dem
Visitor Center im ehemaligen Lagerhaus von 1888 der alte Kaufmannsladen (Sut-
ler's Store), Old Bedlam, wo die unverheirateten Offiziere lebten, das Lazarett (Sur-
geon's Quarters) und die Wohnhäuser der Offiziersfamilien.

> ### *i* Information
> • **Fort Laramie VC & Museum**, Commissary Building, 🖥 www.nps.gov/fola,
> tgl. ab 8 Uhr, Schließung je nach Jahreszeit, $ 3/Person, Videovorführung, Audiotouren ($ 3)
> sowie Buchladen.

Über Guernsey erreicht man wieder die Autobahn I-25 und nach etwa 80 mi/
130 km Wyomings Hauptstadt **Cheyenne**.

Alternativroute durch das Land der Cowboys

Möchte man von Casper aus nicht der Autobahn nach Cheyenne folgen, lohnt eine Fahrt durch
das **„Land der Cowboys"**. Am WY 220 zweigt wenige Meilen südlich Casper der Hwy. 487
ab, der nach Medicine Bow führt.

Medicine Bow ist mit seinen nicht einmal 300 Einwohnern zwar ein kleines Nest, erlangte
aber literarischen Ruhm durch den ersten Western, „**The Virginian**" von Owen Wister. Das historische Hotel The Virginia erinnert noch heute daran und ein kleines Museum gegenüber, im
Eisenbahndepot von 1913, trägt weiter zum Verständnis bei.

Die schnellste Verbindung von Medicine Bow nach Laramie ist der US Hwy. 30 – Teil des legendären **Lincoln Highway** (*i* S. 462) –, zugleich die Trasse der ersten transkontinentalen
Eisenbahn. Wer genügend Zeit hat, sollte er-
neut einen Umweg machen: Auf dem US
Hwy. 30 geht es nach Südwesten bis Wal-
cott, dort biegt man auf den WY 130 ein,
der in die Medicine Range (Snowy Mountain)
führt. Wie zuvor in Themopolis gibt es in
Saratoga (🖥 www.saratogachamber.info, *i*
S. 233 eine Reihe heißer Quellen. Der WY
130 Scenic Byway führt von hier ostwärts,
erst hinauf auf den 3.200 m hohen **Snowy
Range Pass** (Wintersportgebiet) vorbei
am Medicine Bow Peak, dann hinunter in die
ehemalige Goldgräberstadt **Centennial** –
eine beeindruckende Fahrt durch eine **malerische Berglandschaft** – ehe man Laramie erreicht.

Wyoming Territorial Prison in Laramie

Wie Fort Laramie (s. o.) verdankt auch die 27.000-Einwohner-Stadt **Laramie** (ⓘ S. 200) ihr Entstehen dem französischen Trapper *Jacques LaRamee*. Mit dem Bau der transkontinentalen Eisenbahn wuchs die Siedlung zur Stadt und zum regionalen Zentrum heran. 1887 wurde hier die **University of Wyoming** gegründet, und sie bestimmt bis heute mit ihren 11.000 Studierenden das Stadtbild. Zudem machte sich die Stadt – die noch immer eine *Cowtown* ist – einen Namen in Sachen Emanzipation: Hier gab es die erste Richterin, durften Frauen zum ersten Mal wählen und wurde erstmals eine Frau *(Nallie Tayloe Ross)* zum Gouverneur gewählt.

Zur Universität gehört im futuristischen Centennial Center von *Antoine Predock* nördlich der Sportanlagen das **American Heritage Center & Wyoming Art Museum** *(2111 Willet Dr./ 22nd St., Mo-Fr 8-17, Sa 11-17 Uhr, Eintritt frei)* mit Wechselausstellungen sowie einer Foto- und Büchersammlung zur Geschichte und Gegenwart Wyomings. Ebenfalls auf Campusgrund: das **Anthropology Museum** *(14th/Ivinson St., Old Law Bldg., Mo-Fr 8-17 Uhr, Eintritt frei)* mit einer Einführung in die Welt der Indianer und das **Geological Museum** *(SH Knight Bldg., Mo-Fr 8-17, Sa/So 10-15 Uhr, Eintritt frei)*.

Hauptattraktion ist jedoch die **Wyoming Territorial Prison SHS** *(975 Snowy Range Rd., I-80 Exit 311, ☎ 307/745-6161, 🖥 www.wyoprisonpark.org, Mai-Okt tgl. 9-18 Uhr, $ 5)*. Um das ehemalige Gefängnisgebäude – *Butch Cassidy* saß hier beispielsweise ein – von 1872 (1889 erweitert und 1903 geschlossen) hat man ein Freiluftmuseum im Wildwest-Stil, eine *Frontier Town*, errichtet.

Der schnellste Weg von Laramie nach Cheyenne ist die I-80/US Hwy. 30 (37 mi/ 59 km). Der **Sherman Hill**, 10 mi/16 km östlich von Laramie, ist mit 2.590 m der höchste Pass auf der transkontinentalen I-80, und einst war er auch der höchste Eisenbahnpass auf der Ost-West-Route. Hier steht unübersehbar ein **Abraham-Lincoln-Denkmal** (I-80 Exit 323), schließlich wurde ihm zu Ehren 1912 die Straße als erste kontinentale Verbindung eingerichtet.

ℹ️ Information

• **Albany County Tourism Board**, 210 Custer St., ☎ 307/745-4195 und 1-800-445-5303, 🖥 www.laramie-tourism.org
• **Laramie Chamber of Commerce**, 800 S 3rd. St., ☎ 307/745-7339 und 1-866-876-1012, 🖥 www.laramie.org. Broschüren und Infos.
• **University of Wyoming Visitor Center**, 1408 Ivinson Ave. (ab Grand St.), ☎ 307/766-4075, 🖥 www.uwyo.edu

🧺 Markt

• **The Farmers Market of Laramie**, Juni-Sept. Fr 15-19 Uhr. Wochenmarkt mitten in Downtown.

📖 Lesetipp

Owen Wister *(1860-1938)* war wie sein Freund Theodore Roosevelt vom Westen fasziniert. Auf mehreren Reisen lernte er die Weiten Wyomings kennen und war hingerissen von Landschaft und Leuten. Sie inspirierten ihn zu seinem berühmten Werk *„The Virginian"* (1902), mit dem er die Basis für das bis heute beliebte Genre des Westernromans legte. Mit seinem aus Virginia stammenden Romanhelden schuf er das später so populäre Bild des mutigen, loyalen und ehrbaren Cowboys.

INFO   Der Lincoln Highway

Der Lincoln Highway hat zwar nicht den Ruf der legendären Route 66 oder des malerischen Küsten-Highways 1, doch war er die erste befestigte Landstraße zwischen der Ost- und Westküste. 1915, rechtzeitig zur *Panama-Pacific International Exposition* in San Francisco, war die Route fertiggestellt worden.

Nur zwei Jahre vorher war auf Initiative von *Carl Fisher* die **Lincoln Highway Association** (*LHA*) gegründet worden. 1909 hatte *Fisher* bereits den Bau des **Indianapolis Motor Speedway** veranlasst und bis in die 1920er Jahre hinein trieb er den Ausbau von **Miami Beach** zum Urlaubsmekka voran. Damals aber war es ihm gelungen, einige Bosse der Automobilindustrie zu überzeugen, dass sie dem Staat beim Bau einer befestigten Überlandroute unter die Arme greifen sollten – schließlich war eine gut ausgebaute Straße die beste Werbung für die Autofirmen.

Die *LHA* ließ nicht nur umgehend einen Plan für die über 5.400 km lange Strecke zwischen Atlantik und Pazifik ausarbeiten, sondern gab auch in jedem involvierten Bundesstaat eine **Seedling Mile**, einen „Musterkilometer" in Auftrag, in der Hoffnung, dass sich die betroffenen Kommunen dann um den Rest selbst kümmern würden. In der Tat ließen sich die Gemeinden und Städte entlang der Route nicht lumpen und so konnte man 1915 stolz die Straße einweihen.

Als 1925 das landesweite Straßen-Nummerierungssystem eingeführt wurde und der Staat mehr und mehr neue *Roads* baute, waren die Tage des Lincoln Highway gezählt: Er ging großteils in den US Highways 30, 40 und 50 auf. Die Aufgabe der *LHA* war erfüllt und sie löste sich 1928 auf, nachdem sie noch rund 3.000 Betonmarker als Reminiszenz an die alte Route aufgestellt hatte. Heute versucht eine **neu gegründete LHA** die Erinnerung an die erste Überlandstraße wieder wachzurufen und in den zwölf Staaten, durch die der Lincoln Highway einst führte – New York, New Jersey, Pennsylvania, Ohio, Indiana, Illinois, Iowa, Nebraska, Wyoming, Utah, Nevada und California –, erhaltene Streckenabschnitte auszuweisen.

Information
• **Lincoln Highway Association**, P. O. Box 308, Franklin Grove, IL 61031, ☏ 815/456-3030, 🖥 www.lincolnhighwayassoc.org

Cheyenne – „Hell on Wheels" (ⓘ S. 181)

Cheyenne (53.000 Einwohner) erhielt seinen Namen vom gleichnamigen, einst hier lebenden Indianerstamm und entstand 1867 als Haltepunkt der **transkontinentalen Eisenbahn**. Zuvor hatten allerdings schon Trapper und erste Siedler hier ihre Lager aufgeschlagen. Mit der Eisenbahn wurden Rinder abtransportiert und Waren für die Armee sowie zur Versorgung Abenteuerlustiger herangeschafft. Zusammen mit der Eisenbahn spielt bis heute das Militär eine wichtige Rolle: Einst wurde 1867

Fort D. A. Russell zur Sicherung der Bahn und als Versorgungszentrum für die Posten an der *Frontier* eingerichtet, heute ist hier die **Francis E. Warren Air Force Base** stationiert.

Die ersten Jahre der Stadt waren rau und schon bald war der *Outpost* bekannt als „**Hell on Wheels**", „Hölle auf (Eisenbahn-)Rädern". Doch wie in Laramie beruhigte sich die Lage und die Rinderbarone bestimmten das soziale und wirtschaftliche Leben. Täglich trafen sie sich im *Cheyenne Social Club*, tauschten Rinderherden wie Briefmarken, genossen besten Bourbon und amüsierten sich abends in Cabaretshows. Viele herrschaftliche Gebäude aus dieser Zeit sind in der Innenstadt erhalten.

„Hell on Wheels"

Im Winter 1886/87 wurde dem munteren Treiben ein Ende gesetzt: Starke Blizzards löschten die meisten Rinderherden aus. Zwar blieb Cheyenne ein **Rinderumschlagplatz**, doch die Ernennung zur Hauptstadt Wyomings, 1890, machte die alte Westernstadt zu einem **Verwaltungszentrum** – das sich allerdings bis heute ein gewisses Wildwest-Image bewahrt hat.

Überragende Sehenswürdigkeit in der Innenstadt, abgesehen von mehreren historischen Gebäuden, ist das **State Capitol** *(Central Ave./24th St., Mo-Fr 8.30-16.30 Uhr, Eintritt frei)* mit 45 m hoher Goldkuppel. Das Staatsoberhaupt Wyomings residierte bis 1976 in der historischen **Governor's Mansion** *(300 E 21st St., ☎ 777-7878, Di-Sa 9-17 Uhr, Eintritt frei)*, die ebenfalls besichtigt werden kann. Nach der Reise durch beinahe den gesamten Staat Wyoming bietet das **Wyoming State Museum** *(2301 Central Ave./24th St., ☎ 777-7022, Mo-Sa 9-16.30 Uhr, im Winter Sa nur bis 14 Uhr, Eintritt frei)*, Teil des Capitol-Komplexes, noch einmal eine Zusammenfassung zu Geschichte, Indianern, Geologie, Wirtschaft, Kunst und Kultur Wyomings.

Capitol-Komplex und Museum

Gleich neben der großen Rodeo-Arena im Frontier Park, wo jeden Juli zehn Tage lang die berühmten **Cheyenne Frontier Days** – das weltgrößte Outdoor-Rodeo mit verschiedensten Einzelveranstaltungen, Umzügen und Begleitprogramm (s. u.) – stattfinden, befindet sich das **Old West Museum & Store** *(4610 N Carey Ave., ☎ 778-7290, 🖳 www.oldwestmuseum.org, Mo-Fr 9-17, Sa/So 10-17 Uhr, $ 6)*. Dort sind neben Wechselausstellungen Kutschen, Sättel und anderes Cowboy- und Rodeozubehör zu sehen. Im Zentrum steht jedoch die Geschichte des lokalen Rodeos, das als *„Daddy of 'em All"* gilt, da es doch schon 1897 erstmals ausgetragen wurde.

Im **Nelson Museum of the West** *(1714 Carey Ave., ☎ 635-7670, 🖳 www.nelsonmuseum.com, Juni-Aug. Mo-Sa 8-17 Uhr, Sept.-Mai Mo-Fr 8-12 und 13-17 Uhr, $ 4)* schließlich sind alte Waffen und Westernkunst, indianisches Kunsthandwerk und Militärrelikte, Cowboy-Memorabilien und andere interessante Exponate zur Geschichte des Westens zu bewundern.

„Daddy of 'em All": Cheyenne Frontier Days

Cheyenne ist jedoch nicht nur ein Paradies für Westernfans, sondern auch für Eisenbahnfreunde: Im **Cheyenne Depot Museum** *(121 W 15th St., ☎ 632-3905, 🖥 www.cheyennedepotmuseum.org, Mo-Fr 9-17, Sa 10-17, So 12-17 Uhr, $ 4)* im historischen *Union Pacific Railroad Depot* geht es um die Geschichte und die einst so große Bedeutung der Eisenbahn, während im nahe gelegenen **Holliday Park** (Lincoln Way) ein Exemplar des „**Big Boy**" steht, der größten Dampflokomotive der Welt. 1941-56 leistete diese Lok und weitere gleicher Bauart der *Union Pacific* treue Dienste, indem sie schwere Güterzüge von Cheyenne über die Berge nach Laramie und Utah zog. Sie wurde nicht mit Kohlen, sondern mit Benzin befeuert (Fassungsvermögen 28 t Benzin und 95.000 l Wasser) und hatte die Kraft zweier normaler Dampfloks.

Größte Dampflok der Welt

Auch im **Lions Park** (Carey/8th St.), gegenüber dem Frontier Park, im Norden der Stadt, ist eine alte Dampflok zu besichtigen, die „**Engine 1242**". 1890 gebaut und bis 1954 in Betrieb, ist sie die älteste erhaltene Dampflok in Wyoming. Zu einem Spaziergang laden die **Cheyenne Botanic Gardens** ein *(710 S Lions Park Dr., Mo-Fr 8-16.30, Sa/So 11-15.30 Uhr, Eintritt frei)*.

Reisepraktische Informationen Cheyenne/WY

***Vorwahl** 307*

Information
• **Cheyenne Area CVB**, One Depot Square (im ehemaligen Bahnhof, Downtown), 121 W 15th St., ☎ 778-3133 bzw. 1-800-426-5009, 🖥 www.cheyenne.org
• **Wildlife VC/Wyoming Game & Fish VC**, 5400 Bishop Blvd. (I-25 Exit Central Ave.), Mo-Fr 8-17 Uhr, Eintritt frei.

Einkaufen
• **The Wrangler**, 1518 Capitol Ave. (nahe Cheyenne Depot). Großes Kaufhaus für Western Wear im Besitz von Corral West, günstige Jeans, Stiefel, Hüte, Hemden und Gürtel. Weitere Filialen von **Corral West** am Dell Range Blvd. gegenüber und in der Frontier Mall.
• **The Phoenix**, 1612 Capital Ave. Kleiner Laden mit gebrauchten LPs, CDs und Büchern, vor allem große Auswahl an Krimis und Western.
• **Frontier Mall**, 1400 Dell Range Blvd. (im Norden, nahe Flughafen). Das größte Einkaufszentrum von Wyoming mit 75 Läden.

Touren
• **Cheyenne Street Railway Trolley**, Mai-Sept. zweistündige Trolley-Touren durch die Stadt, ab Cheyenne Depot Square VC, 121 W 15th St., ☎ 778-3133, 🖥 www.cheyenne.org, Mo-Fr 10, 11.30, 13, 14.30 und 16 Uhr, Sa 10 und 13.30 Uhr, So 13.30 Uhr, $ 10.

Veranstaltung
• Mitte Juli: **Cheyenne Frontier Days**, 🖥 www.cfdrodeo.com. Neben der Calgary Stampede größtes Cowboy- und Rodeofestival Nordamerikas – ein Muss für Westernfans!

Auf dem Weg nach Denver

7 mi/11 km südlich von Cheyenne liegt die Grenze zwischen Wyoming und Colorado, zuvor bietet sich jedoch ein Abstecher zur **Terry Bison Ranch** an *(Terry Ranch Rd., I-25 Exit 2, ☎ 307/634-4171, 💻 www.terrybisonranch.com, Touren tgl. – wetterabhängig, $ 10).* Von dieser Ranch kommen die Büffelsteaks, die in Cheyenne bzw. Denver auf den Speisekarten der Lokale stehen. Ein kleiner Vergnügungspark mit Planwagen-Rundfahrten, Touren zu den Bisons und Rodeoshows am Wochenende wird ergänzt durch Campingplatz, Cabins zum Übernachten, einen Shop und ein Restaurant.

Terry Bison Ranch

Die Route Richtung Denver (I-25) führt vorbei an der Universitätsstadt **Fort Collins** (ca. 120.000 Einwohner), die sich um Erhalt und Restaurierung der historischen Innenstadt bemüht. Die lokale *Colorado State University* gilt als führend in Agrarwissenschaften. Die Filiale der **Anheuser-Busch Brewery** ist bei Besuchern aufgrund ihrer Gratistouren und Proben beliebt. Wesentlich kleiner, aber dafür wegweisend auf dem Gebiet biologischer Braukunst und Energiesparen ist die **New Belgium Brewery**, die sich auf Biere belgischer Art spezialisiert hat.

▼ Brauereitouren

- **Anheuser-Busch Brewery**, 2351 Busch Dr., 💻 www.budweisertours.com, tgl. 9.30-16.30 Uhr halbstündlich Touren, im Winter 10-16 Uhr alle 45 Min., Dauer ca. 75 Min. inkl. Proben, frei.
- **New Belgium Brewery**, 500 Linden Rd., I-25 Exit 269B, 💻 www.newbelgium.com, Laden Mo-Fr 10-18, Sa 11-16 Uhr, Touren (1 Std.) Mo-Fr 14/16 Uhr, Sa stündlich 11-16 Uhr, frei.

In **Boulder** (S. 177), einem im Gegensatz zu Denver überschaubarem Städtchen mit 95.000 Einwohnern, prägt die **University of Colorado** mit ihren rund 26.000 Studenten Stadtbild und Infrastruktur. Mit dem *Shakespeare Festival*, Symphoniekonzerten und Theatern hat die Stadt ein reges Kulturleben zu bieten. In der City lädt die **Pearl Street Pedestrian Mall** mit vielen kleinen Läden, z. B. *Trident Booksellers & Café* (940 Pearl St., gute Auswahl an gebrauchten Büchern und kleines Café), oder *Boulder Cooperative Market* (Pearl/19th St.) und einem kleinen alternativen Supermarkt zum Flanieren ein. Nicht nur am Tag, sondern auch bei Nacht, denn dann wird es in Restaurants, Straßencafés, Pubs und Microbreweries erst richtig lebhaft.

Universitätsstadt mit Charme

Große Sights gibt es zwar mit Ausnahme des **University of Colorado Museum of Natural History** *(15th St./Broadway, Campus Henderson Bldg., Mo-Fr 9-17, Sa 9-16, So 10-16 Uhr, Spende)* oder dem **Leanin' Tree Museum & Sculpture Garden of Western Art** *(6055 Longbow Dr., Mo-Fr 8-16.30, Sa/So 10-16 Uhr, frei)*, einer überraschend vielseitigen privaten Sammlung zeitgenössischer Westernkunst, nicht, doch Boulder als Universitätsstadt hat Charme. Auch als Ausgangspunkt für einen Besuch des Rocky Mountain NP (s. S. 486) bietet es sich an.

ℹ **Information**
- **Boulder CVB**, 2440 Pearl St., ☎ 303/442-2911 und 1-800-444-0447, 💻 www.boulderchamber.org und www.bouldercoloradousa.com

Denver – Mile High City und Metropole der Rockies (ⓘ S. 186)

Von der Cowtown zur Wowtown

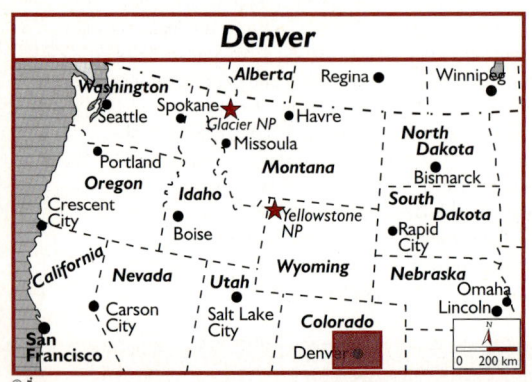

Denver

In den Weiten des Westens und der gigantischen Bergwelt der Rockies ist Denver die **einzige wirkliche Großstadt**. Vor der Bergkulisse scheint es, als ob die Metropole den Rockies zu Füßen liegt, in Wahrheit befindet sie sich aber genau eine Meile (1,6 km – gemessen auf der 15. Stufe auf der Westseite des Kapitols) über dem Meeresspiegel – daher der Spitzname **Mile High City** – und erstreckt sich zudem ein ganzes Stück weg von den Bergen, auf „flachem Land", sprich in der Prärie. Sämtliche Sehenswürdigkeiten der boomenden 560.000-Einwohner-Metropole (Metro Denver: 2,4 Mio.) zu erwähnen, würde den Umfang dieses Regionalführers sprengen und wäre für einen eigenen City Guide gut. Daher seien im Folgenden nur die herausragenden Sights und Museen erwähnt.

In der Mile High City

Denvers Downtown dominieren Hochhausbauten und sie bilden eine **beeindruckende Skyline** vor der entfernten Bergkulisse der Rockies. Spektakuläre Neubauten sind beispielsweise der Anbau des Denver Art Museum (Hamilton Bldg.) von *Daniel Libeskind* oder *Michael Graves'* Denver Public Library – sie bilden ein ungewöhnliches modernes Bauensemble im Schatten des altehrwürdigen State Capitols.

Bis **Mitte des 18. Jh.** tat sich kaum etwas in der Region, lediglich ein paar Trapper und Pelzhändler zogen durch die nahen Bergwälder. Doch dann fand um 1858 ein einsamer Schürfer Gold am South Platte River, und obwohl es sich nur um kleine Mengen handelte, sprach sich das Ereignis herum. Weitere

Moderne Skyline Denvers

Glücksucher eilten herbei und errichteten eine einfache **Siedlung**. Leider war es schon ein paar Monate später vorbei mit dem Gold und die Hütten standen wieder leer. Lediglich ein paar Unverbesserliche versuchten ihr Glück ein paar Meilen weiter südlich, am Zusammenfluss von South Platte River und Cherry Creek.

Die Funde dort erwiesen sich als weit erfolgversprechender und plötzlich schossen gleich zwei Orte aus dem Boden: **Auraria** (jetzt der Unicampus) und **St. Charles City**. Wieder strömten Abenteuerlustige her und unter ihnen war diesmal auch *General William Larimer* aus Kansas, der einen dritten Ort aus dem Boden stampfen ließ: **Denver City**. Benannt wurde er nach einem ehemaligen Gouverneur des *Kansas Territory*, zu dem Colorado damals gehörte. 1861 schlossen sich diese drei Orte zu einer kleinen Stadt zusammen.

Obwohl das Goldfieber um Denver noch 20 Jahre fortdauerte, blieben die geförderten Mengen eher bescheiden. Vielmehr waren es Saloons, Hotels, Geschäfte und Banken, die von den Entwicklungen profitierten und der Stadt zu etwas **Wohlstand** verhalfen. Das meiste Gold bzw. Geld kam jedoch aus den Minenstädten in den Bergen. Erfolgreiche Schürfer und Minenbesitzer ließen sich im alten Denver hochherrschaftliche Häuser errichten, und als nach 1880 neu entdeckte Silberminen die Bedeutung der Goldförderung in den Schatten stellten, ging es bergauf mit der Stadt. Eine schillernde Persönlichkeit war der Silberbaron *James Tabor*, der u. a. Geld in ein großes Opernhaus investierte. Viele wohlhabende Geschäftsleute siedelten sich an und Denver wurde zur **Queen City of the Plains**.

Redaktionstipps

Sehens- und Erlebenswertes
- Architektonisch und dank seiner über 60.000 Kunstwerke außergewöhnlich ist das **Denver Art Museum** (S. 469).
- Einen fesselnden Einblick in die Geschichte gibt das **Colorado History Museum** (S. 469).
- Über die Leistung der Afroamerikaner bei der Besiedlung des Westens gibt das **Black American West Museum & Heritage Center** Auskunft (S. 476).
- Für Familien lohnend sind das **Children's Museum of Denver** (S. 474), das **Downtown Aquarium** (S. 474), der **Zoo** (S. 476) und das **Denver Museum of Nature & Science** (S. 476).
- Nicht entgehen lassen: ein Spiel eines der lokalen Sportteams der Stadt – Baseball mit den **Rockies** (S. 473 und 478), American Football der **Broncos** (S. 474 und 478), Basketball mit den **Nuggets** (S. 474 und 478), Eishockey mit der **Avalanche** (S. 474 und 478) oder Fußball mit den **Rapids** (S. 478).

Unterkunft
- Aufgrund der Lage, moderner, geräumiger Zimmer und Suiten, aber auch wegen des im Preis eingeschlossenen Frühstücks und kleinen Abendessens ist das **Residence Inn Denver City Center** (S. 186) sehr empfehlenswert.
- Speisen wie in einem Museum kann man in der **Buckhorn Exchange** (S. 186), Denvers ältestem Restaurant von 1893.

Essen & Trinken
- Die **Wynkoop Brewing Co.** gehört dem Bürgermeister von Denver und lockt mit den besten Bieren und leckeren Gerichten (S. 187 und S. 473).

Einkaufen
- Die **16th Street Mall** (S. 477) oder der **Cherry Creek Shopping District** (S. 477) laden zum Einkaufsbummel ein.
- Leseratten sollte den **Tattered Cover Book Store** (S. 473 und S. 477) nicht auslassen. Ein besonderer Laden!

Um 1900 stürzte der Silberpreis rapide ab und der Traum von einer Weltstadt war ausgeträumt. Denver fiel in einen **Dornröschenschlaf**. Geld war zwar immer noch vorhanden, doch lag die Stadt geografisch im Randbereich und konnte mit der Entwicklung in den Städten am Pazifik oder entlang der Ostküste nicht mithalten. Dies begann sich erst zu ändern, als 1928 die Eisenbahnlinie nach Westen fertiggestellt wurde. Allerdings blieb in den Augen der Küstenbewohner Denver immer eine **Wildwest-Stadt** – für viele bis heute.

Erst zu Beginn der 1980er Jahre wandte sich das Blatt erneut. Wieder waren es Bodenschätze, die einen Boom einleiteten, diesmal Erdöl und Kohle. Erinnert sei nur an die „Ölfamilie" *Carrington* aus der **TV-Serie „Denver"**. Rings um die Stadt, auf Getreidefeldern oder sogar mitten in Ortschaften, fördern heute Pumpen wertvolles Öl und haben die Stadt reich gemacht. Die einstige **Cowtown** hat an Ansehen gewonnen und es hat den Anschein, als wäre genügend Geld da für imposante Bauprojekte, Umweltschutz und Infrastruktur. Denver ist längst nicht mehr „nur" Standpunkt für die Bergwelt der Rockies, Anlaufpunkt für Outdoorfans und Skifahrer, sondern mittlerweile auch eine **Kultur- und Kunstmetropole**, die kulinarisch enorm aufgeholt hat. Inzwischen haben sich in bestimmten Vierteln Kunst- und Alternativszenen herausgebildet, so in den Arealen um **Santa Fe** und **Colfax Avenue** sowie im **Golden Triangle** um das Denver Art Museum. Hier finden auch jeweils am ersten Freitag im Montag Veranstaltungen in den zahllosen Galerien statt.

Kultur- und Kunstmetropole

👉 Tipps für Besucher

🚌 Herumkommen
*Downtown Denver lässt sich gut zu Fuß erkunden, zudem verkehrt entlang der 16th Street Mall ein **kostenloser Bus** und zwischen der Innenstadt und weiter entfernt liegenden Attraktionen eine **Straßenbahn** (Light Rail). Diese soll in den nächsten Jahren weiter ausgebaut werden, so dass man von der zentralen Union Station fast überall hinkommt, ab 2014 sogar zum Flughafen. Dann werden die Straßenbahnen mit ihrem 190 km umfassenden Schienennetz einmal das größte Netz in den USA bilden und auch Golden und Boulder angebunden sein.*

👉 Orientierung
*Das Zentrum breitet sich um das **State Capitol** und seine umgebenden **Museen** (s. u.) aus. Ein Bummel über die nahe **16th Street Mall** nordwestwärts führt nach **LoDo** (Lower Downtown, um Union Station), besonders zur abendlichen Kneipentour geeignet. Bei schönem Wetter empfiehlt sich ein Spaziergang entlang der grünen Promenade am **Platte River**, der die Innenstadt im Westen umfließt. Im Osten der Stadt lohnt ein Besuch des **City Parks**, im Norden liegt das afroamerikanische **Five Points** und im Süden die „In-Viertel" **Cherry Creek** und **South Pearl**.*

👉 Zeitplanung
Abhängig vom Zeitaufwand für die äußerst sehenswerten Museen sollte man mindestens zwei Tage für die Stadt einplanen, zumal es auch außerhalb des Stadtzentrums einige Attraktionen zu besichtigen gibt (teilweise per Light Rail erreichbar). Der dritte Tag gehört dann Ausflügen ins Umland, vor allem nach Golden und Boulder.

Sehenswertes im Downtownbereich

State Capitol und Golden Triangle

Das **Colorado State Capitol** (1) *(200 E Colfax Ave./Broadway, Mo-Fr 9-17 Uhr, Touren alle 30 Min., Eintritt frei)* wurde 1908, nach 22-jähriger Bauzeit, fertiggestellt. Da ausschließlich Baumaterial aus Colorado, vor allem grauer Granit aus der Region um Gunnison, verwendet wurde, wirkt das Gebäude äußerlich nicht übermäßig attraktiv. Die mit Blattgold überzogene Kuppel kontrastiert mit dem Grau des Granits. Eine Führung durch einen Teil der 160 Räume verdeutlicht zudem den Reichtum des Staates: viel Marmor, Gemälde, Prunk und Protz. Die Tour endet auf den Stufen des Baus vor dem Civic Center Park, von wo aus sich ein guter Blick auf Downtown und die Berge im Hintergrund bietet.

Auffällige Goldkuppel

Der **Civer Center Park** (2) ist Denvers zentraler Platz, die grüne Lunge, die für Demonstrationen und Siegesfeiern der lokalen Sportteams, als Treff, Schlafstätte und Picknickplatz genutzt wird. Am Platz, gegenüber dem Capitol, liegt die impostante **City Hall** (3). Einen Block südlich vom State Capitol, im so genannten **Golden Triangle**, vermittelt das **Colorado History Museum** (4) *(1300 Broadway/13th, ☎ 866-3682, 🖳 www.coloradohistory.org, Mo-Sa 10-17, So 12-17 Uhr, $ 7)* als eines der attraktivsten Museen der Stadt einen interessanten Einblick in die Geschichte des Westens und des Staates.

Das sehenswerte Colorado History Museum in Denver

Abgesehen von Wechselausstellungen gibt es eine Abteilung zu Frauen im Wilden Westen – „*A Woman's Place*", über Colorados Geschichte von der Frühzeit bis heute – mit Schwerpunkt Indianer („*Ancient Voices*") und zur Formung der Landschaft mit 3-D-Modell und Multimediapräsentation.

Gegenüber liegt eines der architektonischen Schmuckstücke der Stadt: die **Denver Public Library** (5) *(10 W 14th Ave. Parkway/Broadway)*. 1995 wurde die Bibliothek nach Plänen des postmodernen Architekten *Michael Graves* eröffnet. Abgesehen von rund 75 km an Bücherregalen lohnt ein Blick in den *Gates Western History Room* mit einer umfangreichen Sammlung zur Geschichte des Westens.

Architektonisches Schmuckstück

• Denver Art Museum (6)
100 W 14th Ave. Parkway, ☎ 720/865-5000, 🖳 www.denverartmuseum.org, Di/Do 10-17, Mi/Fr 10-22, Sa/So 9-17 Uhr, $ 18.

Das Denver Art Museum ist mit seinen über 60.000 Kunstwerken, darunter eine der besten und umfangreichsten Sammlungen indianischer Kunst, das größte Kunstmu-

Libeskinds Meisterstück: die Denver Art Museum Expansion

seum zwischen Kansas City und Westküste. Der Hauptbau wurde 1971 im burgartigen Stil nach Plänen von *Gio Ponti (1891-1979)* aus Mailand erbaut. War dieser für seine Zeit schon revolutionär, ist es der im Oktober 2006 eröffnete Anbau noch viel mehr. Dieses **Frederic C. Hamilton Building** entwarf der weltberühmte Architekt *Daniel Libeskind*, von dem auch das Jüdische Museum in Berlin stammt und der an der Neukonzeption der *World Trade Center Site* in New York beteiligt war. Im Inneren des spektakulären Baus aus Titan, Glas und Granit, der sich vor allem durch Flexibilität und wohltuende Neutralität auszeichnet, sind vor allem moderne und modernste amerikanische Kunstwerke, Installationen, Bilder, Skulpturen und auch eine Fotosammlung zu bewundern. Zudem finden bis zu drei Wechselausstellungen statt. Platz finden hier auch die pazifische und afrikanische Sammlung des Museums sowie die Kunstwerke der Western-Art-Abteilung, u. a. von *Bierstadt, O'Keeffe, Calder, Remington* oder *Russell*.

Größtes Kunstmuseum des Westens

Der „alte" Bau beherbergt europäische und amerikanische Kunstwerke – Malerei, Skulptur, Drucke, Zeichnungen vor 1945 – u. a. von *Picasso, Matisse, Monet, Degas* –, die aber ungewöhnlicherweise nicht geografisch oder chronologisch, sondern thematisch angeordnet sind. Europäische Renaissance, französische Malerei des 19. Jh. und britische Kunst bilden den Schwerpunkt.

Sehenswerte indianische Sammlung

Herausragend sind aber auch die **präkolumbianische Sammlung** – die zweitgrößte der Welt nach Madrid – und die spanisch-koloniale Abteilung. Das eigentliche Highlight stellt jedoch die **Sammlung indianischer Kunst** aus dem 19. und 20. Jh. dar. Unterteilt nach verschiedenen Kulturzonen, lernt man hier nicht nur Kunst und

Kultur der historischen Indianer kennen, sondern auch ihr heutiges Lebensgefühl und Kunstempfinden.

Das **Byers-Evans House** *(1310 Bannock St.,* ☎ *620-4933, Di-So 11-15 Uhr, $ 3),* gleich hinter dem Art Museum, legt Zeugnis vom Leben einer wohlhabenden Pionierfamilie ab. Es ist weniger die Ausstattung des Hauses als vielmehr die wechselnden Ausstellungen und Fotos, zusammengestellt von der *Colorado Historical Society,* die in Ergänzung zum **Colorado History Museum** (s. o.) einen Besuch wert sind.

Rund fünf Blocks östlich des History Museums liegt das **Molly Brown House** **(7)** *(1340 Pennsylvania St.,* ☎ *832-4092,* 🖳 *www.mollybrown.org, Mo-Sa 10-15.30, So 12-15.30 Uhr, Touren halbstündig, $ 6,50).* Molly Brown war eine der meistbeachteten Frauen Amerikas zu Beginn des 20. Jh. Brown gelangte zu Berühmtheit, als sie den Unter-

Molly Brown House

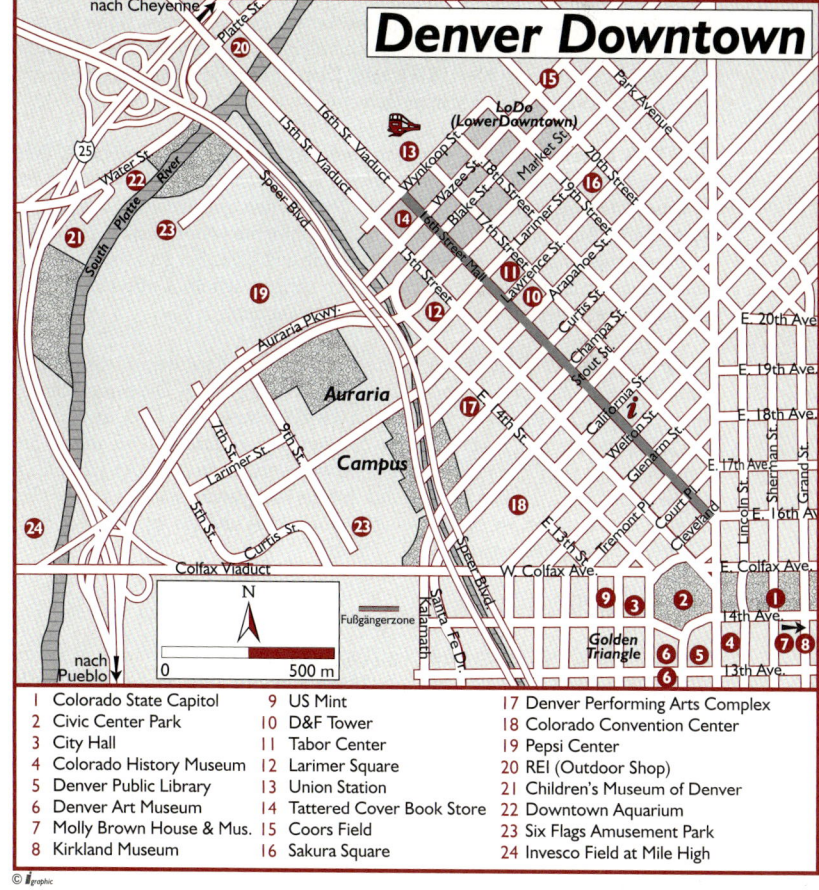

1 Colorado State Capitol	9 US Mint	17 Denver Performing Arts Complex
2 Civic Center Park	10 D&F Tower	18 Colorado Convention Center
3 City Hall	11 Tabor Center	19 Pepsi Center
4 Colorado History Museum	12 Larimer Square	20 REI (Outdoor Shop)
5 Denver Public Library	13 Union Station	21 Children's Museum of Denver
6 Denver Art Museum	14 Tattered Cover Book Store	22 Downtown Aquarium
7 Molly Brown House & Mus.	15 Coors Field	23 Six Flags Amusement Park
8 Kirkland Museum	16 Sakura Square	24 Invesco Field at Mile High

© *graphic*

gang der „Titanic" nicht nur überlebte und bei der Rettung zahlreicher Passagiere beteiligt war, sondern sich auch nach diesem Unglück aufopferungswürdig um die Hinterbliebenen kümmerte. Doch bereits zuvor war ihr Leben abenteuerlich: Aus Missouri stammend, wohnte sie zuerst in verschiedenen Minenstädten Colorados und erwarb sich Durchsetzungsvermögen und Selbstbewusstsein. Was 1909 dazu führte, dass sie sich von ihrem Ehemann trennte – zu jener Zeit undenkbar! –, um sich ganz ihrer Leidenschaft, dem Reisen, hinzugeben. Ein Großteil der Möbel stammt von ihren unzähligen Trips.

Verborgene Perle

Fast benachbart ist das **Kirkland Museum of Fine and Decorative Art** (8) *(1311 Pearl St., ☎ 832-8576, 🖥 www.kirklandmuseum.org, Di-So 13-17 Uhr, $ 6)* – sozusagen eine „verborgene Perle". In einem Haus von 1911, mit zwei Fenstern von *Frank L. Wright*, wird auf engstem Raum eine wahrlich imposante Sammlung dekorativer Kunst vom Jugendstil über Bauhaus bis zur Moderne gezeigt – die umfangreichste Ausstellung dieser Art in den USA. Im Stil eines „Kunstsalons" arrangiert, vergisst man bei Betrachtung der Kunstwerke die Zeit, besonders wenn Kurator und Besitzer *Hugh Grant* begeistert über einzelne Stücke referiert oder von dem Künstler *Vance Kirkland* (1904-1981) erzählt. Dieser hat die Sammlung begonnen und war zugleich einer der führenden modernen Künstler im Westen.

Vom Molly Brown House aus kann man über die **Colfax Avenue** zurück ins Zentrum schlendern. Hier gibt es Kontrastprogramm zu den eher gewöhnlichen Läden in Downtown: hippe Szenegeschäfte mit Comicheften, gebrauchten Schallplatten, ausgefallener Secondhand- und neuer Mode, Antiquariate und Ähnliches reihen sich auf, dazwischen finden sich einige günstige Lokale und Cafés. Bei dem auffälligen Kirchenbau in der Colfax Avenue handelt es sich übrigens um die **Cathedral of the Immaculate Conception** – die größte Kirche Denvers.

Leider kann die **US Mint** (9) *(W Colfax Ave./Cherokee St.)* seit dem 11. September 2001 nicht mehr besichtigen, doch VC und Shop sind zugänglich. Die erste „Münze" wurde 1863 in Denver eingerichtet, damals war die private Firma *Clark, Gruber & Co.* mit Genehmigung des Staates für die Münzprägung zuständig. 1895 wurde beschlossen, eine staatliche Prägeanstalt in Denver einzurichten, doch es sollte noch elf Jahre dauern, bis der Bau in der Colfax Avenue fertiggestellt war. Die *Denver Mint* ist eine von insgesamt vier Prägeanstalten in den USA und aus ihr stammen rund 40 Mrd. Münzen im Jahr, darunter 70 % Pennys.

16th Street Mall

Fußgängerzone

Die 16th Street Mall ist eine Fußgängerzone und zugleich die wichtigste Einkaufsstraße von Denver. 1982 plante der berühmte Architekt *I. M. Pei* diese eine Meile lange Promenade mit verschiedenfarbigen Granitplatten und über 200 Bäumen. Einziges Verkehrsmittel auf der Mall ist ein kostenloser Elektrobus, der an jeder Straßenkreuzung hält. Der auffällige, 1909 erbaute **D&F Tower** (10) galt einst als das höchste Gebäude westlich des Mississippi und ist dem Campanile am Markusplatz in Venedig nachempfunden. Entlang der Mall gibt es eine bunte Mischung von exklusiven Geschäften und Kaufhäusern, Souvenir- und Ramschläden, während ausgefalle-

Denver historisch am Larimer Square

ne und teils auch preiswertere Shops und Boutiquen eher in der abzweigenden **La-rimer Street** – **Larimer Square** (12) und **Writer Square** –, in **LoDo** (s. u.) oder im Einkaufszentrum **Tabor Center** (11), an der Mall zwischen Larimer und Lawrence Street, zu finden sind.

LoDo (Lower Downtown District)

Der renovierte historische Distrikt **LoDo** erstreckt sich über 26 Blocks zwischen der 1885 erbauten **Union Station** (13) *(Amtrak* und *Light Rail)* und der **Larimer Street**, der ältesten Straße der Stadt. Ein Bummel durch die historischen Straßen im Umfeld lohnt allein schon wegen der Vielfalt an Läden, Kunstgalerien, Beklei-dungsgeschäften und nicht zuletzt wegen des riesigen **Tattered Cover Book Store** (14) *(1628 16th St.,* 🖥 *www.tatteredcover.com).*

Histori-sches Vier-tel LoDo

Einkehr
Die **Wynkoop Brewing Co.**, eine Microbrewery mit Pub *(1634 18th St.),* Cafés und Restaurants sorgen nach dem Bummel für kulinarische Leckerbissen.

Am Nordrand von LoDo befindet sich **Coors Field** (15), seit 1995 Heimat der be-liebten Baseballmannschaft **Colorado Rockies**, die regelmäßig bis zu 50.000 Fans zu ihren Heimspielen begrüßen. Wer nicht die Gelegenheit hat, eines der Heimspie-le zu verfolgen, kann während der Saison auch an einer der täglichen Führungen durch das Stadion teilnehmen (s. S. 477). Zudem lohnt sich ein Besuch der **Sandlot Brewery**, einer kleinen Hausbrauerei mit Pub mitten im Stadion, betrieben von der *Coors Brewery.* Zunächst im Schatten der American Footballer stehend, haben sich Rockies mit ihrer Teilnahme an den *World Series* im Oktober 2007 nicht nur in Den-

Heimat der Base-baller

Hinweis

s. Stadtplan Denver
Downtown, S. 471

ver, sondern im ganzen „Wilden Westen" in die Herzen der Sportfans
gespielt.

Freunde moderner Kunst sollten vielleicht auch noch einen Blick in das
Museum of Contemporary Art (Larimer/19th St.) werfen, das inter-
essante Wechselausstellungen zeigt. Benachbart liegt der **Sakura Square** (16),
Denvers kleines japanisches Zentrum.

Der **Denver Performing Arts Complex (DPAC)** (17) (Speer/Arapahoe St., Pro-
gramm unter 🖳 www.artscomplex.com) bietet zehn Bühnen für Konzerte, Opern-,
Theater- und Ballettaufführungen (u. a. Colorada Ballet, Colorado Symphony Orchestra,
Opera Colorado und Theaterensembles des DPAC. Nicht weit davon entfernt liegt das
Colorado Convention Center (18) (700 14th St., 🖳 www.denverconvention.com).

Am Platte River

Nordwestlich schließt an LoDo das Platte River Valley an, das Einheimische als
„**Play-Do**" bezeichnen. Es ist nicht nur ein Erholungs- und Freizeitareal mitten im
Zentrum, hier befinden sich auch Attraktionen wie die Sporthalle **Pepsi Center**
(19), Heimat der Profiteams **Denver Nuggets** (NBA/Basketball) und der **Colorado Avalanche** (NHL/Eishockey). Entlang dem Flussufer verläuft kilometerlang ein
Rad- und Fußweg und auf dem Fluss sind Rafting und Kajakfahren beliebt. Mit dem
REI (20) (1416 Platte St., 🖳 www.rei.com) hat hier zugleich einer der größten Out-
door- und Recreation-Spezialshops des Nordwestens seinen Sitz. Populär bei Familien ist das **Children's Museum of Denver** (21) (2121 Children's Museum Dr., ☎
433-7444, 🖳 www.mychildsmuseum.org, Mo-Fr 9-16, Sa/So 10-17 Uhr, $ 7,50). Kinder
können sich hier austoben, selbst experimentieren und an Workshops teilnehmen,
z. B. zum Thema Recycling. Höhepunkt ist neben dem Live-Theater das Fernsehstu-
dio, in dem Kinder einen eigenen Film drehen können.

*Attraktio-
nen am
Platte River*

Nicht weit davon entfernt, ebenfalls am Westufer des Platte River, liegt das 1999 eröffnete **Downtown Aquarium** (22) (700 Water St./Children's Museum Dr., ☎ 561-
4450, 🖳 www.downtownaquarium.org, So-Do 10-22, Fr/Sa 10-23 Uhr, $ 13). Besucher
können hier zum einen den Weg des Colorado zum Pazifik (Sea of Cortez) nachver-
folgen, zum anderen durch einen indonesischen Regenwald zum Pazifik spazieren –
und beide Ökosysteme vergleichen.

*Freizeit-
park im
Stadt-
zentrum*

1995 wurde am Ostufer des Flusses der **Six Flags Elitch Gardens Amusement
Park** (23) eröffnet (2000 Elitch Circle, I-25 Exit 212 A, Speer Blvd. S, ☎ 595-4386, 🖳
www.sixflags.com, tgl. 10-22 Uhr, $ 38). Man ist in Denver stolz darauf, die erste Stadt
in Amerika zu sein, die einen Freizeitpark in den Innenstadtbereich geholt hat; in
New York ist dasselbe geplant.

Nahe dem Kindermuseum, doch westlich der I-25, steht das wichtigste Sportstadion
der Stadt: **Invesco Field at Mile High** (24). Hier tragen die **Denver Broncos**, die
heiß geliebte American-Football-Profimannschaft, zwischen September und Dezember ihre Heimspiele vor fast 80.000 Zuschauern aus (Touren möglich, s. S. 477).

Weitere sehenswerte Viertel und Attraktionen

Zwischen City Park und Cherry Creek

Der **City Park** im Osten ist die grüne Lunge der Stadt, die Spielwiese der Bevölkerung an Wochenenden. Die nahe gelegenen **Denver Botanic Gardens** (1) *(1005 York St., ☎ 720/865-3500, 💻 www.botanicgardens.org, tgl. 9-17 Uhr, $ 8,50)* gehören zu den fünf angesehensten Botanischen Gärten in den USA, während der

Botanischer Garten

1 Denver Botanic Gardens	6 Black American West Museum	11 Coors Brewery
2 Denver Zoo	7 South Pearl (University of Denver)	12 Buffalo Bill Museum
3 Denver Museum of Nature & Science	8 Old South Gaylord	& Gravesite
4 National Western Stock Show Complex	9 Highlands Neighborhood	13 Red Rocks Park &
5 Cherry Creek Shopping District	10 Colorado Railroad Museum	Amphitheater

© igraphic

Denver Zoo (2) *(2300 Steele St.,* ☎ *376-4851,* 🖵 *www.denverzoo.org, tgl. 9-18 Uhr, im Winter tgl. 10-17 Uhr, $ 11)* mit seinen etwa 4.000 Tieren aus aller Welt mitten im City Park den Besucherzahlen nach der viertbeliebteste in Amerika ist.

• Denver Museum of Nature & Science

2001 Colorado Blvd., ☎ *322-7009,* 🖵 *www.dmns.org, tgl. 9-17 Uhr, $ 10, IMAX oder Planetarium $ 8, Kombitickets $ 15.*

Highlight eines Besuchs im City Park ist jedoch das **Denver Museum of Nature & Science (3)**. Für dieses Museum braucht man Zeit, mindestens zwei Stunden, denn es gilt als eines der größten seiner Art und als siebtgrößtes Museum der USA. Zu den Highlights zählt eine der größten Mineralien- und Fossiliensammlungen der Welt, sieben lebensgroße, vollständige Dinosaurierskelette, zuzüglich der Skelette von 90 weiteren prähistorischen Tieren, und 90 Dioramen von Pflanzen und Tieren aus vier Kontinenten. Es geht um die Entwicklung des Menschen, inklusive einer Kopie der rund 3,2 Mio. Jahre alten *Lucy*.

Museum für die ganze Familie

In der Ausstellung über die Entwicklung der Erde *(Prehistoric Journey)* werden in sieben Stationen die Entwicklungsstufen der verschiedenen Erdzeitalter veranschaulicht und im **IMAX-Theater** auf Großleinwand wechselnde Filme zu naturhistorischen Themen gezeigt. Im **Charles C. Gates Planetarium** stehen Lasershows und astronomische Vorführungen auf dem Programm. Vom westlichen Vorplatz des Museums aus bietet sich (gratis) der wohl beste Blick auf Stadt und Berge.

Der **National Western Stock Show Complex (4)** *(4655 Humboldt St.,* 🖵 *www.nationalwestern.com)* ist ein großer Veranstaltungskomplex mit Arena und vor allem Schauplatz der berühmten **National Western Stock Show and Rodeo** (s. u.).

Shopping am Cherry Creek

Denvers größtes Shopping-Paradies befindet sich im Südosten der Innenstadt um den Cherry Creek und heißt **Cherry Creek Shopping District (5)**. Im Bereich der E First Avenue verteilen sich auf mehrere Blocks um die 500 Shops, Cafés und Restaurants. Südlich der First Avenue liegt das **Cherry Creek Shopping Center**, nördlich davon **Cherry Creek North**, wo man auf baumbestandenen Straßen bummelt.

Five Points

Das Viertel Five Points liegt im Bereich des **M. Luther King Jr. Boulevard** – das Zentrum des afroamerikanischen Denver im Umkreis der Kreuzung 30th und Downing *(Light Rail-*Endstation).

Im **Black American West Museum & Heritage Center (6)** *(3091 California St.,* ☎ *292-2566,* 🖵 *www.blackamericanwestmuseum.org, Mi-Fr 10-14, Sa/So 10-17 Uhr, im Sommer tgl. 10-17 Uhr, $ 8)* geht es vor allem um die wenig bekannten Pionierleistungen der afroamerikanischen Bevölkerung des Westens. Immerhin war einst jeder dritte Cowboy ein Farbiger und zollten sogar die Indianer den afroamerikanischen

Reisepraktische Informationen Denver/CO

Vorwahl 303

Information
• **Denver Metro CVB**, 1555 California St., Ste. 300, ☏ 892-1505 und 1-800-393-8559, 🖳 www.denver.org bzw. www.denver.org/Intl/German.htm (auf Deutsch);
• **Downtown VC**, 16th St. Mall (Ecke California St.) mit Kiosken entlang der Fußgängerzone, Mo-Fr 9-18, Sa 9-17, So 11-15 Uhr, im Winter: Mo-Fr 9-17 Uhr; Infos nicht nur zu Stadt, Region und CO, sondern auch Ticketmaster und AAA-Filiale;
• weiterer **Infostand im Cherry Creek Shopping** Center (3000 E 1st St.) Mo-Fr 10-21, Sa 10-20, So 11-16 Uhr.
• Aktuelle Infos und Veranstaltungstipps liefern die Tageszeitungen „**Denver Post**" und „**Rocky Mountains News**".

Einkaufen
Shoppingareale
• **16th Street Mall**, Haupteinkaufsstraße und Fußgängerzone mit Läden wie Niketown, Sportsfan (Nr. 303), Barnes & Noble, Colorado Rockies Dougout, Where the Buffalo Roam oder Wild West of America sowie Cafés und Restaurants wie ESPN Zone, Hard Rock Café oder Apaloosa Grill.
• **Larimer Square**, Larimer St. (LoDo), 🖳 www.larimersquare.com. Zahlreiche kleine Shops wie die ungewöhnliche Cry Baby Ranch (Nr. 1421, kuriose Westernartikel) und Lokale wie The Market (Nr. 1445), Ted's Montana Grill (Nr. 1401) oder Tamayo (Nr. 1400, ungewöhnlicher Mexikaner).
• **Old South Pearl Street** im Süden der Stadt: Läden, Cafés und sonntags **Farmer's Market**.
• **Cherry Creek Shopping District**, im Süden, E 1st Ave. Etwa 500 Shops, Cafés und Restaurants, südlich der E 1st Ave. (Speer Blvd.) liegt das **Cherry Creek Shopping Center**, nördlich **Cherry Creek North**, mit kleinen Läden entlang der E 2nd Ave., darunter Schmuckgalerien wie West South West (257 Fillmore St.) mit Designerstücken, u. a. von Ben Nighthorse Campbell.

Einzelne Läden
• **Rockmount Ranch Wear**, 1626 Wazee St./16th. Legendärer, alteingesessener Westernladen in Familienbesitz, dessen Hemden weltberühmt sind.
• **REI** (Recreational Equipment Inc.), 1416 Platte St., 🖳 www.rei.com. Gigantisches Outdoor- und Sportausrüstergeschäft, in altem Fabrikbau, seit den 1930er Jahren Spezialist im Nordwesten.
• **Whole Foods Market**, E 1st Ave./S University St., Cherry Creek Shopping District. Gigantischer Supermarkt der legendären Biomarktkette mit Superauswahl, auch Deli.
• **Tattered Cover Book Store**, 1628 16th St., 🖳 www.tatteredcover.com. Einer der ausgefallensten Buchläden im Westen, bequeme Sitzgelegenheiten und gemütliche Atmosphäre, mit Café und weiteren Filialen, z. B. 2955 E 1st Ave. (Cherry Creek) und E. Colfax.

Malls und Factory Outlets
• **Colorado Mills**, 14500 W Colfax, Lakewood, westlich Denver. Gut 200 Shops, teilweise Fabrikverkauf.
• **Outlets at Castle Rock**, 5050 Factory Shops Blvd Castle Rock, (I-25 Exit 184). 25 Autominuten südlich Denver locken über 100 Outlet Stores bekannter Firmen.

• **Park Meadows Retail Resort**, 8401 Park Meadows Center Dr., Littleton, im Süden. Etwa 160 Läden und Restaurants, darunter große Kaufhäuser wie Nordstrom.
• **Flatiron Crossing**, One West Flatlron Circle, US 36 Exit West oder East Flatlron Circle, ca. 15 mi nördlich Denver. Rund 200 Shops und Restaurants.

Touren
• **LoDo Historic Walking Tours**, ☏ 914-6100, ruckerk@mscd.edu, Do 13.30 und 15.30 Uhr sowie Sa 10, 12, 15.30 und 18.30 Uhr, $ 10.
• **Gray Line of Denver**, ☏ 286-2841. Stadtrundfahrten, Touren in die Umgebung und staatsweit.
• **Timberline Bicycle Tours**, 7975 E Harvard, Unit J, ☏ 759-3804. Tagestouren, aber vor allem mehrtägige Touren durch die Rockies mit dem Fahrrad.
• **Harley Obsession Motorcycle Tours**, 1350 S Parker Rd., ☏ 368-7374. Motorradtouren durch die Bergwelt von Colorado auf einer Harley Davidson.

Zuschauersport
• **Colorado Avalanche** (NHL/Eishockey, Okt.-April), Pepsi Center, 1000 Chopper Circle, ☏ 405-1100, 🖥 www.coloradoavalanche.com
• **Colorado Rapids** (MLS/Fußball, April-Sept.), Spiele in Dick's Sporting Goods Park, 6000 Victory Way, Commerce City (nahe Flughafen), 🖥 www.dickssportinggoodspark.com, ☏ 405-1100, 🖥 www.coloradorapids.com

• **Colorado Rockies** (MLB/ Baseball, April-Anfang Okt.), Coors Field, 2001 Blake St., ☏ ROCKIES, 🖥 www.coloradorockies.com
Coors Field-Touren, ab Gate D (21st/ Blake St.), April-Sept. tgl. 10, 12 und 14 Uhr (an Spieltagen nur 10/12 Uhr) $ 6.
• **Denver Broncos** (NFL-American Football, Sept.-Dez.), Invesco Field at Mile High Stadium, 13655 Broncos Pkwy., ☏ 649-9000, 🖥 www.denverbroncos.com; mit Sports Hall of Fame. Touren Sept.-Mai Do-Sa, Juni-Sept. Di-Sa, 10-14 Uhr stündlich, $ 9.

Coors Field, Heimat der Baseballer Denver Rockies

• **Denver Nuggets** (NBA/Basketball, Nov.-April), Pepsi Center, 1000 Chopper Circle, ☏ 405-1100, 🖥 www.nuggets.com

Veranstaltungen (Auswahl)
• Januar: **National Western Stock Show and Rodeo**, 🖥 www.nationalwestern.com. Seit über 100 Jahren eine Institution mit Vieh- und Pferdemarkt, Rodeo etc.
• Anfang/Mitte Oktober: **Great American Beer Festival**, im Colorado Convention Center, ☏ 447-0816, 🖥 www.gabf.org oder www.beertown.org, Tickets ab $ 30. 3 Tage lang präsentieren sich unter der Ägide der Brewers Association an die 400 Brauereien, es können über 1.650 Biere verkostet werden.

Kavallerie-Einheiten, den *Buffalo Soldiers*, Respekt. Es war eine farbige Frau, *Dr. Justina Ford* („The Lady Doctor"), die 1902 eine Praxis für Arme und Mittellose in Denver eröffnete. 1971 gegründet, befindet sich das Museum im ehemaligen Haus von Frau *Ford*.

Sonstiges

Nahe der **University of Denver**, südlich der I-25, liegt im Süden der Stadt das Viertel **South Pearl** (**7**). Es ist bekannt für seine zahlreichen kleinen Läden, Cafés und Restaurants. Im Sommer findet jeden Sonntag an der **Old South Pearl Street** ein *Farmer's Market* statt. Etwas weiter westlich (S Broadway, Nr 400-2000) befindet sich die **Antique Row** mit unzähligen Antiquitätenläden.

Old South Pearl Street

Zum Shopping- und Restaurant-Bummel lohnen Areale wie **Old South Gaylord** (**8**) (1100er-Block S Gaylord St.), ebenfalls im Süden, **Berkeley Park** (Tennyson St., 38th-44th Ave.) sowie das trendige **Highlands Neighborhood** (**9**) (um 32nd/Lowell St.), beide im Nordwesten.

Einen Einblick in Kunst und Kultur der konstant wachsenden lateinamerikanischen Bevölkerung der Stadt gibt das **Museo de las Américas** *(861 Santa Fe Dr., per Light Rail, ☎ 571-4401, ⌨ www.museo.org, Di-Fr 10-17, Sa/So 12-17 Uhr, $ 4)*. Außer einer Einführung in die Kunst, Geschichte und Kultur Lateinamerikas werden sehenswerte Wechselausstellungen gezeigt.

Museo de las Américas

Ausflug nach Golden (ⓘ S. 194)

Wenige Meilen westlich von Denver liegt die Kleinstadt **Golden** (17.000 Einwohner), aufgrund mehrerer Attraktionen einen Ausflug wert. Im 19. Jh. konkurrierte Golden sogar mit Denver um die Vormachtstellung in Colorado, dessen Hauptstadt es von 1862 bis 1867 gewesen ist. In der Folgezeit, bedingt durch Goldfunde, die Errichtung der *School of Mines* und die *Coors*-Brauerei, entwickelte sich Golden zur populären Saloon- und Cowboystadt. Es sollte allerdings immer die Nummer zwei nach Denver bleiben, denn eine Stichwahl entschied mit einer Stimme Mehrheit im Jahr 1867, den Regierungssitz in die größere Nachbarstadt zu verlegen.

Saloons, Cowboys und Bier

Heute bietet Golden eine renovierte Innenstadt und einige interessante Attraktionen wie das zur **Colorado School of Mines** *(13th/Maple St., Mo-Sa 9-16, So 13-16 Uhr, Spende)* gehörende geologische Museum oder das **Golden Pioneer Museum** *(923 10th St., ☎ 303/278-7151, ⌨ www.goldenpioneermuseum.com, Mo-Sa 10-16.30, So 11-15 Uhr, $ 3)*, das eine Zeitreise in die Anfänge der Stadt und der Region ermöglicht.

ⓘ **Information**
• **Greater Golden Chamber of Commerce**, 1010 Washington Ave., ☎ 303/279-3113, ⌨ www.goldencochamber.org

Colorado Railroad Museum (10)
17155 44th Ave./I-70 Exit 265, dann Hwy. 58, ausgeschildert, ☎ 303/279-4591, 🖥 www.crrm.org, tgl. 9-18 Uhr, $ 8.

Für Eisen-
bahnfans

Eisenbahnfans sind im Colorado Railroad Museum nördlich von Golden gut aufgehoben. Dort gibt es fast 50 Dampfloks und Wagen, aber auch verschiedene Miniatureisenbahnen – inklusive eines Modells der Stadt Golden – zu sehen. Im Mittelpunkt steht die so genannte *Narrow Gauge Railroad*, eine Schmalspureisenbahn, die in den schwer zugänglichen Bergen Colorados eine wichtige Rolle im Transportwesen spielte.

Coors Brewery (11)
13th/Ford St., ☎ 303/277-2337, 🖥 www.coorsbeer.com, Mo-Sa 10-16 Uhr, Touren nach Bedarf (ca. einstündig, mit Bierprobe), frei.

Golden ist Sitz des Brauerei-Giganten Coors

Die Gründung der *Coors Brewery* gleicht einer amerikanischen Erfolgsstory vom „Tellerwäscher zum Millionär". *Adolph Coors* immigrierte 1868 mittellos in die USA, erfüllte sich aber bereits fünf Jahre später, gerade 26 Jahre alt, in Golden den Traum einer eigenen Brauerei, zusammen mit *Jacob Schueler*, einem Geschäftsmann aus Golden. Die Brauerei wuchs beständig und am Ende galt *Coors* als Symbolgetränk für die Erschließung des Nordwestens – „**The Cowboys most-wanted Draft**" lautete auch einer der ersten Werbeslogans.

Das liebste
Bier der
Cowboys

1880 stieg *Schueler* aus und die Prohibition brachte in den 1920er Jahren wirtschaftliche Probleme. Da man jedoch rasch auf Malzgetränke und Limonaden umstellte und dazu Malzbonbons produzierte, konnte das Schlimmste verhindert werden. Nach 1933 waren schnell wieder die Bierbrauer am Werk, und Anfang 2005 hat sich *Coors* mit *Molson* zusammengeschlossen – zur derzeit angeblich fünftgrößten Brauerei Nordamerikas mit der größten **Bier-Produktionsstätte der Welt** in Golden.

Die kostenlose einstündige **Brauereitour** beginnt am Großparkplatz. Von dort geht es per Bus durch die Innenstadt zum Fabrikgelände und dann durch die moderne Fabrik, in der von Nostalgie keine Rede mehr sein kann, alles ist edelstahlglänzend und computergesteuert. Wer handwerkliche Bierproduktion in kleinem Ausmaß erleben möchte, sollte zum Vergleich eine der zahlreichen Microbreweries im Umkreis und in Denver besuchen – und deren Gebräue probieren.

Buffalo Bill Memorial Museum & Gravesite (12)

Top of Lookout Mountain, 987 1/2 Lookout Mountain Rd., I-70 Exit 256 bzw. US 6,
☎ 303/526-0747, 🖳 www.buffalobill.org, tgl. 9-17 Uhr, $ 4.

Das Buffalo Bill Memorial Museum & Grave liegt auf einer Anhöhe westlich von Golden auf dem **Lookout Mountain**. Hier fand der berühmte **Buffalo Bill Cody**   *Buffalo*
seine letzte Ruhe (ⓘ S. 382). Als eine der schillerndsten Figuren des Wilden Wes-   *Bills letzte*
tens übte er verschiedene Berufe aus, war *Army Scout*, *Pony Express*-Reiter, Schau-   *Ruhestätte*
steller und Schauspieler und trug dazu bei, dass der Wildwest-Mythos um die Welt
ging. Im Museum wird sein Lebensweg mittels Briefen, Fotos, Kleidungsstücken und
anderen Erinnerungsstücken aufgezeichnet. Dazu gibt es einen Film, Shop und Lokal
und von der Terrasse einen traumhaften Blick auf den Großraum Denver und die
Rockies.

Red Rocks Park & Amphitheater (13)

I-70 Exit 256, ☎ 303/697-8801, 🖳 www.redrocksonline.com, Park tgl. 5-23 Uhr, VC tgl.
9-16 Uhr, im Sommer bis 19 Uhr, Konzert-Info: ☎ 303/295-4444.

Das Freilufttheater, das im Stil eines antiken griechischen Theater in die roten Felsen der **Red Rocks**, einer Sandsteinformation am Fuße der Rockies, gebaut wurde,
bietet 10.000 Besuchern Platz. Neben Konzerten werden im Sommer Filme vorge-
führt. Ein Museum und VC informiert Besucher über die Red Rocks.

8. „Westward Ho!" – Von Denver über Salt Lake City nach San Francisco

Überblick

„After refreshing ourselves we proceeded on to the top of the dividing ridge from which I discovered immense ranges of high mountains still to the West of us with their tops partially covered with snow."

Diese Worte von *Meriwether Lewis*, festgehalten am 12. August 1805 im Tagebuch der *Lewis & Clark*-Expedition, klingen, wie gewohnt, nüchtern und emotionslos. Sie ließen jedoch die Verzweiflung angesichts der bevorstehenden Überquerung der Rocky Mountains kaum erahnen. Stets waren *Meriwether Lewis* und sein Freund und Kollege *William Clark* der Meinung gewesen, dass nach dem Überschreiten der *Continental Divide* das Schlimmste vorbei und der weitere Weg Richtung Westküste nur mehr ein Spaziergang sei. Die wahren Ausmaße der Rockies waren den Weißen zu Beginn des 19. Jh. nämlich völlig unbekannt; bis dato hatten die Appalachen an der Ostküste als das gewaltigste Gebirge Nordamerikas gegolten. Der Expedition gelang es dennoch, wenn auch mit Mühe und indianischer Hilfe, diese *tremendous mountains* zu überqueren.

Heute kann man den **Hauptkamm der Rockies** auf vielen Highways oder auf Schienen mühelos und bequem überqueren, allerdings ist die gigantische Bergwelt des „Felsengebirges", wie es *Karl May* nannte, noch immer höchst beeindruckend. Vor allem zwischen Denver und Salt Lake City zeigen sich die Rocky Mountains von ihrer spektakulären Seite, hier liegen die höchsten Gipfel, darunter mehrere Viertausender – z. B. Pikes Peak (4.300 m), Mount Evans (4.348 m), Grays Peak (4.349 m) oder Torrey's Peak (4.348 m). Einen intensiven Einblick in die einzigartige Bergwelt gewährt der **Rocky Mountain National Park**, ein Muss auf dem Weg von Denver westwärts.

Hauptkamm der Rockies

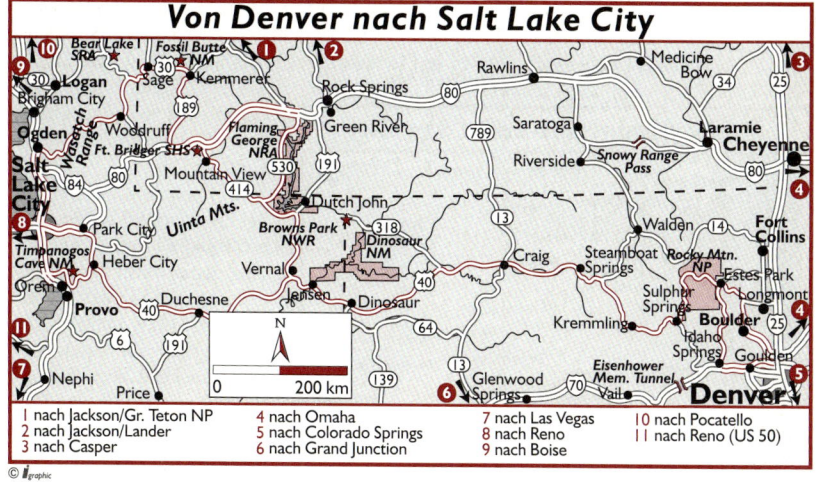

Von Denver nach Salt Lake City

1 nach Jackson/Gr. Teton NP	4 nach Omaha	7 nach Las Vegas	10 nach Pocatello
2 nach Jackson/Lander	5 nach Colorado Springs	8 nach Reno	11 nach Reno (US 50)
3 nach Casper	6 nach Grand Junction	9 nach Boise	

© Igraphic

Trostloses Great Basin

Hat man die Berge erst überquert, taucht man bei **Salt Lake City** in eine komplett andere Szenerie ein: das wüstenartige **Great Basin**. „Dies ist das ärmste und unwürdigste Land, das ein menschliches Auge je erblickt", schrieb einmal ein Reisender auf dem Weg nach Kalifornien. Man stößt überall auf Spuren jener Glückssucher und Siedler, die angezogen von den Goldfunden 1848 entlang dem *California Trail* nach Westen zogen. Ehe sie jedoch das „goldene" Kalifornien erreichten, baute sich mächtig die Bergkette der **Sierra Nevada** auf. Hier verbirgt sich mit dem **Lake Tahoe** ein kleines Paradies, dessen Landschaft Fans der legendären TV-Westernserie „Bonanza" bekannt sein dürfte. Durch das **Gold Country** und vorbei an Kaliforniens Hauptstadt **Sacramento** erreicht man schließlich eines der beliebtesten Reiseziele der Welt, die **San Francisco Bay**.

☞ Hinweis zur Route

*Die vorgeschlagene Route folgt von Denver und dem Rocky Mountain NP zunächst dem **US Hwy. 40** über die Berge ins Tal des Green River. Auf dem Weg nach Salt Lake City lohnt der Umweg über den alten Handelsposten Fort Bridger (Wyoming). Die schnellste Route weiter nach Westen würde die **I-80** darstellen, doch lohnender ist die Fahrt auf dem **US Hwy. 50** durch das nur dünn besiedelte Nevada. Nach einer Reiseunterbrechung am Lake Tahoe bzw. im nahen Reno gibt es wiederum zwei Alternativen: die schnelle Interstate oder die gemächliche Route durch das Gold Country.*

Über die Rocky Mountains nach Salt Lake City

Auf den Spuren der ersten Goldsucher

Erste Station auf dem Weg nach Westen ist der **Rocky Mountain NP**. Es gibt zwei Möglichkeiten, um zum östlichen Zugang bei Estes Park zu gelangen. Die schnellere führt über Boulder und Lyons über den US Hwy. 34, die weitaus interessantere und schönere Route geht westlich von Golden ab Idaho Springs (I-70) auf den Straßen CO 119, 72 und 7 durch einen Canyon und vorbei am ehemaligen **Goldgräberstädtchen Central City**.

Bei der Fahrt auf diesem **Scenic Byway** in nördliche Richtung passiert man eine Region, die nach den ersten Goldfunden dort, 1859, aufblühte. Zuerst verläuft die Straße eine atemberaubend enge Schlucht hinab, dann passiert man Central City und schließlich geht es durch eine bewaldete Hoch-

Rocky Mountains-Salt Lake City

Washington · Seattle · Spokane · Glacier NP · Havre · Alberta · Regina · Winnipeg · North Dakota · Missoula · Montana · Bismarck · Portland · Oregon · Idaho · Yellowstone NP · South Dakota · Crescent City · Boise · Rapid City · California · Nevada · Wyoming · Nebraska · Utah · Omaha · Lincoln · Carson City · Salt Lake City · Colorado · San Francisco · Denver

0 200 km

© *i*graphic

ebene. Orte wie **Black Hawk**, **Central City**, **Nederland** und **Ward** waren einst bedeutende Bergbaustädte, leben heute aber ganz vom Tourismus und sind besonders an Wochenenden entsprechend viel besucht.

Central City – Eldorado in den Rockies (ⓘ S. 180)

John H. Gregory fand in der Region am **6. Mai 1859** das **erste Gold**, soll aber, viele Jahre vom Pech verfolgt, angesichts dessen den Verstand verloren haben. Listige Spekulanten nutzten seine Schwäche aus und kauften dem stets angetrunkenen *Gregory* seine Mine für $ 21.000 ab – Peanuts im Vergleich zu den $ 60 Mio., die man in den Folgejahren schürfte. *Erste Goldfunde*

Doch damit nicht genug: Geschäftsleute nutzten, um den Ort bekannter zu machen, den Besuch des Herausgebers der „New York Tribune", *Horace Greeley*, aus: Sie „vergoldeten" eine Mine mit Goldstaub und leuchteten das Ganze publikumswirksam aus. Nachdem Greeley die „Goldader" gesichtet hatte, eilte er zurück nach New York und veröffentlichte einen Artikel, der **Tausende von Glücksrittern** nach Central City lockte. Sie alle schlugen die Hinweise des Autors, wie hart und entbehrungsreich das Leben in Central City sei, in den Wind.

Die Stadt boomte und zählte Ende der 1860er Jahre bereits 42.000 Einwohner. Auch ein verheerender Brand 1874 konnte das Wachstum nicht stoppen, im Gegenteil: Central City erreichte den Höhepunkt seiner kurzen Existenz, als 1876 das Opernhaus fertiggestellt wurde und Showgrößen sich die Klinke in die Hand gaben. Gegen 1890, als der Goldrausch zu Ende ging, hatte die „**Richest Squaremile on Earth**" immerhin Gold und Silber im Werte von 630 Mio. Dollar zu Tage gefördert.

1925 auf 400 Einwohner geschrumpft, wurde 1932 das Opera House renoviert und wiedereröffnet. Weitere historische Bauten folgten, Souvenirshops eröffneten und nach einem Referendum 1990 wurde *Gambling* in Central City und Black Hawk erlaubt. Seither strömen vor allem an Wochenenden Besucher zuhauf in das Städtchen.

In Central City empfehlen sich eine 30-minütige Fahrt mit der Schmalspurbahn zu den ehemaligen Goldfeldern, die Besichtigung des **Opera House** – ehemals mit angeschlossenem Hotel – und der Besuch im **Gilpin History Museum** *(228 E High St.,*

Redaktionstipps

Sehens- und Erlebenswertes
- Im **Rocky Mountain NP** (S. 486) Natur pur erleben, mit der **Aerial Tramway** in Estes Park fahren (S. 486) und das **Moraine Park Museum** besichtigen (S. 487).
- Auf den Spuren von *John Wesley Powell* das atemberaubende Canyonland in der **Flaming Gorge** (S. 493) erkunden.
- Auf Knochensuche gehen: im **Dinosaur NM** (S. 491) oder im **Fossil Country Museum** in Kemmerer (S. 496).
- Wie wär's mit einem Skiurlaub in **Steamboat Springs** (S. 490)?
- Der alte Handels- und Militärposten **Fort Bridger** (S. 494) lohnt vor allem im Sommer, wenn *Reenactments* stattfinden.

Unterkunft
- Das **Sheraton Steamboat Resort** (S. 240) gilt als eines der besten Skiresorts Colorados, doch auch im Sommer lohnt der Aufenthalt.

☎ 303/582-5283, Mai-Sept. Mi-Mo 11-16 Uhr, $ 5), wo es u. a. um die Geschichte der ersten Goldfunde in Colorado geht.

Veranstaltungen
• **Opera House**, 120 Eureka St., 🖳 www.centralcityopera.org, ☎ 303/582-5283, tgl. Touren 10-17 Uhr, $ 7; Veranstaltungen Mai-Sept., Tickets ab $ 42 unter ☎ 292-6700.

Estes Park (ⓘ S. 190) – das Tor zum Rocky Mountain National Park

Estes Park, Tor zum Rocky Mountain National Park

Weiter führt die Straße durch wilde Berglandschaft, vorbei an Ortschaften wie **Nederland** und **Ward**, die wie Central City von ihrer Vergangenheit und der Nähe zum Großraum Denver/Boulder leben. Schließlich erreicht man Estes Park, das Tor zum Rocky Mountain NP – ein Ort, der als „Basislager" vom Tourismus lebt und während der Sommerferienmonate entsprechend überlaufen ist.

Das kleine **Estes Park Museum** (200 4th St., Mo-Sa 10-17, So 13-17 Uhr, Eintritt frei) informiert über die lokale Geschichte. Eine Fahrt mit der **Aerial Tramway** (420 Riverside Dr., ☎ 970/586-3675, Mai-Sept. tgl. 9-18.30 Uhr, $ 9) auf den **Prospect Mountain** lohnt wegen des Ausblicks auf die östlichen Gebirgszüge des Nationalparks.

Information
• **Estes Park Chamber Resort Association**, 500 Big Thompson Ave., ☎ 970/586-4431, 🖳 www.estesparkcvb.com bzw. www.estesparkresort.com

Rocky Mountain National Park (ⓘ S. 221)

Schnee-bedeckte Berggipfel

Bereits von Weitem sieht man die hohen, ganzjährig mit Schnee bedeckten Gipfel des Rocky Mountain National Park. 116 von ihnen – und das sind nur die benannten – erreichen Höhen von über 3.000 m. Noch vor 7.000 Jahren, als das Klima noch milder war, lebten in den Talebenen **prähistorische Indianer**. Diese verschwanden um etwa 5.500 v. Chr. aus bis heute nicht völlig geklärten Gründen. Als die ersten weißen Trapper zu Beginn des 18. Jh. das Gebiet betraten, fanden sie nur noch deren Spuren vor und trafen vereinzelt auf Ute-Indianer, die im Estes-Park-Tal jagten und Teile der heute existierenden Straße als Trail zu ihren Siedlungsgebieten entlang dem Yampa River benutzten. **Erste Siedler** ließen sich erst um 1870 nieder und hielten es auch nur rund 50 Jahre aus – zu unwirtlich war das Land und zu kurz die Sommer.

Der Naturforscher und Fotograf *Enos Mills*, Hotelbesitzer in Estes Park, propagierte um 1900 die Naturschönheit der Gegend und setzte sich für die **Ausweisung**

eines Schutzgebietes ein. Die Reaktion der Regierung war erst zurückhaltend, denn man vermutete hier Bodenschätze, doch der neunjährige „Kampf" von *Mills* war 1915 von Erfolg gekrönt: Ein Nationalpark von über **100.000 ha Größe** wurde eingerichtet. Er gehört heute zu den meistbesuchten Naturparks der USA und zieht besonders während der Sommerwochenenden Zigtausende von Erholungssuchenden aus den Städten im Umkreis der Rockies an.

Besonders sehenswert neben dem **Bergpanorama** ist die einzigartige **Tundra-Vegetation** in den Höhenlagen. Insgesamt gibt es im Park 750 Pflanzengattungen und besonders reizvoll ist der Monat Juni, wenn ein bunter Blütenteppich die Auen und Wiesen entlang der *Trail Road* überzieht.

Spektakuläres Bergpanorama

Das **Moraine Park Museum** informiert mit interaktiver Ausstellung über die Entstehung und die heutige Tierwelt der Rockies *(Bear Lake Rd., ab US 36, ca. 3 km vom Beaver Meadows VC entfernt,* ☎ *970/586-1206, tgl. 9-17 Uhr).*

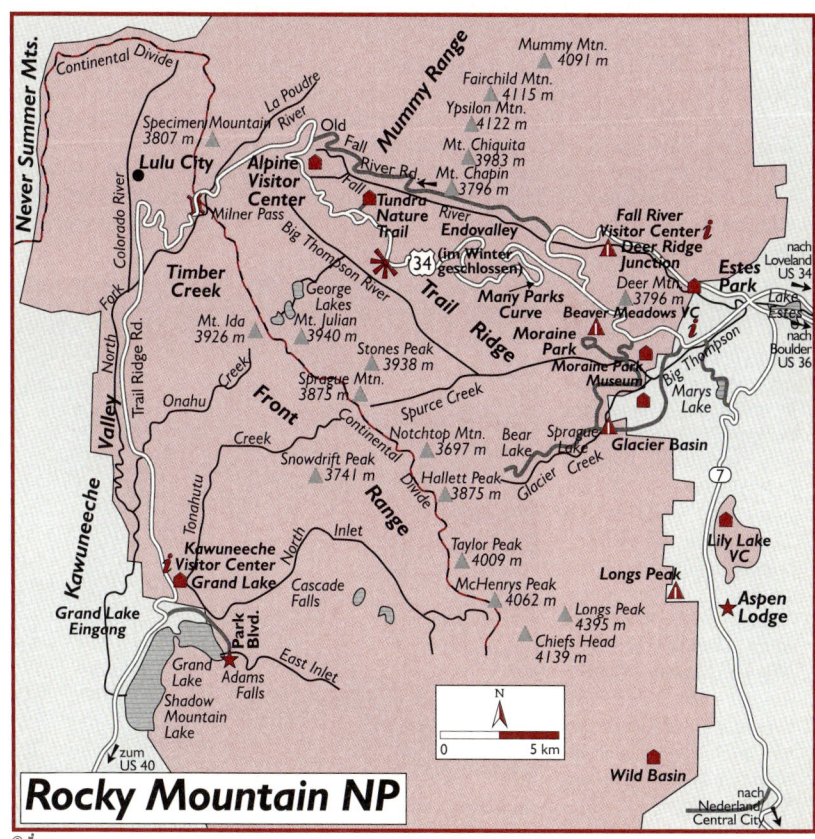

Rocky Mountain NP

© *i graphic*

Tipps für Besucher des Rocky Mountain National Park

 Information
• **Rocky Mountain NP**, 1000 Hwy. 36., Estes Park, ☎ 970/586-1206,
🖳 www.nps.gov/romo und www.rocky.mountain.national-park.com
• **Gebühr**: $ 20/Pkw
• Es gibt vier **Besucherzentren** (VC):
– **Alpine VC**, Fall River Pass (im Park), tgl. 9-17 Uhr, im Winter nur 10.30-16.30 Uhr
– **Beaver Meadows VC**, US 36, ca. 5 km westl. Estes Park (Ostzufahrt), tgl. 8-17/18 Uhr
– **Fall River VC**, US 34, ca. 8 km westl. Estes Park (Ostzufahrt), tgl. 9-17/18 Uhr
– **Kawuneeche VC**, US 34, ca. 1,5 km nördl. Grand Lake (Westzufahrt), tgl. 8-17/18 Uhr

Übernachten
Im Park selbst gibt es außer Campingplätzen keine Übernachtungsmöglichkeiten. Wer länger bleiben möchte, muss sich eine Unterkunft in Estes Park (S. 190) oder in Grand Lake (S. 221) suchen.

Zeitplanung
Autofahrer sollten sich allein für die Parkdurchquerung auf dem US Hwy. 34, der **Trail Ridge Road**, die von Estes Park nach Granby führt, **mindestens vier Stunden Zeit** nehmen. Bei einem **halbtägigen Aufenthalt** könnte man den Loop im Ostteil des Parks (US 36/34) abfahren, besser wäre es aber, **einen ganzen Tag** einzuplanen, denn so viel Zeit benötigt man, wenn man einige Stopps einlegt. Bei **zwei Tagen** könnte man am ersten Tag den Loop abfahren und am zweiten eine Wanderung sowie eine Fahrt zum im Südosten des Parks gelegenen Bear Lake einplanen. Die **unbefestigte Old Fall River Road** ist nur als Einbahnstraße in Ost-West-Richtung befahrbar, Camper sind verboten.

Reisezeit
Zum Campen und Wandern bieten sich in höheren Lagen die Sommermonate an, allerdings ist dann der Park manchmal so überlaufen, dass man kaum einen Parkplatz findet. Mai/Juni oder Oktober, wenn die Bergspitzen in Schnee gehüllt sind, sind diesbezüglich empfehlenswerter, allerdings ist die **Trail Ridge Road** (US Hwy. 34) von etwa **Mitte Oktober bis Ende Mai geschlossen** (abhängig vom Schneefall). In diesem Fall ist es nötig, einmal um den gesamten Nationalpark herumfahren, um in den Westteil des Parks zu gelangen.

Faszinierende Landschaft: Rocky Mountain National Park

Wandern

Im Park gibt es 575 km an Trails. Im VC oder unter 🖥 www.nps.gov/romo gibt es detaillierte Informationen und Karten bzw. Beschreibungen der wichtigsten Wanderrouten. Auch wenn die Temperaturen wegen der Höhenlage (dünne Luft!) angenehm erscheinen, benötigt man stets genügend Trinkwasser. Empfehlenswerte Kurzwanderungen sind vor allem der **Moraine Park Nature Trail** *(0,8 km, leichter Lehrpfad zu Flora und Fauna der Niederungen um das Moraine Park Museum), der* **Bear Lake Nature Trail** *(1 km Loop, nicht ganz eben, um einen Gletschersee) und die Besichtigung der* **Never Summer Ranch**/*Holzwarth Historic Site (knapp 1 km vom Parkplatz), die das Leben auf einer Ranch vor 70 Jahren in den Rockies lebendig werden lässt. Empfehlenswerte mittelschwere Trails beginnen an der* **Bear Lake Road**. *Sie führen z. T. in ehemalige Gletschergebiete.*

Reiten und sonstige Aktivitäten

• **Reiten** *ist ein besonderes Erlebnis im Park, gleichermaßen für „Profis" wie auch für Anfänger, die die einfachen Trails in den Talniederungen wählen sollten.* **Hi Country Stables** *(☎ 970/586-3244, 🖥 http://sombrero.com) ist der einzige Outfitter im Nationalpark mit Ställen in Moraine Park (Abzweiger gegenüber Moraine Park Museum) und Glacier Creek (beim Sprague Lake). In Estes Park und außerhalb der Parkgrenzen gibt es zahlreiche weitere Anbieter.*
• **Sonstige Aktivitäten**: *Skilanglauf, Angeln, Bergsteigen und Mountainbiking – nur an ausgewiesenen Wänden bzw. gekennzeichneten Wegen (permit nötig!).*

Auf dem Weg von Estes Park erreicht man nach etwa 7 km das **Fall River VC** (Infomaterial, Parkgebühr) und durchquert auf dem US Hwy. 34 (Trail Ridge Road) den Park. Am Westrand biegt die Straße nach Süden ab und folgt dem **Tal des North Fork of the Colorado River**. Südlich des an der Route gelegenen **Kawuneeche VC** (dem westlichen Parkzugang, s. S. 488) führt die Straße am Ufer zweier Seen entlang, die sich vor den hohen Bergketten als sehr fotogen erweisen. Der nördlichere **Grand Lake** ist der größte Gletschersee in Colorado. Die Route folgt diesem See sowie dem südlich gelegenen Lake Granby. Zwischen den beiden Orten **Grand Lake** und **Granby** finden sich Motels, Cabins und Tourveranstalter und Verleihfirmen (Boote, Angeltouren u. a.).

Geologie

Die Rocky Mountains machten **drei Entstehungsperioden** durch: Zuerst, bis vor 1,8 Mrd. Jahren, lagerten sich auf einer Ebene Sedimente ab, die z. T. mit festem Gestein (Granit und Gneis) vermengt waren. In den folgenden 1,2 Mrd. Jahren verschob sich die Erde so, dass der seitliche Druck kleinere Gebirge entstehen ließ, die aber jeweils wieder durch Verwitterung und anschließende Erosion abgetragen wurden. Es folgte vor etwa 60 Mio. Jahren eine Phase der Überflutung, die den gesamten amerikanischen Kontinent von Norden nach Süden erfasste und deren Spuren noch heute in Form von Muschelresten und anderen maritimen Ablagerungen zu erkennen sind.

Drei Entstehungsperioden

Doch bereits zu dieser Zeit wirkten **plattentektonische Kräfte** auf das Gebiet ein und so wurden die Rockies im wahrsten Sinne des Wortes aus der Erde herausgedrückt, begleitet und unterstützt von unterirdischen vulkanischen „Ausbrü-chen", die aber nur in den seltensten Fällen an die Erdoberfläche gelangen. Während der jüngeren geologischen Geschichte, etwa seit 2 Mio. Jahren, sind **Gletscher für die Oberflächengestaltung** der höheren Lagen verantwortlich. Deshalb sind einige Täler steil und laufen zum Talgrund hin spitz zu (Kartäler), andere enden in einem Becken, in dem sich ein See gebildet hat – das ehemalige Ende eines Glet-schers (Trog). Heute gibt es noch fünf kleine Gletscher im Park, mittendurch ver-läuft die kontinentale Wasserscheide und in den Bergen entspringt der Colorado River.

Flora und Fauna

In den unteren Lagen bis 2.800 m überwiegen im Rocky Mountain NP riesige **Misch- bzw. Kiefernwälder**, in Flussniederungen sind es eher Pappeln und Espen. Zwischen 2.800 und 3.400 m dominieren **Nadelbäume** aller Art und in den höchs-ten Lagen herrscht dann die unserer Alpenvegetation ähnliche **Tundra-Vegetation** vor, allerdings mit noch kürzerer Vegetationszeit (z. T. nur zehn Wochen).

Tundra-Vegetation

Große Tiere, wie Wapitihirsch und Rehwild, kommen häufig vor, zeigen sich aber erst in den Abendstunden. Gute **Beobachtungsstellen** sind die Täler im Osten (Horse-shoe und Moraine). Auch Biber sind nicht selten. Typisch sind zudem die *Bighorn Sheep* (eine Art Steinbock), die gerne mittags am Sheep Lake (Horseshoe Valley) gra-sen und trinken. Bären machen sich rar, es gibt kaum mehr welche im Park, wohin-gegen Murmeltiere in den Hochlagen verbreitet sind.

Steamboat Springs (ⓘ S. 240)

Von Granby aus geht es auf dem US Hwy. 40 weiter westwärts. Die Berge hören ab-rupt auf und werden von einer Hochebene abgelöst, dann geht es durch eine sanf-tere Berg- und Tallandschaft, ehe man nach rund 80 mi/128 km den bekannten Win-tersportort Steamboat Springs erreicht. **Mt. Werner** markiert weithin sichtbar mit seinen für die Skipisten ausgeschlagenen Wäldern den Ort.

Tal der warmen Quellen

Bereits die *Ute*-Indianer liebten diesen Platz, besonders weil es hier im Sommer an-genehm kühl war und im Tal **warme Quellen** lockten. Als einer der ersten Pionie-re hierher kam, hörte er die Quellen sprudeln und fühlte sich an das Geräusch der Schaufelraddampfer *(steamboats)* auf dem Mississippi erinnert – daher der Name. 1885 entstand eine kleine Stadt, frequentiert von Farmern und Minenarbeitern aus der Umgebung, die ihr beim Goldschürfen hart verdientes Geld in den Saloons um-setzten. 1908 wurde die Ortschaft an die Eisenbahnlinie angeschlossen, doch Ge-schichte machte Steamboat Springs erst, als 1913 der Norweger *Carl Howelsen* die Stadt besuchte und ihr **Wintersport-Potenzial** erkannte. Er errichtete u. a. die erste Skisprungschanze der USA.

Kaum fällt heute der erste Schnee, sind die Pisten voll. Kein anderer amerikanischer Ort hat bisher so viele Teilnehmer an Olympischen Winterspielen gestellt wie die-ser – mittlerweile an die Hundert. Die Innenstadt von Steamboat Springs hat sich noch etwas **Wildwest-Charme** erhalten und an der Hauptstraße reihen sich gemütliche Restaurants und Geschäfte auf. Östlich davon liegt das eigentliche Skiresort, von wo aus Lifte Skifahrer zu den **über hundert Abfahrtsstrecken** bringen.

Information
• **Steamboat Springs Chamber Resort Association**, *1255 S Lincoln Ave.*,
☎ *970/879-0880*, 🖥 *www.steamboatchamber.com*

Zum Dinosaur National Monument

Die Route auf dem US Hwy. 40 führt weiter nach Westen durch eine nahezu menschen- und baumlose, leicht zerfurchte Hochebene auf rund 1.800 m. Das Gebiet bis zur Grenze von Utah wird zur extensiven Weidewirtschaft genutzt und die kleinen Orte an der Strecke wirken eher trostlos.

Das Landschaftsbild ändert sich wieder vor **Craig**, wo sich Eisenbahnfans den **Marcia Railway Car** *(Victoria Way/Craig City Park)* anschauen können, der einst dem Eisenbahn-Tycoon *David Moffat* gehörte und Luxus pur darstellt. Das kleine **Museum of Northwest Colorado** *(590 Yampa Ave.)* widmet sich der Geschichte der Region. *Geschichte der Region*

Auf den Spuren der Dinosaurier: im Dinosaur NM

Nach Craig wird die Landschaft wieder eintöniger, und die Straße passiert kurz vor dem Ort **Dinosaur** die Südzufahrt zum **Dinosaur National Monument**. 1909 fand der Paläontologe *Earl Douglass* in einer schräg stehenden, 2,40-3,60 m starken Sandsteinschicht **unzählige Dinosaurierknochen**, viele Einzelknochen sogar komplett erhalten. Nachdem diese über Jahre erforscht wurden, entschloss sich die Nationalparkbehörde in Washington, die Region Besuchern zugänglich zu machen. Die gefundenen Knochen stammen von Dinosauriern, die vor 150 Mio. Jahren hier gelebt haben. Damals war ihr Lebensraum jedoch noch ein Feuchtgebiet, durchzogen von einer Reihe kleiner Flüsse. Ihre sterblichen Überreste wurden von nahen Anhöhen, wo sie ihre Nahrung suchten, in das Flussbett des **Green River** hinabgespült, bis sie auf einer Sandbank liegen blieben. *Reise in die Welt der Dinosaurier*

Über die Jahrmillionen bedeckte eine 200 m dicke Sediment- und Kiesschicht die Knochen und konservierte sie. Vor 100 Mio. Jahren begann sich jedoch die Erde in dieser Region zu heben und zu falten; die Rocky Mountains entstanden. Eine darauf folgende starke Erosionstätigkeit legte dann die Schichten frei. Man fand übrigens nicht nur Dinosaurierknochen, sondern auch Muscheln, Schildkröten und sogar Holzstücke.

*Grandiose
Canyon-
landschaft*

In das Gebiet des Dinosaur NM führen zwei Zufahrten: Rund 3 km östlich der Ort-schaft Dinosaur/Colorado am US Hwy. 40 stößt man auf das **Canyon Area VC**. Man erhält hier eine Einführung ins Thema und Infos zur Canyonland-Region. Von hier führt dann die geteerte **Harpers Corner Road** 50 km nordwärts hinein ins Dinosaur NM. Hier gibt es keine Knochenfunde zu sehen, dafür aber grandiose **Canyonlandschaft** am Zusammenfluss von Yampa und Green River (Aussichts-punkt und 5-km-Trail).

Die **zweite Zufahrt** liegt in Utah. In der Ortschaft **Jensen** zweigt der Zubringer UT 149 vom US Hwy. 40 ab. 7mi/11 km nördlich folgt der westliche Parkeingang mit dem **Dinosaur Quarry VC** mit einer Ausstellung zur Geschichte der Dinosaurier und zur Forschungsarbeit. Von hier verkehren von März bis Oktober regelmäßig Shuttlebusse zur eigentlichen Hauptattraktion, der **Quarry**, dem Ausgrabungsgelän-de im Steinbruch.

ℹ️ Information
• **Dinosaur National Monument**, *4545 E US 40, Dinosaur/CO, ☎ 970/374-3000, 🖵 www.nps.gov/dino, tgl. 8.30 bis mindestens 16.30 Uhr, $ 10/Pkw. Es gibt zwei Be-sucherzentren:*
– **Dinosaur Quarry VC**, *ca. 10 km nördlich Jensen/UT, UT 149, tgl. 9 bis mindestens 16.30 Uhr, Zugang zu Fossilien-Areal.*
– **Canyon Area VC**, *Harpers Corner Rd./US 40, ca. 3 km östlich Dinosaur/CO, tgl. 8.30-16.30 Uhr in der HS, sonst außer Mo/Di und Ende Okt-Ende Feb. geschl., Hauptzugang zum Canyonbereich.*

Vernal (ℹ️ S. 242)

*Dinosau-
rier-Tou-
rismus*

Vernal (Utah) ist ein kleines Farmerstädtchen (ca. 8.000 Einwohner) am US 40, west-lich des Dinosaur NM, das heute scheinbar vornehmlich vom „Dinosaurier-Tou-rismus" lebt. Zentral gelegen zwischen Flaming Gorge NRA und Dinosaur NM bie-tet es eine gute Ausgangsbasis für die Erkundung der Region.

Im Ort selbst sollten sich Dinosaurierfans das **Utah Field House of Natural His-tory Museum** (*235 E Main St., ☎ 435/789-3799, tgl. 8/9-17/19 Uhr, $ 5*) nicht ent-gehen lassen. Hier sind entsprechende Landschaften inklusive Dinosauriern (als Skulpturen) nachgebildet und es gibt im Museum Fossilien, Mineralien und Indianer-relikte zu sehen. Interessant ist das Reliefmodell über die Geologie Nord-Utahs; es verdeutlicht, warum gerade in diesem Gebiet so viele urzeitliche Funde gemacht wurden und werden.

Das **Western Heritage Museum** (*328 E 200 South St., Mo-Fr 9-18, Sa 10-16 Uhr, im Winter bis 17 bzw. 14 Uhr, Eintritt frei*) mit Memorabilien zum *Old West* sollte man ebenfalls „mitnehmen".

ℹ️ Information
• **Dinosaurland Travel Board**, *55 E Main St., 🖵 www.dinoland.com, ☎ 435/789-6932.*

Alternativroute durch die Wasatch Mountains

Alternativ zur weiter unten beschriebenen Nordroute über die Flaming Gorge NRA und Fort Bridger bietet sich eine **südliche Streckenvariante** an: weiter auf dem US Hwy. 40 durch die Berglandschaft der **Wasatch Mountains**. Von **Heber City**, mitten im fruchtbaren **Heber Valley** (🖳 www.hebervalleycc.org), führt der direkte Weg dann über Park City nach Salt Lake City.

Von Heber City als Abstecher erreichbar ist das kuriose Touristenörtchen **Midway** (ca. 2.000 Einwohner), das sich ganz schweizerischen (und bayrischen) Traditionen verschrieben hat. **Park City** (🖳 www.parkcity.com, ⓘ S. 211) dagegen ist ein mondäner Skiort, der seit den Olympischen Winterspielen 2002 weltbekannt ist. Der **Utah Winter Sports** Park, etwa 5 mi/8 km nördlich der Stadt, bietet selbst im Sommer die Möglichkeit zu Bobabfahrten, Skispringen und anderen Winteraktivitäten – auch für Anfänger.

Ab Heber City kann man, statt direkt Park City anzusteuern, auch der idyllischen Route auf dem **US Hwy. 189** durch den **Provo Canyon** folgen. Auf halber Strecke liegt das **Sundance Resort**, das von Schauspieler *Robert Redford* errichtet wurde, der auch in dem Film „Sundance Kid" eine Hauptrolle spielte. Jedes Jahr werden in dem Skiresort auch verschiedene Filmfestivals abgehalten.

Endpunkt des Hwy. 189 ist **Provo** (🖳 www.provo.org), mit über 105.000 Einwohnern die zweitgrößte Stadt Utahs, benannt nach dem frankokanadischen Trapper *Etienne Provost*, der 1825 die Gegend erkundete. Die Stadt wird optisch dominiert vom **Provo Mormon Temple** (mit VC) und von der **Brigham Young University** (☏ 801/422-44431, 🖳 www.byu.edu, Touren: Mo-Fr 9-16 Uhr), zu der eine Reihe kleinerer Museen zu Wissenschaft und Kunst gehören (BYU Fine Arts Galleries, Monte L. Bean Life Science Museum, Museum of Art, Museum of Peoples and Cultures). 1877 wurde die *BYU* ins Leben gerufen, heute ist sie mit knapp 30.000 Studenten die größte Universität der Mormonen und eine der größten weltweit, die einer religiösen Vereinigung untersteht. Nach Salt Lake City führt von Provo die Autobahn I-15.

Flaming Gorge National Recreation Area (ⓘ S. 191)

Von Vernal führt der US Hwy. 191 nordwärts in eine sehenswerte Canyonlandschaft. Bis Manila treten die unterschiedlichsten Gesteinsschichten und -formationen zum Vorschein, die durch Marker am Straßenrand erläutert werden. Vorbei an Steinaker und Red Fleet State Parks erreicht man die **Flaming Gorge NRA**, beiderseits des hier aufgestauten Green River gelegen. Sehenswert ist der vom Fluss geschaffene Canyon, dessen Wände vielfach eine tiefrote Farbe aufweisen. *John Wesley Powell*, der berühmte Offizier und Forscher (ⓘ S. 495), entdeckte diesen „flammendroten" Canyon auf seiner Expeditionsreise 1869 entlang dem Colorado und gab ihm seinen Namen.

Der Forscher John Wesley Powell

Auf einer Länge von über 140 km schlängelt sich der aufgestaute Green River durch ein Tal, das sich im südlichen Red Canyon besonders spektakulär präsentiert. Über-

Die Flaming Gorge im Winter

dies sind an der Strecke geologisch interessante Erscheinungen mit Hinweisschildern markiert. Allen voran lohnt die südwestlich von Manila gelegene **Sheep Creek Geological Region**, durch die eine *Loop Road* führt. Zu möglichen Freizeitaktivitäten wie Angeln oder Bootstrips auf dem Green River gibt es im VC ab UT 44 im Südwesten des Parks (ausgeschildert) Informationen. Ein kurzer *Nature Trail* führt von hier aus zum **Red Canyon Overlook**, der einen hervorragenden Ausblick bietet. Ein längerer Pfad folgt dem Canyonrand (5 mi/8 km).

i **Information**
• *Flaming Gorge NRA Ranger District*, Manila/UT, ☎ 435/784-3445, 🖥 www.utah.com/nationalsites/flaming_gorge.htm, zwei Besucherzentren (VC):
– **Red Canyon VC**, UT 44, Mai-Sept. tgl. 10-17 Uhr;
– **Flaming Gorge Dam VC**, US 191, tgl. 10-16 Uhr, im Sommer verlängerte Öffnungszeiten.

Geologische Formationen Der UT 44 führt etwa 26 mi/42 km weiter nach **Manila**. Atemberaubende Aussichten, interessante geologische Formationen und bunte Gesteinsschichten, die, wie nirgendwo sonst, das „Durcheinander" zeigen, das die Kräfte von Wind, Wetter, Verschiebungen und Verwerfungen im Laufe der Zeit verursacht haben, machen die Fahrt kurzweilig.

Fort Bridger State Historic Site
I-80 Exit 34, 🖥 http://wyoparks.state.wy.us/Sites/FortBridger/index.asp, ☎ 307/782-3842, Museum tgl. 9-16.30 Uhr, Gelände tgl. 8 Uhr bis Sonnenuntergang, $ 2.

Manila liegt bereits an der Grenze zu Wyoming und auf dem Hwy. UT 43 und anschließend WY 414 geht es Richtung Nordwesten durch dünn besiedeltes Farmland. Kurz vor **Mountain View** beeindrucken geologische Formationen, die an eine Mondlandschaft erinnern, aber vielfach versteinerte Dünen sind. Wenige Meilen nördlich liegt die **Fort Bridger SHS**, ein alter Handels- und Militärposten sowie eine Poststation. In der teilweise restaurierten Befestigungsanlage finden im Sommer *Re-enactments* statt und in einem kleinen Museum erhält man Einblick in die Pioniergeschichte des frühen 19. Jh.

John Wesley Powell

INFO

Zu den ungewöhnlichsten Forschungsreisenden durch den Westen Nordamerikas gehört *John Wesley Powell*. Geboren 1834 in Mount Morris im Bundesstaat New York, war Wes seit Kindertagen fasziniert von seiner Umwelt. Schon als Jugendlicher durchstreifte er Wisconsin, Illinois, Iowa und Missouri, sammelte Pflanzen, Mineralien und historische Hinterlassenschaften und paddelte allein den Ohio und Mississippi entlang.

Im Bürgerkrieg verlor *Powell* bei Pittsburg Landing seinen linken Arm, meldete sich aber nach seiner Genesung zurück in die Armee und stieg bis zum Rang eines Majors auf. Als „Adjudant" betreute ihn seine Frau *Emma Dean*, mit Sondererlaubnis. Nach Ende des Krieges begann *Powells* Karriere als **Geologieprofessor und Kurator** des Museums der *Illinois Wesleyan University*. 1868 erhielt er die Ehrendoktorwürde der Universitäten Heidelberg und Harvard. Doch *Wes Powell* war kein Stubenhocker, es zog ihn in die Weiten des Westens. So startete er am **24. Mai 1869** mit neun Gleichgesinnten das gewagte Unternehmen, den Green und Colorado River zu erforschen. Die Boote der Expedition folgten dem Green River von der gleichnamigen Ortschaft in Wyoming durch das heutige **Dinosaur NM** zum Zusammenfluss mit dem Colorado River im Südosten Utahs und weiter zum **Grand Canyon**. Nach drei Monaten kehrte *Powell* mit fünf Begleitern – die anderen hatten unterwegs aufgegeben – beim heutigen Lake Mead wieder in die Zivilisation zurück.

Als gefeierter Forscher und Held konnte *Powell* die *Smithsonian Institution* dazu überreden, eine weitere, diesmal **offizielle Forschungsreise entlang dem Colorado** zu finanzieren. *Major Powell* machte sich 1871 erneut auf den Weg, nun mit dem Ziel, wissenschaftliche Dokumentationen und Kartierungen vorzunehmen. Sein Begleiter *John A. Hillers* war dafür zuständig, die Naturwunder fotografisch festzuhalten (und weltbekannt zu machen). 1875 publizierte *Powell* seine Ergebnisse in *„Exploration of the Colorado River of the West and Its Tributaries"*, es folgten die *„Introduction to the Study of Indian Languages"* (1877) und *„A Report Upon Lands of the Arid Regions of the United States"* (1878) – ein **wegweisendes Buch**: Darin äußerte *Powell* nämlich deutliche Bedenken gegen eine landwirtschaftliche Nutzung großer Teile des Westens. Niemand wollte damals auf ihn hören, heute nimmt man seine geologischen und klimatischen Aussagen hingegen ernst, da sich seine Einschätzung immer mehr zu bewahrheiten scheint.

Powell wurde 1879 zum ersten Direktor des *US Bureau of Ethnology* ernannt und zwischen 1881 und 1894 leitete er als Chef den *U.S. Geological Survey*. Danach zog er sich ins Privatleben zurück und starb 1902 in seinem Sommerhaus in Haven/Maine.

Lesetipp
• **John Vernon – The Last Canyon** (2001, z. B. über Amazon) – schildert in packender Romanform *Powells* erste Grand-Canyon-Expedition.

Erbaut hat den Posten zwischen 1838 und 1843 *Jim Bridger*, einer der legendärsten **Mountain Men**, die in den 1820er Jahren die Bergwelt und Prärien des Nordwestens erkundeten. Sie arbeiteten im Auftrag von Pelzhändlern wie *John Jacob Astor*, *Manuel Lisa* oder *William Henry Ashley* und deren Firmen – *American Fur Company*, *Rocky Mountain Fur Company* oder die britische *Hudson's Bay Company*. Es war vor allem die **Gier nach Fellen, besonders Biberfellen**, die in der ersten Hälfte des 19. Jh. für Zylinder heiß begehrt waren, die die *Mountain Men* veranlasste, das harte Nomadenleben in den Rockies auf sich zu nehmen.

Gier nach Pelzen

Im Zuge der Handelstätigkeit entstanden Handelsstützpunkte und Trails und die Männer sammelten Informationen, die für die spätere Besiedlung der *Frontier* lebensnotwendig waren. Ungeachtet ihres Rufes, in der Wildnis lebende Nomaden zu sein, waren viele Trapper relativ gebildet und vor allem geschäftstüchtig. Sie führten ein naturnahes Leben und übernahmen viele Techniken und Lebensweisen von den Indianern. Legendär waren ihre sommerlichen Treffen, die **Rendezvous**, bei denen Pelze eingetauscht, Handel getrieben und gefeiert wurde.

Als der Fellhandel um 1840 niederging, kehrten einige in die „Zivilisation" zurück, andere, wie *Bridger*, *Fitzpatrick*, oder *Kit Carson* blieben jedoch im Westen. *Bridger*, 1804 in Virginia geboren und seit seinem achten Lebensjahr im Westen, entdeckte 1825 nicht nur als Erster den Great Salt Lake (s. u.), sondern wurde zu einer der legendären Figuren des Westens. Er war Trapper, Scout, Händler, Indianerfreund und später Farmer in Missouri, wo er 1881 starb.

 Hinweis zur Route

Der schnellste Weg nach **Salt Lake City**, *das rund 90 mil 144 km von Fort Bridger entfernt liegt, führt über die Autobahn I-80 Richtung Südwesten über eine Hochebene, durch Schluchten und über einen Pass bei Park City.*

Abstecher zum Fossil Butte National Monument
9 mi/14,4 km westlich Kemmerer/WY (US 189/30), 🖳 *www.nps.gov/fobu,* ☎ *307/877-4455, VC (ausgeschildert) tgl. 8 bis mindestens 16.30 Uhr, Gelände tgl. Sonnenauf- bis Sonnenuntergang, Eintritt frei.*

Wer einen Blick in die Urgeschichte werfen möchte, sollte einen Abstecher zum Fossil Butte NM einplanen. Von Fort Bridger folgt man dazu dem Hwy. WY 412 und schließlich dem US Hwy. 189 nach **Kemmerer**. Die größte offene Kohlemine und das größte Heliumwerk der Welt sind heute die wirtschaftlichen Standbeine der kleinen Stadt (ca. 2.700 Einwohner). Während der Zeit der Prohibition, in den 1930er Jahren, galt Kemmerer zudem als Zentrum der illegalen Schnapsproduktion. Der hochprozentige *Kemmerer Moonshine* wurde in Bahnwaggons bis nach Chicago gebracht und bei einer Razzia im Jahr 1931 fand man über 90.000 Liter gebrannten Alkohol. Über diese rauen Zeiten informiert das lokale **Fossil Country Frontier Museum** *(400 Pine Ave.,* ☎ *307/877-6551, Mo-Sa 9-17 Uhr, im Winter Mo-Fr 10-16 Uhr).*

Hochprozentiges in Kemmerer

Und noch etwas macht Kemmerer berühmt: Der Gründer der mittlerweile riesigen Warenhauskette J. C. Penney, *James Cash Penney*, begann hier mit einem kleinen Store im Jahr 1902 seine Erfolgsgeschichte. In seinem Wohnhaus, **J. C. Penney Homestead**, wurde ein kleines Museum eingerichtet *(107 JC Penney Dr., ☎ 307/877-4501).*

Nach etwa 20 km westlich von Kemmerer erreicht man am US Hwy. 30 die Zufahrt zum **Fossil Butte NM**. Das VC befindet sich mitten im Park, verfügt über Ausstellungen und einen Filmsaal. Danach lohnt es sich, zumindest einen der beiden Trails abzulaufen: den gut 2 km langen **Fossil Lake Trail** im Norden oder den interessanten **Historic Quarry Trail** (2,5 mi/4 km einfach).

Bereits 1865 fand *Dr. John Evans* in der so genannten *Green River Formation* rund um diesen Restberg – *Butte* genannt – Fossilien. Doch erst der Bau einer Eisenbahnlinie in den 1870er Jahren förderte die wahren Schätze zu Tage und 1972 entschied man sich, das Areal unter Naturschutz zu stellen. Vor 50 Mio. Jahren bedeckte das Gebiet ein 80 mal 30 km großer See, der **Fossil Lake**, in dem Heringe oder Rochen, aber auch viele heute ausgestorbene Tiere lebten. Das **Klima** war damals **(sub-)tropisch**, die Uferzonen gesäumt von Palmen und Wäldern, in denen u. a. Krokodile, Schildkröten und Miniaturpferde lebten. Auch deren Überreste fanden sich in fossiler Form wieder.

Areal unter Naturschutz

Nach etwa 2 Mio. Jahren war das Klima deutlich arider geworden, der Fossil Lake trocknete aus, doch die Überreste der letzten Organismen blieben in seinen Sanden. Dass diese heute in fossiler Form erhalten sind, ist der Tatsache zu verdanken, dass die Überreste gleich nach Absinken auf den Grund in einer calciumkarbonathaltigen Deckschicht konserviert wurden. Mit dem Absterben der Algen und der Zersetzung von Blättern im Herbst legten sich in Hunderttausenden von Jahren mehr und mehr schützende Schichten auf die bereits abgelagerten Sedimente. Diese sorgten zusammen mit niedrigen Wassertemperaturen und Sauerstoffmangel für die **Konservierung**. Mit der Zeit drang silikathaltiges Grundwasser ein und die Silikate nahmen den Platz der organischen Substanzen ein. Was man heute sieht, sind nicht die Überreste selbst, sondern ein **Abdruck in Form von Silikatablagerungen**.

Ausgetrockneter Fossil Lake

 Hinweis zur Route

*Hat man das Fossil Butte NM verlassen, folgt man am besten weiter dem US Hwy. 30 westwärts bis **Sage Creek Junction**. Von hier führt der UT 16 zurück nach Süden zum Städtchen Evanston (WY) und dort stößt man wieder auf die Autobahn I-80, die nach Salt Lake City führt.*

Salt Lake City – „The City of the Saints" (ⓘ S. 222)

„This is the Place!"

Als 1847 Mormonenführer *Brigham Young* mit seinen erschöpften Getreuen – 143 Männern, drei Frauen und zwei Kindern – mit Planwagen am Rande der Salzwüste ankam, soll er jenen berühmten Ausspruch „**This is the Place!**" getan haben. Die Gläubigen hatten den langen Weg von Osten über die Berge auf sich genommen, um einen Ort der Toleranz, der ihnen Möglichkeit zur freien Religionsausübung bot, zu finden.

„*State of Deseret*"
Ein Jahr später gründete Young offiziell die Stadt Salt Lake City und rief den **State of Deseret** (Bienenstaat) aus. Bei Ankunft der Siedler war das Land noch Teil Mexikos gewesen, wurde dann aber Mitte des 19. Jh. als *Utah Territory* der USA angegliedert. Als Bundesstaat in die Union aufgenommen wurde Utah jedoch erst 1896, nachdem die bis dahin herrschende Polygamie aufgehoben worden war.

In den folgenden Jahrzehnten strömten in den Fußstapfen *Youngs* Siedler zu Tausenden auf dem **Mormon Trail** in die Region. Darunter befanden sich im Osten uner-

Skyline von Salt Lake City

wünschte Mormonen (ⓘ S. 504), aber auch europäische Siedler, die zum Mormonenglauben konvertierten und dazu beitrugen, dass sich der Ort zu einem kosmopolitischen und multikulturellen Zentrum entwickelte. Mithilfe **ausgeklügelter Bewässerungssysteme** wurde eine vormals unfruchtbare Gegend zum Blühen gebracht und in ein wirtschaftliches Zentrum verwandelt.

Der wichtigste öffentliche Bau, der Tempel, entstand zwischen 1853 und 1892. 1869 erreichte die Eisenbahn die Stadt und brachte Neugierige in die **City of the Saints**, in der Folgezeit wurde der Abbau von Bodenschätzen zum neuen Wirtschaftsfaktor. Anfang des 20. Jh. wurden neben dem State Capitol weitere öffentliche Bauten errichtet und Stadtparks angelegt. Der Aufschwung wurde während der *Great Depression* in den 1930er Jahren gebremst, doch bereits während des Zweiten Weltkriegs setzte ein neuer Boom ein. Bis heute wird die Wirtschaft und das politisches Leben **von der Mormonenkirche bestimmt**, der die Mehrheit der Bevölkerung angehört. Deren Einfluss wird deutlich, nicht nur im Umfeld des Tempelbezirks, sondern auch in wirtschaftlichen und kulturellen Belangen haben die Mitglieder der Glaubensgemeinschaft die Nase vorn.

Dennoch lässt sich in letzter Zeit eine vermehrte Zuwanderung von Nicht-Mormonen feststellen und lassen sich immer mehr Firmen nieder, vor allem Hightechunternehmen, aber auch Raumfahrtunternehmen wie jene, die Antriebsraketen für *Space Shuttle* produzieren. Salt Lake City ist zum **florierenden Industriestandort** geworden, in dessen Großraum über 1,5 Mio. Menschen leben.

Redaktionstipps

Sehens- und Erlebenswertes
- Sich vom **Church Office Building** einen Überblick über SLC verschaffen und auf einer Tour über den **Tempelbezirk** die Religion der Mormonen kennenlernen (S. 500).
- Auf Ahnenforschung gehen kann man im **Family Search Center** (S. 502).
- Der **Mormon Tabernacle Choir** ist weltberühmt, hat eine eigene Radioshow und gibt Gratiskonzerte (S. 502 und S. 509).
- Ein Naturschauspiel der besonderen Art: der **Great Salt Lake**. Ein „Salzwasserbad" ist im **Antelope Island SP** (S. 508) möglich.
- Ein Spiel der **Profi-Basketballer Utah Jazz** ist ein unvergessliches Erlebnis (S. 509).
- Im Juli nach SLC reisen, um **Days of '47 Parade – Founder's Day Spectacle** mitzuerleben (S. 509).

Unterkunft
- Ungewöhnlich, luxuriös und gemütlich sind die Zimmer im sehenswerten Boutique-Hotel **Hotel Monaco** (S. 223).

Essen & Trinken
- Ein gepflegtes Bier (selbst gebraut) gibt es in der **Squatter's Pub & Brewery**, Leckeres vom Grill in der **Market Street Broiler & Fish Market Bakery**, beheimatet in einer historischen Feuerwehrstation (S. 223).

Im Jahr 2002 lernte die ganze Welt die Stadt als **Austragungsort der Olympischen Winterspiele** kennen, doch bis heute ist „**SLC**" keine überlaufene Touristendestination – und weder eine mondäne Großstadt noch verträumte Wüstenoase. Salt Lake City gilt als eine der saubersten Städte der USA und eine mit der niedrigsten Kriminalitätsrate, doch die meisten Besucher sehen lediglich den Flughafen, ein wichtiges Drehkreuz, oder kommen wegen der Bergwelt im Osten her, beliebt für Wintersport und Wandern.

Olympische Winterspiele

Hinweis für Besucher

*Die **Orientierung** in SLC fällt leicht, da die Stadt in einem **gleichmäßigen Schachbrettmus-ter**, ausgehend vom Temple Square, angelegt wurde. Am Tempel beginnt die Straßenzählung, sowohl in Nord-Süd- als auch in Ost-West-Richtung. Die Hauptattraktionen befinden sich im Innenstadt-bereich, entlang der South Temple Street, vor allem zwischen W Temple und A Street, und sind leicht zu Fuß erreichbar. Das Herz der Stadt und zugleich die Schaltzentrale der Latter Day Saints ist der **Historic Temple Square**. Das Geschäftszentrum befindet sich südlich davon mit ZCMI Cen-ter Mall und Crossroads Plaza.*

Die Stadt liegt landschaftlich traumhaft: Eingebettet zwischen zwei 2.900-3.500 m hohen Rocky-Mountains-Gebirgszügen, **Wasatch** und **Oquirrh Mountains**, im fruchtbaren **Salt Lake Valley**, am **Great Salt Lake**, dem zweitgrößten Salzwas-sersee der Welt, der eine beinahe irreale Landschaftskulisse abgibt.

Rundgang um den Temple Square

Historic Temple Square

Erste Anlaufstation sollte das städtische **Visitor Information Center** (**1**) *(90 S West Temple St.)* im **Salt Palace** sein, einem vielseitigen Veranstaltungskomplex mit dem **Salt Palace Convention Center** (**2**). Dort gibt es Infomaterial aller Art und es lohnt sich ein Blick in das angegliederte **Salt Lake Art Center** (**3**), eine Aus-stellung zur regionalen Kunst. Hier beginnt auch der Rundgang über das Tempelge-lände. Der **Historic Temple Square**, eingefasst von North, West und South Tem-ple Street sowie State Street, gleicht einem Parkgelände, auf dem sich monumenta-le Gebäude, Statuen und Gedenkstätten verteilen. Das Areal wird überragt von einem schlichten weißen Hochhaus, dem **Church Office Building**, Sitz der Ver-waltung der Mormonenkirche.

  Führungen
• **Historic Temple Square**, *zwischen North, South, West Temple St. und Main St., mit Mormon Temple, Tabernacle und Assembly Hall, Führungen ab bzw. Infos in beiden Be-sucherzentren (Adressen VCs, s. S. 509).*

Führung durch das Heiligtum

Bereits am Zugang zum **North Visitor Center** wird man von einer freundlichen „Sister XY" in Empfang genommen. Touren in Eigenregie sind nicht erlaubt, man wird geführt. Obwohl die Ausstellungsgalerien, weniger der gezeigte 53-Minuten-Film, durchaus informativ sind, kann man sich nach einer gewissen Zeit des Eindrucks nicht erwehren, dass bekehrerische Elemente vorrangig sind und die Selbstdarstel-lung der Kirche sehr ausgeprägt ist. Ein gewisser Gänsehauteffekt könnte die Folge sein und das, obwohl die Führerinnen überaus freundlich, wenn auch nicht unbedingt diskussionsbereit sind. Im **South Visitor Center** gibt es zwei weitere Ausstellun-gen, außerdem einen Meditationsraum (auch hier Touren).

Der **Salt Lake Temple** – der zentrale Teil – basiert auf einer Idee, die *Brigham Young* bereits in Illinois hatte. 1853 wurde mit dem Bau dieses monströsen und etwas eigenwilligen Gotteshauses begonnen. Da der größte Teil der insgesamt fast 7.500 t Granitsteine mit Ochsenkarren, erst das letzte Stück mit der Eisenbahn, aus dem 32 km entfernten Cottonwood Canyon hergeschafft wurde, zog sich der Bau rund 40 Jahre hin. Die Wände sind an ihrer Basis fast 3 m stark und die höchste der sechs Turmspitzen erreicht 63 m. Die solide neogotische Architektur war *Young* deshalb

40 Jahre Bauzeit

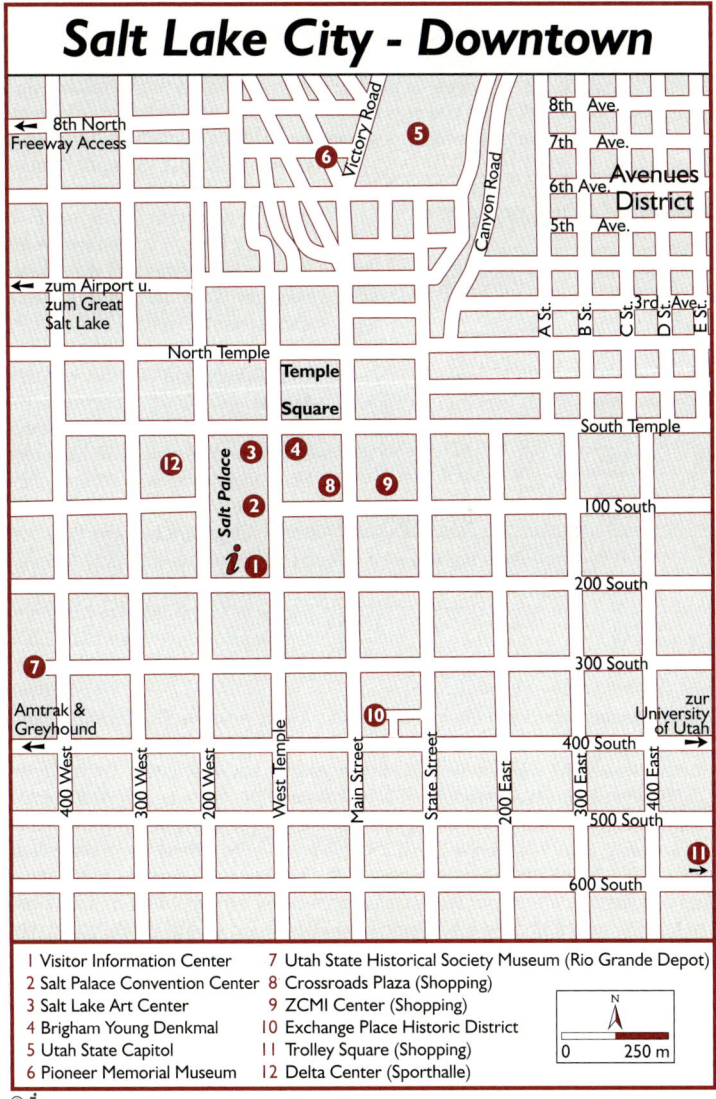

Salt Lake City - Downtown

← 8th North Freeway Access

8th Ave.
7th Ave.
6th Ave.
5th Ave.

Victory Road

Canyon Road

Avenues District

← zum Airport u. zum Great Salt Lake

A St.
B St.
C St.
D St.
3rd Ave.
E St.

North Temple

Temple Square

South Temple

Salt Palace

100 South

200 South

300 South

zur University of Utah →

Amtrak & Greyhound ←

400 West
300 West
200 West
West Temple
Main Street
State Street
200 East
300 East
400 East

400 South

500 South

600 South

1 Visitor Information Center	7 Utah State Historical Society Museum (Rio Grande Depot)
2 Salt Palace Convention Center	8 Crossroads Plaza (Shopping)
3 Salt Lake Art Center	9 ZCMI Center (Shopping)
4 Brigham Young Denkmal	10 Exchange Place Historic District
5 Utah State Capitol	11 Trolley Square (Shopping)
6 Pioneer Memorial Museum	12 Delta Center (Sporthalle)

N

0   250 m

© *i graphic*

besonders wichtig, weil sie für ihn **Ausdruck der Stabilität und Beständigkeit der Religion** war. Für kurze Zeit blieb der Tempel dem allgemeinen Publikum zugänglich, dann schlossen sich die Türen und nur „Auserwählte" dürfen ihn seither zu besonderen Anlässen betreten. Auf der höchsten Turmspitze thront der kupferne Engel *Moroni*, mit Blattgold überzogen und einer Trompete in der Hand.

Versammlungshalle und Tabernacle Choir

Beim Bau des Tempels blieben Granitsteine übrig, die zwischen 1877 und 1882 zum Bau einer Versammlungshalle, der **Assembly Hall**, genutzt wurden. Der neogotische Stil dieses Gebäudes passt stilistisch zum Tempel, nicht aber zu den eher klassizistisch angehauchten übrigen Gebäuden, deren verbindendes architektonisches Merkmal pompöse Massigkeit zu sein scheint. In der *Assembly Hall* finden die meisten Versammlungen und Konzerte des legendären *Mormon Tabernacle Choir* statt.

Davor steht das **Seagull Monument**, ein Hinweis auf die Seemöwen, die die ersten Siedler angeblich vor einer Heuschreckenplage befreit haben – was angesichts der Entfernung zur Küste als göttliches Wunder betrachtet wurde.

Der **Tabernacle** mit seiner ovalen Kuppel gehört zu den beeindruckendsten Bauten in SLC. Errichtet zwischen 1863 und 1867, bietet er ein Klangerlebnis erster Güte. Während einer der 30-minütigen mittäglichen Orgelvorführungen oder bei den donnerstags stattfindenden Chorproben (8-9.30 Uhr) erhält man eine Kostprobe vom Klang dieser Orgel, die mit ihren fast 12.000 Pfeifen als zwölftgrößte der Welt gilt.

Touren finden auch durch das im Norden des Areals gelegene **Conference Center** statt. Im Inneren dieses auffälligen Baus, einer terrassenförmigen, einer Zikkurat (pyramidenartiger Stufentempel) ähnlichen Anlage mit begrüntem Dach, finden 21.000 Menschen im Auditorium, 900 im Theater Platz. Jenseits der West Temple Street erstrecken sich zwei weitere Flachbauten: das **Museum of Church History and Art** (45 N West Temple St., ☎ 240-3310, Mo-Fr 9-21, Sa/So 10-19 Uhr, Eintritt frei) und die **Family History Library** (35 N West Temple St.). Letztere ist frei nutzbar und lässt das Herz eines jeden Genealogen höher schlagen, birgt es doch riesige Archive, zurückreichend bis ins Jahr 1550. Hierbei soll es sich um die größte genealogische Sammlung der Welt mit rund 6,5 Mio. Stammbäumen handeln.

Familienforschung betreiben

Auch im monumentalen **Joseph Smith Memorial Building** (15 E South Temple/ Main St.), dem ehemaligen *Utah Hotel*, kann im **Family Search Center** (Mo-Sa 9-21 Uhr) an Computern Ahnenforschung betrieben werden. Es wird jedoch auch ein

Film zur Mormonengeschichte gezeigt (gratis) und es gibt Touren durch das vormalige Hotel.

Im **Church Office Building** *(50 E North Temple St.)* lohnt die Aussichtsplattform im 26. Stock, von der aus man gut das Salt Lake Valley überblicken kann. Neben dem benachbarten, nicht öffentlichen **Church Administration Building** duckt sich bescheiden das **Lion House** von 1856, das *Brigham Young* als Unterkunft für seine enorm große Familie genutzt hat (heute: *The Pantry Restaurant*). Das **Beehive House** *(67 E South Temple St.,* ☏ *240-2671 bzw. -1672, tgl. 9-20.30 Uhr, Eintritt frei, Touren)* von 1854 war das Privathaus *Youngs*, in dem er bis zu seinem Tod 1877 fürstlich lebte.

Eagle Gate – benannt nach der Adlerskulptur – markierte den Zugang zum *Brigham-Young*-Familiensitz am City Creek Canyon, einst Wasserstelle der ersten Siedler. *Brigham Young* selbst ist an der Ecke State/South Temple mit einer Statue verewigt – dem **Brigham Young Monument (4)** – und liegt an der First Ave. (State/A St.) begraben.

Salt Lake City Temple Square

Weitere Sights in der Innenstadt

Das **Utah State Capitol (5)** *(Capitol Hill, tgl. 9-18 Uhr, Eintritt frei)* thront über Downtown, etwa 15 Gehminuten nördlich des Tempelgeländes, mit grandiosem Ausblick auf die Stadt und die schneebedeckten Wasatch Mountains. Nachdem sein Bau bereits Ende des 19. Jh. beschlossen worden war, sollte es noch bis 1913 dauern, ehe genügend Geld vorhanden war. Dann aber legte man sich ins Zeug und errichtete in nur zwei Jahren eines der schönsten Regierungsgebäude. Beeindruckend im Inneren dieses Sitzes von Repräsentantenhaus und Oberstem Gerichtshof ist ein Deckengemälde, das den Mormonensiedlertreck darstellt, außerdem gibt es Statuen berühmter Bewohner des Staats, Porträts früherer Gouverneure und eine Ausstellung zur Geschichte der Mormonen zu sehen.

Schönes Regierungsgebäude

Im **Pioneer Memorial Museum (6)** *(300 N Main St.,* ☏ *532-6479, Mo-Sa 9-17 Uhr, im Sommer auch So 13-17 Uhr, Spende),* einen Block westlich des Regierungssitzes, verteilen sich auf vier Stockwerken Relikte, Dokumente, Fotos und andere Artifakte aus der Zeit der Mormonenpioniere. Außer der Geschichte Utahs widmet sich das Museum lokalen Künstlern und deren Werken und präsentiert eine bunte Sammlung von Gewehren, Quilts, Puppen, Möbeln, Kleidern, Büchern. Durch einen Tunnel gelangt man ins benachbarte **Carriage House**, in dem alles, was mit Fortbewegung der damaligen Zeit zu tun hat, untergebracht ist, darunter auch jener Karren, mit dem *Brigham Young* das Salt Lake Valley erreicht haben soll.

Nordwestlich des Capitols befindet sich der **Marmalade Historic District** mit den ältesten Häusern der Stadt. Seinen Namen erhielt dieser Stadtteil von den

INFO
The Church of Jesus Christ of Latter-day Saints

Junge höfliche Männer in weißem Hemd und dunkler Hose mit kurz geschnittenem gepflegtem Haar und glatt rasiert durchstreifen zu zweit die Straßen der Städte in aller Welt, um ihre Mission zu erfüllen, nämlich über den Propheten *Joseph Smith* und sein Buch „Mormon" – daher auch der Name „**Mormonen**" – zu berichten. Sie gehören der „Kirche Jesu Christi der Heiligen der Letzten Tage" – offiziell **The Church of Jesus Christ of Latter-day Saints** – an und verbringen in deren Auftrag 18 Monate als Missionare im Ausland.

Die Wurzeln der Mormonen liegen in einer der zahlreichen **religiösen Wiedererweckungs-Bewegungen**, die die USA im Laufe ihrer Entstehung immer wieder erfassten. Das erste **Great Awakening** griff zwischen 1720 und 1750 auf die englischen Kolonien in Nordamerika über. Zu den damals herausragenden Figuren zählte der Prediger *George Whitefield*, der zum Führer der calvinistisch-protestantischen Gemeinschaft der Methodisten aufstieg. Zwischen 1795 und den 1840er Jahren kam es zu einem zweiten *Great Awakening*. Evangelisten wie *Charles G. Finney* propagierten den freien Willen eines jeden Menschen und die Sündenvergebung für alle. Am folgenreichsten erwies sich jedoch die Vision des **Joseph Smith** (1805-1844) im September 1823, dem der Engel *Moroni* vorhergesagt haben soll, dass er die Gläubigen ins Gelobte Land führen wird. Diese Prophezeiungen mündeten sieben Jahre später in seinem **Book of Mormon**, der „neuen Bibel". Gleichzeitig damit besiegelten am 6. April 1830 sechs Männer in Fayette (New York) per Urkunde die Religionsgemeinschaft der Mormonen und damit die Gründung der *Church of Jesus Christ of Latter-day Saints*.

Wachsende Ablehnung trieb die Mitglieder immer weiter nach Westen. 1841 gründeten sie im Staat Illinois den Ort **Nauvoo**, wo damals bereits 8.000 Gläubige lebten. Die Umgebung war diesen jedoch ebenfalls wenig wohlwollend gesonnen und so stand Religionsgründer *Joseph Smith* wegen Spekulantentums und Betrugs in Carthago, Illinois, vor Gericht und wurde von einem erbosten Mob erschossen. 1846 übernahm **Brigham Young** die Kirchenleitung und führte die mittlerweile rund 17.000 *Latter-day Saints* Richtung Iowa, wo sie nahe Omaha, Nebraska, ein Winterlager aufschlugen und sich auf den über 2.000 km langen Zug westwärts durch die Rockies vorbereiteten. Die von *Young* angeführte Vorhut erreichte am 24. Juli 1847 einen unwirtlichen, heißen Ort an einem großen Salzsee und *Young* soll mit den legendären Worten „**This is the place!**" die neue Heimat und den **Mormonenstaat Deseret** (Biene) aus der Taufe gehoben haben.

Die Kirche der Mormonen hat sich inzwischen zu einer der wichtigsten, wohlhabendsten und einflussreichsten in den USA entwickelt. Nach offiziellen Angaben zählt die Kirche über 12,5 Mio. Mitglieder, davon leben mehr als die Hälfte außerhalb der USA. Die *Latter-day Saints* sind hierarchisch gegliedert, mit einem **perfekt organisierten Verwaltungsapparat**, an dessen Spitze die Priester als autoritäre Vertreter Gottes auf Erden stehen. Für die Glaubensanhänger ist das „*Book of Mormon*" der Bibel ebenbürtig. Daneben existieren zwei weitere Textsammlungen, die als „Heilige Schriften" anerkannt werden: die „Lehre und Bündnisse" („*The Doctrine and Covenants*") von 1835 und „Die Köstliche Perle", 1851 in Großbritannien erstmals, 1878 in den USA unter dem Titel „*The Pearl of Great Price*" publiziert. Erstgenannte Schrift enthält 136 Offenbarungen des *Joseph Smith* zu Organisation und Ritualen der Kirche, die „Perle" eine Auswahl Smith'-scher Offenbarungen.

Nicht nur der (patriarchalisch geprägte) Familienverband und das Gemeinschaftsleben sind Mormonen wichtig, sondern auch die Entwicklung des Einzelnen, seine **Erziehung und Bildung**. Daher unterhält die Kirche eigene Hochschulen, als berühmteste die **Brigham Young University** in Provo, südlich SLC. Arbeit ist nicht nur Verpflichtung und göttliches Privileg, sondern zugleich notwendig zur Verbesserung der Lebensqualität und zudem „persönlichkeitsfördernd". Die Abgabe eines Teils des Monatseinkommens wird ebenso gefordert wie missionarische und wohltätige Tätigkeiten.

Nach *Smiths* **Gesundheitscode**, dem „*Word of Wisdom*" von 1833, sind Alkohol, Kaffee, Tee, Tabak und Drogen (auch Medikamente) jeglicher Art tabu und werden gesunde Ernährung und Lebensführung empfohlen. Die bis 1890 praktizierte **Polygamie** – *Young* selbst hatte 27 Ehefrauen und über 50 Kinder – bewirkte, dass Utah erst 1896 in die Union aufgenommen wurde. Heute ist es untersagt, Nebenfrauen zu haben, doch im 19. Jh. stellte die Vielweiberei die „Eheform für Heilige" dar. Angeblich soll es jedoch heute noch unter den fundamentalistischen Anhängern der „Utah-Organisation" – von denen sich die offizielle Kirche abgrenzt – polygame Eheformen geben.

„**The Church**", die sich selbst als „**einzig wahre christliche Kirche auf Erden**" versteht, bietet ihren Anhängern „optimistische Lebensfreude" und „religiösen Fortschrittsglauben", kleine, überschaubare Gemeinschaften und ein fest organisiertes Leben mit vorgegebenen Rollen und Verhaltensweisen. Oberste Ziele sind die „Wiederherstellung der Kirche", der „Kampf gegen deren Verweltlichung" und gegen eine „Verwilderung des christlichen Glaubens". Die Macht und Autorität der Kirche reicht wie der Ehebund bis in den Himmel. Ein Anhänger lebt nach einem „Plan der Erlösung", nach dem „Gesetz des immerwährenden Fortschritts". Ziel ist die Rückkehr in das Reich Gottes, dabei hat es ein *Latter-day Saint* insofern leicht, als er bereits zur höchsten der drei Gruppen, zu den **Celestialen** oder „Himmlischen", gehört. Die **Terrestrialen** (Irdischen) sind die Nicht-Mormonen und unter den Telestialen (Unterirdischen) werden Ehebrecher und Verbrecher subsummiert.

Obstgärten, deren Früchte zur Herstellung von Marmelade genutzt wurden. Das **Utah State Historical Society Museum** (**7**) *(300 S Rio Grande St.,* ☎ *533-3501,* 🖳 *http://history.utah.gov, Mo-Fr 8-17 Uhr, Eintritt frei)* ist im imposanten ehemaligen Bahnhof der *Rio Grande Railroad* untergebracht. Hier erfährt man mehr zur Geschichte Utahs und der Rolle der Eisenbahn.

Geschichte Utahs

Grüne Lunge der Stadt

Der **Exchange Place Historic District** (10) *(Main/300-400 South St.)* mit seinen historischen Bauten aus der Zeit um 1900 markierte einst das Geschäftszentrum der Stadt. Als die „grüne Lunge" gilt der **Liberty Park** (13) *(500-700 East St., 900-1300 South St.)*, mit Spiel-, Sport- und Picknickplätzen sowie dem **Chase Home Museum of Utah Folk Arts** und dem sehenswerten **Tracy Aviary**, einem Vogelhaus von 1938 *(589 E 1300 South St.,* ☎ *322-2473, tgl. 9-18 Uhr, $ 5)*.

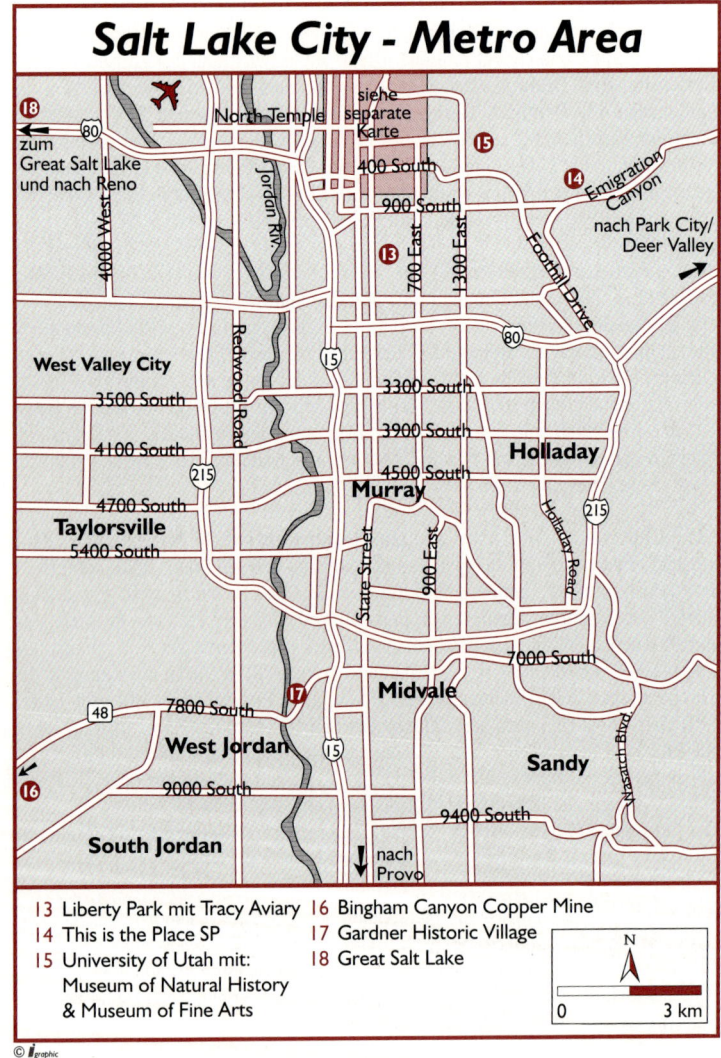

Salt Lake City - Metro Area

13 Liberty Park mit Tracy Aviary
14 This is the Place SP
15 University of Utah mit:
   Museum of Natural History
   & Museum of Fine Arts

16 Bingham Canyon Copper Mine
17 Gardner Historic Village
18 Great Lake

N

0   3 km

© *i*graphic

Sehenswertes außerhalb der Innenstadt

An der Stelle des heutigen **This is the Place State Park** (14) erreichte einst der Mormonentreck das Salt Lake Valley. Ein Monument erinnert an den Punkt, wo *Brigham Young* seinen legendären Ausspruch getan haben soll und im VC wird der lange Treck von Illinois erläutert. Teil des Komplexes ist **Old Deseret Village** *(2601 E Sunnyside Ave./Emigration Canyon,* ☎ *582-1847, Mo-Sa 10-18 Uhr, $ 6, VC frei),* die Rekonstruktion eines alten Pionierdorfes aus der Mitte des 19. Jh. Dazu gehört u. a. das *Forest Farm House* von *Young.* Im Sommer finden hier Vorführungen verschiedener Handwerkstechniken statt.

Pionierdorf des 19. Jh.

Der **Campus der University of Utah** (15) *(University St.,* 🖥 *www.utah.edu)* erstreckt sich im Südosten der Innenstadt, um den Hwy. 186. Dort gibt es mehrere interessante Museen, z. B. das **Utah Museum of Natural History** *(President's Circle,* ☎ *581-4303),* wo 200 Mio. Jahre Geschichte unter einem Dach vereint sind, oder das **Utah Museum of Fine Arts** *(370 S 1530 East St., S Campus Dr.,* ☎ *581-7332, Di-Fr 10-17, Sa/So 11-17 Uhr, $ 4),* ein Kunstmuseum mit mittelalterlicher und moderner Kunst, Möbeln, Gemälden, Teppichen, chinesischem Porzellan, aber auch präkolumbianischer Kunst.

Schon 24 mi/38 km südwestlich von Salt Lake City entfernt ist die **Bingham Canyon Copper Mine** (16), heute *Kennekot Utah Copper* (🖥 *www.kennecott.com,* ☎ *252-3234, April-Okt. 8-20 Uhr, VC und Aussichtsplattform, $ 5/Pkw).* Dieses größte von Menschenhand geschaffene Loch in der Erde misst heute 4 km im Durchmesser und ist über 800 m tief. Der Abbau begann schon 1863, obwohl damals noch Gold und Silber im Vordergrund standen. 1906 wurde komplett auf Kupfer umgestellt und man fing an, in größeren Dimensionen zu graben und zu fördern. Der Krater wuchs und wuchs, bis er 1950 sogar die Minenstadt verschluckte. Noch heute sind überdimensionale Bagger an den terrassierten Hängen aktiv.

Great Salt Lake

Great Salt Lake (18), den großen Salzsee im Nordwesten der Stadt, erreicht man nach 22mi/35 km in **Saltair** (I-80). In einem alten Badegebäude am **Saltair Beach** kann man historische Fotos bewundern und im VC Interessantes zur Flora und Fauna erfahren. Der See gehört mit Sicherheit zu den **bekanntesten geografischen Besonderheiten** des Westens. Mit seinem enorm hohen Salzgehalt – nur das Tote Meer hat einen höheren – und wegen der sich um ihn rankenden Entstehungsmythen – er soll auf den vorgeschichtlichen **Lake Bonneville** zurückgehen, der ursprünglich Utah, Nevada und Idaho bedeckte – ist der See ein Kuriosum. Er kann weder als Trinkwasserreservoir noch als richtiger Badesee genutzt werden, weist nur spärlichen Bewuchs und keine Fische auf; allerdings sind Aktivitäten wie Segeln, Wasserski und Surfen möglich.

Geografische Besonderheit

Die Größe der Wasserfläche, rund 4.400 km², variiert je nach Menge des zufließenden Wassers und dem Grad der **Verdunstung** – und das zieht wiederum Beein-

Great Salt Lake

trächtigungen der umliegenden Infrastruktur und Probleme mit der Bewässerung nach sich. Wegen der enormen Sonneneinstrahlung wurde der See allein durch die Verdunstung dezimiert und ist heute nur noch 117 km lang. Immerhin ist er noch immer der größte See westlich des Mississippi. Seine Wassertiefe liegt bei durchschnittlich 6 m, maximal 10 m. Der letzte Wassertiefstand wurde 1963 erreicht, damals tauchten zehn Inseln auf, die größtenteils 1987 wieder verschwanden.

Ursprünglich erstreckte sich zwischen der **Great Salt Lake Desert** im Westen und den **Wasatch Mountains** ein riesiges Wasserreservoir, in das mehrere Flüsse mündeten, das aber selbst keinen Abfluss hatte. Deswegen sammelten sich die herantransportierten Mineralien als Salze an und sorgen für den hohen **Salzgehalt von 9-28 %** im Vergleich zu 3 % in normalem Meerwasser. In dieser Salzlake sind lediglich Algen und winzige Shrimps überlebensfähig und dennoch sind zahlreiche Vögel an den Ufern heimisch.

Antelope Island State Park

Wer Lust auf ein „Salzbad" hat oder sowieso plant, nordwärts zum Yellowstone NP weiterzufahren, kann einen Abstecher zum **Antelope Island State Park** machen *(I-15 Exit 332, nördlich SLC bei Layton, 🖳 www.utah.com/stateparks/antelope_island.htm, tgl. 7-10 Uhr bzw. Sonnenauf- bis Sonnenuntergang, $ 5/Pkw)*. Antelope Island ist heute die bestzugängliche Insel, benannt nach einer Antilopenjagd, die *John C. Fremont* und *Kit Carson* 1845 hier veranstaltet haben sollen. Die mit Frischwasserquellen ausgestattete Insel wurde, wie archäologische Funde belegen, schon von Indianern besucht, später von den Mormonen, die ihre kircheneigene Viehherde hierher zum Grasen trieben. Antilopen leben hier neben Bisons und Elchen noch immer bzw. erst recht, seit 1993 das Areal zum „State Park" erklärt wurde.

Die zweitgrößte Insel ist **Fremont Island**, vom Entdecker auch „Insel der Enttäuschung" genannt, da es weder Wasser noch Bäume, sondern nur Felsen gab. Als Erholungsgebiete gelten auch der **Great Salt Lake State Park** *(🖳 www.utah.com/ stateparks/great_salt_lake.htm)* und der oben erwähnte **Saltair Beach** (ca. 30 km westlich an der I-80).

Nördlich der I-80, etwa 15 mi/ 24 km vor der Staatsgrenze von Nevada entfernt, liegt der **Bonneville National Speedway**. Auf dem ausgetrockneten Lake Bonneville – einst Teil des Great Salt Lake – wurden seit 1896 einige Weltrekorde mit raketenförmigen Autos gefahren, die auf die Bahn katapultiert werden – ähnlich dem *Drag Racing*. Auf der ca. 14 km langen und 25 m breiten Rennstrecke werden Geschwindigkeiten von über 1.000 km/h erreicht.

Great Salt Lake – hier Bonneville Salt Flat

Reisepraktische Informationen Salt Lake City/UT

Vorwahl 801   *s. Karte* **Salt Lake City – Metro Area**, *S. 506*

i **Information**
• **Salt Lake CVB**, 180 S West Temple St., ☏ 521-2822 und 1-800-541-4955, **Downtown VC** im Salt Palace Convention Center, 90 S West Temple St., sowie im **SLC International Airport** (Terminal 2), 🖥 www.visitsaltlake.com
• **Historic Temple Square North VC** (Nordwest-Ecke Temple Square) und **South VC** (Südost-Ecke), ☏ 240-2534, 🖥 www.visittemplesquare.com, tgl. 9-20.45 Uhr.

☞ **Tipp**
Der „**Visit Salt Lake Connect Pass**" für $ 18 (1 Tag) bis $ 50 (1 Woche) schließt den Besuch von zwölf Attraktionen ein, dazu verschiedene Rabatte; erhältlich im Downtown VC oder unter 🖥 www.visitsaltlake.com/what_to_do/connect.html

🎁 **Einkaufen**
• **Cottonwood Mall**, 4835 S Highland Dr. Über 140 Geschäfte und Boutiquen, größte Mall der Region und zugleich eine der ersten westlich des Mississippi.
• **Crossroads Plaza** (**8**), 50 S Main St., gegenüber Tempel. Shopping und Essen auf vier Etagen im größten überdachten Einkaufszentrum in einer amerikanischen Innenstadt.
• **Gardner Historic Village** (**17**), 1100 W 7800 South St. In hierher umgesetzten historischen Häusern aus ganz Utah sind kleine Geschäfte und Lokale eingezogen.
• **Trolley Square** (**11**), 700 East St. (500-600 South St.). Kleine Geschäfte und Lokale sowie sechs Kinos in renoviertem Straßenbahndepot von 1908.
• **Zions Cooperative Mercantile Institution** (ZCMI), Main St. (100 South/S Temple St.). Erster Department Store im Westen, renovierter Bau von 1876. Daneben: **ZCMI Center Mall** (**9**), ein modernes Einkaufszentrum mitten in der Innenstadt mit rund 90 Läden.
• **Factory Stores Park City**, 6699 N. Landmark Dr., I-80 Exit 145/Hwy. 224, Park City, ca. 30 km östlich von SLC. Rund 50 günstige Läden wie Banana Republic, Nike, Gap, Eddie Bauer.

🏃 **Zuschauersport**
• **Utah Jazz**: Das Profi-Basketballteam (NBA) ist der Stolz der Stadt und meist sind die Spiele im **Delta Center** (**12**) (300 West/S. Temple St.) ausverkauft. Infos und Tickets: ☏ 325-2500 bzw. 325-7328, 🖥 www.utahjazz.com
• Die **Utah Grizzlies** bieten Minor League Hockey (Eishockey/ECHL) in der Olympia-Eishalle in West Valley City, 3200 S Decker Lake Dr., Infos: ☏ 988-8888, 🖥 www.utahgrizzlies.com
• Fußballfreunde sollten die Spiele von **Real Salt Lake** besuchen, ein Team der Top-US-Profiliga MLS. Infos: 🖥 http://web.mlsnet.com/t121/

💃 **Veranstaltungen**
• **Days of '47 Parade – Founder's Day Spectacle**, ☏ 254-1466, 🖥 www.daysof47.com. Riesige Parade am 24. Juli zur Stadtgründung, den ganzen Monat über Veranstaltungen, auch Rodeo.
• **Brigham Live!**, 68 S Main St., ☏ 532-5339. Filmvorführung zum Leben Brigham Youngs.
• **The Mormon Tabernacle Choir**, ☏ 240-3318. Mehrfach ausgezeichneter Mormonenchor, mit Radioshow „Music and the Spoken Word", So (Zutritt 8.15-9.15 Uhr); außerdem freie Auftritte im Tabernacle am Historic Temple Square, Do 20-21.30 Uhr.

Durch das Great Basin in die Sierra Nevada nach San Francisco

Überblick

Great Basin-Sierra Nevada-San Francisco

Ein Höhepunkt auf der Fahrt nach Westen ist die **Durchquerung des Great Basin**, das sich über mehr als 700 km von Ost nach West erstreckt und zu den dünnbesiedeltsten Gebieten der USA zählt. Teilweise gibt es auf gut 100 km Strecke keine Tankstelle, keine Siedlung, und das Vieh wird ohne Zäune gehalten. Kein Wunder, dass der hier durchführende US Hwy. 50 den Beinamen „**The Loneliest Highway in America**" trägt!

Das Great Basin ist alles andere als eine große, sandige „Schüssel". Dieselben Kräfte, die die Rocky Mountains entstehen ließen, haben auch hier Bergketten hochgedrückt, die in regelmäßigen Abständen die Fahrtroute kreuzen und Reisende zwingen, Pässe von bis zu 2.300 m zu überwinden – genau wie einst die *Pony-Express*-Reiter oder Postkutschen, deren Route großteils parallel zum heutigen US Hwy. 50 verlief.

Endlose Weite im Great Basin

Die **beeindruckende Landschaft** ist durchsetzt von Orten wie **Eureka, Austin** oder **Virginia City**, deren einstiger Wohlstand auf Gold-, Silber- und Kupfervorkommen basierte und die heute von Erinnerungen und einigen historischen Gebäuden leben. **Reno** wirkt dagegen wie vom Himmel gefallen – eine große hitzeflimmernde und glitzernde Spielhölle, die aber dennoch nicht mit Las Vegas vergleichbar ist.

Die fast 650 km lange und bis zu 4.400 m hohe Bergkette der **Sierra Nevada** stellt heute zwar nicht mehr jene unüberwindliche Barriere dar, die sie für Reisende im 19. Jh. war, aber dennoch ist der Eindruck überwältigend: Schneebedeckte Berge, dichte Wälder, klare Bergseen, grüne Täler – eine **Bilderbuchlandschaft**, der der Fotograf *Ansel Adams* zu Beginn des 20. Jh. ein bleibendes Denkmal setzte. Auch wenn der berühmte **Yosemite National Park** zu den Hauptattraktionen Kaliforniens gehört – und leider entsprechend überlaufen ist, – zählt die Sierra Nevada im Ganzen noch immer zu den wenig bekannten Juwelen des *Golden State*.

Dabei ist die Natur nur *ein* Grund herzukommen, die Region hat auch historisch gesehen viel zu bieten: Auf der Ostseite der Bergkette, in der **Eastern Sierra**, lebt der Wilde Westen in Ortschaften wie Virginia City und Carson City fort. Im Nordosten der Sierra Nevada, an der Grenze zwischen Nevada und Kalifornien, befindet sich der *Lake in the Sky*, **Lake Tahoe**, malerisch von Bergen umgeben und unweit der Spielerstadt Reno (Nevada). An den Westabhängen der Sierra erstreckt sich das so genannte **Gold Country**, historische Ortschaften, die Zeugnis vom legendären Goldrausch von 1849 ablegen. **Sacramento**, die Hauptstadt Kaliforniens und das „Zugangstor" zur Sierra Nevada, war schon damals das wichtigste Zentrum. Über die ehemalige Goldgräberstadt geht es schließlich zum Endziel dieser Route, zur San Francisco Bay.

Redaktionstipps

Sehens- und Erlebenswertes

- Ein Erlebnis ist die Fahrt auf **America's Loneliest Road** (S. 515) durch das **Great Basin** (S. 512).
- **Virginia City** (S. 517), die lebendigste Geisterstadt des Westens, erleben, mit der *Virginia & Truckee Railroad* fahren und dann in **Carson City** (S. 516) das **Nevada State Railroad Museum** besichtigen.
- Im **Marshall Gold Discovery SHP** am American River auf Goldsuche gehen (S. 526).
- Vom *Rim Trail* spektakuläre Ausblicke auf den **Lake Tahoe** (S. 519) genießen oder in der idyllischen **Emerald Bay** Vikingsholm (S. 523) besuchen.
- Für Eisenbahnfans: das **California State Railroad Museum** (S. 529) in Sacramento, Kunstbeflissene gehen ins **Crocker Art Museum**, und das **California Museum for History, Women & The Arts** bietet für jeden etwas.
- Die Downtown Casino Row in **Reno** (S. 518) ist für Casinofans die günstigere Variante zu Las Vegas.

Unterkunft

- Ideales Standquartier für die Erkundung der Region um den Lake Tahoe ist das **Richardson House B&B** in Truckee (S. 200).

Essen & Trinken

- Bierfreunde kommen in Sacramento auf ihre Kosten, leckeren Gerstensaft gibt's im **Beermann's Beerwerks & Meat Market**, in der **Hoppy Brewing Company**, im **Hogshead Brew Pub** oder auch bei **River City Brewing Co.** (S. 221).
- Gemütlich und gut speisen bei **Graham's at Squaw Valley** (S. 200) nahe dem Lake Tahoe.

Hinweis zur Route

*Von Salt Lake City führt die I-80 direkt nach Reno (ca. 850 km, ohne größere Zwischenstopps rund 9 Std. Fahrtdauer). Empfehlenswerter ist jedoch die Fahrt auf dem US Hwy. 50. Zunächst folgt man ab SLC der I-15 nach Süden bis Exit 248, dann dem US Hwy. 6, der bei Delta auf den **Hwy. 50** trifft. Westwärts geht es auf dieser Straße vorbei an Carson City und Virginia City (Abstecher nach Reno möglich!) zum Lake Tahoe. Von dort führt der CA 49 durch Kaliforniens Gold Country nach Sacramento und die I-80 schließlich nach San Francisco.*

Great Basin National Park (ⓘ S. 195)

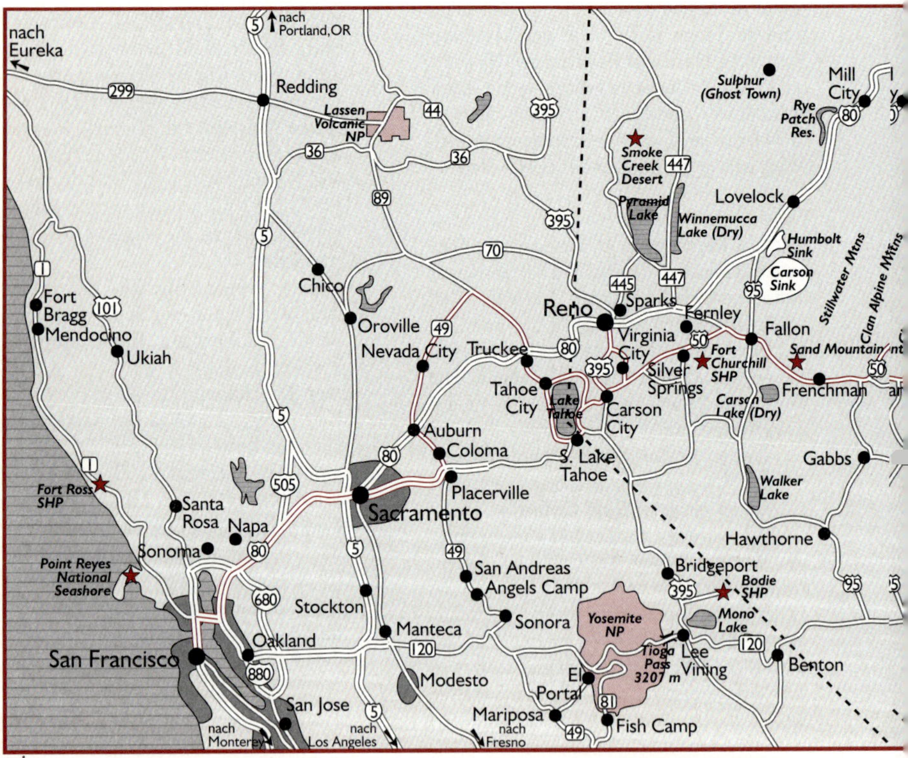

Von Salt Lake City geht es südwärts entlang der **Wasatch Range** mit fast immer schneebedeckten Gipfeln. Der US Hwy. 6 führt zunächst durch Pfirsichplantagen, ehe nach der ehemaligen Minenstadt **Tintic** die Landschaft schlagartig flach wird, weit und eintönig. Bei näherem Hinsehen erkennt man kleine Hügel rechts und links der Straße – überwachsene Sanddünen, die Relikte der ehemaligen Uferlandschaft des großen Meeres sind, das das heutige Great Basin einst bedeckte. Das Gebiet zwischen Tintic und Delta wird heute als **„Little Sahara"** bezeichnet.

Delta ist der letzte „größere" Ort vor Durchquerung des Great Basin. Kurz dahinter lohnt ein kurzer Stopp am Straßenrand: Der Blick geht scheinbar ins Leere, beträgt doch die sichtbare Nord-Süd-Ausdehnung hier gut 190 km, die von Osten nach Westen 120 km! Das entspricht einem Gebiet von mehr als 20.000 km² – und das ist größer als beispielsweise das Bundesland Schleswig-Holstein (15.500 km²).

Endlos weiter Blick

Der Name **Great Basin** mag den Eindruck vermitteln, dass sich dieser Nationalpark mitten in einem trockenen Becken befindet, keine Bäume aufweist und auch sonst nicht viel zu bieten hat. Doch weit gefehlt. Bereits auf der Anfahrt wird man eines Besseren belehrt: Durch eine weite, abwechslungsreiche Ebene quert man die Grenze zu Nevada und fährt auf ein hohes Bergmassiv zu, das sich abrupt aus der Wüstenlandschaft zu erheben scheint. An dessen Südostflanke schmiegt sich der 308 km² große Nationalpark.

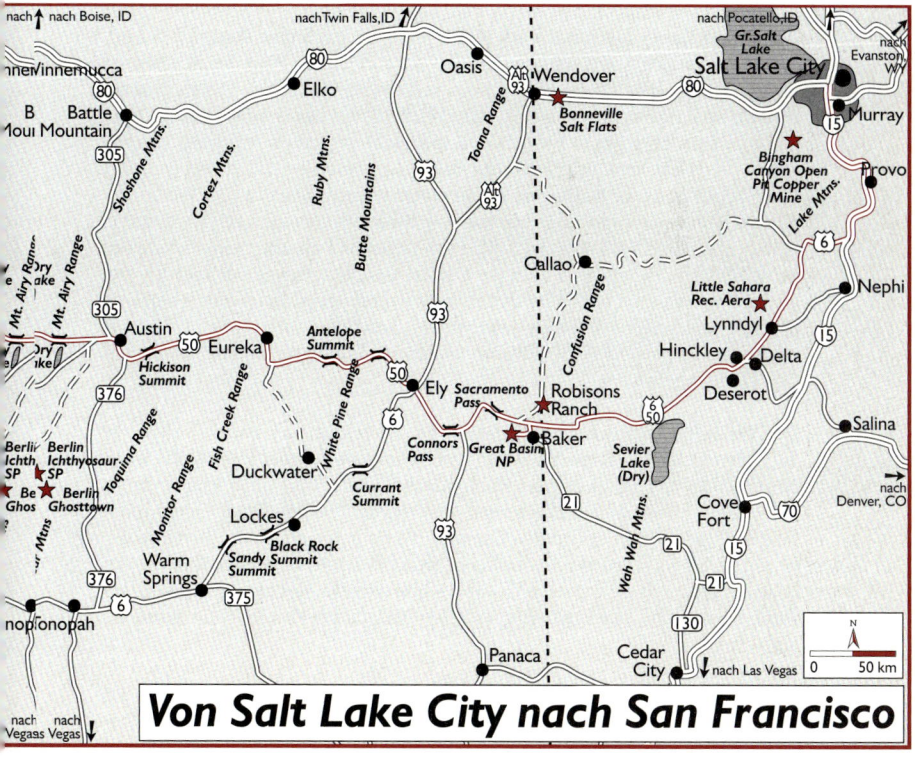

Von Salt Lake City nach San Francisco

Tipps für Besucher des Great Basin National Park

i **Information**
• **Great Basin NP**, 100 Great Basin National Park, Baker/NV, ☎ 775/234-7331, 🖥 www.nps.gov/grba, keine Gebühr, zwei VCs (tgl. 8 bis mindestens 16.30 Uhr):
– **Great Basin VC**, nördl. Baker, NV 487. Film, Ausstellung, Infos.
– **Lehman Caves VC**, NV 488, 9 km westl. Baker, bereits im Park; ab hier auch Höhlentouren ($ 8/ 1 Std., $ 10-90 Min.).

☞ **Hinweis**
Erste Anlaufstation im Park sollte das **Lehman Caves VC** (Zufahrt ab **Baker**) sein, denn dort informieren eine kleine Ausstellung, ein Film und ein Reliefmodell über die Naturlandschaft des Parks und des Great Basin im Allgemeinen. Zugleich beginnen hier die Touren durch die **Lehman Caves**. Botanisch Interessierte sollten eine Fahrt vom VC auf dem **Wheeler Peak Scenic Drive** unternehmen. Die gut 20 km lange Straße (mindestens 1 Std. hin/zurück) endet an einem Parkplatz und von dort führt ein Fußweg zu den Borstenzapfenkiefern. Ebenso lohnend sind bei genügend Zeit (mindestens 1 Tag) die Trails, die zum Gletscher, auf die Spitze des Wheeler Peak oder zu den alpinen Seen führen.

Eine ökologische Insel

Der **Great Basin National Park** wurde 1986 um die **Snake Range**, ein Bergmassiv, dessen höchster Gipfel der 3.920 m hohe **Wheeler Peak** ist, ausgewiesen. Dieses Gebirge überragt das Basin im Umkreis von Hunderten von Meilen. Es bildet zugleich eine „ökologische Insel" im geografischen Areal des Großen Beckens, denn entlang seinen Berghängen hat sich eine spezifische Vegetation entwickelt bzw. erhalten. Sie reicht vom amerikanischen Beifuß *(sagebrush)* bis hin zu alpiner Flora. Über die Jahrtausende hinweg hat sich eine der ältesten Baumarten der Welt erhalten: die **Borstenzapfen-** (oder **Grannen-) Kiefer** *(bristlecone pine)*. Sie ist nur in Höhenlagen zwischen 3.000 und 3.300 m zu finden und die älteste im Park soll an die 5.000 Jahre alt sein. Eine Besonderheit ist, dass diese Bäume nur sehr langsam wachsen und dass ein hoher Harzanteil das Verrotten verhindert. Dafür werden sie über die Jahrtausende von Wind und Wetter „geschliffen" und weisen oft höchst eigenartige Formen auf. Andere Bäume im Park sind **Douglastannen** sowie montane **Kiefernarten**.

Abflussloses Becken

Der **Wheeler Peak** steht am Rand eines der zahlreichen abflusslosen Becken, die noch bis vor 10.000 Jahren mit Wasser gefüllt waren – zu jener Zeit, als die letzte Eiszeit allmählich zu Ende ging; ein **Restgletscher** an der Bergspitze erinnert daran. Dank seiner Höhe und Einzellage stand der Wheeler Peak als „**Insel**" in der Landschaft und wurde von der großen Eismasse, die bis in die nördlichen Bereiche der heutigen USA vorgedrungen war, nicht überdeckt. Diese Insellage ist noch heute von Bedeutung, da sich die montane Tierwelt – überwiegend kleinere Tiere und Greifvögel – klima- und nahrungsbedingt in diesen geografisch kleinen Raum zurückgezogen hat.

Das ehemals relativ feuchte, tropische Klima sorgte über Millionen von Jahren für die Ausbildung eines **Tropfsteinhöhlensystems**. Damals versickerten große Wassermengen durch kleine Risse im Gestein und das alkalische Regenwasser nahm auf seinem Weg in die Tiefe Humussäure und abgestorbene Pflanzenpartikel mit. Damit sank der pH-Wert des Wassers und es griff im Bereich des Grundwasserspiegels das Gestein an und höhlte es langsam aus. Als sich das Klima änderte, sank der Grund-wasserspiegel, doch die Hohlräume waren da. Fortan versickerte zwar weniger, aber doch konstant, nun kalkhaltiges Wasser durch die Felsrisse. Die Kalkreste (Calcium-carbonat) stammten von den Ablagerungen des ehemaligen großen Sees um das Bergmassiv herum. Damit begann sich ganz langsam eine beeindruckende Tropf-steinhöhle zu bilden, die der Rancher *Absalom Lehman* 1885 entdeckte und nach dem sie heute benannt ist: die **Lehman Caves**.

Beein-druckende Tropfstein-höhle

Auf Amerikas einsamster Straße

Auf dem Weg westwärts nach Sacramento auf dem US Hwy. 50 wird es einsam. **America's Loneliest Road** folgt hier dem schon erwähnten **Lincoln Highway** (ⓘ S. 462). Mit rund 4.000 Einwohnern ist **Ely** (ⓘ S. 190) die größte Siedlung weit und breit. Gegründet wurde der Ort 1868, nachdem Silber in den umliegenden Bergen entdeckt worden war. Doch erst die Ausbeutung der Kupfererze und der Anschluss an das Eisen-bahnnetz 1906 führten zu etwas Wohlstand. Die Stadt ist wirt-schaftliches Zentrum einer Region geblieben, in der noch immer Gold und Silber abgebaut werden. Das kleine **White Pine Public Museum** (*200 Aultman St., Do-Mo 10-17 Uhr, Spende*) an der Hauptstraße informiert über die Lokalge-schichte.

Sehenswert in Ely ist vor allem das **Nevada Northern Rail-way Museum**, von dem aus in den Sommermonaten eine his-torische Minenbahn in das eigentliche Minengebiet fährt.

   **Historische Minenbahn & Museum**
• **Nevada Northern Railway Museum**, *Nevada Nor-thern Railway Depot, 11th St. E/Ave. A,* ☎ *775/289-2085,* 🖳 *www.nevadanorthernrailway.net, Museum tgl. 8-17 Uhr, Zugfahrten Mai-Sept. tgl., sonst nur an Wochenenden, $ 4 (Museum), Zugfahrten ab $ 27.*

„America's Loneliest Road": der US Hwy. 50

Westlich von Ely führt der US Hwy. 50 durch ehemaliges Abbau-Areal, ehe er schließlich **Eureka** (ⓘ S. 191), die nächste größere Ortschaft mit ca. 7.000 Ein-wohnern, erreicht. Das Städtchen hat sich den Charme eines Pionierortes des 19. Jh. erhalten, das vornehmlich vom Abbau von Silber und Blei lebte. Der Reich-tum der Stadt übertraf den von Austin zwar bei Weitem, doch erlangte Eureka nie-mals die Bedeutung seiner gut 110 km entfernten Schwesterstadt. Ein großes Feuer im Jahr 1879 bewirkte, dass zahlreiche Gebäude in Stein wiederaufgebaut wurden – und heute noch stehen. Im **Eureka Sentinel Museum** (*Bateman/Monroe St., tgl. 10-18 Uhr, im Winter So/Mo geschl., Eintritt frei*), wo einst die lokale Zeitung zu Hause war,

Charme eines Pio-nierdorfes

Die Fußgängerzone von Downtown Eureka

befindet sich das lokale Heimatmuseum. Weitere sehenswerte Gebäude sind das **Eureka Courthouse** und das **Eureka Opera House** (☎ 775/237-6006, 🖥 *www.co.eureka.nv.us*), heute VC und Kulturzentrum.

Ab Eureka folgt der US Hwy. 50 der alten *Pony-Express*- und Postkutschen-Route und mehrere Infotafeln am Straßenrand erläutern die Geschichte. Etwa 70 km westlich von Eureka lohnen die **Hickison Petroglyphs** einen Stopp, Felsmalereien prähistorischer Indianerkulturen aus der Zeit zwischen 1.000 v. Chr. und 1.500 n. Chr.

Reiz einer Geisterstadt

Austin galt im 19. Jh. als wichtigste Stadt im Nevada-Territorium östlich von Virginia City und das, obwohl die Silbervorkommen bei Weitem nicht so üppig waren wie in anderen Städten. Zwischen 1862 und 1890 lebten hier um die 10.000 Menschen – heute sind es gerade noch 400. Viele der alten Gebäude existieren nicht mehr bzw. sind verlassen und verfallen, doch gerade das trägt zum Reiz dieses kleinen Ortes bei.

Bei **Fallon** endet die Einsamkeit des US Hwy. 50. Das Land ist Kulturland und wird landwirtschaftlich genutzt. Der Ort hat mit Ausnahme des kleinen **Churchill County Museum** (ausgeschildert) wenig zu bieten, dieses informiert jedoch über die Geschichte des US Hwy. 50, den *Pony Express* und die Stadt. Auf dem Hwy. 50 sind es jetzt nur noch rund 60 km nach Carson City, Nevadas Hauptstadt.

Carson City – Nevadas Historic Capital (ⓘ S. 179)

Hauptstadt des Glücksspielstaates

Jeder kennt Las Vegas, einige kennen Reno, doch die wenigsten wissen, dass Carson City die **Hauptstadt des Glücksspielstaates** ist. Und das schon seit 1861, drei Jahre nach der Gründung durch *Abraham Curry*, der an einer heißen Quelle sein *Warm Springs Hotel* erbaute. 1864 drängte Präsident *Lincoln* Nevada zum Beitritt in die Union – mit dem Hintergedanken, dass damit Rohstoffe, vor allem Silber und Holz, gesichert werden könnten. Der Name der Stadt geht auf den Forscher *John C. Fremont* zurück; er nannte den Fluss 1844 *Carson River* und ehrte damit seinen berühmten Scout und Freund *Kit Carson*.

Das 53.000-Seelen-Städtchen liegt nur rund 20 km vom Lake Tahoe und etwa 50 km von Reno entfernt. Die Innenstadt mit ihren zahlreichen historischen Bauten aus der Zeit des Silberrauschs und des Eisenbahnbaus ist sehenswert. Kein Wunder, dass Hollywood hier gern Western drehte, darunter als bekanntester „The Shootist" mit

John Wayne. Eine **Kit Carson Trail Map** mit genauen Angaben zu den historischen Häusern und Plätzen ist im VC erhältlich.

Kennzeichen der Hauptstadt Nevadas sind vor allem ihre **Beschaulichkeit** und der alten Stadtkern mit seinen **viktorianischen Häuschen**. Dominiert wird das Stadtbild jedoch vom **Nevada State Capitol** *(Carson/Musser St., tgl. 8-17 Uhr, Eintritt frei)*, in dem es historische Ausstellungsstücke, Dokumente und Fotos zu sehen gibt. Mehr über die Geschichte von Stadt und Staat erfährt man im **Nevada State Museum** *(600 N Carson St.,* ☏ *775/687-4810, tgl. 9-17.30 Uhr, $ 5)*. In der ehemaligen Münzprägeanstalt, die von 1870 bis 1893 in Betrieb war, wurden die Silbermünzen mit dem Aufdruck „CC" versehen. Heute lässt sich hier eine Sammlung indianischer Kunst, Dokumente und Relikte zur Geschichte der Besiedlung des Great Basin und dessen Tierwelt sowie eine Abteilung zum Wilden Westen, mit Nachbau einer Mine von 1870 und einer Ghosttown, besichtigen.

Geschichte von Stadt und Staat

Das **Nevada State Railroad Museum** *(2180 S Carson St.)* widmet sich vor allem der *Virginia & Truckee Railroad Line*, die ab 1869, während der Blüte der *Comstock Mine*, Carson City, Reno und Virginia City miteinander verband. Ausgestellt sind vor allem Eisenbahnzubehör dieser Gesellschaft, mehrere Dampfloks und Wagen. Im Sommer finden Fahrten mit historischen Zügen statt.

Historische Eisenbahn

Virginia & Truckee Railroad & Museum
• **Nevada State Railroad Museum**, 2180 S Carson St., ☏ 775/687-6953, 🖳 www.nsrm-friends.org, Mi-So 8.30-16.30 Uhr, $ 4 Museum, $ 5 **Zugfahrt** mit der „Virginia & Truckee Railroad" nach Virginia City (🖳 www.steamtrain.org, s. auch Virginia City, S. 518).

Information
• **Carson City CVB**, 1900 S Carson St., ☏ 775/687-7410 und 1-800-638-2321, 🖳 www.carson-city.org

Abstecher nach Virginia City (ⓘ S. 243)

Auf dem Weg von Carson City nach Reno, auf dem US Hwy. 395 nordwärts, lohnt sich auf etwa halber Strecke ein Abstecher auf einer Nebenstrecke, dem Hwy. NV 341, nach Virginia City. Die Straße erreicht nach wenigen Kilometern durch eine Bilderbuch-Wildwest-Landschaft diese Stadt mit ihren rund 35.000 Einwohnern. Stünden auf den Straßen keine Autos und Motorräder, würde man seinen Augen nicht trauen: In der **„Liveliest Ghost Town in the West"** scheint die Zeit tatsächlich stehen geblieben zu sein. In der

Der Wilde Westen lebt in Virginia City/NV

Mark Twain

Blütezeit des Gold- und Silberabbaus, in der zweiten Hälfte des 19. Jh., gab es hier 110 Saloons. Für Seelenheil und Kultur sorgten dazu eine Reihe von Kirchen und Theatern. Berühmtester Bewohner der Stadt war *Mark Twain,* der für die lokale Tageszeitung arbeitete und diese mit kuriosen Geschichten versorgte. Dank der Lage an der **Comstock Lode,** einer der ergiebigsten Silber- und Goldadern im Westen, mauserte sich Virginia City in den 1870er Jahren zu einer bedeutenden Minen-Metropole. Danach versank die Stadt in einen Dornröschenschlaf und daher war es möglich, den Zustand der 1870er Jahre weitgehend authentisch zu rekonstruieren. Im Zentrum, vor allem entlang der C Street, reihen sich Saloons, Läden und mehrere kleine Museen aneinander.

In der **Mackay Mansion** *(129 S D St., tgl. 10-18 Uhr, Touren $ 4)* mit ansehnlicher Tiffany-Silber-Sammlung wohnte ein Minenboss; ausgestellt ist außerdem verschiedenes Minen-Zubehör. Ebenfalls vom Reichtum vergangener Zeiten zeugt **The Castle** *(70 S B St., Touren tgl. 11-17 Uhr, $ 4)* von 1868 mit tschechischen Kristallleuchtern, italienischen Marmorkaminen und silbernen Türknäufen. Eines von zahlreichen Vergnügungsetablissements ist **Piper's Opera House** *(B/Union St., Mitte Mai-Ende Okt. Sa-Do 11-16 Uhr, Spende)* aus den 1880er Jahren mit Ausstellung und Abendveranstaltungen.

Dampfzugfahrt

• *Ideal für Familien ist die Fahrt mit der* „**Virginia & Truckee Railroad**" *ab dem Bahnhof Washington/F Street. Die 35-minütigen Dampfzugfahrten mit der alten Eisenbahn aus den „wilden" Tagen um 1869 führen von Virginia City nach Gold Hill durch die historische Comstock-Minen-Region. ☏ 775/847-0380, ⌨ http://virginiatruckee.com, Mai-Okt. tgl. 10.30-17 Uhr, $ 16 (Tagespass), $ 8 (Rundfahrt).*

Information

• **Virginia City Chamber of Commerce,** *VC in altem Eisenbahnwaggon, 86 S C St., ☏ 775/847-0311, ⌨ www.virginiacity-nv.org*

Reno, das „kleine Las Vegas" (ⓘ S. 220)

Größte Kleinstadt

Als „*größte Kleinstadt der Welt*" bezeichnet sich das rund 180.000 Einwohner zählende Reno am Ostabhang der Sierra Nevada. Nicht zu Unrecht: einerseits Glitzer und Glimmer im Las-Vegas-Stil, andererseits ein Provinzort ohne große Ausstrahlung. Auch die Anfänge Renos waren wenig spektakulär: 1859 war der Ort neben der Zollbrücke über den Truckee River als „Lake's Crossing" entstanden. Pioniere strömten auf der Suche nach Gold und Glück ins Land, ein paar wenige blieben. Erst als **1931 in Nevada das Glücksspiel** erlaubt wurde, zogen Aufschwung und Wohlstand ein und Reno erwarb sich schnell den Ruf, eine kostengünstige Alternative zu Las Vegas zu sein.

Das Symbol der Stadt, der **Reno Arch** – 1926 anlässlich der Fertigstellung des Lincoln Highway errichtet – markiert mit seinen 1.600 Glühbirnen den Zugang zur **Downtown Casino Row,** der (North) Virginia Street. An ihr und im Umkreis reihen sich Casinos und Hotels auf – wie *Silver Legacy, Harrah's Reno,* das *Reno Hilton* oder *Circus Circus* –, die die Skyline der Stadt prägen, aber mit den Superkomplexen in Las Vegas nicht mithalten können. Reno ist zugleich Sitz der **University of Nevada** *(N Virginia St.)* – mit dem renommierten **Fleischmann Planetarium & Science Center** *(N Virginia St.,* 🖥 *http://planetarium.unr.nevada.edu,* ☎ *775/784-4811, $ 10).* Hier werden verschiedene Shows und Filme, außerdem Wechselausstellungen gezeigt (wechselndes Programm, unterschiedliche Preise).

Außerdem rühmt sich die Stadt, seit 1995 das wohl größte Bowlingstadion der Welt zu besitzen. Das **National Bowling Stadium** *(300 N Center St.)* verfügt über 78 Bahnen, eine Videowand und ein Theater mit Riesenleinwand. An Museen ist das **National Automobile Museum** *(10 Lake St. S,* 🖥 *www.automuseum.org, Mo-Sa 9.30-17.30, So 10-16 Uhr, $ 9,50)* das sehenswerteste: Es bietet eine Sammlung historischer Wagen.

Historische Automobile

Nahe der Universität liegt nördlich der I-80 der **Rancho San Rafael Park** mit dem **Wilbur D. May Center** *(1502 Washington St.,* 🖥 *www.maycenter.com, Mo-Sa 10-17, So 12-17 Uhr, Eintritt je nach Ausstellung, Arboretum 8 Uhr bis Sonnenuntergang, Eintritt frei).* Der dreiteilige Komplex besteht aus Museum, Botanischem Garten und Vergnügungspark. Die von dem Abenteurer *W. D. May* auf seinen Weltreisen gesammelten Fundstücke wurden in einem Bau aufgestellt, der seine *Double Diamond Ranch* imitiert. Besonders hochklassig sind die afrikanische Sammlung und die Pferdefiguren der Tang-Dynastie, außerdem sehenswert ist das Silber aus dem 18. Jh. Im Freien können zwölf Biotope der östlichen Sierra Nevada erkundet werden.

> ℹ️ **Information**
> • **Reno-Sparks Convention & Visitors Authority**, 4590 S Virginia Rd., Reno, 🖥 www.visitrenotahoe.com und www.reno-sparkschamber.org, ☎ 1-888-448-7366 und 775/827-7662.

Lake Tahoe – der „himmlische See" (ℹ️ S. 199)

Niemand, der nach endlos scheinender Fahrt durch Berge und Wälder plötzlich den tiefblau schimmernden Lake Tahoe erstmals vor sich sieht, kann sich seinem Reiz entziehen. So erging es schon dem Forschungsreisenden John C. Fremont, der 1844 als erster Weißer den See erblickte, und auch *Mark Twain* schwärmte überschwänglich vom „**Lake in the Sky**", dem „himmlischen See".

„Lake in the Sky"

Lake Tahoe gilt mit rund 35 mal 19 km bzw. 115 km Uferlinie als der **größte alpine See** des nordamerikanischen Kontinents. Er liegt rund 1.900 m hoch und ist im Durchschnitt 300 m, an manchen Stellen bis zu 500 m tief. Seine reinen **Wassermassen** könnten den gesamten Staat Kalifornien fast 40 cm hoch überfluten. Nur zwei Drittel des Seeufers gehören zu Kalifornien, der Rest – die Ostseite – liegt auf dem Staatsgebiet von Nevada. Von dichtem Nadelwald umgeben, bietet sich ein einmaliges Naturschauspiel, das sich vor allem von der Uferstraße (NV 28 und CA 89) aus, die sich in unterschiedlicher Höhe um den See schlängelt, in vollen Zügen genießen lässt.

Größtes Skigebiet des Westens

Doch das Idyll hat auch seine Kehrseite: Lake Tahoe, Anfang des 20. Jh. als Ferienort entdeckt, erfreut sich seither ungebrochener Beliebtheit als **Sommererholungs- gebiet** und ein Großteil der Uferfläche ist in Händen finanzkräftiger Ferienhausbe- sitzer. Da das Hinterland Teil eines der **größten Skigebiete des Westens** ist, gibt es hier so gut wie keine Nebensaison und Bewohnern wie Natur bleibt kaum Zeit zur Erholung. Bereits in den 1890er Jahren hatte man die Möglichkeiten des Win- tertourismus erkannt und die 1960 in **Squaw Valley** abgehaltenen **Olympischen Winterspiele** forcierten die Entstehung einer adäquaten Infrastruktur.

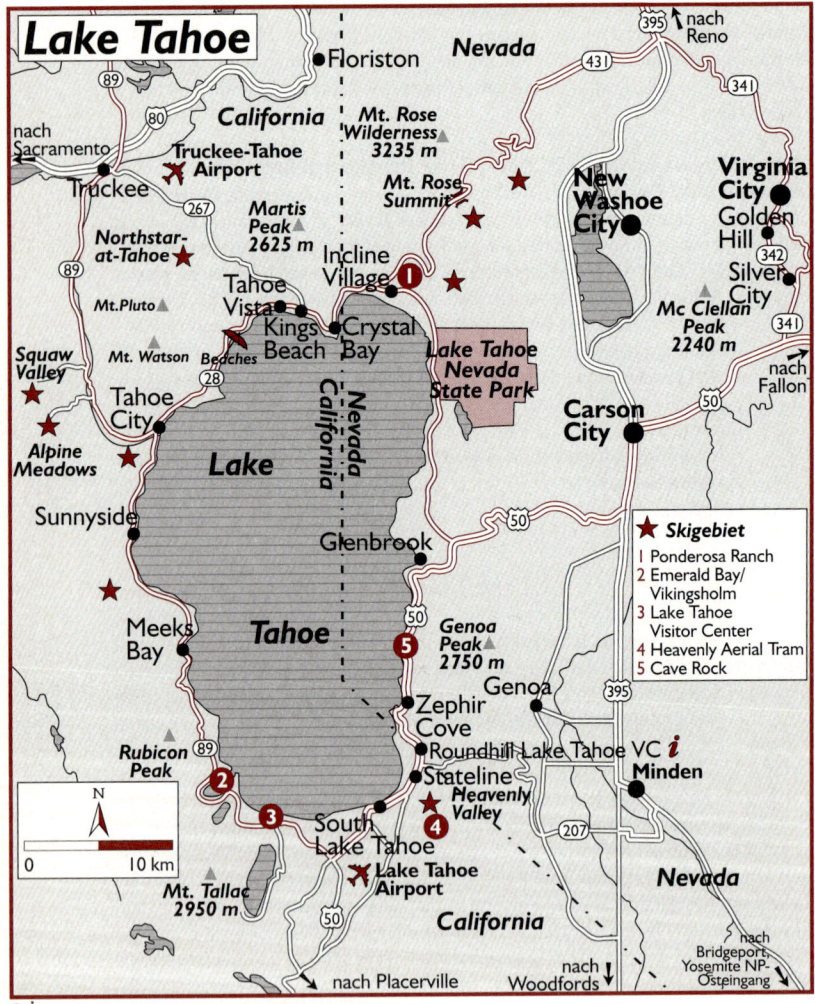

© *i graphic*

Tipps für Besucher des Lake Tahoe

i Information

• **North Lake Tahoe Resort Association**, 245 N Lake Tahoe Blvd., Tahoe City, ☎ 530/583-8737, 🖳 www.gotahoenorth.com
• **Lake Tahoe Visitors Authority**, 1156 Ski Run Blvd., South Lake Tahoe, ☎ 530/544-5050, 🖳 www.virtualtahoe.com
• **Lake Tahoe Incline Village/Crystal Bay Visitors Center**, 969 Tahoe Blvd., Incline Village NV, ☎ 775/832-160, 🖳 www.gotahoenorth.com

Ski & Touren

Detaillierte Informationen finden sich auf der Webpage 🖳 www.gotahoenorth.com
• (North) Lake Tahoe gehört zu den Top-Skigebieten des Westens mit derzeit sieben großen **Skiarealen** und insgesamt knapp 100 Liften. Das bekannteste Skigebiet ist **Squaw Valley USA** (☎ 530/583-6985, 🖳 www.squaw.com), das neueste ist **Northstar-at-Tahoe** mit Cross-Country-Areal (🖳 www.northstarattahoe.com). **Sierra-at-Tahoe** ist ebenfalls beliebt für Langlauf, Snowboarding und Snowshoeing (☎ 530/659-7453, 🖳 www.sierraattahoe.com).
• **Schifffahrten** während der Sommersaison mit dem „MS Dixie II Paddlewheeler" (☎ 775/588-3508, 🖳 www.zephyrcove.com) von Zephyr Cove tgl. zur Emerald Bay, außerdem „Sunset Dinner Dance Cruises" und andere Fahrten.

Wandertipp

Der **Tahoe Rim Trail** (TRT) von etwa 240 km Länge wurde von Freiwilligen erbaut und im Herbst 2001 in Betrieb genommen. Es handelt sich um einen einspurigen Pfad für Reiter, Wanderer und (in großen Teilen) für Radler. Teilweise hoch über dem See durchquert man National Forests und State Parks, unberührte Wälder und Wiesen und genießt dabei immer wieder hervorragende Ausblicke auf See, Sierra Nevada und Great Basin. Infos: **Tahoe Rim Trail Association**, 297 Kingsbury Grade, Stateline/NV, ☎ 775/588-0686, 🖳 www.tahoerimtrail.org

Lake Tahoe – der „himmlische See"

Der kalifornische Teil von Lake Tahoe ist verwaltungstechnisch zweigeteilt: **North Lake Tahoe** mit Tahoe City als Versorgungszentrum und **South Lake Tahoe** mit der sehenswerten Emerald Bay und dem Ort South Lake Tahoe. In Nevada gibt es nur wenige Orte: im Süden Zephyr Cove und im Norden Incline Village.

Rundfahrt um den Lake Tahoe

Startet man die Rundfahrt in Reno, führt der Weg zunächst auf dem US Hwy. 395 zurück nach Süden. Auf halbem Weg zweigt der NV 431 Richtung Lake Tahoe ab, den man bei **Incline Village** (NV) erreicht. Malerisch hoch über dem See liegt hier der Nachbau der **Ponderosa**, die Ranch der *Cartwrights* in der TV-Westernkultserie „Bonanza". Ursprünglich wurden nämlich nur die Außenaufnahmen oberhalb des Lake Tahoe gedreht, während die Ranch nur in einem Hollywoodstudio existierte. Zwischen 1959 und 1972 wurden 430 Folgen mit den *Cartwrights*, Vater *Bill (Lorne Greene)* und seinen drei Söhnen, *Adam (Pernell Roberts)*, *Hoss (Dan Blocker)* und *Little Joe (Michael Landon)* gedreht und in aller Welt ausgestrahlt. Der unerwartet frühe Tod von *Dan Blocker* setzte „Bonanza" jedoch ein abruptes Ende, und spätere Remakes, wie 1993 „Bonanza – The Return", mit Nachkommen der „alten" *Cartwrights* (auch Söhne der ehemaligen Schauspieler wirkten mit) erreichten das Original nie. Einst konnte man den Nachbau der Ranch mit angeschlossenem Western-Vergnügungspark besuchen – beide sind seit 2004 geschlossen (⌨ *www.ponderosaranch.com*).

Heimat von „Bonanza"

Wenige Meilen südlich von Incline Village lädt der **Lake Tahoe Nevada SP/Sand Harbou**r (⌨ *http://parks.nv.gov/lt.htm*) zum Baden ein. Während der Sommermonate werden Veranstaltungen, u. a. Shakespeare-Aufführungen im Amphitheater des Parks geboten.

Cave Rock ist eine Felsspitze, durch die zwei Tunnel gebrochen wurden. Berühmt wurde der Felsen aber durch *Tahoe Tessie*, die amerikanische Version des Ungeheuers von Loch Ness – sie soll unter dem Felsen leben. **Zephyr Cove** ist noch ein bescheidener kleiner Ferienort, während ein Stück weiter **Stateline** bereits mit großen Casinohotels protzt. Boutiquen, Shopping Malls und Lokale ziehen sich hin bis **South Lake Tahoe**, dem eigentlichen Hauptferienort (24.000 Einwohner) an diesem Seeabschnitt.

„Tahoe Tessie"

Zwischen Stateline und South Lake Tahoe zweigt eine Zubringerstraße, ausgeschildert mit „HEAVENLY", zur Seilbahnstation der **Heavenly Aerial Tram** ab. Die Seilbahn bringt Besucher auf 2.475 m Höhe und von dort bietet sich eine grandiose Aussicht.

Gondelfahrt mit Aussicht
• **The Gondola at Heavenly – Aerial Tram**, *South Lake Tahoe, ab US 50,* ☎ *775/586-7000,* ⌨ *www.visit-eldorado.com/gondola.html und www.skiheavenly.com, Juli-Sept. tgl. 10-19 Uhr, $ 24.*

Wer das Geld für die Gondel sparen möchte: Am Südwestufer zwischen South Lake Tahoe und Tahoe City, dem Hauptort am See, bietet sich über der traumhaften

Emerald Bay am Hwy. 89 der wohl beste Ausblick überhaupt. Doch das ist nicht der einzige Grund für einen Stopp: Am Ufer liegt ein Kuriosum namens **Vikings-holm**. 4 km sind es auf einem gut ausgebauten Wanderweg hinunter zu diesem Schlösschen. Es war 1929 mit 38 Zimmern im skandinavischen Stil erbaut worden. Dem Ufer des Emerald Bay SP vorgelagert ist **Fanette Island** mit einem winzigen Teehaus aus Stein.

In **Tahoe City** (*www.tahoechamber.com*) läuft einem auf der **Fanny Bridge** beim Anblick der riesigen Forellen im Truckee River das Wasser im Munde zusammen. Wenige Schritte Richtung See, im *William B. Layton Park*, befindet sich die **Gate-keeper's Cabin** mit dem **North Lake Tahoe Historical Society Museum**. Im ehemaligen Haus des Wassermeisters, der über die Menge des dem See abgezapf-ten Wassers wachte, sind vor allem die indianischen Korbwaren sehenswert. Am North Lake Blvd. steht die **Watson Cabin**, eine bescheidene Hütte von 1909, in der teilweise die Originalmöblierung erhalten ist und Ausstellungsstücke über das Leben am See um die Jahrhundertwende informieren.

Tahoe City

Von Tahoe City führt der US Hwy. 89 hinauf nach **Truckee**, wobei man auf halber Strecke das Wintersportgebiet **Squaw Valley USA** (*www.squaw.com*) passiert. Truckee ist der eigentliche Hauptort der Region, Verkehrsknotenpunkt (I-80, US Hwy. 89 und Amtrak-Bahnhof) und **Gateway to the Sierra**. Rund 20 km (US Hwy. 267) vom Nordufer des Sees entfernt, ist der Ort eine ideale Standbasis für Leute, die den relativ hohen Übernachtungspreisen direkt am Seeufer entgehen möchten. Spaziert man auf der Hauptstraße von **Old Town** mit ihrem Mix an Shops, Galerien, Lokalen und Bars, meint man auch hier, die Zeit sei stehen geblieben.

Nur wenige Kilometer westlich Truckee (über die I-80) liegt der über 140 ha große **Donner Memorial SP** (*Donner Pass Rd.,* *www.parks.ca.gov/?page_id=503, Mai-Okt. Park tgl. 8 Uhr bis Sonnenuntergang, Museum tgl. 9-16 Uhr, $ 6/Pkw*), ein Naturpark, der an jene Siedler erinnert, die hier auf ihrem Weg nach Kalifornien im Winter 1846/47 eingeschneit wurden. Teil des Parks ist der **Donner Lake** mit seinen Strän-den, Camping- und Picknickgelegenheiten sowie Wanderwegen und Skiloipen. Inter-essanter Punkt im Park ist das **Emmigrant Trail Museum** (*ab I-80, 12593 Donner Pass Rd.*) mit einer Ausstellung zur Besiedlung und Naturgeschichte der Sierra Ne-vada, zum Goldrausch, Bau der *Central Pacific Railroad* und zur *Donner Party*.

Donner Lake

☞ Abstecher zum Yosemite National Park

Vom Lake Tahoe, von Reno oder Carson City aus ist es nur ein Katzensprung zum **Yosemite NP***. Wer dieses Naturjuwel auf dem Weg nach San Francisco „mitneh-men" möchte, kann dem US Hwy. 395 nach Süden folgen und gelangt durch den Ost-zugang am Tioga Pass in den Nationalpark. Von dort geht es durch das Central Valley Richtung San Francisco. Eine detaillierte Beschreibung des Parks würde den vorgege-benen Rahmen sprengen, zumal dieser nicht Teil des Nordwestens ist. Es sei daher auf das Iwanowski's Reise-Handbuch „Kalifornien" von Ulrich Quack verwiesen.*

INFO Ansel Adams

Die unberührte Natur ist es, die Besuchern des Westens der USA stets den Atem verschlägt. So erging es auch einem 14-jährigen Jungen, der 1916 mit seiner Familie zum ersten Mal den Yosemite NP besuchte: der am 20. Februar 1902 in San Francisco geborene *Ansel Adams*.

Adams galt als Problemkind und Einzelgänger und verdiente zunächst sein Geld mit dem Klavierspielen, ehe er sich mit einer geschenkten *Kodak No. 1 Box Brownie* daran machte, die Natur unter neuem Blickwinkel zu erkunden. Er trat dem noblen *Sierra Club* in San Francisco bei und verbrachte mit dessen Unterstützung die Sommer im Yosemite Valley, wo auch seine erste Fotoserie entstand. Bald konnte Adams vom Fotografieren leben, sein erstes Portfolio „*Parmelian Prints of the High Sierras*" entstand. Seine **technische Meisterschaft und Kreativität** waren gefragt, er war als Berater für *Polaroid* und *Hasselblad* tätig, verfasste Ratgeber und erarbeitete eine spezielle Entwicklungstechnik.

Adams verbrachte Stunden im Labor, fuhr wochenlang über Land auf der ständigen Suche nach neuen Motiven und engagierte sich gleichzeitig als Umwelt- und Naturschützer und Verfechter der Nationalparkidee. Die großartigen Landschaften des amerikanischen Westens sollten in ihrer ursprünglichen, vom Menschen unberührten Gestalt erhalten und geschützt werden und in diesem Sinne tauchen Menschen oder andere Lebewesen in seinen Aufnahmen nie auf. Seine unretuschierten, gestochen scharfen und kontrastreichen Schwarz-Weiß-Fotos strahlten eine beeindruckende Stille und Zeitlosigkeit aus, sind realistische **Dokumente der Natur** und **Ikonen des Westens**.

Sein besonderes Interesse galt lebenslang dem Yosemite Valley, wohin er 1937 gezogen war. Ab 1940 entstanden jedoch Aufnahmen von verschiedenen Nationalparks der USA, darunter auch Sierra Nevada und Yellowstone NP. Als *Adams* am 22. April 1984 in Monterey (Kalifornien) verstarb, hinterließ er über 40.000 Negative, 10.000 Drucke, 500 Ausstellungen und zahllose Bücher.

Im Gold Country (ⓘ S. 194)

Wäre nicht dem Zimmermann *James W. Marshall* an jenem kalten und grauen Januartag 1848 beim Bau eines Sägewerkes ein glänzender Brocken im American River ins Auge gestochen, wäre der Westabhang der Sierra Nevada beschauliches Bergland geblieben. Doch kaum hatte sich die Nachricht über diesen Goldfund verbreitet, überrollte die „**49er-Bewegung**" das Land. Doch ebenso schnell wie der **Goldrausch** aufgekommen war, ebbte er wieder ab und das **Gold Country** versank wieder in Vergessenheit.

Die 49er-Bewegung

Die Siedlungen trugen vielsagende Namen wie *Poker Flat*, *Rough and Ready*, *Hottentot* oder *Bedbug* (Wanze), doch kaum ein Normalbürger wagte sich dorthin – mit einer

Ausnahme: **Mark Twain** (1835-1910). Wie in seiner Heimat, den Südstaaten, genoss der vormalige Mississippi-Lotse die Atmosphäre in vollen Zügen, fand Gefallen an dem bunten Völkchen schrulliger und skurriler Gestalten, die in den Goldgräber- *Mark* siedlungen zusammentrafen. Als Journalist setzte *Twain*, der eigentlich *Samuel Lang-* *Twains Ge-* *horne Clemens* hieß, dem Gold Country mit seinen volkstümlich-humoristischen Ge- *schichten* schichtensammlungen „*The celebrated jumping frog of Calaveras County*" (1856, dt. „Jim Smileys berühmter Springfrosch", 1874) und „*Roughing it*" (1872, dt. „Im Gold- und Silberland", 1892) ein Denkmal. Doch *Twain* fand schon damals beileibe nicht alles komisch. Unverblümt prangerte er Kommerz, Spekulantentum und Gesetzlosigkeit an, die das Gold Country zum skrupellosen Wilden Westen machten. Die Orte wurden ebenso schnell wieder von der Karte getilgt, wie sie dort aufgetaucht waren, nur einige sind geblieben und laden heute Besucher zum Goldschürfen und zum Schwelgen in Erinnerungen an „Goldene Zeiten" ein.

Das **Kerngebiet des Gold Country** erstreckte sich von Sonora und dem Yosemite NP im Süden bis hinauf nach Nevada City und zum Lake Tahoe im Nordosten. Entlang dem *Golden Belt*, der rund 200 km langen Strecke zwischen Mariposa im Süden über Jacksonville, Jamestown, Columbia, Angels Camp, Jackson und Placerville nach Georgetown im Norden, wurden damals die reichsten Funde gemacht.

 Hinweis zur Route

Besucher können bequem im Auto den Spuren der Goldsucher auf dem **Historic Hwy.** **49** *(🖥 www.historichwy49.com) folgen. Dieser „**Golden Chain Highway**" verläuft über gut 500 km von Oakhurst im Süden bis Vinton im Norden, entlang der „Mother Lode", der Hauptgoldader in den Bergen. Die nachfolgend vorgeschlagene, vom Lake Tahoe ausgehende Route folgt dem Nordabschnitt über Nevada City, Grass Valley, Auburn, Georgetown und Coloma nach Placerville und weiter nach Sacramento.*

Von Truckee geht es zunächst auf dem CA 89 nordwärts. Nördlich von **Sierraville** trifft man auf den Hwy. 49, der hier als **Yuba Donner Scenic Byway** nach Neva- *Malerische* da City führt. Diese etwa 180 km lange malerische Bergstrecke führt über den **Yuba** *Berg-* **Pass** und passiert Orte wie Camptonville, Indian Valley und Indian Rock – Reste *strecke* einer prähistorischen Indianersiedlung –, *Goodyears Bar*, eines der ersten Minencamps am North Fork des Yuba River, die *Kentucky Mine & Museum* und Sierra City, ein 1.525 m hoch gelegenes Bergdorf. Der Weg über den Yuba Pass war in den 1870er Jahren als Handelsweg zwischen dem Sierra Valley und Sierra City bzw. Downieville entstanden.

Gute 40 km bevor man Nevada City erreicht, sind die Überreste der weltgrößten hydraulischen Goldmine, die 1850 bis 1884 in Betrieb war, im **Malakoff Diggins SHP** zu sehen (🖥 www.parks.ca.gov/default.asp?page_id=494, CA 49, Zufahrt: Typler Foote Crossing Rd., tgl. 10-17/16 Uhr, $ 6/Pkw). 1886 wurde die praktizierte Methode des Ausschwemmens von Gold verboten, da sie die Flüsse zu sehr belastete. Ein zugehöriges Museum erläutert den Prozess und in einem Film werden Schürftechnik und Leben der Goldgräber illustriert.

*Schürf-
zentrum
Nevada
City*

Gegründet 1849, fungierte **Nevada City** über ein Jahrhundert lang als Schürfzentrum, war wohlhabend und mit 10.000 Einwohnern (heute ca. 3.000) zu Blütezeiten nach San Francisco und Sacramento sogar die drittgrößte Stadt Kaliforniens. Als die letzten Minen in den 1950er Jahren schlossen, drohte es zu einer Geisterstadt zu verkommen. Erst in den späten Sechzigern besann man sich seiner Besonderheit und heute lockt das Städtchen wieder mit seinen viktorianischen Häusern, B&Bs, Kneipen und Shops, aber auch mit dem **Firehouse Museum** in der Main Street (Nr. 214), einem Bau von 1861, wo historische Relikte zu bewundern sind.

In nächsten Ort, **Grass Valley**, lohnt ein Rundgang durch die alten Viertel (Parkplatz: Neal/S Church St.). Das wohl sehenswerteste Gebäude ist das **Holbrooke Hotel** *(212 W Main St.)* von 1862 mit einem Saloon, den schon *Mark Twain* besucht haben soll. *Lola Montez* wohnte von 1853 bis 1856 in der Mill Street Nr. 248. Das **Chinatown** von Grass Valley blühte von etwa 1880 bis zur Jahrhundertwende und zählte 2.000 Einwohner.

*Älteste
Goldmine
Kalifor-
niens*

Hauptattraktion ist jedoch der **Empire Mine SHP** *(10791 E Empire St., Grass Valley,* 🖳 *www.parks.ca.gov/?page_id=499, Jan.-April und Sept.-Dez. 10-17 Uhr, Mai-Aug. 9-18 Uhr, $ 5),* nicht nur die älteste Goldmine Kaliforniens, sondern zugleich die größte, längste, tiefste und ertragreichste; sie wechselte zwischen 1850 und 1956 mehrmals die Besitzer. Bei der Schließung war eine Tiefe von mehr als 3 km erreicht, alle Schächte maßen zusammen knapp 600 km!

Vorbei an **Auburn**, einem ehemaligen Goldgräberstädtchen mit sehenswerter *Old Town*, erreicht man **Coloma** mit dem **Marshall Gold Discovery SHP** *(CA 49, 8 Uhr bis Sonnenuntergang, $ 5/Pkw,* 🖳 *www.parks.ca.gov/default.asp?page_id=484),* eingebettet in eine malerische Berglandschaft am **American River**. Fast Dreiviertel der von rund 200 Menschen bewohnten Ortschaft sind Teil des **Freiluftmuseums** mit Schulhaus, Postamt, Chinesenladen, Schmiede und mehreren anderen historischen Häusern und Kirchen.

Am American River liegt das Herz des *Marshall Gold Discovery SHP*, die **Gold Discovery Site**. Hier steht der Nachbau von **Sutter's Mill**, außerdem beherbergt das

Gold im Sacramento River!

Gold Discovery Museum/VC *(Main St./CA 49, tgl. 10-16.30 Uhr, $ 2)* eine kleine Ausstellung zum Goldabbau und zu den damaligen Lebensumständen, vor allem der Chinesen. 1855 war jeder fünfte Minenarbeiter Chinese gewesen. Ein Stück weiter westlich kann man die **Marshall's Cabin** sehen, die alte Hütte von 1860, in der der Zimmermann *James W. Marshall* lebte. In der Nähe befinden sich auch sein Grabmal – er starb 75-jährig im Jahr 1885 – und ein Monument von 1889, das ihn auf jene Stelle im Fluss deuten lässt, wo alles begann.

Reisepraktische Informationen Gold Country (nördl. Teil)

Information
• **Gold Country Visitors' Association**, 1211 Main St., Angels Camp, ☏ 1-800-225-3764 und 209/736-9124, ⌨ www.calgold.org. Zuständig für die ganze Region, Website mit Links zu den regionalen Visitors Bureaus und Chambers of Commerce.

Einkaufen
Die Region ist weit bekannt für unabhängige **Buchläden** (auch Secondhand), konzentriert in Nevada City und Grass Valley, z. B.:
• **in Grass Valley:** Carol's Recycled Paperbacks, Tomes, Booktown, Lost Horse Books
• **in Nevada City:** Mountain House Books, Main Street Books & Antiques, Inner Sanctum, Brigadoon Books, Toad Hall, Cannibal Book Store
• **in Auburn:** Winston Smith Books

An der Kreuzung von US Hwy. 50 und CA 49 liegt mit **Placerville** (ⓘ S. 212) ein vormals besonders verrufenes, auch „Hangtown" genanntes Örtchen, in dem Gesetzesbrecher besonders schnell am Galgen hingen. Placerville war Zugangstor zu den Minen und wichtiger Versorgungspunkt. Die **Gold Bug Mine** (US 50 Exit N Bedford Ave., ⌨ www.goldbugpark.org, tgl. 10-16 Uhr, Nov.-März nur 12-16 Uhr, $ 4) vermittelt ein Bild von den damaligen harten Arbeitsbedingungen. Über die Stadtgeschichte informiert das **El Dorado County Historical Museum** (100 Placerville Dr., Mi-Sa 10-16, So 12-16 Uhr, Spende).

In „Hangtown"

Das am US Hwy. 50 gelegene **Folsom**, nur 40 km östlich von Sacramento, ist idealer Ausgangspunkt für Touren durch das Gold Country. Das Städtchen verfügt über eine kleine hübsch restaurierte Altstadt, mit der attraktiven **Historic Sutter Street** im Zentrum und einigen kleineren Museen wie dem **Folsom History Museum** (823 Sutter St.).

Sacramento, Kaliforniens Hauptstadt (ⓘ S. 221)

Wäre es nach dem Schweizer Pionier *John Augustus Sutter* (ⓘ S. 531) gegangen, wäre Sacramento noch heute ein verschlafenes Nest am Zusammenfluss von Sacramento und American River. Doch der **Goldfund** des Zimmermanns *James W. Marshall* im Flussbett des American River auf Pachtland *Sutters* am **24. Januar 1848** hat bekanntlich alles verändert. Auch der Bau der **transkontinentalen Eisenbahnlinie** trug zum Wandel bei: 1863 waren vier Geschäftsmänner aus San Francisco – *Charles Crocker, Leland Stanford, Mark Hopkins* und *Collis Huntington* – zu dem Schluss gekommen, dass die Zukunft nicht im Gold, sondern auf den Schienen läge. Während die von ihnen gegründete Eisenbahngesellschaft den Bau von Sacramento ostwärts vorantrieb, begann die *Union Pacific* vom Missouri aus westwärts. Am **10. Mai 1869** trafen die beiden Eisenbahnlinien in **Promontory/Utah**, nördlich von SLC, aufeinander und die Nation war erstmals sichtbar zusammengeschweißt.

Transkontinentale Eisenbahn

Sacramento (ca. 410.000 Einwohner), seit 1854 Hauptstadt Kaliforniens, wirkt auf den ersten Blick wenig attraktiv, wie eine **steril-saubere Verwaltungsmetropole**, in deren modernem *Business District* es sich gut bummeln lässt.

Old Sacramento

Zwischen dem Central Valley, dem Zentrum des kalifornischen Agrobusiness, und den Ausläufern der Sierra Nevada gelegen, hat die Stadt jedoch mehr zu bieten, vor allem **Old Sacramanto**. Diese restaurierte Altstadt am Sacramento River erinnert noch an jene Zeiten, als hier während des Goldrauschs und des Eisenbahnbaus wildes Treiben herrschte.

1 Old Sacramento
2 California State Railroad Museum
3 Crocker Art Museum
4 California State Capitol
5 CA Museum for History, Women and the Arts
6 Sutter's Fort SHP
7 CA State Indian Museum
8 Downtown Plaza (Shopping)

Old Sacramento und California State Railroad Museum

Old Sacramento (1), der *Historic District* am Sacramento River, westlich der Autobahn zwischen Capitol Mall und I Street, ist durch eine Fußgängerpassage (unter der I-5 hindurch) mit dem modernen Downtown verbunden. Hier am alten Hafen liegt der Stadtkern, um den herum nach den Goldfunden 1848 Saloons und Handelshäuser, Hotels und Absteigen entstanden. Mit dem Ende der rauen Pioniertage und dem Beginn der Industrialisierung versank *Old Sacramento* in einen Dornröschenschlaf, der erst endete, als mit dem Bau der I-5 das stark vernachlässigte Viertel abgerissen werden sollte. In den 1980er Jahren wurde eine für die USA **vorbildliche Sanierungsaktion** ins Leben gerufen und in 53 restaurierte historische Bauten zogen Museen, Läden, Lokale, Bars und ein Farmers Market ein.

Vorbildliche Sanierung

Heute ist Old Sacramento ein beliebtes **Flanier- und Vergnügungsareal**, in dem noch immer ein Hauch von „Old West" weht. Am besten beginnt man den Rundgang am **California Steam Navigation Company Depot** *(Front/K St.)*, denn hier versorgt das VC Besucher mit Infos und Plänen. Mit der Rolle der Eisenbahn bei der Eroberung des Westens befasst sich das sehenswerte **California State Railroad Museum** (2) *(125 I St./ 2nd St.,* ⌨ *www.californiastaterailroadmuseum.org, tgl. 10-17 Uhr, $ 8, mit Shop).* Am ehemaligen Startpunkt der transkontinentalen Eisenbahn entstand damit das größte Eisenbahnmuseum der USA, das laufend erweitert wird. Derzeit sind über 20 restaurierte Lokomotiven und Wagen, z. T. voll funktionsfähig, zu sehen.

Eisenbahn-geschichte

Nicht weit von Old Town entfernt befindet sich mit dem **Crocker Art Museum** (3) *(216 O St.,* ☏ *264-5423,* ⌨ *www.crockerartmuseum.org, Di-So 10-17, Do 10-21 Uhr, $ 6)* das älteste öffentliche Museum des Westens, das einst dem reichen Kunstsammler und Richter *Edwin Bryant*

Sacramento Downtown

Orientierung

*Die Sehenswürdigkeiten im Innenstadtbereich lassen sich leicht zu Fuß erkunden, zudem verkehren Straßenbahnen – **DASH Trolleys**. Sie pendeln zwischen Old Sacramento und Convention Center (13th/K St.). Von Old Town führt eine Fußgängerunterführung unter der I-5 hindurch zur **Downtown Plaza**, einem modernen Shopping Center, wo dann die K Street Mall, eine Art Fußgängerzone, beginnt. Dieser Business District erstreckt sich zwischen 7th und 13th sowie K und I Street.*

Crocker gehörte, Bruder des Eisenbahnmagnaten *Charles Crocker*. Er hatte das viktorianische Haus 1868 erworben und höchst geschmackvoll und komfortabel ausgestattet. Margaret Crocker, seine Frau, vermachte es samt Inhalt 1882 der Stadt; es wurde 1969 erweitert. Das Museum ist ein Gesamtkunstwerk, dessen Schwerpunkt auf den vom Ehepaar *Crocker* während zahlreicher Reisen zusammengetragenen Kunstwerken liegt – vor allem Malerei und Skulptur des 17.-19. Jh. aus Nordeuropa, kalifornische Kunst des 19. und 20. Jh., asiatische Keramik und dekorative Kunst.

California State Capitol und Umgebung

Größtes Restaurierungsprojekt

Highlight in der Innenstadt ist das **California State Capitol** (**4**) *(10th St., 🚻 www.assembly.ca.gov/museum, tgl. 9-17 Uhr, Gratis-Touren)*. Weniger der Bau an sich, 1860-74 von *Miner F. Butler* erbaut, ist ungewöhnlich, als vielmehr die Tatsache, dass er das größte Restaurierungsprojekt der US-Geschichte darstellt, in das 1975-86 insgesamt 68 Mio. Dollar investiert wurden. Betritt man nach der Personenkontrolle das Innere, staunt man angesichts der sich bietenden Pracht über die aufwendig ausgemalte und vergoldete Kuppel, prächtige Marmorböden, kostbare Kristalllüster, imposante Treppenaufgänge und nicht zuletzt die rekonstruierten Büros mit historischer Ausstattung.

Geschichte Kaliforniens

Die neueste Attraktion der Stadt ist das **California Museum for History, Women and The Arts** (**5**) *(1020 O St., ☎ 653-7524, 🚻 www.californiamuseum.org, Di-Sa 10-17, So 12-17 Uhr, $ 7,50 inkl. California Hall of Fame)*, einen Block südlich. Dieses vielseitige interaktive Museum befasst sich in vier Abteilungen *(People, Place, Promise und Politics Gallery)* intensiv mit der Geschichte Kaliforniens, mit Natur und Geografie, Bevölkerung, Geschichte und Politik. Historische Dokumente, beeindruckende Nachbauten – wie von *Dr. Yee's Herbal Shop* oder *Posey's Cafe* – und Modelle, Filme und Tonaufnahmen, aber auch Informationen zu Naturkatastrophen und zur Wasserknappheit im Staat machen dieses Museum zum Multimedia-Erlebnis. Neuester Teil ist die **California Hall of Fame**, die von *Maria Shriver*, der Ehefrau *Arnold Schwarzeneggers*, 2006 eröffnet wurde. *Ronald Reagan, Cesar Chavez, Walt Disney, Amelia Earhart, Clint Eastwood, Frank Geary, Alice Walker* und andere Persönlichkeiten sind hier verewigt.

Eine Reise in die Vergangenheit

Im Osten von Downtown liegt **Sutter's Fort State Historic Park** (**6**) *(2618 K St./26th St., 🚻 www.parks.ca.gov/?page_id=485, tgl. 10-17 Uhr, $ 6)*. Es ist die Rekon-

Sutters Traum vom „Gelobten Land"

John Augustus Sutter, 1803 im deutschen Baden als Sohn eines Schweizers geboren, war über New York 1839 nach Kalifornien gekommen und wollte am Sacramento River sein lange gehegtes utopisches Projekt **New Helvetia** realisieren. 1841 erhielt er vom mexikanischen Gouverneur das Landnutzungsrecht und legte den Grundstein für eine wehrhafte Anlage – **Sutter's Fort** –, die eine autonome und sich selbstversorgende Siedlung für europäische Einwanderer werden sollte, eine Art *Trading Post* in der Wildnis.

Johann Augustus Sutter

Sutter kultivierte mit seinen Leuten das Land und war derart beliebt und erfolgreich, dass er 1847 beschloss zu expandieren. Dazu beauftragte er den Zimmermann *James W. Marshall* mit dem Bau einer Sägemühle am American River (Sutter's Mill, s. S. 526) am Fuße der Sierra Nevada, im heutigen Ort Coloma. Dieses Projekt sollte *Sutters* Verhängnis werden, denn **am 24. Januar 1848 entdeckte Marshall** dort einen Klumpen **Gold**. Der Versuch, den spektakulären Fund geheim zu halten, scheiterte kläglich – die Folgen sind bekannt.

Auch wenn *Sutters* Familie mit der Gründung von **Sutterville**, dem späteren Sacramento, vom Goldrausch zu profitieren versuchte, kämpfte *Sutter* selbst bis zu seinem Lebensende um seine Landrechte. Doch selbst die offizielle Anerkennung 1855 und die zugestandene monatliche Leibrente von $ 250, die er ab 1864 erhielt, konnten ihn nicht mehr retten. Die letzten fünf Jahre seines Lebens brachte er in einem Washingtoner Hotel zu, ehe er 1880 arm und hoch verschuldet starb.

---

struktion der von *Sutter* 1839 ins Leben gerufenen und bis 1849 existierenden Kolonie „New Helvetia". Auch Teile der Räume wurden wiederhergestellt, so dass jetzt eine Schmiede, eine Bäckerei, ein Gefängnis, ein Speisesaal und *Sutters* Büro zu besichtigen sind.

Direkt neben dem Fort fällt der flache Bau des **California State Indian Museum** (**7**) kaum auf (☎ 324-0971, 🖥 *www.parks.ca.gov/?page_id=486, tgl. 10-17 Uhr, $ 2).* Obwohl klein, informiert dieses mit zahlreichen Ausstellungsstücken, Medien (wie Tonbandaufnahmen) und interaktiven Objekten anschaulich über das indianische Alltagsleben in Kalifornien. Verschiedene Abteilungen widmen sich Einzelaspekten wie Handwerk (hochklassige Korbwaren!), Kultur, Kunst, Familienleben oder Musik.

Indianischer Alltag

Reisepraktische Informationen Sacramento/CA

Vorwahl 916

Information
• **Sacramento CVB**, 1303 J St., Suite 600, Mo-Fr 8-17 Uhr, ☎ 264-7777,
Tonband-Infos: ☎ 442-7644, Veranstaltungen: ☎ 558-3911,
💻 www.sacramentocvb.org und www.discovergold.org
• **Sacramento VC** in Old Sacramento, Front/K St., tgl. 10-17 Uhr, 💻 www.oldsacramento.com,
☎ 442-7644, Infos zu den Museen: 💻 www.sacmuseums.org

Einkaufen
• **Downtown Plaza** (8), K St. Mall/3rd-7th St. Architektonisch interessant mit Rotunde und
Piazza, viel Glas und Freiflächen, rund 150 Shops, darunter das Kaufhaus Macy's.
• **Old Sacramento**: z. B. Capitol Crimes Mystery Book Store (2nd/I St.) oder Discover Califor-
nia (129 J St.), Geschenke und Souvenirs.
• **Factory Stores at Vacaville**, 321-2 Nut Tree Rd., Vacaville, an der I-80 im Westen Sacramentos ge-
legene Outlet-Mall mit über 120 Läden.

Markt
• **Farmers' Market**,
1050 Front St., Old Sacramento, Mai-Dez. mittwochs in
zwei historischen Gebäuden
stattfindender Frischmarkt, wo
lokale Produkte aus dem Umland, Snacks und Backwaren,
Feinkost und Blumen angeboten werden.

Old Sacramento – der alte Stadtkern

Zuschauersport
Wenn die Profi-Bas-
ketballer (NBA) der **Sacramento Kings** in der Arco
Arena (One Sports Pkwy.,
Okt.-April, Tickets: ☎ 928-
3650, 💻 www.kings.com) ein-
laufen, ist das nicht nur ein
Gesellschaftsereignis, sondern es herrscht südländische Stimmung. Im Sommer sorgen die Profi-Bas-
ketballerinnen der **Sacramento Monarchs** für Stimmung (💻 www.wnba.com/monarchs, ☎ 928-
3650).

San Francisco – „The City" (ⓘ S. 225)

Nach den Worten *Rudyard Kip-lings* hat **The City**, wie Einheimische ihre Stadt schlicht nennen, nur einen Nachteil, nämlich den, dass man sie nur schwer wieder verlassen könne. Derselbe Autor bemerkte auch – wohlgemerkt im späten 19. Jh.! –, San Francisco sei „eine verrückte Stadt, mit Menschen, die größtenteils absolut irrsinnig, aber deren Frauen von bemerkenswerter Schönheit sind".

San Francisco & San Francisco Bay

Washington · Seattle · Spokane · Alberta · Regina · Winnipeg
Glacier NP · Havre
Missoula · North Dakota
Portland · Montana · Bismarck
Oregon
Crescent City · Idaho · Yellowstone NP · South Dakota
Boise · Rapid City
California · Nevada · Utah · Wyoming · Nebraska
Carson City · Salt Lake City · Colorado · Omaha · Lincoln
San Francisco · Denver
0   200 km

© *i*graphic

Daran hat sich bis heute nichts geändert: Die San Franciscans gelten als ein bisschen **schräg** und **ausgeflippt**, ein wenig **dekadent**, aber auch als **lebensfroh** und vor allem unendlich **tolerant** gegenüber den unterschiedlichsten Kulturen, Religionen und Gesellschaftsgruppen. Die Wurzeln vieler San Franciscans reichen auf den alten Kontinent zurück, nach Italien und Spanien, Irland oder Deutschland, doch das moderne Stadtbild prägen vor allem Asiaten und Latinos, die zusammen fast die Hälfte der Bevölkerung ausmachen.

Seit jeher ist San Francisco Musterbeispiel für eine multikulturelle, bunte und vielseitige Stadt: hier das Italienerviertel North Beach mit unzähligen Cafés, Restaurants und lebhaftem Nachtleben, unvermittelt daneben das wuselige **Chinatown** und im Süden, im **Mission District**, das „Barrio Mexicano" – die Enklave der Süd- und Mittelamerikaner. **Haight-Ashbury**, Ausgangspunkt von Flower-Power und Wohnort der Hippies in den 1960er Jahren, ist noch heute ein dynamisches Stadtviertel der Künstler und Aussteiger, der Alternativen und Junggebliebenen, aber auch der Yuppies und Singles. Im klassischen „Schwulenviertel" **Castro** ziehen in letzter Zeit mehr und mehr junge Familien zu. Als „heißes" Pflaster in Sachen Restaurants und Nightlife gilt **SoMa**, das vormalige Industrie- und Hafenviertel südlich der Market Street, doch in letzter Zeit holen auch Hayes Valley, Cow Hollow und Polk Gulch in

Multikulturelle Stadt

 Tipps für Besucher

*San Francisco ist wie New York eine amerikanischen Metropole, in der ein Auto eher hinderlich als hilfreich ist. Dafür ist der **öffentliche Nahverkehr** perfekt organisiert und abgesehen von den U-/S-Bahnen von **BART** verfügt die **San Francisco Municipal Railway (MUNI)** über ein dichtes Netz an (Elektro-)Bussen und Straßenbahnen (Plan im VC) und betreibt natürlich die legendären **Cable Cars**. Obwohl eine Fahrt ein Erlebnis der besonderen Art ist, kann es während der Stoßzeiten vor den Endhaltestellen zu langen Schlangen kommen. Schneller ist man mit Bus oder Straßenbahn unterwegs.*

San Francisco

Golden Gate Bridge

Fort Point

Fisherman's Wharf

Yacht Harbor

Aquatic Park

Fort Mason GGNRA

Crissy Field

Palace of Fine Arts/Exploratorium

Bay St.

Marina District

Chestnut St.

Lombard St.

Russian Hill

Baker Beach

Presidio of San Francisco

Cow Hollow

Union St.

Pacific Heights

Gough St.

Franklin St.

Van Ness Ave.

Polk St.

Hyde St.

Nob Hill

Sutter Street

Land's End

China Beach

Laurel Heights

Sacramento St.

Divisadero St.

Post St.

Japantown

Geary Stary

O'Farrell

Lincoln Park

Palace of the Legion of Honor

Lake St.

California St.

Clement St.

Geary Blvd.

Park Presidio Blvd.

Arguello Blvd.

Geary Blvd.

Masonic Ave.

Western Addition

Turk St.

Civic Center

Seal Rocks

Cliff House

Point Lobos Ave.

43rd Ave.

36th Ave.

34th Ave.

30th Ave.

25th Ave.

Richmond District

Fulton St.

10th Ave.

8th Ave.

6th Ave.

Golden Gate Ave.

Fulton St.

Alamo Square

Hayes St.

Fell St.

Oak St.

Haight St.

Mission

Ocean Beach

Kennedy Dr.

Golden Gate Park

Middle Dr.

Martin Luther King Jr. Dr.

Lincoln Way

Irvin St.

Judha St.

25th Ave.

9th Ave.

7th Ave.

Stanyan St.

Haight Ashbury

14th St.

Market St.

Roosevelt Way

Mission Dolores

Cloe St.

Clayton St.

Ashbury St.

17th St.

U.C. Medical Center

Castro

Mission District

Sunset District

Noriega St.

Great Highway

Sunset Blvd.

Nineteenth Ave.

Laguna Honda Blvd.

Clarendon Ave.

Twin Peaks

Eureka Valley

Noe Valley

Church St.

Castro St.

Dolores St.

Mission St.

S. Van Ness Ave.

S. Van Ness Ave.

24th St.

Clipper St.

Army St.

Taraval St.

Dewey Blvd.

Woodside Ave.

O'Shaughnessy Blvd.

Richmond Heights

Parkside

Sloat Blvd.

Ocean Ave.

West Portal Ave.

Portola Dr.

Mt. Davidson

West Portal

Glen Park

Diamond Heights Blvd.

Bosworth St.

Bernal Heights

San Francisco Zoo

Skyline Blvd.

Junipero Serra Blvd.

West Portal Blvd.

St. Francis Wood

Ingleside

S.F. State University

Lake Merced

Lake Merced Blvd.

Persia Ave.

Excelsior

Geneva Ave.

Parkmerced

Brotherhood Way

Crocker Amazon

San Jose Ave.

Mission St.

San Francisco City & County

San Mateo County

Pacific Ocean

N

0   1 km

Daly City

Cow Palace

49-Mile Scenic Drive

© graphic

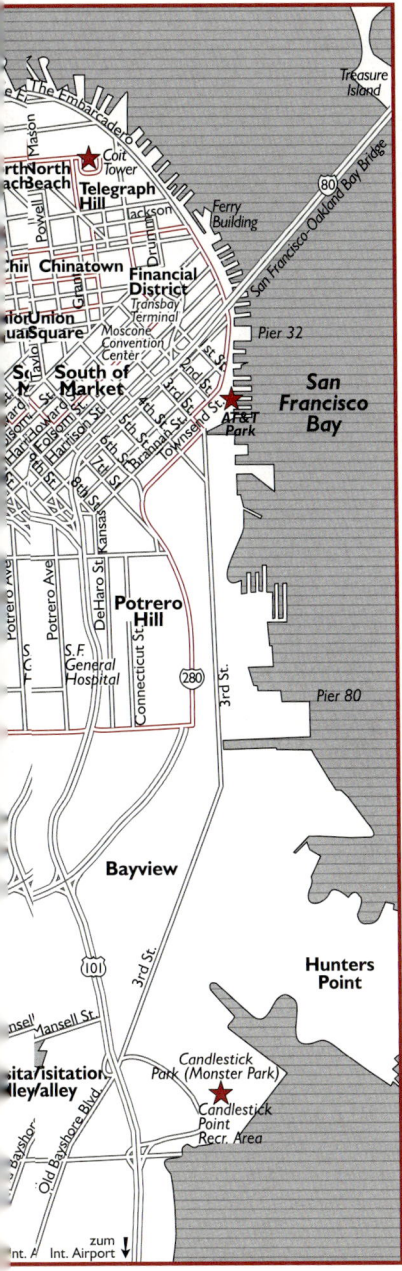

Sehens- und Erlebenswertes

- Eine Fahrt mit der **Cable Car** (S. 541) oder mit einer historischen **Streetcar** der F-Line (S. 232).
- Vormittags in **SFMoMA** (S. 538), nachmittags ins neue **de Young Museum** im **Golden Gate Park** – am besten sonntags, wenn im Park mehr los ist (S. 548).
- Sporterlebnis: ein Spiel der **Giants** (Baseball) (S. 553).
- Durch die neuen In-Viertel **Cow Hollow** (S. 550), **Hayes Valley** (S. 541), **Polk Gulch** (S. 552) bummeln oder in **Haight-Ashbury** (S. 549) Leute beobachten.
- Eintauchen in eine andere Welt im „authentischen" Chinatown um die **Stockton Street** (S. 538).
- Von Fort Point (S. 545) oder Marin Headlands (S. 562) die **Aussicht** genießen.
- Am Samstagvormittag zum **Ferry Plaza Farmers' Market** (S. 537 und S. 552).

Touren

- Kulinarische Entdeckungsreise durch North Beach oder Chinatown mit **Local Tastes of the City Tours** (S. 552).
- Die **Wandbilder** in **Mission** auf eigene Faust suchen oder im *Precita Eyes Mural Arts Center* eine **Tour** buchen (S. 550 und S. 552).

Unterkunft

- Schicke Boutique-Hotels zu erschwinglichen Preisen sind das **Carlton Hotel**, das **Hotel Metropolis** oder das **Hotel Union Square** (S. 227).
- Preiswert und dennoch empfehlenswert ist das **San Remo** (S. 227) mit Restaurant **Fior d'Italia** (S. 227).
- Als „grüne" Hotels gelten das **Hotel Triton** und das **Orchard Garden Hotel** (S. 227).

Essen & Trinken

- Im **Cortez Restaurant** edel dinieren, im **Myth Restaurant** französisch-kalifornische Küche der Sonderklasse genießen, zum Brunch ins **Home Restaurant**, im **Roy's** hawaiisch/asiatisch-europäische Kreationen oder in **The Thirsty Bear Brewing Co.** Tapas essen (S. 228).
- Die **Liguria Bakery** ist bekannt für ihre *Focaccia*, im **Cafè Roma** für selbst gerösteten Kaffee, im **Palermo Deli** gibt's feine Antipasti, bei **XOX** Trüffel (S. 229).

Unterhaltung

- Bestes Bier, leckere Brotzeit und Unterhaltung in uraltem Saloon bei der **S.F. Brewing Company** (S. 229).
- Im **Purple Onion** (S. 230) Livemusik erleben.

diesem Bereich auf. Die touristischsten Zentren liegen hingegen an der **Fisherman's Wharf** und im Stadtzentrum um den **Union Square**.

San Francisco ist in den letzten Jahren auch zum Aushängeschild in Sachen **Umweltschutz und Recycling**, zur „Green City", geworden. Wochenmärkte und Bioläden, „grüne" Hotels und Müllvermeidung, *Nonsmoking* und der Bann von Plastiktüten und -flaschen sind heute selbstverständlich in der Stadt.

The City by the Bay – Wie alles begann

Als sich 1776 die USA ausgehend vom Osten „selbstständig" machte, begann man an der weit entfernten Westküste mit dem Bau eines Militärpostens, dem **Presidio**, und der **Mission San Francisco de Asis** *(Mission Dolores)*. Nach und nach entwickelte sich dort, wo sich heute die Innenstadt San Franciscos erstreckt, die erste permanente europäische Siedlung namens **„Yerba Buena"** – der „Ort mit den guten Kräutern". 1847 wurde das 450-Seelen-Dorf in „San Francisco" umbenannt und 1850 zur Stadt erklärt. Für einen Boom ungeahnten Ausmaßes sorgte der Goldrausch von 1849: Innerhalb weniger Jahre stieg die Einwohnerzahl von kaum 1.000 auf über 35.000 an, das vormalige Fischerdorf stieg zur Finanz- und Handelsmetropole auf. Auch das verheerende Erdbeben und der dadurch ausgelöste Flächenbrand von 1906 konnten den Aufstieg der Stadt nicht bremsen.

„Ort mit den guten Kräutern"

In den 1950er und vor allem 1960er Jahren geriet San Francisco erneut ins internationale Rampenlicht: Die **Beat-Generation** legte die Basis für Flower-Power, *Gay Liberal* und *Free Speech Movement*. Höhepunkt der Bewegung war der berühmte **Summer of Love 1967**. Heute leben rund **745.000 Menschen** in der Stadt, über 7 Mio. in dem aus neun Countys (Gemeinden) bestehenden Großraum. Längst sind aber nicht mehr die Banken oder der Hafen die Haupteinnahmequellen der Stadt, sondern Dienstleistungsgewerbe und Tourismus. Fast 16 Mio. Besucher jährlich werden gegenwärtig gezählt.

San Francisco ist auch geografisch gesehen etwas Besonderes: In **spektakulärer Halbinsellage** zwischen der Bucht im Osten und dem Pazifik im Westen wird es auf drei Seiten von Wasser umgeben und verfügt über fast 50 km Küste. Grundsätzlich herrscht mediterranes Klima, d. h. milde Winter mit viel Regen und trockene, nebelreiche Sommer. Der Nebel, der beim Zusammentreffen kühler Pazifikwinde und warmer Festlandsluft entsteht, verhalf der Stadt zu einem weiteren Spitznamen: **Foggy City**.

Halbinsellage

 Tipp für Besucher

*Der **San Francisco CityPass** gewährt neun Tage lang für $ 54 statt regulär $ 107,45 (5-17-Jährige: $ 39) Eintritt zu de Young Museum, Legion of Honor, SF Museum of Modern Art, Exploratorium, Aquarium of the Bay und entweder California Academy of Sciences oder Asian Art Museum. Außerdem eingeschlossen ist eine Blue & Gold Fleet Bay Cruise und sieben Tage freie Fahrt mit MUNI (auch Cable Cars). Infos: 🖥 www.citypass.com*

Downtown

Die Besichtigung San Franciscos beginnt man am besten in Downtown, allein schon deshalb, weil sich hier das **Visitor Information Center** (1) befindet, die meisten Hotels liegen und man die weiteren Attraktionen leicht mit öffentlichen Verkehrsmitteln oder zu Fuß erreichen kann. Um die zentrale Market Street pulsiert das Leben, der Hauptplatz der Stadt ist der nahe gelegene Union Square, dahinter breitet sich ostwärts der *Financial District* und nach Nordosten Chinatown aus. Südlich der Market Street laden SoMa und im Westen das *Civic Center-Areal* mit dem unübersehbaren Rathaus ein. *Zentrale Market Street*

Union Square und Financial District

Am **Union Square** (2) pulsiert das Leben, stehen Luxushotels wie das *St. Francis* oder das *Sir Francis Drake Hotel*, befinden sich zahlreiche Nobelboutiquen, Läden und Kaufhäuser wie *Neiman-Marcus* oder *Levi's*, Theater und Lokale. Der Name des Platzes erinnert an die Versammlungen, Demonstrationen und Events, die bis heute hier stattfinden. Vom Platz aus sind es nur wenige Schritte nach Chinatown und in den geschäftigen *Financial District*, den man über die **Maiden Lane** – einst Teil des Rotlichtviertels – erreicht.

Hauptschlagader und Südgrenze des *Financial Districts* ist die **Market Street** (3). In ihrem Umfeld residieren Hochfinanz und Geschäftswelt; besonders an der nach Norden abzweigenden Montgomery Street reihen sich Banken und Versicherungen aneinander. Im Schatten der **Transamerica Pyramid**, 1969-72 erbaut und mit einer Kunstsammlung im Inneren, hat sich um den **Jackson Square** (Jackson/Montgomery St.) ein schickes Viertel mit Cafés und Galerien, Antiquitätenläden und Anwaltsbüros entwickelt. Sie alle sind in alte, renovierte Bauten eingezogen, in denen sich zu Goldgräberzeiten harte Raubeine zu Whiskey, Bier und anderen Vergnügungen trafen, denn hier lag die **Barbary Coast**, ein im 19. Jh. berühmt-berüchtigtes Hafenviertel. *Renovierter Jackson Square*

Das östliche Ende des Financial Districts bildet der **Embarcadero**, die Uferstraße, an der das neu renovierte **Ferry Building** (4) steht, mit zahlreichen Geschäften, vor allem Feinkostläden und einem der besten Wochenmärkte in den USA. Gegenüber erstreckt sich die Justin Herman Plaza, Teil des aus insgesamt sechs Gebäuden

San Francisco – „The Belle of the Bay"

bestehenden **Embarcadero Centers** (**5**), ein ab 1967 entstandener Shopping- und Bürokomplex.

Chinatown

Chinatown als Top-Attraktion

Chinatown mit offiziell etwa 100.000 Bewohnern gilt als **Top-Touristenattraktion**. Die ersten Chinesen waren während des Goldrauschs gekommen, ein weiterer großer Strom folgte in den 1860er Jahren, als die Eisenbahngesellschaften billige Arbeitskräfte anwarben. *Dai Fao*, wie das Viertel in der Sprache der Bewohner heißt, ist unter den zahlreichen ethnischen Vierteln der Stadt das auffälligste. Ein Bummel durch die Straßen lohnt, es gibt an jeder Ecke *Dim Sum* oder andere Köstlichkeiten und zum Mitnachhausenehmen chinesische Souvenirs und Spezialitäten – Ginseng und andere „Drogen", Tees und Reiswein, aber auch Porzellanschälchen und Stäbchen, Seifen und Handarbeiten – in Hülle und Fülle und billig zu kaufen.

Ein kurzer Rundgang reicht, um festzustellen, dass Chinatown **zweigeteilt** ist: Zum einen das „echte" (und lohnendere) Chinatown um die **Stockton Street**, zum anderen das touristisch-bunt-kitschige in der parallel verlaufenden **Grant Avenue**, die man durch das fotogene **Chinatown Gate** (**6**) *(Grant/Bush St.)* betritt. Der zentrale Platz in Chinatown ist der **Portsmouth Square**, wo man sich zu Qi Gong oder Brettspielen trifft. Im gegenüberliegenden *Hilton Hotel* befindet sich das **Chinese Culture Center** *(750 Kearny St.)*, doch beinahe sehenswerter ist das **Pacific Heritage Museum** (**7**) *(608 Commercial St.)* mit Wechselausstellungen zu verschiedenen Aspekten des asiatischen Lebens.

Chinatown Gate San Francisco

SoMa

Kulturelles „Aushängeschild" SFMOMA

Vor einigen Jahren noch war „**So**uth of **Ma**rket", südlich der Market Street, ein heruntergekommenes Industrieareal, heute ist es vor allem bekannt wegen seiner Galerien und Boutiquen, Cafés und Toplokale, Bars und Clubs – für **Nachtleben** und **kulinarische Vielfalt**. SoMa's kulturelles „Aushängeschild" ist jedoch das spektakuläre **SF Museum of Modern Art (SFMOMA)** (**8**) *(151 3rd St., 151 3rd St., ☎ 357-4000, 🖳 www.sfmoma.org, Fr-Di 10/11-17.45, Do bis 21 Uhr, $ 12,50)*. Der auffällige dunkelrote Ziegelbau mit schwarz-weißem zylindrischem Lichtschacht wurde komplett aus Spenden finanziert und nach Plänen des Schweizer Architekten *Mario Botta* 1995 fertiggestellt. Nicht nur der Bau ist sehenswert, auch die Sammlung ist ungewöhnlich: Neben moderner amerikanischer Kunst (*Lichtenstein, Johns, Warhol, Rosenquist* u. a.) gibt es moderne europäische Kunst (z. B. *de Koning* oder *Klee*), Architekturzeichnungen und -modelle sowie Design, Grafiken, Fotos und Videokunst zu bewundern. Zum Museum gehören ein Café und ein großer Laden.

San Francisco Downtown

Fähre nach Sausalito, Angel Island, Tiburon — 45

Fähre nach Alcatraz — 43 1/2 — 41

Fähren nach Oakland, Alameda u. Vallejo — 39 — 17

35 Kreuzfahrtschiffe

18

Fisherman's Wharf

The Embarcadero

Jefferson St.

Beach St.

19

North Point St.

21
20

Bay St.

Chestnut St.

Telegraph Hill

16

North Beach

Lombard St.

14

Greenwich St.

23

Russian Hill

Filbert St.

15

9

Union St.

Macondray Lane

Green St.

Nob Hill

Columbus Ave.

Broadway

Vallejo St.

Davis St.
Front St.

Broadway Tunnel

3

Pacific Ave.

Financial District

1

13

4

Clay St.

Portsmouth Square

7

Sansome St.
Battery St.
Front St.
Drumm St.

5

Hyde St.
Larkin St.

Sacramento St.

12

Chinatown

Embarcadero

BART/Muni Embarcadero Station

California St.

Pine St.

Stockton St.
Grant Ave.
Kearny St.
Montgomery St.

6

Beale St.

Bush St.

Transbay Transit Terminal

Jones St.
Taylor St.

Sutter St.

BART/Muni Montgomery St. Station

Golden Gate University

Powell St.

Post St. **Union Square**

2

Geary St.

Mission St.
Stevenson St.
Jessie St.
New Montgomery St.
Third St.
Second St.
First St.
Fremont St.

SoMa

O'Farell St.

11

Mason St.
Fifth St.
Fourth St.

Ellis St.

3

8

Howard St.
Hawthorne St.
Folsom St.

Eddy St.

9

1

BART/Muni Powell St. Station

Turk St.

10

Market St.

1	Visitor Information Center
2	Union Square
3	Market Street
4	Ferry Building
5	Embarcadero Center
6	Chinatown Gate
7	Pacific Heritage Museum
8	Museum of Modern Art
9	Yerba Buena Gardens
10	Moscone Convention Center
11	Museum of African Diaspora
12	Grace Cathedral
13	Cable Car Museum
14	Lombard Street
15	Washington Square
16	Coit Tower
17	Aquarium of the Bay
18	Hyde Street Pier
19	Cannery
20	Ghirardelli Square
21	Maritime Museum

N

0   250 m

Fähren nach Alameda, Oakland, Vallejo, Tiburon

The Embarcadero

© i graphic

Nur wenige Schritte entfernt, zwischen 3rd/4th Street, soll in nicht allzu ferner Zukunft das **Mexican Museum** (🖳 www.mexicanmuseum.org) in einen Neubau nach Plänen des mexikanischen Architekten *Ricardo Legorreta* einziehen. In nächster Nachbarschaft ist schon im Frühjahr 2008 die Eröffnung des **Contemporary Jewish Museum/JMSF** (🖳 www.jmsf.org) in einen von *Daniel Libeskind* transformierten historischen Kraftwerksbau geplant.

Kunst- und Kultur-komplex

Gegenüber des SFMOMA, inmitten viel Grün, rücken die **Yerba Buena Gardens (9)** mit dem **Yerba Buena Center for the Arts**, ein mehrteiliger Kunst- und Kulturkomplex mit Theater, Ausstellungsflächen und Parkanlagen, ins Blickfeld *(701 Mission/3rd St.,* 🖳 *www.ybca.org).* Ein Stück weiter befinden sich zwei Unterhaltungskomplexe: Das **Metreon** *(101 4th St.,* 🖳 *http://westfield.com/metreon)* wurde 1999 von *Sony* mit zehn Restaurants, zahlreichen Shops (wie *Playstation, Sony* oder *Microsoft*), 15 Kinos und einem IMAX-Theater ins Leben gerufen, während sich das **Zeum** *(221 4th/Howard,* 🖳 *www.zeum.org)* vor allem an Kinder und Jugendliche richtet. Diese Einrichtung bietet interaktive Ausstellungen, Theater, eine Eislaufbahn und verschiedenste Veranstaltungen. Angrenzend nimmt das **Moscone Convention Center (10)** – das Messezentrum – eine große Fläche ein.

Einen Blick lohnt die **California Historical Society** *(678 Mission St.)* mit einer interessanten Kunstausstellung zur Geschichte Kaliforniens. Nur ein paar Schritte entfernt betreibt die **California Academy of Science** *(875 Howard St.,* ☎ *321-8000,* 🖳 *www.calacademy.org, tgl. 10-17 Uhr, $ 10, mit Café)* bis zur Eröffnung des Neubaus Ende 2008 im Golden Gate Park ihr Aquarium.

Interessante Museen

Ein Muss für jeden Comicfan ist das gegenüberliegende **Cartoon Art Museum** *(655 Mission St.,* 🖳 *www.cartoonart.org, Di-So 11-17 Uhr, $ 6)*, 1984 unter Mithilfe von *Charles M. Schulz* (Vater der *Peanuts*) gegründet. Das neu eröffnete **MoAD**, das **Museum of African Diaspora (11)** *(685 Mission/3rd St.,* 🖳 *www.moadsf.org,* ☎ *358-7200, Mi-Sa 11-17, So 12-17 Uhr, $ 10)* schließlich ist wegen seiner modernen Multimedia-Präsentation und der Thematik – die Rolle Afrikas und der Afroamerikaner – sehenswert.

An diesen meistbesuchten Teil von SoMa schließt sich südlich, jenseits der Autobahn (I-80), ein zweiter Teil von SoMa an: das **China Basin** mit dem neuen Baseballstadion, dem **AT&T Park** *(3rd/King St./24 Willie Mays Plaza)* und weiteren lokalen und Nightlife-Spots.

Civic Center Area

Um das **Civic Center** und den zugehörigen Park, die **Joseph L. Alioto Performing Art Plaza**, westlich des *Financial Districts*, befindet sich die Regierungszentrale der Stadt, die großteils zwischen 1911 und 1930 entstanden und in den letzten Jahren mit großem Aufwand renoviert und erdbebensicher gemacht wurde: das dem Kapitol ähnelnde bzw. dem Petersdom in Rom nachempfundene **Rathaus (City Hall)** und diverse Verwaltungsbauten, außerdem das **Bill Graham Civic Auditorium** und das **San Francisco War Memorial Opera House** – Sitz von Oper und Ballett. Daneben steht das **Veterans War Memorial Building** mit *Herbst Theater* und *Louise M. Davies Symphony Hall.*

Angrenzend an den ehemals verrufenen **Tenderloin District** steht die von *Pei Cobb Freed & Partners* aus New York fertiggestellte **Main Library**, die Stadtbücherei, deren Bestände alles Bekannte übertreffen. Daneben eröffnete 2003 eines der größten asiatischen Museen, das sehenswerte **Asian Art Museum** *(200 Larkin St., ☎ 581-3500, 💻 www.asianart.org, Di-So 10-17, Do bis 21 Uhr, $ 12).*

Der beste Zugang zum Civic Center bietet sich von der Market Street aus an, wo von der UNO-Plaza eine breite Fußgängerzone auf die City Hall zuführt. Die dahinterliegende **Van Ness Avenue** (Hwy. 101) war 1854 als Prachtallee angelegt worden, doch da sie bei dem Großbrand 1906 als Feuerschneise diente, sind die meisten Bauten neu und die Straße insgesamt eher unattraktiv. Sie durchquert als Hauptachse die Innenstadt und dient als Zubringer zur Golden Gate Bridge. Jenseits der Van Ness Ave. hat sich im Schatten der Verwaltungsbauten im **Hayes Valley** (Hayes/Gough St.) ein neues „In-Viertel" mit kleinen Boutiquen und netten Cafés und Restaurants entwickelt.

Ehemalige Prachtallee

Stadt der Hügel

Roms sieben Hügel kennt beinahe jeder Besucher, die Namen aller **43 Hügel San Franciscos** hingegen nicht einmal die Einheimischen. Einige davon sollte man sich dennoch merken: *Nob Hill* – mit sehenswerter Architektur und Cable Car Museum –, *Russian Hill*, ehemaliger Künstler- und Literatentreff mit der kurvenreichsten und meistfotografierten Straße der Welt, der Lombard Street, und *Telegraph Hill* wegen seines Ausblicks vom Coit Tower.

Nob Hill, nördlich vom Union Square, nennen die Einheimischen gerne „Snob Hill". Wer am *Pacific Union Club* (1000 California St.), *University Club* (800 Powell/California St.), am *Mark Hopkins Hotel* (999 California St.), dem gegenüberliegenden *Fairmont Hotel*, am *Bohemian Club* (625 Taylor/Post St.), der *Leland Stanford Estate* oder dem *Huntington Hotel* (1075 California/Taylor St.) vorbeispaziert, versteht warum. Seit dem späten 19. Jh. ist der gut 100 m hohe Hügel Wohnsitz der Haute Volée. Am **Huntington Park**, gleich neben dem *Pacific Union Club*, fällt die neogotische **Grace Cathedral** (12) ins Auge. Sie wurde nach dem Vorbild der Pariser Notre-Dame erbaut und ist mit Nachbildungen der Paradies-Türen *Ghibertis* vom Florentiner Baptisterium ausgestattet. Hörenswert sind die regelmäßig dort stattfindenden Konzerte (💻 www.gracecathedral.org).

Lombard Street mit Blick auf den Telegraph Hill

Grace Cathedral

Ein Stück weiter östlich, an der Kreuzung California und Powell St., lohnt der Ausblick, ehe man den Weg zum **Cable Car Museum & Powerhouse Viewing Gallery** (13) fortsetzt (1201 Mason/Washington St., 💻 www.cablecarmuseum.org, ☎ 474-

1887, tgl. 10-17/18 Uhr, Eintritt frei). In dem dreistöckigen Ziegelbau von 1907 befindet sich die Schaltzentrale der Cable Cars. Man sieht alte und neue Wagen und Zubehör, Fotos, Zeichnungen, Modelle und bekommt die Technik erklärt. Angeschlossen ist ein Museumsshop.

Kurvigste Straße der Welt

Russian Hill besucht man in erster Linie wegen der **Lombard Street** (**14**), jener acht Haarnadelkurven von Hyde bis Leavenworth Street, in denen sich (speziell an Wochenenden) Stoßstange an Stoßstange die Mietwagen drängeln. Russian Hill hat jedoch mehr als nur diese eine Straße zu bieten, z. B. malerische Treppenaufgänge und Aussichtspunkte, die zu Fuß erkundet werden können. Es ist zudem interessant, ziellos dieses Nobelwohnviertel der Bohemiens zu durchstreifen.

North Beach und Telegraph Hill

In **North Beach** sucht man vergeblich nach einem Strand, denn wo einst die Wellen ans Ufer schlugen, befinden sich heute Asphalt und Beton. Ein Großteil des Viertels wurde im 19. und zu Beginn des 20. Jh. künstlich aufgeschüttet und der heutige Hafen mit seinen Piers nördlich und östlich des Viertels eingerichtet. North Beach steht synonym für **Little Italy**, denn dort haben sich bereits im späten 19. Jh. Europäer niedergelassen. Es gab in den 1930er Jahren eine blühende Italiener-Kommune, die bis heute dafür verantwortlich ist, dass es in dem Viertel den besten Espresso, das knusprigste Weißbrot und die schmackhafteste Pizza, Pasta oder Panettone gibt.

Geburt der Beatniks

Hier liegt auch eine altehrwürdige Institution: der 1953 von *Lawrence Ferlinghetti* gegründete **City Lights Bookstore** *(261 Columbus St.)*, der eine entscheidende Rolle bei der Geburt der *Beatniks* spielte. In den letzten Jahrzehnten ist der asiatische Bevölkerungsanteil in North Beach erheblich gestiegen. Vor diesem Hintergrund versteht man, warum auf dem **Washington Square** (**15**), im Schatten der 1922 erbauten monumentalen **St. Peter & Paul Roman Catholic Church**, in der *Marilyn Monroe* Baseballstar *Joe Dimaggio* heiratete, morgens so viele Asiaten zu Tonbandmusik und Kommandos ihre Morgengymnastik praktizieren.

Im Süden von North Beach schließt sich der **Telegraph Hill** an. Die Aussicht ist besonders vom **Coit Tower** (**16**) *(tgl. 10-17 Uhr, $ 4,50)* aus grandios. An seiner Stelle befand sich Mitte des 19. Jh. die erste Telegraphenstation, heute fungiert der Aussichtsturm auch als Museum. Sehenswert sind die Wandmalereien von 1934. 25 Künstler, darunter *Diego Rivera*, schufen die großen Bilder zu sozialkritischen Themen.

An der Waterfront

Hauptattraktion der Stadt ist die **Waterfront**, in deren Zentrum **Fisherman's Wharf** steht. Von romantischer Hafenidylle ist, sofern jemals vorhanden, nichts geblieben: Ein Seafood-Restaurant reiht sich ans andere, ein Souvenirladen oder Shoppingkomplex folgt dem nächsten: *Pier 39, Ghirardelli Square, The Cannery* – die einzelnen Läden oder Lokale heißen unterschiedlich, doch gewisse Ähnlichkeiten sind dennoch nicht zu leugnen.

„Hallidie's Folly" – Die Cable Cars   INFO

Sie stinken nicht, brauchen kein Benzin, schnurren vor sich hin und halten gleichmäßig ihr Tempo – selbst wenn sie einen Hügel mit 20-prozentiger Steigung und mit 80 Menschen pro Wagen erklimmen. Und sie sind einzigartig auf der Welt: die **Cable Cars von San Francisco**. Was heute wieder ein Touristenmagnet ist, sollte 1947 aus dem Straßenbild verschwinden. Es ist einer resoluten Dame und deren Aktion „*Save the Cable Cars*" zu verdanken, dass die insgesamt 39 historischen Bahnen, die auf rund 18 km Gesamtstrecke unterwegs sind, 1964 unter Denkmalschutz gestellt und renoviert wurden.

1873 war die erste von Zugseilen in Gang gesetzte Bahn unter dem kritischen Blick des zuständigen englischen Ingenieurs *Andrew Smith Hallidie* und im Beisein von Journalisten, Stadtvätern und Neugierigen am Nob Hill in Betrieb genommen worden. Endlich waren jene Zeiten vorbei, als sich Pferde über die zahlreichen Hügel der Stadt quälten und es zu so manch fatalem Unfall kam. **Hallidie's Folly** – der verrückte Einfall *Hallidies* – bestand die Bewährungsprobe, 1880 existierten bereits acht Linien und im späten 19. Jh. wurden rund 180 km von 500 Wagen befahren!

Ein Blick ins *Powerhouse* des Cable Car Museums, vor allem in den Maschinenraum, offenbart die **Funktionsweise** dieser kuriosen Bahnen: Vier unabhängige Kabelsysteme werden über gigantische Rollen geführt und kontinuierlich in Gang gehalten. Etwa einen halben Meter unterhalb der Schienen auf Straßenniveau laufen Endlosstahlkabel mit rund 15 km/h Geschwindigkeit in Gleiskanälen. Der so genannte **Grip Man**, der Fahrer des Wagens, hakt einen Eisenhaken in das Kabel ein und ab geht die Post – bei zweimaligem Glockenschlag. Aushaken und Bremsen, verbunden mit einmaligem Läuten, heißt „Stopp". Fürs Abkassieren und das Zuteilen der wenigen Sitz-, Steh- und der begehrten „Hänge-Plätze" außen an den Stangen, ist der Schaffner oder **Conductor** zuständig. Beide zusammen müssen an den Wendemarken an der Market Street oder beim Ghirardelli Square ihre Muskeln unter Beweis stellen, denn dort werden die Wagen per Hand gedreht.

Fisherman's Wharf

Fisherman's Wharf (⌨ *www.fishermanswharf.org*) ist mit der Cable Car oder der Trambahn (Line E und F) von der Market Street via Embarcadero gut erreichbar. Am Pier 39 treffen sich seit 1978 Besucher aus aller Welt, um zu essen, zu shoppen, das **Aquarium of the Bay** (17) *(Pier 39, ☎ 732-3483, ⌨ www.aquariumofthebay.com, tgl. 10-mindestens 19 Uhr, $ 13,95)* zu besuchen oder sich im gut sortierten *National Park Store* mit Informationsmaterial oder Sachbüchern einzudecken. Von der Veranda aus sieht man in der Ferne Alcatraz und die Bucht, direkt am vorgelagerten Pier räkeln sich Seelöwen in der Sonne und landeinwärts fällt der Blick auf Ghirardelli Square und Telegraph Hill.

Fisher-man's Wharf

Fisherman's Wharf

Die dem Ufer folgende Jefferson Street bietet viel Kitsch und Schund, Wachs-museum und Vergnügungsetablisse-ments, während an den Piers Fähren, Ausflugsboote und Charterboote able-gen. Vorbei an dem neuen Komplex der **Boudin Bakery** *(Jefferson St./Pier 43-45)* mit Museum und interessanter Tour durch die Schaubäckerei sowie großem Laden, Imbiss und Restaurant gelangt man zu Pier 45. Dort befinden sich nicht nur das **Musée Mécanique** – eine kuriose Privatsammlung vielerlei Maschinen –, sondern am Pier selbst das **Liberty Ship „S.S. Jeremiah O'Brien"** (📖 *www.ssjeremiahobrien.org)* und das U-Boot **„U.S.S. Pampanito"** (📖 *www.maritime.org/pamphome.htm)*.

Ein Stück weiter zwei weitere „Malls": **The Anchorage** und die **Cannery** (19), Letztere 1906 erbaut und lange Zeit von der Firma *Delmonte* zum Eindosen von Pfir-sichen benutzt. Interessanter als diese beiden ist jedoch der **Hyde Street Pier** (18) als Teil des **S.F. Maritime NHP** *(Hyde Street Pier,* 📖 *www.nps.gov/safr,* ☎ *447-5000, tgl. 9.30-17 Uhr, $ 5)*, ein Freilichtmuseum mit historischer Flotte bestehend aus dem Segler „Balclutha", dem Schoner „C. A. Thayer" von 1895, dem Raddamp-fer „Eureka", dem Schlepper „Hercules" und einigen anderen Booten; sie dürfen allesamt bestiegen und erkundet werden.

Historische Schiffs-flotte

Gegenüber, landeinwärts, liegt der **Victorian Park**. Am dortigen Wendepunkt der Cable Car, dem *Hyde Street Cable Car Turntable*, bilden sich an Wochenenden und Sommerabenden oft lange Schlangen. Im Hintergrund erkennt man dank des weit-hin sichtbaren Uhrenturms mit Firmenschriftzug den **Ghirardelli Square** (20) (📖 *www.ghirardellisq.com)*. Der Italiener *Domingo Ghirardelli* war während des Gold-rauschs hergekommen und hatte begonnen, Schokolade herzustellen. 1893 erwar-ben seine Söhne eine hier befindliche alte Textilfabrik und erweiterten sie. In den 1960er Jahren drohte der Abriss, doch der rote Ziegelbau konnte gerettet und re-noviert werden.

Einkaufen in alter Schoko-fabrik

Gegenüber liegt unübersehbar das **Maritime Museum** (21), ein dank auffälliger Streamline-Architektur im Stil eines Luxuskreuzers markantes Gebäude. Im Inneren sind Schiffsteile und Galionsfiguren sowie maritime Memorabilien aller Art, Fotos, Gemälde und Modelle ausgestellt *(Polk/Aquatic Park, bis 2009 wegen Renovierung geschl.)*.

Fort Mason und Crissy Field

Ruhiger wird es an der Waterfront weiter westwärts, Richtung **Fort Mason** *(Mari-na/Buchanan St.,* ☎ *345-7575,* 📖 *www.fortmason.org)*. Auf dem parkartigen Gelände dieses früheren Militärareals sind vor allem historische Gebäude verstreut und stehen mehrere Baracken westlich des Municipial Pier. In eben diesen sind ein paar meist kleinere Museen zu Hause: das **Museo Italo-Americano**, die **African-American Historical and Cultural Society** und (noch) das **Mexican Museum** (Neubau in SoMa geplant!), außerdem gibt es Kulturinstitutionen, Kunstateliers, Shops, Theater und eine Veranstaltungshalle.

Hier beginnt zugleich auch die **Golden Gate National Recreation Area** (🖳 *www.nps.gov/goga*). Nach Osten zu geht Fort Mason in einen Grünstreifen am Wasser, *Marina Green*, über, der es mit dem Presidio verbindet. Grünflächen und Jachthafen dürften dazu beigetragen haben, dass hier ein nobles Wohnviertel – **Marina** – entstand. Der Uferstreifen, der sich von hier aus Richtung Golden Gate Bridge zieht, ist der neueste Teil der GGNRA und heißt „**Crissy Field**". Das Erholungsareal wird auch für zahlreiche Veranstaltungen und Aktivitäten genutzt und neben einer Promenade mit Picknickplätzen gibt es ein naturbelassenes Stück Marschland. Interessantes dazu erfährt man im **Crissy Field Center** (*Mason/Halleck St.,* 🖳 *www.parksconservancy.org/our_work/crissy*).

Erholungsareal

„Crissy Field"

Im Presidio

Auch beim **Presidio (8)** handelt es sich um einen seit 1776 existierenden Militärstützpunkt. Gleich an der Westgrenze des Parkgeländes, am Marina Blvd., ist zunächst das **Exploratorium** ausgeschildert (*Palace of Fine Arts, 3601 Lyon/Marina Blvd.,* 🖳 *www.exploratorium.edu,* ☎ *397-5673, Di-So 10-17 Uhr, $ 14*). Dieses *Hands-on*-Museum mit *Tactile Dome*, Café und Shop widmet sich in erster Linie den Wissenschaften und war eines der ersten interaktiven Museen in den USA, von *Dr. Frank Oppenheimer* 1969 ins Leben gerufen. Es ist vor allem zu Lehrzwecken konzipiert und entsprechend rege von Schulklassen frequentiert. Beliebtes Fotomotiv ist der Bau selbst, bestehend aus Überresten des **Palace of Fine Arts**, einer antikisierenden Rotunde mit monumentalen Säulen und Gebälk, die 1915 anlässlich der *Pan-Pacific Exhibition* errichtet wurde.

> 👉 **Hinweis**
>
> s. Karte San Francisco Bay Area, S. 556

Das Presidio-Areal ist ausgedehnt und Auto oder Fahrrad sind nötig. Man fährt durch Eukalyptuswälder, ehe man ins Zentrum vordringt, wo sich mehrere Bauten, darunter ein Besucherzentrum und im **Officers' Club** ein Museum für Wechselausstellungen befinden (*ausgeschildert, 50 Morago Ave./Arguello Blvd.*). Der lohnendste Teil ist die **Fort Point NHS** (*Lincoln Blvd./Long Ave.,* 🖳 *www.nps.gov/fopo*), denn von dort aus bietet sich eine völlig ungewöhnliche Perspektive der Golden Gate Bridge. Das Fort liegt direkt unter einem Pfeiler der Brücke. Die Anlage, zu der auch ein Leuchtturm gehört, war in der heutigen Form 1853-61 von der *US Army* als einzige und erste Artillerie-Befestigung westlich des Mississippi zum Schutz der Bucht erbaut worden.

Eukalyptuswälder

Golden Gate Bridge

Das Wahrzeichen der Stadt, die Golden Gate Bridge, ist genau genommen nur eine von insgesamt fünf Brücken. Für die Einheimischen ist beispielsweise die *Oakland Bay Bridge* die wichtigste Brücke, zugleich ist sie die verkehrsreichste und älteste. Der

INFO
Alcatraz, der sicherste Knast der Welt

Alcatraz, die „raue Insel der Pelikane", liegt nur gut 2 km von Fisherman's Wharf entfernt. Bekannt wurde die Gefängnisinsel durch Filme wie „Die Flucht von Alcatraz" mit *Clint Eastwood*, „*The Bird Man of Alcatraz*" mit *Burt Lancaster* oder „*The Rock*" mit *Sean Connery* und *Nicolas Cage*. Lange Zeit unbewohnt, wurde sie Mitte des 19. Jh. als „Fort Alcatraz" zur **bestgesicherten Befestigung** an der amerikanischen Westküste umfunktioniert. Verteidigungszwecken diente das Fort allerdings nie: Die aufgestellten Kanonen und sonstigen Waffen waren bei der Einweihung bereits veraltet und so wurde die Anlage schon zwei Jahre später zum **Militärgefängnis** degradiert.

1909-12 ließ man die Insassen selbst einen neuen, noch aufwendiger gesicherten Zellentrakt aus Stahlbeton errichten. Allerdings konnten alle Sicherheitsmaßnahmen die Häftlinge nicht von Fluchtversuchen abhalten: 14 sollen es gewesen sein, doch von keinem einzigen Flüchtling ist bekannt, ob er jemals das Festland erreichte. 1934, während Prohibition und Depression, wurde das Gefängnis zum Staatsgefängnis und im selben Jahr gelangte auch jener legendäre Gangsterboss *Al Capone* nach Alcatraz. Das Personal lebte auf der Insel im *Warden's House* oder in den *Officers' Quarters* und es gab Einrichtungen wie Postamt, Schule und Läden.

1963 erloschen die Lichter in Alcatraz für immer, das **Staatsgefängnis** war unrentabel geworden. Sechs Jahre später **besetzten** zunächst fünf, dann weitere 80 *Sioux*, zumeist Mitglieder des **AIM** (*American Indian Movement*), die Insel. Sie wollten auf jahrhundertelang begangenes Unrecht an den Indianern hinweisen und zogen nach einigen Monaten friedlich ab. Danach gab es eine Vielzahl von Plänen über die Nutzung des Geländes, bis in den 1970er Jahren die Insel der *Golden Gate National Recreation Area* angegliedert und damit Besuchern zugänglich gemacht wurde.
• **Infos**: ▨ www.nps.gov/alcatraz und www.alcatrazcruises.com (Fähren)

Golden Gate Bridge in Zahlen

Hauptkabel: Länge: 2,5 km, Durchmesser: 1 m, Gewicht 24.000 t
Stützpfeiler: 228 m (65 Stockwerke) aus dem Wasser ragend, 31 m unter der Wasseroberfläche
Spannweite zwischen den Pfeilern: 1280 m, 67 m über dem Meeresspiegel gelegen
Gesamtlänge: 2800 m, Breite 27 m (6 Fahrspuren und Fußweg)
Schwingung: bis zu 6 m
Kosten: rund $ 33 Mio.

Bau der **Golden Gate** (**6**) geschah auch nicht aus ästhetischen Gründen, sondern aus praktischen und profanen Überlegungen: Wegen des ständigen Nebels hatte sich der Fährverkehr als unzuverlässig erwiesen und deshalb machte sich ein Mann, der bereits geplant hatte, die Straße von Gibraltar zu überbrücken, an die Arbeit. Der deutschstämmige Ingenieur *Joseph Baermann Strauss* begann im Januar 1933 mit der Konstruktion einer Brücke über die Meerenge namens „Goldenes Tor". Ins-

Blick auf San Franciscos legendäre Golden Gate Bridge

gesamt 1.500 Arbeiter wurden rekrutiert, die anfangs, wegen der Gezeiten, nur viermal täglich je eine Stunde an den Fundamenten arbeiten konnten. Dennoch war der auf felsigem Grund errichtete Nordpfeiler bereits im Mai 1934 fertig. Eröffnet wurde die **„Rote Lady aus Stahl"**, die damals als weltgrößte und längste freitragende Brücke galt, am 27. Mai 1937 im Beisein von Präsident *F. D. Roosevelt* – sechs Monate nach der gut 13 km langen *Oakland Bay Bridge*.

„Rote Lady aus Stahl"

Lincoln Park, Point Lobos und Cliff House

Westlich der Golden Gate Bridge liegt im Lincoln Park der **Palace of the Legion of Honor**, ein Kunsttempel der besonderen Art *(34th Ave./Clement St., ☎ 750-3600 und 863-3330, 🖵 www.legionofhonor.org, Di-So 9.30-17.15 Uhr, $ 10, 1. Di im Monat frei)*. Der klassizistische Bau samt Inhalt ist dem Zuckerindustriellen *Adolph* und seiner Frau *Alma Spreckels* zu verdanken und beherbergt rund 87.000 Objekte, die ein breites Spektrum an verschiedenen Genres und rund 4.000 Jahre Kunstgeschichte abdecken: antike Kunst, mittelalterliche Werke, Gemälde der Niederländer und italienische Renaissance ebenso wie englische Künstler und französische Impressionisten und nicht zuletzt Kunst des 20. Jh. Zum Museum gehören auch ein Café mit Dachterrasse und ein Shop. Dank der malerischen Lage auf dem Landzipfel, wo der Pazifik in die San Francisco Bay fließt, bietet sich vom Parkplatz des Museums, nahe einer Holocaust-Installation von *Segal*, ein grandioser Ausblick.

Kunsttempel der besonderen Art

Auch der Blick vom **Cliff House** (7) (🖵 www.cliffhouse.com) ist nicht zu verachten. Bei fast jedem Wetter und ungeachtet eisiger Wassertemperaturen sind an **Baker** und **China Beach** Surfer aktiv und bevölkern Seelöwen und brütende Vögeln die *Seal Rocks*. Steil hinab führt der Weg zu den **Sutro Baths Ruins**. Ein Preuße gleichen Namens, der mit Silber reich geworden war, hatte hier 1886 das damals weltgrößte Hallenbad mit Süß- und Salzwasser für 1.600 Besucher eröffnet – das wohl erste „Erlebnisbad". Das Cliff House war ursprünglich ein Nobelresort und befand sich ebenfalls ab 1881 in Besitz von *Adolph Sutro*, der sogar über eine eigene Eisenbahnlinie Besucher anzulocken versuchte. Mehrmals bei Bränden zerstört, stammt der heutige, frisch renovierte Bau im Kern aus dem Jahr 1909 und ist Teil der GGNRA mit Lokalen und Bar.

Golden Gate Park und zentrale Viertel

Wo sich heute am Sonntag die San Franciscans erholen, befand sich vor 1871 noch eine unfruchtbare Sanddüne. Der Bürgermeister plädierte für mehr Grün und so entstand zunächst der *Panhandle*, ein schmaler Grünstreifen, ehe *William Hammond Hall* nach dem Vorbild des New Yorker Central Parks einen **großflächigen, vielseitigen Erholungspark** mit Seen und Rasenflächen, Wäldchen und Pfaden, Museen und Gartenanlagen, Freilichtbühnen und Sport- und Spielplätzen schuf.

Was den Golden Gate Park von anderen Stadtparks unterscheidet, ist die Tatsache, dass er nicht nur Freizeitvergnügen, sondern auch Kultur bietet. Im Oktober 2005 fand die Neueröffnung des **de Young Museums** statt (*75 Tea Garden Dr.,* ☎ *863-3330,* 🖳 *www.deyoungmuseum.org, Di-So 9.30-17.15, Fr bis 20.45 Uhr, $ 10, inkl. Legion of Honor, s. o.*). Den ungewöhnlichen, kupferblechverkleideten Bau entwarf das

Das neue de Young Museum im Golden Gate Park

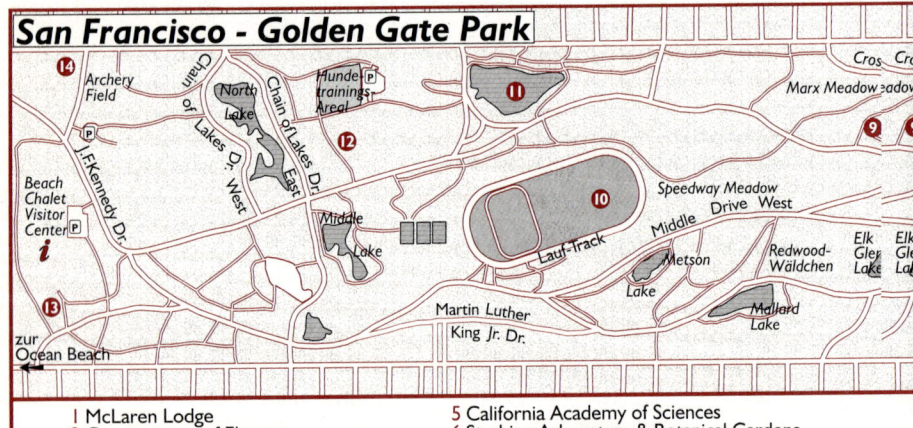

San Francisco - Golden Gate Park

Archery Field
North Lake
Chain of Lakes Dr. West
Chain of Lakes Dr. East
Hundetrainings-Areal
Marx Meadow
Beach Chalet Visitor Center
J. F. Kennedy Dr.
Middle Lake
Speedway Meadow Drive West
Middle Lake
Metson Lake
Elk Glen Lake
Redwood-Wäldchen
Lauf-Track
zur Ocean Beach
Martin Luther King Jr. Dr.
Mallard Lake

1 McLaren Lodge	5 California Academy of Sciences
2 Conservatory of Flowers	6 Strybing Arboretum & Botanical Gardens
3 de Young Museum	7 San Francisco County Fair Building
4 Japanischer Teegarten	

© graphic

Schweizer Architekturbüro *Herzog & de Meuron*. Er birgt die stadtälteste und größte Kunstsammlung, 1894 ins Leben gerufen: amerikanische Kunst und Kunsthandwerk von der Kolonialzeit bis ins 20. Jh., *British Galleries*, Volkskunst von allen Kontinenten, antike und ägyptische Kunst. Neben einem Skulpturengarten gibt ein Muse-
umscafé und einen Shop.

Eine üppige tropische Pflanzenvielfalt erwartet den Besucher des **Conservatory of
Flowers** *(Golden Gate Park, John F. Kennedy Dr.,* 🖳 *www.conservatoryofflowers.org,*
☎ *666-7001, Di-So 9-16.30 Uhr, $ 5)*. An der **California Academy of Sciences**
(🖳 *www.calacademy.org)*, einem der weltweit größten naturwissenschaftlichen Museen mit Dioramen zu Flora und Fauna, Interessantem zur Geografie Kaliforniens inklusive Erdbeben-Simulator, mit *Steinhart Aquarium* und *Morrison Planetarium* wird bis
Herbst 2008 noch gebaut. Der spektakuläre, umweltfreundliche Neubau stammt
vom Reißbrett von Stararchitekt *Renzo Piano*.

*Größtes
naturwis-
senschaft-
liches
Museum*

Direkt am Platz (Music Concourse), um den sich die Museen gruppieren und der
Kennedy Drive vorbeiführt, befindet sich der Zugang zum **Japanese Tea Garden**
(Tea Garden Dr., ☎ *666-7024, tgl. 8.30-18 Uhr, $ 2,50)*, einem Japanischen Garten mit
Pagode, Teehaus und *Gift Shop*. Größer und vielseitiger sind die **Strybing Arboretum & Botanical Gardens** *(96th Ave./Lincoln Way bzw. ML King Jr. Dr.)*. Besonders
sehenswert sind in diesem Botanischen Garten *Rock Garden, California Native Plants*,
der *Redwood Nature Trail* und *Succulent Garden*.

Haight-Ashbury, Western Addition und Pacific Heights

Die Luft ist zwar etwas heraus aus dem **Zentrum der „Blumenkinder"**, doch ein
lebhaft-verrücktes, buntes Viertel ist **Haight-Ashbury** (🖳 *www.haightashbury.org)*
immer noch. Das Herz schlägt um Haight und Ashbury Streets zwischen Masonic

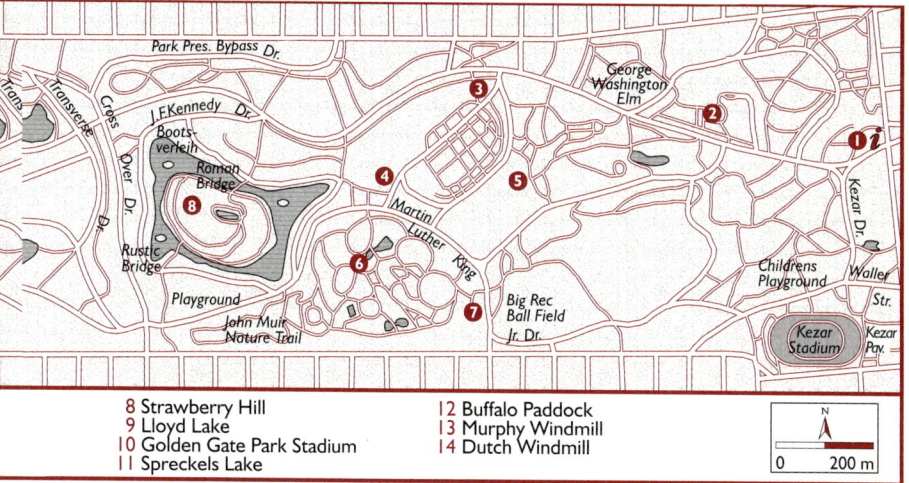

8 Strawberry Hill
9 Lloyd Lake
10 Golden Gate Park Stadium
11 Spreckels Lake
12 Buffalo Paddock
13 Murphy Windmill
14 Dutch Windmill

0   200 m

und Cole. Zu wahren Pilgerstätten wurden die Wohnhäuser von *Greatful Dead*-Boss *Jerry Garcia* und Sängerin *Janis Joplin* und wie eh und je ist die **Haight Street** Fla-

Flanierallee Haight Street

nierallee, Ort zum *people watching* und Treff. Man schmökert in Buchläden, wühlt in Secondhand-Shops nach alten Hippie-Klamotten oder sitzt einfach nur in oder vor einem der zahlreichen Cafés herum. Haight Ashbury ist zusammen mit dem Golden Gate Park entstanden, damals fungierte die Stanyan Street als Hauptachse. In den 1930er Jahren befand sich hier ein Arbeiterviertel, das erst zum Rückzugsgebiet der Afroamerikaner wurde, ehe in den 1960er Jahren „Haschbury", die *Hippie-Haupt-stadt der Welt*, aus der Wiege gehoben wurde. Nach dem Niedergang von Flower-Power und Hippies waren es die *Urban Pioneers*, die sich in den späten 1980er Jahren daran machten, die damals preiswert angebotenen viktoriani-schen Häuschen zu renovieren, und so das Viertel ganz all-mählich wieder zu einer gefragten Adresse machten.

Flower-Power in Haight-Ashbury

Ganz in der Nähe in der Nordostecke des Viertels, an der Grenze zu Western Addition, befindet sich der **Alamo Square**. Dort muss man die hübsche Reihe historischer Häuschen vor der modernen Skyline von Downtown foto-grafieren, um danach beim Bummel durchs Viertel festzu-stellen, dass es auch andernorts sehenswerte Bauten im *Queen Anne Style* gibt. Nach dem Stadtplan heißt das ganze Viertel **Western Addition**, bekanntester Teil ist jedoch sein Kern, das sechs Blöcke umfassende **Japantown** mit dem *Japan Center* an der Geary Street. Western Addition geht nördlich Japantown unmerklich in **Pacific Heights** über. Dort hat sich um Union, Chestnut und Fillmore Streets, in **Cow Hollow**, ein weiteres Trendviertel mit Kneipen, Cafés und Läden herausgebildet.

Mission District und Castro

Der **Mission District** (💻 *www.sfmission.com*), das Areal um die alte spanische Mis-sion südlich der 14th St., stellt das mexikanische Pendant zum italienischen North Beach oder zu Chinatown dar. Vor allem an der Mission St., zwischen 16th und 24th

Latino Shopping Strip

St. und an der Kreuzung 24th/Mission St., herrscht südländisches Leben und am **24th Latino Shopping Strip** Basaratmosphäre. Straßenhändler, billige Kneipen und bunte Obst-, Gemüse- und Ramschläden prägen das Bild. Der Mission District ist jedoch auch bekannt für seine rund 200 **Wandmalereien**, die sich auf das ganze Viertel verteilen. Auskünfte, einen Plan und die Gelegenheit, an Touren teilzunehmen, erhält man im **Precita Eyes Mural Arts & Visitor Center** *(2981 24th/Harrison St.,* 💻 *www.precitaeyes.org/tours.html)*.

Ein Ruhepol und Keimzelle der Stadt ist die strahlend weiße **Mission Dolores** *(3321 16th/Dolores St.,* ☎ *621-8203,* 💻 *http://missiondolores.ypguides.net/, tgl. 8-12 und 13-16 Uhr, $ 3)*. Sie wird durch eine weitere Hauptachse, die Dolores St., mit dem spanischen Zentrum und der Market St. verbunden. Die *Mission San Francisco de Asis,* wie sie offiziell heißt, wurde als sechste Mission 1776 von Junipero Serra gegründet. Der Komplex besteht aus einer prächtigen spanisch-mexikanischen Adobekirche und wird umgeben von Gärten, Konvent, Weingut und verschiedenen Nebengebäuden. Im Innenhof gibt es eine Ausstellung zur Geschichte der Mission.

Südlich der Market entlang der Castro St. bis etwa zur 20th St. erstreckt sich **Castro**, das Schwulenzentrum der Stadt, das allerdings in den letzten Jahren mehr und mehr zum „normalen" Wohnviertel geworden ist. Idealer Ausgangspunkt für einen Rundgang ist die *Muni Metro Station* an der Ecke Market/Castro St., an der **Harvey Milk Plaza**. *Harvey Milk* war der erste, der sich offen zu seiner sexuellen Neigung bekannte und ein politisches Amt übernahm. Er wurde 1978 zusammen mit dem damaligen Bürgermeister *Moscone* ermordet, was schwere Unruhen zur Folge hatte. Vorbei am **Castro Theatre** *(429 Castro St.)* im spanisch-barocken Stil von 1922 geht es zur Kreuzung Castro/18th St., dem Herz des Viertels bzw. den „*gayest four corners of the earth*". Ringsum beherbergen verschiedenfarbige viktorianische Häuschen aus den 1890er Jahren Shops, Cafés und Kneipen. Von der Liberty St. – seit jeher eine beliebte Wohnadresse – führen die **Liberty Steps** zu einem lohnenden Aussichtspunkt.

Schwulen-zentrum der Stadt

Im südlich angrenzenden **Noe Valley** überwiegen *Health Shops*, spirituelle und esoterische Läden, Buch- und Schallplattenläden, Gourmetshops, Kleiderboutiquen und preiswerte Kneipen.

Reisepraktische Informationen San Francisco/CA

Vorwahl *415*

Information
• **S.F. Visitor Information**, *900 Market St./Ecke Powell-Market, Hallidie Plaza, Benjamin H. Swig Pavillon (im Basement), Broschürenbestellung:* ☎ *391-2000; Events-Hotline:* ☎ *391-2001 bzw. auf Deutsch* ☎ *391-2004; 24-Std.-Events-Hotline auf Deutsch (Tonband):* ☎ *283-0173; Hotelbuchung:* ☎ *1-888-782-9673 bzw. 283-0155; Filiale im Flughafen.*
– *Schriftliche Anfragen:* **San Francisco CVB**, *900 Market St., Lower Level, Hallidie Plaza, San Francisco, CA 94102-2804, vic1@sfcvb.org*
– *Im Internet:* 🖳 **www.onlyinsanfrancisco.com**, *vielerlei Infos, Buchungsmöglichkeit, ausführliche Listen zu Essen & Trinken und Shopping sowie umfassender Veranstaltungskalender.*
• **CA Welcome Center**, *Level 2 Pier 39,* ☎ *981-1280,* 🖳 *www.visitcwc.com, tgl. 10-17 Uhr.*
• **S.F. Maritime NHP Visitor Center**, *Jefferson/Hyde St. (im Argonaut Hotel),* ☎ *447-5000,* 🖳 *www.nps.gov/safr. tgl. 9.30-17 bzw. im Sommer bis 19 Uhr, mit Shop und Ausstellung.*
• *Außerdem hilfreich* **im Internet**:
– 🖳 *http://sanfrancisco.citysearch.com – hilfreiche Listen zu Restaurants, Hotels, Bars, Clubs, Einkaufen etc.*
– 🖳 *www.sfguide.com – Sights, Events, Museen, Shopping, Attraktionen, Dining u. a. mit Plänen und Coupons.*
– 🖳 *www.wheresf.com – Website des gleichnamigen monatlich erscheinenden Heftes mit vielen praktischen Tipps, aber auch Feature Storys.*

Einkaufen

Die **Sales Tax** in San Francisco beträgt derzeit 8,5 %. Lohnende Viertel zum Einkaufen sind vor allem:

• **Waterfront** – Fisherman's Wharf (Souvenirs, T-Shirts, Kuriosa aller Art sowie Shopping Center wie Ghirardelli Square, Cannery, Pier 39 und The Anchorage Shopping Center), außerdem Ferry Building Marketplace & Farmers' Market im neuen Ferry Building gegenüber Embarcadero (Shopping Center) und Boudin-Bäckerei (Pier 43 1/2).

• **Downtown** – vor allem rings um Union und Jackson Square Kaufhäuser und Bekleidungsläden, Boutiquen, Shops und Kaufhäuser. Das neue Westfield S.F. Shopping Center (865 Market St.) hat u. a. Bloomingdale's und Nordstrom zu bieten.

• **Civic Center District** (Market St.) – Elektro-/Fotoartikel, Billigwaren, aber auch A Clean Well-Lighted Place for Books (601 Van Ness); **Hayes Valley** als neues Trendviertel mit Lokalen und Shops.

• **SoMa** – Boutiquen, Antiquitäten, Galerien.

• **Chinatown** – Grant/Commerce (touristisch) und Stockton St. (authentisch).

• **Western Addition** – Japan Center (Post/Buchanan St.) mehrteiliger Komplex mit Läden, Lokalen.

• **Haight-Ashbury** – Bücher, Musik, Secondhand, Accessoires, Kuriosa, z. B. Recycled Records (1377 Haight St., Aardvarks, Haight/Ashbury St.) oder Amoeba Music (1855 Haight/Shrader St.).

• **Cow Hollow** – vor allem Union St., aber auch Chestnut und Fillmore St. sowie **Polk Gulch** (Polk St.), lohnend zum Einkaufsbummel, für Nightlife und Essen.

Touren

• **Allgemeine Infos** zum Angebot: 🖳 www.allsanfranciscotours.com; www.sfvisitor.org/visitorinfo/html/walkpdfs.html; www.sftravel.com/walk.html

• **All about Chinatown!**, ☎ 982-8839, 🖳 www.allaboutchinatown.com. Zweistündige Walkingtour von Linda Lee mit Besuch mehrerer Läden und Sights sowie Dim-Sum-Lunch, tgl. um 10 Uhr.

• **Haight-Ashbury Flower-Power Walking Tour**, ☎ 863-1621, 🖳 www.hippygourmet.com. Start Di und Sa um 9.30 Uhr, zwei Stunden lang durch das einstige Hippie-Viertel.

• **Cruisin' the Castro**, Trevor Hailey's Tours, ☎ 550-8110, 🖳 www.cruisinthecastro.com. Insider-Tour durch Castro, Lunch inbegriffen.

• **Victorian Home Walk**, ☎ 252-9485, 🖳 www.victorianwalk.com. Tgl. um 11 Uhr beginnt die gut zweistündige architektonische Entdeckungsreise durch Western Addition, Pacific Heights, Union St.; Hin- und Rückfahrt mit öffentlichen Verkehrsmitteln.

• **Local Tastes of the City Tours**, ☎ 665-0480, 🖳 www.localtastesofthecitytours.com. Zweimal tagsüber (10 und 14 Uhr, dreistündig) sowie am Abend um 18 Uhr starten die kulinarischen Walking-Touren durch North Beach und Chinatown. Besichtigung von Bäckereien, Cafés, Restaurants, Lebensmittelproduzenten wie Kaffeerösterei oder Olivenölfirma u. a. inkl. reichlich Proben und Option auf anschließendes Menü.

• **Mission Trail Mural Walks**, ☎ 285-2287, 🖳 www.precitaeyes.org/tours.html, ab Precita Eyes Mural Arts Center, 2981 24th St. Verschiedene Wandmalerei-Touren an Wochenenden, z. T. mit den Künstlern selbst.

• **Ausflugsboote** und **Fährverbindungen** s. S. 232.

Theater

Die meisten und renommiertesten Theater befinden sich im so genannten **Theater District** im Umkreis des Union Square (Jackson/Sutter/Taylor Geary St.), z. B. American Conservatory/Geary Theater, Cowell, Curran, Golden Gate, Lorraine Hansberry, Marines Memorial Theater/Theatre,

sowie in **SoMa** (Climate, NewConservatory, Phoenix Theatre). Außerdem finden zahlreiche Veranstaltungen im **S.F. Performing Arts Center** (🖥 http://sfwmpac.org) statt, einem mehrteiligen Komplex an der Van Ness Ave. zwischen McAllister und Hayes St. (Civic Center District), und im **Yerba Buena Center For The Arts** (701 Mission St./SoMa, 🖥 www.ybca.org).
• *Informationen zur Theaterszene im Internet*: 🖥 www.mustseesanfrancisco.com/theater.htm und www.sanfrancisco.com/theater
• **TIX Bay Area**, ☎ 430-1140, 🖥 www.tixbayarea.com bzw. www.theatrebayarea.org, bietet Tickets zum halben Preis am Veranstaltungstag am Stand am Union Sq./Powell St., auch Internetbestellung ist möglich.

🏃 Sport und Freizeit

Der Golden Gate Park bietet zahlreiche Möglichkeiten der Freizeitgestaltung, von Baseball- und Softballfeldern über Tennis- und Golfplätze bis hin zu Rad- und Wanderwegen. Die **GGNRA** (Golden Gate National Recreation Area, 🖥 www.nps.gov/goga) ist der größte städtische Nationalpark der Welt und reicht weit über die Stadtgrenzen hinaus. Baker und China Beach nahe Lincoln Park/Presidio sind ideal zum Surfen. Die ganze Stadt eignet sich gut zum Fahrradfahren. Radverleih z. B. bei:
• **Adventure Bicycle Company**, 956 Columbus Ave., ☎ 771-8735, 1-800-544-2453, 🖥 www.adventurebike.com
• **Bike & Roll**, 899 Columbus Ave., ☎ 229-2000, 🖥 www.bikeandroll.com/locations/sanfran.aspx

Zuschauersport
• **American Football – S.F. 49ers**, Candlestick Park/Monster Park, Tickets ☎ 468-2249, Spiele Sept.-Dez, 🖥 www.49ers.com
• **Baseball** (MLB) – **S.F. Giants**, AT&T Park (3rd/King bzw. 24 Willie Mays Plaza), ☎ 972-2000, Tickets ☎ 762-2277, 🖥 www.sfgiants.com, auch Touren ab Giants Dugout Store, April-Okt.

🕺 Veranstaltungen

Ein detaillierter Veranstaltungskalender ist beim SFCVB (s. o.) erhältlich bzw. abzufragen unter 🖥 www.onlyinsanfrancisco.com. Auch Stadtmagazine und Tageszeitungen drucken aktuelle Programme ab. Die wichtigsten Veranstaltungen sind:
• *Ende Jan./Anfang Feb.* (je nach Mond): **Chinese New Year Parade and Celebration**, 🖥 www.chineseparade.com
• *Mitte/Ende April:* **Cherry Blossom Festival und Parade** in Japantown, 🖥 www.nccbf.org
• *Ende April-Anfang Mai:* **S.F. Internatonal Film Festival**, 🖥 www.sffs.org
• *Um den 5. Mai:* **Cinco de Mayo Festival**, 🖥 www.sfcincomayo.com
• *Mitte Mai:* **S.F. Bay to Breakers Footrace**, Marathon, 🖥 www.baytobreakers.com
• *Ende Mai:* **Carnaval San Francisco**, 🖥 www.carnavalsf.com
• *2. Juni-Hälfte:* **S.F. Lesbian/Gay/Bisexual/Transgender Pride Celebration Parade** und **S.F. International Lesbian and Gay Film Festival**, 🖥 www.sf-pride.org
• *Ende Sept./Anfang Okt.:* **S.F. World Music Festival**, 🖥 www.sfworldmusicfestival.org
• *Ende Sept.:* **S.F. Blues Festival**, 🖥 www.sfblues.com
• *Anfang Okt.:* **Castro Street Fair**, 🖥 www.castrostreetfair.org
• *Anfang Okt.:* **Italian Heritage Parade and Festival**
• *Mitte Okt.-Mitte Nov.:* **S.F. Jazz Festival**, 🖥 www.sfjazz.org
• *Außerdem zahlreiche Veranstaltungen im* **Golden Gate Park** während der Sommermonate, Infos: 🖥 www.goldengateparkband.org

Die San Francisco Bay

Überblick

*Besuchens-
werte San
Francisco
Bay*

Angesichts der Strahlkraft San Franciscos hat es die Tourismus-Industrie schwer, auch die jenseits der Bay gelegenen Städte, deren Bevölkerungszahl die von San Francisco deutlich übersteigt, Besuchern schmackhaft zu machen. Dabei ist ein Sprung über die Bay wärmstens zu empfehlen. Welche Orte man besucht, hängt von der zur Verfügung stehenden Zeit ab. Im Folgenden wird der Großraum so vorgestellt, als würde man eine Rundfahrt gegen den Uhrzeigersinn um die Bucht unternehmen. Natürlich kann man einige Besichtigungen auch mit der Weiterfahrt nach Norden verbinden.

Genau genommen gliedert sich die Bucht von San Francisco in zwei Teile: die **San Francisco Bay im Süden** und die **San Pablo Bay im Norden**. Rings um das Zentrum San Francisco gruppieren sich sieben Countys (Landkreise). Touristisch interessant sind die drei Metropolen **Oakland**, **Berkeley** und **San Jose**, die leicht mit öffentlichen Nahverkehrsmitteln von San Francisco aus erreichbar sind, wohingegen für eine Erkundungstour rund um die Bucht, für das im Norden liegende **Wine Country** und die erlebenswerte **Point Reyes Peninsula** ein Auto notwendig ist.

Die South Bay

*Silicon
Valley*

Im Süden San Franciscos erstreckt sich das touristisch nur punktuell interessante, als Hightechzentrum aber weltweit berühmte **Silicon Valley**, von wo in den 1960er Jahren die entscheidenden Impulse Richtung Computerzeitalter ausgingen. Die Wurzeln reichen allerdings in die späten 1930er Jahre zurück, als zwei Herren namens *Bill Hewlett* und *Dove Packard* eine Oszillatorenfabrik gründeten. 1976 wurde hier der Prototyp eines PC von *Steven P. Jobs* und *Stephen G. Wozniak* in einer Garage entwickelt und der Grundstein für die berühmten *Apple*-Computer gelegt.

Besuchenswert sind vor allem zwei Orte: der Campus der **Stanford University** und **San Jose**. Begrenzt wird die South Bay im Westen durch die kaum besiedelten Santa Cruz Mountains, die zum Pazifik und der Half Moon Bay hin abfallen. Am südöstlichen Ende der Bucht liegen ausgedehnte Naturschutzgebiete wie das *San Francisco Bay National Wildlife Refuge*.

Legendäre Denkfabrik: die Stanford University

Die „Denkfabrik" Stanford

Die **Stanford University** in **Palo Alto** (🖳 www.stanford.edu) gehört zu den renommiertesten Hochschulen der USA. Während der in Berkeley gelegenen „Cal" der Ruf anhaftet, man würde dort nur diskutieren und demonstrieren, wird in Stanford seit jeher Kopfarbeit geleistet. 1885 von *Jane* und *Leland Stanford* als private Hochschule gegründet, gilt die Uni als Brutstätte der technisch-wissenschaftlichen Elite der USA, als Heimat der Tüftler, Genies und Erfinder und als Informatik-hochburg. In den Annalen der Hochschule, an der rund 15.000 Studenten aus 80 Ländern studieren, sind u. a. acht Nobelpreis- und vier Pulitzerpreisträger verzeichnet.

Die meisten der historischen Gebäude und die Gartenanlage von *Law Olmsted*, der auch den Central Park New York plante, gruppieren sich um den zentralen **Main Quad** mit der sehenswerten **Memorial Church**, überragt vom **Hoover Tower** mit Aussichtsplattform. Unter den Museen auf dem Campus ist das spektakulärste das **Iris & Gerald B. Cantor Center for the Visual Arts** (Unicampus, Lomita Dr./Museum Way, Mi-So 11-17, Do bis 20 Uhr, Eintritt frei) mit ca. 20.000 Kunstwerken, schwerpunktmäßig *Native American Art* und asiatische Kunst, sowie amerikanische und europäische Malerei.

 Information/Touren
Erster Anlaufpunkt für Be-

Redaktionstipps

Sehens- und Erlebenswertes
- Für Kinder: **Children's Discovery Museum** (San Jose, S. 557), kurios: **Winchester Mystery House** (S. 558).
- Eishockeyfans müssen ein Spiel der **Sharks** in **San Jose** besuchen (S. 558).
- Das **Oakland Museum of California** (S. 560) enthält eine sehenswerte Sammlung.
- Bummel über den Campus der berühmten **University of California at Berkeley** (S. 561) inkl. Besteigung des Sather Tower und Besuch des großen Shops.
- Besuch der Hausbootsiedlung in **Sausalito** (S. 563).
- Traumhaft ist der Blick vom **Mount Tamalpais** (S. 565) oder vom **Point Reyes Lighthouse** (S. 568).
- Eine Tour durch die Weinregion im **Napa Valley** (S. 574) oder, ruhiger, durch das ländliche **Sonoma County** (S. 571) mit Biofarmen und -shops.

Aktivitäten
- Mit **Point Reyes Outdoors** in der Tomales Bay auf Kajaktour gehen (S. 568) oder in der **Five Brooks Ranch** auf ein Pferd steigen (S. 568).

Unterkunft
- Wie Zuhause fühlt man sich im Alberti Bungalow der **Ferrando's Hideaway Cottages** in Point Reyes Station oder in der **Roundstone Farm** in Olema (S. 213).
- Unvergleichlich ist die Lage des **Casa Madrona Hotels** in Sausalito (S. 233) und obersten Luxus bietet das **Cottage Crove Inn** in Calistoga (S. 208).

Essen & Trinken
- Etwas Besonderes ist **Chez Panisse** in Berkeley, preiswerter ist **Spenger's Fresh Fish Grotto** (S. 175).
- Wert auf frische und biologische Produkte legt man im **Olema Inn & Restaurant** in Olema oder im **Station House Café** in Point Reyes (S. 213).
- Bei **Chez Peyo** in Sebastopol stimmt das Preis-Leistungs-Verhältnis, in der **Powerhouse Brewing Company** die Bierqualität (S. 239).

Einkaufen
- Der **Farmers Market** in **Toby's Feed Barn** in Point Reyes Station (Sa, S. 568) ist einer der besten der Bay.
- Die **Drakes Bay Oyster Farm** bietet superfrische Austern an, in der **Farmstead Cheese Company** gibt es den besten Blauschimmelkäse und bei **Point Reyes Vineyards** den passenden Wein (S. 568).

San Francisco Bay Area

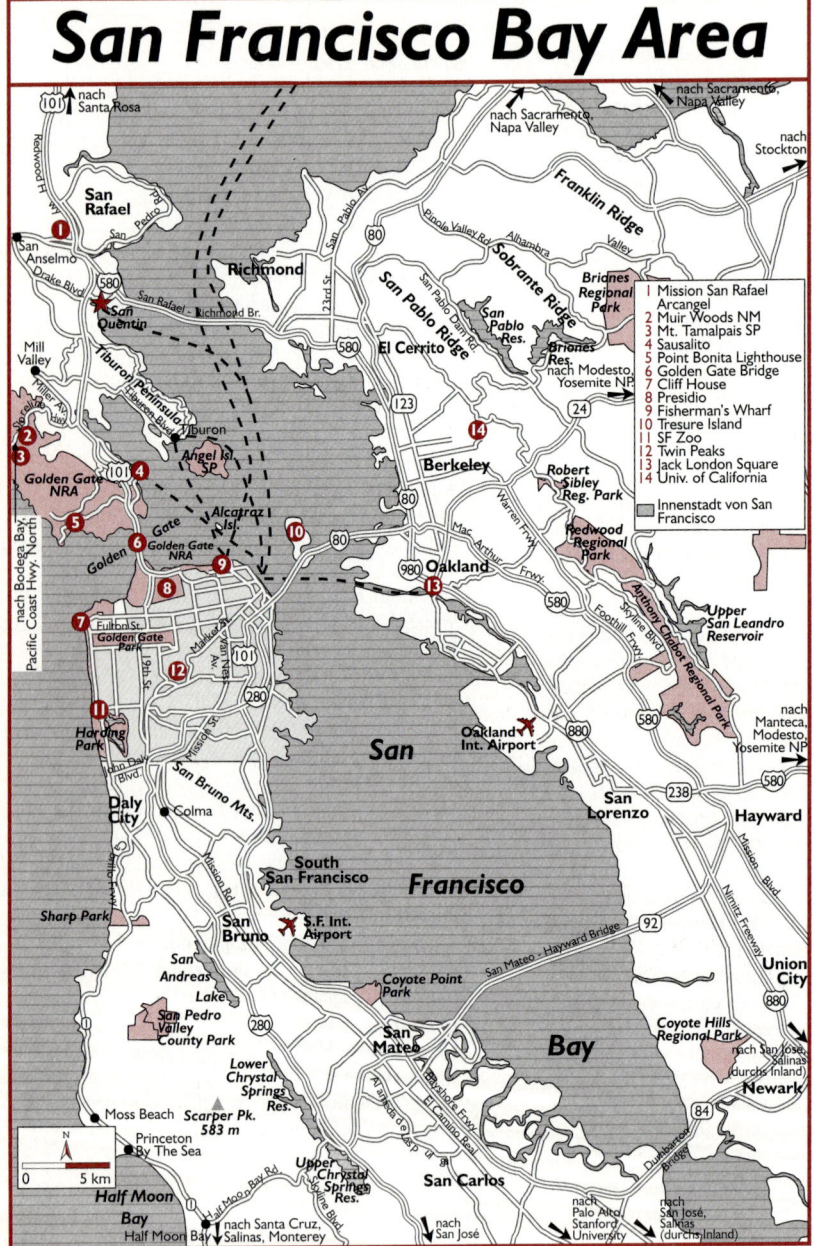

nach
Santa Rosa

San
Rafael

nach Sacramento,
Napa Valley

nach Sacramento,
Napa Valley

nach
Stockton

Franklin Ridge

San
Anselmo

San Pedro Rd.

Drake Blvd.

Richmond

Mill
Valley

San
Quentin

San Rafael - Richmond Br.

Tiburon Peninsula

Angel Isl.
SP

Tiburon

Golden Gate
NRA

Golden Gate
NRA

Golden Gate

Alcatraz
Isl.

Fulton St.

Golden Gate
Park

Harding
Park

John Daly
Blvd.

Daly
City

Colma

San Bruno Mts.

San Andreas
Lake

San Pedro
Valley
County Park

Sharp Park

San
Bruno

S.F. Int.
Airport

Lower
Chrystal
Springs
Res.

Moss Beach

Scarper Pk.
583 m

Princeton
By The Sea

Upper
Chrystal
Springs
Res.

Half Moon
Bay

nach Santa Cruz,
Half Moon Bay Salinas, Monterey

Panola Valley Rd.

Alhambra

23rd St.

San Pablo Ridge

El Cerrito

San
Pablo
Res.

Sobrante Ridge

Briones
Regional
Park

Briones
Res.

nach Modesto,
Yosemite NP

Berkeley

Robert
Sibley
Reg. Park

Redwood
Regional
Park

Oakland

Upper
San Leandro
Reservoir

nach
Manteca,
Modesto,
Yosemite NP

Oakland
Int. Airport

San
Lorenzo

Hayward

South
San Francisco

San

Francisco

Bay

Coyote Point
Park

San Mateo - Hayward Bridge

San
Mateo

Union
City

Coyote Hills
Regional Park

nach San José,
Salinas
(durchs Inland)

Newark

San Carlos

nach
Palo Alto,
Stanford
University

nach
San José

nach
San José,
Salinas
(durchs Inland)

1	Mission San Rafael Arcangel
2	Muir Woods NM
3	Mt. Tamalpais SP
4	Sausalito
5	Point Bonita Lighthouse
6	Golden Gate Bridge
7	Cliff House
8	Presidio
9	Fisherman's Wharf
10	Tresure Island
11	SF Zoo
12	Twin Peaks
13	Jack London Square
14	Univ. of California

Innenstadt von San
Francisco

N

0   5 km

© graphic

sucher sollte die **Memorial Auditorium Lobby** oder die **Hoover Tower Lobby** sein, denn dort gibt es einen Campusplan, Informationen und Touren (Serra St., Unicampus, ☏ 650/723-2560, 🖥 www.stanford.edu/dept/visitorinfo/, Touren tgl. 11 und 15.15 Uhr, frei).

Geschichte und Hightech: San Jose (ⓘ S. 233)

San Jose liegt etwa 80 km südlich von San Francisco. Auch wenn die Glaspaläste der Computerbranche höchst modern wirken, erinnert San Joses Zentrum noch immer an jene Tage im Jahr 1777, als die Spanier das **Pueblo de San Jose de Guadalupe** gründeten. Man baute Getreide an und züchtete Vieh für das Militär, das in Monterey und San Francisco stationiert war. Die **Mission Santa Clara de Asis** von 1777 – das heutige Gebäude ist ein Nachbau – steht auf dem idyllischen Campus der 1851 gegründeten *University of Santa Clara*. *Historisches Zentrum*

Bis heute ist das spanisch-mexikanische Erbe in San Jose unverkennbar, dafür sorgt schon allein die mexikanisch-stämmige Bevölkerungsmehrheit. Im Stadtzentrum befindet sich die **Plaza de Cesar Chavez** *(S Market St., San Fernando-San Carlos)*. 1849, als San Jose kurzzeitig Hauptstadt von Kalifornien war, befand sich hier der Sitz der Regierung. Direkt an der Plaza stehen die **St. Joseph Cathedral** *(90 S Market St.)* und das *Federal Building* von 1892, das das **San Jose Museum of Art** *(110 S Market St., ☏ 408/294-2787 und 271-6840, 🖥 www.sjmusart.org, Di-So 11-17 Uhr, $ 8)* beherbergt. Neben europäischer und asiatischer Kunst lohnt die Sammlung zeitgenössischer Kunst im modernen Anbau.

Als „größtes Kindermuseum der Welt" bezeichnet sich das **Children's Discovery Museum** mit zahlreichen interaktiven Ausstellungsstücken, Workshops und Programmen *(180 Woz Way/Guadalupe Park, ☏ 408/298-5437, 🖥 www.cdm.org, Mo-Sa 10-17, So 12-17 Uhr, $ 8)*. *Weltgrößtes Kindermuseum*

Ebenfalls interaktiv gestaltet ist das **Tech Museum of Innovation**, ein Museum zur Technikgeschichte und Zukunftsforschung mit IMAX-Theater *(145 W San Carlos Park Ave./Market St., ☏ 408/795-6338, 🖥 www.thetech.org, tgl. 9-21 Uhr, $ 8 inkl. 1 IMAX, zusätzl. Film $ 4, Sonderfilm $ 10)*.

Im Kelley Park (Senter/Story Rd.) befindet sich der **History Park** mit insgesamt 28 Objekten, meist Bauten, aus der Frühzeit San Joses und des Santa Clara Valleys, z. B. ein chinesischer Tempel, mexikanische Häuschen oder eine alte Straßenbahn. Der älteste Teil ist **Peralta Adobe & Fallon House** *(175 W St. John St.)*, wobei der Zweiraum-Adobebau aus dem Jahr 1797 stammt und damit der letzte noch existierende Bau des alten *Pueblo de San Jose de Guadalupe* ist.

Zwei ungewöhnliche Attraktionen liegen etwas außerhalb, so das **Rosicrucian Egyptian Museum & Planetarium** *(1342 Naglee Ave., 🖥 www.egyptianmuseum.org, Di-Fr 10-17, Sa/So 11-18 Uhr, $ 9, Planetarium extra)*. Der mehrteilige Komplex liegt inmitten einer Gartenanlage und beherbergt die angeblich größte ägyptische Kunstsammlung des Westens. In einem Gebäude ägyptisierenden Stils auf dem Parkgelände hat der „Rosenkreuzer-Orden" seinen Verwaltungssitz. *Sehenswerte ägyptische Sammlung*

Etwas für Freunde des Skurrilen ist das **Winchester Mystery House** *(525 S Winchester Blvd., I-280/Stevens Creek Blvd.,* 🖥 *www.winchestermysteryhouse.com,* ☎ *408/247-2101, tgl. 9-17/19 Uhr, Touren ab $ 20,95)* – eine ungewöhnliche Mischung aus historischem Gebäude und Vergnügungspark. Das viktorianische Schloss verfügt über 160 Zimmer und wurde in 38 Jahren (!), 1884-1922, für *Sarah Winchester,* die exzentrische Witwe des Gewehr-Erben erbaut.

Die East Bay

Industrie- und Hafen- stadt

Die East Bay wird von zwei völlig unterschiedliche Städten dominiert: der pulsierenden Universitätsstadt **Berkeley** und dem modernen Industrie- und Hafenzentrum **Oakland**. Es ist ein Katzensprung von San Francisco über die *Oakland Bay Bridge* nach Oakland, allerdings nicht, wenn man zu Stoßzeiten unterwegs ist. Am günstigsten ist es, beide Städte als Ausflug von San Francisco aus einzuplanen, da man schnell und bequem mit der U-Bahn *BART* hinkommt.

Reisepraktische Informationen San Jose und Oakland/CA

San Jose/CA

Information
• **San Jose CVB**, *125 S Market St.,* ☎ *1-800-726-5673 und 408/295-9600,* 🖥 *http://sanjose.org*

Einkaufen
• **Great Mall of the Bay**, *447 Great Mall Dr., Hwy. 680/880 in Milpitas, ca 12 km nordöstlich San Jose,* 🖥 *www.greatmallbayarea.com, Mo-Fr 9.30-21.30, Sa 9.30-21, So 10-20 Uhr. Die größte Outlet Mall westlich des Mississippi.*

Zuschauersport
• **San Jose Sharks**, *525 W Santa Clara St.,* ☎ *408/287-74275 und 287-7070,* 🖥 *www.sjsharks.com. Auch in Deutschland ein Begriff, da eine Reihe deutscher Spieler zum Kader der Profi-Eishockey-Mannschaft, eine der besseren in der NHL, gehören.*

Oakland/CA

Information
• **Oakland CVB**, *463 11th St.,* ☎ *510/839-9000,* 🖥 *www.oaklandcvb.com*

Zuschauersport
• *Der* **Oakland/Alameda County Coliseum Complex** *(I-880/Hegenberger Rd., BART Station Coliseum) umfasst das Stadion der* **Oakland A's** *(MLB/Baseball, April-Sept.,* ☎ *510/638-4900,* 🖥 *www.oaklandathletics.com) und* **Oakland Raiders** *(NFL/American Football, Sept.-Dez.,* ☎ *510/639-7700,* 🖥 *www.raiders.com) sowie die Halle der* **Golden States Warriors** *(NBA/Basketball, Nov.-April,* ☎ *510/638-6300,* 🖥 *www.warriors.com).*

Oakland (ⓘ S. 210)

Oakland ist mit gut 400.000 Einwohnern die **sechstgrößte Stadt Kaliforniens**; über 40 % der Bevölkerung sind Afroamerikaner. Mit eigenem Flughafen *(Oakland International Airport)* und wichtigem Hafen gilt Oakland als eine der am schnellsten wachsenden Städte Amerikas, die sich lediglich durch die Nähe zu San Francisco „beeinträchtigt" fühlt. Die Rivalität spürt man besonders auf sportlichem Gebiet, im American Football und Baseball: Stehen sich die Teams der Lokalrivalen gegenüber, bebt die Bucht! Doch auch sonst braucht sich Oakland nicht zu verstecken. Allein die Liste an **Berühmtheiten** aus der 1854 zur Stadt erhobenen Hafenmetropole kann sich sehen lassen: *Isadora Duncan, Clint Eastwood, Tom Hanks, Gertrude Stein, The Pointer Sisters, Bill Russell* oder der weltberühmte Schriftsteller *Jack London* stammen von hier.

Berühmte Bewohner

Mit der Ankunft der *Central Pacific Railroad* 1869 erlebte Oakland einen wirtschaftlichen Aufschwung und lief San Francisco den Rang als Hafenstadt während bzw. nach dem Zweiten Weltkrieg ab, als hier die **Alameda Naval Air & Supply Station** entstand und zahlreiche Afroamerikaner vor allem aus den Südstaaten herströmten, um auf den Werften zu arbeiten. Bis heute spielt die Marine eine wichtige Rolle, ebenso der 1927 entstandene **Port of Oakland**, einer der fünf größten Containerhäfen in den USA und weltweit unter den Top 20.

Eine Besichtigung Oaklands beginnt man am besten in der Innenstadt (BART Station 12th St./City Center) – im Bereich von Broadway und 14th Street – mit beeindruckender Skyline. Das Herz der Stadt schlägt rund um die **City Hall** (14th St.), 1914 als erstes Beaux-Arts-Hochhaus westlich des Mississippi erbaut; sehenswert ist auch das **Paramount Theater** (1) *(2025 Broadway, 🖳 www.paramounttheatre.com)* von 1931 im Art-déco-Stil.

Einige Blocks weiter südlich erstreckt sich **Old Oakland** (2), das in den 1870er Jahren entstandene Herz der Stadt *(Washington/10th-7th St., 🖳 www.oldoakland.org)*. In die restaurierten viktorianischen Häuser und Lagerhallen sind Lokale, Cafés, Kunstgalerien und Läden eingezogen.

Old Oakland

Der **Jack London Square** (3) am Ende des Broadway, Ecke Embarcadero, ist eine Ehrenbezeugung an Oaklands bekanntesten Einwohner. Besonders sonntagvormittags, wenn *Farmers' Market* ist, lohnt sich ein Besuch, und danach geht man, wie einst der berühmte Autor, der hier den „Seewolf" geschrieben haben soll, zum Drink in **Heinhold's First and Last Chance Saloon**.

Der nahe Downtown gelegene **Lake Merritt**, ein Salzwassersee, der in den 1860er Jahren angelegt wurde und über das erste Vogelschutzgebiet in Amerika verfügte, gilt als die grüne Lunge und das Wohnzimmer der Stadt. Am Seeufer steht das **Camron-Stanford House** (4) *(1418 Lakeside Dr., Touren Mi 11-16, So 13-17 Uhr, $ 4)*, ein prachtvoll ausgestattetes viktorianisches Haus von 1876, in dem bis 1967 das Oakland Museum zu Hause war. Es verbirgt sich heute ein Stück weiter südlich, hinter der schlichten Fassade eines 1969 fertiggestellten Baus von Stararchitekt *Kevin Roche*.

Lake Merritt

*Universal-
museum*

Das **Oakland Museum of California** (**5**) *(BART Station Lake Merritt, Oak/10th St.,* ☏ *510/238-2200,* 🖳 *www.museumca.org, Mi-Sa 10-17, So 12-17 Uhr, $ 8)* präsentiert nicht nur eine hochrangige Sammlung kalifornischer Kunst, sondern auch eine einzigartige historische und naturwissenschaftliche Abteilung. Angeschlossen sind ein großer Shop und ein Café.

Ein lohnender Abstecher führt zum **Chabot Space & Science Center** (**6**), in erster Linie ein Pilgerort für alle an Astrologie und Raumfahrt Interessierten, mit Planetarium und Observatorium *(10000 Skyline Blvd./Joaquin Miller Park,* 🖳 *www.chabotspace.org, Mi-Do 10-17, Fr/Sa 10-22, So 11-17 Uhr, $ 13 inkl. Planetarium).*

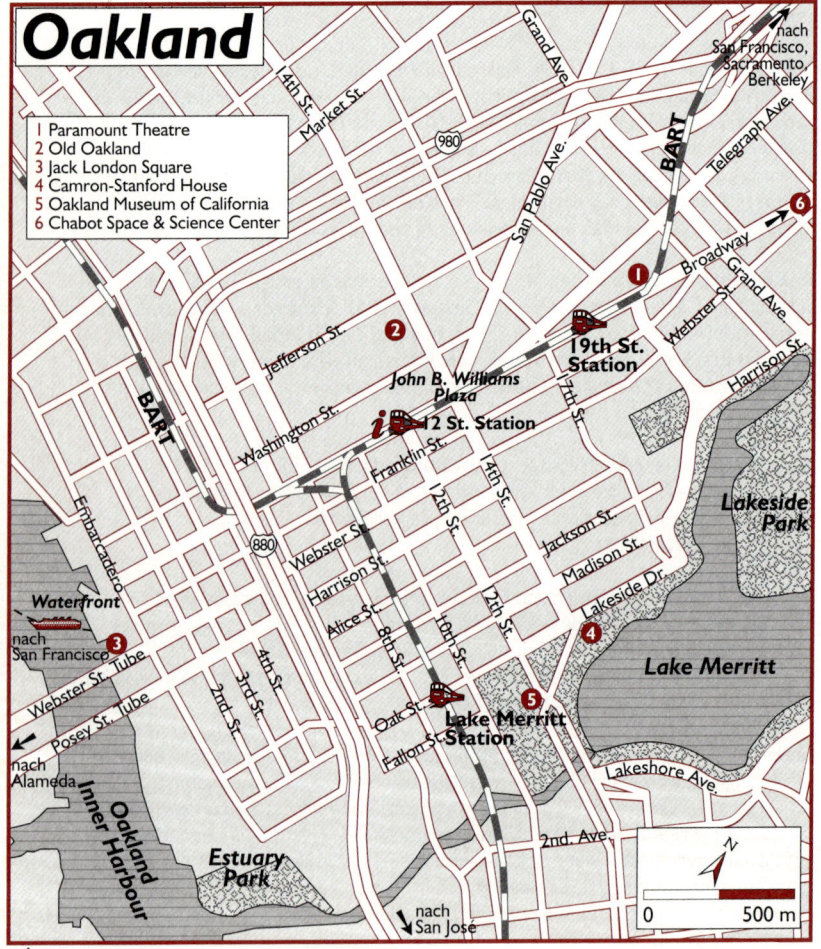

Oakland

1 Paramount Theatre
2 Old Oakland
3 Jack London Square
4 Camron-Stanford House
5 Oakland Museum of California
6 Chabot Space & Science Center

nach
San Francisco,
Sacramento,
Berkeley

19th St.
Station

John B. Williams
Plaza

12 St. Station

Lakeside
Park

Waterfront

nach
San Francisco

Lake Merritt

Lake Merritt
Station

nach
Alameda

Estuary
Park

Oakland
Inner Harbour

nach
San Jose

0   500 m

© *i graphic*

Berkeley (ⓘ S. 175)

☞ **Hinweis**

s. Karte San Francisco Bay Area, S. 556

Reverend *Henry Durant* plante in den 1860er Jahren im damals abgelegenen Berkeley eine Universität in „arkadischer Ruhe und Abgeschiedenheit" zu gründen. 1866 wurde kein Geringerer als der Landschaftsarchitekt und Schöpfer des New Yorker Central Parks, *Frederick L. Olmsted*, zur Planung des Campus herbeigerufen, und 1873 nahmen die ersten 200 Studenten, darunter 22 Frauen, ihr Studium auf. Doch anders, als von *Durant* geplant, entwickelte sich die Uni in den 1960er und 1970er Jahren zum „Berserkerley", zum **Zentrum politischer und sozialer Revolution**. Heute gilt „Cal", wie die **University of California at Berkeley (14)** kurz genannt wird, jedoch in erster Linie als hochrangiges, renommiertes Forschungsinstitut.

Das Städtchen Berkeley (ca. 100.000 Einwohner) hat zwei Gesichter: einerseits beschauliche Provinzstadt, andererseits lebhafte, junge Universitätsstadt. Es ist die Stadt der Verlage und Druckereien, Buchhandlungen und Archive, Cafés und Restaurants, der Subkulturen und skurrilen Typen.

Lebendige Universitätsstadt

Auf dem **Unicampus** am östlichen Rand von Downtown konzentrieren sich die Highlights der Stadt, deren Wurzeln bis ins Jahr 1876 zurückreichen. Damals hatte ein Herr namens *Francis Kittrege Shattuck* die *Southern Pacific Railroad* überzeugt, dass die Eisenbahnschienen über seinen Grund und Boden laufen müssen, und ein Bahnhof entstand. Der Campus der **UC Berkeley** (🖥 *www.berkeley.edu*) – mit rund 30.000 Studenten – erstreckt sich östlich der Oxford Street (nahe BART Station Berkeley) zwischen Hearst Street und Bancroft Way auf knapp 500 ha Fläche. Die **Infozentren** an der Oxford Street *(University Hall)* und an der Sproul Plaza *(King Student Union)* am Bancroft Way im Süden sind ideale Ausgangspunkte für eine Besichtigung.

Berühmt ist das **Sather Gate** im Süden, wo die meisten Demos ihren Ausgang nahmen. Unbedingt besuchen sollte man das Aussichtsdeck des unübersehbaren **Campanile** oder **Sather Tower**, nach venezianischem Vorbild erbaut und mit 61 Glocken versehen, die dreimal täglich ein Konzert geben. Zu den Sehenswürdigkeiten gehören der **UC Botanical Garden** *(Centennial Dr./Strawberry Canyon, tgl. mindestens 9-17 Uhr, $ 7)*, eine der größten und vielseitigsten botanischen Anlagen in den USA, und das **Hearst Greek Theatre**, dem antiken griechischen Theater von Epidauros nachgebaut und 1903 als Geschenk von Medienmogul *W. R. Hearst* übergeben.

Sather Tower der Uni Berkeley

Im **Berkeley Art Museum & Pacific Film Archive** *(2626 Bancroft Way,* 🖥 *http://bampfa.berkeley.edu, Mi-So 11-17 Uhr, $ 8)* wird vorwiegend moderne Kunst präsentiert, sehenswert ist aber auch die asiatische Sammlung. Das **Phoebe Apperson Hearst Museum of Anthropology** *(103 Kroeber Hall, Bancroft Way/Col-*

lege Ave., ▦ *http://hearstmuseum.berkeley.edu, Mi-Sa 10-16.30, So 12-16 Uhr, Eintritt frei)* birgt eine herausragende anthropologische und archäologische Privatsammlung, die das Spektrum von Kalifornien über Mexiko bis Südamerika und Ägypten abdeckt.

ⓘ Information/Touren
• **Berkeley CVB/Visitor Information Center**, 2015 Center St., ☎ 510/549-7040 *und* 1-800-847-4823, ▦ *www.visitberkeley.com, Mo-Fr 9-17 Uhr.*
• **UCal Visitor Center** *in der University Hall, 2200 University Ave./Oxford St.,* ☎ *510/642-5215,* ▦ *www.berkeley.edu/visitors, Besucherparkplatz: 2025 Center St.; Campustouren Mo-Fr 10 Uhr ab Lobby, Sa 10, So 13 Uhr ab Campanile.*

Die North Bay

Riesiges Naturschutzgebiet

Eine Fahrt über die Golden Gate Bridge an die **North Bay** gleicht einer Reise in eine andere Welt: Einerseits stereotype Schlafstädte, die zwischen Sausalito und San Rafael fast zusammengewachsen sind, andererseits viel unberührte Natur. Gleich jenseits der Brücke beginnt nämlich die **Golden Gate National Recreation Area** (GGNRA, ▦ *www.nps.gov/goga*), ein riesiges Naturschutzgebiet, das sich zum Pazifik hin erstreckt und in dem sich an Wochenenden die Städter auf Wanderpfaden und an Stränden, an Aussichtspunkten und Sehenswürdigkeiten tummeln. Ein 45 km langer Küstenstreifen konnte durch Angliederung an die GGNRA wirkungsvoll vor Zersiedelung und Massentourismus geschützt werden. Dieses ausgewiesene Naturareal, zu dem auch Areale in San Francisco gehören, ist nur der Anfang eines sich nach Norden fortsetzenden Schutzgebietes mit dem **Mount Tamalpais State Park**, dem **Muir Woods National Monument** und der **Point Reyes National Seashore**.

Marin Headlands

Aussichtspunkte

Hinter dem Aussichtspunkt gleich rechter Hand (Hwy. 101) nach der Golden Gate Bridge führt die nächste Abfahrt westwärts in die GGNRA hinein, in eine Region, die auch **Marin Headlands** genannt wird. Die **Conzelman Road** führt auf einen Hügel, und vom dortigen Aussichtspunkt (ausgeschildert) oberhalb der

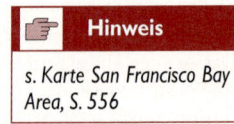

☞ Hinweis

s. Karte San Francisco Bay Area, S. 556

Brücke ist der Ausblick auf Golden Gate, Stadt, Bucht und Pazifik fantastisch. Die Straße passiert anschließend mehrere alte Militärstellungen, die einst zum Schutz der Zufahrt in die Bay errichtet wurden, und endet am **Point Bonita Lighthouse** (**5**) an der Westspitze der Peninsula.

Nördlich des Leuchtturms erstreckt sich die **Rodeo Lagoon** mit dem **Marin Headlands VC**, das Auskunft über die Besonderheiten der Region gibt (Pazifikküste, Marschland, Flora und Fauna) und ideal zur Vogelbeobachtung ist. Vom Besucherzentrum führt eine Straße zum **Marine Mamal Center**, einer Forschungsstation, die sich der Rettung kranker, verlassener oder verletzter Robben, Seelöwen, Wale, Delfine und Otter verschrieben hat.

INFO

Die San-Andreas-Spalte

Die San Francisco Bay ist keine gewöhnliche Bucht: Sie entstand vor über 30 Mio. Jahren durch Erdplattenverschiebungen und das Anheben des Meeresspiegels am Ende der letzten Eiszeit. Ergebnis war eine Jura-Felsformation, der **Franciscan Complex**, und genau unter ihm treffen zwei Erdplatten, die pazifische und die nordamerikanische, aufeinander. Der knapp 1.000 km lange **San-Andreas-Graben**, der unter der Bay verläuft, ist Resultat der Reibung dieser beiden Erdplatten, die auf zähflüssiger Magma aneinander vorbeidriften, sich verkanten und verhaken – und, wenn der Druck zu hoch wird, ruckartig reißen. Dabei wird Deformationsenergie frei, die sich je nach Intensität mehr oder weniger stark an der Oberfläche auswirkt und schlimmstenfalls ein Erdbeben zur Folge hat.

Wie beispielsweise am 17. Oktober 1989, als ein Wert von 7,1 auf der Richterskala gemessen wurde und sich das Epizentrum des Bebens in den Santa Cruz Mountains befand. Die Schäden hielten sich glücklicherweise in Grenzen, zumindest im Vergleich zum **Great One** von 1906. Kaum eine Minute lang dauerte damals das Beben – das nach neuesten Untersuchungen eine Stärke von 7,8 hatte –, doch die danach drei Tage und drei Nächte wütenden Großbrände zerstörten vier Fünftel von San Francisco und töteten nach neuesten Schätzungen an die 3.000 Menschen.

• **Infos**: 🖥 http://earthquake.usgs.gov – Webpage des *U.S. Geological Survey* zur Erdbebenforschung mit Fotos, Infos und vielen Karten.

Eine nördliche Abzweigung vorbei an der Rodeo Lagoon führt zum **Rodeo Beach**, von wo aus sich Robben und Seelöwen, aber auch Kormorane und verschiedene Möwenarten beobachten lassen. Im Landesinneren, nördlich, geht es zurück auf der Bunker Road – Ausgangspunkt zahlreicher Trails – zum Hwy. 101 bei Sausalito.

Sausalito (ⓘ S. 233)

Die erste Abfahrt nach der **Golden Gate Bridge** (**6**) führt nach **Sausalito** (**4**). Ehe man das Städtchen erreicht, sollten sich Familien das **Bay Area Discovery Museum**, ein modernes *Hands-on*-Museum, nicht entgehen lassen *(ausgeschildert, 557 McReynolds Rd., 🖥 www.badm.org, im Sommer Di-So 10-17 Uhr, sonst Di-Do 9-16, Fr-So 10-17 Uhr, $ 7)*. Es ist Teil der GGNRA und besteht aus einem Freigelände und mehreren Gebäuden mit Dauerausstellung zu Architektur und Geografie der Bay Area.

Vom Reiz des alten Fischerdorfs Sausalito, einst berühmt-berüchtigt wegen seiner Bars, Kneipen und Bordelle, ist heute nicht mehr viel zu spüren. Auch die Zeiten, als Künstler und Bohemiens, darunter *Aldous Huxley, Allen Ginsberg* oder *Duke Ellington*, den Ort namens *Saucelito* – „kleine Weide" – in den 1950er und 1960er Jahren entdeckten und zum Symbol für alternative Lebensformen machten, sind vorbei.

Einst reizvolles Fischerdorf

Hausboote in Sausalito

Heute ist der beschauliche und traumhaft gelegene Ort fest in der Hand der Touristen. Boutiquen, Galerien, Restaurants und eine attraktiv aufgemachte Promenade mit Fähranlegestelle bestimmen das Ortsbild ebenso wie die noblen Villen an den Hängen. Sausalito hat sich zum Wohnsitz der Neureichen gemausert.

Hauptattraktion sind am nördlichen Stadtrand, am *Yacht Harbor* in der Richardson Bay, die berühmten (nicht öffentlich zugänglichen) **Hausbootsiedlungen**.

> ### Information
> • *Sausalito Chamber of Commerce*, 29 Caledonia St., Mo-Fr 9-17 Uhr, ☎ 415/331-7262, 🖥 www.sausalito.org. Mit VC (Di-So 11.30-16 Uhr, ☎ 442-0505) und **Infokiosk** am Fährterminal.
> • *Bay Model Visitor Center*, 2100 Bridgeway/Spring St., 🖥 www.spn.usace.army.mil/bmvc, im Sommer Di-Fr 9-16, Sa/So 10-17 Uhr, sonst Di-Sa 9-16 Uhr.

• Ausflug nach Angel Island (ⓘ S. 173)

Tiburon, nur wenig größer als Sausalito, liegt ebenso idyllisch wie dieses und ist per Fähre von Tiburon, San Francisco, Vallejo und Oakland aus erreichbar. Hauptanziehungspunkt ist die vorgelagerte **Angel Island**, die größte der vielen Inseln in der Bucht. Der **Angel Island State Park** gilt als Tipp für Ruhesuchende und Outdoorfans. Die Fähren legen in der **Ayala Cove** mit Snackbar und Besucherzentrum *(tgl. 9-16 Uhr)* an. Vom **Mount Livermore** bietet sich aus gut 240 m Höhe ein hervorragender Ausblick auf North Bay und San Francisco. Es gibt Picknickplätze und Trails für Wanderer und Radler, außerdem stehen Tramtours, Kajaktouren und Fahrradverleih im Angebot und Camping ist auf mehreren ausgewiesenen Plätzen möglich.

Größte Insel in der Bay

Den Namen erhielt die Insel 1775 von *Juan de Ayala*: „*Nuestra Senora de Los Angeles*". Später entstand eine Walfängersiedlung, 1850 ein Militärstandort und ab 1905 das **Ellis Island of the West**. Zwischen 1910 und 1940 wurden die zahlreichen Immigranten, vor allem Asiaten, die durch den Panamakanal in die USA einströmten, in dieser Station registriert. Im Zweiten Weltkrieg diente das Camp als Sammelpunkt für aus dem Pazifik zurückkehrende Soldaten.

Hinweis zur Route

Der US Hwy. 101 verläuft nordwärts von Sausalito nach Marin City und hier zweigt der CA 1 Richtung Küste ab. Dort angekommen, bei Muir Beach, geht es nordwärts nach **Stinson Beach**. *Allerdings ist es empfehlenswerter, ab Mill Valley den Umweg auf dem* **Panoramic Highway** *durch das Hinterland einzuschlagen. Dieser führt durch die Bergwelt des* **Mt. Tamalpais SP** *mit Canyons und Wäldern, ehe er bei Stinson Beach wieder auf den „Einser" trifft. Eine Alternativroute ist die* **Muir Woods Road** *(ab Panoramic Hwy., ausgeschildert), zwischen Panoramic Hwy. und Hwy. 1. Sie führt durch das Muir Woods NM und trifft in Muir Beach auf die Nr. 1.*

---

i   **Information**
• **Angel Island SP**, Tiburon, ☎ 415/435-1915, 🖳 www.angelisland.org und
www.parks.ca.gov/?page_id=468, 8 Uhr bis Sonnenuntergang.

Muir Woods National Monument und Mount Tamalpais State Park

Das **Muir Woods NM** (**2**) (🖳 www.nps.gov/muwo), via Muir Woods Road, wurde nach dem Philosophen, Ökologen und Wissenschaftler *John Muir* benannt. 1905 hatte das Ehepaar *Kent* das Land erworben, um die vor Abholzung gefährdeten Küsten-Redwoods zu schützen. Präsident *Roosevelt* belohnte ihr Engagement

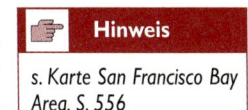

Hinweis

s. Karte San Francisco Bay Area, S. 556

drei Jahre später mit der Ernennung des Landstrichs zum „National Monument". Deshalb gibt es hier immer noch einen Restbestand an Redwoods, großteils 500 bis 800 Jahre alt, vergesellschaftet mit anderen Nadelbäumen, Lorbeer und verschiedenen Farnen, überdies existiert eine vielfältige Tierwelt.

Das Muir Woods NM befindet sich mitten im **Mt. Tamalpais SP** (**3**) *(VC in Mill Valley, 801 Panoramic Hwy.,* 🖳 *www.parks.ca.gov/?page_id=471)*, der eine Fläche von 2.500 ha auf ehemaligem Land der *Miwok*-Indianer einnimmt. Er wird überragt vom 784 m hohen „Mount Tam". In den 1850er Jahren wurde die Region als Erholungsgebiet entdeckt. Es entstand zuerst eine Wagenroute, dann eine Eisenbahnlinie – *„The Crookedest Railroad in the World"*, die bis 1930 existierte.

Überragender „Mount Tam"

Der Park wird erschlossen durch den Panoramic Highway. Zum „Mount Tam" am Nordostende des Parks gelangt man von dem dort befindlichen SP-Headquarter (VC) über den **Ridgecrest Boulevard**, an dessen Ende ein kurzer Weg zum **Gardner Lookout**, einem Aussichtspunkt, führt.

Der Park und das National Monument sind durch ein rund 80 km großes **Netz an Wander- und Fahrradwegen** erschlossen. Beim SP-Headquarter (Panoramic Hwy.) nehmen die meisten **Trails** ihren Ausgang. Besonders schön sind jene durch den **Steep Ravine Canyon** (ca. 3,5 km zur Küste) oder den **Redwood Canyon** (*Bootjack Trail* und *Ben Johnson Trail*, etwa 5 km Rundweg). Die beiden letztgenannten Pfade führen über einen Stichpfad zum Muir Woods NM.

Point Reyes National Seashore ((i) S. 213)

Bei **Stinson Beach**, einem der schönsten Strände im Norden San Franciscos, trifft der *Panoramic Highway* wieder auf den „Einser", der nun landeinwärts verläuft, da sich direkt an der Küste die **Point Reyes National Seashore** erstreckt. Das Kerngebiet dieses Naturschutzgebiets ist vom Haupt-Besucherzentrum (Hwy. I, Bear Valley Rd., westlich Olema) aus oder über den **Sir Francis Drake Boulevard** (ab Point Reyes Station und über Iverness an der Tomales Bay) erreichbar.

San-Andreas-Spalte

Fast parallel zum Hwy. I verläuft die **San-Andreas-Spalte** ((i) S. 563), die genau genommen die *Point Reyes Peninsula* durch die **Tomales Bay** vom Festland trennt. Wissenschaftler haben ausgerechnet, dass sich die Peninsula seit Entstehung der *San Andreas Fault* vor 30 Mio. Jahren schon etwa 450 km Richtung Norden bewegt hat und sich jährlich um etwa 3 cm verschiebt.

Im **Bear Valley VC** (CA I, ☎ 415/464-5100, 🖳 www.nps.gov/pore, Mo-Fr 9-17, Sa/So 8-17 Uhr) findet man eine kleine Ausstellung, kann *permits* für längere Wanderungen und Campen einholen oder sich Informationen bzw. Karten zu Trails (180 km Wander-/Radwege) besorgen. Ein Seismograph im Zentrum misst ständig die Erdakti-

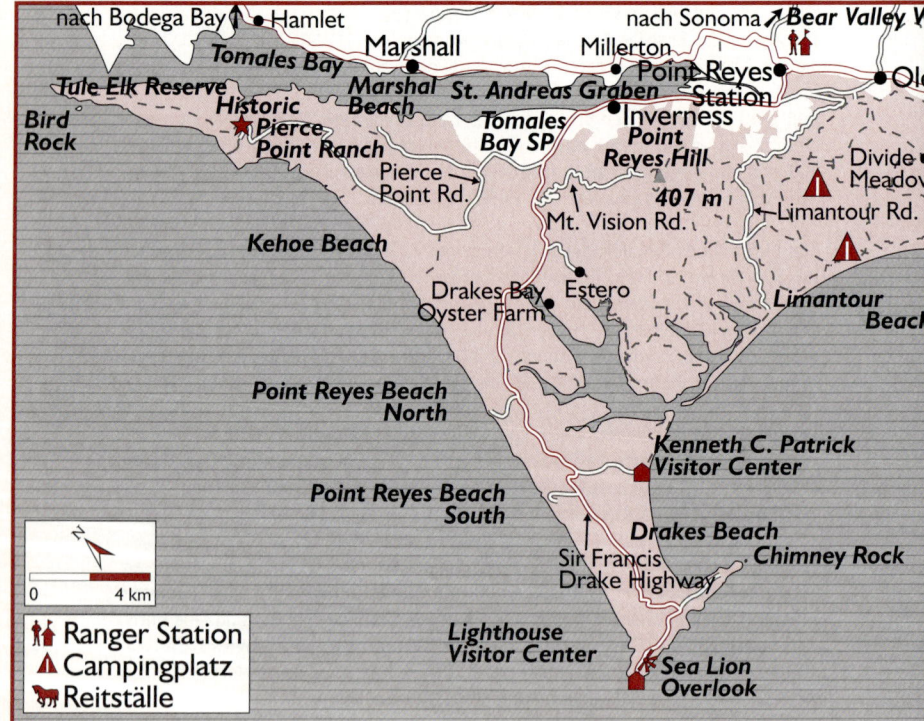

© **i** graphic

vitäten und zählt jährlich an die 10.000 Beben entlang dem San-Andreas-Graben. 1906 war Point Reyes das Epizentrum des „Großen Bebens", das San Francisco so schwer zerstörte.

Die lang gestreckte **Point Reyes Peninsula** hat zwei Gesichter: sanfte Hänge, Blumenwiesen (830 Pflanzenarten!) und Wälder (Stachelkiefern und Douglastannen) einerseits, eine raue Küste mit

Kajakfahren in der Tomales Bay mit Point Reyes Outdoors

Felsenkliffs, Gezeitenbecken, Marschland und Sandstränden andererseits. Die gesamte *Point Reyes National Seashore* ist bekannt für ihre Artenvielfalt. Mehr als 400 Vogelarten, darunter zahlreiche seltene Zugvögel, kann man beobachten, dazu unzählige Meeresbewohner. Während es in den *Tide Pools*, die wegen der Gezeiten entstehen, vor allem die kleinen Lebewesen und Meerespflanzen sind – Muscheln, Seesterne, Krebse, verschiedene Schneckenarten oder Seeanemonen –, sieht man auf Felsen und im küstennahen Gewässer eher Seehunde, Seelöwen, Seeelefanten und natürlich Wale. Vor allem Grauwale können hier zweimal jährlich auf ihrem Zug von Alaska zur Baja California und zurück beobachtet werden. Nimmt man an einer der von Biologen betreuten **Kajaktouren** in der Tomales Bay teil, lernt man die Natur am besten kennen.

Artenvielfalt

Kajaktouren

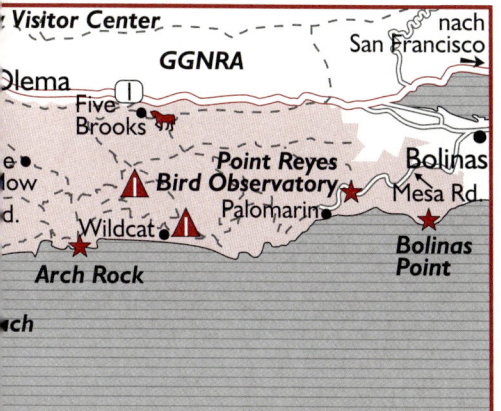

Das **Naturidyll** Point Reyes ist in den letzten Jahren mehr und mehr zu einem Rückzugsort der „Alt-68er" und zugleich zum Mekka der **Biobewegung** geworden. Der Blauschimmelkäse der *Point Reyes Farmstead Cheese Company* und die Produkte der *Cowgirl Creamery* sind sogar in San Francisco heiß begehrt. In den kleinen Ortschaften am Rande des Naturparks, **Point Reyes Station**, **Inverness Park** oder **Olema**, kennt man weder Hektik noch Stress. Entlang dem berühmtem Highway 1 reihen sich kleine Cafés und Buchläden, Galerien und Boutiquen, Naturkostläden und Bauernmärkte, Bäckereien und Biometzgereien aneinander.

Erbe von Sir Francis Drake

Folgt man dem **Sir Francis Drake Boulevard** (ab Hwy. 1) quer über die Halbinsel zur Küste, erreicht man **Drakes Beach**. Hier soll der gleichnamige englische Seefahrer und Pirat 1579 mit seiner „*Golden Hinde*" angelegt haben, um *New Albion* zu gründen – ein gescheitertes Unternehmen, wie die Geschichte lehrt. Heute befindet sich an dieser Stelle das **Ken Patrick VC**.

Ein Stück weiter nordwestlich, an der am weitesten ins Meer hineinragenden Landspitze, erhebt sich weithin sichtbar das **Point Reyes Lighthouse** *(Sir Francis Drake Blvd.)*. Mehr als 300 Stufen führen zur Spitze des Leuchtturms, der ein wichtiger Orientierungspunkt für Seefahrer war und von Dezember bis März beliebt zur Walbeobachtung ist. Mitten im Naturschutzgebiet gibt es noch einige Bauern, die schon lange vor der Einrichtung des Parks hier lebten. Nun stören sie die Parkverwaltung …

Reisepraktische Informationen Point Reyes National Seashore/CA

i Information
• **Point Reyes Seashore/Bear Valley Visitor Center**, *am CA 1,* ☎ *415/464-5100,* 🖳 *www.nps.gov/pore, Mo-Fr 9-17, Sa/So 8-17 Uhr; zu Programmen und Aktivitäten:* 🖳 *www.ptreyes.org (Pt. Reyes Seashore Association).*
• *zu Wandern und Wildlife:* 🖳 *www.pointreyes.net*
• *mit Schwerpunkt Unterkünfte:* 🖳 *www.ptreyes.com*

Einkaufen
• **Bovine Bakery**, *Main St., Point Reyes Station. Bekannt für Brot und Backwaren.*
• **Drakes Bay Oysters**, *17171 Sir Francis Drake Blvd., 10 km westl. Inverness (Point Reyes National Seashore),* ☎ *415/669-1149,* 🖳 *http://drakesbayfamiliyfarms.com. Ausgezeichnete Austern (auch in Dosen) sowie Bio-Rindfleischprodukte, Touren möglich.*
• **Pt. Reyes Books**, *Main St., Point Reyes Station. Neue und gebrauchte Bücher, Lesungen und Treff.*
• **Toby's Feed Barn**, *Main St., Point Reyes Station. Galerie und Verkauf lokaler Produkte, jeden Sa Farmers Market mit großer Auswahl an Bioprodukten der Region.*

Sport und Freizeit
• **Five Brooks Ranch**, *bei Olema (Hwy. 1),* ☎ *415/663-1570,* 🖳 *www.fivebrooks.com. Andy Wolf bietet Ausritte, Hay Rides, Horse Rental und Westernreitkurse an. Auch auf der **Chanslor Ranch** in Bodega (☎ 707-875-3333 🖳 www.chanslor.com) bietet er verschiedene Reitprogramme an, außerdem ist dort ein B&B angeschlossen.*
• **Point Reyes Outdoors**, ☎ *415/663-8192,* 🖳 *www.pointreyesoutdoors.com. Verschiedene Kajaktouren in der Tomales Bay mit kompetenter Führung, sämtliches Zubehör wird gestellt, auch für Anfänger und Kinder geeignet, dazu Spezialkurse für erfahrene Paddler.*

Bio-Boom in Nordkalifornien   INFO

„Ungefähr 30 % aller Landwirte und Erzeuger im Marin County sind Mitglied unserer Organisation," erklärt *Helge Hellberg*, Direktor von **Marin Organic** stolz. Die Gruppe hat es geschafft, in dem Landkreis nördlich von San Francisco biologische Landwirtschaft aus dem Schattendasein ins Rampenlicht zu befördern. Der gebürtige Hamburger hat in Point Reyes Station nicht nur eine neue Heimat, sondern auch eine Lebensaufgabe gefunden, einmal das gesamte Marin County auf ökologische Landwirtschaft umzustellen.

Schon jetzt aber gilt die Region zwischen San Francisco, Sausalito und dem Sonoma County nicht mehr „nur" als Natur- und Outdoorparadies, sondern auch als eine der **wegweisenden ökologisch-biologischen Regionen** der USA. Die Nähe zu San Francisco hat sicher geholfen, denn dort lebt eine Bevölkerung, die besonders gesund und umweltbewusst lebt, auf hohe Qualität und gesunde Ernährung setzt und bereit ist, dafür etwas mehr auszugeben. *Marin Organic* dient inzwischen als **Musterbeispiel der ökologischen Bewegung**: Läden, Bauernmärkte, Restaurants, Käsereien, Landwirte, Austernzüchter, Fischer – sie alle sind Mitglieder von *Marin Organic*. Doch vor der Aufnahme gilt es, die in Kalifornien strengen staatlichen Auflagen für einen Biobetrieb zu erfüllen.

Die **Produkte** gibt es nicht nur beim Erzeuger oder Landwirt selbst, sondern auch auf **Bauernmärkten**, sei es in Point Reyes Station oder aber im Ferry Building in San Francisco. Da

Aus dem Vollen schöpfen: Bio im Vormarsch

sind die Käse der *Cowgirl Creamery* und der ausgezeichnete Blauschimmelkäse der *Point Reyes Farmstead Creamery*, die Austern der *Drakes Bay Oyster Farm* oder das lange abgehangene Fleisch von freilaufenden und nur mit Gras gefütterten Angus-Rindern des Landwirts *Kevin Lunny*.
• **Infos im Internet**: 🖥 www.marinorganic.org

  Hinweis zur Route

Zurück auf dem Hwy. 1 geht es entlang der Ostseite der Tomales Bay weiter nordwärts, vorbei am **Tomales Bay SP** *mit traumhaften Stränden zum Schwimmen, Muschelsammeln und für Bootstrips. Von der Bay kann man mühelos seine Rundfahrt* **Richtung Wine Country** *fortsetzen; von Marshall, Tomales oder dem noch weiter nördlich gelegenen Bodega Bay erreicht man schnell wieder den US Hwy. 101.*

Rundfahrt durch das Wine Country

Wer behauptet, die US-Amerikaner verstünden nichts von Essen und Trinken, ist sowohl arrogant als auch unwissend. Neben Frankreich hat sich Kalifornien zu einer Hochburg der Haute Cuisine und des Weins entwickelt. Maßgeblichen Anteil am guten Ruf und hohen Standard hat dabei das so genannte **California Wine Country**, die Region nördlich der San Francisco Bay zwischen Pazifik und Central Valley. Die **Weine** aus dieser Region zählen weltweit zu den Besten und selbst die Franzosen müssen vor den kalifornischen Edeltropfen und ihren innovativen Winzern den Hut ziehen.

Das **Sonoma County**, nördlich anschließend ans Marin County, gilt wie das parallel weiter östlich verlaufende **Napa Valley** als „Garten Eden" Kaliforniens. Allerdings unterscheidet die beiden Regionen, die durch die Weinregion **Los Carneros** im Süden verbunden sind, vieles, zunächst die Größe: Das Napa Valley ist ein begrenztes, dicht bebautes Weingebiet, das Sonoma County besteht hingegen aus lose verstreuten Agrar- und Naturregionen. Zum anderen die Beliebtheit: Während sich an Wochenenden die Blechlawinen durchs Napa-Tal wälzen und sich in den *Boutique Wineries* Besucher drängeln, um für viel Geld vom edlen Stoff mit großem Namen nippen zu dürfen, gibt sich das Sonoma County eher ländlich-idyllisch und weitläufig. Hochwertige Agrarprodukte, vermehrt aus biologischem Anbau, machten in den letzten Jahren das Sonoma County zum **Aushängeschild für Organic Food** (Bioprodukte).

© igraphic

Hinweis für Weinliebhaber

Viele größere Weingüter sind im Sommer und Frühherbst meist 10-17 Uhr, in der NS verkürzt bzw. nur an Wochenenden geöffnet. Es gibt manchmal Touren, fast immer Gelegenheit zu Weinproben, die im Napa Valley fast immer, im Sonoma County gelegentlich eine Gebühr kosten. Zugehörig ist oft ein Laden, in dem Wein, Souvenirs und Zubehör, manchmal auch Feinkost, verkauft werden, und vielfach gibt es einen Picknickplatz. Hilfreich bei der Tourplanung sind „California Visitor Review" (wöchentlich) mit detaillierten Beschreibungen zu Wineries, Hotels und Restaurants oder „WHERE Wine Country". Im Internet hilft ⌨ *www.winecountry.com oder www.wineinstitute.org.*

***Kalifornische Weine in Deutschland:** Wer auf den Geschmack gekommen ist, muss auch zu Hause nicht darauf verzichten. Zwei Händler haben sich auf kalifornische Spitzenprodukte spezialisiert:* **K&U Weinversand-Weinhalle** *in Nürnberg,* ☎ *0911/525153,* ⌨ *www.weinhalle.de, mit der größeren Auswahl, und* **Pacific Wine Company,** ☎ *06103/280245,* ⌨ *www.pacificwine.de.*

Unterwegs im Sonoma County (ⓘ S. 238)

„**Slonoma**" nennen die Bewohner ihre Region scherzhaft, denn hier gehen die Uhren langsamer, fahren weniger Touristenbusse, gibt es kaum Staus und die Weingüter sind kleiner, vielfach in Familienbesitz. Anders als im benachbarten Napa Valley spielen Viehzucht, Gemüse- und Obstbau und Baumschulen eine ebenfalls wichtige Rolle. Zudem gilt die Region als Geheimtipp für gesundheitsbewusste und erholungssuchende Städter und Gourmets. Mehr und mehr Landwirte haben sich in den letzten Jahren dem **Organic Farming**, dem biologischen Obst- und Gemüseanbau, zugewandt und Bioweine, Marmelade, Käse und Olivenöl werden hergestellt, Bier und Cidre gebraut oder Honig abgefüllt. Sonoma ist aus dem Schatten des Napa Valley herausgetreten und hat sich zur eigenständigen Gourmet-Destination entwickelt. Das Sonoma County erstreckt sich vom Sonoma Valley bis hin zur Pazifikküste. Die städtischen Zentren heißen **Sonoma**, **Glen Ellen**, **Santa Rosa**, **Petaluma**, **Sebastopol**, **Healdsburg** und **Geyserville**. Geografisch dominieren das Russian River und das Alexander Valley die Region. Insgesamt sind elf Wein-Appellationen ausgewiesen, in denen Chardonnay und Cabernet Sauvignon, Zinfandel und Pinot Noir vorherrschen. Anders als im Napa Valley liegen hier die Weingüter verstreut in Naturgebieten und Agrarregionen, sind aber gut ausgeschildert.

Geheimtipp für Gourmets

Um das Sonoma County kennenzulernen, ist es ideal, eine mehrtägige Route zu planen. Ausgangspunkt könnte das kleine Städtchen **Petaluma** (ca. 55.000 Einwohner) sein, am Südrand des County und günstig am US Hwy. 101 gelegen. 1858 als Holzstadt gegründet, hat sich Petaluma viel von seinem historischen Charme und seiner alten Bausubstanz bewahrt und genießt heute als Antiquitätenzentrum eine Rolle. Der gute Erhaltungszustand ist ein Grund, dass der Ort häufig als Hollywood-Filmkulisse dient; z. B. wurde hier „American Graffiti" gedreht. Mitten durch Downtown zieht sich der Petaluma River, schön gerahmt von *River Walk* und *Marina*. Neueste Attraktion dort ist das **Point Reyes Bird Observatory**, kurz „**PRBO**", eine Vogelbeobachtungs- und -forschungsstation *(PRBO Conservation Science, 3820 Cypress Dr.,* ☎ *707/769-0429,* ⌨ *www.visitpetaluma.com, Infos und Führungen).*

Vogelbeobachtung

Von Petaluma führt der Hwy. 116, auch **Gravenstein Highway** genannt, da er mitten durch Apfelanbaugebiet führt, nordwärts zum beschaulichen **Sebastopol** (8.000 Einwohner). Das kleine Städtchen ist einer der nettesten Orte im County und zugleich **Zentrum des Organic Farming**. Im Umkreis des Städtchens, vor allem entlang dem Gravenstein Highway, häufen sich Verkaufsstände mit Obst und Gemüse und finden sich Baumschulen und Farmen, die Besucher zum Selbstpflücken auffordern.

Zentrum des Organic Farming

Weiter geht es nach **Freestone**, das mit seinem ungewöhnlichen Enzymbad, den **Osmosis Enzyme Baths**, aufwartet. Zum „Day Spa"-Programm gehören Massagen und andere Annehmlichkeiten sowie ein japanischer Teegarten *(209 Bohemian Hwy.,* ☎ *707/823-8231,* 🖥 *www.osmosis.com).*

Über Freestone erreicht man bei Bodega die **Sonoma Coast**, knapp 100 km Küstenlinie mit den Hafenstädtchen **Bodega Bay** (ⓘ S. 176) und **Jenner** als größten Orten. Baden ist hier kein Thema, dafür ist die Küste ein Paradies für Naturfreunde und bietet Gelegenheit zur Walbeobachtung.

Von Jenner, dem beliebten Ausflugsort an der Mündung des Russian River in den Pazifik, führt der Hwy. 116 entlang dem Flusstal und durch eine der bekannten und besten Weinregionen Sonomas über **Guerneyville** in die Hauptstadt des Countys **Santa Rosa** (ca. 150.000 Einwohner). Eine der beiden Hauptsehenswürdigkeiten von Santa Rosa ist **Luther Burbank Home & Gardens** *(Santa Rosa Ave., April-Okt. 8-19 Uhr, Nov-März 8-17 Uhr, $ 5).* Der Komplex besteht aus Botanischem Garten und Wohnhaus und erinnert an *Luther Burbank* (1849-1926). Dem passionierten Gärtner, Pflanzenforscher, -sammler und -züchter sind mehr als 800 neue Pflanzensorten zu verdanken, darunter ein stacheloser Kaktus ebenso wie lila Kartoffeln oder diverse Apfelsorten. Das zweite Highlight des Ortes, das **Charles M. Schulz Museum**, würdigt den 2001 verstorbenen Comiczeichner, der mit den „Peanuts" berühmt wurde *(1 Snoopy Place, W Steele Lane/Hardies Lane,* ☎ *707/579-4452,* 🖥 *www.schulzmuseum.org, im Sommer Mo-Fr 11-17, Sa/So 10-17 Uhr, sonst Di geschl., $ 8).*

Interessanter Botanischer Garten

Wer sich für Spitzenweine interessiert, sollte von Santa Rosa eine Rundfahrt in den Norden unternehmen. Der Hwy. 101 führt zunächst nach **Healdsburg** und von dort ins Tal des *Dry Creek,* wo einige der besten Zinfandels produziert werden *(Doug Nalle, Peterson* oder *Gallo of Sonoma).* Das Tal endet im Norden am **Lake Sonoma**, einem künstlichen Stausee mit Möglichkeit zu Camping, Bootstouren *(Lake Sonoma Marina),* Picknick, Schwimmen, Wasserski an ausgewiesenen Stellen oder Wandern. Zurück geht es nach Santa Rosa über Geyserville und durch das malerische **Alexander Valley**, östlich des Hwy. 101, mit seinen knapp 30 Weingütern.

Malerisches Alexander Valley

Im Valley of the Moon

Die meisten Besucher verzeichnet das **Sonoma Valley**, berühmt geworden durch *Jack London,* der es „**Valley of the Moon**" taufte. Es erstreckt sich im Südosten des County **von Sonoma über Glen Ellen bis Santa Rosa** und galt lange Zeit als Synonym für das Weinland. Abgesehen von Indianern lebten hier schon ab 1809 rus-

Weingüter im Sonoma County

Zu den **empfehlenswerten Wineries** *der Region zählen jene der Familie Benzinger bei Glen Ellen, besonders aber ihre Imagery Estate Winery (Hwy. 12), mit sehenswerter Kunstgalerie und interessanten Erläuterungen zu biodynamischen Anbaumethoden. Eine vollständige Liste aller zu besichtigender Weingüter im Sonoma County würde Seiten füllen, daher hier nur einige lohnende Namen (Details erfahren Sie in den Besucherzentren): Benzinger, Buena Vista, Davis Bynum, Ferrani-Carano Vineyards & Winery, Gundlach & Bundschu, Imagery Etate Winery & Art Gallery, Korbell Champagne Cellars (mit Russian River Brewing Co.), Matanzas Creek, Ravenswood, Rochioli, Topolos oder Viansa Winery & Italian Marketplace.*

sische Pelzjäger, die eigentliche europäische Besiedlung begann jedoch erst mit der Gründung der *Mission San Francisco de Solano de Sonoma* 1823 durch Pater Jose Altimira. Eine Episode ließ Sonoma wenig später, 1846, in die Geschichtsbücher eingehen: die **Bear Flag Revolt**. Eine Handvoll Abenteurer hatten die mexikanische Verwaltung entmachtet, *General Vallejo* gefangen genommen und die „Freie Republik von Kalifornien" ausgerufen. Sie hatte nur wenige Wochen Bestand, dann fiel die Region in Folge des mexikanisch-amerikanischen Kriegs an die USA.

Bear Flag Revolt

Von Santa Rosa erreicht man auf dem Hwy. 12 nach knapp 25 km das Dorf **Glen Ellen** mit dem *Jack London Village* (Shops und Restaurants). Im nahe gelegenen **Jack London State Historic Park** lebte und starb *Jack London* (2400 London Ranch Rd., 🖳 www.parks.sonoma.net/JLPark.html, tgl. 9.30-17/19 Uhr, Museum tgl. 10-17 Uhr, $ 5/ Pkw). Besichtigen kann man die Reste seines *Wolf House*, wo er mit seiner Frau *Charmian Kittredge London* als Farmer und Schriftsteller bis zu seinem Tod 1916 lebte. Als

Jack Londons Traumhaus

das Traumhaus für 80.000 Dollar Baukosten im August 1913 kurz vor der Vollendung stand, brannte es ab und *London* wohnte fortan in dem kleinen Cottage.

Hauptattraktion im Städtchen **Sonoma** ist der **Sonoma State Historic Park**, ein mitten in der Innenstadt gelegenes Konglomerat historischer Bauten (🖳 www.parks.ca.gov/default.asp?page_id=479, tgl. 10-17 Uhr, $ 3 für Mission, Barracks und General Vallejos Haus). Dazu gehört an der Nordostecke der Sonoma Plaza die **Mission San Francisco Solano de Sonoma**, die 1823 gegründete nördlichste kalifornische Mission. Die Kirche von 1827 ist nicht mehr erhalten, dafür eine Kapelle (1840/41) mit kleiner Ausstellung und ein paar Adobebauten aus den 1830er Jahren. *General Mariano Vallejo* war 1834 als mexikanischer Militärkommandant nach Sonoma geschickt worden, um die Säkularisierung durchzuführen, die Ureinwohner aus der Obhut der Mission zu entlassen und das Land aufzuteilen.

Spanisches Erbe in Sonoma: die Mission

La Casa Grande

Er gründete das Pueblo von Sonoma und wohnte selbst in *La Casa Grande*, einem der größten und bestausgestatteten Privathäusern Kaliforniens. In den **Sonoma Barracks** *(El Cuartel de Sonoma)* von 1841 waren die mexikanischen Truppen *General Vallejos* untergebracht, die für Ruhe vor den im nahen Fort Ross ansässigen Russen sorgen sollten. **La Casa Grande**, das Privathaus des Kommandanten, um 1840 fertiggestellt, fungierte als Zentrum des gesellschaftlichen und diplomatischen Lebens, zeitweise auch als Schule. Nach einem Brand 1867 ist heute nur noch der Dienstbotenflügel zu sehen.

Die **Sonoma Plaza** (Mission/Barracks/E Spain St.) gilt als die größte ursprüngliche Platzanlage Kaliforniens, schon in den 1830er Jahren von *General Vallejo* in Auftrag gegeben. Hier konzentriert das Leben und im kleinen Park stehen die **Sonoma City Hall** (1908) mit vier identischen Fassaden und das **Carnegie Library Building**. Auf dem Platz davor erinnert eine Bronzestatue mit *Bear Flag* an die 25 Tage als Hauptstadt der „*Independent Republic of California*" 1846. Rund um den Platz, besonders an der E Spain St., reihen sich nicht nur historische Bauten, sondern auch Restaurants, Läden und die viel besuchte *Sonoma Cheese Factory* auf. Am Stadtrand liegt am Ende einer hübschen Allee *General Vallejo's Home*, auch „**Lachryma Montis**" genannt. Um 1840 im gotisierenden Stil erbaut, diente es bis zum Tod des Generals 1890 als Wohnhaus für seine 13-köpfige Familie.

Napa Valley – die berühmteste Weinregion der Welt (ⓘ S. 208)

Weinland Napa Valley

Das 56 km lange und 2-8 km breite Napa Valley gilt als „**World Famous Wine Growing Region**" und als Aushängeschild des kalifornischen Weins. Das Wort *napa* bedeutete in der Sprache der Indianer „Fülle" und tatsächlich sind zwischen den Orten Napa im Süden und Calistoga im Norden ein Viertel aller kalifornischen Weingüter, mehr als 200, versammelt.

Der Ort **Napa** gilt als das „Tor" zum Tal und zum Weinland und ist mit seinen rund 75.000 Einwohnern das städtische Zentrum. Das Herz des Tals pocht allerdings in **St. Helena**, dem wirtschaftlichen Mittelpunkt des Areals. Dort befinden sich gleich um die 40 Weinkellereien. **Calistoga** im äußersten Norden des Tals dagegen gilt wegen seiner Schwefelquellen eher als Kurort.

Um das Napa Valley von Sonoma aus zu erreichen (Hwy. 12), ist es nötig, die **Carneros-Region** zu durchqueren. Das ehemalige Weideland, das sich zwischen Sonoma und Napa Valley schiebt und im Süden bis zur

Aushängeschild des kalifornischen Wine Country: das Napa Valley

Reisepraktische Informationen Sonoma County/CA

Vorwahl 707

Information
• **Sonoma Valley Visitors Bureau**, 453 1st St. E, Sonoma, ☎ 996-1090,
🖳 www.sonomavalley.com, tgl. 9-19 Uhr, im Winter bis 17 Uhr.
• **Sonoma County Tourism Programm**, 520 Mendocino Ave., Santa Rosa, ☎ 565-5383,
🖳 www.sonomacounty.com mit Links zu den oben erwähnten Städten.
• Zur **Weinszene**: 🖳 www.sonomawine.com

Einkaufen
• Es gibt gratis die Broschüre „**Sonoma County Farm Trails**" (erscheint halbjährlich, 🖳
www.farmtrails.org), die organische Betriebe aller Art auflistet, außerdem den interessanten Führer:
„**The Organic Guide to Sonoma, Napa and Mendocino Counties**", erhältlich in vielen Läden
und Buchhandlungen.

• Viele **Farmen** bieten Geschenkartikel, Honig oder Kerzen, Soßen, Senf, Olivenöl oder Apfelerzeugnisse
(Cidre oder pies) an.
• Im Sonoma County finden sich zahlreiche **Baumschulen** und **Spezialgärtnereien**, aber auch
Selbstpflückfarmen (Beeren, Äpfel, Kürbisse).
• **Vella Cheese Co.**, 315 2nd St. E, Sonoma. Hervorragende Käsesorten.
• **Sonoma Cheese Factory**, 2 Spain St., Sonoma. Viel besuchte Großkäserei an der Sonoma Plaza
(Proben!).
• **Sonoma Wine Exchange**, 1st St. E/El Paseo, Sonoma Plaza, Sonoma. Weine und Biere aller füh-
renden Güter bzw. Kleinbrauereien zum Kaufen und Verkosten.

Zu den bekannten Farmen gehören:
• **Grossi Farms**, 6652 Petaluma Hill Rd., Penngrove (frisches Gemüse und Obst wie Erdbeeren, Me-
lonen und Kürbisse), und
• **Kozlowski Farms**, 5566 Gravenstein Hwy. N, Forestville (seit 1947 hausgemachte Produkte wie
Marmeladen, Chutneys, Senf, Essig, Soßen und Geschenkartikel, auch Snacks).

Märkte
Empfehlenswert sind die Wochenmärkte in den Städten wie der **Sonoma Farmer's Market**
(Depot Park, Fr vormittags), der **Healdsburg Farmers Market** (Vine/North St., Sa vormittags), der
Santa Rosa Downtown Market (Downtown, Mi abends), der **Sebastopol Farm Market** (Town
Plaza, So vormittags) oder der **Petaluma Farmers Market** (Walnut Park, Sa nachmittags).

Touren
• **Getaway Adventures**, ☎ 1-800-499-2453, 🖳 www.getawayadventures.com. Radtouren
mit Winery-Besuchen, Hiking- und Walking-Touren, aber auch Kanu- und Kajakfahrten im Lower Russian River Valley und in der Tomales Bay.
• **Aerostat Adventures**, Healdsburg, ☎ 433-3777, 🖳 www.aerostat-adventures.com. Ballonfahrten
für 3-8 Personen in einem Ballon für gut eine Stunde; am Ende Champagner-Brunch mit Urkunden-
verleihung.

San Francisco Bay reicht, ist heute fast ausschließlich eine Weinbauregion, bekannt für Pinot Noir und Chardonnay sowie Zentrum der Schaumweinproduktion. Zwei Straßen durchziehen parallel das Napa Valley und weisen in regelmäßigen Abständen Querverbindungen auf: im Westen der viel befahrene **Hwy. 29** und dazu parallel im Osten der etwas ruhigere **Silverado Trail**. Ausgehend von Napa kann man mit einer **Rundtour** via Yountville, Oakville, Rutherford, St. Helena und Calistoga auf dem Hwy. 29 und zurück auf dem Silverado Trail zahlreiche Weingüter besuchen.

Napa, Tor zum Wein-Mekka

Historic Downtown Napa wirkt proper, etwas provinziell und verschlafen. Idealer erster Anlaufpunkt ist das Besucherzentrum im **Town Center**, wo es auch Parkmöglichkeiten gibt. Dort stehen Broschüren und Informationen aller Art zur Verfügung, auch zu den sehenswerten Bauten in der Stadt, die sich um Main Street und im Bereich von Randolph, Coombs und First St. konzentrieren.

Kutur- und Veranstaltungskomplex

COPIA – The American Center for Food, Wine & The Arts *(500 First St., ☎ 1-888/51-COPIA und 707/259-1600, 🖳 www.copia.org, Mi-Mo 10-17 Uhr, $ 5 mit Touren und Vorführungen/Proben)* ist ein moderner Kultur- und Veranstaltungskomplex, der für 55 Mio. Dollar Baukosten direkt am Napa River erbaut und mit Downtown durch eine Flusspromenade verbunden wurde. Das Zentrum, von keinem Geringeren als „Weinmogul" *Robert Mondavi* initiiert, widmet sich dem Thema Essen und Trinken, aber auch der Kunst. Es finden themenbezogene Wechselausstellungen statt, daneben Weinproben, Workshops und Kochkurse. Umgeben wird der Komplex von einer Parkanlage, teils Botanischer Garten, teils *Organic Gardens*, deren Produkte in die Restaurantküchen wandern und durch die es Führungen gibt. Angegliedert sind zwei Lokale, *Julia's Kitchen* – benannt nach *Julia Childs*, der „Grande Dame" der Lebens- und Küchenhilfe – und das schlichtere *Copia Café*, außerdem gibt es einen Shop.

Fahrt durchs Napa Valley

Napa Valley Museum

Kaum hat man Napa hinter sich gelassen, passiert man auf dem Hwy. 29 das kleine, 1835 gegründete **Yountville** (3.000 Einwohner), das seinen Namen einem Trapper verdankt, der 1831 hierher gekommen war. Die Topattraktion im Ort ist das sehenswerte **Napa Valley Museum** *(🖳 www.napavalleymuseum.org, 55 President's Circle, Mi-Mo 10-17 Uhr, $ 4,50)*, das eine Einführung in Kultur und Geschichte des Tals gibt. Es geht um die Besiedlung des Napa Valley und den Weinbau, um Landwirtschaft, Bodenschätze und Tourismus. Es finden auch Wechselausstellungen statt.

Die beiden nächsten Ortschaften, **Oakville** und **Rutherford**, bieten außer Weingütern keine eigentlichen Sehenswürdigkeiten. Attraktiver ist **St. Helena** (6.000 Einwohner), etwa 28 km nördlich von Napa mitten im Tal gelegen. Hier spielt sich das Leben an der Main Street ab. Interessant ist außerdem das **Silverado Museum** *(1490 Library Lane, Di-So 12-16 Uhr, Eintritt frei)* zum Leben und Wirken des Schriftstellers *Robert Louis Stevenson* (1850-94) u. a. mit Erstausgaben seiner Werke, Briefen, Manuskripten und Fotos. Der Autor der „Schatzinsel" verbrachte seine Flitter-

Weinhochburg Kalifornien

Kalifornien ist mit rund 740 Weingütern das **größte und traditionsreichste Weingebiet der USA**. Das Aushängeschild, das Napa Valley, geriet durch eine internationale Blindverkostung 1976 in Paris in den Blickpunkt: Damals belegte ein Cabernet Sauvignon von *Stags Leap* den ersten Platz und begründete damit das **hohe Ansehen der Weinregion**, die aus dem eher touristisch aufgeputzten Napa Valley und dem eher ländlicheren, geografisch abwechslungsreicheren Sonoma County besteht.

Die „Großen" im Geschäft, wie *Gallo*, *Mondavi* oder *Fetzer*, geben zwar seit den 1960er Jahren den Ton an, heimsen Auszeichnungen ein, treiben aufwendige Werbekampagnen und unterhalten die attraktivsten Besucherzentren und Shops, doch basiert Kaliforniens aufstrebende Weinszene und deren Zukunft besonders auf den **kleineren Weingütern**. Sie sind meist in Familienhand und hier ist vielfach noch Handarbeit angesagt, die Winzer begutachten und bewirtschaften ihre Weinberge noch selbst. Diese *Winemaker* verlassen sich nicht auf Computerdaten und modernste Technik, um möglichst gleichförmige Weine zu produzieren, sondern setzen auf **Können und Erfahrung** und auf ein Naturprodukt, das jedes Mal anders ausfallen kann.

Kalifornische Winzer wie *Ric Forman, Jim Clendenen, Doug Nalle, Cathy Corison* oder *Philip Togni* haben sich eine **undogmatische Kombination von Experimentierfreudigkeit, Innovations- und Improvisationsgeschick**, bei allem Respekt vor europäischen Traditionen, zu eigen gemacht. Selbst im schillernden, von „Megastars" wie *Opus One* oder *Mondavi* geprägten Napa Valley verbergen sich noch kleine Weingüter, deren Tropfen das Herz eines jeden Weinliebhabers höher schlagen lassen.

Napa und Sonoma sind die beiden bekanntesten Weingebiete Kaliforniens, doch in letzter Zeit machen auch Weine aus der Region südlich der Bucht von San Francisco besonders die **Central Coast** zwischen San Luis Obispo und Santa Barbara von sich reden. Daneben werden „edle Tropfen" im nördlichen Mendocino County, in den Sierra Foothills und südlich von San

Spitzenwinzer aus dem Sonoma County: Doug Nalle

Diego ausgebaut. Die größte Menge, zumeist allerdings Massenware, kommt aus dem Central Valley, wo auch in Modesto mit Gallo die größte *Winery* der Welt zu Hause ist.

wochen 1880 im Tal. St. Helena ist auch Sitz des **Culinary Institute of America** *(2555 Main St.)*, einer Ausbildungsstätte für Köche und ähnliche Berufe mit empfehlenswertem Restaurant, kleinem Museum und Shop – unübersehbar untergebracht im burgartigen Gebäude der alten *Christian Brother Winery* von 1889.

Einer der „Großen" im Geschäft: Mondavi Winery

Calistoga, etwa 45 km nördlich von Napa gelegen, ist die attraktivste Ortschaft (5.200 Einwohner) im Napa Valley und bekannt für Quellen, Heilschlamm, Schönheitsfarmen und kleine Resorthotels. Die **Mineralquellen** wurden im Jahr 1860 vom geschäftstüchtigen *Sam Brennan* entdeckt, der das erste Wellnesshotel errichtete und sich das nötige Wasser vom **Old Faithful Geyser** (3 km nördlich, Tubbs Lane) holte. Dieser Geysir spritzt regelmäßig jede halbe Stunde heißes Wasser aus einer unterirdischen Quelle in die Höhe.

Ebenfalls in die erdgeschichtliche Frühzeit versetzt einen ein Besuch des **Petrified Forest** *(4100 Petrified Forest Rd., tgl. 10-17/18 Uhr, $ 6)* an der Verbindungsstraße zwischen Calistoga und Sonoma Valley nördlich Calistoga. Ein kompletter Wald wurde hier vor rund 3 Mio. Jahren bei einem Vulkanausbruch unter Asche und Lava begraben; dadurch wurde das Holz konserviert.

Petrified Forest

Nördlich Calistoga bietet sich im äußersten Nordwesten des Napa Valley nach etwas anstrengendem Aufstieg (einfacher Weg ca. 8 km) vom **Mount St. Helena** ein fantastischer Rundblick bis nach San Francisco und zur Sierra Nevada. Der Berg liegt im **Robert Louis Stevenson SP**, wo 1880 der Autor mit seiner Frau nach der Hochzeit in einer Blockhütte Urlaub machte.

 Weingüter im Napa Valley

Was für Sonoma galt, trifft erst recht auf das Napa Valley zu: Eine vollständige Liste aller zu besichtigenden Weingüter würde den Rahmen sprengen (Details im VC bzw. in den dort ausliegenden Broschüren). Besonders lohnend sind: Beaulieu Vineyards, Beringer, Charles Krug, Clos Pegase, Domaine Chandon, Gloria Ferrer, Hess Collection Winery, Robert Mondavi, Niebaum-Coppola Estate Winery, Opus One, Schug Winery, Silver Oak Cellars, Stag's Leap *oder* Sterling Vineyards.

Reisepraktische Informationen Napa Valley/CA

Vorwahl 707

Information
• **Napa Valley Conference & Visitor Bureau**, 1310 Napa Town Center, ☏ 226-7459,
🖥 www.napavalley.com, tgl. 9-17 Uhr. Infos, Auskünfte aller Art, Hotelreservierungen.
• *Informativ sind auch:* 🖥 **www.napavalley.com** *mit zahlreichen Links und*
🖥 **www.napavintners.com** *zur Weinszene*

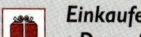

Einkaufen
• **Dean & Deluca**, Hwy. 29, gegenüber Weingut Sattui in St. Helena. Filiale des New Yorker
Feinkosttempels mit allem, was man zum Gourmet-Picknick braucht.
• **Napa Valley Vintage 1870**, 6525 Washington St., Yountville. Kleiner Shoppingkomplex mit etwa
40 Shops und Restaurants in historischem Weingut von 1870.
• **St. Helena Wine Center**, 1321 Main St., St. Helena. Unvergleichliche Auswahl an kalifornischen
Weinen.

Weintouren
• **Napa Valley Wine Train**, ☏ 253-2111 und 1-800/427-4124, 🖥 www.winetrain.com, verschiedene Touren ab $ 49,50. Historischer Luxuszug, in dem man während der Fahrt zwischen Napa
und St. Helena und zurück (ca. 60 km) speisen und Weine probieren kann. Eisenbahnlinie 1864 von
Sam Brannan gegründet, ab 1885 durch die Southern Pacific Railroad Company betrieben, stillge-
legt und seit 1987 zu Weintouren genutzt.
• **California Wine Tours**, ☏ 253-1300, 🖥 www.californiawinetours.com. Limousinen-Service – ideal
bei ausgiebiger Weinverkostung!

9. Zwischen dem „Edge of the Universe" und dem „Ring of Fire" – Von San Francisco nach Seattle

Überblick

Kaum ein Küstenabschnitt Nordamerikas ist **landschaftlich so dramatisch** wie derjenige zwischen San Francisco und der kanadischen Grenze. Klippen mit einsamen Leuchttürmen, kleine Fischerorte, versteckte Künstlerkolonien, Kleinstädte, wildromantische Strände, Gelegenheit zur Beobachtung von Walen, Seelöwen und Seehunden und nicht zuletzt jene sagenhaften Riesenbäume, die bis zu 100 m hoch wachsenden *Redwoods*, versprechen ein **unvergessliches Erlebnis.** Es sind hier am *Edge of the Universe* weniger einzelne Sehenswürdigkeiten als vielmehr das Landschaftserlebnis und die Stimmung, die in Erinnerung bleiben. Es sind die rasch aufkommenden und wieder verschwindenden Nebel, die dichten Redwood-Wälder, durch die sich die Straße schlängelt und inmitten derer man sich ganz klein und unbedeutend vorkommt.

Faszinierende Küste

Der schmale Pazifik-Küstenstreifen von Nordkalifornien bis Washington gilt als **„Ecotopia"**, da sich „Ökofreaks" an diesen wenig erschlossenen Küstenstreifen zurückgezogen und sich dem biologischen Landbau verschrieben haben. Ansonsten setzen sich die **Bewohner** aus Fischern, Ranchern und Holzfällern, Künstlern und Naturfans, Aussteigern und Ex-Hippies zusammen. Zudem spielen das Dienstleistungsgewerbe, Touristen und Wochenendausflügler eine zunehmend wichtige Rolle.

Auch **Filmemacher** aus Hollywood haben die Vorteile der Szenerie schon lange erkannt. Unzählige Filme wurden entlang der Küste gedreht, so z. B. *Hitchcocks* „Vögel", „Jenseits von Eden" mit *James Dean*, „Einer flog übers Kuckucksnest" oder auch die Krimireihe „Mord ist ihr Hobby" („*Murder, she wrote*").

Die Küstenstraße, der Hwy. 101, ist nur eine Alternative – kaum weniger atemberaubend ist die **Inlandsroute**. Sie folgt der Bergkette der **Cascade Range** durch eine beeindruckende (und noch aktive) **Vulkanlandschaft**. Man folgt dabei einem kleinen Abschnitt des so genannten *Ring of Fire*, einer Vulkankette, die sich ganz um den Pazifik, von Feuer-

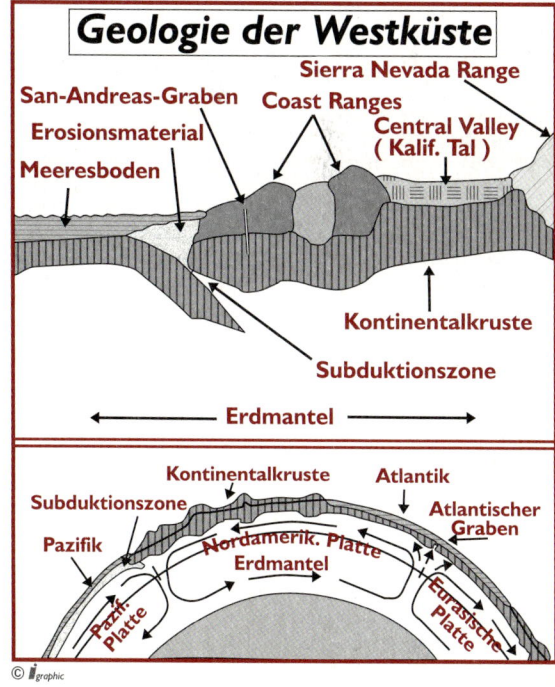

Geologie der Westküste

Sierra Nevada Range
San-Andreas-Graben   Coast Ranges
Erosionsmaterial   Central Valley (Kalif. Tal)
Meeresboden
Kontinentalkruste
Subduktionszone
← Erdmantel →

Kontinentalkruste   Atlantik
Subduktionszone   Atlantischer Graben
Pazifik   Nordamerik. Platte   Erdmantel
Pazif. Platte   Eurasische Platte

© *I graphic*

land nach Alaska und über Japan bis nach Neuseeland zieht. Vulkanlandschaften, rie-
sige Waldareale und Halbwüstenlandschaften sowie die atemberaubende Columbia
Gorge und das besuchenswerte Portland gehören zu den Highlights entlang dieser
Route (s. u.).

 Hinweis zur Route

*Idealerweise würde man eine Strecke – Küste oder Inland – nordwärts fahren und
die andere zurück. Reisenden, die aus Zeitgründen nur einen Weg zurücklegen möchten, empfiehlt sich ein Zickzackkurs, der die sehenswertesten Abschnitte an der Küste
und im Inland miteinander verbindet: Entlang der Küste geht es nach **Eureka**, dann
ins Landesinnere und über **Redding** zum **Lassen Volcanic NP**. Von dort fährt man
weiter nordwärts zum **Crater Lake NP** und dann über **Roseburg** zurück an die
Küste. Deren Kontur folgt man bis **Lincoln City**, um dann wieder einen Abstecher
ins Inland, ins **Willamette Valley** und nach **Portland**, zu unternehmen. Danach
bieten sich zwei Möglichkeiten der Weiterfahrt: 1. über Mt. St. Helens und Mt. Rainier
nach Seattle oder 2. zurück ans Meer nach Astoria und über den Olympic NP nach
Seattle.*

Highway to Heaven – die Küstenroute

Von der Lost Coast in die Heimat der „Stillen Riesen"

San Francisco-Seattle: Küstenroute

Jenseits der Golden Gate
Bridge, der Weingärten, Obst-
haine und Felder, erstreckt sich
ein **Naturparadies von her-
ber Schönheit**, mit Steilküsten, einsamen Stränden, dichten
Redwood-Wäldern und Vulkanlandschaften. Der meist eng der
Küste folgende „Einser", der im
Norden zur schmalen zweispu-
rigen Landstraße wird, schlängelt sich unter ständigem Auf
und Ab von der Golden Gate
Bridge entlang der Mendocino
Coast nordwärts, ehe er in den
US Hwy. 101 übergeht. Dieser
hält gebührenden Abstand zur Küste, taucht dafür aber tiefer in die dichten Redwood-Wälder Nordkaliforniens ein. Dort, wo aus dichtem Unterholz gigantische
Baumriesen erwachsen, einen urplötzlich dichte Nebelschwaden umfangen und nur
diffuses Licht eindringt, versteht man plötzlich, warum hier nach indianischen Legenden Fabelwesen zu Hause sein sollen.

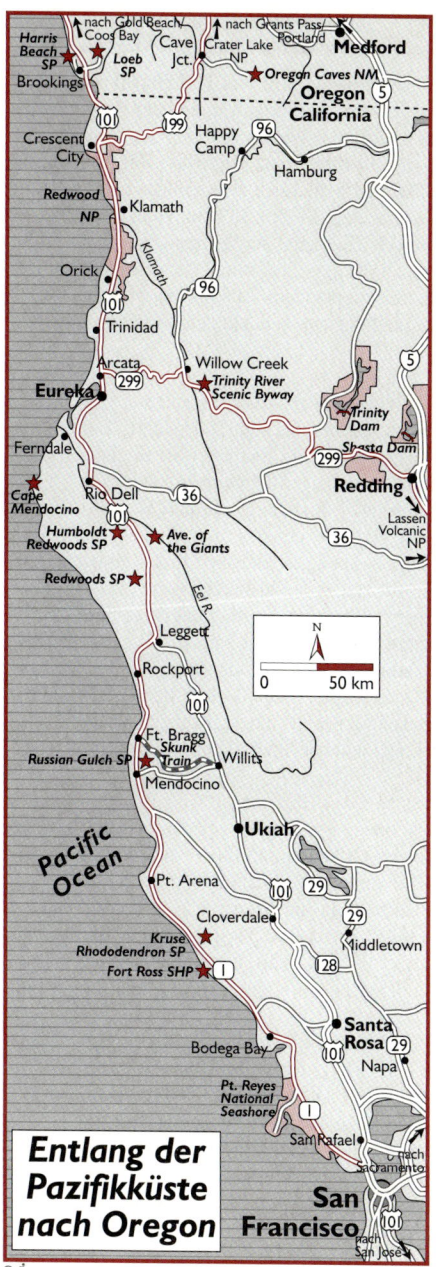

Entlang der Pazifikküste nach Oregon

© *i*graphic

Sehens- und Erlebenswertes

- **Wale beobachten** an der Küste (S. 586), z. B. vom Ecola SP, Cape Meares, Cape Lookout, Depoe Bay oder Cape Perpetua.
- Die **mystische Welt der Redwoods** im **Humboldt Redwoods SP** (S. 590), an der **Avenue of Giants** (S. 590) oder im **Redwood NP** (S. 593) kennenlernen.
- Ein Kuriosum zwischen Meer und Wäldern: die **Oregon Dunes NRA** (S. 603).
- Ein Familienbesuch in den **Sea Lion Caves** (S. 604) und im **Oregon Coast Aquarium** in **Newport** (S. 605) oder, gratis, von **Strawberry Hill** (S. 604) den Seehunden zusehen.
- „**Beach Combing**" an Oregons Küste, bei Cannon Beach, Oceanside Beach oder Agate Beach State Rec Site bei Ebbe auf Achat-Suche gehen und Fossilien oder Seesterne finden (S. 602).
- Bergauf und bergab durch das „San Francisco des Nordens": **Astoria** (S. 610).
- **Heceta Head Lighthouse** (S. 604) oder einen anderen der sieben öffentlichen **Leuchttürme Oregons** bei Sonnenuntergang erleben (S. 602).
- Ein Bummel an der **historischen Bayfront** von **Newport** (S. 605), speziell, wenn die Fischer ihren Fang frisch vom Boot verkaufen.

Essen & Trinken

- Die dunklen Rauchbiere der **Rogue Brewery** in **Newport** (S. 209 und S. 605) sind schon mehrfach prämiert, die der **North Coast Brewing Company** in **Mendocino** (S. 193) sind auch nicht zu verachten.

Einkaufen

- Steuerfrei einkaufen in den **Lincoln City Factory Outlet Stores** (S. 606).
- In der **Tillamook Cheese Factory** Eis und Käse probieren und kaufen (S. 606 und S. 607).

Unterkunft

- Wie ein Relikt aus alten Zeiten wirkt das **Eureka Inn** von 1922 (S. 191), im „Rathskeller" glaubt man sich in Deutschland.
- Die Zimmer im **Sylvia Beach Hotel** in Newport (S. 209) sind bekannten Schriftstellern gewidmet.

INFO
Highway to Heaven

Nur in den USA kann ein scheinbar ganz gewöhnlicher Teerweg **Kultcharakter** haben. Die berühmte **Route 66**, jener Highway, auf dem sich während der Weltwirtschaftskrise verarmte Farmer aus dem Mittleren Westen ins Gelobte Land Kalifornien aufmachten, ist das Pendant zum **Pacific Coast Highway**. Bei diesem waren es allerdings weniger Geschichte und Schicksale als vielmehr Landschaft und Geografie, die ihn zum Mythos machten. Beiden Straßen haftet noch **das „alte" Flair des Reisens** an, als man noch Zeit hatte, am Wegrand in einem einsamen *Diner* einen Burger zu essen und in der Gas Station mit dem Besitzer über Baseballergebnisse oder die Getreideernte zu plaudern. Auf solchen Straßen ist es auch heute zweitrangig, möglichst schnell von einem Punkt zum anderen zu kommen, hier ist „der Weg das Ziel".

1919 begann man den alten *Old Coast Trail* auszubauen, einen ungeteerten Wagenpfad, der in den 1880er Jahren entstanden war und bis zum Südende des Big Sur Valley führte. Der Staat hatte 1,5 Mio. Dollar für den Bau einer **Straße entlang der Küste** zur Verfügung gestellt und nach langen Planungen nahm man 1922 den technisch anspruchsvollen Bau in Angriff. Erst am **29. Juni 1937** weihte Präsident *Franklin D. Roosevelt* den neuen Highway ein, der am Ende mehr als 10 Mio. Dollar und etliche Menschenleben gekostet hatte. Es waren Insassen des Staatsgefängnisses San Quentin gewesen, die auf teils halsbrecherische Weise Berge, Canyons, Klippen und Buchten überwunden und den Bau der Straße ermöglicht hatten. Streckenweise identisch bzw. in großen Teilen parallel zur neuen Schnellstraße verlief einst der legendäre **Camino Real**, der Königsweg. Die Spanier hatten einen alten Indianerpfad mit tatkräftiger Unterstützung der Ureinwohner ausbauen lassen, um so die spanischen Missionen miteinander zu verbinden. Lange Zeit fungierte der *Camino* als Lebensader der spanischen Besitzungen in Kalifornien.

Die Straße, auch **Pacific Coast Highway** oder kurz „PCH" genannt, beginnt zwar schon nördlich von San Diego, doch erst ab Malibu, nördlich von Los Angeles, hält die Route, was ihr legendärer Ruf verspricht. Dicht entlang der Küste schlängelt sie sich nordwärts, schraubt sich hoch in die Küstengebirge, um im nächsten Moment wieder steil auf Meereshöhe abzufallen. Sie passiert endlose Sandstrände und durchquert dichte, dunkle Wälder, führt durch interessante Kleinstädte und streift malerische Fischerdörfer.

Gerade der Küstenabschnitt nördlich der San Francisco Bay ist kaum erschlossen und lediglich der meist zweispurige California Hwy. 1 bzw. ab Leggett/CA der US Hwy. 101 folgt der Küstenkontur. Für die Fahrt sollte man sich **Zeit nehmen**, nicht nur wegen der Szenerie, sondern auch wegen der kulinarischen Spezialitäten auf dem Weg, z. B. Lachs und Austern. Die Hauptstraße ist teilweise eng und vor allem kurvenreich und gelegentlich, nach Regengüssen, auch wegen Erdrutschen gesperrt. Bei einer Durchschnittsgeschwindigkeit von 30 mi/h sollte man die Tagesetappen eher gering kalkulieren.

Hinweis zur Küstenroute

*Die Sehenswürdigkeiten auf dem ersten Streckenabschnitt zwischen der **Golden Gate National Recreation Area** (GGNRA), **Sausalito** und **Point Reyes National Seashore** wurden im vorherigen Kapitel „Die San Francisco Bay" (s. S. 554 ff.) beschrieben. Nördlich der Golden Gate Bridge folgt man zunächst dem CA 1, der bei Leggett wieder auf den US Hwy. 101 trifft. Diese Küstenstraße führt hinauf zur **Olympic Peninsula**.*

Fort Ross State Historical Park – Russlands kalifornischer Außenposten

CA 1, ☎ 707/847-3286, ▭ www.parks.ca.gov/?page_id=449, Park Sonnenauf- bis Sonnenuntergang, VC tgl. 10-16.30 Uhr, $ 6/Pkw, letzter Sa im Juli: Living History Day, Camping (first-come first-served).

Zwischen Himmel und Erde: der Pacific Coast Highway

Je weiter man sich auf dem „Einser" nach Norden bewegt, umso ruhiger wird es. Die Ortschaften rücken weiter auseinander und werden kleiner und die Natur gewinnt die Oberhand. Hinter dem Fischerort **Jenner**, der sich wie ein Piratennest an einer Felswand an der Mündung des Russian River duckt, folgt einer der spektakulärsten Küstenabschnitte Nordkaliforniens.

Auf dem Hwy. 1 nordwärts

Etwa 12 mi/19 km nördlich Jenner rückt **Fort Ross** ins Blickfeld, ein altes Holzfort mit ungewöhnlicher Geschichte. Es handelte sich um einen früheren **russischen Außenposten**. Bereits im 18. Jh. hatte sich der russische Zar für die „Neue Welt" interessiert und 1784 war eine erste feste Siedlung auf Kodiak Island in Alaska entstanden. Mit der Gründung der *Russian-American Company* 1799, die vor allem Pelzhandel betrieb, begann die Kolonisation von Alaska nach Süden überzugreifen. Um 1806 gelangten die Russen auch in die Bay Area, wo sie mit den Spaniern Handel trieben. Die Errichtung eines Handelspostens lag nahe und der russische Offizier *Ivan Kuskov* wählte den Standort nördlich der Bodega Bay. Er kaufte das Land für etwas Plunder den Indianern ab und ließ binnen weniger Wochen 1812 Fort Ross errichten, dessen Name sich vom damaligen Wort für Russland, *Rossiya*, ableitete.

Russischer Außenposten

Die erbeuteten Felle wurden z. T. nach Alaska geschickt oder aber als Tauschobjekte mit den Spaniern benutzt. Als 1820 die Seeotter wegen ihrer begehrten Felle

INFO
Wenn Wale wandern

Entlang der Pacific Coast gibt es zahlreiche Standorte, um den alljährlichen Zug der Wale zu beobachten. *Whale Watching* von so genannten *Whale Overlooks*, *Whale Walks* oder *Whale-Watching*-Bootstouren sind eine beliebte Freizeitbeschäftigung, allerdings gehört ein wenig Glück dazu, um tatsächlich die mächtigen Tiere vor die Linse zu bekommen.

Am meisten verbreitet ist der **Grauwal** *(gray whale/Eschrichtius robustus)*. Mit bis zu 14 m Länge gehört er zu den kleineren Walen, ist sehr hell (blau-weiß) und hat einen überproportional dicken Kopf. Jedes Jahr im späten September verlassen die Tiere die Arktis, bevor ihre Futterplätze in der Beringsee und im Ochotskischen Meer zufrieren, und machen sich auf den über 22.000 km langen Weg entlang der Pazifikküste zur mexikanischen Halbinsel Baja California. Tag für Tag legen sie dabei bis zu 150 km zurück.

An der Westküste lassen sich Grauwale auf der Südwanderung zwischen November und Dezember sehen. In den flachen und planktonreichen Lagunen des kalifornischen Golfes (z. B. Magdalene Bay) bringen die Walkühe ihren Nachwuchs, gut 680 kg schwere Kälber, zur Welt. Nach zwei Monaten sind die Jungtiere kräftig genug für die Rückreise ins Nordpolarmeer, sie werden allerdings noch acht Monate lang ausschließlich mit Muttermilch ernährt. Mit rund 5-8 km/h und 110-130 km täglich geht es nordwärts, was man mit Glück zwischen März und Mai beobachten kann.

Der Grauwal gehört zur Familie der **Bartenwale** *(Mysticeti)*, die ihren Namen erhielten von den „Barten", kammartigen Hornplatten anstelle von Zähnen, mit denen sie Kleintiere wie Plankton aus dem Meerwasser filtern. Bis vor Kurzem galten die Riesensäuger noch als vom Aussterben bedroht, doch jetzt sind sie durch internationale Abkommen geschützt und dürfen nicht gejagt werden. Ihnen war zum Verhängnis geworden, dass sie ihre Nahrung vom Meeresboden abweiden und deswegen immer nah an der Küste schwimmen. Die amerikanischen Bestände an Grauwalen werden wieder auf 13.000-25.000 Exemplare geschätzt und gelten – im Gegensatz zu fast allen anderen Barten- und Zahnwalen – nicht mehr als gefährdet.

Grauwale sind aber beileibe nicht die einzigen Meeressäuger, die man im nährstoffreichen Pazifik sichten kann. Von Juli bis November wandern **Buckelwale** *(humpback whale; Megaptera novaeangliae)* an der Küste entlang. Wie der Blauwal gehört der Buckelwal zur Familie der Bartenwale, genauer, zu den Furchenwalen. Buckelwale ernähren sich von winzig kleinen Lebewesen (Plankton, Krill, Kleinfische und -krebse), obwohl sie selbst zu den größten der Welt gehören: Bis zu 15 m Länge und 45 t Gewicht erreicht ein ausgewachsenes Tier. Ihren Namen tragen die Säugetiere wegen des charakteristischen Schwimmverhaltens, bei dem ihr Rumpf als „Buckel" über der Wasseroberfläche auftaucht. Langsam rollt dieser gekrümmte Rücken nach hinten, bis nur noch die Schwanzflosse herausragt. Nach einem kurzen Moment, in dem die Flosse fast senkrecht steht, verschwindet der Wal wieder in der Tiefe.

Auch der **Blauwal** *(blue whale/Balaenoptera musculus)*, ebenfalls ein Bartenwal, lässt sich zwischen Juni und November an der Küste sehen. Diese Tiere werden bis zu 30 m lang und sind damit nicht nur die größten Wale, sondern die größten Lebewesen überhaupt. Blauwale können bis zu 175 t wiegen, sind graublau und haben oft einen gelblich gefärbten Bauch.

Außer den genannten Bartenwalen sichtet man in dieser Region auch verschiedene Arten von **Zahnwalen** *(Odontoceti)*. Sie sind im Allgemeinen kleiner als die Bartenwale und zu ihnen werden auch die Delfine *(Delphinidae)* gerechnet. Sie weisen eine Reihe kegelförmiger Zähne in einem oder beiden Kiefern auf und zeichnen sich durch die Fähigkeit aus, ihre Umgebung mittels Echoortung zu erforschen. Häufig zu sehen bekommt man die an ihrer kontrastreichen schwarz-weißen Färbung leicht erkennbaren **Orcas** *(Orcinus orca)*, auch „Großer Schwertwal" genannt. Ihren blutrünstigen Beinamen „Mörderwal" *(killer whale)* tragen die maximal 10 m langen Tiere zwar zu Unrecht, sie sind aber trotzdem Raubtiere, die u. a. Jagd auf Delfine machen. Eng verwandt mit den Orcas sind die verschiedenen **Delfinarten**. Am häufigsten kommen dabei die *bottle-nosed dolphins (Tursiops truncatus)*, die auffällig mit weiß-grauen Streifen gemusterten *pacific white-sided dolphins (Lagenorphynchus obliquidens)* und der Gemeine Delfin *(Delphinus delphius)* vor. Pott-, Schweins- und Schnabelwale gehören ebenfalls zur Familie der Zahnwale.

• **Infos**: ⌨ www.NWWhaleWatchers.org und www.WhaleSpoken.org – informative Wegseiten des Zusammenschlusses der *Whale Watch Operators Association Northwest* (WWOANW)

weitgehend ausgerottet waren und der Landbau nicht mehr einträglich war, kam es 1839 zu einer Übereinkunft der *American Company* mit der *Hudson's Bay Company*. Dennoch musste das Fort wenig später aufgegeben werden und der Schweizer *Sutter*, der in Sacramento sein *New Helvetia* erbaut hatte (ⓘ S. 531), erwarb das Fort von den Mexikanern.

Die Befestigungsanlage wurde **originalgetreu wiederaufgebaut** bzw. restauriert. So kann man eine kleine russisch-orthodoxe Kirche aus der Mitte der 1820er Jahre besichtigen, die durch das Erdbeben von 1906 beschädigt wurde. Neben den Baracken für einfache Arbeiter – die meisten russischen Familien lebten zusammen mit den Aleuten und Indianern außerhalb des Forts – gibt es eine nach 1833 gebaute Küche, ein zweistöckiges Vorratshaus, das auch als Gefängnis genutzt wurde, eine Zehn-Zimmer-Baracke für unverheiratete Offiziere, die Wohnung des letzten Kommandanten und seiner Familie sowie ein Warenlager, vor 1814 nach Vorbildern aus Alaska erbaut, zu sehen.

Originalgetreue Festung

Hinweis für Besucher

Naturfreunde erhalten im nördlich von Fort Ross gelegenen **Salt Point State Park**
Gelegenheit, Wale, Seehunde und -kühe zu beobachten. Nicht weit davon entfernt befindet sich das **Kruse Rhododendron State Reserve** mit schönen Pfaden durch
kleine Canyons mit dichtem Farnbewuchs. Neben Rhododendren gibt es auch Douglastannen, Eichen und Redwoods.

Bedenkt man, dass allein am 20. November 1865 an der Küste nördlich von Fort Ross
zehn Schiffe auf Grund gelaufen sein sollen, versteht man, warum 1870 das **Point
Arena Lighthouse** erbaut wurde. Von der Spitze des kurz nach dem Erdbeben
1906 erneuerten Leuchtturms bietet sich ein hervorragender Ausblick, auch hier kann
man vorbeiziehende Wale beobachten. Im Leuchtturm befindet sich ein kleines Museum zur Geschichte dieses Küstenabschnitts und in den ehemaligen Wohnhäusern
der Leuchtturmwärter eine ganz ungewöhnliche Unterkunft.

i **Information**
• **Point Arena Lighthouse**, ab Hwy. 1, 🖥 www.mcn.org/1/palight,
Mo-Fr 11-15.30, Sa/So ab 10 Uhr, $ 5

„Auf der Straße … nach Mendocino" (**i** S. 205)

Dieser Refrain aus einem Schlager der 1960er Jahre hat **Mendocino** (ca. 800 Einwohner) in Deutschland bekannt gemacht. Die Wenigsten wissen jedoch, wie viele
Filme hier gedreht wurden. Legendär war der Ruf in den Sechzigern, als das spekta-
Künstler- kulär gelegene Mendocino – eine Mischung aus Sausalito, Haight-Ashbury und Soho
kolonie – als **Geheimtipp unter Aussteigern** und als **Künstlerkolonie** gehandelt
wurde. Geblieben ist aus jenen Zeiten der Ruf als „vegetarische Hochburg", wohingegen sich die Künstler angesichts utopischer Immobilienpreise ins Hinterland zurückgezogen und den Prominenten und Betuchten Platz gemacht haben. Heute
wirkt der Ferienort eher ein bisschen verschlafen, vor allem an Werktagen und in

Reisepraktische Informationen Mendocino/CA

 Information
• **Mendocino County Tourism Board,** 239 S Main St., Willits, ☎ 1-866/466-3636,
🖥 www.goMendo.com. Hier gibt es Karten und vielerlei Auskünfte über die Region.

 Einkaufen
• **Mendocino Market**, 45051 Ukiah St. Gut sortierter Markt mit biologischen und lokalen
Produkten, prima Käse- und Weinauswahl.

 Touren/Aktivitäten
• **Catch a Canoe & Bicycles, Too!**, Mendocino, SR 1/Comptche-Ukiah Rd., ☎ 707/937-
0273 und 1-800/320-2453. Veranstalter von Kanufahrten und Radtouren ins Hinterland.

der Nebensaison, wenn die Wochenendhäuser leer stehen. Mehr über die lokale Geschichte erfährt man im **Kelley House Historical Museum** *(4507 Albion St.,* 🖥 *www.mendocinohistory.org, tgl. 11-15 Uhr, im Winter nur Fr-Mo)*, einem Gebäude aus dem Jahr 1892.

Der Ort entstand Mitte des 19. Jh. rings um ein großes Sägewerk. Viele der Arbeiter kamen damals von der Ostküste und bauten Häuser im ihnen bekannten *Cape-Cod-Stil*. Die Hölzer der Douglasien und Redwoods – per Floß herbeigeschafft – wurden für den Wiederaufbau San Franciscos und für die Minenstollen benötigt. Das letzte Sägewerk schloss in den 1930er Jahren und die Stadt fiel in einen Dornröschenschlaf, aus dem sie erst gut zwei Jahrzehnte später wieder erwachte.

Fort Bragg (ⓘ S. 193)

Nur wenige Meilen nördlich von Mendocino liegt Fort Bragg, wie der Name sagt, ein einstiger Militärposten und heute Zentrum der Holzindustrie. Das Fort wurde 1887 als Wachstation gegründet, um die weißen Siedler vor den angeblich so wilden Indianern zu schützen. Dabei wollten die Bewohner der *Mendocino Indian Reservation* eigentlich nur ihre Ruhe. Später wuchs der Militärstützpunkt zur Holz- und Hafenstadt mit großer Fischereiflotte heran. Jedes Jahr im Juli erinnert das *Salmon BBQ*, das angeblich weltgrößte Lachsfest, an die Bedeutung der Fischerei für die Stadt. Und zum Lachs gibt es das passende Getränk: die Biere der **North Coast Brewing Company** *(444 N Main St.)* – eine der ältesten und zugleich besten *Microbreweries* im US-Westen.

Alter Militärposten

Von Fort Bragg lohnt ein Abstecher ins Hinterland und zwar mit dem **California Western Railroad's Skunk Train** *(☎ 707/964-6371,* 🖥 *www.skunktrain.com, Reservierung im Voraus empfehlenswert, Rundfahrt $ 45)*. Diese **Holzfällereisenbahn** von 1885 legt auf idyllischer Strecke rund 60 km zwischen Fort Bragg (Skunk Depot, Laurel/Main St.) und Willits (299 E Commercial St.) zurück. Dabei durchquert der Zug ansonsten kaum zugängliche Redwood-Areale, verläuft großenteils parallel zum Noyo River und bezwingt die *Coastal Range*. Um dem Namen *(skunk* – Stinktier) gerecht zu werden, hilft die Eisenbahnleitung heute werbewirksam etwas nach. Ein einzelner Zug soll nämlich einst auf einen Haufen Stinktiere gestoßen sein, die sich derart bedroht zur Wehr setzten. Am Ziel mochte dann niemand mehr das Holz von diesem Zug entladen.

Redwood Highway

Nördlich Fort Bragg führt der Hwy. 1 noch knapp 40 km direkt an der Küste entlang – dann entfernt sich die Straße vom Meer, um in die Redwood-Urlandschaft einzutauchen. Die **Lost Coast** reicht hinauf bis Eureka und gilt als der

Skunk Train, mit der Holzfällereisenbahn in den Wald

An der „verlorenen" Küste

längste noch unerschlossene Küstenstreifen der kontinentalen USA. An die „verlorene Küste" – eine Bezeichnung, die von John Steinbeck stammt – gelangt man nur zu Fuß oder zu Pferd, es führt keine Straße hin. Die letzten knapp 30 km bis Legett nimmt der „Einser" einen recht abenteuerlich kurvigen Verlauf durch das Hinterland. Es gibt kaum Rastplätze oder Haltepunkte, und bei starkem Regen oder Dunkelheit, ebenso bei Reisekrankheit, ist die Route wenig empfehlenswert, zumal sie sich aufgrund der geringen Fahrtgeschwindigkeit endlos hinzuziehen scheint.

In **Leggett**, wo man mit dem Auto durch den Stamm des **Chandelier Tree** mit 96 m Höhe und 6,40 m Durchmesser fahren kann, geht der Hwy. 1 in die Nr. 101 über; diese ist bis zur Grenze nach Oregon stärker befahren und vierspurig. Der Abschnitt bis Eureka (ca. 80 mi/130 km) ist nicht sonderlich reizvoll – mit einer Ausnahme: zwischen Garberville und Myers Flat bietet sich ein Abstecher zur **Avenue of the Giants** an, eine idyllische 50 km lange Strecke durch den dichten Regenwald des **Humboldt Redwoods SP**.

Redwood Highway

Hier in Nordkalifornien nennt man den Hwy. 101 zu Recht „**Redwood Highway**", durchquert er doch mehrere Redwood-Schutzgebiete. Im Mittelpunkt steht dabei der **Redwood National Park** zwischen Eureka und Crescent City. Er wird nur durch Stichstraßen und Wanderpfade erschlossen und stellt keine zusammenhängende Fläche dar, sondern bildet ein **Konglomerat von verschiedenen State Parks**: dem *Humboldt Redwoods SP* im Hinterland südlich von Eureka, dem *Prairie Creek Redwoods SP* nördlich Orick, dem *Del Norte Coast Redwoods SP* südlich Crescent City und dem *Jedediah Smith Redwoods SP* östlich der Stadt. Rund 240 km Wanderwege – der **Coastal Trail** als bekanntester – durchziehen den „Urwald" aus Redwoods, Douglastannen, Sitka-Fichten und westamerikanischer Hemlocktanne sowie Farnen, Rhododendren und Beerensträuchern als Unterbewuchs.

▓▓▓▓ Die Avenue of the Giants

Das mit gut 20.000 ha größte Schutzgebiet, der **Humboldt Redwoods State Park**, der zu etwa einem Drittel aus alten Redwoods besteht, gibt einen Vorgeschmack auf die riesigen Redwood-Wälder nördlich Eureka und den dort befindlichen Nationalpark (s. S. 593). Bereits hier beeindrucken die bis zu 110 m hohen Baumriesen, besonders wenn man auf der parallel zum Eel River verlaufenden **Avenue of the Giants** zwischen

Mystische Redwood-Wälder

Garberville im Süden und Pepperwood im Norden fährt. Hier stehen die wirklich größten „Giganten" dieser Erde, unter denen man sich wie ein Zwerg unter Riesen fühlt.

Die Nebenstrecke führt über Miranda und Myers Flat zum VC bei Weott, wo es Informationen aller Art, eine Ausstellung, Bücher und Karten gibt. Unter etlichen *Loop Trails*, kurzen Spazierpfaden, lohnt besonders jener zum **Giant Tree**, einem Baum von gut 110 m Höhe und 16 m Durchmesser. Vorbei an einem zweiten Infozentrum, dem *Avenue of the Giants Info Center*, gelangt man zurück zum Hwy. 101.

Muss man sehen: Giant Tree

> **ℹ️ Information**
> • **Humbold Redwoods State Park VC**, Avenue of the Giants, Hwy. 101/Weott Exit, Newton Rd., 🖳 www.humboldtredwoods.org und www.avenueofthegiants.net, ☏ 707/946-2409, tgl. 9-17 bzw. 10-16 Uhr im Winter, Park tgl. 8-23.30 Uhr, $ 6/Pkw.
> • zum **Redwood National Park**, s. u.

Ferndale (ℹ️ S. 191)

Etwa 5 mi/8 km westlich vom US Hwy. 101, im fruchtbaren **Eel River Delta**, befindet sich der kleine Ort Ferndale (ca. 1.400 Einwohner), der, 1852 gegründet, eine der größten **Ansammlungen viktorianischer Häuser** in Kalifornien aufweist. Konzentriert an der Main Street reihen sich farbig bemalte und aufwendig verzierte Hausfronten aneinander; in deren Untergeschoss sind Antiquitätengeschäfte, Buchläden und Souvenirshops eingezogen.

> **ℹ️ Information**
> • **Ferndale Chamber of Commerce**, 🖳 www.victorianferndale.org/chamber, ☏ 707/786-4477.

Eureka – Gold, Holz und Austern (ℹ️ S. 191)

„Heureka – ich hab's gefunden!" – dieser Ausruf des *Archimedes*, der gerade den Lehrsatz des Auftriebs entdeckt hatte, muss auch den Abenteurern auf der Zunge gelegen haben, als sie in Nordkalifornien Mitte des 19. Jh. Gold fanden. So erklärt sich der Name der Hafenstadt Eureka, jenes Punktes, der die Goldgräber im Hinterland mit allem Lebensnotwendigen versorgte und danach Bedeutung als Fischereihafen und Umschlagort der Holzindustrie erlangte. Heute ist Eureka eine Kleinstadt ohne große Attraktionen, doch keineswegs so verschlafen, wie es auf den ersten Blick scheint. Kulturell ist – auch dank der *Humboldt State University* im benachbarten Arcata – viel geboten und **Kunstkenner** werden die Galerien und Kulturszene zu schätzen wissen – **Feinschmecker** die Austern. 90 % der kalifornischen Austern stammen aus der Humboldt Bay, doch auch Shrimps, Krabben, Lachse und andere Fische werden im Fischerhafen an Land gebracht. Bierfreunden schlägt das Herz in der **Lost Coast Brewery** höher, einer empfehlenswerten Kleinbrauerei.

Lost Coast Brewery

Mit über 30.000 Einwohnern ist die Doppelstadt **Eureka/Arcata** die „Metropole" an der nordkalifornischen Küste. Das Sehenswerteste im Ort ist **Historic Old**

Viktorianisches Wohnhaus in Eureka

Town, die sich parallel zur Waterfront im Bereich von 2nd und 3rd zwischen C und M Street erstreckende Altstadt. Die zahlreichen viktorianischen Häuser erinnern noch an die Gründerzeit um 1850. Herausragender Bau und bestes Beispiel für die vormalige Prosperität des Ortes als Handelszentrum ist die **Carson Mansion** (2nd/143 M St.). Dieses 1884-86 erbaute Haus, das in keiner Architekturgeschichte fehlt, kann leider nur von außen betrachtet werden.

Industrie-museum

Ein sehenswertes Kuriosum ist der **Blue Ox Millworks Historical Park** *(X St.,* ☏ *707/444-3437, Mo-Sa 9-17 Uhr, $ 7,50).* Auf ehemaligem Industriegelände sind alte Maschinen und Boote ausgestellt und wird über Holzindustrie und Handwerke vergangener Zeiten informiert.

Im **Fort Humboldt Museum & State Historical Park** steht der 1853 gegründete Militärposten, der Siedler vor Übergriffen der Indianer schützen sollte, mit Unterkünften, Eisenbahn und Ausstellungen zu Militär und Indianern *(3431 Fort Ave., ab US 101 über Highland St.,* ☏ *707/445-6567, tgl. 8-16.30 Uhr, Eintritt frei).*

Reisepraktische Informationen Eureka/CA

Vorwahl *707*

Information
• **Eureka/Humboldt County CVB**, *1034 Second St.,* ▯ *www.redwoodvisitor.org,* ☏ *443-5097. Hier sind ein informativer „Visitor Guide" und andere Informationen erhältlich. Zur Old Town:* ▯ *www.oldtowneureka.com*
• **Redwood Empire Association & North Coast Visitors Bureau**, *2801 Leavenworth/Pier 39, San Francisco,* ☏ *1-800/200-8334 und 415/956-3493,* ▯ *www.redwoodempire.com. Informationsmaterial zur ganzen Küstenregion nördlich von San Francisco.*

Einkaufen
• **Eureka Books**, *1st St. Ungewöhnlicher Buchladen, auch Raritäten.*
• **Humboldt Trading Co.**, *1st/E St. Typisches aus der Region und kleine Met/Cidre-Produktion namens „Golden Angels Cellars".*

Touren
• **Humboldt Bay Harbor Cruise**, *C St., Eureka,* ☏ *445-1910,*
▯ *www.humboldtbaymaritimemuseum.com/madaketcruises.html, tgl. 13, 14.30 und 16 Uhr informative 75-Min.-Fahrten (für $ 15) mit einer Fähre von 1910 in der Humboldt Bay.*

Über den Trinity River Scenic Byway nach Trinidad

Beim nördlich gelegenen Arcata zweigt der **Trinity River Scenic Byway** (Hwy. 299 W) ab, der in das Naturland der Shasta Cascade um Redding führt (s. u., „Inlandsroute"). Ein Stück weiter nördlich folgt **Trinidad**, ein vormals malerisches Fischerstädtchen, das sich mittlerweile zur beliebten Künstlerkolonie entwickelt hat. Trinidad kann mit Recht von sich behaupten, einen der schönsten Naturhäfen entlang der Pazifikküste zu besitzen.

Der 62 m über dem Hafen gelegene **Leuchtturm**, das *Memorial Lighthouse*, erfreut sich seit der Silvesternacht 1914 besonderer Berühmtheit: Eine riesige Welle türmte sich an der Klippe unterhalb so hoch auf, dass sie das Licht des Leuchtturms regelrecht ertränkte. Neben dem Leuchtturm und dem **Sumeg Indian Village** (im nahen *Patricks Point SP*, 🖳 *www.parks.ca.gov/?page_id=417*), das an die einstmals hier lebenden Ureinwohner erinnert, lohnen vor allem Wanderungen an der Trinidad State Beach.

Memorial Lighthouse

Der Redwood National Park (ⓘ S. 220)

Die *Avenue of Giants* gab bereits einen Vorgeschmack, doch der interessanteste Teil der Redwood-Wälder liegt um den kleinen Ort **Orick**, rund 65 km nördlich von Eureka. Das wenige Kilometer vor dem Ort gelegene **Redwood Information Center** (US Hwy. 101) sollte der erste Anlaufpunkt sein. Hier erhält man Infos über den **Redwood NP**, dessen Kerngebiet sich vor allem südlich Orick ausbreitet, der sich aber, immer wieder von State Parks unterbrochen – **Jedediah Smith SP** im Norden, daran anschließend **Del Norte Coast SP** und **Prairie Creek SP** im Süden –, hinaufzieht bis Crescent City und so ein zusammenhängendes Schutzgebiet bildet.

Redwood Information Center

Das Areal lässt sich in zwei Bereiche gliedern: einmal das 48 km lange **Küsten- und Lagunengebiet** mit schroffen Klippen, Steilküsten, Lagunen, Stränden, Gezeitenbecken und Landzungen, und zum anderen der eigentliche **Redwood Forest** mit üppiger Vegetation, Flüssen und Bächen. Dieser Wald unterteilt sich wiederum in eine feuchtere westliche Zone und ein höher gelegenes, trockeneres und lichteres Gebiet landeinwärts.

Während sich die Indianer über Jahrtausende weiter nicht für die Redwoods interessierten, begann mit Ankunft der Weißen ein **Kahlschlag unvorstellbarer Ausmaße**, der beinahe die gesamten Bestände vernichtet hätte. Die Siedler schätzten nämlich die Baumgiganten aus verschiedenen Gründen: Das Holz wächst gerade, ist hart, aber trotzdem leicht zu bearbeiten. Es ist nur schwer brennbar und resistent gegen Schädlinge und Pilze, schrumpft beim Trocknen nur minimal und muss nicht lange abgelagert werden. Redwoods wachsen in dichten Beständen und sind außergewöhnlich voluminös. Außerdem lagen sie „strategisch günstig" und konnten in den neu entstandenen Siedlungen und Sägewerken an Ort und Stelle verarbeitet und über die Häfen weitertransportiert werden.

Unvorstellbarer Kahlschlag

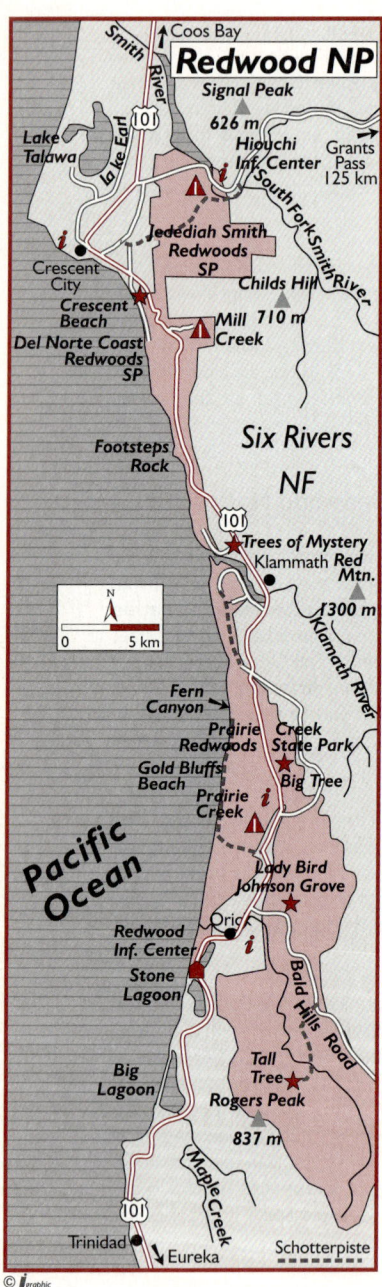

Holz wurde und wird in Nordamerika in rauen Mengen gebraucht: für die Stollen der Goldminen, für Schiffsplanken, im Eisenbahnbau und in der Bauindustrie. Ganze Städte und Flotten wurden aus Redwood errichtet, ebenso die schönen viktorianischen Häuser von San Francisco und Eureka, und trotz des außergewöhnlich schnellen Wachstums (bis zu 60 cm jährlich!) schwanden Jahr für Jahr große Teile des ehemals 8.000 km² bedeckenden Waldes. **Erst 1968** – bis dahin waren fast 90 % des Bestandes vernichtet – entschloss man sich, einen **Nationalpark** einzurichten. Dennoch geht bis heute außerhalb der geschützten Gebiete der Kahlschlag weiter.

Flora und Fauna

Der **Redwood NP** ist einer der wenigen Nationalparks, der explizit nach einer bestimmten Vegetationsform benannt ist. Dabei repräsentieren diese Bäume aber bei Weitem nicht die gesamte vertretene Flora. Insbesondere die **Vielzahl der Farne** fällt auf, die zwischen den Stämmen der Baumriesen für hellgrüne Akzente sorgen. Frauenfarn *(lady fern)*, Schwertfarn *(sword fern)* und Adlerfarn *(bracken fern)* erreichen hier eine erstaunliche Größe und bedecken zusammen mit dunkelgrünen Moosen den Waldboden wie ein dicker Teppich. Für die Indianer waren die Farne wichtige Vitaminspender. Daneben bilden im Frühjahr Azaleen und Rhododendren leuchtende Farbtupfer.

Während in den dichten Redwood-Wäldern **Tiere** eher selten sind, trifft man im gelichteten Hinterland einige Großsäugetiere an. So wurden z. B. zwei Herden der seltenen Roosevelt-Hirsche *(Roosevelt Elk)*, eine Unterart der Maultierhirsche, im **Prairie Creek Redwoods SP** angesiedelt. Auch Schwarzwedelhirsche *(blacktailed deer)*, eine Rehart mit schwarzstummeligem Schwanz, sind anzutreffen, weiter Otter, der nur in Amerika vorkommende Bergbiber, Luchse, wenige Exemplare des Schwarzbären und Erdhörnchen *(squirrels)*. Wegen der Insektenarmut gibt es im Wald nur wenige **Vögel**, während

Stille Riesen

INFO

In grauer Erdfrühzeit galt der **Redwood** – heute Staatsbaum Kaliforniens – noch als Hauptbaum der nördlichen Hemisphäre. Klimaveränderungen bewirkten jedoch eine allmähliche Reduktion des Bestandes, so dass sich die Bäume schließlich nur noch auf den Küstenbereich am Pazifik und einige Bergregionen konzentrierten. Als 1769 der spanische Pater *Juan Crespi* erste vorsichtige Schritte in den bislang unbekannten Norden Kaliforniens unternahm, staunte er nicht schlecht über die reichlich vorhandenen gigantischen Nadelbäume, die er **Palo Colorado** – rotes Holz – nannte. Auch der Forscher *Jedediah Smith* sah 1828, als er auf der Suche nach Handelswegen zwischen Rockies und Pazifik die Region erkundete, noch endlose Redwood-Wälder, doch als sich um die Jahrhundertmitte erste Siedler niederließen, war der Niedergang der Wälder besiegelt.

1847 erhielten die Baumriesen, die die Amerikaner **Redwoods** nennen, ihren wissenschaftlichen Namen: *Sequoia*, nach einem *Cherokee*-Häuptling, der als Erfinder des *Cherokee*-Alphabets gilt, und *sempervirens* wegen des immergrünen Zustands. Der „Küstenmammutbaum" (oder „Küsten-Sequoia") gehört der **Gattung der Sequoia** aus der Unterfamilie der Mammutbäume *(Sequoioideae)* an, von der es drei Arten gibt: Küstenmammutbaum *(Sequoia sempervirens)*, Riesenmammutbaum *(Sequoiadendron giganteum)* und Urweltmammutbaum *(Metasequoia glyptostroboides)*. Zwar sind die zur **Familie der Zypressengewächse** gehörigen Bäume recht schlank – vor allem die *Sequoia sempervirens* – und bis zu 100 m hoch bei einem mittleren Durchmesser von ca. 4 m –, doch können sie ein Alter von 2.000 Jahren (besonders die *Giganteum*-Art) erreichen, wobei der Durchschnitt bei 500 bis 700 Jahren liegt.

Die hohen **Küsten-Redwoods** – *Sequoia sempervirens* – wachsen heute nur noch in wenigen eng begrenzten geografischen Regionen, so entlang dem rund 2-15 km schmalen Küstenstreifen in Nordkalifornien und in Südwest-Oregon, einem regenreichen „Nebelgürtel". Das mild-feuchte Klima der *Coast Range* und die unterschiedlich hoch gelegenen geografischen Zonen – vom Meeresspiegel bis knapp 1.000 m – lassen verschiedene Mikroklimate entstehen, die optimale Bedingungen für unterschiedliche Flora und Fauna bieten.

Der Big Tree ist eine gut 1.500 Jahre alte Küsten-Sequoia

INFO

Die nächsten Verwandten der „Stillen Riesen" sind die **Riesenmammutbäume** oder *Giant Sequoias (Sequoiadendron giganteum)*.Wer den **Yosemite National Park** besucht hat, kann vergleichen: Die Verwandten am Westhang der Sierra Nevada werden zwar „nur" rund 70 m hoch, messen dafür aber leicht 6 m im Durchmesser und werden um einiges älter. Der *General Sherman Tree* im **Sequoia National Park** in Kalifornien soll mit rund 2.200 Jahren zu den ältesten Exemplaren gehören.

Außerdem gehören diese Sequoias zusammen mit den Sumpfzypressen Floridas, den japanischen Kryptomerien und den neuseeländischen Kauris zu den ältesten Vegetationsformen der Erde. Sie führen ihren direkten Stammbaum bis auf das Miozän vor 20 Mio. Jahren zurück und können in Vorformen noch weitere 280 Mio. Jahre zurückverfolgt werden.

Typisch für die Art ist ein altertümlicher biologischer Aufbau, eine borkige Rinde und faseriges Holz mit einer eigenartigen chemischen Struktur. Das **rötliche Holz** stößt Insekten ab und verrottet kaum. Das enorm hohe Alter der Bäume wird u. a. auf die **Resistenz gegenüber Schädlingen und Pilzen** zurückgeführt. Wegen der Insektenarmut gibt es übrigens auch nur wenige Vögel in den Redwoods, und es herrscht eine eigentümliche, fast „feierliche" Stille. Wachsen die Bäume in den ersten hundert Jahren alljährlich um etwa 30-50 cm, so verlangsamt sich ihr Wachstum in der Folgezeit kontinuierlich.

Redwoods sind Flachwurzler und bilden keine tief reichenden Stabwurzeln aus. Sie senden das Wurzelwerk in alle Richtungen, es kann ringsum nahezu 50 m weit reichen, dafür aber nur gut 2 m in die Tiefe. Diese langen Wurzelarme umzingeln Felsen, dringen in Spalten und vereinigen sich mit den Wurzeln anderer Redwoods.

Sequoias sind **Pyrophyten**, d. h., ihre dicke, faserige Rinde schützt sie vor Waldbränden, die in den trockenen Wäldern der Sierra Nevada häufig auftreten. Falls sie doch geschädigt werden, wachsen einfach um den Stamm kreisförmig neue Ableger heran, die das Wurzelsystem des alten Baumes mitbenutzen – ein Kuriosum unter den Nadelbäumen! Üblicherweise erfolgt die Vermehrung durch Zapfen, die wie große Oliven aussehen und aus denen im Spätsommer tomatensamengroße Samen fallen.

Es sind vor allem Trockenheit, Erosion und Winde, die dem flachwurzelnden Baum gefährlich werden können. Die **größte Gefahr** droht jedoch vom Menschen. Bereits in den 1870er Jahren hatten sich die Eisenbahnbauer des Holzes bedient und nach dem Erdbeben 1906 in San Francisco wurden die Wälder wegen des benötigten Baumaterials rigoros abgeholzt. Ab den 1930er Jahren wurden dann großflächig Bulldozer eingesetzt und Mitte der 1960er Jahre hatte man bereits Mühe, größere zusammenhängende Waldflächen auszumachen. Zum Glück regte sich Widerstand: Die von Naturschützern ins Leben gerufene „**Save**

INFO

the Redwoods"-Liga organisierte Proteste und die bewirkten 1968, dass die Regierung von Kalifornien die geringen Restbestände – gegen den Widerstand der Holzindustrie – unter Schutz stellten. Zehn Jahre später konnte das Areal ausgeweitet werden, und heute gilt der mehrteilige Naturpark als **World Heritage Site** und **International Biosphere Reserve**.

Nachdem über 90 % der Küsten-Redwoods bereits abgeholzt waren, ist es beachtlich, dass allein im Redwood NP 45 % erhalten sind. **Aufforstungsmaßnahmen** haben dafür gesorgt, dass beispielsweise im *Humboldt County* mittlerweile wieder 90 % der Fläche von Wald bedeckt sind. Doch die Gefahr ist noch nicht gebannt: Abholzung in Privatwäldern verursacht Abschwemmung von Schlamm und Schlick und droht die noch existierenden Riesenbäume zu ersticken und zu entwurzeln. Die derzeitigen Bemühungen der Umweltschützer zielen daher auf einen verstärkten Erwerb von Staatswald und weitere Wiederaufforstungsmaßnahmen.

im Hinterland u. a. Kolibris, Schwalben und Schleiereulen heimisch sind. An der Küste halten sich Schwärme von Seevögeln auf, wobei die Pelikane in der *Freshwater Lagoon* (südlich Orick) besonders sehenswert sind.

Im **Meer** tummeln sich Seelöwen und Robben. Auch Grauwale, Delfine und Orcas kann man mit Glück beobachten. Reichhaltig ist das Leben in den fließenden und stehenden Gewässern. Lachsarten, wie der *King Salmon*, der *Silver Salmon* und die *Steelhead Trout* ziehen im frühen Herbst die Flüsse aufwärts zu ihren Laichplätzen.

Fahrt durch den Redwood National Park

Auf dem US Hwy. 101 passiert man zwischen dem *Redwood VC* bei Orick und Crescent City den Park in fast seiner gesamten Länge. Verschiedene Sehenswürdigkeiten kann man allerdings nur zu Fuß oder in der Hochsaison mit einem Shuttlebus erreichen. Unbedingt gesehen haben sollte man beispielsweise den größten bekannten Redwood Tree, den **Tall Tree**, mit knapp 120 m Höhe und 13,5 m Umfang. Er wird auf 600 Jahre geschätzt und steht im **Tall Trees Grove** am Redwood Creek südlich Orick. Dieser Platz ist über die *Bald Hills Road* erreichbar, eine Schotterpiste, die von einem Shuttlebus zwischen Infozentrum und *Tall Trees Trailhead* befahren wird (Tickets im VC, Selbstfahrer benötigen ein permit). Vom Trailhead sind es dann rund 2 km zum *Tall Trees Grove*. Für die ganze Tour mit Bus und Wanderung sollte man etwa vier Stunden einplanen. Schneller und einfacher ist der Spaziergang zur **Lady Bird Johnson Grove**, ca. 1,5 km vom Parkplatz aus, der bereits wenige Kilometer nach der Abzweigung der Nebenroute vom Hwy. 101 kommt.

Tall Trees Grove

Zurück auf dem Hwy. 101 zweigt vor dem *Prairie Creek Redwoods SP* die *Gold Bluffs Road* (Davison Rd.) ab, auf der man den **Gold Bluffs Beach** mit eindrucksvoller Küstenszenerie erreicht. Am 12 km langen Sandstrand sind herrliche Wanderungen

Tipps für Besucher des Redwood National Park

Information
• **Redwood National Park & State Parks**, 1111 2nd St., Crescent City, ☎ 707/464-6101, 🖳 www.nps.gov/redw, Park frei, mehrere VCs:
– **Thomas H. Kuchel VC/Redwood Information Center**, Hwy. 101, Orick, März-Okt. 9-17 Uhr, Nov.-Feb. 9-16 Uhr, ☎ 707/465-7765, erste und zugleich beste Anlaufstelle (Ausstellungen, Programme, Filme, Shop).
– **Prairie Creek VC**, ab Hwy. 101, Newton B. Drury Scenic Pkwy. im Süden des Parks, ☎ 707/465-7354, März-Okt. 9-17 Uhr, Nov.-Feb. Mi-So 9-17 Uhr, mit Museum, zahlreichen Trails, Campingplatz, Picknickarea, Programmen und Buchladen.
– **Crescent City Info Center**, 1111 Second St., Crescent City 9-17 Uhr, Nov.-Feb. 9-16 Uhr, ☎ 707/465-7306, kleiner Shop.
– **Jedediah Smith VC**, US Hwy. 101, Hiouchi, Ende Mai-Ende Sept. 9-17 Uhr, sonst Fr-So 10-18 Uhr, ☎ 707/465-2144, Ranger-Programm, Ausstellung, Shop.
– **Hiouchi Info Center**, US Hwy. 199, Hiouchi, Mitte Juni-Mitte Sept. 9-17 Uhr, ☎ 707/458-3209, Programmen und Touren, Ausstellungen, Shop, Film.

Reisezeit
Das pazifische Klima sorgt für **ganzjährig milde Temperaturen** einerseits und erhebliche **Niederschläge** andererseits. Winterlicher Nieselregen und sommerlicher Nebel rufen in den Redwood-Wäldern eine fast mystische Stimmung hervor, die zu den Baumgiganten besser passt als strahlend blauer Himmel. Am niederschlagsärmsten sind das Frühjahr und der Herbst, obwohl dann die Nächte recht kühl werden können. Landeinwärts ist es in der Regel trockener, im Sommer wärmer und im Winter kälter als an der Küste.

Wandern
Es gibt **Wanderwege** von einer Gesamtlänge von **rund 200 km** im Nationalpark. Einen oder zwei der kürzeren Trails in den Wäldern sollte man unbedingt absolvieren, denn erst dann wird einem die Mächtigkeit der Redwoods voll bewusst. Von fast allen Parkplätzen aus sind Wanderwege mit Meilenangaben ausgeschildert und in den Besucherzentren (s. o.) sind Informationen, Wanderführer und Karten erhältlich.

Andere Aktivitäten
Flüsse, Flussmündungen und Meeresbuchten sind ausgezeichnete Fischreviere und ziehen Angler von weither an. Redwood Creek, Klamath River und Smith River eignen sich für Kajak- und Floßfahrten unterschiedlichen Schwierigkeitsgrades.

möglich, bei denen man mit etwas Glück Wale, Delfine oder Robben beobachten kann. Am nördlichen Ende des Strandes gibt es einen Zugang zum **Fern Canyon**, dessen Wände von Farnen überwuchert sind. Hier (sowie am *Patricks Point*) drehte *Steven Spielberg* 1996 Teile seines Films „*The Lost World: Jurrassic Park*".

Direkt nördlich des Redwood NP schließt sich der **Prairie Creek Redwoods SP** (🖳 *www.parks.ca.gov/?page_id=415*) an. Vor der Park-Südgrenze gabelt sich der US

Hwy. 101: Mitten durch den Park führt rund 15 km lang der linker Hand abzwei-
gende schmale **Newton B. Drury Scenic Parkway**, während die Hauptroute
(101) entlang der Park-Ostgrenze verläuft. Gleich zu Anfang des *Scenic Parkway* befindet sich das **Prairie Creek VC** (s. o.) mit einem Aussichtspunkt sowie Infos zu
den zahlreichen Trails, darunter ein besonders empfehlenswerter 18-km-Rundweg
zum oben erwähnten *Fern Canyon* und zum Strand.

Hauptattraktion am *Drury Scenic Parkway* ist der **Big Tree**, ein 1.500 Jahre alter, etwa
100 m hoher Redwood. Ein besonders intensives Landschaftserlebnis bietet sich
vom *Coastal Drive*, der vom Drury Pkwy. kurz vor dessen Zusammentreffen mit dem
Hwy. 101 abzweigt und über 13 km, teils ungepflastert und für große RVs ungeeignet, die Küstenkontur nachzieht. Die Straße folgt schließlich dem Klamath River
wieder ins Landesinnere und trifft dort auf den Hwy. 101.

*Haupt-
attraktion
Big Tree*

Zur Pause bietet sich **Lagoon Creek** an, mit schönem Strand und zugleich Ausgangspunkt des knapp 2 km langen **Yurok Loop** hinauf auf die Klippen. Eine neuere
Attraktion ist **Trees of Mystery** *(ab US 101, nördlich Klamath/CA,* ☎ *707/482-2251,*
🖳 *www.treesofmystery.net, tgl. 9-17 Uhr, $ 13,50),* wo man mit Seilbahngondeln durch
ein Stück Redwood Forest fährt und ein *Native American Museum* über die hier einst
lebenden Indianer informiert. Die Holzfällerlegende *Paul Bunyan* als Riesenstatue be-
grüßt Besucher. Im „Waldmuseum" kann man schließlich die verschiedensten Formen
der Redwoods bestaunen, in „Kathedral-Form", als „Zwillinge", als „Mammut" etc.
Nach *Trees of Mystery* erreicht man den **Del Norte Coast Redwoods SP** (🖳
www.parks.ca.gov/?page_id=414). Highlight ist die **Enderts Beach Road**, die auf den
Klippen über dem gleichnamigen Sandstrand endet. Ein 2-km-Rundpfad führt hinunter zum Strand (Picknick und Camping!) und vom **Crescent Beach Overlook**
sieht man mit Glück Wale. Auf dem Rückweg zum Hwy. 101 geht es vorbei an Crescent Beach, und in Crescent City kann man sich in den *Park Headquarters* (2nd/K St.)
mit Infos oder Tipps versorgen.

• Vorsicht Riffs!

Das 4.000 Einwohner zählende **Crescent City** (🖳 *www.crescentcity.org,* ⓘ S. 184)
wurde 1853 als Goldgräber-Versorgungsstation gegründet und errang rasch Bedeutung als wichtiger Hafen – bis heute das eigentlich einzig Sehenswerte am Ort, über
dem der Qualm und stechende Geruch zahlreicher Holzfabriken liegt. Ein schweres
Erdbeben in Alaska, das 1964 Anchorage verwüstete, zog eine enorme Flutwelle *(Tsu-
nami)* nach sich und diese traf die Kleinstadt mit voller Wucht. Neben elf Toten waren
damals Zerstörungen an nahezu allen Häusern und an der Hafenanlage zu beklagen.

*Hafenstadt
Crescent
City*

Die Küste ist rau und die Riffs forderten bereits viele Opfer: Mehrere **Schiffswracks** sind noch heute im Meer auszumachen, darunter „Brother Jonathan", ein
Sidewheeler, der im Juli 1865 kenterte. Kein Wunder, dass hier ein Leuchtturm steht:
Das **Battery Point Lighthouse** ist seit 1856 in Betrieb und mit einem kleinen Museum ausgestattet *(H St., April-Sept. Mi-So 10-16 Uhr, $ 4).* Eine neuere Attraktion ist
hingegen das **Aquarium Ocean World** *(304 US 101 S,* ☎ *707/464-4900,* 🖳
www.oceanworldonline.com, tgl. 9-18 Uhr, im Sommer 8-21 Uhr, Touren $ 9,95).

🚶 Tipps für Wanderer

Der längste unerschlossene Küstenstreifen der kontinentalen USA zwischen Mendocino und Eureka gilt als **Paradies für Wanderer** *und speziell der hier verlaufende* **Küsten-Trail** *ist beliebt. Für Zelten am Wegesrand ist kein permit nötig, lediglich wer ein Feuer entfachen möchte, muss sich in ein Trail Register eintragen. Der Pfad zweigt nördlich Orick zur Küste ab, führt zum Klamath Overlook und endet an Enderts Beach südlich Crescent City.*

Für Leute mit wenig Zeit stehen zahlreiche Kurzwanderungen zur Auswahl. Empfehlenswert ist beispielsweise der **Brown Creek Trail** *(ca. 5,5 km, mittelschwer, ab Hwy. 101 nördlich Orick) durch einen Redwood-Wald, der* **Hidden Beach Trail** *(12 km, mittelschwer, ab Hwy. 101 nördlich Klamath) – die vielleicht schönste Küstenwanderung – oder der* **Stout Grove Trail** *(ca. 10 km, leicht, ab Hwy. 199, nahe dem Hiouchi Information Center im Jedediah Smith Redwoods SP) entlang dem Smith River und durch Redwood-Wälder.*

Discovery Trail

Der älteste Redwood-Bestand befindet sich im östlich von Crescent City gelegenen **Jedediah Smith Redwoods SP** (🖥 www.parks.ca.gov/?page_id=413). Um einen Eindruck zu bekommen, sollte man den 1 km langen **Simpson-Reed Discovery Trail** ablaufen, der vom Hwy. 199 (*Smith River Scenic Byway*, ab Crescent City nach Nordosten) abzweigt. Das nur wenige Meilen von der Stadt entfernte und am Highway gelegene **Hiouchi Information Center** (s. o.) informiert über die Region. Die Straße führt anschließend durch eine malerische Flusslandschaft mit tiefen Canyons am noch ungezähmten Smith River (Smith River NRA). Folgt man dem Hwy. 199 weiter, stößt man in O'Brien, bereits in Oregon, auf den Hwy. 96, der über die Klamath Mountains in die Shasta Cascade-Region führt (s. u., „Inlandsroute").

Entlang der Oregon Coast

Rund 640 km lang und einzigartig: die Oregon Coast

Rund 640 km misst der Küstenstreifen Oregons, die **Oregon Coast**, an deren Kontur sich der US Hwy. 101, der **Pacific Coast Highway**, anschmiegt. Die Route stellt den vielleicht schönsten Streckenabschnitt der legendären Route dar. Doch die Küste ist nicht nur malerisch, sondern auch gefährlich: Namen wie *Cape Foulweather, Devil's Punch* oder *Devil's Elbow* erinnern an die Ängste der Seefahrer vor dieser unberechenbaren Küste. Riesige Monolithen im Meer, Sanddünen, steile Klippen und Untiefen, Stürme und Brandungen mit bis zu 10 m hohen Brechern bieten ein **einmaliges Naturschauspiel**. Sie gehören wie Nebelschwaden und Regenschauer, aber auch strahlend blauer Himmel, Sonne und spiegelglatte See an der Pazifikküste zur Tagesordnung. Auch wenn neun Leuchttürme die Seefahrer entlang der Oregon Coast vor Nebel und Sturm warnen, liegen dennoch über 200 Schiffswracks vor der Küste „begraben".

Wenige Kilometer nördlich von Crescent City erreicht man die Grenze von Oregon. Ein *easy-going lifestyle*, viel Toleranz und Liberalität zeichnen die Bewohner aus, keine *sales tax*, weniger Hektik und dünnere Besiedelung – das sind die **Kennzeichen Oregons**. Viele Kalifornier – und natürlich auch andere Amerikaner – haben diese Andersartigkeit zu schätzen gelernt und Oregon deshalb zur neuen Heimat gewählt.

Zwischen Banana Belt und Gold Coast

Im Süden von Oregons Küste breitet sich dank des milden Klimas um **Brookings-Harbor** der „**Banana Belt**" aus, ein großes Obst- und Gemüseanbaugebiet direkt am Pazifik. Broo-

Die Pazifikküste Oregons und Washingtons

© *i*graphic

☞ **Tipps für Besucher**

An Oregons Küste gibt es viele interessante und ungewöhnliche Arten, die Freizeit zu gestalten, z. B. mit der **Beobachtung von Walen** *oder anderen Meeresbewohnern von einem der zahlreichen Aussichtspunkte, beispielsweise Strawberry Hills. Die* **Traumstrände** *laden zwar nur selten zum Baden ein, dafür aber zum Picknick oder Sandburgenbauen, Drachensteigenlassen oder zum Spaziergang – „Beach Combing" genannt. Die Wahrscheinlichkeit, bei Ebbe schöne Achate zu finden, ist höher, als einen Wal zu sehen, und mit Glück lassen sich sogar Fossilien oder Glasobjekte finden. „***Lighthouse Hopping***", der Besuch von Leuchttürmen –, es gibt noch sieben, die man besichtigen kann – ist ideal für Hobbyfotografen, denn z. B. Heceta Head Lighthouse bei Sonnenuntergang ist ein spektakuläres Motiv.*

Wo sich für die einzelnen Aktivitäten die jeweils geeignetsten Punkte befinden, ist auf der Webpage
🖳 *www.visittheoregoncoast.com bzw. unter den weiterführenden Links zu „Wale Watching", „Recreation" („Beach Combing") und „Attractions" („Lighthouses") etc. zu finden.*

---

kings ist aber auch das Zentrum der amerikanischen Lilienzucht: 90 % aller Lilien Amerikas kommen von hier.

Küste um Gold Beach

Die sich nordwärts anschließende Küstenlandschaft gehört mit Sicherheit zu den schönsten Abschnitten der Oregon Coast. Um **Gold Beach** (ⓘ S. 193) folgt ein Stück Küste, das nicht nur für seine landschaftliche Schönheit, sondern auch für ein breit gefächertes Freizeitangebot, seinen Lachsreichtum und seine Austernfarmen (Touren!) bekannt ist. Eine Besonderheit ist das *Mailboating*: Seit 1885 fuhren Postboote den Rogue River hinauf, um den Trappern und Holzfällern die Post zu bringen. Heute können Touristen mit den alten Booten fahren, doch laufen ihnen längst laute Jetboats den Rang ab.

Cranberry-Hauptstadt

In **Port Orford** steht der älteste Leuchtturm Oregons und von den Klippen im **Cape Blanco SP** hat man eine tolle Aussicht aufs Meer. Der gleichnamige **Leuchtturm** lotst schon seit 1870 die Schiffe an der felsigen Küste vorbei. **Bandon-by-the-Sea** genießt seinen Ruf als „Cranberry-Hauptstadt" Oregons, was Straßenstände zur Erntezeit dieser großen Preiselbeeren untermauern. Der fotogene **Leuchtturm** nördlich von Bandon, das *Bandon Lighthouse*, im **Bullards Beach SP** *(ca. 3 km nördlich Bandon, ab US 101, tgl. Sonnenauf- bis Sonnenuntergang, Eintritt frei)* lohnt einen Stopp, besonders weil im angeschlossenen Museum einiges zur Geschichte von Bandon zu erfahren ist.

Information
• **Bandon-by-the-Sea Chamber of Commerce**, *300 2nd St. (Old Town),* ☎ *541/347-9616,* 🖳 *www.bandonbythesea.com, vgl. auch:* 🖳 *www.southernoregon.org*

Dünen, nichts als Dünen

An der größten geschützten Bucht zwischen Seattle und San Francisco hat sich die Doppelstadt **Coos Bay-North Bend** (ⓘ S. 183) mit heute gut 30.000 Einwohnern entwickelt, der bevölkerungsreichste Ballungsraum an der Oregon Coast. Der Hafen, der bedeutendste amerikanische **Holzumschlagplatz** am Pazifik, ist heute noch wirtschaftliches Standbein, doch bemüht sich besonders Coos Bay um touristische Attraktivität. Der **Harbor Boardwalk** (direkt am US Hwy. 101/mit Infotafeln) und die Antiquitätengeschäfte in der kleinen Innenstadt sind ein Beitrag.

---

i **Information**
• **North Bend Tourist Information Center**, 1380 Sherman St., North Bend,
☏ 541/756-4613, 🖥 www.northbendcity.org
• **Coos Bay Area Chamber of Commerce**, 50 Central Ave., Coos Bay, ☏ 541/269-0215, 🖥 www.oregonsbayareachamber.com

---

Hat man Coos Bay in Richtung Norden verlassen, traut man seinen Augen kaum: **Endlose Sanddünen**, die sich bis zu 150 m hoch auftürmen, breiten sich auf rund 50 km zwischen Wald, Straße und Pazifik aus. Auch wenn der größte Teil dieses Naturareals zwischen North Bend und Florence als **Oregon Dunes National Recreation Area** unter Schutz steht, darf man es in ausgewiesenen Bereichen betreten und sogar dem zweifelhaften Vergnügen frönen, mit *Dune Buggies* über die Sandhügel zu düsen. Der Tourismus tut der Dünenlandschaft auch sonst nicht unbedingt gut: Unzählige Campingplätze verbauen die Küste an den Zubringerstraßen und zudem haben die europäischen Siedler Ende des 19. Jh. ein Dünengras eingeführt, das das weitere Vordringen der Dünen verhindern sollte, nun aber ungehindert wuchert.

Sanddünen ohne Ende

Statt sitzend auf dem lautem Buggy sollte man die Dünen besser auf einem Spaziergang vom US Hwy. 101 zum **Oregon Dunes Overlook** nördlich von Reedsport erkunden. Im Städtchen selbst, genauer, im **Oregon Dunes NRA Visitor Center**, kann man vorher nähere Informationen zu Landschaft, Flora und Fauna einholen.

Aussicht vom Dunes Overlook

---

i **Information**
• **Oregon Dunes NRA**, US 101, zwischen Coos Bay/North Bend und Florence, VC in Reedsport, 855 Highway Ave., Kreuzung US 101/OR 38, ☏ 541/271-6000, 🖥 www.fs.fed.us/r6/siuslaw/recreation/tripplanning/oregondunes, tgl. 8-16.30 Uhr, im Winter Sa/So geschl.

Im **Umpqua Lighthouse SP** (US 101, Mai-Okt. tgl. 10-16 Uhr, $ 2), etwa in der Mitte der Oregon Dunes NRA, ca. 9 km südlich von Reedsport, gibt es nicht nur einen Leuchtturm, sondern auch ein **Coast Guard Museum** (im *Douglas County VC*). Dieses macht u. a. darauf aufmerksam, dass der erste Leuchtturm von 1857 nach nur vier Jahren von einem Sturm umgekippt wurde. Außerdem beeindrucken auch hier die Sanddünen, und die Landzunge am Leuchtturm eignet sich hervorragend zur Walbeobachtung.

Beliebtes Fotomotiv: Heceta Head Lighthouse

Oregons Traumküste

Beschaulicher und ruhiger geht es in **Florence** (📖 *www.florenceoregon.net,* ⓘ S. 192)
zu, der „*City of Rhododendrons*" mit einem *Rhododendron Festival* im Mai. Florence
(7.300 Einwohner) ist einer der **schönsten Fischerorte** an der Oregon Coast, mit
liebevoll restaurierter Altstadt. Kurz vor dem historischen Fischereihafen, der
Historic Harborfront (📖 *www.oldtownflorence.com*) mit Boutiquen, Kneipen und
Fischrestaurants, passiert man eine markante und äußerst fotogene Brücke über den
Siuslaw River.

Zwischen Florence und dem nördlich gelegenen Newport wird der Küstenabschnitt
noch aufregender: Gerahmt vom Pazifik auf der einen und dem schier undurch-
dringlich wirkenden **Siuslaw NF** auf der anderen Seite und mit dem *Heceta Head
Lighthouse* als besonderem Fotospot zeigt hier die Küste ihr schönstes Gesicht.

*Seehund-
höhlen*

*Heceta
Head
Lighthouse*

Die **Sea Lion Caves** (☎ 541/547-3111, 📖 *www.sealioncaves.com, tgl. 9 Uhr bis Sonnenuntergang, $ 9*), etwa 15 km nördlich von Florence am US 101, gehören zu den
größten vom Meerwasser geformten Grotten an dieser Küste, in denen eine See-
löwenkolonie lebt. Mit einem Aufzug fährt man von Straßenniveau 60 m tief nach
unten, um Hunderten von Seelöwen in der Grotte zuzusehen. Nur wenige Meilen
weiter, bereits von den Sea Lion Caves aus zu sehen, steht der schon erwähnte
meistfotografierte Leuchtturm der Küste, das **Heceta Head Lighthouse** (📖
www.hecetalighthouse.com, Touren April-Okt., sonst nur Viewpoint zugänglich). Es dient
auch heute noch der Sicherheit der Seefahrt und das Leuchtfeuer ist etwa 30 km
weit sichtbar.

Um **Cape Perpetua** erstreckt sich ein Naturschutzgebiet mit verschieden langen
Wanderwegen. Eine kurze Stichstraße ab Hwy. 101 führt zum **Cape Perpetua/US
Forest Service VC**, wo es Informationen über die Küste mit ihren vielseitigen Formen und geologischen Einzigartigkeiten gibt, aber auch zum *Siuslaw NF*, im Hinterland. Der Weg zum **Cape Perpetua Overlook** ist ausgeschildert, ebenso ein 30-
km-Loop durchs Hinterland, der in Yachats wieder auf den Hwy. 101 stößt.

*Kleines
Fischerdorf*

Yachats (ⓘ S. 244, indianisch „unterhalb des Berges") ist ein ehemaliges, kleines
Fischerdorf, das sich einen eigenen Charme bewahrt hat, obwohl in letzter Zeit auch
hier mehr und mehr luxuriöse Inns, exklusive Restaurants und schicke Galerien aus
dem Boden schießen. Noch fehlt die Hektik und Betriebsamkeit der größeren Fe-
rienorte und viele B&Bs und Inns befinden sich am Hwy. 101, teils direkt am Meer
und mit entsprechendem Ausblick.

In der Nähe des Ortes befinden sich der **Devil's Churn** („Butterfass des Teufels"),
eine tiefe Felsspalte, aus der die Meeresbrandung als gelber Schaum quillt, und
Strawberry Hill, bekannt nicht nur wegen der wilden Erdbeeren, sondern auch
aufgrund der Klippen, auf denen sich Seelöwen in der Sonne aalen.

Kurz nach Passieren des **Seal Rock**, eines wie ein Seehund geformten Felsens, erreicht man **Fort Sea Gulch**. Hier haben sich Holzschnitzer niedergelassen, die als

Werkzeug fast ausschließlich Kettensägen verwenden. Man kann den Künstlern bei der Arbeit zusehen, ihre Werkstätten besichtigen und ihre Kunstwerke bewundern – überwiegend „wilde" Figuren mit Grimassen und in aberwitzigen Haltungen.

Fische und Bier in Newport (ⓘ S. 209)

Gleich am südlichen Ortseingang von **Newport** (9.500 Einwohner) weist ein Schild auf eine der Hauptattraktionen an der Oregon Coast hin: das spektakuläre **Oregon Coast Aquarium**, eine ungewöhnliche Mischung aus Aquarium, Zoo und Parkanlage *(2820 SE Ferry Slip Rd., ab US 101, ☏ 541/867-3437, 🖳 www.aquarium.org, tgl. 9-18 Uhr, $ 13,25)*. Viele vorbildlich angelegte, großzügig bemessene Habitate befinden sich im Freien, z. B. Reviere für Seeotter, Robben und Seelöwen sowie Seevögel. Große Aquarien und sehenswerte Wechselausstellungen im Inneren tragen dazu bei, den Lebensraum „Küste" eindrücklich vorzustellen, dazu gibt es interessante *Behind-the-Scenes*-Touren. Das **Hatfield Marine Science Center** gleich nebenan gibt weitere Infos zur Fauna des Pazifik und zu den unterschiedlichen Techniken des Fischfangs *(2030 S Marine Science Dr., tgl. 10-17 Uhr, Spende)*.

Aquarium und Zoo

Nach so viel Flora, Fauna und Natur kommt eine Pause gerade recht: Nahe dem Aquarium, beinahe versteckt unter der gigantischen **Yaquina Bridge**, über die der US Hwy. 101 den gleichnamigen Fluss quert und in die Stadt führt, befindet sich in einem alten Hafenlagerhaus die **Rogue Brewery** *(2320 OSU Dr., 🖳 www.rogue.com)*. In der zugehörigen Kneipe gibt es leckere Gerichte, doch berühmt ist die Brauerei, in der Braumeister *John Maier* regiert, weit über Oregon hinaus wegen ihrer dunklen Biere, vielfach „Rauchbiere", wie sie in Bamberg zu finden sind.

„Sight" in altem Lagerhaus: die Rogue Brewery in Newport

Gleich nördlich der Brücke führt eine Straße hinunter zur **historischen Bayfront** von Newport, wo Fischlokale, ein weiterer Pub der *Rogue Brewery* (748 SW Bay Blvd.) und Läden mit frischem Lachs, Austern und Krabben locken. Von hier stechen Boote in See, zum Beobachten des Walzugs, zum Angeln oder zu Ausflugsfahrten. Wer eine Pause am Strand einlegen möchte, sollte die nahe **Nye Beach** ansteuern, ein schöner, weitläufiger Strand, der bereits Anfang des 20. Jh. Urlauber anlockte.

Historische Bayfront

 Information
• **Newport Chamber of Commerce**, 555 SW Coast Hwy., ☏ 541/265-8801 bzw. 1-800-262-7844, 🖳 www.discovernewport.com

Depoe City und Lincoln City

In **Depoe City**, einem weiteren kleinen Touristen- und Fischerort, wurde der bekannte Film „Einer flog übers Kuckucksnest" gedreht. Von der Kulisse ist heute nicht mehr viel geblieben. An der Felsnase südlich des Ortes – **Cape Foulweather** – ankerte 1778 der Entdecker *James Cook*, um von dort aus das Hinterland zu erkunden.

*Knotenpunkt
Lincoln City*

Lincoln City (ⓘ S. 202, 🖳 *www.oregoncoast.org*) ist mit seinen 7.500 Einwohnern ein verkehrstechnisch wichtiger Punkt an der Orgeon-Küste, da von hier eine Hauptstraße, die OR 18, direkt nach Portland führt. Daher hat die Stadt auch eine Vielzahl an Motels/Hotels, Apartments und Geschäften zu bieten. Bekannt ist sie auch als Zentrum der Drachenflieger und wegen der **Factory Outlet Stores** am US 101, die dank ihrer großen Auswahl und der Tatsache, dass es in Oregon keine Verkaufssteuer gibt, wahre Schnäppchen bieten.

Hinter Lincoln City verlässt der US Hwy. 101 bis Bay City die Küste und führt durch eine Wald- und Wiesenregion, die mit ihren Weiden und grasenden Milchkühen etwas an das Alpenvorland erinnert. Es lohnt sich, bei **Pacific City** den US Hwy. 101 zu verlassen und auf die malerische Küstennebenstraße zu den **Three Capes** einzubiegen. Der **Three Capes Scenic Loop** erschließt das auf einer Landzunge gelegene Areal, ehe man den **Cape Lookout SP** erreicht. Neben Cape Lookout lohnen der **Cape Kiwanda SP** und das **Cape Meares Lighthouse**. Von hier geht es dann entlang der **Tillamook Bay** zurück auf die Hauptroute.

Reisepraktische Informationen Lincoln City und Tillamook

Lincoln City/OR

Einkaufen
• **Tanger Factory Outlet**, 1500 SE Devils Lake Rd. (im Ortszentrum, ausgeschildert), 🖳 www.tangeroutlet.com/lincolncity. Größtes Outlet-Center im pazifischen Nordwesten mit rund 60 Filialen bekannter Markenhersteller (wie Eddie Bauer oder Columbia).

Veranstaltungen
• Seit 1979 findet Mitte Oktober das **Fall Kite Festival** mit Workshops zum Drachenbasteln und verschiedenen Wettbewerben, vielfach für Kinder, statt.
Infos: 🖳 www.oregoncoast.org/kite-festival/kites-fall.html

Tillamook/OR

i **Information**
• **Tillamook Chamber of Commerce**, 3705 Hwy. 101 N, ☏ 503/842-7525,
🖳 www.tillamookchamber.org

Einkaufen, Essen & Trinken
• **Tillamook Cheese Factory**, 4175 US 101, 3 km nördlich der Stadt, tgl. 8-18/20 Uhr, 🖳 www.tillamookcheese.com. Gratis-Käserei-Tour sowie großer Laden mit angeschlossenem Imbiss, tolles Eis und Käseproben.
• **Blue Heron French Cheese Factory**, 2001 Blue Heron Dr., ab US 101, tgl. 8-18/20 Uhr, 🖳 www.blueheronoregon.com. Kleinere Käserei mit ebenfalls guter Auswahl, Feinkostladen und Café.

Alternativrouten nach Portland

Wer nicht weiter der Küste folgen möchte, hat vier Möglichkeiten, nach Portland zu gelangen: Nördlich von **Lincoln City** *führt der OR 18 ins Landesinnere und nach Überquerung der Küstenberge ins fruchtbare Wein-, Obst- und Gemüseanbaugebiet* **Willamette Valley** *(s. u., „Inlandsroute") nach Portland. Des Weiteren erreicht man Portland auch vom weiter nördlich gelegenen* **Tillamook** *über OR 6 und US Hwy. 26, von* **Cannon Beach** *(US Hwy. 26) oder von* **Astoria** *aus auf dem US Hwy. 30.*

Käsezentrum Tillamook

Die großen Weideflächen für Milchkühe zwischen Lincoln City und Tillamook verraten es bereits: Hier befindet sich ein Zentrum der Käseherstellung. In **Tillamook** (4.400 Einwohner) kann man sich selbst davon überzeugen, dass die Amerikaner durchaus etwas von Käse- und Eiscremeproduktion verstehen. Zwei Käsereien (beide am US Hwy. 101) laden dazu ein: die kleine **Blue Heron French Cheese** und die große **Tillamook Cheese Factory**, die auch Touren anbietet.

Empfehlenswerte Käsereien

Im Stadtzentrum lohnt, bei genügend Zeit, das **Tillamook County Pioneer Museum** *(2nd St./Pacific Ave., Di-Sa 9-17, So 11-17 Uhr, $ 3)*, während das **Tillamook Air Museum** am Ortseingang vor allem etwas für Flugzeugfans ist.

Strandleben

Der US Hwy. 101 führt nördlich von Tillamook wieder zurück zur Küste und bietet bis Astoria noch einmal eine breite Palette an Erlebnissen: Fischerorte und Sandstrände, Touristenrummel und verschlafene Buchten, Klippen und Felsen, Wiesen und Marschen. **Bay City** ist eines der Zentren der Austernzucht. Auf einem kleinen Pier werden die Delikatessen, quasi fangfrisch, günstig angeboten. Der US Hwy. 101 umrundet diese zerklüftete Bucht und stößt auf **Garibaldi**, ein ehemaliges Holzverarbeitungszentrum und heutiges Hafenstädtchen mit touristischer Infrastruktur.

Am letzten Küstenabschnitt bis Astoria reihen sich Orte wie **Cannon Beach**, **Seaside** *(⌨ www.seasideor.com)* und **Warrenton** – bereits eine Art „Vorort" von Astoria – aneinander, allesamt touristische Zentren, in denen sich speziell an Wochenenden „halb Portland" am Strand tummelt. In der Nebensaison und werktags ist ein Abstecher ans Wasser durchaus empfehlenswert. **Cannon Beach** (ⓘ S. 179, ⌨ www.cannonbeach.org) ist bekannt für seine Künstlerkolonie und alljährlich, Anfang Juni, findet ein Sandburgen-Wettbewerb statt, der mittlerweile sogar Künstler aus dem ganzen Land anlockt. Der Ort ist bekannt für seine Galerien, Ateliers und Boutiquen. Am Strand scheinen die Felsen wie Pilze aus dem Meer herauszuwachsen; am beeindruckendsten ist der rund 70 m hohe **Haystack Rock**.

Beliebte Strandregion

In **Seaside** – Oregons größtem und ältesten Seebad – geht es an der 2 km langen Promenade besonders an Wochenenden nur noch im Schneckentempo voran. Hier finden sich die westlichsten Spuren der *Lewis & Clark*-Expedition, denn hier steht noch die alte Entsalzungsanlage, mit der die Expedition 1806 das Meerwasser trinkbar machte.

„Ocian in view! O! the joy!"

Dieser Eintrag von Captain *William Clark* am 7. November 1805 in die Expeditions-Tagebücher der **Lewis & Clark-Expedition** (ⓘ S. 316) dürfte zu den am häufigsten benutzten Zitaten zählen. An kaum einer anderen Textstelle treten die Emotionen der beiden Offiziere derart offen zu Tage wie hier. Kein Wunder, hatte das Corps nach dem Aufbruch von St. Louis im Mai 1804, also nach rund eineinhalb Jahren, endlich das Ziel der Forschungsreise, den Pazifik, erreicht. Als erste Weiße hatte man **den ganzen nordamerikanischen Kontinent durchquert** und stand nun staunend, ähnlich wie der heutige Besucher, am Mündungsdelta des Columbia River.

*Transport-
weg
Columbia
River*

Noch immer ist der **Columbia River** – der Grenzfluss zwischen Oregon und Washington – ein wichtiger Transportweg und zugleich eine beliebte „Spielwiese" für Freizeitwassersportler. Mit seinen Dämmen sorgt er für die Gewinnung von bis zu 80 % des Stroms im Nordwesten – was nicht unumstritten ist. Umweltschützer und besonders Indianer plädieren für den Abriss einiger der Dämme, um einerseits eine Renaturierung zu erreichen – wie sie teilweise am Missouri bereits realisiert wurde – und es andererseits den Lachsen wieder zu ermöglichen, auf natürliche Weise ihre Laichplätze im Landesinneren zu erreichen. Die Zahl der Fische, die über künstliche Leitern an den Dämmen den mühsamen Weg wagen, ist nämlich deutlich zurückgegangen.

Von Zähmung spürt man auch heute nichts an der Mündung dieses größten Flusses an der amerikanischen Westküste. Die Stelle ist immer noch in der Seefahrt berüchtigt. An die 2.000 Schiffe sind bei dem Versuch, in den Columbia River einzufahren, gestrandet und gesunken und über 1.500 Seeleute sollen ihr Leben gelassen haben. Kein Wunder, dass die Mündung auch als „**Pacific Graveyard**" bekannt ist. Probleme bei der Einfahrt bereiten seit jeher mehrere Faktoren: die Tiden-Schwankungen in Ost-West-Richtung und die Nord-Süd-Küstenströmung sowie die teils heftigen Winde, die nicht immer landeinwärts wehen.

*„Kap der
Enttäu-
schungen"*

Es wundert also nicht, dass der britische Schiffskapitän *John Meares*, der 1788 als erster Weißer die Bucht erreichte, die Landspitze an der Nordseite der Mündung **Cape Disappointment**, „Kap der Enttäuschungen", nannte. Er hielt die breite Mündung für eine weit ins Land reichende Meeresbucht. Erst vier Jahre später erkannte der amerikanische Kapitän *Gray* den Flusscharakter und ahnte die Möglichkeiten, die dieser Strom zur Erschließung des Hinterlandes bot. Kein Wunder, dass sich Briten und Amerikaner lange um die Macht in der Region stritten, ehe man sich 1846 zur Grenzziehung entlang dem 49. Breitengrad entschloss.

Fort Stevens, an der südlichen Mündungsnase des Columbia River gegenüber *Cape Disappointment*, diente zwischen dem Bürgerkrieg und 1950 als Bollwerk gegen vermeintliche Feinde und kann heute besichtigt werden. Nicht weit von hier, am Strand von Astoria-Warrenton, sind die Überreste des 1906 gestrandeten Viermasters, der

„Peter Iredale", Beleg für die Unberechenbarkeit der Naturgewalten an diesem Küstenabschnitt.

Weiter im Landesinneren, geschützt an einen Seitenarm im Mündungsdelta, errichtete im Winter 1805/06 die *Lewis & Clark*-Expedition ihr Camp, **Fort Clatsop**. Archäologen hatten 1955 eine Latrine gefunden, die die genauere Lokalisierung des Lagers ermöglichte und bestätigte, dass der Ort für den Nachbau nicht ungeschickt gewählt worden war. Damals benutzte man den Plan, den *Clark* ins Tagebuch gezeichnet hatte. In nur drei Wochen war das Holzfort fertig gewesen, das den Männern bei wenig einladendem Wetter – von den 106 Tagen des Aufenthalts soll es an 99 geregnet haben – nicht viel Luxus, aber zumindest ein Dach über dem Kopf bot. Das **Fort Clatsop National Memorial** (*10 km südwestlich von Astoria, 92343 Fort Clatsop Rd., in der Nähe des US Hwy. 101A, ☎ 503/861-2471, ext. 214, 🖥 www.nps.gov/lewi, tgl. 8-17 Uhr, $ 5, im Winter $ 3*), das 2005 bei einem Feuer schwer beschädigt, mittlerweile jedoch wiederaufgebaut wurde, ist Teil des **Lewis and Clark National Historical Park** (🖥 *www.nps.gov/lewi*).

Historisches Fort Clatsop

Feuchtes Winterlager von Lewis & Clark: Fort Clatsop

👉 Tipps für Besucher

*Vier Monate lang erkundeten im Winter 1805/06 die Teilnehmer der Expedition die Region um die Flussmündung. Der 2004 neu eingerichtete **Lewis and Clark NHP** reicht von Cannon Beach/OR im Süden über etwa 65 km bis Ilwaco/WA im Norden und umfasst mehrere historische Sights im Mündungsgebiet des Columbia, die in Bezug zur Expedition von 1805/06 stehen. Kernstück ist das schon zuvor zum Nationalparksystem gehörige **Fort Clatsop NM**, neu hinzu kamen in Oregon der **Fort to Sea Trail**, die ehemaligen State Parks **Fort Stevens**, **Sunset Beach** und **Ecola**, **Salt Works** im Küstenort Seaside sowie **Netul Landing**. In Washington, jenseits des Columbia, gehören die ehemaligen State Parks **Cape Disappointment** und **Fort Columbia** sowie **Station Camp** und **Clark's Dismal Nitch** dazu.*

*Besucher können sich nicht nur in **Museen und Ausstellungen** über dieses historische Ereignis kundig machen, sondern zugleich die **vielseitige Landschaft** der Pazifikküste mit ihren zerklüfteten Felsklippen und feinen Sandstränden, dichten Regenwäldern und klaren Flüssen und Bächen auf **Wanderungen** oder **Kajaktouren** kennenlernen. Dabei bleibt freilich zu hoffen, dass dem Reisenden die Wetterverhältnisse, die einst Lewis & Clark beklagten, erspart bleiben.*

Astoria – Little San Francisco of the Northwest (ⓘ S. 174)

Im Zentrum des *Lewis and Clark NHP* liegt **Astoria** (ca. 10.000 Einwohner), 1811 als
erste dauerhafte amerikanische Siedlung westlich des Mississippi gegründet und zugleich nordwestlichster Punkt an der Oregon Coast. Der Beiname „Little San Francisco of the Northwest" trifft insofern zu, als die viktorianischen Häuschen und die
Hügel durchaus etwas an *The City by the Bay* erinnern.

Gegründet wurde Astoria, etwa 15 km von der Mündung
des Columbia in den Pazifik gelegen, im Auftrag von *Johann
Jakob Astor* als **Pelzhandelsstation**. Nachdem dieser
Wirtschaftszweig an Bedeutung verloren hatte, waren es
vor allem die Lage an der Flussmündung und damit Fischfang und Holzhandel, die die Stadt am Leben hielten. Zahlreiche Gebäude aus dem ausgehenden 19. Jh. zeugen noch
vom einstigen Reichtum Astorias. Der wohl beste Ausblick
auf Stadt und Umland bietet sich von der fast 40 m hohen
Astoria Column *(tgl. Sonnenauf- bis Sonnenuntergang, Info-
kiosk 9-18 Uhr, $ 1/Pkw)* auf dem höchstem Hügel der
Stadt, dem *Coxcomb Hill*. Der Trajanssäule in Rom nachempfunden, umgibt sie ein spiralig angeordnetes Wandbild
mit der Darstellungen regionaler Ereignisse.

Sehenswert ist zudem das **Columbia River Maritime
Museum** *(1792 Marine Dr., am Hafen, ☎ 503/325-2323,
🖥 www.crmm.org, tgl. 9.30-17 Uhr, $ 8)*, das einen Überblick
über die Schifffahrt auf dem Columbia River und im Pazifik bietet. Ein altes Feuerschiff im Hafenbecken kann ebenfalls besichtigt werden. Einen Einblick in das Leben im spä-

*Der Trajanssäule nachempfunden:
die Astoria Column*

ten 19. Jh. bietet das viktorianische **Flavel House**, erbaut
zwischen 1883 und 1887 *(441 8th St., ☎ 503/325-2203,
tgl. 10-17 Uhr, $ 5)*. Im **Heritage Museum** in der *City Hall* geht es schließlich um
Lokalgeschichte *(1618 Exchange St., ☎ 503/325-2203, tgl. 10-17 Uhr, $ 3)*.

Information
• **Astoria-Warrenton Area Chamber of Commerce**, 111 W Marine Dr.,
☎ 503/325-6311 und 1-800-875-6807, 🖥 www.oldoregon.com

Washingtons Pazifikküste

Astoria Bridge

Über das moderne Wahrzeichen von Astoria, die **Astoria Bridge** von 1966, geht
es 6,5 km über den Columbia River hinein in den Staat Washington. Der US Hwy.
101 folgt der Küstenkontur weiter nach Norden und vorbei an **Chinook** erreicht
man den kleinen Fischerort **Ilwaco** mit dem **Ilwaco Heritage Museum** *(115 SE
Lake St., Ilwako, ☎ 360/642-3446, Mo-Sa 10-16 Uhr, $ 5)*. Von hier lohnt eine Rund-
fahrt zum **Fort Canby SP** auf **Cape Disappointment** *(ca. 5 km ab US 101, Ilwa-*

Johann Jakob Astor | INFO

Johann Jakob Astor war eine der ersten großen Unternehmerpersönlichkeiten der jungen USA. 1763 in Walldorf bei Heidelberg geboren, kam er im Alter von 20 Jahren als einer von vielen deutschen **Emigranten** nach New York. Zunächst versuchte er sich als Musikinstrumentenhändler, tauschte dann jedoch die Instrumente gegen Pelze ein und gründete 1809 ein Pelzhandelsunternehmen, die **American Fur Company**. Der Pelzhandel legte den Grundstock für seinen späteren Reichtum und leitete eine Bilderbuchkarriere ein. Die Pelze verschiffte er in den Fernen Osten, kaufte dort Tee, den er wiederum in New York verschacherte – mit hohem Profit. Astor schaffte es, fast den gesamten Pelzhandel im Nordwesten an sich zu reißen, und er gründete an strategisch wichtigen Punkten konstant betriebene Handelsposten. Das so entstandene **Fort Astoria** am Pazifik war 1811 der erste amerikanische Vorposten westlich des Mississippi.

Seine Gewinne vergrößerte *Astor* zusätzlich durch Immobilienspekulation, besonders in Manhattan. Als er 1848 starb, wurde sein Vermögen auf 25 Mio. Dollar geschätzt; er galt damit damals als der **reichste Mann der USA**. Die Familie *Astor* stieg auch gesellschaftlich auf und 1894 gründete ein Sproß der Familie das *Hotel Waldorf*, benannt nach dem Geburtsort des *Johann Jakob*. Ein verfeindetes Familienmitglied ließ daraufhin das *Hotel Astoria* bauen – und bei der späteren Zusammenlegung der beiden Häuser entstand das weltberühmte *Waldorf-Astoria* an der Park Avenue in New York. Bekannt ist auch das tragische Schicksal des Ururenkels, *Johann Jacob IV.*, der beim Untergang der „Titanic" im Jahr 1912 zu den prominentesten Opfern zählte.

Aber nicht alles, was *John Jacob Astor* anpackte, verwandelte sich in Gold: Das Städtchen **Astoria** erwies sich nämlich eher als Pleite. Die abgelegene Lage mitten im Einflussgebiet der britischen *Hudson's Bay Company* führte dazu, dass der Posten wenige Jahre nach seiner Gründung von den Briten annektiert wurde. Erst mit der neuen Grenzziehung 1846 wurde Astoria wieder Teil des amerikanischen Oregon-Territoriums, spielte aber im Pelzhandel längst keine Rolle mehr.

---

co, tgl. Sonnenauf- bis Sonnenuntergang, $ 5/Pkw) mit einem malerisch gelegenen *Lighthouse* und dem sehenswerten, modern aufgemachten **Lewis & Clark Interpretive Center** *(tgl. 10-17 Uhr, $ 3)*, Teile des oben erwähnten **Lewis and Clark NHP**.

Seaview und **Long Beach** (ⓘ S. 203) sind die eigentlichen Touristenzentren der Region. Das Publikum ist bunt, der Strand einladend. Er zählt mit fast 44 km zu den längsten, ununterbrochenen Sandstränden Nordamerikas. In Long Beach befindet sich das **World Kite Museum & Hall of Fame** *(WA 103/3rd St., ☎ 360/642-4020, 🖳 www.WorldKiteMuseum.com, Mo-Fr 11-17 Uhr, im Sommer tgl., $ 5)*, das sich ganz dem Sport mit dem Lenkdrachen widmet. Die weitere Strecke bis Aberdeen ist kaum besiedelt. Zunächst geht es entlang der **Willapa Bay**, eine der wichtigen Austern-Regionen im Nordwesten, dann durch das (abgeholzte) Hinterland, wo Schilder

Endlose Sandstrände

der Holzgesellschaften am Straßenrand darauf hinweisen, dass Wiederaufforstungsmaßnahmen im Gange sind.

Information
• **Long Beach Peninsula Visitor Bureau**, *US 101/WA 103*, ☎ *360/642-
2400 und 1-800-451-2542*, 🖥 *www.funbeach.com*

*Hauptstadt
der
Austern-
fischerei*

South Bend, idyllisch an der Mündung des Willipa in der gleichnamigen Bucht gelegen, bezeichnet sich als die „Hauptstadt der Austernfischerei". **Raymond** – mit
dem *Northwest Carriage Museum (314 Alder St., Mi-Sa 10-16, im Sommer auch So 12-
16 Uhr, $ 3)* – und noch mehr das etwa 40 km nördlich gelegene **Aberdeen** (16.500
Einwohner) leben noch immer von der Holzindustrie. Aberdeen war um eine Sägemühle 1884 entstanden und weist aus der Blütezeit hübsche Holzhäuschen auf.

👉 **Hinweis zur Route**

Nördlich von Aberdeen beginnt die **Olympic Peninsula**. *Die Route um den Mt.
Olympus und den angeschlossenen Nationalpark ist im Kapitel „Seattle und der
Puget Sound", s. S. 256, beschrieben.*

Ring of Fire – die Inlandsroute

Shasta Cascade, das „etwas andere" Kalifornien

San Francisco-Seattle: Inlandsroute

© i*graphic*

Die Inlandsroute von der San
Francisco Bay nach Portland/
Oregon führt von der Bay über
Sacramento zunächst nach
Nordkalifornien. Die Nordost-
ecke des Staates ist nur den
wenigsten Kalifornienbesuchern
ein Begriff und dabei hat die
Shasta Cascade-Region – das
„etwas andere" Kalifornien –
mehr zu bieten als nur Sonne,
Strand und Meer.

Shasta Cascade erhielt den
Namen von der vulkanischen
Bergkette, die sich von der Sier-
ra Nevada nördlich von Yosemite Valley und Lake Tahoe bis hinauf in den Nordwesten der USA und nach Kanada erstreckt. Nordöstlich der Golden Gate Bridge
und der Weingärten des Napa Valley einerseits und anschließend an die endlosen
Anbauflächen des nördlichen Central Valley um die Hauptstadt Sacramento ande-

rerseits dehnt sich das **„Hinterland" Kaliforniens** bis hin zu den Staatsgrenzen von Oregon und Nevada aus – ein **traumhafter Fleck Erde voller Kontraste**: von Hochgebirgskulissen über dicht bewaldete Mittelgebirge, bizarre Vulkanlandschaften, karge Wüstenregionen und Gletscher bis hin zu warmen Quellen, Wasserfällen – wie die beeindruckenden *Burney Falls* – und Seen. Kein Wunder, dass die Region unter Outdoorfreaks und Naturfreunden einen sehr guten Ruf genießt.

Cowboys und Bierbrauer

• Chico (ⓘ S. 181)

Chico (60.000 Einwohner), etwa 150 km nördlich Sacramento (CA 99) am Rand der Sierra Nevada gelegen, ist ein perfekter Standort für Outdoorfans. Der Ort ging 1860 aus der riesigen Ranch von *General John Bidwell* hervor, der eine lebenswerte grüne Stadt gestalten wollte. Der **Bidwell Park** gilt mit seinen knapp 1.400 ha als größter Stadtpark westlich des Mississippi und bietet über 55 km an Wander- und 40 km an Rad- und Reitwegen, dazu Gelegenheit zum Kanu- und Kajakfahren.

Bidwell – dessen luxuriöses Wohnhaus, die **Bidwell Mansion**, besichtigt werden kann *(525 Esplanade, 🖥 www.parks.ca.gov/?page_id=460, Touren für $ 2, Mo-Fr 12-16, Sa/So 10-16 Uhr)* – war es auch, der 1887 Land und Geld zur Gründung einer neuen Universität, der *California State University Chico*, zur Verfügung stellte. Studenten prägen heute das Bild in der Innenstadt, es gibt eine lebhafte

Redaktionstipps

Sehens- und Erlebenswertes
- Einblick in die Vulkanwelt gibt der **Lassen Volcanic NP** (S. 616).
- In Redding die **Sundial Bridge** von *Santiago Calatrava* (S. 621) bewundern und das **Museum on and off the River** (S. 621) erkunden.
- Den Ausblick auf das **Lava Beds NM** (S. 629) vom **Schonchin Butte** genießen und auf den Spuren der *Modoc*-Indianer wandeln.
- Im **Crater Lake NP** (S. 631) den Seeblick vom **Rim Village** genießen, einen Blick in die historische **Crater Lake Lodge** werfen und einen der Trails laufen.
- Auf einem **Hausboot** über Lake Shasta oder Trinity Lake schaukeln (S. 625 und S. 626).
- Im **Willamette Valley** (S. 642) auf Weintour gehen und in einem netten B&B nächtigen.
- Die **Burney Falls** (S. 628) auf dem 2 km langen **Falls Loop** entdecken.
- In **Red Bluff** Mitte April das **Round-Up Rodeo** einplanen (S. 614)!
- Auf dem Pferderücken durch die **Wild Horse Sanctuary** (S. 619) mit ihren wilden Mustangherden oder bequem im Auto den **Feather River Scenic Byway** (S. 615) abfahren.

Unterkunft
- In einem Baumhaus nächtigt man höchst luxuriös im **O'Brien Mountain Inn** (S. 219).
- Auf der **Rock Springs Guest Ranch** in Bend (S. 175) gibt es Vollpension und Reitunterricht.
- Das **Youngberg Hill Farm B&B** liegt mitten in der Agrarregion südlich von McMinneville/OR auf einem Weinberg (S. 204).
- In einem **Tipi im Kah-Nee-Ta Desert Resort & Casino** übernachten und in Mineralquellen baden (S. 243 und S. 640).

Essen & Trinken
- In der **Sierra Nevada Taproom and Restaurant** in Chico (S. 181 und S. 615) gibt es nicht nur süffiges Bier vom Fass, sondern auch leckere Gerichte.
- Das **Joel Palmer House** nahe McMinneville/OR (S. 204) ist ein Gourmettempel der Sonderklasse, besonders lecker sind die Pilzgerichte.

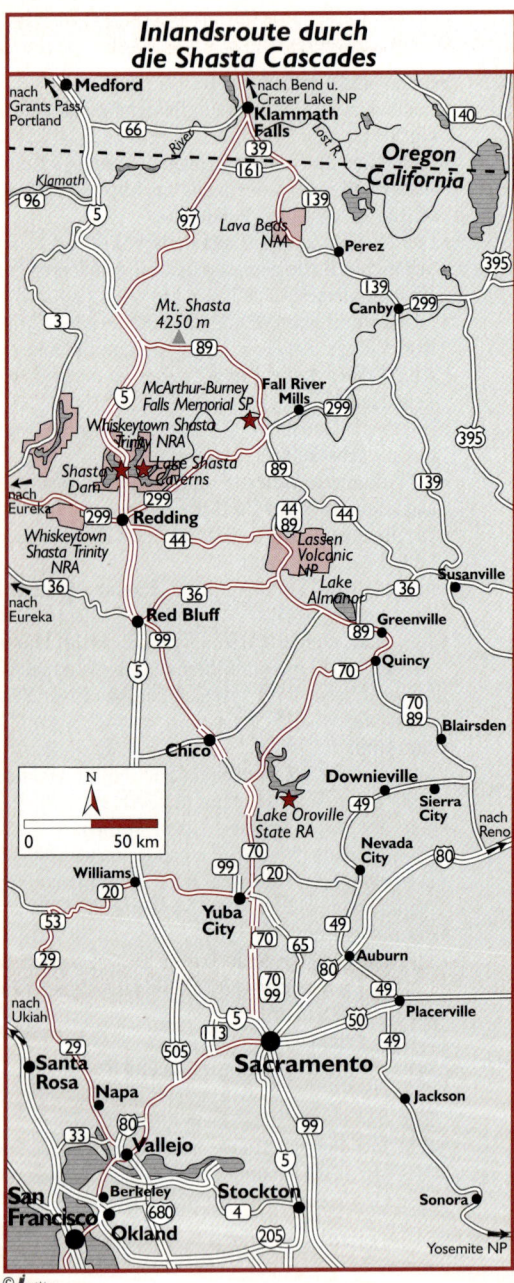

Inlandsroute durch die Shasta Cascades

Kneipenszene und hübsche Shops. Die Stadt ist zudem verantwortlich für 20 % der Welt-Mandel-Produktion, aber vor allem hat man sich als die „Bierhauptstadt Nordkaliforniens" einen Namen gemacht.

• **Red Bluff** (ⓘ S. 218)

Kalifornien – Land der Cowboys und Ranches? Wer am dritten Wochenende im April in das kleine Städtchen Red Bluff etwa 60 km nördlich von Chico (CA 99) kommt, erlebt eine Überraschung: Es riecht nach Dung, Countrymusic dröhnt aus den Lautsprechern und so weit das Auge reicht, Cowboyhüte und -stiefel. Über 20.000 Pferdefans versammeln sich seit 1918 regelmäßig zum großen **Red Bluff Round-Up Rodeo** mit Rinder- und Pferdemarkt und allerhand Veranstaltungen – eines der größten Events seiner Art westlich der Rockies.

Red Bluff Round-Up Rodeo, Großevent Mitte April, 🖳 www.redbluffroundup.com, ☎ 530/527-5534.

Gegründet als Goldgräbercamp, musste sich der Ort unter den roten Felsklippen *(red bluffs)* später damit begnügen, als Versorgungszentrum für die Goldsucher in den Bergen und vor allem die Farmer im fruchtbaren Sacramento-Tal zu fungieren. Die Schiffbarkeit des Sacramento River war dabei ein wesentlicher Faktor. Zur Erkundung lohnen die historische Innenstadt mit einer Reihe vik-

© Ilgraphic

Sierra Nevada Brewery INFO

Getreu dem Motto *Benjamin Franklins* – „Bier ist der Beweis, dass Gott uns liebt und will, dass wir glücklich sind" – und basierend auf dem bayerischen Reinheitsgebot, hat sich die **Sierra Nevada Brewery** in wenigen Jahren den Ruf einer **Spitzenbrauerei** erworben. 1979 hatten zwei Enthusiasten namens *Ken Grossman* und *Paul Camusi* begonnen, in einer Garage Bier zu brauen und entsprechendes Zubehör an *Homebrewer* zu verkaufen. Die Nachfrage stieg und eine Brauerei entstand, der *Grossman* seit 1998 allein vorsteht. *Grossman* ist bekannt für sein **Qualitätsbewusstsein** – die *Ales* von Sierra Nevada gelten als die besten der Welt –, aber ist auch aufgeschlossen gegenüber **moderner Technik**. Das zeigt ein Besuch der neuen Brauerei in Chico – durch die es für Besucher auch täglich Touren gibt. Nur so glaubt man den großen Brauereien Paroli bieten zu können. Und in der Tat hat es die *Sierra Nevada Brewery* mittlerweile geschafft, in ganz USA vertrieben und geschätzt zu werden. Gerade das *Pale Ale* gehört zu den beliebtesten Bieren im Land.

In dem der Brauerei angeschlossenen Pub mit seinem Biergarten kann man nach einer Besichtigung nicht nur die verschiedenen Biere ausgiebig probieren, sondern auch leckere Gerichte aus der Küche genießen.

 Sierra Nevada Taproom and Restaurant, 1075 E 20th St., ☎ 530/345-2739, 🖳 www.sierranevada.com

torianischer Häuser – von denen das **Kelly-Brigg House Museum** *(311 Washington St., Do-So 13-16 Uhr, Eintritt frei)* zur Besichtigung offen steht – sowie der nördlich der Stadt gelegene **William B. Ide State Historic Park**, der dem einzigen Präsidenten der kurzlebigen „Kalifornischen Republik" (1846, 25 Tage) gewidmet ist und wo dessen Adobehaus zu besichtigen ist *(Adobe Rd., tgl. 8 Uhr bis Sonnenuntergang, Eintritt frei, Parken $ 4)*.

 Information
• **Red Bluff-Tehama County Chamber of Commerce**, 100 Main St., ☎ 530/527-6220, 🖳 www.redbluffchamberofcommerce.com

 Hinweis zur Route

Der „Wilde Westen" verfolgt Besucher in der Shasta Cascade-Region auf Schritt und Tritt. Gerade in der östlichen Übergangsregion der Cascade Range zur Hochgebirgskette der Sierra Nevada scheint die Zeit in der Epoche der Pioniere, Goldsucher und Holzfäller stehen geblieben zu sein. Statt den schnellsten Weg (CA 32) zum Lassen Volcanic NP zu wählen, lohnt ab Chico der Umweg über den CA 70, den **Feather River Scenic Byway**, eine der schönsten Bergstrecken Kaliforniens. Mitten im Plumas County erreicht man das „Wildwest-Städtchen" **Quincy** (ⓘ S. 218). Die Region ringsum ist nur dünn besiedelt und Hektik ist in dieser traumhaften Bergwelt mit Wäldern, Canyons, glasklaren Bergflüssen und -seen ein Fremdwort. In Quincy stößt man auf den CA 89, der als **Volcanic Legacy Scenic Byway** nach Norden zum **Lassen NP** führt.

Der Lassen Volcanic National Park (ⓘ S. 201)

Der letzte Ausbruch des fast 3.200 m hohen **Lassen Peak** liegt keine hundert Jahre zurück, und gelegentlich aufsteigender Rauch deutet an, dass der Vulkan noch immer nicht erloschen ist. Obwohl bereits 1916 zum Nationalpark erklärt, ist der **Lassen Volcanic NP** im Vergleich zu anderen Parks kaum bekannt und wenig frequentiert, und dabei ist er erdgeschichtlich, kulturell und biologisch hochinteressant. Der **Lassen Scenic Byway** (CA 89) beschreibt auf rund 50 km einen großen Bogen durch den Park, außerdem stehen etwa 250 km an Wanderwegen zur Verfügung, darunter

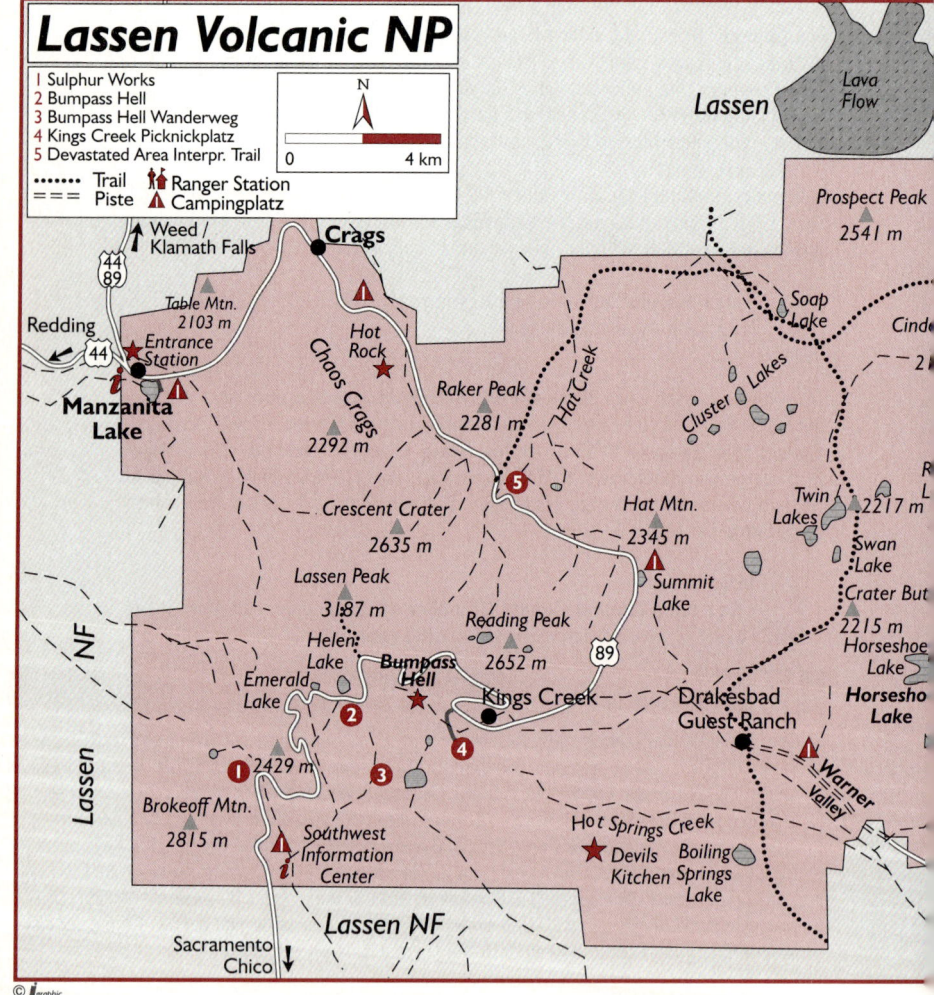

der **Pacific Crest Trail**, einer der berühmtesten Wanderwege im Westen der USA. Der östliche, von Seen durchsetzte Parkteil ist zu großen Teilen nur zu Fuß oder auf dem Pferd erreichbar.

• Landschaft von seltsamem Reiz

Beherrscht wird die Region von dem großen Vulkankegel des 3.187 m hohen **Lassen Peak**. Dabei handelt es sich um keinen Vulkan im eigentlichen Sinn, sondern um eine zähe, breiige Lavamasse, die aus dem ursprünglichen, viel gewaltigeren Vulkan, dem **Mount Tehama**, nach oben drang. Dieser ehemals 3.500 m hohe Urvulkan hatte einen Durchmesser von 20 km (!), und dessen Spitze vermutet man über den heutigen *Sulphur Works* (s. u.). Wie der Mazama-Vulkan im *Crater Lakes NP* brach der Mount Tehama nach zahlreichen Ausbrüchen in seine entleerte Magmakammer ein und eine riesige Caldera (Kessel) entstand. Dennoch blieben die unterirdischen Kräfte erhalten und ließen immer neue Vulkankegel in der Caldera entstehen.

Riesige Caldera

Durch einen dieser Vulkankegel „zwängte" sich vor über 11.000 Jahren bereits verhältnismäßig kühle Magmamasse und setzte sich wie ein Pfropfen auf den vorhandenen Vulkan – der **Lassen Peak**, ein so genannter *Plug Volcano* (Pfropfvulkan) war geboren. Das Gegenstück zu diesen Vulkanen sind die *Composite Volcanoes* (Stratovulkane) – feste, gleichmäßig aufsteigende Berge, die meist um einiges höher sind als die Pfropfvulkane. Sie entstanden durch explosionsartige Ausbrüche und die gleichmäßige Ablagerung von erstarrendem Gestein um den Berghang. Mt. Shasta und Mt. Rainier sind Beispiele für diesen Typus.

„Propf-vulkan"

Der **Lassen Peak** sorgte **zwischen 1914 und 1921** für Aufsehen. An die 300-mal sprühte und brodelte der Berg und der große Ausbruch 1915 bescherte einen Aschepilz von 11 km Höhe. Der Ausstoß an Asche und Bimsstein prägte das gesamte Umland. Dieses Szenario wurde von dem Fotografen *Benjamin F. Loomis* festgehalten und ihm zu Ehren entstand ein Museum am Nordausgang des Nationalparks.

Großer Ausbruch

Das gesamte Vulkangebiet von 446 km^2 wurde **1916 als „National Park" ausgewiesen**, und noch immer beschäftigen sich ganze Scharen von Wissenschaftlern mit der weiteren Erforschung des Vulkanismus. In den Verwerfungszonen brodelt es auch heute noch, aller-

Vulkanlandschaft im Lassen Volcanic National Park

dings handelt es sich „nur" um Wasserdampf: Grundwasser kommt mit heißem Tiefengestein in Berührung und steigt auf. Ergebnis sind heiße Quellen und blubbernde Schlammlöcher, besonders gut erkennbar entlang der *Lassen Peak Road* an **Sulphur Works** und am **Bumpass Hell.**

Die jahrhundertelangen Vulkanausbrüche haben eine **Landschaft von seltsamem Reiz** hervorgebracht, die außer dem Lassen Peak weitere Berggipfel, Schlackenkegel, Lavamulden, Fumarolen, heiße Quellen, Wildseen und eine vielfältige Tier- und Pflanzenwelt zu bieten hat. Während **der Westen** durch heiße Quellen, brodelnde Schlammlöcher und ehemalige Vulkankegel geprägt wird, weist der schlechter erschlossene **Ostteil** eine Lavalandschaft auf.

Name des National- parks

Trotz der omnipräsenten potentiellen Gefahr war das Gebiet schon von den Indianern besiedelt gewesen. Sie wurden jedoch durch von Weißen eingeschleppte Krankheiten wie Malaria und Tuberkulose, aber auch durch militärische Einsätze verdrängt und dezimiert. Der Name des Nationalparks stammt von dem dänischen Einwanderer *Peder Lassen*, der hier eine Farm baute, nach Gold suchte und später die ersten Siedler nach Sacramento lotste. *Lassen* war nämlich auch ein Freund des Schweizers *Johann A. Sutter.* 1859 kam *Lassen* bei einer Schießerei um.

Vulkan- ausbruch 1915

Die **Pflanzenwelt** ist vielseitig. Grundsätzlich sind die Hochlagen der Berge kahl, die Baumregionen mit Nadelhölzern, vor allem verschiedenen Kiefern- und Tannenarten besetzt, und in den Tälern sowie an den Seen blühen im Mai/Juni die Wiesen bunt. Interessant ist selbst für weniger botanisch Versierte die **Devastated Area**, ein Gebiet, das beim Vulkanausbruch 1915 vollständig verschüttet wurde und wo sich nun sehr langsam wieder Bewuchs einstellt. An Großtieren sieht man am ehesten Maultierhirsche, wohingegen sich Schwarzbären rar machen. Murmeltiere, Echsen und Hasen leben in den östlicheren Parkregionen.

• Sehenswertes auf der Fahrt durch den Lassen Volcanic NP

Bei der Einfahrt in den Park von Süden, auf dem CA 89, erreicht man zunächst das **Southwest VC**, das kleinste und am schönsten gelegene der drei Besucherzentren. Etwas nördlich bietet **Sulphur Works** brodelnde Schlammlöcher und schwefelhaltige Wasserdämpfe. Genau hier erhob sich einst der *Mount Tehama.* **Emerald** und **Helen Lake** sind zwei Gletscherseen, um die herum man wandern kann und deren smaragdgrüne Farbe ein schönes Fotomotiv abgibt. Zu **Bumpass Hell** und **Cold**

Tipps für Besucher des Lassen Volcanic NP

Lassen Volcanic NP

SR 36 East, Mineral, ⌨ www.nps.gov/lavo bzw. www.lassen.volcanic.national-park.com, ☎ 530/595-4444, Mo-Fr 8-16.30 Uhr. Hilfreich ist der hier verkaufte „Road Guide to Lassen Volcanic National Park". **Gebühr**: $ 10/Pkw.
• **Visitor Information** gibt es auch im **Loomis Museum** in Manzanita Lake, ☎ 530/595-4444, Ende Mai-Mitte Juni Fr-So, bis Anfang Sept. tgl., bis Ende Sept. Mi-So 9-17 Uhr.
• Die **Zufahrt** in den Nationalpark erfolgt auf dem Hwy. 89, der den Park quert. Grundsätzlich ist der Park das ganze Jahr über zugänglich, doch Ende Okt.-Mai herrschen meist hochalpine winterliche Zustände und Straßen können gesperrt sein.
• **Zugänglichkeit**: Der Lassen Scenic Byway, Teil des Volcanic Legacy Scenic Byway (CA 89), erschließt einen ca. 50 km langen Abschnitt durch den Park. Der östliche, von Seen durchsetzte Teil ist überwiegend nur zu Fuß oder per Pferd erreichbar.
• **Beste Besuchszeit**: Juni-Mitte Sept., Lassen Scenic Byway (CA 89) Ende Okt.-Ende Mai gesperrt.

Übernachten

• Idealer Standort ist **Redding**, das städtische Zentrum der Shasta-Cascade-Region. Von hier aus lässt sich die Region in Tagesausflügen erkunden (Unterkunft s. auch S. 218).
• An der Grenze zum Lassen Volcanic NP liegt die **Drakesbad Guest Ranch**, ein Naturidyll fernab der Zivilisation (⌨ www.drakesbad.com, s. S. 201). Die über 110 Jahre alte Ranch erhielt ihren Namen vom Besitzer E. R. Drake und von der auf dem Grundstück befindlichen heißen Quelle, die bereits die Indianer schätzten. Ausritte und Wanderungen in die Vulkanlandschaft, aber auch Bäder im warmen Quellwasser sind möglich.

Wandern

Zur Auswahl steht eine Vielzahl unterschiedlich langer und anstrengender Wanderwege. Im Detail informiert die im VC erhältliche Broschüre „Lassen Trails". Insgesamt misst das Wegenetz rund 240 km, darunter ein 25-km-Abschnitt des Pacific Crest Trail; die Wanderpfade sind gut ausgeschildert. Wer länger als einen Tag im Park bleibt (und zeltet), muss in einer der Ranger Stations ein permit einholen (tgl. 8-18 Uhr). Die empfehlenswertesten Routen:
– **Lassen Peak Trail**, 4 km einfacher Weg hinauf zur Spitze des Berges. Anstrengend, aber für durchschnittlich Trainierte machbar; gut 4 Std. einplanen.
– **Bumpass Hell Trail**, bequemer Weg (ca. 6,5 km gesamt) durch das Areal der heißen Quellen und Fumarolen.
– **Devastated Area Interpretive Trail**, Rundweg, weniger als 1 km, interessant für geologisch und botanisch Interessierte.
– **Cinder Cone Nature Trail**, 8 km (H/R) langer Weg, der um und auf einen 240 m hohen Seitenvulkan im Osten des Parks führt. Schön, aber nur durch einen Umweg von ca. 50 km zu erreichen.

Reiten

Im Sommer veranstaltet das **Wild Horse Sanctuary** (⌨ www.wildhorsesanctuary.org) – eine gemeinnützige Gesellschaft zum Schutz der Wildpferde – mehrtägige Ausritte in den Süd- und Ostteil des Parks. Während der Geländeritte haben Teilnehmer die Gelegenheit, wilde Mustangherden aus nächster Nähe zu beobachten und den Spuren von Pionieren und Indianern zu folgen. Nach erlebnisreichem Tag geht es zurück ins Basiscamp am Vernal Lake.

INFO
Die Entstehung der Vulkane

Die Vulkane der **Cascade Range** sind parallel zur Küstenlinie angeordnet und bilden einen Teil des sich um den Pazifik ziehenden Vulkangürtels, des **Ring of Fire**. Um dessen Entstehung zu verstehen, sind einige geologische Hintergrundnformationen nötig.

Die Erdkruste setzt sich aus vielen größeren und kleineren Erdplatten zusammen, deren Bewegung (2-10 cm pro Jahr) unter den Begriff der „**Plattentektonik**" fällt. Erdbeben entstehen, wenn sich Spannungen an Gesteinsgrenzen oder Erdplatten ruckartig abbauen. Je nach Bewegungsrichtung unterscheidet man **konvergierende** (sich aufeinander zu bewegende) und **divergierende** (auseinanderstrebende) Plattengrenzen. In ersterem Fall, wenn kontinentale und ozeanische Platten kollidieren, wie es an der Westküste Amerikas der Fall ist, spricht man von „aktivem Kontinentalrand" oder „Subduktionszone". Dabei wird die ozeanische von der kontinentalen Kruste überlagert, nach unten gedrückt oder „subduziert". In einer bestimmten Tiefe beginnt das versenkte Material der ozeanischen Platte unter Druck und Hitze zu schmelzen. Das dabei entstehende Magma steigt in Schwächezonen (Risse, Störungen, Klüfte) an die Oberfläche auf und bildet die typischen Stratovulkane.

Die **Entstehung der Kaskaden-Vulkane** ist auf die Subduktion der *Juan de Fuca*-Platte (eine Teilscholle der pazifischen Platte) durch die sich westwärts bewegende nordamerikanische Platte zurückzuführen. Die *Juan de Fuca*-Platte erstreckt sich von Vancouver Island bis etwa 200 km nördlich von San Francisco, also etwa im Bereich der Cascade Range. Sie wird in einem einheitlichen Winkel von etwa 30 Grad unter die Kontinentale Kruste versenkt. Dadurch lässt sich die Vulkankette der Cascade Range erklären: Sie liegt exakt über der Subduktion, wo in der Tiefe der Schmelzpunkt der ozeanischen Kruste erreicht wird und Magma aufsteigt, die in den Vulkanen der Cascade Range immer wieder ausgestoßen wird. So bestehen die Vulkane aus verschiedenen Schichten vulkanischen Materials unterschiedlicher Eruptionsarten, nämlich aus vulkanischer Asche oder aus ehemals dünnflüssigen bis zähen Laven.

Boiling Lake führt ein rund 6,5 km langer Wanderweg. Blubbernde Schlammlöcher, Fumarolen und heiße Quellen lohnen diesen Abstecher, sofern man ein Naturschauspiel wie dieses nicht schon vom Yellowstone NP her kennt. Alternativ bietet sich die **Besteigung des Lassen Peak** an. Für die zwar nur rund 8 km hin und zurück sollte man genügend Zeit einplanen.

Die Straße führt über einen 2.555 m hohen Pass und vorbei am **Summit Lake**. Kurz nach dem kleinen **Hat Lake** beginnt rechter Hand der **Devastated Area Interpretive Trail**, entlang dem Tafeln gut die diversen geologischen Prozesse erklären. Nahe dem traumhaft gelegenen **Manzanita Lake** befindet sich das Besucherzentrum mit dem **Loomis Museum**, vor dessen Eingang in einem kleinen

Steinhaus ein alter Seismograph zu sehen ist. Innen sind *Loomis'* Fotos von der Vulkantätigkeit zwischen 1914 und 1921 ausgestellt, zudem wird die Vulkantätigkeit erläutert und ein Film gezeigt. Ein abschließender Spaziergang um den **Manzanita Lake** könnte den Besuch des Parks beschließen.

Redding – Der heißeste Fleck Kaliforniens (ⓘ S. 218)

Folgt man dem CA 89 weiter nach Norden, erreicht man bei Mt. Shasta die Interstate 5. Der Hwy. 89 ist Teil des **Volcanic Legacy Scenic Byway**, der Lassen Peak und Crater Lake (OR) miteinander verbindet und die gesamte Vulkanlandschaft dieser Region durchquert. Das Areal östlich der Cascade Range liegt deutlich höher als jenes westlich, und vor allem regnet es hier weniger. Das erkennt man bereits am Baumbestand, der im Gegensatz zum Westen vornehmlich aus Kiefern und nicht aus Tannen bzw. Fichten besteht. Orte wie Klamath Falls und Bend liegen 1.200-1.300 m hoch, der Rand des Crater Lake bewegt sich in Höhen zwischen 2.000 und 2.450 m.

Vulcanic Legacy Scenic Byway

Wer **Redding** (81.000 Einwohner), das städtische Zentrum Nordkaliforniens nicht als Standort ausgewählt hat, sollte nach dem Lassen Peak zumindest einen Abstecher (via CA 44) dorthin einplanen. Der angeblich heißeste Fleck Kaliforniens ist **idealer Ausgangspunkt** für die Erkundung der Region: Im Westen erstreckt sich die Berg- und Seenregion um *Trinity* und *Shasta Lake*, im Norden erhebt sich der mächtige *Mount Shasta*, im Nordosten beginnt die endlose Weite des *Great Basin* und im Südosten bestimmt der *Lassen Peak* den Horizont.

Highlight in Redding: Turtle Bay Exploration Park & Museum

Auf den ersten Blick ist Redding eine heiße, staubige und wenig auffällige amerikanische Kleinstadt, wären da nicht zwei ungewöhnliche Attraktionen: der **Turtle Bay Exploration Park** (840 Auditorium Dr., ab Hwy. 299W, ☎ 243-8850, 🖵 www.turtlebay.org, tgl. 10-17 Uhr, im Winter Di geschl., $ 12) und die **Sundial Bridge**. Kernstück des *Turtle Bay Exploration Parks* ist das **Museum on and off the River**, ein mehrteiliger Komplex mit sehenswerter naturwissenschaftlicher Abteilung und dem *Visible River* – dem Fluss hinter Glas. Dazu kommt eine 3-D-Vorführung zur nordkalifornischen Geschichte und es gibt Kunstausstellungen. Beidseitig des Flusses lädt das Feuchtgebiet des Sacramento River zur Erkundung ein. Dazu gehören das *Redding Arboretum by the River*, ein Vogelschutzgebiet mit Rundwegen und neuem Botanischen Garten sowie Openair-Ausstellungen.

„Fluss hinter Glas"

Die **Hauptattraktion**, die Redding weit über Kalifornien hinaus bekannt gemacht hat, ist jedoch die Brücke vom Museum über den Sacramento River. Kein Gerin-

Machte Redding weit über Kalifornien hinaus bekannt: Calatravas Sundial Bridge

gerer als der weltbe-rühmte spanische Architekt *Santiago Cala-trava* – u. a. Planer des Athener Olympiasta-dions und des *Milwau-kee Art Museums* – nahm die Herausforde-rung an, mitten in der Natur ein Kunstwerk zu schaffen. Die strah-lend weiße **Sundial Bridge**, eine Fußgän-ger-Hängebrücke mit Glasboden, durch den man die zum Laichen gekommenen Lachse beobachten kann, er-hielt ihren Namen von einem hohen Pfeiler, der die Funktion des Zeigers einer Son-nenuhr hat.

Redding ist zudem stolz auf sein liebevoll restauriertes **Cascade Theatre** *(1721 Market St.,* ☎ *530/243-8787,* 🖳 *www.cascadetheatre.org)*, einen sehenswerten Bau im Art-déco-Stil von 1935 für Konzerte und Theater.

> ℹ️ **Information**
> • **Redding Convention & Visitors Bureau**, 777 Auditorium Dr., Redding, ☎ 530/225-4100 und 1-800/874-7562, 🖳 www.visitredding.org

Abstecher in die Trinity Alps

Traumhaf-te Berg-landschaft

Westlich von Redding erstreckt sich die **traumhafte Berglandschaft der Trini-ty Alps**. 1828 besuchte als erster Weißer *Jedediah Smith* die Region. Mit der Ruhe war es dann mit den ersten Goldfunden vorbei. Nach einer Legende soll ein Pirat namens *Bill English* am Trinity River schon in den 1820er Jahren eine Menge Gold ge-funden haben. Wahrscheinlicher ist jedoch, dass Major *Pierson B. Reading* im Juni 1848 auf einer Sandinsel im Trinity River fündig wurde. Minen entstanden und damit ein-hergehend Orte wie Lewiston und Weaverville. Interessanterweise befanden sich unter den Goldsuchern viele Chinesen, und bis zum Niedergang des Goldrauschs um 1865 waren zahlreiche chinesische Siedlungen entstanden, deren Bewohner spä-ter beim Eisenbahnbau Geld verdienten. Zwischen 1865 und 1869 stieg die Zahl der chinesischen Arbeiter von 2.000 auf 15.000 an.

Der durch die Berge fließende **Trinity River** steht unter Schutz, gilt als *wild and sce-nic*, als ideales Gelände für Whitewater-Kajak- und Kanufahrer. Doch nicht nur des-wegen kommen Besucher her. Das Areal um die noch nicht allzu lange existieren-den Stauseen ist eine beliebte **Erholungsregion** und ideal zum Wandern, Radfahren, Reiten, für Hausbootfahrten und zum Fischen. Die meist schneebedeckten *Trinity Alps* erfreuen sich zudem bei Bergwanderern und Climbern großer Popularität.

Westlich von Redding, am Hwy. 299, befindet sich die **Whiskeytown-Shasta-Trinity National Recreation Area** und in deren Zentrum der **Whiskeytown Lake**, ein 1964 geschaffener Stausee. Er ist kleiner als die beiden anderen Seeareale, *Trinity* und *Shasta Lake*, wird aber seitens vieler Wassersportler heiß ge-

Wassersportparadies Whiskeytown Lake

liebt und von Wanderern gern besucht. Sein Name geht auf den *Whiskey Creek* zurück, in den, sehr zur Missbilligung der Minenarbeiter, versehentlich ein Whiskeyfass hineingefallen sein soll. Der See ist Teil des *Central Valley Projects* und versorgt das Central Valley mit Wasser.

i **Information**
• **Whiskeytown-Shasta-Trinity NRA**, CA 299, 🖥 www.nps.gov/whis, tgl. Sonnenauf- bis Sonnenuntergang, VC tgl. 9-18 Uhr (im Winter verkürzt), $ 5/Pkw.

Shasta State Historic Park
Hwy 299W, 🖥 www.parks.ca.gov/default.asp?page_id=456, tgl. 10-17 Uhr, $ 2

Oberhalb des Sees, 10 km westlich Redding (CA Hwy. 299W), befindet sich **Shasta** (gut 1.000 Einwohner), oder vielmehr, was aus der Zeit des Goldrauschs davon übrig geblieben ist. Die alten Bauten stehen heute als *State Historic Park* unter Schutz. Ihre Blüte erlebte die *Queen City* von 1849 bis 1880 als wichtiger Handelsort und Versorgungspunkt Nordkaliforniens und Zentraloregons. Zur Blütezeit waren täglich an die 2.000 Mulis unterwegs, um Minen- und Holzarbeiter der Region zu versorgen. Als die *Central Pacific Railroad* durch Redding gebaut wurde, geriet Shasta in Vergessenheit und verfiel zur Ghosttown. Sehenswert ist das restaurierte Courthouse, heute VC und Museum (historische und beachtliche Sammlung kalifornischer Kunst) mit rekonstruiertem Gerichtssaal und Gefängnis, oder der *Litsch General Store*, in dem noch ein Viertel des Bestandes aus den 1880er Jahren stammt.

Ghosttown Shasta

Weaverville (ⓘ S. 244)

Weaverville (3.500 Einwohner, 🖥 www.weavervilleinfo.com), der Hauptort des County, liegt weiter westlich am CA 299 und präsentiert sich als verschlafener Wildwest-Ort. Es birgt im Kern (Main/Court/Mill St.) jedoch fast 120 Gebäude aus der Gründerzeit in den 1850er Jahren (Plan im VC). Sehenswert ist neben dem **Court House** (Main St.) von 1856 vor allem der **Weaverville Drug Store** *(219 Main St.)*, angeblich die älteste, kontinuierlich betriebene „Drogerie" im ganzen Westen, seit

Wildwest-Städtchen

*Taoisti-
scher
Tempel*

Gründung 1854 kaum verändert. Selbst das Sortiment scheint – mit Ausnahme der Souvenirs – dasselbe geblieben zu sein. An der Main Street befindet sich im Pfarrhaus von 1893 das **Highland Art Center** *(503 Main St., Mo-Sa 10-17 Uhr, Mai-Dez. auch So 11-16 Uhr)* mit Ausstellungen und Programmen, nebenan ein kleines *Performing Arts Center* für Konzerte und Theater. Eine Besonderheit ist der taoistische Tempel, der 1874 nach dem Brand des Vorgängers von 1852 errichtet wurde und als ältester kontinuierlich betriebener chinesischer Tempel Kaliforniens gilt. Derselben Familie, die sich um ihn kümmert, ist zu verdanken, dass das ehemalige Chinatown 1956 zum **Weaverville Joss House State Historic Park** *(Oregon St., ☎ 530/ 623-5284, $ 2, auch Touren)* erklärt wurde.

  Hinweis zur Route

*Von Weaverville führt der Weg nordwärts zum **Trinity Lake Overlook**. Dort bietet sich ein Ausblick auf den Damm, der 1961/62 fertiggestellt wurde, und den großen Stausee selbst, eine der Hauptwasserressourcen für das Central Valley. Nach ein paar Kilometern stößt die malerische Nebenstraße auf den Hwy. 3, dem man weiter nach Norden folgt.*

Trinity Lake

*Netz von
Stauseen*

Der **Trinity Lake** ist der drittgrößte See Kaliforniens mit fast 6.900 ha Fläche und über 22 km Uferlinie. Er ist Teil eines Netzes von Stauseen, die teilweise durch Rohre miteinander verbunden sind. Ein Wassertunnel, der *Clear Creek Tunnel* (Durchmesser 5,50 m, Länge 18 km), führt beispielsweise durch den Lake Lewiston zum südwestlich gelegenen Whiskeytown Lake. Im Laufe des Sommers sinkt der Wasserpegel allerdings meist stark ab und es entsteht am Ufer eine bizarre Felslandschaft aus Steinbrocken, die aussehen, als wären sie vom Himmel gefallen. Trinity Lake ist weit weniger touristisch geprägt als der nahe Shasta Lake (s. u.). Es gibt lediglich zwei Bootshäfen, darunter einen Hausbootverleih, am Shasta-See hingegen etwa ein Dutzend. Das kristallklare Wasser ist Lebensraum für viele Fischarten, u. a. des *King Salmon*. Der zentrale Ort der Region heißt **Trinity Center** und lag einst direkt am Fluss, versank dann im See und entstand am Hwy. 3 neu, wobei einige der alten Bauten hierher versetzt wurden. Der See liegt mitten in der **Trinity Alps Wilderness** und westlich des Stausees erheben sich die **Trinity Alps**. Das Areal mit gut 200.000 ha steht unter Schutz und bildet das zweitgrößte Naturschutzgebiet Kaliforniens und eines der größten in den USA. Die Gipfel erreichen hier über 3.000 m und sind fast ganzjährig schneebedeckt. Felsen, Gletscher, Canyons, etwa 50 Bergseen und -flüsse, bunte Bergwiesen, aber auch dichte Wälder bieten ideales Terrain für Wanderer.

  Hinweis zur Route

*Beim kleinen Ort **Coffee Creek** endet der Trinity Lake – und man kann auf der gleichen Route nach Redding zurückkehren. Oder man fährt auf dem CA 3 weiter nordwärts bis zur Kreuzung mit dem CA 17. Auf dieser so genannten **International Paper Road**, auch Parks Creek Road genannt, geht es über enge Serpentinen Richtung Nordosten zur I-5 bei **Mount Shasta** (s. u.).*

Reisepraktische Informationen Trinity Lake/Shasta Lake Region

Trinity Lake

Information
• **Trinity County Chamber of Commerce**, 211 Trinity Lakes Blvd., ☎ 530/623-6101, 🖥 www.trinitycounty.com sowie http://gorp.away.com/gorp/publishers/westcliffe/ca_trini.htm

Hausboote/Aktivitäten
• **Trinity River Rafting**, Hwy. 299W, Big Flat, ☎ 530/623-3033 und 1-800/307-4837, 🖥 www.trinityRiverRafting.com. Touren unterschiedlicher Länge und Schwierigkeitsgrade ab $ 50.
• **Trinity Alps Marina**, Lewiston, ☎ 530/286-2282, 🖥 www.trinityalpsmarina.com. Die besondere Art zu nächtigen: auf einem Hausboot auf dem Trinity Lake.

Shasta Lake Region

Information
• **Shasta Cascade Wonderland Association**, 1699 Hwy. 273, I-5 Abfahrt „Factory Outlets Drive", in Anderson, ☎ 530/365-7500, 🖥 www.shastacascade.org. Mit **California Welcome Center**, vielerlei Broschüren, Auskünfte, Ausstellung.
• **Shasta Trinity National Forest**: 🖥 www.fs.fed.us/r5/shastatrinity

Hausboote
Am Shasta Lake gibt es Gelegenheit zum Anmieten von Hausbooten. Allgemeine Infos über **Shasta Cascade Wonderland Association** (s. o.), Buchungen möglichst bereits von Europa aus.
• **Seven Crown Resort**, eine von mehreren Hausbootvermietungen am Shasta Lake, mit Bridge Bay Resort, 10300 Bridge Bay Rd (ab I-5, wenige Meilen nördlich Redding), 🖥 www.sevencrown.com, ☎ 530/275-3021, Hausboote für 6-16 Pers. ab 3 Tage Mietdauer, ab $ 750.

Shasta Lake und Mount Shasta ((i) S. 207)

Zurück in Redding führt die I-5, dem Tal des Sacramento Rivers folgend, nach Norden. Bei O'Brien durchschneidet die Autobahn die Shasta-Seenregion, Teil der schon erwähnten *Whiskeytown-Shasta-Trinity NRA*. Hier wurde in den frühen 1960er Jahren mit dem **Bau eines Damms** der Sacramento River aufgestaut, der nun einen vielarmigen See von knapp 600 km Küstenlinie bildet. Das Wasser des **Shasta Lake** dient nicht nur der Versorgung des Central Valley, sondern ist zugleich eines der Hauptwasserreservoirs Kaliforniens. Der Stausee mit seiner Uferlänge von nahezu 600 km wird von dem **Shasta Trinity National Forest** (Picknick, Camping) umgeben.

Hauptwasserreservoir Kaliforniens

Der **Shasta Dam** (I-5, Shasta Dam Blvd. Exit) ist etwa 180 m hoch und gilt als zweitgrößte Betonkonstruktion der Welt. Vom Damm aus blickt man auf *The Three Shastas* – Shasta Dam, Shasta Lake and Mount Shasta –, wobei im Herbst der Pegel dieses größten Sees in Kalifornien, gespeist von Sacramento, McCloud und Pit River,

Hausboot-
hauptstadt
Shasta
Lake

stark absinkt. Es fehlen oft etliche Meter bis zur Baumgrenze und man hat das Gefühl, der See sei ausgelaufen, was natürlich nicht stimmt. Unter guten Bedingungen
ist er über 70 m tief, an der tiefsten Stelle sogar 157 m. Bekannt wurde der See als
„**Houseboat Capital of the West**" und es gibt mehrere Bootshäfen, an denen
sich vom Kanu bis zum Hausboot für 16 Personen alles mieten lässt, was schwimmt.
Dazu stehen Campingplätze, Unterkünfte und Versorgungseinrichtungen zur Verfügung.

Eine weitere Attraktion der Region sind die **Lake Shasta Caverns** *(Shasta Caverns
Rd., I-5 Exit „Shasta Caverns", ☎ 530/238-2341, 🖥 www.lakeshastacaverns.com, Touren
Mai-Okt. tgl. 9-15/16 Uhr alle 30 Min., $ 20, Schiffsfahrt und Höhlenbesichtigung)*. Man
erreicht sie per Boot über einen Seitenarm des Lake Shasta. Der Zugang zu den
Tropfsteinhöhlen liegt erhöht über dem Stausee an einem Berghang.

Fährt man weiter auf der Autobahn I-5 nach Norden, tauchen bald westlich die
Berge der **Castle Crags** auf. Die Zufahrt zum gleichnamigen **State Park** *(🖥
www.parks.ca.gov/?page_id=454)* ist als Exit ausgeschildert und liegt nur 10 km südlich Dunsmuir (s. u.). Eine Straße führt in den Park und zu einem Aussichtspunkt, von
dem aus man bis hinüber zum Mt. Shasta und zum namensgebenden *Castle Dome* bli-
cken kann. Das 1984 ausgewiesene Parkareal selbst, westlich und östlich der I-5, ist
relativ klein, doch im Westen schließt sich eine große *Wilderness Area* an.

  Hinweis für Wanderer

*Die meisten Trails befinden sich im Castle Crags SP, um Shasta Lake und Whiskeytown
Lake. Wandern in der Whiskeytown-Shasta-Trinity NRA (s. o.) ist nur mit „Wilderness
Permit" (erhältlich in Ranger Stations) erlaubt. Infos:*
• 🖥 *www.nps.gov/pwro/rtca/shastatrinity.htm*
• *Detaillierte Pläne sind in den einzelnen Parks bzw. bei Shasta Cascade Wonderland
Association (s. o.) erhältlich.*

Alte Berg-
landschaft

Als Teil der *Klamath Mountains*, die sich bis hinauf nach Oregon ziehen, entstand die
Berglandschaft schon vor 65 Mio. Jahren, ist vulkanischen Ursprungs und besteht aus
seltsam anmutenden, bis zu 2.000 m hohen Granitsäulen. In den Pinien-, Fichten- und
Eichenwäldern finden sich über 300 verschiedene Sorten Wildblumen und seltene
Tiere wie Steinadler, Kojoten, Berglöwen und Bären.

Etwas weiter südlich, an der I-5, kann man zwei der für die Region typischen Wasserfälle besuchen: Um die **Mossbrae Falls** (Parken Exit Dunsmuir Ave.) zu erreichen, ist eine etwa 40-minütige Wanderung nötig, dafür sind es zu den **Sweetbriar
Falls**, 13 km südlich Dunsmuir (Sweetbriar Exit), vom Parkplatz westlich der Bahnlinie nur ein paar Schritte.

Highlight im historischen Örtchen **Dunsmuir** (ⓘ S. 189) ist das **Railroad Park
Resort** *(I-5 Exit Railroad Park, 🖥 www.rrpark.com)*. Eine Reihe alter, liebevoll reno-

vierter *Cabooses*, ehemaliger Güterzug-Begleitwagen, gruppiert sich um einen Pool und bildet eine ungewöhnliche Unterkunft (jeder Wagen ist eine Wohneinheit). Im Umkreis steht weiteres altes Eisenbahnzubehör und ein größerer Personenwagen fungiert als Restaurant. Es gibt außerdem einen Souvenirladen, der ein Muss für Eisenbahnfreaks ist.

Egal, wo genau man sich in der Shasta-Cascade-Region befindet, den schneebedeckten Gipfel des **Mount Shasta** sieht man überall. Die ganzjährig vorhandene **Schneekappe** lässt nicht vermuten, dass der knapp über 4.300 m hohe, zweithöchste Berg der Kaskaden zu den höchsten und größten Stratovulkanen der Welt zählt und immer noch aktiv ist. Er verfügt über fünf Gletscher, von denen einer den Sacramento River speist. Magnetisch zieht er Bergsteiger, Wanderer und Kletterer, Skifahrer, Geologen, Botaniker, Fotografen, Literaten und Esoteriker an, aber auch „gewöhnliche" Reisende, die zwar nicht den Gipfel erklimmen, doch zumindest die Aussicht vom Parkplatz am **Everitt Memorial Hwy.** (Hwy. A10, ab Mount Shasta) genießen.

Schneebedeckter Mount Shasta

Nach Überlieferungen der **Pit River Indians** soll der Vulkan zuletzt 1786 ausgebrochen sein, allerdings deuten vereinzelte Rauchschwaden und kleinere Beben an, dass Mt. Shasta nicht „schläft". Nach indianischen Legenden lebt im Inneren ein Stamm kleiner Kobolde, die Wettrennen veranstalten und die Erde so zum Beben bringen. Wie der Berg entstanden ist, erzählen die **Modoc-Indianer**: Der *Chief of the Sky Spirit* habe einen Felsen durch den verschneiten und wolkenverhangenen Himmel geworfen, damit endlich Sonnenstrahlen durch die Lücke auf die Erde fallen konnten. Als der Chief den wunderschönen Berg sah, beschloss er, sich mit seiner Familie dort niederzulassen. Immer wenn nun einer der Götter einen Holzscheit ins Feuer wirft, spüren die Menschen dies als Erdbeben. Die Geologen sind nüchterner: Für sie ist Mt. Shasta einer der Vulkane der Cascade Range mit vier Kratern und kann jederzeit wieder ausbrechen. Die Gletscher des Berges kaschieren lediglich das glühende Innenleben.

Sage der Modoc-Indianer

Die einstige Holz- und Minen-Ortschaft **McCloud** (ⓘ S. 204) am Südabhang von Mt. Shasta, am CA 89 gelegen, ist beliebter Standort für Outdoorfans und Skifahrer sowie Ausgangspunkt für Wanderungen auf den Berg. Trotz touristischer Infrastruktur ist der Ort ruhig und idyllisch. Attraktion ist das historische **McCloud Hotel** *(408 Main St.,* ☎ *530/964-2822,* 🖥 *www.mccloudhotel.com),* das 1915 als einfache Herberge für Holzfäller und Minenarbeiter gebaut und vor wenigen Jahren vorbildlich renoviert wurde. Im **Shasta Sunset Dinner Train** lässt sich in historischen Wagen von 1916 auf der Fahrt von McCloud nach McIntosh Vista bei einem hervorragenden Menü die Landschaft gemütlich vom Zug aus genießen.

Historisches Hotel

Touren/Essen & Trinken
• **Shasta Sunset Dinner Train**, ab McCloud, 🖥 *www.shastasunset.com,* ☎ *530/964-2142.*

Alternativroute von Redding zum Mount Shasta

Wer Zeit hat, sollte nicht den oben beschriebenen direkten Weg von Redding über die I-5 nordwärts wählen, sondern den Umweg nach Osten über den **CA 299** bis Burney und dann weiter auf dem CA 89 zum Mt. Shasta. Der insgesamt rund 480 km lange **State Highway 299** startet an der Küste nördlich von Eureka und folgt dem Trinity River nach Redding, das etwa auf halber Strecke liegt, um von dort weiter zur Nordost-Ecke des Staates und ins Great Basin zu führen. Die Straße geht auf einen alten Trail zurück, der in den 1850er Jahren entstanden war, als in den Bergen am Trinity River nach Gold gesucht wurde. Die Versorgung erfolgte vom Blue Lake bei Eureka aus durch Muligespanne von zwölf bis 14 Tieren, die drei Planwagen zogen, so genannte *Pack Trains*. Die mühsame Bergstrecke wurde erst in den 1930er Jahren zum Highway ausgebaut und geteert. Die **Vegetation** wandelt sich während der Fahrt ganz allmählich von Küstenvegetation mit Redwoods und anderen Nadelbäumen und Farnen zu einer eher trockenen *Chaparral*-Region. Besonders schön ist die Landschaft im Frühjahr, wenn die rosa Blüten der *Western Redbud (cercis occidentalis)*, einer Erbsenart, die rote Hülsenfrüchte bildet, die Landschaft in ein Blütenmeer verwandeln.

Von Redding geht es auf dem Hwy. 299 ostwärts. Zunächst dominiert hügeliges Waldland, immer wieder unterbrochen von Spuren vulkanischer Aktivitäten. Berühmt ist diese Region, die den Indianern einst heilig war, wegen ihrer Wasserfälle; die sehenswertesten sind die **Burney Falls**. Die Abfahrt zum **McArthur-Burney Falls Memorial SP** *(8 km nach Norden am CA 89, etwa 20 km nordöstlich Burney, tgl. Sonnenauf- bis Sonnenuntergang, $ 6/Pkw)* ist kurz nach Burney, einer ehemaligen Holzfällerstadt, ausgeschildert. Einst befand sich hier eine einfache Sägemühle, doch als die Wasserfälle zur Energiegewinnung herhalten sollten, kaufte der Farmer *Frank McArthur* das Land und übergab es dem Staat mit der Auflage, ein Naturschutzgebiet einzurichten. 1925 entstand so der zweite State Park Kaliforniens nach dem Yosemite, der später Nationalpark wurde. Hier am Südrand der Kaskaden, mitten im Vulkanland, fließen unterirdisch vier Flüsse zusammen. Das Wasser sickert durch Lava, bis es auf eine darunterliegende undurchlässige Schicht stößt und an dieser entlangfließt, um einen Weg an die Oberfläche zu finden. Auf diese Weise entstanden die knapp 40 m hohen **Burney Falls**. Nicht die Höhe ist es, die sie so spektakulär macht, sondern die Wassermassen: Konstant sollen es rund 340 Mio. Liter sein, die gefiltert

Die knapp 40 m hohen Burney Falls

durch Lavafelsen, sauber und klar, mit gleichbleibenden 15,5 °C herabfallen. Unten bildet sich ein smaragdgrün glitzerndes Becken, aus dem das Wasser in den **Lake Britton** abfließt.

Die Wasserfälle sollen Präsident *Theodore Roosevelt* so beeindruckt haben, dass er sie als „achtes Weltwunder" bezeichnete. Um die Schönheit des Parks voll zu erfassen, empfiehlt sich die kurze Wanderung auf dem 2 km langen **Falls Loop**. Er führt von oben, vom Parkplatz, hinunter zum Becken am Fuß des Wasserfalls und durch eine schmale Schlucht wieder zurück. Nach dem Besuch der Burney Falls fährt man auf dem **CA 89** Richtung Nordwesten weiter durch die Waldlandschaft bis **Mount Shasta** (ca. 50 mi/80 km).

Captain Jack's Stronghold

Von Mount Shasta führt der **Volcanic Legacy Scenic Byway** weiter nach Norden – zunächst folgt er der I-5 bis Weed, dann dem US Hwy. 97 bis zur Grenze zwischen Kalifornien und Oregon. Von hier quert der CA 161 eine geologisch und historisch interessante Region, in deren Zentrum das **Lava Beds National Monument** liegt.

Die Reise führt zunächst durch ein inmitten der Vulkanlandschaft fast unwirklich erscheinendes **Feuchtgebiet**. Zwischen **Lower Klamath Lake**, **Tule Lake** und **Clear Lake** erstrecken sich die **Klamath Basin National Wildlife Refuges**, ein unter Schutz gestelltes Marsch- und Seenland, dessen ökologische Bedeutung als Rast- und Nistort vieler Vogelarten groß ist. Vor allem die selten gewordenen *Bald Eagles* (Weißkopfseeadler) sind hier im Winter zuhauf zu beobachten. Für Zugvögel sind die Seen, die auf Reste eiszeitlicher Gletscher zurückgehen, eine der wichtigsten Raststätten.

Inmitten der Vulkanlandschaft

i **Information**
• **Info Center Volcanic Legacy Scenic Byway**, 300 Pine St., Mount Shasta, 💻 www.volcaniclegacybyway.org, ☎ 1-866-722-9929.
• **VC Klamath Basin National Wildlife Refuges**, 5 km westlich Tulelake, Hill Rd., 💻 www.fws.gov/klamathbasinrefuges, Mo-Fr 8-16.30, Sa/So 10-16 Uhr.

Die Schutzmaßnahme kam gerade rechtzeitig, denn die weißen Siedler nutzten seit jeher die **natürlichen Wasservorräte** für extensive Landwirtschaft. Nun hofft man den gesunkenen Wasserstand zumindest auf heutigem Niveau stabilisieren zu können. Direkt südlich an den Tule Lake schließt sich eine völlig andere Welt an, eine scheinbar unzugängliche und unwirtliche **Vulkanlandschaft**. Das Besondere an diesem 18.600 ha großen Areal sind die Lavahöhlen.

Mehrere Hundert solcher Tunnel entstanden vor rund 30.000 Jahren, als geschmolzene Lava aus Erdspalten in dicken Strömen austrat, abkühlte, erhärtete und eine Art von Tunneln ausbildete.

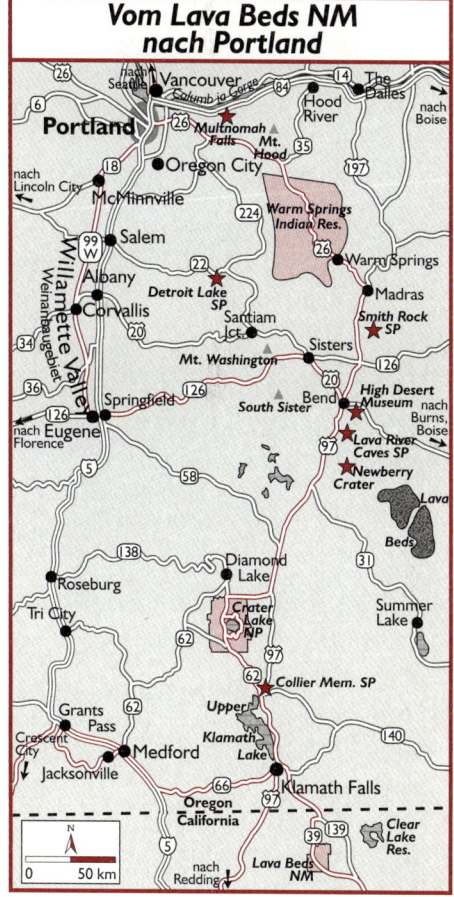

Vom Lava Beds NM nach Portland

INFO

Der Biggest Little War

Als 1864 die US-Regierung die **Modoc-Indianer** aus ihrer Heimat in Nordwesten Kaliforniens in ein Reservat in Klamath Falls, Oregon, umsiedelten, kam es schnell zu Unstimmigkeiten. Von den dort lebenden Klamath-Indianern nicht eben mit offenen Armen empfangen, hatten viele *Modoc* Sehnsucht nach ihrer Heimat in der Vulkanlandschaft. So machte sich drei Jahre später eine Gruppe Indianer auf den Weg zurück in ihr angestammtes Wohngebiet.

Das ging jedoch nicht lange gut, denn 1872 erhielt die *US Army* auf Druck weißer Siedler, die sich die fruchtbaren Regionen um die Seen des Klamath Basin angeeignet hatten, den Auftrag, die *Modoc* erneut zusammenzutreiben und zurück in das Reservat im Norden zu schaffen. Dieses Mal gaben die *Modoc* jedoch nicht nach und es kam zu gewalttätigen **Auseinandersetzungen**. Nicht gewillt, zurückzukehren und aus Angst vor Repressalien verschanzte sich eine Gruppe von 53 Kriegern mit ihren Familien unter Führung von *Kei-in-to-poses*, den die Weißen der Einfachheit halber *Captain Jack* nannten, auf dem Gebiet des heutigen Lava Beds NM.

Captain Jack ist unvergessen

Mit großem Geschick und aufgrund ihrer Ortskenntnis konnten sich die *Modoc* fast fünf Monate in den Lava Beds verschanzen. Die Region, in der sie sich versteckten und einer Übermacht von Militär Paroli boten, wird heute „**Captain Jack's Stronghold**" genannt. Bei Friedensverhandlungen töteten die *Modoc* aus Angst vor Verrat weiße Unterhändler und zogen sich noch weiter zurück. Erst als sich einige der Führer nach Zusicherung von Straffreiheit ergaben und die Truppen zu den Verstecken der *Modoc* führten, gab *Kei-in-to-poses* auf. Aus Rache für den Zwischenfall bei den Verhandlungen wurde *Kei-in-to-poses* und weiteren *Modoc*-Anführern der Prozess gemacht und er zusammen mit drei weiteren Indianern erhängt.

Dieser als **Biggest Little War** in die Geschichtsbücher eingegangene Freiheitskampf der *Modoc* ist ein weiteres **unrühmliches Kapitel der amerikanischen Indianerpolitik**: Die ursprünglich friedlich mit den (zugezogenen) Weißen zusammenlebenden *Modoc* mussten weichen und als man sich weigerte, rückte Militär an. Letzten Endes wurde dann an den Anführern ein Exempel statuiert – *Captain Jack* steht diesbezüglich in einer Reihe mit den unter dubiosen Umständen ermordeten *Crazy Horse* oder *Sitting Bull*.

Etwa 300 **Lavatunnel** soll es geben, 24 davon können heute z. T. mit einer Taschenlampe begangen werden. Um eine Vorstellung vom Aussehen zu bekommen,
genügt aber schon die beleuchtete **Mushpot
Cave** (nahe dem **Lava Beds NM VC**, wo
man Plan und Infos bekommt). Wie gut Lava
isoliert, kann man hier am eigenen Leib spüren: Selbst bei 40 °C draußen ist es hier angenehm kühl; in manchen der Höhlen gibt es
sogar ganzjährig Eis. Kein Wunder, dass sich
hier besonders die geschützte Fledermaus-
art, die *Townsend's Big-eared Bat*, wohlfühlt.

Einen guten Überblick über das Areal erhält
man vom etwa 1.616 m hohen **Schonchin
Butte**. Zum *Fire Lookout* auf der Bergkuppe,   *Im Lava Beds National Monument*
von dem aus Ranger Ausschau nach Wald-
bränden halten, führt ein zwar nur 2 km langer, dafür aber umso steilerer Fußweg
von der Zugangsstraße, die an einem Parkplatz endet. Am Horizont, im Südwesten,
erhebt sich der stets schneebedeckte Mt. Shasta, im Südosten schimmert in der
Ferne die Waldkulisse des *Modoc NF* und unmittelbar zu Füßen breitet sich eine fast
unwirkliche Mondlandschaft aus, entstanden durch die erkalteten Lavaströme. Im
Norden bildet die erwähnte Seenkette die Begrenzung.

Durch diese karge und doch faszinierende Lavalandschaft schlängelt sich auf ca. 20 km
eine Straße (NF 10), von der immer wieder Trails tiefer in das Areal des National Monuments hineinführen. Auf dem **Captain Jack's Stronghold Historic Trail** kurz   *Captain
vor der Nord-Ost-Ausfahrt mit seinem Irrgarten aus Höhlen, Canyons und Felsge-   Jack's
bilden kann man sich beinahe verlaufen. Doch unvermittelt ragt ein Marker aus dem   Stronghold*
Steinlabyrinth auf, ein Holzpfahl geschmückt mit Fellfetzen, bunten Bändern und Federn. Er erinnert daran, wer hier einst zu Hause war: die **Modoc-Indianer.**

> ***i*** **Information**
> • *Lava Beds NM*, *1 Indian Well Headquarters, Tulelake*, ☎ *530/667-2282,*
> 🖳 *www.nps.gov/labe. An der einzigen Straße im Süden **VC**, tgl. 8-17/18 Uhr, $ 10/Pkw.*

Der Crate Lake National Park (ⓘ S. 183)

Vom Lava Beds NM und dem zentralen Ort der Region, **Tulelake**, sind es keine
50 km (CA 139 bzw. in Oregon OR 39) zum wirtschaftlichen Zentrum der südlichen
Grenzregion Oregon-Kaliforniens: **Klamath Falls** (ⓘ S. 199). Ein Sägewerk sowie   *Ausgangs-
eine technische Universität sorgen für Arbeitsplätze und prägen das Stadtbild des   punkt zu
20.000 Einwohner zählendes Ortes. Klamath Falls dient zudem als touristisches   Natur-
Zentrum und Ausgangspunkt für zahlreiche Naturparks, u. a. den Lava Beds NM, den   parks*
Klamath Lake sowie den Crater Lake NP. Zu den Sehenswürdigkeiten zählt an der
Main Street das **Favell Museum of Western Art & Indian Artifacts** *(125 Main
St.,* ☎ *541/882-9996, Mo-Sa 9.30-17.30 Uhr, $ 6).* Ausgestellt ist Kunsthandwerk zum

Thema Cowboys, Siedler und Indianer. Zur Besichtigung des **Baldwin Hotel Museum**, eines historischen Hotels, geben die angebotenen Touren Gelegenheit *(31 Main St.,* ☎ *541/883-4207,* 💻 *www.byways.org/browse/byways/2587/places/12055, verschiedene Touren Juni-Sept. Di-Sa 10-16 Uhr, ab $ 4).* Es ist Teil des **Klamath County Museum**, in dem es um die lokale Kultur- und Naturgeschichte des Countys geht *(1451 Main St.,* ☎ *541/882-4208, Di-Sa 9-17 Uhr, $ 3).*

> ℹ️ **Information**
> • **Great Basin Visitor Ass./Klamath County,** *Riverside Dr., Klamath Falls,* ☎ *541/882-1501 und 1-800-445-6728,* 💻 *www.travelklamath.com*

> 🛶 **Touren**
> • **Roe Outfitters/FlyWay Shop** *(9349 Hwy 97 S,* ☎ *541/884-3825,* 💻 *www.RoeOutfitters.com) in Klamath Falls bietet Juni-Okt. halb- oder ganztägige Kanutouren ab ca. $ 45 sowie Vollmond-Fahrten, außerdem Jagd- und Angeltouren.*

Auf dem Weg zum Crater Lake

Von Klamath Falls führt der schon bekannte US Hwy. 97, der **Volcanic Legacy Scenic Byway,** weiter nordwärts. Nach rund 40 km zweigt der OR 62 ab, der direkt in den **Crater Lake NP** hineinführt. Vorbei geht es dabei an der Ortschaft **Fort Klamath**, die 1863-90 als militärischer Stützpunkt zum Schutz der ersten Siedler vor den *Modoc*-Indianern diente. Heute ist das Fort teilweise wiederaufgebaut und wird während der stattfindenden *Re-enactments* zu neuem Leben erweckt. Ein kleines Museum, die alte Poststation und das Grab von *Captain Jack* gehören ebenfalls dazu.

Kampf der Götter

Erst sachte, dann immer steiler steigt der OR 62 bei Annäherung an den **Crater Lake NP** an, bis er am **Rim Village** auf rund 2.000 m Höhe den Rand einer im Durchmesser 9 km großen Caldera erreicht und einen überraschenden Ausblick auf den 752 km² großen und seit 1902 unter Schutz gestellten Nationalpark ermöglicht. Als bedeutendstes Naturmonument Oregons ziert ein Bild dieses Nationalparks die neuen Quarter-Münzen des Staates.

Mystischer Vulkansee

Über die Kante des Vulkans blickt man auf einen kreisrunden See, der sich im Kessel gebildet hat. Schon die *Modoc-* und *Klamath*-Indianer sahen in dem **tiefblauen Vulkansee** etwas Mystisches, durch überirdische Wesen Entstandenes. Nach Überlieferung der *Klamath*-Indianer zerstörte *Skell,* der Geist des Himmels, den Berg Mazama in der entscheidenden letzten Schlacht gegen *Llao,* den Häuptling der Unterwelt, der dort gewohnt hatte. Mit unverstellbarem Getöse stürzte daraufhin der feuerspeiende Berg in sich zusammen und hinterließ ein riesiges Loch in der Erde – den *Crater Lake.*

Der Name **Crater Lake** reicht ins Jahr 1869 zurück: *James Sutton,* Herausgeber der Tageszeitung „Oregon Sentinel" in Jacksonville, benannte den See nach dem kleinen Krater auf der Spitze des Aschekegels auf Wizard Island. Ihm war damals noch nicht klar, welche vulkanische Vergangenheit die Caldera hatte.

Alternativrouten über Ashland zum Crater Lake National Park

Der **Crater Lake NP** ist auch von der Küstenroute aus erreichbar. Hierbei folgt man ab Crescent City dem US Hwy. 199 nach **Grants Pass**, dann der I-5 nach **Medford**. Auf halbem Weg passiert man, schon in Oregon, die Abfahrt auf den OR 46 zum **Oregon Caves NM** *(Caves Hwy., ca. 32 km östlich Cave Junction/OR, ☎ 541/592-2100, Touren Mai-Okt. tgl. 9-17 bzw. 10-16 Uhr, $ 8)* – ein Muss für Höhlenfans!

Von Redding/Mt. Shasta führt die I-5 ebenfalls direkt nach Medford. Zunächst passiert man aber **Yreka**, ein ehemaliges Goldminenstädtchen, heute wirtschaftliches Kleinzentrum des kalifornischen Nordens und Ausgangspunkt für Outdoorunternehmungen (Jagen, Fischen, Wandern) in den umliegenden Wäldern. Attraktion ist die historische (1915) **Yreka Western Railroad** (s. u.), die durchs Shasta Valley fährt. **Ashland** (ⓘ S. 173), eine kleine Stadt in Oregon am Fuße des Mt. Ashland, ist wegen des **Oregon Shakespeare Festivals** (s. u.) weit über die Region hinaus bekannt. Das nördlich benachbarte **Medford** nennt sich „Hauptstadt der Birnen". Von hier führt der OR 62 weiter zum Crater Lake NP.

Reisepraktische Informationen Ashland

i **Information**
- 🖳 www.ashland.or.us und www.el.com/to/ashland

 Veranstaltung
- **Oregon Shakespeare Festival**, 15 S Pioneer St., 🖳 www.osfashland.org, ☎ 541/482-4331. Feb.-Okt. kommen elf verschiedene Stücke in drei Theatern zur Aufführung, Tickets ab $ 23.

 Touren
- **Yreka Western Railroad**, 300 E Miner St. (I-50 Exit Central Yreka, ausgeschildert), ☎ 530/842-4146, 🖳 www.yrekawesternrr.com. Fahrten mit dem „Blue Goose Steam Train" von Yreka nach Montague (und zurück), Mai-Okt. Mi-So 11 Uhr.

Geologie

Der **letzte Ausbruch des Vulkans** liegt „nur" 7.000-8.000 Jahre zurück und die Ausmaße des Ausbruchs des Mount St. Helens 1980 waren gegen die Eruption, die diesen Berg wie ein Pulverfass explodieren ließ, lediglich ein kleines Strohfeuer. Man schätzt die Intensität auf ein 45-Faches derjenigen des Mount St. Helens. Die Eruption verteilte eine mindestens 15 cm hohe Ascheschicht über eine Fläche von 13.000 km^2 und selbst in drei kanadischen Provinzen konnten Aschespuren nachgewiesen werden.

Gewaltige Eruption

Vor der Eruption bestand das heutige Parkgelände noch aus einem einzigen, 2 Mio. Jahre alten, großen Vulkan, dem 3.600 m hohen **Mount Mazama** – vergleichbar mit dem ehemaligen Mt. Tehama im Lassen Volcanic NP (s. dort) und dem Mt. Rainier, dem der Mt. Mazama nach wissenschaftlichen Untersuchungen angeblich sehr ähnlich sah. Schon damals lebten prähistorische Indianer in der Region, vor allem in Höhlen, und sie waren von dem Vulkanausbruch ebenfalls betroffen.

Ab dem Zeitraum vor etwa 7.700 Jahren erschütterten mehrere kleinere Eruptionen den Mt. Mazama, bis schließlich nach einigen weiteren Jahrhunderten der Berg mehr als 1.500 Höhenmeter in sich zusammensackte. Zu sehr hatten die „kleineren" Eruptionen bereits an den Kraterrändern genagt: Risse taten sich auf und Lavaströme entwichen ihnen. Der eingestürzte Vulkan hinterließ eine Caldera, ein ab-

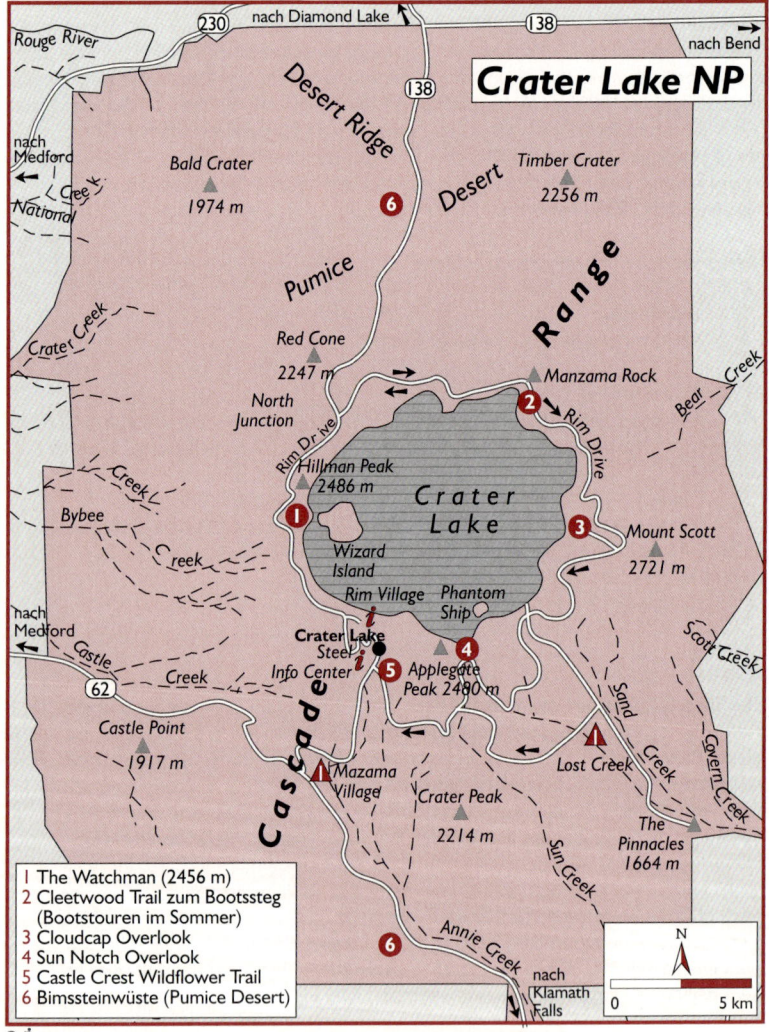

1 The Watchman (2456 m)
2 Cleetwood Trail zum Bootssteg
  (Bootstouren im Sommer)
3 Cloudcap Overlook
4 Sun Notch Overlook
5 Castle Crest Wildflower Trail
6 Bimssteinwüste (Pumice Desert)

© *i* graphic

flussloses „Becken", das sich mit Wasser füllte und den See bildete. Heute liegt die Wassertiefe bei bis zu 590 m und damit ist der **Crater Lake** der **tiefste See Amerikas**.

Die beiden kleinen Vulkankegel im See – **Wizard Island** ragt 241 m aus dem Wasser heraus und der **Merriman Vulkan** liegt unter dem Seespiegel – sind Folgen späterer Ausbrüche. Inzwischen scheint der Mt. Mazama „eingeschlafen" zu sein, zumindest erwarten Geologen für die nächsten Jahrhunderte keine neuen Eruptionen.

Flora und Fauna

In niedrigen Lagen wachsen subalpine Fichten und Douglasien, auch Zedern kommen vor. An der **niederschlagsreicheren Westseite** gedeihen sogar Eichen, während die **Ostseite einen trockenen**, z. T. dürren Eindruck macht. Am Kraterrand kann man die eigenartige Schönheit der von Winterstürmen fantastisch geformten und verkrüppelten Kiefern beobachten, in den Tälern hingegen, teils auch am Krater, fallen im Juni bunte Wildblumen ins Auge.

*Nadel-
bäume ...*

Es gibt im Hinterland Wapiti- und Maultierhirsche, Kojoten, Füchse und Marder. An kleineren Tieren sind Murmeltiere und Stachelschweine verbreitet, doch **am interessantesten ist die Vogelwelt**: Es gibt nahezu 200 Arten, und besonders die Vielfalt und Menge an Raubvögeln (Adler, Habichte und Falken) beeindruckt. Wasservögel hingegen sind selten, da die steilwandigen Ufer des Sees weder Nahrung noch Brutplätze bieten.

*... und
vielfältige
Tierwelt*

Sehenswertes am Rim Drive

Auf dem OR 62 nähert man sich von Süden dem Park. Gleich nach der Abzweigung nach Norden erreicht man die Zahlstation des Nationalparks und das **Mazama Village** (1.830 m) mit Geschäft, Tankstelle, Campingplatz und Lodge. Das folgende **Steel VC** (1.966 m) ist das Hauptquartier der Parkbehörde (s. o.). Hier kann man sich über Aktivitäten informieren und ein Modell des Kraters genauer inspizieren. Nahe dem VC beginnt der kurze **Castle Crest Wildflower Trail**. Im Wagen geht es 3 mi in Kurven bergauf zum Kraterrand und dem **Rim Village** (2.165 m). Bereits der erste Blick auf den See bleibt unvergesslich. Außer dem **VC** (s. o.) und einem Shop befinden sich hier oben die historische **Crater Lake Lodge** und ein etwas anstrengender **Trail** führt hinter der Herberge hinauf auf den **Mt. Garfield**.

*Modell des
Kraters*

Der **Rim Drive** (2.000-2.200 m) ist gut 50 km lang und sehr kurvenreich. Allein die Fahrtzeit für eine komplette Umrundung beträgt gut eine Stunde, zuzüglich Stopps und möglicher Wanderungen. Ein paar **Aussichtspunkte** nahe dem Rim Village bieten weitere Ausblicke auf See und Wizard Island. Im Westen befindet sich der Ausgangspunkt für die Besteigung des 2.440 m hohen **The Watchman**.

Von der **Crater Lake Lodge** führt der Rim Drive nach Norden. Während er weiter dem Seeufer folgt, zweigt die OR 232 zum Nordausgang ab. Danach erreicht man den Ausgangspunkt des **Cleetwood Trail**, der zum See hinunterführt, wo

Tipps für Besucher des Crater Lake National Park

Information
• **Crater Lake NP,** Crater Lake, ☎ 541/594-3100, 🖳 www.nps.gov/crla
• **Gebühr**: $ 10/Pkw.
Es gibt zwei Besucherzentren:
– **Steel Informaton Center,** ca. 6 km nördl. OR 62 an der Südzufahrt, tgl. 9-17, Winter 10-16 Uhr;
– **Rim Village VC,** am Südufer des Sees, Juni-Sept. tgl. 9.30-17 Uhr.

Übernachten
Rechtzeitige Reservierung (☎ 541/830-8700, 🖳 www.nps.gov/crla/planyourvisit/lodging.htm)
ist in der Crater Lake Lodge (Mitte Mai-Mitte Okt.) ebenso angeraten wie im Mazama Village Motor
Inn (Juni-Anfang Okt.). Ansonsten bieten sich Motels in den umliegenden Orten (Klamath Falls, Fort Klamath, Diamond Lake oder Bend) an, Adressen s. S. 183.

Zeitplanung
Ein ganzer Tag ist für die Nationalparkbesichtigung ideal. Frühmorgens lohnt der Sonnenaufgang über dem Garfield Peak, dann eine Fahrt um den See (ab Rim Village rund 50 km lange Strecke
um den Kraterrand). Eine Bootstour, die Besichtigung des Wildflower Garden oder die „Besteigung" des
Watchman wären Alternativen zur Rundfahrt. Bei frühem Aufbruch könnte man vormittags den Park
erkunden, nachmittags dann zum High Desert Museum bei Bend fahren und schließlich dort übernachten.

Reisezeit
Obwohl der Park ganzjährig geöffnet
ist, empfiehlt sich der Besuch zwischen Ende
Mai und Anfang Oktober. Der Rim Drive wird
bei stärkeren Schneefällen geschlossen, während die Straße zum Rim Village meist befahrbar gehalten wird, ebenso der Hwy. 62.

Wandern
Wandern ist möglich, doch die meisten
Wege führen steil auf- und abwärts auf die umliegenden Berge bzw. ans Seeufer. Die empfehlenswertesten Trails:

Tiefblauer Vulkansee: Crater Lake

– **Garfield Trail**: 6 km auf den Garfield Peak
oberhalb des Rim Village und zurück. Relativ mühsamer Aufstieg, aber schöner Ausblick.
– **Watchman Trail**: 2,6 km (einfach) langer Trail auf den Watchman (Ausblick!).
– **Cleetwood Trail**: Beginn bei mi 10,7; 3 km von der Straße zum Bootsanleger, Wiederaufstieg sehr
mühsam.
– **Wizard Island Summit Trail**: Auf der Insel gelegene ca. 3 km Route (H/R) auf den Kraterrand.
Etwas anstrengend, doch lohnender Ausblick.
– **Annie Creek Trail**: Start am Amphitheater am Mazama-Campingplatz. 2,7 km hinunter in den
Annie Creek Canyon. Wiederaufstieg etwas mühsam.
– **Mt. Scott Trail**: Beginn an mi 17 an der Ostseite des Sees. 4-6 km auf den höchsten Berg im Park.

Boote zur Wizard Island ablegen (Infos im VC). Am Rim Drive folgt als nächster Stopp der *Trailhead* hinauf auf den **Mt. Scott**, mit 2.720 m Höhe der höchste Berg im Park. Kurz darauf führt eine Stichstraße hinauf zum Aussichtspunkt **Cloudcap** (2.427 m). Zurück auf dem Rim Drive, erreicht man bald eine weitere Stichstraße mit Ziel **Pinnacles**. Von einem Aussichtspunkt blickt man auf ein unwirklich scheinendes Labyrinth aufrecht stehender Felsnadeln, die bis zu 60 m hoch sind.

Aussichts-
punkt
Cloudcap

Zurück auf dem Rim Drive, führt eine große Schleife um den **Dutton Cliff** (2.471 m), und vom Aussichtspunkt **Sun Notch** sieht man **Phantom Ship Island**, deren Lavaklippen tatsächlich an ein Geisterschiff erinnern, ehe man wieder den Ausgangspunkt, das Rim Village, erreicht.

 Hinweis zur Route

Vom Rim Village folgt man dem Rim Drive ein paar Kilometer nordwärts und biegt dann auf den OR 232 zum Parkausgang ein. Kaum die Parkgrenze überquert, stößt man auf den OR 138, der ostwärts zum US Hwy. 97 führt. Hier gleicht die Landschaft ein wenig einer Mondlandschaft mit lichten Baumbeständen, durchsetzt von scheinbar vegetationsloser Wüste. Bei näherer Betrachtung entdeckt man aber auch hier Pflanzen und Gräser. Die Steine, leicht und porös, sind Bimssteine, Überreste der Vulkaneruption.

Im Paradies für Outdoorfans

Die Route vom Crater Lake zum Columbia River folgt dem US Hwy. 97, dem so genannten **Cascades Lakes Highway**. Er quert schier endlose Wald-, Berg- und Vulkanlandschaft am Übergang zwischen Kaskaden und wüstenartigem Columbia Plateau und mehrere *National Forests*, wie der **Deschutes NF**, die **Three Sisters Wilderness Area** (nur zu Fuß erreichbar), zahlreiche **Lavaseen** und andere Naturschönheiten liegen am Wege.

Newberry National Volcanic Monument (ⓘ S. 209)

Vorbei an ehemaligen Holzfällersiedlungen wie **Chemult**, **Crescent** oder **La Pine** erreicht man südlich von **Bend** das **Newberry National Volcanic Monument** als Teil des **Deschutes National Forest**. Nördlich von La Pine zweigt die Forest Rd. 21 von der Hauptroute (US 97) ab; sie erreicht nach etwa 25 km den interessanten Südteil des Newberry NVM. Der ehemalige Mt. Newberry ist wie der Mt. Mazama durch mehrere Ausbrüche „abgetragen" worden. In seiner Caldera haben sich gleich zwei Seen gebildet: **Paulina** und **East Lake**. Eine kleine Schotterpiste führt hinauf zum 1.920 m hohen **Paulina Peak** (schöner Ausblick). Beeindruckend hier im Süden ist die von schwarzen Lavamassen geprägte Landschaft. Das Gebiet in und um die Caldera wird gerne für Freizeitaktivitäten wie Fischen, Bootfahren, Baden, Picknicken, Campen, Wandern und Reiten genutzt.

Mehrere
Ausbrüche

*Lava River
Cave*

Zurück auf dem US Hwy. 97 trifft man etwa 15 km weiter nördlich auf die **Lava
River Cave**, eine 2 km lange Lavaröhre, durch die mittels Treppen und Rampen Touren möglich sind *(Mai-Anfang Okt. 9-17 Uhr, in Randmonaten nur Mi-So)*. Hier ist die
äußere Lavamasse erstarrt, während die innere abfließen konnte – vergleichbar dem
Areal im Lava Beds NM in Nordkalifornien. Schließlich passiert man 2 km nördlich,
am US Hwy. 97, **Lava Butte** und das **VC** im Nordabschnitt des **Newberry NVM**.
Eine Straße führt hinauf auf einen kleinen Vulkanschlot (1.510 m), von dem man die
Aussicht auf die Cascade Range genießen kann.

i **Information**
   • **Newberry NVM**, 🖥 *www.fs.fed.us/r6/centraloregon/newberrynvm/index.shtml,*
   ☎ *541/383-5300, $ 5/Pkw, zwei VCs:*
   – **Lava Lands VC**, *US 97, ca. 20 km südlich Bend,* ☎ *541/593-2421, Ende April-Anfang
Okt. tgl. 9-17 Uhr. Touren, Ausstellung, Shop und Trails.*
   – **Newberry Crater Information Station**, *Forest Rd. 21 (ab US 97), Memorial Day bis
Labor Day tgl. 8-16 Uhr.*

High Desert Museum

ca. 5 km südlich von Bend, US 97, ☎ *541/382-4754,* 🖥 *www.highdesertmuseum.org, tgl.
9-17 Uhr, $ 15 (gültig 2 Tage).*

*Sehens-
wertes
Museum*

Kurz vor Bend ein absolutes Muss: das **High Desert Museum**. Hier erfährt man
alles über die Flora und Fauna der Halbwüste östlich der Cascade Range auf dem
so genannten *Columbia Plateau*, das sich von Kalifornien über Nevada bis nach Utah
und Idaho hinzieht. Doch auch die Geschichte der Indianer und der ersten Siedler,
Holzfäller und Goldsucher wird eindrucksvoll und multimedial geschildert. Ein
Rundgang durch die Außenanlage führt u. a. vorbei an einem Ottergehege, einer rekonstruierten Sägemühle, einer Ausstellung über die Veränderung der Wälder
durch Menschenhand und einer Bühne, auf der regelmäßig Vorführungen stattfinden.

Bend – Paradies für Outdoorfans (ⓘ S. 174)

*Bend als
Versor-
gungs-
zentrum*

Das zentrale **Versorgungszentrum** östlich der Cascades ist das Städtchen Bend
(ca. 52.000 Einwohner). Einkaufszentren, Holzfabriken und Industrie prägen den ersten Eindruck, doch die Innenstadt mit ihren Boutiquen, kleinen Geschäften, Cafés
und Kneipen ist recht attraktiv. Besonders zu empfehlen ist dort der **Deschutes
Brewpub** *(1044 NW Bond St.)*, wo selbst gebrautes Bier kredenzt wird. Mitten in
der Stadt liegt zudem malerisch der **Riverside Park** an einer Biegung des Deschutes River, von der die Stadt ihren Namen bekam. Genau genommen hieß der Ort
zunächst *Farewell Bend* – „Auf Wiedersehen, Flusskurve". Dieser Ausspruch soll von
einem abreisenden Siedler stammen, doch ein Postbote soll später kurz „Bend" daraus gemacht haben.

Heute ist Bend besonders beliebt als **Basisstation** für die Erkundung der Berg- und
Waldregionen im Westen sowie des *Newberry NVM* (s. o.). Hier konkurrieren Ausrüster und Touranbieter (Kanu, Kajak, Wildwasser, Fahrradverleih etc.) zuhauf und

Reisepraktische Informationen Bend/OR

Information
• **Bend Visitor & Convention Bureau**, 917 NW Harriman, ☎ 541/382-8048,
🖳 www.visitbend.com, Mo-Fr 9-17, Sa 10-16 Uhr.
• **Central Oregon Visitors Ass.**, ☎ 541/389-8799, 🖳 www.VisitCentralOregon.com

Touren
• **Wanderlust Tours**, 143 SW
Cleveland Ave., ☎ 541-389-8359, 🖳
www.wanderlusttours.com. „Discover
What's Around This Bend" heißt der Slogan von Wanderlust, dem kleinen Veranstalter von Wander-, Kanu-, Schnee-
schuh- und anderen Touren. David und
Aleta Nissen bringen Besuchern, die
sich angesichts der schier unbegrenzten
Freizeitmöglichkeiten, die von Skifahren
über Golf, Reiten und Rafting bis Wandern reichen, überfordert fühlen, das
Naturmekka im Umland von Bend auf
naturnahe und umweltfreundliche Weise
näher.

Outdoorparadies Bend

im Winter ist der nahe **Mt. Bachelor** ein viel besuchtes Wintersportgebiet. Sehenswürdigkeiten gibt es mit Ausnahme des *High Desert Museum* (s. o.) keine, doch
die **Naturlandschaft ist Attraktion genug**.

Dieser östliche Teil Oregons, jenseits der mächtigen Cascade Mountains, ist ein
Land der Extreme: Der schneebedeckte *Mt. Bachelor*, das unwirtliche *Newberry
NVM*, der beeindruckende *Crater Lake* und die sich endlos erstreckenden Wälder des
Deschutes NF bilden ein vielgestaltiges Naturschutzareal, das immer mehr Outdoor-
fans, Naturfreunde und Erholungssuchende anzieht.

*Land der
Extreme*

👉 Hinweis zur Route

*Von Bend gibt es **zwei Routen nach Portland**: 1. über den US Hwy. 20 ins Willamette Valley und durch diesen „Garten Eden" in die Großstadt (s. u.), oder 2. weiter
nach Norden auf den US Hwys 97 und 26. Hier passiert man bei **Redmont** den
Smith Rock SP, eine Top-Adresse für Climber. Die Felsen stechen bereits vom Highway aus ins Auge und man kommt nicht umhin, den wagemutigen Kletterern zuzusehen. Einen Stopp sollte man auch an der Brücke über den Crooked River einlegen.
Unterhalb der Straße hat der Fluss einen schmalen, dunklen Canyon eingeschnitten.*

Über Warm Springs und Mount Hood nach Portland

Warm Springs Indian Reservation (ⓘ S. 243)

Madras ist Ausgangspunkt für eine der schönsten Wildwasserstrecken des Nordwestens. Der so genannte **Deschutes Scenic Waterway** führt auf dem gleichnamigen Fluss bis zum Columbia River. Der Zugang liegt am US Hwy. 26, ca. 16 km nordwestlich der Stadt. Diese Straße führt durch ein schönes, canyonartiges Tal, in dem die Oberkanten der Felswände auffallen: Der Stein steht hier aufrecht wie Palisaden.

Kultur und Geschichte der Indianer

Der US Hwy. 26 bleibt bis zum bereits in der Ferne sichtbaren **Mt. Hood** – dem „Matterhorn Amerikas" – Reisebegleiter und quert die **Warm Springs Indian Reservation**, mit 2.600 km² das größte Reservat in Oregon. Das sehenswerte **Museum at Warm Springs** *(2189 SR 26,* 🖳 *www.WarmSprings.biz/museum/,* ☏ *541/ 553-3331, tgl. 9-17 Uhr, im Winter außer Mo/Di, $ 6)* befasst sich mit der Kultur und Geschichte der hier lebenden Indianer. Auf 2.300 m² Fläche wird hier die größte Sammlung indianischer Artefakte Oregons präsentiert. Nach den Verträgen von 1855, die den Indianern im Oregon-Territorium Reservate zuwies, ließen sich am Fuße des Mt. Hood drei lokale Stämme nieder: Zunächst kamen die *Wasco* und *Wanapam* vom Columbia River, 20 Jahre später gesellten sich *Northern Paiute* aus dem Südosten Oregons zu ihnen und heute sind die drei Völker als die **Confederate Tribes of Warm Springs** *(*🖳 *www.WarmSprings.com)* organisiert.

Wirtschaftliches Zentrum ist **Warm Springs** (2.500 Einwohner). Touristisches Zentrum des Reservats ist das **Kah-Nee-Ta High Desert Resort & Casino** (ab Warm Springs ausgeschilderter 16-km-Abstecher). Hier kann man in Indianerzelten *(teepees)*, Zimmern oder einem Cottage übernachten, Kanu- oder Fahrradausflüge unternehmen oder in Mineralquellen baden (s. S. 243).

Der Mount Hood, Amerikas „Matterhorn" (ⓘ S. 206)

Matterhorn Amerikas

Der 3.420 m hohe Vulkan Mt. Hood ist der höchste Berg und damit das **Wahrzeichen Oregons**. Er dominiert – bei guter Sicht – die Skyline auf nahezu jeder Ansicht von Portland. Schon die Siedler, die auf dem *Oregon Trail* unterwegs waren, nahmen den Berg als weithin sichtbare Markierung wahr. Sie umrundeten ihn entweder von The Dalles aus südwärts und folgten anschließend dem Verlauf des heutigen US Hwy. 26 in Richtung Oregon City oder aber sie nutzten den Columbia River im Norden als Transportweg. Die Ähnlichkeit des Mt. Hood mit dem Schweizer Matterhorn – vor allem bezüglich der kantigen Spitze – sowie die Tatsache, dass er im Winter, in höheren Lagen auch im Sommer, als Skigebiet fungiert, hat ihm den Spitznamen „Amerikas Matterhorn" eingebracht. Heute sind er und der ihn umgebende *National Forest* bei den Städtern ein beliebtes **Wochenendausflugsziel** und dazu kommen im Sommer zahlreiche Jugendgruppen. Zum Glück ist das Naturareal so groß, dass jeder trotzdem noch ein ruhiges Plätzchen finden kann.

Der etwa 10 km lange Abstecher vom US Hwy. 26 zur **Timberline Lodge**, einem Berghotel auf knapp 2.000 m Höhe direkt an der Baumgrenze, lohnt, auch wenn man keines der rasch ausgebuchten Zimmer ergattert hat. Das Hotel entstand in den 1930er Jahren als Teil der Roosevelt'schen Arbeitsbeschaffungsmaßnahmen. Es gibt Hotelführungen, einen Film über den Bau und eine kleine, interessante Ausstellung mit dem Titel „Ski Museum". Wer möchte, kann ein Stück den Berg hinaufwandern, Skifahrern zuschauen bzw. selbst Ski ausleihen. Nach oben führt ein Skilift, hinunter in den Wald ein Sessellift. **Government Camp** am US Hwy. 26 ist ein „normaler" Skiort, im Sommer dank seiner Jugendcamps vor allem von Schulkindern und Jugendgruppen bevölkert.

Government Camp

 Hinweis zur Route

Der US Hwy. 26 stellt von Mt. Hood die direkte Verbindung nach Portland her (ca. 1 Std.), ab Government Camp geht es unaufhaltsam bergab. Wer jedoch die **Columbia Gorge** *(Route entlang dem Columbia River nach Portland s. Kapitel „Die Columbia River Gorge", S. 302) noch nicht besucht hat, dem sei der Umweg auf dem OR Hwy. 35 empfohlen.*

Alternativroute durch Oregons „Garten Eden" nach Portland

Von Bend aus bietet sich eine **Alternativroute** nach Portland durch das Willamette Valley an. Sie führt vorbei an geschäftigen Studentenstädtchen wie Eugene oder Corvallis, an Oregons Hauptstadt Salem und dem historischen Oregon City. Von Bend aus fährt man zunächst auf dem US Hwy. 20 bis Sisters und dann auf OR 242 und OR 126 durch die Berg- und Waldlandschaft der Cascade Range, um bei Springfield das **Willamette Valley** zu erreichen.

Eugene (ⓘ S. 190) und ihre Schwesterstadt **Springfield** (🖳 www.visitlanecounty.org) bilden mit knapp 200.000 Einwohnern nach Portland das zweitgrößte Ballungszentrum Oregons. Oregonians wissen es zu schätzen, kaufen hier ein und gehen hier aus, denn schließlich wird das Kulturprogramm Eugenes maßgeblich durch die rund 20.000 Studenten zählende Universität beeinflusst. Auf dem Gelände der **University of Oregon** sind zudem zwei Museen vereint: das **Jordan Schnitzer Museum of Art** *(1430 Johnson Lane, Do-So 11-17, Mi 11-20 Uhr, $ 5)* und das **Museum of Natural and Cultural History** *(1680 E 15th St., Di-So 11-17 Uhr, $ 3)*. Die Doppelstadt ist zugleich ideale Basis für die Erkundung der Waldgebiete im Südosten und der Weinanbaugebiete im Westen.

Zweitgrößtes Ballungszentrum Oregons

Auf dem Weg durch das Obst-, Gemüse, Nuss- und vor allem Weinanbaugebiet im **Willamette Valley**, das sich nördlich Eugene ausbreitet, sollte man nicht die I-5 wählen, sondern den rechts und links des Willamette River, zwischen Eugene und Salem, führenden **Willamette Valley Scenic Drive** (OR 99). Empfehlenswerter als die Ostroute ist der **Hwy. 99 West**, da sich hier die meisten Weingüter aneinanderreihen.

Erste größere Stadt nach Eugene ist **Albany**, das immerhin mit 500 unter Denkmalschutz stehenden Kirchen, Wohnhäusern und anderen Gebäuden im *Historical District* aufwartet. Jeder Architekturstil, der seit 1850 in Mode war, ist hier vertreten,

Historical District in Albany

allen voran die sehr eklektizistischen viktorianischen Stile. Im westlich benachbarten
Corvallis dominiert der Campus der *Oregon State University*.

Hauptstadt Oregons

Salem (S. 222), die Hauptstadt des Staates Oregon mit 137.000 Einwohnern,
wird beherrscht vom 1938 komplett aus Marmor errichteten **State Capitol**
(Court/Summer St., Mo-Fr 8-17 Uhr, stündl. Touren 9-16 Uhr, Eintritt frei). Deren charak-
teristische Kuppel bekrönt eine vergoldete Statue als Symbol der ersten Pioniere.
Aus dem 19. Jh. stammen das **Bush House** *(600 Mission St. SE)* und auf Nr. 1116 die
Deepwood Estate – beide gefüllt mit Antiquitäten und von den schönen Gärten
des *Bush's Pasture Park* umgeben (503/363-4714, Mo-Sa 10-17, So 12-17 Uhr, $ 4,
Estate-Tour $ 4: So-Do 12-17 Uhr). Gleich mehrere historische Häuser sind auf dem
Grund einer ehemaligen Textilfabrik im **Mission Mill Museum** zusammengetragen
*(1313 Mill St. SE, 503/585-7012, Mo-Sa 10-17, $ 7, einige Häuser Extragebühr für
Touren)*. Eine breite Palette an Kunst verschiedener Zeiten, Räume und Genres – se-
henswert vor allem die Native American Gallery – ist im **Hallie Ford Museum of
Art** *(700 State St., 503/370-6855, Di-Sa 10-17 Uhr, $ 3)* zu bewundern.

i
Information
• **Salem Convention & Visitors Ass.**, 1313 Mill St. SE, 503/581-4325, Mo-
Fr 8.30-17, Sa 10-17 Uhr, www.travelsalem.com

Willamette Valley

Zentrum der Wein-region

Das Willamette Valley ist die größte und kühlste Appellation der Weinregion Oregon – die **South Willamette Wine Region** –, sie zieht sich über etwa 160 km
von Eugene über Salem bis zum Columbia River bei Portland und ist etwa 90 km
breit. Das Zentrum der Weinregion erstreckt sich jedoch entlang den beiden Highways OR 221 und OR 99W zwischen **Salem** und **Newberg** im Norden, in der so
genannten **North Willamette Wine Region**. An den Landstraßen, vor allem OR
221 und OR 99W/18, reihen sich die blauen Hinweisschilder auf Weingüter aneinander. Da es auch zahlreiche hübsche B&B-Häuser und hervorragende Restaurants
gibt, ist diese Region perfekt für einen Zwischenstopp auf dem Weg nach Portland.

Die Weingärten liegen meist am Fuße der Hügel am Westrand des Tales und dort ist
eine ganze Reihe besonderer Lagen entstanden: z. B. die *Red Hills of Dundee* (süd-
westlich Portland), die *Eola Hills* (nordwestlich Salem) oder die *South Salem Hills*. Im
Zentrum der Weinregion befindet sich das Städtchen **McMinnville** (S. 204) im
Yamhill County. In dessen Umkreis – **Dayton, Yamhill, Dundee, Newberg** – konzentriert sich ein Viertel aller Weingüter Oregons, unter ihnen die Pioniere *Erath*,
Eyrie und *Amity*. Eine erste Anlaufstelle für Interessierte sollte der **Oregon Wines
Tasting Room** am OR 18 bei **Bellevue** sein. Günstige Ausgangspunkte für ausgie-
bigere Weintouren sind die Orte McMinnville und Newberg.

Weinprobe
• **Oregon Wines Tasting Room**, 19690 SW Hwy. 18, nahe Bellevue südwest-
lich McMinneville, 503/843-3787, www.winesnw.com/oregonwinetastingroom.htm,
Weinprobe tgl. 11-18 Uhr, vgl. auch www.willamettewines.com

„Boys up North" – Weine aus dem Nordwesten INFO

1980 staunte die Weinwelt nicht schlecht: Da hatte doch bei einer Blindverkostung von Pinot-Noir-Weinen aus Frankreich und Oregon der 1975er-Wein von *Eyrie*, einem Pionier des Weinbaus in Oregon, die europäischen Weine ausgestochen. **Weine aus dem Nordwesten** hatte bis dato kaum jemand gekannt, obwohl schon 1917 *W. B. Bridgman* erstmals europäische Reben im Yakima Valley im Südosten des US-Bundesstaates Washington kultivierte. 1933 wurde das erste Weingut in Oregon, die *Honeywood Winery*, gegründet, doch so richtig los ging es erst in den späten 1960er Jahren mit Betrieben wie *Amity*, *Erath*, *Eyrie* oder *Ponzi*. Trotz des Aufsehen erregenden Erfolgs 1980 hielten sich die Winzer aus Oregon weiter bescheiden im Hintergrund, beobachteten, was sich in der Weinszene im benachbarten Kalifornien tat, und zogen ihre Konsequenzen. Erst in den letzten Jahren rückte der Nordwesten zunehmend ins Rampenlicht, und doch sind weltweit die Produkte aus Oregon und Washington eine Rarität geblieben, was vor allem an den **kleinen Produktionsmengen** und an der Tatsache liegt, dass Weinliebhaber im Nordwesten die edlen Tropfen lieber selbst konsumieren.

Oregon und Washington – zwei Anbauregionen, die unterschiedlicher nicht sein könnten: Oregon ist Pinot-Noir-Land, die Betriebe sind überwiegend klein und familiär geführt, Washington dagegen, mit fast doppelt so großer Rebfläche, ist vielseitiger und experimentierfreudiger, aber auch qualitativ weniger beständig. Charakteristisch für beide Regionen ist, dass etliche der *Winemaker* als Hobbywinzer begannen – so *Alex Golitzen* (Quilceda Creek/WA) oder *Dick Erath* (Erath/OR), beide ausgebildete Ingenieure.

Die Cascade Mountains trennen **Washington** in zwei völlig unterschiedliche Klimazonen: Im Westen vom Meer beeinflusst, hat das heiße, trockene Klima im Osten eine wüstenartige Landschaft zur Folge, die seit jeher als Kornkammer und Obst- und Gemüsezentrum fungierte. Zentren des Weinbaus sind hier das **Yakima** und das **Columbia Valley**. Washington ist nach Kalifornien der **zweitgrößte Traubenproduzent** der USA. Viele Weingüter kaufen ihre Trauben von Obstbauern und besitzen nur wenige oder keine eigenen Weinberge. Man experimentiert auch mit verschiedenen Traubensorten. Marktführend sind *Cabernet Sauvignon* und *Merlot*, die dank ihrer langen Reifezeit im Osten des Staates ideale Bedingungen vorfinden.

Weinland Oregon, das Willamette Valley

INFO

Oregon bietet kulinarische Genüsse in Hülle und Fülle: Haselnüsse, Obst, Wild und Pilze, gutes Bier und Wein. Südwestlich von Portland und nordwestlich der Hauptstadt Salem erstreckt sich das **Willamette Valley** mit der größten Weinregion Oregons rings um das Städtchen McMinnville. Das südöstlich gelegene **Umqua Valley** mit Roseberg im Zentrum ist kleiner, ebenso die neueste Appellation im Süden Oregons, das **Rogue Valley** um Redford und Grants Pass. Zwei Anbaugebiete im Nordosten Oregons gehören verwaltungstechnisch bereits zu Washingtons Yakima und Walla Walla Valleys. Das **Klima Oregons** – vergleichbar mit dem im Burgund oder im Elsass – beeinflusst den Anbau. Anders als in Kalifornien oder Washington haben Klimaschwankungen oft enorme Unterschiede zwischen den einzelnen Jahrgängen zur Folge. Mittlerweile haben sich allein in Oregon über 120 Betriebe etabliert und das Spannende ist das ungeheure Potenzial, das hier noch im Verborgenen liegt. Umgeben von der seit Jahren boomenden und glamourösen „Weinlegende" Kalifornien und dem aufstrebend-innovativen „Entwicklungsland" Washington, gibt sich Oregon bescheiden und konzentriert sich auf wenige bewährte Sorten, vor allem *Pinot Noir*.

Dem **Pinot Noir** (Spätburgunder) ist es schließlich zu verdanken, dass man sich in den 1980er Jahren den Ruf als „amerikanisches Burgund" erworben hat. Burgunder- und Elsass-Varianten – neben *Pinot Noir* sind das *Pinot Gris* und *Blanc*, *Chardonnay*, *Riesling*, *Gewürztraminer* und *Müller-Thurgau* – stellen den Löwenanteil. Pinot Noir ist wegen dem im Willamette Valley herrschenden kühlen und feuchten Meeresklima mit milden Wintern, viel Regen im Frühjahr und Herbst sowie trockenen Sommern die ideale Rebsorte. Die kleinen Trauben mit vielen dünnschaligen Beeren mögen es kühl, benötigen aber eine lange, milde Wachstumsperiode.

Einer der „Boys up North":
Myron Redford von Amity

Gute *Pinots* zu machen, ist eine hohe Kunst und diese haben die *Winemaker* Oregons perfektioniert. Zunächst wurden die **Boys up North** noch belächelt, doch mittlerweile gelten *David „Papa Pinot" Lett (Eyrie)*, *Dick Erath*, *Dick Ponzi* und *Myron Redford (Amity)* als Pioniere, denen es zu verdanken ist, dass der *Pinot Noir* aus Oregon mit hochkarätigen französischen Burgundern konkurrieren kann. Inzwischen sind den „Gründungsvätern" experimentierfreudige „Youngster" wie *Michael Etzel (Beaux Frères)*, *Mark Vlossak (Panther Creek)* oder *Patty Green (Patricia Green Cellars)* gefolgt und produzieren Weine von grandioser Komplexität und Fülle.

• **Weine aus dem Nordwesten** führen die **K&U Weinversand-Weinhalle**, ☎ (0911) 525-153, 🖳 www.weinhalle.de, und die **Pacific Wine Company**, ☎ (06103) 280-245, 🖳 www.pacificwine.de (Amity!).

Portland – A Beer Lover's Paradise

Portland – Stadt der Superlative (ⓘ S. 214)

Bereits die Namensgebung macht deutlich, dass es sich bei Portland um **keine normale amerikanische Stadt** handelt. Um 1840 nämlich, als Händler, Trapper und Indianer zwischen der bereits existierenden Oregon City und dem Fort Vancouver der *Hudson's Bay Company* pendelten, verweilten sie auf halber Strecke nahe der heutigen *Burnside Bridge* in einer Lichtung und nannten diese „Clearing".

Portland

Einige Jahre später dann wurde ein Siedler namens *William Overton* auf die guten Böden aufmerksam und tat sich mit dem Anwalt *Asa Lovejoy* aus Oregon City zusammen, um einen Claim für eine Siedlung abzustecken. Sie gaben dem Ort den Namen *Stumptown* – wegen der Baumstümpfe. Overton zog allerdings wenig später das Gold nach Kalifornien und er verkaufte seine Anteile an den Händler *F. W. Pettygrove*. Dieser, aus Portland/Maine stammend, und *Lovejoy*, ursprünglich aus Boston, Massachusetts, entschieden sich 1851, die herunterkommende Siedlung zu einer Stadt auszubauen. Als sich die beiden nicht auf einen Namen einigen konnten, warfen sie eine Münze, die später als *Portland Pennie* in die Geschichte einging: Da *Pettygrove* gewann, hatte er die Wahl und entschied sich, nach seiner Heimatstadt, für **Portland**.

„Portland Pennie"

Portland entwickelte sich dank der geografisch günstigen Lage zu Columbia River und Küste zur boomenden **Hafenstadt** und als 1883 **die Eisenbahn** kam, war der Aufstieg unaufhaltsam: Bereits um die Jahrhundertwende hatte sich Portland zur wichtigsten Stadt zwischen San Francisco und Seattle gemausert und das einst bedeutende Oregon City weit hinter sich gelassen.

Stadt der Superlative

Mit der Einrichtung großer Parkanlagen, im Besonderen wegen der Anlage der *Rose Test Gardens* im Washington Park im Jahr 1907, war bald nur noch von **The City of the Roses** die Rede. Heute ist Portland stolz auf den ältesten Rosengarten Nordamerikas und gilt auch unter anderen Gesichtspunkten als **Stadt der Superlative**: Hier befinden sich der größte Buchladen der USA *(Powell's City of Books)*, der größte amerikanische Freiluftmarkt *(Portland Saturday Market)*, die zweitgrößte Kupferstatue der Welt nach der *Statue of Liberty*, die *Portlandia*, der größte Sportartikelhersteller der Welt *(Nike)* und mit den *Portland TrailBlazers* eine der Traditionsmann-

City of the Roses

Redaktionstipps

Sehens- und Erlebenswertes
- Einen umfassenden Einblick in die Geschichte der Region bietet **das Oregon History Center** (S. 647).
- Das **Portland Art Museum** (S. 648) gehört zu den besten im Nordwesten, vor allem die Indianer-Abteilung und die *Contemporary Art* sind sehenswert.
- Im **Washington Park** (S. 653) einen schönen Tag genießen – *Rose Test Garden, Japanese Garden Zoo* oder *World Forestry Center* laden dazu ein.
- Im **Rose Garden** ein Basketballspiel der **TrailBlazers** (S. 656 und S. 659) miterleben.
- Aufgrund der guten Akustik ist ein Konzert in **The Grotto** (S. 656) ein besonderes Erlebnis – besonders im Nov./Dez. anlässlich des *Christmas Festival of Lights.*

Unterkunft
- Zu den besten Hotels der Stadt gehören **The Governor** und **The Heathman Hotel** (S. 214).
- Das **Vintage Plaza** (S. 214) hat sich ganz dem Motto Wein und Genuss verschrieben.

Essen & Trinken
- Elegant speist man im **Heathman Restaurant** (S. 216).
- Im **Wildwood** zaubert *Cory Schreiber* aus besten lokalen Zutaten leckere Gerichte, ebenso schick und innovativ ist das **Bluehour** (S. 214).
- Zum Nachtisch geht man zu **Papa Haydn** (S. 214).

Pubs & Nightlife
- In Portland muss man auf Biertour gehen! **Brewpubs** (S. 216 und S. 652) gibt es wie Sand am Meer, z. B. *BridgePort Brew Pub, Laurelwood Public House & Brewery* oder das *Widmer Gasthaus.*

Einkaufen
- *Powell's City of Books* (S. 651 und S. 658) ist der angeblich größte Buchladen der Welt!
- Der **Portland Farmers' Market** (S. 658) lockt mit zahlreichen Genüssen und Mitbringseln.

Touren & Veranstaltungen
- **Portland Walking Tours** (S. 658) bietet interessante Spaziergänge mit Locals durch verschiedene Viertel der Stadt.
- Das **Oregon Brewers Festival** (S. 653 und S. 659) Ende Juli ist ein spezielles Event.

schaften der Basketball-Profiliga NBA. Mittlerweile rühmt sich die Stadt eines neuen Beinamens: **„City of Books, Beers, Bikes and Blooms"** – kommen auf jeweils 3.000 der 500.000 Einwohner im eigentlichen Stadtgebiet ein Buchladen und auf nur 1.200 eine *Microbrewery!*

Gerade Letzteres verhalf Portland zu besonderem Ruhm: Seit 1990 bezeichnet sich die Stadt als **„Microbrew Capital of the World"** – und das nicht zu Unrecht, bedenkt man, dass es hier mehr Brauereien und Kneipen gibt als in jeder anderen Stadt: Über 30 Brauereien zählt Portland und im Großraum sind es fast 40, niemand soll mehr als 10-15 Minuten von einem *Brew Pub* oder einer Brauerei entfernt wohnen – nicht übel angesichts der rund 60 Breweries in ganz Oregon, das übrigens den höchsten Bierkonsum in den USA verzeichnet.

Mitte der 1960er bis Anfang der 1980er Jahre hatte es zu Zeiten wirtschaftlicher Depression noch anders ausgesehen. Doch gerade diese Krise schien Portland zu beflügeln: Erst kamen die Hippies, ihnen folgten Künstler, und später entwickelte sich eine ausgeprägte Schwulenszene. Alle zusammen prägen den „Zeitgeist" der Stadt bis heute mit. Mangels Kapitals wurden die alten Gebäude in den 1960er und 1970er Jahren nicht abgerissen, um sterilen Betonklötzen Platz zu machen. Stattdessen wurden sie viel später restauriert und sind heute begehrte Wohn- und Geschäftsadressen.

Portland, dessen Großraum sich über mehrere Anhöhen um Willamette und Columbia River hinzieht, hat weitaus mehr zu bieten, als es auf den ersten Blick scheint: Neben einer ausgesprochen **vielseitigen Kulturszene** mit hochkarätigen Museen, kleinen Bühnen und Musikclubs besticht das **viele Grün im Stadtzentrum**. An die 15.000 ha an ausgewiesenen Parkflächen im gesamten Stadtgebiet, dazu attraktive Geschäfte, Lokale und *Microbreweries* sowie eines der besten Radwegenetze in den USA und ein umfassendes Nahverkehrssystem machen die Stadt zu einem **lebenswerten Domizil** – familiär, übersichtlich, sauber, fußgänger- und radlerfreundlich, dennoch weltstädtisch und attraktiv. Die **ethnische Vielfalt**, die durch unterschiedliche Minderheiten, aber auch einen hohen Anteil zugewanderter US-Amerikaner aus anderen Bundesstaaten und eine große asiatische Gemeinde zustande kommt, hat viele, z. T. sehr unterschiedliche *Neighborhoods* entstehen lassen.

Viel Grün im Zentrum

Wirtschaftliches Standbein Portlands, in dessen Großraum fast 2 Mio. Menschen leben, ist noch heute der Hafen, in dem besonders Importwaren aus Asien umgeladen werden. Zudem hat sich eine beachtliche Computerindustrie angesiedelt, die besonders von den niedrigen Löhnen und der Umsatzsteuerfreiheit in Oregon profitiert. Sportartikelhersteller, wie *Nike* und *Adidas-USA*, Textilfirmen wie *Columbia Sportswear* oder *Jantzen*, sowie das Bankunternehmen *U.S. Bancorp* und die Handelskette *Fred Meyer* haben hier ebenfalls ihren Hauptsitz.

Es sind nicht allein die Sehenswürdigkeiten, sondern mehr der **Lebensstil**, der diese Stadt besonders macht, oder wie ein Bewohner einmal meinte: „Portland hat von allem etwas … es riecht wie in New York, hat Neighborhoods wie Pittsburgh, ist freizügig wie New Orleans, eklektisch wie San Francisco, kulturorientiert wie Chicago und hat dabei den Biss einer aufstrebenden, liberal denkenden Nordwest-Metropole wie Seattle … und man kann trotzdem nahezu alles zu Fuß erreichen."

Portlands besonderer Lebenstil

Unterwegs in der Innenstadt

Idealer Starpunkt für die Erkundung der Innenstadt ist der zentrale **Pioneer Courthouse Square** (1), „Portlands gute Stube" und Treff. Cafés und Imbissbuden sorgen für das leibliche Wohl und oft gibt es hier Livemusik. Die sich anschließende *Mall* ist eine Fußgängerzone zwischen 5th und 6th Ave. bis zur Jefferson St. mit zahlreichen Shops und Restaurants.

Das unlängst erweiterte **Oregon History Center** (2) *(1200 SW Park Ave.,* ☎ *222-1741,* 🖥 *www.ohs.org, Mo-Sa 10-17 Uhr, $ 10)*, das seit 1898 existiert, ist ein großes, sehenswertes historisches Museum unter der Ägide der *Oregon Historical Society*. „Oregon my Oregon" berichtet in zwölf Abteilungen über Geschichte,

Wandbild am Oregon History Center

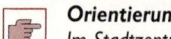

Tipps für Besucher – Orientierung

Orientierung

*Im Stadtzentrum kann man nahezu alles zu Fuß oder mit öffentlichen Verkehrsmitteln erreichen. Man findet sich leicht zurecht: Der **Willamette River** teilt die Stadt in Ost und West, die **Burnside Street** in Nord und Süd. Dies führte zu den Stadtteilbezeichnungen: SW (Southwest) – NW (Northwest) – NE (Northeast) – SE (Southeast). Ein fünfter District, North, befindet sich im Nordosten der Stadt, jenseits der Williams Ave. Das eigentliche **Stadtzentrum** wird von Front und 10th Ave. begrenzt und reicht im Norden bis zur Burnside St. Prinzipiell wird Downtown von der I-405 bzw. dem Willamette River umschlossen.*

*An das moderne **Downtown** schließt sich wie eine kleine Insel in der Nordostecke **Old Town** bzw. **Yamhill** und der **Skidmore District** mit dem kleinen Chinatown an. Der **Pearl District**, ein alter Lagerhausbezirk und inzwischen ein boomendes Viertel, grenzt nordwestlich an Downtown und Old Town an. Hier pulsiert das Leben, jedoch auch im SE entlang dem **Hawthorne Blvd.** und in NW, vor allem rund um den **Nob Hill** (21st-23rd St.). Der **Washington Park**, Hauptfreizeitoase der Stadt, liegt im Südwesten der Stadt und bietet aufgrund seiner erhöhten Lage gute Ausblicke auf die Stadt und die sich im Osten aufbauende Kulisse der Cascade Mountains mit dem überragenden Mt. Hood.*

Nahverkehr

*Tri-Met Transit und MAX (Metropolitan Area Express) betreiben Busse und S-Bahnen, die als besonders benutzerfreundlich ausgezeichnet wurden und auch den östlich der Stadt gelegenen Flughafen bedienen. Innerhalb des **Fareless Square**, dem Innenstadtbereich, dürfen alle Nahverkehrsmittel kostenlos benutzt werden. Innerhalb Downtown verkehrt eine Straßenbahn, die **Portland Streetcar** (www.portlandstreetcar.org), die den Cultural District, Downtown, Pearl District, Northwest/Nob Hill und Portland State University mittels einer Rundstrecke verbindet. Sie soll zur South Waterfront ausgeweitet werden, um so die Verbindung zu einer neuen **Aerial Tram** zum Marquam Hill herzustellen. Bis 2011 soll zudem das Ostufer des Willamette River erschlossen werden.*

Geografie und Kultur des Staates, in der *Northwest Art Gallery* werden Kunstwerke regionaler bzw. lokaler Herkunft gezeigt. Dazu gibt es viele interessante Wechselausstellungen, einen großen Shop und ein Café. An der West- und Südwand des

Oregon Historical Society

ehemaligen *Sovereign Hotels* (Ecke Park Ave./Madison) – 1923 erbaut und Sitz der *Oregon Historical Society* – schuf der Künstler *Richard Haas* 1989 in Trompe-l'Œil-Technik beeindruckende **Wandbilder**: im Westen die *Lewis & Clark*-Expedition und auf der Südseite geht es um die historische Entwicklung Oregons.

Auf der anderen Seite der Grünanlage, die East und West Park Ave. voneinander trennt und Denkmäler von *Teddy Roosevelt* und *Abraham Lincoln* birgt, befindet sich gleich gegenüber das **Portland Art Museum (3)** *(1219 SW Park Ave.,* ☎ *226-2811,* 🖳 *www.portlandartmuseum.org, Di-Sa 10-17, So 12-17 Uhr, Do/Fr bis 20 Uhr, $ 10).* Das Museum, das als **eines der besten Kunstmuseen des Westens** gilt, schließt auch einen Skulpturengarten und das *Northwest Film Center* ein. Neben einer breiten Pa-

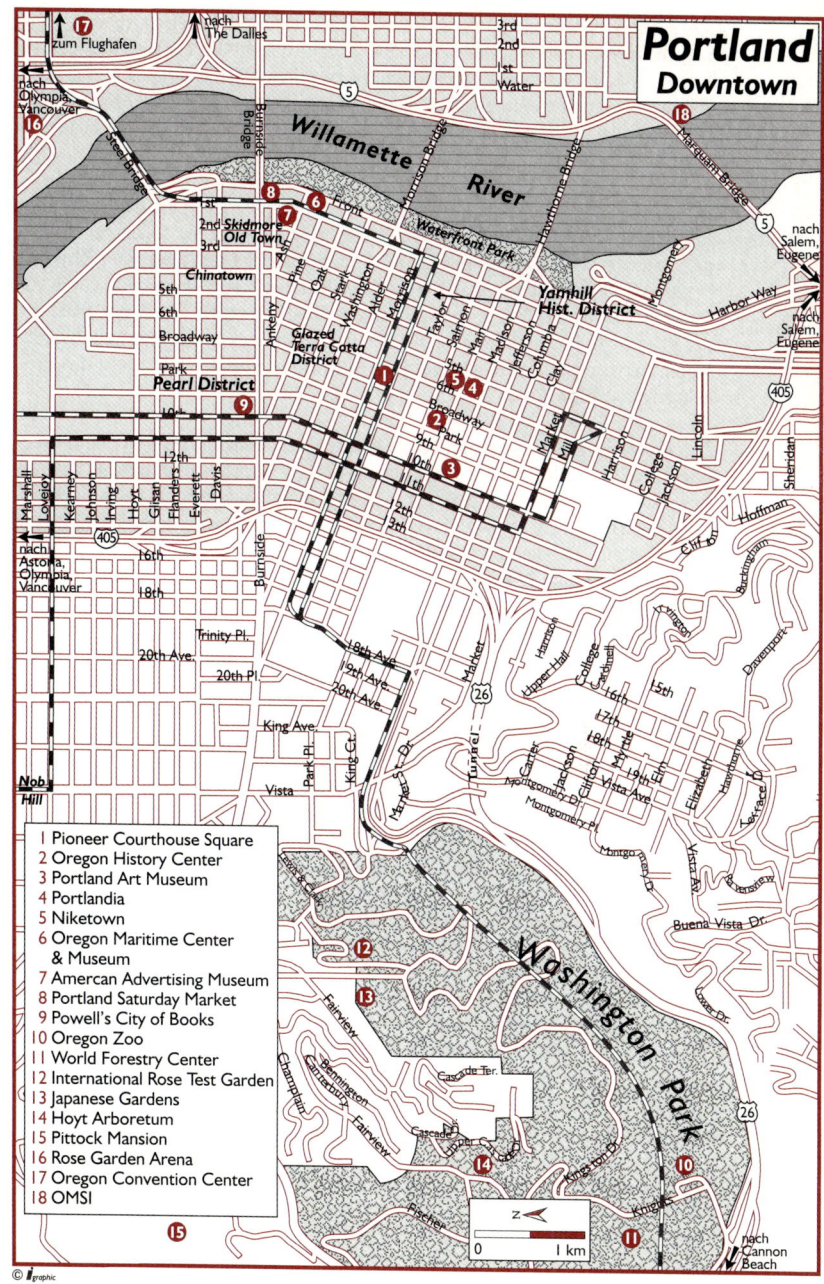

Portland
Downtown

Willamette River

Waterfront Park

Skidmore Old Town

Chinatown

Yamhill Hist. District

Glazed Terra Cotta District

Pearl District

Nob Hill

Washington Park

nach zum Flughafen

nach Olympia, Vancouver

nach The Dalles

nach Salem, Eugene

nach Salem, Eugene

nach Astoria, Olympia, Vancouver

nach Cannon Beach

1 Pioneer Courthouse Square
2 Oregon History Center
3 Portland Art Museum
4 Portlandia
5 Niketown
6 Oregon Maritime Center
  & Museum
7 Amercan Advertising Museum
8 Portland Saturday Market
9 Powell's City of Books
10 Oregon Zoo
11 World Forestry Center
12 International Rose Test Garden
13 Japanese Gardens
14 Hoyt Arboretum
15 Pittock Mansion
16 Rose Garden Arena
17 Oregon Convention Center
18 OMSI

0   1 km

© graphic

lette an permanent ausgestellten Kunstwerken sind die Abteilung zu Kunst und Kunsthandwerk der Indianer sowie die hochkarätigen Wechselausstellungen sehenswert. Der neu renovierte Bau wurde zwischen 1931 und 1968 in mehreren Phasen von *Pietro Belluschi* errichtet. Der benachbarte *Masonic Temple* dient seit 1992 als Nordflügel des Museums und 2005 wurde das *Center for Modern and Contemporary Art* neu eröffnet.

Ein kleiner Schlenker führt zum größten Springbrunnen der Stadt, den **Ira Keller Memorial Fountain** in der Market Street: Seine zwei Ebenen sollen den Zauber der Natur in den Bergen symbolisieren. Das **Portland Public Service Building** *(1120 SW 5th Ave.)* ist ein programmatischer Bau der Postmoderne und wurde von Stararchitekt *Michael Graves* 1980-83 geplant. Davor steht die 11 m hohe **Portlandia (4)** aus gehämmerten Kupfer, die mit ihrem Dreizack in der Hand auf die Passanten herabschaut. Es ist die zweitgrößte Bronzestatue der USA nach der Freiheitsstatue in New York.

Zweitgröß-te Bronze-statue der USA

Der Rundgang geht weiter zum Willamette River, an dem entlang sich der **Governor Tom McCall Waterfront Park** zwischen Marquam und Steel Bridge erstreckt. Am Ende der SW Salmon St. lädt ein Springbrunnen mit hundert Einzelfontänen zur Erfrischung ein. Am Flussufer stehend, hat man einen herrlichen Blick auf die fünf großen Brücken und das Treiben auf dem Wasser. Am Südwestufer befindet sich die **RiverPlace Marina**, ein Jachthafen mit Hotel, Restaurant und Apartmentwohnungen.

Ein Kuriosum ist der **Mills End Park** am Schnittpunkt von Front Ave. und SW Taylor St. Der Park mit einem Durchmesser von nur 60 cm befindet sich auf einer Verkehrsinsel und hat angesichts seiner „Größe" den Eintrag ins *Guinness-Buch der Rekorde* verdient. Um die Taylor St. herum erstreckt sich über sechs Blocks der **Yamhill Historic District**, einst das wirtschaftliche Herz der Stadt. Ausgefallen für die Zeit, Ende 19. Jh., ist, dass – wie in New Yorks SoHo – ein inneres Eisengerüst die Hausstrukturen trug und nicht die Außenwände Stützfunktion übernahmen. Diese Technik ermöglichte später den Bau von Wolkenkratzern. Heute befinden sich in den Gebäuden kleine Geschäfte, Boutiquen, Kunstgalerien und Restaurants.

Yamhill Historic District

Der historische **Skidmore District/Old Town** schließt sich fünf Blocks weiter nördlich an und zieht sich parallel zwischen Fluss und SW 5th Ave. bis zur Everett St. hin. Auch hier lassen sich gute Restaurants und Kneipen entdecken und am Abend herrscht ein reges Nachtleben. An Sights lockt das **Oregon Maritime Center & Museum (6)** an der Waterfront auf Höhe Pine St. *(198 SW Naito Pkwy., ☎ 224-7724, 🖳 www.oregonmaritimemuseum.org, Mi-So 11-16 Uhr, $ 5).* Es ist im altem Sternwheeler „Portland" eingerichtet, der im Film „Maverick" mit *Jodie Foster* und *Mel Gibson* die Kulisse bildete und heute Modelle, Instrumente und eine Fotosammlung beinhaltet.

Old Town

Einzigartig und ungewöhnlich ist das **American Advertising Museum (7)** *(211 NW 5th St., ☎ 226-0000, Mi-So 12-16/17 Uhr, $ 5)*, eine Sammlung zur Geschichte der Werbung vom 15. Jh. bis heute, mit Radio- und TV-Werbung, Firmenwerbungen im Laufe der Jahrzehnte, Neonwerbung, Postern und Trademarks, Werbekampagnen und zudem interessanten Wechselausstellungen.

Der **Skidmore Fountain** an der Front Street ist der älteste Brunnen der Stadt. Aus ihm wollte *Henry Weinhard* bei der Eröffnung im Jahr 1888 Bier sprudeln lassen, was allerdings nicht genehmigt wurde. Am Brunnenrand sind noch die Ringe angebracht, die einst Kupferbecher für durstige Passanten enthielten; auch für Hunde und Pferde war entsprechend gesorgt. Der **Portland Saturday Market (8)** *(1 SW Front Ave.,* 🖥 *www.portlandsaturdaymarket.com)* findet von März bis Weihnachten jeden Samstag und Sonntag *(10-17 bzw. 11-16.30 Uhr)* statt. Mit über 300 Händlern und einer Konzertbühne gehört er zu den größten Freiluftmärkten der USA – mit Kitsch und Kunst, Kunsthandwerk, Selbstgebasteltem, Kuriosem und Unnützem.

*Freiluft-
markt*

Nördlich der Burnside Bridge gelangt man zur **Japanese-American Historical Plaza**, die jenen Japanern gewidmet ist, die während des Zweiten Weltkriegs in den USA in Camps interniert waren. Es schließt sich der kleine **Chinatown District** an, dessen Eingang durch das **Chinatown Gate** *(NW 4th Ave./Burnside St.)* mit seinen fünf Dächern, zwei Löwen und 64 Drachen markiert wird. Nördlich von Chinatown, an der NW 6th St., befindet sich die **Union Station**, ein renovierter Prachtbau aus der großen Zeit der Eisenbahn, heute der Amtrak-Bahnhof.

Einige Blocks westlich befindet sich der **Pearl District**, ein ehemaliges Lagerhausviertel, im Prozess der Revitalisierung. Es gehört inzwischen zu den neuen Nightspots und wartet mit einer Reihe guter Restaurants und Brewpubs, z. B. *Bridgeport* oder *Bluehour*, auf.

Ein Muss ist ein Besuch von **Powell's City of Books (9)** *(Burnside St., NW 10th-11th Ave.).* Die Erfolgsstory von *Powell's*, des angeblich **größten Buchladens der Welt**, begann damit, dass *Michael Powell* die Nase voll hatte vom Studieren und kurzerhand in Chicago einen Buchladen eröffnete, der in kürzester Zeit zum Renner wurde. *Michaels* Vater, *Walter*, ein Malermeister in Rente, arbeitete einen Sommer über im Laden mit und beschloss dann, zurück in Portland, 1971 einen eigenen Gebrauchtbuchladen zu eröffnen. Im Nu platzte der Laden aus allen Nähten und *Walter* zog mit seinen Büchern in ein leeres Autogeschäft um, diesmal in besserer Lage am Rande der Stadtmitte. 1979 kam *Michael* nach und begann zusammen mit dem Vater ein ungewöhnliches und bis heute **einmaliges Konzept** umzusetzen: gebrauchte und neue Bücher, Hardcover und Paperback, alles im selben Regal, in unterschiedlichem Erhaltungszustand und zu verschiedenen Preisen. In vier Läden – dem Stammgeschäft im Stadtzentrum, einem in Cascade Plaza, in der Hawthorne Ave. und am Flughafen – gibt es heute das komplette Spektrum, drei Spezialläden bieten dazu technische Bücher, Reiseführer sowie Koch- und Gartenbücher an. Der Hauptladen von *Powell's* ist flächenmäßig (6.000 m²) riesig, eine „Stadt der Bücher", für die man einen Orientierungsplan braucht.

*Größter
Buchladen
der Welt*

Neben dem Bookstore residierte einst die **Blitz-Weinhardt Brewery**, die an die *Molson-Coors*-Gruppe verkauft wurde. In das alte Gebäude will *Powell's* nun expandieren und außerdem sollen dort neue Büros und Wohnungen entstehen.

INFO
Im Beervana

„Bei manchem Bräuer aber findet man so kraftloses Bier, daß die Regentropfen … eine bessere Kraft in sich haben." – so schimpfte im 17. Jh. der im Allgäu geborene Prediger *Abraham a Santa Clara* über die Augsburger Brauereien. Bis heute sind selbst im „Bierparadies" Deutschland seine Worte noch aktuell. Während hierzulande verstärkt die Großkonzerne den Markt an sich reißen und mit uniformen Massenbieren überschwemmen, schießen seit den 1980er Jahren in den USA **Kleinbrauereien** wie Pilze aus dem Boden und sagen den Biergiganten *Anheuser-Busch*, *Coors* oder *Miller* den Kampf an.

Es ist in Portland nie weit zum nächsten Brewpub

Abgesehen von den *Microbreweries* sorgen besonders die angeschlossenen **Brewpubs** für Zulauf. Diese gemütlichen Kneipen bieten handfeste, preiswerte Kost in gemütlicher Atmosphäre, dazu bisweilen Livemusik und gelegentlich Biergärten. Bier ist, ausgehend von der Westküste, speziell von Oregon, in den USA wieder ein **Stück Lebenskultur** geworden. Innovative Braumeister, die zum großen Teil in Deutschland, Großbritannien oder Belgien ihr Handwerk gelernt haben, schufen eine neue, innovative Bierszene.

Es war ein Deutscher gewesen, *Heinrich Saxer*, der schon 1852 die **erste Brauerei nahe Portland** gründete, um sie zehn Jahre später an einen deutschen Kollegen, *Henry Weinhard*, zu verkaufen, der sie *Weinhard's City Brewery* nannte. *Weinhards* Bier überlebte nur als Marke, seit sie von *Molson-Coors* geschluckt wurde. Das ist jedoch die Ausnahme – der Boom an Kleinbrauereien und Pubs ist ungebrochen. 1984 legte die *BridgePort Brewing Company* den Grundstein für den Höhenflug der Brauereien in Portland. Es folgten ein Jahr später die *Widmer Brothers* mit ihrem leicht zitronigen Hefeweizen als Markenzeichen. Nachdem ein neues Gesetz den Direktverkauf von Bier erlaubte, entstanden die ersten Brewpubs und es wurde mit Flaschenabfüllung begonnen. Diese neue Möglichkeit nutzten 1985 *Mike* und *Brian McMenamin* und begannen ihr „Imperium" aufzubauen: Heute gehören neben Brewpubs mehrere Restaurants, Kinos, Hotels – wie die ungewöhnliche *McMenamins Grand Lodge* in Forest Grove – ein Weingut und eine Kaffeerösterei dazu.

Die Kleinbrauereien sind in der **Oregon Brewers Guild** organisiert und unterwerfen sich freiwillig dem Motto „*Quality and Integrity*", was einem Reinheitsgebot gleichkommt. Streng genommen unterscheidet man verschiedene Typen: **Brewpubs** sind Kneipen, die zu Kleinstbrauereien gehören, die weniger als 50 % außerhalb des Pubs verkaufen. **Microbreweries** – die maximale Produktion liegt bei ca. 35.000 hl – vertreiben über die Hälfte ihres Ausstoßes auf dem freien Markt, wohingegen die größeren **Craft Breweries** ihre Biere auch in Fässern und überregional anbieten.

Längst beschränken sich die Braumeister nicht mehr auf Hell und Dunkel, Pils und Export. Jeder produziert mehrere Sorten, die Palette reicht von verschiedenen *Ale*-Sorten über *Stout* und *Porter* bis zu Hefeweizen und saisonalen Spezialgebräuen. Während des **Oregon Brewers Festivals** Ende Juli, dem größten Ereignis seiner Art in Nordamerika, lässt sich die Vielfalt der lokalen Biere am leichtesten entdecken. Drei Tage lang treffen sich dann im Waterfront Park in Portland rund 100.000 Bierkenner, -liebhaber und Brauer aus aller Welt, um die unterschiedlichen Sorten zu testen.

Die wichtigsten Biersorten
– **Ale** – allgemeine Bezeichnung für obergärige Biere mit höherem Alkoholgehalt, wie *Alt, Bitter, Porter* und *Stout*. Meist werden damit aber speziell helle, leichte Biere bezeichnet, so das *(Indian) Pale Ale*, es gibt allerdings auch dunkle *Ales (Brown/Red Ale)*.
– **Lager** – untergäriges Bier wie *Münchener, Vienna, Pilsner, Bock*
– **Pilsner** – goldfarben mit hohem Hopfengehalt, untergärig
– **Porter** – sehr dunkel und etwas bitter, ähnlich dem Stout, doch weniger Alkohol; obergärig
– **Stout** – sehr dunkel, schwer, manchmal süßlich, klassisch englisches (obergäriges) Bier
– **Wheatbeer** (Weizen) – jedes Bier mit hohem Gehalt an gemälztem Weizen, meist untergärig

• **Infos** rund ums Bier in Oregon: 🖳 www.oregonbeer.org

Ähnlich wie der *Pearl District, Yamhill* und *Old Town* hat sich auch das etwas westlich der Innenstadt gelegene **Nob Hill** zu einem In-Treff und Trendviertel entwickelt. Das **Herz des „jungen" Portland** schlägt um die **23rd Street** zwischen Burnside und Lovejoy St. Die Straßencafés, kleinen Restaurants, Bistros, Boutiquen, erlesenen und kuriosen Geschäfte kann man bequem auch mit der Straßenbahn erreichen.

In-Treff und Trendviertel

Washington Park

Der Washington Park im Südwesten der Stadt wurde wie der Central Park in New York und der Golden Gate Park in San Francisco von *Frederik Law Olmsted* geplant. Auf dem Gelände befinden sich u. a. das *Hoyt Arboretum* und der *International Rose*

Traumhafte Aussichten von Portlands Washington Park

Test Garden, von dem aus sich zugleich ein **fantastischer Blick** auf die Stadt, mit Mt. Hood und Mt. St. Helens im Hintergrund, bietet. Der kleine „Hügel" vor Mt. Hood – nur einige Meilen entfernt auf der anderen Flussseite – ist Mt. Tabor, der einzige Vulkan auf amerikanischem Stadtgebiet. Die *Japanese Gardens* sind eine Ruheoase, und ein Muss für Familien ist der *Oregon Zoo.*

Zufahrten in das in einen Berghang eingebettete Parkareal befinden sich am US Hwy. 26 westwärts, an der W Burnside St. und der Canyon Rd. (hinter dem Tunnel der Ausschilderung „Zoo" folgen).

Oregon Zoo (10)
Washington Park, 4001 SW Canyon Rd., ☎ *226-1561,* 🖥 *www.oregonzoo.org, tgl. 9-16/18 Uhr, $ 9,75*

Der Oregon Zoo, der 875 verschiedene Spezies zählt und zu den modernsten und fortschrittlichsten der USA gehört, wurde bereits 1887 gegründet und legt besonderen Wert auf Programme, die dem **Schutz gefährdeter Tiere** die-

Besuchenswerter Zoo

nen. Den bereits existierenden Biotopen mit Schwerpunkt Afrika (*Africa Rain Forest/Savanna*), dem ausgezeichneten *Penguinarium,* der *Alaska Tundra,* dem *Cascade Exhibit* mit heimischen Tieren und der international anerkannten Elefantenabteilung mit Zuchtprogramm und einzigem Elefantenmuseum der Welt wurde zuletzt eine Abteilung „Von den Kaskaden zum Pazifik" hinzugefügt. Mit mehr als einer Million Besuchern jährlich ist der Zoo die Top-Attraktion Oregons. Für Besucher interessant ist auch das unlängst modernisierte **World Forestry Center (11)** nebenan, das sich ganz dem Thema „Wald" und dessen Erhalt widmet – mit Waldlehrpfad und „*Video Journey around the Globe*" im zugehörigen **Discovery Museum** (*4033 SW Canyon Rd.,* ☎ *488-2117,* 🖥 *www.worldforestry.org, tgl. 9/10-17 Uhr, $ 7*), dem 2005 umgebauten und neu eröffneten einstigen *Children's Museum.*

International Rose Test Garden und Japanese Gardens

Der 1917 gegründete **International Rose Test Garden (12)** (*400 SW Kingston Ave.,* ☎ *823-3636,* 🖥 *www.portlandparks.org, tgl. 7.30-21 Uhr, Spende*) wurde eigentlich schon 1888 von *Georgiana Burton Pittock* (s. u.) ins Leben gerufen und fungiert seit 1940 als offizieller Testgarten der *All-America Rose Selection* (AARS). Auf über 2 ha Grund stehen an die 8.000 Rosen 550 verschiedener Arten. Dieser älteste Testgarten in den USA ist der einzige von 24, der selbstständig Preise vergeben darf, die weltweit anerkannt werden. Regelmäßig im Juni finden sich Experten aus aller Welt ein und nehmen die Neuzüchtungen unter die Lupe, ehe sie in den Handel gelangen. Nährstoffreicher Boden, milde Temperaturen und ausreichende Niederschläge prädestinieren Portland für die Rosenzucht.

Die mit asiatischer Akribie angelegten **Japanese Gardens (13)** *(611 SW Kingston Ave., ☎ 223-1321, 🖥 www.japanesegarden.com, Mo 12-16/17, Di-So 10-16/17 Uhr, $ 8)* gliedern sich in fünf Sektoren mit Teehaus und gelten als der authentischste japanische Garten der USA und einer der größten außerhalb Asiens. Er ist weitaus weniger überlaufen als der Japangarten in San Francisco und strahlt Ruhe und Harmonie aus.

Das im Westteil des Parks gelegene **Hoyt Arboretum (14)** *(4000 SW Fairview Blvd., ☎ 228-8733, 🖥 www.portlandparks.org, tgl. 6-22 Uhr, VC tgl. 9-16 Uhr)* mit über 700 Baum- und

Rosenpracht im Portland International Rose Test Garden

Pflanzenarten aus aller Welt gilt als größte Koniferensammlung der USA und verfügt zudem über einen interessanten *Winter Garden* sowie rund 15 km an Wanderwegen.

Pittock Mansion (15)

3229 NW Pittock Dr., ab NW Burnside Rd., ☎ 823-3623, 🖥 www.pittockmansion.com, tgl. 7-21 Uhr, Mansion tgl. 12-16 Uhr, Gelände frei, Mansion-Tour $ 7.

Nördlich des Washington Parks liegt die Pittock Mansion. Es handelt sich um ein für die Erbauungszeit (1909-14) erstaunlich modern ausgestattetes Haus, im Besitz von *Georgiana* und *Henry Pittock*, dem Gründer der lokalen Tageszeitung „The Oregonian". Bei 315.000 Dollar Baukosten war auch die Innenausstattung entsprechend luxuriös: Gemälde, edle Materialien und hochwertige Handwerksarbeit sowie wertvolles Mobiliar. *Mrs. Pittock* verwandte reichlich Zeit und Geld für wohltätige Zwecke, investierte überdies viel in die zugehörige Gartenanlage, von der aus sich ein hervorragender Blick hinab auf die Stadt bietet.

Ungewöhnliche Villa

Jenseits des Willamette River

Im Osten liegen neben Wohnvierteln und Industriearealen auch der Flughafen und einige interessante Attraktionen, außerdem um den Hawthorne Boulevard ein boomendes Restaurant- und Kneipenviertel.

Go Blazers, Go!

*Heiß ge-
liebte Bas-
ketballer*

Die 1996 eröffnete **Rose Garden Arena** (16) (One Center Court, Straßenbahn-
Stopp) mit ihren 20.000 Plätzen ist eines der modernen Wahrzeichen der Stadt und
die Heimat des beliebten NBA-Teams der Stadt, der **Portland TrailBlazers** (s. u.).
Ein beeindruckender Brunnen, *The Commons* (Wassershows!), vor diesem Sports &
Entertainment Complex markiert das Fußgängerareal, das nicht nur bei Spielen der
Blazers zum Festplatz umfunktioniert wird. Das nahe gelegene **Oregon Conven-
tion Center** (17) fällt durch seine ungewöhnliche Architektur mit zwei Glas-Stahl-
Pfeilern auf.

Das Basketballparkett in der Halle kann innerhalb weniger Stunden in eine Hockey-
eisfläche verwandelt werden und jeder „Normalsterbliche" sitzt hier auf einem bequem gepolsterten Theatersitz und sieht sogar von den oberen, billigen Plätzen noch
gut aufs Spielfeld. Drei Restaurants, Imbissstände und fast 700 verteilte TV-Geräte
sorgen für das Wohl der Fans. Geschäftsleuten und anderweitig Begüterten stehen
70 *Executive Suites* zur Verfügung – mit eigenem WC, Bar, Kühlschrank, Telefon, Um-
kleideraum und ungehinderter Sicht. Ein neues, spektakuläres Akustiksystem sorgt
zudem dafür, dass hier auch Größen des Musik- und Showgeschäfts gerne auftreten.

Oregon Museum of Science & Industry (OMSI) (18)

*1945 SE Water Ave., ☎ 797-4000, 🖥 www.omsi.edu, tgl. 9.30-17.30/19 Uhr, $ 9, IMAX
$ 8,50, Shows sowie U-Boot je $ 5,50.*

*Sehenswer-
tes Wissen-
schafts-
museum*

Etwas südlich davon, ebenfalls auf der östlichen Uferseite, befindet sich in einem auffälligen modernen Gebäude das neue Oregon Museum of Science & Industry (OMSI).
Es gilt **als fünftgrößtes Wissenschaftsmuseum der USA**, mit *OMNIMAX* Theater, *Murdock Sky Theater* (Laser- und Astronomieshows) sowie sechs sehenswerten
Ausstellungshallen mit zahlreichen interaktiven Objekten, einem Flugsimulator, Labo-
ratorien, einem Computerraum etc. Besonders interessant ist die „USS Blueback",
ein am Flussufer vertäutes dieselbetriebenes U-Boot der US-Navy von 1959.

The Grotto – Pilgerstätte und Ruheoase

*Sandy Blvd./NE 85th Ave., südlich des Flughafens, ☎ 254-73717, 🖥 www.thegrotto.org,
tgl. 9-17/20 Uhr, Eintritt frei, Aufzug $ 3.*

*Katholi-
sches
Heiligtum*

Das 1924 gegründete katholische Heiligtum *The National Sanctuary of our Sorrowful
Mother*, kurz **The Grotto** genannt, ist eine Mischung aus Pilgerort und Kloster, Park
und Botanischem Garten, Skulpturen- und Meditationsgarten auf zwei Ebenen, die
per Aufzug miteinander verbunden sind. Auf Eingangsniveau befinden sich eine große
Kirche (*The Chapel of Mary*), in der aufgrund der guten Akustik und der über 500
Plätze auch große Konzerte stattfinden, außerdem eine Felsgrotte mit einer Kopie
von *Michelangelos* „Pietà", eine große Freifläche für Veranstaltungen und Gottes-
dienste und natürlich ein Souvenirladen.

Die moderne **Marilyn Moyer Meditation Chapel** (1993) auf dem höher gelegenen Felsplateau erreicht man über einen schmalen Weg oder per Aufzug. Von hier

aus bietet sich ein hervorragender Ausblick auf das Columbia River Valley, die Cascade Mountains und Mount St. Helens. In dem alten Servitenkloster, angrenzend an den hier oben gelegenen **Peace Garden** mit lebensgroßer Bronzestatue des *Franz von Assisi*, sollen noch acht Mönche leben. Der *Peace Garden* mit Teich, Bächen, Waldarealen und der *Via Matris* – moderne Holzskulpturen zum biblischen Marienzyklus – ist eine Art **Meditationsgarten**, ein Ort der Ruhe, Besinnung und Inspiration. Die Grotto wird von dem alten Marienorden selbst verwaltet und kommt ohne staatliche Unterstützung aus. Kein Wunder, besuchen doch rund 150.000 Menschen im Jahr diesen „Garden of Eden", bevorzugt an Weihnachten und katholischen Feiertagen.

Oregon City und das Ende des Trails

Oregon City liegt im Süden Portlands, erreichbar über OR 99E bzw. I-205. Hier endete einst der historische **Oregon Trail** (ⓘ S. 453). Die Stadt fungierte zwischen 1844 und 1864 als Hauptstadt von Oregon und war die erste eigenständige Gemeinde westlich der Rocky Mountains. Sie war bereits 1829 von der *Hudson's Bay Company* gegründet worden, deren lokaler Repräsentant *John McLoughlin* war (s. auch Ft. Vancouver). Neben zahlreichen historischen Gebäuden in der Innenstadt ist das ehemalige **Wohnhaus von McLoughlin** sehenswert *(713 Center St., ☎ 503/ 656-5146, Mi-Sa 10-16, So 13-16 Uhr, Eintritt frei)*. Einen Besuch lohnt natürlich auch das **Oregon Trail Interpretive Center** *(1726 Washington St., I-205 Exit 10, ☎ 503/ 657-9336, 🖥 www.endoftheoregontrail.org, Mo-Sa 9.30-17, So 10.30-17 Uhr, $ 9)*, untergebracht in drei überdimensionalen „Planwagen".

Ende des Oregon Trails

Ausflug zum Fort Vancouver NHS

612 E Reserve St., I-5 Exit 1C, Vancouver/WA, ☎ 360/696-7655, 🖥 www.nps.gov/fova, tgl. 9-16/17 Uhr, $ 5.

Schon in Vancouver, im benachbarten Washington auf der Nordseite des Columbia River liegt **Fort Vancouver NHS**, auch gut auf der Weiterfahrt Richtung Seattle einplanbar. Das alte *Fort Vancouver* wurde 1825 unter britischer Aufsicht errichtet und dann von der *Hudson's Bay Company* unterhalten. Der heutige Komplex ist eine Rekonstruktion. Das Fort fungierte nicht nur als Handelsposten, sondern auch als **Symbol des britischen Anspruchs** auf das *Oregon Territory*. Nachdem die Region 1846 endgültig den USA zugeschlagen wurde, blieb das Fort weiterhin wichtige Anlaufstelle für Trapper, Forscher und die ersten Siedler, die auf dem *Oregon Trail* westwärts zogen.

Alter britischer Handelsposten

Damals lebte eine Mischung verschiedenster Nationen und Hautfarben in und um das Fort, Hawaiianer, Irokesen, lokale Salish-Indianer, Franzosen, Slawen und Amerikaner. Oberkommandierender des britischen Forts war *John McLoughlin* (s. o.), der die militärischen wie auch die wirtschaftlichen Interessen der britischen Krone vertrat und nebenbei den neu ankommenden amerikanischen Siedlern half. Als 1846 die Grenze entlang dem 49. Breitengrad gezogen wurde, schickten die Briten *McLoughlin* kurzerhand in Pension. Er zog nach Oregon City und wurde amerikanischer Bürger.

Reisepraktische Informationen Portland/OR

Vorwahl 503

Information
• **Portland Oregon Visitors Association** (POVA), Downtown Visitor Information Center, Pioneer Courthouse Sq., SW 6th Ave (Yamhill-Morrison St.), ☎ 275-8355, 🖥 www.pova.com bzw. www.travelportland.com
• in Deutschland: **Wiechmann Tourism Services**, Scheidswaldstr. 73, 60385 Frankfurt, ☎ (069) 255-38240, 📠 255-38100, 🖥 www.wiechmann.de, www.traveloregon.de

Einkaufen
• Es gibt in Oregon keine Sales Tax und daher lohnt sich das Einkaufen. Die **Galleria** ist die größte Mall in der Innenstadt, während das **Lloyd Center** (2201 Lloyd Center/Grand Ave./NE Weidler) mehr als 250 Läden, darunter JC Penney, Nordstrom, Meier & Frank, einen Kinokomplex und einen Food Court aufweist.
• Lohnend sind überdies **Niketown** (**5**) (930 SW 6th Ave.), der riesig große Buchladen **Powell's City of Books** (**9**) (1005 W Burnside St.), in dem es gebrauchte Bücher aller Preiskategorien neben neuen gibt (s. S. 651), und für Sportsfans **Blazers on Broadway** (818 SW Broadway).
• Zum Einkaufsbummel lohnen außerdem **Nob Hill** (NW 21-23rd St.) und im SE der **Hawthorne District** mit seinen kleinen Läden und Boutiquen.

Märkte
• **Portland Saturday Market** (**8**), 1 SW Front Ave., Sa 10-17, So 11-16.30 Uhr (jeweils März bis 24. Dez.), Info: 🖥 www.portlandsaturdaymarket.com
• **Portland Farmers' Market** an drei Stellen der Stadt, Mi, Do und Sa. Infos: 🖥 www.portlandfarmersmarket.org. Obst und Gemüse, aber auch kulinarische Mitbringsel.

Portland Saturday Market

Touren
• **Portland Walking Tours**, ☎ 774-4522, 🖥 www.portlandwalkingtours.com. Interessante Spaziergänge mit Locals durch verschiedene Viertel der Stadt.
• Im Sommer verschiedene **Bootstouren** ab Waterfront Park am Ende der Salmon St. auf dem Willamette River, z. B. Tagestouren in die Columbia Gorge.

Konzerte/Theater
• **Arlene Schnitzer Concert Hall**, ☎ 228-4294, 🖥 www.orsymphony.org. Hier finden Aufführungen renommierter Ensembles statt, vor allem aber ist die Konzerthalle die Heimatbühne des bekannten Portland Symphony Orchestra.
• **Center of the Performing Arts**, ☎ 248-4335, 🖥 www.pcpa.com. Eine weitere große Bühne der Stadt.

• Viele kleine Theaterbühnen haben sich in der Stadt etabliert, Infos und aktuelles Programm über die **Portland Area Theatre Alliance Hot Line**: ☏ 241-4902.

Zuschauersport
• **Portland TrailBlazers** (NBA/Basketball), die Lieblinge der Stadt, spielen von Nov. bis April/Mai in der Rose Garden Arena, Tickets ☏ 234-9291 und TicketMaster ☏ 224-4400 bzw. 🖥 www.nba.com/blazers
• **Portland Winter Hawks** (WHL/kanadische Eishockey-Juniorenliga), 🖥 www.winterhawks.com, ☏ 238-6366. „Nur" ein Juniorenteam, das tolles Eishockey Sept.-März im Memorial Coliseum oder in der benachbarten Rose Garden Arena bietet.
• **Portland Timbers**, ☏ 553-5400, 🖥 www.portlandtimbers.com. Die Fußball-Profimannschaft der A-League (entspricht 2. Liga).

Veranstaltungen
• Ende Mai-Ende Juni: **Portland Rose Festival**, 🖥 www.rosefestival.com, mit drei Paraden, Veranstaltungen, Ausstellungen und Unterhaltungsprogramm
• Anfang Juli: **Blues Festival**, Tom McCall Waterfront Park, 🖥 www.waterfrontbluesfest.com
• Ende Juli: **Oregon Brewers Festival** an der Waterfront, 🖥 www.OregonBrewFest.com
• Anfang August: **The BITE – A Taste of Portland**, im Tom McCall Waterfront Park, 🖥 www.biteoforegon.com

10. Anhang

Weiterführende Literatur

Im Folgenden kann nur eine kleine Literaturauswahl gegeben werden. Die erwähnten Titel sollen lediglich Anregung geben, sich näher mit dem Nordwesten zu beschäftigen bzw. Hintergrundinformationen liefern.

 Tipp

Wer nicht warten möchte, bis er/sie englischsprachige Bücher vor Ort kaufen kann (z. B. in einem der vielen guten „Used-book Stores"), bekommt u. a. bei Amazon *(www.amazon.de) die Bücher zum fast gleichen Preis wie in den USA. Gute Englischkenntnisse vorausgesetzt, ist es empfehlenswerter, das englische Original statt der deutschen Übersetzung zu lesen.*

Andere Reiseführer

Für zusätzliche Informationen zu angrenzenden Regionen sei auf die anderen Reise-Handbücher im Iwanowski's Reisebuchverlag verwiesen, die in regelmäßigen Zeitabständen aktualisiert werden:

• Karl-Wilhelm **Berger**, Reise-Handbuch Kanada/Westen
• Dirk **Kruse-Etzbach**, Reise-Handbuch USA/Südwesten
• Dirk **Kruse-Etzbach**, Reise-Handbuch USA/Große Seen und Mittlerer Westen
• Ulrich **Quack**, Reise-Handbuch USA/Westen
• Von den Autoren dieses komplett neu bearbeiteten Reise-Handbuchs, Margit **Brinke** und Peter **Kränzle**, liegt außerdem im *Reise Know-How Verlag* ein ebenfalls laufend aktualisierter City Guide „San Francisco und Umgebung" vor.

Alte Reiseerzählungen

• Gary E. **Moulton**, The Lewis and Clark Journals. An American Epic of Discovery (University of Nebraska Press 2003), in einen Band zusammengefasste Auszüge aus dem Tagebuch der Expedition von 1804-1806
• **Maximilian Prinz zu Wied**, Reise in das innere Nordamerika (1832-1834), Neuauflage 1995, Bericht von der Reise des Prinzen mit dem Maler *Karl Bodmer* in den Westen in der ersten Hälfte des 19. Jh.
• Paul **Lindau**, Aus der Neuen Welt. Briefe aus dem Osten und Westen der Vereinigten Staaten, Reisebericht aus dem Jahr 1884

Sachbücher

• Stephen E. **Ambrose**, Undaunted Courage. Meriwether Lewis, Thomas Jefferson and the Opening of the American West (1996), grandiose Einführung in das Thema von dem inzwischen verstorbenen Bestsellerautor
• **ders.**, Crazy Horse and Custer. The Parallel Life fo two American Warriors (1975)

- Norman **Bancroft-Hunt**/Werner **Forman**, Die Indianer. Auf der Fährte der Büffel (1986), umfassende Abhandlung zur Geschichte und Kultur der Prärie-Indianer
- Claus **Biegert**, Seit zweihundert Jahren ohne Verfassung. 1976: Indianer im Widerstand (1986), immer noch eines der wegweisenden Bücher über die Misere und den Widerstand in den Indianerreservaten
- **ders.**, Indianerschulen. Als Indianer überleben – von Indianern lernen (1985), faszinierender Bericht über indianische Weltsicht, Kindererziehung und den Willen, die eigene Traditionen und Vorstellungen gegen die moderne Welt zu behaupten
- **Black Elk**, Black Elk speaks (1955, auch dt.) sowie The Sacred Pipe (1956, auch dt.), der legendäre Seher und Schamane der Lakota-Sioux, Schwarzer Hirsch, erzählt die Geschichte und die Traditionen seines Volkes
- Bobby **Bridger**, Buffalo Bill and Sitting Bull. Inventing the West (2002), interessante Abhandlung zum Mythos Wilder Westen und zur Rolle von *Buffalo Bill* und *Sitting Bull*
- Dee **Brown**, Begrabt mein Herz an der Biegung des Flusses (1970, seither zahlreiche Neuauflagen), beeindruckende Schilderung des Schicksals der Indianer zwischen 1860 und 1890
- Alston **Chase**, Playing God in Yellowstone: The Destruction of America's First National Park (1987), mit seinem faszinierenden Buch, das man gerade angesichts der derzeitigen Diskussionen um den Klimawandel lesen sollte, zeigt der Autor am Beispiel des Yellowstone NP, wie leicht Wissenschaft von Politik und Ideologie umgedeutet und missbraucht werden kann
- Marlene **Deahl Merrill** (Hrsg.), Yellowstone and the Great West. Journals, Letters, and Images from the 1871 Hayden Expedition (1999), Bericht über die legendäre Expedition zum Yellowstone, die schließlich zur Ausweisung des ersten Nationalparks führte
- Vine **Deloria Jr.**, Gott ist Rot. Eine indianische Provokation (1984), sozialkritische Bemerkungen des inzwischen verstorbenen Lakota-Sioux-Philosophen und Schriftstellers zum Verhältnis zwischen Urvölker und Christen
- **ders.**, Custer Died for Your Sins. An Indian Manifesto (1969), satirisch-politische Schrift zur US-Indianerpolitik sowie zu politischen Organisationen und Aktionen der Indianer
- **ders.**, Nur Stämme werden überleben (1976), Anklage gegen den jahrhundertelangen Raubbau an Natur und Umwelt und die Rolle der Indianer
- Robert S. **Devine**, National Geographic Guide to America's Outdoors: Pacific Northwest. Nature Adventures in Parks, Preserves, Forests, Wildlife Refuges, Wilderness Areas (2000)
- Rainer **Eisfeld**, Wild Bill Hickok. Westernmythos und Wirklichkeit (1994), hervorragende Fallstudie zum Mythos „Wilder Westen"
- David **Gebhard**, A Guide to Architecture in San Francisco and Northern California (1986), Architekturhandbuch
- Royal B. **Hassrick**, Das Buch der Sioux (1964; dt. 1982), beschäftigt sich ausführlich mit Leben, Traditionen und Geschichte der Sioux-Indianer
- Beverly **Hungry Wolf**, Das Tipi am Rand der Grossen Wälder (1980), eine Schwarzfußindianerin schildert das Leben ihrer Vorfahren
- Alvin M. **Josephy Jr.** (Hrsg.), Lewis and Clark Trough Indian Eyes (2006), Ansichten bedeutender indianischer Autoren und Persönlichkeiten zu den Kontakten mit

den Weißen seit der US-Forschungsexpedition durch den Nordwesten vor 200 Jahren

- Linwood **Laughy**, In Pursuit of the Nez Perce (1993), Schilderung der Flucht der Nez Perce 1877 aus Sicht der Beteiligten
- Joseph M. **Marshall III**, The Lakota Way (2001), Einführung in die Welt der Lakota-Sioux von einem der derzeit bekanntesten Sioux-Autoren
- **ders.**, The Journey of Crazy Horse (2004), Lebensgeschichte des legendären Lakota-Freiheitskämpfers aus Sicht der Indianer
- **ders.**, The Day the World Ended at Little Bighorn: A Lakota History (2007), eindrucksvolles Buch zur Geschichte der legendären Schlacht und der Geschichte der Lakota
- Gregory F. **Michno**, Encyclopedia of Indian Wars. Western Battles and Skrimishes 1850-1890 (2003), Übersicht über den Freiheitskampf der Indianer im Westen der USA
- **National Audubon Society** (Hsg.), Field Guide to the Rocky Mountain States; Field Guide to the Pacific Northwest; Field Guide to California, Naturführer mit umfassender Einführung in Geologie, Flora und Fauna
- Robert **Ruby**/John A. **Brown**, Indians of the Pacific Northwest (1981), gute Einführung in die Geschichte der Indianer im NW
- Mari **Sandoz**, Crazy Horse. The Strange Man of the Oglalas (1942, Neuaufl. 2004), das immer noch beste Buch über den bedeutendsten Führer der Sioux sowie über Leben und Traditionen der Oglalas
- William L. **Sullivan**, 100 Hikes in Northwest Oregon & Southwest Washington (2006)
- Geoffrey C. **Ward**/Dayton **Duncan**, The West: An Illustrated History (1996), kurze und übersichtliche Einführung in die Geschichte des Westens
- Louis S. **Warren**, Buffalo Bill's America – William Cody and the Wild West Show (2005), interessante Einführung zur Bedeutung von *Buffalo Bills* Show
- Jack **Weatherford**, Indian Givers: How the Indians of the Americas Transformed the World (1990), zeigt, wie einschneidend die Indianer die Vorstellungen der restlichen Welt beeinflusst haben
- **Zagat Survey** (Hrsg.), Einzelbände zum Pacific Northwest und San Francisco, ständig aktualisierte Restaurantführer

Belletristik

- Louise **Erdrich**, Halbindianerin (Deutsch/Chippewa) aus North Dakota schildert in mehreren Romanen das Leben in den Reservaten des NW, u. a. Rübenkönigin (1988), Liebeszauber (1990), Spuren (1992) oder Der Gesang des Fidelis Waldvogel (2003)
- Nicholas **Evans**, The Horse Whisperer (1995, auch in deutsch), die Story beruht auf Eindrücken, die *Evans* auf der *Lonesome Spur Ranch* in Montana gesammelt hat
- Ian **Frazier**, Great Plains (1989), grandiose Beschreibung der Prärie
- David **Guterson,** Schnee der von den Zedern fällt (2003) spielt auf einer fiktiven Insel der San Juan Islands bei Seattle
- Ruth Beebe **Hill**, Hanta Yo (1979; dt. 1980), faszinierende Erzählung über eine Mdewakantonwan-Dakota-Sippe zwischen 1794 und 1835, auch in Dakota-Dialekt

- Jack **Kerouac**, On the road (1957), der Kultroman der Beatniks
- Ken **Kesey**, Last Go Round (1994), lesenswerter Roman über die Anfänge des *Pendleton Round-up*
- Elisabeth **Kiderlen** (Hsg.), Calamity Jane – Briefe an meine Tochter (1980), diese fiktiven Briefe geben einen interessanten Einblick in den vormals Wilden Westen
- William **Least Heat-Moon**, Blue Highways. Eine Reise in Amerika (1989), interessante Reiseerzählung eines Indianers durch die USA
- Jack **London**, Martin Eden (1909), teils autobiographisches Werk zu den frühen Jahren in der Bay Area, in *Die Fischpiraten* schildert *London* das Leben eines Jugendlichen in ärmlichen Verhältnissen in San Francisco
- Norman **MacLean**, Junge Männer im Feuer (1994), schildert das Schicksal einer Gruppe von Smokejumpers, die bei einem Waldbrand eingeschlossen wurden
- **ders.**, Aus der Mitte entspringt ein Fluss (1999), hier stehen die Landschaft im Westen Montanas und das *Fly Fishing* im Mittelpunkt
- Amistead **Maupin**, Stadtgeschichten (ab 1987), in sechs Bänden erzählt der Autor komisch-tragische Geschichten aus San Francisco
- Annie **Proulx**, zahlreiche Kurzgeschichten und Romane der in Wyoming lebenden Bestsellerautorin über das Leben im Westen, z. B.: Weit draußen. Geschichten aus Wyoming (1999) oder Hinterland. Neue Geschichten aus Wyoming (2005); berühmt wurde die Kurzgeschichte Brokeback Mountain durch die Verfilmung 2006
- Thomas **Sanchez**, Rabbit Boss (1973, dt. 1995), schildert fiktiv die Geschichte einer Indianerfamilie im Gebiet von Lake Tahoe über mehrere Generationen
- Mark **Twain**, Roughing it (1872, Im Gold- und Silberland und andere Erzählungen, 1988) und The Celebrated Jumping Frog of Calaveras County (dt.: Der berühmte Springfrosch von Calaveras), ironische Erzählungen aus dem Goldgräbermilieu
- John **Vernon**, The Last Canyon (2001), schildert in packender Romanform *Powells* erste Expedition vom Green River (Flaming Gorge) zum Grand Canyon
- James **Welch**, Winter in the Blood (1974, auch in deutsch), geistreich-satirische Geschichte über die Sinnsuche eines jungen Indianers

Krimis und Western

Die Liste von Krimis *(mysteries)*, die im Nordwestens spielen, ist ebenso lang wie die der lesenswerten Western. Aus diesem Grund seien hier nur ein paar Namen von Autoren aufgelistet, deren meist zahlreiche Werke man überall im Nordwesten (bzw. bei *amazon*) bekommt:

- Peter **Bowen**, die Kriminalfälle um den Titelhelden *Gabriel Du Pré* spielen in Montana
- J.C. **Box** lässt seinen Protagonisten Joe Pickett, der in den ersten Bänden noch als Ranger im Bighorn NF in Wyoming tätig ist, packende Abenteuer, die stets etwas mit der Umweltproblematik im Westen zu tun haben, erleben
- James Lee **Burke** hat eine Serie von Krimis mit *Billy Bob Holland* geschrieben, die in Missoula/Montana spielen, z. B. In the Moon of the Red Ponies
- Margaret **Coel** legt ihre Fälle in die Wind River Reservation in Wyoming
- Dashiell **Hammett**, The Maltese Falcon (1930, dt.: Der Malteser Falke, 1951) – Privatdetektiv *Sam Spade*, im Film von *Humphrey Bogart* verkörpert, agiert in San Francisco

- Louis **L'Amour** – lesenswert sind u. a. Hondo, Flint sowie die Abenteuer der Sackett-Brüder (mehrere Bände) – und Zane **Grey** – u. a. Riders of the Purple Sage, The Vanishing American oder The Thundering Herd – gehören zu den besten und produktivsten Westernautoren
- Marcia **Muller**, Privatdetektivin *Sharon McCone* löst mit viel Fingerspitzengefühl ihre Fälle in und um San Francisco
- Susan **Power**, Krimis, die in North Dakota spielen, daneben schreibt die Sioux-Indianerin auch Romane
- Jack **Schaefer**, Monte Walsh, Geschichte über einen der letzten Cowboys, 2003 mit *Tom Selleck* verfilmt
- **ders.**, Shane (1949), gilt nach *Wisters* „Virginian" als zweitbester Western der Literaturgeschichte, 1953 verfilmt
- Julie **Smith**, u. a. Tourist Trap (1986) oder The Sourdough Wars (1985), Rechtsanwältin *Rebecca Schwartz* ermittelt in San Francisco und Umgebung
- Owen **Wister**, The Virginian (1902), der erste Western der Literaturgeschichte, ein Klassiker, verfilmt 1929 mit *Gary Copper*

Karten

- **Rand McNally**, in Europa herausgegeben vom Hallwag Verlag Bern. Das Standardwerk der USA. Karten nach Bundesstaaten gegliedert. Kurzer touristischer Einleitungstext.
- Karten der einzelnen Bundesstaaten (die auch die wesentlichen Stadtpläne beinhalten) sind von den entsprechenden Fremdenverkehrsämtern (auch von den deutschen Vertretungen) erhältlich. Auch bei den Filialen des **AAA**, des amerikanischen Automobilclubs, erhält man als Mitglied eines europäischen Pendants kostenlos Kartenmaterial.

Stichwortverzeichnis

H

Hagerman Fossil Beds NM 320
Hardin 389
Havre 446
Haystack Rock 607
He Sapa s. Black Hills
Healdsburg 572
Heber City/Valley 211, 493
Heceta Head Lighthouse 604
Helena 352
• Reiseprakt. Informationen 196, 353
• Last Chance Gulch 352
• Montana Historical Society Museum 352
• State Capitol 352
Hells Canyon 61, 317
• Reiseprakt. Informationen 318
Hickison Petroglyphs 516
Hickock, Wild Bill 399, 400 f.
Hidatsa s. Three Affiliated Tribes
Hill City 196, 415
• 1880 Steamtrain 415
Hood River 196, 304
Hoover, Herbert Clark 49
Hot Springs 423 f.
• Reiseprakt. Informationen 197, 424
• Mammoth Site Museum 424
Hotels s. Unterkunft
Humboldt Redwoods SP 590 f.
• Avenue of the Giants 590

I

Idaho City 197, 321 f.
Idaho Falls 197, 324 f.
Idaho National Engineering Laboratory 324
Ilwaco 610
Incline Village 522
Independence Rock SHS 455 f.
Indian Summer 66
Indianer 24 ff., 85 f.
Informationen 145 ff.

J

Jackalope 458
Jackson/Jackson Hole 325 ff.
• Reiseprakt. Informationen 197 f., 327
• Jackson Hole Museum 327
• National Elk Refuge 327
• National Museum of Wildlife Art 327
Jamestown 434
• Frontier Village 434
• National Buffalo Museum 434
Jedediah Smith Redwoods SP 600
Jefferson, Thomas 37
Jenner 572
Jenner by the Sea 585
Jewel Cave NM 418 f.
Joseph 313 f.

K

Kadoka 425
• Badlands Petrified Garden 425 f.
Kalispell 359
Kanu/Kajak 159
Kartenmaterial 147
Kaskaden-Gebirge s. Cascades
Kellogg 362
Kemmerer 496
Kennedy, John Fitzgerald 52
Kennewick s. Tri-Cities
Ketchum 241, 323
Keyport 278
Keystone 198 f., 412
Killdeer Mountains 435 f.
Kinder s. Besondere Gesellschaftsgruppen
King, Martin Luther 53
Kitsap Peninsula 278
Klamath Basin National Wildlife Refuges 629
Klamath Falls 199, 631 f.
Klima 75 f., 156 f.
Knife River Indian Village NHS s. Stanton
Kojote 70
Kolumbus, Christoph 28
Konsulate s. Botschaften
Kooskia 199, 315
Kreditkarten s. Geldangelegenheiten
Kriminalität s. Sicherheit
Kruse Rhododendron State Reserve 588